Karl Friedrich Ameis, Karl Hentze

Anhang zu Homers Odyssee

Schulausgabe

Karl Friedrich Ameis, Karl Hentze

Anhang zu Homers Odyssee
Schulausgabe

ISBN/EAN: 9783742896636

Hergestellt in Europa, USA, Kanada, Australien, Japan

Cover: Foto ©Paul-Georg Meister /pixelio.de

Karl Friedrich Ameis, Karl Hentze

Anhang zu Homers Odyssee

ANHANG

ZU

HOMERS ODYSSEE

SCHULAUSGABE

VON

K. F. AMEIS.

I. HEFT.

ERLÄUTERUNGEN ZU GESANG I—VI

LEIPZIG,

DRUCK UND VERLAG VON B. G. TEUBNER.

1879.

Vorbemerkung des Herausgebers.

Bei **der** gegenwärtigen Neubearbeitung **dieses Anhangs** ist alles das ohne weiteres **ausgeschieden, was nach dem Urtheil** des Bearbeiters an sich unhaltbar oder durch neuere Untersuchungen antiquiert oder auch von geringem Werth schien. Andrerseits **ist** der Anhang **in** Folge der ausgedehnten Verwerthung der neueren Literatur, **sowie** durch eine Reihe **von** Ausführungen des Bearbeiters **so verändert, dass derselbe in** wesentlich neuer **Gestalt** vorliegt. **Unter diesen** Verhältnissen schien **es** nicht mehr thunlich **das** Eigenthum **des** ersten Bearbeiters und des jetzigen Herausgebers noch überall ausdrücklich auseinander zu halten. Doch ist bei der Besprechung besonders schwieriger Stellen die Ansicht des ersten Bearbeiters gebührend berücksichtigt.

Uebrigens schliesst sich die vorliegende Bearbeitung **an** die **so** eben erschienene siebente Auflage **des** Commentars an.

Kritischer und exegetischer Anhang.

Literatur zur Kritik der vier ersten Gesänge: Koës de discrepantiis quibusdam in Odyssea occurrentibus. Hafniae 1806 p. 6 ff. — G. Hermann bei J. Bekker hom. Blätt. I p. 101. — A. Jacob über die Entstehung der Ilias und Odyssee. Berlin 1856 p. 360 ff. — A. Kirchhoff die Composition der Odyssee. Berlin 1869 p. 1 ff., dazu vgl. H. Düntzer in Jahrbb. f. class. Philol. 1862 p. 813 ff. (= Homer. Abhandl. Leipz. 1872 p. 429 ff.), H. Düntzer, Kirchhoff, Köchly und die Odyssee. Köln 1872 p. 1 ff., Chr. Heimreich die Telemachie und der jüngere Nostos, Flensburg 1871 p. 1 ff., Ed. Kammer die Einheit der Odyssee, Leipz. 1873 p. 251 ff. — Hennings über die Telemachie in Jahrbb. f. class. Philol. Suppl. III p. 135 ff. vgl. Kammer p. 221 ff. — Köchly de Odysseae carminibus diss. I, Turici 1862 p. 3 ff., vgl. H. Düntzer, Kirchhoff, Köchly und die Odyssee p. 80 ff., Kammer p. 95 ff. — L. Adam de antiquissimis Telemachiae carminibus. Wiesbaden 1871 und die ursprüngliche Gestalt der Telemachie und ihre Einfügung in die Odyssee. Wiesbaden 1874. — Bernhardy Grundriss der griech. Literat.[3] II, 1 p. 175 ff. — Bergk griech. Literaturgesch. I p. 657 ff. — Nitzsch Plan und Gang der Odyssee, in den erklärenden Anmerkungen **Bd. II** p. XXXII ff., Nitzsch Beiträge zur Geschichte der epischen Poesie p. 113 ff. und 410 ff. — Ueber den Schluss des ersten Gesanges (364 ff.) F. Meister im Philol. VIII p. 1 ff. — Sammlung der Parallelstellen zum ersten Buch der Odyssee von Ellendt im Programm des Königl. Friedrichs-Collegium. Königsberg 1871.

1—21. Zum Prooemium vgl. Thiersch Urgestalt der Odyssee. Königsberg 1821 p. 53 ff., J. Bekker homer. Blätt. I p. 99 ff. und dazu Friedlaender in Jahrbb. f. Philol. 1859, Bd. 79 p. 585 f., K. Lehrs im Rhein. Mus. 1864 p. 302 ff. (de Aristarch. stud. Hom.[2] p. 419 ff.), Düntzer Aristarch. Paderborn 1862 p. VIII ff.,

vgl. W. C. Kayser im Philol. XXI p. 317 ff., Chr. Heimreich
Miscellanea critica. Flensburg 1865 p. 1 ff. — ausserdem Koës
a. O. p. 13 ff., Jacob a. O. p. 360 f., Köchly a. O. p. 9 f., vgl.
Düntzer, Kirchhoff etc. p. 83 f., Hennings a. O. p. 148 f.,
Bergk griech. Literaturgesch. I p. 662 f., Bernhardy Grundriss II,
1 p. 176. — Ph. Wegener im Philol. XXXV p. 410 ff. —
W. C. Kayser adnotationes criticae ad Odysseae exordium. Sagan
1875. — Die von J. Bekker an dem Prooemium geübte über-
scharfe Kritik, welche nicht nur die Unzulänglichkeit desselben für
den Inhalt der Odyssee, sondern auch Unbestimmtheit des Ausdrucks und Undeutlichkeit der Meinung, sowie Mangel an charakteristischen Bezeichnungen rügte, die V. 8 und 9 gegebenen Züge
aber zu individuell fand, ist auf das treffendste zurückgewiesen
von Lehrs, welcher seinerseits die Bedeutung des Prooemiums
dahin bestimmt: 'Derjenige, der das Prooemium der Odyssee gemacht,
bezeichnet das Gedicht als das Gedicht von der Irrfahrt und Heimkehr des Odysseus und hat dabei den Charakter und Ausgang
jener, die bezeichnende Verstandes- und Charaktereigenthümlichkeit
dieses auf eine wahrhaft geniale Art zu verbinden gewusst.' Auch
von andern Kritikern, wie Bernhardy, Köchly, Düntzer, Kayser
ist Bekkers Kritik als überstreng verurtheilt. Im Uebrigen gehen
die Urtheile sehr weit auseinander, indem man theils überhaupt
an der Ursprünglichkeit des Prooemiums zweifelt, wie Bergk,
Jacob, theils dasselbe ursprünglich nicht für die Odyssee, sondern
nur für einen Theil derselben gedichtet sein lässt, oder die ursprüngliche Fassung durch ungehörige Zusätze oder auch durch
Lücken entstellt glaubt. So verwerfen Düntzer V. 5—10, 15 von
λιλαιομένη bis φίλοισι 19 und 21, Bernhardy und Köchly 7—9.
18. 19, Nauck 8. 9 und 21; dagegen nimmt Heimreich vor
V. 10 eine Lücke an, worin der Dichter auf Odysseus selbst
zurückkam und auf seine Heimkehr von der Insel der Calypso
hinwies, verwirft 10 und will dann 16—18 an 9 schliessen, weiter
aber 11—13 bis ἔρυκε, dann 19 von ϑεοί an und 20. 21 folgen
lassen. Hennings ferner schreibt das Prooemium einem spätern
Rhapsoden oder Ordner zu, der die Odysseuslieder von ε—υ in
einem Werke zusammenfasste und dieses uno tenore vorgetragen
wissen wollte. Wegener endlich kommt zu folgendem Resultat:
'Der Grundstock der V. 1—31 gehört dem Rhapsoden an, der
seinen (aus einem längern epischen Gedichte entlehnten) Vortrag
einleiten und seine Zuhörer kurz orientiren wollte. Ein späterer
Ueberarbeiter veränderte an dieser Einleitung einiges, um auf
gewisse Thatsachen aufmerksam zu machen, die er in die Erzählung
des Rhapsoden eingefügt hatte. Es sind dies die V. 3—9 und
18—26. Die V. 29—31 legte der Rhapsode ein, um die Hörer
über den Anfang der Rede des Zeus ins klare zu setzen.' — Ueber
die an V. 10 sich knüpfenden mannigfachen Deutungen und Ver-

muthungen, **sowie über** die Schwierigkeiten in V. 16—21 **folgt**
unten Näheres.

2. ἔπερσεν. Dass Odysseus bei Homer nur mit unter die Zer-
störer Trojas gehörte, erhellt unter anderm aus ε 106 ff. Ueber
den Sprachgebrauch vgl. O. Schneider zu Isokr. Paneg. 61, 6.
Wenn die vorhergehenden Worte ὅς μάλα πολλὰ πλάγχθη zu πολύ-
τροπον im Sinne von 'vielgewandert' Epexegese sein sollten, so
würde hier dasselbe Wort im Verbo wiederholt worden sein, wie
E 63. I 124. Λ 475. M 295. N 482. Das von Bekker vermisste Charakteristische der Bezeichnung πολύτροπος, sowie den
späteren Gebrauch des Wortes im Sinne von *versutus* und **die An-**
gemessenheit desselben in κ 330 erweisen Lehrs und Düntzer.

3. Ein häufig citierter oder berücksichtigter Vers; vgl. unter
anderen Strabo I p. 8. Diod. Sic. I 1. Heliodor II 22. Julian
in Const. p. 12^d. Horat. Ep. I 2, 19 ff. **II 3**, 143. Apul. Met.
IX 13 p. 619 Oud. Der Begriff 'weit herumgekommen sein'
(πολλῶν bis ἄστεα) wird sonst in epischer Formel mit πολλὰ βροτῶν
ἐπὶ ἄστεα bezeichnet: ο 492. π 63. τ 170. ψ 267, auch ι 128.
In Bezug auf den Zusatz καὶ **νόον ἔγνω** bemerkt K. Lehrs a. O.
folgendes: 'er hat vieler Menschen Städte gesehen, wird
man von jedem weit Herumgeworfenen sagen dürfen; aber auch:
er hat ihren Sinn erkannt? Nicht doch: das ist ja **wieder**
recht wie für den Odysseus gemacht. Und doppelt und dreifach
passend hat es sich dem Sänger hier eingestellt aus der Uebersicht einer Dichtung, in welcher ein Hauptreiz in den Erzählungen
lag, die der Held mit so kluger Schilderung von den gesehenen
Völkern zu geben weiss' usw. Wie aber dies νόον ἔγνω zu verstehen sei, zeigt die von Odysseus selbst wiederholt angewendete
Formel: ζ 121. ϑ 576. ι 176. ν 202, worauf auch Aristonic. ed.
Carnuth p. 3 verweist, vgl. auch κ 458. 459 mit 3 und 4 und
zu γιγνώσκειν Σ 270.

5 f. Zur Erklärung der Verbindung ἀρνύμενος ψυχήν, welche
mehrfach Anstoss erregt hat, vgl. Kayser im Philol. XXI
p. 318. — Dass zwei verschiedene Stämme ϝερυς ziehen und
ϝερυ schützen anzunehmen seien, weist G. Curtius in den Stud.
VI p. 265 ff. nach. — 7. Zur Lesart αὐτῶν und αὐτοί vgl. Aristonic.
ed. Carnuth p. 4 und Kayser de versibus aliquot Odysseae dissertat.
critica p. 10.

8. Bei der Deutung des Ὑπερίων durch 'Sohn der Höhe' wird
das Gewicht auf den Stammbegriff gelegt, nicht auf die Endung
-ίων, da die Erklärung einiger Alten ὁ ὑπὲρ ἡμᾶς ἰών (vgl. Sengebusch Aristonicea p. 9) wegen der stehenden Kürze des ι in ἰέναι
nicht annehmbar ist; wohl aber führt ὕπερος ganz wie *superus* auf
den für den Sonnengott trefflich passenden Namen. (F. J. Lauth
Homer und Aegypten (München 1867) p. 4 betrachtet den ägyptischen Horus 'der obere' als den Grundtypus zu dem durch Ueber-

setzung entstandenen Ὑπερίων, wodurch eben der Sonnengott als
der 'Obere' κατ' ἐξοχήν bezeichnet werden sollte.) Ueber die Gewohnheit der Doppelbenennung von derselben Person durch das
πρωτότυπον und das πατρωνυμικόν in Ὑπερίων und Ὑπεριονίδης
vgl. Buttmann ausf. Spr. II S. 438 Lob. in der Note unter dem
Texte; Lobeck Elem. I p. 393. 394; Hemsterhuis zu Schol. in
Aristoph. Plut. p. 325; Nipperdey zu Corn. Nep. Milt. 4, 3.
Deutsche Analogien bei J. Grimm deutsche Gr. II S. 365; W. Grimm
deutsche Heldensage S. 16. Neben dieser Gleichbedeutung des
Ὑπερίων mit Ὑπεριονίδης bei Homer bildete sich aus dem letztern
Namen von Hesiod an die spätere Sage, welche einen Vater Ὑπερίων
und als dessen Sohn den Helios Ὑπεριονίδης in eigentlich patro-
nymischem Sinne annahm. Hieraus erklärt sich der zwischen beiden
Sagen wechselnde Gebrauch bei den späteren Dichtern. Mit Homer
übereinstimmend sind Hesiod theog. 371. 374 vgl. mit 1011;
hymn. in Cer. 74; Stesichoros bei Athen. XI 469°; Pind. Ol. VIII
39 (71); hymn. in Apoll. Pyth. 191; Quintus Sm. II 596; von
lat. Dichtern Cicero Fragm. Arat. bei Orelli IV 2 p. 555; Ovid.
Met. VIII 564; Fast. I 385 usw. Die andern vier Erklärungen
des Ὑπερίων sind 1) die Auffassung in einer Appellativbedeutung;
2) als Abkürzung von Ὑπεριονίων; 3) Annahme von zwei verschiedenen Sagen schon bei Homer, was A. Haacke quaestt. Homer.
capita duo (Nordhausen 1857) am sinnreichsten verficht; 4) Fin-
gierung eines Eigennamens Ὕπερος, von dem beide Formen Ὑπερίων
und Ὑπεριονίδης Patronymika seien; aber jede dieser Erklärungen
führt zu unbesiegbaren Schwierigkeiten, worüber Ameis in dem
Mühlhäuser Programm von 1861 S. 10 ff. Vgl. auch Φιλομηλείδης
zu δ 343 und Ἁρμονίδης zu E 60.

    10. Ueber die Schreibart ἁμόθεν vgl. die Ausführung Schneiders
zu Plat. civ. V **474°** vol. II p. 112 und W. C. Kayser de versibus
aliquot Hom. Odyss. diss. critt. Sagan 1854, p. 11. Letzterer
nahm indess im Philol. XXI p. 319 daran Anstoss, dass mit diesem
Worte der Sänger der Muse die Wahl unter den vorher im Allgemeinen bezeichneten Stoffen und die Bestimmung der Grenzen
überlasse, wodurch die erste Anrufung der Muse gerade ins Unbestimmte gezogen und abgeschwächt werde, und vermuthete als
ursprüngliche Lesart ἄποθεν im Sinne von ἄπο, wobei τῶν auf
den Untergang der Gefährten zu beziehen sei, so dass der Dichter
den Anfangspunkt seiner Erzählung zwar nicht genau, aber doch
so bestimme, dass er den Zustand des Odysseus bei der Kalypso
an das letzte furchtbare Ereigniss knüpfe, durch welches er darin
versetzt war. Mit dem angeregten Bedenken berührt sich die
Frage nach der Schreibung und Bedeutung der Worte και ημιν.
Ameis schrieb καὶ ἥμιν nach Aristarch 'der diesen Gebrauch des
καί, welcher nur formell, nicht materiell den Gedanken afficiert,
mit dem kurzen Namen περιττόν bezeichnete; vgl. Sengebusch

Ariston. p. 12 und Fritzsche zu Theocr. 1, 60, auch Mommsen zu
Pind. Ol. VI 25' und verglich das dialectische 'schon' in Wendungen
wie: 'Du wirst's schon thun'. Indess findet sich für Aristarchs
Auffassung im Homer keine rechte Parallele und so haben die
neueren Herausgeber mit Recht καὶ ἡμῖν geschrieben, was entweder
gefasst wird: 'wie du selbst es weisst' oder 'wie auch andern'.
Für die erste Deutung können geltend gemacht werden Stellen
wie B 484—486. ι 16, bei der zweiten denkt Bekker an den
Sänger und seine Zuhörer, findet Hermann die Andeutung, dass
der Dichter sich sofort als einen von dem ursprünglichen Sänger
verschiedenen bezeichne, Wegener, dass ein Rhapsode spreche,
der die Dichtung eines anderen vortragen wollte. In der That
scheint auch jenes ἁμόθεν im Munde eines Rhapsoden besonders
geeignet, so urtheilte auch Nitzsch und wir müssen ihm zustimmen,
dass die Auffassung des καὶ ἡμῖν 'wie auch andern' die natürlichste
ist, da bei der andern die zu denkende Beziehung 'wie du selbst
es weisst' ferner liegt und in dem Zusammenhang keinerlei Stütze
findet. — Uebrigens vermuthet Nauck an Stelle von ἁμόθεν γε
— ἁμόθεν τι, da γέ sinnlos sei. — Nicht minder befremdete das
folgende ἔνθα V. 11 im Zusammenhang mit der vorhergehenden
Ankündigung: schon Fr. Schlegel nahm an, dass dasselbe auf
das Gedicht hindeute, das im epischen Cyclus vor der Odyssee
hergegangen sei, ebenso fand Welcker die cyclische Beziehung
darin ausgedrückt (der epische Cyclus p. 335) und Wegener sagt:
'als Voraussetzung haben unsere Verse eine ausgeführte Erzählung
von den trojanischen Helden, also eine Nostendichtung'. Indess
schwebt das ἔνθα nach dem, was hier vorhergeht, doch nicht so
durchaus in der Luft, sondern ist sachlich vorbereitet durch 1—9,
indem diese Verse bis zu dem letzten entscheidenden Ereigniss vor
der mit ἔνθα angedeuteten Situation geführt haben, und formell
durch V. 10, indem danach der Dichter des Beistandes der Muse
gewiss den von ihr gegebenen Ausgangspunkt (ἁμόθεν) erfasst
und mit episch geläufiger Formel getrost einsetzt, vgl. Lehrs und
die Stellen: β 82. δ 285. ε 133. η 251. θ 93. 532. ξ 478. ρ 503.
E 155. M 108. — 14. Ueber Kalypso und den mythologischen
Hintergrund der Odysseussage überhaupt vgl. G. Gerland altgriechische Märchen in der Odyssee. Magdeburg 1869 p. 50 ff.

16 ff. Eine neue Anordnung dieser schwierigen Verse versucht
La Roche Homerische Untersuchungen 1869 p. 249, indem er den
mit οὐδ' ἔνθα (18) beginnenden Satz als Fortsetzung des Vordersatzes ansieht und nach φίλοισι mit θεοὶ δέ den Nachsatz beginnen
lässt: 'Als aber das Jahr gekommen war, in welchem ihm die
Götter bestimmt hatten nach Hause zurückzukehren, und er auch
da noch nicht den Mühsalen entronnen und im Kreise seiner Freunde
war, da erbarmten sich alle Götter mit Ausnahme des Poseidon'.
Allein abgesehen von dem syntaktischen Bedenken, dass bei coordi-

nirten Sätzen eine derartige Beziehung von οὐδ' ἔνθα auf den
Gedankeninhalt des vorhergehenden Gliedes aus dem homerischen
Gebrauch sich nicht wird belegen lassen, macht sich bei dieser
Anordnung der Gedanken der Widerspruch geltend, dass man nach
dem Eintritt des Jahres, in dem Od. heimkehren soll, noch nicht
erwarten kann, dass er schon zu Hause sei. Diesen Anstoss beseitigt die Ameis'sche Auffassung von καί V. 19 in dem Sinne
von sogar, wofür Nitzsch im Philol. XVII p. 25 auf γ 236 f.,
η 73, N 787 verwiesen hat. Im übrigen bemerke ich zu der im
Commentar gegebenen Erklärung Folgendes. Versteht man ἐπεκλώσαντο (17) in plusquamperfectischem Sinne: verliehen hatten,
wie übrigens, soviel ich sehe, alle Herausgeber thun, so nimmt
man damit einen vor den Ereignissen der Odyssee gefassten Götterbeschluss an: allein davon ist nirgend die Rede, Athene beruft
sich nicht auf einen solchen, vielmehr lässt Poseidons Aeusserung
ε 286 von einer Aenderung des Götterbeschlusses nur voraussetzen,
dass die Götter früher einen den Wünschen Poseidons entsprechenden
und keineswegs die Heimkehr bestimmenden Beschluss gefasst haben.
Kann man aber die Wendung θεοὶ ἐπεκλώσαντο nicht von der Bestimmung der μοῖρα verstehen, so wird man dahin geführt sie von
dem im ersten Gesange erfolgenden Beschluss zu verstehen, mithin
in der ganzen Stelle eine proleptische Betrachtung des in der
Folge des Epos sich entwickelnden Schicksals des Odysseus zu
erkennen. Mag man diesen Vordersatz fassen wie man will, jedenfalls
bietet er nur den Gedanken: als für Odysseus die Stunde der
Heimkehr kam. Dazu scheint nun der Nachsatz: auch da nicht
war er entronnen aus seinen Leiden, zu passen, wenn man
die Worte verstehen kann in dem Sinne: auch da hatte er noch
Leiden zu bestehen, also zunächst von den Gefahren der Seefahrt.
Allein dies scheint der nur hier vorkommende Ausdruck πεφυγμένος
ἦεν ἀέθλων gerade zu verbieten. Die Parallele von πόλεμόν τε
πεφευγότες ἠδὲ θάλασσαν (12) führt vielmehr darauf das Plusquamperfect von dem Zustande nach seiner Ankunft in Ithaka zu verstehen, was zugleich durch den Zusatz καὶ μετὰ οἷσι φίλοισι
wesentlich unterstützt wird. Dann passt dieser Gedanke aber nicht
zum Vordersatze: 'als die Stunde der Heimkehr kam' und man
kommt zu der Annahme entweder einer Parenthese, wie sie Aristarch
annahm, vgl. Aristonic. ed. Carnuth p. 5, oder besser einer un-
regelmässigen Gedankenentwicklung, indem der Dichter den Gedanken,
dass Odysseus heimgekehrt sei, überspringt und sofort das in Ithaka
selbst ihn erwartende Schicksal beleuchtet, wobei ἔνθα in localem
Sinne auf das vorhergehende Ἰθάκην zu beziehen ist. Dass
aber auch die Worte θεοὶ κτλ. mit auf die Zeit der nach dem
Götterbeschluss erfolgenden Heimkehr des Odysseus zu beziehen
sind und also proleptisch das Schicksal des Odysseus beleuchten,
wird wahrscheinlich durch den Zusatz 21 πάρος ἦν γαῖαν ἱκέσθαι,

weil derselbe über die vor Fassung des Götterbeschlusses herrschende Stimmung der Götter, die man in ϑεοὶ δ' ἐλέαιρον findet, hinausweist auf die wirksamen Folgen des Zorns des Poseidon. Mit dem 22 folgenden ἀλλά ruft sich der Sänger dann von jener proleptischen Betrachtung zurück zu der mit dem Vordersatz 16 angedeuteten Situation. Ich finde also in dem Ganzen folgenden Gedanken: Als aber für Od. die Stunde der Erlösung schlug, da hatte er trotz des Mitleids der übrigen Götter von Poseidons Zorn noch viel zu leiden, bis er in die Heimath gelangte und **auch** hier selbst standen ihm noch Kämpfe bevor. Diese beiden Hauptgedanken haben aber die Stelle getauscht, indem nach εἰς Ἰθάκην 18 sich dem Sänger zunächst die Vorstellung von den dort bevorstehenden Kämpfen aufdrängt, wozu auch die Parallele 12 πόλεμόν τε πεφευγότες ἠδὲ θάλασσαν Anlass geben konnte. Andere haben durch Annahme von Interpolationen oder durch Umstellung die Schwierigkeiten zu lösen gesucht: so verwerfen **Bernhardy** und **Köchly** 18. 19, **Nauck** 21, **Düntzer** 15 von λιλαιομένη **an** bis φίλοισι 19, ähnlich **Wegener**, während **Heimreich** 16—18 an V. 9 schliessen will. Vgl. auch **Lange** ad Homeri Odysseae aliquot locos annotationes. Breslau 1856, p. 4. — Ueber die Formel περιπλομένων ἐνιαυτῶν vgl. jetzt auch **Kuhn** in seiner Zeitschr. XXIII p. 3, welcher auf Grund bedeutsamer Parallelen περιπλόμενος mit sanscr. *pariplavamánas* identificiert, sodass für πέλομαι und πλέω gleiche Abstammung anzunehmen sei. Eine sichere Etymologie von ἐνιαυτός ist bis jetzt nicht gefunden, vgl. G. **Curtius** griech. Etym.[4] p. 208, über ἔτος (= *vetus*) **Fick** vgl. Wörterb.[3] I p. 207 unter 2. *vat.*

23 f. Als einziges Beispiel der Epanalepsis in der Odyssee gegenüber den zahlreichen der Ilias wurde die Stelle bezeichnet von **Aristarch**, vgl. Aristonic. ed. Carnuth p. 5. Ueber die Frage, ob Aristarch statt des handschriftlichen Αἰθίοπας gelesen habe Αἰθίοπες, wie la **Roche** in der Annotat. crit. annimmt und **Carnuth** vermuthet, vgl. **Kayser** de versibus aliquot Hom. Odyss. dissert. crit. p. 13. **Bergk** Commentatt. crit. spec. V, Marburg 1850, p. III hält Αἰθίοπες für die ursprüngliche Lesart. Verworfen werden 23. 24, an denen auch **Bekker** Anstoss nahm, von **Düntzer** als 'durchaus unnöthige Ausführung, die um so auffallender, als nicht gesagt wird, zu welchen Aethiopen Poseidon gegangen sei', ebenso von **Köchly** und **Hennings**, vgl. dagegen **Lehrs**, de Arist. stud.[2], p. 425. — 24. δυσομένου. Bei der Bezeichnung des Sonnenuntergangs nemlich wird stets der Aorist gesetzt, um das Eintreten der raschen Erscheinung als blosses Factum zu bezeichnen; vgl. zu β 388. So auch κατέδυ ι 168. ν 33. Λ 475. 605 und im Particip ἐς ἠέλιον καταδύντα γ 138. ι 161. 556. κ 183. 476. μ 29. ρ 570. 582. τ 424. Λ 601. Τ 162. Ω 713; und ἅμ' ἠελίῳ (oder ἅμα δ' ἠελίῳ) καταδύντι

π 366. *A* 592. *Σ* 210. *T* 207. Wir übersetzen diese aoristischen Participia nach der Anschauung in unserem Himmelstriche präsentisch. Dagegen beim Sonnenaufgange steht auch griechisch das Participium des Präsens, um die allmähliche Entwicklung der zu ε 390 berührten Erscheinung auszudrücken, wie hier ἀνιόντος und ἠελίου ἀνιόντος Θ 538. *X* 135; und ἅμ' (oder ἅμα δ') ἠελίῳ ἀνιόντι μ 429. ψ 362. *Σ* 136; ähnlich ἅμ' (ἅμα δ') ἠοῖ φαινομένηφιν δ 407. ζ 31. η 222. μ 24. ξ 266. ο 396. π 270. ϱ 435. *I* 618. 682. *A* 685. *Ω* 600. Zum Particip vgl. J. Classen Beobachtungen über den hom. Sprachgebrauch II (Frankfurt 1855) S. 16, Gesammtausgabe. Frankfurt 1867 p. 113, auch 179. Anmerk.

26. οἱ δὲ δὴ ἄλλοι. Dieselbe Verbindung an derselben Versstelle ξ 24. *A* 524. *Π* 763. *T* 345. *T* 23.

29 ff. Ueber die Eröffnung der Versammlung durch die Erinnerung an Aegisthos, an welcher J. Bekker Homerische Blätter p. 104 Anstoss nahm, vgl. Nitzsch im Philol. XVII p. 26, Lehrs Aristarch. 2. Aufl. p. 425, Jacob Entstehung der Il. und Odyss. p. 13 f., O. Müller Gesch. d. griech. Lit. I p. 102, W. Jordan das Kunstgesetz Homers und die Rhapsodik. Frankf. 1869 p. 28 ff. Verworfen werden 29—31 von Hennings a. O. p. 149 f., Köchly a. O. p. 11, Düntzer Aristarch p. XV, Wegener a. O. p. 417, vgl. dagegen Sengebusch Aristonicea p. 22.

34. Ueber das ὑπὲρ μόρον bemerkt Welcker, griech. Götterl. I, p. 192, dass hier ernstlich die göttliche Regierung als der Grund des menschlichen Looses der menschlichen Freiheit gegenübergestellt sei. 'Aber auch nur in diesem Gegensatz finden wir, **dass etwas** gegen Gottes oder der Götter Willen geschehe, oder über den Willen des Geschicks hinausgehe.' Vgl. auch Christ, Schicksal und Gottheit bei Homer. Innsbruck 1877 p. 52 ff. — Ueber ein nach dem Folgenden und den übrigen Andeutungen vorauszusetzendes besonderes Lied von Orestes vgl. Welcker episch. Cyclus p. 297 f. und Nitzsch Beiträge zur Geschichte der epischen Poesie p. 194 f.

37. Bekker in den Monatsberichten der Berlin. Acad. 1864 p. 185 f. = Hom. Blätt. II p. 21 will wegen des Digamma die Präposition πρό entfernen, die allerdings nach dem nachgewiesenen homerischen Gebrauch von εἰπεῖν entbehrlich ist. Dasselbe schlägt Nauck in seiner Ausgabe vor. — Uebrigens verwirft Düntzer Asistarch p. XVI 37—42 und will im Eingang von 43 lesen: Ἄργος ἐς ἱππόβοτον. — Zur Lesart in 41 vgl. Kayser de versibus aliquot. Hom. Od. p. 13 f.

44. Dass γλαυκῶπις Ἀθήνη zusammengehöre, beweisen ausser anderm die Stellen, wo dieser Versschluss ohne vorhergehendes θεά steht: α 364. β 399. 420. γ 218. 371. ε 437. ζ 24. 41. η 78. λ 626. ο 9. 292. π 451. τ 604. φ 358. ω 516. 541. *B* 172. 279. 446. *Δ* 439. *E* 29. 133. *K* 482. 553. *X* 446; beweist auch die

Wortstellung $\vartheta\varepsilon\grave{\alpha}$ $\Theta\acute{\varepsilon}\tau\iota\varsigma$ $\mathring{\alpha}\varrho\gamma\nu\varrho\acute{o}\pi\varepsilon\zeta\alpha$ *I* 410. $\varSigma$ 127. 146. 381. *T* 28. $\varOmega$ 89. Ebenso verhält es sich mit dem Versausgange $\vartheta\varepsilon\grave{\alpha}$ $\lambda\varepsilon\nu$-$\varkappa\acute{\omega}\lambda\varepsilon\nu o\varsigma$ $"H\varrho\eta$. Uebrigens war auch die spätere Athene Promachos auf der Akropolis von Athen in homerischem Charakter dargestellt, wie noch die Erzählung über den Gothenkönig Alarich beweist, die wir bei Procopius lesen.

47. Schreibung und Auffassung des $\mathring{\omega}\varsigma$ sind bestritten. Die Vulgata ist $\mathring{\omega}\varsigma$, aber die neueren Herausgeber schreiben meistens $\mathring{\tilde{\omega}}\varsigma$ mit vorhergehendem Kolon, so Düntzer, **Kayser-Faesi**, la Roche und Nauck, $\mathring{\omega}\varsigma$ Ameis, dagegen $\mathring{\omega}\varsigma$ mit vorhergehendem Komma Bekker, mit vorhergehendem Kolon Baeumlein und Dindorf. Die Schreibung $\mathring{\tilde{\omega}}\varsigma$ hat die Autorität des Venet. Marc. 613 für sich, für die Auffassung des $\mathring{\omega}\varsigma$ als Wunschpartikel aber tritt Nicanor ein, vgl. Carnuth p. 22, welcher nach Combination als Nicanors Ansicht gibt: $\sigma\tau\iota\varkappa\tau\acute{\varepsilon}o\nu$ $\mu\varepsilon\tau\grave{\alpha}$ $\tau\grave{o}$ '$\mathring{o}\lambda\acute{\varepsilon}\vartheta\varrho\omega$'. $\tau\grave{o}$ $\gamma\grave{\alpha}\varrho$ '$\mathring{\omega}\varsigma$' $\mathring{\alpha}\nu\tau\grave{\iota}$ $\tau o\tilde{\nu}$ $\varepsilon\mathring{\iota}\vartheta\varepsilon$, $\delta\iota\acute{o}\pi\varepsilon\varrho$ $\mathring{\alpha}\pi$' $\mathring{\alpha}\lambda\lambda\eta\varsigma$ $\mathring{\alpha}\varrho\chi\tilde{\eta}\varsigma$ $\mathring{\alpha}\nu\alpha\gamma\nu\omega\sigma\tau\acute{\varepsilon}o\nu$. Als relative Vergleichpartikel fasst $\mathring{\omega}\varsigma$ Bekker hom. Blätt. I p. 54. Lange der hom. Gebrauch der Partikel $\varepsilon\mathring{\iota}$ *I* p. 344 entscheidet sich für $\mathring{\tilde{\omega}}\varsigma$ und verlangt nach 46 eine stärkere Interpunction. Gegen die letztere Ansicht spricht folgende Erwägung. Offenbar ruht der durch das einräumende $\varkappa\alpha\grave{\iota}$ $\lambda\acute{\iota}\eta\nu$ vorbereitete Gegensatz (vgl. *A* 553—55. *Θ* 358—360. *T* 408 f. γ 203—205. λ 181 f.) wesentlich auf dem Begriff $\mathring{\varepsilon}o\iota\varkappa\acute{o}\tau\iota$ $\mathring{o}\lambda\acute{\varepsilon}\vartheta\varrho\omega$ gegenüber dem unverdienten und darum von Athene so schmerzlich empfundenen Schicksal des ver-ständigen Odysseus, mithin ist das betonte $\varkappa\varepsilon\tilde{\iota}\nu\acute{o}\varsigma$ $\gamma\varepsilon$ nicht auf den Gegensatz $\varkappa\alpha\grave{\iota}$ $\mathring{\alpha}\lambda\lambda o\varsigma$, sondern auf $\mathring{\alpha}\mu\varphi$' $'O\delta\nu\sigma\tilde{\eta}\iota$ 48 berechnet. Mit diesem Gedankenverhältniss ist aber die selbständige Stellung, welche der Wunschsatz bei einleitendem $\mathring{\tilde{\omega}}\varsigma$ haben würde, nicht wohl vereinbar, man vergleiche $\varXi$ 142. $\varPsi$ 91. ν 79. § 503. Anders liegt die Sache γ 203—205, wo ein selbständiger Wunsch eben den durch $\varkappa\alpha\grave{\iota}$ $\lambda\acute{\iota}\eta\nu$ vorbereiteten Gegensatz ausführt. Hat der Wunschsatz aber im Zusammenhang des Gedankens nur eine unter-geordnete Stellung, so liegt am nächsten denselben mit dem ver-gleichenden $\mathring{\omega}\varsigma$ wie bei vorhergehendem Komma dem vorhergehenden Gedanken anzuschliessen, wie *o* 358 f. und β 182 f. An der ersten Stelle hat der Wunschsatz seine Beziehung zum Vorhergehenden vornemlich in dem Attribut $\lambda\varepsilon\nu\gamma\alpha\lambda\acute{\varepsilon}\omega$, welches in seiner Bedeutung durch den Wunsch erläutert wird, an der zweiten aber wird die Behauptung der Thatsache $\mathring{\omega}\lambda\varepsilon\tau o$ durch den Wunsch nachdrücklich verstärkt. In ähnlicher Weise dient an unserer Stelle der mit dem Urtheil des Hauptsatzes ($\mathring{\varepsilon}o\iota\varkappa\acute{o}\tau\iota$ $\mathring{o}\lambda\acute{\varepsilon}\vartheta\varrho\omega$) in vergleichende Be-ziehung gesetzte Wunsch dazu, dies Urtheil als unbedingtes zu verstärken, indem der Wunsch dasselbe über den besondern Fall hinaus verallgemeinert. Bei dieser Auffassung sind die Stellen den Fällen verwandt, wo der Wunschsatz zur Betheuerung ver-wendet wird und nur umgekehrt die Behauptung oder Zusage mit

ὥς in vergleichende Beziehung zu dem Wunschsatz gesetzt wird, vgl. L. Lange a. O. I p. 332 ff. und namentlich ϱ 251—253 mit β 182 f. Die von Nicanor gegebene Auffassung würde dem Wunschsatz eine parenthetische Stellung im Gedankenzusammenhange geben, wie *H* 390. Ω 764, allein solche parenthetisch eingeschobene Wünsche bezeichnen ein Hervorbrechen der Leidenschaft und zwar so, dass der Wunsch zu der vorher berichteten Thatsache in Gegensatz tritt, **was unserer Stelle** offenbar nicht angemessen ist.

50. ὅθι τε, **wie** ε 280. μ 3. ξ 353. π 471. τ 188. Θ 83. Σ 521. Die ursprüngliche Bedeutung der mit que identischen Partikel τέ im Anschluss an relative Pronomina und Adverbia ist **noch immer** sehr bestritten. Während J. Kvičala in der Zeitschr. f. d. oesterr. Gymn. 1864, p. 393—422, J. Classen in Fleckeisen's Jahrbb. 1859 Bd. 79, p. 306, H. Weber die dorische Partikel κα, Halle 1864 p. 14, Otto Beiträge zur Lehre vom Relativum bei Homer, **II** Wiesbaden 1864, und Hentze de pronominum relativorum linguae graecae origine atque usu Hom. Goetting. 1863, vgl. Philol. XXVII p. 504 ff. derselben in Verbindung mit **dem** Relativum ursprünglich eine verallgemeinernde Bedeutung, **doch in** verschiedenem Sinne beilegen, nehmen Delbrück der Ge**brauch** des Conjunctivs und Optativs p. 50 ff. und L. Lange der hom. Gebrauch der Partikel εἰ I p. 434, Note 161 an, dass sie dazu diente die betreffenden Sätze, die ursprünglich Hauptsätze waren, mit den andern zu verbinden, dann aber überflüssig wurde, als in dem relativ gewordenen ὅς selbst die satzverbindende Kraft zu liegen schien. Auch bei der ersteren Annahme ist es unmöglich die ursprüngliche Bedeutung noch überall nachzuweisen und gar durch eine Uebersetzung, wie irgend oder ohngefähr, in der Regel etc. zum Ausdruck zu bringen, da die ursprüngliche Bedeutung bei weiterer Entwicklung sich jedenfalls nicht behauptet hat.

51. νῆσος δενδρήεσσα, nach vorhergehender τελεία στιγμή, als besonderen Satz mit explicativem Asyndeton aufzufassen, das ist die schon von Bothe befolgte Erklärung Aristarchs, vgl. Sengebusch Ariston. p. 32 sq. Sie verdient hier in homerischem Geiste schon wegen des vorausgehenden νήσῳ den Vorzug vor der Auffassung des νῆσος δενδρήεσσα als epanaleptischer Apposition zu ὀμφαλός (Kr. Di. 57, 9, 1). Aehnliche Kürze in selbständigen Zusätzen δ 606. *K* 437, auch μ 102. Vgl. auch Nicanoris περὶ Ὀδυσσειακῆς στιγμῆς ed. Carnuth p. 22 und Lange ad Homeri Odysseae aliquot locos annotatt. p. 6 ff.

54. Eine abweichende Erklärung von ἀμφὶς ἔχουσιν giebt Preller griech. Mythol. I p. 348. — 56. λόγος findet sich nur hier und *O* 393, und zwar an beiden Stellen im Plural. Ueber die Bedeutung vgl. Mayer Studien zu Homer, Sophocles etc. p. 17 f., der für den Inhalt der λόγοι hier auf ε 208—10 verweist, und

den Anhang zu O 393. Uebrigens vermuthet Nauck an Stelle von λόγοισιν — ἔπεσσιν.

58. Die Erklärung ist im Anschluss an Nitzsch gegeben, vgl. auch Nicanor. ed. Carnuth p. 23.

60. Ueber die Elision von τοί vgl. Cobet Miscellanea critica 1876 p. 346. — V. 62 bezeichnet Düntzer hom. Abhandl. p. 430 als später eingeschoben, doch ohne Angabe eines Grundes.

64 = γ 230. ε 22. τ 492. φ 168. ψ 70. Δ 350. Ξ 83; der Schluss auch κ 328. I 409. Vgl. auch den Anhang zu φ 168. Solche wörtliche Wiederholung von Versen und Verstheilen gehört mit zur Gleichmässigkeit des altepischen Stils und ist ausserdem ein Zeichen von der Naivetät jener Zeit, die an einer gelungenen Rede ihr Wohlgefallen hatte. Das hier vorkommende ἕρκος ὀδόντων steht von den Zähnen selbst. Denn beim Oeffnen der Lippen zum Sprechen wird die Zahnreihe sichtbar. So verstand die Worte schon Solon 25, 1 Bergk: παῖς .. ἔτι νήπιος ἕρκος ὀδόντων φύσας ἐκβάλλει. Hierher gehört auch die Nachahmung bei Oppian. Hal. V 202 ταρσὸς ὀδόντων von der Säge. Ebenso *vallum dentium* Gell. I 15, 3; vgl. Schömann Opusc. III p. 377. Mit ähnlicher Malerei der Periphrase Plin. N. H. XI 181: *cor munitum pectoris muro*. Für die Lippen selbst dagegen, worauf ἕρκος ὀδόντων von manchen Alten und Neuern bezogen wird, wäre der Ausdruck bei Homer zu gesucht. Wohl aber kann Shakespeare im dritten Richard I 3 den von Schmerz über die Verbannung gepeinigten ausrufen lassen: 'ihr habt die Zung' in meinem Mund gekerkert, der Zähn und Lippen doppelt Gatter vor.' Dagegen lässt Lessing in der Minna von Barnhelm II 1 die Franziska ganz in homerischem Sinne sagen: 'Lieber die schönsten Zähne nicht gezeigt, als alle Augenblicke das Herz darüber springen lassen!' Uebrigens ist der Gedanke ποῖόν σε ἔπος φύγεν ἕρκος ὀδόντων jedesmal Ausdruck eines zürnenden oder verwunderten, der seinen Ohren nicht traut in dem Sinne 'was sagst du? höre ich recht?' Kürzer, aber in demselben Sinne steht ποῖον ἔειπες β 85. 243. ρ 406. N 824; und ποῖον τὸν μῦθον ἔειπες Α 552. Δ 25. Θ 209. 462. Ξ 330. Π 440. Σ 361. Ebenso ποῖον ἐφθέγξαο ἔπος bei Herod. V 106. VII 103. Zur ganzen Wendung vgl. auch W. Wackernagel ἔπεα πτερόεντα, Basel 1860 p. 1 f. Ueber die Interpunction am Schlusse von 64 und 67 vgl. Bekker im Monatsbericht der Berliner Akad. 1860 S. 459 = Homerische Blätter S. 203. Etwas anders urtheilt Bäumlein in Fleckeisens Jahrb. 1862 S. 193 f.

65. Ueber den Opt. mit ἄν in diesen Fragen vgl. Philol. XXIX p. 141. Uebrigens erhebt gegen diesen Vers ungegründete Bedenken W. Jordan das Kunstgesetz Homers p. 87, wie gegen 87, p. 84. — 68. Zur Erklärung von γαιήοχος vgl. Welcker griech. Götterlehre I p. 627. Eine neue Deutung giebt jetzt Goebel Lexilogus I Berlin 1878 p. 192 ff.: der über die Erde dahinfahrende.

— Ueber *ἀσκελές* vgl. Clemm in G. Curtius Stud. VIII p. 45 f.,
anders Goebel Lexilog. I p. 561 f. — 69. Nauck in den Mélanges
Gréco-Romains IV p. 146 nimmt an der pleonastischen Redeweise *ὀφθαλμοῦ ἀλάωσεν* hier und *ι* 516 Anstoss und vermuthet
ὀφθαλμοῦ ἀπάμερσεν, dort *ἀπάμερσας*.
70. Da *ὅου* jeder Analogie entbehrt, so ist dafür wahrscheinlich mit Nauck *ὅο* zu schreiben; vgl. G. Curtius Erläuter. S. 55
[²59], und zu κ 36. — Das gewöhnliche *ἴσκε*, welches auch Nauck
schreibt, gibt entweder den Sinn, dass Polyphemos **nach** seiner
Blendung schwach und ohnmächtig geworden sei, oder es **beruht**
auf der Annahme, dass der Kyklop mit dem Auge auch das Leben
verloren habe, wie zu *β* 20 aus Misverständnis des *πύματον* in
den **Schol. vulg.** bemerkt wird: *οὐκέτι γὰρ ὁ Κύκλωψ ἔφαγε συνα-
ποβαλὼν τῷ φωτὶ καὶ τὸ ζῆν, ὡς λέγεται.* Allein für beide
Ansichten gibt es im Homer keine Stütze. Doch das *ἴσκε* ist eine
schwach beglaubigte Lesart, die sich nur im cod. Hamb. und im
Lemma der gewöhnlichen Scholien findet; alle übrigen Mss. so wie
Etym. M. 614, 34 und der Verfasser der Epim. Hom. 316, 18
haben *ἐστί*, dessen Richtigkeit überzeugend erwiesen hat W. C.
Kayser in den Verh. der Vers. d. Philol. in Breslau 1857 S. 47 f.
71 — 75. In diesen Versen sieht Düntzer homer. Abhandl. p.
414 vgl. 430 einen späteren Zusatz, von andern Gesichtspunkten aus
auch Wegener im Philol. XXXV p. 418. — **V. 72.** Ueber *ἀτρύγετος* vgl. den Anhang zu *ϑ* 49 und dazu Clemm in G. Curtius
Stud. VIII p. 87 f.
83. *πολύφρονα* geben Eustathios, so wie der Augustan., Vratisl.,
Hamburg. und andere bei La Roche; die gewöhnliche Lesart ist
δαΐφρονα. Vgl. Kayser de verss. aliquot Hom. Od. p. 14.
84. *ἀργεϊφόντης* enthält nach der Ansicht mancher Gelehrten
in der Paenultima eine auch bei andern Wörtern durch die Sprach-
vergleichung (vgl. Kuhn Ztschr. V S. 64) nachgewiesene S c h w ä c h u n g
des *α* in *ο*, wie im Aeolischen *φόντης* regelmässig statt *φάντης*
gesagt wurde. Daher erklären einige Alte (Schol. Lips. zu B 104.
Hesych. I 273 Schm.) *ὁ ταχέως καὶ τρανῶς ἀποφαινόμενος*, und
dies hat Sengebusch **Ariston.** p. 26 zu *α* 38 auch als Aristarchische
Erklärung nachgewiesen, die, wie W. C. Kayser de versibus aliquot Odysseae disputatio III. Beuthen 1868 p. 10 ff. zeigt, auf
seine Function als Götterboten zu beziehen ist, und woraus
Ameis die Bedeutung E i l b o t e ableitete. Alkman sagt bei Athen.
XI p. 498 (vgl. rhein. Mus. X S. 255): *τυρὸν ἐτύρησας μέγαν
ἄτρυφον ἀργιφόνταν* 'einen weiss erscheinenden Käse.' Und
nach Etym. M. war *ἀργειφόντης* auch ein Epitheton des Sonnengottes, was Ameis deutete: 'des glänzend erscheinenden.' Derselben
Ableitung folgt Welcker gr. Götterl. I S. 336, mit der Deutung
'der (alles) weiss erscheinen lässt.' Auch P o t t in Fleckeisens
Jahrb. Suppl. III S. 316 verwirft wenigstens den herkömmlichen

'Argostödter.' **Ueber den** Diphthong $\varepsilon\iota$ Lobeck Elem. I p. **474.**
Dazu kommt jetzt **auf** denselben Grundlagen die neuste Deutung
von Roscher Hermes der Windgott, Leipz. 1878 p. 92 ff. == der
Aufheller, Hellmacher des Wetters, vgl. ἀργέστης Νότος Λ 306,
und damit im Zusammenhange die von διάκτορος (von διάκω) 'der
die Wolken vertreibende', χρυσόρραπις, weil der Treiber der Wolken
sich wie ein treibender Hirte eines unwiderstehlichen Treiber-
steckens bedient und εὔσκοπος, weil es eine Hauptaufgabe eines
guten Treibers ist scharf zuzusehen, dass kein Stück der Herde
zurückbleibe, und ein verlorenes Thier wieder aufzufinden'. Indess
bleibt die Annahme **der W.** φαν in dem zweiten Bestandtheil des
Wortes doch zweifelhaft neben ἀνδρειφόντης, da nirgend bei Homer
die W. φαν in der Form φον sich zeigt, vgl. H. D. Müller Mythologie der griech. Stämme II p. 278, daher L. Meyer Bemerkungen zur ältesten Geschichte der griech. Mythol. Gött. 1857
p. 53 das Wort deutet 'Tödter. des Lichtglanzes, des strahlenden
Himmels', vgl. Preller griech. Mythol. I 246, und Clemm **in G.**
Curtius Stud. VII p. 34: durch Glanz tödtend, als uraltes Beiwort
des Hermes als Lichtgott. — 85. Da Hermes in Wirklichkeit
erst im fünften Gesange zur Calypso abgesendet wird, vermuthet
Lehrs im Rhein. Mus. 1872 XXVII, p. 346 und bei Kammer die
Einheit der Odyssee p. 767, dass τάχιστα eine unbesonnene Ver-
derbung sei, an dessen Stelle ursprünglich **etwa** παραστάς gestanden habe. Vgl. darüber den Anhang zu ε 1 — 42.

88. Ἰθάκηνδ' ἐσελεύσομαι, das in codd. Harl. Vrat. Vind. 50
Marc. 613 und andern ausdrücklich gelesen wird, hat W. C. Kayser
de vers. aliquot Hom. Odysseae disp. altera (Sagan 1857) p. 11
als wahrscheinliche Lesart Aristarchs erwiesen, dagegen von der
jetzt gewöhnlichen Lesart bemerkt: 'nullus vero codex tuetur
Ἰθάκην ἐσελεύσομαι, quod ab Harleiáno scholiasta commemoratum
est.' Vgl. denselben auch im Philol. XVII S. 709 f. XVIII S. 712.
Und die Note zu ϱ 52. Aristophanes las hier Ἰθάκηνδε ἐλεύσομαι,
welche Lesart J. La Roche Hom. Textkritik p. 223 für die älteste
hält. Dagegen vermuthet Cobet in Mnemos. neue Folge I p. 51:
Ἰθάκηνδ' ἐπείσομαι vgl. ο 504.

90. In Bestreitung der Kirchhoffschen Kritik verwerfen Düntzer
homer. Abhandl. p. 430 und Kirchhoff, Köchly und die Odyssee
p. 9 f, sowie Giseke im Philol. Anzeiger III p. 391 V. 90 — 92,
Heimreich, die Telemachie p. 9 V. 90 — 95. Hennings p. 151 f.
aber vermuthet, dass V. 88 — 95 erst in späterer Zeit zwischen
das voraufgehende Stück und das folgende Lied gesetzt seien, um
den Inhalt der ersten vier Bücher mit dem der folgenden zu verknüpfen. — V. 91 will Bekker hom. Blätt. II p. 22 statt μνηστήρεσσιν ἀπειπέμεν herstellen μνηστήρεσιν ἀποειπέμεν, Cobet Miscell.
crit. p. 419 μνηστήρεσσ' ἀποϜειπέμεν, ebenso Nauck.

92. εἰλίποδας ἕλικας βοῦς ist als ein Beispiel wirklicher Wort-

malerei mit unübertrefflicher Treue und Kürze der Natur nach-
gezeichnet, indem die Rinder beim Gehen die Füsse nicht, wie
die Pferde (ἵπποι ἀερσίποδες), auf einer geraden Linie fortsetzen,
sondern die bekannte Beindrehung machen und so in regelmässig
langsamem Gange sich fortwinden; denn sie haben kein festes,
sondern ein schlaffes Sprunggelenk, das Hippokrates χαλαρόν nennt.
Ueber den Charakter des Beiworts εἰλίπους bemerkt Lobeck Path.
Elem. II p. 362 sq. mit Recht: 'illa pedum posticorum fluctuatio,
qua boves ab aliis animantibus differunt, cuivis quidem ante oculos
posita est, sed nemo facile attendit, admonitus autem quodammodo
gaudet tanquam re nova et incogitata.' Was sodann ἕλιξ betrifft,
so erklärt dies Apollonios im Lex. ἀπὸ τοῦ κατὰ τοὺς πόδας ἑλιγ-
μοῦ. Die gewöhnliche Deutung ist 'krummgehörnt' ἑλιξόκερως.
Aber dazu fehlt in dem Worte gerade der Hauptbegriff, die
'Hörner', da dieser Begriff nicht, wie das 'Haar' in ξανθὸς Μενέλαος,
selbstverständlich ist. Hierzu kommt, dass die Rinder des Helios
μ 348 βοῶν ὀρθοκραιράων 'geradgehörnt' heissen, dagegen 355
ἕλικες βόες, was bei der Deutung 'krummgehörnt' nicht harmoniert,
wenn man nicht künsteln will. Hätte der Dichter die Hörner
gemeint, so würde er wol ein prägnantes κεραούς 'schön ge-
hörnt' gesagt haben, was er bekanntlich vom Hirsche gebraucht. Die Erklärung: glatt, glänzend ist begründet im Anhange zu A 98.

97. 98. Hierüber bemerkt Aristonikos zu Ω 341. 342: ὁ
ἀστερίσκος ὅτι ἐνταῦθα ὀρθῶς κεῖνται καὶ ἐπὶ τοῦ πρὸς Καλυψὼ
διαπεραιουμένου Ἑρμοῦ (ε 44), ἐν δὲ τῇ Α ῥαψῳδίᾳ τῆς Ὀδυσσείας
οὐκέτι. Aus derselben Aristarchischen Quelle ist die Note der
Schol. H. P. Q zu ε 43; Cramer Anecd. Par. III 392. Vgl. J. La
Roche in der Zeitschr. f. d. österr. Gymn. 1862. S. 336 und
Aristonic. ed. Carnuth p. 8. Der innere Grund der Athetese liegt
ohne Zweifel in der nicht weiten Entfernung des Olymp von Ithaka,
so dass die Worte ἐφ' ὑγρὴν ἠδ' ἐπ' ἀπείρονα γαῖαν keine passende
Beziehung haben, sodann in dem Umstande, dass Athene nur hier
die Flügelschuhe des Hermes gebraucht. Ausserdem haben wir
hier zu 97 bis 101 die Notiz des Didymos προηθετοῦντο, d. i. vor
Aristarch besonders von Zenodotos und Aristophanes (über diese
Bedeutung von προαθετεῖν Buttmann zu Schol. α 185 und M.
Sengebusch Hom. diss. I p. 48). Der Vers 99 erscheint von Nestor
K 135. Ξ 12, von Aias O 482, von Telemachos o 551. υ 127;
und 100. 101 erscheinen von der Athene E 746. 747. Θ 390.
391, weil sie daselbst als Kriegsgöttin auftritt, was hier nicht
der Fall ist. Zu der erstern Stelle bemerkt Aristonikos: ἐντεῦθεν
εἰς τὴν Ὀδύσσειαν μετάκεινται. Vgl. auch E. v. Leutsch im Philol.
XXV p. 258 und 284. Uebrigens wird selbst 96 von Jordan
das Kunstgesetz p. 85 f. verdächtigt, und Hennings a. O. p. 159
weist 96—102 dem zweiten Ordner der Odyssee zu.

97. Ueber diese substantivierten Feminina der Adjective vgl.
Lobeck Parall. diss. V 'de nominibus adiectivi et substantivi generis
ambiguis', **wo p.** 350 über ὑγρή, wozu andere mit Unrecht γῆ
ergänzen und entweder 'das mit Meer bedeckte Land' oder wie
Krüger **Di. §.** 43, 3, 3 'die überfluthete Erde' erklären, da doch
Homer die Erde nur als eine vom Okeanosfluss umgebene runde
Fläche kennt. Es ist also auch aus sachlichem Grunde als substantiviertes Femininum aufzufassen. Hierher gehören unter andern
aus Homer die nach gewissen Classen zu sondernden Wörter:
ἄκρη zu ε 313, ἅλιαι zu ω 47, ἀμβροσίη zu δ 445, ἀναγκαίη zu
ι 73 (Lobeck Parall. p. 319. 363), ἀοιδή, ἀρχή, ἀρωγή, βοείη
oder βοέη zu ν 2 (Lobeck Parall. p. 353), γονή, δεξιή, δεξιτερή,
ἐλεγχείη zu ξ 38, ζεφυρίη zu η 119, ζωή, ἠοίη zu δ 447, ἠριγένεια
zu χ 197, ἰθεῖα, ἴη zu ξ 435 (Lobeck Path. Elem. I p. 112), ἴση
zu ι 42, κερτομίη, μειλιχίη, νεοίη, νηνεμίη zu ε 392, νοτίη, ξενίη
zu ω 286 (Lobeck Parall. p. 362), ὁσίη zu π 423 (Lobeck Parall.
p. 362), περάτη zu ψ 243, πινυτή zu ν 71 (Lobeck Parall. p. 360
und Proll. p. 390 not. 17), πομπή, πρύμνη, σκαιή, σποδιή zu ε
488, σχεδίη **zu** ε 33, τραφερή. Hierzu kommen die Feminina der
Ordinalzahlen **zu** β 374. Ebenso verhält es sich mit Eigennamen: vgl. **zu** γ 171. ν 285. ο 403 (Meineke zu Callimach. p. 306
nennt bei Κνιδίαν und Σαμίαν mit Unrecht erst Herodot als den
ältesten Gewährsmann dieses Gebrauches), so wie mit den adverbialen Bildungen ἀμφαδίην zu ε 120 (Lobeck Parall. p. 364),
ἀντιβίην, ἀπριάτην, θεσπεσίη und andern. Nirgends ist an eine
Ellipse zu denken. Derselbe Gebrauch der Substantivirung von
Femininaladjectiven herrscht bei uns, wie 'die Feuchte, Ebene,
Schöne, Schnelle' usw. oder mit Umlaut 'die Stärke, Schwäche'
usw. Vgl. Lobeck Parall. p. 361. Grimm deutsche Gramm. II S.
87 f. — Uebrigens will Naber quaestiones Homericae, Amsterdam
1877 p. 109 hier und ε 45 und Ω 341 wegen der folgenden
Praesentia an Stelle von φέρον das Praes. φέρει hergestellt wissen.

101. Bekker schreibt ὄμβριμος und ὀμβριμοπάτρη statt ὄβριμος
und ὀβριμοπάτρη. Für diese Schreibung mit dem Nasal spricht
ἄμβροτος (aus ἀ-μρο-τος, zu χ 297), sodann der prosodische Grund,
dass die erste Silbe überall die Länge fordert, wozu der Nasal
ein willkommenes Mittel bietet. Vgl. die von Baumeister hymn.
in Mart. 2 p. 343 citierten Gelehrten und Rumpf in Fleckeisens
Jahrb. 1860 S. 595 f.; auch Fick vergl. Wörterb. p. 12 unt.
ambhar 2 und die Note zu ζ 172. Das Verhältniss der
Ueberlieferung von diesem μ erläutert W. C. Kayser im Philol.
XVIII S. 655 ff. Nach diesem und C. A. J. Hoffmann Prolegom.
zu Φ und X p. 121 f. ist die Schreibweise ὄβριμος beibehalten.
Vgl. auch La Roche Hom. Untersuchungen p. 7, Curtius Gr.
Etym. ² p. 466, ⁴ p. 521 und Anhang zu Γ 357.

103. Ueber das πρόθυρον, und das Haus des Odysseus über-

2*

haupt, vgl. jetzt auch Gerlach im Philol. XXX p. 503 ff. Den
Besuch der Athene bei Telemach und den Zusammenhang der
folgenden Partie bespricht Jordan das Kunstgesetz p. 50 ff. —
106. An Stelle des 'unerträglichen' ἔπειτα vermuthet Nauck Mélanges Gréco-Romains III p. 17 f. ἐκεῖθι vgl. ϱ. 10. — V. 106
bis 112 werden von Düntzer hom. Abhandl. p. 431 verworfen.
   112. νίζον ἰδὲ πρότιθεν, statt νίζον καὶ πρ. ist die Lesart
Aristarchs nach der Erörterung von W. C. Kayser diss. crit. p. 14,
der schliesslich über die jetzt allgemein aufgenommene Lesart also
urtheilt: 'scripturam νίζον καὶ πρότιθεν ex obscuris scholiastae
Ambros. verbis eruit Buttmannus, quamquam ea vix cuiquam
veterum grammaticorum placuisse videtur.' Das ἰδέ steht nur hier
an dieser Versstelle, scheint aber durch den gleichen Gebrauch
des ἠδέ hinlänglich geschützt zu sein; vgl. Näke Opusc. I p. 220.
Ueber das vermeintliche Digamma in ἰδέ vgl. Rumpf. a. O. S. 678 f.,
auch Leskien rationem, quam J. Bekker in restituendo digammo
secutus est, examinavit. Lips. 1866 p. 22. Uebrigens steht auch
in der ältesten Odysseehandschrift bei Gotschlich in den Jahrbb.
f. Philol. 1876 p. 21 καὶ προτίθεντο, ἰδὲ κρέα statt πρότιθεν, τοὶ
δὲ κρέα, letztere Lesart aber hat Marc. 613 prima manu. —
Dieselbe Sitte, jedem Gaste einen besondern Tisch vorzusetzen,
berichtet Tacitus Germ. c. 22 auch von den Germanen: 'separatae
singulis sedes et sua cuique mensa.' Dass ein Tisch bei
Homer bisweilen auch für zwei Personen diente, erhellt aus ϱ 93.
Δ 628. Ω 625, ja auch für mehrere, wie Ι 216. Ueber κρέα
mit verkürztem α vgl. Lobeck Elem. I p. 231. 260.
   115. Zur Erklärung des εἰsatzes vgl. L. Lange der homerische
Gebrauch der Partikel εἰ I p. 399. — 116. Cobet Miscellan. crit.
p. 422 vermuthet an Stelle der Worte μνηστήρων τῶν μέν die
Folge τῶν μὲν μνηστήρων oder lieber nach υ 225 ἀνδρῶν μνηστήρων — vgl. indess α 151, auch Η 461. — 117. Ueber die naive
Freude des homerischen Menschen am Besitz spricht Schneidewin
die homerische Naivetät. Hameln 1878 p. 41 ff.
   128. Ueber die δουροδόκη bemerkt Gerlach im Philol. XXX
p. 513: 'der Speerbehälter an einer oder mehreren Säulen im
Saale wird in zwei Riemen oder Ringen bestanden haben, von
denen der eine um den Fuss der Säule sich legte, während der
andere etwa vier Fuss höher angebracht war. Die Cannelüren
nahmen dann die Lanzen auf, die Riemen oder Ringe hielten sie
fest.' Bleibt nun auch die von Gerlach auf ϱ 29 gestützte Annahme von cannelierten Holzsäulen unsicher, so ist doch jedenfalls
auf eine bestimmte Vorrichtung der Art zu schliessen und zwar
im Innern des Saales, nach 126 und τ 7 ff., χ 24. 25, wenn
auch nahe dem Eingange. Vgl. ausserdem Nitzsch und Doederlein
hom. Glossar §. 225 mit Payne Knight Prolegg. ad. Hom. p. 41
und dagegen Rumpf de aedibus Hom. pars prior. Giessen 1844

p. 29 f. — **Die über** das gegensätzliche ἄλλος gegebene einfach praktische Regel ist von Mehlhorn de adiectivorum pro adverbio positorum ratione et usu (Glogau 1828) p. 10 sq. Ebenso erklärt **die** bezüglichen Stellen Richard von Kittlitz-Ottendorf im Philologus XIV p. 613 sqq.: de singulari quadam pronominis ἄλλος significatione. Gewöhnlich fasst **man** das bei ἄλλος stehende Nomen appositiv auf; aber dies passt nicht zu Beispielen wie ζ 84. τ 601. Daher ist die sinnige Kürze von Krüger Spr. 50, 4, 11 das richtige. Beispiele sind β 412. ζ 84. ϑ 368. ο 407. 449. ϱ 401. σ 416. τ 601. υ **324.** B 191. N 622; und mit vorgesetztem Pronomen οἱ αἱ α 157. ϑ 40. B 665. Z 41. 402. Ξ 368. 427. O 67. P 260. T 83. Φ 554. Aus dem 'Streben nach prägnanter Kürze' erklärt diesen Gebrauch des ἄλλος auch O. Schneider zu Isokr. Paneg. 26, 6. Vgl. auch G. Autenrieth zu B 191 bei Nägelsbach. Denselben Gebrauch hat das lateinische alius. Vgl. Weissenborn zu Liv. IV, 41, 8 und K. Reisig Vorles. über lat. Sprachw. §. 199. Für denselben Gebrauch des deutschen 'andere' vgl. Grimm deutsche Gr. IV p. **456.**

130. Ueber λῖτα und λιτί vgl. Lobeck Parall. p. 86. Elem. ᴨII p. **292.** G. Curtius Etym. Nr. 542.

132 ff. In V. 132—135 vermuthet Düntzer hom. Abhandl. p. 432 einen spätern Zusatz, V. 135 wird auch von Hennings a. O. p. 162 **verworfen.** — Zu 136—138 vgl. Kammer die Einheit der Odyssee p. 146. — 134. Ueber ἀδήσειεν und die verwandten Formen vgl. jetzt Goebel in Zeitschr. f. Gymn. 1875 p. 652 und L. Meyer in Kuhn's Zeitschr. XXII p. 467 ff. — ὑπερφίαλος lassen Buttmann, Nitzsch, Döderlein hom. Gloss. §. 2220, G. Curtius Etym. II S. 291 [⁴ 708] aus ὑπερφυής (vgl. superbu-s Corssen Beiträge 61), Lobeck Proll. p. 91 aus ὑπέρβιος, ὑπερβίαλος mit gleicher Paragoge wie εὔτροχος, εὐτρόχαλος entstehen.

138. Zu τανύειν vgl. Brieger im Philol. XXIX p. 201 Anmk.

140 ff. Von diesen Versen athetieren Hennings a. O. p. 163: 139 und 140, **Nauck** 140, Kammer die Einheit p. **145 und** Nitzsch Sagenpoesie p. 151 V. 141 und 142 (in den Anmerkungen dagegen 140), die übrigen Herausgeber 141. 142. Die Wahrscheinlichkeit spricht durchaus für die Athetese von 140 aus folgenden Gründen: 1) die V. 141. 142 kommen ausser dieser Stelle nur noch δ 57. 58 vor, wo sie aber in guten Handschriften fehlen, vgl. La Roche, und nach den beiden vorhergehenden Versen, die α 139 f. entsprechen und dort an der Stelle sind, auch nicht bestehen können. Die Wahrscheinlichkeit spricht also dafür, dass sie in α ursprünglich sind. 2) V 140 steht nur, wo ein unerwarteter Gast gekommen ist und man die Ueberreste früherer Mahlzeiten zur Bewirthung desselben benutzen muss, während hier 112 oben ein frisches Mahl für die Freier bereitet ist: es wäre

auffallend, wenn Telemach, der doch sonst mit den Freiern isst,
und der Fremde nicht an diesem Mahl theilnähmen, 3) das Pronomen αὐτοῖσιν 143 wäre sehr auffallend gebraucht, wenn nicht
σφὶ 142 vorausginge, worin es seine Beziehung hat. Weiter verwirft Düntzer hom. Abhandl. p. 432 V. 144—155.
147 f. Vgl. Lobeck Elem. I p. 161. **Bekker** schreibt aus
Conjectur παρενήεον hier und π 51, ἐπενήεον H 428. 431; vgl.
dagegen Rumpf in Fleckeisens Jahrb. 1860 S. 587. Uebrigens
betrachtet Döderlein (öff. **Reden** S. 346) diese Formen als zweite
Aoriste. Vgl. denselben zu H 428. — 148. Eine auffallende
Differenz ergiebt sich zwischen 148 und 110, da dort bereits bei
den Vorbereitungen des Mahles berichtet war, dass die Herolde
in den Mischkrügen Wein und Wasser mischten. Dass die Ueberlieferung hier gestört ist, zeigt einmal, dass 148 in der ältesten
Handschrift bei Gotschlich in Jahrbb. f. Philol. 1876 p. 21 fehlt,
sodann dass in zahlreichen Handschriften V. 147 und 148 in umgekehrter Folge stehen, als wir sie jetzt gewöhnlich lesen und an
148 einige Handschriften den Vers schliessen: νώμησαν δ' ἄρα
πᾶσιν ἐπαρξάμενοι δεπάεσσι. Nun findet sich V. 148 noch A 470.
I 175. γ 339. φ 271 und zwar an allen diesen Stellen so, dass
darauf folgt: νώμησαν δ' ἄρα πᾶσιν ἐπαρξάμενοι δεπάεσσιν, ferner
A 470 nach dem Vers αὐτὰρ ἐπεὶ πόσιος καὶ ἐδητύος ἐξ ἔρον ἕντο,
und ebenso an den übrigen Stellen nach Beendigung der Mahlzeit
und voraufgehender Aufforderung zu einem Gebet I 171 f. oder
Spende γ 332 ff. φ 263, wo dann der Vers: τοῖσι δὲ κήρυκες
μὲν ὕδωρ ἐπὶ χεῖρας ἔχευαν zur Einleitung der religiösen Handlung
jedesmal unserm Verse vorhergeht. Auch A 470, wo dieser Vers
nicht vorhergeht, handelt es sich um eine religiöse Handlung: οἱ
δὲ πανημέριοι μολπῇ θεὸν ἱλάσκοντο κτλ. Nach allem diesem steht
148 hier an ungehöriger Stelle ebenso, wie der bei Eustath. und in
einigen andern Handschr. darangeschlossene Vers νώμησαν δ' ἄρα
πᾶσιν ἐπαρξάμενοι δεπάεσσιν. Auch Nitzsch zweifelte, ob 148 hier
an der Stelle sei, indem er bemerkte: 'ἐπιστέφεσθαι vollfüllen
scheint auch mehr vom Wiederanfüllen der schon einmal geleerten
Mischkrüge gesagt zu werden, was eben nur zur Libation geschah
VII, 164.' Derselbe schlägt folgende Anordnung der das Mahl
beschreibenden Verse vor: 139. 144—147. 141—143. 149. 150.
149. 150 = δ 67. 68. ϑ 71. 72. 484. 485. ξ 453. 454.
ο 142. 143. π 54. 55. ϱ 98. 99. I 91. 92. 221. 222. Ω 627.
628. Ausserdem findet sich 149 noch allein δ 218. ε 200. υ 256.
ὀνείατα wird von den Alten erklärt πάντα τὰ ὄνησιν ἐμποιοῦντα,
worunter bei der Mahlzeit Brod und Fleisch gemeint ist. Ueber
den Sinn des ganzen Verses vgl. den Anhang zu υ 256. Sodann
wird 150 ohne den vorhergehenden Vers, wiewohl nach einem
ähnlichen Gedanken, noch gefunden: γ 67. 473. μ 308. ο 303.
501. π 480. A 469. B 432. H 323. Ψ 57; der Schluss auch ω

489; ein ähnlicher Gedanke ε 201. Λ 642. Nachahmung bei Verg. Aen. I 216; vgl. Stat. Theb. I 539 f.

151. Auf den vorhergehenden formelhaften Vers folgt nirgends eine wiederholte Bestimmung des Subjectes nach. Hier hat die Hervorhebung von μνηστῆρες zu Anfang des Nachsatzes verbunden mit der anakoluthischen Aufnahme dieses Wortes durch das Pronomen τοῖσιν (vgl. 116) offenbar ihren Grund darin, dass der Dichter den Gegensatz des verschiedenen Beginnens und der verschiedenen Stimmung der Freier und des Telemach im Sinne hatte, der 159 in den Worten des letzteren: τούτοισιν μὲν ταῦτα μέλει zum Ausdruck kommt. Dieser Gegensatz kommt aber erst nach dem von neuem vorbereitenden ἤτοι (155) 156 mit αὐτὰρ zur Durchführung. Gefälliger wäre das von Nitzsch vermuthete μνηστῆρσιν τοῖσιν μέν.

152. Ueber γάρ τε vgl. γ 147. δ 397. ε 79. κ 190. ξ 228. ο 54. 400. ρ 78. 322. Λ 63. 81. B 481. Ψ 156. Ω 602. Für die gegebene Deutung von ἀναθήματα spricht auch ἐλεγχείην ἀναθήσει X 100, was dem Sinne nach mit μῶμον ἀνάψαι oder ἐξανάψαι β 86 zusammenhängt. Cicero Epist. ad Att. I 1, 5 nennt totum gymnasium ἡλίου ἀνάθημα. Die gewöhnliche Erklärung durch 'Zierden' ornamenta, decora (Hor. carm. I 32, 13), wofür Homer ἄγαλμα hat, oder gar durch 'Würze' bringt in den Dichter eine moderne Verschönerung des Ausdrucks, die an Schiller erinnert die vier Weltalter: 'denn ohne die Leier im himmlischen Saal ist die Freude gemein auch beim Nektarmahl.' Angeführt bei Plut. de musica c. 43 p. 1146ᵉ.

155 ff. Ueber die musikalische Begleitung des Liedes handelt Welcker ep. Cyclus p. 352 ff. Bergk griech. Literaturgesch. I p. 432 ff. — V. 158—69 verwirft Düntzer hom. Abh. p. 433 als ungeschickten Zusatz.

163. Die in der Anmerkung angeführten Parallelstellen ergeben eine bestimmte, öfter wiederkehrende Ausdrucksform leidenschaftlicher Rede zu Anfang eines Wunsch- oder Bedingungssatzes mit εἰ und dem Optativ, die charakterisirt wird durch Asyndeton bei adversativem Gedankenverhältniss und durch Markierung des aus dem Vorhergehenden mit κεῖνος aufgenommenen Hauptbegriffs durch γέ, der als Subject oder Object die erste Stelle nach der den Satz einleitenden Conjunction einnimmt. Die Markierung des Pronomens durch γέ nämlich hat ihren Grund nicht in einem äusseren Gegensatz, sondern ist der Ausdruck des lebhaften Interesses, welches der Redende für die bezeichnete Person hegt, der Liebe oder auch des Hasses (so Z 284), der Bewunderung oder Verachtung, Empfindungen, die auch sonst durch die Betonung mit γέ angedeutet werden, vgl. namentlich zu ζ 154, auch δ 595. Z 412. K 246. Hiernach hat Bekker auch E 273 und Θ 196 γέ statt κέ geschrieben, vgl. indess L. Lange der hom. Gebrauch

der Partikel *εἰ* II p. 493. Verwandt sind *β* 76. *ζ* 313. *λ* 501. *ρ* 313, **wo** indess kein adversatives Gedankenverhältniss stattfindet, und *δ* 388 **vgl.** *ρ* 223, wo *εἰ* nach dem betonten Begriffe steht.

168. Ueber solche im homerischen Epos sehr häufige Gedankenreihen, wo nach einem Nebensatz der vorhergehende Hauptgedanke nochmals aufgenommen wird, ist das Wichtigste zusammengestellt: Hentze, zur Periodenbildung bei Homer. Göttingen 1868. 170 = *κ* 325. *ξ* 187. *ο* 264. *τ* 105. *ω* 298; das erste Hemistichion *η* 238. *Φ* 150. Krüger Di. 51, 15, 3. **Ueber das Verhältniss der Fragen** *τίς, πόθεν εἰς ἀνδρῶν,* **die als zwei besondere zu fassen sind**, vgl. Hoffmann Qu. Hom. I p. 29 **und** Lehrs de Arist.[2] p. 391 ff. Durch Partikeln verbunden **sind** sie regelmässig in den Nachbildungen bei Herod. I 35: *ὤνθρωπε, τίς τε ἐὼν καὶ κόθεν τῆς Φρυγίης ἥκων, ἐπίστιος ἐμοὶ ἐγένεο;* mit der Note von Bähr. Propert. I 22, 1: *qualis et unde genus, qui sint mihi, Tulle, penates, quaeris.* Verg. Aen. VIII 114: *qui genus? unde domo?* In der Accentuierung von *εἰς,* statt des gewöhnlichen *εἷς,* folgt Bekker den besten Alexandrinern; vgl. Lehrs Q. E. p. 126. — V. 171—73 fand Aristarch passender **im** Munde des Eumaios *ξ* 188: Aristonic. ed. Carnuth p. 10. Dieser Ansicht **stimmt zu** Hennings a. O. p. 163. Vgl. Nitzsch Sagenpoesie p. **153 f. Mit** Bezug darauf bemerkt Th. Hug in Dietschs Jahrb. **1859** S. 6: ʻwir machen darauf aufmerksam, wie genau die Antwort der Athene den einzelnen Fragen entspricht. So correspondieren 180 und 181 dem 170. Verse, der nach der Herkunft fragt; den genauen Bescheid auf die angezweifelten Verse 171 bis 173 enthalten 182 bis 186, auf *ὁπποίης τ' ἐπὶ νηὸς ἀφίκεο κτέ.* das *νῦν δ' ὧδε ξὺν νηὶ κατήλυθον κτέ.*, endlich auf die nachträgliche Frage 174 bis 177 antworten 187 ff. Eine zweite Stütze der Echtheit ist der Umstand, dass die nachdrückliche Formel *καί μοι τοῦτ' ἀγόρευσον ἐτήτυμον* 174 besser passt, wenn die Frage vorher unterbrochen war.ʼ Vgl. die zu *ν* 232 citierten Stellen. — V. 174—177 verdächtigt Düntzer hom. Abhandl. p. 434.

175. Nach alter Theorie hat man bekanntlich ein dreifaches *ἤ* zu unterscheiden: 1) das **disjunctive** (*ὁ διαζευκτικός* und *ὁ παραδιαζευκτικός*), stets *ἤ* **mit dem Acut** betont; 2) **das beteuernde** (*ὁ βεβαιωτικός* oder *διαβεβαιωτικός*), **stets** *ἦ* mit dem Circumflex; 3) das **fragende** (*ὁ διαπορητικός* oder *ἐρωτηματικός*), ebenfalls *ἦ* mit dem Circumflex betont. In der Doppelfrage aber, **in** der directen wie in der abhängigen, wird nach der Lehre der **Alten** nur das *ἦ* des zweiten Gliedes circumflectiert, das *ἤ* des ersten Gliedes dagegen mit dem Acut accentuirt. Vgl. Lehrs Q. E. p. 52 sqq., wo zugleich über das *ἤ* des ersten Gliedes in Bezug auf den Acut vermutungsweise geurtheilt wird. Auch M. Sengebusch hat darüber eine ähnliche Vermutung geäussert, indem er folgendes bemerkt: ʻDer Grund, warum es statt des Circumflex

den Acut erhielt, wird nicht überliefert. Er scheint aber darin zu liegen, dass der Acut ein schwächerer Accent ist als der Circumflex. Die Doppelfrage wird als solche erst durch das zweite Glied hingestellt; dies zweite also ist das Hauptglied. Es war billig, wenn man dasselbe stärker accentuierte als das erste, schwächere Glied.' Anderer Ansicht ist Bäumlein (in Fleckeisens Jahrb. 1862 S. 196), der für beide Glieder die Disjunction ἤ verlangt. Vgl. auch Praetorius der homer. Gebrauch von ἠ (ἠε) in Fragesätzen. Cassel 1873 p. 2 ff. und L. Lange der homerische Gebrauch der Partikel εἰ I p. 427, Note 152. — **176.** Cobet Miscellan. crit. p. 303 vermuthet πολλοὶ Ϝίσαν an Stelle von πολλοὶ ἴσαν. — **177.** ἐπίστροφος wird in den Schol. erklärt: ἐπιστροφὴν καὶ ἐπιμέλειαν ποιούμενος τῶν ἀνθρώπων.

180. εὔχομαι εἶναι vierzehnmal, εὔχεαι εἶναι dreimal, εὔχεται εἶναι zehnmal, εὐχόμεθ᾽ εἶναι sechsmal, dies alles formelhaft am **Versschluss.** Ausnahmen E 173. Ψ 669 und die Trennung N 54, mit ἔμεναι φ 335. Φ 411, und die Nachbildungen E 248. Τ 209. Selten findet sich die Formel in der Prosa, wie bei Plat. Gorg. p. 449ᵃ. Polyb. V 43, 2. Dion. Hal. 3, 11.

182. Vgl. Lehrs de Arist.² p. 70 und 379 und Funk über den Gebrauch der Pronomina οὗτος und ὅδε bei Homer (Friedland 1860) S. 18. Die Ausdehnung der deiktischen Beziehung von ὅδε und ὧδε auf den Redenden, wie die von οὗτος und οὕτως auf die zweite Person in dem Umfange, wie sie letzterer dort angenommen und in dem Friedländer Programm: auf Homer Bezügliches 1871 zu rechtfertigen gesucht hat, halte ich nicht für begründet, ja leicht zu verkehrter Interpretation verleitend. Vgl. Philol. Anzeiger III p. 241 ff. und Philol. XXVII p. 507—518, wo die Bedeutung und der Gebrauch dieser Pronomina ausführlich erörtert ist. Mit den dort entwickelten Ansichten stimmt im Wesentlichen auch überein Windisch in G. Curtius Studien II p. 256 ff.

185. 186 wurden von Aristophanes verworfen, wahrscheinlich auch **von** Aristarch: vgl. Aristonic. ed. Carnuth p. 10. Von Neueren stimmen zu Hennings a. O. p. 163 und Düntzer hom. Abhandl. p. 433. — Weiter werden die V. 188—193 verworfen von Kammer die Einheit der Od. p. 268 f. und 404 f. und Düntzer hom. Abh. p. 433 f. erstreckt diese Athetese über 187—205. Kammer's Hauptbedenken sind, dass Mentes' genaue Kenntniss von den Lebensverhältnissen des Laertes auch die Kenntniss von dem Unwesen der Freier erwarten lasse, namentlich wenn die Freierwirthschaft es war, die ihn die Stadt zu meiden nöthigte, während Mentes in den Fragen 225 ff. zeigt, dass er von dem Treiben der Freier nichts weiss. War aber der Grund für Laertes Zurückgezogenheit die Trauer um den verschollenen Sohn, was das natürlichste, so geräth die Mittheilung von dem Leben des Laertes mit δὴ γάρ μιν ἔφαντ᾽ ἐπιδήμιον εἶναι in Widerspruch. Düntzer findet

ausserdem die Weissagung 196—205 ganz in Widerspruch **mit**
der 267 f., 287 ff. geäusserten Unwissenheit, ob der Vater noch
am Leben sei und zurückkehren werde. Den von Kammer geltend
gemachten Bedenken gegenüber ist indess Folgendes zu erwägen.
So sehr man von vornherein geneigt sein mag als Ursache des
πήματα πάσχειν den Schmerz über den verschollenen Sohn anzunehmen,
so erweckt doch die folgende Ausführung, die lediglich das äussere
mühselige Leben des vom Alter gebeugten Greises schildert,
Zweifel, ob jener Ausdruck wirklich von einem innern Seelenleiden
zu verstehen ist und nicht vielmehr von den Beschwerden des
Alters, um so mehr da πήματα πάσχειν fast ausschliesslich von
äussern Mühen und Leiden gebraucht wird, wie von den Leiden
der **Achaeer vor** Troja γ 100. δ 243. δ 330, von den Leiden der
Seefahrt und Irrfahrt ε 33. η 152. ϑ 411. ϱ 444. ϱ 524. Bei
dieser Allgemeinheit **des** Ausdrucks ist mithin an sich ein Widerspruch dieser Worte sei **es mit den** Fragen nach dem Treiben
der Freier, sei es mit der Voraussetzung, dass Odysseus bereits
zu Hause sei, nicht mit Entschiedenheit zu behaupten. Dazu kommt,
dass Mentes als Grund seiner Kenntniss vom Leben des Laertes
φασί, aber als Grund seiner Voraussetzung, dass Odysseus zu Hause
sei, ἔφαντο angiebt: er hat das letztere mithin schon zu Hause
oder doch unterwegs gehört, das erstere auf Ithaka selbst, so dass
selbst, wenn das πήματα πάσχειν den Schmerz über den Sohn zum
Grunde hätte, ein Widerspruch zwischen beiden Aeusserungen nicht
vorläge. Vgl. auch Kayser-Faesi zur Stelle und Hennings in
den Jahrbb. f. Philol. 1875 p. 531 f. — 190 will Naber quaestiones
Hom. p. 93, der übrigens die von Kammer vorgeschlagene Athetese
billigt, an Stelle von πάσχειν schreiben πάσχει.

   193. Eben so urtheilt über γουνός auch Döderlein hom. Gloss.
§. 1011; nur mit der Sinnbestimmung: Biegung des Bodens wie
Bühl, d. h. Hügel oder Anhöhe. Eine analoge Metapher ist πῆχυς
vom Bogen. Sachlich sind über Laertes auch zu vergleichen λ 187 f.
ω 205 ff. 226 ff. Ueber ἀλωή vgl. A. Thaer im Philol. XXIX p. 598.

   197 ff. Ueber diese Verse vgl. Bergk griech. Literaturgesch.
I p. 662, Note 17. — V. 199 hat Bekker athetiert, wahrscheinlich
weil er ihn für eine matte und lästige Ausführung des vorhergehenden Gedankens hält.

   204. Cobet Miscell. crit. p. 265 f. vermisst hier in dem Satze
δέσματ' ἔχῃσι das Object und will deshalb herstellen: οὐδ' εἴ πέρ
Ϝε an Stelle von εἴ πέρ τε. Auch Nauck vermuthet ἑ. Vgl. indess
den ähnlichen Fall α 162.

   208. μέν ist, wie hier Didymos berichtet, nach Aristophanes
und Aristarch gegeben. Die andere Lesart γάρ, welche aus Stellen
wie δ 597. ϱ 24. Ω 198 entstanden zu sein scheint, ist bei La
Roche die der Handschriften, doch hat die aelteste bei Gotschlich
a. O. p. 22 μέν.

210. Eine abweichende Erklärung von ἀναβαίνειν giebt Kammer die Einheit p. 170 ff.

214—220. Ueber die Naivetät in der folgenden Antwort Telemachs vgl. Schneidewin die hom. Naivetät p. 138 und 143. — V. 220 vermuthet **Naber** quaestt. Hom. p. 133 φησι an Stelle von φασι, indem er wie 215 als Subject μήτηρ voraussetzt.

225. Statt des gewöhnlichen τίς δέ, wo man δέ als einfach anknüpfend 'und welches' erklären muss, ist hier δαί die Lesart des Aristarch; vgl. Ammon. und Hesych. unter δαί, Et. Gud. 132, 46. Apoll. de Synt. p. 77, 9. Cramer A. P. III, 13, 10; 284, 23. Schol. Aristoph. Plut. 156. Suidas IV p. 1119 ed. Bernh. Apoll. Lex. p. 56, 27. Zon. Lex. p. 474. So mit **G. Hermann** und J. La Roche in der Zeitschr. f. d. österr. Gymn. 1863. S. 333 und Homerische Textkritik p. 220 f. Vgl. indess den Anhang zu K 408. Hier gibt die Lesart zugleich mit δαίς einen nicht wirkungslosen Gleichklang, während τίς δὲ ὅμιλος einen auffälligen Hiatus **bietet**. Aus anderen Gründen ist dieses Aristarchische δαί aufzunehmen in ω 299 und K 408, wo diese **Partikel** im Venetus und im Scholion des Aristonikos steht, und wo sie noch von Porphyrius gelesen wurde. Ueber die Bedeutung dieses δαί handeln R. Klotz zu Devar. p. 386 sqq. Krüger Di. 69, 16 Anm.; dagegen hat Bäumlein über griech. Part. δαί unberührt gelassen. Uebrigens vermuthet Nauck τίς δὴ δαίς, τίς ὅμιλος. — Das folgende τίπτε δέ σε χρεώ; wie K 85 vgl. Δ 606, auch zu δ 634.

226. Ein Pickenik hiess später δεῖπνον ἀπὸ συμβολῶν oder ἀπὸ σπυρίδων. Deshalb erwähnt den Vers der Schol. zu Aristoph. Ach. 1211. Vgl. Hermann Privatalt. 27, 22. Ueber γάμος . . . οὐκ ἔρανος vgl. Zell zu Aristot. Eth. Nicom. IV 2, 20. ἔρανος stellt Fick vgl. Wörterbuch der indogerm. Sprachen p. 165, ³ I 187, zu indogerm. rana Behagen, Lust. Nach demselben steht ἐλλαπίνη für ἐ-Ϝλαπ-ίνη vgl. lat. volup, volupe, volup-tas. Uebrigens schreibt Nauck εἰλάπιν' ἠὲ γάμος.

227. Für Ameis' Auffassung der Stelle hat sich neuerdings unter näherer Begründung ausgesprochen C. Meierheim de Infinitivo Hom. Spec. I p. 27 ff.

234. ἐβόλοντο, statt des sonstigen ἐβάλοντο, wird nach Aristonikos zu Δ 319 zu schliessen die Lesart des Aristarch sein. Zur Verbindung mit ἑτέρως, was nur hier vorkommt, anders d. i. auf entgegengesetzte Weise, vgl. O 51 βούλεται ἄλλῃ, und wegen des Gedankens auch ε 286: μετεβούλευσαν θεοὶ ἄλλως ἀμφ' Ὀδυσῆι. Ueber βόλομαι — volo vgl. G. Curtius Etym.⁴ p. 539, Nr. 659 und das Verbum der griech. Spr. I p. 245, und den Anhang zu Δ 319.

238. Hennings a. O. p. 164 hält diesen Vers hier und § 368 für interpoliert, dagegen δ 490 für ursprünglich.

241. Ueber ἄρπυιαι vgl. Lobeck Parall. p. 377 not 91.

G. Curtius Etym. Nr. 331. Gladstone hom. Stud. von **Schuster**
S. 233. **Roscher** Hermes p. **39 und** 58.

243. οὐδέ τι ist urkundlich besser gestützt, als die andere
Lesart οὐδ' ἔτι, und ist vorzuziehen, weil der schmerzliche Verlust
des Vaters dem jugendlichen Telemachos erst mit dem Treiben
der Freier zum Bewusstsein kam, sodann weil man nach οὐδ' ἔτι
weniger ἐπεί als vielmehr einen Gegensatz mit ἀλλά erwarten sollte.
Ueber οὐδέ τι vgl. auch zu γ 184.

246. Die später sogenannte Insel Kephallenia ist nach den
Vorstellungen Homers in zwei Theile getheilt, von denen der eine
Ithaka ganz nahe gelegene Theil Same, der andere von Ithaka
entferntere und bei den Echinaden (B 625) gelegene Theil Dulichion
heisst. Anders Buchholz Homer. Kosmographie und Geogr. p. 147
u. 148. Uebrigens gilt Dulichion für grösser als Ithaka selbst,
wie aus Vergleichung von π 247 mit 251 und B 630 mit 637
erhellt. Als König von Dulichion wird ξ 336 Akastos genannt.
Die in 245 erwähnten ὅσσοι γὰρ νήσοισιν ἐπικρατέουσιν ἄριστοι
heissen β 51 τῶν ἀνδρῶν φίλοι υἷες, οἳ ἐνθάδε γ' εἰσὶν ἄριστοι,
weil die Söhne der ἄριστοι als Mitglieder der Aristokratie ebenfalls
ἄριστοι und κοιρανέοντες (ἐπικρατέοντες) in weiterem Sinne sind.
Vgl. auch zu ξ 60. 61. Ueber τάχα 251 vgl. Lehrs de Arist.
p. 101,[2] p. 92. — 249—251 werden von Düntzer hom. Abhandl.
p. 435 verworfen. — Zu dem Wunschsatz 255 vgl. L. Lange der
homerische Gebrauch der Partikel εἰ I p. 351.

259. ἐξ Ἐφύρης. Andere wollen hier eine Stadt der Thesproten
in Epeiros oder das Thessalische Ephyre annehmen. Aber Odysseus
ist nach der Vorstellung des Dichters durch das Land der Epeier
gekommen und den Inseln entlang nach Taphos gefahren, das dem
Dichter südlicher liegt als in der Wirklichkeit. Daher ist hier
das Eleische Ephyre zu denken, wo Augeias herrschte, dessen
kräuterkundige Tochter Δ 740. 741 erwähnt wird. Dafür
entscheidet sich auch Gladstone hom. Stud. von Schuster S. 99.
Vgl. Buchholz hom. Kosmogr. u. Geogr. p. 89 f., der die Stadt
nach Epirus setzt. Zu der Erzählung selbst vgl. Schneidewin die
hom. Naivetät p. 141. Ueber φάρμακον Goebel Lexilog. I p. 582.
Uebrigens glaubt La Roche in Zeitschr. f. d. oesterr. Gymn. 1863
p. 187 in 259—265 eine Einschiebung der Rhapsoden zu erkennen.

268 ff. L. Lange der homerische Gebrauch der Partikel εἰ II
p. 536 fasst V. 268 nicht als Fragsatz, sondern als Disjunctivsatz,
daher er nach δ 80 ἠὲ καὶ οὐκί statt ἠὲ καὶ οὐκί geschrieben
wissen will. — Die Schwierigkeiten in dem Zusammenhange der
V. 269—305 sind erörtert von Jacob die Entstehung der Ilias
und Odyssee p. 364 ff., Friedlaender analecta Hom. Regimont. 1859
p. 22 ff. (= Jahrbb. f. Philol. Suppl. III p. 476 ff.), Kirchhoff die
Komposition der Odyssee p. 1 ff., Düntzer hom. Abhandl. p. 436 ff.,
Düntzer Kirchhoff, Köchly und die Odyssee p. 7 ff., Hennings über

die Telemachie p. 164 und 210 und in den Jahrbb. f. Philol.
1874 p. 533 ff., Heimreich die Telemachie p. 5 ff., Hartel in Zeitschr.
f. oesterr. Gymn. 1864, XV p. 486 f., Kammer die Einheit der
Odyssee p. 251 ff. und 405, Bergk griech. Literaturgesch. I p. 663,
vgl. auch Adam die ursprüngliche Gestalt der Telemachie p. 17.
V. 292 behandelt Forchhammer in den Jahrbb. f. Philol. 1875
p. 6 f., vgl. dagegen Kammer in denselben Jahrbb. 1875 p. 265 ff.
Ausserdem citirte Ameis die mir nicht zugängliche Schrift von
G. Schmid Homerica. Dorpat 1863 p. 23 ff. — Die mannigfachen
Versuche, die Schwierigkeiten zu beseitigen sind folgende: Düntzer
verwirft 269—278. 286. 293—302. 305, Heimreich 270—294,
G. **Hermann** nach **einer** Mittheilung bei Friedlaender 275—278
und 292; Hennings 277—278; Friedlaender nimmt drei verschiedene
Recensionen an: 267—270. 271—278. 279—302; Kammer nimmt
nach **278** eine Lücke an, zu deren Beseitigung 279 ohne Rück-
sicht **auf** den Zusammenhang eingeschwärzt sei, und verwirft 292,
vielleicht auch 277. 278. Bergk glaubt die ganze Partie dem
Dichter der alten Odyssee absprechen zu müssen. — Die wirklich
vorhandenen Schwierigkeiten, welche Hennings vergebens durch
Interpretation hinwegzuräumen versucht hat, concentriren sich um
V. 278 f. und 292 ff. Ueber die erstere Stelle wird unter 277 ff.
näher gehandelt. In V. 292 und 293 ff. sind für den Fall, dass
Telemach auf seiner Reise Gewissheit von dem Tode des Vaters
erhält, zwei Massregeln als zeitlich aufeinanderfolgend verbunden,
die nicht bloss in dieser Folge, sondern überhaupt mit einander
unvereinbar sind: eine friedliche Lösung, durch Verheirathung der
Mutter und eine gewaltsame durch Tödtung der Freier. Alle Versuche der Interpretation beide zu vereinigen, sind unhaltbar. Fragen
wir, welche von beiden den Umständen angemessen und in Athene's
Munde wahrscheinlich ist, so erheben sich die grössten Bedenken
gegen die zweite dieser Massregeln, die Tödtung der Freier. Man
bedenke, dass die vorausgesetzte Möglichkeit, Telemach erhalte auf
seiner Reise die Kunde von dem Tode seines Vaters, in Wirklichkeit
gar nicht für ihn in Frage kommt und auf diese gar nicht in
Frage kommende Möglichkeit hin soll Athene Telemach so ausführlich und nachdrücklich zu gewaltsamer That gegen die Freier
mahnen und auf das Vorbild des Orest verweisen? Dazu kommt,
dass eine solche Anweisung auch mit den eigenen Worten der
Göttin im Eingang ihrer Rede schwer vereinbar ist, wo sie klagend
ausruft: 'wie sehr fehlt dir Odysseus, dass er an die schamlosen
Freier Hand anlegte' und gerade an die Ungewissheit, ob Odysseus
heimkehren und Rache an den Freiern nehmen werde, ihre Rath-
schläge knüpft, was Telemach seinerseits zu thun habe? Hienach
scheinen die von Düntzer gegen 293—302 erhobenen Bedenken
begründet. Auch Nauck bezeichnet dieselben in der Ausgabe als
spurii. Dagegen sind für die Verwerfung von 292, wodurch

Andere einen verständigen Zusammenhang herzustellen suchen,
schlagende Gründe nicht beigebracht. Allerdings befremdet der
Ausdruck ἀνέρι μητέρα δοῦναι, da derselbe streng genommen dem
Sohn die Befugniss geben würde nach dem Tode des Vaters über
die Mutter zu verfügen, indess kann damit nur gemeint sein, was
Eurymachos β 195 fordert und Telemach selbst ν 341 mit den
Worten κελεύω γήμασθαι bezeichnet. Auch mit 275 ff. steht 292
nicht in Widerspruch, da dort wesentlich verschiedene Voraus-
setzungen vorliegen, nämlich die, dass die Freier das Haus des
Odysseus verlassen und Odysseus' Tod noch nicht constatiert ist.
Forchhammer's Versuch an 292 ist mit Recht zurückgewiesen
von Kammer.

271. 'Die gewöhnlich angenommene Ellipse εἰ δὲ βούλει ἄγε
will mir nicht in den Sinn. Ich möchte eher εἰ als Ermunterungs-
partikel ansehen, etwa wie εἶα δή bei den Tragikern, und ich
glaube in der That, dass unser εἰ dem εἶα δή entspricht. Das
lateinische cohortative heia scheint mir entlehnt; ṭei hat dort anderen
Sinn: Holtze synt. prisc. lat. script. II 382. Ich möchte hinter εἰ
einen verdunkelten Imperativ vermuthen. Wie nemlich τίθει, ἵει,
ἵστη u. s. w. ihre Endung eingebüsst und durch Dehnung ersetzt
haben, so könnte εἰ aus ἴθι verkürzt sein, wie ja die Composita
πρόσει, ἔξει beweisen: diese Erscheinung, welche sich im Sanskrit
häufig, im Altbactrischen regelmässig bei allen Verben der ersten
Haupt-Conjugation findet (Spiegel altb. Gr. S. 214), mag auch im
ältesten Griechisch mehr Ausdehnung gehabt haben, vgl. über τῇ
ε 346, Anhang Γ 228. Dass man später εἰ δή, ἄγε der homerischen
Zeit, das ohnehin εἰ δ' ἄγε zu sprechen war, nicht mehr verstand,
nachdem sonst immer ἴθι gebraucht wurde, wäre nicht auffallend.
Es hätte nun das vergilische vade age mit Ausnahme des δή genaue
Analogie. Ueber εἶα wage ich vorläufig keine Vermuthung, obwohl
vielleicht eine Medialform dabei im Spiele ist, wie bei εἴ-σο-μαι
εἴσατο und im Sanskrit und Altbactrischen.' G. Autenrieth. Vgl.
denselben: Terminus in quem (Erlangen 1868) p. 15 und jetzt
die erschöpfende Behandlung der Formel bei L. Lange de formula
Hom. εἰ δ' ἄγε. Lips. 1872.

273. Ueber φράζειν vgl. Philipp Mayer Quaest. Hom. part.
IV. 'de verbi φράζειν vi atque significatione.' Gera 1847. Auch
Herodot IV 113 sagt τῇ χειρὶ ἔφραζε, vgl. dazu Bähr. — Was
sodann ἐπιμάρτυρος betrifft, so befindet sich ἐπί in dieser Weise
gebraucht bei Substantiven, Adjectiven und Adverbien. Aristarch
hat diesen Gebrauch der Präpositionen kurz mit παρέλκει und
παρολκή oder περιττόν (wie über καί zu α 10) bezeichnet. Vgl.
Lehrs de Arist. p. 115 sqq.,[2] 109. Lobeck Parall. p. 386 n. 104.
Nitzsch zu ι 270. In diese Kategorie gehören ἐπαμύντωρ zu π
263, ἐπάρουρος zu λ 489, ἐπαρωγός, ἐπιβουκόλος zu γ 422, ἐπι-
βώτωρ zu ν 222, ἐπιίστωρ zu φ 26, ἐπίκουρος, ἐπίουρος zu ν 405,

ἐπιποιμήν zu μ 131, ἐπιτιμήτωρ zu ι 270, ἐπιωγή zu ε 404. Ferner von Adjectiven und Adverbien ἐπαινός zu κ 491, ἐπαίτιος, ἐπιξαφελῶς zu ζ 330, ἐπισμυγερῶς zu δ 672. Lobeck Elem. I p. 628 sq. Wie mit diesem ἐπί dabei oder darüber (Krüger Di. 68, 41, 7), so verhält es sich auch mit der Präp. ὑπό in ὑποδμώς zu δ 386, ὑποδρηστήρ d. i. ὑπό τινι δράων zu o 330, ὑφηνίοχος d. i. ὑπό τινι, besonders ὑπὸ τῷ παραβάτῃ ἡνιοχεύων. Vgl. Lobeck Parall. p. 383. J. La Roche über den Gebrauch von ὑπό bei Homer (Wien 1861) S. 42 f. Endlich μετά in μετάγγελος. Bekker hat mit einzelnen Handschriften α 273. μ 131. H 76 die Präp. ἐπί vom Nomen getrennt nach der Lehre des Ptolemaeos von Askalon, ebenso Nauck. — 274. **Nach** Brugmann ein Problem der hom. Textkritik p. 26 unterscheidet sich σφέτερος von σφός **und** ὅς ursprünglich so, dass es durch das Suffix τερο noch besonders das Verhältniss zu einer oder mehreren dem Besitzer gegenüberstehenden Personen hervortreten lässt: so scheine dasselbe hier nicht **ohne** Seitenblick auf das Haus des Odysseus gebraucht zu sein.

275. Dagegen haben J. H. Voss Randglossen p. 50 und 76, Doederlein hom. Gloss. §. 2441, Kühner zu Cic. Tusc. I, 24 das Anacoluth durch die Verbindung des Inf. γαμίεσθαι mit μητέρα ἄνωχθι beseitigen zu müssen geglaubt. Vgl. auch Nicanor. ed. Carnuth p. 24.

277 f. In ἔεδνα ist das ε ionischer Vorschlag (**Krüger Di.** 7, 2, 1), vgl. G. Curtius Etym. ⁴ p. 566. Bekker hat die digammierte Form ἔδνα nur λ 117. ν 378 unverändert gelassen, sonst überall aus Conjectur in ἐϜεδνα verwandelt. Ueber die Bedeutung dieser ἔεδνα und die homerische Sitte überhaupt vgl. ζ 159. λ 282. π 392. Nägelsbach hom. Theol. V 35 S. 255 ff. der Ausg. von Autenrieth. Mit dieser homerischen Sitte harmonieren die Gewohnheiten der alten Hebräer: 1. Mos. 34, 12. 2. Mos. 22, **16.** Auch bei den alten Germanen war die Ehe ein Kauf um einen bestimmten Preis, wie noch jetzt bei den Lappländern und einigen andern Völkern. Genau entsprechend den griechischen ἔεδνα ist ferner das *mundium* der longobardischen und alamannischen Gesetze. Vgl. G. Grote Gesch. Griech. übersetzt von Th. Fischer gr. Myth. und Antiq. II S. 79 Anm. 2. — Ueber die vorliegende Stelle bemerkt Autenrieth: 'Es bleibt immer auffällig, dass ἔεδνα hier in anderem Sinne als sonst stehen soll; für die Aussteuer kommt zufällig kein Substantiv vor, die Sache ist wol in I 147 = 289 ἐῇ ἐπίδωκε θυγατρί u. X 51 πολλὰ γὰρ ὤπασε παιδί erwähnt (vgl. Nägelsbach Hom. Theol. S. 256, zustimmend auch J. La Roche in der Zeitschr. für österr. Gymn. 21, 118) und auch daraus der Schluss erlaubt, dass die Aussteuer eben nicht ἔεδνα hiess. Dann muss freilich das οἱ δέ doch auf die Freier gehen und dies gäbe auch einen passenden Anschluss; denn wozu sollen die μνηστῆρες heimgeschickt werden? Auch ist sonst der

Ausdruck für 'die Hochzeit ausrichten' seitens der Brautverwandten
γάμον δαίσειν T 299 u. δαινύντα δ 3 (und ἐκτελεῖν δ 7?). (Anders
ist δ 770 γάμον ἄμμι ἀρτύει … βασίλεια.) Ich finde augenblicklich
keine andere Stelle, wo γάμον τεύχειν vorkäme; ähnliche Ausdrücke
sind τεύχειν πομπήν κ 18, τετύχοντο δεῖπνον υ 390, δόρπον T 208,
δαῖτα κ 182, immer mit dem Grundbegriff *parare* oder *prae-
parare*; dies würde also *praeparabunt* **nuptias** ergeben, und
so würden dann die Freier δικαίως μνᾶσθαι und νέεσθαι ἐπὶ σφέ-
τερα ξ 90 (nicht wie β 127 f.). Dennoch **aber ist** sachlich hier
nicht wol bei οἱ δέ an die Freier zu denken. Eurymachos spricht
β 192 im Namen der Freier (ἡμεῖς) θωὴν ἐπιθήσομεν und **fasst**
sich mit ihnen auch β 201 zusammen ἐμπαζόμεθ' und ausdrücklich:
ἡμεῖς 205; es ist nicht abzusehen, warum er in 196 sich ab-
sondernd (etwa wegen des in o 17 Fingirten?) mit οἱ δέ auf
die Freier verweisen sollte. Dann bleibt aber nur die Annahme,
dass eben die in o 16 erwähnten πατήρ τε κασίγνητοί τε, welche
auch in τ 158 in μάλα δ' ὀτρύνουσι τοκῆες γήμασθαι zusammengefasst erscheinen, noch allgemeiner hier mit οἱ δέ gemeint sind;
wegen **der** ἔεδνα gibt uns aber der in o 17 f. zwar fingierte, aber
an und **für** sich recht wol denkbare Hergang den Schlüssel: ὁ
γὰρ (Εὐρύμαχος) περιβάλλει ἅπαντας μνηστῆρας δώροισι καὶ ἐξώ-
φελλεν ἔεδνα. Dies περιβάλλει wie βρίσας ζ 158 führt auf die Ansicht, dass die Freier sich zunächst dem Vater versprochenen
ἔεδνα und voraus der Braut gegebenen δῶρα (πολυμνήστη, πολύ-
δωρος σ 276 ff., bes. 279 δῶρα, δόσιν σ 286 f.) überboten; dass
dann der Vater, als ἐεδνωτής, ἐεδνώσατο θύγατρα, nämlich eben
aus den ἔεδνα. Vgl. Hom. Theol. S. 256. Dass es gerade so bei
unsern Altvorderen gehalten wurde, ersieht man aus Grimm's
deutsche Rechtsalterthümer I 420. 423.' So Autenrieth. Für die
Stelle kommt noch wesentlich in Betracht die zu 279 gesetzte
Notiz der Schol.: οὗτος δὲ ὁ στίχος ἐν τῇ κατὰ ῾Ριανὸν οὐκ ἦν,
deren Beziehung aber streitig ist, und eine daran geknüpfte Auseinandersetzung von Cobet in seinen Miscellan. crit. p. 239 ff.
Während Kirchhoff die Composition der Odyssee p. 11 und Kammer
die Einheit der Od. p. 257 die Notiz auf 279 beziehen, indem
jener annimmt, dass Rhianos durch die Ausscheidung dieses Verses
die Ungereimtheiten des Zusammenhanges beseitigen zu können
glaubte, dieser darin einen Anhalt für die Annahme einer Lücke
und für die Nichtursprünglichkeit des Verses findet, haben Friedlaender **in** den Jahrbb. f. Philol. Supplem. III p. 478, Mayhoff
de Rhiani Cretensis stud. Hom. p. 35 und jetzt Cobet angenommen,
dass die Notiz auf 278 zu beziehen sei, unter Zustimmung von
Nauck in der Odysseeausgabe Bd. II Addenda et Corrigenda p. VII.
Ein äusserer Anhalt für diese Vermuthung ist darin gegeben, dass
nach Dindorf im cod. H. die Worte erst von zweiter Hand übergeschrieben sind. Entscheidend aber scheint Cobet, dass der Vers

mit allem, was sonst bei Homer von den ἕεδνα gilt, im Widerspruch steht. Die überall klare Auffassung der ἕεδνα als eines Kaufpreises, welchen der Freier dem Vater der Braut zahlt, nicht der Braut, wie die Alexandriner zum Theil fälschlich angeben, da sie jene Sitte nicht verstehen, macht es unmöglich die ἕεδνα von der Mitgift zu verstehen, wofür der eigentliche'Ausdruck vielmehr μείλια ist. Das scheinbar entgegenstehende αὐτὸς ἐεδνώσαιτο θύγατρα β 53 vom Vater der Penelope ist vielmehr: paciscitur pater, quibus donis sponsalibus acceptis daturus sit filiam, vgl. N 381 συνώμεθα ἀμφὶ γάμῳ. Nach alledem leugnet Cobet, dass οἱ δὲ 277 anders als von den Freiern verstanden werden könne, dann steht damit aber 278 im Widerspruch, wo die ἕδνα fälschlich von der Mitgift verstanden sind. Wer den Vers einschob, mochte die Worte Agamemnons I 148 vor Augen haben: πολλὰ μάλ', ὅσσ' οὔ πώ τις ἐῇ ἐπέδωκε θυγατρί. Ob Rhianos aber den Vers in seinen Handschriften nicht vorfand, oder nach eignem Urtheil denselben ausschied, steht dahin. Dass es ferner unmöglich ist ἕδνα in dem gewöhnlichen Sinne zu fassen, zeigen die dahin gehenden Erklärungsversuche, so der von Giseke die allmähliche Entstehung der Gesänge der Ilias p. 131 f.; derselbe erklärt: die Freier werden die Geschenke bereithalten, 'welche dem Freiersmann folgen sollen, welche er mitbringt in Absicht auf das Mädchen, wegen des Mädchens' — oder die jetzt von Funk über den Gebrauch der Praep. ἐπί bei Homer. Friedland 1879 p. 6 gegebene Erklärung, wonach ἕπεσθαι in Bezug auf das vorangegangene μήτηρ ἴτω gesagt sein und der Relativsatz gefasst werden soll: 'wie viele Tochterfolgendegeschenke zu sein sich ziemt', ἐπί um sie zu gewinnen, und gemeint ist: wie viele Geschenke der in das Haus des Vaters zurückkehrenden Penelope von Seiten der Freier nachfolgen sollen. Dass οἱ δέ aber nur von den Freiern verstanden werden kann, wird mir zur Gewissheit durch eine nähere Betrachtung der Stelle in β, wo dieselben Verse wiederkehren: 196. 197. Gegenüber der schroffen, drohenden Forderung des Antinoos 110 ff. μητέρα σὴν ἀπόπεμψον, die Telemach mit Entrüstung zurückweist 130 ff., schlägt Eurymachos hier, wie es seine Art ist, einen milderen Ton an: er spricht nicht im Namen der Freier, wie Antinoos 111 fordernd und drohend, sondern kündigt einen persönlichen Rath an (αὐτός 194). Gleichwohl enthält dieser Rath dieselbe Forderung, die Antinoos ausgesprochen, nur in milderer Form: das neue und von Antinoos Rede wesentlich verschiedene muss daher in dem enthalten sein, was er 196 f. hinzufügt, es müssen diese Verse ein Zugeständniss von Seiten der Freier enthalten und nur so schliessen sich dieselben als parataktischer Nachsatz passend an den vorhergehenden Rath: 'dann werden die Freier die Hochzeit betreiben und die Geschenke zurüsten' d. h. sie werden δικαίως freien, vgl. § 90 f. und π 390 ff.

Was sollte in diesem Zusammenhang die ausgesprochene Erwartung, dass Vater und Brüder der Penelope die Ausstattung
derselben zurüsten würden? Das von Autenrieth dagegen ge-
äusserte Bedenken, dass Eurymachos 192. 201 und 205 sich mit
den Freiern zusammenfasst, ist nicht wohl begründet, da er gerade
194 mit ἐγὼν αὐτός sich von den Freiern sondernd seinen persönlichen Rath ankündigt, auch 198 noch die Freier objectiv mit
υἷας Ἀχαιῶν bezeichnet; erst 199, wo ihn die Leidenschaft fort-
reisst, giebt er jene Scheidung auf und geht in das 'wir' über.
Auch in α führt die Verbindung von 277 f. mit dem Vorhergehenden
auf dieselbe Erklärung. Es sind die Worte im Zusammenhang
offenbar nur passend, wenn sie eine für Telemach erwünschte
Folge der vorher angerathenen Massregeln enthalten; die Folge
aber, dass Vater und Brüder der Penelope die Hochzeit vorbereiten
und die Ausstattung zurüsten würden, wäre für Telemach nur dann
nicht gleichgültig, wenn er sonst selbst bei der Verheirathung der
Mutter die Ausstattung zu geben hätte, woran doch nicht zu
denken ist. Dagegen ist es für ihn ein wesentlicher Gewinn, wenn
durch die Verlegung der Werbung in das Haus des Vaters der
Penelope, des μέγα δυνάμενοιο er selbst der lästigen Bewirthung
der Freier überhoben und diese genöthigt werden δικαίως μνᾶσθαι.
Möglich dass gerade jene Bezeichnung μέγα δυναμένοιο den Interpolator veranlasste V. 278 einzufügen. Dann läge hier der Ursprung der Interpolation und wäre von hieraus der Vers dann
auch in β eingefügt.

282. So verstand diese Stelle schon Sophokles Oed. T. 43:
εἴτε του θεῶν φήμην ἀκούσας, εἴτ' ἀπ' ἀνδρὸς οἶσθά που. Wegen
ὅσσα ἐκ vgl. zu ι 285. Den Begriff von ὅσσα und κλέος behandelt
Philipp Mayer Zweiter Beitrag zu einer homer. Synon. (Gera 1844)
S. 4 ff. und Vierter Beitrag (Gera 1850) S. 9, jetzt in Mayer
Studien zu Homer etc. Gera 1874 p. 30 ff. und 84 f. Ueber
ὅσσα vgl. auch Döderlein hom. Gloss. § 510.

288. Bedeutung und Gebrauch von ἦτ' ἄν mit Optativ ist
besprochen Philol. XXIX p. 139.

292. Der imperativisch gesetzte Infinitiv ist nicht 'elliptisch' zu erklären, wie Kühner und andere wollen, auch nicht als
'Reliquie uralter Kindlichkeit' zu betrachten, was Krüger festhält,
sondern aus der futurischen Richtung, welche demselben vermöge seiner dativischen Bildung von vornherein eigen ist und
die ihn zunächst besonders zum Ausdruck der Willensrichtung
befähigt. Vgl. L. Meyer der Infinitiv der homer. Spr. Gött.
1856 p. 50.

297. Nach den Grammatikern bei Lobeck Elem. I p. 407 ist
νηπιάας aus νηπίας oder νηπιείας durch Vertauschung der Vocale
entstanden, nach Dietrich in Kuhns Zeitschr. X S. 440 f. dadurch
dass ε dem α assimilirt ist. Nach andern steht es statt νηπίας

mit pleonastischem α, wie ϑαάσσω. Der letztern Ansicht folgen
noch Krüger Di. 15, 8, 3 und Bekker im Monatsbericht usw. 1860
S. 100 (Hom. Blätter S. 167 f.), wo es in der Note heisst: 'aus
νηπίη entwickelt der Vers νηπιέῃ νηπιέῃσι νηπιάας wie er aus
αἰτιᾶσϑαι αἰτιάαται entwickelt und αἰτιόωνται, aus ἧς ἕης und aus
οὗ ὅου' usw. Vgl. dagegen Mangold in G. Curtius Stud. VI p.
204. Th. Ameis bemerkte: 'νηπιάα für νηπιαία nach äolischer
Weise (vgl. Ahrens A. D. p. 100) ist substantiviertes Femininum nach Analogie vieler poetischen Wörter auf -αια (ἀλ-
καία δικαία ἀναγκαίη ἀνόπαια usw., vgl. zu 97) von dem nicht
mehr nachweisbaren νηπιαῖος, zu dem sich νήπιος ebenso verhalten würde wie βώμιος zu βωμιαῖος, κλόπιμος zu κλοπιμαῖος usw.
(Lobeck zu Phrynich. p. 552). Aus νηπιάα ist dann durch
ionische Schwächung (oder Assimilation?) νηπίη entstanden, von
dem Homer die Dative bildet.' — 299. Als Beispiel alterthümlicher Composition führt G. Curtius zur Chronologie der indogermanischen Sprachforschung p. 70 πατροφονῆα an: 'sicherlich
ein aus älterer Poesie überliefertes Wort, das doch auch dem
Eustathios auffiel in seiner von aller griechischen Composition abweichenden Weise'. Nauck vergleicht Soph. Trach. 1125. Eur.
Or. 193.

301. ἔσσ' als Imperativ ἔσσο zu verstehen, scheint am nächsten zu liegen. Dagegen fasst B. Delbrück der Gebrauch des
Conjunctivs und Optativs p. 60 ἔσσ' als ἐσσί, da er bemerkt, nach
der Absicht des Dichters solle wohl ausgesprochen sein, dass
Telemach seine Kraft besitze, damit er sich Ruhm erwerbe. —
Zu der Auffassung des γάρ satzes vgl. Capelle im Philol. XXXVI
p. 704 f.

308 ff. V. 308 hält Düntzer hom. Abhandl. p. 438 für einen
späteren Zusatz. — V. 313 hat Düntzer aus Conjectur φίλοις im
Texte. Dieselbe Vermuthung trägt jetzt Naber quaestt. Hom. p.
134 vor, vgl. indess Doederlein zu Ψ 648.

318. Die übliche Auffassung der Stelle ist: du wirst ein angemessenes Gegengeschenk erhalten, wobei freilich im Einzelnen
nicht unbedeutende Schwierigkeiten bleiben. Fasst man mit Passow im Lexicon s. v. ἄξιος in seiner vollen Grundbedeutung auf-
wiegend und versteht: für dich soll es (dein Geschenk) eine
Gegengabe aufwiegen, so ist daraus doch kaum der Sinn zu gewinnen: es wird dir ein Gegengeschenk einbringen; jedenfalls wäre
das eine höchst seltsame Ausdrucksweise. Interpretirt man mit
Faesi-Kayser: du wirst ein angemessenes Gegengeschenk d. i. ein
solches haben oder erhalten, welches der Erwiederung werth ist,
so entsteht der Schein, als ob es sich noch um ein drittes Geschenk handle, welches die Göttin auf ihre Gegengabe erwarte.
Indessen ist die Meinung wohl nur gewesen, dass mit ἄξιον ἀμοι-
βῆς ein dem καὶ μάλα καλόν entsprechendes werthvolles Geschenk

bezeichnet werde, sodass die Aufforderung ein recht schönes zu
wählen damit begründet werde, also: dir wird ein Geschenk von
mir **zu** Theil werden, welches du Ursache hast mit einem *καὶ
μάλα καλόν* zu erwiedern.   Dieser Sinn wäre im Ganzen angemessen, nur dass man den Begriff der Erwiederung ungern auf
die Gabe des Telemach bezogen sieht, daher Düntzer statt *σοὶ*
eher *ἐμοί* erwartet, indem er die Worte versteht: ich werde dein
Geschenk werth halten, es zu erwiedern, ein Gedanke, der aber
unmöglich aus den Worten gewonnen werden kann.   Hiernach
bleibt wohl nur folgende Erklärung übrig: dir aber wird ein Geschenk zu Theil werden, das eine Vergeltung, einen Ersatz auf-
wiegt, den Werth eines Ersatzes hat, also ein dem Werth **des**
deinigen entsprechendes Gegengeschenk. Vgl. zu *ἀμοιβή* μ 382:
τίσουσι βοῶν ἐπιεικέ' ἀμοιβήν. Uebrigens verwirft Düntzer hom.
Abh. p. 438 den Vers.

320. Sämtliche Scholien bemerken: *Ἀρίσταρχος δέ φησιν ὄνομα
ὀρνέου ἡ ἀνόπαια, ὡς 'φήνη εἰδομένη' (γ 372)* und: *Ἀρίσταρχος
ἀνόπαια προπαροξυτόνως ἀναγινώσκει ὄνομα ὄρνιθος λέγων*, und
Eust. p. 1419, 19: *τὸ δὲ ἀνόπαια, εἰδός τινες ὀρνέου λέγουσιν
ἀετώδους φήνῃ ἐοικότος*. Danach bemerkte Ameis: 'Also eine
Adlerart 'Blickauf' genannt, weil **dieser** Vogel schnell aufwärts
fliegt. Diese Erklärung ist vollkommen begründet. Denn der **Vergleichungspunkt** ist offenbar die Art des Flugs, d. h. die über-
menschliche Schnelligkeit. Daher gibt die Bezeichnung der
Vogelart (die zufällig nur uns unbekannt ist, aber den Zeitgenossen Homers aus der Anschauung der Natur bekannt war)
erst dem Bilde sein individuelles Leben, weil nicht alle Vögel
gleich schnell fliegen, gerade wie ε 51. *H* 59. *N* 62. Noch hat
Rumpf de aedibus Homericis p. II (Giessen 1857) p. 32, gestützt
auf Herodians Schlussworte (*παρὰ τὸ διατρίβειν ἐν ταῖς ὀπαῖς*), **die**
Vermutung geäussert, dass Ariatarch unter *ἀνόπαια* vielleicht
'*χελιδόνα* in **camino** versantem' gemeint habe, welche Rauch-
schwalbe mit χ 240 harmonieren würde, wiewohl er schliesslich
die Deutung 'sie **flog davon** wie ein Vogel durch die Kamin-
öffnung' für **wahrscheinlicher** hält. Indes dürfte die jetzt fast
allgemein angenommene Erklärung 'durch den Rauchfang hinauf',
welche Bäumlein durch Aufnahme **von** *ἀν' ὀπαῖα* nach dem Vorgange von Voss noch verdeutlicht hat, so wie die Erklärung 'durch
ein Fenster' im Männersaal (Döderlein hom. Gloss. § 857) keinen
glücklich individualisierenden und keinen der Natur abgelauschten
Nebenzug geben, sondern vielmehr eine zweifelhafte Voraussetzung
enthalten, die den Gedanken unhomerisch weil unnöthig beschränkt und ein**engt**. Wo nemlich Homer Habichte, Geier,
Adler usw. zur Vergleichung gebraucht, um den Begriff der
Schnelligkeit in sinnlichem Bilde anschaulich zu machen: **da**
denkt er sich überall diese **Vögel im** Freien, in ihrem natürlichen

Element, in welchem sie frei und ungehemmt sich bewegen können. Hierzu aber sind 'Rauchfang' und 'Fenster' störend: man müste denn wieder an die verwandelte Athene denken. Aber die Annahme dieser Verwandlung und 'das Davonfliegen einer Männergestalt mitten aus der Gesellschaft' nennt Döderlein mit Recht 'ein geschmackloses Phantasiegebilde.' Es wird schon widerlegt **erstens** durch ὡς, das nur bei Vergleichungen steht, nirgends die Identität einer Person mit etwas anderm bezeichnet, zweitens durch den Gedanken 410. 411. Ueberhaupt haben homerische Götter nirgends in thierische Gestalten sich verwandelt, was mit überzeugenden Gründen erweist C. F. Platz: die Götterverwandlungen, eine Frage der homerischen Theologie (Karlsruhe 1857). [Vgl. dagegen den Anhang zu *H* 59.] Ebenso urtheilt Döderlein zu *O* 237. Weiter **ist zu** sagen was schon Döderlein gegen den Rauchfang richtig bemerkt hat: 'dass ein Kamin, d. h. ein Rauchloch gemeint sei, macht der Plural unwahrscheinlich, denn es ist immer **nur** von einer καπνοδόκη die Rede.' In Bezug aber auf Aristarchs Vogelnamen fragt er: 'was wäre denn ἀνόπαια mit kurzem α für eine Femininform?' Antwort: eine solche wie die von Göttling allg. Lehre vom gr. Accent § 36 A 2 S. 129 und Krüger Di. 15, 2, 2 e erwähnten Eigennamen mit kurzer Endsilbe. Die Form ἀνόπαιος gebrauchte in entsprechendem Sinne Empedokles bei Eustathios p. 1419, 30. Auch heisst bekanntlich Ἀνόπαια bei Herod. VII 216 der steile Bergpfad mit dem Berge bei Thermopylä. Bekker endlich hat ἀνοπαῖα beibehalten, mit dem aus den Scholien geschöpften Lakonismus: 'ἀνοπαῖα Herodianus (ἀντὶ τοῦ ἀοράτως)', so dass man über die Form, welche Döderlein 'eine gleiche Unform wie ἀδίκαιος' nennt, ohne Aufklärung bleibt. Als Adverb. in der Bedeutung 'aufwärts' fasst es J. La Roche hom. Studien § 38, 12. Dagegen K. A. J. Hoffmann in der Z. f. d. österr. Gymn. 1861. S. 533 f.' So Ameis. Von Neueren hält an der localen Auffassung ἀν' ὀπαῖα fest L. Gerlach im Philol. XXX p. 511, wo er ὀπαῖον als den offenen Raum zwischen zwei Balkenköpfen versteht, an dessen Stelle später die Metopentafeln traten, und im Philol. Anzeiger III p. 482; W. Jordan das Kunstgesetz p. 59 sucht als die einzig richtige Erklärung die = unsichtbar zu erweisen. Eingehend ist jetzt die Stelle erörtert von Woerner in G. Curtius Stud. VI p. 347 ff. und im Jahresbericht der Fürsten- und Landesschule Meissen 1879 p. 31 ff., welcher die Erklärung giebt: ἀνόπαια neutr. plur. = τὰ ἀνὰ ὀπὴν ὄντα: 'sie durchflog den nach der Luke hinaufliegenden Raum', unter Vergleich von ὑπασπίδια *N* 158, καταλοφάδια κ 169. — Aber jene locale Auffassung, die nothwendig ein höchst wunderbares Auffliegen der Göttin mitten im Saale involviert, ist für mich unannehmbar, weil nirgends eine Spur sich findet, dass Telemach oder die Freier etwas davon bemerkt haben. Denn dass nicht ein wunderbares Verschwinden der Göttin

ihre Wirkung auf Telemach äussert (322. 323), sondern er aus
der in seinem Innern durch Athene bewirkten Umwandlung nur
die **Ahnung** schöpft, dass der Fremde eine Gottheit sei, hat
Jordan unter Vergleichung von γ 372 nachgewiesen. Ich stimme
daher mit Letzterem darin überein, dass wir den Aufschwung der
Göttin jedenfalls erst nach dem Hinausgehen aus dem Saale statt-
findend denken dürfen, ohne indessen **von der** Nothwendigkeit
überzeugt zu sein, dass man ἀνοπαῖα in dem Sinne **von** unsichtbar verstehen müsse, dem überdies sprachliche Bedenken entgegen-
stehen. Nichts nöthigt διέπτατο als erläuternde Ausführung von
ἀπέβη zu fassen; denselben Ausdruck aber mit Ameis nur als Bezeichnung übermenschlicher Schnelligkeit und in Verbindung mit
ἀπέβη von der grössten Eile zu verstehen, verbietet der Gebrauch
desselben O 83. 172, wo derselbe doch **nur** vom Durchfliegen des
Luftraumes verstanden werden kann, wie ε 49 πέτετο. Ein ver-
nünftiger Grund ferner noch innerhalb des Saales **mit** übermenschlicher Schnelligkeit zu verschwinden liegt für Athene nicht vor,
da sie doch den Freiern sich nicht als Göttin zu erkennen geben
wollte, in Telemach aber durch ganz **andere** Mittel, wie sich hernach zeigt, die Ahnung einer göttlichen Einwirkung hervorruft.
Erfolgt die flugartige Bewegung der Göttin aber erst nachdem sie
den Palast verlassen, so ist auch keine Veranlassung mehr für sie
da, sich unsichtbar zu machen. Was aber die Erklärung Aristarchs
betrifft, so scheint dieselbe nach den Ausführungen Woerners allerdings nicht haltbar: einmal aus dem formalen Grunde, weil eine
adjectivische Femininalendung der Art aus Hom. nicht nachweisbar
ist, es müsste nach der Analogie das Wort dann ἀνοπαίη heissen,
alle Beispiele für ein substantivisches Femininum ἀνόπαια aber sind
ausschliesslich Ortsnamen; sodann wegen der begründeten Beobachtung des Heracleides Ponticus, dass in Vergleichungen **der**
Art, wie ὄρνις δ' ὥς dem Worte ὄρνις nicht ein Eigenname **nach-**
gestellt werde, vgl. Lexicon Hom. s. v. ἀνόπαια. Danach scheint
ἀνόπαια als neutr. plur. gefasst werden zu müssen. Von den zahlreichen Deutungen des Wortes aber hat wohl die, welche an
das πῦρ καρπαλίμως ἀνόπαιον (das rasch emporstrebende) des
Empedocles und den Namen des Bergpfades Ἀνόπαια sich anschliesst, = in die Höhe am meisten Halt, wie auch Capelle
in der neusten Auflage des Seilerschen Lex. s. v. urtheilt.

324. Das digammierte ἰσόθεος findet sich nur in dieser Nomi-
nativform, stets nach einem vorhergehenden Vocale und überall in
unmittelbarer Verbindung mit φώς als Versschluss: υ 124. B 565.
Γ 310. Δ 212. H 136. I 211. Λ 428. 472. 644. O 559. Π 632.
Ψ 569. 677, und zwar so, dass ἰσόθεος φώς stets eine Apposition
bildet. Auch ohne dieses Beiwort steht der Nominativ φώς nur
am Versende. Synonym mit ἰσόθεος ist dem Sinne nach ἀντίθεος,
das aber nie mit φώς verbunden erscheint.

325 ff. Die Ursprünglichkeit der folgenden Partie ist von verschiedenen Seiten in verschiedenem Umfang bestritten: Düntzer
hom. Abhandl. **p.** 440 f. verwirft 325 — 366, Meister im Philol.
VIII p. 1 ff. 326—422, Hennings über die Telemachie p. 166 ff.
324—427, Heimreich die Telemachie p. 9, 325—444; vgl. dagegen
Volquardsen Telemachs Process. Kiel 1865 p. 1 ff. und Kammer
die Einheit der Odyssee p. 147 ff.

327. Der Grund vom Gebrauche dieser nachträglichen Attribute
liegt im Wesen des mündlichen Vortrags. Um nemlich Ruhepunkte für die Stimme und ein leichtes Verständnis für den Hörer
zu gewinnen, pflegt der Epiker jeden Satz möglichst schnell bis
zu einem gewissen Abschluss zu führen und dann erst die näheren
Bestimmungen nachzubringen. Auf diese Weise geben diese näheren
Bestimmungen in verschiedenen Formen jedesmal einen neuen Gedanken. Somit gehört diese ganze Sprechweise mit ins Gebiet der
homerischen Parataxe. — Ueber das hier angedeutete vorhomerische
Lied vgl. Welcker episch. Cyclus p. 296 f. und Nitzsch Beiträge
zur Gesch. d. ep. Poesie p. 193 f. — θέσπις 328 erklärt Goebel
Lexilog. I p. 82 jetzt aus **W.** *spi* (== *spa*) hauchen == gott-
gehaucht, von Gott eingehaucht, vgl. dagegen G. Curtius Etym.[4]
p. 461 und Fick vgl. Wörterb.[3] I, 118.

331 == σ 207. *Γ* **143**; mit der Veränderung κίον ἄλλαι am
Versende ξ 84. τ 601; und οὐκ οἶος· ἅμα τῷ γε δύω θεράποντες
ἕποντο von Achilleus Ω 573. Vgl. auch zu β 11. Abweichend ist
der Ausdruck π 413. Zwei Dienerinnen der Penelope sind σ 182
mit Namen genannt. Die Sitte, dass Könige und Königinnen, sowie
überhaupt vornehme Personen nie ohne dienende Begleitung auftreten, ist aus dem Epos auch auf die attische Bühne übergegangen.

333 == ϑ 458. π 415. σ 209. φ 64. hymn. in Cer. 185.
Deshalb heisst es in gleichem Sinne, aber in Bezug auf den Männer-
saal ϱ 96: παρὰ σταθμὸν μεγάροιο, während χ 120. 257. 274 die
Worte πρὸς σταθμὸν ἐϋσταθέος μεγάροιο vom Eingang aus dem
Hofe in den Männersaal stehen. Vgl. Rumpf de aedibus Homericis
pars II p. 12 sq. und p. 79 sqq. Die im nächsten Verse erwähnte
Verschleierung war bei hellenischen Frauen, die vor den Anblick
der Männer kamen, ebenso Sitte wie noch jetzt bei den Orientalinnen.
Ueber κρήδεμνον vgl. Arth. Rich Illustr. Wörterbuch unter *Calantica*.

337. οἶδας steht bei Homer nur hier, ausserdem h. in Merc.
456. 467. Theogn. 491. Anacreont. 13, 3 ed. Bergk. Quint. Sm.
II 71. Babr. 95, 14 und an den von Krüger Di. 38, 7, 1 erwähnten Stellen Herod. III 72. IV 157, und ist in *A* 85 vielleicht
herzustellen. Es ist die ionische Form; vgl. Bredow de dialect.
Herod. p. 411. Didymos bemerkt hier: Ζηνόδοτος γράφει ᾔδεις,
Ἀρίσταρχος δὲ οὐ δυσχεραίνει τῇ γραφῇ, vgl. Aristonic. ed. Carnuth
p. 14. Dies gibt Bekker, nur nach seinen Grundsätzen in ᾔδης
umgeformt mit Beistimmung von J. La Roche hom. Textkritik

p. 321. Aber die mühsame Deutung, die es nur zulässt 'du kanntest ja bisher' scheint für Homer zu künstlich zu sein; das von Lehrs Q. E. p. 276 empfohlene εἴδεις dagegen ist zu bedenklich. Dass übrigens οἶδας hier die Lesart des Aristarch war, hat W. C. Kayser im Philol. XVII S. 714 f. nachgewiesen. — Bei Erklärung des γάρ in derartigen Stellen folgte Ameis Döderlein: 'Homerica particula γάρ nusquam refertur ad insequentem sententiam' (Erlangen 1858) und fasste den Anruf praegnant. Diese Auffassung ist mit Pfudel Beiträge zur Syntax der Causalsätze bei Homer. Liegnitz 1871 allenfalls für folgende Stellen zuzugeben: Ω 334. ε 29. Ψ 156. P 475, wo 'eine Person aus einem grösseren Kreise anderer, die ebenfalls hätten aufgerufen werden können, mit Nachdruck ausgewählt wird.' Gegen die Annahme eines proleptischen Gebrauchs von γάρ sträubt man sich ohne Grund: es führen darauf Beispiele einer entsprechenden parataktischen Anordnung der Gedanken, vgl. Pfudel p. 7, sodann unmittelbar die parenthetische Einfügung eines begründenden Satzes mit γὰρ nach dem ersten oder den ersten Worten des zu begründenden Hauptgedankens, wie M 326. α 301 u. a., endlich die Einwirkung des homerischen Gebrauchs namentlich auf Herodot, der ihn in freister Weise handhabt. Andrerseits steht von Seiten der Partikel nach ihrer Zusammensetzung aus γέ u. ἄρα der Annahme des prolept. Gebrauchs nichts im Wege. Vgl. Classen Beobachtungen 1867 p. 6 ff., Philol. XXIX p. 160 f. und jetzt besonders Capelle im Philol. XXXVI p. 700 ff.

343. μεμνημένος steht ohne Object auch δ 151. E 263. T 153. Ebenso μνωόμενος δ 106. ο 400. μνησάμενος ε 6. μ 309. τ 118. Vgl. auch μνήσει μ 38 und μνήμων φ 95.

344. Indess hat Bekker den Vers verworfen mit der Note: 'ἠθέτει Ἀρίσταρχος. v. Wolf. Prolegg. p. CCLXXI n. 56'. Auch Lehrs de Arist. p. 233 [² 227] hat dem bezüglichen Scholion νόθα οὖν ἐκεῖνα κτέ. 'δ 726 et praeterea aliquoties' hinzugefügt. Vgl. auch Aristonic. ed Carnuth p. 14, Sengebusch Hom. diss. I p. 141 und Unger im Philol. 1863 Suppl. II S. 663. Vertheidigt wird hier der Vers von Hennings über die Telemachie in Fleckeisens Jahrb. Suppl. III S. 165. Vergleichen lässt sich als Sprichwort das biblische 'Von Dan bis Bersaba.'

346. Vgl. J. C. Heller de particula ἄρα im Philologus XIII S. 68 bis 121. Ebenso urtheilt J. Kvičala in der Zeitschr. f. d. österr. Gymn. 1863 S. 309 f. In der Frage τίς τ' ἄρα wie ψ 264. A 8. B 761. Γ 226. M 409. Σ 6. 182. Ebenso in πῶς τ' ἄρα γ 22. Σ 188; πῇ τ' ἄρα ο 509. N 307; ἦ τ' ἄρα A 65 Bekker, sonst εἶτ' ἄρα; τίπτε τ' ἄρα ν 417. A 656 und in ähnlichen Verbindungen. Im Anschluss an Nägelsbach gibt eine selbständige Behandlung der Sache A. Rhode über den Gebrauch der Partikel ἄρα bei Homer. Moers 1867. — Zu den folgenden Worten Telemachs vgl. Welcker ep. Cyclus p. 344.

349. ἀλφηστής fruchtessend (andere 'brotessend', wogegen zu β 290 und **α 139**) ist die von Döderlein (hom. Gloss. § 36) und andern mit **Recht** adoptierte Erklärung K. F. Hermanns Philol. II S. 428 ff., **vgl.** auch Düntzer die hom. Beiwörter des Götter- und Menschengeschlechts p. 27 f. 66 ff. In Bezug auf die Form-bildung, bei der man ἀλφιτήστης oder ἀλφιήστης erwarten sollte, gehört ἀλφηστής in die Kategorie der Beispiele bei Lobeck zu Phryn. p. 669, indem der verbale Theil sich unmittelbar an den Nominalstamm ἀλφ anschliesst; denn niemand wird nach den von Lobeck Parall. p. 44 erwähnten Analogien eine Synkope aus ἀλφι-τηστής annehmen wollen. Der sachliche Begriff des Wortes wird bei Homer sonst mit folgenden Wendungen bezeichnet: οἳ ἀρούρης καρπὸν ἔδουσιν Z 142 oder ἀρούρης καρπὸν ἔδοντες Φ 465, und ἐπὶ χθονὶ σῖτον ἔδοντες mit βροτοί ϑ 222, mit ἀνέρες ι 89. κ 101. Aehnlich ἔδοι und πασάμην Δημήτερος ἀκτήν N 322. Φ 76 und ἀνδρί γε σιτοφάγῳ ι 191. Uebrigens ist G. Curtius gr. Etym.⁴ p. 293 zur alten Erklärung zurückgekehrt, welche Bekker im Monatsbericht usw. 1860 S. 166 (Homerische Blätter S. 177) durch Hervorhebung des **Gegensatzes zu den Göttern** begründet. Diese nemlich 'heissen ῥεῖα ζώοντες δ 805, ε 122 als selige, denen gegenüber die δειλοὶ βροτοί, die ὀϊζυροὶ βροτοί des Lebens nicht froh werden vor Angst und Noth, die ἀνέρες ἀλφησταί aber **saurem Erwerb, schnödem Verdienst obliegen und erliegen**, **wie** die παρθένος ἀλφεσίβοια ihren Freunden eine Mahlzeit verdient (σ 279) damit dass sie δάμαρ wird aus ἀδμής, und wie gestohlene Kinder, überlistete Erwachsene Seelenverkäufern ἄξιον ὦνον ver-dienen durch lebenslängliche Knechtschaft.' Die Ableitung von ἀλφάνω verwirft jetzt auch J. Wackernagel in Bezzenberger's Bei-trägen IV p. 267 f., bringt aber seinerseits das Wort in Zusammen-hang mit lat. *labor*, verlangt die Schreibung ἀλφεστής vgl. ἀργεστής, ἀκεστής und erklärt: die Mühseligen. — V. 350 verlangt Naber quaestt. Hom. p. 134 an Stelle von τούτῳ — τοῦτον, ohne Grund, weil der Dativ dem οὐ νέμεσις vorausgeht. — 351. Ueber die ver-meintlichen Schwierigkeiten bei ἐπικλείουσιν vgl. Lauer Geschichte der hom. Poesie p. 201, Anmerk. 91. Vgl. auch ϑ 496 ff.

355. W. C. Kayser in Faesi's Ausgabe vermuthet, mit Inter-punktion hinter ἦμαρ: ἐν Τροίῃ πολλοί τε καὶ ἄλλοι φ. ὅλ., als asyndetisch angeschlossene Erklärung des vorhergehenden Gedankens. Zu Grunde liegt die Interpunktion von Nicanor ed Carnuth p. 25.

356—359. Vier von Aristarch, vgl. Aristonic. ed. Carnuth p. 15 athetierte Verse, mit kleinen Veränderungen aus φ 350. Z 490 (die zwei letzteren auch λ 352) entlehnt, aber hier durchaus be-fremdend wegen der unmotivierten Härte gegen die Mutter und wegen des hier auffälligen Gebrauchs vom Worte μῦθος, das nur 373 am Platze ist, während es hier 362 von der Mutter mit Un-

recht πεπνυμένος genannt sein würde. So urtheilen auch Nitzsch
Sagenpoesie p. 157, Hennings über die Telemachie p. 164. Andere
dagegen wie Hemmerling: welcher Mittel bedient sich Homer zur
Darstellung seiner Charaktere? (Neuss 1857) S. 12 und Volquardsen
Telemachs Process p. 9 ff., meinen, die Härte sei nur scheinbar und verschwinde vor dem Charakter und den Sitten jener Zeit sowie vor
der Stellung, die damals das Weib im Hause hatte. Allein die
homerische Zeit ist in diesem Punkte wesentlich verschieden von
der nachfolgenden; vgl. besonders: Die homerischen Frauen geschildert von J. L. Hoffmann, im Album des litt. Vereins in Nürnberg für 1854 S. 3 bis 97. Ueber das Verhältniss der homerischen
Penelope zum Sohne hat hier schon Nitzsch auf ϱ 46 ff. σ 215 ff.
hingewiesen. — V. 362—64 verwirft La Roche in Zeitschr. f. österr.
Gymn. 1863 p. 187 ohne Angabe von Gründen.

365 = δ 768. σ 399; ohne σκιόεντα ϱ 360; anders χ 21.
22. Der Verschluss κατὰ μέγαρα σκιόεντα auch κ 479. λ 334.
ν 2. ψ 299. Ausserdem findet sich das Beiwort noch in ὄρεα
σκιόεντα ε 279. η 268. Α 157, und νέφεα σκιόεντα ϑ 374. λ 592.
Ε 525. Λ 63. Μ 157. Das Wort σκιόεντα bildet überall den
Versschluss ausser Α 157: οὔρεά τε σκιόεντα im Versanfange (wo
indes Aristarch σκιόωντα las), und Μ 157: νέφεα σκιόεντα δονήσας
als Versausgang.

368 ff. In der folgenden Rede des Telemach erregen die V.
374—80 (= β 139—45), worin derselbe den Freiern schon jetzt
den ganzen Inhalt dessen verräth, was er ihnen am folgenden
Tage in der Volksversammlung sagen will, die grössten Bedenken,
wie sie ausser Kirchhoff die Komposition p. 23 ff. besonders Kayser
bei Faesi dargelegt hat. Letzterer bemerkt mit Recht, dass
die Aufforderung hier nicht nur alle Rücksichten der Klugheit
verleugne und die Vorschrift der Göttin (272) verletze, sondern
auch mit dem Zusammenhange der Thatsachen unvereinbar sei.
Die Freier berühren in ihren Erwiederungen diese Ankündigung
gar nicht, und dass sie, wie doch zu erwarten wäre, auch nichts
gethan haben, um der von Telemachs Rede in der Volksversammlung
zu erwartenden Wirkung vorzubeugen, zeigt der Umstand deutlich,
dass Aegyptios, der Vater des Freiers Eurynomos, weder den Urheber noch den Zweck der Versammlung kennt β 28 ff. Wie ganz
anders die Verse in β durch die vorhergehende Entwicklung motiviert
sind, hat Meister im Philol. VIII p. 2 treffend gezeigt. Danach
haben Düntzer hom. Abh. p. 442, La Roche in Zeitschr. f. österr.
Gymn. 1863 p. 187, Kammer die Einheit p. 150, Kayser, Koch
die V. 374—80 als ungeschickte Interpolation aus β verworfen,
vgl. auch Bergk griech. Literaturgesch. I p. 665, ebenso Hennings
über die Telemachie p. 166, Meister im Philol. VIII p. 2 im
Zusammenhang mit der Annahme einer grössern mit 325 beginnenden
Interpolation. Was Kirchhoff gegen die Athetese eingewendet hat,

ist von Düntzer Kirchhoff, Köchly und die Odyssee p. 11 ff. mit guten Gründen zurückgewiesen. Der von Volquardsen Telemachs Process p. 6 ff. unternommene Versuch die Verse hier als eine Art Feststellung der *lis* und Citation vor Gericht zu rechtfertigen kann nicht überzeugen.

370. Dieses τόδε findet sich einen Infinitiv oder Accus. c. Infin. einleitend wie auch τοῦτο und τό γε und τό α 82. 376. β 141. δ 197. ε 184. η 159. λ 363. τ 283. υ 52. 220. φ 126. ω 506. B 119. E 665. Θ 7. O 599. P 406. Φ 373. Hier steht τόδε, statt des gewöhnlichen τό γε, in den ältesten Ausgaben: der Harl. gibt wenigstens τόδε γε und in der Parallelstelle ι 3 stimmen die Handschr. in τόδε überein.

381. ὀδάξ von ὀδάζειν (wie ἀπρίξ von πρίζειν) heisst nicht 'mit den Zähnen', sondern bezeichnet die Handlung beissend; daher verbindet Apoll. Rh. III 1393: πῖπτον δ', οἱ μὲν ὀδάξ τετρηχότα βῶλον ὀδοῦσιν λαζόμενοι πρηνεῖς κτέ. Vgl. Lobeck Elem. I p. 97. G. Curtius Etym. [4] p. 716. — Ueber die beiden Führer der Freier hat H. Kratz im Stuttgarter Correspondenz-Blatt 1861 S. 280 mit Recht folgendes bemerkt: 'Das Gedicht heisst Odyssee, nicht das Lied von den Freiern; diese können und sollen nur als Masse in Betracht kommen, und der Dichter hat wahrlich das Seinige gethan, wenn er aus dieser Masse zwei so scharf und individuell gezeichnete Repräsentanten wie Antinoos und Eurymachos hervorgehoben hat. Man kann sie sich als die beiden Chorführer denken. Will man die Virtuosität Homers in Schaffung individueller lebensvoller Persönlichkeiten sich recht zur Anschauung bringen, so vergleiche man mit diesen beiden etwa Cajetan und Berengar in der Braut von Messina.' Ueber ὅ 382 vgl. J. La Roche hom. Stud. § 41, 13, und jetzt besonders E. Pfudel Beiträge zur Syntax der Causalsätze bei Homer, p. 25 ff. und Capelle im Philol. XXXVI p. 193 ff.

392. An Stelle von βασιλευέμεν vermuthet Naber quaestt. Hom. p. 134 βασιλῆ' ἔμεν, wodurch das folgende οἱ eine directe Beziehung erhalten würde, — ohne Grund. Ja es bedarf hier nicht einmal der von Ameis gemachten, aber von Meierheim de infinitivo Hom. I p. 31 f. bestrittenen Annahme, dass im Infinitiv βασιλευέμεν ein τινά stecke, worauf das οἱ zu beziehen sei, wenn, wie Brugman ein Problem der homerischen Textkritik p. 66 durch mehrfache Analogien aus der griechischen, wie aus andern indogermanischen Sprachen wahrscheinlich macht, οἱ gar nicht als anaphorisches Pronomen, sondern als echtes Reflexivum aufzufassen ist: 'bald wird einem sein Haus reich.' Uebrigens vermuthete Goebel im Philol. XVIII p. 221, dass δῶμα statt οἱ δῶ zu lesen sei, weil δῶ sonst überall Accusativ ist. — Ueber die Bedeutung von βασιλεύς in dieser ganzen Stelle vgl. Gladstone hom. Stud. von Schuster p. 310. 314 f.

397. Ueber ἄναξ vgl. C. Angermann in G. Curtius Studien III p. 117 ff.

399—420 werden von Düntzer hom. Abhandl. p. 443, V. 405—420 von Adam die ursprüngliche Gestalt der Telemachie p. 15 f. verworfen. — 402. δώμασιν οἶσιν an Stelle des jetzt gewöhnlich gelesenen δώμασι σοῖσιν bietet ausser andern guten Handschriften auch die älteste Odysseehandschrift bei Gotschlich in Jahrbb. f. Philol. 1876 p. 22. Nachdem nun Brugman ein Problem der hom. Textkritik gezeigt hat, dass der Stamm *sva* in adjectivischer Geltung ursprünglich die Bedeutung eigen hatte und auf alle numeri, wie auf alle Personen bezogen werden konnte, und genügende Spuren dieses ursprünglichen Gebrauches auch in der hom. Sprache nachgewiesen hat, so kann auf Grund der handschriftlichen Ueberlieferung hier am wenigsten bezweifelt werden, dass δώμασιν οἶσιν die ursprüngliche Lesart war, vgl. Brugman p. 73. — 403. Der drohende Charakter des μη satzes im Optativ steht ausser Zweifel durch den Zusatz Ἰθάκης ἔτι ναιετοώσης, vgl. mit dem ähnlichen ἐμεῦ ζῶντος καὶ ἐπὶ χθονὶ δερκομένοιο Α 88, auch π 439. Damit ist aber die Auffassung des Satzes als eines negativen Wunschsatzes, wie sie Delbrück der Gebrauch des Conj. u. Optat. p. 195 giebt, unvereinbar. Es kann nur die Frage sein, ob der Optativ concessiv oder fallsetzend zu fassen ist. Da die in dem Satze enthaltene Drohung aber voraussetzt, dass der Redende selbst dazu thun will die im Optativ bezeichnete Möglichkeit abzuwehren, so scheint der Optativ, wie in den im Anhang zu O 476 behandelten μη sätzen, O 476. Χ 304. Θ 511 concessiv verstanden werden zu müssen: fern sei das Zugeständniss, dass der Mann kommen dürfe, d. i. mit meinem Willen darf er nicht kommen. Im Uebrigen ist im Nebensatz auffallend der Ind. fut. ἀποραίσει, wie ihn übereinstimmend die Handschr. bieten, statt des gewöhnlichen Optativs. Düntzer hat aus Conjectur den Optativ geschrieben.

404. Ueber ναίειν und ναιετᾶν von Gegenden vgl. jetzt Schmidt Synonymik der griech. Sprache II p. 543, dem ich in der Erklärung gefolgt bin. Gegen die sonstige Erklärung mit Aristonic. ed. Carnuth p. 15: τὸ ἐνεργητικὸν ἀντὶ παθητικοῦ, ᾠκισμένης οὔσης, ἤτοι ἡμῶν ζώντων spricht mit Recht K. E. A. Schmidt Beiträge zur Geschichte der Grammatik (Halle 1859) S. 269. Vgl. auch Markland zu Eurip. Hik. 1231. C. Nauck zu Hor. carm. I 22, 22. Ast zu Plat. de leg. III 16 in den animadvers. p. 15. — Ferner haben Bekker und Nauck hier und θ 574. Β 648. Γ 387. Ζ 415 die anomale Bildung ναιεταώσης gegen die beste Ueberlieferung in die Analogie mit -αον- verwandelt, vgl. Rumpf in Fleckeisens Jahrb. 1860 S. 587 ff., auch Dietrich in Kuhns Zeitschr. X. S. 436, der in ναιετάωσα wie in σάω (zu ν 230) 'eine Assimilation des ου an das vorangehende α erkennt, die nur, wie in

andern Fällen, eine unvollkommene ist.' Aristarchs Schreibung ist
ναιετοώσης. Uebrigens steht diese **Form**, wie auch ἐὺ ναιεταόντων
und ναιετάοντας, stets am Versende. — Ueber ἀπορραίειν mit
doppeltem Accusativ vgl. J. La Roche hom. Stud. 104, 6.

409. Zu der Erklärung von τόδε vgl. Philol. XXVII p. 511 f.
und J. Bekker in den Monatsberichten der **Berl. Acad.** 1864 p.
449 f. (= Hom. Blätt. II p. 38), der übersetzt: **diesmal, damit.**

414. Andere geben nach dem Vorgange Bekkers den Singular
ἀγγελίη, dass aber der Dativ des Singular so gut wie gar keine
handschriftliche Autorität hat, zeigt W. C. Kayser diss. crit. p. 16 sq.
Ferner erklärt man πείθομαι gewöhnlich 'ich vertraue'; aber
dieser Sinn liegt nur in der Form πέποιθα; vgl. Döderlein hom.
Gloss. § 869 bis 872. **Ueber** den Optativ ἔλθοι **nach** dem Präsens
πείθομαι **vgl. auch die** Platonischen Beispiele bei Bernhardy Synt.
S. **407 und** besonders L. Lange der **homer. Gebrauch der** Partikel
εἰ I p. 446 f. Ameis' Versuch unter **Aenderung** der Lesart **in**
ἀγγελίης — πεύθομαι, wie auch **Povelsen** emendationes locorum
aliquot Hom. Kopenhagen 1846 p. 42 ff. vermuthete, εἴποθεν ἔλθοι
auf Odysseus zu beziehen, ist von Lange überzeugend widerlegt.
W. C. Kayser hält ἀγγελίης für die ursprüngliche Lesart und fasst
in Verbindung damit πείθεσθαι nach der im ionischen Dialect gebräuchlichen Construction (Herod. I 126. V 33) mit dem Genetiv
der Person: sich von einem bereden lassen, auf einen hören. Ueber
die sonst wegen der Bedeutung von πείθομαι von Hennings über
die Telemachie p. 167 erhobenen unbegründeten Bedenken vgl.
Kammer die Einheit d. Od. p. 149 und Volquardsen Telemachs
Process p. 3 f.

422. Zur Construction des Acc. c. Inf. nach μένω vgl. Zeitschr.
für Gymnasialwesen XX p. 734 f. Koch zum Gebrauch des Infinitivs
in der homerischen Sprache. Braunschweig 1871 p. 14 f., auch
C. Albrecht de Acc. c. Inf. in G. Curtius Studien IV p. 3 ff. — Mit
diesem Verse nimmt Meister im Philol. VIII p. 3 den Abschluss
einer umfangreichen, von 325 beginnenden Interpolation an, indem
er in 423 den Anfang von etwas neuem zu erkennen glaubt.
Damit berührt sich die Bemerkung Bergk's griech. Literaturgesch.
I p. 665 Anmerk. 25: 'Der Gesang schliesst übrigens eigentlich
mit V. 422, das Folgende bildet den Eingang der nächsten Rhapsodie,
dies beweist deutlich die Recapitulation V. 423, denn in dieser
Weise pflegten die Rhapsoden einen neuen Abschnitt zu eröffnen.'
Wie trüglich dies Argument ist, zeigt die Vergleichung der ähnlichen
Stellen μ 309—311. μ 437. 438, vgl. auch π 219 f., wo eine
im Imperfect bezeichnete dauernde Handlung im Particip Praes.
aufgenommen und durch den Eintritt einer im Aorist sich anschliessenden Handlung zum Abschluss gebracht wird — eine Form
der Erzählung, welche den Zweck hat dem Hörer den Verlauf
einer längeren Zeit von Beginn der betreffenden Handlung bis zu

deren Abschluss fühlbar zu machen. Abgesehen davon **aber dürfte
es doch auch sehr** zweifelhaft sein, ob die Erzählung **von 423 an**
sich zum Eingang einer neuen Rhapsodie eignen würde.

426. Zur Erklärung von περισκέπτῳ vgl. Doederlein Gloss.
§ 2354. Anders H. Rumpf de aedibus Homericis I p. 6 sq.

428 ff. Adam die ursprüngliche Gestalt der Telemachie p. 16
verwirft 428—444 als spätere Ausführung des schon 427 Gesagten.
Umgekehrt sieht Hennings über die Telemachie p. 168, der 324
bis 427 verwirft, in 428—444 den ächten Schluss **von α** mit
Ausnahme von 430—435; Düntzer hom. Abhandl. p. 444 verwirft
nur 433. 434. Vgl. dagegen Kammer die Einheit d. Od. p. **151.**

443. ἄωτος und ἀωτεῖν erläutert Clemm in G. Curtius Stud.
II p. **54 ff.**

β.

1. ἦμος bezeichnet genauer als ὅτε einen scharf bestimmten
Zeitpunkt. Daher wird es in allen acht und dreissig Stellen, wo
es jedesmal mit alleiniger Ausnahme von μ 439 den Vers beginnt,
mit dem Indicativ verbunden. Nur δ 400 steht es mit dem Conjunctiv. — In ῥοδοδάκτυλος haben wir den naturtreuen Ausdruck
einer Sache, die auch bei uns auf Höhen wahrnehmbar ist in den
seltenen Fällen, wenn ein ganz klarer Morgen anbricht. Reisende
bemerken, dass dieses Bild in Griechenland und im Orient der
wirklichen Anschauung am meisten entspreche. Die Eos 'heisst
ῥοδοδάκτυλος, da die Morgenröthe sich am griechischen Himmel
durch eine Glorie von breiten rosigen Streifen ankündigt, die mit
den Fingern einer ausgestreckten Hand verglichen werden'. Preller
griech. Mythol. I 299. (Der deutsche Dichter Wolfram von Eschen-
bach in einem Tageliede wendet auf den jungen Tag das Bild
eines Raubvogels an, der seine Klauen durch die Wolken schlägt:
'Sîne klâwen durch die wolken sint geslagen'. Lachmann p. 4.)
Andere fassen es als ein **allgemeines** Beiwort der weiblichen
Schönheit, wie λευκώλενος von der Here und wie das spätere
ῥοδόπηχυς. Dagegen erklärt W. Jordan in seiner Odysseeübersetzung p. **465 ff.**: die **Rosenfasserin** und übersetzt: die **Rosen
streuende.** Auf ihr Gewand bezieht sich κροκόπεπλος. Vergil.
Aen. VII 26 'Aurora in roseis fulgebat lutea bigis' hat nach
römischem Kunstsinne beides vereinigt. Sonst heisst Eos noch
mit Bezug auf den goldenen Glanz der Morgenröthe χρυσό-
θρονος oder ἐύθρονος.

11. Seit Wolf las man κύνες πόδας ἀργοί, entsprechender für
Homers Geist und Sitte ist hier wie ρ 62. υ 145 die Lesart δύω κύνες
ἀργοί, weil der Dichter bei solchen Schilderungen mit antiker
Umständlichkeit, wie Α 16, zu specialisieren pflegt, diesmal nach
der zu α 331 erwähnten Sitte. Auch Verg. Aen. VIII 461 hat

nachahmend *gemini custodes* gesagt. In solchem Sinne scheint endlich Ψ 174 mit δύο specialisiert zu sein. Auch Doederlein öffentl. Reden p. 373 zieht diese Lesart wegen der lebendigen Anschauung vor und W. C. Kayser in den Verh. d. Philol. zu Breslau p. 48 hat dieselbe aus den Urkunden nachgewiesen. Vgl. auch J. La Roche hom Stud. § 15, 3 und in der Zeitschr. für die österr. Gymn. 1863 S. 333.

14. Mit γέροντες vgl. auch γερούσιος οἶνος zu ν 8. Diese Bedeutung von γέροντες hat schon Aristarch bemerkt: Lehrs de Arist. [2] p. 116.

17—24. Hennings über die Telemachie p. 171 verwarf diese Verse als Nachahmung von ω 422 ff. Vgl. dagegen die Rechtfertigung derselben bei Kammer die Einheit p. 151 f. und Bergk griech. Literaturgesch. I p. 662, welche mit Recht hier das Original für ω finden. Uebrigens vermuthet Bergk, dass hier nach 16 ein Vers ausgefallen sei, der sich mit Hülfe des Nachahmers sicher ergänzen lasse: δακρυχέων· πένθος γὰρ ἐνὶ φρεσὶν ἦν οἱ ἄλαστον.

20. Gewöhnlich wird πύματον auf τόν bezogen und ὡπλίσσατο δόρπον als ein Begriff gefasst. Aber ὁπλίσασθαι δόρπον bedeutet noch nicht das 'verzehren', wie ι 369 Οὖτιν ἐγὼ πύματον ἔδομαι, sondern erst die 'Zubereitung' der Abendmahlzeit. Sodann hat die Formel (wie auch δόρπον τεύξασθαι oder ἑλέσθαι) nirgends einen derartigen Accusativ bei sich. Endlich stimmt diese Erklärung nicht genau zu der bekannten Erzählung, weil Polyphemos jedesmal aus zwei Gefährten sich das Mahl bereitete; vgl. ι 344 mit 291 und 311. Daher würde der Dichter in persönlichem Sinne wol πύματον δὲ ταμὼν ὡπλίσσατο δόρπον oder ähnliches in den Vers gebracht haben. — La Roche homerische Textkritik p. 424 weist die augmentlose Form von ὀτρύνω und ὁπλίζω als die Aristarchische Schreibart nach. — Uebrigens werden 19. 20 als athetiert bezeichnet, vgl. Aristonic. ed. Carnuth p. 18.

24. δάκρυ χέων ist getrennt zu schreiben nach Analogie von κατὰ δάκρυ χέουσα Α 413. Ζ 459, θαλερὸν κατὰ δάκρυ χέουσα Ζ 496. δ 556 und noch siebenmal, τέρεν κατὰ δάκρυ χέουσα Γ 142. Hieraus erhellt zugleich, dass die Verbalbedeutung nirgends in den blossen Adjectivbegriff übergegangen ist, um ὑφ' ἕν erscheinen zu können; vgl. Lobeck Elem. I p. 571. Ferner müsste die normale Bildung, wie bei οἰνοχοέω und dem spätern δακρυρροέω, hier δακρυχοέω heissen. Auch Bekker hat die getrennte Schreibweise der bezüglichen Wörter überall durchgeführt. Den ganzen Gegenstand hat erschöpfend behandelt Classen Beobachtungen über den hom. Sprachgebrauch II (1855) S. 20 bis 27, — Gesammtausgabe p. 71 ff. Vgl. auch Rumpf in Fleckeisens Jahrb. 1860 S. 696 f. Ueber das zweite Hemistichion ἀγορήσατο καὶ μετέειπεν vgl. den Anhang zu σ 413.

30. Natürlich kann bei diesem homerischen Gebrauche von

στρατός der Vergleich Δ 76 und die Episode Λ 730 sowie der
Plural Σ 509 nicht in Betracht kommen. An unserer Stelle würde
nach K 221 von 'einem nahenden' Heere in feindlichem Sinne
homerisch durchaus ein Begriff wie ἐχθρός δήιος δυσμενής nothwendig sein, also wenigstens ἔκλυε δυσμενέοντος. Aber der greise
Aegyptios sehnt sich nach seinem abwesenden Sohne (vgl. zu 17)
und hofft auf Nachricht über die Rückkehr dieses Sohnes mit
Odysseus. Deshalb ist auch Odysseus nicht namentlich hervorgehoben. Die richtige Erklärung geben bereits die Schol. H. Q. S.
Dies billigt auch Grote Gesch. Griech. I S. 422 nach Meissners
Uebers., und J. Classen Beobacht. IV S. 26 not. 19 = Gesammtausgabe p. 163. — V. 31 möchte Naber quaestt. Hom. p. 97 an
Stelle von εἴποι den Conjunctiv εἴπῃ, wie 43 lesen. — V. 33
schreibt Nauck αὐτός nach Vermuthung an Stelle des handschriftlichen αὐτῷ. Ueber die Wunschsätze mit εἴθε vgl. L. Lange der
hom. Gebrauch der Part. εἰ I p. 337 ff.

35. Ueber φήμη und κληδών vgl. Nägelsbach hom. Theol. IV
16 S. 170 der Ausg. von Autenrieth, auch Schmidt Synonymik
der gr. Spr. I p. 58. Für die Spätern vgl. Hermann gottesd.
Alt. 38, 18. Ueber die andere Form κληηδών Lobeck Rhem. p.
188 not. 11.

36. οὐδ' ἄρ' ἔτι δήν hier im Anfange, sonst nur als Versschluss: β 296. 397. ρ 72. Z 139. Θ 126. Τ 426 [ἄν statt ἄρ'].
Ψ 690; wie auch οὔ τι μάλα δήν χ 473. Λ 416. N 573. Ausserdem ε 127. ζ 33. Π 736. Ueber σκῆπτρον 37 vgl. Hermann
Staatsalt. 8, 5.

41. Cobet Miscell. crit. p. 422 vermuthet als ursprüngliche Lesart ὅς τὸν λαὸν ἄγειρα an Stelle von ὅς λαὸν ἤγειρα.

43. Zur Auffassung der Modi vgl. Delbrück der Gebrauch
des Conjunctivs und Optativs p. 41. Dagegen vermuthet Nauck
in der Ausg. Bd. II p. VIII εἴποιμι an Stelle von σάφα εἴπω.

45. Aristophanes las den Plural κακά, und diese Lesart billigen
Ahrens im Philol. VI S. 31 und J. La Roche Ueber Hiat. und
Elis. S. 17, welcher dieselbe in die Ausgabe aufgenommen hat,
sowie Nauck in der Ausgabe Bd. II p. VIII. Aristarchs' Lesart κακόν
steht im Zusammenhange mit seiner Deutung von δοιά = διχθά
'auf doppelte Art.' — Das 47 folgende πατὴρ δ' ὣς ἤπιος ἦεν
erinnert sachlich an die Antwort des Agasikles bei Plut. apophth.
Lac. I 2 p. 208^b: πρὸς τὸν εἰπόντα, πῶς ἄν τις ἀδορυφόρητος ὢν
ἄρχειν ἀσφαλῶς δύναιτο, ἐὰν οὕτως, ἔφη, αὐτῶν ἄρχῃ ὥσπερ εἰ
πατέρες τῶν υἱῶν. Wörtlich oft angeführt, wie Himer. or. VII
15. XIV 32. Vgl. Gataker. zu Anton. I 9. — Ueber die Naivetät
in der Nebeneinanderstellung des tiefen sittlichen Unwillens über
empörende Rechtsverletzung und der Berechnung des dadurch entstehenden materiellen Schadens spricht Schneidewin die homer.
Naivetät, p. 45.

53. Die jetzt für ἐεδνώσαιτο gegebene Erklärung ist begründet von Cobet Miscell. **crit.** p. 244 f.: 'paciscitur pater, quibus donis sponsalibus acceptis daturus sit filiam.'

55. εἰς ἡμετέρου hat aus den besten Quellen, auch Marc. 613, nachgewiesen und als Aristarchische Lesart kenntlich gemacht W. C. Kayser disp. alt. p. 10. Auch h. in Merc. **370** ist ἐς ἡμετέρου in sämtlichen Mss., wozu Boissonade schliesslich bemerkt: 'nec obliviscendum in linguis **non** ubique rationem, sed usum valere.' Vgl. auch Baumeister zu d. **St.** Da indess Homer, **um die** Worte Krügers Di. **68, 21, 2 zu** gebrauchen, diese Verbindung 'sogar mit einem **Appellativ Z** 378. β 195' hat, wo noch Z **47** ἐν ἀφνειοῦ πατρός, λ 414 ἐν ἀφνειοῦ ἀνδρός und Ω 482 ἀνδρὸς ἐς ἀφνειοῦ hinzuzufügen sind, und da er noch 'auffallender' δ 581 εἰς Αἰγύπτοιο sagt 'wo allgemein der Begriff der Räumlichkeit zu ergänzen ist': so wird man wohl das homerische εἰς ἡμετέρου (wie das Herodoteische ἐν ἡμετέρου I 35. VII 8) als eine **Ab**kürzung der breitern Familiensprache zu betrachten haben: 'in die Räumlichkeit unserer Behausung', was ein Attiker mit ἐς τὸ τοῦ ἡμετέρου bezeichnet haben würde. Oder man könnte auch annehmen, dass dem alten Hellenen das substantivierte Neutrum des Possessivs **wie** ein halber Eigenname geklungen habe. Die Stellen stützen sich gegenseitig: Bekker und Nauck haben indess hier wie η 301. ρ 534 εἰς ἡμέτερον beibehalten. Vgl. Bekker Homer. Blätter S. 76 f.

60. Ueber καὶ ἔπειτα bemerkt Faesi im Vorwort S. XXXVIII folgendes: 'Der eigentliche Unterschied ist wohl der, dass ἔπειτα allerdings die unmittelbar auf den jedesmaligen Beziehungspunkt folgende Zukunft bezeichnet, ohne ihr jedoch einen Grenzpunkt auf der entgegengesetzen Seite zu fixieren, als welcher von der Natur der jedesmaligen Aussage abhängig ist, ὀπίσσω aber auch auf eine erst spätere, möglicher Weise erst in der Ferne beginnende Zukunft gehen kann, wie α 222.' Vgl. übrigens zu γ 62. — Friedländer Anal. **(in** Fleckeisens Jahrb. Suppl. III) p. 476 will hier in 60 bis 62 die Spuren **einer** doppelten Recension finden. Vgl. dagegen Georg Schmid Homerica (Dorpat 1863) p. 21 und Kammer die Einheit p. 409, welcher seinerseits alle drei Verse unerträglich findet, wegen der kläglichen und jammervollen Rolle, die der eben zur kräftigen Männlichkeit herangereifte Telemach hier spiele. Vgl. übrigens auch Schneidewin die hom. Naivetät p. 122.

63. Das adverbiale καλά, was Heyne zu Θ 400 hier hergestellt wissen wollte, findet sich nur in der Mitte des Verses: o 10. ρ 381. 397. 460. 483. Z 326. Θ 400. N 116. Ω 388. Das adverbiale καλόν aber, was hier ebenfalls einen vollen Versschluss geben würde, hat Homer nur in Verbindung mit ἀείδειν gebraucht: α 155. θ 266. κ 227. ι 519. φ 411. Λ 473. Σ 570. Vgl. Friedländer zu Ariston. p. 29.

67. Die Bedeutungen von ἀγάομαι erläutert Doerries üb. den Neid der Götter p. 12 ff. Ueber das doppelte σ in ἀγάσσασθαι und sonst im Fut. u. Aorist vgl. A. Leskien in G. Curtius Stud. II p. 113 f.

68—79 werden als Interpolation von Kammer die Einheit p. 406 ff. verworfen, vgl. dagegen Lehrs bei demselben p. 768 ff., welcher nur 76—79 verwirft, V. 70 aber an Stelle von σχέσθε, φίλοι vermuthet ἰσχέμεναι· (υ 330) d. i. thut ihnen Einhalt und V. 74 ἐμοὶ δέ κε κέρδιον εἴη versteht: 'da wäre mirs noch vortheilhafter, wenn ihr selbst mein Hab und Gut verzehrtet. Denn, meint er, so arg und wüst wie diese würdet ihr alle zusammen nicht wirthschaften.' Die im Commentar gegebene Erklärung, welche die erhobenen Bedenken berücksichtigt, ist gebilligt von Zechmeister in der Zeitschr. f. d. österr. Gymn. 1877 p. 618.

72. Gegen die von Schuster in der Berlin. Zeitschr. f. Gymn. 1867 p. 741 aufgestellte Unterscheidung der Namen Ἀχαιοί, Ἀργεῖοι und Δαναοί erhebt begründete Bedenken H. Düntzer in derselben Zeitschr. 1868 p. 958 ff., wieder abgedruckt in seinen Homerischen Abhandlungen p. 566 ff., speciell gegen die Auffassung von Ἀχαιοί als der Vornehmen an dieser Stelle p. 575. — 76. Zur Erklärung des εἰsatzes mit κέ vgl. L. Lange der homer. Gebrauch der Part. εἰ II p. 500. An Stelle des Optativs φάγοιτε vermuthet Nauck auffallender Weise den Conjunctiv φάγητε.

81. Zu der Bedeutung von πρῆσαι vgl. G. Curtius in den Stud. IV p. 228—229.

86. Das ἐκ μῶμον ἀνάψαι, wie Bekker schreibt, ist eine Uebertragung des sinnlichen ἐκ δ' αὐτοῦ πεῖρατ' ἀνάπτειν μ 51. 162. 179 und hat Parallelen in Eur. Or. 829: μὴ πατρῴαν τιμῶν χάριν ἐξανάψῃ δύσκλειαν ἐσαεί, Pind. Ol. VI 74: μῶμος ἐξ ἄλλων κρέμαται. Indess ist die am besten beglaubigte Lesart ἐθέλοις δέ κε, weniger gut bezeugt ist ἐθέλεις δέ κε, wofür Bekker nach G. Hermann schrieb: ἐθέλεις δ' ἐκ: vgl. La Roche krit. Ausgabe. Durch ein Versehen ist in der Anmerkung des Commentars ἐκ μῶμον ἀνάψαι im Widerspruch mit dem Text stehen geblieben. — In 87 hat F. Thiersch Disquis. I p. 451 οὔ τοι, was sich übrigens im Vindd. Nr. 5 findet, statt οὔ τι vorgeschlagen.

89. Zu εἶσι abit von dem ablaufenden Jahre vgl. I 701: ἤ κεν ἵησιν ἤ κε μένῃ, und ausserdem β 367. σ 257. υ 89. ψ 362. Α 169. 307. Ζ 221. Λ 557. Ρ 666 und dazu Aristonic. ed. Carnuth p. 20. Das vierte Jahr war nach β 107. τ 152. ω 142 schon weit vorgerückt. Die Bewerbung der Freier hatte also im siebenten Jahre der Irrfahrten des Odysseus ihren Anfang genommen.

93 ff. Zweifel gegen die Ursprünglichkeit dieser Erzählung an dieser Stelle (93—110) äussert Nauck in der Ausgabe. — 94. Die Erklärung über den Webstuhl und den Vorgang beim Weben ist gegeben nach Blümner Technologie und Terminologie

der Gewerbe und Künste bei den Griechen und Römern. Leipz. 1875 I p. 120 ff., wo auch p. 356 ff. die erste authentische Abbildung eines aufrechten Webstuhls nach dem Gemälde eines Skyphos aus Chiusi (Telemachos und Penelope am Webstuhl) gegeben und besprochen ist. Die Abbildung giebt auch Autenrieth im Wörterbuch 2. Aufl. p. 154. Vgl. auch Ahrens im Philol. XXXV p. 385 ff.: die Webstühle der Alten.

96. Die Ableitung von κοῦρος aus W. κερ begründet ausführlich G. Curtius in Stud. I p. 251 ff. Anders Fick vergl. Wörterb.³ I p. 43, der es auf kar = colere zurückführt.

99. Dass ὅτε in der Verbindung εἰς ὅτε κεν noch nicht als temporale Conjunction, sondern als Accusativ gedacht und so unmittelbar mit εἰς verbunden wurde, macht Capelle im Philol. XXXVI p. 203 sehr wahrscheinlich. Dafür spricht namentlich die parallele Verbindung εἰς ὅ κε; vgl. auch die späteren Conjunctionsbildungen καθό, καθά, καθότι, παρό, διότι. Vgl. auch den Anhang zu β 374. — 102. Die handschriftlich allein überlieferte Form κεῖται, wofür man allgemein κῆται hergestellt hat, erklärt G. Curtius in den Stud. VII p. 100 als Conjunctiv aus κείεται contrahiert, vgl. den Anhang zu τ 147.

105. Gewöhnlich liest man hier ἐπήν mit dem Optativ, was auf Grund der handschriftlichen Ueberlieferung auch La Roche beibehalten hat. Auch die älteste Handschr. bei Gotschlich in Jahrb. f. Philol. 1876 p. 22 hat ἐπήν. Doch vgl. Thiersch Gr. § 324, 8 und Naber quaestt. Hom. p. 108.

116. Gewöhnlich wird ἅ οἱ gelesen, so dass das folgende zu ἅ als Apposition erscheint: aber der Harleianus gibt mit Recht 'τινὲς ὅ οἱ αὐτῇ', was wol heissen muss ὅ οἱ· ὅτι αὐτῇ. Auf diese Lesart ὅ 'dass' hat hingewiesen Düntzer in Fleckeisens Jahrb. 1862 S. 754 mit Vergleichung von I 493. K 491. Ψ 545. Aehnlich Ε 564. Anders dagegen η 312. Β 36. Σ 4. Auch E. Pfudel Beiträge zur Synt. der Causalsätze p. 27 Anmerk. 8 und Capelle im Philol. XXXVI p. 198 erklären sich für ὅ. Uebrigens erwecken V. 116—118 Zweifel. Lehrs bei Kammer die Einheit p. 770 f. hält für die leichteste Heilung V. 117 auszuwerfen, sowie auch das erst durch ihn veranlasste ϑ' hinter κέρδεα: 'solche Klugheiten sinnend, wie sie Athene ihr gar sehr gegeben hat'. Lehrs liest 116 ἅ.

119. Das εἶναι im Sinne von leben wie α 289. ζ 201. 287. ϑ 147. ν 415. ο 361. 433. ρ 159. υ 218. χ 367. Α 272. Β 641. 642. Π 98. Χ 384. — ἐυπλοκαμῖδες Ἀχαιαί. Dieselbe Apposition eines Nomen zum Relativum α 23. 70. γ 408. δ 11. 321. 720. ζ 284. η 94. λ 123. ρ 103. Γ 124. Η 187. Λ 626. Μ 20. Τ 326. Ω 167. Nachweise aus Späteren bei O. Schneider zu Isokr. Paneg. 44, 7 und Stallbaum zu Plat. Apol. p. 41ᵃ. Gewöhnlich wird hier ἐυπλ. Ἀχαιαί als Prädicat zu ἦσαν aufgefasst; aber diese

4*

Verbindung ist gegen die epische Einfachheit und gegen die homerische Parataxe. Uebrigens hat Bekker hier und τ 542 ἐυπλο
κάμιδες accentuiert, wogegen schon Bäumlein mit Verweisung auf
Herodian zu *B* 175 gesprochen hat.

126. ποθή findet sich nach La Roche **nur** im Vindob. 56, aber
auch die älteste Odysseehandschr. bei Gotschlich in Jahrb. f.
Philol. 1876 p. 22 hat ποθή, mit erst **von späterer** Hand hinzugefügtem ν. Die **übrigen** Handschr. haben **ποθήν.** Ob ποθή
die Lesart des Aristarch gewesen, ist nach La **Roche** homerische
Untersuchungen p. 227 zweifelhaft. Da aber das zweite Glied **des**
Gedankens das wichtigere **ist,** und gerade bei diesem es besonders
darauf ankommt dasselbe **als** die Wirkung der Gesinnung der
Penelope **zu** bezeichnen, **so habe** ich ποθήν statt des von Ameis
gelesenen ποθή hergestellt.

133. Statt αὐτὸς ἑκών hat **Bekker, um** in ἑκών das Digamma
zu wahren, αὐτὸς ἐγών gegeben, **so auch Nauck,** nach einer Reihe
von Handschriften, auch dem guten Marc. **613,** während die älteste
Odysseehandschr. bei Gotschlich in Jahrb. f. **Philol.** 1876 p. 22
und Harlej. Eustath. u. a. ἑκών haben. Auch **La Roche** homer.
Untersuch. p. 132 hält die Lesart αὐτὸς ἐγών aus Gründen des
Gedankens für die allein berechtigte, weil **es** nicht darauf ankomme, dass Telemach die Mutter gezwungen fortschicke, sondern
dass er sie überhaupt fortschicke ob gezwungen ob nicht. Ebenso
geben Nauck und Bekker δ 649 αὐτὸς ἐγώ οἱ δῶκα. Wenn aber
ἑκών, wie deutlich Γ 66, seinen Gegensatz in einem widerstrebenden
fremden Willen haben kann, und gefasst werden darf: aus eignem
Willen, aus eigner Kraft, nahezu eigenmächtig, was hier
der aus 130 vorschwebende Gegensatz von ἀέκουσαν gestattet, so
dürfte doch ἑκών wegen des grösseren Nachdruckes vor ἐγών den
Vorzug verdienen. Eines solchen starken Ausdruckes bedarf es
aber, da hier mit αὐτὸς ἑκών — ἀπὸ — πέμψω recapituliert wird,
was 130 mit dem starken ἀέκουσαν ἀπῶσαι ausgedrückt ist. Vgl.
auch W. C. Kayser im Philol. XVIII p. 712.

134. Der Unterschied zwischen δαίμων und θεός wird noch
mehr **aus** den Adjectiven δαιμόνιος (zu § 413) **und** θεῖος ersichtlich. Ueber δαίμων vgl. Nägelsbach hom. Theol. I 47, Lehrs
populäre Anfsätze p. **123 ff.,** auch Kröcher der homer. Daemon,
Stettin 1876 und über die **135** erwähnten ἐρινῦς Gladstone
hom. Stud. **von** Schuster S. 234 f. — Die Schwierigkeiten in dem
Zusammenhange der Stelle haben Düntzer veranlasst V. 132 und
133 zu verwerfen. Noch weiter geht Adam die ursprüngl. Gestalt
der Telemachie p. **16,** der die zweite Hälfte von 131, die erste
Hälfte von 132 **und** ausserdem 134—137 verwirft. Wenn nun
auch die Gründe für die Annahme der Interpolation nicht ausreichend scheinen, so kann doch bei der üblichen Auffassung der
Stelle, welche auch die des Aristarch **gewesen zu sein** scheint,

vgl. Aristonic. ed. Carnuth p. 22 Note 3 und Nicanor ed. Carnuth
p. 27 f., wonach τοῦ πατρός auf Ikarios bezogen wird, der Zusammenhang kaum befriedigen. Mag man das πόλλ' ἀποτίνειν mit
Ameis von der Wiedererstattung des bei der Verheirathung Ein-
gebrachten, oder mit Faesi-Kayser von einer Busse für die der
Penelope ohne Verschuldung angethane Schmach verstehen, was
soll man unter den von Ikarios drohenden κακά denken? Wenn
nach Ameis nichts anderes gemeint ist, als das vorhergehende
πόλλ' ἀποτίνειν, so bleibt γάρ unverständlich, das doch eine deut-
lichere Erklärung oder Begründung, aber keineswegs einen viel
unbestimmteren Ausdruck für dieselbe Sache erwarten lässt. Zieht
man aber die folgenden Worte ἄλλα δὲ δαίμων etc. zu Rathe, so
verbietet der Zusammenhang mit diesen auch geradezu die κακά
von einem äusseren materiellen Verlust zu verstehen, da die von
dem δαίμων verhängten κακά doch ganz anderer Art sind, und
eben in Zusammenhang mit diesen lässt sich kaum sagen, wie
man eine Schädigung durch Ikarios denken soll, zumal Telemach
vorher nur von dem reinen Rechtsstandpunkte aus sein Verhältniss
zu ihm aufgefasst hat. An der Beziehung des τοῦ πατρός auf
Ikarios macht mich ferner irre, dass an den übrigen Stellen, wo
πατήρ mit dem demonstrativen Pronomen ὁ verbunden ist, eine
Beziehung theils auf die erste (π 149. T 322), theils auf die
zweite Person (Λ 142 vgl. Φ 412) stattfindet. Prüfen wir aber
die Möglichkeit τοῦ πατρός von Odysseus zu verstehen, so würde
zunächst die Unbestimmtheit des Ausdruckes κακὰ πείσομαι, Schlimmes
erleiden, keinen Anstoss geben. Im lebhaften Bewusstsein seiner
Pflicht dem Vater gegenüber (vgl. die Anmerk. zu 131) kann
Telemach, wenn er auch sonst den Tod des Vaters als wahrscheinlich bezeichnet, hier im Affect sich denselben als heimkehrend
vorstellen, oder wir dürfen die Worte, auch ohne Annahme der
Rückkehr, als unbestimmten Ausdruck des Bewusstseins fassen,
dass die Verletzung der Pflicht gegen den Vater Strafe nach sich
ziehen werde, wie die gegen die Mutter, so dass der Gegensatz
nicht auf πατρός und δαίμων beruht, sondern zu πατρός erst 135
μήτηρ den Hauptgegensatz bildet. Ist diese Auffassung begründet,
so bezieht sich γάρ 134 auf den Hauptgedanken 130 οὔ πως ἔστι
und die Begründung kehrt in umgekehrter Folge (wobei das
κακὸν δὲ etc. als untergeordnetes Moment ausser Acht bleibt) zunächst zu dem Vater, sodann zur Mutter zurück, woran sich
endlich der Gedanke an die allgemeine Verurtheilung 136 fügt.
πείσομαι mit Düntzer nur von der Trauer über den Verlust des
Vaters zu verstehen ist unmöglich, da das keine passende Begründung für den vorhergehenden Hauptgedanken bietet. Uebrigens
vermuthet Brugmann ein Problem der homer. Textkritik p. 47,
indem er ebenfalls τοῦ πατρός nur auf Odysseus beziehen zu
müssen glaubt, an Stelle des τοῦ als ursprüngliche Lesart οὗ in

dem Sinne von *ἐμοῦ* nach dem älteren freieren Gebrauch des Re-
flexivum, wovon auch im Homer Spuren nachweisbar sind. —
Wegen des Anstosses, welchen die Alten zum Theil an Telemachs
Hervorhebung des materiellen Verlustes nahmen in V. 132 vgl.
Cobet Miscell. crit. p. 227 und 236 und Schneidewin die homer.
Naivetät p. 45. — Uebrigens ist die hier gegebene Auffassung
der Stelle, so wie die sich daranschliessende **Vermu**thung Brugman's
nachdrücklich bestritten **von Kammer in** den Jahrbb. f. Philol. 1877,
Bd. 115 p. 656 f., **welcher** jedoch eine Hauptschwierigkeit unberücksichtigt lässt, die Unbestimmtheit des Ausdrucks *κακὰ πείσομαι* in
seinem Verhältniss zu dem vorhergehenden *πολλ' ἀποτίνειν*, sowie zu
dem folgenden *ἄλλα δὲ δαίμων δώσει*. — V. 137 wurde von Aristarch
athetiert, vgl. Aristonic. ed. Carnuth p. 22 und Nicanor ed. Carnuth
p. 28, wo über die Interpunction bemerkt wird: *στικτέον δὲ ὅμως
μετὰ τὸ 'ἔσσεται', ἵνα τὸ 'ὥς' κέηται ἀντὶ τοῦ οὕτως.* — Eine abweichende Erklärung von *ὥς οὐ* (= adeo non) giebt Lehrs de
Aristarch. [2] p. 159 für diese Stelle und *δ* 93. *λ* 427. *ι* 34. *ω* 93.
χ 319, vielleicht auch *β* 233, vgl. den Anhang zu dieser Stelle.

146. Im folgenden nimmt Düntzer, Kirchhoff Köchly und die
Odyssee p. 21 umfassende Interpolationen an, indem er das Zeichen
mit **allem**, was damit zusammenhängt, ausscheidet: V. 146—156.
158—160. 170—176. 180—191. Andere Bedenken gegen diese
Partie **bei** Adam die ursprüngliche Gestalt der Telemachie p. 16 f.
— *εὐρύοπα Ζεύς* formelhaft am Versschlusse sechzehnmal, ferner
im gleichlautenden Accusativ *εὐρύοπα Ζῆν* Θ 206. Ξ 265. Ω 331;
dagegen *εὗρεν* (*εὗρον*) *δ' εὐρύοπα Κρονίδην* als erstes Hemistichion
Α 498. *Ο* 152. *Ω* 98. Ueber die Bedeutung vgl. Goebel Lexilog.
I p. 9 ff.

148. *ἕως μέν* ist ähnlich gesagt *γ* 126. *M* 141. *N* 143.
O 277. *P* 727. 730. Vgl. Krüger Di. 69, 27 Anm. Uebrigens
steht *ἕως* einsilbig wie *ε* 123. 386. *τ* 530. P 727, zweisilbig nur
β 78. Ebenso *τέως* einsilbig *κ* 348. *ο* 231. *π* 370. *ω* 162; zweisilbig *σ* 190. *T* 189. *Ω* 658. Ueber *ἕως* und *τέως* vgl. jetzt auch
B. Delbrück in G. Curtius Studien II p. 193 ff. und über die Entwicklung der Bedeutung denselben: Gebrauch des Conjunctivs und
Optativs p. 56. 63. Von der Auffassung des *ἕως* an dieser und
den entsprechenden Stellen als Conjunction mit Ergänzung eines
Nachsatzes ist man jetzt mit Recht zurückgekommen. *ἕως* wird
in **diesen** Verbindungen in ganz gleicher Weise gebraucht, wie
τέως π 139. *ω* 162—64 und bei Herod. (vgl. Schweighäuser
Lexic. Herodot. **s. v.**) und seine Bedeutung kann nur die demonstrative sein, die **ja** nach seinem Ursprunge aus dem Pronominal-
stamme *ya* die ursprüngliche ist und aus der sich die relative erst
entwickelt hat. Vgl. auch *ϱ* 358. Die scheinbare indefinite Bedeutung (eine Zeit lang) erklärt sich aus der regelmässigen
Beziehung, in die das demonstrative Adverb in diesen Verbindungen

zu einer nachfolgenden adversativen Zeitbestimmung tritt, **die der**
durch das Imperfect als dauernd bezeichneten Handlung ihre Be-
grenzung und Abschluss giebt. Es ist dies dasselbe Verhältniss,
wie wenn πρίν durch eine folgende gegensätzliche Zeitbestimmung
erst seine Beziehung erhält, vgl. γ 265—269. Π 62. Τ 306—8.
Φ 340, auch μηκέτι — ἀλλά κ 297—299, μήπω — πρίν ν
123 f. Σ 134 f. oder τόσσον durch einen folgenden Gegensatz bestimmt wird, wie Σ 378. Χ 322. Ψ 454. Uebrigens vermuthet
hier Nauck an Stelle von τῷ δ᾽ ἕως — τῷ τῆος **und** van Herwerden
quaestiunculae epic. p. 19 will überall **τέως oder τείως geschrieben**
wissen.

154. δεξιός von günstiger Vorbedeutung auch ο 160. 525.
ω 312. Κ 274. Μ 239. Ν 821. Ω 312. 320. Vgl. Aristonic.
ed. Carnuth p. 22 und über die Auffassung des rechts W. Wackernagel ἔπεα πτερόεντα. Basel 1860 p. 29, der das woher für die
Bedeutung der Zeichen als das Entscheidende ansieht. Es bedarf
die Sache noch einer genaueren Erörterung.

157. καί 'auch' steht so in dem **stabilen** Versanfange τοῖσι
δὲ καί μετέειπε β 409. γ 330. λ 342. ρ 151. 369. σ 405. υ 350.
φ 101. ω 442. 451. Β 336. Γ 96. 455. Κ 219. 233. Ξ 109.
Τ 76. Ψ 889. Ueber die Wiederaufnahme des Begriffs μετέειπε
in 160 vgl. **den Anhang zu σ 413.**

180. πολλὸν ἀμείνων ist sonst Versschluss: Ζ 479. Η 114.
Λ 787. Π 709. Φ 107. Aber die Form μαντεύεσθαι steht ebenso
am Versende υ 380. Λ 107, wie überall μυθήσασθαι, achtzehnmal,
und ähnliche längere Formen. Vgl. über den Spondiacus Geppert
über den Urspr. der hom. Ges. II S. 34 ff.

183. Ueber ὡς und den Wunschsatz vgl. den Anhang zu
α 47. — 184 verlangt Naber quaestt. Hom. p. 134 wegen des
folgenden Optativs ἀνιείης an Stelle von ἀγόρευες den Optativ
ἀγορεύοις — ein unbegreiflicher Vorschlag, der den Zusammenhang
des ersten Satzes mit dem vorhergehenden Wunsch gänzlich ignoriert.

191. Der Vers fehlt in guten Mss., auch in der ältesten
Handschr. bei Gotschlich in Jahrbb. f. Philol. 1876 p. 22, mit
Recht: denn er ist nach Λ 562 gebildet, aber hier störend für
die Schärfe des Gegensatzes in αὐτῷ μέν οἱ und σοὶ δέ. Hierzu
kommt, dass εἵνεκα τῶνδε (d. i. so viel hierauf, auf dein Anhetzen,
ankommt) ein sonst nicht vorkommender Versausgang ist, auch im
Sinne von ἡμίων, wo ein Freier selbst redet, nur hier sich fünde.
Andere lasen dafür οἷος ἀπ᾽ ἄλλων. Vgl. über die Autoritäten
W. C. Kayser im Philol. XVII S. 702 f.

195. Wie in ἀπονέεσθαι, so brauchten die epischen Dichter
auch in anderen Wörtern, wo mehrere Kürzen zusammentrafen,
die erste Silbe gedehnt, wie in ἀθάνατος, ἀκάματος, ἀποπίσχσιν ω
7, ἐπίτονος μ 423, ζεφυρίη η 119, ἀγοράασθε Β 337. Ueber
Dehnung der dritten Kürze zu γ 230. Vgl. auch zu δ 13. — Zur

Auffassung der folgenden in α 277 f. wiederkehrenden Verse vgl.
den Anhang zu α 277 f. und dazu das abweichende Urtheil von
Kirchhoff die Composition der Odyssee p. 42.

202. Es verhält sich mit ἀκράαντον ähnlich wie mit den zu
β 119 erwähnten Beispielen. Ueber die Formen μυθίαι und
πωλίαι vgl. Lobeck Elem. I p. 272. II p. 127. Bekker Hom.
Blätter S. 222 ff. — 203. An dem undigammirten ἴσα Anstoss
nehmend, vermuthet Bekker hom. Blätt. II p. 234 als ursprüngliche
Lesart αἶσα im Sinne von 'Ordnung' und dieselbe Vermuthung
spricht Nauck aus.

205—7. Die Alten nahmen Anstoss an diesen Versen, vgl.
La Roche annot. crit., namentlich stiess sich Aristophanes an τῆς
ἀρετῆς, ohne absehbaren Grund, vgl. Hennings über die Telemachie
p. 171. Die Aristarchische, auch von Ameis gegebene Erklärung
(vgl. Aristonic. ed. Carnuth p. 23) dieser Worte verwerfend, vermuthet Brugman ein Problem der homerischen Textkritik p. 51
an Stelle von τῆς — ἧς, bezogen auf das Subject des Satzes =
ἡμετέρης, unter Vergleich von ξ 212 f. und mit der Erklärung:
'Wir bleiben weiter und erheben Ansprüche kraft unserer ἀρετή
und werben nicht um andere, wie sie für jeden zu haben wären',
welche Erklärung mit Recht zurückgewiesen ist von Kammer in
den Jahrbb. 1877 p. 658 f.

214—223. Gegen die Ursprünglichkeit dieser Verse ist von
Kayser bei Faesi geltend gemacht: 1, dass sie mit der Absicht
Telemachs seinen Reiseplan vor der Mutter geheim zu halten (vgl.
373 ff.) unvereinbar seien, 2. dass Leiokritos eine so bedeutungsvolle Mittheilung unmöglich so kurz und beiläufig abgefertigt
haben würde, wie er 253 f. thut, und 3. dass die Zweifel der
Freier über das Ziel der Fahrt 325—331 sich nicht mit einer
so offenen Aeusserung des Telemach darüber vereinigen lassen. Aus
diesen und andern Gründen verwerfen Düntzer, Kirchhoff, Köchly etc.
p. 16 und Adam die ursprüngliche Gestalt der Telemachie p. 17
V. 218—223, Hennings über die Telemachie p. 172 f. aber nicht
nur 214—223, sondern weiter auch 255. 256 und 306—308.
Gegen diese Athetesen haben sich ausgesprochen Kirchhoff die
Komposition p. 31 Anmerk., Kammer die Einheit p. 153 ff., Carnuth
Aristonic. p. 24, Note 5. Ob Aristarch V. 214—223 verwarf,
wie Cobet, La Roche, Hennings annehmen, lässt sich nicht mit
Sicherheit feststellen. — Die von Forchhammer in den Jahrbb. f.
Philol. 1875 Bd. 111 p. 6 f. vorgeschlagene Auffassung von V 223
ist mit Recht zurückgewiesen von Kammer ebendaselbst p. 265 ff.

227. Dieser Vers ist in der ältesten Odysseehandschrift bei
Gotschlich in Jahrbb. f. Philol. 1876 p. 22 erst von späterer
Hand an den Rand geschrieben.

232. Ameis' Vermuthung, dass αἴσυλος aus ἴσος gebildet sei,
ist jetzt durch Clemm in G. Curtius Studien III p. 300 ff. erwiesen

und näher begründet. Es kann demnach nicht mehr von der auf die Form ἀήσυλος begründeten Ableitung von ἄημι und der darauf beruhenden Deutung windig die Rede sein. Hinsichtlich der nur einmal vorkommenden Form ἀήσυλα neigt sich Clemm zu der Annahme, dass sie durch Itacismus aus αἴσυλα entstanden sei. Die metrische Unregelmässigkeit, dass hier wie ε 10, καί in der Thesis vor folgendem Vocal unverkürzt bleibt, empfiehlt derselbe dadurch zu beseitigen, dass man gemäss der Composition schreibe: αἴσυλα. Nauck dagegen vermuthet ἀτάσθαλα.

233. Nicanor scheint hier, wie ε 11 hinsichtlich der Auffassung von ὡς zwischen zwei Möglichkeiten geschwankt zu haben: entweder sei die Partikel im Anschluss an das Vorhergehende in begründendem Sinne ═ ὅτι zu fassen oder ἄμεινον ἀφ' ἑτέρας ἀρχῆς exclamativ (θαυμαστικόν) vgl. Carnuth Nicanor. p. 30. Die handschriftlich am besten beglaubigte Schreibung der Partikel ist nach La Roche ὥς und so hat Bekker in der zweiten Ausgabe geschrieben und zwar mit vorhergehendem Komma. Die andern Herausgeber schreiben ebenfalls mit Ausnahme von Dindorf, der ὥς mit vorhergehendem Punkt giebt, ὡς meist mit vorhergehendem Kolon und erklären die Partikel in begründendem Sinne, Faesi-Kayser: dem gemäss wie, Nitzsch und Düntzer: wie, d. i. da, Ameis: wie denn. Lehrs Aristarch. [2] p. 159 aber ist geneigt auch hier, wie β 137 und sonst, ὡς οὐ in dem Sinne: 'tantum abest ut' oder 'adeo non' zu schreiben, stellt aber sonst frei zu schreiben ὡς in dem Sinne von ὅτι οὕτως, wie δ 373 und Δ 157. — Dieses Schwanken der Auffassung zeigt, wie sehr es einer gründlichen Erörterung der Partikel ὡς bedarf, welche G. Graef de conjunctionis ὡς origine et usu Memel 1874 leider nicht gebracht hat, vgl. Capelle im Philol. XXXVI p. 710 f. Hier ist die Schreibung ὥς theils wegen der handschriftl. Ueberlieferung theils wegen des Gedankenverhältnisses zwischen beiden Sätzen zurückzuweisen: ein ὥς οὐ in dem Sinne von tantum abest ut oder adeo non scheint überhaupt für die homerische Sprache eine bedenkliche Annahme, alle von Lehrs dahin gedeuteten Stellen lassen sich einfacher erklären. Zweifellos besteht hier zwischen dem vorhergehenden Imperativ und dem ὡςsatz ein causales Gedankenverhältniss, ähnlich wie ρ 447 ff., der Art, dass die Aufforderung durch eine Thatsache begründet wird. Bei diesem Gedankenverhältniss lässt ὡς eine zweifache Auffassung zu, die exclamative, wie sie ausser anderen Stellen gerade in Verbindung mit einer Negation in gleicher Weise sich findet Φ 273 f.: Ζεῦ πάτερ, ὡς οὐ τίς με θεῶν ἐλεεινὸν ὑπέστη ἐκ ποταμοῖο σαῶσαι, und die relative: wie. Bei der ersteren wird die begründende Thatsache in selbständigem Satz als Ausruf hingestellt, bei letzterer die Aufforderung in vergleichende Parallele mit der Thatsache gestellt. Bei dem leidenschaftlichen Charakter der Stelle glaube ich mich unbedingt für die erstere Auffassung

entscheiden zu müssen, weil nur bei dieser der Affect zu wirksamem Ausdruck kommt. Etwaige Zweifel gegen die exclamative Function der Partikel, weil ein wie keine rechte Beziehung habe, werden zerstreut durch Φ 273: die Partikel bezieht sich in ihrer vorauszusetzenden qualitativen oder gradmessenden Bedeutung eben nicht auf einen einzelnen Begriff, wie ϱ 449 auf ϑαϱσαλέος, sondern auf die ganze Handlung.

237. Statt κεφαλάς steht ψυχὰς παρατίϑεσϑαι γ 74. ι 255, und ψυχὰς παραβάλλεσϑαι I 322. In gleichem Sinne sagt Schiller: 'und setzet ihr nicht das Leben ein, nie wird euch das Leben gewonnen sein.' Dieselbe Metapher findet sich Hiob 13, 14. 1. Sam. 28, 21. Ps. 119, 109. Vgl. Nägelsbach hom. Theol. p. 381 mit G. Autenrieths Zusatz.

239. Statt νῦν δ' ἄλλῳ δήμῳ erwartete man nach dem Gegensatze zu 235 hier vielmehr τῷ δ' ἄλλῳ δήμῳ 'diesem aber dem übrigen Volke.' Es existiert aber keine Variante und da der vorhergehende Gedanke, zu dem νῦν δέ den Gegensatz bildet, (235) negativ ist, so begreift sich, dass der Gegensatz in gleicher Weise eingeleitet ist, wie wenn die Wirklichkeit einem angenommenen Fall entgegengesetzt wird. — Zur Auffassung des οἷον vgl. Nicanor ed Carnuth. p. 30.

241. κατερύκετε ist die Lesart der Handschriften, καταπαύετε die des Rhianus, vgl. K. Mayhoff de Rhiani Cretensis studiis Hom. Dresd. 1870 p. 60. — 243. Ueber ἀταρτηρός vgl. Clemm in Curtius Stud. VIII p. 86: von W. τερ wird zunächst ἄ-ταρτ-ος gebildet: 'nicht zerrieben, was nicht zerrieben werden kann' und daraus mit Secundärsuffix ἀταρτηρός.

243 ff. Gegen den Zusammenhang der folgenden Verse sind mannigfache Bedenken erhoben worden. Düntzer, Nauck, Adam (die ursprüngliche Gestalt der Telemachie p. 12) verwerfen 251 als eine unpassende Interpolation. van Herwerden quaestiunculae epicae p. 38 ff. hebt hervor, dass Mentor 240 ausdrücklich hinzufüge καϑαπτόμενοι ἐπέεσσιν, um nicht den Gedanken aufkommen zu lassen, dass er an einen thätlichen Kampf gegen die Freier denke, und meint, dass ein Interpolator, der dies nicht beachtete und zu ἀργαλέον einen Infinitiv vermisste, zunächst 245 einschob, ein zweiter aber, der in 245 πλεόνεσσιν von μάχεσϑαι abhängig dachte, während es von ἀργαλέον abhängen sollte, 251 hinzufügte. Dagegen hält L. Lange der hom. Gebrauch der Partikel εἰ I p. 452 ff. die Stelle für unverdorben und hat die erhobenen Bedenken zurückgewiesen. Ich bin der Erklärung desselben gefolgt, kann jedoch folgende Zweifel nicht unterdrücken. Jedenfalls bleibt es bei derselben doch in hohem Masse auffallend, dass, während Mentor die Ueberzahl der übrigen Achaeer den Freiern gegenüber 241 ausdrücklich betont hat, Leiokritos dieses Verhältniss nicht nur ignoriert, sondern geradezu umkehrt, indem er sagen soll: schwer

ist es doch mit Männern und zwar einer Mehrzahl den Kampf aufzunehmen um das Mahl. Eine verständige Antwort auf 241 kann doch nur lauten: schwer ists doch auch für eine Ueberzahl mit einer geringeren Zahl den Kampf aufzunehmen um das Mahl, welchen Gedanken man schon im Alterthum durch die Conjectur καὶ παυροῖσι zu gewinnen suchte. Wollen wir diesen Sinn aber aus **den** Worten wie sie vorliegen gewinnen, so erheben sich die grössten Schwierigkeiten. ἄνδρασι von καὶ πλεόνεσσιν zu trennen und von μαχήσασθαι abhängig zu machen, καὶ πλεόνεσσι dagegen mit ἀργαλέον zu verbinden widerspricht einer natürlichen **und** gesunden Wortstellung. Werden beide Dative aber verbunden und von ἀργαλέον abhängig gemacht, so vermisst man bei μαχήσασθαι den abhängigen Dativ. Auch würde, wenn man ϱ 471 ὁππότ' ἀνὴρ περὶ οἷσι μαχειόμενος κτεάτεσσιν βλήεται vergleicht, μαχήσασθαι περὶ δαιτὶ nur verstanden werden können: kämpfen zur Behauptung der Mahlzeit. Immerhin bleibt 245 im Verhältniss zu den Worten des Mentor sehr befremdend und der Verdacht einer Interpolation dieses Verses, sowie von 251 nahe liegend.

257. Aehnliche Prolepsis der Adjectiva vgl. zu ϑ 38. λ 278. τ 333. Α 126. Β 414. 417. 420. 700. Δ 124. Ξ 6. Π 851. Ψ 880. Wenn auch meistens der Sinn solcher Adjectiva, materiell betrachtet, für den Gedanken einer adverbialen Bestimmung gleichkommt, so darf man doch formell nicht geradezu erklären nach Β 808: αἶψα δ' ἔλυσ' ἀγορήν, weil dort in der Botschaft der Iris ein Grund zur schnellen Auflösung vorliegt, nicht aber hier. Ueber die Composita ἐφέστιος μεταδήμιος ποτιδόρπιος u. ä. vgl. die eingehende Erörterung von Nitzsch zu ι 234. Uebrigens hat W. C. Kayser disp. alt. p. 14 sq. sehr wahrscheinlich gemacht, dass λῦσαν statt λῦσεν hier die Aristarchische Lesart gewesen sei. Die älteste Odysseehandschr. bei Gotschlich a. O. hat übrigens λῦσεν. — 258. An Stelle von ἑὰ πρὸς δώμαϑ' ἕκαστος, wofür Nauck wegen des Digamma ἑὸν πρὸς δῶμα ἕκαστος herstellen will, schlägt Wecklein in Jahrbb. f. Philol. 1876 p. 838 vor: ἑὰ πρὸς ἔργα ἕκαστος, entsprechend der Aufforderung 252.

260 ff. Eine Interpolation in V. 260—266 mindestens von V. 263 nimmt Heimreich die Telemachie und der jüngere Nostos p. 10 an: das τὰ δὲ πάντα scheint ihm darauf zu weisen, dass vorher eine Reihe von Versen durch Interpolation verdrängt sei. Eine umfassendere Interpolation nimmt an Adam die ursprüngliche Gestalt der Telemachie p. 17 f., indem er V. 262—297 verwirft; auch Düntzer Kirchhoff Köchly etc. p. 20 verwirft das Gebet des Telemach.

261. Ueber die Genetivconstruction bei νίπτεσθαι etc. vgl. Philol. XXVIII p. 514 f.

263. Gladstone Studies on Homer III p. 475 bemerkt folgendes: ἠεροειδής ist so offenbar nur ein atmosphärisches Beiwort, dass

es keiner umständlichen Erörterung bedarf. Es ist beachtenswerth, da es die Idee der atmosphärischen Durchsichtigkeit ausdrückt.' Gegen die Auffassung von ἠεροειδής als 'nebelgrau' erklärt sich auch Brieger im Philol. XXIX p. 193 Anm. und sieht in der Luftfarbe des Meeres vielmehr ein blinkendes Weiss, mit Bezug auf eine Aeusserung Goethe's in der Ital. Reise: bei Neapel sehe man das Meer von der Mittagsstunde an immer heiterer, luftiger und ferner glänzen. Uebrigens findet sich das Beiwort bei Homer in diesem Versschlusse: γ 105. δ 482. ε 164. Ψ 744, und in dem Versschluss ἐν ἠεροειδέι πόντῳ γ 294. ε 281. ϑ 568. μ 285. ν 150. 176. Ausserdem noch mit σπέος μ 80. ν 366, mit ἄντρον ν 103. 347, mit πέτρην μ 233, und als substantiviertes Neutrum E 770.

269. Dieser formelhafte Vers, der bei Homer 52mal vorkommt, hat eine dreifache Beziehung, indem er entweder die erste Anrede zur Anknüpfung eines Gesprächs nachdrücklich hervorhebt, oder nach Unterbrechung des Gesprächs zur Erneuerung desselben eine lebhaftere Anregung gibt, oder endlich die gerade folgenden Worte feierlich betonen soll. Ueber eine Abweichung in προσηύδα zu § 439. Vgl. Classen Beobachtungen III (1856) S. 28 f. [Gesammtausg. p. 118] und J. La Roche hom. Studien § 112, 1.

270—280. Innerhalb der folgenden Verse hat nach dem Vorgange Bekkers Friedlaender Analecta Hom. in den Jahrbb. f. Philol. Suppl. III p. 468 f. V. 276 und 277 verworfen (unter Zustimmung von Zechmeister in der Zeitschr. f. d. oesterr. Gymn. 1877 p. 618, und Nauck) und im Uebrigen eine doppelte Recension angenommen: die erste bestehend aus 270—275, die zweite aus 270. 271. 279. 280. Dagegen nimmt Kammer die Einheit p. 410 ff. besonders an 274. 275 Anstoss, weil sie nach dem Vorhergehenden εἰ δέ = da ja 271 ganz unlogisch eintreten und der Absicht Athene's Telemach zu ermuthigen widersprechen, und verwirft 274—280, ebenso Hennings über die Telemachie p. 173. Noch weiter geht Düntzer Kirchhoff Köchly etc. p. 22 und verwirft 273—284. Die Athetese von 281—284 ist von Kammer mit Recht zurückgewiesen, denn σοὶ δὲ 285 ist durch den Gegensatz an 281 ff. gebunden und würde sich auch an 272 nicht passend anschliessen. Dagegen scheinen die Bedenken gegen 274—280 in vollem Masse begründet und der von Zechmeister a. O. gemachte Versuch den Zusammenhang zu rechtfertigen hat mich nicht überzeugt. — 271. Brugman ein Problem der homer. Textkritik p. 48, Anmerk. 1 nimmt an, dass auch hier ursprüngliches οὗ πατρός durch σοῦ π. verdrängt sei.

281. Ueber ἐάω vgl. Kraushaar in G. Curtius Studien II p. 429. — 284 hat Nauck an Stelle des handschriftlichen ὅς geschrieben ὥς.

290. Beides verbindet, wie ν 108 geschieht, auch Herod.

VII 119: ἄλευρά τε καὶ ἄλφιτα. Vgl. Hermann Privatalt. 24, 11. 12. — Ueber μέν τοι mit folgendem δέ 294 vgl. Spitzner Exc. VIII p. XXVII.

298. βῆ (bisweilen βῆν oder βάν) δ᾿ ἰέναι (oder im Zusammenhang mit dem vorigen ῥ᾿ ἰέναι) steht immer im Versanfang ausser K 73. Υ 484. Φ 205, in welchen Stellen der Anfang αὐτὰρ ὁ βῆ ῥ᾿ ἰέναι gefunden wird. Die Form ἴμεναι, die man sonst bei diesem Anfang nach den alten Urkunden hier und β 394. ζ 50. ϑ 287. ξ 489. 532. π 341. ϱ 604. σ 341. 428. φ 8. 58. χ 109. 146. Υ 32 antraf, hat Bekker ganz aus Homer entfernt, ausgenommen in dem unechten Verse ϑ 303 und ἴμμεναι Υ 365 nebst διεξίμεναι Z 393, und dafür durchgängig ἰέναι eingeführt, freilich mehrfach aus blosser Conjectur. Aber man hat nun in Bekkers Ausgabe vollständige Analogie mit den Stellen, wo in dieser Anfangsformel das ἰέναι auf alter Ueberlieferung beruht, mit δ 779. κ 208. 407. μ 367. ο 109. π 413. Δ 199. 209. Z 296. Θ 220. I 596. K 136. 179. 273. 336. N 167. 208. O 483. P 657. Ω 347. Vgl. das besonnene Urtheil Rumpfs in Fleckeisens Jahrb. 1860 S. 589; ferner Spitzner zu Υ 32 und W. C. Kayser in Philol. XVIII S. 672. — Ueber das auf den ersten Blick auffallende τετιημένος ἦτορ vgl. Schneidewin die homerische Naivetät p. 99.

302. In der Verbindung ἔν τ᾿ ἄρα οἱ φῦ χειρί fasst Bekker Hom. Blätter S. 183 den Dativ χειρί instrumental. Aber es widerstreitet in κ 397 ἔγνωσαν δ᾿ ἐμὲ κεῖνοι, ἔφυν δ᾿ ἐν χερσὶν ἕκαστος der Plural und der Umstand, dass eine einsilbige Präposition in der Tmesis ihrem Verbum nicht nachgesetzt wird; sodann widerstreitet die Nachahmung der Spätern, wie bei Theokrit. XIII 47 ταὶ δ᾿ ἐν χερὶ πᾶσαι ἔφυσαν der Singular χερί. Daher hat Franz Schnorr v. Carolsfeld Verborum collocatio Homerica quas habeat leges (Berlin 1864) p. 5 sq. die herkömmliche Erklärung der Alten mit Recht vertheidigt. Vergil. Aen. VIII 124 hat in: 'excepitque manu, dextramque amplexus inhaesit' Homers Worte wol eben so verstanden. Der ganze Vers erscheint bei Homer eilfmal (hier und ϑ 291. κ 280. λ 247. ο 530. Z 253. 406. Ξ 232. Σ 384. 423. Υ 7), und das zweite Hemistichion ἔπος τ᾿ ἔφατ᾿ ἔκ τ᾿ ὀνόμαζεν 32 mal.

306—308. Ueber die von einigen Gelehrten an diesen Versen geübte Athetese vgl. den Anhang zu 214 ff.

311. An Stelle von εὐφραίνεσθαι ἔκηλον will Bekker hom. Blätt. II p. 23 und ebenso Nauck herstellen: εὐφραίνεσθ᾿ εὔκηλον.

316. Aus Stellen, wie diese und δ 377. ε 423. θ 498 sind, wird der Uebergang des ὡς 'wie' in das ὡς 'dass' ersichtlich. Vgl. auch zu ν 402. Ueber κῆρες vgl. Nägelsbach hom. Theol. III 15 S. 147 der Ausg. von Autenrieth. — 316. 317 wurden von Aristarch athetiert, vgl. Aristonic. ed. Carnuth p. 25, auf Grund der 325 ff. folgenden Vermuthungen der Freier. Nach Aristarch's

Vorgänge haben dieselben Verse verworfen Kayser 'als eine ebenso
unkluge als plumpe Drohung, die weder in ihrem Verhältniss zu
der folgenden Erklärung klar, noch mit den Worten der Freier
325 f. vereinbar ist', und Hennings über die Telemachie p. 173.
Dagegen will Düntzer, Kirchhoff Köchly etc. p. 23 die Rede vielmehr mit 316 geschlossen und 317—20 ausgeschieden wissen:
'viel besser verbirgt er doch die Reise unter der bittern Drohung
gegen die Freier, worin sich der Aerger über die Unmöglichkeit
die Reise auszuführen zu erkennen giebt'. Adam die ursprüngliche
Gestalt der Telemachie p. 18 endlich verwirft 318—320. Ich
sehe keinen Grund hier von Aristarch abzugehen, dessen Athetese
nach dem von Kayser bemerkten keiner weiteren Begründung bedarf. Es bleibt nur die Frage zu beantworten, was nach Ausscheidung von 316. 17 aus dem Satzgefüge wird. Hennings a. O.
nimmt ein Anakoluth an, indem der Nachsatz fehle, und findet
solches Anakoluth dem leidenschaftlich aufgeregten Gemüth entsprechend. Da sich die Worte καὶ δή μοι ἀέξεται ἔνδοθι θυμός
schwerlich von dem Vordersatz lösen und als Nachsatz fassen lassen,
so ist allerdings eine Art Anakoluth anzunehmen. Antinoos' falsche
Freundlichkeit, welche thun möchte, als ob nichts vorgefallen sei
und unter der Zusicherung, dass die Achaeer ihm die Mittel zur
Reise gewähren werden, die Ueberzeugung verbirgt, dass dieselbe
durch die entschlossene Haltung der Freier überhaupt vereitelt
sei, hat Telemach in tiefster Seele empört, und indem er unwillig
jede Gemeinschaft mit den Freiern zurückweist und das Bewusstsein
seiner erwachten Manneskraft ausspricht, ist er auf dem Punkte
sich zu einer Drohung hinreissen zu lassen, besinnt sich aber noch
und begnügt sich nun den festen Entschluss auszusprechen, dass
er trotz der Freier die Reise unternehmen werde. Gerade diese
anakoluthische Wendung des Gedankens mag es gewesen sein, die
den Interpolator zwischen 315 und 318 einen Gedanken vermissen
liess, welchen er dann durch 316. 317 einfügen zu müssen ver-
meinte.

    322. ὁ στίχος οὗτος ἀθετεῖται ὡς περιττός. προηθετεῖτο δὲ καὶ
παρ' Ἀριστοφάνει: Aristonic. ed. Carnuth p. 25. Das ῥεῖα hätte
in dieser Situation einen komischen Anstrich; und δαῖτα πένοντο,
wie Σ 558, umfasst mehr als die 300 erwähnten vergnüglichen
Beschäftigungen der Freier im Hofe. Der Vers ist 'nicht allein
überflüssig, sondern auch unpassend: denn οἱ δέ bildet einen Gegensatz gegen Telemachos und nicht gegen die Freier.' Hennings
Telemachie S. 173.

    324 = 331. δ 769. ρ 482. ν 375. φ 361. 401. Aehnlich
Δ 176. Zu dem ersten Hemistichion ὧδε δέ τις εἴπεσκεν ist ein
anderer Schluss ἰδὼν εἰς οὐρανὸν εὐρύν Η 178. 201 (derselbe
Versschluss mit anderem Anfange Γ 364. Τ 257. Φ 272); ferner
ἰδὼν ἐς πλησίον ἄλλον, worüber zu ϑ 328; ferner Ἀχαιῶν τε Τρώων

τε Γ 297. 319. *Δ* 85 (hier mit dem Anfange *ὡς ἄρα*); ähnlich *H* 300, aber mit anderem Anfange *H* 65; einmal der Schluss *Ἀχαιῶν χαλκοχιτώνων* P 414. Endlich findet sich *ὧδε δέ τις εἴπεσκε* mit isolierter Fortsetzung *ψ* 148, und ebenso *ὡς ἄρα τις εἴπεσκε* mit verschiedenen anders gestalteten Versausgängen *δ* 772. *ν* 170. *ψ* 152 und P 423. X 375.

328—36 werden von Düntzer, Kirchhoff Köchly etc. p. 23 verworfen.

332. *τίς οἶδεν εἰ* oder *εἴ κε* bedeutet so viel als *ἴσως* 'vermuthlich, vielleicht', gerade wie das lateinische *haud scio an.* So steht diese Redeweise, theilweise mit dem Subject Ζεύς, *γ* 216. *ξ* 120. *o* 524. *Δ* 792. O 16. 403. Π 860. Aehnlich *ν* 224. Vgl. Bekker Hom. Blätter S. 289. Krüger Di. 65, 1, 6.

340. Ueber die Töpferei zur homer. Zeit und die *πίθοι* vgl. Riedenauer Handwerk und Handwerker in den hom. Zeiten. Erlangen 1873 p. 147. — 342. Zur Auffassung des *εἰ*satzes vgl. L. Lange der homer. Gebrauch der Partikel *εἰ* I p. 399 f.

343. *μογήσας* steht überall am Versschlusse, wie auch die Formen *μόγησα* (*ἐμόγησα*) *ε* 223. *η* 214. *Θ* 155. *ξ* 198. *I* 492. *μόγησας* (*ἐμόγησας*) *Ψ* 607. *μόγησεν* (*ἐμόγησεν*) *δ* 106. 152. *ψ* 307. *ω* 207. *μόγησαν* *μ* 190. *ρ* 119. *μογήσῃ* *π* 19; und zwar hat Homer das Particip *μογήσας* entweder mit vorhergehendem *ἄλγεα πολλά* *β* 343. *γ* 232. *τ* 483; oder mit *κακὰ πολλά* *ξ* 175. *φ* 207. *ψ* 101. 169; oder mit blossem *πολλά* in prägnantem Sinne *ε* 449. *η* 147. *o* 489. *ψ* 338. B 690. Wer daher an unserer Stelle und *γ* 232 statt *καί* vielmehr *κάκ'* lesen wollte, der überschritte mit *κάκ' ἄλγεα πολλά* das sinnvolle Masshalten Homers und handelte im Charakter der späteren Epiker.

359 ff. Hier nimmt Adam die ursprüngliche Gestalt der Telemachie p. 18 eine grössere Interpolation an, indem er 359 bis 72 verwirft.

365. In der Erklärung von *μοῦνος ἐὼν ἀγαπητός* bin ich Kayser-Faesi gefolgt. *μοῦνος ἐών* steht sonst (vgl. *γ* 217. *κ* 157. *μ* 297 *π* 105. *υ* 30. 40. *χ* 107. *Δ* 388. O 611. P 94. *Τ* 188) in engster Beziehung zum Prädicat des Satzes, allein dann auch fast immer durch einen bestimmten Gegensatz gebunden.

373. Madvig advers. crit. p. 170, Cavallin de temporum infinitivi usu Hom. Lund 1873 p. 50, Cobet Miscell. crit. p. 329. Naber quaestt. Hom. p. 103 verlangen hier übereinstimmend an Stelle des handschriftlichen *μυθήσασθαι* das im Schol. Harlej. erwähnte *μυθήσεσθαι* und Nauck hat letzteres in den Text genommen. Eine zweite Stelle, wo nach dem Verbum des Schwörens der Inf. Aor. von der Zukunft sich findet, ist *δ* 254, wo Madvig an Stelle von *ἀναφῆναι* schreiben wollte *ἀναφήνειν*, während die übrigen Gelehrten verzichtet haben *ἀναφῆναι* zu corrigieren. An letzterer Stelle findet Cavallin den Infinitiv Aor. erklärlich und erträglich,

weil ὅρκον vorangehe. Noch kommt in Betracht X 120, wo nach
αἱρεῖσθαι ὅρκον τινί neben Inf. Fut. der Inf. Aor. steht, für den
Cavallin p. 50 und Cobet misc. crit. p. 329 ebenfalls den Inf. Fut.
corrigieren wollen, und zur Vergleichung E 288, wo nach ὀΐω
nach der besten handschr. Ueberlieferung der Inf. Aor. in futurischem Sinne steht, vgl. La Roche, der jedoch den Inf. Fut. aufgenommen hat. Abgesehen von den zahlreichen andern Fällen,
wo ein Inf. Aor. nach bester handschriftl. Ueberlieferung sich findet
in futurischem Sinne, vgl. den Anhang zu Γ 28, scheint β 373.
δ 254 unter Vergleichung von E 288, so wie auch Herod. V, 106
Dietsch, ein besonderer Grund für die Vertauschung des Inf. Fut.
mit dem Inf. Aor. dadurch gegeben zu sein, dass eine genaue
Fixierung des Zeitpunktes, wo die betreffende Handlung eintreten
soll, durch eine Construction mit πρίν und Conj. oder Inf. Aor.
nachfolgt. In solchem Zusammenhange mochte es dem Sprach-
gefühl wichtiger sein den Eintritt der in Frage stehenden Handlung zu betonen, als die zukünftige Zeit. Andrerseits darf man
diese Infinitive Aoristi im Schwur wohl in Parallele stellen mit
den schwurartigen Optativen Aor. mit μὴ μάν, wie χ 462 ff. X
304 f. Während μή mit Inf. Fut. im Schwur die Form der directen
Rede mit μὴ μάν und Ind. Fut. vgl. K 330 vertritt, ist der Inf.
Aor. vielleicht zurückzuführen auf die Form: μὴ μὰν μητρὶ φίλῃ
τάδε μυθησαίμην d. i. wahrlich kein Gedanke, dass ich der lieben
Mutter dieses mittheile. — 374. Ueber die Verbindung πρίν γ᾽
ὅτε vgl. Richter quaestiones Homericae. Chemnitz 1876 p. 25 ff.
und besonders Capelle im Philologus XXXVI p. 203 f. Jener erklärt dieselbe = ante cum d. i. ante (id tempus), quo tempore, dieser wahrscheinlicher nach dem Vorbilde von εἰς ὅτε (zu
β 99), worin ὅτε noch als Accusativ und nicht als temporale Conjunction empfunden von εἰς unmittelbar abhängig gemacht wurde:
‘Dafür spricht die eigenthümliche Natur von πρίν, das aus dem
Casus eines Nomens zum Adverb erstarrt von diesem Standpunkt
aus sich sowohl zur Praeposition wie zur Conjunction entwickeln
konnte.’

377. Ueber θεῶν μέγαν ὅρκον vgl. J. La Roche hom. Stud.
§ 24, 3.

382. ἔνθ᾽ αὖτ᾽ ἄλλ᾽ ἐνόησε als erstes Hemistichion auch δ 219.
795. ζ 112. σ 187. Ψ 140. 193; ferner ἡ δ᾽ αὖτ᾽ ἄλλ᾽ ἐνόησε
mit Bezug auf das folgende Nomen π 409. ψ 344; und im Anschluss an das vorhergehende εἰ μὴ ἄρ᾽ ἄλλ᾽ ἐνόησε ψ 242; sodann als Versschluss ἄλλ᾽ ἐνόησεν (Bekker ἄλλο νόησεν) ε 382.
ζ 251. Das aufgestellte Gesetz über asyndetischen Anschluss wird
nicht alteriert, wenn auf diese Formel ζ 112 ὡς mit Optativ und
π 409 der Infinitiv nachfolgt; wohl aber widerstrebt es dem
Gedanken, wenn nach ἄλλ᾽ ἐνόησε die Fortsetzung mit δέ geschieht, weil mit der Formel zu einer andern, von der vor-

hergehenden verschiedenen Handlung übergegangen wird. Es gilt daher über diese Verbindung dasselbe, was über zwei ähnliche stabile Verse zu π 299 und zu φ 276 bemerkt worden ist. Demzufolge muss hier 383 das δ' nach der Autorität guter Handschriften (um von Tzetzes' Allegor. 61 zu schweigen) getilgt werden, wodurch zugleich das stets digammierte ἰκυῖα (W. Christ. Gr. Lautl. S. 212) sein Recht erhält, und 394 ist δ' in ῥ' zu ändern nach δ 220. ζ 252. ψ 345. Auch hat Bekker 383 das δ' getilgt, ohne Zweifel nur wegen des Digamma: denn 394 hat er δ' unverändert gelassen. — Uebrigens wird diese Partie (382 — 392) verworfen von Hennings über die Telemachie p. 173 f., Düntzer Kirchhoff Köchly etc. p. 24, Adam die ursprüngl. Gestalt der Telemachie p. 18, Hartel in Zeitschr. f. österr. Gymn. 1864 p. 494, vgl. dagegen Kammer die Einheit p. 155 ff.

385. Die Alten accentuierten ἀγέρεσθαι, weil sie es aus ἀγείρεσθαι entstanden erklärten. Vgl. Lobeck Rhem. p. 132 sq. und G. Curtius das Verbum II p. 2. Indess hat Bekker und jetzt auch Nauck nach der Analogie ἀγερέσθαι und ἐγρέσθαι geschrieben. — Vers 386. Zu der Wortstellung Φρονίοιο Νοήμονα φαίδιμον υἱόν, welche Thiersch Gr. § 284, 18 Anm. am Ende mit Bezug auf Λ 322 unter 'die sonst ungewöhnlichen Trennungen' rechnet, vgl. die analogen Beispiele τ 416. ω 334. Λ 322. Ψ 612.

393—406 werden verworfen von Adam die ursprüngliche Gestalt der Telemachie p. 19. Düntzer Kirchhoff Köchly und die Od. p. 24 begnügt sich mit der Verwerfung von 396—398, Hennings die Telemachie p. 175 verwirft 401. — V. 396 versteht Goebel Lexil. I p. 463 πλάξε 'machte die Freier schwanken (taumeln)'. Unbegreiflich ist die Erklärung von Schmidt Synonymik der gr. Spr. I p. 548: 'brachte sie, die zechenden, von ihrem Vorhaben ab'.?

409. ἱερός hat mit ἵημι, wie Ameis annahm, nichts zu thun, sondern ist nach Curtius Etymol. [2] p. 358, [4] 403 und Fick vergl. Wörterb. [3] I p. 30 mit Sskr. ish-ira-s kräftig, frisch, rege zusammenzustellen.

410. Eben so steht der imperativische Conjunctiv mit δεῦτε, einem δεῦρο ἴτε gleich, in ϑ 133; und mit δεῦρο ϑ 292. Κ 97. Ρ 120. Ψ 485; mit δεῦτ' ἄγετε Η 350, mit ἀλλ' ἄγε δεῦρο Χ 254. Zu Krüger Di. 54, 2, 1. Vgl. auch zu ι 517. Hierzu bemerkt G. Autenrieth folgendes: 'δεῦτε ist aus δεῦρ' ἴτε durch Synkope (nach dem häufigen δεῦρ' ἴϑι) gebildet wie ἥπατος στέατος u. s. w. mit Ausstossung des ρ vor τ. Die Form δεῦρο selbst aber ist ein Imperativ, der nur eben durch die häufige Verbindung δεῦρ' ἴϑι nachher nicht mehr (wie εἰ in εἰ δ' ἄγε: zu α 271) erkannt, sondern für ein Adverb gleich ἐνϑάδι gehalten wurde. Es scheint mir jedenfalls ein Compositum zu sein, und zwar ist der erste Theil jenes δί, welches in οἰκόνδε (bactr. vaēçmenda) und sonst (vgl.

zu x 47) vorliegt, **also** wörtlich *huc i* oder gothisch *hir-i,* wozu
obenso Dual *hir-jats* und Plural *hir-jith* vorhanden ist. Ebenso
kommt auch sporadisch im Hebräischen an Adverbien (eigentlich
Substantiven) die Anfügung von Verbalsuffixen der Pronomina **vor**
(vgl. Gesenius hebr. Gram. § 101, 1, 3 ed. XV), um die Richtung
zu bezeichnen. Neuere Ansichten, die mich jedoch nicht überzeugt
haben, giebt Soph. Bugge in Kuhns Zeitschr. Bd. XIX und Clemm in
Curtius Studien III, wozu übrigens auch Curtius selbst p. 322 eine
zweifelnde Note fügt.' Vgl. G. Autenrieth *Terminus in quem* p. 15 sq.

416—434. Die Anordnung dieser Erzählung gab schon Nitzsch
zu mannigfachen Ausstellungen Anlass, namentlich in Betreff 419
bis 421 und 427—429. Düntzer in der Ausgabe verwirft 419
und 430—434, Adam die ursprüngl. Gestalt der Telemachie p. 19
416—418 und 430—434. Auch Nauck bemerkt in der Ausgabe: 416—433 genuinus ordo versuum turbatus videtur.
Die ganze Stelle ist in Bezug auf diese Ausstellungen eingehend
erörtert von Kammer die Einheit p. 413 ff., welcher zu dem Resultat
kommt: 419 ist zu entfernen und das Uebrige zu ordnen: 413
—415. 420—426. 430—433. 416—418. 427—429. 434.
Allein auch diese Anordnung unterliegt neuen Bedenken: einmal
werden die V. 427—429 schwerlich richtig von 426 getrennt, **da**
das Schwellen des Segels durch den Wind sich doch nirgend
passender anschliesst, als an das Aufhissen des Segels; sodann
bleibt bei derselben unbegreiflich, warum Telemach und Mentor-
Athene von der Libation ausgeschlossen werden, da sie erst nach
derselben **das** Schiff besteigen würden. V. 419 erregt allerdings
Bedenken und es ist fraglich, ob **Ameis'** Interpretation ausreicht,
dieselben zu beseitigen, da Kammer zeigt, dass das Lösen der
Haltetaue regelmässig vom Schiffe aus geschieht: er könnte von
einem hinzugefügt sein, der die ausdrückliche Erwähnung **ver-**
misste, dass die Gefährten das Schiff bestiegen, obwohl dies nach
414. 415 selbstverständlich ist. Im Uebrigen möchte eher durch
die Annahme **einer** Interpolation, als durch Umstellung der Verse
der Stelle geholfen **werden.** — 421. **An Stelle** des handschriftl.
χαλάδοντ' vermuthet Nauck in den Mélanges Gréco-Romains IV
p. 51 ff. *χελαδεῦντ'.*

427. Statt der Ueberlieferung *ἔπρησεν* hat J. La Roche aus
Conjectur *ἔμπρησεν* in den Text gesetzt und dies in der Zeitschr.
für die österr. Gymnasien 1868 p. 142 f. gut begründet. Dasselbe
vermuthet Nauck.

γ.

3—9. **Der** Gebrauch von ϑνητὸς und βροτὸς ist näher unter-
sucht von van Herwerden quaestiunculae epicae et eleg. p. 56 ff.
— 4. Die Frage, ob Pylos in Triphylien oder in Messenien zu
suchen sei, ist neuerdings wieder erörtert von Bischoff Bemerkungen

über homerische Topographie. Schweinfurt 1875 p. 4 ff. zu Gunsten des triphylischen Pylos. — 6. κυανοχαίτης wird jetzt von Goebel Lexilogus I p. 189 gedeutet: 'die stahlfarbenen Locken symbolisiren das stahlfarbene Gewölk des **auf den** Höhen thronenden Gottes, des Herrschers der Höhen,' **wie er den** Namen Ποσειδάων selbst deutet; dagegen hält auch W. Jordan in Jahrbb. f. Philol. 1876 p. 163 an der von **Ameis** gegebenen Deutung fest: 'indem **als** die Locken Poseidons die überschlagenden **Wogen** angeschaut werden'. — Ueber **das Opfer** vergl. die Bemerkungen von Jacob Entstehung der Ilias und Od. p. 372 und Bergk griech. Literaturgesch. I p. 665. Letzterer sieht in V. 7 und 8 eine im Peloponnes hinzugefügte Erweiterung des Ursprünglichen 'um das Bild einer grossen messenischen Festversammlung zu vervollständigen' und erinnert daran, dass die Zahl der Festgenossen (4500) der Zahl der Bürger entspreche, welche Sparta im Zeitalter Lycurgs gehabt zu haben scheine. — An Stelle der contrahierten Formen von προέχω (8) verlangt Nauck Mélanges Gréco-Romains IV p. 94 die offenen, also hier προέχοντο, und in gleicher Weise προέθηκεν, προέπεμψεν, προέτυψαν. — 9. ἔκαιον ist hier urkundlich besser gestützt als das gewöhnliche ἔκηαν und passt in den Zusammenhang, **da** hier das Verbrennen während des Essens als fortdauernd zu denken **ist.** Ebenso steht das schildernde Imperfect ι 553. B 425. Δ 773; auch γ 459. Δ 462.

12 ff. In der folgenden Erzählung verwirft Adam **die** ursprüngliche Gestalt der Telemachie p. 19 V. 12—30, Düntzer Kirchhoff etc. p. 25 f. V. 15. 16. 18 und 24, Bekker 19 und 20, welche auch Nauck als spurii bezeichnet. V. 19 ist in der ältesten Odysseehandschrift bei Gotschlich in den Jahrbb. f. Philol. 1876 p. 23 erst von späterer Hand an den Rand geschrieben.

27. Die einzige Stelle dieser Art bei Homer. Aber vergleichbar sind ähnliche Stellen a) wo οὐ und ein folgendes οὐδέ in ein und demselben Satzgliede stehen, wiewohl entweder **die eine** Negation an den zunächst stehenden Begriff sich anschliesst, wie δ 805. ε 212. ϑ 159. 280. Δ 512, oder beide Negationen zunächst zu den unmittelbar nachfolgenden Worten gehören, wie ι 525. λ 553. μ 107. Π 852. P 641. Ψ 441. Aehnlich ist μή und μηδέ λ 613. b) wo οὐδέ mit besonderem Nachdruck in demselben Satzgliede wiederholt wird, und zwar ebenfalls nach den beiden eben angeführten Modificationen; vgl. ϑ 176 und insonderheit die stabilen Verbindungen οὐδὲ μὲν οὐδέ κ 551. φ 319. B 703. 726. K 299. M 212. P 24. T 295; und οὐδὲ γὰρ οὐδέ ϑ 32. κ 327. E 22. Z 130. N 269. Ξ 83. Σ 117. Hierüber bemerkt schon Eusthatios zu E 22: ἔστι δὲ τῶν δύο ἀρνήσεων ἡ μὲν μία τοῦ ῥηματικοῦ πράγματος, ἡ ἑτέρα δὲ τοῦ προσώπου, ἵνα λέγῃ ὅτι οὐδὲ ὑπεξέφυγεν ἂν οὐδ' αὐτός, καὶ ἐνδείκνυται τὴν παντελῆ ἄρνησιν τοῦ πράγματος. c) wo in der Betheurung mit

οὐ μά dann die Negation οὐ erneuert wird, wie υ 339. Α 86.
Ψ 43. d) wo das zu Anfang des Satzes gesetzte οὐδέ nach
einem Zwischengliede durch die einfache Negation οὐ mit
Nachdruck wieder aufgenommen wird, wie Θ 482; vgl. Schömann
zu Isaeos p. 469. Uebrigens geht der Gebrauch dieser einzelnen
Fälle durch die ganze Gräcität hindurch; vgl. ausser Bekker Hom.
Blätter S. 88 und Schneidewin zu Soph. **Antig.** 6 besonders Fr.
Franke de particulis negantibus linguae Graecae comm. tertia
(Meissen 1859) p. 10 sqq.

33. κρέατ' mit Bekker aus guten Quellen, auch der ältesten
Odysseehandschrift bei Gotschlich in Jahrbb. f. Philol. 1876 p. 23,
statt des gewöhnlichen κρέα oder κρέα τ', vgl. dagegen Cobet Miscell.
crit. p. 422. Bei grossen Mahlzeiten konnte naturgemäss für die
Menge der Gäste nicht das ganze Fleisch auf einmal zu gleicher
Zeit gebraten werden, weil dazu schon ein kolossaler Opferherd
gehört haben würde, wovon sich nirgends eine Andeutung findet.

34. Hier wird nach Nikanor bemerkt: μετὰ τὸ ἴδον ἡ ὑπο-
στιγμὴ παράσημος· οὐδέποτε γὰρ τὸ ἔπος εἰς δύο διαιρεῖται τῇ
στιγμῇ, ὅ ἐστιν εἰς τὸν ιβ΄ χρόνον. H. M. Dies bleibt als allgemeines Gesetz in Geltung: nur muss hinzukommen die Modu-
lation, das hauptsächlichste Erkennungszeichen der Cäsurstelle.
Denn dadurch wird die rhythmische Trennung und Verbindung der
Glieder geflissentlich zur Erscheinung gebracht. Vgl. darüber Lehrs
in Fleckeisens Jahrb. 1860 S. 526 f. Das ἀθρόοι zu ἅπαντες wie
β 356. 410. — In der folgenden Erzählung verwirft Adam die
ursprüngliche Gestalt der Telemachie p. 19 V. 36—64.

41. Ueber δειδίσκομαι vgl. Leo Meyer in Bezzenberger's Beiträgen
II p. 260 ff., welcher diese Form, wie δειδέχαται und δεικανάομαι
von δείκνυμι trennt und die zu Grunde liegende Wurzelform δεκ
mit altind. daç zusammenstellt, welches an erster Stelle bedeutet:
einem Gott mit etwas dienen, verehren, huldigen.

45. ἧ θέμις ἐστί enthält den Begriff der Billigung, so dass
es unserm 'nach guter Sitte' entspricht. Vgl. H. L. Ahrens Die
Göttin Themis. II. (Hannover 1864) S. 3 ff. Ameis fasste ἧ als
Partikel = wie, vgl. Lehrs Q. E. p. 44 sqq. und G. Autenrieth bei
Nägelsbach zu B 73 und folgende Stellen: γ 187. λ 451. ξ 130. B
73. I 33. 134. 276. T 177. Ψ 581. Ω 652. δ 691. ι 268. ω 286.

52. In πεπνυμένῳ ἀνδρὶ δικαίῳ findet Nägelsbach hom. Theol. I
15 mit Recht den Ausdruck 'der Freude über Peisistratos sorgfältige Beachtung der θέμιστες.' Zwischen dem Schicklichen und
dem Sittlichen herscht bei Homer kein Unterschied. — Ueber den
Dativ als Vertreter des ursprünglichen Locativs bei den Verben
'sich freuen' vgl B. Delbrück Ablativ Localis Instrumentalis
Berl. 1867 p. 38. — V. 53 bezeichnet Nauck als spurius?
Düntzer, Kirchhoff etc. p. 26 aber verwirft das ganze Gebet,
V. 55—62.

60. An Stelle des handschriftlichen δὸς δ᾽ ἔτι vermuthet Nauck δὸς δέ τε und an Stelle von πρήξαντα — πρήξαντε. Die letztere Vermuthung auch bei Naber quaestt. Hom. p. 134 f.

62. ἔπειτα in seiner unmittelbaren Beziehung auf das eben angegebene erkennt man unter anderm aus E 432: Αἰνείᾳ δ᾽ ἐπόρουσε und 436 τρὶς μὲν ἔπειτ᾽ ἐπόρουσε. Λ 461. 462. Π 783. 784. Aehnlich ist Ξ 408: ἂψ δ᾽ ἑτάρων εἰς ἔθνος ἐχάζετο und 409: τὸν μὲν ἔπειτ᾽ ἀπιόντα, vgl. auch α 106. Und über das ursächliche ἔπειτα für unser 'demnach' als Rückweisung auf das eben gesagte vgl. Z 138. 394. 399. Uebrigens geben hier ἔπειτα alle Handschriften und auch der Schol. Vict. zu N 61. Die Conjectur ἐπεί τε (nach Λ 87. 562. M 393) ist unrichtig, worüber Ameis in dem Mühlhäuser Programm von 1861 S. 25 f.

63. δέπας ἀμφικύπελλον bildet zwölfmal bei Homer den Versschluss; aber θ 89. υ 153. χ 86 steht καὶ δέπας ἀμφικύπελλον im Anfange des Verses. Es ist, um die Worte von Pott Etymolog. Forsch. I [2] p. 93 zu gebrauchen, 'ein Becher, der oben und unten eine Höhlung zum Einfüllen hat, und woran man daher mit Kopf und Fuss nach Gefallen abwechseln kann. Vgl. ambidexter, gleichsam auf beiden Seiten rechts'. Dazu vgl. Autenrieth im Wörterb. unt. κύπελλον.

72—74. Diese Verse athetierte Aristophanes in ι (253 bis 255). Vgl. A. Nauck Aristoph. Byz. p. 17. 28. Aristarch dagegen οἰκειότερον αὐτοὺς τετάχθαι ἐν τῷ λόγῳ τοῦ Κύκλωπός φησι, οὐδὲ γὰρ νῦν οἱ περὶ Τηλέμαχον λῃστρικόν τι ἐμφαίνουσι. Aristonic. ed. Carnuth p. 28 f. Vgl. auch Geppert über den Ursprung der hom. Ges. I S. 43. Dem Aristophanes sind gefolgt J. Bekker und Köchly de Odyss. carminibus diss. II p. 8, mit Aristarch verwirft die Verse hier Kammer die Einheit p. 421 ff. wegen der Situation und wegen πρήξαντα 60. Vgl. dagegen die Ausführungen von Bischoff im Philolog. XXXIV p. 561 ff., Schneidewin die homer. Naivetät p. 129, Zechmeister in Zeitschr. f. d. öst. Gymn. 1877 p. 618. Ueber οἷά τε λῃστῆρες 73 vgl. Schömann gr. Alt. I S. 45. Erwähnt auch vom Schol. zu Aristoph. aves 1427

78. Fehlt in den besten Mss. mit Recht: denn es würde hier dieselbe Absichtspartikel ἵνα auf unhomerische Weise wiederholt, was sonst nirgends geschieht. Vgl. β 112 ι 518. μ 157. ν 151. 304. 419. Λ 411. E 3. K 368. M 391. O 599. P 127. T 174. Φ 250. Ψ 298. Uebrigens verwirft Adam die ursprüngl. Gestalt der Telemachie p. 20 V. 76—78.

89 f. Zur Auffassung des Perf. ὄλωλε vgl. Loebell quaestiones de perfecti Homeri forma et usu. Lips. 1877 p. 62. — Bekker hat aus Conjectur ἤ θ᾽ und ἤ τε gegeben. Vgl. Rumpf in Fleckeisens Jahrb. 1860 S. 593 f., auch Lange der hom. Gebrauch d. Part. εἰ II, 537. — δαμῆναί τινι: 'Dieser Dativ bei Passivis ist kein eigentlicher, sondern der Vertreter des alten Instrumentalis, welcher in

früherer Zeit regelmässig so (statt ὑπό τινος) verwendet wurde, im vedischen wie im spätern Sanskrit und im Altbactrischen.' G. Autenrieth.

95. Eine ähnliche Verstärkung der Adjectiva durch περί zeigen die homerischen Composita περικαλλής, περίκηλος, περικλυτός, περίμετρος, περιμήκετος, περιμήκης, περιπευκής, περιπληθής, περισθενέων, περίφρων. Bekker hat den Vers hier und δ 325 ohne den Vorgang der Alten als unecht entfernt, und mit Recht. Denn die Beziehung des πλαζομένου auf Odysseus selbst, zu der wir durch den folgenden begründenden Satz mit γάρ durchaus genöthigt sind, bringt einen Gedanken in den Zusammenhang, der mit dem Vorhergehenden und Folgenden unvereinbar ist. Denn vorher geht die Aufforderung ὄλεθρον ἐνισπεῖν und V. 16. 88 ff. wie 226. 241 wird überall von Telemach die Vorstellung vom Tode des Od. ausgesprochen. Allerdings können mit ὀπωπῆς 97 die beiden Möglichkeiten (93. 94) eigner Autopsie und Kunde von Anderen wohl zusammengefasst werden, da nach dem Zusammenhange, wie ϑ 491, die von Andern erhaltene Kunde ebenfalls auf Autopsie dieser beruhend gedacht wird, so dass V. 94 wohl zu retten ist; aber V. 95 ist nicht zu halten. Denn das Unlogische der Gedankenfolge lässt sich auch dadurch nicht beseitigen, dass man das zweite Glied des mit εἰ eingeleiteten Satzes etwa als eine unabhängig von dem ersten lebhaft sich aufdrängende Frage fasste: denn die Verstärkung des ersten Verbums durch den Zusatz ὀφθαλμοῖσι τεοῖσιν zeigt, dass der Gegensatz von vornherein beabsichtigt ist. Ueber das adverbiale περί vgl. J. Kuhl Quaestiones Hom. Pars I (Jülich 1863) p. 9 sqq.

96. Das μηδέ τι μειλίσσεο in Verbindung mit μ' αἰδόμενος erinnert an ϑ 172: ἀγορεύει αἰδοῖ μειλιχίῃ. Sehr verwandt im Begriffe ist auch ξ 387: μηδέ τί μοι ψεύδεσσι χαρίζεο. Das μειλίσσεο ist nemlich vom Süssen und Angenehmen des μέλι entlehnt und nach P 671 zu erklären.

101. Die (von ἔνισπες Ω 388 zu unterscheidende) Form ἐνίσπες steht so am Versende γ 247. δ 314. 331. λ 492. μ 112. ξ 185. χ 166. ψ 35. Λ 186. Ξ 470. Nur einmal findet sich ἔνισπε als Imperativ in der Mitte des Verses δ 642. Vgl. Bekker Hom. Blätter S. 31. Spitzner zu Λ 186. Lobeck zu Buttmanns Sprachl. II S. 168 und Elem. II p. 168. La Roche hom. Textkritik p. 255. Die Form ἐνίσπες ist nemlich (ebenso σχές, δός, θές) aus ἐνίσπεθι entstanden, indem nach der Apokope des ι das ϑ den Lautgesetzen gemäss in σ überging. Vgl. W. Christ Griech. Lautl. S. 40. 93.

103. An Stelle von ἐν ἐκείνῳ δήμῳ vermuthet Naber quaestt. Hom. p. 135 ἐν ἐκείνων δήμῳ, wie regelmässig δήμῳ ἔνι Τρώων. — Ueber den für unser Gefühl befremdenden Eingang der Rede vgl. Schneidewin die homer. Naivetät p. 86.

105. Ueber Bedeutung und Gebrauch von σύν vgl. Mommsen Entwicklung einiger Gesetze etc. p. 37 ff.

115. Ueber die mit οὐδ' εἰ eingeleiteten Concessivsätze vgl. L. **Lange** der hom. Gebrauch der Partikel εἰ I p. 474 ff., welcher hier annimmt, **dass** der Concessivsatz **an** die vorhergehende Frage anzuschliessen sei und hinter ἀνθρώπων nur ein Komma, das Frage-zeichen aber erst nach 'Αχαιοί setzen will. Dasselbe empfiehlt Zechmeister in Zeitschr. f. d. öst. Gymn. 1877 p. 616.

118. Vgl. auch ἐγκονέουσαι zu η **340.** Uebrigens ist die Eigenthümlichkeit, einen Begriff **mit malerischer** Vollständigkeit zur sinnlichen Anschauung zu bringen, **hier** und **in andern** Fällen nach dem Epos zur stehenden Gewohnheit der griechischen Sprache überhaupt geworden. Vgl. Bernhardy Synt. S. 476. J. Classen Beobachtungen III S. 5 f., Gesammtausg. p. 81 ff.

120 ff. Düntzer Kirchhoff Köchly und die Odyssee p. 26 ver-wirft V. 120—125, ebenso Adam de antiquissimis Telemachiae carminibus. Wiesbaden 1871 p. 8. Vgl. dagegen die Bemerkungen von Schneidewin die homerische Naivetät p. 86.

129. ἄριστα ist substantiviertes Neutrum, **wie** ἴσα β 203. χαλεπά γ 151. κεῖνα δ 90. χαρίεντα ϑ 167. φυκτά ϑ 299. ἐσθλά κ 523. πιστά λ 456. ἀεικέα **π 199.** ἀληθέα ϱ 15. κακά τ 327. ἀνεκτά υ 223. Zu Krüger Di. 43, 4, 2 **und** 44, 3, 8. Aehnliches bei Spätern, **wie** ἄβατα Aelian. N. A. I 41. ἄφυκτα Plutarch. Mar. c. 46. Aelian. N. A. VIII 27. Ueber φυκτά vgl. auch **Schömann** Redetheile S. 62 f.

133. Ueber οὔ τι νοήμονες οὐδὲ δίκαιοι vgl. Gladstone hom. Stud. von Schuster S. 392.

138. Schon Eustathios bemerkt, dass der Dichter die Abend-zeit zu einer Versammlung nur unter den damaligen Um-ständen tadle. Durch diese Erklärung vermeidet man zugleich einen unhomerischen Sprachgebrauch, den L. A. A. Aulin de usu epexegesis in Hom. carminibus (Upsala 1858) p. 17 n. 1 also be-zeichnet: 'singulare ni fallor exemplum est γ 138 μάψ, ἀτὰρ οὐ κατὰ κόσμον, ἐς ἠέλιον καταδύντα, ubi significatur temeritatem istam in temporis importunitate esse positam.' Dieselbe unrichtige Annahme einer Epexegese bleibt bei dem Urtheil, **das** Grote Gesch. Griech. deutsch von Meissner I S. 441 Anm. 18 gefällt hat. Ueber den Aorist καταδύντα zu α 24.

161. ἔπι ist hier ungeachtet der Dazwischenstellung eines Wortes mit Bekker anastrophiert, um auch äusserlich anzudeuten, dass es nicht zu δεύτερον gehöre, sondern dass man nach ἔπι im Vortrage eine kurze Pause machen müsse. Analog ist die im An-hang zu ϱ 246 erwähnte Ausnahme bei der Elision, wie auch ε 251. Λ 360. δεύτερον αὖτις ist ein stabiler Versschluss wie ι 354. τ 65. χ 69. Λ 513; isoliert δεύτερον ὧδε Ψ 46. Dagegen im Versanfange δεύτερον αὖ Γ 332. Ζ 184. Λ 19. Π 133. Τ 371, und einmal vor einem Vocale δεύτερον αὖτ' Γ 191.

164. ἐπὶ mit ἦρα φέρειν wie π 375. σ 56. Λ 572. 578; da-

gegen Ξ 132 ohne ἐπί. Die Späteren brauchen ἐπίηρα partikelhaft
wie χάριν. Vgl. Buttmann Lex. I 152. Döderlein hom. Gloss.
§ 548. W. Christ. Gr. Lautl. S. 228. Dies alte Nomen ἦρ, das
Homer in der Verbindung ἦρα ἐπιφέρειν und einmal ἦρα φέρειν
gebraucht (J. La Roche Hom. Textkritik S. 257), vergleicht L.
Ahrens Δρῦς und seine Sippe (Hannover 1866) S. 41 f. mit dem
lateinischen *servire*, in *animo servire, amicis servire, senati
decreto servire:* 'Nicht weniger stimmt mit dem homerischen ἦρ
mhd. dienst, selbst auch in der Verbindung dienst tragen,
häufiger dienst bieten, vgl. Mhd. Wb. I 371. Aber auch das
griechische ὑπηρετεῖν (nachhomerisch) liesse sich recht wol in allen
sechs Stellen substituiren, da es gleichfalls die beiden Begriffe
'gehorchen, Folge leisten' und 'behülflich sein' in sich vereinigt,
wie ὑπηρέτης 'Diener' und 'Gehülfe' ist.' Ameis dachte an die
Wurzel, die als Verb im Skt. av *gaudere satiare amare fa-
vere,* als Substantiv avas (ntr.) *deliciae favor adiumen-
tum* heisst. Vgl. dagegen Fick vergl. Wörterbuch p. 188, [3] I
p. 211 unter *vâra,* der das Wort mit *vâra* Wunsch, Erwünschtes von *var* wählen, wollen zusammenstellt und die Redensart
ϝῆρα φέρειν Erwünschtes darbringen für bereits indogermanisch hält.

165. ἀ-ολλέ-ες von dem digammierten εἴλω, ἐόληντο, mit α =
ἀ zusammen als Präfix. Vgl. Lobeck Rhem. p. 117. Elem. I
p. 35. G. Curtius Etym. Nr. 656, [4] p. 540. Die Formen von
ἀολλέες stehen bei Homer überall in der bukolischen Cäsur. Und
in dieser Cäsur wird auch stets ἀολλέσιν, αἵ gesagt, nicht wie
sonst ἀολλέσι, ταί. Vgl. Λ 228. Π 672. 682. Φ 122. Die entgegengesetzten Beispiele an den übrigen Versstellen s. bei Fr. Otto
Beiträge zur Lehre vom Relativpronomen bei Homer Theil II
(Wiesbaden 1864) S. 10.

170. Andere lassen παιπαλόεις von einem παιπάλη stammen
und deuten es durch kluftenreich *confragosus,* was sich schwerlich aus πάλλειν entwickeln lässt. A. Göbel de Epith. in -εις desin.
p. 28 (dem Hugo Weber im Philol. XVI S. 700 beistimmt) geht
dabei von der Wurzel ΠΑΛ *terere* aus. Aufgezählt sind die verschiedenen Deutungen von Döderlein zu M 168.

175. Berücksichtigt hat diese Stelle Julian or. VI p. 184[d].

180. An Stelle des handschriftl. ὅτ'(ε) vermuthet Nauck καί.

182. Man liest hier gewöhnlich die sonst nicht übliche
Verkürzung ἕστασαν statt ἔστησαν, aber ἕστασαν gibt hier auch der
cod. Hamb., im Harl. und andern bei La Roche steht wenigstens
ἕστασαν. ϑ 435. σ 307. Β 525. Σ 346 sind schon längst aus
guten Quellen verbessert worden, welchem Verfahren Spitzner Exc. V
zur Ilias nicht abgeneigt war. Es handelt sich nur noch um γ
182 und M 56, an welchen zwei Stellen Bekker die von Aristarch
gebilligte Formbildung ἕστασαν beibehalten hat. Vgl. den Anhang
zu M 56.

184. Man vgl. **das** formelhafte οὐδέ τι vor den Formen von οἶδα β 283. δ 109. 492. 771. λ 463. π 475. ψ 202. Α 124. 343. B 252. 486. K 100. Λ 657. N 674. P 401. X 279. Vgl. J. La Roche hom. Stud. § 40, 6.

186. In der folgenden Erzählung scheidet La Roche in Zeitschr. f. österr. Gymn. 1863 p. 187 die V. 186—316 aus 'als ein Stück des Nostos der übrigen Achäer.' Vgl. zu 313—316.

188. Vgl. zu ἐγχεσίμωρος Anton Göbel im Philol. XIX S. 418 ff. und Döderlein zu B 692. Anders **urtheilt** K. Schenkl in der Zeitschr. f. d. österr. Gymn. 1864 S. 340, G. Curtius Etym.[4] p. 332, auch A. **Fick** vergl. Wörterb. p. 156 unter *mûra,* der im zweiten Bestandtheil des Wortes das ved. *mûra* drängend, stürmisch von *mív mû* = lat. *moveo* zu erkennen glaubt, also = mit Speeren andringend. — In 191. 192 sieht Bergk griech. Lit. I p. 665 einen späteren Zusatz.

199. 200. προσθέτει Ἀριστοφάνης vgl. Aristonic. ed. Carnuth p. 31. Auf anmutige Weise verwendet den Vers 200 Cicero epist. ad fam. XIII 15. In **203** geben statt μὲν der Augustan. und Hamb. die Lesart μίν. — **204.** Die Formel καὶ ἐσσομένοισι πυθέσθαι erörtert Meierheim de **Infinitivo** Hom. I p. 38.

205. Vgl. Jesaias 50, 17. Ephes. 6, 14. Nach derselben Metapher versinnlichender Anschaulichkeit findet man εἱμένος oder ἐπιειμένος ἀλκήν ι 214. H 164. Θ 262. Σ 157. Τ 381; auch ἀναιδείην Α 149. I 372; ferner δύσεαι oder δύσεο ἀλκήν I 231. T 36 und κρατερὸν μένος ἀμφιβαλόντες P 742. Eben so bei Späteren, **wie** bei Eurip. Or. 1031: μὴ πρὸς θεῶν μοι περιβάλῃς ἀνανδρίαν. Herod. I 129: περιέθηκε τὸ κράτος. Vgl. Krüger zu Thuk. VI 89, 2. Dies περιθεῖεν, statt des gewöhnlichen παραθεῖεν, ist aus Marc. 613, Marc. 456 und aus Schol. E. Q. zu 217 (die Breslauer Membranen geben es darüber geschrieben) aufgenommen worden nach dem Vorgange Bäumlein's, dem auch Bekker, La **Roche** und Nauck folgen.

209. 'περιττός· ἀρκεῖ γὰρ ὁ πρὸ αὐτοῦ· [διὸ καὶ ἀθετεῖται].' Aristonic. ed. Carnuth p. 31. Dieser Athetese stimmt zu Adam **die** ursprüngl. Gestalt p. 20 und verwirft weiter 212 f.

215. ὀμφή, nach Curtius Etym.[4] p. 495 von W. *ϝεπ,* nach Fick vergl. Wörterb.[3] I p. 18 von *ambh* tönen, ist der generelle Begriff für eine entweder mittelbare oder unmittelbare Offenbarung durch das Medium der Sprache, wie π 96. B 41. Τ 129 beweisen. Vgl. auch Lobeck Rhem. p. 42. Döderlein hom. Gloss. § 513. Philipp Mayer zweiter Beitrag zu einer hom. Synonymik (Gera 1844) S. 6 ff. — Studien zu Homer etc. p. 35 ff. Uebrigens hat Bekker hier 214 und 215 ohne den Vorgang der Alten athetiert; ebenso Hennings p. 176 und Kirchhoff, auch Nauck bemerkt: *spurii?*

218. Ueber den Wunschsatz mit εἰ γάρ vgl. L. Lange der hom. Gebrauch der Partikel εἰ p. I p. 350. Uebrigens verwirft

Düntzer, Kirchhoff Köchly und die Odyssee p. 29 V. 218—224.
Vgl. zu 231.

227 ff. Das Verhältniss des Particips ἐλπομένῳ zum Hauptverbum ist erörtert im Anhange zu *H* 4, vgl. dazu Classen Beobachtungen über den homer. Sprachgebrauch p. 158 und L. Lange der hom. Gebrauch der Partikel εἰ I p. 476 f.

230. Beispiele von der Dehnung der dritten Kürze vor Consonanten sind γ 41. δ 685. ε 415. ζ 151. ϑ 434. κ 42. 141. 246. 353. μ 396. ν 435. ξ 89. 226. 343. ο 249. ρ 37. σ 77. τ 338. 552. φ 219. ψ 225. 361. *A* 45. *B* 116. *Γ* 222. *E* 156. 576. 745. *H* 142. 425. *Θ* 267. 556. *Λ* 305. *N* 754. *Ξ* 444. *O* 108. 463. *T* 400. *Υ* 255. *Φ* 329. 474. *X* 303. 314. *Ψ* 240. 244. 602. *Ω* 7. Bei einzelnen dieser Stellen kommt zugleich noch ein anderer Grund für die Dehnung hinzu. Vom gedehnten Dativ Sing. zu ζ 248; von der Dehnung der dritten Kürze vor Vocalen zu ι 366. Diese Fragen behandelt jetzt eingehend W. Hartel hom. Studien I. Wien 1871, vgl. Knös de digammo Homerico III p. 274. Dagegen verlangt Naber quaest. Hom. p. 135 den Nom. Τηλέμαχος.

231. Düntzer hält in seiner Schrift: Kirchhoff Köchly und die Odyssee. Köln 1872 p. 29, V. 218—224 für interpolirt, weil der Gedanke, Telemach könne vielleicht gar selbst unter Athenes Beistand die Freier aus dem Wege räumen, jedes vermittelnden Zusammenhanges mit dem Vorhergehenden entbehre und sachlich unpassend sei, weil nur die Erwartung der rächenden Rückkehr des Vaters in Telemach gehoben werden solle. Das Staunen des Telemach aber über das, was Nestor geäussert hat (V. 227) bezieht er darauf, dass Odysseus allein oder mit seinen Leuten noch einmal Rache üben werde, ein Gedanke, zu dem Telemach sich noch gar nicht erheben könne. Wäre diese Ansicht begründet, so würde Athene's Antwort und speciell V. 231 sich passend in den Zusammenhang einfügen. Allein es scheint mir unmöglich die überaus starken Ausdrücke der Ueberraschung und des Staunens, die Telemach gebraucht (227—228), auf den Gedanken der Heimkehr des Vaters und der von ihm zu vollziehenden Rache zu deuten; wer der Möglichkeit, dass der Vater lebe und heimkehre, gedacht hat wie Telemach β 218, und über die Heldenkraft des Vaters sich ausgesprochen hat, wie Telemach α 163 ff., kann in solchen Ausdrücken dieselbe Möglichkeit nicht abweisen, wenn er auch zu der entgegengesetzten Ansicht mehr hinneigt. Können wir demnach der Verse 218—224 als Grundlage und Vorbedingung für 226—228 nicht entbehren, so bleibt freilich die Erwiederung der Athene 231 unverständlich, da sie so spricht, als ob Telemach die Möglichkeit der Rückkehr des Vaters bezweifelt hätte. Düntzer bemerkt in seiner Ausgabe, dass Athene Telemachs Aeusserung absichtlich missverstehe: man müsste also

etwa denken, dass sie, um nicht den Gedanken an ein eignes Vorgehen gegen die Freier in Telemachs Seele Wurzel schlagen zu lassen, rasch darüber hinweggehe und auf die Möglichkeit der Rückkehr des Vaters zurückkomme. Allein dieser Erklärungsversuch kann schwerlich befriedigen und bei dem überaus lockeren Gedankenzusammenhang der ganzen Rede der Athene, der die Alten zu umfassender Athetese veranlasste, liegt der Gedanke nahe die ganze Rede der Athene als Interpolation anzusehen, veranlasst einmal durch die fast gotteslästerliche Aeusserung des Telemach, die eine Zurechtweisung von Seiten der anwesenden Göttin nothwendig zu fordern schien, und sodann durch das Streben, Telemachs Frage 248 vorzubereiten. Beseitigt man V. 229—240, so würde sich 241 passend an 228 anschliessen, κείνῳ δὲ in Gegensatz zu dem betonten ἐμοί γε 227 treten und somit Telemach auf beide von Nestor ausgeführten Möglichkeiten antworten. Diese Athetese würde dann die weitere von 244—247 nach sich ziehen, deren Einschiebung durch die Interpolation der Rede der Athene sich erklärt, indem eine Vermittlung gesucht werden musste, um das Gespräch mit Nestor wieder anzuknüpfen. Aus andern Gründen verwirft Adam die ursprüngliche Gestalt der Telemachie p. 20 V. 229—242, sowie 244—246. — Uebrigens will Naber quaestt. Hom. p. 100 θεός κ' ἐθέλων statt θεός γ' ἐθέλων schreiben, vgl. δ 753, was einige Handschriften haben, Nauck aber hat σαώσει statt des handschriftlichen σαώσαι geschrieben. Zenodot las den Vers nicht.

232. Ueber βούλομαι, wobei man die verwandten Begriffe 'wollen' und 'wählen' vergleichen kann, spricht auch J. La Roche hom. Stud. § 30, 2 S. 48*. — 232—238: ἀθετοῦνται στίχοι ἑπτά, οἱ μὲν πρῶτοι τέσσαρες ὡς οὐκ ἀκολούθως τοῖς προκειμένοις ἐπενεχθέντες, οἱ δὲ ἑξῆς τρεῖς διὰ τὸ ἀσύμφωνον· ἐναντίοι γάρ εἰσι τῷ 'ῥεῖα θεός' κτέ. (231). Aristonic. ed. Carnuth p. 32. Dieser Athetese stimmt zu Hennings die Telemachie p. 177. Bekker hat nur 236—238 entfernt, ebenso Düntzer, Kirchhoff Köchly p. 30. Auch 241. 242 werden von den Alten ὀβελίζονται vgl. Ariston. ed. Carnuth p. 32.

244 ff. Aristarch athetierte 244—246 als περιττοί: Aristonic. ed. Carnuth p. 32 f. Von Neueren sind gefolgt Bekker und Kayser vgl. auch Ellendt drei hom. Abhandl. p. 24. Es ist von Kayser mit Recht bemerkt, dass die Verse die folgenden Fragen in ungeeigneter Weise motivieren, zumal wenn man mit Ameis 244 versteht: denn er ist der gerechteste und weiseste, worauf die folgenden Worte am nächsten führen — aber kaum minder, wenn φρόνιν nach δ 258 in Verbindung mit ἄλλων verstanden wird Kunde von Andern oder die Gesinnung Anderer. Auch 'scheint die Schmeichelei gegen den anwesenden Nestor für den schüchternen Telemach unpassend' (Kayser). Dazu kommt der

seltsam unklare Ausdruck in 245 τρὶς — ἀνάξασθαι — γένεα, das
nur hier sich findende Medium von ἀνάσσειν, wofür Nauck ἀνασσέ-
μεναι vermuthet doch mit dem Zusatz: *sed gravior videtur corruptela*,
die unerhörte Verbindung mit dem Accus. (Bekker hom. Blätt. I
p. 209), endlich der Anschluss der Worte σὺ δ' ἀληθὲς ἐνίσπες
an den vorhergehenden Vocativ, wofür die Ankündigung der Frage
in 243 zu fern liegt. Alle diese Bedenken berührt **weder** Hennings
die Telemachie p. 177, welcher die Verse **vergebens** aus der
Stimmung des Telemach zu rechtfertigen sucht, **noch Ameis**, welcher
gegen Ellendt über 245 bemerkte: 'der Vers bedeutet offenbar:
Nestor hat jetzt drei Generationen der Männer bereits hinter sich,
er hatte also das neunzigste Jahr überstiegen. Dagegen nach der
Ilias *A* 252 μετὰ δὲ τριτάτοισιν ἄνασσεν stand er noch in der Mitte
der dritten Generation, erschien demnach als ein Mann von 70
bis 75 Jahren. Vgl. Gladstone hom. Stud. von Schuster S. 459 ff.
Bei den Späteren wird Nestor bekanntlich allgemein τριγέρων und
trisaeclisenex genannt.' — Uebrigens nimmt hier Anton im Rhein.
Mus. **N. F. XVIII** p. 91 ff. an, dass 243—328 ursprünglich einem
andern Liede angehörten, welches aber durch Interpolationen und
Auslassungen entstellt vorliege, und will auf 224 folgen lassen
329 ff., indem er 225—242 als Bindeglied beider Lieder ansieht.
Auch Adam de antiquissimis Telemachiae carminibus p. 9 nimmt
an, dass die Erzählung 254—312 aus den Nosten eines anderen
Dichters entnommen sei. Bergk griech. Literaturgesch. I p. 666
aber **sieht** in Nestors Bericht 243—316 den Zusatz eines Nachdichters, welcher ein Stück der alten Dichtung verdrängt habe.
Antons Ausführung ist zurückgewiesen von Hartel in Zeitschr. f.
oesterreich. Gymnas. 1864 p. 496 ff., auch Düntzer, Kirchhoff
Köchly etc. p. 27, gegen beide spricht Kammer die Einheit der
Odyssee p. 426 ff. Vgl. auch zu 186 den Anhang.

248 ff. Ameis bemerkte zur Stelle: 'Die Frage τίνα δ' αὐτῷ
μήσατ' ὄλεθρον Αἴγισθος δολόμητις; bildet mit dem vorhergehenden
ποῦ Μενέλαος ἔην ein Ganzes und sollte dieser Hauptfrage eigentlich
untergeordnet sein, etwa so: ὥς τε αὐτῷ μήσασθαι τίνα ὄλεθρον;
(wie zwar Homer noch nicht spricht, aber Spätere, Prosaiker und
Dichter, öfters reden). Es muss daher hinter ἔην das gewöhnlich
stehende Fragezeichen wegfallen. Nöthig ist diese Erklärung, weil
sonst bei ἦεν 251 als Subject nicht Menelaos gedacht werden
könnte.' Dagegen hat sich mit Recht Düntzer, Kirchhoff Köchly etc.
p. 28 f. ausgesprochen. Er selbst nimmt nicht nur an der ungeschickten Stellung der Fragen Anstoss, sondern auch daran, dass
Nestors Antwort denselben nicht entspreche, da die Fragen, wie
Agamemnon gestorben und durch welche List Aegisthos ihn getödtet, gar nicht beantwortet werden. Er scheidet deshalb 256
bis 275 als Interpolation aus, nimmt an, dass der Interpolator
auch die Frage selbst in ungeschickter Weise umgestaltet habe

und diese ursprünglich etwa einfach gelautet habe: ποῦ Μενέλαος
ἔην, ὅτ᾽ ἐμήσατο λυγρὸν ὄλεθρον; Auch Kammer die Einheit der
Odyssee p. 423 ff. nimmt an dem Durcheinander der Gedanken und
Subjecte in den Fragen Anstoss, **sowie** dass Nestor nur auf die
Frage ποῦ Μενέλαος ἔην antworte, sucht aber die Stelle durch
folgende Umgestaltung der Fragen zu heilen: ὡς ἔθαν᾽ Ἀτρείδης
εὐρυκρείων Ἀγαμέμνων, ποῦ Μενέλαος ἔην; τίνα δ᾽ αὐτῷ μήσατ᾽
ὄλεθρον, Αἰγίσθῳ δολομήτῃ, ἐπεὶ κτάνε πολλὸν ἀρείω; (**ὡς** an Stelle
von πῶς nach einer Vermuthung von Buttmann) **in dem** Sinne:
'Wie der Atride Agamemnon getödtet war, wo war da Menelaos?
welch᾽ ein Verderben ersann er ihm, dem Aegisthos, dem Tücke
sinnenden, da er einen viel Mächtigeren tödtete? Oder war **er**
nicht im Achaeischen Argos, sondern irrte anderwärts auf der
Erde umher, indess jener verwegen den Mord verübte?᾽ Endlich
wollte Lehrs (bei Kammer p. 434) unter Annahme von ὡς, **welches**
er aber mit der vorhergehenden Frage verband, schreiben: Αἴγισθος
δολόμητις ἐπεὶ κτάνε πολλὸν ἀρείω, ποῦ Μενέλαος ἔην; τίνα δ᾽ αὐτῷ
μήσατ᾽ ὄλεθρον; 'Ich will noch eine **etwas** andere Frage thun aus
dem Bereich des: **wie Agamemnon** starb. Als **der** listige Aigisthos
den Mord verübt hatte, **wo war** da Menelaos? welches Verderben
ersann er ihm?᾽ Gegen die vorgeschlagenen Aenderungen macht
Bischoff im Philol. XXXIV p. 566 besonders geltend, dass Telemach
schon nach α 298—300 und noch eben γ 195—98 wisse, dass
Orest der Rächer seines Vaters war und nicht Menelaos, daher er
die ihm beigelegte Frage, was dieser zur Rache des Agamemnon
gegen Aegisthos gethan, nicht stellen könne. Er selbst hält jede
Aenderung für unnöthig, wenn man nur αὐτῷ auf Menelaos beziehe:
'das einzige, was der Frevler zu fürchten hat, ist die Blutrache,
daher Aegisth dem Menelaos zuvorzukommen suchen muss.᾽ —
Dass die letztere Deutung unwahrscheinlich ist, zeigen die ersten
Worte von Nestors Antwort 255 ff., wo von den eventuellen Rachegedanken des Menelaos gegen Aegisth die Rede ist; diese Eingangsworte würden vielmehr für die von Kammer und Lehrs gegebene
Auffassung sprechen. Ebensowenig passt zu Bischoffs Deutung der
Zusatz ἐπεὶ κτάνε πολλὸν ἀρείω, der in Verbindung mit ὁ δὲ θαρσήσας
κατέπεφνεν vielmehr zeigt, dass Telemach einerseits in Menelaos
Abwesenheit, andrerseits in einem listigen Anschlag die Erklärung
für die Möglichkeit den πολλὸν ἀρείω zu tödten findet. Beide Zusätze kommen auch in Kammers und **Lehrs** Auffassung nicht zu
ihrer Bedeutung, namentlich erfährt θαρσήσας in der Uebersetzung
verwegen eine ungenügende Interpretation. Abgesehen hiervon
ist die von Buttmann gemachte und von Kammer acceptirte Conjectur ὡς für πῶς höchst zweifelhaft, weil sie dem regelmässigen
temporalen Gebrauch von ὡς bei Homer widerspricht. Einmal
zeigen sämmtliche Stellen des praepositiven temporalen ὡς nur mit
Ausnahme von dreien (B 321. Z 237. 374) ein Verbum der

Wahrnehmung, sodann finden sich nur drei Stellen, wo ὡς unmittelbar
an die Spitze des Satzes tritt, doch dann mit δὲ oder οὖν B 321.
Δ 151. E 846, nur zwei nach den vorausgehenden Partikeln καί
ῥα und δὴ τότε γ' Γ 396. ῥ 301, während an allen übrigen Stellen
entweder das Subject oder das Object des ὡςsatzes dem ὡς vorangeht. Eine Stütze freilich scheint, wie bemerkt, Kammers und
Lehrs Vorschlag zu haben in den Eingangsworten von Nestors
Antwort, wenn wir nämlich lesen, wie gewöhnlich geschieht: τάδε
κ' αὐτὸς ὀίεαι, ὥς κεν ἐτύχθη, εἰ ζωόν γ' Αἴγισθον — ἔτετμεν.
Aber diese Lesart erregt bei näherer Betrachtung die grössten Bedenken. Gesetzt auch, Telemachs Frage richte sich, wie Jene
wollen, auf Menelaos' Bemühungen Agamemnon an Aegisth zu
rächen, so würde die Antwort doch in dieser Form seltsam genug
sein. Wenn Telemach weiss, wie Bischoff richtig bemerkt hat,
dass Orest den Vater gerächt hat, so könnte die Frage: welches
Verderben ersann Menelaos dem Aegisth? nur aus dem Befremden
hervorgehen, dass nicht sofort Menelaos, sondern Orest den Agamemnon gerächt habe. Darauf so wenig, als auf die Frage: war
Menelaos etwa nicht in Argos, dass jener den Muth gewann ihn
zu tödten? (oder, wie Kammer will: indess jener verwegen den
Mord verübte), passt die Antwort: das vermuthest du schon selbst,
wie es geschehen sein würde, wenn Menelaos den Aegisthos
wenigstens am Leben angetroffen hätte. In Wirklichkeit hat
Telemach nach seinen Fragen nur vermuthet, dass die Abwesenheit des Menelaos dem Aegisth den Muth gegeben Agamemnon zu
tödten oder nach Kammer, dass die Abwesenheit des Menelaos
während des Mordes den Menelaos verhindert habe Rache an
Aegisth zu nehmen. So wenig aber die gewöhnliche Lesart zu
den Fragen des Telemach passt, so treffend fügt sich die andere
von Spitzner empfohlene und von Kayser-Faesi aufgenommene: ὥς-
περ ἐτύχθη mit folgendem Punkt, in den Zusammenhang. Dann
sagt Nestor: das vermuthest du schon selbst, wie es gekommen
ist, nämlich dass nur durch die Abwesenheit des Menelaos dem
Aegisthos möglich wurde die That zu vollziehen (oder nach Kammers
Auffassung, dass nur Menelaos Abwesenheit erklärt, dass er an
Aegisthos nicht Rache nahm). Erst dann wendet sich Nestor mit
lebhaftem Asyndeton (vgl. den Anhang zu α 163) zu der Möglichkeit, dass Menelaos den Aegisth noch am Leben getroffen hätte.
Der gegen diese Lesart von La Roche Hom. Untersuchungen p. 286
erhobene Einwand, dass sie schlecht beglaubigt sei, ist jetzt hinfällig geworden, seit man durch Gotschlich's (in den Jahrbb. f.
Philol. 1876 p. 21 ff.) mitgetheilte Collation der ältesten Odysseehandschrift der Laurentiana weiss, dass diese dieselbe bietet. —
Nach allem Gesagten hat mich keiner der verschiedenen Ver-
besserungsvorschläge und Interpretationen überzeugt, ich glaube
vielmehr, dass man bei der handschriftlich überlieferten Anordnung

der Fragen und der im Kommentar gegebenen Deutung sich beruhigen muss und **kann**. Der Subjectswechsel in den Fragen ist zwar befremdend, aber wohl nicht ohne Beispiel. Das Bedenken, dass Nestors Antwort der Frage πῶς ἔθανε nicht entspreche, da er im Wesentlichen nur die Frage beantworte, wo Menelaos während des Mordes gewesen, habe ich jetzt **durch die** Interpretation von πῶς: 'wie gieng es zu, wie war es möglich dass' beseitigt. Dass πῶς öfter nicht in eigentlichem **Sinne nach der Art und** Weise der Handlung fragt, sondern mehr exclamativ als **Ausdruck der** Verwunderung die Möglichkeit der Handlung ins Auge **fasst**, nicht allein mit Opt. und ἄν (κέ), sondern auch mit dem Ind., zeigen namentlich κ 64. λ 155. Ω 519, vgl. zu Δ 26.

259. An Stelle von τόν γε vermuthet Nauck: τόν κε.

267. Den Haussänger hat Agamemnon zurückgelassen, wie Athenaeos I 14ᵇ sagt, als φύλακα καὶ παραινετῆρά τινα, ὅς πρῶτον μὲν ἀρετὰς γυναικῶν διερχόμενος ἐνέβαλλέ τινα φιλοτιμίαν εἰς καλοκαγαθίαν, εἶτα δὲ διατριβὴν παρέχων ἡδεῖαν ἀπεπλάνα τὴν διάνοιαν φαύλων ἐπινοιῶν. — 268 vermuthet Nauck in der Ausgabe Bd. II p. VIII ῥύεσθαι statt εἴρυσθαι.

269. μοῖρα θεῶν ist zugleich für das ganze Tantalidengeschlecht entscheidende Schicksalswendung. Wie hier δαμῆναι, so ist ähnlich gesagt φιλότητι δαμῆναι Ξ 353; und Γ 301: ἄλοχοι δ᾽ ἄλλοισι δαμεῖεν. Vgl. auch B 355. Σ 85. 432. Die verschiedenen Erklärungen dieser Stelle behandelt eingehend Philipp Mayer Quaest. homeric. part. II. Gera 1843. — 271. Zur Konstruction vgl. Meierheim de infinit. Hom. p. 58.

272. Für diese Nebeneinanderstellung entsprechender Begriffe vgl. α 313. β 321. ε 97. 155. ι 47. κ 82. ρ 217. τ 404. Λ 255. Δ 351. Ξ 130. Π 111. Φ 286. X 481 und anderwärts. J. La Roche hom. Stud. § 20 S. 26*. Aber nirgends bei Homer wird **dasselbe Wort in derselben Form** zweimal **unmittelbar** hinter einander gesetzt, wie es bei den Tragikern und alexandrinischen Epikern geschieht. Vgl. Bekker im Monatsbericht usw. 1860 S. 316 ff. (Homer. Blätter S. 185 ff.) — 273 vermuthet Nauck in der Ausgabe II p. VIII Θεοῖσ᾽ ἱερῶν ἐπὶ βωμῶν statt Θεῶν ἱεροῖς ἐπὶ βωμοῖς.

274. ἄ-γαλ-μα steht bei Homer stets in **seiner** ursprünglichen Bedeutung: 'ein glänzender Gegenstand', Schmuckstück, Prachtstück; später wird es meistens in engerem Sinne von Bildsäulen gebraucht. 280 = ε 124. λ 173. 199. ο 411. Ω 759. Es steht im Gegensatz zum Tode durch Krankheit, Gram, Krieg. Andeutungsweise ist dieselbe Sache berührt η 64. λ 324. ο 478. ρ 251. 494. σ 202. υ 62. 80. Z 428. T 59. Schiller 'die Künstler' sagt nachahmend: 'empfängt er das Geschoss, das ihn bedräut, vom sanften Bogen der Nothwendigkeit.'

283. σπέρχοιεν, statt des gewöhnlichen σπερχοίατ᾽, aus mehreren und guten Mss. mit Bekker, der N 334. ε 304 vergleicht.

290. τροφέοντο ist die Aristarchische Lesart, die auch in guten Handschriften sich findet. Dieselbe ist der gewöhnlichen Lesart ἐπ' αὐτμένα χεῦεν κύματά τε τροφόεντα vorzuziehen. Denn in dieser hat weder die Präposition ἐπί zu κύματα eine passende Beziehung, noch ist auch der Begriff ἐπέχευεν zu dem starken Attribute πελώρια ἶσα ὄρεσσιν ein geeigneter Ausdruck. Man würde dafür homerisch wenigstens ὦρσε erwarten. Daher habe ich mit J. La Roche Zeitschr. f. österr. Gymn. 1867 S. 167 τροφέοντο in den Text genommen. — Zur Beseitigung des Hiatus ἶσα ὄρεσσιν schlägt van Herwerden quaestiunculae ep. et eleg. p. 41 vor: Ϝῖσ' ὀρέεσσιν.

292. Der Versschluss ἀμφὶ ῥέεθρα wie B 461. 533, und ganz so wie hier mit einem gleichnamigen Ἰαρδάνου H 135.

293. Beispiele mit ἔστι sind δ 844. B 811. Λ 711. 722. N 32; auch mit Voranstellung des Hauptwortes wie δ 354. ν 96. ο 403. τ 172. Epische Anfänge mit εἰσίν finden sich nur bei allgemeinen Schilderungen wie τ 562. χ 421. I 395. Die römischen Epiker haben bekanntlich *est locus Haemoniae* und ähnliche Wendungen. Ueber den schildernden Anfang mit ἔσκε bei Erzählungen oder Beschreibungen vgl. zu ο 417. — Zu 296 vgl. auch Heringa Observ. p. 68.

299. νεὸς κυανοπρῴροιο stets am Versende: ι 482. 539. κ 127. λ 6. μ 100. 148. 354. ξ 311. χ 465. O 693. Ψ 852. 878; und zwar da, wo sich das Schiff wirklich auf der Fahrt befindet, oder wo es im Wasser des Hafens steht, wie κ 127, oder wo es wenigstens im Hafenwasser befindlich gedacht wird, wie μ 354. χ 465. O 693. Ψ 852. 878. In der erstern Situation hat auch Verg. Aen. V 819 von Neptunus: *caeruleo per summa levis volat aequora curru;* und VI 410: *caeruleam advertit puppim ripaeque propinquat.* Statt der isolierten Form κυανοπρωρείους hat Bergk comm. crit. spec. V (Marburg 1850) p. 4. Anm. κυανοπρωείρους vorgeschlagen. Dieselbe Conjectur gibt Cobet Nov. Lect. p. 204 aus Et. M. p. 692, 25. Bekker aber hat κυανοπρωρείους beibehalten und vertheidigt die Form in Hom. Blätter S. 178 f. unter anderm also: 'indes ist auch κυανοπρώρειος durch λάϊνος λάϊνεος und ἐλάϊνος ἐλάϊνεος einerseits, ἀεικέλιος πανάώριος πανημέριος παννύχιος (Lobeck Parall. p. 251. 256) anderseits so weit angebahnt, dass nicht nothwendig sein kann aus einem verworrenen Artikel des Etym. M. κυανοπρωΐρους aufzunehmen, wie Simonides geschrieben haben soll, oder κυανοπρωείρους wie Herodian.' Und nachher: 'der Grammatiker war nicht befugt die weibliche Endung -ειρα einzumengen, wo keine entsprechende männliche vorliegt' usw. Analog aus Homer sind auch die Bildungen εὐρυόδεια (zu κ 149) und εὐπατέρεια.

304. 305. Gewöhnlich werden diese beiden Verse in umgekehrter Ordnung gelesen. Die nothwendige Umstellung ist vorgenommen mit Bergk (comm. crit. spec. V p. 4) nach Schol. Soph.

El. 267, worin der Aristarcheer Didymos spricht. Denn eine **Er-klärung** von ταῦτα würde hier wenigstens den Infinitiv κτεῖναί γ' verlangen, wie α 82. δ 197. Γ 87. Ψ 415, oder auch κτεῖνε γὰρ Ἀτρεΐδην. Der von Krüger Spr. 59, 1, 7 erörterte Fall aber ist aus Homer nicht nachweisbar, und würde auch ausserdem das Particip des Präsens verlangen. Dieselbe Ansicht verficht W. C. Kayser disp. alt. |p. 6 mit der richtigen Schlussbemerkung: 'vulgaris versuum series ab iis inventa est, qui pronomen ταῦτα opinabantur nihil habere, quo facile referretur.' Die herkömmliche Versstellung in dem Sinne 'indem er Agamemnon getödtet **habe**' und mit Vergleichung von λ 429. 430 und ω 199. 200 vertheidigt Kämpf Ueber den aoristischen Gebrauch der griechischen Aoriste (Neu-Ruppin 1861) S. 13; aber er hat ταῦτα sowie das von Bergk und Kayser Bemerkte unbeachtet gelassen. Die Form δέδμηντο, statt des gewöhnlichen δέδμητο, ist Aristarchs Lesart, wie hier Didymos angibt. Ueber diesen Plural bei λαός, das so-genannte σχῆμα κατὰ τὸ σημαινόμενον oder die φράσις κατὰ σχῆμα, vgl. J. La Roche hom. Stud. § 49 S. 91*. Bekker hat die ge-wöhnliche Versfolge stillschweigend beibehalten; aber zu 301 bemerkt er 'ὡς: ἕως Bergkius', während dieser p. 4 ausdrücklich sagt: 'recte Nitzschius ... ἕως ὁ μὲν ἔνθα corrigendum esse dicit.'

307. Zu Krisa in Phokis nemlich war sein Oheim Strophios, der Vater des Pylades, König, so dass Orestes als Schützling jenes Staates und zugleich als Pflegling des Apollon von Delphi erscheint. Die späteren Dichter nach Homer folgten offenbar dem hier von Didymos als Zenodots Lesart erwähnten ἂψ ἀπὸ Φωκήων. Vgl. Düntzer de Zenod. p. 104. Nitzsch Beiträge zur Gesch. der ep. Poesie S. 196 not. 86.

309. δαίνυ τάφον. Ein solcher Leichenschmaus wird auch Ψ 29. Ω 665. 802 erwähnt. Dieselben Trauermahlzeiten im alten Testamente 2 Sam. 3, 35. Jerem. 16, 7. Hesek. 24, 22. Hos. 9, 4. Sonst ehrte man die Todten bekanntlich auch durch Leichen-spiele, wie Achilleus den Patroklos. — Ueber βοὴν ἀγαθός vgl. J. La Roche hom. Stud. § 15, 2 und Zusätze S. 263. — Die Verse 309 f. fanden sich nach den Schol. in einigen Ausgaben nicht und werden von Hennings über die Telemachie p. 177 f. als interpoliert angesehen 'von einem Rhapsoden, welcher es hier nicht verschweigen zu dürfen glaubte, dass auch Klytaemnestra von Orestes getödtet worden sei.'

313—316. Kammer die Einheit p. 434 ff. findet diese Verse passender in ο 10—13. Es scheint ihm befremdend, dass Nestor den über seines Vaters Verweilen Gewissheit suchenden Sohn von der Erfüllung seiner kindlichen Pflicht zurückhält; 'zudem hat Telemach mit nichts verrathen, dass er lange von Hause fern zu bleiben denke' und wäre diese Mahnung Nestors vorangegangen, so hätte sich Telemach ο 198 ff. einfach darauf beziehen dürfen.

Ueberdies scheint ihm die Anknüpfung mit καὶ σύ, φίλος, keine ungezwungene. **Indess** ist eine einfache Ausscheidung der Verse nicht möglich, weil der 317 folgende mit ἀλλά — μέν angeknüpfte Gedanke **eine** passende Beziehung in 311 f. nicht hat. Näher liegt **die** Annahme einer umfangreicheren Interpolation: vgl. zu 186. Uebrigens habe ich 315 nach ο 12 die allgemein übliche Interpunction, Komma nach ὑπερφιάλους, wonach der folgende μησatz als negativer Finalsatz gefasst wird, mit einem Kolon vertauschen zu müssen geglaubt, weil an jener Stelle der μησatz als selbständiger Warnungssatz sich an den vorhergehenden Participialsatz so anschliesst, dass die Warnung auf Grund der darin enthaltenen Thatsache ertheilt wird. Aehnlich sind die Fälle, wo sich ein selbständiger μησatz an einen vorhergehenden Satz mit ἐπεί oder γάρ anschliesst, wie ο 90. π 87. ρ 24. τ 120. Γ 107. — 319 schreibt Nauck an Stelle von ἔλποιτό γε aus Conjectur ἔλποιτό κε.

322. οἰχνεῖν wird daher nur bei allgemeinen Beschreibungen einer stets wahrnehmbaren oder sich wiederholenden Sache gebraucht. Vgl. ζ 157. ι 120. E 790. I 384. O 640. — Zur Verlängerung des kurzen Vocals vor δεινός vgl. ε 52. Γ 172. K 254. 272. Δ 10. Φ 25. Die einzige Ausnahme ist Θ 133. Dass δεινός auf eine mit δϝ anlautende Wurzel zurückgehe, ist jetzt inschriftlich bestätigt: vgl. G. Curtius Stud. VIII p. 465 f. Vgl. auch W. Hartel hom. Stud. I p. 13 f.

327 f. Diese beiden Verse werden von Hennings über die Telemachie p. 178 als aus γ 19 f. unpassend wiederholt verworfen. Zu 327 vgl. auch Knös de digammo Hom. III p. 264 f. — In 330—385 sieht Adam die ursprüngliche Gestalt der Telemachie p. 21 einen Zusatz des Dichters, der die Verschmelzung der Telemachie mit der Odyssee vornahm.

348. So bei den armen Fischern Theokr. XXI 13: νέοθεν τᾶς κεφαλᾶς φορμὸς βραχύς, εἴματα πύσοι. Bei Homer nun hat Bekker hier aus Conjectur (auch die Epim. 399, 22 haben ἤ und ἠὲ) das ἤ in ἦ, wie τ 109, und ἠὲ in ἠδέ verändert, um die fehlerhafte Entgegensetzung zu beseitigen, die in 'einem völlig gewandlosen' oder 'einem armen der keine Art Gewand besitzt' enthalten sein würde. Die Wortstellung von τευ ἦ ist nach Analogie von τί ἦ erklärbar, wie Bekker Hom. Blätter S. 200 bemerkt: 'circumflectiert fällt es zusammen mit der nach τί üblichen Affirmation.' Vgl. auch Naber quaestt. Hom. p. 121. Uebrigens vermuthet Nauck ἀπάμονος anstatt ἀνείμονος.

349. Zu der Erklärung von ῥήγεα vgl. Karl Grashof: Ueber das Hausgeräth bei Homer und Hesiod (Düsseldorf 1858) S. 22. Im Anfang des Verses las man sonst gewöhnlich ᾧ οὔτε, was wegen des folgenden doppelten οὔτε nur eine künstliche Deutung zulässt. Aber der Venediger Schol. M., worin wohl Didymos spricht, bemerkt hier: αἱ Ἀριστάρχου 'ᾧ οὔτι', αἱ δὲ

φαυλότεραι 'ᾧ οὔτε'. Dieses richtige οὗ τι hat zuerst W. Dindorf aufgenommen, jetzt steht es bei allen neueren Herausgebern.

353. Anders Brieger im Philol. XXIX p. 204, der nach 365 ἐπ' ἰκρίοφιν versteht: an der Aussenseite der Schiffswand.

355. ὅς τις und ὅς κε nach einem vorhergehenden Plural findet sich noch μ 40. ν 214. ο 345. π 228. σ 142. υ 188. 295. χ 315. Γ 279. M 428. O 731. Π 621. P 631. T 260. X 73. Ψ 285. Ω 752. Bisweilen folgt auch ein Plural nach, wie ι 96. Für die Prosaiker vgl. O. Schneider zu Isokr. Areopag. § 63, 5.

367. Ueber ὀφέλλω und ὀφείλω vgl. G. Curtius Etym. II S. 246, ⁴ 667, und Schulgramm. § 253: 'Im hom. Dial. findet sich ὀφέλλω in der Bedeutung des attischen ὀφείλω.' Beide Formen sind aus ὀφελ-ιω entstanden: bei ὀφέλλω haben wir Assimilation, bei ὀφείλω Versetzung des ι in die vorhergehende Silbe.

372. Mit Jordan das Kunstgesetz p. 57 und Düntzer verstehe ich εἰδομένη von einer wirklichen Verwandlung. Vgl. den Anhang zu H 59.

373. Da das Greisenalter in homerischer Zeit hochgeehrt war, so wird das Subject γεραιός an allen zwölf Stellen des Homer, wo es vorkommt, mit dem Demonstrativum ὁ eingeleitet; eben so γέρων als Subject des Satzes fünfzigmal, wie hier 393. 459. Die meisten Stellen bei Krüger Di. 50, 3, 4. Wo aber zu γέρων bei Homer der Eigenname hinzukommt, da pflegt in der Regel das Pronomen zu fehlen. Vgl. auch H. Foerstemann Bemerkungen über den Gebrauch des Artikels bei Homer. Progr. von Salzwedel 1861 p. 21 Anm. — ἐπεί, statt des gewöhnlichen ὅπως, gibt Eustathios.

378. Τριτογένεια stellt Fick vgl. Wörterb. ³ I p. 96 zusammen mit der Vedengottheit Trita und vergleicht Τριτοπάτορες und Ἀμφιτρίτη.

382. Bekker hat mit Tyrannion, den Herodian zu K 292 erwähnt, ἤνιν gegeben, aber βλοσυρῶπις Λ 36 unverändert gelassen. Arkadios p. 224, 11 ed. Schmidt schreibt ἦνις, vgl. La Roche hom. Textkritik p. 278. Die einfache Erklärung scheint aus dem Ursprung des Hexameters zu sein, wie ihn E. v. Leutsch im Philologus XII S. 25 ff. erläutert. In der Erklärung von ἦνις, das die Alten mit 'einjährig' von ἔνος deuten, folge ich A. Göbel in der Z. f. d. österr. Gymn. 1858 S. 626 und Homerica (Münster 1861) S. 12; man vgl. μ 262. 355; καλαὶ βόες εὐρυμέτωποι, und in Schillers Glocke: 'glatte breitgestirnte Schaaren.' Auch Verg. Aen. IX 627 in der Nachahmung hat *iuvencum candentem*. Andere deuten ἦνις wie τέλειος durch 'vollkommen', von ἄνειν mit verlängertem Anfang wie ἠλεός (zu β 242) und ἠλάσκω. Die in ἀδμήτην κτέ. angegebene Sitte findet sich auch bei den Hebräern: 4 Mos. 19, 2. 5 Mos. 21, 3. Die Schlussworte 384 χρυσὸν κέρασιν περιχεύας erläutert auch der Schol. zu Aesch. Ctes. § 164.

390. ἀνὰ κρητῆρα κέρασσεν. In der ältesten Zeit nemlich wurde der Wein zum Wasser gegossen (vgl. zu η 164. ι 209), später das Wasser zum Wein. In Ω 529 steht ἀναμιγνύναι übertragen: 'Böses an Gutes mischen.' Ebenso steht ἀνά im Sinne daran δ 41. ι 209. κ 235. ω 343. Σ 562. — Nach dem Schol. zu Aristoph. Rittern 1187 war die gewöhnliche Mischung ³/₅ Wasser und ²/₅ Wein: ἀρίστη δὲ κρᾶσις οἴνου δύο μέρη καὶ ὕδατος τρία.

400. ἐυμμελής findet sich nur noch von den kriegerischen Söhnen des Panthoos P 9. 23. 59 und in einem stehenden Verse von Priamos Δ 47. 165. Z 449. Die Form des Wortes mit doppeltem μ, wofür Düntzer aus untergeordneten Quellen ἐυμελίην gibt, ist durch die besten Autoritäten überliefert: vgl. Spitzner zu P 9. Dieser doppelte Consonant scheint auf gleicher Linie zu stehen mit andern Verdoppelungen, die G. Curtius Schulgr. § 62 und Erläuterungen S. 39 [² 41] erwähnt hat, vgl. Hoffmann quaestt. Hom. p. 152, Knös de digammo Hom. III p. 233.

401. ἠίθεος erklärt Fick vgl. Wörterb. p. 179, ³ I p. 209, aus vadh, vadhati führen, heimführen, heirathen, = ἠ-ϝιθεο-ς heirathsfähiger Jüngling, Junggesell, Curtius Etym. ⁴ p. 38 dagegen aus der W. vidh leer sein, mangeln, also: ledig.

403. πόρσαινε als Aristarch. Lesart ist gegeben nach La Roche hom. Textkritik p. 344.

406. Ueber den Platz der ξεστοὶ λίθοι vgl. Gerlach im Philol. XXX p. 507.

408. ἀποστίλβοντες ἀλείφατος, von Oel glänzend: Die Hellenen pflegten ebenso bei plastischen Bildwerken das Weiche, das Fettscheinende des Marmors, durch Einschmelzen und Einreiben eines Wachsfirnisses zu erhöhen, wobei nebenbei die Marmorwerke gegen den Einfluss der Witterung geschützt waren. Auch ω 73 dient ἄλειφαρ mit zum Conservieren der Sache. Gewöhnlich erklärt man mit Eustathios λείπει τὸ ὡς oder verfeinert die Ellipse durch die Bemerkung, dass 'statt einer Vergleichung eine kühnere Metapher, eine Hyperbel' gebraucht sei, aber ohne eine solche hyperbolische Metapher durch Beweisstellen zu stützen. Warum hat denn der Dichter Σ 596 χιτῶνας ἐυννήτους ἧκα στίλβοντας ἐλαίῳ mit dem Casus gewechselt? Warum hat er nicht hier λευκοί γ' ὡς στίλβοντες ἀλείφατι gesagt? Von wirklicher Einsalbung haben es wahrscheinlich schon manche unter den Alten verstanden, da der Schol. zu Theokr. III 18 aus dem Gedächtnis ἀποστίλβοντες ἀλοιφῇ citieren konnte. Nebenbei erinnert dies, wiewohl in ganz anderer Beziehung, an die im Cultus der Alten erwähnten gesalbten Steine, οἱ λιπαροὶ λίθοι beim Aberglauben des Theophr. char. 16, wo Casaubonus auch 1 Mos. 28, 18 zur Vergleichung zieht.

411. οὖρος mit versetztem und zu υ vocalisiertem Digamma von der Wurzel ὀρ [ϝορ] wozu auch ὀράω gehört und das zu 471 besprochene ὄρομαι. Vgl. Döderlein Gloss. § 2274. G. Curtius Etym.

I Nr. 501, ⁴ p. 349. W. Christ Gr. Lautl. S. 230. Fick vergl.
Wörterb. ³ I p. 211: *var* bedecken, schliessen, wahren, wehren.
417 ff. Die ganze Opferscene 417—469 wird von Adam die
ursprüngliche Gestalt der Telemachie p. 21 als später eingeschoben
verworfen.

421. ἐπί mit dem Accusativ vom **Zwecke**, wie sonst μετά
(zu α 184), steht noch ω **466**. B **808**. M **342**. Vgl. auch zu
ω 89. Den Uebergang zu dieser **Bedeutung** bildet ἐπ᾽ ὀνείατα in
dem formelhaften Verse α 149, so wie μ **439**. ψ **248**. ω **394**.
Zu Krüger Di. 68, 42, 2.

428. Düntzer verwirft 427—429, weil der hier ausgesprochene
Befehl im Folgenden ohne Wirkung bleibe. Am auffallendsten ist
jedenfalls 428 der Befehl zur Bereitung eines Mahles im Hause,
da das Fleisch des Opferthieres sofort zum Mahle und zwar **draussen**
bereitet wird. — 429 vermuthet Nauck αὖα statt ἀμφί, van Herwerden quaestt. ep. et eleg. p. 41 aber ἄμμι.

438. Tibull. IV 1, 15 sagt daher: *semper inaurato taurus
cadit hostia cornu.* Dieselbe Sitte bei Verg. Aen. V 366. IX 627.
Ovid. Met. VII 161. **Liv.** VII 37. XXV 25. Zu ἀσκήσας vgl.
ψ 198. Δ 110. Ξ 179. 240; und Herod. II 130. III 1 mit der
Note von Bähr.

440. Zu ἐν ἀνθεμόεντι λέβητι beachte man folgendes: Alle
Kunstwerke bei Homer sind von zweierlei Art, erstens gewirkte
oder gestickte Gewänder, zweitens mit dem Hammer getriebene
Bildwerke in verschiedenen Metallen: also Buntweberei und
Reliefbildnerei. Von letzterer sind nur wenige Rundbilder oder
Statuen ausgenommen: die sitzende Athene Polias in Troja Z 92.
303, die goldenen Dienerinnen im Palast des Hephaestos Σ 417,
die Hunde und Fackelträger im Palast des Alkinoos η 91. 100.
Aber mit Recht bemerkt G. Wustmann im Rhein. Mus. 1868 XXIII
p. 241 folgendes: 'diese beiden künstlerischen Productionen, die
Buntwirkerei und Reliefbildnerei, lassen auf eine reichere Aus-
bildung auch der zeichnenden Künste schon im homerischen Zeitalter schliessen, wenn auch die Spuren davon in der homerischen
Poesie fast so gut wie nicht vorhanden sind.' Die Anthemienverzierung besteht nach Gerlach in Philolog. XXX p. 499 f. in
einer Verbindung von Spiralen mit einem aus der Pflanzenwelt entlehnten Motive.

441. Ueber οὐλαί vgl. Hermann gottesd. Alterth. 28, 11. Für
die Gruppierung der Personen bei der Opferhandlung vgl. Flax-
mann's Umrisse zur Odyssee. Taf. 4.

450. Die eigentliche Bedeutung des ὀλολύζειν versucht Schneidewin die homerische Naivetät p. 27 zu erklären.

456. Die nur bei Opfern vorkommenden μηρία findet man
fünfzehnmal; die eben so gebrauchten μῆρα μ 364 vgl. mit 360.
Δ 464 mit 460. B 427 mit 423; ausserdem noch γ 179. ν 26.

Ueber μῆρα und die davon unterschiedene Form μηρά vgl. Lobeck Proll. p. 13, auch Göttling Allg. Lehre vom gr. Accent S. 375 f. und Lobeck Elem. I p. 284 n. 12. Letzterer hält μηρία für eine von μηροί abgeleitete Form mit veränderter Bedeutung oder für einen Paraschematismus von μῆρα. Dieselbe Synonymie von μῆρα und μηρία lehrt auch G. Hermann zu Aesch. Prom. 498. Vgl. K. F. Hermann gottesd. Alt. 28, 21.

461. μῆρα κάη, statt des gewöhnlichen μῆρ᾽ ἐκάη, und σπλάγχνα πάσαντο gab Aristarch, wie Didymos zu Α 464 bemerkt. Vgl. La Roche hom. Textkritik p. 293.

462. ἀμφ᾽ ὀβελοῖσιν steht ebenso μ 365. 395. ξ 75. 430. Α 465. Β 428. Ι 210. Aehnlich ist περὶ δουρὶ πεπαρμένη Φ 577 verbunden. Dass aber ἀμφί Adverbium ist, erhellt aus πεῖράν τ᾽ ὀβελοῖσιν τ 422. Η 317. Ω 623.

464. Ueber das Baden des Telemach durch Polykaste vgl. Schneidewin die homer. Naivetät p. 150 ff. Jordan in der Odyssee-übersetzung p. 470 verwirft die betreffenden Verse.

469. ποιμένα, statt des gewöhnlichen ποιμένι, geben Pal., Hamb., Meerm. und 3 andere Codd. vgl. La Roche krit. Ausg. Bekker hat zum Accusativ, den er zuerst aufgenommen hat, δ 51. ϑ 469. ω 411 verglichen, wozu man noch ψ 98 und ξ 523. ϱ 96. φ 145. Γ 406. Λ 577. 592 beifügen kann. Gegen ποιμένι vgl. J. La Roche in der Zeitschr. f. d. österr. Gymn. 1862 S. 832.

472. ἐνοινοχοεῦντες ist die alte vulgata. Vgl. W. C. Kayser im Philol. XVIII S. 712. Bekker hat οἰνοχοεῦντες aufgenommen, um das Digamma zu wahren. Vgl. auch La Roche hom. Unter-such. p. 70 und die kritische Ausgabe, wonach οἰνοχοεῦντες jetzt geschrieben ist. Dagegen will Cobet Miscell. crit. p. 296 schreiben: Ϝοῖνον ἐϜοινοχοεῦντες, vgl. ἐϜελδόμενοι, ἐϜεισάμενος.

476. Ueber die Einrichtung des Reisewagens vgl. Woerner in G. Curtius Stud. IX p. 460.

484 = 494. ο 192. Ε 366. Θ 45. Κ 530. Χ 400; mit ἵππους statt ἐλάαν Ε 768. Λ 519; der Anfang auch ζ 82; der Schluss Λ 281; ähnliche Schlusswendung Π 149. Ψ 372. 381. Bekker hat überall die Form ἀέκοντε (d. h. ἀϜέκοντε) aufgenommen, worüber Spitzner zu Ε 366 zu vergleichen ist. Hier und 494 gibt der Harl. das ε darüber geschrieben, aber vollständig ἀέκοντε Kokondrios περὶ τρόπων bei Walz Rhet. Gr. VIII p. 786. Meineke zu Callimach. p. 104 bemerkt: 'ἄκων forma non utuntur poetae, ubi alteram metrum admittit.' Wol zu allgemein.

488. Φηραί, wie ο 186. Ι 151, dagegen Φηρή Ε 543; bei Späteren Φεραί und Φαραί, zu unterscheiden vom thessalischen Φεραί δ 798. Β 711. Dieser Rastort des Telemachos hat in den spätern Jahrhunderten bis auf unsere Tage unter dem Namen Καλαμάτα eine Rolle gespielt; vgl. E. Curtius Pelop. II S. 158 f. Vischer Erinner. S. 427 ff. Ueber die Lage des

Ortes vgl auch Bischoff Bemerkungen über homer. Topographie p. 10 f.

493. Dieser Vers fehlt hier in den besten Hss., auch in der ältesten Odysseehandschrift bei Gotschlich in Jahrbb. f. Philol. 1876 p. 23, und in alten Ausgaben. Bekker aber hat ihn beibehalten, dagegen 494 athetiert, wie auch o 192, vielleicht weil nach ἔλασαν der Singular μάστιξεν folgt.

496. ὑπεκφέρειν (das wie jedes mit zwei Präpositionen zusammengesetzte Verbum bei den alten Grammatikern ein ῥῆμα τριπλοῦν heisst) steht nur hier bei Homer intransitiv, wie bei Herod. IV 125. Ebenso ἐκφέρειν Ψ 376. 759; aber Apollonios Arg. I 1264: πόδες αὐτὸν ὑπέκφερον ἀΐσσοντα. Vgl. Kissner de praeverbio ὑπό in compositis abundante (Lyck 1854) § 25 p. 38.

δ.

1. κῆτος, welches Buttmann Lexilog. II p. **95** aus χάω, χάσκω ableitete, ist von Fick vgl. Wörterb. p. 209, [3] II p. 264 mit mehr Wahrscheinlichkeit auf ska schneiden zurückgeführt vgl. squatus, squatina Haifisch, unter Zustimmung von G. Curtius Etym. [4] p. 145. Von diesem κῆτος in dem Sinne 'Schlucht' ist κητώεις gebildet. Die Hauptuntersuchung über diese ganze Classe der Adjectiva gibt J. Fl. Lobeck quaestionum Ionicarum liber (Königsberg 1850) und einen Zusatz im Philologus V S. 238 ff.; sodann A. Göbel de epithetis Homericis in -εις desinentibus (Wien und Münster 1858), und einen gehaltreichen Nachtrag A. Schuster über die homerischen Adjectiva auf -εις in der Z. f. d. österr. Gymn. 1859 S. 16 bis 43. Die Landschaft Lakedämon schildern E. Curtius Pelop. II S. 203 ff. Vischer Erinner. S. 371 ff. Für den vorliegenden Fall hat Göbel die passende Bezeichnung κητώεσσα, voraginibus insignis [oder cavernosa] für Λακεδαίμων genügend erhärtet **durch den** Hinweis auf die mancherlei Erdbeben, welche die Alten erwähnen, wie Plinius N. H. II 81. Plut. Kim. 16 und Strabo VII 6. p. 367. Ueber diese Classe der Adjectiva vgl. zu τ 33. Was endlich die Verbindung der beiden Epitheta κοίλην und κητώεσσαν mit ihrem Nomen betrifft, so heisst sie bei den Alten ὁ ἐκ παραλληλισμοῦ τῶν ἐπιθέτων σχηματισμός, bei dem man eine dreifache Wortstellung findet; vgl. unsere Stelle mit α 92 und γ 163. κ 356.

3 ff. Die folgende Partie 3—19 wurde bereits im Alterthum **von** Diodoros, einem Schüler des Aristophanes verworfen, von den Neueren haben dieselbe Athetose angenommen und näher begründet Thiersch die Urgestalt der Odyssee p. 59 ff., Jacob über die Entstehung der Ilias und Odyssee p. 378, Hennings über die Telemachie p. 178, Düntzer Kirchhoff Köchly und die Odyssee p. 31, Bergk griech. Literaturgesch. I p. 666. Die Hauptanstösse, welche die Erzählung bietet, sind, dass von dem Hochzeitsfest, wie von

den Gästen im weiteren Verlauf des Gesanges so gut wie gar keine Spur mehr sich findet, auch in Telemachs Reisebericht ϱ 118 das Fest nicht erwähnt wird, die Erzählung selbst zu allgemein und ohne charakteristische Züge ist und auffallende Abweichungen von den sonst im Homer sich findenden Hochzeitsgebräuchen bietet, u. a. — Dagegen haben Rumpf de γαμοποιΐα Menelai. Giessen 1846, welcher die ganze Frage eingehend erörtert, und Ameis die Ursprünglichkeit der Erzählung angenommen, letzterer mit der Motivierung: 'Die ganze Hochzeitsfeier hat, wie die ähnliche Scene vom grossartigen Poseidonopfer im Anfang von γ nach dem Sinne des Dichters den Zweck, der einfachen Handlung bei der Ankunft einen bedeutsamen Hintergrund zu geben.' Bergk aber meint: 'Offenbar glaubte der Nachdichter die allerdings befremdliche Frage des Eteoneus, die wenig Gastlichkeit zu verrathen schien, ob man die fremden Ankömmlinge nicht abweisen solle, durch jenen Zusatz motiviren zu müssen.' — Uebrigens verwirft Düntzer a. O. auch 20. 21 und meint, 22 habe ursprünglich etwa begonnen: τὼ δ' αὖτε προμολών κτλ., Nauck aber bezeichnet 21 als spurius? cfr. δ 303. — 3. Der Grundbegriff von ἔται (σϝέται ursprünglich vom Stamm des Pron. 3 Person sva) ist sui, d. i. cognati, propinqui (die Angehörigen), dann die derselben Phratrie oder Phyle angehören (H 293), und nach der Natur des ältesten Staates die Bürger Z 262; letztere Bedeutung scheint auch hier angenommen werden zu müssen: vgl. L. Lange de ephetarum Athen. nomine 1874 p. 15 ff.

4. ᾧ ἐνὶ οἴκῳ als Versschluss ο 200. φ 27. χ 117. ψ 57. 153. ω 365. H 127. Θ 284. Bekker hat hier wegen des Digamma in ᾧ das vorhergehende ἀμύμονος aus Conjectur in ἀμύμονα geändert, dieselbe Vermuthung bei Nauck. Uebrigens sieht Jordan in der Odysseeübersetzung p. 469 in ἀμύμονος die Bezeichnung der legitimen und ebenbürtigen Tochter im Unterschiede von dem von der Sclavin geborenen Megapenthes.

11. τηλύγετος wird übrigens sehr verschieden erklärt. Vgl. Autenrieth zu Γ 175 und die Note in Seiler's Homerlexicon 8. Aufl. s. v. — Μεγαπένϑης bedeutet 'Schmerzensreich', wie auch der im Exile der Mutter geborene Sohn der Genovefa in der von Tieck bearbeiteten Legende heisst. Menelaos hat dieses Kind Megapenthes genannt aus Kummer über die schon entführte Helena, vgl. die Namen Telemachos, Astyanax und I 562 ff.

12. δοῦλος findet sich im Homer überhaupt nicht, δούλη nur Γ 409 und hier: dort an einer von Aristarch athetierten Stelle, hier nahm derselbe δούλης vermuthlich als Eigennamen, vgl. Aristonic. ed. Carnuth p. 41. — Rhianos las hier statt Ἑλένη — Ἑλένης: 'Menelao dei ex Helena prolem non amplius in lucem ediderunt'; vgl. Mayhoff de Rhiani Cretensis stud. Hom. p. 50.

13. Der Vers heisst bei den Alten ἀκέφαλος wegen der gedehnten Anfangssilbe in ἐπεὶ δή, die sich noch findet ϑ 452. φ 25. ω 482. X 379. Ψ 2. Dieselbe Verlängerung im Anfangsvocal hat ἐπίτονος, zu μ 423. Vgl. Bekker Hom. Blätter S. 141

15 bis 19. Diese fünf Verse haben Wolf und Bekker als unecht bezeichnet, letzterer mit dem Citate: 'v. Wolf Prolegg. p. CCLXIV n. 49. Friedlaender Aristonici p. 53.' Man fusst auf der Angabe bei Athen. V p. 181°, wo dem Aristarch ein dreifacher Vorwurf gemacht wird: 1) dass er aus der Ilias Σ 604. 605 entfernt, 2) dass er Σ 606 ἐξάρχοντος in ἐξάρχοντες verändert, 3) dass er mit allen drei Versen und Vorsetzung von zwei andern irgendwoher entlehnten unsere Stelle der Odyssee interpoliert habe. Aber gegen den Vorwurf einer so gewaltsamen Willkür schützt den Aristarch sein ganzer Charakter: denn es wird ihm in Benutzung seiner Handschriften von Didymos zu I 222 sogar folgendes beigelegt: ὑπὸ περιττῆς εὐλαβείας οὐδὲν μετέϑηκεν κτέ. (vgl. Lehrs de Arist. p. 375 sq. [² 359.]). Und Wolf selbst Prolegg. p. CCLXVII urtheilt über ihn: 'nam ut Aristarchus a pluribus veterum partim clare partim tectius insimulatur maximae temeritatis in corrigendo, in tollendis et excernendis bonis versibus, ita nemo unus reperitur, qui ipsum narrat aliquid insigne subiecisse poetae, aut a se compositos versus inculcasse.' Und die ihm bei Athenäos schuldgegebene Einfügung von 15. 16 wird von Wolf selbst p. CCLXIII mit den vorsichtigen Worten bezweifelt: 'quanquam hac in re forsan erravit Athenaeus sive is quem ille exscripsit.' Da nun die ganze Nachricht von einem Gegner Aristarchs herrührt (vgl. Athen. p. 188ᶠ), Athenäos aber dieselbe nur benutzte, weil sie gerade für seinen Zweck am geeignetsten war (vgl. p. 186ᵈ oder die Uebersicht des Inhalts bei Schweighäuser animadv. III p. 31), so dürfte die Glaubwürdigkeit des Ganzen den gerechtesten Bedenken unterliegen. Ich folge daher der besonnenen Erörterung von Rumpf de γαμοποιίᾳ Menelai (Giessen 1846) p. 12 sqq., wo p. 13 auch die anders lautende hierher bezügliche Stelle des Athenäos erwähnt wird, nemlich J p. 14ᵃ: ἐχρῶντο δ' ἐν τοῖς συμποσίοις καὶ κιθαρῳδοῖς καὶ ὀρχησταῖς· ὡς οἱ μνηστῆρες· καὶ παρὰ Μενελάῳ ἐμέλπετο θεῖος ἀοιδός· δύω δὲ κυβιστητῆρες μολπῆς ἐξάρχοντες ἐδίνευον· μολπῆς δὲ ἀντὶ τοῦ παιδιᾶς. Dazu die einfache Auflösung: 'non Athenaeus potius quam duo grammatici, quorum doctrina vicissim epulas suas instruxit, secum discrepant.' Auch die Scholiennotiz aus M. T.: φασὶ τοὺς ἓ στίχους τούτους μὴ εἶναι τοῦ Ὁμήρου, ἀλλὰ τοῦ Ἀριστάρχου wird mit φασί eingeleitet, gibt also nur eine Sage, keine festbegründete Nachricht. Ebenso bezweifeln Lange de Ephetarum nomine p. 15, Bergk griech. Literaturgesch. I p. 667 und Hennings Telemachie p. 179 die Richtigkeit der Angabe. Vgl. auch Lehrs de Arist. ² p. 141 und F. V. Fritzsche zu Aristoph. ran. Zürich 1845

p. 290. — Uebrigens ist mit L. Lange wohl V. 15 von der Athetese auszuschliessen, da dieser Vers eine passende Vorbereitung für 20 giebt. — Zu den κυβιστητῆρε vgl. Xenoph. Anab. V, 9, 9. 26 ff. Ueber die Frage des Eteoneus bemerkt Bergk griech. Literaturgesch. I p. 667: 'Wahrscheinlich spielte der Dichter mit jener Frage, die am wenigsten zu der Sitte der alten ritterlichen Zeit zu passen scheint, auf die Weise der Spartaner an, die argwöhnisch gegen Fremde und karg nicht gleich Jedem, der anklopfte, die Thüre öffnen mochten'. Vgl. darüber auch Hennings die Telemachie p. 180 f.

30. ὀχθῆσαι hängt mit ἄχθεσθαι zusammen nach Buttmann Lex. I S. 123; Lobeck Rhem. p. 149; Hesych. unter ἄχθεσθαι, ἀχθόμενος und ὀχθεῖ und heisst wie ἄχθεσθαι (ο 457) ursp. belastet sein, wie auch βάρος in eigentlicher und metaphorischer Bedeutung gebraucht wird. Dieses und ἄχθος 'Leid' lässt sich vergleichen mit 'Kummer' mittelhochdeutsch kumber aus cumulus, der grobe Sand, die Last, der Haufe. Anders G. Curtius gr. Etym. I S. 101, ⁴ p. 193, aus W. ϝεχ: 'ὀχθήσας erregt, bewegt, was mit ἤχθετο gar nichts gemein hat, sondern vielmehr an lat. ve-he-men-s erinnert.' Ueber die Stellung von ὀχθήσας vgl. Anhang zu ψ 182.

34. Auch sonst steht das formelhafte αἴ κέ ποθι Ζεύς überall mit dem Conjunctiv, am Versschluss μ 215. χ 252. Δ 128. Z 526, im Versanfang α 379. β 144, in der Mitte des Verses ρ 51. 60, ohne Ζεύς ξ 118.

38. Dagegen in den übrigen Formen ἴσπωνται μ 349. ἑσποίμην τ 579. φ 77. ἑσπέσθω Μ 350. 363 nebst σπεῖο Κ 285, ἑσπόμενος Κ 246. Μ 395. Ν 570; doch ohne ἑ- in den Compositis, in welchen der Aorist auch nur im Activ vorkommt. Vgl. G. Curtius Erläuter. S. 126, ² 129. Spitzner Exc. X zur Ilias; Krüger Di. 39 unter ἕπω, wo die Form ἑσπέσθαι zu tilgen ist. Das ἑ- ist am einfachsten durch die Annahme einer Reduplication zu erklären: σεσεπόμην, syncopiert σεσπόμην, worauf sich das erste σ in den Spiritus asper abgeschwächt hat. Eine andere Erklärung gibt Lobeck zu Buttmann II S. 174. Bekker hat die bezüglichen Formen jetzt aus dem Texte entfernt, aber überall, mit Ausnahme von Μ 350. 363, durch blosse Conjectur. Vgl. indes W. Christ Gr. Lautl. S. 133.

47. Skerlo Bemerkungen über den Gebrauch von ἰδεῖν bei Homer. Theil I. Graudenz 1869 p. 18 ff. giebt eine Sammlung der Stellen, wo ὀφθαλμοῖς und ἐν ὀφθαλμοῖς mit den Verben des Sehens verbunden ist. Die aufgestellten Kategorien sind nicht überall zutreffend, wie denn auch zwischen Activ und Medium gar nicht geschieden ist. Vgl. Philol. Anzeiger II p. 192. Dient nun der Zusatz vielfach auch nur dazu den Ausdruck sinnlicher und anschaulicher zu machen, so **kann** man doch durch Vergleichung

gewisse Gebrauchsweisen ausscheiden, wo derselbe durch besondere
Gründe veranlasst ist: zunächst, wo der Gegensatz zu andern
sinnlichen Wahrnehmungen oder zur Vorstellung hervorgehoben
werden soll. Der Gegensatz des Hörens liegt vor: γ 94. π 32.
ρ 511. K 275, an andern Stellen, wo dieser Gegensatz nicht ausgesprochen ist, schwebt er dem Sprechenden wenigstens vor und
der Zusatz dient dazu die Aussage, weil auf Autopsie beruhend,
nachdrücklich als glaubhaft zu bezeichnen. Skerlo führt an: π 470.
υ 233. O 488. Ω 391: aus diesen Stellen ist auszuscheiden υ 233,
wo das Verbum im Medium steht, während die andern das Activ
zeigen, und zu folgenden medialen zu stellen: δ 47. ο 462. κ 385.
Ω 206. ξ 143. ψ 5. E 212. O 600. X 169. A 587. Γ 306.
δ 226. Dass das Medium hier die Betheiligung des Gemüthes
zum Ausdruck zu bringen bestimmt ist, wird dadurch wahrscheinlich, dass alle diese Stellen den Ausdruck eines lebhaften Affects
enthalten: der Freude, der Sehnsucht, der Furcht, des Schmerzes;
man darf dazu auch wohl die häufig wiederkehrende Formel ἦ
μέγα θαῦμα τόδ' ὀφθαλμοῖσιν ὁρῶμαι (z. B. τ 36) fügen. Was
aber den Zusatz betrifft, so wird er auch hier wohl meist durch
einen im Zusammenhang gebotenen oder in Gedanken vorschwebenden
Gegensatz veranlasst: so bei der zuletzt erwähnten Formel und
ähnlich β 155. γ 373 durch den Begriff des Wunders selbst, des
Unglaublichen, vgl. Goethe: Ob es ihm gleich sehr paradox, und
hätte er es nicht mit Augen gesehen, gar unmöglich scheinen
musste, und N **99 — 100.** Zu υ 233 vgl. Schiller: Du zweifelst
noch? Du wirsts mit Augen sehen. An den Stellen, wo die Sehnsucht sich ausspricht, E 212. O 600. ξ 143. ψ 5 schwebt der
Gegensatz der blossen Vorstellung zur Wirklichkeit vor, vgl. der
Niebelunge not I, 135 Lachm.: wie sol daz geschehen, daz ich
die maget edele mit ougen müge sehen, die ich von Herzen minne.
Heliand 476 Heyne: thô sagda he waldande thank —, thes he
ina mid is ôgun gisah. Goethe: So habe ich denn auch das Meer
mit Augen gesehen; — ich pries den Genius, dass er mich diese
so wohl erhaltenen Reste mit Augen sehen liess. (Vgl. Grimm's
Lexic. unter 'Auge'). Bei Ausdrücken des Schmerzes oder einer
Befürchtung (δ 226. X 169. A 587. Γ 306) liegt dem Zusatz
der Gedanke zu Grunde, dass schon die Vorstellung oder die Kunde
davon schrecklich und schmerzlich sei. Ein von dem bisher be-
trachteten völlig verschiedener Gebrauch des Zusatzes erklärt sich
aus der allgemeinen Erscheinung, dass zu der im Verbum bezeichneten Thätigkeit das entsprechende Organ oft hinzugefügt
wird, um die Thätigkeit als besonders energisch zu bezeichnen,
wie M 442 οὔασιν ἀκούειν = aufmerksam zuhören, Γ 161 ἐκα-
λέσσατο φωνῇ = rief laut, P 488 θυμῷ σῷ ἐθέλεις ernstlich willst,
vgl. auch ρ 26. τ 476. P 27. Γ 407. So leitet τ 446 πῦρ ὀφθαλμοῖσι δεδορκώς über zu ο 462. δ 47: an **der** ersten Stelle ist

klar, dass ein begehrliches oder genaues Betrachten zum Ausdruck gebracht werden soll, entsprechend dem χερσίν τ' ἀμφαφόωντο, an der letzten die aufmerksame Betrachtung des Bewundernden. Vgl. Héliand 3281: thô bigan ina Krist sehan an mid is ôgun, und die mittelhochd. Wendung mit vollen ougen sehen, Erek 6599 begunde mit den ougen sehen = die Augen aufzuschlagen. Hieher sind wohl auch die Stellen zu ziehen, wo das Erblicken oder der Erfolg der Thätigkeit des Sehens negirt wird, sodass zum Theil, wie Skerlo p. 18 bemerkt, man ὀφθαλμοῖς erklären kann: trotz meiner Augen, wie κ 578. ι 146, vgl. μ 232. 233, oder, **wo** der Gegensatz 'obwohl ich viel gesehen habe' ausgesprochen ist, wie δ 269, oder in Gedanken liegt: Γ 169. μ 258. ζ 160.

57 ff. Die Verse 57. 58 fehlen hier in guten Hss. (wie Harl., Vindd. 56 und 307) mit Recht, denn sie passen nicht zum vorhergehenden Verse, vgl. zu α 140. Nitzsch Sagenpoesie S. 151 und Kammer die Einheit p. 145 wollen hier 56 tilgen, Düntzer Kirchhoff Köchly etc. p. 34 aber **erstreckt** die Athetese auf 57 —66. Ueber V. 62—64 haben wegen der sprachlichen Eigenheiten (vgl. Bernhardy Synt. p. 162) und wegen des ganzen hier unpassenden Gedankens alle drei Alexandriner die ἀθέτησις ausgesprochen. Vgl. Ariston. ed. Carnuth p. 41, A. Nauck Aristoph. Byz. p. 25, Düntzer de Zenod. p. 190. Auch Bekker hat diese Verse entfernt. Vgl. auch Hennings Telemach. p. 182 und über σφῶν Cobet Miscell. crit. p. 259 ff. — V. 66 wird auch von Hennings und Kammer verworfen.

71. τᾷ ἐμῷ κεχαρισμένε θυμῷ. Hier und Λ 608 mit τῷ, sonst ohne τῷ Ε 243. 826. Κ 234, einmal mit μοὶ κεχαρισμένε θυμῷ Τ 287.

73 f. Ueber das Elektron vgl. Lauer Gesch. d. homer. Poesie p. 311 und Buchholz die homer. Realien. I, 2, p. 346 ff. und über die regelmässige Zusammenstellung desselben mit Gold Helbig 'Im neuen Reich' 1874 Bd. I p. 729, welcher anführt, dass in den ältesten etruskischen Gräbern sich Schmucksachen finden, welche Gold und Bernstein combiniert zeigen: 'und zwar ist es durchweg ein dunkelrother oder dunkelbrauner Bernstein, für welchen das Gold eine sehr geeignete Folie abgab'. — 74. Es ist dies die einzige Stelle, wo αὐλή von dem königlichen Palast gebraucht ist; daran nahm schon Seleukos nach Athen. V, 188 F ff. Anstoss und zog die Lesart τοιαῦτα δόμοις ἐν κτήματα κεῖται vor. Ahrens „αὐλή und villa" Hannover 1874, p. 13 ff. theilt diesen Anstoss und will schreiben: Ζηνός που τοιῆδέ γ' Ὀλυμπίου ἔνδοθεν αὐλῆς, so dass τοιῆδε sich auf das vorhergehende στεροπὴ χαλκοῦ beziehe und der Sinn sei: 'ein solcher Glanz findet sich innerhalb der Umfriedigung des Zeus' d. h. in seinem Gehöfte oder Palaste, vgl. Z 247. Ω 161.

80. Ueberhaupt steht οὐκί (überall καὶ οὐκί) ausser Τ 255

stets im Versschlusse, und jedesmal am Ende eines Satzes elliptisch;
vgl. Bekker Monatsbericht usw. 1859 S. 394 (Hom. Blätter S.
152), wo aber unsere Stelle übersehen ist, in welcher mit κτήμασιν
noch eine nachträgliche Bestimmung folgt. Das ἠὲ καὶ οὐκί steht
nur hier im einfach disjunctiven Satze, sonst mit ἠὲ als zweites
Glied einer gegensätzlichen Frageform, und zwar einmal der directen:
δ 632; sechsmal der abhängigen: α 268. λ 493. B 238. 300. 349.
K 445. Ausserdem findet sich noch ὅς τ' αἴτιος ὅς τε καὶ οὐκί
O 137; πόλλ' ἐτεά τε καὶ οὐκί Τ 255. Uebrigens ist unsere
Schlussformel in Bezug auf den Gedanken von Späteren bisweilen
nachgeahmt worden, wie bei Aesch. Choeph. 698: ἔδρασεν ἢ οὐκ
ἔδρασεν; Auch Schillers Wallenstein sagt in Wall. Tod V 5: 'kann
sein, ich hätte mich bedacht! kann sein auch nicht.' Uebrigens
vgl. zu ἤ κε auch den Anhang zu Ξ 245. — V. 83 wird richtiger,
wie Nauck gethan, mit dem vorhergehenden Verse verbunden,
sodass dann 84 ein Uebergang aus der Participialconstruction in
das Verbum finitum angenommen wird, während man gewöhnlich
mit 83 einen neuen Satz beginnen lässt. — Ueber das dreisilbig
zu lesende Αἰγυπτίους vgl. G. Hermanni Elem. metr. p. 54. Krüger
Di. 13, 4, 1. Oscar Meyer Quaest. Hom. (Bonn 1868) p. 33.

84. Ueber die Scheidung von Sidon und Phönikien vgl. Eugen
Pappenheim im Philol. 1863 Suppl. II S. 44 und Gladstone Homer
und sein Zeitalter p. 177 ff., welcher bemerkt: 'So oft Homer
Seefahrer von jener Weltgegend erwähnt, so sind es gewöhnlich
Φοίνικες; aber die Sidonier erscheinen, wenn sie eine besondere
Auszeichnung haben, in Verbindung mit Kunstwerken' und schliesst,
dass Sidon zur Zeit der hom. Gedichte noch den Vorrang vor Tyrus
behauptete. Unter Ἐρεμβοί, wobei die Alten bloss an die Araber
dachten, sind vielleicht die Hebräer mit den Aramäern und Arabern
gemeint, da die Modificationen des Stammes, der in רָבַב und
אָרָם und עָרָב liegt, im Namen der Erember gleichsam verschmolzen
sind. Bei dieser Annahme würden auch die verschiedenen Notizen
der Scholien erklärbar werden. Es kann in dieser Stelle ein
dunkles Gerücht von dem Reichthum Davids und Salomos enthalten sein. Vgl. auch die Namen Ἰάρδανος γ 292 und Σόλυμοι
ε 283, ein Name der Anklang hat an Hierosolyma Salem, vgl.
Ioseph. Arch. VII 3, 3. Tac. Hist. V 2. Anders Movers Phön.
II 3 S. 284 und E. Buchholz homerische Kosmographie und Geographie p. 285, der den Namen der Erember auf das Adjectiv
ἐρεμβός finster zurückführt und in ihnen einen Zweig oder eine
Abart der Aethiopen sieht, die an die Küste des Mittelmeers in
die Nähe der Sidonier, Kypros gegenüber, zu setzen seien und zwar
so dass sie die Aethiopen zu östlichen Nachbarn hätten. Die
Meinung der Alten über die achtjährige Irrfahrt des Menelaos behandelt Grote Gesch. Griech. übers. von Fischer gr. Myth. u. Antiq.
III S. 167 Anm. 5.

85. ἵνα τι, wie κ 417. ω 507. I 441. T 478. X 325. Vom 'Gehörntsein bei der Geburt' erklärt das ἄφαρ κεραοὶ τελέθουσιν schon Aristoteles H. A. VIII 28; dagegen Herodot IV 29 ist nach seiner Gewohnheit in menschlichen Dingen Naturalist. A. Thaer im Philol. XXIX p. 602 f. bemerkt, indem er Herodots Ansicht zurückweist: 'Es liegt in der lybischen Race. Es ist diese unstreitig der Urstamm der spanischen Merinos (Transmarini) und es haben diese auch in kälteren Klimaten heut zu Tage noch die Eigenthümlichkeit, dass die Böcke mit stärkeren Hornansätzen geboren werden als andere Racen. — Τρὶς γὰρ τίκτει μῆλα daselbst V. 86 ist freilich eine physische Unmöglichkeit, da nach Tessiers Versuchen das Minimum der gesunden Trächtigkeit eines Mutterschafes 146 Tage sind. Wohl aber gebären in jenen Gegenden die Schafe öfter drei Lämmer im Jahr, entweder als Drillinge, oder in zwei Geburtszeiten.' Angeführt wird der Vers auch von Dio Chrys. or. LXIV p. 333. Ueber die nach unserm Gefühl mit der Stimmung des Redenden unverträgliche Aufmerksamkeit auf die äusseren Dinge in den folgenden Angaben spricht Schneidewin die homerische Naivetät p. 37 ff.

86. τελεσφόρον εἰς ἐνιαυτόν, wie κ 467. ξ 292. ο 230. T 32. Aehnliche Schlussformel α 16. λ 248. Ψ 833: das blosse εἰς ἐνιαυτόν δ 526. 595. λ 356. ξ 196. Φ 444. Krüger Di. 68, 21, 9. Vgl. auch zu ο 455. Uebrigens hat Bekker von hier 86 aus Conjectur nach 89 versetzt, so dass nun παρέχουσιν 89 kein ausdrücklich vorhergehendes Subject hat. Dasselbe vermuthet Nauck.

89. ἐπηετανός ist das Adjectiv von ἐπ' αἰεί mit dem Suffix -τανος. So auch Döderlein hom. Gloss. § 1040 und öff. Reden S. 369. G. Curtius Etym. I. Nr. 585, [4] p. 381. Andere leiten die Endung von τείνω ab, welcher Etymologie Lobeck Elem. I p. 435 besonders wegen des andern Compositums διηπανές beipflichtet. J. Savelsberg Quaest. lexilog. (Aachen 1861) p. 12 sq. betrachtet ηε als ionisch statt ἀε aus der angenommenen Form ἀσε, indem er bemerkt: 'In ἐπ-ασε-τανός (ἐπηετανός) autem ἐπί et ἀσε praepositiones propria vi servata cum verbi τείνω radice ταν coniunctae res designant in adversum ultraque directas sive per ordinem ita pertinentes ut alia alii succedat, quae res continuae sunt.'

90. εἷος hat an allen bezüglichen Stellen statt des herkömmlichen ἕως zuerst W. Dindorf aufgenommen, dann auch Bekker, wie es G. Hermann, Buttmann, Fr. Thiersch, C. A. J. Hoffmann (Quaest. Hom. I p. 109) und andere längst verlangt haben. Vgl. W. Christ Gr. Lautl. S. 195.

92. Die Erklärung von οὐλόμενος nach Classen Beobachtungen p. 60 ff. Dagegen erklärt G. Curtius in den Studien V p. 218 das Wort als Partic. praes., wie βούλομαι aus βόλνομαι (βόλλομαι), so aus ὄλνομαι, ὄλλομαι — οὔλομαι, vgl. auch denselben: das Verbum I p. 246.

93. ὥς mit Accent in allen Mss., Bekker ὡς. Ueberhaupt ist
Bekker in der Ausdehnung der Verbindung durch ein Relativ noch
weiter gegangen als seine Vorgänger, obgleich das Verfahren von
diesen schon manchmal nicht recht griechisch zu sein scheint. —
οὖ τοι, statt des gewöhnlichen οὔ τι, geben die Ausgaben vor
Stephanus, sodann Alter, W. Dindorf, auch Bekker aus Harl.,
August. und aus Citaten. So steht οὖ τοι ζ 33. η 159 und
anderwärts.

94—96. Man hat die Schwierigkeiten der Stelle in der verschiedensten Weise zu heben gesucht. Bergk verwarf **die drei**
Verse, ebenso Hennings die Telemachie p. 183, Nauck hält ἀπώλεσα 95 für verderbt, Friedländer Analecta Hom. p. 460 ff. nimmt
nach πάθον, worauf zunächst folgen mochte καὶ πόλλ' ἐπαλήθην,
eine Lücke an des Inhalts: 'in his autem erroribus multas
divitias congessi, ita ut nunc domum possideam qualem
videtis, optime instructam et amplissime ornatam'.
Kammer die Einheit der Odyssee p. 436 ff. versteht οἶκος **von**
dem Hause des Agamemnon und πόλλ' ἔπαθον von dem schweren
Geschick, das ihm geworden, dass er über Andere soviel Unheil
heraufbeschworen, und stellt 93 nach 96. Letztere Erklärung ist
mit Recht zurückgewiesen von Hennings in den Jahrbb. f. Philol.
1875 p. 270 ff., welcher an der Athetese festhält, und von Zechmeister in der Zeitschr. f. d. österr. Gymn. 1877 p. 619. Lehrs
bei Kammer p. 771 rechtfertigt den Zusammenhang in folgender
Weise: 'So wenig bin ich unter frohen Erfahrungen und Erinnerungen Herr dieser Schätze. Müsst ihr das ja auch von euern
Vätern erfahren [denn welcher ältere in Griechenland weiss und
spricht nicht vom Trojanischen Krieg und seinem Anlass]: —
nämlich dass ich hier in der Fülle nicht sitze unter freudigen Erinnerungen. Denn gar viel habe ich gelitten — auch ausser und
vor jenen angeführten Dingen — und habe mein Hauswesen verloren, das in gutem und reichem Zustande war! [nämlich durch
den Raub meiner Gattin: welches dann die Leiden vor Troja zur
Folge hatte und den Verlust meiner besten Freunde]. Und wie
gerne wollte ich von meinen Schätzen mit dem dritten Theile
zufrieden sein, wenn ich jene Freunde, deren ich oft klagend gedenke, nicht verloren hätte.' Letztere Erklärung billigt Bischoff
im Philol. XXXIV p. 567, will jedoch οἶκον vorzugsweise von
dem Vermögen verstanden wissen mit Bezug auf die ihm von Paris
geraubten Schätze, auf welche Γ 70. 93. 281—291. 458. Η 350.
363 grosser Werth gelegt wird. — Ich bin der von Lehrs gegebenen, am meisten befriedigenden Erklärung gefolgt, ohne jedoch
zu verkennen, dass auch bei dieser nicht geringe Bedenken bleiben,
namentlich die Beziehung des ὧν 97 auf πολλὰ καὶ ἐσθλά 96, da
diese Worte nach dem vorhergehenden Zusammenhang den früheren
Besitzstand des Hauses vor dem Raub der Helena und dem troischen

Kriege bezeichnen. Damit erhält der Wunsch des Menelaos 97
—98, der doch von der Gegenwart ausgesprochen ist, eine unpassende Beziehung auf Verhältnisse, die der Vergangenheit angehören: während die einzig natürliche Beziehung von ὤν die auf
τοῖσδε κτεάτεσσιν ist, sodass Menelaos sagt: ich wollte gern zwei
Drittel meines Besitzes darum geben, wenn nur . . . . Der angedeutete
Anstoss würde allerdings schwinden, wenn man mit Kayser-Faesi
ἀπώλεσα οἶκον versteht: ich hatte verloren, factisch während meiner
Abwesenheit, ich musste missen — wenn nur diese Erklärung be-
friedigte. Vgl. übrigens auch G. Schmid Homerica p. 10 f., der
gegen die Athetese spricht.

102 ff. Bekker hat 100 bis 103 athetiert, Nauck dagegen
vermuthet, dass V. 100 ursprünglich nach 103 gestanden habe.
Zum Gedanken vgl. Schneidewin die hom. Naivetät p. 76. Vgl.
auch Nägelsbach hom. Theol. VII 6 S. 367 der Ausg. von Autenrieth. — Zu ἀπεχθαίρει 105 vgl. Meineke zu Callim. in Dian. 222.
— 107. Den Aorist ἠράμην verwirft Cobet Miscellan. crit. p. 401
als unhomerisch und will überall die Form ἠρόμην hergestellt
sehen. — 109—112 werden von Hennings Telemach. p. 183 als
im Widerspruch mit δ 498. 555 ff. verworfen. Vgl. darüber auch
Rumpf de γαμοποιίᾳ Menelai p. 3.

122. χρυσηλάκατος auch Π 183. Υ 70, mit κελαδεινή nach
dem zu δ 1 erwähnten Schema verbunden. Andere erklären 'mit
goldener Spindel, goldspindelführend'; aber dies könnte man
nur mit Preller gr. Myth. I S. 180 auf das 'idyllische Stillleben
in der freien Natur' beziehen, was indes nach homerischer Denk-
weise sowohl mit κελαδεινή in Widerspruch steht, als auch die
zwei Hauptmomente gegen sich hat, die Bernhardy gr. Litt. II
S. 70 der zweiten Bearb. geltend macht. Andere meinen indes,
dass mit der goldenen Spindel Artemis als weibliche Göttin von
ihrer weiblichen Arbeit bezeichnet werde. Aber diese 'weibliche
Arbeit' mit der 'Spindel' widerstreitet ihrem homerischen Charakter.
Uebrigens findet Steudener antiquarische Streifzüge, Halle 1868
p. 90 hier in dem Vergleich mit der Artemis und Γ 158 deutliche
Hindeutungen auf die ursprüngliche Mondnatur der Helena und
bezieht χρυσηλάκατος auf den Glanz des Mondes. Vgl. Philol.
Anzeiger III p. 391.

123. εὔπυκτον, ein ἅπαξ εἰρημένον, ist Bekkers Verbesserung
aus dem εὔκτυκτον des Harleianus, mit dem Zusatze: 'ceteri
εὔτυκτον ex Κ 566 et Ν 240.' Grashof über das Hausgeräth
S. 8 bemerkt in Bezug auf unsere Stelle und auf τ 55 ff. folgendes:
'es hatte diese κλισίη der Meister Ikmalios aus rundgedrechselten
Stäben (δινωτήν) verfertigt unter Anwendung von Elfenbein und
Silber zur Verzierung, d. h. die Ständer waren damit aus-
gelegt, nicht aus massivem Silber oder Elfenbein gedrechselt, in
welchem Falle Genetive ἐλέφαντος καὶ ἀργύρου gebraucht worden

wären. Dass sie **sehr** schön war, beweist die ausdrückliche **Er-**
wähnung des Meisters. Dieser hat an derselben ein Bänkchen,
einen Auftritt unten für die Füsse angebracht [τ 57. 58. δ 136]
zu welchem Ende die vorderen Füsse etwas vorgestreckt sein
mochten, um der darauf sitzenden, wenn sie sich nach hinten
lehnte, für das Aufsetzen der Füsse bequem zu sein. Diese Richtung
der Stuhlfüsse wird am natürlichsten gewonnen, wenn man sich
die κλισίη als eine Art Feldstuhl denkt, wie wir ihn auf den
bildlichen Darstellungen des Alterthums häufig sehen, der zu-
sammengeklappt werden konnte, doch so dass die beiden Stäbe,
welche bei dem aufgeschlagen dastehenden Stuhle, mit der Fuss-
bank **versehen, nach vorn** gerichtet waren, nach oben und also
nach hinten hin eine Verlängerung hatten, wodurch die Rücken-
lehne gebildet wurde. Den Sitz bewirkten Gurte oder ein Stück
starken Gewebes, wodurch er von selbst so elastisch war, dass es,
um weich zu sitzen, keiner weiteren Unterlage von Polstern usw.
bedurfte.' Uebrigens sieht Düntzer Kirchhoff Köchly und die
Odyssee p. 35 in 123 — 135 einen rhapsodischen Zusatz: 'fast
könnte man denken, Ἀρτέμιδι χρυσηλακάτῳ εἰκυῖα 122 habe den
Rhapsoden verleitet Helena mit goldener Spindel (131) erscheinen
zu lassen.' — Folgerungen aus den hier folgenden Angaben über
das aegyptische Theben in Betreff der Zeit der hom. Gedichte bei
Gladstone Homer und sein Zeitalter, übersetzt von Bendan. Jena
1877 p. 170 ff.

132. Sachlich gleich ist ζ 232. Die Ableitung des κεκράαντο
von κεράννυμι geben schon die Scholien H. Q. und Damm, sodann
auch Cobet Var. Lect. p. 227, der über die Ableitung von κραίνω
richtig bemerkt: 'neque κραίνειν de huiusmodi opificio dici potuit,
neque haec significatio locis poetae apta est.' — Zu 135 vgl.
Buttmann Myth. II S. 360. Ueber das Spinnen und die Spinn-
geräthe vgl. jetzt Blümner Technologie und Terminologie der Gewerbe und Künste I p. 107 ff., über τετάνυστο Jordan Uebersetzung
der Odyssee p. 471 und über ἰοδνεφές denselben in Jahrbb. f.
Philol. 1876 p. 163.

143. ταλασίφρονος mit Bekker aus Harl. und Schol. Q. statt
des gewöhnlichen μεγαλήτορος. Denn es wäre dies die einzige
Stelle, wo dies Epitheton vom Odysseus im Genetiv stände, indem
sonst nur Ὀδυσσῆι μεγαλήτορι ε 233. ζ 14. ϑ 9. E 674 und
Ὀδυσσῆα μεγαλήτορα ε 81. 149. ψ 153 vorkommen. — Beachtenswerth
ist die Bemerkung Nicanor's zu 143: 'τοῦτον ἡ συνήθεια τοῖς
ἄνω συνάπτει. δύναται δὲ καὶ θαυμαστικῶς ἀναγινώσκεσθαι, θαυμαστι-
κοῦ ὄντος τοῦ λόγου.' Nicanor. ed. Carnuth p. 35. Da bei
der Beziehung von ὡς auf ὧδε 141 die Formel σέβας μ' ἔχει
εἰσορόωσαν nur hier in parenthetischer Stellung steht, jene Beziehung des ὡς auf ὧδε aber durch die räumliche Entfernung
beider erschwert wird, so dürfte sich in der That die Auffassung

des ὡςsatzes als Ausruf empfehlen, vgl. δ 75, wo der Formel ein Ausruf vorangeht.

145. κυνῶπις, 'hundsgesichtig' von der personificierten Unverschämtheit, kommt nur als Femininum vor, vom Masculinum κυνώπης blos einmal der Vocativ κυνῶπα A 159. Uebrigens bezieht Jordan in der Odysseeübersetzung p. 471 f. das Epitheton auf die blöden, kurzsichtigen Augen des Hundes und findet unser 'hundeblind' entsprechend: 'sinnbildlich vom Menschen ausgesagt bezeichnet es den Mangel an Voraussicht, den Zustand der Verblendung.' Uebrigens hört Helena bei Homer aus dem Munde der Troer und Achäer nirgends einen Vorwurf. Nur dem Achilleus ist sie T 325 ῥιγεδανή.

150. βολαί sind Blicke die das Auge auf den andern wirft oder womit das Auge den Angeschauten trifft. Vgl. Boissonade zu Philostr. Her. p. 547 sq. — Zu solcher Veranschaulichung in malerischer Ausführlichkeit, die hier von unten nach oben fortgeht, dienen bei Homer ausser andern ὕπερθεν ἐφύπερθεν καθύπερθεν und νέρθε ἔνερθεν ὑπένερθεν, auch ἔνδον, vereinzelt ὕψοσε und ὕπαιθα. Dieselbe Veranschaulichung finden wir im alten Testamente: Ps. 18, 37. Hohesl. 7, 5. Amos 2, 9.

158 ff. Rhianos verwarf 158—60, auch Aristarch scheint dieselben Verse verworfen zu haben; die Motivierung lautet nach wahrscheinlicher Herstellung bei Carnuth Ariston. p. 43: 'ἀθετοῦνται στίχοι γ' ὡς περιττοὶ καὶ ὑπὸ νέου παντάπασι λέγεσθαι ἀπρεπεῖς· καὶ τὸ νεμεσσᾶται ἀντὶ τοῦ αἰδεῖται οὐχ Ὁμηρικῶς, καὶ αἱ ἐπεσβολίαι δὲ γέλοιαι. ὅθεν Ζηνόδοτος μεταποιεῖ „ἐπιστομίας ἀναφαίνειν“. ἄλλως τε οὐδὲ συμβουλευσόμενος τῷ Μενελάῳ πάρεστιν, ἀλλ' „εἴ τινα οἱ κληηδόνα πατρὸς ἐνίσποι“ (317).' Dagegen wollten Rumpf de γαμοποιίᾳ Menelai p. 4, Hennings Telemachie p. 184 f. die Athetese auf 163—167 bezogen wissen, was Mayhoff de Rhiani Cretensis stud. Hom. p. 34 bestritten hat. Von den Neueren hat Düntzer Kirchhoff Köchly u. Od. p. 35 V. 158—160 und 163—167 verworfen, Hennings 163—167. Gegen die Athetese von 163 —167 hat sich ausgesprochen Kammer die Einheit p. 162 f, worauf Hennings in den Jahrbb. f. Philol. 1875 p. 272 geantwortet hat.

165. Ueber μή im Relativsatze handelt Vierke de μή particulae cum indicativo conjunctae usu antiquiore. Lips. 1876 p. 37 ff. — Ueber ἀοσσητήρ vgl. Fick vgl. Wörterb. p. 18, [3] I p. 25 unter avas Gunst, Beistand: 'ἀοσ- für ἀϝοσ- in ἀόσσοος, ἀοσσέω, zum Beistand eilend, eilen.' Anders G. Curtius Etym. [4] p. 454.

173. γενέσθαι steht als Zusatz wie hier auch α 379. β 144. γ 271. ο 480. Γ 323. P 151. X 421. Häufiger wird in diesem Sinne εἶναι hinzugefügt. Zu Krüger Di. 55, 3, 21.

174. Nach Leskien in Curtius Stud. II p. 87 f. ist ναίω aus νασ-j-ω entstanden, daher das doppelte Sigma im Aor. — 174

bis 177 werden verworfen von Hennings Telemachie p. 185 und
von Düntzer **Kirchhoff** etc. p. 36.

177. Zum Gebrauche des Relativum vgl. α 313. β 29. ε 422.
438. ζ 150. ϑ 365. λ 388. 503. μ 97. ξ 63. τ 40. ψ 136. ω 160.
Ξ 410 und anderwärts. Hier und *I* 149 sind Periökenstädte
gemeint, die der König gleichsam als Beutestücke besitzt. Vgl.
Hermann Staatsalt. § 8, 9.

181. ἀγαλεσϑαι (ἀγάσασϑαι) ist bei Homer **der** eigentliche
Ausdruck für jene Eifersucht oder jenen Neid, nach **welchem**
die Götter an Verehrung bei den Menschen einzubüssen **fürchten,**
wenn diese sich selbst genügen und des göttlichen Beistandes
überhoben zu sein glauben entweder bei ausnehmendem Glück, wie
hier und ψ 211, oder **bei** ausgezeichneter Geschicklichkeit, **wie**
ϑ 565. ν 173. *H* 442. Ψ 865. Vgl. Lehrs populäre Aufsätze **aus**
dem Alterthum (Leipzig 1856) S. 35 ff. Nägelsbach hom. Theol.
I 13 der Ausg. von Autenrieth. Anders Doerries über den Neid
der Götter bei Homer. Hameln 1870 p. 28, **der** diese Vorstellung
für Homer in Abrede stellt. Vgl. Philol. Anzeiger II p. 227.

188. Vor dem häufigen Versschluss ἀγλαὸς υἱός oder ἀγλαὸν υἱόν
geht sonst immer bei Homer ein Dactylus vorher, **nur** hier findet
sich ein Spondeus. — V. 189—218 **werden** verworfen von Hennings
Telem. p. 185 f., vgl. dagegen Kammer die Einheit p. 163 ff.,
worauf Hennings in Jahrbb. f. Philol. 1875 p. 274 ff. geantwortet
hat. — Ueber die Heimath des Memnon spricht Gladstone **Homer**
und sein Zeitalter p. 181 ff. weitgehende Vermuthungen **aus.**

192. Die von ἀλλήλους ἐρέοιμεν gegebene Deutung ist nicht
unbedenklich: vgl. Döderlein hom. Gloss. 516. Aristarch verwarf
den Vers, und ihm folgen von Wolf an die neueren Herausgeber.
Uebrigens hält Brugman ein Problem der homerischen Textkritik
p. 67 f. für wahrscheinlich, dass Aristarch nicht sowohl **an der**
hier vereinzelt stehenden Wendung ἀλλήλους ἐρέοιμεν Anstoss **ge-**
nommen habe, als an οἶσιν, dessen allein mögliche Beziehung **auf**
das Subject des Satzes, also in dem Sinne von ἡμετέροισιν, derselbe
verkannte. * Allerdings scheint die gewöhnlich angenommene **rein**
anaphorische Bedeutung von οἶσιν (*ejus in domo*) unmöglich.

195. An Stelle des handschriftlichen ἔσσεται hier und ο 50
vermuthet Cobet Miscell. crit. p. 369 εἴσεται.

198. Ueber die Sitte κείρασϑαι κόμην vgl. Hermann Privatalt.
§ 39, 28; und über das vorhergehende ὀιζυροῖσι βροτοῖσιν Nägelsbach hom. Theol. VII 15 S. 379 der Ausgabe von Autenrieth.

204. In diesem Verse sieht van Herwerden quaestiunculae
ep. p. 49 wegen καὶ ῥέξαι eine Interpolation. Im Folgenden verwirft Düntzer Kirchhoff Köchly etc. p. 36 V. 207—211.

206. Ueber ὅ vgl. E. Pfudel Beiträge zur Syntax der Causalsätze bei Homer. Liegnitz 1871 p. 39 und Capelle im Philol.
XXXVI p. 194 f., dem ich jetzt gefolgt bin.

209. Ueber διαμπερές vgl. Lobeck Elem. I p. **229. 244.**
G. Curtius Etym. II S. **288,** ⁴ p. 705 rechnet διαμ-περ-ές zu **den**
homerischen Aeolismen. Uebrigens bildet das Wort bei Homer
überall die bukolische Cäsur. — Ueber ἐξαῦτις 213 vgl. Lehrs de
Arist. p. 161, ² 158.

218 ff. Als Interpolation wird die folgende Erzählung bis
312 behandelt von Thiersch Urgestalt der Odyssee p. 123, vgl.
dazu Rumpf de γαμοποιία p. 6 f.

221. Aehnliche Epexegese von Adjectiven zu einem vorhergehenden Adjectiv δ 788. ε 367. ϑ 187. μ 119. χ 384. Β 325.
447. 483. Ψ 268. Vgl. Aulin de usu epexegesis p. 13. Sachlich
versteht man hier eine Art Opium; andere wie Döderlein hom.
Gloss. § 2465: 'βάλε, nicht χέε. Doch waren es jedenfalls Kräuter,
die durch ihren Saft, mithin gleichsam durch Benetzung wirkten.'
In βάλε liegt jedenfalls angedeutet, dass es etwas Nichtflüssiges
war. Vgl. β 329. 330. Goebel Lexilog. I p. 582 erklärt φάρμακον von einem Pulver. Uebrigens erwähnt diese Stelle auch
Galenos περὶ ψυχῆς ἠϑῶν c. 3 p. 777; vgl. auch Theophr. h. pl.
IX 15, 1. An Stelle von ἐπίληϑον vermuthete Nauck in den
Mélanges Gréco-Romains III p. 18 f. λαϑικηδές, dagegen in der
Ausgabe ἐπίλησιν.

227 ff. An Stelle von μητιόεντα vermuthet Nauck μητιόεντος.
— Zu den folgenden Angaben vgl. Lauth Troja's Epoche in den
Abhandl. der Königl. Bayersch. Acad. München 1877 p. 40.

231. Welcker kleine Schriften III S. 49 dagegen bemerkt:
'es ist ein allgemeiner Spruch wie Δ 514: denn nicht die äpyptischen
allein, sondern alle Aerzte sind Päoniden.' Aber diese Auffassung
streitet gegen den Zusammenhang unserer Stelle und gegen den
von Lehrs de Arist. p. 384 sq., ² 367 erläuterten Sprachgebrauch.
Sodann wiederholt hier Bekker ohne allen Zusatz die Scholiennotiz:
Ἀρίσταρχος γράφει οὕτως 'ἐπεί σφισι δῶκεν Ἀπόλλων ἰᾶσϑαι. καὶ
γάρ'. κακῶς. διαφέρει ὁ Παιήων Ἀπόλλωνος, was M. Schmidt zu
Didymos p. 192 mit Recht bestreitet und wovon schon Rumpf de
γαμοποιία p. 10 not. 14 folgende wahrscheinliche Lösung gibt:
'cum Eustathius ad hunc versum scripserit: τινὲς δὲ τὸν Παιήονα
τὸν αὐτὸν ὑπέλαβον εἶναι κἀνταῦϑα τῷ Ἀπόλλωνι, Aristarchi
lectionem silentio praetermittat: facilis est suspitio, verba quae
interpolata esse ferant ἐπεί σφισι δῶκεν Ἀπόλλων ἰᾶσϑαι nil fuisse
nisi glossam Aristarchi ad lemma ἡ γὰρ Παιήονός εἰσι γενέϑλης et
glossam falso pro Aristarchea lectione venditari, ut saepe fit' usw.
— 233 vermuthet Cobet Misc. p. 353 ἐκ γάρ statt ἢ γάρ vgl. ν 130.

234. προσέειπον steht ohne ausdrücklich hinzugefügtes Object
auch δ 484. ω 350. 393. Ω 361, so wie προσφωνέω ε 159. κ 109;
προσέφη an eilf und προσηύδα an sechzehn Stellen. Vgl. auch den
Anhang zu δ 484, und J. La Roche hom. Stud. § 97, 2. —
238 f. verwirft Hennings Telem. p. 187.

242. Nicanor ed. Carnuth p. 35 fasst hier, wie ohne Zweifel 271, οἷον exclamativ und ich trage kein Bedenken demselben zu folgen, da hier trotz der Möglichkeit den Satz von μυϑήσομαι abhängig zu machen ein bewundernder Ausruf der Stelle besonders angemessen ist. Auch λ 519 wird man οἷον als Masculinum auf Τηλεφίδην beziehen und exclamativ fassen müssen: was war der Telephide für ein Held, den er erlegte, was durch 522 κεῖνον δὴ κάλλιστον ἴδον sehr wahrscheinlich wird.

246. Diese Stelle benutzen Plutarch Coriol. c. 22 a. E. und Dio Chrys. or. **XXX** p. 7. Die Interpolation von εὐρυάγυιαν 246 bis πόλιν 249 hat zuerst Friedlaender im Philol. IV p. 580 f. erkannt und begründet. Demselben sind gefolgt Bekker, Nauck, La Roche in Zeitschr. f. oesterr. Gymn. 1863 p. 188, Hennings Telemachie p. 187, Nitzsch Sagenpoesie p. 141.

247. Ueber φώς vgl. Fick vergl. Wörterb. p. 137, [3] I p. 700 unter bhavant, Curtius Grundzüge der Etymol. [2] p. 274, [4] 305.

248. Vgl. Kayser zur Stelle und Aristonic. ed. Carnuth p. 45.

249. Fick vgl. Wörterb. p. 395, [3] I p. 761, unter vak verstehen: ’ἀ-βακέων nicht verstehend. Hom. Hervorgegangen aus ig. vak sprechen bedeutet das Wort gleichsam 'ansprechen’ d. h. einen Gegenstand als das was er ist bezeichnen = kennen’

251. ἀνειρώτων aus Eustathios, auch Vindd. 56. Gonz., wie εἰρώτα o 423, statt des gewöhnlichen auch von Bekker beibehaltenen ἀνηρώτων.

254. Ueber den Infinitiv ἀναφῆναι im Schwur vgl. den Anhang zu β 373.

262. ὅτε wird hier von Capelle im Philol. XXXVI p. 207 nicht in temporaler Bedeutung gefasst, sondern in der vorauszusetzenden ursprünglichen: in der Beziehung dass, wie ε 328.

277 ff. An Stelle von περίστειξας 277 vermuthet Nauck· περίστειχες, statt ὀνόμαζες 278 κίκλησκες, V. 279 scheint ihm unecht oder verdorben. Vgl. dazu Nicanor. ed. Carnuth p. 36.

282. ὁρμηϑέντες, statt des gewöhnlichen ὁρμηϑέντε, mit Bekker hier aus guten Handschriften. Vgl. Lobeck Elem. II p. 171; auch Anhang zu χ 181.

285 bis 289. Zu ἔσχεϑεν 284 passt nicht das matt nachhinkende τόφρα δ’ ἔχε 289, und ebenso 286 nicht zu 282, ferner ἀπήγαγε Παλλάς 289 nicht zu 275. Hierzu kommt noch der dem Homer sonst unbekannte Ἄντικλος. Die Geschichte dieses Antiklos wurde erst später im Gedichte des Arktinos Ἰλίου πέρσις behandelt. Daher mit Recht Ἀρίσταρχος τοὺς ἰ ἀϑετεῖ. Es ist offenbar eine Variation der vorhergehenden fünf Verse. Sollte man eine Vereinigung für möglich halten, so müste man wenigstens Ἄντικλος δέ σ’ ἔτ’ οἷος erwarten. Dies letztere gibt Bekker Hom. Blätter S. 285 als Conjectur, ebenso Nauck. Vgl. auch Nitzsch Beiträge zur Gesch. der ep. Poes. S. 201 not. 91, Friedlaender im Philol. IV p. 170, welcher übrigens nur 285. 286 und von 287 die

Worte ἤϑελεν ἀλλ᾽ Ὀδυσεύς als Einschiebsel betrachtet, Hennings Telemachie p. 187, Bergk griech. Literaturgesch. I p. 667, und dagegen Naber quaestt. Hom. p. 117.

287. μάσταξ, von μάω μασάω, ist der innere Mund mit den Zähnen, Kinnbacken und dem Schlunde, στόμα aber der Mund nach dem sichtbaren Schnitt nebst Mundöffnung und Mundhöhle. Vgl. Lobeck Proll. p. 140. Döderlein hom. Gloss. § 307. Aristonic. ed. Carnuth p. 45.

288. νω-λεμές führt Fick vgl. Wörterb. p. **166,** ³ I p. 187, auf *ram, ramati*, verweilen, rasten, ruhen zurück. Ameis erklärte das Wort aus νη-ὀλεμής 'unvertilgbar' nach Düntzer. Andere Ableitungen ·bei Seiler-Capelle Lexicon s. v.

292. In οὐ γάρ οἵ τι sind οὐ und τί getrennt, wie in dem häufigen οὐ μὲν γάρ τι, so wie in οὐ γάρ πώ τι μ 208; οὐ γάρ ἐγώ γέ τι ϑ 138; οὐ μέν πώ τι σ 36 und in ähnlichen Verbindungen. Sonst hätte es hier auch οὐ γάρ οἱ τάδε γ᾽ ἤρκεσε oder nach B 873. Υ 296 οὐδέ τί οἱ τά γ᾽ ἐπήρκεσε heissen können. — V. 293 bezeichnet Nauck als *spurius?*

317 ff. Ueber den Wunschsatz mit εἰ vgl. L. Lange der homer. **Gebrauch** der Part. εἰ I p. 392. — 318. Vgl. Doederlein hom. Gloss. § 2249. Fett ist das Bild des Reichthums und Ueberflusses auch in der Bibel, wie 5. Mos. 32. 14. 15. Ps. 17, 10. 73, 7. Jes. 30. 23 und anderwärts. — 319—21 werden von Adam die ursprüngl. Gestalt der Telemachie p. 22 verworfen.

335. Hesych.: ξύλοχος σύνδενδρος καὶ ξυλώδης δρυμός, ὕλη ἢ Θηρίου κοίτη. Das Wort wird wie δρύοχος aus ἔχω erklärt, von anderen aus ξυλολοχος, wie κελαινεφής aus κελαινονεφής, μῶνυξ aus μονῶνυξ. — ὁπότε erklärt hier, wie Λ 305. 492. ϱ 126. Θ 230 Capelle im Philol. XXXVI p. 699 als Adverb. — In den folgenden Worten des Menelaos scheidet Hennings die Telem. p. 188 V. 341—346 aus, La Roche in Zeitschr. für oesterr. Gymn. 1863 p. 188 V. 335—340. Hennings Athetese wird bekämpft von Kammer die Einheit p. 165 ff., worauf Hennings in den Jahrbb. f. Philol. 1875 p. 278 ff. antwortet. — 338. Ueber die Bedeutung des Aorist im Gleichniss vgl. Franke über den gnomischen Aorist der Griechen p. 78 ff. — 341. Zum Wunschsatze vgl. L. Lange der hom. Gebrauch der Partikel εἰ I p. 347 ff.

352. τεληέσσας findet sich nur in diesem Casus und stets in Verbindung mit ἑκατόμβας als Versschluss: δ 582. ν 350: ϱ 50. **59.** Λ 315. B 306. Ueber Bildung und Bedeutung zu τ 33. Gewöhnlich erklärt man das Wort durch 'vollkommene', gleich τέλειος, aber dann bliebe die Endung ganz bedeutungslos. Die richtige Bedeutung 'zweckvolle, erfolgreiche' hat soviel ich weiss zuerst aufgestellt K. Grashof in der Zeitschr. f. d. Alt. Wisst. 1837 p. 581 Anm. 36, sodann hat Anton Göbel de epith. in εἱς desinentibus p. 39 dieselbe genauer begründet. Uebrigens verwirft

Düntzer Kirchhoff Köchly etc. p. 36 V. 351. 352, weil Pharos vor Aegypten liege und Menelaos Aegypten schon verlassen habe (477), vgl. auch Adam de antiquissimis Telemachiae carminibus p. 7 und über den Widerspruch zwischen 355 ff. und 483 Duhn de Menelai itinere Aegyptio p. 16 ff.

353. Das Imperfect βούλοντο liesse sich nur künstlich erklären, wie ἤδης α 337; die Wiederholung von ϑεοί ist auffällig, und ἐφετμέων hat keine Beziehung, wie sie E 818 und sonst bei Homer stattfindet, wo jedesmal von dem einzelnen bestimmten Auftrag die Rede ist. Daher mit Recht Ζηνόδοτος ἠϑέτει. Vgl. Düntzer de Zenod. p. 190. Nitzsch Sagenp. S. 169. Hennings Telemachie S. 189.

357. In historischer Zeit ist Pharos eine Insel vor dem Hafen von Alexandrien, mit dem sie durch einen Erddamm verbunden war. Die Alten glaubten, dass Aegypten durch Anschwemmungen des Nil's seit den Zeiten Homers bis zu dieser Insel vorgerückt sei. Vgl. auch Hermann zu Lucian de conscr. hist. p. 349 sqq. Ueber Aegypten mit Bezug auf diese Stelle spricht auch Plinius N. H. II c. 85 § 201 (mit Harduins Note). Ueber 354 und 355 in Alexanders Traum vgl. Plutarch Alex. c. 26.

359. μέλαν ὕδωρ, wo eine unruhige Bewegung der Oberfläche des Wassers stattfindet, so dass die Lichtstrahlen nicht reflectieren können: beim Meere in Folge des Wellenschlages oder des Aufschauerns (φρίξ), bei Flüssen und Quellen in Folge des Aufsprudelns. So 1) bei πόντος Ω 79; 2) bei κῦμα vom Meere ε 353. Ψ 693; wie κελαινόν I 6; 3) bei φρίξ δ 402. Φ 126; 4) bei ὕδωρ a) vom Meere μ 104; b) von Flüssen B 825. Φ 202; c) von Quellen hier und ζ 91. ν 409. Π 161. Ebenso κρήνη μελάνυδρος ν 158. Π 3. 160. Φ 257. Vgl. A. Göbel in der Zeitschr. f. d. G. W. **1864** S. 625 ff. Ueber φρένες ἀμφιμέλαιναι zu A 103.

361. φαίνειν fürs Gefühl: vgl. Lobeck Rhem. p. 340. Das πνείοντες steht mit der ersten Silbe nur hier in der Arsis, sonst stets in der Thesis. Uebrigens bemerkt Classen Beobachtungen III S. 12 Anm. 4, Gesammtausg. p. 91 Anm., mit Recht: 'die Verbindung zwischen Participium und Hauptverbum ist eine weniger innige, und das φαίνονται hat hier eine selbständigere Geltung.' Zu ἁλιαής vgl. Lehmann zur Lehre vom Locativ bei Homer. Neustettin 1870 p. 7. Richtiger Kayser-Faesi z. St.

367—69. In diesen Versen sieht Düntzer Kirchhoff Köchly etc. p. 36 einen fremden Einschub.

370. δέ μευ, statt δ' ἐμεῦ, mit Bekker, La Roche, Nauck. In μευ ἄγχι steht der Genetiv voran wie noch Θ 117. X 4, sonst folgt er überall nach: ζ 5. μ 306. ρ 303. τ 438. 506. K 161. Ω 74. 709. — 371. Statt χαλίφρων vermuthet Nauck χαλαίφρων.

372. Diesen Accent geben die besten Autoritäten der Alten,

welche Rumpf de formis quibusdam verborum μι in aliam decli-
nationem traductis (Giessen 1851) gründlich erläutert. Ebenso
bei Herodot. Vgl. Bredow Quaest. de dial. Herod. p. 393 sqq.
Bekker hat indes jetzt B 752 προίεῖ und K 121 μεθιεῖ gegeben,
wie auch La Roche hom. Untersuch. p. 294 will. Vgl. Rumpf in
Fleckeisens Jahrb. 1860 S. 597 ff. Die Verse 371 und 372 behandelt der Schol. zu Plat. Alcib. p. 119^b.

373. Gewöhnlich wird der ὡςsatz causal gefasst und unter
Annahme einer Ellipse: 'ich frage dies' u. a. an den vorhergehenden
Gedanken geknüpft. Aber die Auffassung desselben als Ausruf
empfiehlt sich einmal dadurch, dass wir damit der Annahme einer
Ellipse entgehen, sodann dadurch, dass eine Stimmung, wie die
hier zu Grunde liegt, gemischt aus Verwunderung und Bedauern
in der lebhaften Form des Ausrufs jedenfalls einen treffenden
Ausdruck findet. Auch Nicanor wird hier, wie an andern Stellen,
dieser Auffassung den Vorzug gegeben haben, vgl. Carnuth
Nicanor. p. 37.

374. An Stelle der Worte ἦτορ ἑταίρων vermuthet Nauck
ἦι' ἑταίρων.

378. Ueber Ableitung und Bedeutung von ἀλιτέσθαι vgl.
Fröhde in Bezzenberger's Beiträgen III p. 17.

379. Ueber θεοὶ δέ τε πάντα ἴσασιν vgl. Nägelsbach hom.
Theol. I 8. Hermann gottesd. Alt. § 13, 8.

381. Die von A. Göbel in der Zeitschrift f. das Gymn.-W.
1855 S. 538 f. und de Epith. Homer. in -εις desinentibus p. 13,
und von Ameis gegebene Erklärung von ἰχθυόεις raubfischvoll
ist unannehmbar: vgl. Capelle in Seilers Woerterbuch s. v.

388. Zur Erklärung des Wunschsatzes vgl. L. Lange der
hom. Gebrauch der Partikel εἰ I p. 363 f. In 389 schreibt Nauck
an Stelle von ὅς κεν — ὥς κεν.

392. Sokrates fand in diesem seinem Lieblingsverse die ganze
Aufgabe der Philosophie bezeichnet. Vgl. Wyttenbach zu Plutarch
p. 805 ed. Oxf. — 391—393 hält Kammer die Einheit p. 439 f.
hier für nicht ursprünglich, ebenso urtheilt Duhn de Menelai it. p. 22.

396 wird von Düntzer Kirchhoff Köchly etc. p. 37 als müssig
und störend verworfen.

400. δ' kann hier nur δή sein, weil nach dem vorhergehenden
formelhaften Verse das folgende asyndetisch sich anschliesst; vgl.
die Stellen zu ξ 192. Den Conjunctiv ἀμφιβεβήκῃ [zu Krüger
Di. 54, 16, 1] mit Bekker Hom. Blätt. I p. 67 wahrscheinlich
als Aristarchische Lesart, indem J. La Roche: Didymus über die
Aristarch. Recension (Triest 1859) S. 8 nicht mit Unrecht vermutungsweise verbessert διχῶς Ἀρίσταρχος ἀμφιβεβήκει καὶ ἀμφιβεβήκῃ. Die Lesart ἀμφιβεβήκει (ἀμφιβεβήκειν) ist aus Θ 68 entstanden.

401. εἰσι in Vergleichungen ξ 102. 131. B 87. Γ 61. H 209.

Δ 415. 492. *N* 298. 796. *Φ* 573. *X* 27. 309. 317. ἴασιν *Π* 160; εἶσι in allgemeiner Beschreibung *ϑ* 163. *κ* 191. *X* 492. 499. *Ψ* 226.

404. νέποδες wird gewöhnlich erklärt 'schwimmfüssig' vgl. Lobeck Parall. p. 124 n. 6. Elem. I p. 197. Döderlein hom. Gloss. § 2241. Dagegen fasst es im Sinne von ἀπόγονοι G. Curtius gr. Etym. I S. 232, [4] p. 267: Alexandrinische Dichter gebrauchten das Wort in diesem Sinne. So auch Fick vgl. Wörterb. [3] I p. 126.

407. ἄμ' ἠοῖ φαινομένηφιν als formelhafter Versschluss, der die Frühe des Morgens oder den ersten Anfang des Tages bezeichnet, findet sich noch ζ 31. η 222. μ 24. ξ 266. ο 396. π 270. ρ 435. *I* 618. 682. *Δ* 685. *Ω* 600. Im Anfang des Satzes steht die Formel mit ἅμα δ' ἠοῖ φαιν. μ 24. ο 396. *I* 618. *Ω* 600, an den übrigen Stellen mit ἄμ' ἠοῖ φ. in der Mitte oder zu Ende des Gedankens. Vgl. auch den Anhang zu α 24. Das Suffix in φαινομένηφιν ist ganz eigentlich Suffix des alten instrumentalis plur. (= Skt. *bhis*, bactr. *bîs*, *bis*), der Instrumental aber diente zugleich als *sociativ*; daher besonders mit dem Adverb. Skt. *sahá*, *sākám*, *sacá*, *sa* = ἅμα. Vgl. B. Delbrück Ablativ Localis Instrustrumentalis (Berlin 1867) p. 68 f.

410. Eine neue Erklärung von ὀλοφώια giebt Goebel Lexilog. I p. 98 ff: aus W. Ϝαλ, Ϝελ (*volvo*) und W. φα leuchten, φῶς Licht, wörtlich: rolllichtig, wendelichtig d. .i. die Erscheinung wechselnd, neutr. substantiviert: Gaukeleien. Uebrigens ist die Gabe allerlei Gestalten anzunehmen nicht bloss (wie Nitzsch Anm. I S. 274 unrichtig annimmt) für die Götter des Wassers charakteristisch; vgl. ν 313.

418. ἑρπετά ist eigentlich substantiviertes Neutrum 'alles was kreucht', indes bildet es hier mit γίγνονται dem Sinne nach ein verstärktes ἕρπει nach Analogie der von Krüger Di. 56, 1, 6 und 7 erwähnten Fälle, hier in eigentlichem Sinne mit sachlichem Bezug auf γιγνόμενος 417 und 456. 457, im Gegensatz zu ὕδωρ und πῦρ, dagegen mit lyrischem Charakter erweitert σ 131. *P* 447.

425. In ὑπὸ πόντον ἐδύσετο κυμαίνοντα beachte man die natürliche Einfachheit des Ausdrucks und vergleiche damit die künstliche Ausschmückung bei Verg. Georg. IV 528.

429. ἀμβροσίη νύξ Versschluss wie δ 574. η 283; ἀμβροσίη als nachträgliche Bestimmung *Σ* 268; im Versanfange νύκτα δι' ἀμβροσίην ι 404. ο 8. *K* 41. 142. *Ω* 363, und ἀμβροσίην διὰ νύκτα *B* 57. In gleichem Sinne steht νὺξ ἄμβροτος λ 330 und νὺξ ἀβρότη *E* 78. Das Wort ist von der W. μερ (μορ, μαρ) abzuleiten: vgl. G. Curtius Etym. [2] p. 297, [4] p. 333. Wegen der Bedeutung vgl. auch Albert Schuster über die homer. stabilen Beiwörter I (Stade 1866) p. 23 f.

443. Dieser Vers wird verworfen von Hennings Telemachie p. 189 und Düntzer Kirchhoff Köchly etc. p. 37.

456. ἠυγένειος steht nur hier nachträglich zu λέων, sonst bildet λίς ἠυγένειος zusammen den Versschluss: *O* 275. *P* 109 *Σ* 318. Andere betrachten ἠυγένειος als eine blosse Weiterbildung von εὐγενής unter Vergleichung von κυανοπρώρειος (zu *γ* 299) und εὐμενέτης statt εὐμενής. Indess hat Homer nur die Form εὐηγενής.

458. ὑγρόν, Gegensatz πεπηγμένον, verstand in der angeführten Bedeutung auch Verg. Georg. IV 410: *in aquas tenues dilapsus abibit;* und Ovid. art. am. I 761: *utque leves Proteus modo se tenuabit in undas.* In 457 πάρδαλις, statt πόρδαλις, mit Bekker aus den Handschriften, die uns die Vulgata repräsentieren. Vgl. auch Spitzner zu *N* 103 und La Roche hom. Textkritik p. 331.

465. Vgl. Verg. Georg. IX 447: *scis Proteu, scis ipse; neque est te fallere quicquam; sed tu desine velle.* Das ἐρεείνεις, statt ἀγορεύεις gibt Aristarch mit Recht. Denn ἀγορεύειν steht vom Gespräch zwischen zweien nur in formelhaften Versen wie *Σ* 368; mit dem Accusativ der Person in anderer Bedeutung, wie *δ* 836; mit zwei Accusativen endlich ist es ohne Beispiel, weshalb wohl der Dichter, wenn er dies Verbum gebraucht hätte, auch hier nach *Π* 627 τί σὺ ταῦτα gesagt haben würde. — Ueber den **Anschluss** des folgenden Verses vgl. Nicanor ed. Carnuth p. 38.

476 = *ζ* 315. *ι* 533. *κ* 474. *ο* 129. *ψ* 259, und mit **dem** Anfange οἶκον ἐς ὑψόροφον *ε* 42. 115. *η* 77. Ueber diese mehrmals verkannte Sitte der epischen Veranschaulichung in der Wortstellung vgl. die Noten zu *α* 434. *γ* 211. 392. *δ* 208. 411. 723. *ε* 229. *ζ* 9. 303. *ϑ* 90. 134. *ν* 163. 274. *ξ* 209. 279. *ο* 18. 42. 367. 548. *π* 41. 131. 428. *ρ* 503. *σ* 217. *τ* 316. 535. *ψ* 16. 22. 221. *ω* 285. Nachgeahmt von Vergil wie Aen. II 208. 353. Andere Beispiele bei Schaefer zu Soph. Oed. R. 827. Diese Wortstellung erscheint auch in Prosa, selbst bei den Römern, wie bei Cic. in Cat. IV 10: 'in Africam redire atque Italia decedere.' Uebrigens hat Bekker an unserer Stelle wie an den fünf Parallelen das ἐυκτίμενον jedesmal in ἐς ὑψόροφον geändert, meist ohne gute handschriftliche Unterstützung, hier aus Vind. 56, August. und dem Lemma des Schol. Pal. und andern s. La Roche. Das poetische Gesetz aber für diese Wortstellung wird anerkannt auch von Franz Schnorr von Carolsfeld Verborum collocatio Homerica (Berlin 1864) p. 84 sqq.

482 f. werden von Düntzer Kirchhoff Köchly etc. p. 37 verworfen.

484. Die von Bekker adoptierte Lesart μύθοισιν statt μιν ἔπεσσιν, ist hier gut beglaubigt; vgl. wegen προσέειπεν den zu 234 berührten Gebrauch. Dagegen findet sich in dieser Verbindung μύθοισιν mit beigefügtem persönlichen Accusativ *δ* 631. *τ* 252. *Γ* 171. 437. *Ψ* 794. Aber μιν ἔπεσσιν steht eben so, wie früher hier, noch *δ* 706. *ε* 96. *ι* 258. 363. *κ* 500. *π* 193. *τ* 214, wiewohl jetzt Bekker überall wegen seines digammierten ἔπεσσιν das

überlieferte μὶν aus Conjectur in ἲ geändert hat. Eben so dem Digamma zu Liebe η 322. σ 92. φ 41. Δ 374. I 142; und noch Ξ 423. Aber dadurch hat Bekker einen von den übrigen Stellen, wo man ἲ findet, verschiedenen Sprachgebrauch in den Homer gebracht. Denn vom redenden wird sonst mit ἲ auf etwas nur in seiner Vorstellung befindliches hingewiesen, mit μὶν dagegen auf etwas durch die Erzählung gegebenes oder in der Wirklichkeit vorhandenes. Vgl. Ameis in dem Mühlhäuser Programm von 1861 S. 22 ff. Vgl. auch zu δ 244.

489. Fick vergl. Wörterb. p. 91 stellte ἀδευκής zu dákvas, gefällig, hold, ³ I p. 625 aber zu duk, daukati führen, ziehen, und erklärt: nicht anziehend, unhold.

492. Bei dem Versschluss οὐδέ τί σε (με) χρή folgt entweder ein Infinitiv nach oder er ist aus dem vorhergehenden Verbum zu ergänzen mit Ausnahme von H 109, wo ein Genetiv an der Stelle des Infinitivs. Die Formel begründet entweder in adversativem Sinne (= doch nicht) den vorhergehenden Gedanken, oder sie schliesst einfach (= und nicht) einen zweiten Gedanken an den ersten. Sie steht nach vorhergendem Kolon oder Fragezeichen: α 296. β 369. κ 380. ο 393. σ 17. τ 118. H 109. I 496. 613. K 479. T 67. Ψ 478. Sodann auch absolut, so dass man den Infinitiv aus dem vorhergehenden zu ergänzen hat: τ 500. Π 721. T 420. T 133. Vgl. auch zu B 873. J. La Roche hom. Stud. § 113. — Uebrigens bezeichnet Nauck die Worte οὐδέ τι bis νόον als spuria?

497. μάχη ohne ἐν noch Λ 521. Δ 400. E 507. 701. Λ 736. N 684. Π 79. Φ 332; aber μάχη ἔνι Z 124. H 113. Θ 448. Λ 409. N 483. O 111. Π 147. Ω 391. In beiden Fällen steht μάχη stets, ausser Λ 736, an derselben Versstelle. Zu Krüger Di 48, 2, 10.

498. Ueber diesen Vers und damit im Zusammenhange über 548 — 561 vgl. Adam de antiquissimis Telemachiae carmm. p. 3 ff. und Duhn de Menelai itinere Aegyptio. Bonn, 1874 p. 12 ff.

505. Zu μεγάλα αὐδῆσαι vgl. μέγα εἰπεῖν χ 288. Das adverbiale μεγάλα wird nur mit Verben verbunden, die einen Ton oder Laut bezeichnen; hier und N 282 ist es von seinem Verbum getrennt, in den übrigen vierundzwanzig Stellen steht es unmittelbar vor demselben. Eine vereinzelte Ausnahme zu ι 330.

511. Dieser vermeintliche Uebergangsvers fehlte den Alexandrinern in ihren besten Mss. mit Recht: denn er stört hier den Fortgang der Erzählung und hat fast die komische Färbung einer Parodie; zusammengesetzt ist er theils aus ξ 137, theils aus λ 98 oder 390 und μ 236 oder 431. Vgl. auch Eustathios zu dieser Stelle. Nachahmend sagt Achilles Tatius III 4: παραχρῆμα τῆς ἄλμης πιόντες κατεσιγήθησαν· vgl. dazu Fr. Jacobs.

514. Μαλειάων ὄρος αἰπύ. Das Sturmkap Malea nemlich

nebst Kythera war als Schifferstation der Zielpunkt aller, die von
Asien her durch die südliche Inselreihe hindurch die phönikische
Seestrasse fuhren. So will auch Agamemnon bei Malea vorüber
in den Argolischen Meerbusen einlaufen. Vgl. E. Curtius Pelopon.
II S. 300. Vgl. dagegen die Vermuthung bei Duhn de Menelai
itinere Aeg. p. 25 ff.

517. Das Vasallenland des Aegisthos meint auch Soph. El.
313 mit *νῦν δ' ἀγροῖσι τυγχάνει*, und Eur. El. 1134 mit *εἰμ'
ἐπ' ἀγρὸν οὗ πόσις.* Uebrigens war bei Homer die kühne Umstellung von 519 und 520 vor 517, welche Nitzsch Sagenpoesie
S. 114 und Beitr. zur Gesch. der ep. Poesie S. 287, Hennings
Telem. p. 189 empfiehlt, bereits von Bothe im Texte vorgenommen
worden, dann auch von Bekker und Nauck. Dagegen findet
Düntzer Kirchhoff Köchly und die Odyssee p. 37 die Verse
auch nach der Umstellung unpassend und will 517 518 und 520
ausscheiden; Hennings die Telemachie p. 189 aber verwirft 514
—520, ebenso Jordan in der Uebersetzung der Odyssee p. 473 f.
Duhn de Menelai itinere Aegyptio p. 24 V. 519. 520. Eine
Rechtfertigung der Verse versucht Adam die ursprüngliche Gestalt
der Telemachie p. 3, vgl. denselben de antiquissimis Telemachiae
carmm. p. 8.

523. An Stelle des handschr. *ἀσπασίως* vermuthet Cobet
Miscell. crit. p. 295 *ἀσπάσιος*, ebenso Nauck.

527. Der stabile Versschluss *θούριδος ἀλκῆς* findet sich in
der Odyssee nur hier, aber einundzwanzigmal in der Ilias: *Δ* 234.
418. *E* 718. *Z* 112. *Θ* 174. *Λ* 287. 313. 566. 710. *M* 409.
N 116. 197. *O* 250. 322. 487. 527. 734. *Π* 270. 357. *P* 81. 185.

536 f. Düntzer in der Ausgabe verwirft beide Verse, weil im
Widerspruch mit *λ* 412 ff. und dem hier 535 vorhergehenden Vergleich. Kammer die Einheit p. 440 sieht wenigstens in 537 eine
unpassende Uebertreibung eines Rhapsoden, ebenso urtheilen van
Herwerden quaestiunculae ep. et el. p. 41, Jordan in der Uebersetzung der Odyssee p. 474, der auch 536 zu verwerfen geneigt
ist. Vgl. dagegen Duhn de Menelai itinere Aegyptio p. 25, der
in dieser Angabe gerade einen uralten Zug der Sage sieht.

540. *ζώειν καὶ ὁρᾶν κτέ.* ist eine volksmässige Verbindung
von zwei ähnlichen Begriffen, wie später bei den Attikern *ζῶν
καὶ βλέπων*, bei den Römern *vivus vidensque*. *ὁρᾶν φάος ἠελίοιο*
als stehende Formel stets im zweiten Hemistichion findet sich noch
δ 833. *κ* 498. *ξ* 44. *υ* 207. *Σ* 61. 442. *Ω* 558; ohne vorhergehendes *ζώειν* *E* 120. Dazu gehört auch dem Gedanken nach
ἐμεῦ ζῶντος καὶ ἐπὶ χθονὶ δερκομένοιο *A* 88. Der Gegensatz ist
vom Sterben *λείπειν φάος ἠελίοιο* *λ* 93. *Σ* 11. Denn das Sonnenlicht ist bei Homer vom Begriffe des Lebens unzertrennbar. Biblische Bezeichnungen Kohel. 11, 7. Tob. 5, 13.

546. In *ᾗ κεν κτείνεν* hat statt der Ueberlieferung des auf-

fälligen κὲν Bekker aus Conjectur καί geschrieben, worin ihm
Düntzer und Nauck gefolgt sind. Schon G. Hermann Opusc.
IV p. 25 bemerkte: 'Nemo reprehenderet, si ibi ἤ καί legeretur.
Sed agnitum κὲν etiam ab antiquis interpretibus.' Die jetzt für
ἤ κε gegebene Erklärung 'andernfalls' ist näher begründet im
Anhang zu Ξ 245.

548 ff. Ueber die folgende Partie vgl. La Roche in der Zeitschr.
f. österr. Gymn. 1863 p. 188, Adam de antiquissimis Telem.
carmm. p. 3—6, Duhn de Menelai itinere Aegyptio p. 12 ff.

549. ἰαίνομαι steht hier neben ἄχνυμαι als Gegensatz zu
κατεκλάσθη 538. Denn das moderne Gesetz von der Gleichartigkeit der Begriffe in den Tropen leidet auf die griechische Poesie
keine Anwendung.

553. ἐν ἁπάσαις ἠθετεῖτο. τοῦ γὰρ Πρωτέως εἰπόντος 'δύο
μοῦνοι ἀπόλοντο' (496) γελοίως τρίτον ζητεῖ ἀπολόμενον. H. P. Q.
Der Vers scheint wegen 110 und wegen ἔτι που 498 eingefügt
zu sein; aber die Trennung des θανών von ζωός bei ein und derselben Structur klingt im Vergleich zu ρ 115 nicht homerisch:
auch wäre θανών κατερύκεται seltsam gesagt. Vgl. auch Rumpf
de γαμοποιίᾳ p. 4.

561—569. Bekker hom. Blätt. I p. 177 tadelt die in ῥηΐστη
βιοτή enthaltene und weiterhin ausgeführte Vorstellung als dürftig
und unklar und verwirft die Verse 'als ungeschickt lose angeknüpft
und im übrigen Gedicht durchaus nicht berücksichtigt.' Ebenso
urtheilen Hennings Telemachie p. 189 f. und Düntzer Kirchhoff
Köchly etc. p. 37 f. Vgl. andererseits Duhn de Menelai itinere
Aegyptio p. 29.

566. Ueber diese feinere transitio in partitionem sprechen
Fr. Franke de usu particularum οὐδέ et οὔτε (Rinteln 1833) § 24
und G. Wolff zu Soph. Ai. 428.

567. Vgl. Ζέφυρος μέγας αἰὲν ἐφύδρος ξ 458 und die Note
zu τ 206. Das πνείοντος, statt πνείοντας, geben gute Quellen
nach derselben Verbindung wie Ξ 254, daher auch ι 139 ἄηται
ohne beigefügte Nebenbestimmung. Uebrigens wird die hier vom
Elysion berührte Sache vollständig behandelt von C. H. Weisse:
zur Geschichte des Unsterblichkeitsglaubens bei den Völkern des
Alterthums, in Fichtes Zeitschr. für Philos. u. specul. Theol. Bd.
II H. 1 (Bonn 1838) S. 114 ff. Den Namen erklärt Fick vgl.
Wört. [3] I p. 200 aus ἠλυθ-τιον = Aufstieg.

577. Bekker hat, um sein Digamma hineinzubringen, an den
bezüglichen Stellen aus Conjectur πάμπρωτα Ϝερύσσαμεν geschrieben.
Vgl. J. La Roche hom. Stud. § 26, 10.

596. Wegen des allgemein gesagten τοκήων vgl. auch zu η
54. Statt des überlieferten οὐδέ κέ μ' οἴκου hat Bekker aus
Conjectur οὐδέ με Ϝοίκου gegeben. — Vers 595 verwendet Himer.
or. V 15. — 597. Ueber die Unterscheidung von μῦθος und ἔπος

vgl. Philipp Mayer Beiträge zu einer hom. Synonymik (Gera 1842)
S. 5 ff. = Studien zu Homer etc. p. 9 und dagegen Schmidt
Synonymik der griech. Spr. I p. 29.

599 f. An Stelle von χρόνον vermuthet Nauck δήν. Derselbe
schreibt 600 statt des handschriftlichen δοίης den Conjunctiv δώῃς.

604. Neuere Dichter wie Voss in der Luise I 264 sagen
'die bärtige Gerste.' Zum stabilen Hiatus in τε ἰδέ vgl. λ 337.
σ 249. ψ 289. Δ 147. Z 469. Θ 162. K 573. M 311. P 534.
Φ 351. X 469; ähnlicher Hiatus γ 10. B 697. Δ 382. E 3.
Ξ 348. An allen diesen Stellen hat Bekker das ἰδέ digammiert,
worüber Rumpf in Fleckeisens Jahrb. 1860 S. 678 f., auch Leskien,
rationem quam J. Bekker in restituendo digammo secutus est,
examinavit. Lips. 1866 p. 22. Bei Oscar Meyer Quaest. Hom.
p. 103, der ἰδέ aus ϳιδέ entstanden sein lässt, ist die Erörterung
H. Rumpfs unbeachtet geblieben; sonst würde er nicht ohne weiteres
gesagt haben: 'Semel ἰδέ literae spiranti repugnat cf. Z 4', da
auch B 511 hierher gehört und E 171. Ω 166. χ 341 erst
von Bekker aus Conjectur geändert sind. Die Elision des
ἰδέ findet sich hier, wo indes Bekker aus dem Harl. καί aufgenommen hat, und ausserdem γ 10. B 511. Letzteres zu Krüger
Di. 12, 3, 1.

606. Vgl. Gladstone hom. Stud. von Schuster S. 446. Vielleicht
ist dieser Vers verstellt und stand (nach Bergk im Philologus
XVI S. 577 f.) ursprünglich nach 608 mit Ἰθάκη δέ τε καὶ περὶ
πασέων in enger Verbindung. Diese Umstellung hat jetzt Nauck
in seiner Ausgabe vorgenommen. Dagegen verwirft Hennings die
Telemachie p. 190 den Vers weil im Widerspruch mit 605 (?)
und wegen der Härte der Struktur. Vgl. auch Nicanor ed.
Carnuth p. 39.

608. Kayser giebt, allerdings 'nach den besten Handschriften',
δέ τι statt δέ τε. Indessen die in der Anmerkung gegebenen Stellen
zeigen, dass gerade bei dem Gegensatz von Zahlbegriffen δέ τε
gern zur nachdrücklichen Hervorhebung des damit eingeführten
Begriffs gebraucht wird; so hier: Ithaka vollends. Dazu kommt
jetzt, dass die älteste Odysseehandschrift bei Gotschlich in den
Jahrb. f. Philol. 1876 p. 25 δέ τε giebt.

613 ff. In den folgenden Versen bis 619 sieht Bernhardy
Grundriss der griech. Literat. [3] II, 1, p. 177 einen Lückenbüsser
aus o 113 ff., auch Nauck vermuthet die Unechtheit. In 613 hat
Bekker δῶρον, das sich in 3 Codd. bei La Roche findet, statt
δώρων gegeben und sucht die Nothwendigkeit dieser Lesart im
Monatsbericht usw. 1860 S. 169 f. (Hom. Blätter S. 181) zu vertheidigen. Ebenso Düntzer.

617. Ob man nach der im Homer erwähnten Kunstübung
schon von einem hellenischen Kunststyl zu sprechen berechtigt
sei, ist für die Anfänge der griechischen Kunstgeschichte eine der

wichtigsten Fragen. 'Homer beantwortet sie nicht direct: er spricht
überhaupt nicht von Styl. Wohl aber gibt er indirect eine hinlänglich deutliche Antwort: in der Odyssee (δ 617) bezeichnet er
in vollster Unbefangenheit einen sidonischen Krater als ein Werk
des Hephästos, also eine Arbeit aus nicht hellenischem Lande als
Werk des hellenischen Gottes: zwischen griechischer und nicht
griechischer Kunst macht er also keinen Unterschied. Ueberhaupt
spricht er öfter von sidonischen Krateren (ψ 743), sidonischen Ge-
wändern (Z 290), einem kyprischen Panzer (Λ 20), einem ägyptischen Spinnkorb (δ 125). Ein grosser Theil dessen, was Homer
vor Augen hatte, mochte also geradezu Erzeugnis fremder Kunst
sein; und sicher ist hier der Handelsverkehr der Phöniker bedeutend in Anschlag zu bringen. Aber nach Allem, was wir von
ihnen wissen, dürfen wir gerade bei ihnen am wenigsten eine aus-
gebreitete eigene Kunstübung voraussetzen' usw. H. Brunn Die
Kunst bei Homer (München 1868) S. 7.

618. Zur Auffassung des Pron. ἑός vgl. Brugman ein Problem
der hom. Textkritik p. 97 f., der auch hier demselben noch einen
subjectiven Bezug beilegt.

619. τόδε, worüber die Herausgeber schweigen, ist doch wohl
nicht als Object etwa auf ἔργον bezogen zu fassen, sondern das
auf den Accus. verbalis zurückzuführende, wie in τόδε ἱκάνω, und
zu übersetzen: hiemit, dies Mal, also im Gegensatz zu dem vorhergehenden Temporalsatze = jetzt. — Die allgemeine Bedeutung
von νοστεῖν = fahren, kommen, gehen ist für diese Stelle begründet von G. Curtius in den Leipziger Studien. Bd. I (1878)
p. 145. Vgl. auch zu ε 344.

621. Die vier Verse 621 bis 624 sind ein späteres Einschiebsel, compiliert aus ι 7 uud β 259 mit π 335; aus ρ 171
und ν 19; aus ξ 449 oder υ 254 und τ 461; endlich 624 gleich
ω 412. Vgl. Wolf Prolegom. p. CXXXI. Spohn de extr. parte
Od. p. 9 not. 7 und besonders Adelb. Herrmann comm. de IV.
Od. libri versibus 621—624 commissurae suspectis (Hannover 1830),
worin unter andern p. 10 über ἦγον richtig bemerkt wird: 'prin-
cipes ipsos pecudes adigentes, quantum ego meminerim, nullo loco
deprehendi', und p. 11: 'activa forma de pastoribus in aliorum
usum victimas comparantibus est, ipsis expertibus.' Für ein späteres
Einschiebsel hält die Verse auch Hennings Telemachie S. 212 f.
und Oscar Brosin de cenis Homericis (Berlin 1861) p. 22 sq.
Das Urtheil von Nitzsch endlich in Beitr. zur Gesch. der ep. Poesie
S. 413 not. 130 lautet also: 'Die Verse 621 bis 624, welche die
Tageszeit auch für Sparta genauer anzeigen sollen — mittels der
Ankunft der gewöhnlichen Tischgenossen — können echt sein,
sind aber entbehrlich.'

622. Denselben Sprachgebrauch zeigen ἴυφρων oder μελίφρων
oder ἠλιὸς οἶνος zu η 182 und ξ 464, κρυερὸς γόος, κρυόεις oder

κρυερὸς φόβος, κρυόεσσα ἰωκή, λυγρὸν κῆδος oder πένθος, χλωρὸν δέος, ὀιστοὶ στονόεντες zu φ 12, ἰοὶ ὠκύμοροι zu χ 75. Alle diese Ausdrücke darf man nicht ihrer sinnlichen Belebtheit berauben, indem man ihnen eine active Bedeutung unterlegt. Vgl. auch das von ὀδόντες in μ 92 ausgesagte πλεῖοι μέλανος θανάτοιο. Dasselbe gilt von *pallida mors, aestas laeta, gelida formido, clarus Aquilo* (Verg. Ge. I 460) und ähnlichen Begriffen der Römer.

625 ff. Bedenken gegen die Ursprünglichkeit der folgenden Partie bis 672 sprechen aus Hennings Telemachie p. 191 und 212 ff., Adam die urspr. Gestalt der Telem. p. 22 und Bergk griech. Literaturgesch. I p. 667 f.

627. Die gewöhnliche Lesart hier und ρ 169 ist ὅθι περ πάρος ὕβριν ἔχεσκον, die indess keine angemessene Erklärung zulässt. Dagegen las Aristarch ὅθι περ πάρος, ὕβριν ἔχοντες, was von W. C. Kayser im Philol. XVIII S. 653 f. treffend erläutert wird. Das am Schluss stehende ὕβριν ἔχειν wie α 368. δ 321. π 86. 410. 418. ρ 169.

643. Interpunktion und Auffassung ist gegeben nach Döderlein Gl. Nr. 757 und Kayser. Anders Nicanor ed. Carnuth p. 40.

646. Andere machen ἀέκοντος von βίῃ abhängig, aber die Construction βίᾳ τινός findet sich erst bei den Attikern und wird ausserdem in einem etwas anderen Sinne gesagt. Nauck Odyss. II p. IX vermuthet ἀέκοντα. Die Form ἀπηύρα nur hier und ἀπηύρων nur Α 430 in der Mitte des Verses, sonst überall als formelhafter Versschluss, den auch ἀπηύρας und ἀπούρας bilden. Vgl. J. La Roche hom. Stud. § 104, 1.

661. 662. ἐκ τῆς Ἰλιάδος (Α 103. 104) μετηνέχθησαν οὐ δεόντως οἱ στίχοι. H. Q. Sie sind hier unpsychologisch. Denn ein in solcher Plastik geschilderter Zorn des geraden Charakters greift nicht zu den Waffen des Spottes und Hohnes. Hierzu kommt, dass nach der Formel τοῖσι .. μετέφη, wenn man von der Nothwendigkeit in Δ 153 absieht, sonst nirgends eine erläuternde Nebenbestimmung folgt, sondern unmittelbar die directe Rede im nächsten Verse. Anders in den zu ν 254 und σ 413 erwähnten Formeln. Vgl. auch Hennings Telemachie S. 150.

665. Gewöhnlich las man hier ἐκ τόσσων δέ, wofür aber Ascalonita richtiger ἐκ τοσσῶνδ' gibt, was Bekker, La Roche (nach zwei Handschr.) und Nauck aufgenommen haben. Uebrigens wird hier jeder Hörer ἐκ τοσσῶνδε verbunden haben, so dass τοσσῶνδε bei ἀέκητι noch einmal im Gedanken vorschwebt. Manche Neuere wollen ἐκ zu οἴχεται gezogen wissen. Aber wo ἐκ in Tmesis steht, wie ξ 341. Ε 694. Δ 128 und anderwärts, da hat es selbst die Herrschaft über den Satz, während es hier seine Bedeutung erst in Verbindung mit τοσσῶνδε empfängt. Sodann findet sich ἐξοίχεσθαι nur in der ganz schlichten Bedeutung Ζ 379. 384, nicht in jener metaphorischen, wofür bloss οἴχεσθαι gebräuchlich ist. —

αὔτως erörtert Funk auf Homer Bezügliches. Friedland 1871 p. 11, der das Wort hier fasst: aus eignem Antrieb.

667. An Stelle des handschriftlichen αὐτῷ hat Nauck geschrieben αὐτός.

668. Didymos bemerkt hier in den Schol. H. Q. von beiden Recensionen Aristarchs: πρὶν ἥβης μέτρον ἱκέσθαι αἱ Ἀριστάρχου· αἱ δὲ κοινότεραι πρὶν ἡμῖν πῆμα γενέσθαι. Hierzu hat Bekker 'vel φυτεῦσαι (O 134)' hinzugefügt. Aber πῆμα φυτεῦσαι ist unhomerisch, weil die beiden Ausdrücke πῆμα und χάρμα von Homer immer a) prädicativ auf Subject oder Object bezogen werden, oder b) eine epexegetische Apposition sind. Vgl. die Stellen bei Ebeling Lex. Hom. und besonders J. La Roche hom. **Stud. § 115.** Der letztere hat in der Zeitschr. für die öster. Gymn. **1863** S. 334 und in der 'Unterrichts-Zeitung für Oesterreich' **1864** S. 110 die Lesart πρὶν ἡμῖν πῆμα γενέσθαι vertheidigt, wie auch ϱ 597 gelesen wird, in seiner Ausgabe aber πρὶν ἥβης μέτρον ἱκέσθαι gegeben. Die Lesart des Aristarch giebt auch die älteste Odysseehandschr. bei Gotschlich in Jahrbb. f. Phil. 1876 p. 24.

669. Ueber **die Veränderung von ἄγ' ἐμοί,** wie Ameis las, in ἄγε μοι vgl. La Roche Homer. Untersuchungen p. 279.

670. Statt des überlieferten αὐτόν hat Bekker aus Conjectur αὖτις gegeben, was auch von J. La Roche hom. Stud. § 81, 3* empfohlen und in der Ausgabe aufgenommen ist. Das αὖτις ἰόντα stimmt dann mit 701 οἴκαδε νισσόμενον zusammen. Nauck vermuthet αὖ ἀνιόντα oder αὖτις ἰόντα.

675. Die Verse 675—767 betrachtet Hennings die Telemachie p. 214 f. als ein besonderes Lied. Bergk griech. Literaturgesch. I p. 669 findet hier die Spur des Nachdichters.

678. Anders fasst die Ortsbestimmungen Gerlach im Philol. XXX p. 504: αὐλῆς ἐκτὸς 'draussen im Hofe' und ἔνδοθι 'in der Säulenhalle des Hofes', weil Medon, wenn er auf der Strasse gestanden hätte, dann nicht ohne Aufsehen zu erregen, sich hätte zur Penelope begeben können, sondern mitten durch die Freier hätte hindurchgehen müssen.

684. Eine ganz neue Auffassung der schwierigen Stelle giebt L. Lange der hom. Gebrauch der Partikel εἰ I p. 429: 'Penelope setzt den Fall, sie möchten zum letzten Mal schmausen und wehrt diesen Fall, diesen Gedanken ab. Ernstlich kann sie das freilich auch nicht, sie thut es aber eben ironisch, mit derselben Ironie, die aus den conjunctivischen Warnungssätzen mit μή bekannt ist, wie Α 28 μή νύ τοι οὐ χραίσμῃ σκῆπτρον καὶ στέμμα θεοῖο.' Dagegen bemerkt Zechmeister in der Zeitschr. f. d. österr. Gymnas. 1877 p. 615, dass eine ironische Färbung des Gedankens zu den bittern Klagen der Penelope V. 686 ff. nicht recht passen wolle. — Die Alten sahen zum Theil V. 684 als abgeschlossenen Satz an, indem sie zu den Participien εἰεν ergänzten und die Ellipse

aus dem Affect der Redenden erklärten, und diese Auffassung
scheint auch Nicanor getheilt zu haben, vgl. Carnuth Nicanor. p.
40 f. — Das ἄλλοθ' ist ἄλλοτε 'ein andermal, zu anderer Zeit,
sonst'. ὕστατα καὶ πύματα ist verbunden wie υ 13. 116. Vgl.
Lobeck Parall. p. 61. Ueber die Dehnung der ultima in πύματα
vgl. zu γ 230. Vgl. auch zu λ 613. — Vers 682 hat Bekker
das vor εἰπέμεναι nach der Ueberlieferung stehende ἤ aus Conjectur
getilgt, um ϝειπέμεναι schreiben zu können, ebenso Nauck nach
Longin. de subl. c. 27. Derselbe vermuthet 683 ἔργων μὲν παύ-
σασθαι, ἀτὰρ σφίσι δαῖτα πένεσθαι.

692. Nauck bezeichnet ἐχθαίρῃσι als vitiosum, van Herwerden
quaestiunculae ep. et eleg. p. 41 aber bemerkt: 'Prava syntaxis! Si versus 692, quo facile careas, est genuinus,
correxerim: ἄλλον μέν κ' ἔχθοιτο βροτῶν, ἄλλον δὲ φιλοίη. Cfr.
v. c. Θ 429', neigt sich dann aber mehr zur Annahme, dass der
Vers von einem interpoliert sei, der nicht erkannte, dass die Worte
ἤ bis βασιλήων sich auf das Vorhergehende beziehen. — 704. Zu
der jetzt gegebenen Erklärung von ἀμφασίη ἐπέων vgl. Schmidt
Synonymik der griech. Spr. I p. 57.

720. Nauck bezeichnet diesen Vers als spurius?
726. Der Vers erweist sich hier wie 816 schon durch die
Wiederholung des ἐσθλόν als ein Eindringling: περιττὸς ὁ στίχος.
H. Q. So Aristarch, wie aus Aristonikos zu Ι 395 erhellt, vgl.
Aristonic. ed. Carnuth p. 53 und diesen Anhang zu α 344.

732. An Stelle des hier allein nach πυνθάνεσθαι sich findenden
participialen Acc. ὁρμαίνοντα vermuthet Nauck den üblichen Gen.
ὁρμαίνοντος. Vgl. Classen Beobachtungen p. 150 und 163 f.
Uebrigens habe ich den Satz εἰ γὰρ ἐγὼ πυθόμην als Wunschsatz
fassen zu müssen geglaubt, wie Θ 366, und wie auch ω 284
wohl als bedingender Wunschsatz zu fassen ist, ähnlich γ 256.
Wie Θ 366 und ω 284 ohne die Annahme einer Gedankenellipse
es unmöglich ist γάρ in begründendem Sinne zu verstehen, so hier.
Dazu kommt, dass εἰ γάρ — τῷ κε mit Opt. die geläufigen Formen
parataktischer Verbindung sind, in welcher an einen Wunschsatz
ein Nachsatz geschlossen wird, sowie dass an beiden Stellen die
Auffassung des εἰsatzes als Wunschsatzes der **erregten** Stimmung
der Redenden besonders angemessen ist. — 733. Um in beiden
Gliedern Gleichheit des Tempus herzustellen, will Cobet Miscell.
crit. p. 422 schreiben ἔμιμνε statt ἔμεινε.

735—741. In diesen Versen, sowie 754—757 erkennt
Hennings die Telemachie p. 215 eine Interpolation, vgl. dagegen
Kammer **die** Einheit p. 177 f. — In 740 macht die Erklärung
des οἵ Schwierigkeiten, Düntzer schrieb deshalb ὥς, ebenso vermuthet Nauck oder auch ὅ. Unmöglich ist die von Brugman **ein**
Problem der hom. Textkritik p. 98 gegebene Deutung der handschriftlichen Lesart: 'ob er sich beim Volke beklagt über sie, die sein und

des Odysseus Geschlecht zu vertilgen trachten' — denn ὀδύρε-
σθαι τινὰ heisst bei Homer nur jemanden betrauern, vgl. Lex.
Hom. s. v.

750. Ueber den Locativ χροΐ vgl. die von G. Autenrieth Terminus in quem p. 24 * * gegebenen Citate.

754. Eine ähnliche rhythmische Assonanz zur sinnlichen Malerei
ε 263. E 698. Vgl. Frese Metrik S. 93. Lobeck Parall. p. 58. — 755
vermuthet Nauck: τὼς μακάρεσσι θεοῖσι an Stelle von πάγχυ θεοῖς
μακάρεσσι. Derselbe bezeichnet 758 γόοιο als verdächtig.

767. J. E. Ellendt Drei Homerische Abhandl. (Leipzig 1864)
S. 48 note 7 bemerkt: hier 'dürfte wol auch zu schreiben sein
θεὰ δέ εὐ ἔκλυεν ἀρῆς. Denn κ 311 ἔνθα στὰς ἤυσα, θεὰ δέ μευ
ἔκλυεν αὐδῆς, und κ 481 γούνων ἐλλιτάνευσα, θεὰ δέ μευ ἔκλυεν
αὐδῆς, sind doch offenbar mit dem erstgenannten Verse verwandt.'
Verwandt allerdings, aber doch nicht gleichbedeutend, indem κ
311. 481 das ἔκλυε nur 'hörte, vernahm' bedeutet, hier dagegen
'erhörte.' Und gerade dieser Sinn wird in Verbindung mit dem
überlieferten οἱ schärfer angedeutet. Anders verhält es sich, wo
nicht ein Substantiv als Object steht, sondern nur die Person
selbst, wie in dem häufigen ὥς ἔφατ' εὐχόμενος, τοῦ δ' ἔκλυε.
Nicht ganz unähnlich mit unserer Stelle ist Π 531 ὅττι οἱ ὦκ'
ἤκουσε μέγας θεὸς εὐξαμένοιο, was mit objectiver Sebständig-
keit gesagt ist, 'weil ihm schnell erhört hatte den flehenden.'
Vgl. zu ζ 157. Ueber das umgekehrte Verhältnis zu ψ 206.

775. ἐπαγγείλῃσι, welches die meisten und besten Handschr.
haben, findet sich nur hier; Nauck hat dafür das gewöhnliche
ἀπαγγείλῃσι aufgenommen, welches der Harlej. ex emendatione und
einige and. Hdschr. haben. Naber quaestt. Hom. p. 136 vermuthet
ausserdem πάντες statt πάντας.

780. Eine Umstellung der folgenden Verse schlägt Jordan in
der Uebersetzung der Odyssee p. 478 vor, unter anderem soll
V. 784 nach 779 gestellt werden.

783. Der Vers, der auch in der Handschrift des Eustathios
und in 5 andern Codd. bei La Roche fehlt, wird nach der Scholiennotiz περιττὸς δοκεῖ οὗτος ὁ στίχος seit Wolf als unecht bezeichnet.

785. Versschluss wie γ 11. Γ 113. Das ἐκ aus den besten
Mss. statt ἐν, weil ἐμβαίνειν bei Homer 'fahren' und nicht 'ein-
steigen' bedeutet, vgl. zu α 210. Alle Neueren haben dieses ἐκ
aufgenommen. Die Nothwendigkeit desselben hat zuerst erwiesen
Povelsen emendationes locorum aliquot Hom. (Kopenhagen 1846)
p. 20 sqq. Dieselbe ist ferner anerkannt von Hennings die Telemachie p. 213, aber bestritten von Kammer die Einheit p. 168 ff.,
worauf Hennings geantwortet hat in den Jahrbb. f. Philol. 1875 p. 282.

787 ff. Zur Kritik der folgenden Erzählung vgl. Hennings die
Telemachie p. 216 f., La Roche in d. Zeitschr. f. österr. Gymn.
1863 p. 189, Bergk griech. Literaturgesch. I p. 669 und dagegen

Kammer die Einheit p. 361 f. — 788 las Rhianos an Stelle des
nur hier bei Homer sich findenden ἄσιτος — ἄναυδος, vgl. darüber
Mayhoff de Rhiani Cretensis stud. Hom. p. 65 f.

793. Die von K. Schenkl im Anhange zu ν 79 erwähnte Ableitung von νήδυμος aus dem Sanskritstamm *nand* == *gaudere* und
causativ *exhilarare* giebt auch Fick vergl. Wörterb. p. 108, ³ I
p. 125 unter *nad,* also == erquickend.

809. Ueber die Wendung ἐν ὀνειρείῃσι πύλῃσιν vgl. Nauck
in den Melanges Gréco-Romains III p. 90 ff. Nach ihm verlegte
man den Wohnsitz der Träume in den Vorhof des Erebos, weil
sie mit der Oberwelt unablässig den regsten Verkehr unterhalten,
'und gerade in diesem regen Verkehr scheint der Grund zu liegen,
weshalb man ihnen besondere Thore zuwies, durch welche sie
bequem hin und hergehen.' In den Traumthoren schlummern aber
bedeutet nach demselben ursprünglich einem Todten gleich schlafen,
so fest als wäre man in die Unterwelt entrückt.

811. An Stelle von πωλέ' ἐπεί vermuthet Nauck πωλέῃ ἐπεί
oder πωλέῃ ὡς, Cobet Miscell. crit. p. 371: πωλέαι ἐπεί.

820. Die entsprechende Form des Conjunctivs oder Optativs
von παθεῖν steht euphemistisch mit vorhergehendem μή τι μ 321.
ϱ 596. E 567. K 26. 538. Λ 470. N 52. P 242. Τ 126. Ebenso
in ἔπειτα δὲ καί τι πάθοιμι Φ 274 (mit der Note von Döderlein)
und in πρὶν καὶ κακὸν ἄλλο πάθῃσθα Ω 551; endlich in εἴ τι mit
πάθοι σ 224. Derselbe Sprachgebrauch herscht bei den Spätern.
Vgl. Bähr zu Herod. VIII 102. Aehnlich Schillers Wilhelm
Tell I 1: 'tröstet ihr mein Weib, wenn mir was Menschliches
begegnet.'

824. Ueber ἀμαυρόν vgl. F. C. A. Fick Wörterb. der Indogerm. Grundsprache (Göttingen 1868) p. 140 unter *marva,* vergl.
Wörterb. Gött. 1871 p. 384, ³ I p. 718. An unserer Stelle ist
die adumbrata imago gemeint im Gegensatz zu der expressa et
solida species.

831. Statt αὐδῆς hat Bekker aus Vind. 56 αὐδήν aufgenommen
mit Vergleichung von β 297 und ξ 89. Ebenso Nauck.

838. Zur Ableitung und Erklärung von λιάζομαι vgl. Fick
vergl. Wörterb. ³ II p. 221 und Froehde in Bezzenberger's Beiträgen III p. 10: die zu Grunde liegende W. li bedeutet sich
schmiegen, ducken, schlüpfen, verschwinden. — In den Worten ἐς
πνοιὰς ἀνέμων vgl. ζ 20 sieht Roscher Hermes der Windgott p. 64
eine Hindeutung auf das luftige Wesen der Traumbilder und ihre
Aehnlichkeit mit den abgeschiedenen Seelen.

841. Zu ἐπέσσυτο vgl. ἐξέσσυτο μ 366. Das νυκτὸς ἀμολγῷ
bildet stets den Versschluss, wie noch O 324. X 28, 317, und
mit vorhergehendem ἐν Λ 173. Ob der Ausdruck entlehnt sei
von den 'Molken' als Bild der Dichtheit oder von der strotzenden
Fülle des straffen Euters, oder von einem μολγός gleich νέφος

und α privativum für 'wolkenlose Nacht' oder usw., dies alles
ist noch νυκτὸς ἀμολγῷ eingehüllt. Vgl. auch G. Curtius Etym.
I S. 153, ⁴ p. 183. L. Meyer in Kuhns Zeitschr. 1859 S. 362.
K. Schenkl in der Zeitschr. f. d. österr. Gymn. 1864 S. 343. Fick
vgl. Wörterb. ² p. 837: murkja finster.

846. Die Ansichten der Neueren über Asteris sind verzeichnet
bei Buchholz, Hom. Kosmographie und Geographie p. 146, vgl.
auch Bischoff, Bemerkungen über homer. Topographie. Schweinfurt 1875 p. 19 f.

ε.

Literatur zur **Kritik** des fünften Buches, besonders in
seinem Verhältnis zum ersten: Koës de discrepantiis quibusdam
p. 19 f. — G. Hermann bei J. Bekker Hom. Blätt. I p. 101 und
de iteratis apud Homerum p. 6. — C. L. Kayser de diversa
Homericorum carminum origine. Heidelberg 1835 p. 11. — Lauer
de Odysseae libro undecimo, Berlin 1843 p. 6 ff. — Schmitt de
secundo in Odyssea deorum concilio interpolato eoque centone,
Freiburg 1852. — Düntzer in Jahrbb. f. Philol. 1853 Bd. 68
p. 499 f. — A. Jacob über die Entstehung der Ilias und Odyssee
p. 387 ff. — Hennings über die Telemachie p. 152 ff., vgl.
Kammer die Einheit der Odyssee p. 231 ff. — Köchly de Odysseae
carminibus dissertatio I. Turici 1862 p. 11 ff., vgl. Düntzer
Kirchhoff Köchly und die Odyssee p. 80 ff. — La Roche in
der Zeitschr. f. d. oesterr. Gymn. 1863 p. 190. — Düntzer
homerische Abhandlungen p. 415 ff. — Bernhardy Grundriss der
griech. Literatur ³ II, 1, p. 177. — Bergk griech. Literaturgesch.
I p. 657 und 671. — Nitzsch Beiträge zur Geschichte der epischen
Poesie p. 414 f. — Jordan das Kunstgesetz Homers p. 64 ff.,
vgl. Düntzer homer. Abhandl. p. 407, Kammer die Einheit d.
Od. p. 227 ff., Giseke im Philol. Anzeiger II p. 277. — Lehrs
bei Kammer die Einheit der Odyssee p. 765 ff. und im Rhein.
Mus. 1872 p. 346. — Wegener im Philologus XXXV p. 410 ff.
— Eine Analyse des Gesanges giebt Bischoff über homerische
Poesie. Erlangen 1875 p. 82 ff.

1—42. Diese zweite Götterversammlung ist nach dem Urtheil
zahlreicher Kritiker und nicht bloss derjenigen, welche die Telemachie (Buch I—IV) als ein besonderes Gedicht erst später in
den Zusammenhang der Odyssee eingefügt sein lassen, nicht ursprünglich. Die Hauptgründe für dies Urtheil sind: 1) die Götterversammlung in ε unterscheidet sich ihrem Inhalt nach wenig
von der im ersten Gesange: Athene kommt in ε wieder mit ihrer
Bitte für des Odysseus Rückkehr, als ob davon früher nicht im
geringsten die Rede gewesen wäre, als ob sie sich gar nicht

darüber zu beschweren gehabt hätte, dass die Absendung des
Hermes nicht erfolgt sei; 2) die Götterversammlung in ε ist
grösstentheils **aus** anderswo schon gebrauchten Versen zusammengesetzt; 3) es ist unbegreiflich und durch nichts motiviert, dass
Athenes Aufforderung α 84 f. den Hermes zur Kalypso zu ent-
senden ohne Folge bleibt, Athene auch ohne die Ausführung zu
betreiben sofort die Götterversammlung verlässt und zu Telemach
eilt; 4) von dem ε 23 f. vorausgesetzten Racheplan der Athene
ist **in** α keine Rede; 5) die jetzige Anordnung der Ereignisse hat
schwere Unzuträglichkeiten der Chronologie **im** Gefolge, indem
Telemach übermässig lange in Sparta verweilt, Poseidon 29 Tage
bei den Aethiopen. Von diesen Bedenken scheinen das zweite
und fünfte von untergeordneter Bedeutung. Wohl darf man mit
Kammer sagen, dass die blosse Wiederholung von Versen keinen
begründeten Anstoss gebe, wenn sie nur an den betreffenden
Stellen ihre Wirkung thun, zumal hier den Zuhörern bereits Be-
kanntes zur weiteren Fortführung der Handlung zu recapitulieren
sei; und ebenso wird man die chronologischen Unzuträglichkeiten
in einem nur für ein hörendes Publikum gedichteten Epos **nicht**
zu hoch anschlagen dürfen. Die übrigen schwer wiegenden **Be-**
denken haben Nitzsch, Kammer und Lehrs theils durch höhere
künstlerische Zwecke theils durch Interpretation, theils durch Annahme von Interpolationen oder Textverderbnissen zu beseitigen
gesucht. So findet Lehrs die Worte der Athene in ε in engem Anschluss an die in Ithaka empfangenen Eindrücke durchaus treffend
und dem dermaligen Stadium der Sache durchaus angemessen,
indem die Göttin nun nicht mehr von der Gleichgültigkeit der
Götter gegen Odysseus rede, sondern über die Undankbarkeit der
Menschen in Entrüstung und Klage ausbreche; sieht aber in ε 6
einen für die Situation unpassend hineingesungenen Rhapsodenvers,
an dessen Stelle, wenn überhaupt ein anderer ursprünglich dastand,
von dem, was sie in Ithaka gesehen, die Rede sein musste. Das
dritte Bedenken glaubt Kammer durch folgende Interpretation der
Worte α 84 ff. beseitigen zu **können:** ʻWenn **das** nun euer Wille
ist, so können **wir** den Hermes **hernach** entsenden, indess ich
will **nach Ithaka** gehenʼ d. h. ich werde noch **vorher nach** Ithaka
gehen, um dort die nöthigen Vorbereitungen **zu treffenʼ**, während
Lehrs in den Worten ὄφρα τάχιστα α 85 eine unbesonnene Ver-
derbung sieht, wofür es ursprünglich etwa ὄφρα παραστάς geheissen
habe. Ferner verweist Nitzsch auf das Gesetz epischer Darstellung,
welches **ein** mehrfaches Hin und Her durch Scenenwechsel in
Rücksicht **auf den** Vortrag und die Hörer gern meidet, und bemerkt: ʻAthene bezeichnet hier dasselbe als ihre nächste Angelegen-
heit, was für die poetische Anlage der Erzählung das Nächste warʼ
— ʻsodann mögen wir auch ein Säumen des Zeus annehmbar
finden, da es hier in der Odyssee der in der Götterfamilie auch

hochstehende Poseidon ist, dem entgegen zu wirken er eine gewisse Scheu trägt'. Die Worte ε 23 f. endlich, auf welchen das vierte Bedenken beruht, deutet Lehrs: 'Hast du ja selbst den Plan gemacht, in Folge dessen Odysseus kommen wird um an den undankbaren Menschen Vergeltung zu üben (den Plan meint er, ihn von der Kalypso zur Heimkehr zu beordern)?' — Alle diese Versuche die Schwierigkeiten zu heben erscheinen uns verfehlt: Kammers Interpretation von α 84 ff. ist sprachlich ebenso unhaltbar (vgl. die Parallelen zu ἔπειτα in dem Kommentar zur Stelle), wie Lehrs Auffassung von ε 23, und des letzteren Vermuthungen einer Textverderbniss in α 85, wie der Interpolation von ε 6 entbehren eines sichern Anhalts; damit fallen aber die Hauptstützen, wodurch die Ursprünglichkeit der zweiten Götterversammlung gesichert werden soll. Es bleibt unerklärt, wodurch die Ausführung des Beschlusses Hermes zu Kalypso zu senden verzögert ist, es bleibt unbegreiflich, dass Athene sich nicht auf den früheren Beschluss beruft und über die Verzögerung der Ausführung klagt, dass Zeus, als ob nie ein Beschluss der Art vorhergegangen, ohne weiteres Hermes den Auftrag ertheilt zu Kalypso zu geben; es bleibt der Widerspruch zwischen ε 23 f. mit dem Inhalt der ersten Götterberathung; es bleibt endlich unbegreiflich nicht nur ε 6, sondern schon V. 5, worin die Worte λέγε κήδεα πόλλ' Ὀδυσῆος überdies sich nicht einmal zu dem Inhalt der folgenden Rede selbst recht schicken, da V. 13—17, die von Odysseus reden, in dem Gedankenzusammenhange nur eine untergeordnete Bedeutung haben, während der Hauptinhalt ihrer Rede sich um die Undankbarkeit der Unterthanen des Odysseus dem Sohn gegenüber dreht. Alles dies scheint jedenfalls nur durch eine Störung des ursprünglichen Zusammenhanges der Erzählung erklärt werden zu können. Die Versuche derer, welche die Störung aus der späteren Einfügung der Telemachie in die Odyssee erklären, das Ursprüngliche herzustellen sind mannigfach; die weitgehendsten Kombinationen und Hypothesen findet man bei Wegener. Jacob sprach die Ansicht aus, dass ein genügender Zusammenhang zwischen den ersten vier Gesängen und der weiteren Erzählung zur Zeit der Pisistratiden nicht mehr vorhanden gewesen sei und diese denselben durch Einführung der zweiten Götterberathung herzustellen gesucht hätten. Aehnlich meint Bergk, dass der Eingang des fünften Gesanges frühzeitig untergegangen sei und ein Rhapsode, um diese Lücke zu ergänzen, ohne rechtes Verständniss die zweite Götterversammlung hinzugedichtet habe. 'Aber', bemerkt derselbe weiter, 'eines solchen müssigen Hülfsmittels bedurfte es nicht. Der Dichter der Odyssee wird ganz einfach den Faden der Erzählung, den er I, 95 abgebrochen hatte, wieder aufgenommen haben, indem er berichtete, wie Hermes sich in Folge des Beschlusses der Götter sofort zur Kalypso begab. Dann läuft also die Handlung vom fünften Buche

an parallel mit der Erzählung der vier ersten Bücher.' Damit
würden auch die Unzuträglichkeiten der Chronologie zwar nicht
vollständig beseitigt, aber doch gemindert.

8. Nauck Odyss. II p. IX vermuthet μηδ' statt καί.

13. ʽοἰκειότερον ἐν ʼΙλιάδι — B 721 — κεῖται περὶ Φιλοκτήτου.
νῦν δὲ ἔδει τετιημένος ἦτορ εἶναι.' Aristonic. ed. Carnuth p. 55.

28. Die meisten und besten Handschriften haben hier nicht
υἱὸν φίλον, wie gewöhnlich gelesen wird, sondern φίλον υἱόν.
Nauck Mélanges gréco-romains IV p. 102 f. sieht in dem gangbaren υἱὸν φίλον hier und λ 103 = ν 343. Ω 333 eine metrische
Correctur, der als gelinderes Heilmittel vorzuziehen sei φίλον υἱέα.

32 ff. Innerhalb der Rede des Zeus an Hermes werden umfassende Interpolationen angenommen: 32—40 von La Roche in
Zeitschr. f. oesterr. Gymn. 1863 p. 190, Wegener im Philologus
XXXV p. 421 f.; — 32—42 von Düntzer, hom. Abh. p. 415 und
Kammer die Einheit der Od. p. 237; — 33—40 von Hennings
Telemachie p. 154, Köchly de Odysseae carmin. diss. I p. 13;
— 39. 40 von Nitzsch Sagenpoesie p. 151. Dagegen hat sich
jetzt Düntzer Kirchhoff Köchly etc. p. 85 gegen die Athetese
ausgesprochen. — Die Verbindung von θεοί und ἄνθρωποι (oder
ἄνδρες) steht eben so wie hier als formelhafter Ausdruck in einem
negativen Satze η 247. ι 521. Λ 548. Σ 404, und in einem
affirmativen π 265. Λ 339. Θ 27. Ξ 233. Σ 107. Zu dieser
formelhaften Verbindung gehören auch Stellen wie β 211 ἴσασι
θεοὶ καὶ πάντες ʼΑχαιοί. Dieselbe Verbindung findet sich auch in
der Prosa: Beispiele bei Nägelsbach zu Λ 338. Aehnlich formelhaft (worauf Jacob Grimm in einem Bande von Haupts Zeitschrift
aufmerksam macht) werden die Begriffe Gott und Menschen in
der Sprache der mhd. Dichter zusammengestellt, indem sich dort
Formeln finden wie: daz ist Got unde mir bekant, ʽsei Gott und
mir willkommen' und ähnliche.

34. Σχερίη wird von manchen durch ʽFestland' (σχερός)
gedeutet. Ueber die Phäaken handeln August Kestner de Phaea-
cibus Homeri. Göttingen 1839, J. A. Hartung Rel. und Myth. der
Gr. II p. 28 f., Welcker die homerischen Phäaken und die Inseln
der Seligen, Gerland altgriech. Märchen in der Odyssee p. 10 ff.
Letzterer leitet p. 15 den Namen von φαϝ leuchten, glänzen ab
und deutet: die hellen, leuchtenden, Elben, Lichtelben.
Ueber Aristarch's Ansicht Lehrs de Arist. [2] p. 248. — Bekker [2]
und Nauck schreiben an Stelle der handschriftlichen Lesart ἤματι
κ' mit Eustathios und nach den Schol. ἤματι ohne κ' wegen des
Digamma in εἰκοστῷ.

36 = τ 280. ψ 339; das zweite Hemistichion auch I 155.
Wie mit περὶ κῆρι, so verhält es sich mit dem Zusammentreffen
von περὶ φρεσίν ξ 433. Π 157 und περὶ θυμῷ ξ 146. Φ 65. X
70. Ω 236 und περὶ σθένεϊ P 22. Dass in diesen vier Verbindungen

περί noch das ursprüngliche Adverbium sei, so dass durch beide
ein wenig **enger** zusammenhängende Begriffe, nemlich durch
περί und durch den Dativ der jedesmalige Verbalbegriff doppelt
verstärkt werde, dies wird bewiesen 1) durch die mehrmals vorkommende Trennung beider Worte wie ξ 146: περὶ γάρ με φιλεῖ
καὶ κήδετο θυμῷ. Φ 65 = Ω 236: περὶ δ' ἤθελε θυμῷ. Vgl.
zu β 80; 2) durch die anderweitige Analogie. So findet sich
beispielsweise a) περὶ — φιλεῖν θ 63. b) κῆρι φιλεῖν I 117.
c) περὶ κῆρι φιλεῖν ο 245. N 430. Ebenso a) περὶ — εἰδέναι β
88. b) φρεσὶν εἰδέναι β 231. c) περὶ φρεσὶν εἰδέναι ξ 433. Oder
auch a) περὶ τοι μένος (ἐστίν) μ 279. b) οὐκ ἔστι βίη φρεσίν Γ
45. c) τοῖσίν τε περὶ φρεσὶν ἄσπετος ἀλκή (ἐστίν) Π 157. Aehnlich
in andern Fällen. Wo περὶ unmittelbar vor dem Dativ steht,
lässt sich ἀμφ' ὀβελοῖσιν zu γ 462 und anderes vergleichen. Vgl.
Kuhl Quaestiones Homericae. Pars. I. Köln 1863 p. 11 sqq.

49. πέτεσθαι bildlich von jeder schnellen Bewegung gesagt,
wie α 320. θ 122. λ 208. B 71. K 514. N 755. O 150. Φ 247.
X 143. 198 und μ 203. ω 534. Oft steht es von Pferden; vgl.
den Anhang zu γ 484. — Uebrigens verwerfen Nitzsch Sagenpoesie p. 151 und Köchly de Odyss. carmm. diss. I p. 13 V.
47—49, vgl. dagegen Düntzer Kirchhoff Köchly p. 85. — Köchly
verwirft ferner 54 auf Grund der Schol.

64 ff. κλήθρη τ' αἴγειρός τε καὶ εὐώδης κυπάρισσος. Durch
diese Auswahl der Bäume hat der sinnige Sänger eine gefällige
Gruppierung und angenehme Mischung des verschiedenen Grüns
bewirkt. Ueber die Cypresse vgl. Hehn Kulturpflanzen und Hausthiere p. 192 ff. und sonst C. A. Böttigers kl. Schr. III S. 173 'Grotte
der Kalypso', und Netolička: Naturhistorisches aus Homer (Brünn
1855) S. 13. Ueber σκώψ auch Döderlein hom. Gloss. § 2359.
Auch die drei Arten der Vögel sind vom Sänger mit unbefangenem
und naturfrischem Sinne für die romantische Gegend der Nymphe
ausgewählt. Die σκῶπες 'Ohreulen' sind erwähnt, weil diese
Vögel die Einsamkeit lieben und durch ihr grosses und glanz-
volles Auge, ihr seidenartiges Gefieder und ihre possierlichen
Stellungen sich auszeichnen. Der Habicht ferner, ἴρηξ von ἱερός,
sacer ales bei Verg. Aen. XI 721, galt dem Alterthum als heiliger
Götterbote, als vorzüglichster Weissagevogel, und in der Hiero-
glyphenschrift der Aegypter als Symbol der Sonne. Die See-
kräben endlich durften auf einer Insel als die zahlreichsten Bewohner derselben natürlich nicht fehlen. Anders Gerland über
die Perdixsage und ihre Entstehung. Halle 1871 p. 11 ff., der
ἴρηξ nach den hesych. Glossen βάραξ βείραξ für ἱέραξ auf gvar
zurückführt und darunter einen 'gefrässigen' Seevogel versteht,
σκώψ aber zu σκώπτειν stellt und 'Spottvogel' erklärend, mit unserm
Kiebitz in Verbindung bringt. — V. 66 wird von Köchly de Od.
carmm. diss. I p. 15 ausgeschieden unter Widerspruch von Düntzer

Kirchhoff Köchly p. 86. — V. 68 vermuthet Nauck Odyss. II
p. IX ὑπέρ statt περί.

73. Hier wo die Neueren nach ihrem Sinne diese zauberische
Naturanlage mit verschwenderischen Farben ausmalen würden
(man vgl. beispielsweise die modernisierte Beschreibung dieser
Grotte im Télémaque von Fenelon), übergibt der alte Sänger der
Phantasie seiner Zuhörer nur mit einem einzigen Zuge den Total-
eindruck, der selbst für einen Unsterblichen in Staunen endete,
was dann mit wiederholtem ἔνθα durch Hermes bewiesen wird.
Vgl. auch Jordan das Kunstgesetz p. 36 ff., wo er bemerkt: 'Und so
wird denn durch dieses reizende kleine Paradies direct zwar die
Natur, in Wahrheit aber die innerste Seele des Odysseus gezeichnet,
denn seine Treue und Heimathliebe sind gross genug, um alle
diese Verlockungen, die sogar ein Gott entzückend findet, für nichts
zu achten.' — **70. 71.** Die vier Quellen erinnern an die Beschreibung
des Gartens Eden 1 Mos. 2, 10 ff.

82. ἔνθα πάρος περ, ohne dass das vorhergehende Verbum
wiederholt wird, stets wie ὅθι περ πάρος δ 627, wie das eilfmal
vorkommende ὡς τὸ πάρος περ, worüber zu ϑ 31, und wie οἳ
oder αἳ τὸ πάρος περ ρ 171. Ψ 480. Vgl. auch J. La Roche
hom. Stud. § 27, 1.

84. ὁ στίχος οὗτος περιττός· ὁ γὰρ προκείμενος ἀρκεῖ. H. P.
Der Vers ist im Vergleich zum vorhergehenden matt und verräth
sich als späteres Einschiebsel aus 158 schon durch das hier unhomerische Asyndeton.

86. σιγαλόεις und das bei Pind. Ol. III 4 vorkommende
νεοσίγαλος wird zurückgeführt auf ein Nomen σιγάλη 'Glanz', das
aus der Wurzel ΓΑΛ 'glänzen' und dem Präfixum ΣΙ (mit ver-
stärkender Bedeutung wie ἀρι und ἐρι) gebildet sei, von A. Göbel
de epithetis in -εις desinentibus p. 38 sq. und J. Savelsberg Quaest.
lexicol. (Aachen 1861) p. 5 not. 3. Vgl. dagegen Fick vergl.
Wörterb. p. 417, [3] II p. 286 unter svigalo, hell, schimmernd, der
as. svigli und ags. svêgle vergleicht. Anders Bezzenberger in seinen
Beiträgen IV p. 354 ff. Ueber die Bildung dieser Adjectiva zu τ
33. Beide Epitheta φαεινῷ σιγαλόεντι sind parallel verbunden;
vgl. den Anhang zu δ 1.

87 ff. In der folgenden Unterredung des Hermes mit der
Nymphe (bis 115) sieht Bergk griech. Literaturgesch. I p. 657
die 'mühselige Arbeit eines Spätlings', vgl. auch Wegener im
Philol. XXXV p. 422—425. — V. 91 fehlt in den besten Hand-
schriften mit Recht, denn er steht hier mit 86 in Widerspruch.
Die Alten verwarfen ferner 97. 98 als εὐτελεῖς κατὰ τὴν σύνθεσιν
καὶ κατὰ τὴν διάνοιαν, vgl. Aristonic. ed. Carnuth p. 57 (welches
Scholion Andere auf 94. 95 bezogen) und 105—111, vgl. Aristonic.
ed. Carnuth p. 57. Von den Neueren verwirft Düntzer Kirchhoff
Köchly p. 87 V. 91—95: 'an der Stelle von 91—96 stand un-

zweifelhaft ursprünglich ein Vers wie: τὴν δ' ἠμείβετ' ἔπειτα διάκτορος Ἀργειφόντης.', ferner Düntzer homer. Abhandl. p. 416 V 101—104, 107—111, 113—115, Nauck V. 103. 104, Köchly de Odysseae carmm. I p. 14 V. 108—111, Wolf, Bekker, Nauck u. a. 110. 111. — V. 87 will Cobet Miscell. crit. p. 334 an Stelle der Vocative Ἑρμεία χρυσόῤῥαπι die Nominative Ἑρμείας χρυσόῤῥαπις hergestellt wissen, auch Nauck vermuthet χρυσόῤῥαπις. — V. 100 vermuthet Bekker hom. Blätt. II p. 86 wegen des Digamma in ἐκών an Stelle von τίς δ' ἄν — τίς κε, ebenso **Nauck.** — 101. Zur Auffassung von ἄσπετον vgl. Nicanor ed. Carnuth p. 43: 'τοῦτο (ἄσπετον) δύναται κομματικῶς ἀναπεφωνῆσθαι κατ' εὐθεῖαν, ὡς ἐκεῖ „νήπιος, οὐ δὲ τὰ ἤδη". — εἰ δὲ συνάπτοιτο τοῖς ἄνω, αἰτιατικὴ ἐστιν.' — 103. οὖ πως ἔστι mit dem Accusativ und Infinitiv, wie noch β 310. ε 137. λ 158. ο 49. ϱ 12. σ 52. τ 555. 591. φ 331. Z 267. M 327. N 114. 787. Ξ 63. P 464. T 225. Υ 97. Ψ 670. — 110. Ueber die Epallelie der Aspirata in ἔφθιθεν vgl. Lobeck Parall. p. 46.

119. Vgl. Doerries über den Neid der Götter p. 31 ff., der auch hier den Grund des ἀγάασθαι der Götter in einer Verschuldung der davon betroffenen sieht: 'In der Verbindung mit einem Sterblichen giebt die Göttin zu seinen Gunsten das Höhere in ihrer Natur und Stellung preis, im geschlechtlichen Umgange mit dem sterblichen Manne ist ihr göttliches Wesen beleidigt, darum trifft den Mann, mit dem sie gesündigt, in der Regel der Tod. Vgl. Hymn. in Ven. v. 190.'

120. Zur Interpunction vgl. Nicanor ed. Carnuth p. 43 f.

121—124. Düntzer Kirchhoff Köchly p. 87 und La Roche in Zeitschr. f. oesterr. Gymn. 1863 p. 190 scheiden das Beispiel des Orion (121—124) als ungehörig aus. V. 123 f. wurden nach den Schol. schon von alten Kritikern verworfen, weil Artemis bei Homer nie Männer tödte. — 125. Ueber Ἰασίων vgl. H. D. Müller Mythologie der griech. Stämme II p. 348 f.

132 ff. Zu der Lesart des Aristarch ἕλσας 132, während Zenodot ἐλάσας las, vgl. Aristonic. ed Carnuth p. 58: 'ποιητικώτερον γάρ. ἕλσας μὲν τὸ συστρίψας, ἐλάσας δὲ τὸ ἐκ χειρὸς πλήξας.' Dagegen zieht Cobet Miscellan. crit. p. 271 ἐλάσας vor: 'Jupiter navim fulmine ictam diffidit', und ebenso Nauck, dagegen Bekker ἕλσας. — 133. 134 fehlen bei Eustathios und sind von Bekker, Köchly de Odysseae carmm. diss. I p. 14 und den meisten neueren Kritikern verworfen.

139. ἐποτρύνει καὶ ἀνώγει. Verbindung dieser zwei Verba im Versschluss wie κ 531. Z 439. K 130. O 43. 148. 725. — Ueber ἔῤῥειν vgl. Lehrs de Arist. ² p. 102.

140 ff. Zur Erklärung von ἐγώ γε vgl. den Anhang zu A 282. — V. 141. 142 werden von Köchly de Odysseae carmm. I p. 14 verworfen, Düntzer Kirchhoff Köchly p. 85 möchte die Athetese auf 140—44 ausdehnen.

152. αἰών steht im Nominativ stets am Versende: 160. η 224. *Δ*
478. *E* 685. *I* 415. *Π* 453. *P* 302.   Die einzige Ausnahme ist *T* 27.

156. Das ἄμ, welches αἱ Ἀριστάρχου hatten, ist hier malerischer
und der poetischen Anschauung von der Localität entsprechender
als das gewöhnliche, auch von Bekker beibehaltene ἐν, wozu man
ausserdem vorher nicht ἐπ' ἀκτῆς, sondern ἐν ἀκτῇ erwartete.

157. Fehlt hier in den besten Quellen (bei Eust., im Harl.,
Vind. 56 und 307 u. a. vgl. La Roche) mit Recht: denn er ist
aus 83 sprachwidrig eingefügt in Bezug auf die Participia.

164. Brieger im Philol. XXIX p. 209 setzt nach αὐτῆς 163
ein Komma und verbindet ὑψοῦ mit dem folgenden Finalsatze (vgl.
§ 297.) in dem Sinne: dass er nie mit dem Floss unter Wasser
komme, also 'sicher und trocken'. Vgl. dagegen Nicanor ed.
Carnuth p. 44.

168 ff. Hier geben zwei Handschriften bei La Roche (D K.)
ἣν πατρίδα statt σὴν π., vgl. Brugman ein Problem der homer.
Textkritik p. 72 und 115. — 169. 170 werden von Düntzer
Kirchhoff Köchly p. 87 verworfen, 171—191 von van Herwerden
quaestiunculae ep. et eleg. p. 42 f. Letzterer nimmt besonders
179 an αὐτῷ und ἄλλο Anstoss, welche χ 344 ihre treffende Beziehung haben, hier aber unverständlich seien, sowie 190 an αὐτῇ,
glaubt aber, dass 179. 187, sowie χ 344 die ursprüngliche Lesart
βουλευέμεν, nicht βουλευσέμεν sei, da der Infinitiv fut. hier nicht
zu μήδεαι 173, dort nicht zu der Situation passe. — 178. Lange's
(der homerische Gebrauch der Partikel εἰ I p. 463) Erklärung
von εἰ μή — τλαίης — ὀμόσσαι lautet: 'gesetzt das Zugeständniss:
fern sei der gesetzte Fall, du möchtest es über dich gewinnen
zu schwören', wobei ἀέκηθι σέθεν gefasst wird: trotz deines
Willens (γ 213. π 94). Gegen diese Erklärung hat sich Zechmeister in der Zeitschr. f. d. oesterr. Gymn. 1877 p. 615 ausgesprochen.

182. Die gewöhnlich angenommene Bedeutung von ἀλιτρός
Schelm, Schalk verwerfend, versteht Fröhde in Bezzenberger's
Beiträgen III p. 18 das Wort in dem Sinne von unbillig, un-
gerecht. — 183. Nicanor ed. Carnuth p. 45: 'ἀφ' ἑτέρας ἀρχῆς
ἀναγινώσκειν βέλτιον, ἵνα θαυμασμὸν μᾶλλον παραστήσωμεν.' Danach
ist das übliche Komma nach εἰδώς 183 in ein Kolon verwandelt.

187. Zur Infinitivconstruction nach der Schwurformel vgl.
Bekker hom. Blätt. I p. 224 und zur Bedeutung von ὅρκος den
Anhang zu *K* 332.

197 und 199 werden verworfen von Düntzer Kirchhoff Köchly
p. 87, auch Nauck bezeichnet dieselben als *spurii?*

204. οὕτω δή steht ähnlich im Anfange *B* 158. *O* 553.
Vgl. Philol. XXVII p. 518. Angeführt und erläutert bei Demetr.
de eloc. 57.

205. Das σὺ δὲ χαῖρε καὶ ἔμπης hat A. Rhode Homer. Mis-

cellen (Moers 1865) p. 30 mit Recht also erläutert: aber dennoch
lebe wohl. Obgleich sie darüber ungehalten ist, dass er sie verlassen will, mag sie ihm ein freundschaftliches Abschiedswort doch
nicht versagen.' Uebrigens hält Düntzer homer. Abhandl. p. 416
die Worte von σὺ δὲ χαῖρε 205 bis ἀθάνατός τ' εἴης 209 für eingeschoben, wofür ursprünglich dagestanden habe etwa: νῦν ἐθέλεις
ἰέναι, ἱμειρόμενός γε ἰδέσθαι und verwirft weiter 221—224 und
300—302. Anders urtheilt derselbe Kirchhoff Köchly p. 88, wo
er 206—213 verwirft, die übrigen Athetesen jedoch aufrecht hält.
— 206 hat Bekker statt des überlieferten εἴ γε μέν aus Conjectur
εἰ μήν geschrieben, so vermuthet auch Nauck, vgl. Cobet Miscell.
crit. p. 301, der μέν beibehalten wissen will. — Eine Handschr.
hat hier ᾗσι φρεσίν statt σῇσι φρεσίν, vgl. darüber Brugman ein
Problem der homer. Textkritik p. 75 und 112.

    217. Zur Etymologie von ἄκιδνος vgl. Clemm in G. Curtius
Stud. VIII p. 99, welcher dasselbe aus dem Stamm ἀκι-δ ableitet
= *acutus,* tenuis, imbecillus.

    236. An Stelle von εὖ ἐναρηρός vermuthet Nauck: ἦεν ἀρηρός.
    240 ff. Düntzer Kirchhoff Köchly p. 88 f. verwirft 240—243.
— V. 243 verwirft Cobet Miscellan. crit. p. 304 die Form ἤνυτο
und verlangt ἤνετο, wie Nauck geschrieben hat.

    246. In der Erklärung der folgenden Beschreibung des Schiff-
baus liegt die Ausführung von Grashof u. Brieger im Philol. XXIX
p. 193 ff. zu Grunde. Eine wesentlich abweichende Erklärung
giebt jetzt Goebel Lexilog. I p. 548 ff., vgl. auch Jordan in der
Odysseeübersetzung p. 481 ff. und in den Jahrbb. f. Philol. 1873
p. 83 ff. Brieger verdächtigt übrigens 246 und 247, vgl. Aristonic.
ed. Carnuth p. 59, und vermuthet 248 ἁρμονιῆς συνάρασσεν für
ἁρμονίῃσιν ἄρασσεν.

    253. Ueber ἐπ-ηνεγκ-ίδ-ες vgl. G. Curtius Etym. ⁴ p. 309,
über die Lesart des Rhianos ἐπιτανίδεσσι oder ἐπητανίδεσσι Mayhoff
de Rhiani Cretensis stud. Hom. p. 67.

    256. Nauck vermuthet σύλην unter Vergleich von Zeitschr.
f. vergl. Sprachwiss. X p. 66 an Stelle von ὕλην.

    272. Πληιάδες, aus πελειάδες gebildet, betrachteten die alten
Griechen als eine Flucht wilder Tauben, die aus Furcht vor dem
Jäger Orion sich um die Mutter ducken: der alte Römer nannte
das Gestirn die sieben Ochsen *triones;* wir nennen es im
Volksleben die Gluckhenne. Auf der entgegengesetzten Seite
ist der Βοώτης, der schon bei Hesiodos von den beiden Bärinnen
am Himmel der Ἀρκτοῦρος der 'Bärenhüter' genannt wird. Zwischen
Πληιάδες und Βοώτης liegt ἄρκτος die Bärin, die weil sie stets
an demselben Orte sich herumdreht, auch Ἑλίκη heisst. Denn
der an den Himmel versetzte Jäger Orion will die wasserliebende
'Bärin' nicht zum Okeanos herablassen, um sich daselbst zu baden.
Aus allem ersieht man, dass der alte Jäger und Landmann seine

irdische Welt auch am Himmel suchte und fand. Uebrigens beachte
man Vers 272 die vier weiblichen Verseinschnitte hintereinander.
Zur Erklärung der sprachlichen Ausdrücke ist sachlich folgendes
zu beachten: '1) Wenn man vom Orion und dem grossen Bären
gerade Linien nach dem unbeweglichen Polarstern gezogen denkt,
so stehen diese auf einander senkrecht oder astronomisch gesprochen:
der Orion hat 90^0 mehr Rektascension als der grosse Bär. 2) Orion
ist ein Sternbild des Aequators, und 3) für Beobachter in der
Breite Nordgriechenlands berührt der grosse Bär in seinem nördlichsten also niedersten Punkte den Horizont. Die Folge, die sich
hieraus für den Beobachter dortiger Gegenden ergibt, ist a) die,
dass zu jeder Zeit des Jahres, in der überhaupt der grosse Bär
in seinem nördlichsten und also auch niedersten Punkte beobachtet
werden kann, er an diesem immer genau dann eintrifft, wenn der
Orion im Osten aufgeht, und dass also beide zugleich von ihrem
niedersten Punkt am Himmel sich erheben; und b) die, dass dieses
dem Bären gegenüber bei keinem andern Sternbild als dem
Orion der Fall ist.' Prof. Dr. Hans Pfaff in Erlangen. — In
Bezug auf die Worte λοετρῶν Ὠκεανοῖο 275 hat G. Autenrieth
noch folgendes bemerkt: 'Diese Stelle, wo der Nordhorizont ohne
weiteres durch Okeanos bezeichnet wird, beweist, dass diese Partie
an der kleinasiatischen Küste oder auf den Inseln entstanden sein
muss.' — V. 275 gibt Düntzer αἰεί statt des überlieferten οἴη.
Uebrigens verwirft Düntzer Kirchhoff Köchly p. 89 V. 272—277.

277. Das substantivierte ἀριστερά findet sich bei Homer nur
mit vorgesetztem ἐπί. Krüger Di. 43, 4, 2. Und zwar steht ἐπ'
ἀριστερά ohne beigefügten Genetiv γ 171. B 526. H 238. M 201.
219. 240. Ebenso ἐπὶ δεξιά H 238. M 239. Mit χειρός, wofür
Nauck indess nach einer Handschr. und Schol. νηός schreibt, findet
es sich nur hier, nachgeahmt hymn. in Merc. 153 ἐπ' ἀριστερὰ
χειρός, und Arat. Phaenom. 278 κατὰ δεξιὰ χειρός. Dagegen tritt
es öfters bei Homer in Verbindung mit andern Genetiven, nemlich
μάχης ἐπ' ἀριστερά E 355. Λ 498. N 765. P 116. 682. νηῶν ἐπ'
ἀριστερά M 118. N 675. ἐπ' ἀριστερὰ τοῖιν Ψ 336. ἐπ' ἀριστέρ'
ἔχε στρατοῦ N 326. Diese Substantivierung mit abhängigem Genetiv
ist dann auch in die Prosa übergegangen, wie Xenoph. Anab. I
8, 4 τὰ δεξιὰ τοῦ κέρατος, wo Kühner ähnliches beibringt. Ohne
Grund wird dieses formelhafte ἐπ' ἀριστερά als besondere Eigenthümlichkeit betrachtet von C. Giseke Hom. Forschungen (Leipzig
1864) S. 187 und anderwärts.

278 ff. Kammer die Einheit der Odyssee p. 242 ff. nimmt
daran Anstoss, dass Odysseus in den 18 Tagen seiner Fahrt niemals
geschlafen habe und vermuthet, dass die Angabe der 21 tägigen
Fahrt ε 278. ζ 170—174. η 267—269 erst nachträglich von
Rhapsoden in die Erzählung hineingebracht sei: ursprünglich sei
die Anzahl der Tage, die Od. auf seinem Fahrzeug zugebracht,

nicht angegeben, sondern nur bemerkt, dass er zwei Tage und
darüber auf dem Meere geschwommen sei, bis er Land gesehen
habe. Da derselbe überdies wahrscheinlich zu machen sucht, dass
Odysseus nicht schon jetzt das Land der Phäaken gesehen habe,
sondern ohne Kenntniss davon zu haben zu demselben gelangt sei,
so verwirft er ausser ε 278—81 auch ε 345 und 358 f. Auch
Bergk griech. Literaturgesch. I p. 658 sieht in jenen 18 Tagen
nur die Uebertreibung eines Rhapsoden und vermuthet durch
Kombination, dass die ursprüngliche Zahl der Tage der Meerfahrt
nur 7 betragen habe, von dem Rhapsoden aber auf 17 erhöht sei,
der Diaskeuast aber weiter (388) noch die zwei Tage hineingebracht habe. Vgl. dagegen Bischoff im Philol. XXXVII p. 164 ff.,
auch Jordan in der Uebersetzung der Odyssee p. 485.

281. Das ὅτ᾽ ἐρινόν, statt des gewöhnlichen auch von Bekker
und Nauck beibehaltenen ὅτε ῥινόν, gibt Aristarch mit Recht, vgl.
übrigens Aristonic. ed. Carnuth p. 60. Denn ὅτε ῥινόν ist theils
wegen des Gedankens, theils wegen der Kürze der ultima in ὅτε
höchst anstössig, weil vor dem digammierten ῥινός oder ῥινόν
(wie K 155. Anthol. IX 328, 4) der vorhergehende kurze Vocal
sonst überall gedehnt erscheint: ε 426. μ 46. χ 278. E 308. H 474.
K 155. M 263. N 406. Π 636. Was aber das Bild betrifft,
so bemerkt Dr. Brieger: 'Aristarch's Lesart ὅτ᾽ ἐρινόν (= ἐρινεός) ist
höchst ansprechend, wenn man den Gedanken des Aristarch nur richtig
erfasst. Dem grossen Kritiker ist es natürlich nicht eingefallen,
den Dichter ohne weiteres einen Berg mit einem Baume vergleichen
zu lassen; nach ihm sagt Homer: sie erschienen (die ὄρεα σκιόεντα
γαίης Φαιήκων), wie wenn ein Feigenbaum auf luftfarbenem Meere
— sichtbar wird.' Hiernach ist der Commentar gestaltet. Faesi
conjicierte ὅτε τε ῥίον ἠεροειδέι πόντῳ und begründete seine Conjectur
im Vorwort S. XXX. Andere wie J. La Roche in der Z. f. d.
österr. Gymn. 1859 S. 220 und Knös de digammo Hom. III p.
302 nehmen hier mit Hesych. ἔρινον für νέφος. Aber in der
'Unterrichtszeitung für Oesterreich' 1864 S. 181 ist J. La Roche
geneigt, die als Lemma des Vind. 56 und im Schol. Par. bei
Cramer An. Par. III 17, 14 erwähnte Schreibweise ὥς τε ῥινόν
den übrigen vorzuziehen.

290. An Stelle von ἐλάαν vermuthet Cobet Miscell. crit. p.
309 ἰάαν von ἰῶ satio.

294. Anders ist die Darstellung in Verg. Aen. I 89. Die
Form ὀρώρει bildet ausser in diesem Hemistichion und in M 177,
sonst überall den Versschluss.

295. Den Plural ἔπεσον finden wir auch Verg. Aen. I 85:
una Eurusque Notusque ruunt.

296. Ueber αἰθρηγενέτης, das andere mit 'kältezeugend von
αἰθρος' erklären, vgl. Spitzner und Döderlein zu O 171. Meineke
in Anal. Alex. p. 86. Auch Lehmann zur Lehre vom Locativ bei

Homer p. 8. Ueber die Lesart αἰϑρηγενεής, welche Rhianos und Aristophanes gaben, Mayhoff de Rhiani stud. Hom. p. 50 f.

300. Ueber μή mit Ind. Aor. vgl. Vierke de μὴ particulae cum indicativo conjunctae usu antiquiore. Lips. 1876 p. 14 f., welcher nach δείδω Kolon setzen will, so dass der μησatz als selbständiger Ausdruck der Besorgniss zu fassen sei. Ueber die Athetese von 300—302 vgl. zu 205.

308. Die älteste Odysseehandschr. bei Gotschlich in den Jahrbb. f. Philol. 1876 p. 25 hat καὶ δή, nicht ὡς δή.

314. Die Form ἐλελίζειν verwerfend, will Cobet Miscell. p. 278 an Stelle von ἐλέλιξεν überall herstellen ἐϜέλιξεν. — 315 las Rhianos αὐτὸν βάλε (sc. κῦμα) an Stelle von αὐτὸς πέσε, vgl. darüber Mayhoff de Rhiani Cretens. stud. Hom. p. 67 f. — Eine andere Erklärung von ἐπίκριον (= Verdeck) und Auffassung der Stelle giebt Goebel Lexilog. I p. 551 f.

316. Die Sprechweise, als Act der Thätigkeit auch das darzustellen was jemand erleidet, findet sich bei ἰέναι und dessen Compositis, βάλλειν, χέειν, λανϑάνεσϑαι, ὑποδέχεσϑαι usw. mit den bezüglichen Objecten und in ähnlichen Verbindungen; vgl. die Beispiele und Noten zu δ 114. ι 22. κ 236. λ 279. 423. μ 350. ν 310. π 191. τ 468. φ 126. χ 84. 327. ψ 33. M 205. 221. P 299. 619. Φ 115. Vgl. auch Fritzsche zu Theokr. V 93. Schneidewin zu Soph. Oed. Col. 149 f.

321. An Stelle des handschriftl. γάρ ῥ᾽ ἐβάρυνε vermuthet Bekker hom. Blätt. I p. 319 γάρ Ϝ᾽ ἐβάρυνε, so Nauck γάρ ἑ βάρυνε.

331. In der Erklärung des Infinitivs folge ich der Ausführung von Meierheim de Infinitivo Hom. I p. 40 f.

333 ff. Die ganze Erzählung von der Leukothea 333—367 wird nebst den darauf bezüglichen Versen 373 und 459—463 von Düntzer homer. Abhandl. p. 417 und Kirchhoff Köchly p. 89 f. als unmotiviert, fremdartig und müssig verworfen. Auch Bergk griech. Literaturgesch. I p. 671 äussert Zweifel gegen die Ursprünglichkeit der Erzählung: 'Allein die Episode ist so eng mit der übrigen Erzählung verflochten, dass sie nicht ohne weiteres sich ausscheiden lässt.'

334. Statt αὐδήεις hat Düntzer hier und an den bezüglichen Stellen (ξ 125. κ 136. λ 8. μ 150. 449) das Adjectiv οὐδήεις aufgenommen, von οὖδος oder οὖδας gebildet, so dass er es im Sinne von ἐπιχϑόνιος verstanden wissen will. Vgl. denselben in 'Die hom. Beiwörter des Götter- und Menschengeschlechts' S. 19 ff. Dies οὐδήεις ist eine Conjectur des Aristoteles: vgl. Lehrs de Arist. [2] p. 41. Anderes hat J. La Roche hom. Textkritik p. 208 f. zusammengestellt. — 335. Die Schreibung ἒξ ἔμμορε nach Bekker hom. Blätt. II p. 37.

337. 'οὐκ ἐφέρετο ἐν τοῖς πλείοσιν': Aristonic. ed. Carnuth p. 60, dagegen steht der Vers in allen Handschr. bei La Roche.

Er ist aus 352. 353 sprachwidrig hineingedichtet. Denn ἐικυῖα ist stets digammiert, λίμνη 'die Meeresbucht' hier ungehörig, ποτῇ 'im Fluge' beim Auftauchen eine unhomerische Verbindung und Vorstellung, wenn der Interpolator nicht etwa ποτῇ als ein Adjectiv zu αἰθυίῃ nahm; endlich ist ἀνεδύσετο mit Genetiv bedenklich, worüber Merkel Proll. in Apoll. p. CXXII. Aristarch gab ὑπεδύσατο, was mit λίμνης nach der zu ζ 127 berührten Sprechweise vereinigt ist. Vgl. jetzt J. La Roche in der 'Unterrichts-Zeitung für Oesterreich' 1864 S. 205 f.

344. Die Erklärung von νόστου in dem allgemeineren Sinne von 'Ankunft' ist gegeben nach G. Curtius in den Leipziger Studien 1878, I p. 143 ff. Uebrigens verwirft Kammer die Einheit p. 239 V. 345, weil Odysseus nach ζ 119—26 von dem Lande der Phäaken nichts weiss, und erst ζ 194 f. von Nausicaa darüber unterrichtet wird. Weiter sind dann auch die Verse 458 f. auszuscheiden.

350. αὐτὸς δ' ἀπονόσφι τραπέσθαι. Denn ein göttliches Wunder soll man nicht ergründen wollen. Auch nach späterem Glauben darf man bei sympathischen Handlungen nicht hinsehen. Aehnlich Theokr. XXIV 95: ἂψ δὲ νέεσθω ἄστρεπτος, Orpheus und Eurydike, und ähnliches. Diese Worte benutzt Plutarch reip. ger. praec. c. 26 p. 819ᵉ.

357. ὅ τε fasse ich mit Pfudel Beiträge zur Syntax der Kausalsätze p. 34, wie O 467 als Masculinum des Relativum, wie es Aristophanes gefasst zu haben scheint. Dagegen schreibt Capelle im Philol. XXXVI p. 206 ὅτε, welches er in der vorauszusetzenden ursprünglichen, vortemporalen Bedeutung 'in der Beziehung dass' fasst: 'so dass Odysseus hier mit dem ὅτεsatz angibt, inwiefern er fürchtet, dass ein Gott ihm eine Falle stelle'. Dieselbe Bedeutung nimmt er ausserdem an: Δ 518. P 627. Π 433. δ 263. Vgl. auch den Anhang zu O 468.

361. Ueber die Verbindung von ἄν κεν vgl. Voss zu Arat. Phänom. 561. Bäumlein über die griech. Modi S. 368 f. Ueber die Wiederholung des κέ zu δ 733. Nauck vermuthete in den Mélanges Gréco-Romains III p. 15 f., dass alte Diorthoten ὄφρ' ἂν μέν des Metrum wegen statt ἕως μέν gesetzt hätten und herzustellen sei ἧος μέν, vgl. den Anhang zu Δ 187 und Ξ 245.

364. Zu ἐπεὶ οὐ vgl. Hoffmann Quaest. Hom. I p. 72. Gut vermutet Cobet aus Schol. H. M. T., dass die ursprüngliche Lesart ἐπεὶ οὐ μέν μοί τι gewesen sei, Nauck: μήν μοί τι und praefat. Bd. II p. IX: νήξομαι· οὐ μὲν γάρ τι. In προνοῆσαι hat das πρό die Beziehung auf das Floss: πρὸ τοῦ διατιναχθῆναι τὴν σχεδίαν.

368 ff. An Stelle des handschr. ἤιων hält Cobet Miscell. crit. p. 262 die zusammengezogene Form ἧων für die homerische. Die gewöhnliche Deutung des Wortes (Spreu) verwerfend versteht

Goebel Lexilog. I p. 52 f. dasselbe in dem Sinne von Getreide, dagegen Froehde in Bezzenberger's Beiträgen III p. 11 trockene Halme, und Jordan in der Odysseeübersetzung p. 485: die im Felde zu einer Hocke zusammengestellten Garben.

381. Ueber *Αἰγαί* und *Ἑλίκη* in Achaja vgl. Θ 203. N 21. Υ 404. Die Entfernung des Raumes hat für Götter, die durch die Luft fahren, nirgends eine Schwierigkeit. Andere verstehen hier und N 21 unter *Αἰγαί* die zwischen Tenos und Chios gelegene kleine Felseninsel, die einen Tempel des Poseidon hatte und von der einige den Namen des ägäischen Meeres herleiteten. — Uebrigens verwirft Düntzer Kirchhoff etc. p. 90 auch das Eingreifen der Athene 382—387; V. 384 wird von Nauck als spurius? bezeichnet.

385. *πρὸ δὲ κύματ' ἔαξεν*, nachdem vorher die Wogen durch die verschiedensten Winde **gegen einander** gestossen waren und so dass Schwimmen nach **einerlei Richtung hin** unmöglich gemacht hatten; oder wie Tacit. ann. II 23 **sagt:** *postquam incerti fluctus variis undique procellis desierunt, omne caelum et mare omne in aquilonem cessit.*

391. *ἡ δὲ γαλήνη* ist die Lesart des Aristarch, wofür andere *ἠδὲ γαλήνη* lesen, was Bekker beibehalten hat. Vgl. die Bemerkung des Aristonikos zu O 127.

393. Ueber die von Nauck gebilligte Lesart des Rhianus *ἐπὶ* statt *ὑπὸ* vgl. Mayhoff de Rhiani Cretensis stud. Hom. p. 52.

402. *ῥόχθει γὰρ μέγα κῦμα ποτὶ ξερὸν ἠπείροιο.* Mit dem wiederholten Aussprechen dieses Verses hat Demosthenes, wie Zosimos im **Leben** desselben (bei A. Westermann Vitarum script. p. 299) erzählt, seinen *τραυλισμός* überwunden, weil der Vers ein gehäuftes *ῥ* enthält. Die Rauhheit dieses Buchstabens dient in unserm Verse besonders zur onomatopoietischen Bezeichnung der an das Ufer brandenden Wogen.

409. Die älteste Odysseehandschr. bei Gotschlich in Jahrbb. f. Philol. 1876 p. 25 giebt *ἐπέρασσα*, wie Marc. 613 und and. Hdschr.

415 f. Die Fälle, wo an einen *μή*satz im Conjunctiv ein Satz im Futurum anschliesst zur Angabe der nach Verwirklichung der Besorgniss zu erwartenden Folge, sind: Ψ 341 f. π 87. ε 415 f. E 487—489. Φ 563—565. X 123 f. Mit Ausnahme der letzten beiden Stellen schliesst sich der *μή*satz an eine Ausführung, welche **die in** demselben ausgesprochene Befürchtung vorbereitet, so dass **vor** *μή* passender mit Kolon, als mit Punkt interpungiert wird. Der **mit** *δέ* angeschlossene futurische Satz ist als parataktischer Nachsatz zu **fassen**, das Futurum aber keineswegs mit manchen Herausgebern **als Vertreter** eines Optativs mit *ἄν*, sondern in eigentlicher Bedeutung nicht anders, als im Nachsatze nach *αἴ κε* mit Conjunctiv, indem die zu gewärtigenden Folgen der befürchteten Handlung unbedingt ausgesprochen werden, wie so das Futurum

selbst da steht, wo die Handlung, deren Folge im Futurum bezeichnet wird, als nicht eintretend bezeichnet ist: zu Γ 412.

421—423 werden verworfen von Düntzer homer. Abhandl. p. 418 und Kirchhoff Köchly p. 86. Gegen 421. 422 äussert auch Nitzsch in den erklärenden Anmerkungen zur Stelle Zweifel. 426 ff. V. 426 und 427 werden von Köchly de Odyss. carmm. I p. 16, Düntzer Kirchhoff Köchly p. 87 und Nauck verworfen. Düntzer verwirft ausserdem 436 f. Dagegen sah Nitzsch erklärende Anmerk. II p. 66 f. in den V. 427—436 eine Interpolation, was von Düntzer und Köchly bestritten wird. Jordan in der Uebersetzung der Odyssee p. 486 ist Nitzsch gefolgt. Allerdings sind 426 f. verglichen mit 434 f. sehr auffallend, auch erregt das zweimalige Eingreifen der Athene in unmittelbarer Folge Verdacht, indess sind beide Erzählungen nicht völlig unvereinbar, da die Einwirkung der Athene doch das Schlimmste der drohenden Gefahr, das Abschinden der Haut am ganzen Leibe, und das Zerschmettern der Gebeine verhütet. — 430. παλλιρρόθιον erklärt Goebel Lexilog. I p. 380 abweichend von der gewöhnlichen Auffassung: zurückstürmend, sich zurückschwingend. — 439. Zur Erklärung des εἰsatzes vgl. L. Lange der homer. Gebrauch der Partikel εἰ I p. 404 f.

443. Düntzer homer. Abhandl. p. 417 und Kirchhoff Köchly p. 90 f. verwirft das Gebet an den Flussgott als ungehörige Ausschmückung und will an die Worte λεῖος πετράων 443 unmittelbar ὁ δ' ἄρ' ἄμφω γούνατ' ἔκαμψεν 453 schliessen.

448. ἀνδρῶν ὅς τις. Der Genetiv steht vor dem Relativum, von welchem er abhängt: β 128. γ 185. δ 613. ϑ 204. ι 94. λ 179. ξ 106. 221. ο 25. 35. 395. π 76. σ 289. τ 528. H 50. Λ 658; der vorgesetzte Genetiv ist von dem regierenden Relativum getrennt β 294. ζ 257. ω 215. H 74. M 13. Der dem Relativ nachfolgende und durch andere Worte getrennte Genetiv findet sich α 401. γ 401. δ 196. η 156. 322. λ 147. σ 286. Δ 232. O 494. 743. Vgl. Fr. Otto Beiträge zur Lehre vom Relativum bei Homer. Th. 1 (Weilburg 1859) S. 10. — 449 f. Ueber den Zusammenhang von ἱκέτης mit ἱκνέομαι und ἱκάνω vgl. L. Meyer in Kuhns Zeitschr. XXII p. 54.

453 f. Zu der Bezeichnung ἐς ποταμοῦ προχοάς vgl. Aristonic. ed. Carnuth p. 62. — 455 vermuthet Nauck: πάνϑ', ἅλμη δ' ἀνεκήκιε an Stelle von πάντα, ϑάλασσα δὲ κήκιε. — In 456 vermuthet Wackernagel in Bezzenberger's Beitr. IV p. 302 ἀνάπνευστος für ἄρ' ἄπνευστος.

459. ἀπὸ ἶο als stabile Dehnung vor dem digammierten ἶο, ursprünglich σϜἑο, findet sich stets an derselben Versstelle: ι 398. 461. φ 136. 163. E 343. N 163. T 261; und zu η 217. Vgl. W. Christ Gr. Lautl. S. 207 und wegen des ursprünglichen σϜἑο Oscar Meyer Quaest. Hom. p. 65 sq.

467. Die acht Stellen, wo ϑῆλυς als Femininum erscheint,
sind hier und ζ 122. κ 527. 572. E 269. K 216. T 97. Ψ 409.
Dies zu Krüger Di. 22, 6, 2. Zur Deutung des Wortes an dieser
Stelle vgl. Schmidt Synonymik der griech. Spr. II p. 402, welcher
erklärt: weich, im Gegensatz zu dem harten Reif.

469. Zu αὔρη vergleiche man was Herod. II 27 vom Nil erzählt. Ebenso aura fluminis bei Liv. XXI 54. — Ueber ἠῶϑι
πρό, wo πρό im Sinne von πρωΐ steht, vgl. Lobeck Elem. II p.
249. Dieses adverbiale πρό steht ebenso verbunden in der räum-
lichen Bedeutung 'vorn' in Ἰλιόϑι πρό ϑ 581. Θ 561. K 12.
N 349 und in οὐρανόϑι πρό Γ 3. Krüger Di. 19, 3, 1. Und
diese Verbindungen bilden überall den Versschluss. Ausführlich
behandelt den Sinn derselben C. H. Eickholt Quaestionum Homeri-
carum specimen (Wesel 1860) p. 1 bis 19. Dagegen vermuthet
Nauck ἠῶϑεν πρώ.

471. Man liest hier gewöhnlich den Conjunctiv μεϑείη oder
μεϑήῃ neben ἐπέλϑῃ, während die meisten und besten Handschriften
den Optativ μεϑείη, viele auch ἐπέλϑοι bieten. Nur Kayser schreibt
den Optativ μεϑείη neben dem Conjunctiv ἐπέλϑῃ und diese Lesart
billigt auch L. Lange der hom. Gebrauch der Part. εἰ I p. 389 f.,
indem er bemerkt: 'Der Conjunctiv ist unzulässig, weil er das
einzige Beispiel sein würde, wo nicht εἴ κε c. Conj., sondern εἰ c.
Conj. in postpositiven Erwartungssätzen nach einem präsentischen
Tempus stände'. Beide Gelehrte lassen den Satz εἰ — καταδράϑω
durch γλυκερός — ἐπέλϑῃ fortgeführt werden und erklären den
dazwischen geschobenen Satz εἰ — μεϑείη, Kayser: sofern, wenn
vielleicht — mich verliesse, Lange als postpositiven Wunschsatz.
Die letztere Auffassung würde zutreffen, wenn καταδράϑω, wie
Lange will, vom Niederlegen zum Schlaf, nicht vom Schlafen
selbst verstanden werden müsste. Diese Bedeutung kommt dem
Verbum trotz der Lexica, welche nur die Bedeutungen einschlafen
und schlafen angeben, ohne Zweifel η 285 und wohl auch ϑ
296 zu und würde auch hier an sich neben ϑάμνοις ἐν πυκινοῖσι
annehmbar sein, wenn nicht der Gegensatz in dem vorausgehenden
εἰsatze 466 δυσκηδέα νύκτα φυλάσσω es wahrscheinlicher machte,
dass καταδράϑω vom Schlafen selbst verstanden sei, wie ψ 18.
Ein weiteres Bedenken gegen Lange's Auffassung entsteht bei
näherer Betrachtung des Satzes, der den Satz εἰ—καταδράϑω fortsetzen soll: γλυκερός—ἐπέλϑῃ. Dieser ist nämlich sowohl nach
seinem Inhalt durch die doppelten Gegensätze der Subjecte, wie
der Prädicate, als auch durch die chiastische Stellung der Worte
mit dem zunächstvorhergehenden optativischen εἰsatze so eng verbunden, dass er von demselben nicht getrennt werden kann. Ist
danach auch in diesem der Optativ ἐπέλϑοι, den neben andern
Handschriften auch der treffliche Marc. 613 bietet, zu lesen,
so bleibt für die Auffassung des optativischen εἰsatzes als Wunsch-

satz kein Raum mehr und ist vielmehr die im Kommentar gegebene
Erklärung anzunehmen, wofür *A* 60 und β 43 Analogien bieten.
Für diese Erklärung hat sich auch Zechmeister in der Zeitschr.
f. d. österr. Gymn. 1877 p. 615 ausgesprochen.
476. An Stelle des handschriftlichen ἄρ᾽ ὑπήλυθε vermuthet
Nauck ὑπεδύσετο. — **477.** Zur Interpunction vgl. Nicanor ed.
Carnuth p. 46.
485. Ueber die Concessivsätze mit εἰ καί vgl. L. Lange der
homer. Gebrauch der Part. εἰ I p. 470 f.
488. Die in diesem Gleichniss für die Erklärung sich bietenden
Eigenthümlichkeiten und Schwierigkeiten bespricht Friedländer
Beiträge zur Kenntniss der homerischen Gleichnisse. II. Berlin
1871 p. 18 f. — **489.** Die Negation μή in Relativsätzen erörtert
Vierke de μή particulae cum Indicativo conjunctae usu antiquiore,
Lips. 1876 p. 38 ff., welcher übrigens bei πάρα nicht den Conjunctiv
ἔωσιν, wie δ 165 und ψ 119, sondern den Indicativ εἰσίν denkt.
— **490** schreibt Nauck nach Demetrius Ixion αὔῃ, die Handschriften haben αὔοι.
493. Bedenken gegen den Schlussvers äussert Düntzer Kirchhoff Köchly p. 91, 3. — δυσπονέος ist mit einem den Dichtern
geläufigen Metaplasmus nach der dritten Declination gebildet, da
im Nominativ nur δύσπονος nachweisbar ist. Vgl. Lobeck zu Soph.
Ai. p. 294. Elem. I p. 423. Daher hat man nicht nöthig, die
überlieferte Form in δυσπενέος zu ändern.

ζ

3. Ueber Etymologie und Bedeutungsentwicklung von δῆμος
vgl. Mangold in G. Curtius Stud. VI p. 403 ff. In der Verbindung
mit πόλις ῾wird die Burg dem Burggebiet gegenübergestellt.᾽
4. In diese Erzählung mögen einzelne Züge aus der Zeit und
Umgebung des Dichters verwebt sein; man vgl. beispielsweise die
Schilderung der Ionier im hymn. in Apoll. Del. 147 bis 155.
Auch Nitzsch Beitr. zur Gesch. der ep. Poesie S. 113 bemerkt:
῾Die Phäaken und die Heimfahrt durch diese sind des Dichters
eignes Gebilde, vielleicht Um- und Neudichtung einer nordischen
Sage, doch jedenfalls, wie er darin ein ionisches Leben malt,
mittelst Zuziehung eigner Lebensanschauungen.᾽ Vgl. den Anhang
zu ι 34.
10. An Stelle von Θιῶν las Rhianos Θεοῖς: vgl. darüber Mayhoff de Rhiani Cretens. stud. Hom. p. 70.
18 f. Düntzer Kirchhoff Köchly p. 92 verwirft diese beiden
Verse als eine schlechte Ausschmückung.
24. Die Anfangsformel des Verses τῇ μιν ἐεισαμένη oder τῷ
μιν ἐεισάμενος findet sich ausser dieser Stelle nur noch in der
Ilias: B 22. 795. Γ 389. Π 720. P 326. 585. Υ 82. Wegen

der Wortstellung vgl. *ν* 429. *Γ* 386. Krüger Di. 51, 1, 12 hat
μίν in dieser Formel als reflexiv gedeutet. Aber dies wird schon
durch λ 241 τῷ δ' ἄρ' ἐεισάμενος widerlegt: der reflexive Begriff
liegt nur im Medium.

28. ἄγεσθαι in dem Sinne 'für sich heimführen als Frau'
findet sich auch ζ 159. ξ 211. φ 316. 322. *B* 659. *Γ* 72. 93.
404. *Δ* 19. *I* 146. 288. *Π* 190. *Σ* 87. *X* 471. *Ψ* 263. Ebenso
Hesiod. Op. 695 ὡραῖος δὲ γυναῖκα τεὸν ποτὶ οἶκον ἄγεσθαι. Andere
verstehen unsre Stelle von dem Brautzuge, worüber Göttling zu
Hesiod. sc. 274 zu vergleichen ist. — Vers 35 hat Bekker athetiert, mit Beistimmung von Köchly de Odysseae carminibus diss.
I p. 16: 'quippe qui prorsus inutilis sit post eum qui antecedit,
et in fine contortam contineat sententiam iam antiquorum dubi-
tationibus obnoxiam' und Nauck: spurius? Dagegen verwirft
Düntzer Kirchhoff etc. p. 92 V. 31—35.

42 ff. In dieser Schilderung des Olymp (42—47) ist mit
grosser Wahrscheinlichkeit ein späterer Zusatz zu erkennen: vgl.
Bergk griech. Literaturgesch. I p. 672 Note 44, La Roche in
Zeitschr. f. österr. Gymn. 1863 p. 190, Köchly de Odysseae carmm.
diss. I p. 17, auch Nauck und Düntzer haben dieselbe verworfen.
Uebrigens liegt die Vermuthung nahe, dass, wer die Verse einschob, ältere volksthümliche Poesie benutzte, da sich von selbst
folgende gereimte metrische Glieder herausheben:

> οὔτ' ἀνέμοισι τινάσσεται
> οὔτε ποτ' ὄμβρῳ δεύεται
> οὔτε χιὼν ἐπιπίλναται,
> ἀλλὰ μάλ' αἴθρη πέπταται.

V. 44 las Rhianos αἰθήρ statt αἴθρη und 46 τῇ ἔνι statt
τῷ ἔνι, vgl. Mayhoff de Rhiani Cretensis stud. Hom. p. 37 und
70 ff., wo derselbe die Worte αἰθήρ und αἴθρη eingehend erörtert.
Vgl. auch Aristonic. ed. Carnuth p. 64. — 45. Ob νεφέλη ursprünglich einen doppelten consonantischen Anlaut hatte, wie δνο-
φερός, ist sehr zweifelhaft: vgl. G. Curtius Gr. Etym. [2] p. 265,
[4] p. 295. Fick vergl. Wörterb. p. 109 unt. *nabhas,* [3] I p. 127.
Den Gedanken von 42 bis 46 bezeichnet auf treffende Weise
Schiller, indem er sein Gedicht 'das Ideal und das Leben' also
beginnt: 'Ewigklar und spiegelrein und eben fliesst das zephyr-
leichte Leben im Olymp den Seligen dahin.'

52. Düntzer Kirchhoff etc. p. 92 verwirft V. 52—55.

55. Das Imperf. κάλεον verstand Ameis: gewöhnlich riefen,
also von der allgemeinen Gewohnheit. Richtig erklärte Nägelsbach
Anmerkungen zur Ilias, im X. Excurs p. 254 Anmkg.: wohin
ihn die Ph. gerufen hatten, nach der dort entwickelten Theorie
von dem Imperfect der nachhaltigen Wirkung. Diese Theorie ist
jetzt als dem Wesen des Imperf. nicht entsprechend wohl mit Recht
aufgegeben vgl. Autenrieth zu Il. I, 25. Dagegen lässt sich ein

Theil der dort behandelten Imperfecta wohl aus folgendem Gesichtspunkte erklären. Vergleicht man den Wechsel von Imperfect und Aorist in folgenden Stellen: β 387. γ 173. 174. ζ 323 vgl. 328. ο 130. Λ 446. Ψ 203. 204. α 125. δ 447. 448. ν 161. α 422. 423., auch Ψ 353. Μ 398., so haben wir überall ein festes Verhältniss correspondirender Handlungen, deren zweite die erste abschliesst. Finden wir es nun natürlich, dass gegenüber der abschliessenden Erfüllung die Erwartung als dauernde Handlung im Imperfect dargestellt wird, so lässt sich auch begreifen, wie dem sprachlichen Gefühl correspondierende Handlungen ähnlicher **Art,** wie Bitten und Erhören, Einladen und Folgeleisten, Darbieten und Annehmen, Vorangehen und Folgen in gleicher Weise sich darstellen konnten, so dass die erste als dauernd aufgefasst wurde, so lange bis die correspondierende zweite eingetreten war. Daraus erklärt sich aber auch einfach der Gebrauch des Imperfects an Stellen, wie der unsrigen und γ 275. δ 638, wo wir ein Plusquamperfect setzen müssen, wo aber **dem** Griechen es nicht sowohl darauf ankam diese Handlung in Bezug auf die Haupthandlung als bereits abgeschlossen zu bezeichnen, sondern als bis zum Eintritt der abschliessenden dauernd. Für diese Auffassung kann auch angeführt werden das Praesens κελεύεις η 48, wo man den Aorist erwartet.

57. Ueber den Optativ mit ἄν in diesen bittenden Fragen vgl. Philol. XXIX p. 140 f., über die Lesart des Rhianos ἐφοπλίσσειαν statt ἐφοπλίσσειας Mayhoff de Rhiani stud. Hom. p. 75.

60. Nauck schreibt ἐόντι und 61 ἔχοντι. Die Handschriften theilen sich zwischen Dativ und Accusativ. Vgl. über diese Frage Classen Beobachtungen pag. 140 ff. und Hentze in Zeitschr. für Gymn. XX pag. 742 ff.

70. Die ὑπερτερίη wird von den Alten durchgängig als länglich viereckiger Kasten zur Aufnahme von Transportgegenständen erklärt: πλινθίον oder τετράγωνον ξύλον δεχόμενον τὸ ἐντιθέμενον φορτίον. So auch im wesentlichen Grashof über das Fuhrwerk bei Homer und Hesiod (Düsseldorf 1846) S. **30** und B. Frieb das Fuhrwerk bei Homer (Wien 1854) S. 13, vgl. **auch** Woerner in G. Curtius Stud. IX p. 460, welcher das Wort im Unterschiede von πείρως erörtert. Diese Erklärung passt in den Zusammenhang, indem der Zusatz nach homerischer Sitte offenbar den Worten 58 ἵνα κλυτὰ εἵματ' ἄγωμι in Bezug auf den Sinn entsprechen soll. Dagegen A: Göbel in Mützells Z. f. d. GW. 1858. S. 816 erklärt ὑπερτερίη als ein 'Obergestell, aber nicht zum Aufnehmen von Lasten, sondern eine Vorrichtung, um gegen die Sonne Schutz zu gewähren, eine Art Oberdach, bestehend aus Ständern mit flach darüber gespanntem Tuche, welche Vorrichtung je nach Bedürfnis aufgesteckt oder abgenommen werden konnte.' Das letztere dürfte mit dem Be-

griffe von ἀραρυῖαν nicht recht vereinbar sein. Sodann pflegte
man zum Schutz gegen brennende Sonnenstrahlen wohl verschiedene
Kopfbedeckungen zu tragen, wie bekanntlich Valckenaer zu Theokr.
Adon. p. 345 und Becker Char. II S. 362 erörtern; aber an Wagen
müste eine derartige Vorrichtung erst aus alter Zeit nachgewiesen
werden, um schon bei Homer an eine Art von ἁρμάμαξα denken zu
können, über welche Krüger zu Xen. Anab. I, 2, 16 der grossen Ausgabe und Bähr zu Herod. VII 41 zu vergleichen sind. Auch Autenrieth im Wörterbuch versteht das Wort: Oberdach, Zeltdecke.

77 f. werden verworfen von Düntzer Kirchhoff Köchly p. 93.

83. Ueber die Etymologie von ἄμοτον vgl. jetzt Clemm in
G. Curtius Stud. VIII p. 80 f., welcher nach Etym. M. 85, 8 (ἀπὸ
τοῦ μετρῶ, ἄμετρον) dasselbe von W. μα mit negativem Präfix ableitet und erklärt: non dimensus, immensus, immodicus.
Anders Göbel Nov. Quaest. Hom. p. 8. Anm. von der W. μα: valde
citatus, vehemens. Uebrigens bemerkt Nauck: φέρον δ᾽ ἐσθῆτα
verba vix sana.

87. Nach Friedländer im Philol. VII p. 673 schreibe ich mit
Düntzer, Kayser, Nauck ὑπεκπρόρεεν statt des überlieferten Präsens,
auch Naber quaestt. Hom. p. 109 verlangt das Imperf. — Ueber
den Infinitiv καθῆραι vgl. Meierheim de infin. Hom. I p. 76. —
Vs. 90. Ueber ἄγρωστις vgl. H. Fritzsche zu Theokr. XIII 42.

95. Van Herwerden quaestiunculae ep. et eleg. p. 44 empfiehlt
an Stelle von ἀποπλύνεσκε die andere Lesart ἀποπτύεσκε vgl. Δ
426 oder vermuthet ἀποκλύζεσκε.

100. ταὶ δ᾽ ἄρ᾽ ist die Aristarchische Lesart; vgl. W. C.
Kayser disput. alt. p. 11, La Roche hom. Textkr. p. 138. Die
freiere Stellung des δὲ an dritter Stelle (worüber im Anhang zu
ϑ 540) ist hier dadurch entstanden, dass σφαίρῃ mit Nachdruck
an der Spitze des Verses hervorgehoben werden soll. Auch das
im Nachsatze beigefügte ἄρα pflegt sonst vom ersten Worte des
Nachsatzes nur durch Partikeln getrennt zu werden. Die letztere
Bemerkung trifft hier auch die gewöhnlichen Lesarten ταί γ᾽ ἄρ᾽
und ταί τ᾽ ἄρ᾽ ἔπαιζον.

102. Zum Begriffe von ἰοχέαιρα vgl. die Verbindungen ἐκχεύατ᾽
ὀιστούς χ 3. ω 178. ἐπὶ δούρατ᾽ ἔχευαν Ε 618. βέλεα στονόεντα
χέοντο Θ 159. Ο 590. Vgl. Lobeck Proll. p. 259. Döderlein
hom. Gloss. § 2065. Düntzer in Kuhns Zeitschr. XII S. 8. —
κατ᾽ οὔρεα scheint die Lesart Aristarchs zu sein, vgl. Kayser zur
Stelle und Ahrens de hiatus Homerici legitimis quibusdam generibus. Hannov. 1851 p. 34, der Φ 485 für diese Lesart anführt.

106. Dieser Vers, sowie weiter 112—114 werden von Düntzer
Kirchhoff Köchly p. 93 verworfen. — 113. Vergleicht man
mit dieser Stelle γ 347 Ζεὺς τό γ᾽ ἀλεξήσαιε — ὡς ὑμεῖς
— κίοιτε, so scheint auch hier natürlich, wie die meisten Erklärer thun, ὡς circumscriptiv in dem Sinne von dass zu ver-

stehen, so dass der ὡςsatz das ankündigende ἄλλο ausführt, **wie**
dort das τό γε. Vergleicht man aber ϱ 242. φ 200, wo ähnlich
ein ὡςsatz das vorhergehende τόδε (τοῦτο) ἐέλδωρ ausführt, wo
aber L. Lange **der** hom. Gebrauch der Partikel εἰ I p. 344,
Anmerk. 39 mit Recht nach ἐέλδωρ ein Kolon statt des üblichen
Komma verlangt und den ὡςsatz als selbständigen Wunschsatz
fasst, so liegt der Gedanke nahe auch hier den ὡςsatz als
Wunschsatz zu fassen in der Weise, wie Wunschsätze mit εἰ zur
Ausführung oder Motivierung an vorhergehende Hauptsätze sich
anschliessen. Speciell kann verglichen werden ι 317 αὐτὰρ ἐγὼ
λιπόμην κακὰ βυσσοδομεύων, εἴ πως τισαίμην.

123. Ueber die vier Arten der Nymphen vgl. κ 350. ν 104.
ϱ 240. Ζ 420. Υ 8. Vgl. Lehrs popul. Aufsätze S. 92 ff. Hier
hat Bekker 123. 124 ohne den Vorgang der Alten aus dem Texte
entfernt. So urtheilte schon Nitzsch zu dieser Stelle und derselben
Ansicht ist Düntzer die homerischen Beiwörter S. 18 f. und Köchly
de Odyss. carm. I p. 17. In der That erregt das Gedankenverhältniss derselben zu dem vorhergehenden den schwersten Anstoss. Wer sich, wie Od. 120. 121 bereits in so speciellen Vermuthungen über die Beschaffenheit der im Lande erwarteten
Menschen ergangen hat, und die Vermuthung über die Anwesenheit
von Menschen 122 auf das jungfrauenähnliche Geschrei, das er
vernommen, gegründet hat, für den ist kein rechter Grund ersichtlich zu der Vermuthung, dass diese Jungfrauen Nymphen seien,
um dann auf einem so seltsamen Umwege 125 wieder aus der
Anwesenheit von Nymphen auf die Anwesenheit von Menschen
überhaupt zu schliessen. — 125 wird der Satz ἦ νύ που κτλ
von Capelle im Philol. XXXVI p. 695 als Frage gefasst und zwar
im Gegensatz zu der vorhergehenden Aussage: ʿes klang mir wie
die Stimme von Nymphen — oder . . . ? ebenso Nauck.

129. An Stelle von μήδεα vermuthet Nauck μέζεα.

130. ἀλκὶ πεποιθώς ist hier und Ε 299. Ν 471. Ρ 61.
728. Σ 158 ohne Komma an das Nomen anzuschliessen. Die Form
πεποιθώς steht ausser υ 289 sonst überall im Versschluss. Angeführt wird dieser Vers von Plutarch de animi tranq. c. 13 p.
472ᵉ. — 132. Ueber den numerus bei ὅσσε vgl. Lobeck Elem. I
p. 262 not. 40. — Rhianos las αὐτὰρ βουσί ohne ὁ, vgl. Mayhoff
de Rhiani stud. Hom. p. 76.

133. Diesen und den folgenden Vers bezeichnet Nauck als
spurii?

138. Hierzu gibt G. Autenrieth noch folgende Bemerkung:
ʿDies alles beweist nicht eben, dass ein bestimmter Platz dieser
Schilderung der Gegend entsprechen muss, aber jedenfalls beweist
es, wie genau der Dichter die concrete Anschauung einer sei es
ihm bekannten oder von ihm nur erdachten Gegend im weiteren
Verlauf der Erzählung festzuhalten weiss. Darin liegt auch die

Berechtigung für den Hörer und Erklärer, solche Bilder und
Schilderungen sich so deutlich als möglich nach dem Dichter in
der Vorstellung zu detaillieren und beispielsweise ein homerisches
Haus **nach** Homer zu zeichnen, wenn auch immerhin kein Haus
in der Wirklichkeit in allen Einzelnheiten demselben entsprochen
hat und vom Dichter so zu sagen copirt worden ist.' Vgl. hierzu
den Anhang zu *B* 633 am Ende.

144. 'περιττὸς ὁ στίχος· οὐ γὰρ περὶ τῆς διανοίας αὐτῆς διστά-
ξει, ἀλλὰ πῶς παρακαλέσει, πλησίον σταίη (Köchly emendiert στάς)
ἢ ἀφεστηκὼς αὐτῆς. καὶ Ἀθηνοκλῆς δὲ ὑπώπτευσε τὸν στίχον'.
Aristonic. ed. Carnuth p. 66, vgl. M. Schmidt Didym. p. 196.
Danach haben Bekker, Hennings die Telemachie p. 143, Köchly
de Odyss. carmm. I p. 17 u. A. den Vers verworfen. Dagegen
bemerkt L. Lange der homerische Gebrauch der Part. *εἰ* I p. 412,
welcher zweifelt, ob Aristarch den Vers verworfen habe, mit
Recht: 'Da die Ueberflüssigkeit des Verses von Athenocles durch
den angeblich dubitativen Sinn von *εἰ* begründet wurde (διστάζει),
so werden wir den Vers beibehalten können; denn *εἰ* — δείξειε
ist gar nicht Ausdruck eines Zweifels, sondern eines Wunsches,
eines Wunsches, den Odysseus immer hatte, einerlei ob er von
fern die Nausikaa anredete oder ihre Knie umfasste.'

149. Ueber die Sitte des Knieumfassens und die darauf bezüglichen Ausdrücke spricht Bekker hom. Blätt. II p. 55, Note 11.

153. οἵ, statt des gewöhnlichen τοί, bieten die besten Quellen,
die des Eustathius und der Harlei., ausserdem die Handschriften
und alten Ausgaben, welche das aus *Z* 142 unrichtig hierher ge-
kommene Hemistichion οἳ ἀρούρης καρπὸν ἔδουσιν enthalten. In
οἵ stimmen sie überein. Und dies mit Recht: denn nach einer
vorhergehenden consonantisch schliessenden Länge wird
sonst bei Homer nie τοί gefunden, sondern stets οἵ, wie ausser
Z 142. *Ω* 67 in dem Versausgange οἳ Ὄλυμπον ἔχουσιν nach θεῶν
ζ 240. ϑ 331. τ 43. *E* 890. *N* 68. *Ω* 427, oder nach θεοῖς μ
337, oder nach θεούς *E* 404; λαῶν οἵ η 71. *Δ* 91. 202, τῶν οἵ
ϱ 383 und in andern Stellen.

154. Der Gedanke erinnert an Evang. Luc. 11, 27. Vgl.
auch Plutarch de Is. et Os. c. 36 p. 365^b. Ovid. Met. IV 322 ff.
und die von Menke zu Lucian somn. c. 8. S. 171 erwähnten
Stellen. Ueber die Synthesis τρὶς μάκαρ Lobeck Elem. I p. 585.
σοί γε: 'In diesem Dativ liegt sehr viel Gemüt: es ist einer **der**
feinsten dativi ethici, die es gibt. Eine prosaische Seele nur
könnte σὸς conjicieren.' G. Autenrieth.

157. Nach vorhergegangenen pronominalen Dativen· finden
sich solche Genetive der Participien noch *ι* 257. 459. § 527.
ϱ 232. χ 18. *Ξ* 26. *Π* 531; und verwandt λ 76 und κ 485. Nach
vorhergegangenen Accusativen eines Pronomens δ 646. *Τ* 414;
ähnlich υ 312. *Π* 236, wo in ἐμὸν ἔπος ἔκλυες εὐξαμένοιο das

Possessiv ἐμόν gleich ἐμεῦ ist und an Γ 180 δαὴρ αὐτ' ἐμὸς ἔσκε κυνώπιδος erinnert. Vgl. über diesen Gebrauch J. Classen Beobachtungen IV S. 29 f., Gesammtausgabe p. 174 f., der die erwähnten Fälle des Genetivs nicht mit Unrecht 'als das letzte Stadium vor seinem völligen Durchbruch zur Selbständigkeit' absoluter Genetive betrachtet. Dagegen will J. La Roche hom. Stud. § 101, 1 S. 226* diesen Genetiv geradezu 'immer bei Homer von einem Substantiv abhängig' machen, was indess mehrfach bedenklich erscheint. Vorsichtig ist Krüger Di. 47, 4, 1. Bei den Späteren aber steht, statt eines Dativs oder Accusativs, der absolute Genetiv nicht selten entweder des Nachdrucks oder der Deutlichkeit oder der Concinnität wegen, um die Begriffe der Ursache oder der Bedingung oder der Zeit hervorzuheben.

160. τοῖον εἶδον βροτὸν, bei Bekker und andern, bieten zwar die Scholien H. M. Q. R. zu α 1, εἶδον auch der Vind. 133, aber diese Lesart scheint auf einem blossen Versehen zu beruhen. Die Vulgata ist τοιοῦτον ἴδον βροτὸν, wie Eust. Harl. Vratisl. haben, aber mit unhomerischem Gebrauche des τοιοῦτον, was wahrscheinlich aus δ 269 entstanden ist. Es ist daher nach Grashof zur Kritik des hom. Textes in Bezug auf die Abwerfung des Augments (Düsseldorf 1852) S. 22 die Conjectur τοιόνδε ἴδον βροτὸν aufgenommen, welche auch J. La Roche über Hiatus und Elision (Wien 1860) S. 7 für 'die richtige Lesart' erklärt und in seiner Ausgabe gegeben hat. Nauck schreibt nach andern Handschr. τοιοῦτον ἐγὼ ἴδον.

162. Leicht mag hier bei dem bewundernden Lob der Palme die eigne Anschauung des Dichters zu Grunde liegen. Angeführt wird der Vers auch von Dio Chrys. or. LXIV p. 334. Odysseus aber begab sich nach Delos, wahrscheinlich um über sein Geschick von Apollon Auskunft zu erhalten. Ueber die ganze Stelle bemerkt J. L. Hoffmann Album des lit. Vereins in Nürnberg für 1866 S. 43 folgendes: 'Die schlanke Nausikaa vergleicht Odysseus, als er wie geblendet von ihrer königlichen Gestalt in sinniger Rede um ihre Gunst wirbt, mit einem jungen Palmbaum, den er einst in Delos neben dem Altar Apollons gesehen. Die heilige Insel, der heilige Altar des Dichtergottes und die Spezialisierung des Bäumchens gilt mir im Munde des klugen Mannes für keinen müssigen Zusatz. Weibliche Schönheit übt bei ihrem ersten Erscheinen einen Zauber, wie er vom Heiligen ausgeht; sie hebt und beruhigt das Herz, füllt es mit stiller Andacht und macht den Nüchternen begeisterungstrunken, dass er weissagen möchte, wie der Seher Apollon.' Vgl. auch Steudener antiquar. Streifzüge p. 10. — Die Dattelpalme kam, wie der Name φοῖνιξ besagt, den Griechen aus Phönicien zu. 'Die Ilias weiss von der Palme nichts, die an der anatolischen Küste ganz ebenso, wie im eigentlichen Griechenland ein Fremdling ist; aber Odyss. 6, **162**, in der ältesten

und schönsten Partie dieses Epos, wird der Palme auf Delos gedacht in Worten, aus denen die Bewunderung spricht, die das
neu erschienene, fremdartige Pflanzengebilde bei den Griechen
der epischen Zeit erregte.' Hehn Kulturpflanzen und Hausthiere
p. 182, vgl. auch Naber quaestt. Hom. p. 68. Hehn vergleicht
auch Hohes Lied 7, 8: 'Dein Wuchs gleicht der Palme und deine
Brüste den Datteltrauben.' — Vs. 163 steht von ἔρνος das
Verbum ἀνερχόμενον, 167 ἀνήλυθεν, anderwärts wie Σ 56 ὁ δ'
ἀνέδραμεν ἔρνεϊ ἶσος. Aber in beiden Begriffen, in ἔρνος und
θάλος, liegt das Bild des frischen Wachsens und Grünens. Ebenso
bei den Hebräern: Jes. 4, 2. 11, 1. 53, 2. Ueber das partic.
praes. vgl. Steudener antiquar. Streifzüge p. 17.

166. ὡς δ' αὔτως erscheint nur in dieser Uebergangsform zu
Anfang des Verses in zwölf Stellen: γ 64. ι 31. υ 238. φ 203.
225. χ 114. ω 409. Γ 339. Η 430. Ι 195. Κ 25. Ueber Accentuation und Erklärung vgl. J. Classen in Fleckeisens Jahrb. 1859
Bd. 79 S. 307. Uebrigens verdächtigt Düntzer Kirchhoff Köchly
p. 93 hier V. 166 —174. 178 f. und 180 — 185. Ueber
andere Bedenken gegen 170 — 174 vgl. Kammer die Einheit p.
242 ff., Bischoff im Philol. XXXVII p. 166 f. und den Anhang oben
zu ε 278.

168. δείδια δ' αἰνῶς, statt des gewöhnlichen δείδιά τ' αἰνῶς,
aus Schol. A zu Κ 167 und 5 Codd. bei La Roche mit Bergk
Comment. crit. spec. V. p. VI. Derselbe Versschluss Ν 481. Ω 358.

172. κάμβαλε, statt κάββαλε, mit Bekker aus guten Quellen:
Harlei., Vind. 56, Marc. 613 u. andern. Vgl. Rumpf in Fleck-
eisens Jahrb. 1860 S. 595; und C. A. J. Hoffmann XXI u. XXII
Buch der Ilias I p. 121*, auch zu α 101.

180. Der Gedanke ist übersetzt bei Plaut. Pseud. IV 1, 25:
tantum tibi boni di immortales duint, quantum tu tibi optes.
Angeführt ist der Vers auch bei Aelian. V. H. IV 27. — Zur
Lesart φρεσὶν ᾗσι statt σῇσι vgl. Brugman ein Problem etc. p. 76
und 112.

181 ff. Zweifel gegen die Ursprünglichkeit der Verse 181
—185 spricht Düntzer Kirchhoff Köchly p. 93 aus, ausführlich
hat die Unechtheit derselben zu begründen gesucht Bekker hom.
Blätt. II p. 55 ff. Vgl. dagegen Kammer die Einheit p. 357 ff.,
welcher die Zweifel treffend zurückgewiesen hat.

182. Dass κρεῖσσον hier von der eigentlichen Bedeutung
(Aristonic. zu Π 688) auszunehmen sei, bemerkt Lehrs de Arist.
² p. 117. Ueber Verbindungen wie hier κρεῖσσον und ἄρειον vgl.
auch Lobeck Parall. p. 60 ff.

183. Die Partikel ἤ als, um ein vorhergegangenes ankündigendes
τοῦ näher auszuführen, findet sich dann mehrmals bei Spätern, wie
Eurip. Hik. 1120. Vgl. Pflugk zu Eur. Herakl. 298. Dies zu
Krüger Di. 47, 27, 4. Ebenso folgt bei den Lateinern nach dem

vergleichenden Ablativ des demonstrativen Pronomens noch ein epexegetischer Satz mit *quam*. Vgl. Halm zu Cic. in Verr. IV c. 35 § 77.

184. Zur Interpunction nach γυνή vgl. Nicanor ed. Carnuth p. 48. Anders La Roche hom. Stud. § 115 p. 251.

185. Anders erklärt Döderlein hom. Gloss. § 1081 diese Stelle: 'sie hören schnell auf einander' und Jordan übersetzt: Aber das beste Theil erlosen die beiden sich selber, indem er p. 489 κλύειν == altdeutsch hlosan setzt. Dagegen bezeichnet Nauck die Worte ἔκλυον αὐτοί als verba vitiosa, und van Herwerden quaestiunculae ep. et eleg. p. 40 stimmt zu unter Anführung einer früher nach *A* 218 gemachten Vermuthung: θεοὶ δὲ μάλ' ἔκλυον αὐτῶν. Auch εὐμενέτῃσι ist auffallend, wofür van Herwerden εὐμενέεσσι vermuthet, unter Zustimmung von Nauck Mélanges Gréco-Romains IV p. 148.

200. Nauck vermuthet an Stelle von ἦ μή που — εἰ μή που, hier ohne jeden Anhalt von Seiten der Handschriften oder anderer Zeugnisse, während ι 405. 406 statt der entsprechenden Frage bei Apoll. de synt. p. 164 sich εἰ μή findet. Uebrigens ist dieser Gebrauch von ἦ μή in der Frage nur auf die Odyssee und hier auch nur auf diese beiden Stellen beschränkt. Zur Erklärung desselben vgl. Praetorius der hom. Gebrauch von ἦ (ἦε) in Fragsätzen p. 4 f. und Vierke de μή particulae cum indicativo conjunctae usu antiquiore p. 20 f.

201. Dass der ganze Gedanke nach seiner Form den Charakter eines allgemeinen Urtheils hat und man daher οὗτος nicht auf Od. beziehen darf, scheint mir von Nitzsch überzeugend erwiesen: ausser der Parallele π 437 kann für den formelhaften Gebrauch der Wendung auch auf Herod. III 155 οὐκ ἔστι οὗτος ἀνὴρ ὅτι μὴ σύ, τῷ ἐστι δύναμις. VII 203 εἶναι δὲ θνητὸν οὐδένα οὐδὲ ἔσεσθαι τῷ κτλ. verwiesen werden, auch ist der Vergleich von ὅδε 206, womit auf Odysseus im Gegensatz zu dem generischen οὗτος (derjenige) gewiesen wird, dafür nicht ohne Bedeutung. Die von διερός gegebene Erklärung ist die des Aristarch: ὁ ζῶν, vgl. Ariston. ed. Carnuth p. 67, Lehrs de Arist. [2] p. 47. Die Neueren denten zum Theil mit G. Curtius griech. Etym. [4] p. 235 wegen ι 43 flüchtig, vgl. den Anhang zu ι 43 und über die sonstigen abweichenden Erklärungen Seiler-Capelle Wörterb. über die Gedichte des Homer unt. διερός. Uebrigens verwirft Düntzer Kirchhoff Köchly etc. p. 94 V. 201—205. — An Stelle von ἄλλος 205 vermuthet Nauck: ἄλλων.

207. Ueber πρός in der Verbindung πρὸς γὰρ Διός εἰσιν ἅπαντες ξεῖνοί τε πτωχοί τε vgl. Bernhardy Synt. S. 264. Krüger Di. 68, 37, 4. Der Gedanke erinnert an Psalm. 146, 9.

210. An Stelle von λούσατε vermuthet Nauck Mélanges Gréco-Romains IV p. 55, 23 δείξατε. Ueber das Baden der Männer

unter Assistenz der Frauen und speciell die unten folgende Weigerung
des Odysseus 218 ff. vgl. Schneidewin die homerische Naivetät p.
151 f. und Bischoff im Philol. XXXIII p. 687 f.

218. Wegen οὕτω vgl. Philol. XXVII p. 515, anders Bekker
Hom. Blätt. II p. 38. Bischoff im Philol. XXXIII p. 687 f. will
das αἰδέομαι unter Vergleich von X 71—75 daraus erklären, dass
Odysseus vom letzten Abenteuer erschöpft, beschmutzt, überhaupt
verunstaltet ist, wie er selbst es 219. 220 ausspricht.

221. ἄντην steht hier und M 152. T 15. X 109 zu Anfang
des Verses; sonst bildet es stets den Versschluss.

224. Wie hier νίζεσθαι, so werden auch andere Verba des
'Reinigens und Abwaschens', weil sie den Sinn eines 'Wegnehmens'
oder 'Beraubens' enthalten, mit dem doppelten Accusativ verbunden. So καθαίρειν Π 667, λούειν Σ 345, ἀπολιχμᾶσθαι Φ 122.
Es handeln darüber Bernhardy Synt. S. 123. Geppert Ueber den
Urspr. der hom. Ges. II. S. 183. J. La Roche hom. Stud. § 104,
7. Dies zu Krüger Di. 47, 13, 8.

231. Ueber ὑάκινθος vgl. Buchholz homer. Realien I, 2 p.
218 und zum Vergleich Jordan in Jahrbb. f. Philol. 1876 p. 161 ff.

236—247 werden von Düntzer Kirchhoff Köchly p. 94 ausgeschieden.

242. Ueber δέατο vgl. G. Curtius Etym. I Nr. 269, [4] p. 235
und das Verbum der griech. Sprache I p. 172.

244 f. Ueber die periphrastische Conjugation bei Homer handelt
Lehrs de Arist. [2] p. 367. Aristarch verwarf nach Aristonic. ed.
Carnuth p. 68 beide Verse, schwankte jedoch wegen des ersten
in seinem Urtheil, weil Alcman in den Worten Ζεῦ πάτερ αἲ γὰρ
ἐμὸς πόσις εἴη denselben nachgeahmt hatte. Von Neueren haben
245 verworfen Bekker, Köchly de Od. carmm. I p. 17 f., Nauck,
Düntzer. Aber das 'etwas zopfige Anstandsgefühl der Alexandrinischen Kritiker' kann für uns nicht mehr massgebend sein.
Mit Recht bemerkt H. Kratz im Stuttgarter Correspondenz-Blatt
1863 S. 16 f. folgendes: 'Das Schöne dieses Verses besteht eben
darin, dass wir in καί οἱ nicht mehr den 'ideal gedachten' Gatten
vor uns haben, sondern dass sich in dem Herzen und in den Gedanken des Mädchens unwillkürlich der wirkliche Odysseus selbst
jenem unterschiebt. Dies ist so fein psychologisch gedacht, dass
von einer Athetese des Verses nicht die Rede sein sollte, noch
viel weniger freilich von der des vorhergehenden Verses mit
Aristarch.' Vgl. auch Jordan das Kunstgesetz p. 44. Aristarch
nimmt hier wie anderwärts die Cultur seiner Zeit und die Etikette
der Alexandrinischen Fürsten zum Maasstabe seines Urtheils.

248. Ὀδυσσῆϊ ἔθεσαν. Der gedehnte Dativ auf ι in der Arsis
vor vocalischem Anlaute erscheint noch ϑ 224. κ 520. λ 28. ο
149. π 206. B 781. Τ 259. Nach den Untersuchungen von

W. Hartel Homerische Studien I p. 39 ff. ist die ursprüngliche Länge des dativischen ι wahrscheinlich.

256 f. Köchly de Odyss. carmm. I p. 30 hat 256. 257 ausgeschieden und zugleich alle sonstigen Stellen, welche sich auf die βασιλῆες beziehen: η 95—99. 136—138. 148—232. Vgl. dagegen Kammer die Einheit p. 106 ff. und Düntzer Kirchhoff Köchly p. 95 ff. — In 257 nimmt van Herwerden quaestiunculae ep. p. 44 an εἰδησέμεν Anstoss **und vermuthet statt** dessen ἔτι δηέμεν, nämlich ἔτι = *praeterea*, scil. *praeter ipsum patrem*, vgl. η 48 ff. — 259 vermuthet Nauck ἦος an Stelle von ὄφρ᾽ ἄν, vgl. den Anhang zu Ξ 245.

267. Die Deutung des λάεσσι ἀραρυῖα durch 'wohlgepflasterte', welche E. Curtius zur Gesch. des Wegebaus S. 31 gibt, möchte weder mit dem Ausdruck ῥυτοῖσιν hier und ι 185. § 10, **der** Blöcke voraussetzt, noch mit den Wettspielen ϑ 109 ff., die nicht auf Pflaster gehalten werden konnten, vereinbar sein. Steinerne Sitze werden auch γ 406 und Σ 504 erwähnt.

269. Das handschriftlich überlieferte ἀποξύνουσιν gibt nach homerischer Weise den Abschluss der Handlung für das Ganze, also hier den poetischen Ausdruck für ein prosaisches 'verfertigen'. Dagegen **hat man seit Buttmanns** Erörterung im Lexil. 75, 4 fast allgemein ἀποξύουσιν aufgenommen, was nur mit **Lentz in Z. f.** d. AW. 1857 S. 262 durch eine Prägnanz des Ausdrucks 'durch Glätten Ruder zu Stande bringen' erklärbar wäre, **vgl.** *stringere remos* bei Verg. Aen. I 552. Auch J. La Roche, der in der Z. f. d. österr. Gymn. 1859 S. 220 ἀποξύουσιν billigte, hat in der **krit.** Ausgabe ἀποξύνουσιν aufgenommen, mit der Bemerkung: ἀποξύουσιν omni caret librorum auctoritate.

275—288. Hier zeigt Nausikaa Züge einer höhern Cultur, die im Menschenverkehr gewonnen ist. Daher gilt auch hier, **was** im Anhang zu 4 und 162 bemerkt wurde, dass nemlich in dieser ganzen Schilderung mancher einzelne Zug aus Ioniens Cultursphäre entlehnt sei. Es ist aber die feine Ausführung einer übeln Nachrede, wie sie aus ionischer Lebenserfahrung im Dichtergeiste sich spiegelte, hier der Phäakischen Königstochter in **den** Mund gelegt, um ihr naives Charakterbild zu vervollständigen. Denn es soll hier der Anhauch einer ersten Liebesempfindung, der die Nausikaa berührt hat, mit Naivetät dramatisch geschildert werden. Richtig bemerkt J. L. Hoffmann Album des lit. Vereins in Nürnberg für 1854 S. 74 f. in der Charakteristik der Nausikaa folgendes: 'Mit feiner Beobachtungsgabe leitet Goethe ihre nachherige sichtliche Beklommenheit, ihre Scheu vor übler Nachrede der Phäaken, wenn der Fremdling gleich mit ihnen zur Stadt gienge, von ihrer befangenen Liebe ab. Als sie noch unbetheiligt dem unscheinbaren Fremdlinge gegenüberstand, würde sie ihn arglos eingeladen haben, sie in die Stadt zu begleiten; **jetzt,** wo der unberechtigte Landfahrer ihre Freiheit bedrohte, meidet sie ängstlich den Schein einer Thatsache, die sie wünschen muss. Indess auch nachdem der gefährliche Mann ihres Hauses gastliche Schwelle **betreten**, benützt der Dichter nicht weiter die Gelegenheit zu einer Episode, welche ein Moderner schwerlich aus den Händen gelassen hätte. Seines Helden Verhängnis soll sich lösen, nicht aufs neue verwirren; des Odysseus Gemüth bleibt **von** Nausikaa unberührt, ausser in so weit ihn herzliche Dankbarkeit ihr zum Schuldner macht; und ihr eigenes Herz hat sich, da sie **sich** in schüchterner Entfernung gehalten, leicht wiedergefunden, nachdem seine häuslichen Verhältnisse bekannt geworden, nur dass sie beim Abschied ihm noch ein freundliches Andenken anempfiehlt.' Ich zweifle daher, **dass die zu** den Versen überlieferte Notiz der Schol. H. Q. ἀθετοῦνται στίχοι ιδ' ὡς ἀνοίκειοι τῷ ὑποκειμένῳ προσώπῳ eine begründete Beistimmung **finden** könne. Vgl. auch Nitzsch zur Stelle und Köchly de Od. **carmm.** I p. **32,** welche jedoch 280. 281 verwerfen, dagegen nimmt **Düntzer Kirchhoff** Köchly p. 94 eine Interpolation von 273—288 an. Uebrigens will Lehrs de Arist. [2] S. 453 in Vers 276 nach μέγας τε mit Fragezeichen und nach ξεῖνος mit Kolon interpungiert wissen, 'weil es so viel ausdrucksvoller und neugieriger ist.'

280. ἤ τίς οἱ εὐξαμένη ist die überlieferte Lesart ohne Variante. Wer die Synizese nicht annehmbar findet, der könnte ἤ τί οἱ vermuten. Hermann vermutete ἤ νύ οἱ, Nitzsch ἠέ οἱ. Bekker hat aus Conjectur das digammierte οἱ getilgt und nur ἠέ τις εὐξαμένη gegeben, und ihm ist Nauck gefolgt, vgl. auch Wackernagel in Bezzenbergers Beiträgen IV p. 288.

282. Abweichende Erklärungen dieser Stelle geben J. La Roche homerische Untersuchungen p. 286 und Kayser bei Faesi.

286. Nauck vermuthet an Stelle des Optativs ῥέξοι den Conjunctiv ῥέξῃ, ohne Zweifel wegen des folgenden μίσγηται.

289. Statt ὧδ' gibt Aristarch ὦκ', was auch Düntzer aufgenommen hat unter Vergleichung von B 26 νῦν δ' ἐμέθεν ξύνες ὦκα.

293. Köchly de Od. carmm. I p. **32** verwirft diesen **Vers** wegen des Widerspruchs mit η 112 ff. **unter** Zustimmung von Düntzer Kirchhoff Köchly p. **95.**

300 ff. Ueber καὶ ἄν 300 vgl. den Anhang zu Ξ 245. — In den folgenden Versen 300—315 sieht Düntzer Kirchhoff Köchly p. 98 eine spätere Ausschmückung. — Nach 305 schaltet Köchly de Od. carmm. I p. 29 den Namen der Arete mit den Worten ein: Ἀρήτη, θυγάτηρ Ῥηξήνορος ἀντιθέοιο, indem er überzeugt ist, dass Nausikaa, die drei Mal den Namen ihres Vaters nenne, auch den der Mutter nicht habe verschweigen können. Ebenso urtheilt Bergk griech. Literaturgesch. I p. 672 Note, vgl. dagegen Kammer die Einheit p. 99 ff.

313 bis 315. Diese Verse fehlen im August. und Vind. 307
und andern bei La Roche und stehen im Harl. am Rande. Hier
sind sie ungehörig, weil der Gedanke derselben schon in 311 und
312 enthalten ist. Der Interpolator hat gemeint den Gedanken
durch dies vorzeitige Einschiebsel näher begründen zu müssen.
Dagegen sucht Jacob Entstehung der Ilias und Od. p. 395 dieselben zu rechtfertigen.

318. Diesen Vers verwerfen Düntzer Kirchhoff Köchly p. 95
und Nauck. — ἐὺ πλίσσοντο πόδεσσιν erklärt jetzt Göbel Lexilog.
I p. 476: 'schön schwangen sie sich mit den Füssen.'
Uebrigens lässt sich zu 319 und 320 vergleichen Goethe in Hermann
u. Dor. II 25. 26: 'lenkte mit langem Stabe die beiden gewaltigen
Thiere, trieb sie an und hielt sie zurück, sie leitete klüglich.'

323 ff. Das Gebet des Odysseus 323—327 wird von Bergk
griech. Literaturgesch. I p. 672, Note 44 verworfen, weil nicht
recht im Einklange mit der alten Dichtung, da dort Athene, wenn
auch unsichtbar, sich des Odysseus während seiner Fahrt über das
Meer wiederholt annahm, ε 382. 427. 437. Düntzer homer. Abhandl.
p. 419 verwirft 325 f., schon deshalb, weil Od. während des
Sturmes die Göttin gar nicht angerufen hat. Vgl. dagegen Kammer
die Einheit p. 442 Anmerk.

330. Bekker hat das Adverbium ἐπιζαφέλως accentuiert, wo-
gegen Rumpf in Fleckeisens Jahrb. 1860 S. 666 begründeten
Einwand erhebt. Zu der Erklärung von ἐπι-ζάφελος vgl.
Anton Göbel im Philol. XVIII S. 211, der es vom Stamme φελ
'schwellend' ableitet und mit dem bildlichen Gebrauche von tumidus
Hor. carm. IV 3, 8. Epist. II, 3, 94. Verg. Aen. VI 407 vergleicht.

331 = α 21. Die letzten vier Verse, von denen die zwei
mittleren aus ε 410. Φ 468. 469. I 516. α 20 compilirt sind,
hat offenbar ein Rhapsode als Schluss gebraucht, wenn er hier
Halt machte; wenn er aber seinen Vortrag gleich fortsetzen wollte,
musten sie wegfallen. Dies wird gebilligt von Köchly de Odysseae
carmin. I p. 32, Düntzer hom. Abhandl. p. 419, La Roche in
Zeitschr. f. oest. Gymn. 1863 p. 191, Hennings Telemachie p. 143 und
Nauck. Bergk griech. Literaturgesch. I p. 672, Note 44 meint,
dass der Ordner, der überall auf den Vortrag der sich ablösenden
Rhapsoden Rücksicht nahm, die letzten Verse hinzugesetzt habe.
Diese Ansicht bestreitend vermuthet Kammer die Einheit p. 442 f.,
dass das Gebet des Odysseus aus seiner ursprünglichen Stelle in
eine falsche gerückt sei und schlägt folgende Anordnung vor: ζ
316—322, η 2—13 (Schluss von ζ), ζ 323 + η 1 αὐτὰρ ἔπειτ'
ἠρᾶτο πολύτλας δῖος Ὀδυσσεύς, ζ 324—331, η 14 ff. Vgl. dazu die
widersprechenden Bemerkungen von Lehrs bei Kammer p. 772, der
lieber unter Beseitigung von η 1 mit δύσετο 321 die neue Rhapsodie
beginnen möchte.

ANHANG

ZU

HOMERS ODYSSEE

SCHULAUSGABE

VON

K. F. AMEIS.

II. HEFT.

ERLÄUTERUNGEN ZU GESANG VII—XII.

ZWEITE BERICHTIGTE AUFLAGE

BESORGT VON

Dr. C. HENTZE,

OBERLEHRER AM GYMNASIUM ZU GÖTTINGEN.

LEIPZIG,

DRUCK UND VERLAG VON B. G. TEUBNER.

1876.

Kritischer und exegetischer Anhang.

η.

1. [Ueber das Verhältniss des Anfangs von η zum Schluss von ζ vgl. jetzt auch Kammer die Einheit der Odyssee. Leipzig 1873 p. 442 ff., wo der Versuch gemacht wird durch eine veränderte **Anordnung** alles in Einklang zu bringen.]

5. ὑπό mit dem Genetiv in dem Sinne 'unten hervor' noch δ 39. ε 320. ι 141. 463. χ 364. H 543. I 248. N 611. P 235. 645. T 17. Φ 56. Ψ 7. Ω 576. Ebenso in den Compositis ὑπεδύσετο zu ζ 127. ὑποδύσεαι υ 53. ὑπέφηνε ρ 409. ὑπὸ δ' ἤρεον B 154. ὑπαΐσσειν B 310. ὑπολύειν ι 463. A 401 und in der Tmesis Ψ 513. Diesen Gebrauch von ὑπό behandeln Voss zu Hymn. an Dem. 338. G. Hermann zu Eur. Hek. 53. Jacob La Roche über den Gebrauch von ὑπό bei Homer (Wien 1861) S. 22 ff. Zu Krüger Di. 68, 43, 1.

11. [Die Construction von ἀνάσσειν, κρατεῖν, βασιλεύειν behandeln C. Capelle Dativi localis etc. p. 22 ff., Bekker homer. Blätter I. p. 209, vgl. Ellendt drei homerische Abhandlungen II. p. 37 ff.]

13. εἴσω findet sich noch in solcher Verbindung γ 427. δ 775. σ 96. φ 229. H 270. N 553. Vgl. Lehrs de Arist. p. 138. [²134.] Beispiele der Tragiker gibt G. Wolff zu Soph. Ai. 80.

14. ἀμφὶ δ' statt des von F. A. Wolf aus Handschriften aufgenommenen αὐτάρ ist die Aristarchische Lesart, die ich jetzt (4. Auflage) nach dem Vorgange von W. C. Kayser zurückgeführt habe. Dadurch gewinnen wir zugleich die richtige Beziehung des Dativs 'Οδυσῆι zu ἠέρα ἀμφέχευε: vgl. 41. Θ 278. N 544. P 268. Denn φίλα φρονέουσα ist für sich zu nehmen, wie in den Parallelstellen.

15. Zur Verleihung dieser Unsichtbarkeit dienen ἠήρ υ 189. E 776. Θ 50. Ξ 282. Π 790. Γ 444, und νεφέλη Θ 562. E 186. 345. O 308. Γ 150, und ἀχλύς η 41. E 127. O 668. Υ 321, und νύξ ψ 372. E 23. 506. Nachahmung bei Verg. Aen. I 411.

26. γαῖαν ἔχουσιν mit Bekker aus Vind. 133. 56, August. [und andern bei La Roche], dem Lemma des Ambr. E, var. Harl. statt des seit Wolf gewöhnlichen ἔργα νέμονται, das sich in anderen Handschriften findet.

33. Statt ἔλθοι gibt jetzt Bekker ἔλθῃ, das nur in der Meermännischen Handschrift steht [auch im Marc. 457. Vind. 5. Stuttgart. 5, vgl. La Roche. Ich habe daher mit Bekker, La Roche, Nauck den dem regelmässigen Gebrauch entsprechenden Conjunctiv in der 5ten Auflage hergestellt.] Die Anhänger der Liedertheorie erwähnen mit Nachdruck, dass die˙ vorliegende Aeusserung über die Ungastlichkeit der Phäaken mit der folgenden Darstellung in Widerspruch stehe, und versuchen nach verschiedenen Richtungen hin eine Lösung. Vgl. H. Anton im N. Rhein. Museum 1863 Bd. XVIII S. 430. Köchly de Od. carm. III p. 16 sq., auch Düntzer in seiner Ausgabe [und dagegen Kammer die Einheit p. 105 f.] — 34. Ueber *νηυσὶ ϑοῇσιν* mit *ὠκείῃσιν* vgl. Schneidewin zu Soph. Ai. 710. 36. *ὥς εἰ* ohne beigefügtes Verbum noch *τ* 39. 211. [*E* 374.] *I* 648. *Π* 59. *T* 17. *X* 150. [*Ω* 328.] und *ὡς εἴ τε* ξ 254. ρ 111. *Λ* 474. [*Π* 192.] *T* 366. *Ψ* 598. Ebenso formelhaft wird *ὡς ὅτε* gebraucht: vgl. zu λ 368. Ueber die Hinzufügung des Verbum bei *ὡς εἰ* vgl. zu ι 314. [Ueber die jetzt im Commentar gegebene Auffassung vgl. L. Lange der homer. Gebrauch der Partikel *εἰ*, II p. 538 ff.]. Zu dem Vergleiche 'so schnell wie ein Gedanke' vgl. Cic. Tusc. I 19: *nihil est animo velocius: nulla est celeritas, quae possit cum animi celeritate contendere.* Unsere Stelle hat vor Augen Gratius Cyneg. 204: *ocior adfectu mentis pinnaque cucurrit.* Dazu Theogn. 985: *αἶψα γὰρ ὥς τε νόημα παρέρχεται ἀγλαὸς ἥβη*, wo Welcker Thales bei Diog. L. I 35 *τάχιστα νοὺς· διὰ παντὸς γὰρ τρέχει* vergleicht. Aristaen. epist. I 5 *ϑᾶττον νοήματος*, vgl. Abresch lect. Arist. p. 26. Claudian de raptu Pros. II 201. Plut. Alex. 35. Heliodor IV 16. Seneca de benef. II 29. Endlich beachte man was Sonne in Kuhns Z. f. vergl. Sprachf. X S. 337 mit unserer Stelle und mit den Wolkenschiffen der Phäaken *ϑ* 559. 562 vergleicht: 'auf beseelten Luftschiffen, auf gedankenschnellem Wagen führen die Açvin den Schützling auf dessen Hülferuf . . . zum jenseitigen, himmlischen Ufer zurück.' [Vgl. auch Gerland altgriech. Märchen in der Odyssee p. 14.]

39—45. [Gegen diese Verse erheben sich an dieser Stelle folgende Bedenken: 1) an die beiden formelhaften Verse 37. 38 schliesst sich sonst (β 405. 406. γ 29. 30. ε 192. 193) sofort ein Vers, der die Angabe des erreichten Ziels enthält. 2) auffallend ist hier die Wiederholung der Angabe, dass Athene Odysseus in Nebel gehüllt, aus 15, da sie nochmals 140 wiederkehrt. 3) unerklärlich die nachträgliche Erwähnung des Eindrucks, den Odysseus von den beim Eintritt in die Stadt gesehenen Localitäten erhalten hat, denn die hier genannten (43. 44.) entsprechen durchaus nur den ζ 262—266 angegebenen und sind von Odysseus nicht, wie Ameis zu 43 bemerkte, auf seinem Wege bis zum Königspalast gesehen, sondern bei seinem Eintritt in die Stadt (18). — Neuerdings verwarf auch W. Jordan in den Neuen Jahrbb. 1873 p. 87 ff. V. 39—42, aber aus nicht zutreffenden Gründen, welche Benicken im Philol. XXXIII p. 564 widerlegte. Uebrigens würden V. 39. 43—45 zwischen V. 17 und 18 eingefügt an richtiger Stelle stehen, wie auch Köchly de Odyss. carm. diss. I p. 21 V. 43—45 an 17 angeschlossen hat. Die Störung der Anordnung kann im Zusammenhange mit einer Eindichtung stehen, welche man hier vermuthet hat: vgl. Bergk griech. Literaturgesch. I p. 672.]

50. Die Beispiele der letztern Art, in welchen eine nähere Bestimmung nicht beigefügt ist, bei Prosaikern aber wenigstens der individualisierende Artikel gesetzt sein würde, sind aus Homer mit transitiven und intransitiven Verben folgende: ἀγορεύειν ἀγοράς Β 788. αἰχμάζειν αἰχμάς Δ 324. βουλεύειν βουλάς ζ 61. Κ 147. 327. 415. Ψ 78. Ω 652. δαινύναι δαῖτα Ι 70. δαίνυσθαι δαίτην η 50. εἰπεῖν ἔπος ϑ 397. π 469. τ 98. ἐργάζεσθαι ἔργα χ 422. ἱδροῦν ἱδρῶ Δ 27. κτερεΐζειν κτέρεα zu α 291. μάχεσθαι μάχην ι 54. Μ 175. Ο 414. 673. Σ 533. νεικεῖν νείκεα Υ 251. τειχίζειν τεῖχος Η 449. φυτεύειν φυτόν ι 108. χεῖσθαι χοήν κ 518. λ 26. Hierzu kommt noch die Verbindung mit einem sinnverwandten Objecte, wie φωνεῖν ὄπα zu ω 535 (unrichtig La Roche Hom. Studien § 94, 5). In allen solchen Fällen gewinnt der durch den Accusativ bezeichnete Begriff erst durch die vom Verbum ausgedrückte Thätigkeit seine volle Existenz. Vgl. La Roche a. O. § 19 und 20, wo aber unerwähnt bleibt, dass Lobeck Parall. diss. VIII p. 501 sqq. den τρόπος ἐτυμολογικός (oder das σχῆμα ἐτυμολογικόν) nach allen Seiten hin beleuchtet hat. Zu Krüger Di. 46, 6, 1.

52. Die andere Lesart μάλα τηλόθεν ist aus ζ 312. η 194. Ε 478 entstanden. Bekker hat jetzt den Vers ohne den Vorgang der Alten athetiert, mit Beistimmung von Köchly de Od. carm. III p. 16 [auch Düntzer, Nauck: vgl. dagegen L. Lange d. hom. Gebr. der Partikel εἰ I p. 472, Anm. 231].

54. Ueber ἐπώνυμον vgl. zu ε 273, und über τοκήων auch zu δ 596. Dasselbe Verhältniss finden wir bei Nachor und Milkah 1 Mos. 11, 29. Ueber die ganze Stelle vgl. auch Köchly de Od. carmin. I p. 29 sq. und H. Anton im Rh. Mus. 1863. XVIII S. 428. [Bergk griech. Literaturgesch. I 673, 46 und Kirchhoff die Komposition der Odyssee p. 55.]

60. Ob das Volk im Kampfe mit seinem Könige oder im Kampfe mit einem andern Volke oder durch Zeus umgekommen sei, ist bei Homer nicht erwähnt: die Gigantomachie aber gehört erst der spätern Sage an.

64. [Nauck in seiner Ausgabe der Odyssee nimmt Anstoss an ἄκουρον unter Verweisung auf die Mélanges Gréco-Rom. Vol. 2 p. 327 ff.]

65. Die Interpunction nach νυμφίον, sodass nun ἐν μεγάρῳ zum Folgenden gehört, ist eine Verbesserung von Th. Bergk commentat. critic. spec. V. Marburg 1850 p. 6 [die übrigens schon bei Nicanor gegeben ist: Nicanoris περὶ Ὀδ. στιγμῆς reliquiae ed. Carnuth, Berlin 1875 p. 49.]

81. Ueber den Tempel des Erechtheus und der Athene vgl. Β 547. Herod. VIII 55. Manche finden in unserer Stelle deutliche Spuren von attischem Ursprung des Liedes, aber ohne zwingenden Grund. Denn die Akropolis konnte als Hauptstätte des Athenecultus schon vor Anfang der Olympiaden in Griechenland und Kleinasien so allgemein bekannt sein, dass der Dichter die Athene dorthin mit derselben Berechtigung gehen liess, mit welcher Θ 283 f. Hephästos nach Lemnos und Θ 361 ff. Ares nach Thrakien und Aphrodite nach Paphos geht. Dass hier nur eine zeitweilige Einkehr, ein vorübergehender Besuch stattfindet, darüber vgl.

Nägelsbach hom. Theol. I 4 S. 48 der Ausg. von Autenrieth. Ueber das
79 vorhergehende Beiwort ἐρατεινήν vgl. Gladstone Hom. Stud. von
Schuster S. 446. [Uebrigens war 79. 80 schon bei den Alten verdächtigt : vgl. Aristonic. ed. Carnuth p. 73.]

    84 ff. [Nitzsch wollte Vers 87 streichen, weil die Beschreibung
des inneren Hauses erst mit 95 beginne, ἐς μυχὸν ἐξ οὐδοῖο aber schon
hier auf das Innere weise, während Θριγκός den Kranz der äusseren
Mauer bezeichne. Er übersah dabei, dass die Beschreibung ausgeht von
dem ersten allgemeinen Eindruck, den der im Innern herrschende
Glanz auf Odysseus macht, dann zur genaueren Betrachtung des glänzenden Eingangs sich wendet und dann wieder zum Innern zurückkehrt.
So giebt nach dem Zusammenhange nicht ἐς μυχὸν ἐξ οὐδοῖο Anstoss,
denn 86. 87 sollen ja den Eindruck des im Innern herrschenden
Glanzes (84. 85) erklären, sondern der folgende Zusatz περὶ δέ κτέ, da an
den übrigen Stellen bei Homer und nach dem späteren Gebrauch Θριγκός
von dem Kranz der äusseren Mauer steht. Bei genauer Betrachtung
der ganzen folgenden Beschreibung erhebt sich aber die Frage, ob nicht
vielmehr bereits in V. 84. 85 der Grund des Anstosses zu suchen ist.
Lehrs de Aristarchi stud. [2]p. 405 hat, abgesehen von den Gärten des
Alkinoos (vgl. zu 107) alle Beschreibung von den Wundern des inneren
Hauses, wovon Odysseus vor der Schwelle stehend nicht betroffen werden
konnte, unvereinbar mit 133 f. gefunden, ebenso scheint es Bergk
Griech. Literaturgesch. I 673 befremdend, dass die innere Einrichtung
des Palastes geschildert wird, während Odysseus an der Schwelle stehend
den Bau bewundert. Man vergleiche die ähnliche Situation in ε, wo
Hermes der Grotte der Kalypso naht, sowie ρ 264 ff., um zu sehen,
wie Homer bei solchen Beschreibungen, die er durch das Medium einer
betrachtenden Person uns reflectiren lässt, die durch die Situation gezogenen Grenzen sehr wohl beobachtet. Mit solcher Weise steht
nicht nur im Widerspruch, dass Odysseus von seinem Standpunkte aus
vor der Schwelle des Hauses durch den immerhin offen zu denkenden
Eingang das Innere nicht in dem Umfange übersehen kann, wie die Beschreibung es voraussetzen lässt, sondern vor allem auch die Verallgemeinerung der Beschreibung über den Moment der Betrachtung hinaus
in ἐδριόωντο 98 pflegten sich niederzusetzen (denn an allen
homerischen Stellen hat das Verbum nur die Bedeutung considere,
vgl. Ebeling's Lexicon s. v.) und φαίνοντες νύκτας 102. Scheinen danach
auch V. 95—102, welche durch die Verallgemeinerung der Beschreibung
den Uebergang machen zu der nun gar ins Praesens fallenden Beschreibung
von Localitäten und Handlungen, die ganz ausserhalb des Gesichtskreises
des Betrachtenden liegen, nicht ursprünglich, so erheben sich damit auch
Zweifel gegen die Ursprünglichkeit von 84. 85 an dieser Stelle, wir
lesen sie bekanntlich auch δ 45. 46, wo sie das Staunen des Telemach
und seines Begleiters, als sie in Menelaos Palast eingetreten sind, erklären. Allerdings ist ja möglich, dass Odysseus durch die offen zu
denkende Thür einen allgemeinen Eindruck wunderbaren Glanzes von
dem Innern des Hauses erhielte. Aber wie mangelhaft ist hier die Moti-

vierung dieses wunderbaren Glanzes im Vergleich zu der, welche die **Verse**
in δ 72. 73 erhalten: von allen dort genannten Kostbarkeiten findet
sich hier nichts als die ehernen Wände, nicht einmal die goldenen Fackel-
halter aus 100 ff. sind hier verwendet, wo sie doch zur Motivierung
jenes Glanzes hätten dienen können. **Beschränkte sich** die Beschreibung
ursprünglich auf die Stücke des Baus, **welche Odysseus** vor dem Eintritt
übersehen konnte, so würden V. 86 im Anschluss an 83 die Aussen-
wände zu beiden Seiten des **Eingangs zu verstehen** sein und ϑριγκός
V. 87 in seiner gewöhnlichen **Bedeutung von dem aussen um die** Mauer
sich ziehenden Gesims, es würde daran sich die Beschreibung des **Ein-**
ganges selbst und der vor demselben stehenden Hunde schliessen bis 94
und das Ganze passend abgeschlossen werden mit 132. In dem Bedenken gegen 84. 85 stimmt (nach brieflicher Mittheilung) auch A. **Römer**
mit mir überein. Derselbe bemerkt: 'V. 84. 85 stehen δ 45. 46 viel
passender, denn dort geht voraus: αὐτοὺς δ' εἰσῆγον ϑεῖον δόμον'
und weiter: 'Wer erwartet nach der Ankündigung in V. 84. 85 **eine**
Beschreibung des Aeussern des Palastes?']

86.* Die Beschreibung des **Palastes 86 bis 94** ist durch ξ 302
veranlasst. Die Form ἐληλέδατ', in den besten Quellen, ist wahrscheinlich
die Aristarchische Lesart, da diese **Form in einem** von Aristonikos herrührenden Scholion zu ν 4 erscheint. [Aristonici περὶ σημείων Ὀδυσσείας
Reliquiae **emendatiores** ed. Carnuth. Lips. 1869 p. 119.] Hierauf stützt
sich ohne Zweifel die Lexikographennotiz ἐκ τοῦ ἐλεύϑω. Die **von**
Buttmann ausf. Spr. § 98 A. 13* empfohlene und von W. Dindorf [jetzt
auch Nauck] aufgenommene **Form** ἐληλέατ' findet sich nur in den zwei
castigierten Hss.; andere Autoritäten bieten die regelmässige Bildung
ἐληλάδατ' mit euphonischem δ wie in ἀκηχέδαται P 637. Aber in
ἐῤῥάδαται υ 354 und ἐῤῥάδατο M 431 ist das δ wurzelhaft. Vgl. G.
Curtius Etym. II S. 217 [²574].

89. [Hier ist auffallender Weise die einzige handschriftliche Lesart das
metrisch unmögliche ἀργύρεοι δὲ σταϑμοί, wofür allgemein die Correctur
von Barnes σταϑμοὶ δ' ἀργύρεοι aufgenommen ist. Jetzt hat Kayser
in der Faesischen Ausgabe mit Aufgabe der Umstellung unter Verwerfung des δέ geschrieben ἀργύρεοι σταϑμοί und diese Schreibung
mit der Nothwendigkeit der nachdrücklichen Betonung der Stoffe motiviert,
wie sie die sonst durchgeführte anaphorische Anordnung verlange. So
sehr die handschriftliche Lesart diese Schreibung begünstigt, so hat doch
die bei dem dann vorhandenen Asyndeton nothwendige Annahme einer
erklärenden Parenthese in 89. 90, die zwischen die beiden Glieder der
andern anaphorischen Verbindung 88 und 91 eingeschoben sei, etwas
sehr Künstliches.]

93 Auch an den Dädalischen Bildern rühmt die Sage bekanntlich
die grösste Lebendigkeit. Dasselbe gilt von den Dreifüssen und kunst-
reichen goldenen Dienerinnen des Hephästos Σ 376. 417 ff. Es soll
dadurch nichts anderes bezeichnet werden als der gleich im Beginn der
griechischen Kunst hervortretende Naturalismus im Gegensatz gegen den

abstracten ägyptischen Schematismus. Vgl. Overbeck Gesch. der gr.
Plastik 1 S. 39 ff. 46.

94. Zu Krüger Di. 38, 2, 7. Bekker hat den Vers aus Conjectur
atheticrt, worin ihm Köchly de Od. carm. I p. 33 beistimmt, der ihn
als 'versum perinepte ex ε 136 traductum'. betrachtet. [Auch Nauck
bemerkt: spurius? cfr. Hermann Orph. p. 824, und Düntzer scheinen
gar 92—94 späteren Ursprungs.]

97. Gewöhnlich wird λεπτοὶ εὔννητοι gelesen. Da aber das
doppelte $\bar{\nu}$ noch von niemand etymologisch erklärt worden ist, so bin
ich zur handschriftlichen Lesart λεπτοὶ εὔνητοι zurückgekehrt.

100. Vgl. Lucret. II 24. An eine Art Fackelträger, wenn auch
in einfacherer Form, ist wohl auch β 105 zu denken. Als 'Statuen'
betrachtet man hier zur Vergleichung auch die goldenen Hirten auf dem
Schilde des Achilles Σ 577. Aber diese können nicht Statuen, sondern
nur erhabene Darstellungen sein, die darauf angebracht waren. [Sonst
vgl. Brunn die Kunst bei Homer. Münch. 1868 p. 5.]

104. [μῆλοψ wird vielleicht richtiger mit Autenrieth im Lexicon
s. v. weissglänzend verstanden und auf μαλός albus zurückgeführt:
vgl. Brugmann in G. Curtius Stud. IV p. 123 und G. Curtius Etym. [4]
p. 579.]

107. Gewöhnlich wird die auch von Bekker beibehaltene Form και-
ροσέων gelesen, wozu in der ersten Ausgabe folgendes bemerkt war:
'Vgl. Lobeck. Path. elem. I p. 504. Die Form καιροσσέων bieten pr.
cod. Pal., Plut. de Pyth. or. 1, Hesych. II p. 110. Et. M. p. 493, 44,
wo erst Gaisford ändert; aber sowol die Ableitung von καῖρος, die ver-
mutlich von Herodian herrührt, als auch die beiden Erklärungsversuche
bei Eustathius setzen καιροσσέων voraus. Und so wahrscheinlich Aristarch, der in der Regel solche Formen durch die Annahme einer Synizese
rettet.' Vgl. jetzt die eingehende Erörterung von Bergk im Philol. XVI
S. 578 ff. mit der Bemerkung, 'dass wir in Inschriften noch lange Zeit
O für OY finden' und dem Resultate: 'wir sind vollkommen berechtigt
καιρουσσέων zu schreiben [so La Roche, Nauck]; doch habe ich nichts
dagegen, wenn man diesen merkwürdigen Rest alter Orthographie bewahrt' usw. Lobeck dagegen und Ahrens gr. Formenl. § 23 Anm.
wollen καιροεσσέων geschrieben wissen, indem sie auch οε als Synizese
betrachten. Hugo Weber endlich im Philol. XVI S. 713 vermutet, es
müsse 'ein Adjectiv καιροσσέος oder καιροσέος festgehalten werden, das
vermöge seiner Endung (nach der Ansicht von Scheuerlein) ein noch
unbekanntes Stoffadjectivum ist.' Ich habe Aristarchs Lesart beibehalten, da dieselbe auch durch die von Meineke zu Kallim. p. 149 not.
erwähnten Beispiele gestützt wird. Ueber das zur Besprengung der
Faden gebrauchte Oel vgl. Povelsen Emend. loc. Hom. p. 93 und
v. Leutsch im Philol. XV S. 329, der als Zeugnis den Machon bei
Athenäus XIII 582[d] erwähnt: ἐὰν ἐλαδίου | ταρτημόριά μοι, φησί,
προσενέγκῃς τρία, | κόμισαι. τὸ κωλῦον γάρ ἐστι τοῦτό με, welche

Worte der Walker der Hetäre Glykera sagen lässt, als diese zu ihm geschickt hatte, um ihr schönes korinthisches Kleid zurückholen zu lassen. [Vgl. jetzt auch V. Hehn Culturpflanzen und Hausthiere p. 46 und dagegen W. Hertzberg im Philol. XXXIII p. 6 ff. mit Friedländer in Fleckeisens Jahrbb. Bd. 107 p. 89 und ll. Blümner Technologie und Terminologie der Gewerbe und Künste bei Griechen und Römern. Leipz. 1874 I p. 126 f. und 184. Letzterer bemerkt über καῖρος: „Dafür, dass die Fäden der Kette nicht in einander geriethen und in der Ordnung parallel neben einander blieben, dienten Schnüre oder Schlingen, καῖρος oder καίρωμα genannt, woher das Verfahren selbst, das Anbinden der Fäden an diese Schnur (welche vermuthlich am untern Ende der Kettenfäden sich befand) καιρόω, καίρωσις hiess.‟] Zur homerischen Darstellung bemerke man übrigens, dass Odysseus alle Dienerinnen in regsamer und lebendiger Thätigkeit sehen soll, weshalb von 103 an der Uebergang in das Präsens stattfindet. Während aber Odysseus nach 133 ff. noch draussen vor der Schwelle des Hauses steht, hat der Sänger selbst unmerklich mit epischer Unmittelbarkeit zugleich eine Schilderung des Innern eingereiht: es wird demnach keine Wahrnehmung aus der damaligen Situation erzählt, sondern es wird das, was man später gesehen hat, zur Verständigung des Hörers im voraus geschildert. Dasselbe geschieht ε 59 bis 62. ι 183 bis 186 (vgl. den Anhang 239). κ 103 ff. (mit der Note im Anhang). λ 565 ff. μ 237 bis 243. ρ 270. Im wesentlichen zu derselben Kategorie gehört das zu κ 31 am Ende bemerkte, ferner η 51 ff., wo Athene nicht mehr als Mädchen, sondern als Göttin redet, ohne dass dieser Umstand durch einen ausdrücklichen Zusatz der Reflexion vermittelt ist. So gut als ε 477 zwei verschiedene Sträuche aus einer Wurzel in dem Wunderlande hervorwachsen, so gut als Lynkeus in der Mythe sogar durch Bäume und durch die Erde hindurchsehen konnte, ebenso konnte in ähnlicher Weise der Dichter und Märchenerzähler seine schaffende Fantasie hier dem Odysseus als Auge leihen: es gehört dies zur Naivetät des märchenhaften Epos. [Es ist schwer in dieser Auffassung Ameis zu folgen. Ueber die angezogenen Parallelen wird man im Einzelnen verschieden urtheilen müssen: keine aber vermag den so unerhörten Uebergang der Beschreibung aus dem Praeteritum in das Praesens zu rechtfertigen und die übrigen bedeutsamen für eine spätere Einschiebung dieser Partie (103—132) geltend gemachten Gründe zu entkräften: vgl. die gründliche Ausführung von Friedländer im Philol. VI p. 669—681. Demselben stimmen zu Lehrs de Aristarch.² p. 405, Düntzer, Kayser, Nauck, Bergk griech. Literaturgesch. I p. 673, letzterer mit der Vermuthung, dass diese Partie aus einem andern epischen Gedicht entlehnt sei, in welchem Odysseus, nach Hause zurückgekehrt, über seine Schicksale und Erlebnisse bei den Phääken und wohl auch über seine Heimkehr berichtete.]

110. Gewöhnlich liest man ἱστὸν τεχνῆσαι, als einen von ἴδρις abhängigen Infinitiv, den Bekker stillschweigend in τεχνῆσσαι geändert hat, worüber Bergk im Philol. XVI S. 581 Anm. 2 mit Recht bemerkt: 'das Scholion τεχνήσσαι, τεχνίδες (τεχνίδες) bestätigt Bekkers Ver-

besserung; wahrscheinlich war dies die Lesart des Aristarch und Herodian, daher auch Arcadius p. 95, 6 ausdrücklich die Form τεχνῆοσα ἀπὸ τοῦ τεχνήεσσα anführt.' Zu dem Citate des Arcadius bemerkt auch Lobeck Path. elem. I p. 343 not. 26: 'hoc fortasse reperit in Od. VII 110' usw. Uebrigens sind τεχνῆοσαι und τιμῆς I 605. τιμῆντα Σ 475 (vgl. J. La Roche in der Zeitschr. f. d. österr. Gymn. 1865 S. 127) von den Adjectiven auf εις die einzigen contrahierten Formen bei Homer, wozu auch 107 die Lesart καιρουσσέων gehören würde. Das τεχνῆοσαι hat Krüger Di. 22, 7, 1 unerwähnt gelassen. Den Dativ ἱστῷ, statt des gewöhnlichen ἱστόν, gibt der Scholiast zu Ω 487, sicherlich nach alter Ueberlieferung, mit Recht, weil sonst kein Adjectivum auf εις bei Homer einen Accusativ des Bezuges bei sich hat. J. La Roche in der 'Unterrichts-Zeitung für Oesterreich' 1864 S. 206 urtheilt schliesslich: 'Für allein richtig halten wir die Schreibweise ἱστῶν τεχνῆοσαι, die auch gut beglaubigt ist, da der Accusativ ohne Analogie ist.' Dieses ἱστῶν bieten nemlich Vind. 133 von zweiter Hand und M und Vind. 56. Der Genitiv bei τεχνήεις 'kunstverständig' müsse dann nach Analogie von δαήμων, ἄιδρις und ähnlichen, die ein 'verstehen, kundig sein' bezeichnen, erklärt werden. [In der 4ten Aufl. folgte Ameis La Roche.]

114. πεφύκασι ist die alte jetzt auch von Bekker aufgenommene Lesart, die durch Herodian περὶ διχρ. p. 367 Lehrs bestätigt wird, um von Draco de metr. 33, 14 zu schweigen. Vgl. Buttmann ausf. Spr. § 87, 8 Anm. 4*. G. Curtius Bildung der Tempora S. 182. O. Schneider zu Nic. Ther. 789. Das hier sonst gewöhnliche πεφύκει, dem man die Präsensbedeutung andichtet, scheint aus ε 238. 241 entstanden zu sein, steht jedoch überall nur am Versschluss, eine Veränderung in πέφυκεν aber wäre bei Homer ohne Beispiel. Hierzu eine allgemeine Bemerkung über das Ganze. Die Schilderung von dem Garten des Alkinoos erinnert zwar in Bezug auf Symmetrie und Regelmässigkeit an unsere holländischen Gärten, ist aber übrigens märchenhaft. Denn der Dichter hat in seinen Schilderungen alles schöne, was die Wirklichkeit an verschiedenen Gegenständen und zu verschiedenen Zeiten darbietet oder was die Phantasie in einem wundervollen Klima sich denken kann, auf diesen einzigen Gegenstand übertragen. Daher ist es ein vergebliches Bemühen, jeden einzelnen Theil der Schilderung mit der concreten Wirklichkeit in Uebereinstimmung zu bringen und den kritisierenden Verstand nach allen Seiten hin zu befriedigen: dies hiesse das Märchen zerstören. Nur mit der Idee des Schönen und Vollkommenen überhaupt, und speciell mit der durch den Zweck des Dichters bedingten Idee steht die märchenhafte Schilderung nirgends in Widerspruch, wie die Erklärung nachzuweisen sucht. Der Zweck aber, den Homer in der ganzen Beschreibung verfolgt, ist die Veranschaulichung der Idee des Reichthums und des Ueberflusses an allem, was die Bedingungen und die Mittel zum frohen und üppigen Lebensgenuss darbietet. Diesem Zwecke und dieser Idee entspricht aufs genauste die Beschreibung des Palastes, der innern Einrichtung, der Geräthe, der Dienerschaft; ihr muss also auch die Schilderung des Gartens

angemessen sein. [Ueber die folgenden Baumarten vgl. V. Hehn Kulturpflanzen und Hausthiere p. 41. 47. 156.]

120. [Probst in Fleckeisens Jahrbb. Bd. 107 p. 579 versteht
γηράσκει *altert* d. i. fault.]

121. Wegen der Bedeutung des Obstes für die Tafel und den
Gaumen widmet ihm der Dichter die ausführlichste Beschreibung mit acht
Versen, während der Weingarten nur in fünf, der Gemüsegarten gar nur
in zwei Versen beschrieben wird. Die Obstbäume sind μακρά (114),
nicht niedrige und verkrüppelte Stämmchen, sie sind τηλεθόωντα, von
kräftigem Wuchse und üppiger frischer Belaubung; es sind die edelsten
Sorten Aepfel Birnen Granaten Feigen Oliven, und ihre Früchte sind
her lich von Ansehen und Geschmack, ἀγλαόκαρποι. Denn ἀγλαός in
dieser Zusammensetzung bezeichnet die Eigenschaft der Früchte gleich
ἀγλαῶν καρπῶν (wie 122 πολύκαρπος gleich πολλῶν καρπῶν), nicht
aber die Fülle und den Reichthum an Früchten, was in der Uebersetzung 'fruchtprangend' läge; daher hat Voss in seinem richtigen poetischen Gefühle jeder Fruchtsorte ein besonderes Epitheton gegeben. Alle
diese Bäume prangen nicht blos jetzt im Schmuck der herlichsten
Früchte, so dass sie zu einer andern Jahreszeit etwa leer und blätterlos
dastehen: nein, das wäre nicht Märchen, sondern die nackte Wirklichkeit
der unvollkommenen Erde. Alkinoos muss vielmehr fortwährend
frische und saftige Früchte auf der Tafel haben. Darum müssen die
Bäume von anderer, edlerer Art sein, indem sie unaufhörlich Blüten
und reifende und reife Früchte tragen. Gerade dieser Umstand ist dem
Dichter für seinen Zweck so wichtig und wesentlich, dass er der Schilderung desselben drei ganze Verse widmet (117 bis 119), und dass er
sogar, als hätte er damit noch nicht genug gethan, das erst im allgemeinen bezeichnete noch individualisierend im concreten Falle auf die
einzelnen Obstsorten anwendet 120 und 121. Von diesem Umstande
aber als etwas wichtigem und wesentlichem durchdrungen hat
hier der Dichter mit ἐπὶ σταφυλῇ σταφυλή in die zweite Abthei-
lung des Gartens übergegriffen, um eben zu erwähnen, dass
diese nimmer aufhörende oder sich mindernde Fülle auch die wesent-
lichste Eigenschaft der Weinpflanzung sei. Und so hat der Dichter
leicht und ungezwungen uns in die Rebenpflanzung eingeführt, und ent-
hüllt dann den Reichthum dieser vor unsern Blicken. Indes sucht
H. Anton im Rhein. Mus. 1863 XVIII S. 417 f. die Verse 120 und 121
als Interpolation zu erweisen. [Der Versuch die Erwähnung der Traube
hier zu rechtfertigen hat wenig Ueberzeugendes: vgl. auch Nitzsch erklärende Anmerkungen zur Stelle und Grashof das Fuhrwerk p. 25 f.,
welcher 118—121 verwirft.]

123. Bekker hat jetzt statt Θεελόπεδον, das einstimmig überliefert
ist, θ' εἱλόπεδον aufgenommen [so jetzt auch Nauck], welche Conjectur
zuerst Toup zu Hesych. III p. 401 vorgetragen und Düderlein Gloss.
§ 115 zu begründen versucht hat. Lobeck Path. elem. I p. 101 bemerkt dagegen: „εἱλόπεδον non legitur nisi apud scriptores Byzantiae

aetatis Scholiastas et Glossographos." Zur Sache. Die Traube ist schon
an und für sich der Inbegriff alles schönen und herlichen; daher genügt
es sie bloss zu nennen, um in dem Hörer die Summe aller ihrer Eigenschaften für den Genuss zu bezeichnen, wie auch unsere Dichter mit
dem 'edlen Rebensaft', dem 'Traubenblut', der 'goldenen Traube' alles
gesagt zu haben glauben, was sich von dem Weine rühmen lässt.
Alkinoos hat (darin liegt eben das märchenhafte) das ganze Jahr hindurch reife Trauben für die Tafel und für den Schmaus, und zwar
in den verschiedenen Gestalten in denen man den Wein geniesst, als
frische Trauben, als getrocknete Trauben (Traubenrosinen), als
gekelterten Wein. Das τέρσεται wird am besten ganz eigentlich
verstanden, weil man dadurch erstens der rein sinnlichen Anschauungsweise des Dichters treu bleibt und zweitens ein Product für den Gaumen
und für die Tafel zur Bezeichnung des Reichthums und Ueberflusses
mehr erhält, während nach der gewöhnlichen Erklärung 'an den Stöcken
trocknen, um nachher daraus vinum passum zu bereiten' nur an gekelterten Wein, wenn auch in verschiedener Qualität, zu denken wäre.
Die homerischen Helden trinken bei ihren Schmausereien zwar viel Wein,
aber doch immer nur eine Sorte: nirgends wird eine Abwechselung der
Weine erwähnt, wie sie bei modernen Tafelfreuden beliebt ist. Und
doch müsste man bei vinum passum an etwas ähnliches denken. [Vgl.
indes Lang Homer und die Gabe des Dionysos. Marburg 1862 p. 12.]

125. ἄνθος ἀφιεῖσαι 'die Blüte abstossend', d. h. indem sie die
vom Fruchtboden getrennte Blumenkrone, welche wie ein Schirm die fünf
Staubfäden der länglichen Beere gegen Regen und Sonnenschein schützte,
abstossen, in welchem Zeitpunkte die Herlinge erscheinen und die Wein-
blüte den stärksten Wolgeruch hat. Mit der ganzen Beschreibung unsers
Abschnitts kann man vergleichen Plin. N. H. XVI 27. Noch jetzt trägt
in Campanien die eine Art des Weinstocks dreimal im Jahre. Vgl. K. W.
Müller Bemerkungen über eine Stelle in Hom. Od. (VII 126) die Wein-
blüte betreffend (Rudolstadt 1853) [auch Buchholz die homer. Realien I
2, p. 262. Hort vom Weine bei Homer. Straubing 1871 p. 9]. Das
ὑπό in ὑποπερκάζουσιν ist treue Naturzeichnung, indem kurz nach der
abgestossenen Blüte die dunkle Färbung unten beginnt. Vgl. auch
Achilles Tat. II 4 ὁ βότρυς ὑποπερκάζεται und Nic. Ther. 337 αἰὲν
ὑποξοφόωσα μελαίνεται ἄκροθεν οὐρή. Uebrigens ist auch der ganze
märchenhaft schöne und vollkommene Zug, der in dem Gedanken mit
πάροιθε liegt, aus treuer Naturbeobachtung herausgedichtet. Denn bekanntlich hängen die reifen Trauben am alten Holze, das dem Stamme
näher ist, während an den vorderen Theilen der Rebe, an dem jüngern
Holze die sich färbenden, noch weiter vorn die erst ansetzenden
Trauben, und an den vordersten Spitzen die Blüten befindlich sind.

127. Ueber πρασιαί vgl. Lobeck Path. elem. I p. 244. Böttiger kl.
Schr. III S. 167. Es sind eigentlich Lauchbeete, von πρασόν porrum,
nach andern von περᾶν. Der Kopf- und Schnittlauch war später eine
tägliche Nahrung und vertrat die Stelle des Salats. Dass auch die homerischen Menschen Gemüse gegessen haben, lässt sich aus dieser Stelle

schliessen so wie **aus** den im Vergleiche *N* 589 erwähnten Bohnen und
Erbsen. Die Zwiebel erscheint *Λ* 630. *τ* 233. Vielleicht ist auch bei
μενοεικέ ἐδωδήν παντοίην ζ 76. 77 mit an Gemüse zu denken. Da
aber in der homerischen Mahlzeit das Gemüse für **die** Tafel und für den
Gaumen einen untergeordneten Werth hat, **so** genügt es dem
Dichter, nur das Vorhandensein desselben in zwei **Versen** kurz zu er-
wähnen; indes constatiert er auch hier den Reichthum und die Fülle
durch das Epitheton παντοῖαι und durch den Zusatz, dass hier zwei
Quellen entspringen. Diese **sind** zur Bewässerung der Gartenbeete
nothwendig, wenn die Pflanzen immerfort grünen und im üppigen
Wuchse prangen sollen (ἐπηετανὸν γανόωσαι). Die Obstbäume und die
Weinstöcke begnügen sich **wohl und** gedeihen auch schon bei dem atmosphärischen Niederschlag; **die** Gemüsepflanzen dagegen bedürfen zu ihrem
Gedeihen der künstlichen Bewässerung, da ihre Wurzeln weniger tief
gehen und das gelockerte Erdreich schnell austrocknet. Darum steht ἐν
δὲ δύω κρῆναι nicht zufällig unmittelbar hinter ἐπηετανὸν γανόωσαι,
darum werden nicht zufällig zwei Quellen erwähnt, während schon eine
zur Bewässerung ausreichte; darum endlich ist ἐν δέ nur auf den Gemüsegarten zu beziehen, nicht auf den Garten überhaupt, weil diese Beziehung zu allgemein und zu entfernt wäre, nebenbei mit ἀνὰ κῆπον
ἅπαντα nicht harmonierte. Und auch hier bleibt der Dichter seiner Idee
und seinem Zwecke treu, indem er sogar an diesen Quellen den Reichthum und Ueberfluss zeigt. Denn die eine Quelle liefert zugleich
den übrigen Theilen des Gartens eine erwünschte Bewässerung, indem
sie sich (in Rinnen und Canälen) durch den ganzen Garten hin ausbreitet;
die andere ergiesst sich in den Palast, und so reichlich, dass sie nicht
nur den König und sein Haus, sondern auch die Bürger der Stadt noch
mit ihrem Ueberflusse versieht.

140. ἠέρα ἔχειν ist eine sinnliche Uebertragung des ἔχειν εἵματα
ϱ 24. 573. τ 225. Σ 538 und τεύχεα Κ 440. Am Schlusse von 141
will Döderlein (öffentliche Reden S. 356) ein Komma gesetzt wissen:
denn „βάλε perperam divellunt ab ὅφρα." Aber wo eine derartige Partikel syntaktisch auch zum folgenden Satze gehören soll, da ist dieser
sonst niemals wie hier mit δ' ἄρα, sondern stets nur mit δέ angeschlossen, abgesehen von der Anreihung τὲ oder καί oder ἰδέ. [Ausser-
dem spricht dagegen die Erneuerung des Subjects am Ende des Satzes
142 in Ὀδυσσεύς, dem zu Anfange des folgenden (nach den Partikeln)
αὐτοῖο entsprechend eine Art chiastischer Gedankenbewegung ergiebt,
wie **sie** zwischen Vorder- und Nachsatz beliebt ist: vgl. 331. 332.
κ 220. 221 und die Anmerkung zu κ 207.]

149. [Alles hierher Gehörige erörtert Haake der Besitz und sein
Werth im homerischen Zeitalter. Berlin 1872.]

152. θάσσον steht so mit dem Imperativ κ 72. π 130. υ 154.
Λ 64. Π 129. Ρ 654. Τ 68; mit ἀλλά und dem adhortativen Conjunctiv κ 44. 192. 228. 268. ω 495. Ν 115. Τ 257; in Absichts-
sätzen β 307. κ 33. Β 440. Ζ 143. Μ 26. Τ 429. Ψ 53; isoliert
aber ähnlich ο 201.

153. Uebrigens ist der Herd bei Homer noch keine heilige Stätte, wie in späterer Zeit; daher erscheint auch bei Homer noch keine Göttin Hestia, vgl. zu ξ 159. [Vgl. indes Autenrieth in Nägelsbach hom. Theol. ²p. 298 und Preuner über die erste und letzte Stelle der Hestia-Vesta. Tübingen 1862. p. 45 ff.]

156. Bekker hat jetzt aus Conjectur προγενέστατος geschrieben [so auch Nauck], aber bei der Wiederkehr dieses Verses λ 343 den Comparativ unverändert gelassen. Vgl. dessen Hom. Blätter S. 91.

174. [Aristonicus bei Carnuth p. 74: ἀθετεῖται τὸ ἔπος ὡς ἀσύμφωνον τῇ τοῦ Ὁμήρου συνηθείᾳ. οὐ γὰρ ποιεῖ τὰς τραπέζας ἀφαιρουμένας παρόντων τῶν δαιτυμόνων, ἀλλὰ μετὰ τὴν ἀπαλλαγήν. Phaeaces nondum cubitum iverunt, itaque Laodamas, cujus sellam Ulixes occupavit, mensam habet.]

194. Den zweiten Versfuss bildet καρπαλίμως hier und ζ 312 so wie noch μ 166. E 904, aber an den übrigen achtunddreissig Stellen steht es im Versanfang, und zwar theils wie hier am Schluss des Gedankens β 406. γ 30. ε 193. η 38. ξ 500. ο 497. Λ 435. Θ 506. 546. Κ 346. Τ 190. Χ 159. Ψ 408, theils im Anfange des Gedankens, theils in der Mitte desselben.

196. [Die gegen den sonstigen Gebrauch verstossende Erneuerung des Subjects bei πρίν in τόν erklärt Bekker Homer. Blätter II p. 7 aus der Einwirkung von α 210 πρίν γε τὸν ἐς Τροίην ἀναβήμεναι, wenn nicht zu lesen sei γε ϝεῆς statt τὸν ἧς. Auch Nauck nimmt Anstoss, anders R. Förster in Miscellan. philol. libellus. Vratislav. 1863. p. 18 f.]

197. Der Aorist, wie hier νήσαντο, auch Τ 128. Ω 49, und metaphorisch von den Göttern überhaupt α 17. γ 208. δ 208. ϑ 579. λ 139. π 64. υ 196. Ω 525. Dieser Aorist steht, weil die 'Spinnerinnen' das Geschäft, den Lebensfaden der Geschicke zu spinnen, mit der Geburtsstunde des Menschen abschliessen. (Nach H. Usener im Rhein. Mus. 1868 Bd. XXIII p. 372 Anmerk. 159 hat der Aorist ἐπένησε κατενήσατο die gleiche Bedeutung, wie τέκε, worin ich beistimme: ich wollte nämlich durch meine Worte nur den Grund dafür angeben.) Statt κατά steht sonst nur ἐπί 'zuspinnen.' [Nauck vermuthet κακά.] Ueber κατὰ κλῶθες in Vergleich zu der frühern Lesart κατακλῶθες vgl. Buttmann Mythol. I S. 293*. Als stark verdächtig bezeichnet diese Stelle Nägelsbach hom. Theol. III 6 S. 150. Uebrigens erscheinen die Schicksalsgöttinnen in der Dreizahl und als Töchter der Nacht erst bei den Spätern.

204. Solche Formen des synkopierten [?] Aorist sind ξύμβλητο ζ 54. Ξ 39. 231. ξύμβληντο κ 105. Ξ 27. Ω 709. ξυμβλήτην φ 15. ξυμβλήμενος λ 127. ο 441. ψ 274. ω 260. ξυμβλήμεναι Φ 578. Krüger Di. 39 unter βάλλω betrachtet ξύμβληται nach dem Vorgange anderer mit Unrecht als 'Perfect ohne Augment'. Bekker ist der Accentuation ξυμβλῆται gefolgt. Aber nach den besten Zeugnissen der Alten ist der mediale Aorist nicht als Perispomenon zu schreiben, wie hier auch der Schol. P ausdrücklich bemerkt: ξύμβληται· ἐντύχῃ. προπαροξύτονον. Vgl. H. Rumpf de formis quibusdam verborum (Giessen 1851) p. 15.

Indes hat hier C. W. Nauck beigefügt: 'ξυμβλῆται ist Conjunctiv, wie ἐντύχῃ, dagegen ξύμβληται = ἐνέτυχεν.' [Uebrigens will Adam in den Blätt. f. d. bayersch. Gymnasialschulwesen VII, 1871, p. 124 unter τίς nicht einen der Phäaken, sondern einen der Götter verstanden wissen, und bei κατακρύπτουσι ergänzen, 'dass sie Götter seien,' indem er in diesen Worten des Königs eine feine Aufforderung an Odysseus sieht mit der Farbe herauszurücken und zu bekennen, ob er **wirklich** der unglückselige Fremdling sei oder τίς ἀθανάτων.]

208. [La Roche und Nauck lesen nach der Mehrzahl der Handschriften μοι μελέτω, nur **Marc.** 613 hat τοι μελέτω.]

213. καὶ μᾶλλον **wie** β 334. δ 819. ϑ 154. ο 198. σ 22. 216. Θ 470. Ν 638. Τ 200. Χ 235. πολὺ μᾶλλον Ι 700. ἔτι καὶ πολὺ μᾶλλον Ψ 386. 429. Bekker ist jetzt zu der vor Wolf gewöhnlichen Lesart καὶ πλείον' zurückgekehrt, die in wenigen Handschriften zweiten Ranges steht. •

216. Der böse Ruf des Magens erscheint auch ο **344.** ρ 286. 473. σ 53. Vgl. auch Athen. X 19 p. 422: 'ein grosses Uebel für die Menschen ist der Magen', wo dann der Komiker Alexis angeführt wird, der dem Magen alle schmachvollen Leiden und Widerwärtigkeiten schuld gibt, und Diphilos, der den Vers des Euripides 'die Noth und mein mühseliger Magen bezwingt mich' lobpreisend ausführt. Und bei Artemidor I 76 wird der Magen ein grausamer und gestrenger Herr genannt, wie sonst der Todesgott heisst. Uebrigens sucht H. Anton im Rh. Mus. XVIII S. 419 ff. die ganze Stelle 207 bis 227 als störenden Zusatz zu erweisen. [Düntzer Kirchhoff, Köchly u. d. Odyssee p. 40 verwirft 194 bis 225. Bergk griech. Literaturgesch. I p. 675 V. 185—227. Die Gründe für diese Annahme liegen besonders in den Differenzen zwischen der hier von Alkinoos für den folgenden Morgen getroffenen Anordnung und der Ausführung im 8ten Gesange; auch scheint die Wiederholung von 184 in 228 auf die Einfügung hinzuweisen; abgesehen hievon ist zweifellos, dass V. 215 — 221 in dem Zusammenhange nicht bestehen können. Ist die Aufforderung 215 an sich ganz unmotiviert, da Niemand an ihn das Verlangen gerichtet hat von seinen Leiden zu erzählen, so widerspricht sie andrerseits durchaus dem 177 Erzählten, zumal auch in den Formen der Aoriste δορπῆσαι ἰάσατε, die von dem Gestatten einer Fortsetzung des schon begonnenen Mahles nicht verstanden werden können. Dass Odysseus aber seine Mahlzeit 177 bereits beendigt hat, zeigt deutlich die weitere Erzählung: von einer Fortsetzung des Essens ist nicht weiter die Rede, konnte auch nach der Schlusslibation 228 kaum mehr die Rede sein, vielmehr wird 232 sofort abgeräumt.]

221. ἐνιπλησθῆναι hat der Vrat. des Michael Apostolius und Athen. X p. 412; und dies ist wohl Aristarchs Lesart, die hier objectiver und concinner ist als das auch von Bekker [auch Nauck] gebilligte ἐνιπλήσασθαι, was nach Schol. H. P. poetischer sein soll. Gewöhnlich wird hier dem Aristarch die Form ἐμπλησθῆναι beigelegt. Aber auch bei dieser Form könnte das in der Thesis gedehnte καί vor nicht digam-

mierten Vocalen durch β 230. 232. ε 8. 10. Ω 641 geschützt werden
und ausserdem durch die Analogie in η 70. ϑ 468. ι 360. κ 337.
574 (mit der Note). μ 75. ο 425. χ 386. Λ 554. Ο 522. Ψ 431,
wo überall der Hiatus regelmässig ist. — ʻκαὶ ἐνιπλησϑῆναι ἀνώγει,
vgl. μάλ' αἰεὶ κέλεται 219 f. und ἐκέλευσε ἀνάγκη (217): das ist
gleichsam der ewige Refrain des unverschämten Magens.' G. Autenrieth.
        222. ὀτρύνεσϑαι ist die Lesart des Aristarch. Bekker hat jetzt
aus Vind. 133, Vind. 56 [und andern bei La Roche] ὀτρύνεσϑε aufgenommen, was nach Aristonikos [Aristonic. ed. Carnuth p. 75] (vgl.
J. La Roche Didymus S. 24) hier Zenodot geschrieben haben soll. Indes
bemerkt J. La Roche über den Hiatus und die Elision (Wien 1860) S. 17
zu dem Scholion: ʻdiese Angabe ist entschieden falsch, denn Zenodot
schrieb ὀτρύνεσϑον, oder er ist nicht consequent geblieben, was wir
nicht berechtigt sind anzunehmen.' [Vgl. Düntzer de Zenod. p. 80.]
        225. [Dieser schon den Scholien missfallende Vers fügt dem Ge-
danken nicht nur ein überflüssiges, sondern auch überaus lähmendes
Anhängsel an. Das adversativ zu παϑόντα mit Nachdruck vorangestellte
ἰδόντα erhält vermöge dieser Stellung die natürliche Beziehung auf πάτρης
223, welches sich von selbst dazu als Object bietet, und nur wer diese
Beziehung verkannte, konnte den τ 526. T 333 wiederkehrenden Vers
einfügen, um ἰδόντα das scheinbar fehlende Object zu geben — eine
Interpolation der gleichen Art, wie ψ 48. Ebenso urtheilen Nitzsch
und Düntzer. — Uebrigens war nach Cobet's (Mnemos. neue Folge II
p. 165) Annahme πατρίδ' ἐμὴν ἄλοχόν τε die von Aristophanes ge-
wünschte Lesart.]
        239. Andere lesen φῄς als Präsens, aber dann würde man nicht
die Negation, sondern etwa ἦ δὴ φῄς oder πῶς δὴ φῄς erwarten.
Die Imperfectform φῆς findet sich noch ξ 117 und E 473. Vgl. J.
La Roche in der Zeitschr. f. d. österr. Gymn. 1865 S. 106 [und Hom.
Textkritik p. 374.].
        241. Ueber διηνεκέως vgl. Lobeck Path. prol. p. 145 und 320,
auch Döderlein Hom. Gloss. § 2092. G. Curtius Etym. I No. 424 [⁴p.309].
Mit diesem und dem folgenden Verse, die in Beziehung auf 239 gesagt
sind, umgeht Odysseus für jetzt die Nennung seines Namens und will
mit dem Singular τοῦτο 243 nur auf den éinen Punkt, auf die Hauptfrage nach dem Empfange der Kleider eingehen. Als die Hauptfrage aber
charakterisiert sich dieser Punkt schon durch die Gestaltung von 238,
weil hier der formelhafte Anfang nicht auf gewöhnliche Weise zu Ende
geführt ist, sondern gerade durch den Anschluss dieser Frage im zweiten
Hemistichion unterbrochen wird. Denn diese Abweichung von der voll-
ständigen Formel muss hier wie Φ 150 ihren tieferen Grund haben.
Dagegen sucht hier nach seinem Princip ʻeine Lücke' zu erweisen A.
Kirchhoff im Monatsbericht der Berliner Akad. 1861 S. 563 bis 579
[jetzt in Kirchhoff die Composition der Odyssee. Berlin 1869 p. 68 ff.].
Gegen diese Annahme und über die Auffassung der ganzen Stelle vgl.
besonders K. Lehrs de Aristarch. ² p. 438 [auch Susemihl in Fleckeisen's
Jahrbb. 1868, Bd. 97 p. 102 ff., Düntzer Kirchhoff, Köchly etc. p. 41 ff.,

Kammer die **Einheit der** Odyssee, p. 303 ff., dem ich in der Auffassung der Frage 238 jetzt gefolgt bin.]

242. Ueber Οὐρανίωνες, worunter nur die Olympier zu verstehen sind, vgl. Lehrs de Arist. p. 191. Lobeck zu Buttmann II S. 437. Nägelsbach hom. Theol. II 3. Düntzer die homer. Beiw. S. 16. G. Curtius Etym. I No. 509. Ein Patronymikon Οὐρανίωνες 'Abkömmlinge des Uranos' harmoniert nicht mit Ξ 201. 302. [Uebrigens will W. Jordan in Fleckeisen's Jahrbb. Bd. **107** p. 73 diesen Vers entfernt wissen.]

243 = ο 402. τ 171. Ι' 177. Auch sonst sind im zweiten Hemistichion die Verba ἀνείρεσθαι und μεταλλᾶν nach epischer Sitte formelhaft verbunden: α 231. γ 69. **243.** ξ 378. ο 362. 390. π 465. ψ 99. ω 478. Λ 550. 553.

250. [Nauck schreibt hier und ε 132 mit Zenodot (vgl. Düntzer Zenod. p. 133) **und der** Mehrzahl der Handschriften ἐλάσας statt des sonst allgemein aufgenommenen ἔλσας. Vgl. Aristonic. ed. Carnuth p. 75, Nitzsch zu ε 132 und Buttmann Lexilogus [2] II p. 127. 131.]

251. Hier bemerkt Aristonikos [Aristonic. ed. Carnuth p. 75 f.] **in den** Scholien H. P. über Aristarch: ἀθετοῦνται δὲ στίχοι ή, womit 251 bis 258 gemeint sind, **weil** denselben in der Venediger Handschrift M der Obelos beigesetzt **ist.** Es stehen hier offenbar zwei verschiedene Erzählungen aus **zwei** Recensionen neben einander. Vgl. Friedländer im Philol. IV S. 588. Anders urtheilt H. Anton im Rh. Mus. XVIII S. 426. [Lehrs de Arist. [2] p. 438, der nur an 254. 255 Anstoss nimmt und da er das Uebrige nicht entbehren möchte, vermuthet: νῆσον ἐς' Ωγυγίην πέλασαν θεοί· ἡ δὲ λαβοῦσα..., zustimmend Kammer die Einheit 291 ff. Anders Kirchhoff die Composition d. Od. p. 76 ff.]

253. Dieselbe Verbindung auch ι 82. κ 28. μ 447. ξ 314. Λ 53. Z 174, Ω 610. 664. 784. Ohne ein nachfolgendes δεκάτῃ nur M 25. Ω 107. Vgl. jetzt La Roche Hom. Studien § 6, 2. Anspielung auf unsere Stelle bei Cassius Dio XLVIII 50.

256. Ueber ἐνδυκέως meint Lobeck Path. prol. p. 332, dass uns der Weg zur Etymologie dieses Wortes versperrt sei. Vgl. mehrere Versuche bei Döderlein Hom. Gloss. § 2046. Mit der W. δευκ = δοκ bringt auch G. Curtius Etym. II S. 229 unser 'ἐν-δυκέως, mit υ = ο in äolischer Weise ' in Verbindung. [Fick Vgl. Wörterb. [2] p. 91 unter dákras von dak gefällig, hold, stellt zusammen: ἀδευκής unholdig, Πολυδευκής vielhuldig, ἐνδυκέως colenter.] Ueber den nächsten Gedanken bemerkt L. Feuerbach Theogonie (Leipzig 1857) S. 405 gegen die Erklärung in den Scholien mit Recht folgendes: 'Was die Kalypso verspricht, das sagt nur die Poesie des Affects, das hat nur die Bedeutung einer, poetisch als ein Factum vorgestellten, hyperbolischen Annahme. Aber gleichwohl ist der Vorzug, der hier dem sterblichen, aber heimischen Leben vor dem unsterblichen, aber auswärtigen, von den geliebten Gegenständen losgerissenen Leben gegeben wird, voller Ernst und ganz im Geiste der griechischen Denkart und Mythologie.'

261. Statt ὄγδοον hat Dindorf aus Conjectur ὀγδόατον geschrieben, wie jetzt auch Bekker [und Nauck.] Diese Form findet sich noch γ 306.

δ 82. Τ 246, und die Synizese des δή wie μ 399. Vgl. Lobeck Elem. II p. 63.

267—269. [Als Zusatz eines Rhapsoden werden diese Verse im Zusammenhange mit ε 278—281, 345, 358 f, ζ 170—174 behandelt von Kammer die Einheit p. 245 ff — eine für diese Stelle jedenfalls sehr bedenkliche Athetese, da δυσμόρῳ mit der erläuternden Erklärung 270, in höchst wirksamem Gegensatz zu γήθησε δέ μοι φίλον ἦτορ steht, dagegen an 266 sich gar nicht passend anschliesst.]

272. Der Singular κέλευθον, aus vier Hss., steht wie β 213. 429. 434. Der auch von Bekker [und Nauck] gebilligte Plural κέλευθα ist, wie es scheint, aus κ 20 und κελεύθους aus ε 383 hierher gekommen. Beistimmend erwähnt die Stelle J. E. Ellendt Drei Hom. Abhandl. (Leipzig 1864) S. 41, indem er bemerkt: 'Der Singular κέλευθος bezeichnet überall einen bestimmten, vorgezeichneten Pfad, Weg,' was dann auch für die Form κέλευθοι erwiesen wird; wo aber 'ein solcher fester Weg nicht existiert, nemlich durch Luft und Meer, da findet das Neutrum κέλευθα seine Verwendung in der Bedeutung Strich, Bahn.'

276. τόδε λαῖτμα, wie ε 409. Andere geben μέγα λαῖτμα, was bloss auf Conjectur beruht. Bei Bekker und J. La Roche findet man über μέγα und τόδε keine Notiz.

283. [Düntzer zur Stelle nimmt eine Lücke an, da θυμηγερέων wieder zu sich kommend nicht zu ἐκ δ' ἔπεσον passe. Vergleicht man ε 458 καὶ ἐς φρένα θυμὸς ἀγέρθη, dessen Sinn doch θυμηγερέων wieder zu geben scheint, so passt dieser Ausdruck allerdings nicht zu der mit ἐκ δ' ἔπεσον bezeichneten Situation, man würde vielmehr ὀλιγηπελέων (ε 457) erwarten, wie Nauck wirklich vermuthet. Da indessen jene Wendung ε 458 doch nur den Abschluss des θυμηγερεῖν bezeichnet, dies im Particip Praes. jedenfalls das allmähliche 'wieder zu sich kommen' (ähnlich ζώγρει E 698) bezeichnen kann, so dürfte der Ausdruck in dieser summarischen Uebersicht nicht so anstössig sein, da er die vorangehende Ohnmacht voraussetzen lässt.]

289. δείλετο ist die Lesart des Aristarch statt des gewöhnlichen δύσετο, das aber mit ζ 321 vgl. 117 im Widerspruch steht; vgl. δειελιήσας ρ 599; und ρ 606. J. La Roche in der Z. f. d. österr. Gymn. 1859 S. 220 bemerkt dazu: 'die Lesart δύσετο war gewis die ursprüngliche; die Aenderung erfolgte erst, als man den Widerspruch entdeckte.' Und andere (wie W. Hartel in der Zeitschr. f. d. österr. Gymn. 1865 S. 339) nennen δείλετο geradezu eine 'Conjectur'. [Vgl. auch Merkel in den Prolegg. zu Apollonii Argonautica p. CXXXV.] Aber Aristarch wird sicherlich auch hier einer alten Ueberlieferung gefolgt sein. [Zur Etymologie vgl. jetzt Brugman in G. Curtius Stud. V p. 221 ff., welcher dieselbe an δύομαι, δύνω anknüpft.]

294. Schon von den Schol. H. P. Q wird ἐρξέμεν durch die Erklärung πρᾶξαι als epischer Aorist kenntlich gemacht. Uebrigens hat Bekker den Vers aus Conjectur athetiert, ohne an der dann entstehenden Knappheit des Gedankens Anstoss zu nehmen. [Auch Nauck bemerkt: spurius?]

300 f. [Ueber den Wechsel der Praepositionen μετά und σύν hier

und 304 vgl. jetzt **Mommsen** Entwicklung einiger Gesetze in dem Gebrauch der griech. Praepositionen. Frankf. a. M. 1874 p. 32. — 301 habe ich mit Classen Beobachtungen p. 24 statt des üblichen Kolon nach ἡμέτερον Komma gesetzt und dadurch eine engere Verbindung zwischen dem folgenden Satze und dem vorhergehenden, von οὕνεκα abhängigen hergestellt. Während man an mancher der dort von Classen behandelten Stellen über das syntaktische Verhältniss der verbundenen Gedanken zweifeln kann, giebt es für eine Reihe von Stellen ein beachtenswerthes Kriterium, welches die enge Zusammengehörigkeit zweier Gedanken mit Sicherheit erweist. Es ist dies die dem griechischen Ohr sofort verständliche, für uns erst durch aufmerksame Beobachtung zu entdeckende, anaphorische Verbindung, wodurch vielfach ein scheinbar selbständiger Gedanke an einen vorhergehenden von einer Conjunction abhängigen oder Relativsatz gebunden ist. Sie mag in folgenden Beispielen durch den Druck zur Anschauung gebracht werden: Δ 60. 61 οὕνεκα σὴ παράκοιτις κέκλημαι, σὺ δὲ πᾶσι μετ' ἀθανάτοισιν ἀνάσσεις. Ο 181. 182 ἐπεὶ σέο φησὶ βίῃ πολὺ φέρτερος εἶναι καὶ γενεῇ πρότερος, σὸν δ' οὐκ ὄθεται φίλον ἦτορ κτέ. ο 200. 201 μή μ' ὁ γέρων ἀέκοντα κατάσχῃ ᾧ ἐνὶ οἴκῳ ἱέμενος φιλέειν, ἐμὲ δὲ χρεὼ θᾶσσον ἱκέσθαι. σ 231. 232. ἐκ γάρ με πλήσσουσι παρήμενοι ἄλλοθεν ἄλλος οἵδε κακὰ φρονέοντες, ἐμοὶ δ' οὐκ εἰσὶν ἀρωγοί. Β 201 οἳ σέο φέρτεροί εἰσι, σὺ δ' ἀπτόλεμος καὶ ἄναλκις. Π 539. 540 οἳ σέθεν εἵνεκα τῆλε φίλων καὶ πατρίδος αἴης θυμὸν ἀποφθινύθουσι, σὺ δ' οὐκ ἐθέλεις ἐπαμύνειν. Vgl. auch die ähnlichen anaphorischen Verbindungen in unabhängiger Parataxe π 418—420 σέ φασιν — σὺ δ' οὐκ, Θ 102. 103. Ι 437. 438.]

311. [Zur Erklärung des Infinitivs nach αἴ γάρ vgl. L. Lange der homer. Gebrauch der Partikel εἰ. II p. 523 ff. — Aristarch sprach 311—316 Homer ab, vgl. Aristonic. ed. Carnuth p. 76: εἰ δὲ καὶ Ὁμηρικοὶ (h. e. *etiamsi nihil continent, quod a consuetudine sermonis et antiquitatis Homericae abhorreat)* εἰκότως αὐτοὺς περιαιρεθῆναί φησι. πῶς γὰρ ἀγνοῶν τὸν ἄνδρα μνηστεύεται αὐτῷ τὴν θυγατέρα καὶ οὐ προτρεπόμενος, ἀλλὰ λιπαρῶν;] Vgl. darüber Köchly de Od. carmin. I p. 34 und II. Anton im Rh. Mus. 1863, XVIII p. 416 f. [Kammer die Einheit p. 447 ff.]

314. Bekker [auch **La** Roche nach Marc. 613 und Nauck] gibt jetzt statt des τ' der Ueberlieferung χ', was vielleicht in κἀγώ der einen Breslauer Hs. steckt, indem Apostolius χ' ἐγώ verschrieben hat; die andere Breslauer gibt χ' ἐμόν.

317 [In diesem und den folgenden Versen nimmt Kammer die Einheit p. 444 ff. eine Interpolation an, welche mit ὄφρ' εὖ εἰδῇς beginne und sich bis γαλήνην 319 erstrecke, indem er daran anstösst, dass Alkinoos dem Odysseus voraus verkündige, dass er während der Fahrt in tiefem Schlaf liegen werde, da er diesen nicht als einen durch die Schiffe selbst gewirkten Zauberschlaf anerkennen kann. — Indes lässt die Schilderung dieses Schlafes ν 79. 80 doch kaum eine andere Auffassung zu, und jedenfalls kann der nach Ausscheidung des dazwischen Liegenden

entstehende Gedankenzusammenhang nicht befriedigen, den Kammer selbst
so wiedergiebt: 'Niemand wird dich wider deinen Willen zurückhalten.
Ich bestimme vielmehr bis zu dem Ziele die Entsendung, dass du ge-
langst in dein Vaterland zu deinem Vaterhause und wo du sonst hin
wünschest.']

ϑ.

12. Diese Erklärung bei δεῦτε 'auf!' nach der Analogie von 145.
205. 424. μ 184. χ 233. 395. Γ 130. 162 390. H 75. Λ 314.
N 481. X 450, auch mit dem imperativischen Conjunctiv, worüber
zu β 410.

14. In πόντον ἐπιπλαγχθείς ist die Präposition mit dem Verbum
verbunden, wie in den analogen Beispielen γ 15. ε 50. 284. ι 227.
Γ 47. 196. Z 291. W. Pökel Bemerkungen zur Odyssee (Prenzlau
1861) S. 9 'möchte πόντον ἔπι πλαγχθείς [wie übrigens zwei Handschriften bei La Roche haben] zu schreiben vorschlagen, da ἐπιπλάζω
aus guter Zeit nicht nachweisbar oder doch vereinzelt ist und der Accusativ bei ἐπιπλάζω kaum gedeckt werden kann durch πόντον ἐπέπλως
γ 15 und ähnliches, wie etwa bei ἐπιπλεῖν.' So hat schon Hagena
im Philol. VIII S. 293 geurtheilt. Jetzt hat .Düntzer für seinen Text
dieses πόντον ἔπι sich angeeignet. Aber diese Sache bedarf noch einer
tiefern Untersuchung, da sie mit der Trennung mancher andern Composita eng zusammenhängt. Der Versschluss wie γ 468. ψ 163.

15. Dieser formelhafte Abschluss und Uebergangsvers findet sich
in der Odyssee nur hier, aber zehnmal in der Ilias: E 470. 792. Z 72.
Λ 291. N 155. O 500. 514. 667. Π 210. 275. Bekker hat jetzt
den Schluss mit Bentley unter Vergleichung von Θ 358 aus Conjectur
in μένος θυμόν τε ϝεκάστου umgeändert, um in ἔκαστος ein Digamma
herzustellen. Vgl. dagegen H. Rumpf in Fleckeisens Jahrb. 1860 S. 677 f.
[Jetzt ist das Digamma in ἔκαστος durch eine lokrische Inschrift gesichert, vgl. Allen in Curtius Stud. III p. 248, auch W. Hartel homer.
Studien. Wien 1874. III p. 60.]

17. ἄρ' ἐθηήσαντο, statt ἄρα θηήσαντο, aus Harl. und Vind. 5,
[auch August. und Venet. 457 bei La Roche] jetzt auch Bekker. Denn
derartige zweisilbige Wörtchen opfern ihren Endvocal dem Augment. Vgl.
Koës specimen observ. in Od. crit. (Kopenhagen 1806) p. 19 und K. Grashof
Zur Kritik des homer. Textes (Düsseldorf 1852) S. 22.

23. Es ist eine allgemeine Angabe, die nach epischer Sitte alle
Wettkämpfe bezeichnet, obgleich Odysseus 166 ff. nur den Diskoswurf
bestand. Ueber den Beziehungs-Accusativ vgl. J. La Roche Hom. Stud.
§ 16, 12 und § 86, 1. [Indes nahm schon Zenodot (vgl. Düntzer de
Zenodot. p. 191) Anstoss und Nitzsch, Düntzer, Bergk griech. Literaturgesch. I p. 676, Anmerk. 55 sehen in 22. 23 einen späteren Zusatz.
Nauck hat 23 eingeklammert. Auffallend ist auch der Anschluss von
δεινός τ' αἰδοῖός τε nach dem vorhergehenden φίλος. Chr. Adam in
den Blätt. f. bayersch. Gymnasialschulwes. 1871, VII p. 125 f. will den
Anstoss in 23 durch die Conjectur πειρήσαιντ' oder πειρήσοιντ' (als

Gedanke der Athene) beseitigen, eine unglückliche Vermuthung, die einen unerträglichen Vers schafft.]

29. Andere betrachten οὐκ οἶδ' ὅς τις wie das lateinische *nescio quis* nur als bedeutungslose Umschreibung des indefiniten Pronomens (vgl. Menke zu Luc. Charon c. 6) und schreiben hier ἠέ und ἦ als einfache Disjunction; aber dann dürfte das bedeutungsvolle ὅδε nicht vorausgehen. [Zu Grunde liegt offenbar die Formel τίς, πόθεν εἰς ἀνδρῶν. Das πόθεν wird hier durch die indirecte Doppelfrage specialisiert.] Uebrigens wird der Gesichtskreis bei Homer gewöhnlich in Morgen und Abend eingetheilt: ι 26. κ 190. ν 240. M 239. Vgl. Völcker Hom. Geogr. § 27.

31. ὡς τὸ πάρος περ steht hier und τ 340 in der Mitte; sonst bildet es den Versschluss: β 305. κ 240. ν 358. υ 167. E 806. H 370. Κ 309. 396. X 250. Vgl. auch zu δ 627 und ε 82.

36. In Λ 825 und Π 23 dagegen lautet diese Schlussformel ὅσοι πάρος ἦσαν ἄριστοι. Und auch hier wird ἦσαν im Vind. 56, August., Vrat., cod. Gonzagae [auch Marc. 613. La Roche] gefunden. Sodann ist hier und β 51. P 513 das εἰσίν ausdrücklich hinzugefügt; aber in den übrigen zahlreichen Stellen findet man bei der Verbindung eines Relativ mit ἄριστος die nöthige Form von εἰμί nicht ausgedrückt; vgl. F. Otto Beiträge zur Lehre vom Relativum bei Homer Th. I S. 7 Anm. 21.

48. Die Annahme einer paarweise geschehenen Wahl harmoniert nicht mit den übrigen Stellen. Der Dual hat hier und 35 wegen der zuerst genannten δύω den Vorzug erhalten. Einen sachlichen Grund dafür gibt Gladstone Studies on Homer and the Homeric age III p. 135 Anm. r. (bei Alb. Schuster S. 455 f.). Er erinnert nemlich an die 50 Schiffe des Achilleus, deren Bemannung Π 170 auf je 50 Mann angegeben wird. Dasselbe findet hier statt; aber die hier noch besonders hinzukommenden δύω sind die zwei Hauptpersonen der Bemannung gewesen, nemlich *the commander* und *the steersman*. Wie nun I 182. 192. 196 f. Aias und Odysseus für den Dual massgebend gewesen sind, so hier die δύω, Schiffscapitän und Steuermann. Uebrigens hat Bekker jetzt synthetisch δυωκαιπεντήκοντα geschrieben.

49. [Fr. Schöll in den Acta Societ. Philol. Lips. ed. Ritschl IV p. 325 ff. stellt jetzt ἀτρύγετος zusammen mit τηλύγετος und Ταΰγετος und führt den ersten Bestandtheil des Wortes auf die W. tru (in lat. trux) mit der Grundbedeutung finster zurück. Das so gewonnene finstergeboren sei Beiwort des Meeres und des Aethers in der antikmythologischen Vorstellung vom Ursprung der Dinge aus Nacht und Dunkel, vgl. Hesiod. Theog. 123 ff.]

54. [Die Athetese des Verses ist begründet von Kammer die Einheit p. 169 f.]

58. Der Vers fehlt in der Handschrift des Eustathius und in andern Quellen. Er ist aus ϑ 17 und δ 720 zusammengesetzt, aber auf eine vom homerischen Gebrauch abweichende Weise. Denn die Formel νέοι ἠδὲ παλαιοί ist sonst bei Homer nicht prädicativ, sondern appositiv gesagt; vgl. zu δ 720.

68. Wie hier vor ὑπέρ, so steht das adverbiale αὐτοῦ vor ἐν oder ἐνί β 317. χ 271. μ 256. ξ 275. o 306. σ 190. 266. φ 40. χ 96. *B* 237. *E* 886. *Σ* 330. *T* 330; vor παρά mit dem Dativ π 74. φ 239. 385. O 656; vor ἐπί mit dem Dativ χ 96. 511; vor πρός mit dem Dativ φ 138; vor μετά mit dem Dativ ι 96; vor κατὰ δώματα υ 159; vor πρόσθε ποδῶν χ 4. *Π* 742; vor προπάροιθε π 344. *T* 441. Zu Krüger Di. 66, 3, 3. Vgl. auch zu ι 29.

74. [Ueber οἴμη vgl. Welcker Ep. Cycl. p. 349 und H. Anton im Rhein. Mus. 1864, XIX p. 420 ff., der die verschiedenen Auffassungen der Alten wie der Neueren zusammenstellt, auch Bergk griech. Lit. I p. 745; über den Inhalt der folgenden Verse Welcker Ep. Cycl. p. 288 f., Nitzsch Beiträge zur Gesch. d. ep. Poes. p. 192 u. 199 ff., Bergk griech. Literaturgesch. I p. 676 f. In der Verbindung οἴμης τῆς nahm Ameis mit Bekker homer. Blätter I, 314 eine *Attractio inversa* an unter Vergleichung von φ 13. Z 118. 396. *K* 416. *Ξ* 75. 371. *X* 341 und erklärte: *cujus cantilenae*, von welcher Gesangesweise. Ich bin zu der Welckerschen Auffassung zurückgekehrt, weil sie mir einfacher und natürlicher scheint. So erklärt auch Nicanor ed. Carnuth p. 52: ἀπὸ οἴμης ἐκείνης, ἧς εὐρὺ τὸ κλέος ἦν. Zur Auslassung des demonstrativen Pronomens vor dem relativen vgl. οὐλήν, τήν τ 219, ebenfalls im Versanfang.]

85. Die bezeichnete Verhüllung der Männer wird öfters bei den Griechen erwähnt. Der so sich Verhüllende wollte theils den Ausdruck seiner Empfindungen auf dem Gesicht verbergen, theils von seiner Umgebung ungestört bleiben. Bekannte Nachahmung unserer Stelle in Schillers Graf von Habsburg: 'Und verbirgt der Thränen stürzenden Quell In des Mantels purpurnen Falten.'

87—92. [Diese Verse werden von Anton Rhein. Mus. XIX p. 432 verworfen. Ihm stimmen zu Düntzer die homer. Fragen p 167 f., Kammer die Einheit p. 448 ff., wo er die Verschiedenheit der hier vorliegenden Situation von der 521 ff. erörtert und die an die scheinbare Wiederholung derselben Situation geknüpften Bedenken und Vermuthungen bei Nitzsch Anmerk. zur Odyssee II p. XLVIII, Hartel in Zeitschr. f. öst. Gymn. 1865 p. 340, Bergk griech. Literaturgesch. I p. 678 zurückweist. Nur scheint demselben V. 95 aus 534 fälschlich herübergenommen: 'denn da es hier wirklich seine Absicht ist, nicht bemerkt zu werden, so kann er hier nicht ein βαρὺ στενάχων sein.' Auch Nauck bemerkt zu 95: *spurius?*]

93. λανθάνω mit dem Particip noch ϑ 532. *N* 721, und das Particip bei λήθω δ 527. μ 17. 182. 220. ν 270. π 156. τ 88. 91. χ 198. *K* 279. [*N* 273. 560.] *P* 1. [89.] 676. *T* 112. *X* 191. [*Ψ* 388.] Ω 13. 331. 477. Ueber λαθών neben dem Verbum finitum zu ϱ 305. [Vgl. Classen Beobachtungen p. 86.]

99. Vgl. Schol. zu Pind. Nem. 9, 18. Val. Flaccus III 159. ϑάλεια pflegt sonst von der nach dem Opfer stattfindenden δαίς gebraucht zu werden, was hier keine Anwendung leidet; daher haben nach Eustathius

einige hier ἑταίρη gelesen wie ϱ 271, [welche Lesart Nitzsch Sagenpoesie p. 177 vorzieht.]

116. Ναυβολίδης ist 'Sohn des in die See stechenden': vgl. δ 359.
Es könnte auch mit Ναύβολος synonym stehen: vgl. zu α 8. Die Bezeichnung durch Patronymika galt als eine ehrenvolle, weil dieselbe
zugleich an den Ruhm der Geschlechter erinnerte; vgl. K 68. 69. Ueber
diesen Gebrauch der Patronymika ohne Beifügung des Namens, welche
Ausdrucksweise auch in unseren Volksliedern erscheint, vgl. zu δ 343.
χ 267 [?]. ψ 228. Δ 307. Bekker hat jetzt das allseitig überlieferte
ϑ' getilgt nach der Conjectur von K. Grashof (über das Schiff bei
Homer und Hesiod, Düsseldorf 1834, S. 3), der dem vorhergehenden
Εὐρύαλος einen Phäaken Ναύβολος zum Vater gibt. Aber dadurch
erhielte Εὐρύαλος einen doppelten Zusatz des Ruhmes, wie es in
derartigen Aufzählungen sonst nicht geschieht. Indes sucht dies H. Anton
im Rhein. Mus. 1864 S. 234 zu begründen mit Bezug auf 176. 177.
[Das ϑ' findet sich nicht in dem guten Marc. 613. Auch ohne diese
Stütze sind die von Grashof, Anton und neuerdings von La Roche homer.
Untersuchungen p. 225 f. vorgebrachten Gründe für die Tilgung des
ϑ' überzeugend; auch Nauck hat dasselbe beseitigt.] Von den andern
Phäakennamen ist 112 Ναυτεύς unser 'Schiffmann', Ἀγχίαλος 'Meer-
heim', 119 Ἅλιος 'Meermann'. — εἶδός τε δέμας τε bildet regelmässig den Versschluss: λ 469. σ 251. τ 124. ω 17, während in
der Mitte des Verses δέμας καὶ εἶδος ε 213. ξ 177, und der Versanfang οὐ δέμας οὐδὲ φυήν ε 212. η 210. Δ 115 gesagt wird.
Ueber den Begriff vgl. auch zu ι 508.

124. Die Maulesel sind hier zu denken im Gegensatz zu einem
Gespann von Pflugstieren, welches mit jenen zu gleicher Zeit von gleichem
Punkte aus eine Furche zu ziehen beginnt. Die erfahrenen Landwirthe
sagten, dass für die erste schwerere Arbeit des Bodenaufreissens die
kräftigeren Stiere vorzuziehen seien, für die leichtere Arbeit des Nach-
pflügens aber die rascheren Maulthiere. Vgl. Eustathios p. 810, 61.
Das Wort οὖρον behandelt auch Leskien de digammo p. 21. Gewöhnlich erklärt man: 'οὖρον oder οὖρα der Zug, die Strecke, welche
das Maulthiergespann auf einmal (?) beim Pflügen macht.' Das Wort
οὖρον wird von den besten Erklärern unter den Alten durch ὅρμημα
gedeutet, wiewol man mit Hesych. ὅρον τῆς χώρας das Wort in der
Bedeutung eines Maasses nahm, während doch ὅρμημα auf die Bedeutung 'das Treibende, die Triebkraft' führen konnte, woraus
sich dann der Sinn von 'Vorsprung' entwickelt. Vgl. auch Lobeck
Rhem. p. 276. [Diese von Ameis angenommene Bedeutung, an sich
aus dem Stamme ὀρ schwer zu entwickeln, ist mit δίσκουρα und Ψ 431,
wovon man doch das Wort hier und K 351 nicht wird trennen wollen,
unvereinbar. Wir können also nur mit Leskien von der Bedeutung
spatium per quod quid moveatur ausgehen, welche Nitzsch für
K 351 bestimmt als eine Strecke Feldes, wie man sie einem Gespann Maulthiere zumuthet in derselben Zeit, da die Rinder weniger vor sich bringen,
Zeblicke über das homerische Epitheton des Nestor οὖρος Ἀχαιῶν,

Parchim 1839 p. 26 ff. als die Strecke vom Anfang des Brachfeldes bis zur ersten Wendung, A. Thaer im Philolog. XXIX p. 592 als 'die Zeit des Ziehens ohne Anhalten, denn darin steht der Ochs dem Maulthier nach, in sofern pflügende Ochsen öfter pausieren müssen.' Danach ist jetzt die Erklärung in der Anmerkung geändert; für eine Beziehung auf K 351 an unserer Stelle fehlt es an jedem Anhalt.]

125. ὑπεκπροθέειν bildet als ῥῆμα τετραπλοῦν (wie es bei den alten Grammatikern genannt wird) hier eine vollständig malerische Bezeichnung, wie I 506. Φ 604. Aehnliche Composition mit drei Präpositionen vgl. zu ζ 87. 88. μ 113. B 267. Beispiele dieser Art (von ῥῆμα τριπλοῦν) gibt Chr. Bähr zu Herod. IV 120. VIII 4.

140. [Kammer die Einheit p. 453 findet zwischen 141 (vgl. mit 135. 136) und 159. 160 einen Widerspruch und vermuthet, dass hier Ἀμφίαλος statt Εὐρύαλος zu lesen sei. Ich kann diesen Widerspruch nicht finden, da die Anerkennung kräftiger Glieder nicht nothwendig auch die Aunahme der Wettkämpfe kundig zu sein in sich schliesst. Ohnehin ist ein Wechsel der Personen in dieser Scene doch höchst unwahrscheinlich.]

141. Diese Endung gab Aristarch, wie Didymus zu M 231 bemerkt: Πουλυδάμα. αἱ Ἀριστάρχου χωρὶς τοῦ ν, παρὰ τὴν ἀναλογίαν· Ζηνόδοτος δὲ καὶ Χαμαιλέων σὺν τῷ ν, Πουλυδάμαν. Und im Schol. A zu Σ 285: τοιοῦτο δὲ καὶ τὸ Λαοδάμα, παρὰ τὸν ὀρθὸν λόγον. Bekker dagegen hat hier und 153 Λαοδάμαν und M 231. N 751. Ξ 470. Σ 285 Πουλύδαμαν geschrieben, der Analogie wegen. Auch Aristarch las A 86 Κάλχαν, N 68 und anderwärts Αἴαν, N 222 Θόαν, während Zenodot Κάλχα gab, wie Aristonikos zu allen drei Stellen berichtet. [Vgl. La Roche hom. Textkritik p. 293.] Man sieht daraus, dass starre Consequenz in der Declination der Namen keine Eigenschaft der Alten war. Ueber den Vocativ auf α, der den scenischen Dichtern noch unbekannt ist, vgl. Bekker Anecd. p. 1183. Eustath. p. 299, 20. Schol. zu Aesch. Prom. 428. Buttmann ausf. Spr. § 45, 3 Anm. 1. Lobeck Elem. II p. 278 sq. Von μάλα bis ἔειπες, wie O 206; ohne μάλα φ 278. Ueber den häufigen Versschluss vgl. den Anhang zu σ 170.

142. „οὔτε Ἀρίσταρχος οὔτε Ἀριστοφάνης οὔτε Ζηνόδοτος ἐπίστανται τοῦτον τὸν στίχον." H. Ebendaselbst sagt Didymus: οὗτος ὁ στίχος ἐν ταῖς Ἀριστάρχείαις οὐ φέρεται. Es scheint ein aus H 50 und α 273 compilierter Spätling zu sein. Sonst folgt bei Homer auf die kräftige Versicherung 141 an den übrigen Stellen entweder eine längere Begründung, wie δ 267. ξ 510 [?]. π 70. ψ 184. Γ 205. K 170. Ψ 627, oder ein Einwand mit ἀλλά, wie υ 38. Δ 287. Θ 147. O 208, oder eine Aufforderung mit ἀλλά (σ 171. P 717) und ἀλλ' ἄγε: β 252. ν 386. χ 487. I 60. Ω 380. Daher sollte man hier den Anfang mit ἀλλ' ἄγε νῦν erwarten. Denn man muss zugeben, dass Vers 141, für sich allein stehend, immer eine auffällige Antwort bleibt. Es ist andererseits nicht unrichtig, was man bemerkt hat, dass nemlich Laodamas bei seiner Stellung den Anwesenden und dem Gaste

gegenüber **einer solchen** Aufmunterung nicht bedürfe. Aber dieser Grund genügt nicht den Vers zu tilgen. Denn man würde dann einen für Homer zu schroffen Uebergang erhalten.

146. J. La Roche über den Hiatus S. 12 vermutet, dass die ursprüngliche Lesart ἐϝοικέ σε ϝίδμεν ἀέϑλους gelautet habe. Das εἴ τινά που als Versanfang wie ι 418. I 371. O 571; ähnlich ζ 278. H 39. N 456; abweichend nur K 206. [Nauck bezeichnet den Vers als verdächtig.]

160. Zur zweisilbigen Form ἄϑλον vgl. ἀϑλητήρ ϑ 164, ἀϑλεύων Ω 734, ἀϑλήσαντες H 453, ἀϑλήσαντα O 30, ἀϑλοφόρος I 124. 266. Λ 699. Ueber die Ableitung dieser Wörter vgl. G. Curtius Etym. I No 301. [⁴ p. 249.] Leo Meyer in Kuhns Zeitschr. XIV S. 94. [Fick vgl. Wörterb. ² p. 396.]

161. [Ueber ἅμα vgl. T. Mommsen Entwicklung einiger Gesetze für den Gebrauch der griech. Praepositionen p. 44 ff.]

162. Cobet. Nov. Lectt. p. 392 bestreitet die Möglichkeit dieser Bedeutung und will πρητῆρες gelesen wissen, was er durch eine Aenderung des Schol. zu Soph. Ant. 1034 herausbringt. Vgl. indes γ 72 ἤ τι κατὰ πρῆξιν — ἀλάλησϑε. Jetzt hat J. Bekker im Berliner Monatsbericht 1865 p. 556 ff. [= hom. Blätter II p. 50 ff.] Cobets Einfall gründlich widerlegt und ausser anderm bemerkt, dass πρῆξις zu dieser Bedeutung komme, wie *negotium* im Latein und Handel oder Handlung im Deutschen, dass dagegen die Form πρητῆρες nur 'Verkaufleute' gäbe, die einen wunderlich halben Handel, nicht die ganze ἐμπορική mit der von Plato und Xenophon erwähnten ὠνῇ καὶ πράσει bezeichnen würden. [Vgl. auch Büchsenschütz Besitz und Erwerb p. 359. — Dagegen will Riedenauer Handwerk und Handwerker in den hom. Zeiten p. 169, 74 hier πρηκτῆρες im Gegensatz zu dem ἀργὸς μνήμων — καὶ ἐπίσκοπος, der bloss Speculant, der scheinbar Unthätige sei, als die Handlanger verstanden wissen, welche schaffen und arbeiten.]

163. ἦσιν ist die bestbeglaubigte und älteste Schreibweise, welche Eustathius, Harl. M. Vrat. Vindd. 133 und 50 [u. andere bei La Roche], Herodian zu K 38 darbieten. Bekker [auch Nauck] hat dafür aus Harl. marg., Vindd. 5. 56 εἴσιν aufgenommen. Aber ἦσιν ist einfacher und durch T 202 gestützt.

167 ff. [Die folgende Gedankenreihe, welche sich in den beliebten Formen der Verallgemeinerung eines besonderen Falles und wiederum der Anwendung des Allgemeinen auf den besondern Fall bewegt, leidet an mehr als einem Anstoss. Die zwischen beiden in der Mitte stehende Exemplification des allgemeinen Gedankens, 169—175, stellt körperliche Schönheit und Anmuth der Rede und zwar letztere als Volksrede gedacht in ihrer Wirkung auf die Gemüther der Hörer, einander gegenüber und zeigt, dass beide gewöhnlich nicht in demselben Subject vereinigt sind. Diese Ausführung steht aber weder mit dem an die Spitze gestellten allgemeinen Gedanken 167 in Einklang, noch findet sie eine passende Anwendung auf den besondern Fall 176. Um von dieser letzten Differenz auszugehen, so macht Odysseus dem Euryalos

nicht das Aeussere seiner Worte zum Vorwurf, sondern nur den Inhalt, daher $\nu\acute{o}o\nu$ $\dot{\alpha}\pi o\varphi\acute{\omega}\lambda\iota o\varsigma$ 177, wie 166 $o\dot{v}$ $\varkappa\alpha\lambda\acute{o}\nu$ — $\dot{\alpha}\tau\alpha\sigma\vartheta\acute{\alpha}\lambda\omega$ und 179 $o\dot{v}$ $\varkappa\alpha\tau\grave{\alpha}$ $\varkappa\acute{o}\sigma\mu o\nu$, während jene das Allgemeine exemplificierende Ausführung von der Charis der Rede spricht, welche doch, wie auch Nitzsch bemerkt, mit der Verständigkeit der Rede keineswegs zusammenfällt. Andrerseits constatiert jene Exemplification das Vorhandensein der einen Charis bei Fehlen der andern, während der vorangestellte allgemeine Gedanke 167 sagt, dass manchem Gaben der Anmuth überhaupt fehlen. Man hat mit Recht 167 einen Gedanken des Inhalts verlangt: nicht allen verleihen die Götter alle Gaben der Anmuth, einen Gedanken etwa, wie $\varDelta$ 320 $\dot{\alpha}\lambda\lambda'$ $o\ddot{v}$ $\pi\omega\varsigma$ $\ddot{\alpha}\mu\alpha$ $\pi\acute{\alpha}\nu\tau\alpha$ $\vartheta\varepsilon o\grave{\iota}$ $\delta\acute{o}\sigma\alpha\nu$ $\dot{\alpha}\nu\vartheta\rho\acute{\omega}\pi o\iota\sigma\iota\nu$, ähnlich N 729 $\dot{\alpha}\lambda\lambda'$ $o\ddot{v}$ $\pi\omega\varsigma$ $\ddot{\alpha}\mu\alpha$ $\pi\acute{\alpha}\nu\tau\alpha$ $\delta\upsilon\nu\acute{\eta}\sigma\varepsilon\alpha\iota$ $\alpha\dot{v}\tau\grave{o}\varsigma$ $\dot{\varepsilon}\lambda\acute{\varepsilon}\sigma\vartheta\alpha\iota$ und in dem Epigramm Anthol. XII 96 $(\dot{\omega}\varsigma)$ $o\dot{v}$ $\pi\acute{\alpha}\nu\tau\alpha$ $\vartheta\varepsilon o\grave{\iota}$ $\pi\tilde{\alpha}\sigma\iota\nu$ $\ddot{\varepsilon}\delta\omega\varkappa\alpha\nu$ $\ddot{\varepsilon}\chi\varepsilon\iota\nu$, vgl. Bergk Analecta lyrica, Part. II, Marburg 1852 p. IV, Poet. lyr. gr. [3]p. 1324, No 10. Endlich hat auch der Anschluss von 168 an den vorhergehenden Gedanken seine besondern Schwierigkeiten. Nach Nitzsch müsste $\chi\alpha\rho\acute{\iota}\varepsilon\nu\tau\alpha$ adjectivisch gelten und auf jeden der nachfolgenden verneinten Begriffe bezogen werden: 'so giebt die Gottheit nicht allen Menschen schön (richtiger: 'mit Anmuth begabt') weder den Körper, noch den Geist, noch die Rede.' Aber weder so, noch wenn wir $\chi\alpha\rho\acute{\iota}\varepsilon\nu\tau\alpha$ substantivisch $=$ anmuthige Gaben fassen und diesen Begriff durch die folgende Disjunction specialisiert denken, erhalten wir einen befriedigenden und für die folgende Ausführung passenden Gedanken; auffallend bleibt die Aufführung der $\varphi\rho\acute{\varepsilon}\nu\varepsilon\varsigma$ unter den $\chi\alpha\rho\acute{\iota}\varepsilon\nu\tau\alpha$, auffallend auch nach $\pi\acute{\alpha}\nu\tau\varepsilon\sigma\sigma\iota$ der nachträgliche Zusatz von $\ddot{\alpha}\nu\delta\rho\alpha\sigma\iota$ an betonter Versstelle, während derselbe keinerlei Bedeutung beanspruchen kann. Der ganze Vers scheint nach der bekannten Gegenüberstellung $o\dot{v}$ $\delta\acute{\varepsilon}\mu\alpha\varsigma$ $o\ddot{v}\tau\varepsilon$ $\varphi\upsilon\acute{\eta}\nu$, $o\ddot{v}\tau'$ $\ddot{\alpha}\rho$ $\varphi\rho\acute{\varepsilon}\nu\alpha\varsigma$ $o\ddot{v}\tau\varepsilon$ $\tau\iota$ $\ddot{\varepsilon}\rho\gamma\alpha$ umgebildet, um den Anschluss der folgenden Exemplificierung an den allgemeinen Gedanken 167 zu vermitteln. — Von diesen zahlreichen Bedenken ist vorzugsweise nur das an 167 unmittelbar sich knüpfende beachtet: man hat theils durch Interpretation, theils durch Conjectur den für das Folgende erforderlichen Gedanken zu gewinnen gesucht. So wollte Düntzer $\pi\acute{\alpha}\nu\tau\alpha$ zu $\chi\alpha\rho\acute{\iota}\varepsilon\nu\tau\alpha$ hinzudenken, lieber aber lesen: $o\ddot{v}\tau\omega\varsigma$ $o\dot{v}\chi$ $\ddot{\alpha}\mu\alpha$ $\pi\acute{\alpha}\nu\tau\alpha$ $\vartheta\varepsilon o\acute{\iota}$ (vgl. N 729), ähnlich bemerkte Ameis früher, dass $\pi\acute{\alpha}\nu$-$\tau\varepsilon\sigma\sigma\iota$ auf den Begriff des $\chi\alpha\rho\acute{\iota}\varepsilon\nu\tau\alpha$ ebenfalls einwirke, so Doederlein; dagegen will Adam in den Blätt. f. d. bayersch. Gymnasialschulw. 1871, VII p. 126 f. entweder lesen: $o\ddot{v}\tau\omega\varsigma$ $o\dot{v}$ $\pi\acute{\alpha}\nu\tau\varepsilon\sigma\sigma\iota$ $\vartheta\varepsilon o\grave{\iota}$ $\ddot{\alpha}\mu\alpha$ $\pi\acute{\alpha}\nu\tau\alpha$ $\delta\iota\delta o\tilde{v}\sigma\iota\nu$ oder $o\ddot{v}\tau\omega\varsigma$ $o\dot{v}\varkappa$ $\ddot{\alpha}\rho\alpha$ $\pi\acute{\alpha}\nu\tau\alpha$ $\vartheta\varepsilon o\grave{\iota}$ $\pi\acute{\alpha}\nu\tau\varepsilon\sigma\sigma\iota$ $\delta\iota\delta o\tilde{v}\sigma\iota\nu$. Nauck bemerkt zu 167: vix integer; quid requiratur, docet $\varDelta$ 320, und bezeichnet überdies 168 und 173 als verdächtig. Jede Interpretation, die für 167 den mit Rücksicht auf das Folgende nothwendigen Gedanken ergeben soll, ist unmöglich, für eine Conjectur fehlt es bei der einstimmigen Ueberlieferung des an sich verständlichen Verses an dem rechten Anhalt und selbst bei Anwendung einer Conjectur bleibt die Schwierigkeit des Anschlusses von 168, sowie weiter die Differenz zwischen der exemplificierenden Ausführung 169—175 und der folgenden Anwen-

dung 176 f.   **Erwägt** man ferner, wie wenig es der erregten Stimmung des Zürnenden entspricht sich in soweit ausgesponnenen allgemeinen
Betrachtungen zu ergehen, sowie, dass diese ganze Partie mehrere auffallende Worte zeigt, auch in 171—173 Reminiscenzen aus Hesiod Theog.
86 und 91 f. zu enthalten scheint, so dürfte der Verdacht einer grösseren
Interpolation nicht unbegründet sein.   An der Ursprünglichkeit von 176.
177 ist kein Grund zu zweifeln: die Gegenüberstellung **der** äusseren
Schönheit und der inneren Nichtigkeit in diesen Versen **konnte** zu der
Einschiebung der scheinbar entsprechenden Ausführung 169—175 Anlass geben, zumal da αἰδοῖ μειλιχίῃ 172 so recht im Gegensatz zu
Euryalos an der Stelle zu sein schien.   War 167 ursprünglich, so ist
der Vers in Folge der Interpolation von 169—175 verändert, indem
wahrscheinlich der Begriff χαρίεντα im Hinblick auf χάρις 175 an die
Stelle eines allgemeineren (wie πάντα) gesetzt ist, während der Zusatz
von 168 den in der folgenden Exemplification durchgeführten Gegensatz
vorbereiten sollte.]

168. Die mit ἀγορητύς analogen Wörter bei Geppert Ursprung der
hom. Ges. II S. 87. Lobeck Parall. p. 439 sq.   Alle diese Wörter stehen
entweder als Genetiv im vierten Fusse vor der bukolischen Cäsur: vgl.
Bekker Hom. Blätter S. 145, 36; oder als **Nominativ** und Accusativ im
sechsten Fusse.

172. Der Gedanke erinnert theilweise an den Grundsatz des Kaisers
Titus *fortiter in re et suaviter in modo.*   Uebrigens citiert die Verse
169 bis 173 Galenus Protrept. 8. — H. Anton bemerkt im Rhein. Mus.
1864 Bd. XIX S. 437 unter anderm: 'der Vers 173 stört die Congruenz
der Rede, sofern ohne ihn auf jeden Abschnitt 4 Verse kommen.   Wir
halten ihn deshalb für eingeschoben und für eine Reminiscenz aus Hesiod.
Theog. 91.' [Zur Verbindung und Erklärung der Worte vgl. Ph. Mayer
Studien zu Homer etc. p. 59.]

175. Da bei der gewöhnlichen synthetischen Schreibweise ἀμφι-
περιστέφεται hier wie noch Ψ 159 bei ἀμφιπονησόμεϑ' die Cäsur im
dritten und vierten Fusse zugleich fehlen würde, jeder Hexameter **aber**
entweder nach der dritten Länge oder nach der darauf folgenden Kürze
oder nach der vierten Länge ein Wortende haben muss: so hat man
mit K. Lehrs in Fleckeisens Jahrb. 1860 S. 513 [de Aristarch. [2]p. 395]
an beiden Stellen das ἀμφί getrennt zu schreiben.

177. Statt der Rede wird gleich der νόος genannt, weil der Grieche
sich die wahrhafte Wohlredenheit mit Wohlgesinntheit aufs engste verbunden dachte.   Denn 'Rede' und 'Gesinnung' verhalten sich zu einander
wie Wirkung und Ursache, Aeusseres und Inneres; daher noch später
beim Philosophen das οἷος ὁ λόγος τοιοῦτος καί ὁ τρόπος, das φρονεῖν
καί λέγειν, das *supere et fari*, und das *vir bonus dicendi peritus* nebst
dem bekannten *pectus est quod disertos facit.*   Vgl. zu ι 189.   Ueber
ἀποφώλιος vgl. auch die Ansicht von Döderlein Hom. Gloss. § 1097.
'Bei ἀποφώλιος hat man wohl eher an φῶς von φύω zu denken,
gleichsam verwachsen, ausgewachsen, schief.'   G. Autenrieth.

186. [Ueber die Verbindung von αὐτός mit dem Dativ als *socia-*

tivem Instrumentalis vgl. B. Delbrück Ablativ, Localis, Instrumentalis,
Berlin 1867 p. 52 und jetzt T. Mommsen Entwicklung einiger Gesetze
für den Gebrauch der griech. Praepositionen p. 40 ff. Den von Krüger
Di. 48, 15, 16 angegebenen Stellen ist hinzuzufügen Ψ 8.]

192. πάντων, statt des gewöhnlichen πάντα, bieten hier Vindd.
133 und 56 [und andere bei La Roche.] Es ist die Aristarchische Lesart;
vgl. W. C. Kayser de vers. aliquot Od. disp. alt. p. 14.

193. Bei diesem Wettkampfe der Phäaken warf jeder so weit er
konnte, und wer am weitesten warf, gab dadurch ein τέρμα an, das sein
Nachfolger zu überwerfen hatte. Das weiteste τέρμα bestimmte zuletzt
den Sieger. Anders Ψ 358. Vgl. Döderlein Hom. Gloss. § 649.

197. Der Sinn ist: du brauchst nicht zu besorgen, dass dich einer
im Diskoswerfen besiegt. ϑάρσει hat nur hier einen Accusativ des Bezuges bei sich (Krüger Di. 46, 11) und findet sich nur hier in der
Mitte des Verses, sonst steht es überall absolut im Versanfang und zwar
entweder mit nachfolgendem Vocativ und dann explicativem Asyndeton,
wie τ 546. Θ 39. X 183; oder ohne Vocativ mit nachfolgendem Asyndeton O 254; oder mit dem Vocativ und ἐπεί β 372; oder ohne Vocativ
mit ἐπεί χ 372; oder mit nachfolgendem Imperativ: vgl. die Stellen
zu δ 825 und ν 362.

198. τόδε γ' ist die Lesart des Aristarch; die andere jetzt gewöhnliche Lesart, die auch Bekker beibehalten hat, ist τόν γ', nemlich
λίθον oder δίσκον.

200. [ἐνηής erklärt jetzt Fick Vgl. Wörterb. ³p. 25 aus αvas
Gunst, Beistand von αv sich sättigen, erfreuen, beachten, begünstigen,
helfen. Ameis folgte der von Goebel gegebenen Ableitung von W. ἀϝ
hauchen, eigentlich 'anhauchend.']

201. Der Ausdruck κουφότερον 'erinnert an κουφονόων τε φῦλον
ὀρνίθων bei Soph. Antig. 343, nur sind da nicht mit Schol. und Schneidewin
die leichtbeschwingten Gäste zu verstehen, sondern die leicht-
sinnigen, sorgenlosen, wie Ev. Matth. 6, 26.' G. Autenrieth. Ich
stimme bei und wünsche im Commentare unserer Stelle 'sorgloser' oder
'leichteren Sinnes' gebraucht zu sehen. Dagegen will A. Nauck Mélanges
Gréco-Romains III p. 21 das κουφότερον aus Conjectur in κουροτέροις
geändert wissen mit der Begründung 'dass Odysseus an die jüngeren
Phäaken sich wendet, ist ganz in der Ordnung und ausdrücklich bezeugt
durch den folgenden Vers τοῦτον νῦν ἀφίκεσθε νέοι'. Aber dies dürfte
bedenklich sein, weil die Praeposition μετά in μετεφώνεε mit dem Dativ
sonst bei Homer auf sämmtliche Anwesende, unter denen jemand
spricht, bezogen wird, ohne dass man eine derartige Scheidung findet.
Für diesen Fall sind andere Constructionen gebräuchlich. [Ueber den
Zusammenhang mit den vorhergehenden Worten bemerkt Adam in d.
Blätt. f. d. bayersch. Gymnasialschulwes. 1871, VII p. 127 f. richtig:
es fiel ihm ein Stein vom Herzen, als sich aus der Mitte des Volkes
eine Stimme erhob und seinen Meisterwurf gehörig würdigte —, zweifelhafter ist der folgende Zusatz desselben: da die Angst der Rückkehr
ins Vaterland abermals verlustig zu gehen schwer auf seiner Seele lag. —

202 schreibt Nauck nach Schol. u. Eust. und einigen Handschriften
τούτου νῦν ἐφίεσθε.]

212 ff. [Die folgenden Verse bis 233 sind nach dem Urtheil von
Anton im Rhein. Mus. XIX p. 438 f. von einem Sänger zugedichtet, der
gern seinen Helden als in allen Kampfarten ausgezeichnet darstellen wollte
und daher nachholte, was vorher vergessen schien. 218—228 werden
auch von Lehrs Arist. [2] p. 405 und Kayser bei Faesi als Interpolation
angesehen. Da Odysseus es bis dahin gerade geflissentlich gemieden hat
Näheres über seine Person zu verrathen, so würde die hier enthaltene
Andeutung, dass er einer der Helden vor Troja gewesen, der späteren
Erkennungsscene in unpassender Weise vorgreifen, überdies bleibt dieselbe in den diese vorbereitenden Fragen des Alkinoos 577—586 ganz
unberücksichtigt. Dass es 220, wie Ameis meinte, zweifelhaft bleibt,
ob Kampfspiele oder Kriegskämpfe gemeint sein, kann schwerlich den
Anstoss, welchen diese Fragen nach der hier erfolgten Erklärung geben,
beseitigen. Somit ist die Athetese jedenfalls von 219—228 sehr wohl
begründet. — Wenn die Scholien es auffallend finden, dass den Herakles,
der doch dasselbe that, wie Eurytos, nicht die gleiche Strafe traf: so
ist doch in dem speciell von Eurytos gesagten προκαλίζετο ein besonderer Act der Ueberhebung zu sehen, während in ἐρίζεσκον 225 nur
ein sich gleichstellen in Gedanken zu liegen braucht.]

215. Ueber den häufigen Hiatus in der trochäischen Cäsur des dritten
Fusses vgl. Spitzner de versu Graecorum heroico IV § 11 p. 142 sqq.
Ahrens im Philol. VI S. 12 ff. J. La Roche über den Hiatus S. 1 ff.

232. 233. Bekker hat jetzt stillschweigend aus Conjectur Athetese
geübt, indem er aus beiden Versen einen bildet: κύμασιν ἐν πολλοῖς·
τῷ μοι φίλα γυῖα λέλυνται. So schon Nitzsch, der hier unter anderm
bemerkt hat: ʻder Satz gehört einem unverständigen Interpolator an, da
vorher τῷ gleich auf πολλοῖς folgte.ʼ Mit Beistimmung von Köchly de
Od. carm. III p. 18 [auch Kaiser bei Faesi. Dagegen stimmt Adam in
d. Blätt. f. d. bayersch. Gymnasialschulw. 1871, VII p. 129 im Wesentlichen der von Ameis gegebenen Erklärung bei. Einen passenderen Gedanken würden die schwierigen Worte ergeben, wenn man sie mit
Suhle im Wörterbuch s. v. κομιδή fasste: denn keineswegs fand ein
beständiger Transport zu Schiffe statt, als Erklärung des vorhergehenden
κύμασιν ἐν πολλοῖς; aber diese Bedeutung von κομιδή ist unhomerisch
und nach der Parallele 451—453 unwahrscheinlich.]

239. [Eine andere Erklärung von ὡς gibt Lehrs Aristarch. [2] p. 159.]

243. Man könnte zwar ζευγνῦμεν Ἰλ 145 vergleichen; indes ist
dies doch etwas verschieden: vgl. Lobeck zu Buttmann II S. 8 und Path.
Elem. I p. 268. Vielleicht war hier δαινύναι das ursprüngliche.

248. 249. Es herrscht hier keine durch künstliche Bedürfnisse
erschlaffte und die Laster einer falschen Civilisation beschönigende, sondern eine einfach naive Sinnlichkeit, die mit Natur und Gesetz nicht
im Widerspruch zu sein glaubt, wenn sie ohne Arg die süssen Gewohnheiten ihres Lebens ausspricht. Aus diesem Gesichtspunkte ist auch zu
beurteilen die Anerkennung solcher Lebensgüter durch Nestor γ 350

und durch Odysseus ι 5 bis 11. Horatius dagegen gibt Ep. 1 2, 28 ff.
absichtlich nur eine launige Anwendung der Stelle auf die Sitten
seiner Zeit. H. Anton im Rh. Mus. 1864 Bd. XIX S. 440 möchte ʻdie
Verse 248 — 249 nach 253 stellen, wo Alkinoos durch καὶ ὀρχηστυῖ
καὶ ἀοιδῇ fröhlich gestimmt und seiner Rede freien Lauf lassend in den
Wortlaut dieser Verse fallen konnte.ʼ [An dieser Stelle würden die
beiden Verse, weil an die Tänzer gerichtet und den Zusammenhang der
für den folgenden Tanz zu treffenden Anordnungen unterbrechend, noch
weniger begreiflich sein, als da, wo sie stehen. Hier aber hat Alkinoos
soeben von den Leistungen (ἔργα), von denen der Fremdling daheim
erzählen soll, gesprochen; die in diesen Versen aufgezählten Neigungen
eines behaglichen Lebensgenusses aber lassen sich weder in der Weise
in dem Zusammenhang rechtfertigen, dass sie etwa die Wahl der vorher-
genannten Fertigkeiten (Lauf und Schiffahrt) erläuterten, noch so dass
sie den Uebergang zu der folgenden an die Tänzer gerichteten Aufforderung passend vermittelten. So scheinen 248 und 249 mit Kammer
p. 457 verworfen werden zu müssen. Neue Bedenken erheben sich
bei Vergleichung von 241 bis 247 mit 250 bis 253. Friedlaender
im Philol. IV p. 590 fand die Uebereinstimmung beider Stellen so
auffallend, dass er daraus auf eine doppelte Bearbeitung schloss, zumal
da das erste Stück, wo Alkinoos den Phäaken die Fertigkeit in Faust-
und Ringkampf abspricht, im Widerspruch stehe mit 102. 103, wo
er gerade die Vorzüglichkeit der Phäaken darin hervorhebt; und weil
die Phäaken Ring- und Faustkämpfe ausgeführt haben und nicht, wie
im Diskoswurf, von Odysseus übertroffen worden sind, kein Grund
für Alkinoos ersichtlich sei seine frühere Behauptung zurückzunehmen.
Auf Grund dieser Beobachtung hat dann Köchly de Odyss. carmm. diss.
III p. 17 f. 241 — 249 verworfen. Dagegen begnügen sich Lehrs bei
Kammer p. 772 und La Roche in Zeitschr. f. d. oest. Gymn. 1863 p. 192
mit der Athetese von 246—249; Düntzer Kirchhoff, Köchly etc. p. 121
will V. 241 mit ὅττι κεν εἴπω schliessen, die 4 folgenden Verse streichen
und 246 οὐ δή lesen, im Folgenden aber 253 entfernen. Endlich verwirft Kammer a. O. p. 458 f. mit 248 zugleich die ganze folgende Tanz-
partie, sodass ursprünglich an 247 sich sofort 387 und 389 ff. in der
Form: ἀλλ' ἄγε, Φαιήκων ἡγήτορες ἠδὲ μέδοντες, ξείνῳ νῦν δῶμεν
ξεινήϊον geschlossen hätte. — Von diesen verschiedenen Versuchen die
Schwierigkeiten der Stelle zu beseitigen, kann der von Lehrs schon deshalb nicht befriedigen, weil nach Ausscheidung von 246—249 der Ankündigung 241 ἐμέθεν ξυνίει ἔπος die entsprechende Ausführung fehlen
würde. 246. 247 sind von Kammer als nothwendig, um Odysseus für
die widerfahrene Beleidigung Genugthuung zu geben treffend gerechtfertigt. Die Ausscheidung von 241 — 249 ferner ist von Düntzer mit
Recht zurückgewiesen, da ʻunmöglich auf die Anrede ξεῖν' nebst dem
anakoluthischen Satze mit ἐπεί unmittelbar das ἀλλ' ἄγε an die Tänzer
sich anschliessen kann.ʼ Düntzers eigner Vorschlag 242—45 (und weiterhin 253) zu streichen, um die Wiederholung des fast gleichen Gedankens
zu beseitigen, könnte annehmbar erscheinen, wenn nicht gerade innerhalb

der ausgeschiedenen Verse Gedanken enthalten wären, die theils mit den vorhergehenden in enger Beziehung zu stehen scheinen, theils ihrem Inhalt nach für die Situation sehr angemessen sind. So hat ἡμετέρης ἀρετῆς eine unzweifelhafte Beziehung auf σὴν ἀρετήν 239 und noch deutlicher zeigt die folgende Ausführung οἵα καὶ ἡμῖν etc., vgl. mit 239, dass der ganzen anakoluthisch gestörten Entwicklung der Gedanke zu Grunde liegt, dass eine neidlose gegenseitige Anerkennung der Vorzüge des andern geeignet sei den störenden Zwischenfall zwischen Gastgeber und Gast zu beseitigen. Andrerseits hat die geflissentliche Hervorhebung σοῖς ἐν μεγάροισιν παρὰ σῇ τ' ἀλόχῳ καὶ σοῖσι τέκεσσιν den Zweck dem Gast jeden Zweifel an der auch nach dem Zwischenfall erfolgenden Heimsendung zu benehmen. Ich möchte darum diese Verse nicht missen. Dagegen empfiehlt sich mit Düntzer V. 253, der nicht bloss wegen der Wiederholung störend ist, sondern den ungehörigen Gedanken ergiebt, als könne die Vortrefflichkeit der Tänzer auch erweisen, dass die Phäaken in der Schiffahrt, im Laufen und im Gesange andere Völker übertreffen, zu entfernen.]

264. Dieser nachahmende Tanz war auf dem amykläischen Thron abgebildet nach Paus. III 18, 7, der trotz seiner Kürze doch Φαιάκων χορός und ᾄδων ὁ Δημόδοκος ausdrücklich getrennt hat. — Vs. 265. μαρμαρυγάς hatte Livius Andronicus mit nexus dubios übersetzt. 266 ff. Der Gesang wird nach dem Präludium dann begleitet mit pantomimischer Darstellung durch die phäakischen Kunstspringer (250. 383, angeführt von Strabo X p. 473), die hier zum Einzelballet 371 den Gegensatz bilden. Diesen Gegenstand hat ausser andern auch Kotzebue benutzt in dem Lustspiel 'Der Vielwisser' III 6, wo er den Peregrinus sagen lässt: 'Es gab einen Tänzer, der sogar ohne Musik die Liebesgeschichte des Mars und der Venus so trefflich darstellte, dass der Cyniker Demetrius ausrief: ich höre dich, das spricht mit den Händen.' Eben so dienen 'die epischen Lieder der Ditmarsen als Tanzmusik, wie die Ballade durch ihren Namen den Zusammenhang zwischen epischem Gesang und mimischem Tanz verräth, und noch heute in römischen und neapolitanischen Tabernen zur Tarantella dergleichen Balladen unter dem Schall des Tamburin oder des Puttipu gesungen werden.' O. Ribbek im N. Schweiz. Mus. I (Bern 1861) S. 216. [Gegen die Annahme einer pantomimischen Darstellung bemerkt A. Römer in brieflicher Mittheilung Folgendes: '1) wenn der Dichter an eine mimische Darstellung dachte, so hätte er, wie Σ 571 solches angegeben; 2) wenn es eine mimische Darstellung war, so darf sich der Dichter nicht ausdrücken μαρμαρυγάς θηεῖτο ποδῶν, ohne ein weiteres aufklärendes Wort beizufügen. Mit diesen Worten wird eben nur der Eindruck, welchen der Reigentanz auf Odysseus machte, geschildert und damit ist diese Scene abgeschlossen. Es folgt ein Lied des Demodokos ἀνεβάλλετο καλὸν ἀείδειν, der Eindruck ist 367 ff. geschildert, und somit auch diese Scene vollständig für sich abgeschlossen.' Diese Bedenken sind wohl begründet. In der That ist in der Darstellung nirgend klar von einem Zusammenwirken des Sängers mit den Tänzern die Rede,

beider Thätigkeit wird als nach einander folgend, jede für sich in ihrem
Eindruck auf Odysseus dargestellt. Es hat daher auch Nitzsch Sagenpoesie p. 130 die Annahme einer mimetischen Darstellung verworfen.
Indes bleibt die Möglichkeit der Annahme mit Bergk griech. Literaturgesch. I p. 679, dass nur die ungeschickte unklare Darstellung des
Dichters das Zusammenwirken des Sängers mit den Tänzern verdunkelt
habe, da die Anordnung der Scene 262 f. doch jedenfalls ein solches
erwarten lässt. Freilich könnte sich dies, wie Römer annimmt, darauf
beschränkt haben, dass Demodokos auf seinem Instrumente den Tänzern nur
den Takt angab.] Die Einführung dieser ganzen Episode hat der Dichter 250
so wie durch die Vorbereitungen 258 bis 264 genügend motiviert. Es dient
aber diese Episode erstens dazu dass die Hörer, da der Sänger Demodokos
dreimal auftritt, nach epischer Sitte [?] doch eins seiner Lieder vollständig
hörten, und zweitens bildet dieselbe durch ihren launigen und schalk-
haften Inhalt einen Contrast zum vorigen, damit der Eindruck, welchen
die Kränkung des Odysseus und die dadurch herbeigeführte peinliche
Verstimmung des Helden **wie** der Zuschauer hervorbringen muste, bis
auf die letzten Spuren vertilgt werde. **Denn wie** Horat. Ep. 1 2, 31
sagt: *ad strepitum citharae cessatum ducere curam.* Hephästos hat
hier zur Gemahlin die Aphrodite (ἐυστέφανος, worüber Grävius **zu** Hes.
Theog. 196), wie auch nach leiser Andeutung Φ 416, dagegen Σ 383
eine Charis; aber beide Verbindungen geben nach allegorischer Erklärung
den Sinn: 'Anmut müsse sich mit allen Werken der Kunst verbinden',
oder wie Schiller in der Glocke sagt: 'Denn wo das Strenge mit dem
Zarten, Wo Starkes sich und Mildes paarten, Da gibt es einen guten
Klang.' Uebrigens ist die ganze Legende von den Späteren vielfach
theils nacherzählt theils berücksichtigt worden; vgl. Gierig zu Ov. Met.
IV 168. Nach dem Vorgange anderer [schon der Alten: vgl. Carnuth
Aristonic. p. 82] behandeln den Abschnitt als einen unächten, kürzer
Köchly de Od. carminibus III p. 17, ausführlicher H. Anton im Rhein.
Mus. 1864 Bd. XIX S. 430 ff. [Eine eigenthümliche Ansicht über
ἀναβάλλεσθαι bei Bergk a. O. p. 433 Anm. 28, vgl. dagegen Düntzer
die homerischen Fragen p. 158.]

285. [Mit La Roche und Nauck habe ich jetzt nach Vindob. 56
und dem Venetus A an den betreffenden Iliasstellen ἀλαὸς σκοπιήν ge-
schrieben, welches wahrscheinlich die Lesart des Aristarch (vgl. La Roche
homer. Textkritik p. 184) ist, während Zenodot ἀλαὸν σκοπιήν **schrieb.**
Die einfache Wendung σκοπιήν ἔχειν findet sich ϑ 302. Aristarchs
Lesart empfiehlt sich dadurch, dass so der Begriff οὐδ' ἀλαός, der
Composition entnommen, selbständiger hervor- und dem ἴδεν schärfer
gegenübertritt, welches hier nur das Eintreten des Gegenstandes in den
Gesichtskreis des Betrachtenden bezeichnet. Dagegen will Ahrens im
Philol. XXVII p. 255, indem er die Zurückführung des ersten Bestand-
theils in dem Compositum auf ἀλαὸς = τυφλός erkünstelt fand, ἀλαός
als eine Nebenform von ἀλεός = ἠλεός gefasst wissen — vergebliche,
erfolglose Wacht. — χρυσήνιος wird sonst gedeutet: goldene
Zügel führend, mit Bezug auf den Schlachtwagen des Ares: so **von**

Welcker griech. Götterl. I p. 395, vgl. dagegen Schuster Untersuchungen über die homerischen stabilen Beiwörter I, Stade 1866 p. 18.]

288. Für ἰσχανάω sucht G. Hermann zu Aesch. Hik. 816 die Schreibart ἰχανάω zu begründen.

292. Dieselbe Metathesis wie in τραπείομεν haben wir in ἔπραϑον, ἔδρακον, ἔδραϑον, ἤμβροτον. W. Christ Gr. Lautl. S. 126. Kr. Di. 6, 2, 1. Das λέκτρονδε gibt hier zu 278. 279. 282 eine sinnlichere Plastik als das für Γ 441. Ξ 314 geeignete φιλότητι. Aehnlich sagt Musäus 248: δεῦρό μοι εἰς φιλότητα. Daher in Bekk. Anecd. I p. 88: δεῦρο ἀντὶ τοῦ ἔρχου. So bisweilen auch in Prosa. Vgl. Stallbaum und Cron zu Plat. Apol. c. 12. Uebrigens hat die Verbindung dieses λέκτρονδε mit dem prägnant gesagten δεῦρο, welche durch Cäsur und Sinn geboten ist (vgl. Povelsen Emendd. p. 14), jetzt auch Bekker stillschweigend angenommen, ohne einen Vorgänger zu erwähnen. J. La Roche Hom. Stud. § 46, 14 scheint an der Nothwendigkeit dieser Verbindung noch zu zweifeln [auch in der Ausgabe findet sich hinter λέκτρονδε keine Interpunction].

300. ἀμφιγυήεις, nur von Hephästos am Versschluss gesagt, findet sich Ξ 239 in der Verbindung ἐμὸς πάϊς ἀμφιγυήεις, in Σ 614 mit vorhergehendem κλυτός, an den übrigen Stellen mit περικλυτός ϑ 300. 349. 357. Α 607. Σ 383. 393. 462. 587. 590. Gewöhnlich wird das Wort nach dem Vorgange der Alten von γυιόω oder γυιός abgeleitet und durch utroque pede claudus 'lahm' oder 'an beiden Seiten gelähmt' erklärt. Aber dies passt weder zu dem im Anhang zu τ 33 erwähnten Gesetze noch in den Zusammenhang der bezüglichen Stellen. Daher habe ich die andere Deutung 'der gliedergewandte' oder 'der armkräftige' Künstler aufgenommen: man kann dem Sinne nach wol kurz durch Werkmeister übersetzen, wofür ἀμφιγυήεις nur eine sinnlich anschauliche Bezeichnung ist, die von der Beweglichkeit der γυῖα ausgeht: vgl. zu κ 363. Und dies harmoniert mit den Ausdrücken κλυτοτέχνης ϑ 286. Α 571. Σ 143. 391 und κλυτοεργός ϑ 345. Die befolgte Erklärung ist zuerst, so viel ich weiss, von Kanne aufgestellt worden, der 'gliederstark' oder 'handstark' deutete, und dies ist gebilligt von Klopfer im Mythol. Wörterbuch unter Vulcanus Bd. II p. 628. Freytag im Commentar zu Α 607 bemerkt darüber: 'Minus placet, quod Kannius voluit (apud Klopfer.) significari deum ambobus membris (γυίοις i. e. manibus) validum, dextrum, artificem.' Aber diese Deutung hat genau begründet Anton Göbel De epith. Homericis in εις desinent. p. 20 sq., hat adoptiert Pott Etym. Forsch. I S. 583 (der 2. Aufl.) und Döderlein in der Ausgabe zu Α 607, hat gebilligt Hugo Weber im Philol. XVI S. 700. Auch K. Lehrs de Arist.[2] p. 112 bemerkt parenthetisch: 'De ἀμφιγυήεις (et hoc quidem esse ἀμφίχειρ ego non dubito) quid senserit nescimus.' Und G. Autenrieth sagt hierüber: 'Das Wort ἀμφιγυήεις geht auf die Hände, denn dass diese hauptsächlich und zunächst unter γυῖα verstanden werden, beweist ἐγγυαλίζω einhändigen und ἐγγύη Faustpfand.'

303. Der Vers fehlt in den besten Quellen, im Byzantinus des

Eustathius pr., Vind. 133 pr., Harl. und andern. Es ist offenbar ein aus β 298 entlehnter matter Zusatz. [Nauck scheint auch 302 verdächtig.] — 304. Das zweite Hemistichion wie Δ 23. Θ 460.

307. [Nauck schreibt gegen die Handschriften, nach einigen alten Zeugnissen ἔργ᾽ ἀγέλαστα, was neben οὐκ ἐπιεικτά und wegen der folgenden Ausführung 308—314 sich vor ἔργα γελαστά zu empfehlen scheint. Vgl. indes Nitzsch Anmerk. zur Stelle.]

320. ἐχέθυμος ist, da die Composita mit ἔχε — einen Besitzenden bezeichnen, in θυμὸν ἔχων aufzulösen. Dies wird nun allgemein erklärt 'Verstand habend': aber gegen den homerischen Gebrauch von θυμός. Nach diesem könnte man deuten 'cohibens cupiditatem': doch dies widerspricht den übrigen Beispielen dieser Composition. Daher bleibt nur übrig die Erklärung 'Herz habend, gefühlvoll' und mit der Negation herzlos. So mit Benutzung einer Mittheilung von G. Autenrieth, der dann fortfährt: 'Dagegen scheint mir 322 γαιήοχος etwas anderes zu bezeichnen, als Länder umfasend, da ἔχειν ja nicht umfassen oder gar zusammenhalten heisst. Da nämlich γαῖα dem οὐρανός gegenübersteht, wie auch dem Τάρταρος, so könnte vielleicht in γαιήοχος der Gegensatz zu dem αἰθέρι ναίων und ἐνέροισι ἀνάσσων liegen und demnach γαιήοχος (vgl. das spätere πολιοῦχοι u. ähnliches) den Besitzer oder Herrn der Erde bezeichnen. In anderer Auffassung freilich bewohnt er das Meer, wie Aides ζόφον und Zeus οὐρανόν O 190 ff. [Vgl. jetzt aber wegen ἐχέθυμος Autenrieth im Wörterbuch s. v. und Schaper quae genera compositorum ap. Hom. Coeslin 1873 p. 12.]

325. Vgl. Lehrs Q. E. p. 66 sqq. Bekker ist jetzt zu den Formen ἐῇος und ἑάων mit dem Spiritus lenis zurückgekehrt, der Analogie wegen. Vgl. Hom. Blätter S. 78. Ebenso Spitzner epist. ad G. Herm. p. 20. Die δωτῆρες ἑάων erwähnt Lucian Prom. s. Cauc. 18.

328. πλησίος als Substantiv in diesem formelhaften Verbindungsverse noch κ 37. ν 167. σ 72. 400. φ 396. B 271. Δ 81. X 372. Ueber andere Substantivierungen des adjectivischen Masculinums vgl. zu o 373. Ueber andere Versausgänge zu dem formelhaften ὧδε δέ τις εἴπεσκε vgl. zu β 324. — 329. [Renner über das Formelwesen im griech. Epos p. 26 vergleicht Theognis 329. 330.]

332. Das τό 'in dieser Beziehung, deshalb' steht ebenso Γ 176. H 239. M 9. P 404. T 213. Ψ 547. Vgl. J. La Roche Hom. Stud. § 41, 12. Krüger Di. 46, 4, 2. Ueber ὀφέλλει vgl. zu γ 367.

333 = δ 620. η 334. ξ 409. o 493. π 321. ρ 166. 290. σ 243. υ 172. 240. χ 160. ψ 288. ω 98. 203. 383. E 274. 431. H 464. Θ 212. N 81. Π 101. Σ 368. Φ 514. Einen Zusatz hat dieser Formelvers ω 204. N 82. Das Nachfolgende ist jedesmal mit δέ angeschlossen oder δ᾽ ἄρα π 322, oder mit τόφρα δέ N 83, τόφρα δ᾽ ἄρα ψ 289, einmal mit αὐτάρ Φ 515. Das Verbum ist dem erwähnten δέ vorausgesetzt η 335. o 494. χ 161. H 465. Eine ähnliche mit unserm Formelverse vergleichbare Redewendung vgl. zu ν 165. [333—342: ἐν ἐνίοις ἀντιγράφοις οἱ δέκα στίχοι οὐ φέρονται διὰ τὸ ἀπρέπειαν ἐμφαίνειν. νεωτερικὸν γὰρ τὸ φρόνημα Η: vgl. Carnuth Aristonic.

p. 83 Note. Dieser Anstoss des Zoilus (Schol. *T* zu 332) blieb bei den alexandrinischen Kritikern unberücksichtigt.]

340. ἀπείρονες erklären hier schon die sämmtlichen Schol. durch τοὺς ἰσχυρούς oder κραταιούς. Und man gewinnt den Sinn ʻgewaltig' auch bei der Ableitung von πέρας πεῖραρ, indem dieselben Schol. mit Recht bemerken: μήτε πέρας ἔχοντες μήτε ἀρχήν, ἄλυτοι διὰ τὸ ἐν κύκλῳ περιέχειν, weil die Gefesselten rings umschlungen werden. Den Vers citiert Plutarch de Is. et Os. 36 p. 365^d. [Zu der Auffassung der Optative in diesen Versen vgl. B. Delbrück der Gebrauch des Conjunctivs und Optativs p. 199, und L. Lange der homer. Gebr. d. Part. εἰ I p. 336, der zu dem Anschluss derselben an einen vorhergehenden Wunschsatz mit αἲ γάρ passend σ 368 vergleicht. Aehnlich verhalten sich die Optative η 314. Z 480. Eine so enge Verbindung mit dem vorhergehenden Wunsch, wie Lange sie durch Komma nach Ἄπολλον herstellen möchte, scheint mir nicht gerechtfertigt. An allen diesen Stellen enthalten die dem Wunschsatze sich anschliessenden Optative eine weitere Ausführung des Wunsches, theils indem sie die nöthigen Voraussetzungen dafür angeben, theils die Vorstellungsreihe, die durch den Wunsch angeregt ist, weiter verfolgen. Ich kann diese Optative daher nicht auf gleiche Stufe mit dem Wunschsatz selbst stellen, betrachte sie vielmehr als reine Optative der Vorstellung ohne wünschenden Charakter, wie zweifellos η 314 das Verhältniss des Gedankens ergiebt.]

351. ἐγγύαι und ἐγγυάασθαι sind ἅπαξ εἰρημένα. Letzteres heisst hier ʻsich etwas verbürgen lassen, Bürgschaft annehmen', als nähere Erklärung zum vorhergehenden. „ἐγγυᾷ μὲν ὁ διδούς, ἐγγυᾶται δὲ ὁ λαμβάνων" bemerkt hier Eustathius nach Isäus III 29. 37 f.

352. Aristarchs vermeintliche Lesart πῶς ἄν σ' εὐθύνοιμι ist wol nur seine Erklärung von δέοιμι, da γράφει in H. M. ganz fehlt. Dagegen ist die treffliche Variante πῶς ἄν ἐγὼ σέ, φέριστε, μετ' ἀθανάτοισι δέοιμι wahrscheinlich auf Aristarch zurückzuführen. [Indes verdient die gewöhnliche Lesart den Vorzug wegen der gewiss nicht zufälligen Wiederholung von μετ' ἀθανάτοισιν θεοῖσιν aus Poseidons Worten 348. Wenn der Sinn dieser Worte in Poseidons Munde ist, dass er die rechtliche Erledigung der Sühne unter die Garantie der Götterversammlung stellen will, so dass vor ihnen als Zeugen dieselbe vorgehen soll, vgl. *T* 172 ff. 249. *T* 314, so liegt in der Wiederholung der Worte in Hephästos Munde ein wirksamer Spott: jene Garantie der Götter hilft mir nichts, wenn der Elende sich davon macht.]

353. [Ueber die von La Roche homer. Unters. p. 41 verlangte Schreibung χρέως, welches einsilbig zu sprechen sei, vgl. Hartel hom. Stud. I p. 64.]

359. δεσμόν ist die frühere gutbeglaubigte Lesart, die Bekker mit Recht zurückgeführt hat, nachdem Wolf dafür aus Eustathius [9 Codd. bei La Roche] δεσμῶν aufgenommen hatte. Aber der Genetiv ist eine unnöthige prosodische Verbesserung und hat folgende Bedenken gegen sich: 1) ἀνίημι ist sonst nirgends mit einem derartigen Genetiv verbunden und die Auslassung des Objects, das nun gerade den Haupt-

begriff enthält, ist auffällig; 2) δεσμῶν verletzt die Symmetrie mit δεσμόν 353 und ἐκ δεσμοῖο 360, da der Dichter in derselben Umgebung nicht willkürlich zu wechseln pflegt. Ohne diesen engen Zusammenhang würde er vielleicht δεσμούς gesagt haben; 3) der Genetiv ist für die homerische Gestaltung des Gedankens zu schwerfällig, nicht einfach genug. Mit Recht sagt Nitzsch: 'δεσμῶν ἀνίει mit ausgelassenem αὐτούς ist hier besonders seltsam, weil man beim Fortsprechen nun geneigt sein muss, μένος, was doch zum folgenden Genetiv gehört, dorthin zu beziehen.' Wahrscheinlich ist δεσμόν auch die Aristarchische Lesart gewesen. [Vgl. auch Soutendam Observationes in Homerum et Scenicos. Lugd. Bat. 1855 p. 10 ff.]

363. ἐς Πάφον. Paphos auf Kypros war ein Lieblingsort der Aphrodite, der von ihr häufig besucht und bewohnt wurde, was schwerlich geschehen sein würde, wenn sich daselbst kein Tempel befunden hätte. Hierzu kommt das Zeugnis des Herodot I 105, der das dort befindliche Heiligthum der Aphrodite als ihr πάντων ἀρχαιότατον ἱρῶν bezeichnet. Vgl. Gies Quaestionum de re sacerdotali Graecorum Part. I (Hanau 1850) p. 18 sq. — ἔνθα τε, statt des überlieferten ἔνθα δέ, ist eine Verbesserung von Hermann zu hymn. in Ven. 59. [In der 4ten Auflage kehrte Ameis mit W. C. Kayser im Philol. XXII p. 523 und La Roche zum handschriftlichen ἔνθα δέ zurück.] Ebenso steht ἔνθα τε λ 475. ν 107. ρ 331. τ 178. ω 14. B 594. Δ 247. E 305. Θ 48 [La Roche: δέ]. N 21 [handschriftlich ist δέ nach La Roche]. Ξ 215. Υ 329. X 147 [τέ ist Conjectur nach La Roche]. Ueber τέ vgl. zu α 50. M. Axt will hier und Θ 48 ἐνθάδε geschrieben wissen. — Ueber die Bildung von θυήεις, das in den Lexicis noch immer mit θυόεις O 153 synonym erklärt wird, vgl. zu τ 33.

365. Die Form ἐπ-εν-ήνοθε ist (wie die Compositionen κατ-εν-ήνοθε und παρ-εν-ήνοθε) ein Perfectum II von dem obsoleten ἀν-έ-θω, das zur Wurzel ἀν im Sinne von 'glänzen' gehört. Vgl. A. Göbel in der Z. f. d. österr. Gymn. 1858 S. 792 und in 'Homerica' (Münster 1861) S. 9. Die gewöhnliche Erklärung bei J. La Roche Hom. Stud. § 68, 16. [Dagegen verbindet G. Curtius Etym.[4] p. 250 diese Formen mit ἄνθος, W. ἀθ (vgl. Buttmann Lexilog. I[4] p. 251 ff.), welche Ableitung auch Autenrieth im Lexic. billigt unter der Annahme, dass das Wort an unserer Stelle als transitiv wie von θέω missverstanden gebraucht sei, gleichsam überläuft, umstrahlt.]

368. Dieses objective Verhältniss des Particips zeigt sich vorzugsweise bei Ausdrücken der Freude, vgl. J. Classen Beobachtungen III S. 13 f. [Gesammtausg. p. 92 f.] So bei τέρπομαι α 26. 369. δ 47. **194. 372. 597. 626.** Θ 429. κ 181. π 26. τ 513. ψ 301. 308. Λ 474. B 774. Δ 9. E 760. I 336. Λ 643. Ω 633; bei χαίρω ξ 377. Γ 76; γηθέω H 214. K 190; bei ἥδομαι ι 354. Vgl. auch zu φ 150.

371. G. Autenrieth: μουνάξ, εὐράξ, ὀδάξ scheinen aus alten Instrumentalen auf — ακ — ις gebildet; nur möchte nicht mit L. Meyer vergl. Gr. II 508 und in Kuhns Zeitschr. XIV 92 f. auch die Endung

auf — εξ, Skt — áṅc zu vergleichen sein. Ein vorhomerisches μου
ναχός liegt von dem aristotelischen μοναχός nur der Zeit nach fern.
Diese Bemerkung habe ich zu Terminus in Quem p. 30. nachzutragen.' — 'ἔριξεν certabat, gewöhnlich, nicht also überhaupt nicht.'
Derselbe.

377. [In der Auffassung dieser Stelle bin ich jetzt Adam in d.
Blätt. f. bayersch. Gymnasialschulw. 1871, VII p. 131 ff. gefolgt und
damit hinsichtlich der Erklärung von ἀν' ἰθύν zu Ameis' früherer Ansicht zurückgekehrt. Mit 377 wird die vorhergehende Beschreibung
374—376 recapituliert, ποτὶ χθονί steht im Gegensatz zu ἀπὸ χθονός
377. Ueber die Verschiedenheit der beiden Productionen bemerkt **Adam**:
„Wir haben also bei dieser Solopartie (μουνὰξ ὀρχήσασθαι) des Halios
und Laodamas zwei Arten der Production, nämlich Luftsprünge mit dem
Balle, wobei besonders ihre Behendigkeit und Geschicklichkeit den Ball
zu werfen und im Sprunge wieder aufzufangen zur Geltung kam und
vielleicht etwas ruhigere nach dem Rhythmus der Musik ausgeführte
Bewegungen in oft wechselnden Stellungen, die nicht bloss Gelenkigkeit der Beine, sondern auch Biegsamkeit des Oberkörpers, sowie
rythmische Bewegung der Arme in sich schlossen (vgl. Guhl und Koner
das Leben der Griechen und Römer I p. 299)."]

378. χθονὶ πουλυβοτείρῃ, stabiler Versschluss, gewöhnlich mit
vorhergehendem ἐπί, wie μ 191. Γ' 89. 195. Θ 73. Μ 158. Φ 426;
nur hier mit ποτί, um die Richtung der Tanzbewegung zur Erde zu
bezeichnen im Gegensatz zum vorhergehenden Ballspiel (vgl. auch zu
λ 423), nur Ζ 213 mit ἐνί [La Roche: ἐπί], der blosse Dativ mit
πέλασε χθονὶ π. Θ 277. Μ 194. II 418. Einmal getrennt in dem
Ausgange χθονὶ πίλνατο πουλυβοτείρῃ Ψ 368. Ebenso am Versende
ἐπὶ χθόνα πουλυβότειραν Γ 265. Α 619; mit ἀνά τ 408, einmal der
blosse Accusativ Ξ 272.

380. Diese Schreibart εω als Spondeus im ersten Fuss und αο mit
dactylischer Messung im zweiten Fuss ist durch die bessere Ueberlieferung
sichergestellt, wie durch Didymus zu Ω 701 und durch den Harl. zu
χ 130. ψ 46. ω 204. [Vgl. La Roche Hom. Textkritik p. 262.] Jetzt
hat Bekker diese Schreibart überall eingeführt: denn die Abweichungen,
die sich bei ihm Θ 380. λ 583. Β 320. Μ 336. 367. Ν 293. Ρ 355.
Τ 79 im Text oder in der annotatio vorfinden, beruhen auf Druckfehlern oder Versehen; vgl. H. Rumpf in Fleckeisens Jahrb. 1860 S. 583.

384. G. Curtius Etym.[2] p. 337 [[4] p. 379] bemerkt: 'Auch ἑτοῖ
μο-ς wird wie ἔτυ-μο-ς ursprünglich wirklich, vorhanden bedeuten.'
Das findet durch unsere Stelle eine Bestätigung.

388. [Die Auffassung des Verses ist gegeben nach Lehrs bei
Kammer die Einheit p. 772.]

390. Ueber die Zwölfzahl dieser Unterkönige vgl. H. Leo Lehrb.
der Universalgesch. I³ S. 267. Die Sache erinnert an die aristokratische
Verfassung in Attika vor Theseus, wo über den zwölf Dynasten der
zwölf Districte der König stand, ferner an den von zwölf gothischen
Fürsten umgebenen Odin.

393. Ueber den Begriff von τάλαντον vgl. H. Weissenborn Hellen (Jena 1844) S. 67 not. 250. Böckh Metrol. Unters. S. 33. Fr. Hultsch Metrol. S. 104.

394. ἀολλέα, statt des gewöhnlichen ἀολλέες, mit Düntzer [auch La Roche] aus einigen Handschriften, darunter Vind. 133. Das Neutrum ist das einfachere, weil es sogleich wieder bei ἐνὶ χερσὶν ἔχων als Object vorschwebt. — Das ἐνὶ χερσίν steht hier wie noch φ 399 am Versschluss, sonst findet sich überall nur ἐν χερσί. Diese Bemerkung mit Bezug auf Meineke zu Theokr. 3, 40.

396. Statt der überlieferten Lesart ἓ αὐτόν hat Düntzer [jetzt auch Nauck] die Conjectur ἓ αὐτός, die von H. J. Heller im Philol. XI p. 585 vorgetragen, aber vor beiden schon von Stephan Bergler gemacht und von G. Hermann Opusc. I p. 315 behandelt worden ist, sich angeeignet und in den Text gesetzt. Ich glaube indes noch, dass sich αὐτόν nach der gegebenen Erklärung vertheidigen lasse. Warum aber der Dichter nicht μιν αὐτόν gesagt habe, darüber vgl. den Anhang zu δ 484. [Misslich bleibt die Erklärung von αὐτόν, welche auch Kayser bei Faesi gibt, doch immerhin, da der das betonte αὐτόν erklärende Gedanke: ohne auch uns, den durch die Verletzung des Gastes gleichfalls beleidigten, Genugthuung geben zu müssen — doch schwerlich so ohne weiteres im Sinne des Sprechenden liegend angenommen werden kann. Eher lässt sich ἓ αὐτόν im Gegensatz zu der vorhergehenden Aufforderung ihm als ξεῖνος Geschenke zu geben, fassen: ihn persönlich versöhnen, sofern ein freundliches Wort der Abbitte den Sprechenden jedenfalls in eine unmittelbarere Beziehung zu der Person setzt als die Gastgeschenke.]

403. Das ἄορ ist ein bezeichnendes Geschenk zur unverdächtigen Anerkennung der kriegerischen Eigenschaften des Odysseus, welche Euryalos vorher bezweifelt hatte.

404. Vgl. zu σ 196. Sil. Ital. XVI 207. Bei Pausanias I 12, 4 wird erzählt, dass man vor den Zügen Alexanders des Grossen keinen Elephanten in Europa gesehen habe, so dass ihn auch Homer nicht erwähne, ungeachtet das Elfenbein durch den Handelsverkehr der Phöniker schon seit den ältesten Zeiten bekannt gewesen sei. Das Elfenbein wird im Homer bei verschiedenen Verzierungen erwähnt. Vgl. δ 73. τ 56. 564. φ 7. ψ 200. Δ 141. E 583.

408. Ueber die dem εἴ περ mit Emphase vorgesetzten Wörter vgl. λ 113. μ 140. ν 143. ρ 14. K 225. Λ 116. Π 263. 847. X 191. Vgl. auch zu ρ 223 und zu τ 567. υ 47. φ 254. ω 507. Krüger Di. 54, 17, 12.

409. Vgl. Δ 363. Apoll. Rh. I 1334. Horat. carm. I 26, 2 mit der Note von C. W. Nauck.

414. [Die gewöhnliche Erklärung, die auch Ameis gab: 'Mögest Du nie in eine bedrängte Lage kommen, in der Du dies Schwert vermissen könntest', leidet an mehr als einem Bedenken. Euryalos hat den hohen Werth des reich geschmückten Schwertes hervorgehoben, nicht dass es ihm gleichsam als sein Kampfschwert besonders lieb sei: daher

der Gedanke an eine bedrängte Lage durchaus fern liegt. Sodann bleibt
bei dieser Erklärung die Beziehung von μετόπισθε zu δή, von ποθή
zu δῶκας ausser Acht, überhaupt kommt der ganze nachdrückliche Zusatz zu ξίφεος in 415 nicht zu seinem Recht, er könnte eben so gut
fehlen. Aus diesen Erwägungen ist die jetzt gegebene Erklärung hervorgegangen.]

418. Die Formen ἀγανόν, ἀγανοί, ἀγανούς stehen überall am
Versschluss, die übrigen Formen stets in der bukolischen Cäsur. Der
viermal gesetzte Genetiv Ἀλκινόοιο innerhalb des Raums von sechs Versen
(418—423), von denen drei damit schliessen, klingt in seinem **gleichmässigen** Tonfalle wie melodischer Anschlag der Phorminx.

425. Statt αὐτῇ hat Bekker [jetzt auch Nauck] hier wie 441
vermeintlich zuerst aus Conjectur den Nominativ αὐτή geschrieben und
darüber im Berliner Monatsbericht 1861 S. 585 (Hom. Blätter S. 273)
bemerkt: 'selber d. h. deinerseits, als deinen Beitrag zu dem Gesammt-
geschenk. **Ebenso** 441. αὐτῇ war überflüssig, weil es sich von selbst
verstand, gerade wie αὐτῷ sich 436 zu beiden Präpositionen versteht.
beide sind als Adverbien zu fassen.' Aber den Nominativ αὐτή hat
schon Povelsen Emendd. p. 12 vorgeschlagen und zur Bestätigung die
Schol. B. Q.: καὶ αὐτὴ δὲ πρόσφερε τὸ φᾶρος καὶ τὸν χιτῶνα angeführt, sodann hat Fäsi denselben bereits aufgenommen. Den Dativ
hat wahrscheinlich selbst Aristarch gelesen. [Ich bin jetzt Bekker gefolgt. Wie 441 die handschriftliche Lesart αὐτή durch den Gegensatz
zu τά οἱ Φαίηκες ἔδωκαν 440 gerechtfertigt ist, so ist auch hier, da
unmittelbar vorher die Geschenke der Phäaken der Königin übergeben
sind, der persönliche Gegensatz der natürlichste, natürlicher als der
bei αὐτῇ von Ameis gedachte: in dieselbe Truhe, in welche nämlich
die Geschenke der andern kamen, — der 441 nach dem Vorhergehenden
τίθει δ᾽ ἐνὶ κάλλιμα δῶρα allerdings auch möglich wäre. Darf man auf
die sonst im Epos übliche Uebereinstimmung in den Angaben über Anordnung und Ausführung einer Sache Gewicht legen, so empfiehlt sich
jedenfalls eher 425 nach 441 αὐτή zu schreiben, als umgekehrt mit
Ameis 441 αὐτῇ zu corrigiren nach 425.]

429. [Nauck schreibt ohne handschriftliche Auctorität οἶμον statt
des handschriftlichen ὕμνον. Vgl. desselben Mélanges Gréco-Romains III
p. 21 f. Die Ableitung des letzteren, nur hier bei Homer vorkommenden
Wortes von W. ὑφ weben (G. Curtius Etym.[4] p. 297), welche hier die
ansprechende Deutung 'Gewebe des Gesanges' (vgl. Γ 212 μύθους
καὶ μήδεα ὑφαίνειν) ergeben würde, ist zweifelhaft: vgl. Fick Vergl.
Wörterb.[3] p. 230 unt. sumna, Christ Lautlehre p. 135.]

435. πυρὶ κηλέῳ als Versschluss wie ι 328. Θ 235. Σ 346.
X 374. 512; nur Θ 217 steht es in der bukolischen Cäsur. Zur Ableitung des Wortes von κῆλον (wie μήλειος von μῆλον) bemerkt Döderlein Hom. Gloss. § 2105: 'mit Feuer aus Brennholz, im Gegensatz
des θεῖον πῦρ, des Blitzes und ähnlicher Naturerscheinungen.' Gewöhnlich
aber wird es wohl richtiger von καίειν κῆαι abgeleitet; vgl. Lobeck
Rhem. p. 286 und Path. Elem. I p. 418. Dagegen über das nicht mit

καίειν zusammenhängende κῆλον 'Geschoss' vgl. G. Curtius Etym. I
No. 55 [⁴ p. 148.].

443. Ein künstlich geschlungener Knoten war in homerischer Zeit
das einzige Mittel, den Inhalt einer Kiste oder eines Schlauchs zu ver-
wahren. Vgl. auch κρήδεμνον beim Weinfass zu γ 392. Die Art der
Umschlingung dieses Knotens zeigen uns die Abbildungen der cistae
mysticae auf den Kistophoren. Dieselbe Sitte bei Herod. III 123: κατα-
δήσας δὲ τὰς λάρνακας εἶχε ἑτοίμας, mit der Note von Bähr. Auch
Plinius N. H. XXX 1, 4 berührt die conditas arcis vestis et eas con-
ligatas nodi, non anuli nota, wo das am Schlusse negierte non anuli
nota mit Bezug auf die spätere Sitte des Versiegelns gesagt ist. Man
lehrte jene künstliche Verknotung als eine Art geheimer Tradition, wie
nach 448 Kirke den Odysseus. Sprichwörtlich waren später zur Bezeichnung einer unauflöslichen Schwierigkeit der Knoten des Odysseus,
der Heraklesknoten, der Gordische Knoten, den Plutarch Alex. 18 ebenfalls δεσμός nennt.

444. H. Köchly Verhandl. der Philologen-Vers. zu Augsburg S. 49
und de Odysseae carm. I p. 31 und H. Anton im Rh. Mus. 1864 Bd. XIX
S. 441 und W. Hartel in der Zeitschr. f. d. österr. Gymn. 1865 S. 337
[Bergk griech. Literaturgesch. I p. 680 und Kammer die Einheit p. 461 ff.]
finden in diesem αὖτε eine anmuthige Anspielung auf das Unglück mit
dem Windschlauche κ 28 ff. und urtheilen demnach, jeder nach seinem
Princip, über die Interpolation unserer Stelle. [Dagegen hat Düntzer
hom. Abhandlungen p. 579 ff. durch sprachliche Erörterung von αὖτε,
welchem er demonstrative Bedeutung, etwa die unseres da, beilegt und
die Bedeutung wieder abspricht, sowie in der Schrift Kirchhoff, Köchly
etc. p. 102 den angeblichen Widerspruch als auf einer sprachwidrigen
Erklärung beruhend zurückgewiesen. Wie es mit jener von Düntzer
angenommenen Grundbedeutung auch stehen mag, dass αὖτε hier jedenfalls nicht eine Wiederholung bezeichnet, erweisen deutlich folgende
Stellen, wo mit αὖτε einfach eine zukünftige Handlung einer gegenwärtigen Situation gegenübergestellt wird: Α 340. Η 335. 459.
Ι 135. vgl. auch Θ 142. Τ 127. Liegt aber in αὖτε nicht die Andeutung der Wiederholung einer bereits früher stattgefundenen Handlung und denkt Arete bei den Worten an den von Alkinoos η 318
angekündigten Schlaf, der regelmässig die auf einem Phäakenschiff Fah-
renden befällt, so sehe ich keinen zwingenden Grund mehr in den Worten
eine Anspielung auf das Unglück mit dem Windschlauch zu finden. Auffallend ist in den Versen jedenfalls die Verdächtigung der eignen Leute
im Munde der Königin, zweifelhaft das Mittel durch den künstlichen
δεσμός den Inhalt der Kiste vor Beraubung zu sichern, seltsam im
Folgenden die Verbindung μιν δέδαε φρεσί 448, worüber Fulda Untersuchungen über die Sprache der homer. Gedichte p. 315 spricht — so
dass der Verdacht einer Interpolation nahe liegt.] — 445. Statt der
Ueberlieferung ἰὼν ἐν νηὶ μελαίνῃ hat Düntzer in Fleckeisens Jahrb.
1864 Bd. 89 S. 682 σὺν νηὶ μελαίνῃ vermuthet. Aber das ἐν dürfte
durch μ 264 und Τ 160 (verglichen mit ο 416) hinlänglich gestützt sein.

457. [Zur folgenden Scene vgl. die von Düntzer Kirchhoff, Köchly und die Odyssee p. 121 geäusserten Bedenken und dagegen Kammer die Einheit p. 125 ff.]

459. Die Redeweise ἐν ὀφθαλμοῖς ὁρᾶν (ἰδέσθαι) wird gewöhnlich durch die Annahme erklärt, 'dass das Bild des Gesehenen im Auge sich abspiegele', oder auch aus dem Grunde hergeleitet, 'weil die Sehkraft im Auge liege.' Aber das letztere giebt einen genetischen Naturalismus, dem der Dichter sonst nirgends huldigt, und das erstere ist schon eine Stufe der Reflexion im Subjectivismus, nicht die **unmittelbar sinnliche Anschauung der Objectivität**. Nach dieser dürfte folgende Deutung die einfachste sein. Der naiven Sprache gemäss **gehört** der Raum **vor** einer Person ihrem Auge, der Raum **hinter** einer Person ihrem Rücken an, und jemanden im Rücken haben, heisst jemanden hinter sich haben; daher ist 'jemanden im Auge haben' gleich jemanden vor sich haben. So ist nun ἐν ὀφθαλμοῖς zu fassen: in den Augen, d. i. im Gesichtskreis, also **vor Augen**. Hieraus erklärt sich zugleich, wie bei Späteren das im Commentar aus Plato erwähnte περὶ τῶν ἐν ὀφθαλμοῖς διαλέγεσθαι gesagt werden konnte. Eine ähnliche Anschauung liegt bei Homer dem sinnlichen Begriffe der Zeit zu Grunde: was **vorn** ist, hat man gesehen und gehört daher der Vergangenheit an, was aber noch **hinten** liegt, ist Sache der Zukunft. Vgl. zu β 270. ω 452. Λ 70. Uebrigens ist zu der epischen Wortfülle ἐν ὀφθαλμοῖς ὁρᾶν Lobeck Parall. p. 530 zu vergleichen.

487. [Welcker Ep. Cycl. [1] p. 295 vgl. p. 347 vermuthet unter dem poetischen Namen Demodokos eine wirkliche Person und zwar den blinden Dichter von Chios, in dessen Namen der Hymnus in Delos gesungen wird, das Haupt der Homeriden von Chios.]

488. Hiermit harmoniert auch Hesiod. Theog. 94 bis 97. Der Sinn ist: dich können nicht menschliche Lehrer, sondern nur Gottheiten unterwiesen haben. Auf das Vorhandensein menschlicher Lehrer für den Heldengesang lässt auch χ 347 das αὐτοδίδακτος δ' εἰμί schliessen, weil bereits ein besonderer Sängerstand sich ausgebildet hatte. Vgl. A. Jacob über die Entst. der Il. und Od. S. 10 f. Dass Apollon hier **als der inspirierende Gott der Weissagung** zu denken sei, darüber vgl. Nägelsbach Hom. Theol. II 25 S. 114 der Ausg. von Autenrieth. [Vgl. dagegen Bergk griech. Literaturgesch. I p. 428, Anm. 10, Nitzsch Beiträge zur Gesch. d. ep. Poesie p. 30, Welcker episch. Cyclus p. 356.] Das accentuierte σέ γε ist soviel als σὲ τὸν τοιόνδε ἰόντα. Vgl. Bekker Berliner Monatsbericht 1861 S. 847 (Hom. Blätter S. 284).

489. Die Formel κατὰ κόσμον findet sich nur hier mit einem durch γάρ getrennten λίην, sonst geht unmittelbar vorher entweder τῦ K 472. Λ 48. M 85. Ω 622, oder οὖ B 214. E 759. Θ 12. P 205. γ 138. Θ 179. ξ 363. υ 181.

490. Bekker hat den Vers stillschweigend aus Conjectur athetiert, wahrscheinlich weil er ihn überflüssig findet oder zum vorhergehenden Verse als Glossem betrachtet. [Nauck ist ausserdem auch 491 verdächtig.] Auch H. Anton im Rh. Mus. 1864 Bd. XIX S. 417 will den

Vers 'mit Bekker athetieren und ihn als von einem Interpolator, der eine ausführliche Erklärung vom οἶτος Ἀχαιῶν geben wollte, zugefügt betrachten.' Da aber οἶτος Ἀχαιῶν den Zug nach Troja mit all' seinen freudigen und traurigen Ereignissen zusammenfasst, so kann diese 'ausführlichere Erklärung' ebenso gut von dem Dichter des übrigen herrühren, der den Liedertheil von den Leiden der Achäer (κακὸν οἶτον α 350) als besonders bedeutsam hervorheben wollte. In dem wiederholten Ἀχαιοί am Schluss liegt ein besonderer Nachdruck.

492. [Gegen Ameis' Auffassung von μετάβηθι (Uebergang von dem erheiternden Gesange (368) wieder zu einem ernsteren) ist von Anton im Rhein. Mus. 1864, XIX p. 429 f. mit Recht bemerkt, dass es nicht einfach sei μετάβηθι seiner Beziehung nach an V. 488, statt an 489. 490 anzuknüpfen und solche Verbindung nur möglich sei, wenn man den zweiten Gesang des Demodokos für ebenso ursprünglich als diesen dritten halte. Der Zusammenhang 488—491 führt ungezwungen nur auf die jetzt in der Anmerkung gegebene Auffassung. Vgl. auch Nitzsch Beiträge zur Gesch. d. ep. Poes. p. 197.]

494. Den Accusativ δόλον bieten alle Hss.; nur eine Variante im Vind. 133 gibt δόλῳ, das hier theils prosaisch theils weniger bezeichnend ist, wiewol es im Schol. H. als Lesart des Aristophanes und Aristarch aufgeführt wird. Auch Vergilius Aen. II 264 hat in der Nachahmung *ipse doli fabricator Epeos* das δόλον wiedergegeben. Ueber die Ableitung bemerkt G. Curtius gr. Etym. I S. 203 [⁴p. 236]: 'für die Verwandtschaft von δόλος und δέλεαρ ist μ 252 beweisend.' Uebrigens wird der δούρειος ἵππος bei Plutarch Them. 5 sprichwörtlich erwähnt.

495. οἵ ῥ', was hier vorzüglich passt, statt des gewöhnlichen οἵ, aus Harl. und sechs [mehr bei La Roche] andern Hss. Aber Bekker gibt wegen des eingeführten Digamma οἵ Ϝίλιον. Köchly de Od. carm. II p. 19 betrachtet 494 und 495 als unpassende Compilation.

499. [Eine durchaus abweichende Erklärung des Verses bei Bergk griech. Literaturgesch. I p. 434 Anm. 31, mit Recht zurückgewiesen von Düntzer die homer. Fragen p. 159.] — φαίνω und φημί hängen überhaupt aufs engste zusammen, da beide zur Wurzel φα gehören, die sich in die beiden Hauptbedeutungen s p r e c h e n und l e u c h t e n (scheinen) theilt. Vgl. A. Göbel in Mützells Z. f. d. GW. 1860 S. 421 und 'Homerica' S. 5. [Fick Vergl. Wörterb. ²p. 1035.]

500. ἔνθεν ἑλών will Bergk Rhein. Mus. 1864 Bd. XIX S. 602 [Griech. Literaturgesch. I, 389] in ἔνθεν ἑλῶν verbessert wissen. [Vgl. dagegen Nitzsch Beiträge zur Gesch. d. ep. Poes. p. 200 f.] Diese Stelle hat vor Augen Heliodor V 16 f. Vgl. auch Köchly zu Quintus Sm. IV 148. Indem hier Demodokos der Aufforderung folgt und singt, verherlicht er mit feiner Berechnung namentlich den Ruhm des Odysseus. — 502. Ueber ἤδη vgl. besonders Bäumlein Griech. Part. S. 141 ff.

508. Nach dieser Stelle hat man die Burg an einer Seite unzugänglich und abschüssig zu denken, so dass das Ross seitwärts an den Rand gezogen und von den Felswänden hinabgestürzt werden konnte. Arktinos hat nach Proklos Bericht κατακρημνίσαι, und Tryph.

253 δολιχοῖσιν ἐπὶ κρημνοῖσιν ἀράξαι. Dagegen hat Vergilius Aen. II
36 nach andern Quellen die Sache verändert. Die Neuern bemerken,
es habe die Stadt mit der Akropolis auf den Höhen des heutigen Bunar-
baschi gelegen und es sei nach dem Skamander (jetzt Menderé) zu der
steilste Abhang gewesen. Aber nach neuerer Untersuchung, die sich
vorzugsweise auf den Dichter stützt, hat man beim Sitze des Priamos
an die Höhe Baalih im Rücken des heutigen Dorfes Bonnar-Bachi zu
denken: vgl. die gründliche Erörterung von L. W. Hasper Beiträge zur
Topographie der homer. Ilias. Brandenburg 1867.

509. [Ueber die Etymologie und Grundbedeutung von ἐάω vgl.
L. Kraushaar in G. Curtius Stud. II p. 429 ff. und dazu Bugge in Fleckeisens Jahrbb. 1872 p. 95, über die Entwicklung der Construction des
Acc. c. Inf. bei diesem Verbum Hentze in der Zeitschr. für d. Gymnasialwesen XX p. 728 f.]

520. Der Zusatz καὶ ἔπειτα passt ganz zum Charakter dieser Epi-
tome; es ist nicht, wie gewöhnlich erklärt wird, eine Versetzung für
ἔπειτα καὶ νικῆσαι anzunehmen, sondern es ist naive Sprache der Erzählung. Denn ein eigentliches Hyperbaton von καί ist dem homerischen
Epos ganz fremd. [Die Zusammenstellung von τολμήσαντα νικῆσαι hat
ihre Parallele in ὑποσχόμενος τελέσειεν Κ 303, ἐφορμηθεῖσα κίχησιν
μ 122, λοχησάμενος λελαβέσθαι δ 388 u. a., sofern correspondierende
Handlungen oder correspondierende Momente derselben Handlung mit Vorliebe in die engste Verbindung mit einander gesetzt werden. Diese
Verbindung hat öfter zur Folge, dass Objecte oder adverbiale Bestimmungen des Hauptverbums durch das Particip von diesem getrennt
werden, wie μ 388 τυτθὰ βαλὼν κεάσαιμι, ω 90 μάλιστα ἰδὼν θηήσαο,
λ 423 ποτὶ γαίῃ χεῖρας ἀείρων βάλλον. Die Vertheilung beider Verba
auf den Schluss des ersten und den Anfang des zweiten Verses, wodurch die correspondierenden Begriffe einen besondern Nachdruck erhalten,
findet sich ebenso, wie hier: λ 423. 424 ἀείρων βάλλον, ξ 214. 215
εἰσορόωντα γιγνώσκειν, β 314. 315 ἀκούων πυνθάνομαι, ähnlich ξ 29.
30 παμφανόωντα δῦναι. Durch diese Einflüsse ist die Stellung von καὶ
ἔπειτα (vgl. ϑ 510) nach νικῆσαι im Wesentlichen bestimmt.] — διά
eigentlich 'durch', dann vermittelst, zufolge, nach, wie 82.
λ 276. 437. ν 121. τ 154. 523. ψ 67. Α 72. Vgl. Sintenis zu
Plut. Themist. c. 18 in der lat. Ausgabe von 1832. Zu Krüger Di. 68,
23. Nie findet sich in diesem Sinne bei Homer διά mit dem Genetiv.
Der Versschluss διὰ μεγάθυμον noch ν 121. Sonst wird das Beiwort
μεγάθυμος nirgends bei Homer einer Gottheit beigelegt.

523. ὡς δὲ γυνὴ κλαίῃσι. Der Conjunctiv in solchen Fällen ist
bedingt durch das Modusgesetz und den damit zusammenhängenden Mangel
eines Artikels. ὡς δὲ γυνὴ κλαίει würde ein Factum, einen bestimmten
Fall und also eine bestimmte Frau bezeichnen; es hiesse nun den Hörer
zum besten haben, wenn er aus dem folgenden entnehmen müste, dass
im gedachten Vergleich gar keine bestimmte Frau gemeint sei, auf deren
Nennung er eben gewartet, d. h. wenn dieselbe Ausdrucksweise durch
Indicativ zugleich auch den bloss gedachten Fall sollte andeuten können.

Dass die Scheidung durch die Modi aber dann einen blossen (attischen) Artikel unnöthig macht, leuchtet ein. Interessant ist es aber, dass durch das längere Verweilen bei dieser nur gedachten Scene dieselbe im weitern Verlauf für den Griechen solche Lebendigkeit gewinnt (schon 526 ἡ μὲν τόν), dass das Bild gleichsam wirkliches Leben wird, daher nachher besonders in dem Hauptmoment desselben der Modus der Bestimmtheit κωκύει (527) εἰσανάγουσι (529) hervortritt. Es ist für das Gemüth des Hörers sehr ansprechend, dass nicht die anfängliche Reflexion das Feld behauptet, sondern der kalte Verstand dasselbe dem theilnehmenden Herzen räumen muss.' G. Autenrieth. Es ist dies zugleich eine grammatische Begründung der sachlichen Erklärung von Lessing Laocoon XVI.

529. Ueber εἴρερος vgl. Döderlein Reden und Aufs. II S. 118. Lobeck Path. Elem. I p. 176 not. 43. G. Curtius gr. Etym. I No. 518. [⁴ p. 355, auch Fritzsche in G. Curtius Stud. VI p. 319.] Für dies ἅπαξ εἰρημένον scheint der Begriff einer concreten Localität am nächsten zu liegen, was auch in der Glosse des Schol. P. mit dem spätgriechischen Worte ἢ κοῦσπον angedeutet ist. Dass die 'Gefangenschaft' oder das 'Gefängnis' auf der Burg zu denken ist, scheint das ἀνά in εἰσανάγουσι zu beweisen, wenn man dies Compositum nicht von der Schiffahrt versteht wie β 172. Uebrigens findet sich die geschilderte Grausamkeit nur hier, aber ähnliche Beispiele der Barbarei vgl. zu σ 339. Nitzsch Beitr. zur Gesch. der ep. Poesie S. 328 not. 39 behauptet, dass hier 'das Einsperren' als 'ein der Sitte widerstreitender Zug eingeführt' sei, weshalb er S. 338 not. 54 'in den Versen 526—529 ein Einschiebsel, eine übertreibende Ausmalung der Scene' erkennen will. [Auch Nauck bezeichnet 526—530 als suspecti, und Kammer die Einheit p. 448 **Anm.** stimmt Nitzsch bei.] Der Versschluss wie N 2.

531. Vgl. Bernhardy Synt. S. 58. Ueber den Wechsel und die Ableitung der Verba εἴβειν und λείβειν Lobeck Path. Elem. I p. 108 sq. Ueber den ganzen Zusammenhang, in welchem das Lied des Demodokos mit der nachfolgenden Erzählung des Odysseus steht, macht Wilhelm Hartel in der Zeitschr. f. d. österr. Gymn. 1865 S. 340 folgende gute Bemerkung: 'Es gibt kein natürlicheres und mehr poetisches Motiv, Odysseus' Selbsterzählung einzuleiten, als das Lied des Demodokos. Dass der edle Dulder bei der Erinnerung an das, was er im Verein mit edlen Helden gethan und gelitten, in Thränen ausbricht, ist eben so wahr gedacht, als dass Alkinoos, der allein diese Thränen bemerkt, von ungewisser Ahnung ergriffen nach des Gastes Herkunft fragt.' Um aber zu zeigen, dass der Wechsel der dazwischen liegenden Scenen keine Aenderung in der Sachlage und Stimmung des Odysseus herbeigeführt habe, hat die alterthümliche 'Breite' der homerischen Dichtungsweise eine Wiederkehr derselben Situation mit Wiederholung des 'poetischen' und 'wahr gedachten' Motives eintreten lassen. Auch G. Hermann De Iteratis apud Homerum p. 6 findet die Wiederholung der Verse 93 bis 97 in 532 bis 536 nothwendig und natürlich. [Hiezu bemerkt A. Römer in brieflicher Mittheilung: '532 ff. scheint mir hier unerklärlich, wenn man nicht etwa annimmt, dass die übrigen Phäaken

mit Blindheit geschlagen waren. Das wichtigste Moment V. 84. 85 κάλυψε δὲ καλὰ πρόσωπα vgl. 92 ist hier übergangen.' Nach Kammers Ausführungen p. 450 ist diese auffallende Verschiedenheit von der ähnlichen Situation 84 ff. daraus zu erklären, dass Odysseus hier durch den selbst gewünschten Gesang vom hölzernen Pferde die folgende Erkennungsscene herbeiführen will. 'Er kann und will nicht seine Rührung bemeistern, er verhüllt sich nicht mit dem Mantel: so sitzt er da in Wonne und Schmerz aufgelöst und hätte von allen Phäaken bemerkt werden können, wenn diese nicht ihre ganze Aufmerksamkeit dem Sänger bis dahin geschenkt hätten: nur Alkinoos, der diesmal neben dem Fremden sitzt [V. 95 scheint ihm aus 534 ungehörig übertragen] — es ist das hier ausdrücklich gesagt 469 — hört den βαρὺ στενάχοντος.']

538. Ueber das handschriftliche οὐ γάρ πως statt des gewöhnlichen οὐ γάρ πω vgl. J. La Roche in seiner Ausgabe.

540. Da nemlich die Präposition und der dazu gehörige Casus des **Nomen** gleichsam in einen Begriff verschmelzen, so ist es gleich, ob die Partikeln δέ und τέ der Präp. oder dem dazu gehörigen Nomen nachgesetzt werden. Die Stellung der Partikeln gleich hinter der Präp. ist zwar das regelmässige, doch findet sich auch häufig die Anfügung hinter dem Casus des Nomen, so dass also die Partikel an dritter Stelle steht. So δέ α 212. γ 458. ϑ 540. κ 518. ξ 120. σ 253. φ 299. Α 461. Β 194. 424. 808. Δ 96. Η 248. Θ 492. 505. 545. Κ 430. 474. Λ 151. 273. 513. Ν 7. 497. 657. 779. Ξ 229. Ο 69. 313. Π 293. Ρ 607. Ψ 254. 338. Ω 274. 275. 459. Und τέ κ 68. π 140. Krüger Di. 68, 5, 1. Ebenso steht δέ und τέ an dritter Stelle, wo statt der Präposition mit ihrem Nomen zwei andere Worte einen Totalbegriff bilden oder wenigstens als eng zusammengehörig betrachtet werden, wie δέ ξ 155. κ 29. ρ 14. τ 202. 500. Α 54. Β 329. Ο 72. 244. 743. Ρ 170. Ω 665. Und τέ in Ε 442. Ψ 295. Ω 250. Vgl. Bekker Hom. Blätter S. 286. Dieselbe Stellung gilt von γάρ, worüber zu ρ 317. Analog hiermit ist der Umstand, dass τέ überhaupt bei einem Wörtercomplex in freierer Stellung erscheint, besonders wo die Beziehung auf ein folgendes καί stattfindet: α 385. β 232. ξ 191. ξ 403. σ 276. τ 368. χ 324. Α 417. Β 136. Ε 878. Ζ 317. Ρ 316. Σ 473. 514. Φ 559. Ψ 146. Ω 36. 632. Vgl. Franz Schnorr v. Carolsfeld Verborum collocatio Homerica p. 30 sqq. Bäumlein Gr. Part. S. 212. Aus den Spätern geben zahlreiche Beispiele die in Matthiä Gram. § 626 S. 1503 der 3n Ausg. unter s. t. u. angeführten Gewährsmänner, aber ohne den Erklärungsgrund für diese Stellung der Partikeln hinzuzufügen. Uebrigens folgt hier das δέ im Nachsatz zu dem vorhergehenden ἐξ οὗ, wie Ν 779. lies zu Krüger Di. 65, 9, 2.

545. ['πομπή καὶ φίλα δῶρα κτλ. habe ich eigentlich nie recht verstanden; ich nahm immer das τάδε 544 allein von dem Mahle und dem Liede des Sängers, welches mir allein in diesem Zusammenhang richtig zu sein schien, zudem es ja Odysseus war, der zu dem Liede des Demodokos aufgefordert hatte. Soll sich wohl πομπή, als Zurüstung zur Entsendung, auf die beim Mahle anwesenden Ruderer beziehen?'

A. Römer. — Letzteres ist schwer annehmbar. Die erwähnten Bedenken sind anzuerkennen, wie sie von den zum folgenden Verse genannten Gelehrten im Zusammenhange mit andern behandelt sind.]

546. Ueber ἀντί mit εἶναι handelt Lehrs de Arist. p. 120 [²114.] Zum Gedanken vgl. Ps. 35, 14. Das Verhältnis zwischen Brüdern wird oft als der Maasstab für die Werthschätzung anderer Menschen angenommen. Vgl. Xen. Kyr. VIII 7, 14. Apomn. II 3. Nägelsbach nachhom. Theol. V 2, 50. Uebrigens ist Friedländer Anal. Hom. in Fleckeisens Jahrb. Suppl. III 472 geneigt die Stelle 542 bis 549 als interpoliert zu betrachten, indem er an τάδε 544, an dem gleichen Versausgange 544 und 546, an τῷ 548, endlich an dem Asyndeton 546 Anstoss nimmt. Um das letztere zu entfernen, hat M. Axt wiederholt ἀντὶ κασιγνήτου δ' ἱκέτης ξεῖνός τε vorgeschlagen. Alle diese Punkte sind im Commentar berücksichtigt. Gegen 545 und 546 spricht auch Köchly de Od. carm. I p. 35 [unter Zustimmung von Düntzer Kirchhoff, Köchly etc. p. 102, welcher auch 544 entfernen will und die ganze Partie bis 572 verdächtigt. Nauck bezeichnet 546 und 547 als verdächtig.]

551. Bekker hat οἵ hier in οἱ verwandelt und dadurch die Substantivierung mit dem vermeintlichen Artikel in bedenklicher Weise erweitert. Vgl. auch Σ 49 und υ 208. ω 84.

554. Diese Erklärung wegen 551 verglichen mit σ 6 und Z 402. 403. Gewöhnlich wird nach τέκωσι interpungiert und τοκῆες als Subject zu ἐπιτίθενται gezogen: eine Verbindung die theils für den Rhythmus, theils für den mündlichen Vortrag bedenklich ist. Dagegen treten durch Tilgung dieses künstlichen Komma die gleichartigen Wörter τέκωσι τοκῆες echt homerisch näher zusammen, wie ausser den zu η 50 erwähnten Beispielen in α 325. β 236. γ 140. 285. 355. 422. 472. δ 754. ϑ 351. ι 217. 268. B 121. H 449. I 75. Ξ 181. Σ 245. X 345 und anderwärts. Die späte Nachfrage endlich nach Namen und Abstammung lässt in ausgezeichneter Weise hervortreten, wie zart die umfangreiche Gastfreundschaft von Alkinoos dem unbekannten Hülfsbedürftigen erwiesen worden ist. Dass Odysseus so lange unbekannt an den vielen Festlichkeiten Theil nimmt und so viele Liebe erfährt, erhöht zugleich den Reiz der märchenhaften Dichtung, welcher wesentlich darin besteht, dass das, was verstandesmässige Reflexion erfordert oder als wahrscheinlich voraussetzt, unberücksichtigt bleibt. Vom Lachmann'schen Standpunkte aus behandelt den ganzen Schluss dieses Liedes Köchly de Od. carminibus I p. 36.

556. [Auffallender Weise ist weder η 34—36, noch η 318 ff., noch υ 76 ff., wo doch genug Veranlassung dazu war, von diesen wunderbaren Eigenschaften der Phäakenschiffe die Rede. Daher sieht W. C. Kayser zu V. 550 in der ganzen Partie 550—577 das Werk eines späteren Bearbeiters, der die Ἀλκίνου ἀπόλογοι in das vorliegende Gefüge des Epos zu verweben hatte.]

560. Statt πόλιας hat Bekker jetzt an den angeführten Stellen aus Conjectur die Form πόλις eingeführt. Auch statt des überlieferten

πόλει hat er 569 und an andern Stellen πόλι gegeben. — 'πόλιας scheint
πόλις nicht πόλjας (wie πόλjος B 811) gesprochen worden zu sein,
d. h. die ursprüngliche Länge des ι hätte sich hier behauptet, wie
auch die Endungen — ηος, ηι, ηες, ηας (über welche jetzt Delbrück
in G. Curtius Stud. II, 1 zu vergleichen ist) bezeugen; ausserdem wäre
auch nicht recht begreiflich, wie das Neuionische zu der Form πόλῑς
(wie πόλῑσι) gelangt sein sollte.' G. Autenrieth.

  564. Bekker gibt das relative ὥς ποτε und hat 564 bis 571 athetiert, weil Schol. Q zu ν 173, wo Aristonikos spricht, bemerkt hat:
μετάκεινται εἰς τὰ κατ᾽ ἀρχὴν πρὸς Ὀδυσσέα ὑπὸ Ἀλκινόου λεγόμενα.
[Carnuth Aristonic. p. 85: ἀθετοῦνται· οἰκειότερον γὰρ ἐν τοῖς ἑξῆς
(ν 172 seq.) ὅταν ἴδωσι τὴν ναῦν ἀπολελιθωμένην ὑπὸ τοῦ Ποσει-
δῶνος [ὥστε ἀναμιμνήσκονται] unter Vergleichung von κ 330, etc.
Auch Nitzsch Sagenpoesie p. 155 verwirft 564—571.] Dass übrigens
565 Aristarch ἀγάασθαι gelesen habe statt ἀγάσασθαι, ist eine begründete Vermutung von J. La Roche Didymus S. 25. [Zur Sache vgl.
Doerries über den Neid der Götter bei Homer p. 28 ff.]

  571. Ansprechend ist hier die von Barnes und Povelsen (Emendd.
p. 12 sq.) nach den Winken der Scholien gegebene Conjectur εἴῳ statt εἴη.

  578. Bekker gibt hier aus Conjectur ἡρώων Δαναῶν mit einem
'cf. Θ 353' und καὶ Ϝιλίου. [W. C. Kayser zur Stelle vermuthet νείκεα
Ἀργείων, sodass in den beiden Gliedern die Gegenstände der beiden
Lieder 75 — 83 und 500 — 521 angegeben waren. Nauck vermuthet
statt Ἀργείων — ἀχρεῖον oder wie Bekker ἡρώων.] Dagegen will Gladstone Hom. Studien von Schuster S. 78 Δαναῶν adjectivisch verstanden
wissen mit der Begründung: 'denn Homer, der ein achäisches, pelas-
gisches und iasisches Argos hat, konnte auch von Danaer-Argivern
sprechen mit dem Hintergedanken, dass es auch ausserhalb Griechenlands Bewohner von Niederungen gab. Dagegen gab es, so viel wir
wissen, keine andern Danaer als eine einzige griechische Dynastie. Auch
gebraucht Homer in anderen Stellen Δαναοί als Beiwort von ἥρωες
und αἰχμηταί (B 110. 256. O 733. M 419), nicht aber Ἀργεῖοι. Es
scheint, als ob dem Worte Ἀργεῖοι noch etwas von der alten Bedeutung
eines colonus anklebte. Als Beiwort von Helena und Hera hat es
aber rein locale Bedeutung.'

  583. [Bergk im Ind. lectt. Marburg 1850: commentatt. crit. spec.
V p. 6 nimmt Anstoss an αὐτῶν und vermuthet αὖ τῶν: secundum
liberos et rursus illorum liberos (nepotes).]

  585. Hier führen handschriftliche Spuren auf ἐπεὶ οὐ μέν τοί τι
κασιγνήτοιο, so dass dann ἐπεὶ οὐ wie anderwärts Synizese bildet.
Zum Gedanken vgl. Sprüchw. Sal. 18, 24.

ι.

  3, 4. Diese Verse waren nach Strabo XIV 1 p. 648 die Inschrift
unter dem ehernen Standbilde des Kitharöden Anaxenor im Theater zu
Magnesia.

6. [ὅτ᾽ ἂν εὐφροσύνη ist nach W. C. Kayser de versibus aliquot
Odyss. disp. III p. 8 die älteste verbürgte Lesart. — Zu der Auffassung
der folgenden Schilderung vgl. E. v. Leutsch im Philol. XXXIII p. 430.]
20. Künstliche Nachahmung bei Verg. Aen. I 378. Zum zweiten
Hemistichion mit οὐρανὸν ἵκει bemerkt J. La Roche Hom. Stud. § 56
folgendes: 'mit Ausnahme von P 425 steht bei οὐρανόν in Verbindung
mit ἵκω in der Ilias nie ein Epitheton, während umgekehrt es in der
Odyssee nur ι 20 fehlt.' Ueber den Sinn dieser Formel vgl. zu o 329
und Koraes zu Plut. Caes. 15 p. 475.

22. [εἰνοσίφυλλος == ἐν-ϝοϑ-σί-φυλ-λος aus W. ϝοϑ stossen (in
ὠϑέω) mit Ersatzdehnung nach Ausfall des Digamma, ἐννοσίγαιος ==
ἐν-ϝοϑ-σί-γαιος mit Assimilation des ϝ an ν: Fick vgl. Wörterb. [3] I
p. 209 unt. 3 v a d h, Curtius Etym. [4] 260, Christ griech. Lautlehre p. 224.]
25. Ithaka ist also die äusserste Insel nach Westen zu, d. i. nach
Nordwesten zu, nemlich nach der dichterischen Darstellung des Homer.
Vgl. Völcker hom. Geogr. § 31. 32. Ueber die homerische Eintheilung
des Gesichtskreises zu ϑ 29. Mit Bezug auf unsere Stelle und auf α 57 ff.
sagt Cicero de orat. I 44: 'nos .. nostra patria delectat, cuius rei tanta
est vis ac tanta natura, ut *Ithacam illam in asperrimis saxulis tanquam nidulum adfixam* sapientissimus vir immortalitati anteponeret.'
[Ueber Widersprüche der hier gegebenen Localschilderung mit den Angaben anderer Bücher, wie mit der Wirklichkeit vgl. Hercher im Hermes I
p. 263. Bergk griech. Literaturgesch. I p. 784 ff.]
29. αὐτόϑι durch ἐν mit dem Dativ näher erklärt, wie ϑ 302.
I 617. Φ 201. Ω 673. 707 und durch den blossen Dativ λ 187. Aehnlich αὖϑι durch ἐπί τινι β 369. κ 165. Λ 48. M 85, durch παρά τινι
γ 156. o 455. I 427. K 209, durch μετά τισι K 62. Σ 86, durch
ἐν mit dem Dativ Γ 244, durch ποδῶν προπάροιϑεν ρ 357. Zu Krüger
Di. 66, 3, 3. Ueber das adverbiale αὐτοῦ zu ϑ 68. Die Elision in
αὐτόϑ᾽ findet hier statt wie 496. κ 132. § 67. o 327. Γ 428. E 847.
Π 848. Τ 340. Ω 707 und αὖϑι elidiert π 463. I 690. Λ 48. M 85.
Zu Kr. Di. 12, 2, 9. — Vers 28 hat Düntzer statt des überlieferten ἧς
aus Conjectur τῆς (d. i. ταύτης) [so vermuthet auch Nauck] in den Text
gesetzt, ohne die Wahrscheinlichkeit dieser Aenderung erwiesen zu haben.
Ich folge Bekker Hom. Blätter S. 78: 'ι 28 ist ἢ γαῖα *sua cuiusque
patria*, eines sein Vaterland; vgl. 34.' Ebenso G. Curtius Schulgr.
§ 471 Anm. c.
34. Bekker ist jetzt mit Nitzsch [Sagenp. 169] für 34 bis 36 dem
Schol. Q. gefolgt, bei dem diese drei Verse mit dem Obelos versehen
sind. [Vgl. Carnuth Aristonic. p. 87 und La Roche annot. crit. Auch
W. C. Kayser verwirft 34—36.] Und Köchly de Od. carm. II p. 7
will mit **Sengebusch die Athetese** von 29 bis 36 ausgedehnt wissen,
so dass sich an 28 gleich 37 anschliesse, wie es auch Düntzer in seiner
Ausgabe vorgenommen hat. [V. 30 fehlt in den meisten Handschriften;
31 u. 32 scheinen auch Nauck unecht.] Aber solche episodische Zusätze hat der altepische Dichter, wie mir scheint, für seine kundigen
Zuhörer beigefügt, die an derartigen Reminiscenzen ihr Wohlgefallen

hatten. Sodann hat Fäsi mit Recht bemerkt: 'als Hauptmotiv im Thun des Odysseus wird dieser Gedanke passend hier wiederholt.' [Zu beachten ist, dass 35 und 36 im Cod. Meermann. und Stuttg. fehlen, Vindob. 56 sie am Rande hat. Sind die Gründe für die Annahme einer Interpolation in 29—34 nicht durchaus zwingend, so scheinen doch jedenfalls 35 und 36 nicht ursprünglich: γίγνεται an betonter Versstelle ohne Nachdruck des Gedankens legt die Vermuthung eines Zusatzes nahe, der dem vorhergehenden Subject das fehlende Verbum geben sollte; der folgende Concessivsatz lässt auffallender Weise den wichtigsten Begriff πίονα fast verschwinden vor der dreimaligen Bezeichnung der Entfernung von der Heimath, wodurch der ganze Gedanke etwas Schiefes erhält. Möglich, dass der Interpolator bei dem πίονα οἶκον an Alkinoos' Anerbieten η 314 dachte, wie Nitzsch vermuthete. Die Wiederholung des Hauptgedankens aus 28 in 34 nach der dazwischen liegenden Ausführung ist in homerischer Art und kann keinen besondern Anstoss geben.] Wir haben hier übrigens den ältesten Gemeinplatz über die Vaterlandsliebe, den wir bei den Späteren öfters nachgeahmt oder berücksichtigt finden, wie Anth. Pal. IX 395, 1. Lucian Encom. patriae 1.

43. [Die Auffassung von διερός rege, rasch, welche hier auch Autenrieth im Lexicon annimmt, ist näher begründet in Kuhn's Zeitschr. XIX p. 425, vgl. auch Bergk griech. Literaturgesch. I p. 114, Anmerk. 167. Carnuth Aristonic. p. 87, Lehrs de Arist. [2]p. 47 ff., Curtius Etym. [4]p. 235.]

50. Nur hier ist dem ὅθι ein καί vorgesetzt: an allen übrigen Stellen steht ὅθι im Anfange des betreffenden Satztheils. Hierdurch, wie es scheint, bewogen hat Düntzer diese Stelle also interpungiert: μάρνασθαι καί, ὅθι χρή, πεζὸν ἐόντα. Aber wer dies annehmen will, hat erst folgende Bedenken zu entfernen: 1) er muss den isolierten Zusatz ὅθι χρή ohne Accusativ sprachlich rechtfertigen: vgl. auch den Anhang zu δ 492; 2) er hat zu beweisen, dass καί von den ihm eng zugehörigen nachfolgenden Worten jemals bei dem Epiker durch eine derartige Parenthese getrennt worden sei; 3) er darf den Accusativ πεζὸν ἐόντα nach ἐπιστάμενοι nicht unerklärt lassen; 4) er wird für die Künstlichkeit der Construction, die besonders durch ἀφ' ἵππων und πεζὸν ἐόντα in demselben Satztheile erzeugt ist, eine homerische Parallelstelle anzuführen haben.

54. 55. μάχην gehört zu ἐμάχοντο, ist aber zu στησάμενοι im Gedanken hinzuzunehmen. Das στήσασθαι μάχην heisst 'die Schlacht für sich einrichten oder aufstellen' und ist mit concreter Beziehung auf die Wahl des Ortes gesagt, hier παρὰ νηυσὶ θοῇσιν, in Σ 533 ποταμοῖο παρ' ὄχθας, vgl. ἐν Ὀλύμπῳ φυλόπιδα στήσειν λ 314, ferner στήσασθαι πολέμους bei Herod. VII 9, 3. 175. 236, 2, und βοὰν ἱστάσατο bei Theokrit. 17, 99. Dazu ἔριν στῆσαι π 292. Ueber βάλλειν vgl. Lehrs de Arist. p. 73. [[2] p. 61.] Wer βάλλειν hier mit werfen erklärt, der giebt dem Dichter eine blosse Tautologie zum vorhergehenden ἐμάχοντο μάχην, während die Aristarchische Erklärung zugleich den Erfolg bezeichnet, was offenbar besser in den Zusammenhang passt.

Uebrigens wird hier mit *ἐμάχοντο* und *βάλλον* in der dritten Person des Plural erzählt, nicht in der ersten, weil hier ein objectiver Bericht über die Kampfthätigkeit beider Parteien (der Kikonen und der **Gefährten** des Odysseus) in allgemeiner Zusammenfassung gegeben werden soll, wie besonders *ἀλλήλους* beweist, während Odysseus vorher bei *πάθοιμεν* 53 und nachher bei *μένομεν* 57 nur an sich und seine Gefährten denkt. Wir können daher diese dritte Person des Plural wie *ἔσφαζον* 46 durch unser '**man**' bezeichnen. Indes suchen Classen in Fleckeisens Jahrb. 1859 S. 301 und Friedländer ebd. Suppl. III S. 482 f. die Verse 54 und 55 als Interpolation aus *Σ* 533. 534 zu erweisen mit Beistimmung von Nitzsch in denselben Jahrb. 1860 S. 870 (wieder abgedruckt in: Beiträge zur Gesch. der ep. Poesie S. 121), [auch W. C. Kayser bei Faesi und Nauck, Kirchhoff die Composition der Odyssee p. 131 f. vgl. Kammer die Einheit p. 326, auch Kirchhoff die Composition der Od. p. **131** f.] Dagegen bemerkt Georg Schmid Homerica (Dorpat 1863) p. 28 richtig: '*ut unicuique duci* atque auctori rei alicuius armis gestae licet utrumlibet *dicere*, et milites rem gessisse et se ipsum, ita v. 59 Ulixes dicens *δαμάσαντες Ἀχαιούς*, quod non est *ἡμᾶς Ἀχαιούς* sed *τοὺς Ἀχαιούς*, aut in idem incidisse putandus est, quod illis videtur admisisse v. 54 et 55, aut summo iure ad suos id refert, cuius partem magnam se fuisse neminem, qui haec audiret, fugere posse putavit.' Vgl. auch *Τ* 299 *θεοῖσιν*, nicht *ἡμῖν* wie dazu schon Aristonikos bemerkt. Bekker hat daher mit Recht die beiden **Verse** unangetastet gelassen. [Die Interpolation scheint vielmehr weiter zu reichen als man gewöhnlich annimmt. Der formelhafte Vers 56 hat in den Parallelstellen Θ 68 und *Λ* 86 seinen richtigen Gegensatz in den Wendungen: *ἦμος δ' ἠέλιος μέσον οὐρανὸν ἀμφιβεβήκει* und *ἦμος δὲ δρυτόμος περ ἀνὴρ ὁπλίσσατο δεῖπνον.* Hier folgt auffallender Weise der *Π* 779 wiederkehrende Vers *ἦμος δ' ἠέλιος μετενίσσετο βουλυτόνδε,* der dort im richtigen Verhältniss zu der Wendung *ὄφρα μὲν ἠέλιος μέσον οὐρανὸν ἀμφιβεβήκει* steht, während hier sofort die Frage sich aufdrängt: was geschah denn vom Mittag bis zum Spätnachmittag? Da das Resultat des Kampfes bereits V. 53 hinreichend angedeutet ist, so vermisst man bei dem Anschluss von 60 an 54 nichts wesentliches.]

70. Die Beziehung des *ἐπικάρσιος* auf *ἐπὶ κάρ* (*Π* 392) nennt Düntzer in Kuhn's Zeitschr. XIII S. 8 eine 'ganz falsche Deutung' und meint: '*κάρσιος* scheint, wie *πλάγιος*, schief, schräge zu bedeuten,' indem er *ἐγκάρσιος* bei Thukydides vergleicht und nachher hinzufügt: '*Bei κάρσιος* wird der Begriff des krummen zu Grunde liegen,' mit Beifügung verwandter Wörter; endlich: '*Die Endung σιος* ist dieselbe, wie in *ἀνάρσιος* ungefüg, *καθάρσιος* reinigend, *ῥύσιος* rettend, *γνήσιος* gnatus (Curtius I 145 [[4] p. 174]), die alle von substantivis auf *σις* hergeleitet scheinen.' Da indes eine sichere Herleitung des Wortes noch nicht gewonnen ist, so bin ich bei der seitherigen Deutung geblieben. [Vgl. indes Fick vgl. Wört. [3]p. 523 unter *karsa*.]

74. *συνεχές* hat die erste Silbe gedehnt wie *πάρέχῃ* τ 113 vgl. *ἀνέφελος,* worüber zu ζ 45, weil es aus *συνσεχές* entstanden ist, vgl.

ἔξω und ἔσχον und zu δ 38. Manche wollen συνεχές mit verdoppelter Liquida, wegen seines Ursprungs aus συνσεχές durch Assimilation geschrieben wissen. Vgl. Spitzner de vers. her. p. 77. J. La Roche hom. Textkritik p. 354 [und jetzt Hartel hom. Studien I p. 77.] Andere meinen, dass bei συνεχές die Liquida in der Aussprache verdoppelt anzunehmen sei. Uebrigens findet sich das συνεχές αἰεί auch bei Herod. I 67 in συνεχέως αἰεί. Vgl. auch zu ε 210.

75. θυμὸν ἔδειν hier wie κ 143. 379. Z 202. Ω 129 [κραδίην.] Auch Cicero Tusc. III 26 in der Uebersetzung einer homerischen Stelle hat *ipse suum cor edens.* Denn *edo* in tropischer Bedeutung ist nur poetisch. Vgl. auch θυμοβόρος in der Ilias und θυμοδακής θ 185 nebst καταδάπτειν ἦτορ π 92. φθινύθειν κῆρ κ 485. φθίνειν φρένας Σ 446. Dasselbe Bild bei Verg. Aen. IV 66. XII 801.

78 = λ 10. μ 152. ξ 256. Ebenso ε 245. ρ 341. φ 44. 121. P 632. Nachahmung bei Verg. Aen. III 269.

83. ἰχθυόεντα· ἀτάρ, was jetzt auch Bekker aufgenommen hat statt des gewöhnlichen ἰχθυόεντ'· αὐτάρ, geben mehrere Hss. mit Recht: denn αὐτάρ steht mit der ersten Silbe bei Homer nur in der Arsis; vgl. auch zu Δ 542. Ueber den Hiatus zu θ 215.

84. Das in dieser Erzählung dem Lotos gespendete Lob erinnert an den Umstand, dass die Lotosblume bei den Buddhisten heilig ist. [Mehr über den Lotos bei Buchholz die homer. Realien I, 2, p. 282 ff., ein Versuch die Sage zu erklären bei Müllenhoff deutsch. Alterthumskunde I p. 49.]

90. Dieser Vers steht in den ältesten und besten Handschriften (in der des Eustathius, im Harleianus, in den Breslauer Membranen, im Cretensis des Michael Apostolius und in andern) vor οἵ τινες ἀνέρες κτέ., in andern wie im Vind. 133 am Rande, und findet sich erst im Vind. 56 nach diesem Verse wie κ 102, woraus sich schliessen lässt, dass der Vers vor dem zwölften Jahrhundert auf ungeschickte Weise aus κ 102 hier eingeschoben sei. Zweitens: dieser Vers steht im Widerspruch mit 94. 95, weil der Ausdruck dieses Gedankens nicht bloss drei, sondern vielmehr eine grössere Anzahl der zur Erkundigung abgesandten voraussetzt, womit dann auch 102 harmoniert. Drittens: der Vers verletzt die homerische Sitte, insofern er eine einfache Recognoscierung zu einer förmlichen Gesandtschaft steigert, welche nur κ 102 an ihrem Platze ist. Für das Recognoscieren dagegen verwendet Odysseus, wie beim Kyklopen und bei der Kirke, beliebig viele Genossen. Vgl. über dies alles die gründliche Erörterung von W. C. Kayser im Philol. XVII S. 350 ff. Die Unechtheit des Verses erkannte auch Richard Franke in Fleckeisens Jahrb. 1856 S. 199 [und Nauck.] Bekker hat den Vers beibehalten.

102. μή πως, statt des gewöhnlichen μή πω, aus Eustathius, Vindd. 133 und 56, cod. Gouzagae, Hamb., wie dies μή πως mit dem Conjunctiv oder Optativ noch an 25 Stellen gefunden wird; dagegen steht μή πω an den übrigen vier Stellen, wo es sich noch findet, χ 431. ψ 59. P 422. Σ 134, mit dem Imperativ.

106. Hier beginnt der Eintritt in die Wunderwelt und in der Litteratur der Wundermären jene Reihe, die bis auf Robinson Crusoe herabreicht. Uebrigens ist hier als Schauplatz für die wunderbaren Abenteuer des Odysseus der höhere Nordwesten und ferne Norden zu denken. Denn Wunderwesen werden immer auf ferne Eilande versetzt. ·

108. 109. Dies ist eine öfters citierte oder berücksichtigte Stelle; vgl. Strabo XI 4, 3 p. 502. Lucian Paras. 24; Phalar. II 8: de mercede cond. 3; rhet. praec. 8 z. E.; Saturn 7 und 20. Plut. Grylli 3 p. 986. Vgl. auch Boissonade zu Philostr. Her. p. 290 sq.

114. $\vartheta\epsilon\mu\iota\sigma\tau\epsilon\acute{v}\epsilon\iota$, d. h. hat das Recht über Leben und Tod, weil eben die Kyklopen noch keine gemeinsamen Gerichtshöfe haben. [?] Vgl. H. L. Ahrens die Göttin Themis II (Hannover 1864) S. 11 ff. Ueber diese patriarchalische Monarchie des Familienhauptes als ursprüngliche Regierungsform im Naturzustande Platon de leg. III 3. Vgl. Hermann gr. Privatalt. § 9, 1. W. Grimm die Sage von Polyphem (Berlin 1857) S. 18 bezeichnet es also: 'Wenn wir sonst im Homer Länder und Völker in einem geordneten öffentlichen und häuslichen Leben erblicken, werden hier uranfängliche Zustände geschildert, eine von den Einwirkungen menschliches Treibens noch unberührte, in wilder Pracht und grossartiger Fülle sich entfaltende Natur, bewohnt von dämonischen Riesen die, unbekannt mit Sitte und Gesetz, nur der Willkür folgend in rohen Felsenhöhlen hausen. Jetzt zum erstenmal, scheint es, landen Bewohner gesitteter Länder an dieser Insel, und Homer hat was die Sage von der Begegnung der Menschen mit den Kyklopen erzählt in die Irrfahrten eines berühmten Helden verflochten.' [Vgl. auch Haake der Besitz und sein Werth bei Homer p. 5 u. 9.]

116. Ueber $\lambda\acute{\alpha}\chi\epsilon\iota\alpha$ vgl. Lobeck Path. Prol. p. 177 not. 10. Döderlein Hom. Gloss. § 2062 erklärt $\lambda\acute{\alpha}\chi\epsilon\iota\alpha$ durch 'niedrig, mit niedrigem Ufer'. Bekker hat jetzt Zenodots Lesart $\check{\epsilon}\pi\epsilon\iota\tau'$ $\grave{\epsilon}\lambda\acute{\alpha}\chi\epsilon\iota\alpha$ aufgenommen [auch Nauck], wie vor ihm schon Voss und Bothe. Ebenso G. Curtius Erläuter. zur Schulgr. S. 71 [²75].

117. Gewöhnlich wird hier, wie auch bei Bekker, nach $Kv\zeta\lambda\acute{\omega}\pi\omega\nu$ ein Komma gesetzt und $\gamma\alpha\acute{\iota}\eta\varsigma$ von $\lambda\iota\mu\acute{\epsilon}\nu\upsilon\varsigma$ abhängig gemacht. Aber durch Aenderung dieser Interpunction, wie es im Texte geschehen ist, gewinnen wir eine einfachere und natürlichere Verbindung, zumal da das nachträgliche Attribut $\upsilon\lambda\acute{\eta}\epsilon\sigma\sigma\alpha$ folgt.

137. $\epsilon\acute{v}\nu\alpha\acute{\iota}$ sind eigentlich 'Ruhesteine', weil sie das Schiff in die nöthige Ruhe brachten, indem sie auch während der Fahrt als Ballast dienten und nach der Landung $\check{\epsilon}\rho\mu\alpha\tau\alpha$ $\nu\eta\check{\omega}\nu$ waren, vgl. zu Α 486. Angeführt werden die beiden Verse 136 und 137 von Max. Tyr. XXXI s. 2. [Uebrigens bemerkt Nauck zu 137: spurius? und Düntzer hat in der Ausgabe denselben eingeklammert.]

144. $\pi\epsilon\rho\grave{\iota}$ $\nu\eta\upsilon\sigma\acute{\iota}$, statt des gewöhnlichen $\pi\alpha\rho\grave{\alpha}$ $\nu\eta\upsilon\sigma\acute{\iota}$, ist die Lesart des Aristarch, wie aus der Notiz des Didymus im Schol. II $\upsilon\acute{\upsilon}\tau\omega\varsigma$ $\pi\epsilon\rho\grave{\iota}$ $\nu\eta\upsilon\sigma\acute{\iota}\nu$ hervorgeht. Dieses $\pi\epsilon\rho\acute{\iota}$ bieten auch die Vind. 133 und 50, Vrat., M. Vgl. J. La Roche in der 'Unterrichts-Ztg. für Oesterr.'

1864 S. 207. Sachlich vergleichbar ist die Finsternis beim Kampfe um den Leichnam des Patroklos P 643 f. und die Nachahmung bei Verg. Aen. III 585 ff. Angeführt werden die beiden Verse 144 und 145 von Galenus in Hippocr. epidem. VI 4, 19; dazu in comm. T. XVII p. 2 p. 186.

145. οὐρανόθεν, was jetzt auch Bekker statt οὐρανόθι aufgenommen hat, geben die besten Hss. [bei La Roche alle] mit Recht, weil θεν an Nominibus den Schlussconsonanten nie abwirft. Daher ist ξ 352 θύρηθ' aus θύρηθι und τ 237 οἴκοθ' aus οἴκοθι elidiert. Vgl. Spitzner zu Ω 492. Lobeck Elem. II p. **146.**

147. Eben so ist das im zweiten Gliede stehende οὔτε auch zum ersten im Gedanken hinzuzunehmen λ 483. X 265. Vgl. Fr. Franke de usu particularum οὐδέ et οὔτε (Rinteln 1833) p. 21 sq. Krüger Di. 69, 64, 2. Vgl. auch G. Wolff zu Soph. Ai. 428. Das οὖν im zweiten Gliede der negativen Partition wie noch λ 200; sonst steht es überall im ersten Gliede: α 414. β 200. ζ 192. P 20. Υ 7. π 302. ρ 401. Θ 7. Π 98. Zu Krüger Di. 69, 62, 2. Dagegen οὐδέ τις οὖν nur ξ 254.

151. ἀποβρίζειν ist "einschlafen, entschlummern, in Schlaf versinken. Schol. zu μ 7 ἀποβρίξαντες· ἀπὸ τοῦ βαρύνεσθαι τὴν κεφαλὴν ἀπὸ τοῦ ὕπνου. Die für 'ausschlafen' von Nitzsch angeführten Stellen besagen das Gegentheil." E. E. Seiler in der Ausgabe.

159. ἐν δὲ ἑκάστῃ, statt des gewöhnlichen ἐς δὲ ἑκάστην, geben der Harl. und drei [mehr bei La Roche] andere Hss. Vgl. 164. 392. A 142 und anderwärts. Krüger Di. 68, 12, 2.

161. 162 = 556. 557. κ 183. 184. 476. 477. μ 29. 30; der erstere Vers auch τ 424. A 601, und von πρόπαν ἦμαρ an T 162. Ω 713. Abweichend ist nur ω 41.

167. Vgl. besonders Lobeck 'de vocabulis sensuum eorumque confusione' in dem Rhem. p. 329 sqq. [Der Vers wird von Düntzer verworfen und ist auch Nauck verdächtig.]

182. Dem in σπέος εἴδομεν verletzten Digamma, wie Bekker im Berliner Monatsbericht 1861 S. 587 (Hom. Blätter S. 276) bemerkt, 'ist schwerer zu helfen. Vielleicht εὕρομεν, wie κ 252.' [Vgl. Nauck zur Stelle.] Gegen das in der Form εἶδον (mit εἶδες, εἶδε, εἴδομεν, εἴδοντο) angenommene Digamma verhandeln eingehend A. Leskien de digammo p. 33 und A. Nauck Mélanges Gréco-Romains II p. 406 ff.

184. [Die Auffassung von αὐλή als Hofmauer ist begründet von H. L. Ahrens αὐλή und villa. Hannover **1874** p. 14.]

185. Für das riesige Ungeheuer ist auch die ganze Umgebung 'hochragend' oder 'gewaltig': σπέος 183, ἄχθος 233, θυρεός 240, νηδύς 296, θυραί 304, ῥόπαλον 319. Uebrigens haben wir hier die älteste Quelle für den Namen 'kyklopische Mauern' in den griechischen Bauten. [Ueber πίτυς 186 vgl. Hehn Kulturpflanzen etc. p. 205.]

189. ἀθεμίστια εἰδέναι und ähnliche Verbindungen. Denn im Leben der homerischen Menschen sind Kennen und Können, Verstehen und Ueben, Wissen und Thun, also Theorie und Praxis noch nicht getrennt. Und dies ist ein ebenso kräftiges als ehrendes Zeugniss für die Wahrhaftigkeit und Aufrichtigkeit dieser ältesten Zeiten. Vgl. die

Beispiele zu α 428. β 231. γ 244. 277. δ 460. 696. ε 182. ϑ 584.
λ 432. ν 405. ξ 288. 433. τ 248. 329. φ 85. Aehnlich μανϑάνειν
zu Z 444 und ἐπίστασϑαι zu N 223 und φρονεῖν zu Z 162. Vgl.
J. La Roche Hom. Stud. § 84, 8. Nägelsbach zu B 213.

192. Bekker, wie schon früher, ὅτε φαίνεται im Sinne von ὅταν
φαίνηται, ich habe Wolfs Trennung von ὅ τε als Pronomen beibehalten.
Döderlein öff. Reden S. 357 geht noch weiter und will das Komma nach
ὑλήεντι gesetzt wissen, so dass ὑψηλῶν ὀρέων mit ἀπ᾿ ἄλλων zu verbinden sei und Polyphemos mit einem in der Ebene von den Bergen
getrennt emporragenden Felsen verglichen werde. Aber das gibt eine
bedenkliche Wortstellung, da ein vor dem Relativum stehender Genetiv
sonst von diesem Pronomen abhängig ist; vgl. die Beispiele zu ε 448.
Sodann ist der Begriff der 'Ebene' auffällig, da die Kyklopen auf Höhen
zwischen den Bergspitzen wohnen, vgl. 113 und 400. An die Berge wird
auch in den ähnlichen Vergleichen und Nachahmungen dieser Stelle gedacht, wie E 560. Kallim. h. in Dian. 52. Verg. Aen. IX 674. Lucian VII
790. Stat. Theb. III 13.

198. ἀμφιβαίνειν bezieht sich darauf, dass eine Gottheit an den
Orten gern verweilte und 'rings wandelte', wo sie verehrt wurde, daher
[?] im Perfect die Bedeutung 'inne haben'. Vgl. Autenrieth bei Nägelsbach zu A 37, auch C. Hentze im Philol. XXVII, 524. Andere verstehen die Form ἀμφιβεβήκειν unrichtig als Präsens oder conjicieren
wie das von Bekker (wol mit Beistimmung) erwähnte „ἀμφιβέβηκεν
Nitzschius", [so auch Nauck.] Allein das Plusquamperfectum passt hier
allein in den Ton der ganzen Erzählung (vgl. zu α 225) und harmoniert mit dem Glauben der alten Hellenen. Denn nach diesem Glauben
pflegten die Götter eine zerstörte Stadt zu verlassen; vgl. F. Jacobs
verm. Schriften III S. 465 f. und die Erklärer zu Verg. Aen. II 351.
Ueber den im vorigen Vers erwähnten Maron vgl. auch Philostr. Heroic.
praef. 1 p. 661 und 2, 8 p. 680.

209. Es ist eine märchenhafte Dichtung, um die unerhörte Stärke
des Ismarischen Weines hervorzuheben, von dem auch Plinius N. H.
XIV 6 zu erzählen weiss. Ein solcher Wein gehörte dazu, das riesige
Ungethüm zu bewältigen.

221. [Zur Sache vgl. A. Thaer im Philol. XXIX p. 602.]

231. Pökel Bemerk. S. 10 will bei ἐθύσαμεν nur an eine Wein-
spende gedacht wissen; aber dem widerstreitet der homerische Gebrauch von ϑύειν, vgl. zu ξ 446 und o 222 [und Carnuth Aristonic.
p. 90.] Er bemerkt ferner: 'dass Odysseus von dem Käse geopfert
habe, ist kaum denkbar, da verbrannter Käse, zumal wenn es
frischer Käse war, nicht als ein den Göttern wolgefälliges Opfer
angesehen werden konnte.' Warum nicht? Odysseus wird nicht ganze
Käseballen ins Feuer geworfen haben, sondern er hat ohne Zweifel einzelne Stückchen als symbolische Weihe des Mahles ausgewählt, was bei
dem brennenden Holze des Oelbaums keinen vorherrschend üblen Geruch
erzeugen konnte. Hierzu kommt, dass die Hauptsache bei dem Opfer

der homerischen Menschen in der Gesinnung liegt, mit welcher dasselbe dargebracht wird.

235. Die Lesart ἔκτοσθεν steht mit 233. 234 in Widerspruch,
nur ἔντοσθεν kann richtig sein. Denn der Gedanke, dass er wieder
hinausgegangen sei, kann vermittelst des αὐτὰρ ὅ γε 237 homerisch
κατὰ τὸ σιωπώμενον verstanden werden; aber ein Hereinholen des
Holzes etwa nach dem Eintreiben der Herde oder ein Vorrat desselben
in der Höhle für die in 251 angegebene Handlung müste ausdrücklich
erwähnt sein.

239. H. Rumpf Beiträge zur hom. Worterklärung (Giessen 1850)
S. 10 ff. hat hier und 338 statt ἔκτοθεν die treffliche Conjectur ἔντοθεν
aufgestellt und allseitig begründet. Die Form ἔντοθεν für ἔντοσθεν hat
er aus Cramer Anecd. Oxon. I p. 177, 31. Bekker Anecd. II p. 945, 22
nachgewiesen. Dieselbe erscheint auch ϱ 316 im cod. Augustan. mit
der Randglosse γϱ. βένθεσιν, wie J. La Roche im Philol. XX p. 713
angibt: in der Ausgabe scheint diese Notiz einen Druckfehler zu enthalten. Andere suchen die herkömmliche Lesart ἔκτοθεν zu vertheidigen, wie Döderlein Hom. Gloss. § 2085 und Düntzer in seiner Ausgabe [auch Weidenkaff nonnulla ad syntaxin Homeri. Wittenberg 1870
p. 1.] Aber die Möglichkeit der von Döderlein befolgten Erklärung hat
schon H. Rumpf S. 13 mit Recht also beurtheilt: 'wer wird es wagen,
bei dieser Stellung der griechischen Worte das ἔκτοθεν von seinem
Genetiv zu trennen und den letzteren als *Genetivus localis* = im
Vorhof zu deuten. Schon an sich wäre eine solche Construction höchst
anstössig, durchaus unzulässig aber ist sie meiner Meinung nach wegen
des bei einem Homerischen Ausdruck wichtigen Umstands, dass sich dieselbe Stellung des ἔκτοσθε zwischen Substantiv und Adjectiv auch
sonst wiederholt und zwar in dem ganz natürlichen Sinne ausserhalb,
wie in χ 385.' Ebenso ἔκτοθι Ο 391 und ἔντοσθε α 128. β 424.
ο 289. φ 417. Δ 454. Düntzer dagegen, der in seinem Dialekte frisch-
weg die Rumpf'sche Verbesserung als 'irrig' bezeichnet, hat zu 184
erklärt: 'Polyphem hatte keine abgesonderte Wohnung für sich, sondern
die ganze Höhle war αὐλή, vgl. 298.' Und weiter: 'Die Bäume
müssen in der Höhle, vor der Mauer stehen, aber die grammatische
Verbindung ist so ungeschickt, wie die Bäume in der Höhle,' weshalb
er 186 athetiert. Es gehört Muth dazu, einen solchen Gedanken einem
alten griechischen Dichter auch nur zuzutrauen. Doch auf die Möglichkeit dieser Auffassung hat schon H. Rumpf S. 12 geantwortet, dass es
sehr 'auffallend wäre, wenn der Dichter 239 und 338 αὐλή = σπέος
brauchen wollte, während er in derselben Erzählung 184 und
462 beide deutlich unterscheidet.' Und dann in Bezug auf
183. 184 bemerkt er: 'Die Iterativform und die folgende Beschreibung
von des Kyklopen Person und Lebensweise 188 ff. lassen keinen Zweifel,
dass das ἔνθα nicht auf einen Ort bei der Höhle, sondern auf diese
und ihren Vorhof selber gehen solle, und dass hier eben keine Wahrnehmung der Landenden erzählt, sondern das, was sie später gesehen,
zur Verständigung des Hörers voraus geschildert wird.' Hierzu kommt

endlich der ausdrückliche Widerspruch, in den man bei der Interpretation 'die ganze Höhle war αὐλή' mit 451 geräth, wo Polyphemos in
der traulichen Anrede an seinen Widder sagt: πρῶτος δὲ σταθμόνδε
λιλαίεαι ἀπονέεσθαι ἑσπέριος. Da nämlich Polyphemos nach seiner
Gewohnheit regelmässig (237 bis 239 und 298) nur die weiblichen Schafe in die Höhle selbst trieb, die Widder und Böcke dagegen ausschloss, so kann das σταθμόνδε 'nach der Hürde' nicht auf
die Höhle selbst sich beziehen, kann auch nicht bezeichnen, dass der
Widder mit den andern Widdern und Böcken regelmässig ganz im
Freien geblieben sei. Der einzelne Fall aber, bei welchem die trau-
liche Anrede an den Widder stattfand, war eine Ausnahme, wie ebenfalls Rumpf S. 12 schon erwähnt hat in den Worten: 'darum rechnet
es Odysseus für eine besonders glückliche Fügung der Götter 339 ἢ
καὶ θεὸς ὣς ἐκέλευσεν, dass Polyphem am letzten Abend vor seiner
Blendung die stärkeren, männlichen, also zur Flucht dienlicheren Schafe
gegen seine Gewohnheit vgl. 239 in die Höhle selbst eintrieb vgl.
337. 338.' Wir sind daher auch von dieser Seite zur Beibehaltung
einer besonderen αὐλή genöthigt. Aus allen diesen Gründen nun habe
ich jetzt nach dem Vorgange Bekkers die Conjectur von H. Rumpf in
den Text genommen [so Nauck]. — In 241 hat Bekker δυωκαιϜείκοσ'
synthetisch gegeben.

242. Statt des überlieferten τετράκυκλοι hat zuerst Barnes τεσσαρά-
κυκλοι vorgeschlagen, um das Metrum herzustellen. Ich habe die Ueberlieferung τετράκυκλοι beibehalten, vgl. die sorgfältige Zusammenstellung
analoger Fälle bei Weinkauff homer. Handbuch p. 113. Sodann gibt
jetzt Bekker, um der Analogie willen, statt des überlieferten ὀχλίσσειαν
die Form ὀχλήσειαν, die hier nur im Augustanus steht [auch im Marc.
456: La Roche.]

243. ἠλίβατος wird jetzt gewöhnlich mit ἄλιψ bei Hesych. zu-
sammengebracht, eigentlich 'saftlos, daher welk, hart', also ἄλιψ mit
der Weiterbildung ἀλίβας und ἠλίβατος, wozu auch λέπας 'die Klippe'
gehöre. K. Schenkl in der Zeitschr. f. die österr. Gymn. 1859 S. 510
glaubt in ἄλιψ die Wurzel λιπ zu erkennen in dem Sinne 'glatt, und
daher schroff, steil.' Nach Andern ist ἠλίβατος aus ἠλ == 'nicht'
und βαίνω entstanden, also eigentlich 'unersteiglich', d. i. steil, hoch.
Nach dieser Ansicht würde der Dichter selbst μ 77: οὐδέ κεν ἀμβαίη
βροτὸς ἀνήρ, οὐδ' ἐπιβαίη die Erklärung des Wortes geben. Vgl. auch
Lobeck Elem. I p. 372 und 305. Leidenroth in Jahn's Neue Jahrb.
Suppl. XII S. 425. H. Rumpf de aedibus Homericis I p. 30 sq.

253—255. ἀθετεῖ Ἀριστοφάνης, dem jetzt Bekker gefolgt ist.
Vgl. A. Nauck Aristoph. Byz. p. 28. Auch Köchly de Od. carm. II p. 8
hält die drei Verse hier für unecht. [Vgl. dagegen Kammer die Einheit
p. 420 ff.]

259. Döderlein öff. Reden S. 364 meint ohne Beachtung der Vers-
cäsur: 'corrige: Τροίηθεν ἄπο πλαγχθέντες, h. e. e Troade infecta
re, ut μ 381 ἀπ' οὐρανόθεν, et Θ 304 ἐξ Αἰσύμηθεν.' Aber dann
müste wol auch β 172. θ 14 und manches andere getrennt werden.

271. Bekker hat jetzt hier stillschweigend Athetese geübt, mit Bei-
stimmung von Köchly de Od. carm. II p. 8 [auch Nauck bemerkt: spurius?].
Aber Düntzer bemerkt hier mit Recht: ‘Die dringende Hinweisung auf
Zeus verräth die Furcht des Odysseus.’ Berücksichtigt ist der Vers von
Platon Soph. I p. 216ᵇ.

276. Ueber die Trennung des ἐπεί ἤ vgl. Lehrs Q. E. p. 62 sqq.
Spitzner zu A 156. Es findet sich wie hier vierzehnmal vor πολύ
φέρτερος: μ 109. π 89. φ 154. χ 289. Λ 169. Δ 56. 307. Θ 144.
211. K 557. Τ 135. 368. X 40 (ohne ἤ nur Z 158. H 105); und
vor μάλα κ 465. A 156. Dabei wird man sich aus Homer, wie Bekker
im Monatsbericht 1860 S. 457 (Hom. Blätter S. 202) bemerkt, ‘erinnern
dass ἤ μάλα und ἤ πολύ, gerade wie ἤ μέγα, gewöhnliche Verbindungen sind, die durch eine davor tretende Conjunction nicht zerrissen
werden können, da eine solche ja lediglich ihren Satz mit der übrigen
Periode verknüpft, ohne irgend ein einzelnes Wort des Satzes zu affi-
cieren.’ Hierzu gibt Bekker zahlreiche Stellen, ohne indes die übrigen
Beziehungen des ἤ in ἐπεί ἤ anzuführen. Und F. Thiersch Disquis. de
analogiae gr. capitibus I p. 425 bemerkt sogar unrichtig: ‘ubique ἐπεί
ἤ πολύ φέρτερόν ἐστιν. Extra enim huius formulae fines ἐπεί ἤ apud
Homerum non invenias.’ Allein man findet noch ἤ καί π 442. Τ 437;
und ἤ φάτο ρ 196. ἤ φάσαν χ 31; und ἤ ῥά τοι τ 556. Gegen die
Trennung ἐπεί ἤ spricht Bäumlein Griech. Part. S. 121 und in Fleckeisens Jahrb. 1862 Bd. LXXXV S. 194 f. Vgl. auch Autenrieth bei Nägelsbach zu A 156. Uebrigens steht dieses ἐπεί ἤ an sämtlichen Stellen
als Anapäst. — Was den Sinn dieser Stelle betrifft, so erkennen die
Kyklopen zwar das Dasein der Götter an, aber in übermütigem Vertrauen
auf ihre Kraft glauben sie gegen Fremdlinge nicht an diejenigen Pflichten
gebunden zu sein, welche durch Gesetze der Götter bestimmt sind. Dagegen will J. La Roche in der Zeitschr. f. d. österr. Gymn. 1864 S. 557
die vermeintliche Schwierigkeit dadurch entfernen, dass er mit Bezug
auf Krüger Di. § 44, 3, 6 den Plural Κύκλωπες 275 erklärt: ‘ein
Kyklop, wie ich einer bin. Dies ist dann nur von Polyphem zu verstehen, während die anderen Kyklopen nach wie vor gottesfürchtige
Männer bleiben’ u. s. w. Aber bei dieser Erklärung scheint mir das
▸οὐδ’ ἄν ἐγώ 277 übersehen zu sein, wodurch Polyphem sich selbst
den anderen Kyklopen anreiht. Hierzu kommt der bei den besten Schrift-
stellern gebräuchliche Uebergang von der dritten Person zur ersten oder
zweiten: vgl. die von O. Schneider im Philol. XXIII p. 415 ff. gegebenen Beispiele und Nachweisungen, unter denen auch E 878. H 159.
P 248 erwähnt sind. [Vgl. auch Aristonic. ed. Carnuth zu ι 106 p. 88.]

277. [Diese Stelle hat nach der Verbindung des Gedankens mit
dem Vorhergehenden ihre nächste Parallele in Φ 357. 358 οὔ τίς σοί
γε θεῶν δύνατ’ ἀντιφερίζειν, οὐδ’ ἄν ἐγώ σοί γ’ ὦδε πυρί φλεγέ-
θοντι μαχοίμην (ähnlich ist auch ι 175—177): an beiden Stellen macht
der Redende von einem allgemeinen Satze eine specielle Anwendung auf
sich selbst. Nun zeigt Φ 358 deutlich, dass dieser negative Optativ
mit ἄν keineswegs auf einen nachfolgenden oder etwa zu ergänzenden

Bedingungssatz mit εἰ und Optativ berechnet ist, vielmehr ohne alle
Voraussetzung die Vorstellung ablehnt (in gleicher Weise, wie die Fragen
mit πῶς ἄν und Optativ in negativem Sinne vgl. α 65. *K* 243. *I* 437
mit *Z* 128. 129. 141) und zwar als Folgerung aus den im Zusammenhang liegenden Gründen, vgl. auch Philol. XXIX p. 141 f. Ich verstehe also den Optativ mit ἄν hier: 'auch ich werde nicht aus Scheu
vor Zeus Feindschaft Dich schonen.' In Bezug auf den folgenden Bedingungssatz stehen unserer Stelle parallel: ε 177. 178 und χ 342.
343, wo in gleicher Weise mit εἰ μή die einzige Voraussetzung, unter
welcher die im Hauptsatz gegebene Erklärung hinfällig wird, hinzutritt:
es müsste denn sein dass. Vgl. indes L. Lange der homer. Gebrauch
der Partikel εἰ *I* p. 462 ff. Uebrigens liest Kayser statt des Optativs
κελεύοι den Indicativ κελεύει nach drei Handschriften als 'für die Auffassung des Kyklopen angemessener.']

    279. ἔχειν als Transitivum in diesem Sinne mit ναῦν vereinigt wird
auch bei Herodot gefunden. Vgl. Bähr und Krüger zu Herod. VI 95, 2.

    283. Ueber νέα als eine durch Synizese entstandene Länge vgl.
Hephaestio 2 p. 23 ed. Lips. Aehnlich δ 757. ι 44. λ 185. 300.
Λ 282 und besonders ῥέα im Versanfange *N* 144. *P* 461. *T* 263.
So Aristarch. Andere scheinen hier ursprünglich νῆ' ἀμὴν κατέαξε
oder νῆα ἐμήν μοι ἔαξε gelesen zu haben. Vgl. γ 298. [Vgl. auch
Ahrens *Pᾷ*, p. 9.]

    285. [Ameis erklärte: ein vom Meer her sich erhebender
Wind trug es fort, das zertrümmerte Schiff, die Schiffstrümmer,
sodass nichts mehr davon zu sehen ist:] Es ist kein matter und müssiger
Zusatz im Sinne von ἄνεμος δέ μοι ἐνθάδ' ἔνεικεν oder ἄνεμος δὲ
φέρεν ποτὶ χέρσον oder ἄνεμος δ' ὑμῖν ἐπέλασσεν oder ähnlich. Denn
φέρειν beim Subject ἄνεμος oder θύελλα oder πνοιή oder ἄελλαι heisst
'forttragen', nicht 'hertragen', wenn nicht das Ziel ausdrücklich
hinzugefügt wird. Ueber ἐκ in unmittelbarer Verbindung mit einem
Nomen vgl. α 283. ι 486. ο 538. π 100. ρ 231. τ 434. ω 418.
B 131. *Δ* 454. *E* 64. *I* 469. *Π* 144. *Σ* 107 [?]. *X* 152. *Ω* 617.
Eben so ἀπό zu ζ 12. Vgl. auch H. Förstemann über den Gebrauch
des Artikels bei Homer (Salzwedel 1861) S. 19. [Bei den vorhergehenden
localen Bestimmungen ist eine Angabe des Ziels bei φέρε gewiss entbehrlich und keine Nöthigung forttragen zu verstehen. Andrerseits
scheint es wenig angemessen den Wind, der die Schiffstrümmer vom
Lande wegtragen soll, gerade von der See herkommend zu bezeichnen.
Aus diesen Gründen habe ich Ameis' Erklärung aufgegeben.]

    298. διά mit dem Genetiv von der continuierlichen Ausdehnung
durch etwas hindurch in einer Richtung, wie χ 391. μ 206. 335.
420. ρ 26. *E* 503. *Z* 226. *I* 468. *K* 185. *Δ* 754. Vgl. auch zu η 40.

    301. 302. Vgl. den Anhang zu τ 480. In anatomischer Hinsicht
gibt hier E. E. Seiler eine beachtenswerthe Erörterung. [Die Erklärung
der Stelle ist ausführlich begründet von Oppenrieder de duobus Homeri
locis. Augsburg 1865 p. 11 ff.]

    314. ὡς εἴ τε hat hier das Verbum finitum ausdrücklich beigefügt,

wie *x* 420. *B* 780. *I* 481. *N* 492; ebenso ὡς εἰ *x* 416. ϱ 366. *Δ* 389.
467. *X* 410. Mit dem Particip *E* 374. *Π* 192. *Φ* 510. *Ω* 328. Ueber
den Gebrauch ohne beigefügtes Verbum finitum vgl. zu *η* 36. [Vgl.
jetzt L. Lange der hom. Gebrauch der Partikel εἰ I p. 433 ff. II p. 538 ff.]
— Zum Gedanken vgl. *Δ* 116.

315. Ueber den Hirtenruf findet man eine interessante Zusammenstellung bei Grasberger Erzieh. I, **135.**

318. Der formelhafte Vers ἥδε δέ μοι (οἳ) κατὰ θυμὸν ἀρίστη
φαίνετο βουλή steht *ι* 424. λ 230 selbständig mit nachfolgendem Asyndeton, aber *B* 5. *K* 17. Ξ 161 mit nachfolgendem Infinitiv. Nur hier
wird der nächste Vers mit dem erklärenden γάρ eingeleitet. (Auch sonst
wird zu einem auf das Folgende hinweisenden τόδε oder τάδε die
nähere Ausführung mit γάρ eingeleitet.) [Richtiger fasst man γάρ pro-
leptisch-explicativ, denn erst 325 folgt die Ausführung der βουλή: vgl.
übrigens E. Pfudel Beiträge zur Syntax etc. p. 9.] Das zweite Hemistichion
ἀρίστη φαίνετο βουλή findet sich noch mit einem gleichlautenden Anfange ω 52. *H* 325. *I* 94 und zwar ebenfalls mit asyndetischem Anschluss des folgenden Verses. Ueber den andern formelhaften Vers οἷδε
δέ οἳ φρονέοντι δοάσσατο κέρδιον εἶναι in Bezug auf Sinn und nachfolgenden Anschluss vgl. zu ο 204.

320. [Kayser bei Faesi schreibt jetzt statt ἔκταμεν — ἔκσπασεν,
hatte mit der Wurzel ausgerissen, was nach Eustath. οἱ ἀκριβέστεροι
hatten.]

322. ἐεικόσορος ist von W. ἐρ in ἐρ-έ-σσω gebildet, indem die
Endung -ος den Wurzelvocal ε sich assimiliert hat, wie in den spätern
τριακόντορος, πεντηκόντορος, wo Herodot -τερος hat. Vgl. Döderlein
Hom. Gloss. § 565. [G. Curtius Etym. [4] p. 344 f.]

328. Ueber ἐπυράκτεον Etym. M. 697, 17. Das im vorhergehenden
Verse stehende ἐθόωσα hat Eurypides im Kyklops 456 also bezeichnet:
ἀκρέμων ἐλαίας .., ὃν φασγάνῳ τῷδ' ἐξαποξύνας ἄκρον ἐς πῦρ
καθήσω.

330. μεγάλα steht hier wie sonst das formelhaft gebrauchte μεγα-
λωστί, zu ω 40; aber es ist hier anders gebraucht als in den zu δ 505
erwähnten Verbindungen. Es konnte sehr leicht durch κατὰ σπείους
μεγάλου κέχυτ' ἤλιθα πολλή vermieden werden, was J. La Roche Hom.
Stud. § 32, 12 S. 53[a] billigt, [auch Nauck vermuthet.] Ueber ἤλιθα
vgl. Lobeck Path. prol. p. 366. Merkel zu Apoll. Rh. p. CLXXX. Das
ἤλιθα πολλή bildet einen stabilen Versschluss, wie ε 483. ξ 215. τ 443.
Δ 677.

331. πεπαλάσθαι gibt Aristarch hier und *H* 171. Die Form ist
wie von παλάζομαι gebildet, zum Unterschied von der Form πεπαλάχθαι
'bespritzt sein'. Düntzer nennt diese Unterscheidung 'irrig' und hat
πεπαλάχθαι beibehalten mit der Erklärung: 'das Perfect hat präsentische
Bedeutung, durch das Loos entscheiden.' [Vgl. Anh. zu *H* 171.]

333. Das ἐπ' gibt Aristarch statt des gewöhnlichen auch von Bekker
[La Roche, Nauck] beibehaltenen ἐν, das aus 387 entstanden zu sein
scheint. Aber τρίψαι ist das Antecedens zu δινέομεν 388. Düntzer

hat τρέψαι ἐπ' ὀφθαλμῷ vermuthet: aber dies dürfte den Gedanken nur abschwächen und zu ἐνέρεισαν 383 weniger passend sein als die überlieferte Lesart ·τρῖψαι. Dies τρῖψαι ἐπ' ὀφθαλμῷ wird erklärt 'ins Auge drehen' oder 'im Auge herumdrehen'. Aber diese Bedeutung lässt sich schwerlich aus dem Grundbegriff des Verbums erweisen. Weit näher liegt in 'reiben' und dem metaphorischen Gebrauch des Wortes der Sinn des Drückens. Hierzu kommt, dass das δινέομεν 388 nur zur nebensächlichen Schilderung gehört, während die Hauptsache in 383 ὀφθαλμῷ ἐνέρεισαν liegt. Denn um das Auge des Riesen in der angegebenen Weise zu vernichten, war vor allem ein gut gezielter Stoss oder Druck von nöthen. Und das ist es, was der Dichter mit τρῖψαι ἐπ' ὀφθαλμῷ bezeichnen will, so dass er die Hauptsache ἐνέρεισαν und die Nebensache ἐν ὀφθαλμῷ δινέομεν in einem Ausdruck zusammenfasst.

346. κισσύβιον wird gründlich behandelt von H. Rumpf Beitr. zur hom. Worterkl. S. 1 bis 9, und von Fritzsche zu Theokr. 1, 27. — Hier ist anzunehmen, dass Odysseus das κισσύβιον in der Höhle des Kyklopen gefunden habe. Vgl. ξ 78. — Zu 384 vgl. Eurip. Kykl. 414: σκέψαι, τόδ' οἷον Ἑλλὰς ἀμπέλων ἄπο θεῖον κομίζει πῶμα.

352. Manche setzen das Fragezeichen nach πολέων, wo indes besser mit Eustathius Komma gesetzt wird, weil ἐπεί bei Homer nie geradezu 'denn' bedeutet, daher nirgends nach einer Frage einen neuen Satz beginnen kann. Bekker hat ohne den Vorgang der Alten den Vers stillschweigend athetiert.

360. Ueber das in der Thesis gedehnte οἵ vgl. den Anhang zu η 221. Bekker hat von G. Hermann auch die Umstellung ἐγὼν αὖτις statt des überlieferten αὖτις ἐγώ jetzt in den Text genommen. In der Vulgata ὡς ἔφατ', αὐτάρ οἵ αὖτις müste man entweder οἵ αὖτις mit Synizesis lesen, wie ζ 280, vgl. δ 352, oder man müste αὐτάρ οἵ αὖ ἐγώ schreiben.

366. Diese Dehnung der letzten von drei Kürzen vor Vocalen auch 392. E 576. Θ 556, ähnlich κ 322. ν 213. τ 553. Vgl. auch den Anhang zu κ 265. Vom gedehnten Dativus singularis zu ζ 248, von der Dehnung vor Consonanten zu γ 230 [und jetzt W. Hartel hom. Stud. I p. 39 ff.] In Bezug auf die Sache spricht W. Grimm die Sage von Polyphem S. 24 'von der List, womit sich Odysseus den Namen Niemand beilegt, die nur in dem esthnischen Märchen wieder zum Vorschein kommt. Sie ist auch in deutschen Sagen ein wolbekannter Zug.' Dazu werden dann einige Beispiele gegeben. Zwei Gegenbilder zum homerischen Polyphemos in Bezug auf dessen Bestrafung gibt aus einem deutschen Märchen und aus einer Erzählung bei den Oghuziern auch J. F. Lauer Litterärischer Nachlass I. Herausgegeben von Th. Beccard und M. Hertz (Berlin 1851) S. 319 ff. Anklänge an den homerischen Odysseus dieser Situation finden sich auch nicht selten in den neugriechischen Volksmärchen: vgl. L. Ross Erinnerungen und Mittheilungen aus Griechenland. Von Otto Jahn. Berlin 1863 p. 289.

370. Apollonius de pron. p. 291ᶜ hat den Imperativ ἔστω [den

Bergk commentt. crit. spec. V Marburg 1850 p. 6 verlangt] statt des in Handschriften und bei Grammatikern wie Herodian zu *A* 41 überlieferten ἔσται. Das letztere ist vorzuziehen: denn durch das Futurum, das den Ausdruck eines kategorischen Versprechens enthält, wird der Gedanke höhnischer hingestellt. Vgl. zu σ 358 und Anhang zu π 272. Das τὸ δέ hat Düntzer wieder in τόδε geändert, wie hier vor F. A. Wolf gelesen wurde.

383. ἐρεισθείς ist die aristarchische Lesart. Dieselbe ist sinnlich bezeichnender als das gewöhnlich gelesene ἀερθείς, da dieses 'emporgehoben' den hier nothwendigen Begriff des 'Anstemmens' an den Pfahl um ihn zu drücken' erst als Consequens durch einen Schluss erhält, während ἐρεισθείς diesen Begriff mit der einfachsten Bestimmtheit ausdrückt. Sodann ist die Bezeichnung 'emporgehoben' schon durch ἐφύπερθεν im Gegensatz zu dem ὀφθαλμῷ hinlänglich dargelegt. Endlich bildet ἐρεισθείς zu dem vorhergehenden ἐνέρεισαν eine echt homerische Symmetrie, um die gleiche Thätigkeit beider, des Odysseus und der Gefährten, auch mit gleichem Ausdruck **vorzuführen**. Denn auch von Odysseus wird 384 δίνεον gesagt. Nebenbei zeigt die Vergleichung von ϑ 375. μ 432. τ 540. Θ 74. ε 393. N 63, dass ἀερθείς hier schon an und für sich für die Situation ein zu starker Ausdruck wäre. Zwar bemerkt J. La Roche Zeitschr. f. d. österr. Gymn. 1859 S. 220, ἀερθείς sei die 'bestbeglaubigte Lesart'; allein wo ein Aristarch als Schildträger der einen Lesart erscheint, wird man das Attribut 'bestbeglaubigt' wol nicht mit Recht von den übrigen gebrauchen dürfen.

384. Gewöhnlich erklärt man mit G. Hermann Opusc. II p. 51: *ut si quis carinam terebraret*, qua forma poeta propterea utitur, quia in **mente** habet, *ita Cyclopis oculum torquebamus, tamquam si trabem 'erebraremus.'* Aber es scheint sehr bedenklich, ὡς ὅτε geradezu mit ὡς εἰ zu erklären, das ja der Dichter in solchem Sinne auch hier hätte setzen können. Eher liesse sich τρυπῶν vermuten, ὡς ὅτε nemlich ἐρεισθείς δινεῖ, so dass das Particip zu τίς die nähere Erklärung wäre, wie N 471. II 407, ebenso zu einem blossen Nomen M 132. N 571. O 630 [ὡς τε]. | Ameis erklärte seinerseits den Vergleich: 'wie man sich anstämmt, so oft einer, mit dem Optativ τρυπῷ, weil die Vergleichung eine schon den ältesten Griechen beim Schiffbau gewöhnliche Verrichtung enthält.' Allein dadurch kann die Auffassung des Optativs von einer wiederholten Handlung, wie sie auch Friedlaender Beiträge zur Kenntniss der homer. Gleichnisse I p. 21 billigt, schwerlich gerechtfertigt werden. Diese rein objective Auffassung des Optativs würde nur passen, wenn der Vergleich mit ὡς δ' ὅτε (was übrigens drei Handschriften bei La Roche haben, wozu der Conjunctiv τρυπᾷ von Draco de metr. 86, 26 geboten wird), eingeleitet, von dem Vorhergehenden getrennt wäre und nur zur Einleitung der folgenden, die Thätigkeit der Gesellen veranschaulichenden Züge diente. Aber der Vergleich soll im engen Anschluss an das Vorhergehende zunächst die Thätigkeit des Odysseus selbst veranschaulichen. Nun dient der Optativ in Vergleichen (vgl. Friedlaender p. 20) sonst nur dazu den Gemüthszustand des Redenden durch eine in der Fantasie

desselben lebendige Vorstellung zu schildern und wie sehr dem auch
das objective ὅτε statt des sonst regelmässigen subjectiven εἰ, sowie
τὶς ἀνήρ und die folgende objective Ausführung im Indicativ zu widersprechen scheint, so sind wir doch zunächst durch die Analogie darauf
hingewiesen, auch hier im Optativ den Ausdruck der inneren Stimmung,
welche die Thätigkeit des Redenden begleitete, zu sehen. So gefasst
ergiebt sich der Sinn: ich kam mir in meiner Lage, bei dem Drehen
des Pfahls vor, wie ein Mann, der in der Lage ist einen Schiffsbalken
zu bohren, d. i. ich drehte so rücksichtslos, als ob ich nicht ein leben-
diges Wesen unter mir gehabt hätte, sondern ein Stück Holz, das man
durchbohrt. Erst mit dem an den Schluss dieses Gedankens gestellten
τρυπανῶ, welches den Anlass zu einer weiteren Ausführung des Vergleichs giebt, wird die subjective Beziehung des Vergleichs verlassen
und es schliessen sich im Indicativ objective Züge an, welche die Thätigkeit auch der Genossen im Vergleich zu Odysseus selbst veranschaulichen.]

385. Der ἱμάς ist von der Mitte des Drillbohrers aus nach entgegengesetzten Richtungen um den Schaft geschlungen, so dass man
abwechselnd die beiden Enden des Riemens hin- und herziehen und
dadurch gleichzeitig ein regelmässiges Auf- und Abwickeln bewirken
kann, während auch der Lauf des Bohrers regelmässig wechselt. In
der Nachahmung hat Euripides Kyklops 460: ναυπηγίαν δ' ὡς εἴ τις
ἁρμόζων ἀνὴρ διπλοῖν χαλινοῖν τρύπανον κωπηλατεῖ. Auch Apollonius im Lex. gibt den Plural ἱμᾶσιν, wodurch sachlich die beiden Enden
des Riemens bezeichnet werden. Bei Pollux VII 113. X 146 heisst der
durch Umschlingung 'den Bohrer haltende Riemen' τρυπανοῦχος ἀρίς
ohne dazwischengesetztes Komma.

387. ἑλόντες ist die Lesart Aristarchs [nach Didymos, während
Eustath. ἔχοντες als Aristarchs Lesart bezeichnet, vgl. La Roche], wofür
Bekker jetzt wieder [auch Kayser und Nauck] mit J. H. Voss zu der
Lesart ἔχοντες zurückgekehrt ist. Düntzer bemerkt blos: 'Das über-
lieferte ἑλόντες ist hier unpassend,' ohne diesen Ausspruch zu begründen
und ohne zu beachten, dass auch ἔχοντες eine 'überlieferte' Lesart sei,
dass aber auch Nitzsch ἑλόντες mit Recht wie ich meine als die bessere
Lesart erwiesen habe.

388. Nitzsch, Bekker und andere [Kayser] (vgl. J. La Roche Hom.
Stud. § 72, 8) haben von J. H. Voss Hymn. an Dem. S. 110 die Conjectur ἰόντα angenommen: 'und Blut umfloss ihn heiss, den
immerfort gehenden, so dass θερμόν siedendheiss zu αἷμα
gehört und ἰόντα dem τρέχει entspricht.' So Voss. Aber dagegen
spricht folgendes. Erstens ist ἰέναι in der Bedeutung 'immerfort gehen'
oder 'herumlaufen' aus Homer nicht erweisbar; denn die verglichenen
Stellen β 428. N 20 sind anderer Natur. Das ἰέναι ohne Anführung
einer nähern Bestimmung heisst bei Homer in derartigen Stellen entweder 'kommen' oder 'weggehen'. [?] Zweitens θερμόν mit αἷμα zu
verbinden und von dem Particip zu trennen verbietet die Diäresis, die
hier den Hauptabschnitt im Verse bildet. Hierzu kommt, dass αἷμα

Θερμόν Λ 266 in anderem Sinne gebraucht wird. Drittens ist der Zusatz Θερμὸν ἰόντα keineswegs matt, sondern einfach mit nachdrücklicher Parataxe gesagt in dem Sinne: 'so dass das Blut um den heissen Pfahl herumfloss.' Das πυρίηκεα geht nur auf die Spitze wie Döderlein zu Ξ 385 mit Recht sagt: 'non *igne acuminatum* significat sed *ardentem et acutum*,' Θερμόν dagegen geht auf den ganzen Pfahl und entspricht dem εἵως Θερμαίνοιτο 376. [Ueber die Composition von πυρίηκης vgl. Fedde über Wortzusammensetzung im Homer. I, Breslau 1871 p. 21 und Meyer in Curtius Stud. V p. 86. — Die von Ameis gegen die Conjectur ἰόντα erhobenen Bedenken haben mich nicht abhalten können dieselbe jetzt aufzunehmen. Nach vorhergehendem δινέομεν ist ἰόντα zum Ausdruck der dadurch bewirkten Bewegung des Pfahls ohne Anstoss, und mehr als dieses Gedankens (ein herumlaufen bezeichnet das Wort allerdings nicht) bedarf es nicht. Andrerseits aber ist die 'nachdrückliche Parataxe' in Θερμὸν ἰόντα mir nicht verständlich; der Zusatz bleibt matt, während Θερμόν wirksam zu αἷμα tritt und ἰόντα dem τρέχει 386 entsprechend zur ausführenden Anwendung des Vergleichs ein fast unentbehrliches Moment giebt.]

393. [Ameis' Erklärung von αὖτε 'wieder, wie das Eisen die Kraft des Mannes, vgl. Γ 62' ist von Friedlaender Beiträge zur Kenntniss der hom. Gleichn. I p. 30 mit Recht bekämpft. Die jetzt gegebene Erklärung schliesst sich an Nitzsch Anmerkung zur Stelle an.]

405. 406. Zwei selbständige Fragen, jede mit ἢ μή, sind hier kräftiger und für den Zusammenhang geeigneter, als wenn man nach Apollonius de synt. p. 164; de pron. p. 317° und bei Herodian zu Ι 680 zweimal εἰ μή mit Conjunctiven lesen wollte, [wie Bergk commentatt. crit. spec. V p. 7 will.]

408. [Die Anmerkung ist gegeben nach Kayser zur Stelle.]

411. Zu νοῦσον Διός ist der Gedanke 'die etwa den Polyphemos befallen habe' κατὰ τὸ σιωπώμενον selbstverständlich. Denn es ist hier sehr deutlich ausgesprochen, dass eine von Zeus verhängte Krankheit eine natürliche Krankheit oder ein inneres Naturleiden sei, gerade wie Eurymachos π 447 mit Θεόθεν δ' οὐκ ἔστ' ἀλέασθαι den natürlichen Tod andeutet im Gegensatz zu dem von Menschenhänden bereiteten. [νοῦσος Διός ist mit Kayser wohl vom Wahnsinn zu verstehen. Derselbe schreibt statt νοῦσόν γ' jetzt νοῦσον δ', was ihm auf Aristarch zurückzugehen scheint.] Zu dem Genetiv, der in νοῦσος Διός liegt, vgl. Θανάτου λύσις ι 421, πείρατα Ὠκεανοῖο λ 13, ἀνέμων κῦμα ν 99, τῶν Θάνατον ο 275, ἐν ἐσθῆτι Θεῶν ω 67, κύματα ἀνέμων Β 396, νίφεα Νότοιο Δ 306. Zu Krüger Di. 47, 5, 1 und 47, 7. [ι 421 und λ 13 gehören doch nicht hierher, da an diesen Stellen der Genetiv nicht ein Ausgehen von bezeichnet.] — οὔ πως ἔστι mit dem Infinitiv oder Accusativ und Infinitiv findet sich β 130. 310. ε 103. 137. 413. ι 411. κ 170. λ 158. ο 49. ρ 12. 286. σ 52. τ 555. 591. φ 331 und in der Ilias M 65. 337. N 114. Ξ 63. P 464. T 225. Υ 97. Absolut gesetzt ist es χ 136, und Z 267 steht οὐδέ πη ἔστιν.

419. ἤλπετ᾽ **nur** hier mit Augment, um zum Unterschied von dem Präsens ἔλπετ᾽ φ 157 das Imperfectum hörbar zu machen; an den übrigen zwölf Stellen dagegen, wo keine Elision stattfindet, ist ἔλπετο gesagt: γ 275. Κ 355. Ο 288. 539. 701. Π 609. Ρ 234. 395. 404. 406. 495. 603. „Nur hat Bekker aus Conjectur Ο 288 μάλ᾽ ἐϜέλπετο und Ο 701 δ᾽ ἐϜέλπετο gegeben, aber Ο 539 δ᾽ ἔλπετο im Texte unverändert gelassen.

425. οἴες, das durch Vocalisierung des Digamma aus ὄϜιες entstanden ist (W. Christ Gr. Lautl. S. 275), gibt hier Aristarch statt des gewöhnlichen ὄιες. Aus dieser Stelle scheinen die alexandrinischen Dichter ihr οἴες entlehnt zu haben. Indes hat Bekker die Form ὄιες hier beibehalten, wie sie auch von Meineke zu Theokr. 1, 9 und zu Kallim. h. in Apoll. 53 [auch W. C. Kayser bei Faesi und Hartel hom. Stud. I p. 70] vertheidigt wird. Auch Düntzer [und Nauck] hat ὄιες beibehalten mit der **Bemerkung**: ʻὄις hat das Digamma (vgl. *ovis*), unter dessen Mitwirkung sich der Dichter die Längung des o, wie vor Liquidis erlaubte.ʼ

428. Statt des überlieferten εἰδώς hat **Bekker** aus Conjectur πέλωρ ἀθεμίστια εἰδός gegeben unter Vergleichung von Β 321. Σ 410. κ 219. μ 87. Da aber εἰδώς mit dem Accusativ sich immer auf den Hauptbegriff bezieht, nicht auf die Apposition, so bin ich mit Düntzer zur handschriftlichen Lesart εἰδώς zurückgekehrt.

435. Düntzer hat gegen den Rhythmus des Verses νωλεμέως mit ἐχόμην verbunden und στρεφθείς erklärt: ʻgedreht, nach der einen Seite hin gewendet, damit das Gesicht frei blieb: ein unentbehrlicher Zug.ʼ Aber wenn dies der Sinn sein sollte, so würde erstens wie ich meine der Begriff ʻnach der einen Seite hinʼ nicht fehlen können: denn dies wäre gerade der Hauptbegriff. Auch an den übrigen Stellen hat στρέφειν die nähere Beziehung ausdrücklich bei sich, wenn nicht die ganze oder volle Wendung verstanden werden soll. Zweitens ist der vermeintlich ʻunentbehrliche Zugʼ bei den Gefährten des Odysseus nicht erwähnt, obgleich sie sich in ähnlicher Lage befanden. Drittens bringt diese rationale Ausdeutung eines märchenhaften Zuges einen andern Uebelstand herbei: es würde nemlich dem armen Odysseus der Halswirbel sehr bald in unerträglicher Weise wehe thun, wenn er längere Zeit in dieser Lage mit seitwärts gewandtem Gesichte ausharren müste. Da nun das längere Ausharren in 436. 437 angedeutet ist, so wird wol der Dichter dieser Märchenerzählung mit ʻunentbehrlicherʼ Vorsicht nicht erst eine schmerzvolle Lage hineingedichtet haben. In Bezug auf das Freibleiben des Gesichtes aber gilt was im Anhang zu η 114 über ʻden kritisierenden Verstandʼ bemerkt worden ist. [Die Verbindung von νωλεμέως mit ἐχόμην wird trotz Wortstellung und Versrhythmus durch folgende Erwägungen geboten: 1) durch die unmittelbare Verbindung dieser Worte μ 437, vgl. π 191. Ε 492; 2) die Wortstellung hat ihre Analogie in μ 388 τυτθὰ βαλὼν κεάσαιμι, λ 418 μάλιστα ἰδὼν ὀλοφύραο, vgl. den Anhang zu ϑ 520, und ist dadurch veranlasst, dass στρεφθεὶς ἐχόμην, wie ähnlich μ 433 προσφὺς ἐχόμην,

ι 433 ἐλυσθεὶς κείμην als eng zusammengehörige Begriffe, da sie Beginn und Dauer derselben Handlung zusammenfassen, auch local aneinander gerückt sind.]

443. Die Ueberlieferung ὥς οἵ hat Düntzer aus Conjectur in ὡς οἵ [ὥς οἵ haben Augustan. und Marc. 613 bei La Roche] geändert mit der Bemerkung: 'οἵ ist hier der Nominativ, der auf die Gefährten geht, und zu δέδεντο nicht entbehrt werden kann.' Da indes die Lage der Gefährten im vorhergehenden genauer geschildert wird und noch 430 mit ἑταίρους die Gesammtheit ausdrücklich hervorgehoben, auch noch 436 bei στενάχοντες ἐμείναμεν angedeutet ist, so dürfte wol bei δίδεντο die ausdrückliche Angabe des Subjects entbehrlich sein. Hierzu kommt, dass man ein demonstratives οἵ in homerischem Geiste weit eher mit dem unmittelbar folgenden ὑπ᾽ εἰροπόκων verbinden würde. Dagegen gibt hier der persönliche Dativ οἵ zum vorausgehenden νήπιος eine echt homerische Pointe. [vgl. Kayser z. St.]

447. In solchen Stimmungen scheint der Lieblingsgegenstand momentan von Geist beseelt mit dem Menschen zu sympathisieren. Wie hier Polyphemos mit seinem Leitbock redet, so anderwärts ein Held mit seinen Rossen oder seinem Schwerte, Sappho mit ihrer Leier, Tell mit seinem Bogen. Ausserdem gibt Düntzer folgende gute Bemerkung: 'Die liebevolle Neigung zum Widder söhnt uns einigermassen mit Polyphemos aus, aber seine Strafe wird gerade dadurch schärfer, dass sein geliebter Bock ihm den Odysseus entführt.'

450. μακρὰ βιβάς enthält hier ein komisches Pathos im Vergleich zu den übrigen Stellen: λ 539. Γ 22. Η 213. Ο 307. 686. Ν 809. Ο 676. Π 534, wo muterfüllte Helden geschildert werden.

456. ποτιφωνήεις ist ein von ποτί und φωνή (zu τ 33) gebildetes Adjectiv dieser Art, ohne dass sich das zusammengesetzte Substantivum nachweisen lässt. Ebenso verhält es sich mit ἀμφιγυήεις aus ἀμφί und γυῖον (zu θ 300), mit βαθυδινήεις aus βαθύς und δίνη, mit ἁλμυρήεις, wozu aus dem wirklichen Gebrauch auch nur μῦρος vorzugsweise der 'Flutfisch' nachweisbar ist (zu ι 460). Hierzu kommen nun besonders aus dem spätern Gebrauch περιτιμήεις Hymn. in Apoll. Del. 65 und ὑπερηχήεις Quint. Sm. II 1, wo indes Köchly getrennt hat. Andere suchen das ποτιφωνήεις durch Conjectur zu entfernen. So Ahrens im griech. Elementarbuch aus Homer S. 83 durch die Trennung ποτὶ φωνήεις, wobei die Stellung des τέ durch manche der zu Ο 540 erwähnten Beispiele gerechtfertigt wäre; und A. Göbel de epith. Hom. in εις desinentibus p. 42 durch die Conjectur εἰ δὴ ὁμοφρονέοις ποτί, φωνήεις τε γένοιο, wodurch jedoch theils der Vers in zwei gleiche Hälften zerfiele (zu γ 34), theils die Stellung des ποτέ am Schluss des Satzes ohne Beispiel wäre. [ὁμοφρονέοις verstehen Andere: auch Verstand hättest, auch dächtest, wie ich (ὁμῶς ἐμοί), so Faesi-Kayser; Adam in den Blätt. f. d. bayersch. Gymnasialwes. 1871 p. 147: fähig zu denken. So sehr aber die Verbindung mit dem folgenden ποτιφωνήεις diese Auffassung empfiehlt, so ist dieselbe doch nach dem übrigen Gebrauch des Wortes sehr bedenklich. Andrerseits scheint der

hier ausgesprochene Wunsch vorbereitet durch den Gedanken 452 ἢ σύ γ᾽ ἄνακτος ὀφθαλμὸν ποθέεις, worin dem Widder eine Art Ahnung von dem schmerzlichen Verlust seines Herrn beigelegt wird. Nahe liegt dabei der Gedanke, wie schmerzlich es in solcher Lage sei einen mitfühlenden Freund entbehren zu müssen und dem entspricht wohl der Ausdruck ὁμοφρονεῖν vgl. ο 198. So gefasst: wenn du doch mit mir empfinden, als Freund meinen Schmerz mit mir theilen könntest, enthält der Wunsch eine angemessene Steigerung des vorhergehenden Gedankens 452.]

457. **Bekker** hat jetzt G. Hermanns Conjectur ἠλυσκάζει [so gibt Vratislav. A bei La Roche] aufgenommen, wodurch aber ein isoliertes η in den Homer gebracht wird, da sonst nur ἀλυσκάζω ἀλυσκάνω ἀλύσκω gefunden wird. Daher bemerkt jetzt Düntzer: 'Natürlicher wäre ἀλυσκάζει mit Verlängerung des α vor der Liquida.' — V. 459 hat Düntzer die überlieferte Lesart ῥαίοιτο aus Conjectur in ῥαίνοιτο verwandelt, weil ihm (wie auch mir früher) mit Bezug auf 290 'der Begriff des Spritzens' nothwendig zu sein schien. [So verlangt auch A. Nauck im Bulletin de l'Academie de St. Petersbourg 1864 T. IX p. 335 unter Vergleich von Soph. Trach. 781. Eurip. Cycl. 402 fr. 388.] Aber es widerstrebt die homerische Wortstellung, nach welcher ῥαίοιτο πρὸς οὔδεϊ zusammengehört. Darauf wie auf vieles andere hat mich C. W. Nauck aufmerksam gemacht, als er mit gewohnter Liberalität mir sein Handexemplar zur Benutzung überliess, was ich hier nebenbei mit innigem Danke hervorhebe. Der an unserer Stelle gewählte Ausdruck dürfte gerade für den leidenschaftlichen Zorn des Polyphemos der geeignetste sein, während 290 nur eine Schilderung der Kyklopischen Mahlzeit gegeben wird.

462. Th. Bergk äusserte einmal in einem Gespräche zu mir, dass statt ἠβαιόν bei Homer wahrscheinlich überall ἢ βαιόν zu schreiben sei nach der zu ι 276 erwähnten Analogie. In der Ueberlieferung freilich haben alle bekannten Handschriften ἠβαιόν: hier und οὐδ᾽ ἠβαιόν γ 14. B 380. 386. N 106. 702. Υ 361. οὐδ᾽ ἠβαιαί σ 355. φ 288. Ξ 141. Accent und Spiritus werden ausdrücklich bezeugt im Et. Magn. 417, 16. Et. Gud. 234, 41. Vgl. auch Zonar. Lex. 971. Auch Apollon de Coni. 524, 6 hat es angenommen, indem ihm der Anfang von ἠβαιόν als ein πλεονασμὸς τοῦ ἢ gilt wie von τιή das Ende. Dagegen bietet der Harleianus zu φ 288 οὐ δὲ βιαί im Texte, was vielleicht aus οὐ δὴ βαιαί verdorben ist. Denn die zweite Ausnahme von der allgemeinen Ueberlieferung gibt der Schol. A zu B 380: ʻοἱ μὲν τὸ πλῆρές φασι βαιόν, οἱ δὲ ἠβαιόν. ἔστι δὲ εἰπεῖν ὅτι παρὰ μὲν τῷ ποιητῇ ἀπὸ τοῦ ἢ ποιεῖ τὴν ἀρχὴν ἀεί "ἐλθόντες δ᾽ ἠβαιόν" (Od. 9, 462), παρὰ μέντοι τοῖς νεωτέροις δισσὴ ἡ χρῆσις· "βαιὸν ὑπὲρ ποταμοῖο." καὶ Καλλίμαχος δὲ „ἠβαιὴν οὔτι κατὰ πρόφασιν.ʼ Bekanntlich wird schon Hesiod. Op. 418 βαιὸν ὑπὲρ κεφαλῆς gefunden. Aus welcher Zeit aber das erwähnte Scholion herrühre, und ob man darin ausser für οὐ δὴ βαιόν auch für οὐδ᾽ ἢ βαιόν eine Bestätigung finden könne, das wage ich nicht zu entscheiden. Schliesslich möge noch hinzukommen, dass in

Bekk. Anecd. III p. 1095 aus den γλῶσσαι κατὰ πόλεις unser ἠβαιόν
als Eigenthümlichkeit der Kyprier bezeichnet wird. W. Sonne in Kuhns
Zeitschr. XII p. 277 betrachtet ἠ in ἠβαιόν als Instrumental des Pro-
nominalstammes, sodass ἠβαιόν 'wie — oder so — wenig' bedeute,
also οὐδ᾽ ἠβαιόν 'nicht einmal so wenig (nicht im Mindesten'. [Vgl.
auch La Roche Hom. Textkritik p. 268.]

465. περιτροπέω bezeichnet das furchtsame und flüchtige 'sich
umwenden', während beim langsamen Zurückweichen oder Haltmachen
ἐντροπαλίζομαι steht. Vgl. auch Döderlein Hom. Gloss. § 665 und 667.
Düntzer dagegen hat πολλὰ περιτροπέοντες erklärt: 'oft umwen-
dend, da sie nach einer andern Richtung, nach der Weide auf dem
Berge hinwollten. Von Umwegen kann es wegen καρπαλίμως nicht
wohl verstanden werden.' Dann ist aber die transitive Bedeutung
zu rechtfertigen.

473. [Schon Nitzsch zu ι 491 bemerkte den Widerspruch, der in
der Angabe ι 491 ἀλλ᾽ ὅτε δὴ δὶς τόσσον ἅλα πρήσσοντες ἀπῆμεν
nach 473 τόσσον ἀπῆν, ὅσσον τε γέγωνε βοήσας enthalten ist, da jene
doppelt so weite Entfernung die Möglichkeit sich dem Cyclopen verständlich zu machen ausschliessen müsste. Aus diesem Widerspruch hat
nun Ed. Kammer zur homer. Frage II p. 77 f. und die Einheit der
Odyssee p. 465 ff. gefolgert, dass die erste Anrede des Odysseus an den
Cyclopen mit dem was dazu gehöre (475—501) interpoliert sei, und
diese Vermuthung besonders darauf gestützt, dass der Inhalt der ersten
Anrede (475—479) der voraufgehenden Ankündigung 474 προσηύδων
κερτομίοισιν ebensowenig entspreche, als der Inhalt der zweiten
(502—505) der Ankündigung προσέφην κεκοτηότι θυμῷ, vielmehr
die zweite Anrede von dem triumphierenden Hohne gesättigt sei, der dem
κερτομίοισιν so wohl entspreche. Ebenso hält Bergk griech. Literaturgesch. 1 p. 683 die erste Anrede für interpoliert; und Düntzer homer.
Abhandl. p. 420, wenn er die Gründe auch nicht dringend findet, neigt doch
ebenfalls dieser Vermuthung zu, da die Stelle durch diese Annahme an Kraft
und Bedeutung gewinne. Andere glaubten den Widerspruch durch eine Conjectur in 491 beseitigen zu müssen: so vermuthete Nitzsch δὴ αὖτις τόσσον
und Lehrs in Zarncke's literar. Centralblatt 1870 St. 50 δὴ τοσσοῦτον =
soweit, ebensoweit, vgl. ϑ 203. Dagegen erklärt John Mayor (nach
Giseke in Bursian's Jahresbericht über die Fortschr. d. class. Alterthums-
wissensch. 1873 p. 923) die Formel 473 nicht von der äussersten Hörweite,
sondern innerhalb der Hörweite, so dass für ι 491 δὶς τόσσον noch Raum
bleibe, während Giseke im Philol. Anzeiger III p. 390 δὶς τόσσον auf
ὅσα παρέξ 488, nicht auf 473 bezieht. Letztere Deutung hat schon
Nitzsch mit Recht zurückgewiesen: da der Cyclop mit Aufwendung aller
Kraft (538) beim zweiten Wurf das Schiff nicht erreicht, so zeigt sich,
dass wirklich eine doppelte Entfernung von der beim ersten Wurf den
Verhältnissen entspricht, wie sie andererseits der klugen Vorsicht des
Odysseus nach der ersten Erfahrung angemessen ist; der Widerspruch
ist also jedenfalls anzuerkennen. Um aus demselben jedoch auf Interpolation der ersten Anrede zu schliessen, scheinen mir die beigebrachten

Gründe nicht ausreichend. Jene erste Anrede enthält in den Eingangsworten einen unverkennbaren, wirksamen Hohn, wenn Odysseus ihn
an sein schweres Leid erinnernd, ruft: kein Schwächling war, wie du
nun wohl eingesehen hast, der Mann, dessen Gefährten du verzehrtest;
auch den folgenden Worten fehlt es in ihrer Beziehung auf des Cyclopen
übermüthige Verachtung der Götter 273 ff. nicht an Bitterkeit; die zweite
Anrede andererseits kann, wenn sie auch von Hohn erfüllt ist, doch als
Ausfluss des Grolls, dem jener ja entquillt, bezeichnet werden. Im
Uebrigen scheint mir der vorhandene Widerspruch leicht erklärlich und
verzeihlich. Die 473 gegebene Bestimmung ist als formelhafte nur eine
ungefähre, die gar nicht einmal die Entfernung des Schiffes vom Standort des Cyclopen angibt, sondern doch zunächst nur auf die Entfernung
von dem Anlegeplatze zu beziehen ist. Es bedarf daher zu der Lösung
des Widerspruchs auch nicht der Bemerkung Düntzers, dass Odysseus
als Held der Vorzeit von ungeheurer Kraft sei, die ihn befähige auch
bei der doppelten Entfernung vernehmlich zu rufen. Auffallen kann
übrigens der Wechsel in der Wahl des geworfenen Gegenstandes: 481
ἀπορρήξας κορυφὴν ὄρεος μεγάλοιο und 537 πολὺ μείζονα λᾶαν ἀείρας:
man sollte eher erwarten, dass die Bergspitze an zweiter Stelle verwendet würde, wo doch offenbar eine Steigerung im Verhältniss zum
ersten Wurf beabsichtigt ist.]

474. κερτομίοισιν, substantiviert wie υ 177. Δ 539. Ebenso
ὀνειδείοισιν Χ 497. μειλιχίοισι υ 165. Δ 256. Ζ 214. Ρ 431. Krüger
Di. 43, 4, 4. Uebrigens ist der mutwillige und neckende Hohn ein
charakteristischer Zug in märchenhaften Erzählungen. Es findet sich
diese epische Sitte auch in milderem Sinne als Prüfung, vgl. den Anhang zu o 304.

479. [Nauck bemerkt: spurius? wohl wegen der Wiederholung
des Gedankens aus 476 in ἐσθέμεναι. Allein die folgenden Worte enthalten eine gewiss treffende Beziehung auf 269—277.]

483. „ἀθετεῖται." H. M. Q. V. [Vgl. Carnuth Aristonic. p. 92.]
Mit Recht. Denn wegen des Steuerruders, das sich am Hintertheil befindet, und wegen der 485 ff. geschilderten Wirkung ist der Vers aus
540 hier unpassend eingefügt. Er müste sachlich wenigstens mit vor-
ausgehendem κὰδ δὲ βαλών πρ. ν. κ. hier heissen: τυτθὸν ἐδεύησεν
πρωρήσιον ἄκρον ἱκέσθαι, wenn das von dem Etym. M. p. 177, 47
erwähnte Wort sonst vorkäme und das κὰδ δὲ βαλών in einer homerischen Quelle nachweisbar wäre. Es ist dies eine Conjectur von M. Axt
inscriptiones duae Graecae (Kreuznach 1855) p. 23 und Coniectanea
Homerica (ebd. 1860) p. 27. Uebrigens interpungieren manche nach
κυανοπρώροιο und verbinden nach Weglassung des δ' das adverbiale
τυτθόν mit ἐδεύησεν, theils des Sinnes wegen theils wegen des Digamma von οἴηιον, wie auch Bekker Τ 43 und μ 218 das Digamma
vorgesetzt hat. Und dies vertheidigt J. La Roche Hom. Stud. § 34, 24.
Aber derselbe Sinn liegt in den Worten auch mit beibehaltenem δ', vgl.
den Commentar zu 540. Ebenso urtheilt Bekker im Berliner Monatsbericht 1861 S. 1037 [= Hom. Blätt. 1 p. 286 f.] unter Anführung

von Alciphron III 5, 3 ἐδέησα κινδύνῳ περιπεσεῖν und kurz nachher ἐδέησέ μου κατὰ τοῦ βρέγματος καταχεῦαι ζέοντος τοῦ ὕδατος, [wozu Haupt im Hermes IV p. 80 Pausan. IV, 17, 8 fügt.]

486. Ueber θεμόω vgl. Lobeck Rhem. p. 161. [Fick Vergl. Wörterb.[3] p. 114 unter dhaman]. Aristarch hat, wie es scheint, πόντοιο θέμωσεν χέρσον ἱκέσθαι vereinigt gegeben, als explicativen Vers zum vorigen. Derselbe Gedanke bei Eur. Iph. T. 1363 mit εἰς γῆν δ᾽ ἔμπαλιν κλύδων παλίρρους ἦγε ναῦν. [Vgl. zu diesem Verse auch Nitzsch Sagenpoes. p. 173.]

490. κατανεύων. Ueber die Dehnung des α vor ν vgl. Hoffmann quaest. Hom. I p. 150. Den Vers 494 gebraucht Phokion bei Plutarch Phok. 17. Ueber die dem ἐμβαλέειν κώπης und προπεσεῖν entgegengesetzte Bewegung ἀνακλινθῆναι vgl. zu ν 78.

491. [Statt πρήσσοντες las Rhianos πλήσσοντες, welche Lesart K. Mayhoff de Rhiani Cretensis stud. Hom. p. 77 ff. empfiehlt. Dagegen vermuthet Bergk im Philol. XXXII p. 563 ῥήσσοντες. Vgl. auch den Anhang zu 473.]

492. [τότε δή ist die Lesart des Aristarch, die ich mit Kayser aufgenommen habe, weil 'die nachdrückliche Betonung des Zeitpunktes, in welchem er sich den neuen Versuch erlaubte, sehr angemessen ist.']

504. In der Nennung des Namens Ὀδυσσῆα liegt hier eine höhnische Siegesfreude: Odysseus befindet sich überhaupt bei diesem ganzen Vorgange in einer verwegenen Stimmung. Nach Aristot. Rhet. II 3, 16, wo auf unsere Stelle hingedeutet wird, ist die Rache erst dann vollkommen, wenn der bestrafte weiss, von wem und weshalb er gestraft worden ist.

508. ἠΰς τε μέγας τε verbunden wie B 653. Γ 167. 226. E 628. Z 8. Λ 221. Τ 457. Ψ 664. Ebenso καλός τε μέγας τε α 301. γ 199. ζ 276. Φ 108; und μέγαν καὶ καλόν ι 513; καλή τε μεγάλη τε ν 289. ο 418. π 158; καλὼ καὶ μεγάλω Σ 518; auf Thiere und Gegenstände übertragen ι 426. ξ 7. σ 68. Dazu εἶδός τε μέγεθός τε ε 217. ξ 152. λ 337. σ 249. ω 374. B 58, wechselnd mit εἶδος καὶ μέγεθός ω 253 und μέγεθος καὶ κάλλος σ 219. Dieselbe Verbindung bei Herodot wie VII 187 g. E. Vgl. Chr. Bähr zu Herod. III 1. Mit Recht sagt Bernhardy griech. Litt. I[3] S. 17: 'im besonderen sehen wir den Begriff der Schönheit mit völligem und stattlichem Wuchse schon in der seit Herodotus üblichen Phrase μέγας καὶ εὐειδής, μέγας καὶ καλός (Boissonade zu Eunap. p. 333) verschmelzen.' Ueber diese Verbindung von 'Schönheit und Grösse', die von Homer an durch die ganze Gräcität hindurchgeht, vgl. auch K. F. Hermann über die Studien der griech. Künstler S. 61. Nitzsch Beitr. zur Gesch. der ep. Poesie S. 132 Anm. 2. — Die Namen Τήλεμος und Εὐρυμίδης bezeichnen das Ferne und Weite.

512. Naber in der Mnemosyne 1855 S. 212 hat statt ἁμαρτήσεσθαι die Vermuthung ἀμερθήσεσθαι aufgestellt mit Vergleichung von θ 64. X 58. Ueber die Verbindung dieses Verbums mit ᾗς vgl. Krüger Di. 68, 17, 6.

525. Wie hier Nitzsch, so urtheilt auch Grote Gesch. Griech. I

523 der Uebers. von Meissner. Aber wenn auch Odysseus glaubt, dass
Poseidon den Fluch des Polyphemos erhört (536), und wenn auch Zeus
in vorliegendem Falle 553 das Opfer nicht gnädig annimmt: so ist doch
der Zorn des Poseidon gegen Odysseus nicht durch diese kraftvolle Rede
berechtigter Siegesfreude, sondern durch die Blendung des Polyphemos
erzeugt worden, vgl. α 69. λ 103. ν 343. So urtheilt jetzt auch
Nägelsbach hom. Theol. I 14 S. 35 der Ausg. von Autenrieth. Auch ist
nirgends erwähnt, dass der fromme Odysseus durch Poseidons Zorn sich
die Götter überhaupt verfeindet habe, es sprechen vielmehr dagegen
α 65 ff. und ε 7 ff. so wie die schon vorher ι 39 bis 104 bestandenen
Gefahren. [Ueber die Verwendung der Wunschsätze zu einer Betheuerung
wie hier, vgl. L. Lange der homer. Gebrauch der Partikel εἰ I p. 330 f.]

527. ἀστερόεις von ἀστήρ (vgl. zu τ 33) stelliger, stellatus
findet sich bei Homer als stehendes Beiwort in den Versausgängen οὐρανὸν ἀστερόεντα hier und λ 17. μ 380. Ο 371. Τ 128; und οὐρανοῦ
ἀστερόεντος υ 113. Ε 769. Ζ 108. Θ 46. Τ 130: und einmal οὐρανῷ
ἀστερόεντι Δ 44. Vereinzelt steht ἀστερόεντα von θώρηκα des Achilleus Π 134 und von δόμον des Hephästos Σ 370, beide Male im zweiten
Versfusse. Ueber den Sinn dieser Stellen vgl. Anton Göbel De epithetis
Hom. in εἰς desinentibus p. 12.

529. Das ἐτεόν steht bei Homer überall mit εἰ in Verbindung, und
zwar entweder im Versanfang wie hier εἰ ἐτεόν γε π 300. 320. ω 259;
εἰ ἐτεόν ω 352; εἰ ἐτεὸν δή τ 216. ψ 36. Ν 375; εἰ δ᾽ ἐτεόν Σ 305;
εἰ δ᾽ ἐτεὸν δή Η 359. Μ 233; ἀλλ᾽ εἰ δή ῥ᾽ ἐτεόν γε Ο 53; abweichend εἰπέ μοι εἰ ἐτεόν γε ν 328; oder am Versschluss: εἰ ἐτεόν
γε γ 122. Θ 423. Μ 217; εἰ ἐτεόν περ Ξ 125; εἰ ἐτεόν με Ε 104.
Ν 153; εἰ δ᾽ ἐτεὸν δή ψ 107. Aehnlich zu Β 300 und dazu G. Autenrieth, dem ich jedoch wegen ἐτεόν nicht ganz beistimmen kann. Mir
scheint nämlich ἐτεόν in dieser Verbindung überall adverbial gesetzt zu
sein. Vgl. auch J. La Roche Hom. Stud. § 33, 16. Vergleichbar ist
εἰ ποτε zu γ 98.

531. Der Vers fehlt hier in den meisten und besten Handschriften,
vgl. W. C. Kayser im Philol. XVII S. 693. Er würde hier auch das εἰ
(529) und ἀλλ᾽ εἰ (532) zu weit aus einander rücken. Auch Köchly de
Od. carm. II p. 9 urtheilt also: 'nec versum aeque importune ex lucu-
lenta Ulixis de suo genere praedicatione v. 505 in aestuantem Cyclopis
exsecrationem illatum Alexandrinorum suspicio tacite praeteriisse videtur,
quem pluribus in codicibus omissum recte recentiores reiecerunt omnes.'

554. Dieselbe Wiederholung des Subjects nach τίς μ 188. σ 142,
so wie nach dem Nomen: ξ 422. Α 320. Β 3. 420. Δ 389. Ε 321.
Ζ 504. Μ 305. 394. Ν 523. Φ 581. Ψ 5. Vgl. auch Bekker Hom.
Blätter S. 80. Dieses ἀλλ᾽ ὅ γε aus den besten Hss. statt ἀλλ᾽ ἄρα,
weil das pyrrhichische ἄρα bei Homer sonst nirgends das nachfolgende
Augment verdrängt. So nach dem Vorgange von Koës specimen obser-
vationum in Od. crit. (Kopenhagen 1806) p. 22 und K. Grashof zur
Kritik des hom. Textes in Bezug auf die Abwerfung des Augments
(Düsseldorf 1852) S. 9 jetzt stillschweigend auch Bekker.

x.

3. Das πλωτῇ erinnert an die spätere Sage über Delos, wie bei Pindar Fr. 58 ἦν γὰρ τὸ πάροιθε φορητὰ κυμάτεσσιν παντοδαπῶν τ᾽ ἀνέμων ῥιπαῖσιν, und an Herod. II 156. [Nach Müllenhoff deutsche Alterthumskunde I p. 51 wird sie schwimmend gedacht, weil die Richtung des Windes sich immerfort ändert.] In der spätern Zeit verstand man hier entweder eine der Inseln, die jetzt die liparischen heissen, oder eine der ägatischen Inseln. Der Name des Windwarts Αἴολος (von αἰόλος) und seines Vaters Ἱππότης beziehen sich auf die Beweglichkeit.

10. Statt des allein überlieferten αὐλῇ [5 Handschr. bei La Roche: αὐλή. γρ. καὶ αὐδή C.] haben manche die Conjectur αὐδῇ gebilligt. Bekker gibt jetzt die schon von Nitzsch empfohlene Conjectur Schäfers αὔλῃ, d. i. αὐλήσει ᾽von Flötengetön᾽ im Texte, mit Beistimmung von W. C. Kayser im Philol. XVIII S. 665 [der sie jetzt in der Faesi'schen Ausgabe aufgenommen hat]. Dazu lässt sich folgendes bemerken. Man kann hier allerdings die Bezeichnung eines Lebens erwarten, das bald geniesst bald ausruht. Die Mahlzeiten sind dann, wenn man diese Erwartung hegt, durch κνισῆεν δῶμα hinreichend angedeutet, es fehlen nur noch die ἀναθήματα δαιτός, Gesang und Spiel mit Tanz. Auf dem Eilande des Aeolos nun kann ebenso die Flöte gebraucht worden sein, wie sie auf dem Schilde des Achilleus bei dem Hochzeitsfeste ihre Stelle neben der φόρμιγξ hat. Dies lässt sich dafür sagen. Aber folgende Bedenken stehen entgegen. Aristarch kennt die Flöte nur in der Ilias K 13 und Σ 495. Was sodann die ἀναθήματα δαιτός betrifft, so folgen diese stets nach der Mahlzeit, nicht während des Essens, wie es hier wegen des Attributes κνισῆεν gedacht werden müste; vgl. zu α 150 bis 152 und zu φ 430. Ferner hat die ᾽Flöte᾽ beim Windwart doch etwas auffälliges, weil seine Kinder wegen des Gegensatzes 11 νύκτας δ᾽ αὖτε hier gleichsam in ihrer ganzen Tagesarbeit, wozu auch ein Tosen innerhalb der ehernen Mauer (3) gehört, zu denken sind, während sie des Nachts ganz ruhen. Endlich scheint mir der Dichter gerade αὐλῇ gebraucht zu haben, um implicite anzudeuten, dass Odysseus gleich bei seinem Eintritt in diese αὐλή den ᾽Schall᾽ vernommen habe, vgl. das sachlich analoge zu δ 74. [Vgl. jetzt die Anmerkung im Commentar zur Stelle.] Ich habe daher die Ueberlieferung αὐλῇ beibehalten mit H. Rumpf de aedibus Hom. I p. 28 not. 35 und G. Autenrieth bei Nägelsbach zu Λ 317 S. 124*. Der letztere hat für die Beziehung der Präposition zum Verbum die Stellen x 454. 398. ρ 541. x 227 als treffende Parallelen erwähnt. Düntzer dagegen hat gleich mit gewohnter Raschheit die Vermuthung περιστεναχίζετ᾽ ἀοιδῇ in den Text gesetzt [so jetzt auch Nauck]. Der von mir vertheidigten Ueberlieferung sind auch J. La Roche und E. E. Seiler gefolgt. [Es ist doch unmöglich aus dem Zusammenhang irgend welche Andeutung einer Tagesarbeit zu gewinnen und zumal eines Tosens innerhalb der ehernen Mauer, da überdies erst 20 ff. Aiolos als Windwart uns vorgeführt wird, vgl. auch Düntzer Kirchhoff, Köchly etc. p. 56 Anmerk. Nach dem

Zusammenhang ist περιστεναχίζεται ohne allen Zweifel, wie ψ 146, als die Folge von Spiel und Tanz, oder wenigstens von Spiel und Gesang zu verstehen; die Zusammenstellung ρ 270 κνίση μὲν ἀνήνοϑεν, ἐν δέ τε φόρμιγξ ἠπύει ist überdies geeignet Ameis' Bedenken gegen die Verbindung der ἀναϑήματα δαιτός mit κνισῆεν δῶμα zu beseitigen. Der Zusatz des locativen Dativs αὐλῇ aber ist, wenn man Stellen, wie κ 454. ψ 146 vergleicht, so auffallend, dass man allerdings an eine Verderbniss der ursprünglichen Lesart denken kann. Die aufgestellten Conjecturen, welche dieselbe beseitigen, geben zugleich zu περιστεναχίζεται eine erwünschte Bestimmung, welche die den Wiederhall bewirkende Ursache enthält, wie ψ 146 ποσσίν. Dürfte man nicht annehmen, dass in dem Zusammenhange mit κνισῆεν dem griechischen Hörer nach der stehenden Verbindung mit dem Mahl Saitenspiel und Gesang oder auch Tanz selbstverständlich als Ursache des περιστεναχίζεται vorschwebte, so wäre die Aufnahme einer der gemachten Conjecturen unabweislich; indess so erwünscht die Bestimmung der bewirkenden Ursache wäre, für nothwendig halte ich sie nicht und da der Zusatz des localen Dativs αὐλῇ doch nicht sinnlos ist und durch κ 227 δάπεδον δ' ἅπαν ἀμφιμέμυκεν einige Stütze erhält, so habe ich die handschriftliche Lesart beibehalten.]

12. Bekker hat hier im Versschluss τρητοῖς λεχέεσσιν beibehalten, obgleich er α 440 τρητοῖσι λέχεσσιν und Γ 391 δινωτοῖσι λέχεσσιν gibt. Aber auch hier wird die Vorliebe der Epiker zu dreisilbigen Schlussformen bestätigt, indem die bessern Hss. τρητοῖσι λέχεσσι bieten wie an den beiden andern Stellen. Vgl. W. C. Kayser im Philol. XVIII S. 680 und J. La Roche in der Zeitschr. f. d. österr. Gymn. 1864 S. 93.

16. καὶ μὲν ἐγώ ist die Vulgata, die sich in den meisten und besten Handschriften findet: nur der Vind. 56 und die ed. princ. des Demetrios Chalkondylas geben αὐτὰρ ἐγώ, das Bekker [auch Nauck] aufgenommen hat. Vgl. W. C. Kayser im Philol. XVII S. 706.

19. Bekker [auch Nauck] gibt δῶκέ μοι ἐκδείρας, was W. C. Kayser im Philol. XVII S. 716 beleuchtet mit dem Resultate, dass durch die Elision δῶκε δέ μ' ἐκδείρας der Ueberlieferung ihr Recht widerfährt. So auch J. La Roche in der 'Unterrichts-Zeitung für Oesterreich' 1864 S. 207. Zur Elision des μοί vgl. auch Bekker zu Λ 170. Was sodann die Zahlbestimmung ἐννέωρος betrifft, so ist derselbe Begriff Γ 375 nach anderer Anschauung ausgedrückt. Eine neue Erklärung des Wortes aus Veranlassung einer Aufstellung von J. Classen in Fleckeisens Jahrb. 1859 S. 310 gibt H. Weber im Philol. XVII S. 166, indem er unter anderm bemerkt: 'wenn wir trennen. ἐν-νέ-ωρο-ς, so ist der Stamm νε- leicht als der dem latein. nov-u-s, griech. νέϝ-ο-ς zu Grunde liegende zu erkennen.' Das -ωρο wird dann als verstärktes Suffix betrachtet und 'das noch fast adverbiale ἐν' soll 'eine vor allen seines gleichen oder vor dem des eigenen dabeistehenden Stammbegriffes hervorhebende Bedeutung' haben, so dass das ganze heisse 'jugendlich, neu, frisch, kräftig mit besonderer Hervorhebung dieses Begriffes'. Diese Erklärung hat Düntzer also adoptiert: 'ἐννέωρος jugendlich, von ἐν und νεώρη,

d. i. νέα ὤρη (wie ὀπώρη). Vgl. ἔνδιος δ 450.' Aber hierbei vermisst man erstens den Nachweis eines derartigen ἐν in wirklichen Compositis und zweitens die Begründung, warum ein so gewöhnlicher
Begriff bei Homer nur in den wenigen auserwählten Beziehungen
erscheint: Σ 351. κ 19. 390. λ 311. τ 179. Hierzu kommt, dass λ 311.
312 die Gleichmässigkeit der poetischen Darstellung, die doch
offenbar in ἐννέωροι mit ἐννεαπήχεες und ἐννεόργυιοι liegt, verloren
gienge. Daher bin ich bei der überlieferten Deutung neunjährig geblieben.

24. Ueber den Conjunctiv παραπνεύσῃ nach κατέδει vgl. Krüger
Spr. § 54, 8, 2. Bekker hat jetzt statt des überlieferten παραπνεύσῃ
aus Conjectur παραπνεύσει' gegeben.

30. Das hier gewöhnliche ἐγγὺς ἐόντας haben J. La Roche und
E. E. Seiler beibehalten. Aber der vorherrschende Gedanke des Zu-
sammenhangs ist nicht sowohl die Nähe der Wachtfeuer, als die Annäherung der Schiffenden, wie die zwei vorhergehenden Verse beweisen.
Hierzu kommt zweitens, dass man ἐγγὺς ἐόντας in solcher Verbindung
mit dem unmittelbar vorhergehenden ἐλεύσσομεν aufs engste vereinigen,
daher wenigstens ὁρῴμεθα erwarten müsste. Denn ἐλεύσσομεν kann
nicht wie ὁρῶμεν κ 99 mit dem Particip verbunden werden, weil es
nicht sehen heisst, sondern überall schauen oder betrachten. Die einzige
Stelle, wo man es mit „sehen" erklärt, nemlich Α 120 wird allgemein
missverstanden. Die Form λεύσσετε dort ist nicht der Indicativ, sondern
ein dem vorhergehenden ἑτοιμάσατε correspondierender Imperativ: „betrachtet nemlich". Denn der ganze Vers begründet die Gegenforderung
des Agamemnon und hierauf bezieht sich die Antwort τριπλῇ τετραπλῇ
τε 128. Ich hätte dies zu meiner Erklärung jener Stelle noch hinzufügen sollen. Wahrscheinlich hat schon Aristarch so erklärt, da
λεύσσετε in der Note des Didymos mit den Formen ἄξετε οἴσετε κατα-
βήσεο zusammengestellt wird. Nach diesem allen glaube ich daher, dass
J. Bekker mit Recht die gut beglaubigte Lesart ἐγγὺς ἐόντες in den Text
gesetzt habe.

31. Der Schlaf als natürliche Folge der Ermüdung ist zugleich
ein Mittel zur Motivierung auch μ 338. ω 440. Zu ähnlichem Zwecke
als Mittel gebraucht noch β 395. φ 357. χ 429. Ω 445. Andere
sagen, dass dieser Schlaf 'die Folge von einer eingetretenen Ungunst
des Zeus' gewesen sei; aber dies würde der Dichter, wie sonst, gewis
auch hier ausdrücklich angedeutet haben, wenn dies sein Gedanke gewesen wäre. So urtheilt jetzt auch Nägelsbach hom. Theol. I 31 S. 57 der
Ausg. von Autenrieth. In Bezug auf die Composition der Stelle bemerkt
Nitzsch in Fleckeisens Jahrb. 1860 S. 869 (jetzt auch in Beiträge zur
Gesch. der ep. Poesie S. 120) mit Recht folgendes: 'Der Selbsterzähler
sagt κ 31, wie ihn gerade, als man schon die Hirtenfeuer auf den Bergen
der Heimat gesehen, bei der grossen Anstrengung Schlaf überfallen habe.
Aber sofort 34 bis 49 fügt er in dritter Person hinzu, was seine Gefährten
während der Zeit verhandelt und verschuldet. Wieder erfolgte, was die
Gefährten sprachen und anstifteten, im engsten Zusammenhange mit dem
bisherigen, und war, was in dritter Person eben von ihnen berichtet

wird, die allein richtige Geschichte der Fahrt. Als sie den Schlauch,
in welchem sie Schätze vermuten, losbinden und so die Winde hinaus-
und zurückstürmen, da erwacht der Schläfer und sieht an dem Vorgange,
es muss wol eine begehrliche Vorstellung sie verlockt haben, vielleicht
auch wegen des silbernen Bandes (23 f.): denn er hat versäumt sie über
den Schlauch zu unterrichten. Man erwartete nun, dass der Erzähler
hier angäbe, dass er sie gescholten und dadurch veranlasst habe zu
erklären, wie sie zu der unheilvollen That gekommen seien. Doch er
spricht nur von seiner eignen Verzweiflung im Augenblick seines Er-
wachens und der darauf gewonnenen Fassung, in welcher er ausdauernd
sich in seinen Mantel gewickelt still hinlegt. Wir sehen, es hat der
Dichter das poetische Motiv, den Charakter des ausharrenden
Dulders bei diesem grossen Unfall glänzend zu zeigen, allein
wirken lassen. Er hat dem Zuhörer die Entstehung des Unglücks gezeigt und ihn befriedigt durch die psychologische Wahrheit und das
dramatische Leben der Scene. Da liess er ihn denn selbst hinzudenken, woher der Erzähler sich die vorausgehende Beschreibung gebildet habe, sei es nach eignem Gedankenbilde oder
in Folge einer Erkundigung, die er nur nicht angebe. Leicht aber
möchten die Hörer gar nicht weiter darüber gegrübelt haben.' So weit
Nitzsch. Ueberhaupt dürfen wir nirgends vergessen, dass wir ein
märchenhaftes Epos vor uns haben. In einem solchen aber ist es
dem Dichter erlaubt, einem Erzähler eigner Erlebnisse auch das mit in
den Mund zu legen, was nur der Augen- und Ohrenzeuge oder der
Dichter aus seiner Kenntniss wissen kann oder nach der Situation hinzu-
dichtet. Den Selbsterzähler nun zur Rechenschaft zu ziehen, woher er
die entlegenen Nebenzüge erfahren habe: das ist bloss ein reflectie-
rendes Verfahren moderner Leser, keine ideale Forderung antiker
Zuhörer, die in derartigen Epen nur augenblickliche Unterhaltung
suchten und fanden. Der alte Epiker konnte daher nicht den Vorsatz
haben, in seiner Märchendichtung das Ideal einer verstandesmässigen
Composition befriedigen zu wollen. Diese Aufgabe wird ihm erst von
der künstlerischen Reflexion der heutigen Kritiker aufgebürdet. Richtig
bemerkt auch Wilhelm Hartel in der Zeitschr. f. d. österr. Gymn. 1865
S. 325 über derartige Stellen folgendes: 'für den Hörer oder Leser hat
die Beantwortung der Frage, woher Odysseus wisse, was er nicht mit
eigenen Augen sah oder eigenen Ohren hörte, nicht die mindeste
Schwierigkeit und die Erzählung desselben im Munde des Odysseus entbehrt nicht der psychologischen Wahrheit.' Und ebendaselbst S. 329:
'Die Naivetät oder wenn man will Unbeholfenheit alterthümlicher Dichtungsweise brachte es wol mit sich, dass der Erzähler, wer er auch
war, beim Erzählen das Vorrecht genoss, zum Dichter zu werden und
Eingebungen der Muse zu empfangen, die alles zu lehren und zu sagen
weiss, und so die von nüchterner Reflexion gesteckten Grenzen seines
Wissens überschritt.' Vgl. auch was im Anhang zu η 107 am Ende
bemerkt worden ist.

32. Ueber πούς νηός vgl. auch Döderlein Hom. Gloss. § 2344.

36. *Αἰόλου* mit gedehntem Mittelvocal auch 60, wie dieselbe Dehnung anderwärts in *Ἰλίου, ἀγρίου, ἀνεψιοῦ, Ἰφίτου, Ἀσκληπιοῦ,* weshalb andere in solchen Fällen sehr wahrscheinlich Genetive auf οο annehmen [wie Nauck jetzt geschrieben hat]. Vgl. Ahrens im rhein. Mus N. F. II (1843) S. 161, mit Beistimmung von W. Christ Gr. Lautl. S. 137 und G. Curtius Erläuter. S. 55. [² 59. Vgl. jetzt dagegen W. Hartel Hom. Studien III. Wien 1874 p. 8 f.]

40. Aristarch fasst *Τροίης* mit Diärese als Adjectiv zu *ληΐδος,* also im Sinne von *Τρωϊκῆς,* wie λ 510 und Α 129. Vgl. W. C. Kayser im Philol. XV S. 545 f. Lobeck Elem. II p. 19 sq. [Uebrigens hat Düntzer 40—42 als in jeder Weise störend in Klammern gesetzt und allerdings erwartet man nach 38. 39 keineswegs die Ausführung über die **vor** Troja gewonnene Beute und die daran gefügte Klage, während 43 ff. **als** specieller Fall mit *καὶ νῦν* dem allgemeinen Gedanken 38. 39 sich sehr passend anschliesst. Auch wird offenbar 44 die Neugier als treibendes Motiv hingestellt, während die Klage 41. 42 eher auf die Absicht führen würde den Odysseus zu berauben. Im Uebrigen vgl. auch Kirchhoff die Composition der Od. p. 128.]

65. Die aus den besten Quellen entlehnte Lesart *ὄφρ᾽ ἂν ἵκηαι* statt *ὄφρ᾽ ἀφίκοιο* oder *ὄφρ᾽ ἂν ἵκοιο* hat J. La Roche in seiner Ausgabe **und** in der Zeitschr. f. d. österr. Gymn. 1867 p. 169 sattsam begründet, weshalb **ich** ihm nachgefolgt bin. Ebenso E. E. Seiler. [Nauck: *ἀφίκοιο.*]

75. W. C. Kayser im Philol. XXII p. 513 bemerkt Folgendes: 'Nach Bekker Hom. Blätter p. 88, 21 wird nur einmal *θεοί* einsilbig Α 18 und *θεοῖσιν* zweisilbig ξ 251 gebraucht, während κ 75 *ἔρρε, ἐπεί ἄρα θεοῖσιν ἀπεχθόμενος τόδ᾽ ἱκάνεις* durch die Ueberlieferung so verbürgt ist, **dass** ihm in einem urkundlichen Texte der Platz eingeräumt werden muss.' Aber bei J. La Roche ist das nicht elidierte *ἔρρε* nur als γρ. aus dem Palatinus angemerkt. [Aber *ἐπεί ἄρα θεοῖσιν* haben bei La Roche 6 Handschriften, und sehr gute, *ἐπεί ἄρα θεοῖσι* Vindob. 133, vgl. auch Kayser bei Faesi z. St. Innere Gründe empfehlen diese von Kayser gebilligte Lesart ganz besonders. Nachdem Aiolos die erste Aufforderung *ἔρρε* durch einen allgemeinen Satz 73. 74 begründet hat, macht er nach der Wiederholung des *ἔρρε* 75 in dem begründenden Satze mit *ἐπεί* die Anwendung jenes allgemeinen Satzes speciell auf Odysseus, indem er die Berechtigung denselben auf Odysseus anzuwenden aus der Thatsache folgert, dass er zur Insel zurückgekommen sei. Bei diesem Gedankenverhältniss ist gerade die genaue Wiederholung der Wendung *θεοῖσι ἀπέχθεσθαι* aus 74 ganz besonders angemessen und ebenso das aus dem Erfolg schliessende *ἄρα* an seiner Stelle. Ich bin daher Kayser gefolgt. Nauck schreibt mit La Roche, Bekker: *ἔρρ᾽, ἐπεί ἀθανάτοισιν.* Bei dem angegebenen Gedankenverhältniss empfiehlt sich übrigens V. 74 nach *μακάρεσσιν* eine schwächere Interpunction, als den üblichen Punkt zu setzen.]

82. In der Märchenerzählung von den Lästrygonen haben wir das dritte Wunderland, das von den spätern Griechen, wie Thuk. VI 2, in

Sicilien, von den Römern in Latium bei Formiae gesucht wurde. Ueber *Λαιστρυγονίη* vgl. auch Philostr. Her. 2, 20 p. 694. Diese Stelle behandelt ausführlich J. F. Lauer Litterarischer Nachlass I (Berlin 1851) S. 294 ff. Ihm bin ich in mehrern wesentlichen Punkten gefolgt. Den Namen *Λαιτρυγόνες* hat man wohl am wahrscheinlichsten von λα, λαι und τρύχειν, τρύγειν abgeleitet, so dass er 'Starkverzehrende' bedeute.

86. Dieser Mythos soll nach Einigen aus einer dunkeln Kunde von den nordischen kurzen und hellen Nächten hervorgegangen sein (den Gegensatz haben wir in dem Märchen über die Kimmerier λ 14 ff.) [Vgl. auch K. Müllenhoff deutsche Alterthumskunde I p. 5. Welcker Gr. Götterl. II p. 349. Bergk griech. Literaturgesch. I 810, 52. K. E. v. Baer historische Fragen mit Hülfe der Naturwissenschaften beantwortet. St. Petersburg 1873 p. 28 f.] Aber diese 'angeblichen Spuren einer Kenntniss von dem nördlichen Europa im Homer' bestreitet mit beachtenswerthen Gründen J. F. Lauer Litterarischer Nachlass I S. 306 ff. Dessen eigene Ansicht ist S. 316 folgende: 'Der Dichter denkt sich die Lästrygonen weit, weit von Griechenland **entfernt, nach** der Gegend zu wohin die Sonne und der Tag wandelt; er denkt ferner **dass,** wenn **es** in Griechenland Tag ist, es auch bei den Lästrygonen Tag sei, man **also** in Telepylos und Hellas die Sonne zu gleicher Zeit aufgehn und den Tag über scheinen sieht. Der Dichter meint, dass es in jener Stadt noch nicht dunkel werden könne, wenn bei ihm zu Lande die Nacht einbricht, dass sie länger von der Sonne profitiere, weil sie dem Orte, wo die Sonne untergeht, ja so bedeutend viel näher liegt. Da er nun andrerseits für Griechenland und Telepylos einen gleichzeitigen Sonnenaufgang annimmt, so trifft es sich bei den Lästrygonen, dass während noch der Schäfer von der Weide heimtreibt, schon der Rinderhirt wieder mit seiner Herde auszieht; kaum ist die Sonne unter, so kommt sie schon wieder hervor. — Dass auch bei den Lästrygonen von einer Nacht (86) die Rede ist und unerklärt bleibt, wie die Sonne oder der Tag so schnell von Westen nach Osten zurückkomme, thut meiner Erklärung keinen Abbruch. Denn νύξ bezeichnet nichts anderes als die Zeit zwischen dem Aufgange und Untergange der Sonne, kann also gebraucht werden, wenn dieser Zeitraum fast gleich null ist. (Vgl. Völcker Hom. Geogr. § 23 S. 36. Oertel de chronologia Hom. II Meissen 1845 p. 3 sqq.). Auf den zweiten Einwurf würde vermuthlich Homer selbst die Antwort schuldig bleiben. Man muss von den Anschauungen und Vorstellungen **des** Volkes weder Consequenz noch Durchführung verlangen. Sie gehen bis zu einem gewissen Punkte, fassen nur einen Theil auf und wie es **wol so** nach dem ersten Blicke den Anschein hat, lassen aber alle abschliessende Reflexion bei Seite und sind unbekümmert um Widersprüche, da sie selbst sich keine machen.' Zu dem letzten Gedanken vgl. man auch den Schluss in der Bemerkung von K. Schwenck, die im Anhang zu μ 4 aufgenommen ist. [Andere Erklärungsversuche bei Buchholz hom. Realien I, 1, p. 263. Thaer im Philol. XXIX p. 601. Adam in Blätt. f. d. bayersch. Gymn. 1871 p. 147 ff.]

88. τετύχηκε ist ein intransitives Perfect, nicht wesentlich verschieden von τέτυκται, wie μ 423. P 748. In gleichem Verhältnis
stehen πεφευγώς und πεφυγμένος, κεκορημένος und κεκορηώς, τετιημένος und τετιηώς, ἔοικε und ἔικτο, συνοχωκότε und ἐπώχατο, μέμηλε
und μέμβλεται, ὄρωρε und ὀρώρεται, κατερήριπεν und ἐρέριπτο.

90. ἀραιός mit dem Spiritus asper nach Aristarch, während Herodian zu A 469 bemerkt: τὸ ε καὶ α πρὸ τοῦ ρ φωνήεντος ἐπιφερομέ-
νου ψιλοῦται. [Vgl. La Roche homer. Textkritik p. 201.] Bekker gibt
jetzt ῥαραιός. Die geschilderte Localität erinnert unter anderm an die
Meeresbucht von Balaklava, in die nur eine schmale Spalte vom Meere
aus hineinführt. Vgl. Neumann die Hellenen im Skythenlande I S. 336 ff.
[und K. E. v. Baer historische Fragen mit Hülfe der Naturwissenschaften
beantwortet, St. Petersburg 1873 p. 19 ff., welcher nach dem Vorgange von Dubois de Montpereux Voyage autour du Caucase et en Crimée
nachzuweisen sucht, dass in der Odyssee offenbare und zum Theil sehr
genaue Schilderungen von Gegenden der Nord- und der Ostküste des
Schwarzen Meeres vorkommen.] Einen ähnlichen Gedanken aber von
einer Landzunge haben wir ζ 264.

97. [Man interpungiert hier gewöhnlich so, dass hinter δήσας 96
Kolon oder Komma, und am Schluss von 97 nach ἀνελθών ein Punkt
gesetzt wird. Ich sehe keinen Grund, weshalb man hier anders ver-
fährt als in den ganz ähnlichen Stellen κ 148. 149. 220. 221. Wie
dort der zweite Vers an der ersten Stelle mit καί, an der zweiten mit
δέ angeschlossen den parataktischen Nachsatz zum ersten bildet, so hier
vermittelst des Anschlusses von ἔνθα. Jedenfalls steht 97 in einem viel
engern Zusammenhang zum folgenden als zum vorhergehenden Verse.]

102. Eine derartige Gesandtschaft bilden Odysseus und Menelaos
Γ 205. A 140; Aias und Odysseus unter Führung des Phönix I 169
und andere. Auch hier suchen die Gesandten 110 den Lästrygonen-
könig und würden ihm jedenfalls ihre Bitte um gastliche Aufnahme vorgetragen haben, wenn nicht der Wilde es ihnen durch einen wilden
Angriff 116 unmöglich gemacht hätte. Odysseus aber hat eine Veranlassung zu einer solchen Vorsicht (welche nach den Zügen des heroischen
Lebens, die auch Aeschylos in den Schutzflehenden andeutet, nicht zu
den Seltenheiten gehört), da er nach den letzten bittern Erfahrungen
schon mit argwöhnischem Misstrauen landet 95, und durch seine eigene
Betrachtung 98 ff. keineswegs Spuren von Gesittung wahrgenommen hat.
Dagegen ist keine Spur von einer Gesandtschaft ι 90, worüber im Anhang gesprochen wird.

103. Ueber den Accusativ λείην ὁδόν vgl. J. La Roche Hom. Stud.
§ 3. In Bezug auf das folgende ἅμαξα lehrt Herodian zu Σ 487, dass
das Wort bei Homer εἰς ἰδιώτητα den Spir. lenis erhalte, während die
jüngern Attiker ἅμαξα schrieben. [Vgl. La Roche hom. Textkritik p. 187.]
Die hier erwähnten Waldwege zu Holzfuhren sind die ältesten Nutzwege
der Hellenen und enthalten die Anfänge für den späteren Wegebau. Den
Zusammenhang der Stelle endlich erläutert Nitzsch in Fleckeisens Jahrb.
1860 S. 867 (auch Beiträge zur Gesch. der ep. Poesie S. 118) mit

Recht also: 'Verständlich und erklärt genug erscheint das von den an
die Lästrygonen abgesandten in dritter Person gegebene κ 102—116.
Denn 117 kommen zwei der abgesandten flüchtig zurück, die also das
geschehene erzählt haben. Das weitere, den Ruf durch die Stadt und
das Zusammenlaufen der Riesen zu den Höhen am Hafen und ihre Würfe
auf die Schiffe und das Aufspiessen und Forttragen der im Wasser
schwimmenden muste Odysseus gehört und in einzelnen Beispielen gesehen
haben, so dass er nun demnächst von sich in erster Person erzählen
konnte, was er gethan habe und wie er mit seinem Schiff allein ent-
kommen sei: 126—132.' Vgl. auch oben zu κ 31 die Schlussbemerkung
[und dagegen Kirchhoff die Composit. d. Od. p. 124 ff.]

106. ἴφθιμος 'hochgeehrt' in eigentlicher Bedeutung; vgl. Döderlein Hom. Gloss. § 862. So λ 287. μ 452. ο 364. π 332. ψ 92.
E 415. Gewöhnlich heisst es 'gewaltig, stark'. H. Düntzer in Kuhn's
Zeitschr. vertheidigt die Zusammensetzung aus ἶφις und θυμός, so dass
es aus ἰφίθυμος, ἴφθυμος entstanden sei und mit μεγάθυμος, μεγα-
λήτωρ synonym stehe. Ueber den Gebrauch von ἴφθιμος bei Homer
vgl. Autenrieth bei Nägelsbach zu A 3. — Die hier nach Wasser gehende
Königstochter erinnert an die verwandelte Athene η 20, und an Rebekka
1 Mos. 24, 16; auch an Goethes Dorothea VII 37. Der nachher erwähnte Name Artakiē erscheint auch als Name einer Quelle bei Kyzikos
in der Argonautensage: Apoll. Rh. I 957. Orph. 496. Ueber die Stadt
Artake vgl. Herodot IV 14. Manche halten Vers 108 für einen spätern
Zusatz. [Vgl. Kirchhoff die Composition der Odyssee p. 125, Bergk
griech. Literaturgesch. I p. 684.]

110. Vom Relativum für das indirecte Fragwort gibt Beispiele
aus den Tragikern G. Wolff zu Soph. Antig. 542. [Die Handschriften
haben καὶ οἷσιν oder ἠδ' οἷσιν, ἠδ' οἵοις. Wenn Aristarch καὶ τοῖσιν
schrieb, so sah er darin wohl ein τέοισιν (wie Nauck als ursprüngliche
Lesart vermuthet) = τίσιν. Denn die Formen des Demonstrativpronomens
ὁ ἥ τό als Vertreter des Interrogativpronomens anzunehmen wäre noch
viel gewagter, als es schon ist von einer Vertretung desselben durch
ὅς, ἥ, ὅ zu sprechen: vgl. Windisch in G. Curtius Stud. II p. 210 f.
Die Stellen bei Homer, wo ὅς scheinbar für das Interrogativ ὅς τις
steht, sind: Φ 609. Τ 21. B 365. N 278. ρ 363. β 45. Ψ 498. π 317.
γ 185. τ 219. H 171 vgl. meine Dissertation de pronominum relativorum linguae graecae origine atque usu Homer. Gött. 1863 p. 27
und jetzt den Anhang zu H 171.]

126. Das ἐγὼν ἄορ, vor ὀξὺ ἐρυσσάμενος παρὰ μηροῦ, hier aus
den besten Hss., dagegen mit ξίφος ι 300. κ 294. 535. λ 48; mit φάσγανον A 190; sonst heisst der Versschluss auch ἐρυσσάμενος ξίφος
ὀξύ Ξ 496. Τ 284. Φ 116, und ἐρυσσάμενος ξίφος ἀργυρόηλον Γ 361.
N 610. [Vgl. aber Kayser bei Faesi.]

130. ἅλα ist die Lesart des Rhianos und Kallistratos, die Toup
schon durch Conjectur gefunden hatte. Düntzer ist zu ἅμα zurückgekehrt, was in fast sämmtlichen Handschriften und in Citaten geboten
wird: vgl. W. C. Kayser im Philol. XVIII S. 665. Düntzer bemerkt dazu

nach dem Vorgange von Nitzsch folgendes: 'ἅλα, das aus η 328. ν 78 hierhergekommen ist, ergänzt sich von selbst.' Aber diese Ellipse bedurfte wenn irgend eine der Begründung. So lange dies nicht geschehen ist, halte ich das Urtheil von W. C. Kayser für richtig; 'Der Ruderer wirft allerdings die Salzflut in die Höhe; der Dichter versinnlicht seine Thätigkeit durch die Anwendung dieses Bildes η 328. ν 78; gleichwol ist die Annahme eine sehr gewagte und unberechtigte, dass dieser poetische Ausdruck für ἐρέσσειν oder vielmehr βλήχιν ἐρέσσειν so gewöhnlich gewesen sei, dass ihn der Dichter ohne das Object ἅλα habe gebrauchen können.' [Vgl. auch K. Mayhoff de Rhiani stud. Hom. p. 80 f.]

133 ff. [Den Zusammenhang der folgenden Partie bespricht Kammer die Einheit p. 469 ff. eingehend und schlägt, mancherlei Bedenken geltend machend, für 172 bis 204 eine andere Anordnung vor.]

135. Ueber Αἰαίη vgl. auch zu ι 32. Wir haben hier im hohen Nordwesten das vierte Wunderland, unter welchem die Römer die frühere Insel und spätere Halbinsel Circeji in Latium verstanden: Plin. H. N. III 9. Vgl. zu ι 106. Ueber den Wohnsitz der Kirke überhaupt, wie er in zwei verschiedenen Sagen erscheint, vgl. E. E. Seiler zu dieser Stelle. — 137. Der Bruder der Kirke Αἰήτης ist unser 'Erdmann'.

148. Dieser Vers fehlt in keiner alten Urkunde. ἔστην δέ ist der hier zur malerischen Vollständigkeit nothwendige Hauptbegriff; die folgenden Worte aber enthalten in homerischer Weise den Abschluss des mit ἀνήϊον ἐς περιωπήν noch in der Entwickelung begriffenen Gedankens. Vgl. auch 194. Hierzu kommt, dass beim Fehlen des Verses das καί μοι ἐείσατο καπνός sich nur an das ἀνήϊον ἐς περιωπήν anschliessen könnte, Odysseus also schon beim Hinaufsteigen den Rauch gesehen haben müste, was dem Zusammenhang widerstreitet; vgl. 140 ἐν μεγάροισι und die Note zu 152. Dies mit Bezug auf Alfred Rüdiger in Mützells Z. f. d. GW. 1860 S. 894, wo der Vers für ein entbehrliches Einschiebsel aus 97 erklärt wird. Ueber das 146 erwähnte περιωπή vgl. Lehrs de Arist. p. 153 [² 150].

149. ἀπὸ χθονὸς εὐρυοδείης als stabiler Versschluss auch γ 453. Π 635, und mit ὑπό λ 52. Zu vergleichen ist das mit πόλις und Τροίη verbundene εὐρυάγυια, das ausser η 80 und Δ 52 auch stets den Versschluss bildet, wie das vom Meere gebrauchte εὐρυπόροιο, worüber zu δ 432.

150. διὰ δρυμὰ πυκνὰ καὶ ὕλην als zweites Hemistichion auch 197. Λ 118; hierzu ἀνὰ δρυμά κ 251. In Bezug auf αἴθοπα καπνόν 152, das Andere 'dunkelen Rauch' erklären, hat Anton Göbel in der Zeitschr. für das GW. 1864 S. 325 mit Recht nach dem Vorgange von Albert Schuster folgendes bemerkt: Odysseus blickt von seiner Warte aus gerade auf den Herd, sieht das dort brennende Feuer selbst nicht, so wenig wie anderweitige Gegenstände der Wohnung, und zwar von wegen „des dichten Laubes und Gebüsches"; aber es sticht für sein Auge grell gegen das dunkle Gebüsch der glühendschimmernde Rauch oder Schwalch ab, so dass er deutlichst erkennen kann, es sei

dort eine Feuerstätte resp. Wohnung. Die Erklärer haben mit Unrecht
den malerischen Gegensatz zu δρυμὰ πυκνὰ καὶ ὕλην ganz übersehen.'
[Dagegen erklärt Kayser bei Faesi 150 für eingeschoben.]

169. Ueber die Adverbialform καταλοφάδεια vgl. Lobeck Parall.
p. 154 und Theognost in Cramers Anecd. Oxon. II p. 164, 25. G. Curtius Etym. II S. 200. 215. [¹ 616. 631]. Was die Sache betrifft, so
pflegen es die Gemsjäger noch heute so zu machen und sich dann mit
beiden Händen auf den Alpenstock zu stützen. — 'Die Dehnung καταλοφάδεια ist entweder durch die Aussprache καταλλοφάδεια entstanden,
oder es ist die ursprüngliche Länge des Instrumentalis κατά (Terminus
in quem p. 29) hier erhalten, neben dem ja sonst auch der Locativ
καταί gebräuchlich war: vgl. Terminus in quem p. 25'. G. Autenrieth.
[Anders erklärt das Wort jetzt Wörner in Curtius Stud. VI p. 367 f.]

188. [Rhianos las δὴ τότ' und μῦθον statt πᾶσιν, vgl. darüber
Mayhoff de Rhian. stud. Hom. p. 81.]

189. Diesen Vers hat Kallistratos mit Recht getilgt. Denn er ist
hier wegen des folgenden Verses unpassend, weil Homer in Anreden nie
einen doppelten Eingang so gebraucht, dass erst bei der zweiten
Anrede eine Begründung derselben mit γάρ hinzugefügt würde; das ist
zu rhetorisch und widerstrebt daher der epischen Einfachheit. Ebenso
urtheilt Köchly de Od. carm. II p. 9. Vgl. auch zu λ 92.

190. Dass Homer überhaupt nur die zwei erwähnten Himmelsgegenden, Westen und Osten, bestimmt unterscheidet, ist schon zu ϑ 29
bemerkt. Eine Nachahmung unserer Stelle bei Xenophon Anab. V 7, 6:
ὑμεῖς δ', ἔφη, ἴστε δήπου, ὅθεν ὁ ἥλιος ἀνίσχει καὶ ὅποι δύεται. —
191. Statt οὐδ' hat C. W. Nauck 'wohl οὐχ' vermuthet. So erhalten
wir zwei Parallelglieder, in denen sich sehr schön οὐ mit οὐδ' ὅπῃ
ἠώς und οὐχ mit εἰς' ὑπὸ γαῖαν οὐδ' ὅπῃ ἀννεῖται entsprechen.
[Indess kann keiner der verschiedenen Versuche (vgl. Kammer die Einheit p. 471) die Schwierigkeiten dieser Verse durch Interpretation zu
heben, einigermassen befriedigen, auch Ameis' Erklärung nicht. Die Behauptung 190 — 192 steht unleugbar im Widerspruch mit den Wahrnehmungen, welche Odysseus und die Seinen an den vorhergehenden
Tagen nach 144. 160. 185. 187 hatten machen müssen und es ist
schwer sich davon zu überzeugen, dass so bestimmte concrete Anschauungen, wie Sonnenauf- und Untergang, in dem abgeblassten Sinne, wie
sie Nitzsch und Ameis fassen, hätten verstanden werden sollen. Der
Gedanke ferner 193, wo Odysseus seine völlige Rathlosigkeit ausspricht
(denn Nitzsch's Deutung ist unhaltbar), ist nicht nur auffallend, nach der
gehobenen Stimmung desselben am vorhergehenden Tage (174 ff.),
sondern ebenso unvereinbar mit den Erwägungen und dem Entschluss,
den er 151 — 155 gefasst hat, als mit der 194 ff. folgenden Begründung, die ja, wie die Wirkung der Worte auf seine Gefährten zeigt,
sofort den Gedanken Kundschafter auszusenden, nahe legen musste. Wäre
die von Ameis gegebene Auffassung von 190 — 193 begründet, so würde
allerdings sich ein leidlicher Zusammenhang gewinnen lassen. Unfähig
sich zu orientiren, wo sie sich befinden, kann Odysseus nur rathlos sein

in Bezug auf die weitere Fahrt; und diese Rathlosigkeit könnte durch 194. 195 begründet werden, sofern die rings um die Insel sich breitende **unendliche** See die Möglichkeit weiterer Orientierung ausschliesst. Aber auch so bleibt bei dem feststehenden Entschluss des Odysseus Kundschafter auszusenden, der durch 196. 197 sofort jedem nahe treten muss, das Geständniss völlig rathlos zu sein seltsam und der Zusammenhang zwischen der ersten und zweiten Hälfte der Rede nicht recht begreiflich. Unter diesen Verhältnissen lag zumal bei dem doppelt vorliegenden Eingang der Rede (189. 190) der Gedanke nahe mit **Düntzer** homer. Abhandlungen p. 460 ff. eine doppelte Fassung der Rede anzunehmen. Nach ihm bestand die ursprüngliche Rede aus 189. 194—196, ein Rhapsode aber, **der** meinte die Betrübniss der Gefährten (198) **sei** durch die vorhandene Rede nicht genügend begründet, dichtete in 190 bis 193 eine zweite **Fassung**. Allein weder kann die so gewonnene ursprüngliche Fassung der Rede befriedigen, da man doch irgend eine Andeutung dessen, was nach den gegebenen Verhältnissen zu thun sei, oder eine Aufforderung zu erwägen erwartet, noch ist die **Wahrscheinlichkeit** der zweiten Fassung gehörig motiviert; überdies **wird ja** 199. 200 die Betrübniss der Gefährten eigens begründet. Daher hat Kammer p. 473 und 531 f. **Düntzers Ansicht** verwerfend, bei dem Versuch, diese ganze Partie nach der ursprünglichen Fassung zu ordnen, 190—193 als aus dem Zusammenhang von λ 15 ff. hier an ungehöriger Stelle eingeschoben ausgeschieden. Einen vergeblichen Versuch 189 zu retten und zugleich einen passenden Zusammenhang herzustellen hat Adam in den Blätt. f. d. bayer. Gymnasialschulw. 1871 p. 151 ff. gemacht, indem er 193 unmittelbar an 189 anschliessen will, alles übrige aber unverändert lässt. — Uebrigens war von Aristarch (Carnuth Aristonic. p. 96) zu den Worten ἐγὼ δ᾽οὐκ οἴομαι εἶναι bemerkt: τοῦτο εἶναι διὰ μέσον ὡς ἂν ἀπαλγήσαντος τοῦ Ὀδυσσέως ἰδίᾳ ἀναπεφωνῆσθαι.]

212. Diese Beziehung des μίν gab schon Aristarch, indem die Bemerkungen bei Apollonius de pron. p. 108 und de synt. p. 200, wo μίν auf δώματα bezogen wird als πρὸς τὸ συνώνυμον τοῦ οἴκου, sicherlich von Aristonikos herrühren. [Vgl. Carnuth Aristonic. p. 96.] Andere beziehen μίν auf die Kirke in dem Sinne: 'sie hatte sich mit den Thieren umgeben', was aber mit der **Situation in 220** nicht zuzammenstimmt: daher richtiger: Kirke hatte **um ihr Haus herum** eine ganze Menagerie (434). Ueber die Darstellung in dieser Selbsterzählung bemerkt Nitzsch in Fleckeisens Jahrb. 1860 S. 867 f. (auch in: Beiträge zur Gesch. der ep. Poesie S. 118) folgendes: '**Wieder** begleitet die Erzählung in dritter Person die abgehenden 210—244, bis Eurylochos allein zurückkommt und ihren Gang und **was** sie gefunden kurz angibt; aber es ist vorher als geschehen erzählt worden, was Eurylochos nicht alles gesehen hat, nemlich auch die Verwandlung im Hause der Kirke. Doch wiederum erklärt der Fortgang, wie jetzt Odysseus aus alsbald erhaltener Kunde, sowie er vorweg gethan, den Hergang verfolgen konnte. Dass die Verwandlung in Schweine geschehen, hat ihm alsbald Hermes mitgetheilt 282. 283, und die Weise der Kirke, durch

den Zaubertrank, ersah er 316—320, als Kirke ihm selbst **einen**
solchen mischte. So war ihm alles bewusst, was er jetzt vorweg gegeben, und hat Eurylochos in seinem ersten Bericht der im Vorhof
wedelnden **Wölfe** und Löwen (212 f.) nicht gedacht, so spricht er doch
432—434 seine Warnung in Erinnerung an sie aus. So erkennen wir
des Selbsterzählers Weise.' Vgl. auch die oben zu 31 gegebene Schlussbemerkung [und dagegen Kirchhoff die Composition d. Odyss. p. 122 f.]
213. Anders Verg. Aen. VII 19. 20, worüber schon Scaliger bemerkt hat: 'Homerus feras agrestes medicaminibus cicuratas, Vergilius
homines in ferarum speciem conversos depingit.' Gegen die andere Erklärung, dass κατέθελξεν von der 'Verwandlung aus Menschen' zu
verstehen sei, hat schon Nitzsch gesprochen. Der Dichter würde diesen
Umstand ausdrücklich gesagt haben, wenn er ihn gemeint hätte.
Nach späteren Dichtungen freilich hat Kirke verwandelte Menschen in
ihrer Menagerie auch als Hunde (Hor. Ep. I 2, 26), als Esel (Plut. praec.
coniug. 5 p. 139ᵃ), als Bären (Ov. Met. XIV 255). [Die Anwendung
von θέλγω κ 291 und 326, sowie die Vermuthung des Eurylochos 432.
433 zeigen, dass man κατέθελξεν sehr wohl von der Verwandlung aus
Menschen verstehen kann und das Attribut κακά bei φάρμακα nöthigt
geradezu es so zu verstehen.]
219. Gewöhnlich wird hier und an allen bezüglichen Stellen ἔδει-
σαν, ἔδεισεν usw. gegeben. Aber Aristarch hat das doppelte δ nicht
geschrieben, sondern der Aussprache überlassen; vgl. Didymus zu Θ 423.
O 123. Ψ 417. Jetzt ist auch Bekker hier durchgängig dem Aristarch
gefolgt. Wer die Verdoppelung des δ für gerechtfertigt hält, der muss
in dem zweiten δ eine Assimilierung des Digamma annehmen unter
Vergleichung der zahlreichen Wörter auf ϱ, die alle mit einem Digamma begannen. Vgl. auch G. Curtius Gr. Etym. I No. 268. II S. 225.
[⁴ 234. 646.]
220. Zu dieser Deutung der Aristarchischen Lesart ἐν προθύροισι
vgl. 232. 259. 260. 432. 433. Ov. Met. XIV 254: *stetimusque in*
limine tecti. Wenn nemlich Eurylochos im Hofe gewesen wäre, so hätte
er die Kirke geschen, wie sie die verwandelten Gefährten in die Kofen
trieb, und hätte demnach dem Odysseus sichere Nachricht gebracht. Vgl.
H. Rumpf de aedibus Hom. II p. 13. Düntzer dagegen ist zu der früheren
Lesart εἰνὶ θύρῃσι (wie 310), die vor Fr. A. Wolf in den Ausgaben
stand, zurückgekehrt mit der Bemerkung: 'Einer αὐλή vor dem Hause
der Zauberin wird gar nicht gedacht; die Löwen und Wölfe treiben sich
vor der Thüre herum; die Ställe sind hinter dem Hause zu denken.
Polites, der am nächsten getreten ist, sieht sie [die Kirke] um den
Webstuhl gehn 226 f.' Ich kann nicht beistimmen. Denn erstens würde
der Schluss auf das Nichtvorhandensein dessen, was nicht ausdrücklich
erwähnt wird (wie hier die αὐλή), zu bedenklichen Consequenzen führen
und mit der Gleichmässigkeit der homerischen Sitte in Conflict gerathen. Hat doch Düntzer selbst zu κ 546 die αἴθουσα δώματος angenommen, die sich beim Fehlen der αὐλή auf der Strasse befinden
würde. Zweitens müste der Umstand, dass die Ställe sich irgendwo

'hinter dem Hause' befunden haben, erst aus Homer begründet werden. Wie endlich drittens Polites die Kirke habe sehen können, da nach 230 die Thüre verschlossen war, ist mir nicht verständlich.

235. Ueber οἶνος Πράμνειος und κυκεών sind die Erörterungen zu vergleichen, die hier E. E. Seiler gegeben hat. Und dazu noch Adolf Lang Homer und die Gabe des Dionysos. Marburg 1862 p. 17.

238. [Ameis bemerkte über πεπληγυῖα: 'wir praesentisch ungenau: mit dem Stabe schlagend, während Homer mit dem Perfect die wahrnehmbare Wirkung, gleichsam die eingedrückten Zeichen der geschehenen Schläge als sinnlich anschaulichen Zustand der Dauer ins Auge fasst':] Hieraus erklärt sich zugleich, warum überall plastische Begriffe der Sinnlichkeit dabei stehen, wie 319. π 456. B 264. E 763. X 497, und bei κεκοπώς σ 335. N 60. Man vergleiche den modernen Fechterausdruck 'der Hieb sitzt'. Ebenso pflegen von dem redenden und handelnden Zeitalter die Ausdrücke, welche für Laute der menschlichen oder thierischen Stimme gebraucht werden, häufig als in der Wirkung fortdauernde Zustände aufgefasst zu werden: βεβρυχώς, γεγωνώς, κεκληγώς. λεληκώς, μεμηκώς, μεμυκώς, τετριγώς, alles charakteristische Merkmale der epischen Mündlichkeit. Vgl. zu ξ 185. Beide Begriffsphären aber, der πεπληγώς und γεγωνώς, hängen eng zusammen wie im Leben so in den Sprachen, 'indem fast durchgehends die Sanskrit-Stämme, welche sonare bedeuten, auch die Bedeutung ferire oder pellere, iaculari, mittere, conicere umfassen oder doch nur mit geringer Veränderung als Träger des einen wie des andern Begriffes fungieren.' E. Hoffmann Homeros und die Homeridensage von Chios S. 52. Dies alles mit Bezug auf J. Classen Beobachtungen III S. 16 f. [Gesammtausg. p. 97 ff.] Gegen ebendenselben bemerkt Hugo Weber etym. Unters. I S. 63 Anm. 27: 'dass das Perfectum vielen Verben einen präsentischen Sinn gibt, liegt eben in der Bedeutung der Reduplication.' [Zu der jetzt gegebenen Erklärung dieser präsentischen Perfecte vgl. H. Warschauer de perfecti apud Homerum usu, Posnaniae 1866, Philol. XXVII p. 522 ff. und Fritzsche in den Sprachwissenschaftl. Abhandlungen hervorgegangen aus G. Curtius' grammat. Gesellsch. Leipz. 1874 p. 45 ff. — Ueber die Verwandlung selbst bemerkt H. D. Müller Mythol. d. griech. Stämme I p. 158 Anmerk.: 'Durch den Tod werden die Menschen verwandelt, weshalb auch von der ursprünglichen Unterweltsgöttin Kirke berichtet wird, dass sie die zu ihr Kommenden verwandelt habe (Ares p. 109).' Zur Kirkesage vgl. auch G. Gerland altgriech. Märchen in der Odyssee p. 35 ff.]

242. [Diesen Vers las Aristarch nicht: vgl. Carnuth Aristonic. p. 96. — V. 243 vermuthet Nauck εἶδαρ' statt αἰέν.]

244. αἶψ' ist die überlieferte Lesart, wofür Barnes ἂψ vermuthet hat, das von J. H. Voss (Randglossen S. 60) gebilligt und von Bekker [La Roche, Nauck] aufgenommen worden ist, weil man αἶψα mit 260 ὄτρον δὲ καθήμενος ἐσκοπίαζον nicht im Einklang fand. Aber es ist ein psychologisch begründeter Gedanke, dass jemand beim langen Warten und Spähen unter solchen Verhältnissen ängstlich wird und

6*

dann von dieser Angst getrieben rasch davoneilt, um seinen Jammer Andern mitzutheilen und Hülfe zu suchen. In dieser Lage befindet sich nach der vorliegenden Situation Eurylochos. Daher scheint mir ἄψ wenn auch nicht mit Düntzer eine 'irrige' doch eine entbehrliche Conjectur zu sein. Ebenso entbehrlich scheint dieselbe Conjectur von Barnes 405 zu sein, wo sie ebenfalls Aufnahme gefunden hat.

253. Dieser Vers, welcher bei Eustathius und in guten Hss. fehlt, ist hier wegen des Epitheton καλά ungehörig. Dagegen hat Bergk comm. crit. spec. V (Marburg 1850) p. 8 nach Apollonius de pron. p. 108 (368) sehr wahrscheinlich gemacht, dass hier ursprünglich 212 gestanden habe.

265 = β 362. κ 324. 418. λ 616. π 22. E 871. Δ 815. Hier fehlt der Vers in den besten Handschriften. Vgl. W. C. Kayser im Philol. XVIII S. 702, wo bemerkt ist, dass der Vers 'wahrscheinlich von dem Urheber der Diorthose (Vind. 56) gegen das Jahr 1300 nach v. 324 gebildet und in die Stelle gebracht wurde, weil er in dem Ausdrucke λαβὼν ἐλλίσσετο γούνων kein verbum declarandi erkannte, welches die folgende Rede schicklich einleiten könnte. Der Einfluss jener Diorthose auf andere Handschriften, insbesondere auf E [den Augustan.] und I [eine Breslauer], lässt sich nachweisen.' Der Vers wird also, da er bei Eustathius, im Harlei. Vind. 133. 50. 5. Vrat. Meerm. [u. and. bei La Roche] fehlt und im Marc. 613 am Rande steht, hier mit Recht getilgt. Denn er ist wegen des vorausgehenden λαβὼν ἐλλίσσετο γούνων, worin schon wie Z 45 das Sprechen liegt, matt und ungehörig; vgl. auch die analogen Stellen zu κ 481. Ganz anders ist der Zusammenhang in den angeführten Parallelstellen. Zur Dehnung der ultima in ὀλοφυρόμενος vor ἔπεα vgl. λ 616. π 7. ρ 396. 543. 591. τ 3. χ 150. 311. 343. 366. 436. ψ 112. ω 494. H 356. O 48. Φ 368. Ψ 557. Da es überall die ultima eines mehrsilbigen Wortes ist und ausserdem stets, ausser ω 494, zwei Kürzen vorhergehen: so kann man diese Dehnung nach den zu ι 366 erwähnten Beispielen erklären, ohne dass man nöthig hat das Digamma in ἔπεα geltend zu machen.

268. σῶν ist hier Pronomen. Denn selbstverständlich ist der Gedanke, dass er nicht 'Schweine' zurückführen wird, da diese nicht ohne weiteres ἕταροι heissen könnten. Eurylochos sagt σῶν, nicht ἐμῶν, weil dem Odysseus sein eigener Standpunkt klar gemacht werden soll: denn ἐμῶν würde den Gedanken involvieren, als sollte Odysseus nicht sowol für sich als für Eurylochos handeln. Aristarch hingegen fasst σῶν als Accusativ von σῶς im Sinne des sonstigen σόον, was in der ersten Ausgabe vertheidigt wurde, wovon mich aber C. W. Nauck durch die angeführten Gründe zurückgebracht hat.

281. Statt der überlieferten Lesart δ' αὖτε hat Bekker jetzt mit Recht δὴ αὖτε gegeben. Auch anderwärts hat Bekker ein δ' in δή verwandelt, so dass dieses δή mit dem folgenden οὕτως oder αὖ oder αὖτε Synizese bildet. Die Stellen dieser Art hat J. Rieckher in Fleckeisens Jahrb. 1862 S. 474 not. 5 zusammengestellt, nemlich Δ 131. 340. 540. B 225. E 218. H 24. 448. Θ 139. K 385. Δ 138. 386.

Ξ 364. Τ 134. 155. Φ 421. ι 311. κ 281. μ 116. χ 165. [Vgl. La
Roche homer. Untersuchungen p. 281 f. Uebrigens empfiehlt Adam in
den Blätt. f. d. bayersch. Gymnasialschulw. 1871, VII p. 153 die Lesart
des Vindob. 50 und Vratislav. A. αὔτως für αὔτ᾽ ὦ.]

295. κτάμεναι muss allgemein verstanden werden, nicht Κίρκην,
da Kirke als Göttin nicht Tödtung, sondern nur Verwundung zu fürchten
hat. Dass aber ὥς oder ὥς τε mit dem Particip bei Homer nicht im
Sinne der Attiker 'als ob, quasi' gebraucht werde, das ist schon
im Anhang zu α 392 nebenbei bemerkt worden. Es ist bei Homer nur
Vergleichungspartikel. Die Drohung 'sie' tödten zu wollen, wäre daher
eine zu starke Naivetät. Wenn der Dichter an das Object Κίρκην gedacht hätte, so würde er wol ὥς τ᾽ οὐτάμεναι μενεαίνων gesagt
haben. Anders verhält es sich mit der Furcht, die Ares Ο 117. 118
vor dem Blitze des Zeus hat: denn dort spricht Ares wie ein Mensch,
vgl. Nägelsbach Hom. Theol. III 7 S. 133 der Ausg. von Autenrieth.

297. Dieselbe Verbindung von ἔνθα und ἔπειτα in einem Satze
γ 108. 495. ε 73. η 196. κ 516. λ 71. μ 56. ν 106. π 48. τ 59. 102.
ψ 139. Ν 444. Ξ 129. Π 613. Ρ 529. Σ 450. Ψ 818, überall durch
ein oder zwei Worte getrennt, am häufigsten durch δέ.

305. Die 'Göttersprache' erscheint noch zu μ 61. Λ 403. Β 814.
Ξ 291. Υ 74. [Dazu bemerkt A. Römer: 'Es ist zu beachten, dass an
sämmtlichen Stellen der Ilias auch die von den Menschen gebrauchten
Namen angegeben sind, in der Odyssee nur die von den Göttern an-
gewendeten. Wie die Alexandriner über diese Verbindung in der Odyssee
dachten, erfahren wir Schol. vulg. μ 61: κὰκ τούτου δῆλον, ὅτι πέ-
πλακεν.'] Vgl. Bernhardy griech. Litt. 1³ S. 213 f. Nägelsbach Hom.
Theol. V 6. So hier μῶλυ. Ov. Met. XIV 292: moly vocant superi.
Vgl. Boissonade zu Philostr. Her. p. 333. Mehrere im Alterthum deuten
es als Nymphaea alba. Von den Scholien wird es hier παρὰ τὸ
μωλύειν, ὅ ἐστιν ἀφανίζειν τὰ φάρμακα erklärt, von Sokrates bei Xen.
Apomn. I 3, 7 symbolisch als Sinnbild der Vernunft und Erziehung
gedeutet, wie Kirke ebendaselbst als Repräsentantin verführerischer Lust
gilt. Es steht aber hier ebenso märchenhaft wie im 'Schatzgräber' von
Musäus die zauberhafte 'Springwurzel'. [Mehr bei Buchholz die homer.
Realien I, 2 p. 216 f. Hehn Kulturpflanzen und Hausthiere p. 130 f.]
Was das Schlusswort θεοὶ δέ τε πάντα δύνανται betrifft, so steht hier
der menschlichen Schwierigkeit die göttliche Allmacht gegenüber, wo
φ 184 bis 186 eben dieser menschlichen Schwierigkeit die göttliche
Leichtigkeit (ῥηιδίως). Das πάντα δύνανται selbst heisst: sie können
alles, nemlich was sie wollen. [Uebrigens bemerkt Nauck zu 306:
spurius?] Daher wird anderwärts mit dem Können zugleich der Wunsch
oder Wille genannt: vgl. ξ 445. π 198. 208. Mit dem Wesen dieser
Allmacht aber verhält es sich wie mit πάντα ἴσασιν zu δ 379, welches
ἴσασιν, statt δύνανται, auch hier der Harleianus und fünf andere [mehr
bei La Roche] Hss. bieten. Ueber die Sache vgl. auch Nägelsbach Hom.
Theol. I 7.

311. Statt des überlieferten ἐβόησα hat jetzt Bekker aus Conjectur

ἤυσα [welches sich übrigens im August. und im Venet. Marc. 647 als
Lesart bemerkt findet, vgl. La Roche] gegeben, wie das letztere Verbum
in demselben Versanfange *Λ* 10 gefunden wird.

315. [Nach Schol. Q las Aristarch diesen im Stuttgart. fehlenden
Vers nicht. Nauck hat denselben aus **dem** Text entfernt.]

316. Zu den angeführten Formen *γήραι λ* **136.** *ψ* 283. *δέπαι* an
unserer Stelle; *κέραι Λ* 385. *σέλαι φ* 246. *Θ* 563 vergleiche man das
analoge *σάκεῖ* und *σάκει*, so wie *Ὀδυσεῖ ε* 398. *ν* 35. Nach den
Zeugnissen der **Alten behandelt** diesen Gegenstand genauer **J.** La Roche
in der Zeitschr. f. d. österr. Gymn. 1863 S. 329 f. und ebendaselbst
1865 S. 96 f.

320. **Dasselbe Asyndeton** zwischen zwei Imperativen *o* 46. *π* 130.
ϱ 508. 529. 544. *υ* 149. *χ* 157. *Λ* 335. *Β* 10. 11. 164. *Γ* 432.
Ε 109. *Θ* 399. *Ι* 69. *Κ* 53. 175. *Λ* 186. 512. 611. *Μ* 343. *Σ* 171.
Τ 347. *Ω* 144. **Ueber die Stellen** mit der Negation vor dem zweiten
Imperativ vgl. zu *ν* 362, und wo *καί* im Sinne von 'auch' dazwischen
tritt zu *σ* 171. Krüger **Di. 59,** 1, 6. [Ueber **das** nur an 5 Stellen
bei Homer vorkommende *μετά* mit Genetiv vgl. **Ty. Mommsen** Entwicklung einiger Gesetze für den Gebrauch der griech. **Praepositionen** p. 35 f.]

326. Bekker [auch Nauck] hat statt des überlieferten *ὡς* jetzt *πῶς*
gegeben, was schon der von ihm nicht erwähnte Cobet Var. Lectt. p. 108
conjicierte, gegen welche Vermutung Döderlein öff. Reden S. 363 spricht.
Vgl. auch zu *φ* 123. [Im Vindob. 133 u. Harl. steht *πῶς* übergeschrieben, s. La Roche. Ueber die Bedeutung von *ὡς* bemerkt W. C.
Kayser **zur** Stelle, dass dasselbe stärker als *ὅτι*, nicht bloss die Thatsache, **sondern auch die Art, wie** sie stattfinde und den Grad, **in** welchem
sie eintrete **als Gegenstand des** Affects bezeichne. Vgl. ausser den in
der Anmerkung angeführten Stellen **noch Ilias** *K* 116. *Π* 17. *Ψ* 648,
und zur Erklärung des Gebrauchs das *ὡς* im directen Ausruf *x* 38:
o 381. *ϱ* 449.]

329. **Der Vers ist** von den Alten mit Recht verworfen **worden.**
Denn bei der Abwehr der Verzauberung handelt es sich nicht um *νόος*
ἐν στήθεσσιν. Es mag aber dieser nach *Γ* 63 gebildete Vers hier frühzeitig eingefügt sein, als man das ganze bereits allegorisch erklärte.
[Vgl. Carnuth Aristonic. zu 240 und zu 329. Nauck bemerkt auch bei
328: spurius?]

332. *σὺν νηὶ μελαίνῃ* = *γ* 61. *λ* 58. *ν* 425. *ω* 152 und noch
27mal in solcher Verbindung. Die andere Verbindung ist mit *ἐνί* oder
ἐν, wie *Τ* 331. *Ω* 438.

335. *εὐνῇ καὶ φιλότητι* als Versanfang wie *o* 421 und im Genetiv
Ξ 207. 306; sonst als stabiler Versschluss *φιλότητι καὶ εὐνῇ ε* 126.
ψ 219. *Γ* 445. *Ζ* 25 und im Nominativ *O* 32.

337. So *πῶς γάρ τ* 325. *Α* 123. *Κ* 61. 424; auch *π* 70. *τίς*
γάρ x 383. **501.** *ξ* 115. *Σ* 182. *πῇ γάρ o* 509. *ποίῃ γάρ π* 222.
Bekker hat hier **wie** *o* 509. *Σ* 182 das *γάρ* aus Conjectur in *τ᾽ ἄρ* geändert nach den **zu** *α* 346 berührten Stellen. [*τ᾽ ἄρ* steht hier im
Meermann. und Stuttgart. s. La Roche.] Eine andere Erklärung dieses

γάρ gibt Bäumlein **über** griech. Partikeln S. 73. [Vgl. Philol. **XXIX**, 161.] Ueber **πῶς** ohne beigefügtes Fragezeigen, wo der Gedanke in einen rhetorischen **Ausruf** übergeht, vgl. α 65. Δ 26. K 243. P 149. Ω 203. 519.

350. Dergleichen Praesentia finden sich ε 79. π **161.** σ 194. E 341. 342; auch ω 343 und zu α 70. Krüger **Spr.** 53, **1, 1.** Uebrigens gehört das elementare Entstehen der Dienerinnen 'aus Quellen, **von** Hainen, aus Flüssen' zu den märchenhaften und dem Zaubergebiete **der** Kirke entsprechenden Erscheinungen. Vgl. Lehrs popul. Aufs. S. **95 Anm.** Nitzsch und Köchly de Od. **carm.** II p. 9 halten 350 und **351 für** unecht, nach Düntzer **sollen sie** 'sich schon durch das Präsens als fremd erweisen.' [Auch **Nauck** bemerkt zu 350. 351: spurii? Wegen **des** Praesens vgl. Friedlaender im Philol. VI p. 674 Anmerk. 11.]

351. Hier **hat Düntzer** aus Conjectur οἵ τε ἄλαδε in den **Text** gesetzt **mit** der Bemerkung: 'Aristarch schrieb οἴτ' εἰς, **gegen den** Homerischen Sprachgebrauch, der nur ἄλαδε, nicht εἰς ἄλαδε kennt.' Allein **die** bei Krüger Di. 19, 3, 1 und 3 **erwähnten** Beispiele bieten eine ausreichende Analogie, um 'den Homerischen Sprachgebrauch' in dieser Hinsicht zu erweisen.

353. So im wesentlichen Döderlein **Hom. Gloss.** § 2430 mit Beistimmung **von** K. Grashof über das Hausgeräth S. 10 Anm. 9.

357. Ueber die Begriffe 'silbern' und 'golden' im homerischen Zeitalter vgl. K. F. Hermann griech. Privatalt. 43, 11.

368—372. Hierher sind diese in vielen Hss. fehlenden Verse aus ρ 91 ff. gekommen, aber mit Unrecht, weil erstens die 'Schaffnerin' nach τέσσαρες 349, zweitens das 'Brod' nach den gefüllten κάνεια 355, und drittens besonders der 'Tisch' nach τραπέζας 354 ganz unpassend erwähnt **sein** würden. Köchly de Od. carm. II p. 10 fügt noch hinzu: 'non dubito, quin quinque versus, qui in aliquot codicibus non leguntur, a recentioribus certatim damnati etiam ab Alexandrinis aut obelo notati aut adeo „ne scripti quidem" fuerint, cuius rei haud scio an aliquid indicii in eo insit, quod in scholiis statim a v. 362 ad v. 374 transitur nulla intersitorum mentione facta.' [Auch 367 scheint Nauck verdächtig, sowie 374.]

378. Ein Präsens ἕζομαι wird für die ältere Gräcität von **vielen** bezweifelt, wie von Hermann zu Mosch. 3, 62, Ahrens Hom. Formenl. § 95 A. 2, und deshalb hier mit Grashof **und** Passow ἕζεο für nothwendig gehalten 'du setztest dich', so dass Kirke schon früher das Benehmen des Odysseus beobachtet habe. Indes ist ἕζεαι, das mit dem folgenden ἄεττεαι und ὄλεαι innig zusammenstimmt, hier die Ueberlieferung ohne Variante. Beispiele dieses Präsens aus Späteren gibt Lobeck zu Buttmann Sprachl. II S. 202. Uebrigens betrachtet Bekker ἕζεαι als zweisilbig, da er ἕζεαι ϝῖσος mit Digamma gibt. Und Janus Soutendam Observ. in Homerum et Scenicos (Leiden 1855) p. 55 hat ἕζε' ἀναύδῳ ϝῖσος conjiciert.

380. Nach ὄλεαι habe ich mit G. Autenrieth Fragezeichen gesetzt, wie es der Zusammenhang zu verlangen scheint.

397. ἕκαστος neben dem Plural als distributive Apposition findet sich noch α 424. β 252. 258. γ 396. η 229. ϑ 399. ν 17. σ 291. χ 57. *A* 606. *B* 775. *E* 878. *H* 175. 185. 371. Θ 233. 347. *I* 88. 656. 712. *Λ* 731. *N* 121. *Ξ* 87. 111. *O* 369. 505. 662. *Π* 202. **351**. 697. *P* 250. *Σ* 299. *T* 84. 277. 339. *Ψ* 3. 26. 58. 203. 371. **497**. Ebenso ἑκάστη δ 729. ϑ 324. λ 542. Θ 520. Σ 496. *T* 302; ἑκάστῳ α 349. ζ 189. 265. *E* 195. *K* 473. *Λ* 11. *O* 109. *Σ* 375; ἕκαστον κ 173. 547. μ 207. ω 418. *H* 215. *T* 44. Den Uebergang zum collectiven Subjectsgebrauch der Späteren bilden ϑ 392. *K* 215. Krüger Di. 57, 8, 2. Kühner Gr. 266, 3. Wegen des appositiven Plural ἕκαστοι zu ν 76.

404. Andere lesen wie Bekker δὲ σπήεσσι πελάσσατε [Nauck · δὲ σπέεσσι.] Aber dann müste man den Begriff 'hinein' in die Grotten erst aus dem Zusammenhange hinzudenken, während ihn die andere gut gestützte Lesart mit deutlichem Ausdrucke darbietet. Dass aber neben πελάζειν ἔς τι η 254. μ 448 und οὐδάσδε κ 440 die prägnante Verbindung πελάζειν ἔν τινι keinem Bedenken unterliege, zeigt ausser andern Analogien das Compositum ἐμπελάζειν, das schon von Hesiod Sc. 109 und Hymn. in Merc. 523 an im Gebrauch ist. J. La Roche in der Zeitschr. f. d. österr. Gymn. 1864 S. 561 bemerkt, dass er 424 δὲ σπήεσσι 'in keiner Handschrift gefunden habe'. [Vgl. aber La Roche in d. Annotat. crit. zu 404.]

405. Zu αἶψ', wofür Bekker und Andere [auch Nauck] ἄψ geben, hat E. E. Seiler mit Recht bemerkt: 'allein αἶψ' rasch entspricht besser dem heftigen Verlangen der Kirke den Odysseus, der sich von den Gefährten nicht trennen wollte, an sich zu fesseln: vgl. 244.'

411. [Zu κόπρος und σηκοί vgl. A. Thaer im Philol. XXIX p. **600**. 604.]

412. Statt des allein überlieferten σκαίρουσιν, das auch Nitzsch mit Thiersch und G. Hermann zu Hymn. in Merc. 288 und Opusc. II p. 49 als Anakoluth erklärt, hat jetzt Bekker [auch Nauck] aus Conjectur σκαίρωσιν gegeben. [Vgl. auch Bergk griech. Literaturgesch. I p. 859.] Aber dann sieht man nicht, theils wie der Begriff ἐναντίαι mit den Worten περὶ βοῦς zusammenstimmen solle, theils warum ἀμφιϑέουσιν (ein ἅπαξ εἰρημένον) gesagt ist, wenn dies Verbum nicht den bei περὶ βοῦς ἀγελαίας nur vorschwebenden, aber in lebhafter Rede übergangenen Begriff hier in selbständigem Satze ausdrücklich bezeichnet. Sachlich bemerkt Nitzsch Beitr. zur. Gesch. der ep. Poesie S. 338 mit Recht: 'Die Liebe erscheint hier ganz als Naturgefühl, das in den Menschen dasselbe ist wie in den Thieren. Dazu kommt die sich dort anknüpfende Weckung der Heimatsliebe.' Der Vergleichungspunkt ist die freudige Begrüssung.

415. Bothe und Bekker (vgl. Hom. Blätter S. 90) haben die Interpunction vor ἐπεί getilgt und den Accusativ ἐμέ zu ἴδον gezogen. Aber das gibt erstens wegen des vorausgehenden ὥς eine bedenkliche Wortstellung: anders verhält es sich mit Stellen wie *Z* 474. Hierzu kommt zweitens, dass man dann zu ἔχυντο aus dem weit vorausgehenden ἀμφι-

ϑέουσιν den Begriff des ἀμφί hinzunehmen müste. Einen dritten Grund
hat J. La Roche Hom. Stud. § 50, 4 erwähnt, und zu diesem vergleiche
man die bestätigenden Parallelen β 155. γ 373. λ 615. ψ 92. X 236.
[L. Meyer in Kuhn's Zeitschr. XXII p. 43 hat dagegen bemerkt, dass
man bei dem überhaupt so seltenen Gebrauch des rein localen Accusativs
bei Homer nicht berechtigt sei ἔχυντο mit ἐμέ zu verbinden. Gewiss
mit Recht. Allein bei der unmittelbaren Entgegenstellung von ὡς ἐμέ
zu μητέρας, das von ἀμφιϑέουσιν abhängt, war ἐμέ ohne Zweifel als
Object für das folgende Hauptverbum berechnet, indem die vorhergehende
Construction von ἀμφιϑέουσιν einwirkte; als dann aber der Nebensatz
ἐπεὶ ἴδον ὀφϑαλμοῖσιν dazwischen trat und ἐμέ gleichsam als Object
vorwegnahm, konnte das intransitive ἔχυντο sich frei anschliessen, indem
die Beziehung auf die Person aus dem Vorhergehenden allgemein vorschwebte.]

418. προσηύδων findet sich nur hier als dritte Person des Plural,
in den übrigen zwölf Stellen ist es die erste Person des Singular: δ 550.
ι 345. 363. 474. 492. κ 482. λ 56. 209. 396. 552. μ 296. ξ 484.
Ueber die Construction und Wortstellung vgl. J. La Roche Hom. Stud.
§ 97, 1.

420. εἴ τε gehört zusammen wie B 349 und im verdoppelten
εἴ τε und ἤ τε, worüber zu π 216. [Vgl. aber, was dagegen L. Lange
der homer. Gebrauch der Partikel εἰ I p. 437 f. bemerkt hat, und wegen
des Optativs im Vergleichssatze Friedlaender Beiträge zur Kenntniss der
hom. Gleichnisse I p. 20 ff.] Ueber εἰς bei ἀφικέσϑαι vgl. J. La Roche
Hom. Stud. § 50, 4 und 6.

425. Die aufgenommene Lesart geben Eustathius, pr. Harl., Vindd.
133 und 56, August. Jetzt hat sie auch Bekker im Texte. Dagegen
findet sich das erst von Wolf adoptierte ὀτρύνεσϑ', ἵνα μοι ἅμα
πάντες ἕπησϑε nur im Vrat. und cod. Gonzagae [vgl. La Roche.] Es
ist eine alte Conjectur mit unhomerischer Sprache. Denn nach ὀτρύνειν
hat eine Absichtspartikel, wie σ 54. α 85. λ 214. Δ 269. ϱ 362,
eine ganz andere Bedeutung, die hier nur für das folgende ὄφρα passt.
Vgl. W. C. Kayser im Philol. XVIII S. 650 ff., welcher ἕπεσϑε mit
dem zu κ 320 erläuterten Asyndeton für das ursprüngliche hält. Neben
dem Imperativ ἕπεσϑε (den Eustathius und Vind. 133 von zweiter Hand
bieten [vgl. La Roche]) wäre auch πάντες mit regelrechter Einfachheit
gesagt, während man bei ἕπεσϑαι diesen Nominativ nicht ohne einen
gewissen Anstoss nur als Assimilation zu αὐτοὶ δ' ὀτρύνεσϑαι betrachten
kann; vgl. ι 300. κ 440. Daher würde ich, wofern es nothwendig
wäre, der Vermuthung Düntzers 'wenn nicht vielmehr πάντας zu lesen
ist', das von Kaiser behandelte πάντες ἕπεσϑε vorziehen.

430. W. C. Kayser im Philol. XVIII S. 702 bemerkt: 'Der Vers
ist augenscheinlich jung. Dem Schol. Harl. war er unbekannt, als dieser
zu 429 die Bemerkung niederschrieb λείπει τὸ λέγων: er ist weder von
Eustathius angeführt, noch durch die Handschriften pr. Harl. Cret. Vind.
56 und 5 gegeben. Seine älteste Spur treffen wir in einem Texte
des dreizehnten Jahrhunderts Vind. 133.' Im Marc. 613 steht er am

Rande [vgl. La Roche.] Der Vers wird mit Recht getilgt. Denn die
Hast des aufgeregten Eurylochos wird durch das blosse ἐρύκανε besser
bezeichnet, wie Ψ 734. K 191; anders χ 410 so wie ι 493. π 43.
τ 545. Θ 412. Ω 238. 431. ἴμεν als Indicativ noch β 127. σ 288. P 155. Andere verstehen es hier als Infinitiv. Aber eine Frage mit dem Infinitiv, wovon
Krüger Spr. 51, 17, 7 und Kühner Gr. 306 A. 11 c (letzterer mit
Anführung unserer Stelle) sprechen, ist noch nicht homerisch.

432—434 [verwirft Düntzer Kirchhoff etc. p. 58 aus nicht zu-
reichenden Gründen. Auch ist nicht begreiflich, wie sich 435 passend
an 431 anschliessen kann.]

435. [Ich bin jetzt der Erklärung von Adam in d. Blätt. f. d.
bayersch. Gymn. 1871, VII p. 154 gefolgt, welche dadurch gestützt
wird, dass das parallele φυλάσσοιμεν καὶ ἀνάγκη ein gezwungenes
Immerdortsein d. i. eingesperrt sein bedeutet. — Ueber μέσσαυλος vgl.
Ahrens αὐλή und villa, Hannov. 1874 p. 17 f.]

439. Zugleich sachlich entscheidend sind A 190. ι 300, ausserdem
sprachlich κ 51. ρ 236. σ 91. χ 334. K 504. M 18. N 455 und
anderwärts, wo wir jedesmal bei genauer Auflösung des Particips ein
'hätte' oder 'wäre' gebrauchen müssen. Ebenso nach andern Verben
von dieser Bedeutung. Vgl. auch zu γ 227. ε 415. ζ 111.

440. Dieselbe Assimilation 522. π 64. Δ 103. Θ 498. Das ἀποπλήξας, welches Eustathius und der Schol. zu Ψ 120 bieten, ist hier
bezeichnender und nachdrücklicher als das gewöhnliche ἀποτμήξας. [La
Roche hom. Textkritik p. 342 macht wahrscheinlich, dass Aristarch
ἀποπλήξας las.]

455. 456. Der zweite Vers, der hier wegen des μεῦ ἄγχι στᾶσα
(455) aus 401 hinzugekommen ist, fehlt in den bessern Hss. mit Recht.
Denn an den übrigen 21 Stellen folgt auf diesen Vers entweder ausdrücklich mit einem singularischen Imperativ ein specieller Auftrag an
Odysseus, oder es folgt irgend eine andere speciell an ihn selbst gerich-
tete Redewendung, nirgends aber nach dem Ende der Rede ein syllep-
tisches Personalpronomen, wie hier 466 ἡμῖν. Kirke trat hier nahe
zum Odysseus (455), weil dieser sich unter seinen Gefährten befand.
Woher übrigens Kirke die erwähnten Leiden wisse (457 ff.), das haben
nicht homerische Zuhörer, sondern erst reflectierende Leser späterer
Zeiten gefragt.

462—465 [werden von Nauck als suspecti bezeichnet.]

469. καὶ ἐπήλυθον ὧραι β 107. λ 295. ξ 294. τ 152. ω 142.
Die Horen nemlich bezeichnen gleichsam den Wellenschlag der Zeiten
und beginnen den vollendeten Kreislauf des Jahres mit jedem Frühjahr
von neuem. Vgl. K. Lehrs Popul. Aufs. S. 76 f. Hierauf bezieht sich auch
der allgemeine Ausdruck vom 'Umschwung der Jahre.' Vgl. zu α 16.

470. Dieser Vers fehlt hier wie τ 153. ω 143 in den besten Hss.
und macht durch seinen didaktischen Inhalt nach der vorausgegangenen
Personification einen störenden Eindruck. Der Vers ist aus Hesiod
Theog. 59 entlehnt, wo auch derselbe Vers wie hier vorausgeht.

475—479 wie 482 (vgl. den Anhang zu 265) fehlen bei Eustathius und in guten Hss., nach J. La Roche aber (in der Zeitschr. für die österr. Gymn. 1865 S. 254) stehen die Verse 'im Texte zweier der besten Handschriften des Marc. 613 und des Vind. 133, ausserdem in Vind. 5. 56 und der Stuttgarter'. Die Verse scheinen indes eine zur vorausgehenden Erzählung unpassende Ergänzung einer alten Lücke zu sein. Denn man vermisst hier die Antwort des Odysseus und was nach derselben bis zum Vortrag der Bitte an Kirke geschehen ist. [Vgl. auch Bergk griech. Literaturgesch. I p. 548, 38 und Nitzsch Sagenpoesie p. 141.]

491. Dies erhellt schon daraus, dass die στυγεραί έρινύς die Dienerinnen der Persephone sind. Daher wird sie έπαινή auch nur in Verbindung mit Ἀίδης genannt κ 534. 564. λ 47. Ι 457. 569. Erst Tryphiodor 52: **υἱὸς Ἀχιλλῆος καὶ ἐπαινῆς Δηδαμείης** folgt dem Misverständnis des Wortes 'lobenswerth'. Das ἐπί, das bei einer Verbindung von Persönlichkeiten nie von Homer gebraucht wird, ist hier nur der sinnlich malerische Zusatz ohne materielle Bedeutung, worüber zu α 273. So im wesentlichen mit Ph. Mayer Hom. Synon. IV S. 8 Anm. 6, mit dem in Bezug auf die Bedeutung auch Döderlein Hom. Gloss. § 998 übereinstimmt. Lobeck Path. elem. I p. 354 meint freilich, man müsse über dies Wort den Apollon befragen.

493. μάντιος ist eine Conjectur G. Hermanns: die Handschriften haben [mit Ausnahme von Marc. 613, der μάντηος hat] μάντιος, was Ahrens im rhein. Mus. N. F. II (1843) S. 162 beibehält, indem er die auffällige Quantität ἀλᾶοῦ durch die Genetivform ἀλαόο entfernt wissen will; vgl. den Anhang zu κ 36.

495. Cicero de div. I 40 übersetzt mit Recht: *solum sapere, ceteros umbrarum vagari modo*. Platon. Rep. III 1 tadelt den Vers von seinem Standpunkte aus. Dass übrigens der ältere Cato den Vers auf Scipio angewendet habe, erzählt Plutarch Cato mai. 27, in den Apophth. p. 200ᵃ und in den Praec. reip. ger. 10 p. 805ᵃ. Vgl. ausserdem Strabo XVI 2 p. 762; Hemsterhuis zu Lucian Nekyom. 6. [Ueber σκιαί Kayser im Philolog. XXII 512.]

502. εἰς Ἄιδος δ' wird auch durch Apollonius de coni. p. 506, **17** bestätigt. Ein εἰς Ἀιδόσδ' dagegen, wie hier manche nach Analogie von εἰς ἅλαδε lesen, passt nicht, weil Ἀίδης bei Homer nur persönlich gedacht ist, zu 491. Hierzu kommt dass nach Sätzen, wo γάρ einen Anruf begründet, der folgende Gedanke öfters mit δέ oder ἀλλά angeschlossen wird, wie ο 546. τ 353, oder mit οὐδέ, wie ϑ 164. κ 342. [Diese Stellen sind indes wesentlich unter einander und von κ 502 verschieden und darum nicht beweisend.]

507. Man beachte hier und in den folgenden Versen das Tempus der imperativischen Infinitive. Alle Haupthandlungen nämlich der nächsten Zukunft, die mit epischem Leben schon als Gegenwart gedacht wird, stehen im Präsens, wie ἧσθαι hier, ἰέναι 512, χεῖσθαι 518, παλύνειν 520, γουνοῦσθαι 521, ῥέξειν 527, ἧσθαι μηδὲ ἐᾶν 536, die Nebenhandlungen dagegen, die jenen Haupthandlungen jedesmal vorausgehen, erscheinen im Aoristus, wie κιλσαι 511, ὀρύξαι 517, τραπεῖσθαι 528,

ἐποτρῦναι καὶ ἀνῶξαι 531, so dass dafür bei formell anderer Wendung
das Participium Aoristi gebraucht sein würde.

508. Wegen dieser Erklärung von δι' Ὠκεανοῖο περήσῃς vgl. den
Commentar zu 529. λ 13. 21. 639. μ 2. ν 65. ω 11. Ein ʻUeber-
setzen über den ganzen Okeanos' dagegen bis zum jenseitigen Ufer,
wie man diese Stelle gewöhnlich versteht, würde homerisch wol ἐπ'
Ὠκεανόν γε oder den Accusativ, also etwa τὸν Ὠκεανόν γε verlangen.
Dieselbe Ansicht, die im Commentar kurz angedeutet ist, fand ich später
zu meiner Freude ausführlich begründet in Schömanns Opuscula II p. 335
not. 23. [Die ganze Stelle über den Eingang in den Hades hat jetzt in
eigenthümlicher Weise behandelt W. Jordan in Fleckeisens Jahrbb. 1872
p. 1 — 8 mit dem Resultat: ʻdas Hadesreich der Odyssee ist die von
der Sonne abgekehrte Rückseite der Erdscheibe, die ἀντίχθων, Gegen-
erde eines weit späteren Zeitalters. Von der ζείδωρος ἄρουρα und
vom Götterhimmel aus betrachtet bleibt es allerdings Unterwelt, ὑπὸ
κεύθεσι γαίας, aber nicht als Erdinneres, sondern als jenseitige
Oberfläche.' Vgl. dazu Kammer die Einheit p. 486 ff. Auch Eisenlohr
über die Lage des homerischen Todtenreiches. Lahr 1872 sucht eine zwie-
fache Vorstellung von der Lage des Todtenreiches bei Homer nachzuweisen
und zwar in der Ilias die, dass dasselbe unter der Erde liege, in der
Odyssee dagegen mit Ausnahme des letzten Buches überall im äussersten
Westen über dem Ocean, nicht unter der Erde. Beide verstehen δι'
Ὠκεανοῖο vom Durchfahren des Okeanos bis zum jenseitigen Ufer und
diese Auffassung scheint auch die natürlichste, wenn gleich λ 13 und
λ 639 dagegen zu sprechen scheinen; indessen lässt sich die Vorstellung
eines gleichwohl unterirdisch gedachten Todtenreichs nicht durchaus abweisen: κ 560 ψυχὴ δ' Ἀϊδόσδε κατῆλθεν, λ 37 ὑπὲξ ἐρέβευς,
λ 57 ὑπὸ ζόφον weisen darauf, und die zunächst λ 23—50 gegebene
Schilderung im Charakter einer Todtenbeschwörung lässt kaum eine
andere Vorstellung zu, als dass Odysseus nur am Eingang des unterirdischen Todtenreichs zu denken ist und die Todten aus der Tiefe
desselben hervorkommend sich seinem Standort nähern, eine Vorstellung,
die freilich weiterhin nicht festgehalten ist.]

510. Ueber den Begriff von ὠλεσίκαρποι vgl. Döderlein Hom. Gloss.
§ 2159. Derselbe meint ausserdem, dass ʻbeide Adjective zu beiden
Baumarten gehörten, μακραί als Epitheton, und ὠλεσίκαρποι als Apposition', worin ich ihm früher mit Unrecht gefolgt war. Denn erstens
ist es ungewöhnlich, dass in einer ʻApposition', die diese Baumarten
bilden, wieder eine Apposition stattfinden soll. Zweitens wäre dann
die Wortstellung auffällig, während nach der gewöhnlichen Erklärung
die Wortstellung einen regelrechten Chiasmos bildet: vgl. zu κ 15.
Drittens endlich wird μακραί zu keiner Species der ἰτέαι ein natur-
treues Epitheton sein.

515. Bergk dagegen in Fleckeisens Jahrb. 1860 S. 400 bemerkt:
ʻman muss sich wol den Acheron mehr als See vorstellen, wie ja auch
später die Anschauung beständig zwischen See und Fluss schwankt:
aus dem Innern des Todtenreiches [?] ergiessen sich zwei Flüsse, der

Pyriphlegethon und der Kokytos, letzterer aus der Styx entspringend.' Und in der Note: 'nur von zwei Flüssen ist die Rede, daraus geht hervor dass Acheron nicht als der dritte Strom zu denken ist, höchstens könnte man die Strecke, wo Kokytos und Pyriphlegethon vereinigt [?] fliessen, als Acheron bezeichnen. Von einem Einmünden des grossen Stroms in den Okeanos ist auch nicht die Rede, man kann sich also den Acheron nur als einen See unfern vom Ufer des Okeanos denken.' [Aehnlich urtheilen Eisenlohr über die Lage des homer. Todtenreiches p. 17 und W. Jordan in Fleckeisens Jahrbb. 1872 p. 6, deren Gründe für mich überzeugend sind. Ameis' Auffassung, dass der Pyriphlegethon und Kokytos den schwachfliessenden Acheron verstärkten und dieser dann mit seiner verstärkten Wassermasse über einen Felsen in die Unterwelt flösse, hat in dem Wortlaut der Stelle keinen genügenden Anhalt. Uebrigens sucht K. E. v. Baer histor. Fragen mit Hülfe der Naturwissenschaften beantwortet p. 33 ff. zu erweisen, dass alle Bilder, mit denen hier der Hades ausgeschmückt wird, vom Kimmerischen Bosporus entnommen sein. Ueber verwandte Vorstellungen anderer Völker von dem Eingang zur Unterwelt vgl. Gerland altgriech. Märchen p. 40 f. Nach ihm scheint die hier erwähnte πέτρη keine andere zu sein, als die ω 11 erwähnte Λευκὰς πέτρη.]

518. Wir haben hier die älteste Andeutung von der Liturgie des späteren Todtencultus; aber die Gebräuche sind der märchenhaften Kirke in den Mund gelegt und sind den Zuhörern noch unbekannt. Die eigentliche Psychomantie und Nekyomantie dagegen gehört erst in spätere Zeiten. Ueber den Gebrauch der Gruben im Todtencultus, das vorhergehende βόθρον ὀρύξαι vgl. Hemsterhuis zu Lucian Nekyom. 9 und die Interpreten zu Sil. Ital. XIII 406.

521. Döderlein Hom. Gloss. § 147 meint, ἀμενηνός sei ein Characteristicum der Geister, die ein gespensterhaftes Scheinleben mit matter Empfindung und geschwächtem Bewustsein leben, *tenues sine corpore vitae* Verg. Aen. VI 292; ebenso der Träume (τ 562), die beim Zugreifen in nichts zerfliessen. Dagegen betrachtet es Lobeck Path. prol. p. 145 und 192 als aus ἀμενής (von μένος) verlängert, dem ich mit Andern gefolgt bin.

525. παμμέλανα und 527 θῆλύν τε μέλαιναν. Mit Recht bemerkt L. Feuerbach Theogonie S. 364 folgendes: 'Die Griechen und Römer opferten den obern Göttern, den Göttern des Lichts und Lebens weisse, den untern, den Göttern des Todes und der Finsternis schwarze Thiere und drehten diesen beim Schlachten den Hals unterwärts, jenen aufwärts. Diese Handlungen und Farben sind Zeichen, die aber das Wesen, die Bedeutung der betreffenden Götter nur auf synonyme, gleichbedeutende Weise versinnlichen, denn Weiss wirft das Licht unzerlegt zurück, erhellt, erheitert, erfreut; Schwarz verschluckt alle Farben, alle Lichtstrahlen, wie die Unterwelt alle Lebensfreuden, macht finster, traurig, verstimmt.' Vgl. auch Hermann gottesd. Alt. 26, 23.

530. Zu νέκυες κατατεθνηῶτες oder im Singular oder im Simplex νεκρὸς τεθνηώς sind die homerischen Beispiele λ 37. 541. 564. 567.

μ 10. χ 448. Z 71. H 409. K 343. Π 526. 565. Σ 173. 540.
Dieser Sprachgebrauch ist dann auch auf die Tragiker übergegangen,
vgl. Schneidewin zu Soph. Ant. 26. Und dass dann dieselbe Wortfülle zur nachdrucksvollen Hervorhebung des Begriffs auch bei dem entgegengesetzten Gedanken, bei ὁ φιτύσας πατήρ und ähnlich sich finde,
zeigen die zahlreichen Beispiele bei Lobeck zu Soph. Ai. 1296.
    532. Vgl. Bernhardy Synt. S. 375. Für die alleinige Ueberliefe-
rung κατέκειτ᾽ [Marc. 456 hat κατάκειτ᾽, Stuttg. κατάκειται. s. La
Roche] haben Bothe und andere aus Conjectur das Präsens κατάκειτ᾽
für nothwendig gehalten, ja J. La Roche in der Zeitschr. f. d. österr.-
Gymn. 1859 S. 221 bemerkt geradezu: ʻdas Imperfectum ist grammatisch nicht zu rechtfertigen; hier wird jeder Erklärungsversuch zur
Künstelei.᾽ [In der 4ten Aufl. hatte Ameis κατάκειτ᾽, das ausser den
genannten auch der Hamburg. bietet, mit La Roche und Seiler bereits
aufgenommen.]
    548. 549. [Ueber ἀωτεῖν vgl. jetzt Clemm in G. Curtius Stud.
II p. 54 ff. — V. 549 vermisst J. Bekker Homer. Blätt. II p. 28 bei
ἐπέφραδε ein Object und vermuthet θέσφατα statt πότνια.]
    552. [Ueber die Elpenorepisode vgl. Jordan in Fleckeisen's Jahrbb.
1872 p. 4, Bergk griech. Literaturgesch. I p. 689, Kammer die Einheit p. 525 und 500 f.]
    559. In den südlichen Ländern pflegt man auf den platten Dächern
der Häuser, wo man des Tages spazieren gieng oder sich umsah, nicht
selten des Nachts zu schlafen, der Kühlung wegen, weil in den innern
Gemächern zu grosse Hitze herschte, und zugleich um dem kalten Nacht-
thau zu entgehen, welcher den Erdboden bedeckt und leicht Erkältungen
herbeiführt, wie ξ 475. ρ 25. Vgl. auch 5 Mos. 22, 8. Jos. 2, 6. 8.
    565. Schon von den Schol. ABLV zu Α 541 wird bemerkt: ἡ
δὲ φράσις συνήθης ἀπὸ δοτικῆς εἰς αἰτιατικὴν ἔρχεσθαι. Derartige
Accusative des Participiums finden sich α 90. ζ 60. θ 508. κ 533.
ξ 195. π 466. ψ 211. Α 541. Δ 341. Z 529. Ξ 162. O 58.
Krüger Spr. 55, 2, 7. Zu Krüger Di. 55, 2, 5. Vgl. auch zu o 240
und wegen des Dativs beim Infinitiv zu ν 312. [Classen Beobacht.
p. 141 ff., Zeitschr. f. Gymnasialwes. XX. 745.]
    567. [κατ᾽ αὖθι statt καταῦθι habe ich jetzt geschrieben nach
J. La Roche homer. Untersuchungen p. 246.]
    573. Nach homerischer Vorstellung ist die menschliche Sehkraft
zu schwach, um eine unverwandelte Gottheit wider deren Willen
zu sehen. Dies zeigen ausser andern Stellen E 127. Υ 321. Vgl.
auch Nägelsbach Hom. Theol. IV 11 und 12 S. 164 bis 166 der Ausg.
von Autenrieth. [Uebrigens bezeichnet Nauck 569—74 als suspecti.]

λ.

    1. [Ueber die ganze Unterweltsscene vgl. Kirchhoff die Komposition
d. Odyss. p. 89 ff. und jetzt die eingehende und manches interessante Neue
bietende Untersuchung von Kammer die Einheit p. 474 ff.]

15. [Der Wurzel **dark** ist die Bedeutung des hellen, leuchtenden, Glanz ausströmenden Blicks eigenthümlich: Curtius Etym. ^{4}99, wie sie auch in Wendungen, wie δεινὸν δέρχεσθαι, πῦρ δεδορχώς durchblickt. Danach wird die Kraft des Ausdrucks durch die übliche Auffassung 'erblickt von oben' völlig abgeschwächt. Vielmehr: strahlt Glanz herab, bescheint von **oben**. Denn nicht **etwa** hindert der Nebel die Sonne das Land der Kimmerier zu erblicken, **sondern er** giesst sein Licht nicht auf dasselbe herab, weil es an der Schwelle der Unterwelt ausser seinem Bereich liegt.]

38—43. Diese sechs, **obgleich** schön gebauten (und von **mehrern** **wie** von Plutarch de fortuna Rom. 3 p. 317^d citierten) Verse sind von den Alexandrinern [Carnuth **Aristonic.** p. 100] mit Recht verworfen worden. Denn **sie** stehen in Widerspruch theils mit **dem** den Psychen sonst zugeschriebenen Mangel an Körperlichkeit, der **207 am** stärksten hervortritt, theils mit der Frage an Agamemnon 398 ff., theils mit **der** vorausgehenden Kürze, theils endlich mit πρώτη κτέ. 51, das **seine** eigentliche Bedeutung verlöre, wenn diese Schatten schon vorher so bestimmt von Odysseus erkannt worden wären. Sprachlich ist 40 οὐτάμενοι auffällig, das sonst nirgends von der Wurfwaffe gebraucht wird. [Anders Brausewetter de necyia Homerica p. 2 f. — Th. Bergk griech. Literaturgesch. I p. 692, Anmerk. 90 glaubt, dass dieselben ursprünglich ihre Stelle nach λ 632 hatten, was Nauck billigt.] — 'Dass hier die Vorstellung herrscht, als ob die Schatten dem Leib im Moment des Todes glichen, und dass vielleicht εἴδωλα καμόντων dieselbe enthält, habe ich bemerkt und vermuthet bei Naegelsbach hom. Theol. p. 405 oben und mir dazu notiert: so schon Schol. Q zu λ 40.' G. Autenrieth.

53. Diesen Gebrauch von σῶμα hat schon Aristarch beobachtet. vgl. Lehrs de Arist. p. 95 [^{2}86]. Was die Sache betrifft, so hatten die Gefährten des Odysseus bei der Abreise im Drange der Geschäfte den Elpenor nicht vermisst. Sonst hätten sie sicherlich ihre Pflicht erfüllt, so gut wie bei der Flucht aus dem Kikonenlande ι 65. [Vgl. indes Kammer die Einheit p. 499 ff., welcher 52—55 verwirft. Kallistratos athetirte 52—54: vgl. Carnuth Aristonic. p. 101.]

58. Ich habe mit J. La Roche homer. Stud. § 81, 4 ἰών aufgenommen, das Didymus im Schol. Harl. bietet: vgl. J. La Roche Didymus p. 15 f. Will man ἐών vertheidigen, so muss man zu ἔφθης in Gedanken ἐλθών aus ἦλθες hinzunehmen und zu ἐγώ wieder ἦλθον. Aber das dürfte doch heissen, man habe für Homer den Ellipsenzopf zu stark bewegt. Ueber die Verwechslung von ἐών und ἰών vgl. C. A. J. Hoffmann XXI. und XXII. Buch der Ilias I p. 302. Und über den Begriff ἰέναι von einem Todten vgl. den Anhang zu Δ 99.

60. Der Vers fehlt in den bessern Hss. mit Recht: denn er ist wegen des vorhergehenden Zusatzes οἰμώξας unpassend, vgl. die Parallelstelle ι 506.

66. Die Verbindung τῶν ὄπιθεν wie I 559. Ξ 274 ohne ein vermittelndes Particip ist analog dem zu ι 285 berührten Gebrauche der Präpositionen. Daraus hat sich später der attische Gebrauch mit

dem Artikel entwickelt. Eine Bitte um der Abwesenden willen ist rüh-
render, weil sie das Herz des gebetenen mit Erinnerung und Sehnsucht
erfüllt und so zur Weichheit stimmt.

69. Die Frage 'woher es Elpenor weiss' haben homerische Hörer
dieser Märchen nicht aufgeworfen. [Vgl Bergk griech. Literaturgesch. I,
689, 82.] Uebrigens stehen 69 bis 71 dem Sinne nach parenthetisch,
so dass das eigentliche Object zu γουνάζομαι erst 72 selbständig mit
imperativischem Infinitiv nachfolgt, das γουνάζομαι selbst aber dem Gedanken nach **71 wieder** aufgenommen wird. [Vgl. dagegen E. Pfudel
Beiträge zur Syntax der Causalsätze bei Homer p. 10.]
　　76. [Zur Erklärung vgl. Classen Beobachtungen p. 175.]
　　83. Statt ἀγόρευεν hat W. Dindorf ἀγορεύον aufgenommen. Aber
diese urkundlich schwach gestützte Lesart gibt attische Hypotaxe, keine
homerische Parataxe. Denn bei Homer ist in derartigen Theilungen das
zweite Glied, wenn es sein eignes Verbum hat, jedesmal selbständig.
Im folgenden Vers will jetzt Bekker im Berliner Monatsbericht 1861
S. 242 (Hom. Blätter S. 228) die Form κατατεθνηκυίης zurückgerufen
wissen, [worin Ameis in der 4. Aufl. gefolgt ist.] Ebenso 141. 205. δ 734.
　　92. Der Vers fehlt in den bessern Hss. Es gilt von demselben
das zu κ 189 bemerkte. Die ausdrückliche Bezeichnung des Umstandes,
dass er ihn erkannt habe (weshalb man den Vers hier für nothwendig
hielt) ist im folgenden genügend ausgesprochen, besonders mit ὦ δύ-
στηνε, das doch wie κ 281 mit Bezug auf die Irrfahrten gesagt ist.
Vgl. auch λ 390 ff. Indes hat Bekker in der annotatio beigefügt:
'paenitet expuncti: tam enim aptus quam 473 et 617.'
　　100. 'Hinsichtlich der Ableitung von δίζημαι befriedigt mich G.
Curtius Etym. [2]p. 552 nicht ganz, weil die Glosse des Hesychios, auf
welcher dessen Ableitung beruht, nicht sicher ist. Ich habe deshalb
an δήεις gedacht, aus welchem eine reduplicierte Form δι-δjη-μαι sich
wol mit der bekannten Lautaffection entwickeln konnte; eigentlich also
für sich zu finden trachten.' G. Autenrieth.
　　102. Nach der Notiz des Didymus im Harleianus (vgl. W. C. Kayser
de versibus Od. disp. altera p. 11) hat Aristarch οὐ γάρ, ὀίω | λήσει
ἐννοσίγαιος gelesen. Wie nemlich der Seher nach Aristarchs Ansicht
nicht zweifelhaft reden darf: so hielt Aristarch es gewis auch für unpassend, dass der Seher nicht Thatsachen der Zukunft verkünde, sondern
nur Meinungen über das was geschehen werde. Demnach scheint der
Indicativ λήσει aristarchisch zu sein, [vgl. dagegen La Roche Hom. Textkritik p. 136.]
　　107. Θρινακίη wird von τρεῖς und ἄκρον abgeleitet, indem man
annimmt, das ρ sei des Wohllauts wegen ausgefallen (Lobeck Parall.
p. 15) und das Θ sei aus dem Einfluss von ρ zu erklären; vgl. Buttmann Ausf. Spr. § 17, 5. Später schrieben bekanntlich Τρινακρία
und Τρινακίη. Anders urtheilt Düntzer zu μ 127.
　　120. Man beachte einerseits, ob es mit homerischer Einfachheit
harmoniere, die Sehergabe scharf abzugrenzen, und anderseits, ob die
Disjunction dem Inhalt der Odyssee entspreche. Theils durch die sprach-

lichen Eigenheiten 120 125. 131. 135. 136, theils durch die unepische
Dunkelheit der Dichtung, theils durch den mangelnden Zusammenhang
mit dem Inhalt der Odyssee und mit der Angabe κ 539. 540 wird eine
spätere Einfügung des Abschnitts 119 bis 137 wahrscheinlich gemacht.
Vgl. Ph. Mayer quaest. Homer. part. III de Tiresiae vaticinatione (Gera
1845). Aber zweifelhaft wird dies Urtheil durch die Wiederholung
dieser Stelle in ψ 268—284, wo sich dieser Abschnitt nicht ausscheiden lässt. [Vgl. auch Nitzsch Beiträge p. 265, Bergk griech. Literaturgesch. I p. 689 und dagegen Kammer die Einheit p. 491 ff.]
    121. ἐνῆρες, wie 129. μ 15. ψ 268; im Plural λ 125. ψ 272.
Das ἐνῆρες ἐρετμόν, wozu auch Maximus Tyrius XXX 3 p. 8 Reiske
zu vergleichen ist, war eine handliche Schaufel zum Rudern, so breit
dass sie den Menschen ohne Seekunde nach 128 wie eine Wurfschaufel
vorkam. [Ueber den Gebrauch des Salzes bei den Indogermanen vgl.
Hehn Kulturpflanzen und Hausthiere p. 395.]
    129. Wie hier γαίῃ bei πῆξαι, so findet sich mehrmals im Homer
der blosse Dativ zur Bezeichnung der Annäherung bei einfachen Verben,
wie E 82: χειρὶ πεδίῳ πέσε. H 187: (κλῆρον) κυνέῃ βάλε. T 222:
καλάμην χθονὶ χαλκός ἔχευεν. Krüger Di. 46, 2, 4. [Vgl. B. Delbrück
Ablativ, Localis, Instrumentalis, p. 45 f.] Was den vermeintlich tiefern
Sinn des Gedankens betrifft, so will schon Eustathius in der vorliegenden
Stelle die Aufforderung finden, dass Odysseus den Cultus des Poseidon
nach Gegenden verpflanzen solle, wo er noch nicht vorhanden sei. Und
so haben auch Andere nach Eustathius geurtheilt. Aber diese Ansicht
gehört ins Gebiet allegorischer Deutungen aus späterer Zeit: beim Dichter
zeigt sich von einer derartigen Auffassung kein Bewustsein. [Auch
J. Bekker Homer. Blätter II p. 179 theilt jene Ansicht, mit dem Zusatz:
vermuthlich, um den Zorn des Poseidon zu versöhnen, vgl. auch Naegelsbach Hom. Theologie ²p. 351. — Ueber das Verhältniss dieser Stelle
zu der Wiederholung in ψ 268—284 vgl. Kirchhoff die Komposition
d. Odyss. p. 89.]
    134. Das ἐκ im Sinne von ἐκτός ἀπό (K 151) findet sich auch
ο 272. π 288. τ 7. χ 376. Ξ 130. Π 668. Vgl. auch zu τ 387
und Nägelsbach Hom. Theol. VI 25. Hier wird diese Deutung nothwendig theils wegen ἐλεύσεται, das mit einem personificierten θάνατος
nirgends bei Homer eine Ortsbestimmung 'woher' bei sich hat, theils
wegen ἀβληχρός und λιπαρῷ, das mit dem Begriff 'aus dem Meere'
nicht harmonierte, theils wegen ἀμφὶ δέ, das sonst keine Beziehung
hätte. Erst nach der Sage bei den Kyklikern ist Telegonos, des Odysseus
und der Kirke Sohn, nach Ithaka gekommen und hat seinen Vater im
Kampf am Ufer mit einer aus dem Rückgrat des Meerrochen gefertigten
Lanze getödtet. Wahrscheinlich ist die ganze Sage von falscher Deutung des ἐξ ἁλός entstanden, wie auch der Atlas als Himmelsträger
aus unrichtigem Verständnis von α 53 seinen Ursprung hat [?]. Zu
θάνατος δέ τοι ἐξ ἁλός αὐτῷ vgl. auch Philostr. Apoll. Tyan. VI 32
und Her. 21, 20 p. 695.
    148. Bei einem vorausgehenden Relativsatze mit hypothetischem

Sinne wird das δὲ ἀποδοτικόν in Verbindung mit dem wiederaufnehmenden Demonstrativpronomen, mag dieses Subject oder Object sein, zur Einführung des Nachsatzes noch in folgenden Stellen gefunden: a) wo das Demonstrativ mit δέ den Hauptsatz beginnt: λ 149. μ 42. τ 330. B 189. I 509. K 490. Λ 409. O 745. Ψ 858. b) wo das Demonstrativ im Nachsatze eingeschoben ist: I 511. Vgl. Λ 548. c) wo das Demonstrativ vor δέ nicht ausdrücklich gesagt ist: Ψ 321. Vgl. hierüber Fr. Otto Beiträge zur Lehre vom Relativum bei Homer. Th. I (Weilburg 1859) S. 9. Carl Hentze De pronominum relativorum linguae Graecae origine atque usu Homerico (Göttingen 1863) p. 36. 149. πάλιν εἶσιν ὀπίσσω, d. i. wird sich von Odysseus und vom Blute wieder zurückziehen, ist mit Bezug auf 142 gesagt. H. Düntzer im Philol. XVIII S. 716 ff. [= Homer. Abhandl. p. 446 ff.] sucht die ganze Stelle 138 bis 149 als ein späteres Einschiebsel zu erweisen. Einzelne seiner Bemerkungen sind im Commentare berücksichtigt worden. 157—159. Diese drei Verse werden schon von den Alten mit Recht athetiert, da sie mit den sonstigen Vorstellungen, wie κ 502. 508. 513 ff., nicht harmonieren. Auch hat μὲν πρῶτα hier keine homerische Beziehung. [Auch 160—162 scheinen Nauck verdächtig, 161 und 162 verwarf schon Aristophanes.]

174. [Die Construction der Verba des Sagens mit dem Genetiv erörtert Raspe grammatische Kleinigkeiten. Güstrow 1871, vgl. Philolog. Anzeiger V p. 186 f.]

186. [Anders erklärt die Stelle Naegelsbach Hom. Theol. [2]p. 278, wieder anders Volquardsen Telemachs Process, Kiel 1865 p. 24 f.]

196. σὸν νόστον ποθέων ist die Lesart, welche die ʻangenehmerenʼ Ausgaben (αἱ χαριέστεραι γραφαί) darboten und welche Bothe und Bekker [Nauck] aufgenommen haben: Düntzer dagegen ist zu der andern Lesart σὸν πότμον γοόων zurückgekehrt mit der Bemerkung: ʻπότμον γοόων verdient vor der schwächern Lesart νόστον ποθέων den Vorzug.ʼ Aber andere werden theils wegen des folgenden πότμον ἐπίσπον theils wegen einer fehlenden genaueren Erläuterung, wie sie Π 857 und X 363 beigefügt ist, die deutliche Specialität νόστον ποθέων vorzüglicher finden, als die undeutliche Allgemeinheit πότμον γοόων. Die Stelle κ 245 aber, die Nitzsch zu πότμον vergleicht, ist anderer Natur, weil das ʻSchicksalʼ der Gefährten im vorhergehenden deutlich erzählt ist. Dagegen möchte in dem unmittelbar folgenden χαλεπὸν δ᾽ ἐπὶ γῆρας ἱκάνει, wo Düntzer die Note ʻman könnte vermuthen δέ ἑ γῆραςʼ beifügt, gerade das Fehlen der selbstverständlichen Personalbezeichnung dem Ausdruck ʻdazu kommt das drückende Alterʼ Kraft und Nachdruck verleihen. [Vgl. die jetzt gegebene Erklärung im Commentar.]

202. Zum objectiven Gebrauch des σός vgl. T 321. 336. Ebenso Ter. Heaut. II 3, 66: ut facile scias, desiderio id fieri tuo. Da nun hier σὸς πόθος dem Sinne nach tu desideratus ist, so konnte auch bei tuaque consilia und tuaque benignitas ein desiderata dem Gedanken vorschweben, so dass μήδεα und ἀγανοφροσύνη prägnant

stehen und theilweise wenigstens zugleich zu den ξ 366 erwähnten
Worten gehören. **So** urtheile ich mit C. W. Nauck. Andere wollen
unsere Stelle durch **ein** ἓν διὰ δυοῖν erklären. Aber dann würde man,
um anderes unerwähnt zu lassen, zu Anfange wol ἀλλά μ᾽ ἐμός τε
πόθος verlangen. Statt μήδεα hat übrigens ein Vrat. κήδεα.

207. εἴκελον. Dies unbestimmte 'es' steht hier, um das Geheim-
nisvolle und Wunderbare zu vermitteln, mit demselben Nachdruck und
derselben Schönheit, wie beispielsweise in Schillers Taucher: 'und es
harrt noch mit bangem, mit schrecklichem Weilen.' — 'Da bückt sich's
hinunter.' — 'Da hebet sich's schwanenweiss.' — 'Und es rudert mit
Kraft.' — 'Da kroch's **heran.**' Nitzsch dagegen fasst εἴκελον als Substantiv, was sich indes mit den Dativen σκιῇ und ὀνείρῳ schwer vereinigen lässt, und Köchly zu Quint. Sm. III 177 in adverbialem Sinne.
Dem letzteren war **ich** in der ersten Ausgabe gefolgt mit Vergleichung
des sonst so gebrauchten ἴσον λ 557. ξ 203. I 616. Σ 82, **und ἴσα**
α 432. λ 304. 484. ο 520. E 71. N 176. O 439. Φ 315; **jetzt**
folge ich C. W. Nauck.

218. Dieselbe Verbindung bei vorhergehendem Plural ε 120. **ν 180.**
Δ 362. E 129. Zu Krüger Di. 58, 4, 4. Die Lesart ὅτε τίς κε θάνῃσιν
geben Eustathius, Veneti M. N, Vind. 133, Augustanus. Und so las
wahrscheinlich Aristarch, da Aristonikos zu Τ 454 bemerkt: ὅτι ἰδίως
πληθυντικῷ ἑνικὸν ἐπήνεγκεν. Auch der Gedanke erfordert diese Lesart:
denn die Mutter spricht diese Worte zunächst in Bezug auf sich
selbst. Die Vulgata dagegen ὅτε κέν τε θάνωσιν, die Bekker beibehalten hat, ist insofern unhomerisch, als sich τέ sonst nirgends unmittelbar nach κέν oder ἄν gesetzt findet, so dass also wenigstens
τεθάνωσιν als reduplicierte Neuerung nachweisbar sein müste. Den
folgenden Vers citiert Plutarch de occulte vivendo 7 p. 1130ᵈ.

232. πίνειν, statt des gewöhnlichen auch von Bekker beibehaltenen
πίειν, **aus** den besten Hss., da es zu ἠγερέθοντο und πάσας geeigneter erscheint. So jetzt auch Düntzer [und Nauck.]

235. Dieser Katalog der Heldenfrauen befriedigt das specielle Sagen-
interesse der hellenischen Zuhörer, die **an** heroischer Adelskunde ein
besonderes Wolgefallen hatten, weshalb auch die Stammmütter in den
Vordergrund treten. Etwas ähnliches vgl. zu o 254. [Vgl. **auch** Bergk
griech. Literaturgesch. I p. 690 und dagegen Kammer **die** Einheit
p. 525 ff.]

243. Nachahmung dieser Stelle bei Verg. Georg. IV 360. Zu πορφύρεον κῦμα vgl. **auch** Lucian dial. marin. XIII 1. Philostr. Imag. I 7
p. 775 und II 8 p. 822. Eine physische Erklärung des ganzen Mythus
versucht Böttiger kl. Schr. III S. 391. [Ueber **die** Form ἐστάθη Nachweise bei O. Schneider Callimachea I p. 352 f.]

245. Ein in dieser Darstellung wegen seines Schlusses unpassender
Vers, der ausserdem die Formel λύειν ζώνην enthält, die sonst bei
Homer nicht vorkommt. Der Vers wurde schon von den Alexandrinern
verworfen.

249. Ueber τέξεις, welches die Aristarchische Lesart ist, vgl.

J. La Roche in der Ausgabe und in der Zeitschr. f. d. oesterr. Gymnas.
1867 p. 170. [ἀποφώλιος erklärt jetzt Autenrieth im Wörterbuch aus
φύω, φώς = sine fetu, ohne Kindersegen.]
    263. Vgl. Unger Theb. Parad. p. 19. Angeführt wird der Vers
von Diod. Sic. XIX 53. Θήβης ἕδος ἑπταπύλοιο, wie Δ 406. [Ueber
die Bedeutung der 7 Thore Thebens vgl. J. Brandis im Hermes II
p. 259 ff.]·
    267. Ἡρακλῆα θρασυμέμνονα θυμολέοντα ist vielleicht aus einem
Heraklesliede entlehnt, da viele Spuren von alten oder gleichzeitigen
Herakleen bei Homer uns vorliegen. Θρασυ-μέμνων ist gleich θρασέως
μεμαώς audacter nitens, audaci animo. Vgl. Anton Göbel Novae
qu. Homericae (Berlin 1865) p. 7. — Zum vorhergehenden Verse bemerkt
Bekker im Berliner Monatsbericht 1859 S. 263 (Hom. Blätter S. 142)
in Bezug auf die zwei gleichen Hälften: ʻDie Verse I 134 und λ 266
geben geringen Anstoss, weil sie durch die Cäsur des dritten Fusses,
die deutliche Bezeichnung des Wechsels der Rhythmen, in ungleich grosse
und nach verschiedenen Richtungen bewegte Theile zerlegt werden.ʼ Vgl.
auch zu γ 34.
    269. 270. [Nauck bezeichnet diese beiden Verse als suspecti.]
    274. [Ueber die Verschiedenheit der Oedipussage des epischen
Zeitalters von der des tragischen vgl. Nitzsch Sagenpoesie p. 517 ff. —
Die ganze Stelle behandelt eingehend Seebeck de Homero Oedipodeae
fabulae auctore. Bonn 1865. p. 20 ff.] Erst' später Sagen erwähnen
vier Kinder des Oedipus von der Iokaste, so wie seine Blendung und
Flucht. Düntzer erklärt hier richtig: ʻἄφαρ sogleich, nach der Heirat.ʼ
Aber dessenungeachtet deutet er zu 279. 280 auf das bestimmteste:
ʻἄλγεαʼ, die eigene Blendung und die Mishandlung von den Söhnen,
denen er deshalb fluchte,ʼ was doch erst Spätere nach den homerischen
Worten herausgedichtet haben. Vgl. Siebelis zu Paus. IX 5, 5 Vol. IV
adnot. p. 20 sqq. [und Carnuth Aristonic. p. 104.]
    278. Angeführt von Plutarch de curios. 2 p. 516 b. Die Sache
erläutert H. Rumpf de aedibus Hom. II p. 37. Ueber die Epexegese,
wo ein mit einer Präposition verbundener Casus zur Erklärung eines
Adjectivs hinzutritt, wie Φ 50, spricht Aulin de usu epexegesis p. 17
not. 3. Etwas verschieden ist die Nachahmung unserer Stelle bei Verg.
Aen. XII 603.
    284. Vgl. J. La Roche in der Ausg. und in der Zeitschr. f. d.
österr. Gymn. 1867. p. 170.
    286. In der Erklärung von ἀγέρωχος folge ich jetzt Anton Göbel
Novae quaestiones Homericae (Berlin 1865) p. 9 sqq. Denn meine
frühere Deutung haben Autenrieth zu Nägelsbach Γ 36 und Göbel mit
Recht zurückgewiesen. ἀγέρωχος ist Beiwort der Troer Γ 36. E 623.
H 343. Π 708. Φ 584; der Myser K 430; der Rhodier B 654; und
hier des Periklymenos, der nach der Mythe sogar mit dem Herakles den
Kampf aufnahm. Ueber ἄγα bemerkt Anton Göbel p. 4: ʻEquidem mi-
nime dubito, quin eadem ratio intercedat inter ἄγη (stupor, admi-
ratio) et ἄγα, quae est inter σιγή et adverbium σῖγα. Iam si com-

paraveris φύγα in φύγα-δε cum φυγή, ἰωκα cum ἰωκή, facile intelleges, ἄγα proprie ac primitus esse accusativum quem vocant heteroclitum, praesertim cum etiam alii accusativi in adverbia abeant, sicuti χάριν, δίκην cet. Cf. Buttm. Gr. Gr. § 146, 4.' Und über die Bedeutung des Wortes sagt er p. 11: 'ἀγ-έρω-χος idem valet quod gall. *fort impétueux*, germ. sehr ungestüm, lat. *magno impetu*, modo = *ferox, violentus, vehemens*, modo = *importunus, porcellosus* cet.' Das Suffixum -χος, fem. χη, wird durch Erörterung der von Lobeck Prol. 332 gesammelten Beispiele erwiesen, und der Umstand dass vom Stamme ἐρωα (Nominativ ἐρωή) das α nicht erscheine, wird durch ἐλάϊνος, νηπία-χος, ἀοίδ-ιμος, αἴσ-ιμος, ὀπωρ-ινός, ζεί-δωρος und andere Analogien begründet. [Vgl. jetzt dagegen Fr. Schmalfeld Noch einmal über ἀγέρωχος u. s. w. Eisleben 1873 und den Anhang zu *H* 343.]

288. οὐδ' ἄρα Νηλεύς statt οὐδέ τι Νηλεύς ist die Aristarchische Lesart, die hier trefflich in den Zusammenhang passt. Vgl. die Beispiele bei A. Rhode über den Gebrauch der Partikel ἄρα bei Homer. Moers 1867 p. 13 f. [Zum Inhalt der Sage von Melampus vgl. Nitzsch Beiträge p. 151 f. und H. D. Müller Mythol. d. griech. Stämme I p. 159 ff.]

297 [wird von Nauck als suspectus bezeichnet.]

301. Vgl. *Γ* 243. Bekker hat jetzt den Vers aus Conjectur athetiert, wie hier schon Nitzsch den Satz 'der Vers ist entweder eine witzige Interpolation oder bedarf einer Berichtigung' zu begründen sucht.

303. Dieselbe Sage über die Dioskuren bei Pind. Nem. 10, 55 ff. Es ist eine Versinnlichung ihrer Halbgötternatur; die Späteren erwähnen die wechselseitige Trennung derselben. Vgl. Verg. Aen. VI 121. [In letzterem Sinne versteht ἑτερήμεροι Welcker Griech. Götterl. I p. 611 f. Zum folgenden Verse vgl. J. Bekker Homer. Blätt. II p. 37.]

315. 316. Nach Angaben bei Eustathius und in den Scholien, die Nitzsch mit Beistimmung ausführlich behandelt, hat Bekker jetzt beide Verse stillschweigend athetiert, worin ihm Düntzer nachgefolgt ist. Aber von einer Flucht der Götter aus dem Olymp in den Himmel, wie man die Stelle gewöhnlich auffasst, ist beim Dichter auch nicht die leiseste Andeutung zu finden. Die übermütigen Aloïden drohten nur die Götter im Olympos anzugreifen und aus dieser ihrer Wohnung zu vertreiben, indem sie die Absicht hatten (daher 315 explicatives Asyndeton), den Götterberg nicht mehr als den höchsten Punkt der Erde gelten zu lassen, sondern denselben als Grundlage zu noch höheren Bauten zu benutzen, weil sie voll Uebermuts in ihrem Schaffen noch über die Göttermacht hinauskommen wollten. [Allerdings deutet nichts in dem Zusammenhang darauf, dass die Götter nach erfolgtem Angriff aus dem Olymp in den Himmel geflohen sein und die Erklärung von Lehrs Aristarch.[2] p. 171 in diesem Sinne leidet an mehr als einem Bedenken. Andrerseits aber vermag ich auch Ameis' Erklärung mir nicht anzueignen, da die einfache Angabe der Absicht ἵν' οὐρανὸς ἀμβατὸς εἴη nach dem Zusammenhang nur den Sinn haben kann: um den Göttern beizukommen. So bleibt für mich der von Nitzsch bemerkte Widerspruch dieser Verse gegen die vorhergehenden in Bezug auf die localen Bezeichnungen, der die Annahme

wahrscheinlich macht, dass 315. 316 später aus einer Gigantomachie
eingefügt sind.] Die Namen dieser Riesenbrut erklärt man gewöhnlich
also: Ἀλωεύς (305) der Tennemann oder Pflanzer; Ὦτος (308) von
ὠθέω der Stampfer des Getraides; Ἐφιάλτης von ἐφάλλομαι der
Kelterer der Trauben. Der ganze Mythus bezeichnet wahrscheinlich
den Uebermut der menschlichen Cultur, die von Ackerbau und Weinpflanzung ausgehend zu riesenhafter Grösse emporwächst, aber bei ihrer
Selbstüberhebung durch eine höhere Macht zu Grunde geht. Sie erinnert
an den Thurmbau zu Babel. Nur in Bezug auf Ὦτος bemerkt Hugo Weber
im Philol. XVII S. 167: 'Otos kann nimmermehr mit ὠθεῖν zusammen-
gebracht werden, da niemals ein τ für ein ϑ eintreten kann', was er
wahrscheinlich noch näher begründen wird.

325. Wahrscheinlich ist der Vers ein späterer Zusatz schon wegen
der beispiellosen Verkürzung in Διώνυσος. [Vgl. auch Bergk commentatt.
crit. spec. V p. 8 ff., der die Spuren einer doppelten Recension in diesen
Versen verfolgt.] Wegen des Gottes selbst vgl. Nägelsbach Hom. Theol. II
26. Die Zeugnisse über das Leben dieser Sage erwähnt Nitzsch Beiträge
zur Gesch. der ep. Poesie S. 169. In L. Preller Ausgew. Aufsätze,
herausg. von R. Köhler (Berlin 1864) S. 294 wird zu unserer Stelle
folgendes bemerkt: 'Dia ist nicht Naxos, sondern eine kleine Insel vor
Knossos. Nitzsch zu dieser Stelle hat die richtige Erklärung nicht gefunden. Sie liegt eben darin, dass Ariadne sich schon dem Dionysos
ergeben hatte, als Aphrodite sie mit heisser Liebe zu dem attischen
Helden erfüllte: in welchem Zusammenhange die kretische Sage auch bei
Hygin. P. A. II 5 erzählt wird, wo Dionysos die Liebe der Ariadne
durch das Geschenk des bekannten Kranzes gewinnt und das Leuchten
eben dieses Kranzes später dem Theseus wieder aus dem Labyrinth her-
aushilft: so dass Ariadne also schon die Geliebte des Dionysos war.
Dahingegen vom Tode der Ariadne durch den kretischen Dionysos auch
in Argos erzählt wurde, wo man einen Διόνυσος Κρήσιος verehrte und
zwar διότι Ἀριάδνην ἀποθανοῦσαν ἔθαψεν ἐνταῦθα, d. h. in einem
Tempel, wo man ein Grab der von ihm oder auf seinen Antrieb ge-
tödteten Ariadne zeigte: Paus. II 23, 8.' [Vgl. ausserdem Welcker griech.
Götterlehre II p. 591 ff. Preller griech. Mythol. I p. 423 f.]

333. 334. κηληθμός übersetzt Quinctil. IV 2, 37 durch 'inten-
tionis silentium', nach Gell. N. A. V 1 ist κηληθμῷ delinimentis
aurium. Bei Gellius nemlich braucht Musonius diese Worte um zu
beweisen: admirationem, quae maxima est, non verba parere sed
silentium. Vgl. auch C. W. Lucas quaest. lexil. p. 45.

335 ff. [Schon Nitzsch nahm Anstoss an der ganzen Partie 333
bis 384 und Kammer die Einheit p. 532 ff. sucht die zunächst folgenden
Reden der Arete, des Echeneos, des Alkinoos, des Odysseus (335—361)
als Interpolation zu erweisen. Vgl. auch Bergk griech. Literaturgesch. I
p. 690. Ueber die auffallende Art, wie Arete hier geflissentlich in den
Vordergrund gestellt wird, sowie über die Stellung der Arete überhaupt
vgl. auch F. Susemihl in Fleckeisens Jahrbb. 1868 Bd. 97 p. 101 ff.]

343. Der Vers fehlt hier in mehreren guten Handschriften, wes-

halb ihn F. A. Wolf, Bekker [Nauck] und Andere athetiert haben. **Aber**
dazu scheint ein zwingender Grund nicht vorhanden zu sein.

357. [Nauck bemerkt: *versus aut corruptus aut spurius*. Ich
habe mit Bekker und W. C. Kayser die vom Marc. 613 gebotene Lesart
πομπὴν δ' ὅτῳ, statt der gewöhnlichen, von Ameis, La Roche und Nauck
beibehaltenen πομπήν τ' ὅτῳ, aufgenommen, weil das Gedankenverhältniss
der beiden von εἰ abhängigen **Sätze** adversativ ist. **Darauf** führt auch
die Analogie von δ 97. 98 und ϑ 340—342. Anders **fasst die** Stelle
L. Lange der homer. Gebrauch der Partikel εἰ I p. 359 f.]

359. Die einfach naive Bemerkung, dass die aus der Ferne Heim-
kehrenden gern **etwas** mitbringen, zeigt sich auch bei den Griechen in
Xen. Anab. V 6, 30: ἐπεὶ κτήσαιτο ἱκανά, ὥστε τοὺς ἑαυτοῦ οἰκείους
ὠφελῆσαί τι. Und Schillers Wilhelm Tell IV 3 sagt: 'Sonst wenn der
Vater ausgieng' usw. [Zum Folgenden vgl. auch Haake der Besitz und
sein Werth p. 8.]

364. Nach der begründeten Ansicht von J. La Roche Didymus S. 25
hat Aristarch hier πολλούς, Zenodot dagegen πολλά gelesen. [Vgl. dagegen Düntzer Zenod. p. 73.] Das πολλά hält Düntzer die hom. Beiwörter S. 29 hier für nothwendig, indem er πολυσπερέας durch 'zahlreiche' übersetzt. Aber dieser hier allerdings nothwendige Begriff ist
eben in πολλούς enthalten, πολυσπερής dagegen heisst wie B 804 und
überall bei den Späteren vielverbreitet.

365. [Einen andern Versuch die schwierige Stelle zu erklären
giebt Adam in den Blätt. f. d. bayersch. Gymn. 1871 p. 157 ff.]

368. Dieser formelhafte Gebrauch des ὡς ὅτε ohne beigefügtes
Verbum findet sich auch ε 281. τ 494. B 394. Δ 462. M 132. N 471.
571. Σ 219. Ψ 712. Den Uebergang zu den Stellen mit beigefügtem
Verbum bildet ϱ 358. Aber bei der erstern Classe von Stellen hat
nirgends im Bewustsein der Griechen eine Ellipse gelegen, so wenig als
bei ὡς εἰ, worüber zu η 36. Bei Krüger Di. 69, 77, 6 ist dieser
Gebrauch unberührt geblieben. [Vgl. jetzt L. Lange der homer. Gebrauch
der Partikel εἰ I p. 440.] Ueber den Gedanken unsers Verses vgl.
Nägelsbach Hom. Theol. S. 5 Note** der Ausg. von Autenrieth.

374. Θέσκελος wird nur in der Bedeutung 'übernatürlich,
wunderbar' von Sachen gebraucht. G. Hermann zu Aesch. Agam. 571
bemerkt darüber: 'Θέσκελος quod non alibi, quod sciam, apud tragicos
invenitur, neminem praesertim in Aeschylo morabitur. Constat autem
ea voce admirabilia et incredibilia significari,' mit Beifügung der Stellen
Γ 130. Ψ 107. λ 374. 610. Ueber die Zusammensetzung des Wortes
vgl. Lobeck Elem. I p. 309. Döderlein Hom. Gloss. § 422. G. Curtius
Etym. II S. 95 [⁴ 461].

381. ἀγορεύειν, statt des gewöhnlichen ἀγορεῦσαι, geben Eustathius, pr. Harl, Vind. 133, also die besten Quellen.

385. ἄλλῃ, statt des gewöhnlichen ἄλλην, giebt Aristarch, weil
hier nicht wie ξ 35 die Distribution des Objects zur Hauptsache des
Gedankens gehört. Das ἄλλυδις ἄλλῃ findet sich noch ε 369. ι 458.
N 279. Ueber ἄλλυδις vgl. G. Autenrieth Terminus in Quem p. 30.

386. γυναῖκες ϑηλύτεραι wie λ 434. ο 422. ψ 166. ω 202.
Θ 520, und ϑεαὶ ϑηλύτεραι ϑ 324, und ϑήλεια ϑεός Θ 7. Zur Aus-
drucksfülle ist auch zu vergleichen was im Commentar zu γ 422 zusammengestellt ist. Die Minnesänger gebrauchen 'weiblich' als schmei-
chelndes Beiwort für ihre Geliebten. Andere wie Lobeck Elem. II p. 362
meinen: 'γυναῖκες ϑήλειαι sive ϑηλύτεραι est quod nos dicimus zarte
Frauen, ut Sophocles quoque accepit γυνὴ δὲ ϑῆλυς οὖσα κοὐκ
ἀνδρὸς φύσιν' Soph. Trach. 1062. Aber ich zweifle dass man die
Stelle des Sophokles ohne weiteres mit dem homerischen Ausdruck
identificieren könne. Sodann scheint mir für Homer der Gedanke an
das 'zarte Geschlecht' zu sentimental zu sein. Hierzu kommt das Wort
selbst, über welches A. W. von Schlegel Krit. Schr. I S. 92 wie ich
meine mit Recht bemerkt: 'Zartheit in der körperlichen Bildung hätte
der Grieche eher auf jede andere Art bezeichnet; und wird geistige
Bildung darunter verstanden, so ist Gedanke und Ausdruck noch unhomerischer.' Düntzer zu 434 erklärt mit Vermeidung dieses Ausdrucks
also: 'ϑηλύτερος, Weiterbildung von ϑῆλυς, blühend, wie unser
schön, stehendes Beiwort.' Aber da haben wir auch wieder erstens
die Anschauungsweise von dem 'schönen Geschlechte', und zweitens
den Uebelstand, dass ein 'stehendes Beiwort' 'blühend' oder 'schön'
für die weiblichen Psychen der Unterwelt geradezu spöttisch oder ironisch
klänge, bei den Frauen der Oberwelt aber die bejahrten und Greisinnen
ausschliessen würde, wozu wir an keiner Stelle ein Recht haben. Endlich
würden wir auch mit der Bezeichnung 'zart' oder 'schön' nicht aus-
kommen, wo das Wort auf Thiere übertragen ist: ὄις Κ 216. ι 439.
κ 527. 572. Αἴϑη Ψ 409. ἵπποι Β 767. Ε 269. Δ 681. Υ 222.
δ 636. φ 23. σύες ξ 16. Daher bleibe ich neben γυναῖκες bei der
Bedeutung weiblich, die auch Döderlein Hom. Gloss. § 2352 festhält,
und finde darin die von Lobeck de Epithetis otiosis p. 361 berührte
Beziehung: 'Veteres hoc ad schema referunt, quod χαριεντισμόν vocant,
neque negari potest, hanc adiectionem attributi omnium oculis occur-
rentis nativam prisci sermonis simplicitatem prae se ferre.' Ueber die
Ableitung von ϑῆλυς vgl. G. Curtius Etym. I No. 307. II S. 316.
[⁴ p. 252 f. Dagegen bemerkte Ameis zur 4ten Auflage:] Für besser
halte ich jetzt mit Bezug auf Υ 97 die Deutung 'die schwachen
Frauen' im Gegensatz zu dem stärkern Männergeschlechte: vgl. γυναῖ-
κας ἀνάλκιδας Ε 349. γυναικὸς ἦ οὐκ οἶδεν πολεμήια ἔργα Η 236.
Ἀχαιίδες, οὐκέτ' Ἀχαιοί Β 235. Η 96. γυναικὸς ἄρ' ἀντὶ τέτυξο
Θ 163. ὥς τε γυναῖκα Χ 125. ὡς εἴ με γυνὴ βάλοι Δ 389, und
andererseits ἀντιάνειραι von den kriegerischen Amazonen Γ 189. Ζ 186.
Mit dieser Deutung harmoniert die Stelle des Soph. Trach. 1062 γυνὴ
δὲ ϑῆλυς οὖσα κοὐκ ἀνδρὸς φύσιν. Ebenso Eur. Med. 901 γυνὴ δὲ
ϑῆλυ κἀπὶ δακρύοις ἔφυ.

388. [J. Bekker hat die treffende Conjectur ὅσσοι statt ὅσσαι,
welche Dindorf, W. C. Kayser und Nauck aufgenommen haben, näher
begründet in den homer. Blätt. II p. 235.]

390. [Da in der folgenden Partie, bei dem Zusammentreffen mit

den Helden vor Troja, das Bluttrinken gar nicht erwähnt wird, so hält Kammer die Einheit p. 534 vgl. 495 ff. V. 390 in der gewöhnlichen Fassung ἐπεὶ πίεν αἷμα κελαινόν für unecht. Dem kommt die Beobachtung Kayser's (zur Stelle bei Faesi) zu Statten, dass dem alten Scholiasten, welcher die Frage aufwarf, wie die Erkennung vor dem Genusse des Blutes möglich gewesen sei, die gewöhnliche Lesart unbekannt sein musste. Er sieht daher in dieser eine Conjectur derjenigen, welche die Schwierigkeit dieses thatsächlichen Verhältnisses beseitigen wollten, und liest nach dem Vindob. 133 ἐπεὶ ἴδεν ὀφθαλμοῖσιν. Kammer sieht gerade in dieser Partie, der die Vorstellung des Bluttrinkens fehlte, das älteste Stück der Unterweltsscene.]

399—403 [wurden von Aristophanes verworfen: vgl. Carnuth Ariston. p. 106. — V. 403 änderte Fr. A. Wolf nach ω 113 das überlieferte μαχεούμενον in μαχεούμενοι (Vratislav. A hat μαχούμενοι), was W. C. Kayser aufgenommen hat. Da, wie Σ 265 zeigt, μάχεσθαι περὶ πτόλιος ἠδὲ γυναικῶν auch vom Angreifenden gesagt werden kann, so ist die Conjectur nicht nothwendig.]

410. [οὐλόμενος erklärt G. Curtius jetzt in den Stud. V p. 218 auf lautlichem Wege als Partic. praes., so dass dasselbe von dem Aor. ὀλέσθαι ganz zu trennen wäre; sonst vgl. Classen Beobachtungen p. 60 ff. — Den folgenden Vers bezeichnet Nauck als verdächtig.]

414. Friedländer in Fleckeisens Jahrb. Suppl. III S. 459 hat hier eine Lücke angenommen mit den Worten: 'ubi nisi versum post 415 excidisse sumemus, necesse erit principium versus 414 (οἵ ῥά τε) pro vitioso habeamus' [unter Zustimmung von Nauck]. Aber die Ellipse eines vorhergehenden Verbum in entsprechender Form findet sich auch nach Relativen, wie Θ 306. Π 407 und anderwärts. Dazu bemerkt G. Autenrieth: 'Die Ellipse erscheint mir sehr hart; doch herrscht der Gedanke des κτείνεσθαι, θάνατος und φόνος so stark vor (fast in jedem Verse ein Wort dafür), dass man gleichsam hinterher noch über jene Ellipse beruhigt wird.' Vielleicht ist schon ein einfaches εἰσίν ausreichend: 'welche da sind für eine Hochzeit' u. s. w.

420. δάπεδον vom Estrich des Männersaals wie χ 309. 455. ω 185. Vgl. Döderlein Hom. Gloss. § 2343. Aus unserer Stelle lässt Aeschylos Agam. 1063 die Kassandra πέδον ῥαντήριον sehen. Diese Kassandra aber ist erst in der spätern Dichtung zur unglücklichen Unglücksseherin geworden. Uebrigens beachte man, wie hier das rasche Anhäufen der Leichen und das Blutversprützen in dactylischen Rhythmen vorgeführt wird, während der vorhergehende Vers in ernsten spondeischen Rhythmen einherschreitet.

423. Zu dem localen ἀμφ' ἐμοί vgl. Θ 527. κ 518. Β 782. Δ 493. Ι 470. Τ 284. Andere übersetzen ἀμφ' ἐμοί zwar richtig durch 'neben mir', fügen aber hinzu, dass Klytämnestra 'die Kassandra zu dem schon zu Boden gestreckten Agamemnon hingeschleppt und da gemordet' habe. Aber zu dieser Ausdeutung ist im Texte kein Anhalt gegeben. Nach diesem hat man die Scene wol also zu denken. Kassandra, die dem Agamemnon als γέρας zugefallen war und jetzt mit

ermordet werden sollte, hatte deshalb auf ergangene Einladung gleich
von Anfang an dem Gastmahle beigewohnt nach Sitte der achäischen
Hausfrauen (wie der Arete η 141. λ 335. ν 57; der Helena ο 122 bis
170), und neben Agamemnon ihren Platz erhalten. Als nun Agamemnon
wie der Stier an der Krippe (411) so noch beim Mahle sitzend von dem
Mordstahl des Aegisthos angegriffen und getroffen wurde, erhob Kassandra
sogleich das kläglichste Geschrei, das Agamemnon noch hörte, so dass
der Eindruck desselben ihm noch im Fallen zum αὐτὰρ ἐγὼ ποτὶ γαίῃ
χεῖρας ἀείρων βάλλον Veranlassung wurde: aber Kassandra erhielt nach
erhobenem Angstgeschrei sofort durch Klytämnestra den Todesstoss. In
den angeführten Worten nun erklären manche (auch ich früher irrthümlich)
ποτὶ γαίῃ durch 'an der Erde' oder 'am Boden liegend'; aber gegen
den homerischen Sprachgebrauch. Denn nirgends wird πρός mit dem
Dativ in diesem Sinne für ἐπί gefunden: überall steht es mit Verben
der Bewegung verbunden, so dass es stets 'an die Erde' oder 'zur
Erde' bedeutet. Wenn man aber ποτὶ γαίῃ nur mit βάλλον verbinden
will, so widerstreitet theils die Wortstellung theils das Particip ἀείρων,
wofür man bei dieser Verbindung durchaus ἀείρας oder χεῖρ' ἀναείρας
(was Düntzer hier vermuthet) vor sich haben müste. Ich kann daher
die einstimmig überlieferte Lesart nur so verstehen, wie es im Commentare angegeben ist. Die Verbindung ποτὶ γαίῃ βάλλειν ist die regelmässige: vgl. β 80. ε 415. η 279. ι 284. Λ 245. Χ 64. Dass aber
ποτὶ γαίῃ zugleich auch auf χεῖρας ἀείρων eine prägnante Beziehung
haben könne, dazu gibt ϑ 378 (vgl. den Anhang daselbst) eine Analogie.
Zu χεῖρας βάλλον vgl. βάλλειν mit δάκρυ δ 114. 198; mit κάρη Θ 306.
Ψ 697 und die Note zu ε 316. [Danach erklärte Ameis: 'Zur Erde
(sinkend) erhob ich die Hände (als Flehender zur Versöhnung) und
liess sie zur Erde fallen (aus Kraftlosigkeit)'. In dieser Erklärung
ist sprachlich die doppelte Beziehung von ποτὶ γαίῃ, soweit sie mir verständlich geworden, in hohem Grade bedenklich, sachlich aber nach dem
Vorhergehenden unwahrscheinlich, dass noch der Moment zu denken sei,
wo Agamemnon eben tödtlich getroffen niedersinkt, das Geschrei der
Kassandra aber als ein Angstgeschrei vor dem sie erst bedrohenden
Streich zu fassen sei. Danach wird es auch unwahrscheinlich das Erheben der Hände von einem Versöhnungsversuch zu verstehen, man
könnte höchstens mit Giseke die allmählige Entstehung der Gesänge der
Ilias p. 159 f. denken, dass er die Hände erhebe, um um Mitleid zu
flehen für Kassandra. Aus diesen Gründen habe ich die Ameis'sche Erklärung aufgeben zu müssen geglaubt. In der Auffassung von ποτὶ
γαίῃ und des Participiums ἀείρων befinde ich mich im Wesentlichen in
Uebereinstimmung mit Giseke; über die Ameis bedenkliche Wortstellung
ist im Anhange zu ϑ 520 das Nöthige bemerkt.]

    424. Aegisthos hat nach seinem Plane nur den Agamemnon er-
morden wollen, worauf sich 417 das μουνάξ bezieht, während ἐνὶ
κρατερῇ ὑσμίνῃ mit Bezug auf 412. 413 περὶ δ' ἄλλοι ἑταῖροι νωλεμέως κτείνοντο gesagt ist, was durch die Anhänger des Aegisthos ge-
schäh [eine unmögliche Beziehung!]. Zur Verbindung ἀποθνήσκειν περὶ

φασγάνῳ vgl. Θ 86. N 441. 570. Σ 231. Φ 577. Ψ 30. μ 395.
Soph. Ai. 828. Gewöhnlich verbindet man περὶ φασγάνῳ mit χεῖρας
βάλλον und erklärt dies entweder: 'ich erhob die Hände und wollte
sie an mein Schwert legen', wogegen schon Voss in den Randglossen
S. 61 gesprochen hat, oder mit Voss 'griff noch sterbend ins Schwert
der Mordenden', eigentlich 'wollte sterbend die Hand noch ans Schwert
der Mordenden' legen. Aber die einzige Parallele hierzu φ 433 ἀμφὶ
δὲ χεῖρα φίλην βάλεν ἔγχεϊ hat **eine** andere Beziehung, und beide Erklärungen passen nicht zum folgenden Gedanken. Dagegen ist die im
Commentar gegebene Deutung, nach welcher **der** sterbende Agamemnon
keinen Widerstand leistet, hinreichend gestützt zuerst durch die Wortstellung, zweitens durch den Vergleich 411, drittens durch den Plural
χεῖρας, da bei Ergreifung des Schwertes sonst nur der Singular vorkommt, **viertens durch** ἀείρων, das für den Zweck der Handanlegung
an das eigene zur Seite befindliche Schwert naturwidrig wäre, fünftens
endlich durch das folgende νοσφίσατ', οὐδέ μοι ἔτλη bis ἐρεῖσαι, welcher
Gedanke unmittelbar vorher motiviert sein **muss.** [Von diesen Bedenken
gegen einen Widerstandsversuch des Agamemnon **erledigt sich das letzte**
einfach dadurch, dass die Erwähnung seines Sterbens genügt, um das
folgende über das Verhalten der Klytämnestra dem Sterbenden gegenüber Gesagte zu motivieren. Bei einem solchen Widerstandsversuch
braucht man zunächst an das Ergreifen des Schwertes noch nicht zu
denken. Der Vergleich 411 kann ferner für diese Situation nicht massgebend sein und über die Wortstellung ist zu Θ 520 das Nöthige bemerkt.]
428. Der Vers fehlt in guten Hss. [La Roche bemerkt nur: ἐν
πολλοῖς οὐ φέρεται Schol. H. Vind. 133], und stört hier, zur Milderung des
vorhergehenden harten Urtheils angebracht, den kräftigen Gedanken, der
an Hesiod. Op. 375. 703. Kohel. 7, 27 erinnert. Dazu bemerkt G.
Autenrieth: 'Da übrigens in 427 ein offenbarer Abschluss liegt, so ist
wohl 429 ff. als spätere Ausmalung zu betrachten: es ist psychologisch
ganz begründet, dass Agamemnon mit einem solchen „überhaupt"
über das ganze Geschlecht in seinem Grolle urtheilt'. Indes ist es
andererseits ebenfalls psychologisch, wenn jemand einen bittern Gedanken
nicht aus der Seele loswerden kann, dass er denselben sogar beim Abschluss noch einmal vorbringt.
449. Der Gedanke ist durch πού gemildert, weil in der epischen
Märchenerzählung die Schranken der Zeit und des Raumes niemals beengt
sind; vgl. den Anhang zu Θ 554. Nur für den Arithmetiker ist Telemachos erst dreizehn Jahre alt, nicht für den epischen Sänger. Ueber
die Wortstellung von μετ' ἀνδρῶν mit ἀριθμῷ vgl. zu β 80.
452. Das οὐδέ περ findet sich bei Homer nur hier unmittelbar
vereinigt, wie καί περ nur η 224. Zu υἱὸς ἐνιπλησθῆναι mit dem im
Versanfange nachdrücklich hervorgehobenen ὀφθαλμοῖσιν vgl. Valckenaer
zu Eur. Hipp. 1327 und Vulpi zu Catullus 64, 220 p. 299. So in
der Nachahmung bei Verg. Aen. I 713. VIII 265. 617 ff.
454—456. Im Harlei. und Vind. 133 steht bei Vers 452 das
hierher gehörige Scholion: οὐδὲ οὗτοι ἐφέροντο ἐν τοῖς πλείστοις ὡς

μαχόμενοι **τοῖς** προκειμένοις. Ich bin daher in der Athetese hier Bekker
gefolgt. Denn diese Rückkehr des Agamemnon zur Warnung und Verdächtigung, nachdem er so eben die treue Penelope als Gegenbild **zur**
Klytämnestra gefeiert hat, ist ungehörig. Wahrscheinlich indes enthalten
435 bis 453 die Vermischung einer doppelten Recension, so dass man
mit Bäumlein (vgl. denselben in der Z. f. d. AW. 1857 S. 46) die Verse
444 bis 453 durch Klammern auszuscheiden hat (was jetzt Düntzer
gethan hat [auch Nauck scheinen 444—453 suspecti]), worauf 454 sich
an 443 passend anschliesst. Dindorf hat die Athetese auf 435 bis 440
beschränkt. [Nitzsch Sagenpoesie p. 155 f. verwirft 441—443, 454
bis 456. Kammer die Einheit p. 534 f. überdies 457—464.] In
der Venediger Handschrift (M. 613) stehen die Obeli bei 435 bis 442,
so dass sich nach dieser Quelle die Athetese wol auf 435 bis 443
bezieht. Hierzu bemerkt J. La Roche in der 'Unterrichts-Zeitung für
Oesterreich' 1864 S. 208 folgendes: 'So **wird** in der ersten Recension
der treulosen Helena die treue und verständige Penelope entgegen-
gehalten, in der andern die **Handlungsweise der Helena** als eine in dem
treulosen Charakter des Weibes begründete bezeichnet und Odysseus zur
Vorsicht bei der Rückkehr ermahnt, wozu **auch** ν 383 ff. stimmt.'

456. Als Parallelstellen vgl. besonders: ὁρᾷτ᾽, ἄπιστον ὡς γυναι-
κεῖον γένος Eur. Iph. T. 1298 und ὥς ἐστ᾽ ἄπιστον ἡ γυναικείη φύσις
bei Menander. Unsern Vers citiert auch der Schol. zu Eur. Med. 426.

461. [οὐ γάρ που, im Vindob. 133 und bei Eustath., war nach
dem Schol. H. die Lesart des Aristarch, welche Kayser bei Faesi aufgenommen hat. Uebrigens wurde der Vers nach dem Schol. H. athetiert.]

474. Das τίπτε im Sinne von 'was in aller Welt' findet sich nur
hier [und wohl ι 403], sonst steht es überall wie α 225. Uebrigens
ist hier **vielleicht** μήδεαι zu lesen [so im **Vindob. 56** mit übergeschrie-
benem σ. Nauck: μήσαο?].

476. καμόντες bezeichnet **nicht wie das später so gebrauchte**
κεκμηκότες die 'müden, entkräfteten' als dauernden Zustand, auch nicht
die dem Tode vorausgegangene Vollendung der Mühe und Arbeit, die
'laboribus functi welche im Leben gelitten haben' (wie Nägelsbach
will Hom. Theol. VII 12 S. 375 der Ausg. von Autenrieth), sondern es
steht ganz wie θανόντες aoristisch mit homerischer Sinnlichkeit und
bezeichnet nur das Eintreten der Sache, den entscheidenden Moment des
Todes, wie noch ω 14. Γ 278. Ψ 72. [Vgl. Classen Beobachtungen
p. 57 f.] Den grammatischen Gegenstand behandelt auch Autenrieth
zu Nägelsbach Γ 278, aber ohne sich zu entscheiden. Nach meiner
Meinung dürfen wir kühleren Nordländer **unsere** Denk- und Sprech-
weise nicht sofort in jedem Falle den lebendigen Hellenen unterlegen,
und **aus dem** Umstande, dass **uns** die Unterscheidung von Aorist und
Perfect auffällig wird, ist noch keineswegs der Schluss zu ziehen, dass
beide Tempora bisweilen in ganz gleichem Sinne gebraucht würden.
Die beweglichen Griechen hatten in der Raschheit ihres Denkens bei derselben Handlung oder Sache bald diese bald jene Auffassungsweise,

während wir vermöge unsrer Langsamkeit in derartigen Fällen eine mehr
gleichmässige Richtung verfolgen, kurz: wir bleiben uns gern gleich,
der Grieche wechselt. Aber daraus die Folgerung zu ziehen, dass
einzelne Praeterita 'auch ohne Unterschied' von einander gebraucht
würden, das ist ein gefährlicher Angriff auf die ganze Tempuslehre.

478. Die Kürze der ersten Silbe von υἱός ist durch οἷος, ἔμπαιος,
ἐπεὶ ἦ und ähnliche Worte hinreichend gestützt, wenn auch υἱός, wie
Spitzner zu B 566 bemerkt, in der Regel nur bei vorhergehendem
Dactylus diese Verkürzung erleidet. Die Form Πηλῆος, statt des ge-
wöhnlichen Πηλέος mit Synizese, habe ich an den drei Stellen und
A 489, wie Μηκιστῆος B 566. Ψ 678 nach dem Vorgange von
Thiersch Gr. § 194, 46 b und von Bekker aufgenommen, da die
Form Πηλῆος durch den Rhythmus besser empfohlen ist als Πηλέος.
Ueberhaupt hat jetzt Bekker überall, wo metrische Rücksichten ins Spiel
kommen, diejenige Form vorgezogen, für welche am meisten der Rhyth-
mus spricht. Vgl. H. Rumpf in Fleckeisens Jahrb. 1860 Bd. LXXXI.
S. 585 f.

483. Bekker hat statt der Ueberlieferung μακάρτατος jetzt aus
blosser Conjectur μακάρτερος [das sich übrigens im Stuttgart. 5 findet,
und auch von Nauck aufgenommen ist] geschrieben, ohne die Nothwendigkeit schon erwiesen zu haben. Andere haben mit Beibehaltung
des überlieferten μακάρτατος den Genetiv σεῖο durch *prae te* 'vor
dir' erklärt mit Vergleichung von ε 105 [Vgl. jetzt die Note im Com-
mentar]. προπάροιθε von der Zeit wie noch K 476. Λ 734. X 197.
Vgl Köchly zu Quint. Sm. I 758.

485. Das Simplex κρατεῖν (anders ἀνάσσειν 491) steht bei Homer
entweder absolut oder mit einem Genetiv als Object. Zu Krüger Di. 47,
20, 3. Den Sinn des hier stehenden Dativs bezeichnet die verstandesmässige Reflexion der Neuzeit durch 'in den Augen' oder 'nach dem
Urtheil der Todten'. Andere (auch J. E. Ellendt Drei Homer. Abhandl.
S. 40) fassen den Dativ als Object auf. Einfacher aber wird dieser Dativ
in localem Sinne verstanden: so erklären ihn auch C. Capelle Dativi
localis quae sit vis p. 23 und Johann Peters de usu et vi digam-
matis p. 30.

489. [Ueber die Theten vgl. jetzt auch Riedenauer Handwerk und
Handwerker in den homer. Zeiten p. 25 f.]

498. [Das jetzt statt des handschriftlich allein überlieferten οὐ
γάρ gegebene εἰ γάρ war die Lesart des Zenodot. Wir erhalten dadurch schon hier einen Wunschsatz, der 501 in εἰ τοιόσδ' ἐλθοιμι
aufgenommen wird, wie ähnlich γ 218 und δ 341 vgl. α 255. Diese
von Nitzsch, Buttmann (Schol. p. 386), Bothe gebilligte Lesart ist auch
von Düntzer und jetzt von Nauck aufgenommen, und auch L. Lange der
homer. Gebrauch der Partikel εἰ I p. 357 f. hält dieselbe für keineswegs verwerflich. Mit Recht bemerkt Nitzsch: 'Der Zusatz τοῖος ἐών
u. s. w. und die Erinnerung an das, was der Sprechende ποτέ war
und vollbrachte, schliesst sich dem Wunsche weit natürlicher an, als
einer solchen schlichten Verneinung'. Man darf gewiss weiter gehen

und sagen: es liegt in dem durch die handschriftliche Lesart gebotenen
Zusammenhang eine ganz ungereimte Gedankenverbindung vor: während
er in jener Verneinung 498, wie ὑπ' αὐγὰς ἠελίοιο zeigt, von seiner
jetzigen Lage ausgeht, beruht der Zusatz 499. 500 auf dem Gegensatz der Vergangenheit zur Gegenwart — dieser doppelte Standpunkt der Betrachtung kann in einer einfachen Darstellung des Thatsächlichen, die von der gegenwärtigen Situation ausgeht, nicht wol
neben einander bestehen, während der Wunsch beide Gedanken passend
in sich vereinigt.]

513. μαρνοίμεθα geben die Hss. nach Analogie der bei Späteren
erscheinenden Formen κρέμοιτο μέμνοιτο ὄνοιο. Vgl. Buttmann ausf.
Sprachl. § 107 Anm. 35. Die seit Bekker aufgenommene Form μαρναί-
μεθα scheint eine blosse Conjectur zu sein. [μαρναίμεθ' steht im
Marc. 647, im Vindob. 5 μαρνάμεθ', vgl. La Roche. Am Schluss des
Verses geben die meisten Handschr. Ἀχαιοί, Eustath. und Marc. 647
χαλκῷ; mit jener von La Roche und Nauck aufgenommenen Lesart geht
der antithetische Parallelismus zu φραζοίμεθα βουλάς 510 verloren.]

525. „Ἀρίσταρχος οὐκ οἶδε τὸν στίχον." II. Es ist ein aus
E 751. Θ 395 mit dem Ω 779 vorkommenden πυκινὸν λόχον gebildeter
Vers, der mit Recht in den Hss. fehlt. [Davon steht nichts bei La Roche.]
Denn die Leitung auf das Amt des Thürschliessers zu beschränken, wäre
hier unpassend. Mit Recht bemerkt auch E. E. Seiler: 'offenbar liegt
in πάντα τέταλτο mehr als das blosse Thüröffnen und -schliessen.'
Hierzu kommt der mit Δ 392 und Ω 779 nicht harmonierende Gebrauch von πυκινόν und die unhomerische Metapher der Verba mit
λόχον. — Im vorhergehenden Verse zu πάντα τέταλτο (Bekkers Aenderung
statt πάντ' ἐτέταλτο) vgl. J. La Roche in der Zeitschr. für die österr.
Gymn. 1864 S. 90.

527. Anders K 390: ὑπὸ δ' ἔτρεμε γυῖα. Ueber den Plural des
Verbum bei γυῖα vgl. Lobeck Path. elem. I p. 16. J. La Roche in der
Zeitschr. f. d. österr. Gymn. 1859 S. 222 bemerkt indes: 'es ist wahr-
scheinlich ἕκαστος zu lesen, so dass γυῖα wie K 390 Accusativ der
Beziehung ist.' Aber ähnlich sind Stellen wie σ 341. Σ 31: λύθεν
δ' ὑπὸ γυῖα ἑκάστης. K 95: τρομέει δ' ὑπὸ φαίδιμα γυῖα.

531. ἐξίμεναι ist die Lesart aller Hss. und des Schol. zu N 286
[Harl. ἐξιέναι craso μ.]; nur Eustathius erwähnt auch ἐξέμεναι 'ihn
herauszulassen', was nach dem Schol. Harl. ἐμφαντικώτερον sein soll.
Aber der hier stattfindende Gegensatz der Kühnheit zu der Feigheit der
übrigen wird durch die handschriftliche Lesart ebenso kräftig bezeichnet:
nur die vermeintliche Schwierigkeit der Construction mit ἱκέτευεν scheint
die Aenderung in ἐξέμεναι veranlasst zu haben. [Eine Parallele für die
Lesart ἱκέτευεν ἐξίμεναι bietet ι 224. 225 ἐμὲ — ἕταροι λίσσοντ'
ἐπέεσσιν τυρῶν αἰνυμένους ἰέναι πάλιν. Nach dieser Stelle scheint es
mir zweifelhaft, ob man bei ἐξίμεναι nur das Subject des regierenden
Verbums zu denken hat, so dass mit Ameis zu interpretieren wäre: dass
er hinausgehen dürfe, und nicht vielmehr allgemein: dass wir hinaus-
gingen. Bei den Verbis des Bittens, Flehens ist die Regel, dass das

Object dieser Verba für den abhängigen Infinitiv das Subject bildet; ist Subject und Object des regierenden Verbums zugleich bei der gewünschten Handlung betheiligt, so können, wie ι 224 f. zeigt, beide als Subjecte des Infinitivs gedacht sein; von da aus scheint es auch hier einfacher ἐμέ als Object von ἱκέτευον zu einem 'wir' erweitert zu denken, als gegen alle Analogie das Subject für den Infinitiv aus dem Subject des regierenden Verbums zu entnehmen. Ist diese Auffassung begründet, so begreift sich, weshalb der Schol. die Lesart ἐξέμεναι als ἐμφαντικώτερον bezeichnet. — Der Feigheit der übrigen gegenüber tritt so die Kühnheit des Neoptolemos viel stärker hervor, sofern er damit von jenen sich völlig scheidet.] Nitzsch Beiträge zur Gesch. der ep. Poesie S. 201 Anmerk. 91 betrachtet die ganze Stelle 522 bis 532 als 'eine unbedachtsame Interpolation.'

539. [Ueber die Asphodeloswiese bemerkt Welcker griech. Götterl. I p. 800: 'Die Asphodeloswiese ist keineswegs der Anfang einer erfreulicheren Ansicht der Unterwelt, sondern wo Asphodelos als Unkraut wächst, da ist der Boden thonicht oder steinicht, das Land öde, wie stellenweise in der Umgegend Athens, obwohl man ihn auch unter Waldbäumen antrifft. Die Farbe der grossen dicken Blätter und die Blüthe, gelb, weiss und etwas veilchenblau, machen einen so eigenthümlich widrigen Eindruck, dass ich einem berühmten Botaniker, Herrn Brassier, die Bemerkung machte, diese Pflanze hätte sich in die Unterwelt geschickt, als ich von ihm vernahm, dass sie auch gerade Asphodelos sei und noch jetzt so heisse.']

547. „ἀθετεῖ Ἀρίσταρχος. ἡ δὲ ἱστορία ἐκ τῶν κυκλικῶν." II. Mit Recht: denn eine solche Zusammenstellung der unverwandelten Gottheit mit Menschen als gleichberechtigten im Handeln ist unhomerisch. Sodann pflegt eine Gottheit bei Homer auch nicht mit mehreren Menschen zugleich (παῖδες Τρώων) Umgang zu haben. Vgl. Nägelsbach Hom. Theol. IV 8 Anm. Hierzu kommt die unepische Dunkelheit des Verses. Vgl. auch Schömann Opusc. II p. 170 Anm. 81, und Nitzsch Beiträge zur Gesch. der ep. Poesie S. 238 Anm. 143. Bekker hat indes den Vers beibehalten, wahrscheinlich weil er die ganze Stelle einem spätern Dichter zuschreibt, [auch Nauck, der im Folgenden 550. 551 als verdächtig bezeichnet].

565. Bekker und andere haben ὁμῶς gegeben. Hier haben wir den Uebergangsvers zu einer ganz andern Situation, die von 565 bis 627 sich erstreckt. Der natürliche Drang nemlich hellenischer Zuhörer, am Eingange der Unterwelt auch einen Blick in das Innere zu thun, hat diesen Abschnitt geschaffen. Darin haben sich die obigen leisen Anklänge, welche ein Denken und Beurtheilen der Todten voraussetzen, wie namentlich 485, zu einer Vorstellung erweitert, die in dem Wesen der Psychen förmliche Abbilder ihres auf der Oberwelt geführten Lebens giebt. Zur Abwechselung sind dann auch einige Beispiele von Büssenden eingefügt. Um aber das ganze möglich zu machen, hat der Sänger mit poetischer naiver Selbstvergessenheit die Situation des Odysseus an der Opfergrube, die Citation der Psychen fallen lassen und ist

unvermerkt in die allgemeine Schilderung des Todtenreiches übergegangen.
Aehnliche Beispiele vgl. zu η 107. Und seine hellenischen Zuhörer
folgten ihm, wie durch die frühere Märchenwelt vom Kikonenlande bis
zur Kirke, so hier durch die wundervollen und anziehenden Bilder einer
malerischen Darstellung mit jenem gläubigen Staunen, welches den wunderbaren Verlauf einer Wundergeschichte voll Entzücken aufnimmt, ohne
mit der störenden Frage der Prosa, wie Odysseus dies angefangen habe,
reflectierend dazwischen zu treten. Erst die Alexandriner haben den
Abschnitt für unecht erklärt, indem überliefert wird: νοθεύονται, καίτοι
οὐκ ὄντες ἀγενεῖς περὶ τὴν φράσιν. Vgl. [Carnuth Aristonic. p. 108]
die Angaben bei J. La Roche in der Zeitschr. für die österr. Gymn. 1862
S. 348 ff. Und so auch die Neueren; vgl. ausser Nitzsch noch Porson
zu Eur. Or. 5 und J. La Roche Hom. Stud. § 97, 3 S. 216 Anm.
[Vgl. auch W. C. Kayser zur Stelle, Bergk griech. Literaturgesch. I
p. 691 f.]

569. [Ueber das Verhältniss der Participia zu einander vgl. Classen
Beobacht. p. 129 ff.]

570. Andere erklären: 'tragen ihm ihre Rechtshändel vor.'
Aber δίκη heisst in der alten Sprache nirgends 'Process' oder 'Rechts-
handel, Streitsache.'

577. Ueber πέλεθρον vgl. Hultsch Metrol. p. 31. [Eine Parodie
der Verse 576. 577 von Matron bei Athen. 3 p. 73.]

588. Die Lesart κατὰ κρῆθεν ist die Aristarchische. Bekker hat
jetzt hier und Π 548 die Conjectur κατ᾽ ἄκρηθεν aufgenommen mit
der Note: 'cf. κατ᾽ ἄκρης O 557 et 653. X 411.' Vgl. auch Lobeck
Path. Elem. I p. 628. Döderlein Hom. Gloss. § 737. Das τ gehört in
dem Worte κάρητ-ι (O 75) nicht nothwendig zum Stamme, da von
demselben auch κάρα-ν-ος und κάρη-ν-ον entstanden ist, und von der
Wurzel κ(α)ρα und κ(α)ρη die ganz ähnliche Bildung in κρήδεμνον
vorliegt. [Ueber die Tantalossage vgl. H. D. Müller Mythol. d. griech.
Stämme II p. 150 ff.]

596. Ueber die malerischen und bedeutsamen Rhythmen vgl. die
ausführliche Erörterung von Dionys. Hal. de comp. verb. sect. 20 p. 165.
Anders Lucilius bei Cic. Tusc. I 5: *Sisyphu' versat | saxum sudans
nitendo.* Voss, der alte Meister sonder gleichen, hat beides erkannt und
beides wiederzugeben versucht: 'Angestemmt arbeitet er stark mit Händen
und Füssen, | ihn von der Au' aufwälzend zum Berge.'

597. κραταΐς, von κραταιός gebildet, ist die höhere Macht,
die jedesmal die Kraftanstrengung des Sisyphos auf wunderbare Weise
vereitelte, also die 'Wucht' in sinnlicher Belebtheit gedacht. Auch Goethe
gebraucht öfters von der Gottheit die Ausdrücke 'das Mächtige' oder
'das Waltende' oder 'das Allwaltende'. Vgl. auch zu μ 124.

598. Aehnlichen Sinn geben die στίχοι ὁλοδάκτυλοι E 36. 71.
Z 314. Σ 421. Φ 235. 244. Ψ 116. 238, und anderwärts, auch um
die Behendigkeit esslustiger Helden zu bezeichnen α 149. Aehnlich in
der Aufregung A 30. 31. 32; und zur Darstellung der Lebhaftigkeit
A 95 bis 99. Hier kann man nachahmend übersetzen: 'Wieder zur

Ebne hinunter entrollte der tückische Steinblock.' In 'Friedrich August Gotthold's Schriften von F. W. Schubert' II S. 130 hat Gotthold, wie er selbst bemerkt 'den Homerischen Vers auch im Rhythmus aufs genaueste folgendermassen wiedergegeben: Wieder hinunter entrollte zur Ebne trotzig der Felsen. Dass ich trotzig als Adverb gebraucht habe, wird sich vertheidigen lassen, da der Trotz des Felsen doch eben darin besteht, dass er immer wieder hinabrollt.' Vgl. auch den zu 596 citierten Dionysius.

600. Von 576 bis 600 sind als Beispiele von typischen Büssern Tityos und Tantalos und Sisyphos ausgewählt, weil die Sage gerade an diesen Bildern die Pein des endlosen und vergeblichen Anstrebens in sinnlichster Plastik ausgeprägt hat. Vgl. über dieselben besonders Welcker gr. Götterl. I S. 818 ff.

602. Herakles war der vorzüglichste und genialste Nationalheld, und wenn einer, der Cid der Griechen; vgl. Nitzsch Beiträge zur Gesch. der ep. Poesie S. 137. Daher bildet er passend den Schluss des Gesanges. [Aehnlich urtheilt Bergk griech. Lit. I. p. 692.] Wir haben aber hier keine eigentliche Apotheose, sondern eine geniale Vorstellung, welche das gewaltige Wesen des gestorbenen Herakles in zwei wunderbare selbständige Naturen zerlegt hat, in ein leibhaftiges Leben auf dem Olympos mit ewiger Jugendblüte, und (nach 213) in ein selbstthätiges Eidolon, d. i. in eine selbstthätige Psyche mit Bewustsein und Handlung bei den unterirdischen. [Uebrigens wurden die Verse 602. 603 athetiert und ebenso wie 604 dem Onomakritos zugeschrieben: vgl. La Roche Annot. crit. und Carnuth Ariston. p. 110.]

604. Im Schol. Harl. wird überliefert: τοῦτον ὑπὸ Ὀνομακρίτου ἐμπεποιῆσθαί φασιν, ἠθέτηται δέ, worüber Nitzsch S. 336 und W. Dindorf zu den Scholien handeln. Vgl. auch K. Lehrs Epimetr. zu Arist. [2] p. 448 und G. Bernhardy Gr. Litter. II [3] p. 109. Das χρυσοπέδιλον ist ein homerisches ἅπαξ εἰρημένον. Ebenso der Plural ἐν θαλίῃς [wofür 6 Codd. bei La Roche θαλίη haben.]

605. Man beachte die Rhythmen und den langen O-Laut, wodurch das klangvolle Rauschen der aufgeschreckten Vögel sinnlich für das Ohr gemalt werden soll. In dieser ganzen Schilderung erscheint Herakles wie eine plastische Bildsäule oder wie eine Leben athmende Figur auf einem Gemälde. Die Züge sind vielfach übereinstimmend mit den Darstellungen des Herakles in der äginetischen Giebelgruppe. Vgl. Fr. Thiersch Epoch. S. 249.

607. Statt der einstimmigen Ueberlieferung ἔχων hat Düntzer aus blosser Conjectur ἔχεν gegeben mit der Bemerkung: 'denn es geht nicht wohl an, νυκτὶ ἐοικώς als Hauptbegriff zu fassen und dazu ἦν zu ergänzen.' Aber man braucht, wie mir scheint, die Stelle nur epiphonetisch aufzufassen, dann schwindet der vermeintliche Anstoss: 'er aber (war es) der da glich, der da hatte, der da spähte, einem stets abschliessenden ähnlich,' so dass die Participien mit affectvollem Asyndeton gleichberechtigt sind. Und zu dieser Auffassung geben K 437 und 547 eine ausreichende Analogie. Vgl. Lehrs de Arist.

p. 385 [² 369]. Krüger Di. § 45, 1, 4. Denn in der Form des Epiphonems pflegt bekanntlich das Verbum nicht gesetzt zu werden, weder bei den Griechen noch bei den Römern. Ueber die letztern vgl. Moritz Seyffert im Commentar zu Cic. Lael. XI 37 S. 250 f.

608. [Es ist dies die einzige Stelle der Odyssee, wo ein Partic. fut. sich nicht an ein Verbum der örtlichen Bewegung anschliesst; in der Ilias finden sich solcher vier: vgl. Classen Beobacht. p. 79 f.]

609. Bekker gibt ἀμφιπερί, worüber Lehrs in Fleckeisens Jahrb. 1860 S. 513 [de Aristarch. ² 395] bemerkt, dass er diese 'sehr bedenkliche und alleinstehende Präposition anzuerkennen kein Recht' sieht. Vgl. auch zu ϑ 175.

611. [Nach Fick vgl. Wörterb. ² p. 359 unter gharap ist χαροπός kein Compositum, sondern abzuleiten von gharap funkeln, einer Weiterbildung von ghar glühen, == funkelnd, feurig.]

613 f. [Aken die Tempora und Modi p. 38 Anmerk. 1 erklärt: 'Kein Gedanke, dass, wer dieses Werk gefertigt, noch ein anderes fertigen sollte, d. h. eines Mannes Leben ist reichlich dadurch beschäftigt. Der Gedanke wäre ansprechend, wenn man aus 614 mit der von Kayser aufgenommenen Lesart ὅς κείνῳ τελαμῶνι ἑὴν ἐγκάτϑετο τέχνην den Gedanken gewinnen könnte: der in jenem Tragriemen seine Kunstfertigkeit niederlegte d. i. an denselben seine ganze Kunstfertigkeit setzte. Indes wird diese Auffassung einmal durch die nicht abzuweisende Parallele von δ 684, wo das Participium unter der Einwirkung des vorhergehenden μή steht und das Ganze einen Wunschsatz bildet, unwahrscheinlich; ferner dadurch zweifelhaft, dass, wenn das Participium τεχνησάμενος bereits das Subject für τεχνήσαιτο enthielte, der folgende Vers überflüssig wäre; andrerseits lässt der vermöge des Asyndetons so enge Zusammenhang mit dem Vorhergehenden (vgl. das betonte σμερδαλέος und die schrecklichen Darstellungen auf dem Wehrgehänge selber) in den Worten mehr eine Darstellung des Eindrucks, den das Wehrgehänge auf das Gemüth des Beschauenden übte, erwarten. Aus diesen Gründen habe ich auch die von Ameis nach Nitzsch gegebene Erklärung aufgegeben, welche lautete: 'nicht möge (sollte) er, nachdem er dies künstlich verfertigt, nicht auch etwas anderes verfertigen: er könnte seinem Ruhm nur schaden!' und die von Faesi-Kayser, Düntzer gegebene aufgenommen].

624. κρατερώτερον bei ἄεϑλον, wie sonst bei ὑσμίνη, φύλοπις, δεσμός, hier auch zugleich, weil Herakles εἰς Ἀίδαο πυλάρταο κρατεροῖο 277 kam. So die Hss. ersten Ranges statt des seit Wolf gewöhnlichen χαλεπώτερον. Vgl. auch 582. 593. Statt Bekker's Verbesserung τοῦδέ γε haben manche wieder das frühere τοῦδέ τι aufgenommen, aber ohne zu erwähnen, was das τί hier bedeuten solle; mir ist es unverständlich.

631. Der Vers ist ein patriotisches Einschiebsel des Peisistratos, wie Hereas bei Plutarch Thes. 20 bezeugt, wenn anders Hereas als Megarenser Glauben verdient. Vgl. auch Gladstone Hom. Stud. von Schuster S. 92.

640. Gewöhnlich wird hier, auch von Bekker [und Nauck], der
Nominativ εἰρεσίη gelesen, so dass in auffälliger Weise ein rein ab-
stracter Begriff in sinnlicher Belebung erscheint; vgl. Döderlein Hom.
Gloss. § 565. Doch den Dativ, der hier schon als die schwierigere
Lesart vorzuziehen ist, geben τὰ παλαιὰ τῶν ἀντιγράφων bei Eustathius,
und dies wird auch durch die Bemerkung im Vind.: ἀντὶ καλλίῳ
οὔρῳ bestätigt. W. Dindorf hat in seiner Ausgabe der Scholien, was
man bedauern muss, die aus guten Quellen stammenden Notizen des
Eustathius nicht aufgenommen und auch den trefflichen Vind. 133 un-
benutzt gelassen.

μ.

4. Der Plural ἀντολαί findet sich auch bei Herod. IV 8. VII 58.
70. Ebenso δυσμαί, worüber Blomfield im Glossar zu Aesch. Pers. 237
zu vergleichen ist, und andere Beispiele bei Chr. Bähr zu Herod. V 94.
Zu Krüger Di. 44, 3, 1. 2. Der Gedanke unserer Stelle soll nach Einigen
bezeichnen, dass Odysseus aus dem sonnenlosen Dunkel hier ins Gebiet
der Tageshelle zurückkehre. [Aehnlich Kammer d. Einheit p. 536.] Aber
dies war wol schon auf der Meeresfahrt der Fall, nicht erst nach der
Ankunft auf der Insel. K. Schwenck bemerkt darüber im Philol. XV
S. 577 Anm. 2 folgendes: 'Die homerische Dichtung konnte die Sonne
und das Tageslicht nicht in dem Hades, wie sie ihn beschreibt, während
der Nacht ruhen lassen, denn sonst würde derselbe erleuchtet gewesen
sein, daher nimmt sie eine Insel fern am Ende der Welt an, wo Helios
und Eos, nachdem sie den Himmel durchwandert, Nachts ruhen, und
woher sie nach dieser Ruhe am Morgen wieder an den Himmel hinauf
ziehen. Eine genaue Erörterung, wie sie westlich zu dieser Insel
kommen und an der Ostseite Morgens emporsteigen, liegt der Dichtung
fern, denn von Systemen ist bei Homer nichts zu finden, und nur jede
Sache für sich genommen richtig und anschaulich.' [Aehnlich Welcker
griech. Götterl. I p. 684, Preller griech. Myth. I p. 293. Dagegen bemerkt Heimreich die Telemachie und der jüngere Nostos p. 20: 'Alles
Sträuben und Händeringen der Interpreten hilft nichts; die Wohnungen
und Tanzplätze der frühgeborenen Morgenröthe und die Aufgänge der
Sonne sind im Osten und sie auf eine Insel im fernen Westen zu verlegen ist mehr als wunderlich. Ich kann das nur durch eine Gedanken-
losigkeit des Dichters erklären, der aus dem von ihm benutzten Argo-
nautenliede ähnliche Verse im Gedächtnis hatte und für den Augenblick
vergass, dass durch seine Fiction, Odysseus sei auch nach Aeaea gekommen, die Aufnahme dieser vielleicht förmelhaften Wendung in sein
Gedicht unthunlich geworden war.' Jedenfalls widersprach Ameis' Deutung von ἀντολαί Aufgangstätten: 'indem die Insel so hochliegend
gedacht wird, dass gleich die ersten Strahlen der Eos darauf fallen'
der Angabe des Dichters selbst κ 196 αὐτὴ δὲ χθαμαλὴ κεῖται, worauf
mich A. Römer brieflich aufmerksam gemacht hat. Auch ohnehin wäre
diese Auffassung schwer mit dem Begriff von ἀντολαί zu vereinigen.]

14. Diese Sitte, eine στήλη auf den Grabhügel zu setzen, erhellt ferner aus Λ 371. Π 457. 675. Ρ 434. Vgl. auch 1 Mos. 35, 20 Uebrigens ist στήλη nicht eine 'Säule', sondern ein viereckiger *cippus*. Dies ist auch wegen der στῆλαι Ἡρακλέους zu beachten, und dadurch wird zugleich verständlich, was Lucian zu Anfang seiner ἀληϑὴς ἱστορία von den Inschriften in Betreff des Dionysos und Herakles erzählt.

16. τὰ ἕκαστα, wie μ 165. ξ 375. Λ 706; sonst auch mit Bezug auf die angeredete Person ταῦτα ἕκαστα ξ 362. ο 487. Λ 550. Κ 432. Ψ 95.

18. Andere bemerken: „ἐντυναμένη wird durch das folgende erklärt." Aber wenn das folgende die Erklärung von diesem Participium sein sollte, so dürfte kein δέ und kein αὐτῇ des Gegensatzes folgen, sondern es müste homerisch wenigstens mit Asyndeton ἅμα τῇ γε heissen.

25. [Das Verhältniss des Futurums zu den vorhergehenden Imperativen ist näher erörtert im Philol. XXVII p. 519 f.: vgl. Ζ 71. Ω 717. Entsprechend ist das **Verhältniss** des auffordernden Conjunctivs und des Futurums Η 29. 30. 290. 291. Ψ 9—11. Ω 601. μ 291—293. υ 13—15.]

39. Als man die homerischen Märchen localisierte, wurden die Seirenen auf den Seirenusen am Busen von Poseidonia in Unteritalien, oder auch am Vorgebirge Peloron auf Sicilien angesiedelt. Uebrigens waren die Seirenen schon den Alten ein gebräuchliches Bild, wo sie die Reize der sinnlichen Lüste beschrieben; vgl. Xen. Apomn. II 6, 10 ff. und 31. Hor. Ep. I 2, 23. Seneca epist. 30, 1 f. In Bezug auf das mythologische Wesen der Seirenen ist auch zu beachten, was Stoll zu Antimachos Fr. 82 bemerkt. Der Name Σειρῆνες bedeutet (nach Christ Gr. Lautl. S. 257) 'die Tönenden', was Karl Schenkl in der Zeitschr. f. d. österr. Gymn. **1865** S. 225 sehr ansprechend also erläutert: 'An den **Klippen, die** sich stark zerklüftet in das Meer hinabsenken, erzeugt dasselbe, zumal wenn es vom Winde erregt wird, helle Klänge, die mit dem Rauschen des Windes zu eigenthümlichen Melodien verschmelzen. Man darf sich hiebei nur an die Uhland'schen Verse erinnern:

> Der Wind und des Meeres Wellen,
> Gaben sie frischen Klang?

Das sind die hellen Stimmen, die den Schiffer an das Ufer locken, so dass er nicht achtend der Klippen zu landen versucht und dieses Wagnis mit seinem Leben bezahlt. Das ist die Grundlage des Mythos von den Seirenen. Sie sind die Bilder der rauschenden Wellen und Winde, wie sie sich an den Klippen des Meeres brechen usw.' Hierzu noch die Notiz bei H. Köchly Verhandl. der Philol. zu Augsburg S. 48: 'Aus den süssen Stimmen der Seirenen ist, beiläufig bemerkt, erst in diesem Jahrhundert die angebliche Volkssage von der Loreley gemacht worden.' [Monographisch sind die Seirenen behandelt von H. Schrader die Sirenen nach ihrer Bedeutung und künstler. Darstellung, 1869, vgl. Fleckeisen's Jahrbb. 1869, Bd. 99 p. 165 ff.]

40. ὅτις σφέας εἰσαφίκηται ist hier und in den Parallelstellen

π 228. υ 188. χ 415. ψ 66 die jetzt übliche Schreibweise, die aber in der Ueberlieferung nur schwach gestützt ist. Hierzu kommt, dass die Pronomina σφισι (σφιν) und σφεας, wenn sie nicht mit Nachdruck gesetzt sind oder nicht im Gegensatz oder nach einer Präposition stehen, nach dem Wesen der Enklisis nicht auf der ersten Silbe den Ton haben können. Die bestbeglaubigte ältere Lesart ist ὅτέ σφεας εἰσαφίκηται. So Charax in Bekk. Anecd. p. 1154. Eustathius p. 1706, 35. Arkadios p. 145, 22. Schol. Harl. Vindd. 56 und 133, welche Angaben sämmtlich aus Herodian geschöpft sind. Es wird nemlich diese **Verbindung** als ein Beispiel zweier **Acute** auf einem Pyrrichius vor σφεας angeführt. Daher ist nicht zweifelhaft, dass die Alten diese Verbindung vermittelst eines zu ergänzenden τὶς verstanden haben, wie N 287 X 199. Vgl. zu α 392. Wir dagegen werden ὅ τε lieber trennen und im Sinne von ὅς τε verstehen. Vgl. über alle diese Punkte die Angaben von J. La Roche in der 'Unterrrichtszeitung für Oesterreich' 1864 S. 237 f. [und Hom. Textkritik p. 413], wo über die Verderbnis in **manchen** Handschriften mit Recht bemerkt wird: 'Aus OTEΣΦEAΣ ist zunächst ὅτι σφέας, daraus ὅτις σφέας und aus letzterem ὅστις σφέας geworden, da die Abschreiber von der Betonung der Alten keine Kenntnis mehr hatten. Uebrigens ist bei Arkadios p. 145, 22 das ὅς τε σφέας in ὅτέ σφέας zu berichtigen. Denn hätte dieser oder Herodian hier angenommen, dass ὅτε für ὅς τε stände, so würde die Regel ein anderes Beispiel verlangen, da die Alten bekanntlich die Conjunction ἐφ᾽ ἕν, das Pronomen getrennt schrieben; vgl. Herodian zu π 72. Indes hat M. Schmidt in seiner Ausgabe p. 166 ὅτί σφεας aufgenommen. Bekker hat in seiner 'annotatio' die ganze Notiz mit Stillschweigen übergangen.

41. Hier haben wir φθόγγος, dagegen 198 φθογγή, wie derselbe Wechsel der Formen bei πόθος und ποθή, bei βόλος und βολή, bei στρόφος und στροφή, bei χόλος und χολή, κοῖτος und κοίτη, φόνος und φονή, στέφανος und στεφάνη, ψάμμος und ψάμμη, τάφρος und τάφρη u. a. stattfindet. Vgl. Chr. Bähr zu Herod. IV 201. Bredow de dial. Herod. p. 53 sqq.

43. [Zur Beseitigung des höchst anstössigen Wechsels **des Numerus** hatte Ameis nach W. C. Kayser z. St. παρίστανт᾽ οὐδέ γ. vermuthet. — V. 44 vermuthet Nauck statt ἀλλά τε ansprechend ἀλλά ἕ.]

45. [Dagegen verbindet Leo Meyer gedrängte Vergleich. d. griech. u. lat. Declin. p. 55 ἀμφ᾽ ὀστεόφιν mit πυθομένων nach π 145: 'der rings um die Gebeine modernden Menschen', unter Zustimmung von Moller über den Instrumentalis im Heliand u. d. hom. Suffix φι p. 22.]

49. Gewöhnlich werden die Worte ἀτὰρ αὐτὸς ἀκουέμεν αἴ κ᾽ ἐθέλῃσθα eng verbunden und als Vordersatz zum Folgenden verstanden. Aber da ist die Wortstellung auffällig. Denn der Bedingungspartikel εἰ werden zwar einzelne mit Nachdruck hervorgehobene Wörtchen vorangestellt, aber nirgends ein den Hauptbegriff des Gedankens enthaltender Infinitiv. Vgl. die zu Θ 408 und ρ 223 citierten Stellen. Hierzu kommt, dass αἴ κ᾽ ἐθέλῃσθα in dem Sinne 'wenn du willst' sonst überall

elliptisch steht und seine Ergänzung aus dem Zusammenhange erhält.
Ich habe daher mit C. W. Nauck die Interpunction geändert, wodurch
zugleich der ganze Gedanke ·schärfer hervortritt und mit Vers 160
harmoniert. Das Asyndeton bei δησάντων gehört zu den Fällen, von
welchen bei Nägelsbach im Exc. XIV 9 und bei Krüger Di. 59, 1, 4
und 7 gehandelt wird. — Vers 53 ist wie 163 εἰ δέ κε gesagt, nicht
αἴ δέ κε, weil αἴ κε bei Homer niemals durch dazwischen gesetzte
Wörtchen getrennt wird. [V. 53 und 54 wurden von Aristophanes
athetiert.]

57. [Bekker in den Hom. Blätt. II p. 1 vermuthet statt ὁππυτέρη
— ὑππυτέρῃ.]

61. Gleiches Ursprungs mit Πλαγκταί sind die Συμπληγάδες der
Späteren, aber im Osten am Eingange in den Pontos Euxeinos befindlich. Andere verstehen unter Πλαγκταί 'Irrfelsen' von πλάζεσθαι, und
C. W. Nauck im Archiv für Philol. VIII (1842) S. 549 Anm. 8 will
ausserdem den Eigennamen Πλάγκται mit zurückgezogenem Accent geschrieben wissen.

62. Zu πέλειαι τρήρωνες, ταί τ᾽ ἀμβροσίην Διὶ πατρὶ φέρουσιν
vgl. Plutarch Sept. sap. conv. 13 p. 156ᶠ und dazu Wyttenbach. Man
versteht unter diesen Tauben das Pleiadengestirn, bei dessen Aufgang
Ende Aprils die Getraideernte beginnt; vgl. zu ε 272. Und die in V. 64
erwähnte Sache erklärt man daraus, dass von den Pleiaden nur sechs
Sterne hell leuchten, der siebente aber verdunkelt ist; vgl. Aratos
Phaen. 257 f. [Welcker griech. Götterl. I p. 69, Preller griech. Myth. I
p. 311. Ueber die Tauben bei Homer vgl. auch Hehn Kulturpflanzen
und Hausthiere p. 238 ff. — Uebrigens sucht Kammer die Einheit p. 540 ff.
V. 62—72 als Interpolation zu erweisen, indem er die πέτραι 59 und
die σκόπελοι 73 für identisch hält. Nauck bezeichnet 62—65 als
suspecti und 69—72 als: spurii?]

69. Andere geben hier die Conjectur von A. Matthiä κείνῃ unter
Vergleichung von τῇ 62. 66. 98. Da aber κείνῃ mit τῇ nicht identisch ist, und da hier im Anfang des Verses 66 τῇ mit Emphase vorausgeht: so würde κείνῃ einen hier nicht vorhandenen Gegensatz erfordern:
ein solcher ist ν 111 vorhanden. Dagegen bemerkt J. La Roche in der
'Unterrichts-Zeitung für Oesterreich' 1864 S. 238: 'der Augustanus
hat κείνῃ [dies ist in seiner krit. Ausgabe nicht bemerkt] und am
Rand γρ. κείνην, und dies halte ich trotz der vorhandenen Localbestimmung τῇ für richtiger, da die Hinweisung auf das folgende Nomen
wegen des bei Ἀργώ stehenden Attributs πᾶσι μέλουσα ganz bedeutungslos ist.' Aber πᾶσι μέλουσα gehört so eng zu Ἀργώ, dass es
mit diesem gleichsam in einen Begriff verschmilzt.

70. Erst die spätere Sage hat für den Argonautenzug das bestimm-
tere Local im Osten ausgebildet. Vgl. Nitzsch Beiträge zur Gesch. der
ep. Poesie S. 135. Uebrigens haben die alten Grammatiker bei Lobeck
Path. Elem. I p. 555 für πᾶσι μέλουσα die Schreibart ὑφ᾽ ἕν vorgezogen.
Es bedeutet aber: 'die allen im Sinne liegende,' d. i. die vielgesungene
und gern gehörte. Vgl. Nitzsch ebendas. S. 147.

77. οὐδ' ἐπιβαίη ist Aristarchs Lesart, die auch im Vind. 133 [auch Vind. 50. Vratislav. A: La Roche] steht. Gewöhnlich las man hier οὐ καταβαίη, was aber mit ἀμβαίη wenigstens durch Partition eines doppelten οὔτε, wie 434, oder eines οὔτε und οὐ verbunden sein müste; denn ein οὐδέ mit nachfolgendem asyndetischen οὐ in zwei derartigen Satzgliedern ist aus Homer nicht nachweisbar. Hierzu kommt, dass ein solcher Gegensatz der Reflexion, wie er hier in καταβαίνειν erschiene, durch kein analoges Beispiel homerischer Naivetät sich begründen lässt. [Zu 78 bemerkt Nauck: spurius?]

86—88. [Ueber diese schon von den Alten erkannte Interpolation vgl. Düntzer in Zeitschr. f. d. Gymn. 1864, XVIII p. 155 = Hom. Abhandl. p. 452 und Carnuth Aristonic. p. 114.]

89. ἄωροι wird von Aristarch durch ἄκωλοι und πλεκτανώδεις erklärt, wozu andere den Zusatz ἐκ μεταφορᾶς τῶν ἀώρων καὶ μὴ πεπείρων καρπῶν beifügen. Eustathius erwähnt als Erklärung des Apollonios von Rhodos: ἀώρους τοὺς συνεσταλμένους νοεῖ. Kurz diese und andere suchen in dem Worte einen speciellen Begriff, während der Dichter wie mir scheint nur eine allgemeine Bezeichnung geben wollte, welche mit περιμήκεες harmonierte. Ich folge daher K. Lehrs Popul. Aufs. S. 77, mit dem auch G. Curtius Etym. I No. 522 [4 p. 357] übereinstimmt, wiewol Lobeck Elem. II p. 75 sq. anderer Ansicht ist. Eine neue Erklärung des Wortes gibt Hugo Weber im Philol. XVII S. 165, wo er folgendes bemerkt: 'richtig ist Classens Bemerkung, dass ἄ-ωρ-ο-ς, welches durch Verlängerung des Stammes und Anhängung des Suffixes -ο aus ἀείρω gebildet ist, als Epitheton die beweglichen nach allen Seiten um sich greifenden Füsse des Unthiers bezeichnet.' Aber wie in ἀείρειν der Sinn von 'sich nach allen Seiten bewegen' oder 'um sich greifen' enthalten sein könne, ist noch zu erweisen.

94. Düntzer bemerkt hier zu seinem Texte: 'ἔξ bei κεφαλάς dient zur Veranschaulichung und verdient entschieden den Vorzug vor der Lesart ἐξίσχει.' Aber das letztere hat die besten Autoritäten für sich. Mir scheint ἐξ ἴσχει nur eine aus 90 entstandene alte Correctur zu sein.

101. Die τελεία στιγμή am Versende mit Nicanor, von dem wir in Q die Notiz haben: μετὰ τὸ στίξαι τελείως εἰς τὸ Ὀδυσσεῦ, τὸ „πλησίον ἀλλήλων" ὡς ἀπὸ ἄλλης ἀρχῆς προφερόμεθα καὶ στίζωμεν εἰς τὸ ἀλλήλων. λείπει δὲ τὸ εἰσί, πλησίον ἀλλήλων εἰσίν. Vgl. Friedländer zu Nicanor p. 25. So auch Aulin de usu epexegesis p. 22. Düntzer hat 102 statt des überlieferten πλησίον aus Conjectur πλησίοι gegeben mit Vergleichung von ε 71. κ 93. [Auch W. C. Kayser bei Faesi zieht πλησίοι vor; es war dies übrigens schon eine alte Lesart, vgl. La Roche und Nauck zur Stelle.]

105. Das homerische τρίς haben Verg. Aen. III 566 f. und Ovid ex Ponto IV 10, 27 f. in ihren Nachahmungen beibehalten. Die Sache wird eingehend erläutert von H. J. Heller im Philol. XV S. 356 f. Dass übrigens das in den Handschriften bei Vers 104 stehende Scholion [ὑποπτεύει Καλλίστρατος ὡς μαχόμενον τοῖς ἔπειτα] hierher zu 105

gehöre, erweist J. La Roche in der 'Unterrichts-Zeitung für Oesterreich'
1864 S. 238.

111. = ϑ 375. 394. 464. ι 522. κ 270. 336. 382. λ 79. 138.
163. 435. 462. 477. 504. — Düntzer folgt hier G. W. Nitzsch, indem
er aus den Scholien und der Hamburger Handschrift [auch Vindob. 133.
Vind. 50 in marg. Vratislav. A bei La Roche] ἀτυζόμενος 'betrübt'
aufgenommen hat, was ψ 42. O 90. X 474 in anderer Verbindung
vorkommt, mit der Bemerkung: 'Die Lesart ἀμειβόμενος ist nach der
langen Belehrung, die ihm einen Verlust von sechs Gefährten in sichere
Aussicht stellt, weniger passend.' Aber die stabile Formel, die von
Düntzer selbst namentlich in der Erklärung der Adjective weit über
die Gebühr verwendet wird, dürfte gerade in derartigen Versen ihr
Recht behaupten.   113 f. [Eine abweichende Erklärung giebt L. Lange der hom. Gebrauch der Partikel εἰ I p. 423 und II 506.]

117. In den übrigen acht Stellen nemlich, wo ὑποείκειν vorkommt:
π 42. Δ 62. Λ 204. O 211. 227. Π 305. Τ 266. Ψ 602, ist der
Vocal der Präposition nicht elidiert: denn εἴκειν war ursprünglich
digammiert. Auch hier hat Friedländer ϑεοῖς ὑποείξεαι vorgeschlagen.
Ueber die Bedeutung vgl. J. La Roche über den Gebrauch von ὑπό bei
Homer S. 44.

124. Ueber βωστρεῖν vgl. Lobeck Paral. p. 450 und Rhem. p. 150.
— In 127 hat Düntzer statt der Ueberlieferung ἔνϑα δέ aus Conjectur
ἔνϑα τε gegeben, wie auch 262. 318. Mir scheinen aber diese Stellen
mit den im Anhang zu ϑ 363 erwähnten Fällen nicht identisch zu sein,
sondern mit den übrigen Anfängen durch ἔνϑα δέ auf gleicher Stufe
zu stehen.

130. Die Zahlen sind von jeher auf die Wochen und auf die
350 Tage und Nächte des Mondjahrs bezogen worden, wobei man
für die Kühe als Tageszeit und für die Schafe als Nachtzeit auch κ 85.
λ 35 zur Vergleichung herbeizog. Vgl. Welcker gr. Götterl. I S. 405.
Vielleicht haben selbst Φαέϑουσα 'die Leuchtende', Λαμπετίη 'die
Strahlende', welche 375 die Frevelthat anzeigt, und Νέαιρα 'die Neue'
eine allegorische Beziehung gehabt. Auch Nägelsbach Hom. Theol. S. 4
der Ausg. von Autenrieth wagt nicht hier 'Ueberbleibsel uralter Sym-
bolik zu verkennen.' Und H. Köchly Akad. Vorträge und Reden I S. 19
bemerkt bei Gelegenheit mit Recht: 'der hesiodische Redaktor selbst
hegt von diesem tieferen Sinne ebenso wenig eine Ahnung, als der
homerische Dichter von der ganz unzweifelhaften Bedeutung
von Zahl und Eigenthümlichkeit der Herden des Sonnengottes.' Man
kann noch zur Vergleichung hinzufügen, dass nach altindischer Anschauung in den Veden die Strahlen der Sonne 'Kühe' genannt werden.
Weil nun aber der Dichter von der ursprünglichen Bedeutung der Zahlen
kein Bewustsein verräth, so findet Düntzer sogleich die ganze Erklärung und Beziehung 'wunderlich', und bemerkt schliesslich nur einfach: 'Sieben und fünfzig sind gangbare dichterische Zahlen: vgl. ι 202.
ξ 15. 20. υ 49.'

147. Der Vers fehlt in den besten Hss. mit Recht. Denn er passt nicht zu dem folgenden Gedanken, weil diesem sonst nirgends ein 'Rudern' vorhergeht: denn der Fahrwind macht das Rudern unnöthig. Vgl. λ 639. 640. [Vgl. dagegen Kammer die Einheit p. 417 f.]

157. [Nauck hat an Stelle des handschriftlichen ἤ κεν vermuthungsweise geschrieben ἦ καί.]

166. τόφρα δέ im Sinne von 'inzwischen aber' oder 'unterdessen aber' zu Anfang des Satzes nach einer vollen Interpunction findet sich noch γ 303. 464. δ 435. ε 246. 258. ζ 171. ϑ 438. ι 47. κ 449. μ 245. ψ 289. ω 365. K 498. N 83. O 525. P 79. Σ 338. Φ 139.

174. Ueber τυτθά vgl. J. La Roche Hom. Stud. § 34, 24. Das χερσὶ στιβαρῇσι ist hier wie Ψ 686 gestellt, in den übrigen fünf Stellen δ 506. ϑ 84. σ 335. M 397. Ψ 711 bildet es den Versschluss. Zu κηροῖο τροχόν vgl. Plut. de aud. poetis 1 p. 15ᵈ. Luc. epist. Sat. 32. Auch das folgende ἐπ' οὔατα πᾶσιν ἄλειψα 177 wird oft citiert oder benutzt; vgl. Dio Chrys. XII 36 p. 390. XXXIII p. 20. Luc. Charon 21. Plut. a. O. Basilius Magnus de legendis libris gentilium 2.

184. Ueber πολύαινε vgl. Döderlein im Hom. Gloss. § 999 und zu Δ 430. Citiert wird der Gedanke von Xenophon Apomn. II 6 11 und eine Uebersetzung der ganzen Stelle haben wir bei Cicero de finibus V 18.

200. Weil nur hier die attische Form ὦσιν vorkommt, die Variante πᾶσιν bei Eustathius p. 1707, 39 aber 'schwerlich jemand gefallen wird': so vermuthet G. Curtius Erläuter. zur Schulgr. S. 66 [²70], dass das Hemistichion 'einst' ᾧ σφὶν ἐπ' οὔατ' ἄλειψ' gelautet habe. Aber dieser einzelne Fall dürfte wol nur in Verbindung mit dem ganzen ähnlichen Formenwechsel bei Homer zu betrachten sein, um ein entscheidendes Urtheil zu gewinnen.

209. Nach den urkundlichen Zeugnissen, zu denen auch die Citate bei Apollonius lex. p. 64, 1 und Cicero ep. ad Att. VII 6, 2 gehören, ist dies ἔπει als die alte Lesart der Vulgata zu betrachten statt des jetzt gewöhnlichen ἔπι mit einer höchst auffälligen Dehnung des Schlussvocals. Jetzt bemerkt auch J. La Roche in der 'Unterrichts-Ztg. für Oesterreich' 1864 S. 239 nach Anführung der urkundlichen Zeugnisse folgendes: 'Am besten begründet ist ἔπει, welches schon früh falsch verstanden, in ἔπει und ἔπι geändert wurde. Die gleiche Aussprache der beiden Laute begünstigte die Aenderung.' Das Verbum ἔπειν findet sich noch einmal ebenso gebraucht Z 321: περικαλλέα τεύχε' ἔποντα 'wie er die sehr schönen Waffen bereitete d. i. besorgte. Bekker hat freilich Z 321, aber nur aus Conjectur, jetzt περὶ κάλλιμα τεύχε' ἔποντα gegeben. Ueber die Bedeutung von ἔπειν als Simplex und in den Compositis überhaupt vgl. J. Savelsberg de Digammo p. 44 sq. [Ameis' Erklärung: 'dies hier (der Dampf und die Brandung und das Getöse) bereitet nicht ein grösseres Uebel', an sich wenig ansprechend, findet auch in Z 321 nur geringe Stütze, da die angenommene Bedeutung bereiten an beiden Stellen doch in wesentlich verschiedenem Sinne steht. Nach dem übrigen Gebrauch des Activs in Verbindung mit Praepositionen ist die Grundbedeutung: in Bewegung

sein, geschäftig sein, danach liegt es näher und ist ansprechender hier
mit Suhle, Kayser u. A. zu verstehen: kommt heran, naht. —
Uebrigens sieht Kirchhoff die Composition der Odyssee p. 133 in V. 209
bis 212 den Zusatz des Bearbeiters, der eine Beziehung auf ι herstellen
wollte: vgl. dagegen Düntzer Kirchhoff, Köchly etc. p. 59, Heimreich
die Telemachie und der jüngere Nostos p. 21.]

212. Nachahmung bei Verg. Aen. 1 203: *forsan et haec olim
meminisse iuvabit.* Nur hat Homer mit τῶνδε auf das bevorstehende Unglück hingewiesen, während Vergilius mit *haec* die schon überstandenen
Leiden bezeichnet.

213. Vgl. ν 179. B 139. I 26. 704. M 75. Ξ 74. 370. O 294.
Σ 297. Am Versschluss ist stets τελεία στιγμή gesetzt, weil das folgende jedesmal asyndetisch angeschlossen wird. Uebrigens hat jetzt
Bekker überall ἐγώ ϝείπω gegeben, mit Beistimmung von J. La Roche
über den Hiatus und die Elision S. 9 f. Als urkundlich besser begründet
sucht ἐγώ in diesem Verse zu erweisen Lange Observ. crit. (Oels 1843)
p. 12 zu B 139. Ebenso J. La Roche in der Zeitschr. f. d. österr. Gymn.
1863 S. 328. Vgl. J. La Roche hom. Textkritik p. 232 und J. Savelsberg de digammo p. 41 sq.

220. Der Singular σκοπέλου, wofür andere seit Wolf σκοπέλων
lesen, hat in den Handschriften hinreichende Stützen. [Für den Singular
spricht der hier befolgte Rath der Kirke 108 und 223, wo nur von
der Skylla die Rede ist, der Charybdis gar nicht gedacht wird, während
der Gegensatz zu τούτου καπνοῦ allerdings das allgemeine σκοπέλων
erwarten lässt.] Den vorhergehenden Vers gebraucht Lucian de conscr.
hist. 4, wozu K. F. Hermann p. 28 zu vergleichen ist.

226—234 [werden von W. C. Kayser verdächtigt, 'weil sie uns
ein unnützes und fast lächerliches Bravourstück des Helden geben, welches
nur dazu geeignet war die Unbefangenheit der Gefährten zu beeinträchtigen'. Ebenso urtheilt Düntzer in der Zeitschr. f. d. GW. 1864
p. 158 ff. == Homer. Abhandl. p. 457 ff. — V. 231 bezeichnet Nauck
als: spurius?]

230. Ueber νηῦς πρῷρα vgl. das Mühlhäuser Programm von 1861
S. 35. Anderer Natur sind die Stellen, wo die Species zum Genus oder
der Theil zum Ganzen appositiv hinzutritt, worüber zu ν 87.

238. Dieselbe Prägnanz Hiob 2, 12: 'sprengten Erde auf ihr Haupt
gen Himmel' statt 'warfen Erde gen Himmel und sprengten sie auf
ihr Haupt.' So mit C. W. Nauck. Die Form ἀναμορμύρεσκε, nur hier,
ohne Augment ist urkundlich gut gesichert. Uebrigens sind Vers 237
bis 243 eine allgemeine Schilderung, die der Dichter im voraus zur
nothwendigen Verständigung der Hörer gegeben hat. Vgl. zu η 107
im Anhang am Ende. [Verworfen werden dieselben von Düntzer in d.
Zeitschr. f. d. GW. 1864 p. 156 f. == Homer. Abhandl. p. 453 f.]
Bekanntlich hat Schiller in dem Gedichte 'der Taucher' diese homerische Stelle nachgeahmt.

243. Den Nominativ κυανέη gibt der Schol. Q: ἀντὶ τοῦ κυανιζο-
μένη ὡς „φοίνικι φαεινός" H 305. O 538, in welchem Scholion ohne

Zweifel Aristarch spricht. Ferner wird κυανέη bestätigt durch Vind. 133 [6 Codd. bei La Roche], Cramer Anecd. Par. III 271, 4; 301, 1. Epim. Hom. 315, 29 (316, 8). Et. Gud. 440, 40. Vgl. auch Verg. Aen. VII 31 *multa flavus harena*. Andere dagegen wie auch Bekker geben den Dativ κυανέῃ, der grammatisch kaum zu erklären ist. Denn die von Düntzer gegebene Erklärung 'mit dunkelm Sande. Der Dativ bezeichnet, woraus die Erde bestand' bedarf erst der Rechtfertigung aus dem griechischen Sprachgebrauche des Dativs. Ueber die Bedeutung von ψάμμος vgl. Lobeck Parall. p. 396 not. 8. Mir beigestimmt hat A. Schuster in Mützells Z. f. d. GW. 1861 S. 718 mit dem Zusatze: 'das ist eine ungleich poetischere Weise im Gebrauch der Farbenausdrücke, eben weil hier die Phantasie ungleich mehr anregt.' Ebenso J. La Roche in der Zeitschr. f. d. österr. Gymn. 1863 S. 336.

258. [Nauck schreibt statt des handschr. ἐμοῖς — ἐγώ unter Verweisung auf Epim. Hom. p. 175, 22.]

265. Bekker hat hier aus Eustathius μυκηθμόν gegeben, wahrscheinlich um mit βληχήν Symmetrie und Analogie zu schaffen, da er die ähnlichen sächlichen Genetive, die bei J. La Roche Hom. Stud. § 83, 1 gesammelt und beurtheilt sind, anangetastet lässt. Die von Düntzer hier zwischen Genetiv und Accusativ gemachte Unterscheidung: 'der Genetiv hebt bestimmter hervor, da das Rindergebrüll das bedeutendere war' wüste ich sprachlich nicht zu begründen. [Ueber αὐλιζομενάων vgl. Ahrens αὐλή und villa p. 16.]

268 = 273. Den Singular ᾗ ἐπέτελλεν bieten an beiden Stellen, statt des jetzt gewöhnlichen οἳ ἐπέτελλον, die zuverlässigsten Hss. Vind. 133, p. Harl., Vrat., sicher auch die des Eustathius, da dieser 275 ebenso wie pr. Harl. und Vrat. ἔφασκεν las. So wird der Ausspruch des Teiresias als bereits bekannt nur im allgemeinen genannt, die Warnung der Kirke aber durch den Relativsatz näher erklärt. Und das ist echt epischer Charakter. Denn wer zwei wesentlich übereinstimmende Mittheilungen von verschiedenen Personen zu verschiedenen Zeiten erhalten hat, der pflegt beim Erzählen aus der Erinnerung den Inhalt derselben mit der letzten Person verknüpft näher anzugeben, indem er die Beziehung des Zusatzes auf die vorher genannte Person dem Gedanken des Hörers überlässt. Daher giebt hier der Singular epische Poesie, der Plural nur grammatische Richtigkeit. Dasselbe gilt von λ 174 πατρὸς καὶ υἷος ὃν κατέλειπον, wo jetzt Bekker die Lesart des Aristophanes οὓς aufgenommen hat, und λ 67. ν 403. ο 348. Hierzu kommt zweitens, dass die Warnung der Kirke für die Gefährten des Odysseus eindrucksvoller und wirksamer sein muste, weil sie die Zauberkraft und übernatürliche Kenntnis der Kirke schon an sich selbst erfahren hatten, während ihnen Teiresias im wesentlichen eine unbekannte Person war. Endlich lässt sich der Gedanke von 275 auf keine bestimmte Aussage des Teiresias beziehen, sondern nur auf die Worte der Kirke 127. 128, auf die Herden, an welche Odysseus für sich denkt, wenn er auch seine Gefährten mit geheimnisvoller Warnung anredet und erst 299 bestimmter spricht. Ueber den Sinn von πολλά

bei Verben handelt J. La Roche Hom. Stud. § 32, 12. [Vgl. dagegen
W. C. Kayser zu V. 267.]

281. Ueber die Prägnanz von ὕπνος zu ξ 366. Vgl. auch zu ζ 2.
Ueber ἀδηκότας Lobeck zu Buttmann's Ausf. Sprachl. II S. 99. Der
Schlaf, dieser 'Bruder des Todes', wird in älterer Vorstellung nicht als
Begriff der Erquickung, sondern nach dem unmittelbaren Eindruck der
sinnlichen Anschauung als eine Wolke, als eine überwältigende Macht
oder niederdrückende Fessel gedacht. Daher auch ὕπνω δεδμημένοι
oder δαμέντες Κ 2. Ω 678. ψ 17. Ξ 353. Vgl. zu δ 295 und ν 79.

297. Das Activ βιάζετε war hier auch im Scholion zum Lemma zu
machen, da die Form βιάζεσθε im cod. M nichts weiter als den Sinn
der Aristarchischen Bemerkung: ὅτι ποιητικῶς ἐσχημάτισται erklärt. Der
Vers ist sonst wie Χ 229 gebildet. Nach J. E. Ellendt Drei Homerische
Abhandl. (Leipzig 1864) S. 22 soll hier das Activ nur aus metrischem
Grunde gewählt sein. Aber das hätte der Dichter mit Leichtigkeit vermeiden können, wenn er nach ι 410 βιάζεσθ' οἷον ἐόντα sagte, wie
Zenodot nach Porsons Berichtigung wollte und Düntzer jetzt im Texte
hat, obgleich βιάζετε einstimmig überliefert ist. Uebrigens glaubt
J. La Roche über den Hiatus S. 20, dass hier βιάζετε οἷον die ursprüng-
liche Lesart gewesen sei.

313. ζαῆν ist die Lesart des Aristarch. Ueber die Form vgl.
Lobeck Parall. p. 158 sqq. und p. 543. Die Form ist am besten aus
dem Aeolischen zu erklären, wo sich ζαῆν = ζαεσ-α-ν, ζαεαν ergibt.
Vgl. Theodor Ameis de Aeolismo Homerico (Halle 1865) p. 41 sq.

326. [Ueber εἰ μή ohne Verbum vgl. jetzt die eingehende Erörterung von L. Lange der homer. Gebrauch der Partikel εἰ, II p. 555 ff.]

332. Der Vers fehlt in mehreren Hss. und ist aus δ 369 mit
Unrecht hierhergekommen. [Er fehlt in keiner der von La Roche verglichenen Handschriften.] Denn er passt nicht auf die 'Vögel', wiewol
Eustathius bemerkt, dass man zuweilen auch Seevögel mit Angelhaken
gefangen habe. Der Vers steht ferner mit φίλας ὅτι χεῖρας ἵκοιτο in
keiner geeigneten Verbindung und stört den folgenden Nachsatz. Das
Unpassende dieses Verses hat jetzt auch E. E. Seiler gut auseinander-
gesetzt. Den vorhergehenden Vers citiert Julian or. IV p. 192 d.

335 f. [V. 335—337 bezeichnet Nauck als verdächtig.]

338. Vgl. die zu κ 31 gegebene allgemeine Erörterung. Nitzsch
in Fleckeisens Jahrb. 1860 S. 868 f. (auch Beiträge zur Gesch. der
ep. Poesie S. 119 f.) bemerkt über unsern Abschnitt folgendes: 'Hier
folgt, den Umständen nach im engsten Anschluss an das eben vorher-
gegangene, wie derselbe Eurylochos, der zum Anlanden genöthigt hat, die
Gefährten zum Schlachten heiliger Rinder verführte. Ist er vorher durch
Odysseus' Vorstellungen überstimmt worden, jetzt in dessen längerer
Abwesenheit gewinnt er die Gefährten bei der drohenden Hungersnoth.
Die Beschreibung seiner Rede und des ganzen Herganges beim Schlacht-
opfer wird nach der bedrängten Lage auf das genaueste gegeben. Aber
diese vorweg gegebene Schilderung hat der Dichter nicht etwa in un-
bedachter Neigung zum dramatischen Leben und zur Anschaulichkeit

gemacht, nein, sie erhält sofort ihre Erklärung und Rechtfertigung. Odysseus erzählt: aufgewacht sei er in dem Augenblicke, da schon das Opfer gebrannt **und** der Fettgeruch sich verbreitet habe (369). Als er sich dem Schiff genähert (die Rinder waren von der unfern liegenden Weide geholt, 353—355): „trat ich an jeden heran und schalt, doch ein Mittel zur Rettung | konnten wir nicht ausfinden, da todt schon lagen die Rinder [392. 393].“ Diese Worte erklären es genugsam, wie dem Odysseus die ganze Geschichte des begangenen Frevels bekannt geworden. Er kam zu den opfernden und schalt sie einen nach dem andern, und wie es heisst „ein Mittel konnten wir nicht finden“, so versteht man: die gescholtenen haben sich verantwortet, und wie Odysseus wol selbst den Eurylochos als den Urheber vermutet hat, so haben auch die andern ihn angeklagt; es hat also überhaupt viele Besprechung des Vorgangs gegeben, und wer will da abgränzen, was von demselben und von der Opferhandlung dabei zur Erwähnung gekommen ist und was nicht?'

345. [Ueber εἴ κε mit dem Optativ vgl. jetzt L. Lange der homer. Gebrauch der Part. εἰ, II p. 493 ff.]

355. Ueber βοσκέσκοντο vgl. Lobeck Parall. p. 19. Wegen der Stellung der Epitheta ἕλικες καλαὶ βόες εὐρυμέτωποι vgl. zu δ 1.

356. Ueber δὲ nach der Parenthese vgl. Krüger zu Thuk. VIII 29, 2. Es fehlt dies bei Krüger Di. 69, 17, 1. Die Sache berührt auch Eustathius mit: ὅτι περιττὸς κεῖται ὁ δὲ σύνδεσμος, welche Notiz von Aristonikos herstammt. — 357. τέρην vom Stamme τερ (τείρω, tero) ist wie teres eigentlich 'gedreht', geht daher auf das rundliche, glattrunde, schwellende, jugendlich frische. Vgl. Anton Göbel in der Zeitschr. f. d. österr. Gymn. 1857 p. 401 ff. — 363. ὕδατι. Ueber diese Massregel der Noth vgl. Hermann gottesd. Alt. §. 25, 18 [auch Steudener antiquar. Streifzüge p. 28.]

369. Da Aristonikos für diesen Sprachgebrauch zweimal (zu Σ 222 und zu δ 442) als Beispiel θερμὸς ἀυτμή anführt, so hat W. C. Kayser im Philol. XVII S. 354 mit höchster Wahrscheinlichkeit vermutet, dass Aristarch hier ἀμφήλυθε θερμὸς ἀυτμή gelesen habe, dass dagegen die Lesart unserer Handschriften ἡδὺς ἀυτμή als die Vulgata anzusehen **sei.** [Vgl. dagegen La Roche hom. Textkritik p. 386.] Und in der That passt das Epitheton θερμός vortrefflich, um die Frevelthat als eine eben erst geschehene zu kennzeichnen, während ἡδύς für die vorliegende Situation keine Beziehung auf Odysseus hat.

370. Gewöhnlich deutet man μετ' ἀθανάτοισι 'zu den Unsterblichen'. Aber mit Recht bemerkt Bekker im Berliner Monatsbericht 1861 S. 846 (Hom. Blätter S. 283) folgendes: μετά an und mit Verben des Redens und Sprechens zeigt uns den redenden mitten unter seinen Zuhörern', mit Anführung mehrerer Beispiele. Bekker hält es für wahrscheinlich, dass hier statt μετ' ursprünglich μέγ' gelesen worden sei (was Düntzer [auch W. C. Kayser] sich angeeignet hat), berührt aber dann selbst das misliche dieser Wortstellung. Ich finde diese Aenderung höchst bedenklich, die Ueberlieferung μετά dagegen dem homerischen Sprach-

gebrauche nicht widerstrebend. Es ist nämlich ein homerischer Gedanke,
die Götter in seiner Nähe persönlich anwesend zu denken, weil
dieselben persönlich, wenn auch unsichtbar, zu den Opfern der Menschen
kommen, wie Athene γ 435; bei den Völkern der Sage erscheinen sie
selbst sichtbar, vgl. η 201 f. Daher konnte hier μετά gebraucht werden.
Dies geschieht zugleich in der Absicht, die folgende Episode 374—390,
die in der Versammlung der Götter spielt, auf das einfachste einzuleiten.
Vgl. auch ϱ 467, wo Odysseus als Bettler nicht eigentlich ʽmitten unter
seinen Zuhörernʼ, sondern von ihnen entfernt auf der Schwelle sitzt.
[Die Götter gegenwärtig zu denken bei einem Opfer, dessen Voraussetzung ein arger Frevel gegen einen Gott ist und über welches sie
394 ff. ihren Unwillen durch schreckende Zeichen zu erkennen geben, ist
durchaus unannehmbar, und wie dieser Gedanke verbunden mit der Anwendung von μετά dazu dienen solle die folgende Episode, die in der
Versammlung der Götter (doch im Olymp?) spielt, einzuleiten, kaum begreiflich. Ist μετά wirklich die ursprüngliche Lesart, so lässt sich die
Präposition nur vermöge einer kühnen Anwendung des nicht seltenen
proleptischen Gebrauchs erklären, wofür ι 335. 369. κ 204 und bei
Verben des Sprechens χ 67 vgl. mit 62, ϱ 467 mit 466, Z 375 anzuführen sind. Vgl. auch Ty. Mommsen Entwicklung einiger Gesetze für
den Gebrauch der griech. Präpositionen p. 31.]
    383. [Die Stellen, wo ein Conjunctiv, wie hier, sich an ein Fu-
turum anschliesst, sind erörtert im Philol. XXIX p. 131 f. Vgl. auch
Delbrück der Gebrauch des Conjunctivs und Optativs p. 24 und 124.]
    390. Aristarch hat den ganzen Abschnitt von 374 bis 390, welcher
die im Olympos spielende Scene enthält, mit dem Obelos bezeichnet:
vgl. die Scholien zu Γ 277 und zu ε 79. [Carnuth Aristonic. p. 116 f.]
Mit Recht sagt Nitzsch in Fleckeisens Jahrb. 1860 S. 866 (jetzt: Beiträge zur Gesch. der ep. Poesie S. 116 Anm. 172): ʽdie Vergleichung
dieser Scholien mit dem zu μ 374 lässt die Gründe des Kritikers erkennen; der alles sehende Helios bedurfte des Boten nicht, und Hermes
hat die Kalypso nach ε 88 noch niemals vorher besucht.ʼ Aber gegen
beide Gründe vgl. die Bemerkung im Commentar zu 374 und 390.
Richtig bemerkt auch Nitzsch Beitr. zur Gesch. der ep. Poesie S. 115:
ʽDas war eine himmlische Kunde,ʼ welche der Mensch Odysseus so wenig
an sich besitzen konnte, als Achilleus Α 396 eine solche anders als
durch seine göttliche Mutter hat, während Glaukos Ρ 163 von des Zeus
Sorge für Sarpedon (Π 666 bis 683) nichts weiss. Es bedurfte
also hier einer mittelbaren Mittheilung aus der Götterwelt.
Diese ist an den Erzähler Odysseus, nach μ 389 f., zunächst durch
Kalypso geschehen, welche sie von Hermes hatte. Die Wahrscheinlichkeit
dieser Angabe lässt sich nur insoweit vertreten, als Hermes es ist,
welcher die auf der Erde angesiedelten Nymphen, die Göttinnen mit den
Olympiern in Verbindung setzt' usw. Und nachher: ʽnur die genaueren
Umstände, da Hermes der Kalypso Mittheilung gemacht, durften und
mochten vielleicht auch die Zuhörer des Gedichts nicht untersuchen,
nachdem ihnen Zeus in seiner Vertretung der Götterrechte bei der Klage

des Helios ihrem Glauben gemäss erschienen war.' Denn die ganze olympische
Scene hat in dieser Märchenerzählung nur den Zweck, mit dramatischem
Leben den Zuhörern zu veranschaulichen', dass die Götter selbst den
Schiffbruch zur Strafe für den Frevel verhängt haben. Mit Bezug auf
Kirchhoff [Komposition der Odyssee p. 107 ff., der auf diese und andere
Stellen die Vermutung gründet, dass der Inhalt der Bücher κ — μ uns
jetzt in einer späteren Bearbeitung vorliegt, durch welche die ursprüng-
lich in dritter Person gehaltene Erzählung in die Form eines Berichtes
in erster Person umgesetzt ist] behandelt diesen Abschnitt W. Hartel
in der Zeitschr. f. d. österr. Gymn. 1865 S. 318 ff. [vgl. auch Bergk
Griech. Lit. 1 p. 524.]

396. Den Accent auf ὥς, den Eustathius, Vind. 133 und Vrat.
[vgl. La Roche] bieten, verlangt die homerische Wortstellung; vgl. zu
ϑ 413. Bekker aber hat ὡς beibehalten. Aehnliche Märchenzüge bei
Herod. IX 120, ferner die im Brattiegel singenden Fische und anderes
in deutschen Volksmärchen. Zum vorhergehenden Verse vgl. Propertius IV
12, 29: *Lampeties Ithacis verubus mugisse iuvencos.*

407. ἐπὶ χρόνον, wie ξ 193. ο 494. B 299; sonst ohne die Präposition der blosse Accusativ, der noch durch πολύν oder ὀλίγον oder
δηρόν verdeutlicht wird. Vgl. J. La Roche Hom. Stud. § 5, 1. Analog
ist ἐπ᾽ ἠῶ καὶ μέσον ἦμαρ η 288, und ἐπὶ δηρόν I 415. Zu Krüger
Di. 68, 42, 1.

419. ἀποαίνυμαι wie noch ξ 309, ρ 322. N 262, dagegen ἀπαί-
νυμαι Λ 582. O 595. P 85.

420. [Die folgende Partie 420—448 verdächtigt Kammer die
Einheit p. 547 ff. als die raffinirte Erfindung eines Rhapsoden.]

422. [Durch die jetzt gegebene Erklärung werden die von Kammer
p. 548 erhobenen Bedenken zum Theil sich erledigen. Da die Zerstörung der ἴκρια nicht besonders erwähnt ist, so muss dieselbe als die
selbstverständliche Folge des Abreissens der Schiffswände übergangen
sein; das Hinschlagen des Mastes zum Kiel hat aber die Zerstörung der
ἴκρια zur Voraussetzung, da der Mast 410 auf das hintere Verdeck
gefallen war, und erweist sich somit als unmittelbare Folge der Ablösung
der Schiffswände. Auf diesen engen Zusammenhang beider Vorgänge
weist ohne Zweifel die anaphorische Voranstellung der Adverbia ἀπό
und ἐκ. — Im Folgenden schien das Gedankenverhältniss eine Aenderung
der Interpunction zu erfordern. Der Satz mit αὐτάρ bereitet den folgenden
mit τῷ ῥα vor, danach ist vor αὐτάρ mit Punkt, hinter τετευχώς mit
Kolon interpungiert.]

435. In ἀπήωρος ist die Verlängerung der Pänultima auffällig,
weil anomal gegen die Formen μετήορος παρήορος συνήορος τετράοροι.
Man vergleicht indes ἄωρτο Γ 272. κατηωρεῦντο und ἀπηωρεῦντο
Hes. Sc. 225. 234. δυσαήων ν 99. Vgl. auch Sonne in Kuhn's Zeitschr.
XIII S. 440. [Uebrigens bezeichnet Nauck 435. 436 als verdächtig.]

439. Da ἦμος sonst überall den Vers beginnt, so hat man hier
wol am Schluss von 438 nach ἦλθον zu interpungieren und dann ἦμος
δ᾽ ὀψ᾽ ἐπὶ δόρπον κτλ. zu lesen. Hierdurch wird auch zugleich die

vereinzelte Wortstellung des ὀψέ (vgl. zu ι 534) entfernt. [Vgl. jetzt
die im Commentar gegebene Bemerkung.] Andere denken bei dieser Stelle
nach dem Vorgange des Schol. an Interpolation: so auch Franz Schuorr
von Carolsfeld Verborum collocatio Hom. p. 54, indem er sich zugleich
auf Hoffmann Quaest. Hom. I p. 72 beruft. Die Echtheit der Verse
439 bis **441** wurde nämlich schon von den alten Kritikern bezweifelt,
weil sie mit Vers 105 in Widerspruch ständen. Aber man beachte, dass
gerade dieser Zusatz der Zeitbestimmung in das Beispiel einen angenehmen
Contrast bringt, der den Sinn des Hörers **für einen Moment** gefangen
nimmt: es wird nämlich die Noth der vorliegenden Lage **einem fried-**
lichen Geschäfte gegenüber gestellt, ähnlich wie _Δ_ 86 ff.

445. 446. „νοϑεύονται δύο.“ II. Q. Wahrscheinlich sind diese
Verse Spätlinge, compiliert aus μ 223. Π 256. ι 286 von denjenigen,
welche das Wunder erklären wollten, dass Skylla den Odysseus nicht
ebenso **wie seine Gefährten** verschlungen habe. Aber die Verse sind
hier auffällig, theils weil Skylla, nach μ 198 ff. zu schliessen, nicht
bis zur Charybdis hinüberreichen konnte, **theils weil** die Erwähnung des
Zeus mit μ 124 nicht zusammenstimmt, **theils** weil γάρ in s o l c h e r
Beziehung, wie es hier steht, sonst noch eine Andeutung wie τῷ ʻdann’
bei sich hat.

ANHANG

ZU

HOMERS ODYSSEE

SCHULAUSGABE

VON

K. F. AMEIS.

III. HEFT.

ERLÄUTERUNGEN ZU GESANG XIII—XVIII.

ZWEITE BERICHTIGTE AUFLAGE

BESORGT VON

Dr. C. HENTZE,

OBERLEHRER AM GYMNASIUM ZU GÖTTINGEN.

LEIPZIG,

DRUCK UND VERLAG VON B. G. TEUBNER.

1877.

Kritischer und exegetischer Anhang.

ν.

4. χαλκοβατὲς δῶ, hier vom Palaste des Alkinoos, in Θ 321 von dem des Hephästos: in den übrigen vier Stellen der Ilias (Λ 426. Ξ 173. Φ 438. 505) steht es vom Palaste des Zeus, aber überall als Versschluss und zwar mit vorhergehendem ποτί, ausser Ξ 173, wo κατά vorausgeht. Das χαλκοβατές (gebildet wie Εὐρυβάτης *longe gradiens*) wird von den Alten auf den Fussboden und die Schwelle bezogen. Zur Erklärung hat H. Düntzer in Kuhns Zeitschr. XII 3 ein βάτος im Sinne von οὐδός angenommen, worin ihm Autenrieth zu Nägelsbach Λ 426 beistimmt: mir scheint der Begriff 'erzschwellig' auch bei der gewöhnlichen Ableitung möglich zu sein. Nicht ohne Analogie ist bei Soph. Oed. Col. 57 χαλκόπους ὁδός gesagt. Wie die Wände im Innern des ganzen Gebäudes, so war auch die Schwelle mit Erzplatten überzogen: vgl. Overbeck Geschichte der griech. Plast. I S. 43 f. E. Curtius Gr. Gesch. I S. 117 f.

5. Gewöhnlich wird hier und Λ 59 παλιμπλαγχθείς vereinigt geschrieben. Da aber dies Verbum griechisch παλιμπλαγκτεῖν heissen müste, so hat man beide Begriffe, was schon Döderlein lat. Synon. I S. 92 empfohlen hatte, in πάλιν πλαγχθείς zu trennen. Und dies hat Bekker mit Recht in ed. II. aufgenommen. Vgl. J. Classen Beobacht. über den Hom. Sprachg. II S. 24 f. [Gesammtausgabe p. 72 f.] Diese Trennung in πάλιν πλαγχθέντα findet eine Stütze in dem Zeugnis des Herodian zu Π 95 p. 298 ed. Lehrs. Vgl. J. La Roche Hom. Textkritik S. 313 f. Das Adverb πάλιν ist überall *retro* (nicht *rursus*). Vgl. Lehrs de Arist. p. 100 (91 ed. II). Den Gedanken hat Vergil Aen. III 690 mit '*relegens errata retrorsus litora*' wiedergegeben.

6. [ἄψ ἀπονοστήσειν an derselben Versstelle noch Λ 60. Θ 499. Μ 115. P 406. ω 471. Bei der gewöhnlichen Auffassung der Stelle von der Rückkehr in die Heimat stört hier ἄψ 'wieder', weil die Beziehung auf die entgegengesetzte Bewegung, die die Heimat zum Ausgangspunkt, aber Troja zum Endpunkt hatte, hier durchaus fern liegt, während an den andern Stellen der Zusammenhang dieselbe überall nahelegt. Daher scheint es natürlicher die Wendung von der Rückkehr

an den nach der Situation gegebenen Ausgangspunkt d. i. nach dem
Lande der Phäaken zu verstehen, so dass Alkinoos im Hinblick auf das
Schicksal des Odysseus nach der Entsendung durch Aiolos sagt: Da du
zu meinem Hause gekommen bist, deshalb wirst du keineswegs, mein
ich, zurückgetrieben (von dem Ziel der Heimat) wieder (hierher) zurückkehren. So findet πάλιν πλαγχθέντα in *x* 48. 49 und ἄψ ἀπονοστήσειν
in *x* 55 αἱ δ᾽ ἐφέροντο — αὖτις ἐπ᾽ *Aiolίην* eine klare Beziehung
und die beiden im Partic. und Infin. bezeichneten Handlungen nehmen
sich in einer natürlichen Folge auf, während man eine solche bei der
gewöhnlichen Erklärung vermisst.]

14. Für unfreiwilligen Aufwand und unverschuldeten Verlust wurde
nach β 77 f. von dem ganzen Volke Ersatz geleistet: vgl. auch τ 197.
χ 55 ff. ψ 358. Das ἀνδρακάς, das die Lexika nur aus dieser Stelle
citieren, wird auch bei Plutarch. sept. sap. conv. c. 6 p. 151 * erwähnt.
Uebrigens wird dafür in den Scholien auch ἄνδρα κάθ᾽ als Variante
gefunden. Die zu προικός 15 gegebene Erklärung ist von H. Rumpf.
[προικός als partitiven Genetiv von χαρίσασθαι abhängig zu machen
wird bei der Verschiedenartigkeit der zu vergleichenden Genetive παρεόν-
των α 140 und ἀλλοτρίων ϱ 452 kaum sich rechtfertigen lassen; andrerseits befriedigt auch die von H. Rumpf gegebene Erklärung 'mit Ein-
setzung oder Aufwand einer Gabe Gunst erwerben, sich mildthätig erweisen' nicht recht, da der Zusammenhang dem τισόμεθα gegenüber
den Begriff des mangelnden Ersatzes zu fordern scheint. Denn wenn
auch ein Hauptnachdruck auf ἕνα dem ἀγειρόμενοι κατὰ δῆμον gegenüber ruht, so verlangt doch auch τισόμεθα seine Beziehung in dem
begründenden Satze, wogegen der durch Rumpfs Deutung gewonnene
Gedanke einigermassen befremdend in den Zusammenhang tritt. Der
Genetiv προικός scheint allerdings in einem dem Genetiv des Preises
entsprechenden Sinne gedeutet werden zu müssen, von diesem aus ist
es aber doch nicht schwer zu der Bedeutung zu gelangen, welche das
spätere adverbiale προῖκα hat, = ohne Ersatz, unentgeltlich,
was dem Zusammenhange am besten entspricht.] Warum der Dichter
19 ἐνήνορα χαλκόν gesagt habe, erörtert Plutarch. symp. III 10, 3
p. 639°. Ueber Interpolationen in dieser ganzen Stelle verhandeln
H. Köchly de Od. carminibus II p. 16 sqq. und W. Hartel in der Zeitschr.
für d. österr. Gymn. 1865. S. 339 ff. [Vgl. auch Düntzer Kirchhoff etc.
p. 107 f. und Kammer d. Einheit p. 121 ff.]

27. [Friedlaender Aristonic. p. 53 hat diese Stelle, wie Σ 604
von der von Aristarch (Lehrs Arist.[2] 138) für μέλπεσθαι aufgestellten
Bedeutung ludere mit Recht ausgenommen.]

32. πηκτός steht nemlich prägnant, wie τυκτός δ 627, τετυγ-
μένος ι 223, ποιητός ν 306, ξεστός α 138 und viele ähnliche Wörter.
Bei Hesiod. Op. 433 wird dieser Pflug von ἄροτρον αὐτόγυον unterschieden. Vgl. Hermann Privatalt. 15, 5.

40 ff. [Die Herausgeber interpungieren übereinstimmend nach αὐτοί
39 mit Kolon. Aber gegen eine engere Gedankenverbindung zwischen
40 und 39 spricht der Zusammenhang, da der Gedanke von V. 40

nicht wohl eine passende Begründung des vorhergehenden Abschieds-
grusses bilden kann. Dagegen ergiebt sich ungezwungen eine natürliche
Verbindung zwischen dem Gedanken von 40 mit dem folgenden Wunsch
ἀμύμονα κτέ., **wenn** man jenen als Vorbereitung des letzteren und γάρ
in proleptisch-explicativem Sinne fasst. So wendet Odysseus, nachdem
er den nächsten Wunsch erreicht hat, mit Befriedigung darauf zurück-
blickend von da naturgemäss seine Gedanken auf die Zukunft, welche
ihm die Erfüllung seiner weiteren Wünsche bringen soll. Bei diesen
Wünschen für die Zukunft liegt nun ohne Zweifel das Hauptgewicht
auf dem zweiten, dass er daheim Weib und Kind wohlbehalten antreffen
möge. Ich kann daher Doederlein nicht zustimmen, welcher die beiden
Wünsche auf gleiche Stufe stellt und deshalb nach δῶρα mit Kolon und
nach ποιήσειαν mit Komma interpungieren will (Oeffentliche Reden,
Frankf. 1860 p. 357 f.), behalte vielmehr die übliche Interpunktion bei,
wonach der erste Wunsch relativisch dem vorhergehenden Gedanken
untergeordnet wird, wie ähnlich η 148. ο 359, der zweite aber auf
der Grundlage des vorbereitenden Gedankens von 40 selbständig hingestellt wird. Danach ergiebt sich mir der folgende Zusammenhang:
nachdem nunmehr meine Wünsche auf eine glückliche und ehrenvolle
(δῶρα) Heimkehr sich erfüllt haben, habe ich nur den Wunsch daheim
die Lieben wohlbehalten anzutreffen. Dieser Zusammenhang erfordert
dann nach αὐτοί 39 eine starke Interpunction. — Uebrigens bemerkt
Nauck in der Ausgabe Berlin 1874 zu V. 41—43: *spurii?*]

43. Bei φίλοισιν werden die einzelnen nicht namentlich aufgeführt,
damit Penelope als die Hauptperson mit ungeschwächtem Nachdruck her-
vortrete. Das im nächsten Verse stehende μένοντες ist gestellt wie ρ 201.
Ψ 128, in den übrigen Stellen bildet es den Versschluss.

60. Ueber πέλομαι zu δ 45, und über πέλομαι ἐπί τινι vgl. ο 408.
Ebenso das analoge εἶναι ἐπί τινι ϑ 403. λ 448. ρ 496. Δ 235.
Η 246. Κ 185. Τ 181, nebst dem häufigen ἦσαν ἐπ' ἀλλήλοισιν.
Für die Späteren vgl. A. Hecker comm. in Anth. Gr. I p. 152 und
Meineke zu Theokrit. XI 4. Wenn ἐπιπέλεσϑαι in solcher Verbindung
'über jemanden kommen, einen treffen' bedeuten sollte, so müste
man dabei den Accusativ erwarten, nicht den Dativ. Uebrigens zeigt
der Abschied des Odysseus von Arete, dass die moderne Schaustellung
der Gefühle den homerischen Menschen fremd ist. Vgl. Nägelsbach Hom.
Theol. VII 5 S. 366 f. der Ausgabe von Autenrieth.

61. [Brugman ein Problem der homerischen Textkritik und der
vergleichenden Sprachwissenschaft. Leipz. 1876 p. 74 vermuthet an
Stelle von τῷδ' ἐνὶ οἴκῳ als ursprüngliche Lesart das von Q V (ᾧ)
gebotene ᾧ ἐνὶ οἴκῳ, indem er nachzuweisen sucht, dass die freiere
Verwendung des Reflexivum ὅς auch in Bezug auf die erste und zweite
Person echt homerisch, aber durch Aristarch, er diesen freien Gebrauch verkannte, fast vollständig ausgemerzt worden sei. Vgl. auch
zu V. 324 und 362.]

66—69 [sowie 71. 72 werden von Däntzer Kirchhoff, Köchly
und die Odyssee p. 114 als später eingeschoben angesehen, weil 'für

Speise und Trank zu einer Reise, die man während des Schlafs vollendet,
zu sorgen so unnöthig sei, dass es nur einem gedankenlosen Rhapsoden
einfallen konnte'. Vergl. dagegen Hercher im Hermes I 271, welcher
darin ein Stück Schablone der epischen Dichtung sieht und die Verpro-
viantirung des Telemach bei Nestor zur Fahrt nach Sparta γ 479 vergleicht, von der ebenfalls unterwegs kein Gebrauch gemacht wird, auch
Bergk gr. Lit. I p. 826. — Im Uebrigen sind die Verse allerdings
nicht ohne Anstoss: V. 67 bleibt Zweck und Herkunft der ausser den
früher geschenkten hier erwähnten Kleider unklar und 71 vollends die
Erläuterung des alles vorhergehende zusammenfassenden τά γε durch
πόσιν καὶ βρῶσιν unbegreiflich. Vgl. auch Kammer die Einheit p. 313
Anm.]

74. [Ueber ἴκρια vgl. Brieger im Philol. XXIX p. 204 ff., welcher
mit Grashof das Schiff p. 12 ἐπ' ἰκριόφιν versteht: an den Schiffsrippen im innern Raume, auf dem unter dem Deck befindlichen Boden.]

76. ἕκαστοι appositiv wie noch ι 164. ω 417. B 127. H 100.
I 66. Ψ 55. Ω 1; ebenso ἕκασται ι 220. Wegen des appositiven
Singulars vgl. zu κ 397.

78. εὐθ' statt des bisher gelesenen ἔνθ' mit Kayser und La Roche
nach den besten Handschriften: vgl. La Roche homerische Untersuchungen
p. 232. [Auch die älteste Odysseehandschr. hat εὐθ': vgl. Gotschlich
in Jahrbb. f. Phil. 1876 p. 25. Ueber das Verhältniss der Tempora
im Satzgefüge mit εὖτε vgl. Philol. XXIX p. 151 f.] Die dem ἀνακλινθῆναι entgegengesetzte, also vorhergehende Bewegung der Ruderer
ist ἐμβαλέειν κώπης und προπεσεῖν, zu ι 489. 490. Zu ἀναρρίπτειν
ἅλα vgl. Ovid. Met. XI 461: ʽreducunt ordinibus geminis ad
fortia pectora remos'. Die Ruderer sassen nemlich hinter einander
rückwärts, um den auf dem Hinterdeck befindlichen Steuermann stets
im Auge zu haben und jeden Wink desselben bemerken zu können.
Ueber die Form ἀνερρίπτουν, die homerisch regelmässig ἀνερρίπτεον
oder ἀνερρίπτευν heissen sollte, vgl. Krüger Di. 34, 3, 1 und 2.
Lobeck Elem. II p. 93. H. Düntzer hat ἀνερρίπτεον aus Conjectur
aufgenommen.

79. νήδυμος findet sich bei Homer zwölfmal stets als Beiwort
vom ὕπνος der gesunden homerischen Menschen. Aristarch gibt von
dem Worte nach Aristonikos zu B 2 als Sinneserklärung ἀνέκδυτος
ʽaus dem man nicht heraus kommen kann', wobei man vielleicht an
die Wurzel ἐδ ʽgehen' (G. Curtius Etym.[2] No. 281 [[4] p. 240]) mit
vorgesetztem νη denken kann. Denn Homer betrachtete den Schlaf wie
eine Wolke, die über den Menschen sich hingiesst und beim Erwachen
emporsteigt, oder wie eine niederdrückende Fessel: vgl. ἀμφιχυθεὶς
Ξ 253. Ψ 63 und zu δ 295. μ 281. ν 282. B 19. Hier steht
νήδυμος parallel mit dem folgenden νήγρετος vor ἥδιστος, nach Plutarch.
consol. ad Apoll. c. 12 p. 107[d] ʽὅτι ἥδιστος ὁ βαθύτατος'. Nachahmung bei Verg. Aen. VI 522: dulces et alta quies placidaeque
simillima morti. Bekker hat in ed. II nach dem Vorschlage von
Buttmann Lexil. 46 überall das digammierte ϝήδυμος eingeführt [so

jetzt auch Nauck ἥδυμος.] Dies billigt auch J. La Roche Hom. Textkritik S. 316. Aber bei einem Worte wie ἥδυμος oder νήδυμος, das
nach seiner ganzen Bildungsweise so isoliert in der homerischen Sprache
dasteht, dürfte jene radicale Cur den Knoten zerhauen, nicht gelöst
haben. Vielleicht helfen uns hier künftig einmal die Sprachvergleicher.
Denn es wäre möglich, dass unter den Sanskritstämmen aus *nand (nad)*
= *gaudere* und causativ *exhilarare* sich für νήδυμος die allgemeine Bedeutung 'erfreuend' oder 'erquickend' entwickeln liesse,
und dass im Vergleich zu ἥδυμος im griechischen das ν doch zu den
literis praepositivis gehörte. Lobeck Proll. p. 165 n. 17 verwirft zwar
die dafür angeführten Beispiele, aber schon in den Elem. I p. 116 fällt
er über einige derselben ein milderes Urtheil. Wenn man nun (diese
Nachweisungen verdanke ich H. Rumpf) die mobile Natur der liquidae
in den germanischen Mundarten betrachtet, wie ein ähnliches Vorschlagen
und Abwerfen gerade insbesondere des *n* in den von Hoffmann Fallers-
lebensis horae Belgicae pars V p. 37 zu v. 301, von Weigand Wörterb.
der deutschen Synonym. Bd. II S. 459 Anm., von Grimm Gesch. der
deutsch. Spr. S. 715 (1030) angeführten Beispielen erscheint: so entsteht die Frage, ob nicht aus einzelnen Beispielen ein Streiflicht für
die von Lobeck beanstandeten Zweifelfälle sich gewinnen lässt. Andere
Erklärungen der Neuern behandelt mit gewohnter Besonnenheit Autenrieth zu Nägelsbach *B* 2, indem er schliesslich zwei Möglichkeiten frag-
weise hinstellt, nemlich 'ob etwa von dem ebenfalls noch nicht auf-
geklärten δύναμαι ein νήδυμος statt νή-δυν-μος in passivem Sinn möglich' sei, also 'unwiderstehlich als allgemeinstes Charakteristikum';
oder 'ist νή-δυν-μος gleichsam νέον δυόμενος, so dass der Schlaf
nicht bloss wie eine Wolke sich über den Menschen senkte, sondern
gleichsam in die φρένες Ξ 165 eindringt? (vgl. δ 716 mit σ 348.
E 811. I 239). Dann wäre es der erste, feste Schlaf'. Diese
beiden Deutungen würden von der Aristarchischen Erklärung dem Sinne
nach nicht gerade fern liegen. Dagegen hat K. Schenkl in der Zeitschr.
f. d. österr. Gymn. 1864 S. 343 den oben erwähnten Sanskritstamm
nand angenommen, indem er bemerkt: 'Was den Sinn des Wortes
anbetrifft, so haben wir dafür eine sehr bezeichnende Stelle, nemlich
hymn. Hom. XIX 16 μοῦσαν ἀθύρων νήδυμον, was Baumeister nicht
hätte in ἥδυμον umändern sollen. Hält man diese Stelle mit den andern,
wo es als Beiwort des Schlafes erscheint, zusammen, so ergibt sich,
dass das Wort die Bedeutung 'erquickend, ergötzend' gehabt haben
muss. Nun finden wir im Sanskrit eine Wurzel „*nand*" *gaudere*
und causativ *exhilarare*. Wäre es nun nicht möglich, dass man
νήδυμος aus νανδ-υμο-ς entstanden annähme? Die Dehnung von α in
η liesse sich durch den Ausfall von ν erklären, [über die Möglichkeit
einer andern Erklärung Bopp Gramm. crit. § 110 *a*.] und, was das
Suffix υμο anbetrifft, so erscheint es ebenso in δίδυμος, τρίδυμος,
ἀμφίδυμος, wo überall δ epenthetisch zu sein scheint (vgl. Curtius de
nom. graec. form. p. 7 sqq.)'. H. Düntzer bemerkt zu δ 793: 'Vielleicht heisst es, nicht quälend, erquickend, von δυμός, vom

Stamme δυ, **wovon** δύη, δυερός, wie νήπιος von ἤπιος', und diese
Erklärung sucht er in Kuhns Zeitschr. XV S. 349 ff. zu rechtfertigen,
indem er unter anderm S. 350 bemerkt, 'dass die Zusammensetzung
als eine litotes zu fassen ist, das Wort das Vorhandensein des Gegentheils von dem im zweiten Gliede genannten in hohem Grade anzeigt.'
[Auch Fick vergl. Wörterb.[2] p. 108,[3] I 125 führt νήδυμος auf *n a d*
sich erfreuen, geniessen zurück und übersetzt erfreulich, und Curtius
Etymol.[4] p. 715 stimmt zu, auch Fritzsche in G. Curtius Stud. VI
p. 300 mit Anführung der Hesych. Glosse ἄ-νανδ-ες· οὐκ εὐάρεστον.
Dagegen erklärt jetzt Goebel in der Zeitschr. f. Gymn. 1875, XXIX
p. 646 ff. das Wort aus νη u. W. ἀδ sättigen = dessen man
nicht satt werden kann, vgl. νημερτής aus νη und ἁμαρτάνω,
νηλιτής aus νη und ἀλιτεῖν.]

81. τετράοροι ἄρσενες ἵπποι versteht man gewöhnlich von einem
im Wettrennen begriffenen 'Viergespann am Wagen.' Aber auch beim
Wettrennen hatte man nur zwei Pferde vor den Wagen gespannt, wie
Ψ 276. 294. 295 beweisen. In Nestors Erzählung Λ 699 dagegen
sind mit τέσσαρες ἀθλοφόροι ἵπποι Rennp**ferde** gemeint, zu welchen
zwei Wagen hinzukommen. Anders Θ 185 in einem von Aristarch
verworfenen Verse. Vgl. K. Grashof über **das Fuhrwerk** S. 2 f. Der
Sinn dieser ersten Vergleichung wird schon vom Schol. B und von
Eustathius mit Recht also bezeichnet: εὖ τῇ παραβολῇ κέχρηται· ὥσπερ
γὰρ οἱ ἵπποι τρέχοντες ἐκ τῶν ὀπισθίων μερῶν διεγείρονται, οὕτω
καὶ ἡ ναῦς ἐλαυνομένη (ἀνέμοις) ἐκ τῆς πρύμνης κουφίζεται. Und
G. Schmid Homerica (Dorpat 1863) p. 19 hat richtig bemerkt: 'si
celeritatem poeta spectasset, certe neque omisisset ad v. 84 ὡς ἄρα
τῆς πρύμνη μὲν ἀείρετο vel ὦκα vel καρπαλίμως addere vel ipsum
ῥίμφα iterare, et sibi ipse, quod postea dicturus erat, praecepisset idem-
que dixisset, quod exposuit v. 86 οὐδέ κεν ἴρηξ κίρκος ὁμαρτήσειεν
κτλ.' Denn erst durch diesen Vergleich wird der Begriff der Schnelligkeit versinnlicht. Daher scheint mir auch nicht nöthig zu sein, mit
H. J. Heller im Philol. XXIII S. 348 Vers 84 das überlieferte πρύμνη
aus Conjectur in πρώρη zu verwandeln [wie jetzt Nauck gethan hat],
und nur die Ruder zu betonen: denn mit κῦμα δ' ὄπισθεν κτέ.
ist das Hinzukommen des günstigen Windes angedeutet. [Wenn Ameis
den Vergleichspunkt lediglich in der Art der Bewegung, dem 'Vorwärts-
treiben von hinten' fand, wobei er 84 in ὄπισθεν die Andeutung eines
für die Fahrt günstigen Windes zu erkennen glaubte, so sieht Friedlaender Beiträge zur Kenntniss der homerischen Gleichnisse I, 22 daneben auch die Schnelligkeit zum Ausdruck gebracht und zwar in den
Worten 84 κῦμα δ' ὄπισθεν etc., sofern das μέγα θύειν der am
hintern Ende des Schiffes zusammenschlagenden Wogen die Schnelligkeit
als unmittelbare Wirkung nach sich ziehe. In Folge dieser Auffassung
glaubt derselbe dann in 86 und 87 theils eine dem vorhergehenden
Vergleich durchaus fremde Vorstellung, theils ein unnöthiges Zurück-
greifen auf das schon behandelte Moment der Schnelligkeit zu erkennen,
so dass durch Ausscheiden derselben die Schilderung nicht nur keine

Einbusse erleiden, sondern an Einheit gewinnen würde. — Diese Bedenken gegen die Verse 86 und 87 würde ich nur dann berechtigt finden, wenn vorher die Schnelligkeit der Bewegung bereits klar und unzweideutig zum Ausdruck gebracht wäre; da aber in den Worten κῦμα δ' ὄπισθεν etc. nach Friedländers eigener Auffassung nur die Vorbedingung dafür enthalten ist, so ist es wohl ohne Anstoss, dass eine derartige Ausführung folgt. Dass dabei in ἀσφαλέως und ἔμπεδον neue, in dem Vergleich selbst nicht enthaltene Momente eingeführt würden, kann man auch kaum sagen, da in πάντες ἅμ' 82 doch die Andeutung der gleichmässigen sichern Bewegung gegeben ist, und selbst die Einführung des neuen Vergleiches hat nicht das Auffallende, da derselbe nicht das bereits Gegebene wiederholt, sondern den im Vergleich enthaltenen Begriff der Schnelligkeit steigert. Andrerseits vermag ich nicht mit Ameis den Vergleichspunkt zu beschränken auf die Art der Bewegung; dass neben dieser auch die Schnelligkeit derselben zu veranschaulichen von vornherein Absicht war, zeigt die Wiederaufnahme des ῥίμφα aus dem Vergleich 83 in 88. Ueberdies fügt sich diese Doppelseitigkeit des Vergleichs durchaus passend in die Situation, in welche derselbe eintritt. Eben vorher (78—80) ist der erste Ruderschlag erwähnt, bei dem Odysseus in Schlaf sinkt: der sich daran schliessende Vergleich hat demgemäss zunächst die Aufgabe den **Anfang** der Bewegung des Schiffes zu veranschaulichen, worauf V. 82 und 83 die Participia weisen; es ist aber ebenso natürlich und oft in Vergleichen zu beobachten, dass gleichsam der Erzählung vorgegriffen und die zunächst zur Vergleichung dienende Handlung darüber hinaus zum Abschluss gebracht, hier also auch der Fortgang der Bewegung der Anschauung vorgeführt wird. Demgemäss zerfällt die ausführende Anwendung des Vergleichs in zwei Theile, indem 84 und 85, dem Inhalt der Participia 82 und 83 entsprechend die Art der Bewegung des Schiffes bei der Abfahrt schildern, während mit 86 die Ausführung von ῥίμφα πρήσσουσι κέλευθον beginnt, welche das Schiff in der vollen Entwicklung seiner schnellen Bewegung zeigt. Es entspricht demnach dem πρύμνη μέν nicht κῦμα δέ, sondern ἡ δέ 86, sodass der πρύμνη das ganze Schiff in seiner Bewegung gegenübergestellt wird, während mit κῦμα δέ nur ein begleitender Nebenumstand für das erste Glied angefügt wird, daher hinter θαλάσσης 85 eine schwächere Interpunktion, als üblich, zu setzen ist. In 84 entspricht nun offenbar πρύμνη μέν ἀείρετο dem ὑψόσ' ἀειρόμενοι 83, als bewirkende Ursache dieser Bewegung aber mit Ameis einen für die Fahrt günstigen Wind zu denken sind wir durch nichts berechtigt, da alle Andeutung der Art fehlt, vielmehr führt der Zusammenhang der gegebenen Situation und des Vergleichs dazu die Ruderschläge mit den Geisselhieben in Parallele zu stellen. Dass aber für den Anfang der Bewegung unser Blick auf das Hintertheil des Schiffes gerichtet wird, ist naturgemäss, weil hier die beginnende Bewegung des Wassers in dem Zusammenschlagen der Wellen, nachdem das Schiff durch den Ruderschlag gehoben, sich am wirksamsten als treibende Kraft äussert, während am Vordertheil das glatte

Einschneiden in die Wogen jenen Eindruck hervorruft, den der Dichter mit μάλ' ἀσφαλέως θέεν ἔμπεδον zum Ausdruck bringt. — Bei den τετράοροι ἵπποι des Vergleichs endlich scheint es natürlicher an ein Viergespann zu denken, wie man sie später bei Wettrennen verwandte, als nach *O* 680 an zusammengekoppelte Kunstreiterpferde. Dass *Δ* 699 nicht zwei Wagen für die vier Rennpferde zu denken sind, zeigt 702, wo nur von einem Lenker die Rede ist. — Uebrigens sieht Grashof das Schiff bei Homer p. 13 in dem Gleichniss ein späteres Einschiebsel.]

87. In beiden Fällen aber muss der allgemeine Begriff (das Genus oder das Ganze) nothwendiger Weise vorangehen, der speciellere dagegen (die Species oder der Theil) nachfolgen, weil nur so die Absicht erreicht wird, für einen Gegenstand eine stereotype unzweideutige Bezeichnung zu gewinnen. Der ganze Ausdruck hat dann die Geltung und den Charakter eines zusammengesetzten Hauptworts, bei dessen Nachbildung im Deutschen die generelle Bezeichnung an zweiter Stelle als Träger des ganzen Begriffs erscheinen muss, wie ἴρηξ κίρκος (Lobeck Elem. I p. 399 und 499) 'Kreisfalke' oder 'Ringadler', σῦς κάπρος oder κάπριος 'Eberschwein', βοῦς ταῦρος 'Bullochse', ὄρνιθες αἰγυπιοί 'Lämmergeiervögel', ἄνδρες ἑταῖροι 'Geleitsmänner', ἄνθρωπος ὁδίτης 'Wandersmann' und andere. Die Stellen bei Nägelsbach zu *B* 481, wo Autenrieth noch auf die allgemeine Sammlung von Beispielen bei Bekker Hom. Blätter S. 229 ff. verweist. Vgl. auch Bernhardy Synt. S. 192 f. Die gegebene Erklärung findet sich theilweise schon bei den Alten angedeutet: vgl. Lobeck Path. Elem. I p. 559 sq. und II p. 363 sq. Franz Schnorr v. Carolsfeld Verborum collocatio Homerica (Berlin 1864) p. 9, wo er die obige Regel mit Beistimmung erwähnt und den Schol. V zu *P* 389 anführt: ἔδει βοὸς ταύρου προτάσσειν τὸ γενικὸν τοῦ εἰδικοῦ. Auch bei den Lateinern wird nicht selten der generelle Begriff durch den speciellen erklärt: vgl. die Beispiele bei Corte zu Sall. Jug. **12, 5.** Herzog zu Caes. B. G. VI 28. Benecke zu Justin. XXXVII 2, 2. Wo aber bei Homer die Wortstellung wechselt, hat man eine attributive Verbindung nominaler Begriffe anzunehmen, worüber zu μ 230. Anders bei den späteren Griechen.

92. Eine Anspielung auf diese Stelle bei Xenoph. Anab. V 1, 2. Der daktylische Rhythmus des Verses malt die Schnelligkeit des Einschlafens und des Vergessens. Vgl. auch zu λ 598 und *Π* 776 [und über die Art, wie der Dichter die tiefe Ruhe des langen Schlafes veranschaulicht, Nutzhorn die Entstehungsweise der homerischen Gedichte p. 131—133.] Eben so schön als wahr bemerkt H. Köchly Verhandl. der Philologen-Versammlung zu Augsburg S. 50 über diesen Abschluss folgendes: 'Welch tiefsinniger Zug des homerischen Epos! Der Mann, den Göttern gleich an Klugheit, List und Besonnenheit, der alles aufgeboten, der Gefährten Leben zu retten und sich die Heimkehr zu erringen, — da liegt er, in todesähnlichen Schlummer versunken, und es ist zuletzt doch nur der Götter Wille und Huld, die ihn ohne sein Zuthun in die Heimath zurückführt; wir verlassen ihn noch schlummernd,

bewustlos auf der **Küste** des lang ersehnten, lang erstrebten Heimat-
landes ausgesetzt! Gewis ein wünschenswerthes Loos für jeden armen
Verschlagenen und Schiffbrüchigen, aber freilich, dem Wunsche fehlte
die Erfüllung: in der Wirklichkeit gab's keine rettenden Phäaken mehr'.
93. Ueber φαάντατος Lobeck. Elem. 1 p. 374. Wir haben in
dem Worte eine 'Assimilation des zweiten Vocals, hier ursprünglich ε,
an das vorangehende α, wie in ἐψιάασθαι ἰχθυάασκον usw.' Dietrich
in Kuhns Zeitschr. X S. 441. Es ist also entstanden aus φαέντατος,
verkürzt aus φαεινότατος. [Vgl. auch Mangold in G. **Curtius** Stud. VI
p. 201: so φαάνθη aus φαένθη von φαενjω (φαείνω).] Nach H. Düntzer
aber 'von φανός mit Zerdehnung.'
        96. [Ueber **die** hier folgenden individuellen Züge der Local-
beschreibung vgl. Hercher Homer und das Ithaka der Wirklichkeit im
Hermes 1, p. 263 ff. **wo** derselbe zeigt, dass man kein Recht **habe**
daraus auf Autopsie des Dichters zu schliessen. Vgl. auch Welcker
griech. Götterl. I p. 658.]
        106. Ueber die Verbindung mit ἔνθα δ' ἔπειτα zu x 297. Das
τιθαιβώσσειν ist ein mit θάω τίτθη τιθήνη zusammenhängendes **Ver-**
bum intensivum: vgl. Lobeck Rhem. p. 248. Dagegen erklärt es im
Sinne von 'sich ansiedeln' Döderlein Hom. Gloss. § 2491. H. Düntzer
bemerkt hier: 'τιθαιβώσσειν deutet auf ein τίθαιβος in der Bedeutung
H o n i g (wol eigentlich s ü s s): vgl. ἀγρώσσειν, ὀνειρώσσειν, ὑγρώσσειν.
Sie weben, wie Kirke und Kalypso und die deutschen Wasserfrauen.'
        108. [Die Erklärung von ἁλιπόρφυρα ist gegeben nach G. Meyer
in Curtius Studien V p. 12. Vgl. dazu jetzt Riedenauer in Bl. f. d.
bayer. Gymn. XI p. 97 fl. und 101 f. Dagegen fasst Lehmann zur
Lehre vom Locativ bei Homer p. 8 ἁλὶ — in dieser Komposition als
Locativ und erklärt: 'wie Purpur in der Salzfluth.']
        Vers 109. Bekker gibt in ed. II. αἰὲ νάοντα (was nur die Augs-
burger Handschr. in einer Glosse bietet) mit der Bemerkung im Berliner
Monatsbericht 1862 S. 160 (Hom. Blätter S. 310): 'αἰὲ νάοντα **ist**
so natürlich wie αἰὲν ἰόντες und αἰεὶ oder ῥεῖα ζώοντες' usw. [so
jetzt auch Nauck.] Zur ganzen Beschreibung vgl. auch den Anhang zu
403 und die Grotte der Kalypso ε 57 ff.
        111. Θεώτεραι heisst der südliche Eingang, wahrscheinlich **weil**
dicht vor demselben die Küste nach dem offenen Meere zu steil abfallend
gedacht werden soll, so dass er für die Menschen nicht zugänglich ist.
Ausserdem werden zugleich die Götter als Besucher der Nymphen gedacht. Ueberhaupt aber mag für diese ganze wunderbare Ausschmückung
der Grotte irgend eine in der Umgebung des Dichters vorhandene Natur-
gestaltung, wo man den Nymphen opferte, zur Grundlage gedient haben.
Wegen Phorkys vgl. Lobeck Aglaoph. p. 505.
        113. πρὶν εἰδότες wird auch erklärt: 'da sie dies (die Kunst in
den Hafen zu fahren) schon früher verstanden, wie πάρος μεμαυῖα.'
Aber in diesem Sinne schienen mir die Worte ein müssiger Zusatz zu
sein, man möchte fast sagen eine Trivialität. Sodann würde dabei **das**
πρὶν eine passende Beziehung nicht haben, wie es bei οὐ πρὶν εἰδυῖα

τόκοιο *P* 5 der Fall ist: eher noch könnte man dafür εὖ oder σάφα (α 202. *O* 632) oder wenigstens πάλαι (*Δ* 310) erwarten. Die verglichene Parallele, die sich bekanntlich nur in einem formelhaften Verse findet (zu ω 487), hat ihre passende Beziehung und bietet keine Schwierigkeit: anders verhält es sich hier mit πρίν, zumal wenn man die andern drei Stellen, wo εἰδώς erst aus dem Zusammenhange seine Ergänzung gewinnt, zur Vergleichung hinzunimmt: μ 156. *I* 345. *K* 250. Ich bin daher der Erklärung der Alten gefolgt, die Eustathius weitläufig auseinandersetzt. Dieselbe harmoniert mit Θ 560.

114. Dasselbe ὅσον τ᾽ ἐπί findet sich *Γ* 12. *H* 451. *K* 351. *O* 358. *Φ* 251; dagegen ἐπὶ Θ᾽ ὅσσον *P* 368 [?]. Ebenso τόσσον ἔπι ε 251. *Γ* 12. *E* 772. Zu Krüger Di. 43, 4, 3. Vgl. auch zu *B* 616. Wegen ἐπί Krüger Di. 68, 42, 1. Ueber den in ἐπὶ ἥμισυ statthaften Hiatus zu α 60.

115. τοῖον nach guten Autoritäten statt des jetzt gewöhnlichen τοίων, weil das in τοίων 'so tüchtiger' liegende persönliche Lob den Gedanken des Hörers von der Hauptsache unnöthig abzieht, indem man dann auch beim folgenden οἱ δέ an τοῖοι ἐρέται denken muss. [So auch J. La Roche, Kayser, Nauck. Aber die älteste Odysseehandschr. der Laurentiana hat τοίων: Gotschlich in Jahrbb. f. Phil. 1876 p. 25.] Andern scheint indes τοῖον weniger passend zu sein.

118. σύν ist dem Dativ von αὐτός noch beigefügt *I* 194. *M* 112. *Ξ* 498; sonst steht bei dieser Verbindung der blosse Dativ: vgl. die von Krüger Di. 48, 15, 16 erwähnten Beispiele, wo *Λ* 699 und *Ψ* 8 beizufügen sind [und Mommsen Entwicklung einiger Gesetze für den Gebrauch der griech. Praepositionen. Frankf. 1874 p. 40 ff.] —

120. Statt κτήματα hat J. La Roche in der Unterrichts-Zeitung für Oesterreich 1864 S. 240 χρήματα vermuthet.

123. Es wird hier mit unbewuster Naivetät die Wirklichkeit 222 ff. bezeichnet: vgl. zu § 508. Das μή πω statt des gewöhnlichen μή που gibt Aristarch mit Recht. Denn da der bei dem schattigen Oelbaum vorbeiführende Pfad gewis nicht unbetreten war, so durften die klugen Schiffer nicht hoffen verhüten zu können, dass überhaupt jemand die Sachen raube, sondern sie konnten bei ihrem Handeln nur wünschen, dass dies no ch nicht geschehen möge, so lange Odysseus schlafe. Mit τὶς ὁδιτάων ἀνθρώπων nemlich ist der Gegensatz zu einem Gotte gegeben, so dass der Dichter sagen will: Die Menschen sind einmal so, dass sie nehmen, was sie so finden. Vgl. auch zu ι 102. Hierzu kommt, dass μή πού τις mit dem Conjunctiv an den andern drei Stellen, wo es sich findet (*K* 511. *N* 293. *Ξ* 130) in warnender Drohung steht. Ins allgemeine ist der Gedanke gewendet unten 208. [Diese Deutung der Aristarchischen Lesart μή πω scheint mir unannehmbar, da nichts dazu berechtigt in τὶς ὁδιτάων den Gegensatz zu einem Gott (Ameis meinte die dann wirklich erscheinende Athena) zu denken. Wenn die Phäaken die Schätze ἐκτὸς ὁδοῦ legen, so wollen sie dieselben eben dadurch vor der Plünderung der auf dem Wege vorbeigehenden Wanderer überhaupt schützen, so lange bis Odysseus selbst

dafür eintreten kann. Das μήπω ist gleichwohl wirklich temporal zu fassen = noch nicht, und nicht = nicht etwa, und es hat diese Verbindung desselben mit nachfolgendem πρίν γε ihre Analogie in anderen Zeitbestimmungen, welche zuerst den allgemeinen Begriff der Zeitdauer geben und dann erst denselben durch eine specielle Zeitbestimmung fixiren, wie ἕως (τέως) μέν, πρὶν μέν mit nachfolgender adversativer Zeitbestimmung: vgl. den Anhang zu β 148 und γ 265. Wie hier von dem Standpunkt des Handelnden aus, so ist μή πω (οὔ πω) ν 335. Σ 134 von der Gegenwart des Sprechenden aus so gesagt, dass die von diesem Zeitpunkt aus gedachte Zukunft zunächst unbestimmt in ihrer Dauer vorschwebt und dann durch πρίν in ihrem Endpunkt fixirt wird. — In V. 122 habe ich die in der Anmerkung gegebene Beziehung des Oelbaums zur Athene beseitigt, weil Homer noch nichts davon weiss, dass der Oelbaum der Athene heilig sei; vgl. Buchholz die Homerisch. Realien 1, 2, 257, auch Hehn Kulturpflanzen und Hausthiere p. 52. Anders urtheilt freilich Welcker griech. Götterl. I 318.]

124. [Auch die älteste Odysseehandschrift hat πρίν ohne γ': Gotschlich in Jahrbb. f. Phil. 1876 p. 25; schon Kayser hatte diese Lesart als die besser beglaubigte aufgenommen, dem ich jetzt gefolgt bin.]

125 ff. [Ueber die folgende Partie vgl. Meister im Philol. VIII p. 3 ff., Düntzer Kirchhoff etc. p. 72 und damit L. Gerlach im Philol. XXXIII p. 201 f., über die der Sage zu Grunde liegende Vorstellung vom Neide der Götter Lehrs populäre Aufsätze p. 36 ff. und dagegen Doerries über den Neid der Götter bei Homer p. 28 ff.]

130. Das πέρ τε, statt des gewöhnlichen πέρ τοι, aus guten Quellen. [So La Roche, Kayser, Nauck; dies ist auch die Lesart der ältesten Odysseehandschrift: Gotschlich in Jahrbb. f. Phil. 1876 p. 25.] Zur Construction ἔξεισι γενέθλης kann auch δ 232 und Τ 111 verglichen werden. — [133. Nauck: *spurius?*]

135. ἄσπετα ist hier besser beglaubigt als das gewöhnliche ἀγλαά. Es passt trefflich für den zürnenden Poseidon, der im Aerger auch die Erklärung 137 hinzufügt, und erinnert an ἀμύθητα bei Demosthenes. Anders verhält sich die Sache π 230. Das ἄσπετα δῶρα findet sich auch υ 342. H. Düntzer dagegen sagt in Bezug auf seinen Text apodiktisch: ᾿Επορον ἀγλαά ist nach π 230, woraus unsere Verse genommen, statt ἔδοσαν ἄσπετα herzustellen.' Aber woher er dies so sicher weiss, ist nicht angegeben. Sodann fragt man, warum bei dieser Sicherheit des Wissens nicht auch εἰν Ἰθάκῃ in das π 230 stehende εἰς Ἰθάκην verwandelt worden sei. J. E. Ellendt Drei Hom. Abhandl. S. 45 will an beiden Stellen εἰν Ἰθάκῃ gelesen wissen.

142. Mit πρεσβύτατον soll nach Welcker Gr. Götterl. I S. 624 hier 'auf Poseidon als das Element angespielt' sein. In ἀτιμίη ist das ι der Paenultima gedehnt, wie in ὑποδέξῃ Ι 73, ἀκομιστίη φ 284, κακοεργίης χ 374, ἀεργίης ω 251, ἱστίη ξ 159, ὑπεροπλίῃσι Α 205, προθυμίῃσι Β 588, ῾Υπερησίην Β 573, ἰθυπτίωνα Φ 169, ῎Αμφιος Β 830, τριηκόσια Λ 697. Hierzu Ἰλίον, ἀγρίον (Χ 313), ἀνεψιοῦ (Ο 554), Ἰφίτου (Β 518), Ἀσκληπιοῦ (Β 731), ὁμοίου

πολέμοιο (ω 543 und anderwärts, worüber zugleich der Anhang
zu x 36 zu vergleichen ist). Ueber die Verlängerung vgl. Spitzner
de vers. her. p. 83 sq. Buttmann Ausf. Spr. § 7 Anm. 23. Thiersch
Gr. Gram. § 148. Der metrische Grund für diese Verlängerung findet
wie anderwärts (zu ζ 248) so auch hier in der doppelzeitigen
Natur des ι eine Stütze. [Vgl. jetzt W. Hartel homer. Stud. III. Wien
1874 p. 40: ʿιj (nach kyprischer Schrift) wird uns wie υϝ jene Uebergangsform bezeichnen, von der die Sprache einerseits zu j und schliesslich zu völligem Verlust der Consonanten gelangte (ποιέω — ποιϳέω
— ποϳέω — ποέω) oder aber auch in scheinbarer Rückbewegung durch
Einwirkung des j zu einer quantitativen Verstärkung des ι, wie die
Länge des ι z. B. in ἵεσθαι der Nachwirkung des inlautenden Jod verdankt wird.ʼ Die aus ιj entstandene Länge d. h. das aus ιj gewordene
und zu ῑ contrahierte ιι liegt ihm nun in diesen Substantiven auf ιη
vor. Ueber die Genetive vgl. denselben p. 8 ff.] — Das Verbum ἰ-άλλ-ω
ist nur hier mit dem Accusativ der Person verbunden, wie in ähnlichem
Sinne bisweilen ἀνίημι, sonst mit dem Accusativ der Sache. Nach der
gewöhnlichen Erklärung dieser Stelle würde man wenigstens ἀτιμίης
ἐνιάλλειν (= ἐμβάλλειν, ἐνιέναι) erwarten müssen. Vgl. jetzt G. Curtius Etym.[2] S. 484 No. 657. [4 p. 540 No. 661, auch Fritzsche in
G. Curtius Stud. VI p. 325.]

    143. εἴκων in diesem Sinne auch ξ 157. σ 139. χ 288. K 122.
238. N 225. Es bezeichnet den dauernden Zustand des Nomens. Wo
dagegen ein prius bezeichnet werden soll oder der enge Anschluss der
begleitenden Handlung an das Hauptverbum es verlangt, steht der Aorist
εἴξας: ε 126. ξ 262. ϱ 431. I 110. 598. Ω 43, so wie das synonyme πιθήσας φ 315. I 119. X 107.

    149. νῦν αὖ im Versanfang wie δ 727. 817. ε 18. ν 303.
ξ 174. π 65. 233. B 681. I 700. Λ 367. Ξ 262; ausgenommen
P 478. 672. Φ 82. X 436. Anders αὖ νῦν ε 129. Λ 362. O 138.
Υ 449. Φ 399. [Nauck vermuthet nach Θ 567 ἐνεργία statt περικαλλέα.]

    156. Wegen der hier stattfindenden Bedeutsamkeit des δοκεῖ ist
154 statt des sonst in dieser Formel stehenden μοί der speciellere Begriff ἐμῷ θυμῷ hinzugekommen, um das δοκεῖ als einen Act geistiger
Ueberlegung im Gegensatz zu Poseidon besonders hervorzuheben, gerade
wie υ 93 wegen des vorhergehenden μερμήριξε dem Begriffe δόκησε
der significante Ausdruck κατὰ θυμόν beigefügt wird: etwas anders
erklärt Albert Fulda Untersuchungen über die Spr. in den Hom. Gedichten (Duisburg 1865) S. 266. Statt ὡς 154 ist vielleicht ὥς das
ursprüngliche. Das folgende λίθον hat dann den Zusatz νηὶ θοῇ ἴκελον,
um anzudeuten, dass der entstehende Stein die Gestalt des Schiffes behalten soll. Hieraus aber scheint hervorzugehen, dass diese Dichtung
einer wirklichen Naturform ihren Ursprung verdanke, indem in der Heimat
des Dichters ein aus dem Meere hervorragendes und quer vor einem
Hafen liegendes Felsenriff die Gestalt eines schnellsegelnden Schiffes
hatte. Man vergleiche den versteinerten Schlangenleib zu B 319.

Uebrigens hat Aristophanes statt μέγα δέ σφιν die Lesart μὴ δέ σφιν wol nicht 152, wo sie in den Scholien und von Bekker erwähnt wird, sondern vielmehr 158 im Munde des Zeus **als** Abmahnung für nothwendig gehalten. [Dieser Ansicht stimmen zu J. La Roche in der Annotat. crit. zu 152 und Nauck zu 158 unter Verweisung **auf** Polak observat. ad schol. in Hom. Od. p. 109 sq., vgl. auch Kayser bei Faesi **zu** 156 ff.] Und dieses μή statt μέγα will Nitzsch Beiträge zur Gesch. der ep. Poesie S. 414 Anm. 132 hergestellt wissen. Vielleicht ist der **ganze** Vers 158 ein späterer Zusatz. Vgl. indes den Anhang zu 164.

164. Ueber die Machthandlung des Poseidon vgl. auch Nägelsbach Hom. Theol. I 8 S. 28 der Ausg. von Autenrieth. Von der angedrohten Strafe ist der zweite Theil (152. 158), den Poseidon nicht gleichzeitig mit dem ersten auszuführen brauchte, hier unterblieben, um das Sühnopfer 182. 183 episch zu motivieren. W. Hartel in der Zeitschr. f. d. österr. Gymn. 1865 S. 335 f., den meine Erklärung 'wenig befriedigt,' gibt folgende Lösung: 'der Vers 158 ist aus dem Texte als eine Wiederholung des V. 152 zu streichen. Zeus mildert beide Theile der Drohung Poseidons: aus der Zertrümmerung des Schiffes wird die Verwandlung desselben in Stein und das schiffähnliche Steingebilde soll Poseidon genügen für den grossen Berg, womit er den Hafen sperren wollte.'

165. Vgl. zu β 269 und ϑ 333. Nach ἔπεα πτερόεντα προσηύδα oder ἀγόρευεν pflegen die bezüglichen Worte der Rede sonst überall gleich den nächsten Vers zu beginnen: nur hier wie 253 sind sie durch zwei Verse und ϱ 591 durch einen Vers getrennt, in Ω 142 aber gehen sie vorher.

174. [Aristonic. ed. Carnuth p. 121: ὅτι καὶ τῶν μὴ ἀναξίων ἀπήμονες, μὴ ἐῶντες αὐτοὺς πημαίνεσθαι.]

175. Statt περικαλλέα hat Bekker **aus** Analogie mit ϑ 567 das hier nur von zwei untergeordneten Handschriften (der augsburger und der des Vespasian Gonzaga) gebotene ἐνεργέα in den Text genommen. [ἐνεργέα findet sich auch in dem trefflichen Marc. 613 vgl. La Roche und ist auch von La Roche aufgenommen.]

185. ὥς bei vorhergehendem ὡς. Derselbe Uebergang und Schluss Z 312. P 424. Ψ 1. [Vgl. übrigens Rhode über den Gebrauch der Partikel ἄρα bei Homer p. 22.] Uebrigens sinkt mit diesem Gedanken, der mit περὶ βωμόν schliesst, das Wunderland der Phäaken ächt poetisch in das Dunkel der Sage zurück. Ueber dieses Phäakenland vgl. zu ε 34.

187. [Bei Besprechung der folgenden Partie nahm Meister im Philol. VIII, 7 auch Anstoss an der Zusammenstellung von ἔγρετο mit εὕδων: ohne Zweifel erwartete er kein Participium Praes., da das Schlafen dem Erwachen vorausgeht. Allein es giebt genügende Analogien: die nächste Parallele bietet Σ 200 ἀναπνεύσωσι δ' ἀρήϊοι υἷες Ἀχαιῶν τειρόμενοι; nehmen wir hinzu ν 309 ἦλθες ἀλώμενος vgl. π 101, so zeigt sich, dass das Partic. actionis infectae (wie man das Partic. Praes. richtiger bezeichnen würde) trotz der Antecedenz der Handlung mit dem Aorist verbunden wurde, sobald mit diesem der Abschluss der vorhergehenden dauernden Handlung gegeben wurde, sodass die Bedeutung

dieser Verbindungen ist: aus dem Schlaf erwachen, von der
Bedrängniss aufathmen, von der Irrfahrt heimkehren. So
K 201 ἀπετράπετο ὁλλύς wandte sich ab vom Morden, μ 440
ἀνέστη κρίνων .. erhob sich vom Schlichten vieler Händel.
Entsprechend ist die Verbindung ἄγοντες κάτθεσαν ν 134. 135.
π 229. 230. So erklären sich auch die auffallenden Participia Praes. bei
Herod. VIII 16 ἀγωνιζόμενοι διέστησαν, IX 22 μαχομένων δέ σφεων ἐπὶ
χρόνον τέλος τοιόνδε ἐγένετο, IX 87 ἀπαναστῆναι πολιορκέοντας.]
   190. Aristophanes schrieb hier μὶν αὐτῷ, d. i. *Ithacam Ulixi*,
was zuerst Schütz Opusc. p. 4 sqq. ausführlich zu vertheidigen sucht,
sodann S. A. Naber in der Mnemosyne 1855 p. 205 [und Nauck jetzt
in den Text gesetzt hat.] Dagegen meint A. Rhode 'Untersuchungen
über den XIII—XVI Gesäng der Odyssee. Brandenburg 1858' S. 21,
dass hier im ursprünglichen Liede Διὸς αἰγιόχοιο als Schluss gestanden
habe, dass aber ὄφρα μιν αὐτόν bis ἀποτίσαι 193 'ein schlechter Zusatz des Ordners' sei, 'der das Poetische des Wundernebels verkennend
denselben in höchst ungeschickter Weise zu motivieren gesucht habe.'
Dies Urtheil, das auch Bekkers Beifall hat, dürfte moderne Geschmacks-
sache sein. Andere werden sich im märchenhaften Epos mit Aristarchs
Lesart befriedigt fühlen nach der im Commentar gegebenen Erklärung.
Dass durch die Massregel der Athene das Land dem Helden unkenntlich
wurde, war nicht Zweck, sondern begleitende Folge derselben, was
dann vom Dichter zur launigen Neckerei des vielgeprüften Dulders benutzt wird. [Bedenken gegen die ganze Partie bis 197 sprach auch
Meister im Philol. VIII, 7 f. aus, Düntzer klammerte dieselbe ein. Jetzt
hat auch Bergk Griech. Literaturgesch. I, 699 wenigstens 190—193
verworfen 'als einen unverständigen Zusatz,' indem der Bearbeiter den
natürlichen Vorgang in ein göttliches Wunder verwandelt habe. Wie
dem auch sei, jedenfalls leidet die ganze Stelle, wie auch W. C. Kayser
anerkennt, an Unklarheit und Seltsamkeit der Gedankenverbindung, über
welche auch die von Ameis gegebene Erklärung nicht geeignet war hin-
wegzuführen. Für die in 189 gegebene zweifache Erklärung von οὐδέ
μιν ἔγνω in dem causalen Participium und dem erläuternden γάρ macht
mich Herr Studienlehrer Römer in München auf die von Lehrs populäre
Aufsätze p. 153 in Ψ 774. 775 beobachtete unbefangene Nebeneinanderstellung der natürlichen Veranlassung und der göttlichen Einwirkung
aufmerksam. Das betonte μιν αὐτόν (190) sodann scheint in dem Zusammenhange, worin es steht, kaum anders als im Gegensatz zu dem
Lande verstanden werden zu können: nicht um das Land unkenntlich
zu machen, sondern ihn selbst den Blicken der Menschen zu entziehen.
War das die Meinung des Dichters, so lässt sich nicht wohl begreifen,
dass er statt des zu erwartenden Begriffs unsichtbar ἄγνωστον 191
setzte, was sonst die Bezeichnung für die Folge der Verwandlung ist;
wie auch im Folgenden wieder γνοίη gesagt ist, was auch auf die Verwandlung des Helden führt. Abgesehen von diesen Unklarheiten aber
hat Düntzer mit Recht bemerkt, dass der Nebel (schon 352), noch ehe
Athene nur ein Wort von den Freiern und ihrem Plane gesagt hat,

wieder verschwinde. Endlich enthält 194, wo φαινέσκετο ein wieder-
holtes Umsichblicken zur Voraussetzung hat, eine seltsame Prolepsis im
Vergleich zu 197, wo der erste Blick, den er auf das ihn umgebende
Land wirft, dargestellt ist. Bietet demnach die ganze Stelle des Anstössigen soviel, dass man zu der Annahme einer Interpolation berechtigt
ist, so ist doch kein Grund mit Düntzer auch 197 zu entfernen: dieser
Vers ist mit dem folgenden auf das engste verbunden, fast wie Vordersatz zum Nachsatz und malt die Enttäuschung, die den Odysseus nach
dem ersten Blick auf das Land seiner Hoffnung furchtbar ergreift, in
kurzen Zügen so treffend, dass eher noch 188 als die 197. 198 geschilderte Enttäuschung anticipierend entbehrt werden könnte, obwohl
sonst gegen diesen Vers kein erhebliches Bedenken vorgebracht werden
kann.]

192. Durch den allgemein gehaltenen Zusatz ἀστοί τε φίλοι τε
ist übrigens nicht ausgeschlossen, dass Odysseus noch vor dem Freiermorde sich einigen φίλοις absichtlich zu erkennen gibt: vgl. π 188 ff.
φ 190 ff. [Ueber den Begriff von ἀστοί vgl. Riedenauer Handwerk u.
Handwerker p. 174 oben.]

194. Ueber den Sinn der Iterativform φαινέσκετο vgl. Mützell de
emend. theog. Hes. p. 39 und Emanuel Týn in der Zeitschr. f. d. österr.
Gymn. 1859 S. 690. Sodann habe ich statt des überlieferten ἀλλοειδέα
die im Vind. 5 sich findende Conjectur ἀλλοϊδέα aufgenommen, um die
Form für Schüler lesbarer zu machen. Auch Bekker in ed. II bemerkt
dazu: 'nescio an recte, si scribas ἀλλοϝιδέα.' [Auch Nauck
hat ἀλλοϊδέα aufgenommen.] Denn es ist hier nicht unwahrscheinlich,
dass erst die spätere Aufzeichnung dieser Gesänge ein ει hineingebracht
habe nach der durchgebildeten Analogie in B 623. Γ 27, E 770.
H 270. Λ 298, während der mündliche Vortrag besonders das klang-
reiche οϊ ertönen liess. Aber auch wer die Ueberlieferung ἀλλοειδέα
festhält [so Kayser], der denke nicht an einen durch doppelte Synizese
entstandenen monströsen Molossus, den W. Dindorf (wie Lobeck Elem.
II p. 135) durch ein kühnes ἀλλειδέα versteinert hat, sondern lese
wenigstens, wie im Italienischen, jeden Vocal einzeln in rascher Aufeinanderfolge οϊ nach Art der nebenbegleitenden Töne oder kleinge-
schriebenen Noten in der Musik.

198. 199. In der Redensart καὶ ὦ πεπλήγετο μηρώ 'seine beiden
Schenkel' ist der Dualis stabil; sonst steht der Pluralis. Statt des
Aristarchischen δ' ἔπος ηὔδα 199 (vgl. Didymos zu O 114. 398) hat
Bekker jetzt an allen drei Stellen die Variante δὲ προσηύδα aufgenommen,
um das δ' vor dem digammierten ἔπος zu entfernen. Sodann bemerkt
Bekker zu seinem Texte: '200—208 expunxi cum F. Meistero.' Dieser
nemlich hat im Philol. VIII S. 8 hier zwei Recensionen angenommen,
die eine 200 bis 208, die andere 209 bis 216. Aber seine Haupt-
stütze für diese Ansicht, dass nemlich ὦ πόποι (209) 'immer nur zu
Anfang einer Rede stehe,' ist im Commentar zu 209 beleuchtet worden.
Was sodann die zwei vermeintlich unvereinbaren Stücke der Rede, die
'Sorge um seine Geschenke' und 'das Mistrauen gegen die Phäaken',

betrifft, so ist der zweite Hauptgedanke nur eine Folge des erstern,
die hier psychologisch aus der verzweiflungsvollen Stimmung des Odysseus
hervorgeht. [Auch Düntzer hat 200—208 verworfen, Nauck dieselben
eingeklammert und auch gegen 199 Zweifel ausgesprochen, und Kammer
die Einheit p. 550 ff. sieht darin nicht sowohl eine doppelte Recension,
als eine ganz schlechte Interpolation. Wenn derselbe gegen 200—202
(= ζ 119—121. ι 175. 176) geltend macht, dass dieselben 'nur dann
dem Redenden entfahren können, wenn er vorher die Existenz von
lebenden Wesen in seiner Umgebung wahrgenommen hat', so genügt
dagegen der Hinweis auf die Spuren menschlicher Thätigkeit, die ihm
der Hafen sofort zeigt. In dem Zusammenhange mit der Ungewissheit
über den Charakter der Bewohner des Landes ferner kann die Sorge
um seine Schätze um so weniger befremden, als Odysseus auch in seiner
Anrede an Athene 230 in gleicher Weise, wie hier, sofort die Rettung
der Schätze neben die seiner eignen Person stellt: σάω μὲν ταῦτα,
σάω δ' ἐμέ. Auch der folgende Wunsch bei den Phäaken geblieben
zu sein, würde aus der schmerzlichen Enttäuschung, nicht nach Ithaka
gekommen zu sein, und der schweren Sorge um die Zukunft sich wohl
rechtfertigen lassen. Aber mit 205 erheben sich begründete Zweifel:
zunächst das gegen den Gebrauch nach παρὰ Φαιήκεσσιν gestellte αὐτοῦ,
dessen Hervorhebung nicht recht motiviert ist, sodann der seltsame unklare Gedanke ἐγὼ δέ κεν bis νέεσθαι, der schon durch die Art der
Anknüpfung auffallend, auch in der von Kammer versuchten Auffassung:
'bei längerem Aufenthalt bei den Phäaken wäre er wohl der Gastfreundschaft eines andern phäakischen Häuptlings zugefallen, der es ehrlicher
als Alkinoos gemeint und ihn auch wirklich nach der Heimat würde
entsandt haben' höchst befremdend bleibt. Auch der Zusammenhang in
dem Folgenden ist nicht correct, man erwartet 207 im Gegensatz zu
dem vorhergehenden Wunsch den Gedanken: so aber bin ich wieder
in meiner Hoffnung auf Heimkehr getäuscht und meine Zukunft ist zweifelhaft und unsicher, wie je — nicht aber die Erwägung über die Unter-
bringung der Schätze. Ungewöhnlich ist in diesen Worten auch nach
dem Lexic. Homeric. die Voranstellung des Infinitivs vor ἐπίσταμαι und
die Bedeutung dieses Wortes selbst, welches mit Ausnahme von δ 730
in dem Sinne von 'verstehen' gebraucht wird. Danach kann man
geneigt sein in 205 den Beginn einer bis 208 reichenden Interpolation
zu vermuthen, die sich durch αὐτοῦ zu verrathen scheint und den Zweck
haben würde den vorhergehenden Wunsch näher zu erläutern und zu
motivieren, vielleicht weil derselbe dem Interpolator mit der sonst so
stark betonten Heimatliebe des Odysseus unvereinbar schien. Dabei
bleibt nur das Bedenken, ob jener Wunsch selbst bei den Phäaken geblieben zu sein vereinbar ist mit dem dann sofort sich daran schliessenden
Ausruf 209 f., in dem die Unzuverlässigkeit derselben Phäaken gerügt
wird. Da jener lediglich das Resultat des ersten Schreckens über die
Entdeckung nicht nach Ithaka gekommen zu sein ist und nichts mit
seinem Urtheil über den Charakter der Phäaken zu thun hat, so scheint
der Anschluss von 209 ff. nicht unmöglich; wer daran Anstoss nimmt,

wird die ganze erste Hälfte des Selbstgesprächs bis 209 verwerfen
müssen, obwohl 200—204 ohne Anstoss sind.]

206. Das με φίλει, statt des gewöhnlichen μ᾽ ἐφίλει, geben Eustathius und Vind. 133 [und andere bei La Roche], jetzt auch Bekker.
Vgl. die analogen Stellen bei J. La Roche in der Zeitschr. f. d. österr.
Gymn. 1864 S. 100. [Die älteste Odysseehandschr. der Laurentiana:
μ᾽ ἐφίλει: Gotschlich in Jahrb. f. Phil. 1876 p. 25.] Der Gedanke
des Relativsatzes bezeichnet die verzweiflungsvolle Stimmung des Odysseus,
der sich gegenwärtig in einer fremden Einsamkeit zu befinden und von
Göttern und Menschen verlassen glaubt.

213. In der Lesart anderer σφεῖας oder σφείας τίσαιϑ᾽ ist die
unhomerische Form σφείας bloss Conjectur und τίσαιϑ᾽ hat urkundlich
schwache Stützen. Vgl. Alb. Giese über den aeol. Dial. p. 289, Ahrens
de dial. aeol. p. 27 not. 8 und im Philol. IV S. 593. W. C. Kayser
im Philol. XVIII S. 692. [La Roche homer. Untersuchungen p. 277 f.]
— V. 214 ὅς κεν mit W. C. Kayser.

216. [Ueber diese Sätze mit μή nach den Verben des Sehens,
Wissens (wie ausser unserer Stelle ω 491. K 97. 101), die uns den
Eindruck indirecter Fragsätze machen, vgl. jetzt L. Lange in den Abhandlungen der philologisch-histor. Klasse der K. Sächs. Gesellsch. d.
Wiss. Bd. VI (1872): der homer. Gebrauch der Partikel εἰ I, p. 431 f.
Dieselben werden dort als prohibitive Erwartungssätze bezeichnet, in
denen durch μή eine Erwartung abgelehnt wird. Für die Schüler ist
es wohl einfacher und verständlicher sie als unmittelbaren Ausdruck der
Besorgniss zu fassen. Jedenfalls ist eine eigentliche Abhängigkeit derselben von dem vorhergehenden Verbum für Homer nicht anzunehmen:
an unserer Stelle darf man nach δ 412 χρήματα als Object auch zu
ἴδωμαι annehmen, an den andern steht dies Verbum absolut in dem
praegnanten Sinne zusehen, sich Gewissheit verschaffen. Die
daran geschlossene Befürchtung mag bei vorhergehender Aufforderung
ursprünglich in motivierendem Sinne gedacht sein, doch zeigt K 101,
wo οὐδέ τι ἴδμεν vorausgeht, dass der Inhalt des Befürchtungssatzes
mit μή wohl schon bis zu einem gewissen Grade als Objectssatz zum
vorhergehenden Verbum empfunden wurde. Ueber ἄγειν vgl. Classen
Beobachtungen p. 81 f.]

221. σχεδόϑεν steht bei Homer überall an derselben Versstelle,
nemlich nach der männlichen Hauptcäsur des dritten Fusses. Das ἐναντίος
226 dagegen findet sich nur dort im fünften Fusse, sonst steht es jedesmal in der bukolischen Cäsur. Zu πανάπαλος vgl. wegen πᾶν in der
Zusammensetzung Lobeck Elem. I p. 567, und über λώπη 224 vgl.
Lobeck Rhem. p. 301.

222. [Aristonicus ed. Carnuth p. 122: ὅτι ὁ ποιητὴς ἄῤῥενας
μὲν ϑεοὺς ϑηλείαις οὐδέποτε εἰκάζει, ϑηλείας δὲ ἄῤῥεσιν. Η Q.]

225. Statt der Ueberlieferung χερσί will J. La Roche in der Zeitschr.
f. d. österr. Gymn. 1863 S. 332 und Hom. Textkritik S. 378 χειρί
geschrieben wissen mit der Begründung: 'denn wie käme Athene dazu
den Wurfspiess in beiden Händen zu tragen?' Da aber hier nicht vom

Kampfe die Rede ist, sondern nur die Erscheinung der Athene im allgemeinen beschrieben wird, so durfte der Dichter auch den Plural
im Sinne der Allgemeinheit gebrauchen. Und diese hat er gewählt,
um die Rede zugleich mit ποσσί symmetrisch zu gestalten. Athene kann
doch den Wurfspeer bald in der Rechten bald in der Linken getragen
haben, wie diese Abwechslung Ψ 761 bei χερσί gedacht werden muss.
Auf ähnliche Weise wird ganz allgemein, ohne dass man beide Hände
speciell sich vorstellt, der Dativ des Plural gefunden ε 49. Ω 345.
ω 2. Γ 367 (vgl. mit 363). K 501. Π 801 und nicht selten in
τιθέναι ἐν χερσίν, zu ν 57.

230. A. Kolbe in der Zeitschr. f. das G. W. 1866 S. 64 f. meint,
dass 'in σάω = σάος ein Rest alter Contraction für Homer'
enthalten sei, indem er vorher folgende Lösung gibt: 'Von dem Stamm
σαο bildet sich zunächst σάος, und daraus wird durch Zusammenziehung
unmittelbar σάω, indem οε statt in ου nach älterem Brauche in ω zu-
sammenfliesst, wofür L. Meyer Vgl. Gram. I S. 296 aus dem dorischen
Dialekt hinreichende Beispiele anführt.' [Richtiger Mangold in G. Curtius
Stud. VI p. 199 unter Annahme einer Assimilation aus σάου (σάος), wie
ναιετάωσα aus ναιετάουσα, mit dem Zusatz: 'nisi aeolico more a *σάωμι
derivata sunt.']

232 = α 174. δ 645. ξ 186. ω 258. 297. 403. [Vergl. über
diesen Formelvers auch Philol. XXVII p. 514.] Aehnlich in Bezug auf
τοῦτο ν 327. π 69. Γ 204. Das ἐτήτυμον steht überall bei Homer
in der bukolischen Cäsur.

233. [Ueber die Etymologie und Bedeutung von δῆμος vgl. jetzt
Mangold in Curtius Stud. VI p. 401 ff. — V. 234 und 235 sind von
Düntzer und Nauck verdächtigt.]

238. τήνδε τε geben die Hss., was keiner Aenderung bedarf. Vgl.
Meineke zu Theocrit. XXIV 38 ed. tert. Andere wie auch Bekker [Nauck]
schreiben τήνδε γε, was wol nach dem einfachen τῷ oder τόν usw.,
aber nicht nach den Formen von ὅδε nothwendig scheint, zumal da die
Verbindung von δέ τε so häufig ist. Noch andere wollen τέ zu εἰ δή
gezogen wissen: aber ein Hyperbaton von enklitischen Partikeln ist nicht
erweisbar und widerstreitet dem Wesen dieser Wörtchen. H. Düntzer
hat Bekkers Schreibweise adoptiert mit den Worten: 'γέ ist hier, wie
ο 484. 546, statt des unerträglichen τέ zu schreiben. γέ verstärkt
die Hinweisung, vgl. α 226. δ 74.' Aber warum τέ 'unerträglich'
sei, wird nicht gesagt. [Jedenfalls ist es höchst schwierig die Bedeutung der Partikel mit einiger Sicherheit zu ermitteln.]

241. Ebenso haben bei Bestimmung der Gegend das Gesicht nach
Osten gekehrt die Hebräer und Kelten, daher bei ihnen dieselben Ausdrücke. Vgl. Grimm Gesch. der deutsch. Spr. II S. 981 [auch Wackernagel ἔπεα πτερόεντα p. 31 Anm. 4.] Ueber die Zweitheilung der
Himmelsgegenden in eine Licht- und Schattenseite vgl. zu ϑ 29.
H. Düntzer dagegen hat wegen M 239. 240 hier über μετόπισθεν
bemerkt: 'Es muss als entfernt (vgl. τηλοῦ 257) gefasst und auf
beide Glieder bezogen werden: zu ε 478 ff.,' wo nemlich ebenso wie

δ 566 das Wörtchen ποτέ 'zu allen drei Gliedern gehören' soll. Aber
dies müste erst mit der homerischen Wortstellung in Einklang gebracht
werden; sodann wäre die angenommene Bedeutung von μετόπισθεν erst
sprachlich zu erweisen. Ich meine, dass man die griechische Vogel-
schau, bei welcher man nordwärts blickte, von der blossen Orientierung
mit dem Blick nach der Lichtseite hin unterscheiden müsse; daher bleibe
ich bei der frühern Erklärung, wie sie auch von Völcker Homer. Geogr.
§ 27 S. 45 gegeben ist.

242. [Eine active Bedeutung für einen Theil der Bildungen mit
Suffix το nachweisend, erklärt G. Meyer in Curtius Stud. V, 103 f.
αἰγίβοτος ziegennährend, ἱππόβοτος rossenährend, was in
Parallele mit der Anschauung in ἀγαθή κουροτρόφος ι 27 und μήτηρ
μήλων von Landschaften, sowie ι 124 βόσκει μηκάδας αἶγας (νῆσος),
vgl. λ 365 als poetischer vor der passiven Auffassung: von Ziegen
beweidet, die überdies sprachlich zweifelhaft ist, den Vorzug verdient.
Derselbe ist auch geneigt ἱππήλατος activ zu fassen: Rosse in Bewegung setzend.] Ueber αἰγίβοτος vgl. Lobeck Elem. I p. 572.

243. Athene gibt hier, indem sie sich sichtlich an der Ueberraschung,
womit sie ihren Liebling beglückt, erfreuen will, erst eine umständliche
Schilderung des Landes, bevor sie den Namen desselben gleichsam nur
beiläufig ausspricht. Diese Schilderung der Insel aber beruht auf poetischer
Ausschmückung. Vgl. R. Hercher in Hübners Hermes I 267. Vgl. den
Anhang zu B 633 am Ende. [Uebrigens sieht Düntzer in 243 — 245
einen ungeschickten Zusatz.]

248. ἵκει findet sich in den besten Handschriften. [Ueber ἵκω
und ἥκω vgl. La Roche homer. Textkritik p. 287 ff.] Dieser Indicativ
ist nothwendig wegen der vorhergehenden Schilderung [?], sodann wegen
des überall bekannten Ruhmes, den Ithaka durch seinen Odysseus hat,
vgl. ι 20. 21, endlich wegen des naiven Bewustseins der Uebereinstimmung mit der Wirklichkeit. Ueber diese Naivetät vgl. zu ξ 508.
Uebrigens spricht hier Athene nicht als Hirt, sondern als Göttin (vgl.
zu η 51): sie erwähnt gerade Troja, weil Odysseus so eben von dort
zurückgekehrt ist, und spricht nur im allgemeinsten Ausdruck davon,
weil sie sich selbst noch nicht verrathen will. Vers 249 ist von ihr
in Bezug auf die lange Abwesenheit des Odysseus hinzugefügt. [? Der
concessive Relativsatz ist doch einfach durch das steigernde καὶ ἐς
Τροίην veranlasst.] — 251. 'Man erwartet vielleicht eine Aeusserung
überwallender Freude, aber dazu ist der vielkluge Odysseus zu vorsichtig: vgl. die Situation π 21 und Anmerk.' G. Autenrieth brieflich.

254. πάλιν λάζετο μῦθον ist eine sinnliche Bezeichnung vom
Unterdrücken einer hier nur gedachten, in Δ 357 aber einer schon
ausgesprochenen Rede, vergleichbar mit der ähnlichen Sinnlichkeit in
α 64. Ζ 91. Uebrigens sind hier die Verse 254 und 255 nach προσηύδα
als eine erläuternde Nebenbestimmung parenthetisch hinzugekommen:
ähnlich nach γ 41. ν 165. ρ 591. P 553. Φ 97, Ω 169, und ηὔδα
γ 75; sonst folgt überall die directe Rede unmittelbar im nächsten Verse.
Vgl. auch zu ο 63 und ρ 342; und über μετέειπεν zu σ 413.

256. [καὶ ἐν Τροίῃ εὐρείῃ, statt der sonst allgemein beibehaltenen Vulgata καὶ ἐν Κρήτῃ εὐρείῃ, schrieb schon Ameis nach Ammon. p. 58 mit W. C. Kayser, welcher urtheilt dass die Vulg. aus 260 in diesen Vers gedrungen sei und zur Rechtfertigung seiner Schreibung bemerkt: 'Da er sich sofort zur Theilnahme am trojanischen Kriege bekennt, so lässt sich kein Grund denken, warum **er die** Verbreitung des Namens bis Troas läugnen, dagegen für Kreta zugeben sollte.']

257. Die Kreter bewegten sich damals als schifffahrende Abenteurer überall auf dem Meere herum [vgl. Büchsenschütz Besitz und Erwerb p. 361]; daher konnte Odysseus nach der gangbaren Vorstellung **jener** Zeit sich leicht für einen Kreter ausgeben, wie auch ξ 199 und τ 172. Ueber die Erzählung selbst [welche Bergk griech. Literaturgesch. I p. 699 als freie Nachbildung der beiden ächten Berichte in ξ und τ dem Bearbeiter zutheilt] vgl. die allgemeine Bemerkung zu ξ 199.

264 ff. [264 wurde von Fr. A. Wolf verworfen; 265 f. werden von Nauck als verdächtig bezeichnet.]

272. Die homerischen Phöniker zeigen durch **Trug** und Treulosigkeit schon die Anfänge des später sprichwörtlich gewordenen ψεῦδος Φοινικικόν, vgl. 277, Φοῖνιξ bis ἀπατήλια εἰδώς ξ 288, τρῶκται ο 416. Vgl. auch Boissonade zu Philostr. Her. p. 286 sq. Der in α 183. 184 erwähnte Taphier und das Thesprotische Schiff ξ 335, wenn anders dasselbe Kornhandel mit Dulichion getrieben hat, heben die Regel [dass die Kaufleute bei Homer überhaupt nie eigentliche **Hellenen** sein — wie Ameis **im** Commentar bemerkte] nicht auf, die **auch** dadurch Bestätigung erhält, dass die πρηκτῆρες (Θ 162) nicht mit unter der Classe der δημιοεργοί ρ 383 ff. erwähnt sind, wohin sie doch ohne Zweifel gehört haben würden. Aber das Geschäft der Kaufleute **galt den** Griechen als schmutzig und entehrend: vgl. Θ 161 ff. [Vgl. jetzt dagegen Riedenauer Handwerk und Handwerker p. 56 f.]

282. ἐπήλυθε mit dem Dativ ε 472. λ 200. μ 311. Θ 488. I 474. Τ 91, wo der Dativ jedesmal das versinnlichte Interesse der unmittelbaren Betheiligung bezeichnet, während ἐπήλυθέ τινα in **den** drei Stellen 'kam über einen hin' bedeutet nach der zu ν 79 erläuterten alterthümlichen Vorstellung, die bei Eustathius nach Aristonikos ἀρχαϊκόν heisst.

284. ἔνθα περ ist **hier** abweichend gesetzt von dem sonstigen formelhaften Gebrauche an derselben Versstelle: α 128. 210. η 203. ι 543. κ 285. Ζ 379. 384. Ν 524. Vgl. auch zu Ζ 379.

288. Athene hat nemlich hier ihre eigentliche göttliche Gestalt wieder angenommen, wie auch aus 312 und 313 erhellt: diese Verwandlung ist **als** eine durch die Erzählung selbst verständliche nicht besonders **bezeichnet,** so dass hier das Schema der Alten κατὰ τὸ σιωπώμενον Anwendung findet. Uebrigens pflegt Athene in der Folge trotz ihrer Vertraulichkeit das selbstthätige Handeln des Odysseus, **das** in der Sage gefeiert war, doch nicht durch zu grossen Beistand zu beeinträchtigen. Das den vorhergehenden Vers beginnende Hemistichion χειρί τέ μιν κατέρεξε hat hier einen isoliert **stehenden** Fortgang: denn

an den übrigen sechs Stellen, wo es vorkommt, folgt jedesmal ἔπος τ᾽ ἔφατ᾽ ἔκ τ ὀνόμαζεν: δ 610. ε 181. Α 361. Ε 372. Ζ 485. Ω 127.

295. πεδόθεν in metaphorischem Sinne ist entlehnt von Gewächsen, die 'vom Boden' aus in die Höhe schiessen. Andere erklären es 'stirpitus, radicitus, von Grund aus (durchaus)', aber ohne diese Bedeutung von πέδον erwiesen zu haben. [Vgl. indessen den von W.C. Kayser citierten Vers Hesiod. Theog. 680 πεδόθεν δ᾽ ἐτινάσσετο μακρὸς Ὄλυμπος.] — Vers 301 berücksichtigt Plut. de gen. Socr. c. 10 p. 580ᶜ.

307. ἀναπλῆσαι, statt des gewöhnlichen ἀνασχέσθαι, aus der Handschrift des Eustathius und aus andern Quellen: eine Variante die Bekker nicht einmal erwähnt hat. [Die älteste Odysseehandschr. der Laurentiana hat auch ἀνασχέσθαι: Gotschlich in Jahrbb. f. Phil. 1876 p. 26.] Die Lesart ἀναπλῆσαι ist auch von H. Düntzer [und Kayser] aufgenommen und von Albert Fulda Untersuchungen S. 65* gebilligt worden.

310. βίας ὑποδέγμενος ist nach der zu ε 316 berührten Sprechweise gesagt. Die Verse 306 bis 310 enthalten vorläufige Ermahnungen, auf welche Odysseus in seiner Antwort zunächst keine Rücksicht zu nehmen hat. Uebrigens sind 307 und 309 so wie 308 und 310 zufällige ὁμοιοτέλευτα. [Düntzer in seiner Ausgabe hat 302 — 310, vgl. denselben in den Jahrbb. f. Philol. Bd. 68 p. 496, verworfen; auch Kammer die Einheit p. 558 hält 303 — 310 nicht für passend in dieser Situation, vgl. zu 375 ff. Dass Odysseus in seiner Antwort auf die Ankündigung der ihm in seinem Hause bevorstehenden Leiden gar keine Rücksicht nimmt, lässt sich allerdings kaum dadurch entschuldigen, dass der Zweifel, ob er wirklich nach Ithaka gekommen sei, noch völlig seine Gedanken beschäftigt.]

312. Die participiale Prädicatsbestimmung beim Infinitiv oder die nähere Bestimmung des Infinitiv steht öfters von dem Hauptsatz oder von dem Hauptbegriffe attrahiert im Dativ entweder nach Adjectiven, wie hier und τ 284. Ε 253. Ζ 411. Μ 410. Τ 356. Ν 317. Ο 496, auch Ε 634, oder nach einem prägnanten εἶναι, wie ι 249. ξ 194. ο 393. Δ 511. Μ 337. Ν 512, oder nach gewissen Verbalbegriffen, wie τ 138. Ε 491. Θ 219. Ι 399. Ν 96. Χ 72. Ω 526. Vgl. J. Classen Beobachtungen IV S. 7. [Gesammtausgabe p. 140 ff. Vgl. dazu Hentze in der Zeitschr. f. d. Gymnasialwes. XX p. 742 ff.] Zu Krüger Di. 55, 2, 4. Ueber den nur zum Infinitiv gehörenden Accusativ vgl. zu κ 565. Zum Objecte σέ bemerkt hier H. Düntzer: 'σέ ist vor dem Vokativ nothwendig betont.' Ebenso Kayser. Aber die Alten haben darüber anders geurtheilt: vgl. Lehrs Q. E. p. 121 sq. und zu Α 396 im Anhang.

315. Statt εἵως ἐν im Versanfange hat Th. Bergk ἧος ἐνί in Vorschlag gebracht, wie er auch sonst das jetzt aufgenommene εἵος geschrieben wissen will; vgl. den Anhang δ 90 und Autenrieth bei Nägelsbach zu Α 193. Aber εἵως steht noch im Anfang des Verses δ 800.

ζ 80. ι 376. ο 153. *Υ* 41. [Ameis hat mit W. C. Kayser εἶος ἑνί
aufgenommen, da ἑνί in den meisten und besten Handschriften steht.
Vgl. auch La Roche homer. Untersuch. p. 232 f., und über die verschiedenen Formen des Wortes selbst B. Delbrück über ἕως und τέως in
G. Curtius Stud. II p. 193 ff. und zur Bedeutung B. Delbrück der Gebrauch des Conjunctivs und Optativs p. 56. 63. 159.]

    318. οὔ σ' ἔτ' ἔπειτα statt der gewöhnlichen Lesart οὔ σέ γ'
ἔπειτα mit La Roche, Kayser [Nauck.]

    320. Die Verse 320 bis 323 werden von den alten Kritikern mit
Recht verworfen. Denn ᾗσιν statt ἐμῇσιν in dieser Verbindung ist höchst
bedenklich; sodann ist die Erwähnung der θεοί bei der Gegenwart der
Athene unpassend, ganz anders verhält es sich in der Parallelstelle
ε 397; ferner hat das πρίν γ' ὅτε zum vorhergehenden εἵως keine
richtige Beziehung, vgl. Nitzsch Sagenpoesie S. 142. 173; endlich steht
ἤγαγες αὐτή mit der Erzählung η 20 ff. in Widerspruch, weil sich
dort Athene dem Odysseus nicht zu erkennen gibt. Diese Gründe hat
im Wesentlichen schon Aristarch geltend gemacht. Denn Aristonikos ed.
Otto Carnuth p. 122 berichtet darüber folgendes: ἀθετοῦνται δ' στίχοι.
ὁ μὲν πρῶτος ὅτι ἀντὶ τοῦ ἐμῇσιν ἔχει τὸ ᾗσιν, ὅπερ ἐστὶ τρίτου
προσώπου, τηροῦντος ἀεὶ τοῦ ποιητοῦ τὴν ἐν τούτοις διαφοράν. ὁ
δὲ δεύτερος ὅτι Ἀθηνᾶς παρούσης θεοῖς ἀνατίθησι τὴν σωτηρίαν.
ὁ δὲ τρίτος καὶ τέταρτος ὅτι οὐκ ἐγίνωσκεν ὡς ἡ φανεῖσα αὐτῷ
παρὰ Φαίαξι θεὰ ἦν, ὅτι οὐκ ἐθάρσυνεν, ἀλλὰ τοὐναντίον „μηδέ
τιν' ἀνθρώπων προτιόσσεο, οὐ γὰρ ξείνους οἵδε μάλ' ἀνθρώπους
ἀνέχονται" (η 31) HQ. Vind. 133. [Die Bedenken wegen der Beziehung
des Reflexivum ᾗσιν auf die erste Person sind jetzt gründlich widerlegt von K. Brugman ein Problem der homerischen Textkritik und der
vergleichenden Sprachwissenschaft. Leipz. 1876. Durch diese Untersuchungen ist vielmehr **höchst** wahrscheinlich gemacht, dass die Beziehung des Reflexivpronomen ὅς auf alle Personen, wie sie nach der
Grundbedeutung 'eigen' begreiflich und in den verschiedenen Perioden
der griech. Sprache nachgewiesen ist, sich in den homerischen Gedichten in einer ansehnlichen Reihe von Beispielen vorfand, von Aristarch
aber, welcher diesen Gebrauch verkannte, systematisch ausgemerzt wurde.
Brugman urtheilt daher p. 68 f., dass 320. 321 nur wegen des ᾗσιν
in die Athetese hineingezogen und unantastbar, dagegen 322. 323 interpolirt sein. Indess ist doch auch die Zurückführung seiner Rettung
auf die Götter im Allgemeinen in Gegenwart seiner besondern Gönnerin
Athene in 321 sehr anstössig, während die Gründe gegen den Inhalt
von 322. 323, abgesehen von dem unmöglichen Anschluss an 321,
nicht entscheidend sind. Odysseus kann nach der Mittheilung der Athene
302 **jetzt** sehr wohl **zu** der Einsicht kommen, dass es Athene **war**, die
ihn **zum** Phäakenpalast führte, und θάρσυνας wird durch η 50. 51.
75 ff. trotz 30—33 durchaus gerechtfertigt. Es ist daher **nicht** unmöglich, dass, wie auch Nauck urtheilt, 319—321 zu verwerfen, dagegen 322 und 323 ursprünglich sind. Vgl. übrigens auch Bergk griech.
Literaturgesch. I p. 700 Anm. 112.]

325. ἥκειν steht hier und E 478 in sämmtlichen Urkunden, aber im Widerspruch mit der Lehre im Et. M. 424, 22, welche auch mit dem entschiedenen πάντοτε διὰ τοῦ ι dem Choeroboskus angehört: vgl. Epim. in Psalm. p. 77, 31. Mit derselben Allgemeinheit gibt diese Lehre Eustathius zu β 28, indem er einer andern, wahrscheinlich einer Aristarchischen Quelle folgt. Daher hat jetzt Bekker an beiden Stellen aus Conjectur ἵκειν gegeben [so La Roche u. Kayser; Nauck: ἱκέμεν]. Indes ist der von Matthiä aufgestellte Unterschied beachtenswerth, den A. Baumeister zu hymn. in Apoll. Pyth. 264 p. 172 also anführt: 'monente Matthia ἥκειν apud Homerum non legitur nisi ubi locus, in quem quis venit, idem est atque is, in quo quis loquitur vel quo res geri narratur. Sunt autem duo loci E 478. ν 325; cf. Boeckh. ad Pind. Ol. IV 11 p. 369.' Vgl auch J. La Roche in der Zeitschr. f. d. österr. Gymn. 1863 S. 329 und Hom. Textkritik S. 287 ff.

331. οὐ δύναμαι gehört eng zusammen und bildet einen Begriff. Mit dem Anfang τοὔνεκά σ' οὐ citiert den Vers Plutarch. de frat. am. c. 8 p. 482ᵃ. Ueber die im nächsten Verse folgende Begründung spricht Plutarch. de aud. poet. c. 11 p. 30ᶠ.

333 — 338. [Gerechte Bedenken gegen diese Stelle hatte schon Aristarch: vgl. Carnuth Ariston. z. St. Athene hat von Odysseus nicht die geringste Andeutung erhalten, dass er nicht sofort seine Gattin aufzusuchen gedenke und so lange er nichts von den Freiern wusste, hatte er abgesehen von der unbestimmten Warnung des Agamemnon λ 455, die überdies wohl späteren Ursprungs ist, auch keine Veranlassung zu solcher Vorsicht, die ihm erst durch die Eröffnung der Athene 375 ff. gegeben wurde, wie er 383 ff. selbst bekennt. Schwerlich konnte Ameis' Bemerkung, dass Athene hier ein Vorauswissen der Handlungsweise, die Odysseus einschlagen werde, zeige, um sich bei Odysseus als Göttin zu erweisen und Glauben zu finden, über diese Bedenken hinwegführen. Auch Kayser verwirft 333 — 338, Düntzer überdies 339 — 343, Ribbeck in den Jahrbb. f. Philol. Bd. 79 p. 665, 341 — 343. Kammer die Einheit p. 553 ff. endlich athetiert 336 — 340, stellt die vorhergehenden Verse in folgender Ordnung um: 330. 333 — 335. 331. 332, setzt dann ἀλλά τοι aus 341 ein, nimmt danach eine Lücke an und lässt endlich nach dieser 341 ff. οὐκ ἐθέλησα κτέ. folgen. Diese verschiedenen umfangreichen Athetesen zeigen, dass der Gedankenzusammenhang mehr als den erwähnten Anstoss bietet. Man kann in der That geneigt sein mit Düntzer die ganze Partie 333 — 343 zu verwerfen, ja selbst 331. 332. Die Eingangsworte nämlich αἰεί τοι κτέ. enthalten ohne Zweifel einen halbärgerlichen Vorwurf wegen seiner Ungläubigkeit und stehen auf gleicher Stufe, wie ξ 150 θυμὸς δέ τοι αἰὲν ἄπιστος, ξ 391. ψ 72, wofür das verallgemeinernde αἰεί vgl. zu A 107 ein sicheres Zeugniss ablegt. An den angezogenen Stellen folgt nun nach dem Vorwurf sofort mit ἀλλά ein Gedanke, welcher dem Zweifel des Angeredeten begegnen soll, und danach wäre hier der nächstliegende Gegensatz 344 ἀλλ' ἄγε τοι δείξω. Statt dessen folgt 331 ff. eine Anerkennung seiner Vorsicht und Besonnenheit, welche zu der schweren Anstoss gebenden

Ausführung 333 — 338 überleitet, aber unmittelbar nach dem vorhergehenden Vorwurf befremdet. Möglich also, dass die ganze Partie
331 — 343 eingefügt ist, um Athene die Antwort auf Odysseus' Vorwurf **318. 319** nicht schuldig bleiben zu lassen. Nimmt man aber auch
diese Partie bis auf eine Interpolation für ursprünglich an — und es
scheint doch angemessen, dass Athene auf Odysseus' Vorwurf 318. 319
überhaupt antwortet, — so hat die von Kammer versuchte Anordnung
von 330 — 335 das für sich, dass der begründende Gedanke 333 — 335
sich besser dem in 330 enthaltenen Vorwurf anschliesst, und 331. 332
passender zu der Erklärung überleiten, weshalb Athene ihm in den
mannigfachen Gefahren nicht zur Seite gestanden habe; aber es bleibt
doch fraglich, ob 333 — 335 nach Ausschliessung von 336 — 338 einen
genügend abgeschlossenen Gedanken ergeben; das οὔπω noch nicht
335 wird immer befremden, man wird vielmehr bei dem von Kammer
betonten Gegensatz von δαήμεναι οὐδὲ πυθέσθαι zu ἰδέειν ein nicht
einmal an dessen Stelle verlangen **müssen.** Eben dies οὔπω scheint
in seiner Beziehung auf das folgende πρίν γ' ἔτι (vgl. *κ* 174. 175.
ν 123. 124. *Σ* 134) so gebunden, dass mit **336**—338 auch 333—335
wird fallen müssen. Damit wird aber die ganze künstliche Combination
dieses Gelehrten wesentlich erschüttert. Weiter ist der Gedankenzusammenhang 339 — 343 allerdings nicht der klarste. Der mit ἀλλά τοι
341 eingeleitete Gegensatz kann nur durch die Beziehung auf das concessive Participium ὀλέσας ἄπο πάντας ἑταίρους 340 gestützt werden,
während das τὸ μέν 339 einen directen Gegensatz zu dem Hauptgedanken
οὔ ποτ' ἀπίστεον erwarten lässt, welcher übrigens selbst im Munde
der Göttin etwas Befremdendes hat. Der Anschluss von 339 ff. an 331.
332 ist nur erträglich, keineswegs natürlich. Die Ausscheidung von
341 — 343 aber würde die Erwiederung auf den Vorwurf des Odysseus
318. 319 etwas gar zu dürftig ausfallen und kaum als solche klar erkennen lassen. Eher kann man 339. 340 ausscheiden und 341 — 343
an 331. 332 anschliessen.]

341. Mit dem Gedanken dieses Verses wird gerechtfertigt, warum
Athene bei den vorhergehenden Meerabenteuern eine scheinbare Theil-
nahmlosigkeit für ihren Schützling bewies. Ueber τοί vgl. Bäumlein Gr.
Part. S. 237 f.

347. 348. Diese Verse fehlen in der Meermannschen Handschrift
und im Texte der Augsburger [und andern bei La Roche]; und Eustathius bemerkt: οὗτοι δὲ οἱ δύο στίχοι ἔν τισι τῶν ἀντιγράφων οὐ
κεῖνται. Sie sind aus 103. 104 hier mit Unrecht eingefügt, theils weil
in den zwei folgenden Versen derselbe Gedanke enthalten ist, theils weil
die Symmetrie, die in dem zweimaligen ὅδε und zweimaligen τοῦτο
liegt, durch das Einschiebsel gestört wird. Ueber den Unterschied dieser
Pronomina bemerkt Funk 'über οὗτος und ὅδε bei Homer' S. 8 folgendes: 'Wie ὅδε dieser hier hiess und auf Gegenstände hinwies,
die sich in der unmittelbaren Nähe des redenden befanden, so wird
οὗτος dieser da heissen und auf etwas hinzeigen, was zwar ent-
fernter aber doch noch für das Auge des redenden sichtbar ist. οὗτος

steht also in der Mitte zwischen ὅδε und ἐκεῖνος.' [Uebrigens verwirft
Düntzer in der Ausgabe die ganze Beschreibung 345—351, weil sofort nach der Ankündigung 344 der Nebelschleier geschwunden sein
müsse. Vgl. auch W. C. Kayser zu 352.]

351. Ueber Νήριτον vgl. Völcker Hom. Geogr. § 38. Dass der
mit ὄρος eng verbundene Eigenname entweder im Genetiv oder adjectivisch stehe, dies zeigen γ 287. δ 514. τ 432. Β 603. 829; und das
achtmal vorkommende Ἰδαίων ὀρέων. Vgl. G. Hermann zu hymn. in
Apoll. 26. [Uebrigens vermuthet Nauck Νηρίτου ἐστίν.]

355. χεῖρας ἀνασχών bildet stets den Versschluss, und steht sonst
mit einer Form von εὔχομαι verbunden: nur hier mit ἠρήσατο, indes
ähnlich Γ 318: λαοὶ δ' ἠρήσαντο θεοῖς ἰδὲ χεῖρας ἀνέσχον.

358. Dem reduplicierten Futurum διδώσομεν analog sind die Beispiele bei Krüger Di. 28, 6, 4 sowie ausserdem πεφιδήσομαι, nebst
βιβάσω διδάξω διζήσομαι. [Nauck verweist ausserdem auf eine Cretische
Inschrift C. J. 2554, 201.]

359. ἀγελείη noch π 207. Δ 128. Ε 765. Ζ 269. 279. Ο 213,
und überall als Versschluss, nur γ 378 ist ausgenommen, wo jetzt
(statt κυδίστη) mit den meisten Handschriften ἀγελείη τριτογένεια als
zweites Hemistichion gelesen wird. Synonym ist ληῖτις Κ 460. Wegen
der ungewöhnlichen Stellung des enklitischen Personalpronomens μὲ
(vgl. über die homerische Wortstellung desselben den Anhang zu τ 122)
ist Franz Schnorr v. Carolsfeld Verborum collocatio Hom. p. 18 geneigt
hier αἴ κέ μ' ἐᾷ πρόφρασσα als das ursprüngliche zu vermuthen. Aber
es lässt sich hier, um die Wortstellung zu erklären, ἐᾷ πρόφρων
als ein einziger Begriff auffassen: 'die Gnade gewährt.'

362 = π 436. ω 357. Σ 463; mit dem Anfang τέκνον statt
θάρσει steht der Vers noch Τ 29. Ferner findet sich dieses Asyndeton
zwischen affirmativem und negativem Imperativ ρ 393. ω 54. Α 32.
363. Γ 82. Σ 74; auch ο 440. Dasselbe Asyndeton zwischen zwei
negativen Imperativen. Anders verhält es sich mit den Stellen zu δ 825.
Ueber das Asyndeton zwischen zwei affirmativ verbundenen Imperativen
zu κ 320. Der nach μελόντων folgende Vers hat stets asyndetische
Selbständigkeit: zu σ 266. [Auch hier vermuthet Brugman ein Problem
der hom. Textkritik p. 76 u. 111 φρεσὶν ᾖσι als ursprüngliche Lesart statt φρεσὶ σῇσι; vgl. den Anhang zu ν 61 und 324.]

364. ἵνα περ τάδε τοι σόα μίμνῃ = Ω 382. Zu Krüger Di. 53,
7, 3. Vgl. auch ἵνα τε zu δ 85. Bekker hat jetzt an beiden Stellen
aus Conjectur die Umstellung ἵνα τοι τάδε περ gegeben [welche
übrigens der Venetus Marc. No. 456 bietet], so dass dann ἵνα direct
Absichtspartikel ist.

372. Ueber ἱερῆς ἐλαίης vgl. K. Lehrs popul. Aufs. S. 92. Daher
mögen auch öfters über Landungsplätzen derartige Bäume gepflanzt
worden sein, um solchen Oertern im Lebensgewühle der kommenden
und gehenden Schiffer einen heiligen und friedlichen Charakter zu geben.
Nach H. Düntzer soll ἱερῆς hier einfach 'mächtig' bedeuten, aber in
welcher Beziehung, hat er nicht angegeben.

375 ff. [Vgl. über diese Partie Kammer die Einheit p. 557 ff.,
welcher zwischen 375 und 377 eine durch 376 schlecht ausgefüllte
Lücke annimmt, in welche 303. 306—310, an ihrer Stelle ungehörig,
sich passend einfügen würden.]

377. κοιρανέουσιν ist hier eine bittere Anwendung der Formel
in α 247. ο 510. π 124. υ 234. φ 346. Mit τρίετες ist nur der
Abschluss der Hauptzeit erwähnt, weil in diesem relativen Nebensatze
jede genauere Zeitbestimmung bloss die Aufmerksamkeit von der Hauptsache unnöthig ablenken würde. [Vgl. Aristonic. ed. Carnuth p. 123.]

383. ὦ πόποι mit nachfolgendem ἦ μάλα δή wie δ 169. 333.
ε 286. ι 507. λ 436. ν 172. ρ 124. X 297. 373; mit ἦ μάλα
in φ 102. Π 745; mit ἦ μέγα κτέ. δ 663. A 254. H 124. N 99.
O 286. T 344. Φ 54, und ἦ δή in α 253. B 272. 337. O 467;
mit blossem ἦ in φ 131. 249. T 293. X 168. Ψ 782; mit ἦ ῥα
in Ξ 49. O 185. Σ 324. Ψ 103; mit ἦ τε in P 171; mit ὡς
ἄρα in ο 381, und blossem ὡς in κ 38. π 364. σ 26; mit οἷον
δή νυ in α 32, und blossem οἷον in ρ 248; mit ἤδη μέν in P 629;
mit οὐκ ἄρα in ν 209. ρ 454. Ferner steht ὦ πόποι mit einem darauf
folgenden Vocativ und dann οὕτω δή in B 157; dann ἦ ῥα in E 714;
dann οἷον in ν 140. H 455; dann οὐδέ νυ in Θ 201; dann οὐκέτι
in Θ 352. 427; dann οὐ σύ γε in Φ 229; dann καὶ δ' αὖτε in
Φ 420. Ueber die Stellung von ὦ πόποι vgl. zu ν 209. Die Bedeutung dieses ὦ πόποι behandeln Nägelsbach und Autenrieth zu A 254.

388. οἷον ὅτε in diesem Sinne auch κ 462. χ 227 [οἴη]. I 447.
Ξ 295. Ebenso ὡς ὅτε. Ohne ὅτε dagegen muss zu οἷον ein neuer
Verbalbegriff hinzutreten, wie α 257. δ 342. λ 499. ρ 314. E 126.
I 105. P 157. Den Uebergang zwischen beiden Verbindungen bildet
ω 377. Sodann steht κρήδεμνα in eigentlicher Bedeutung α 334. Aber
tropisch hier und Π 100, und von der Deckelbinde eines Weinfasses
γ 392; ferner Hesiod. sc. 105. hymn. in Cer. 151. Vgl. auch λύειν
κάρηνα B 117. I 24 von der Burg selbst, und zum Epitheton λιπαρά
vgl. λευκὰ κάρηνα B 735. Mit ähnlicher Metapher von der Kleidung
heissen Schutzmauern τειχέων κιθῶνες bei Herod. VII 139, nannte
Demades τὸ τεῖχος ἐσθῆτα τῆς πόλεως nach Athen. III p. 99ᵈ.

391. Bekker hat jetzt den Vers aus Conjectur stillschweigend athetiert, wahrscheinlich weil er diese Wiederholung des Vordersatzes störend findet. [Der Vers ist ausser von Ernesti, Bekker und Düntzer jetzt
auch von W. C. Kayser als überflüssig verworfen. Wer indessen beachtet,
wie geläufig derartige Wiederholungen dem Epos sind und wie sie besonders dem Ausdruck des Affects dienen, wie ich in dem Programm:
zur Periodenbildung bei Homer, Göttingen 1868 gezeigt habe, der wird
in der Verwerfung solcher Stellen vorsichtig sein. Und ist denn 391
wirklich eine einfache Wiederholung von 389? Man beachte: 1) dass
die Anreden γλαυκῶπι und πότνα θεά einen wesentlich verschiedenen
Ton zeigen, indem an die Stelle der zutraulichen, an die Zuneigung
und Liebe der Göttin sich wendenden Bezeichnung hier die der hehren,
mächtig waltenden Göttin tritt, 2) dass an die Stelle des fallsetzenden

αἵ κε 389 ein temporales, den Gedanken erweiterndes ὅτε (so oft) tritt, und dass 3) die besondere Hervorhebung des ernstlichen Beistandes der mächtigen Göttin genügend motiviert wird durch die überaus starke Aeusserung der Zuversicht in 390. In gleicher Weise urtheilt L. Lange, der hom. Gebrauch der Partikel εἰ II, p. 496 (190), indem er aus dem Unterschied der fallsetzenden und der temporalen Conditionalität erweist, dass von **einer** Tautologie nicht die Rede sein könne. Ich bin demselben in der Auffassung von ὅτε gefolgt. Uebrigens vermuthet Nauck 389 αἴθε statt αἵ κε.]

393. [Nach *K* 279. 280 sollte man nach λήσεις ein **Participium** ταῦτα πενόμενος erwarten: wirksamer und beruhigender für Odysseus ist, dass die Göttin sofort in πενώμεθα sich als mitthätig bei dem Unternehmen einschliesst.] Die Erfüllung des hier von Athene gegebenen Versprechens erhellt aus *υ* 30—55. *τ* 33 ff. *χ* 205—240.

398. ἐνὶ γναμπτοῖσι μέλεσσιν Versschluss wie noch *λ* 394. *φ* 283. *Δ* 669. *Ω* 359. Hier ist der Ausdruck so **zu verstehen**, dass ungeachtet dieser Verwandlung andere Theile seines Körpers (vgl. σ 68 ff.) in gedeihlicher Schönheit und Kraft erscheinen konnten. Vgl. auch ϱ 231 und φ 283. Döderlein dagegen im Hom. Glossar § 1012 und zu *Δ* 669 will γναμπτὰ μέλεα durch 'curvata senio membra bei Tac. Ann. I 34' erklärt wissen, indem er *Δ* 669 und *λ* 394 [übergangen ist φ 283] ἐνὶ γναμπτοῖσι μέλεσσιν zum Präsens d s Hauptsatzes zieht. Aber diese Erklärung bringt drei Schwierigkeiten: 1) eine für Homer zu künstliche Interpunction; 2) die Unterschiebung des Hauptbegriffes senio, der durch nichts angedeutet ist; 3) die Unmöglichkeit, jenen Sinn mit *Ω* 41 νόημα γναμπτὸν ἐνὶ στήθεσσιν in Einklang zu bringen. [398—401 werden nach Aristonikos Vorgange vgl. Carnuth. Arist. z. St. von Düntzer und W. C. Kayser wohl mit Recht verworfen, als aus der 430 folgenden Ausführung hieher übertragen. In der That ist die Detaillierung der Verwandlung in dem Masse, wie sie bei der Ausführung gerechtfertigt, ja nothwendig ist, hier bei der Ankündigung überflüssig, ja anstössig, weil dem Hörer jenes keineswegs erfreuliche Bild der Entstellung ohne Grund zweimal vorgeführt wird. **Auf die** Uebertragung der Verse aus 430 f. lässt auch das πάρος 401 schliessen, was dort bei dem Aorist der Erzählung angemessen, hier aber beim Futurum einigermassen auffallend ist. Dazu kommen die Schwierigkeiten in 400.]

400. J. La Roche hom. Stud. § 93, 11 bemerkt: 'zu verbinden ist ἄνθρωπος ἰδὼν στυγεῖ ἔχοντα τὸ λαῖφος, während die Erklärer ἔχοντα von ἰδών abhängig machen'. In Bezug auf diese Erklärungen gilt die richtige Bemerkung von Nitzsch im Philol. XII S. 8: 'der Gebrauch von ἄνθρωπος hat die Beschränkung, dass es wol jedweden Menschen oder irgend einen Menschen besonders *quemquam* bedeuten kann, aber nie jedermann in positiver Gesammtbedeutung'. Daher will Nitzsch, was er schon in der Sagenpoesie S. 176 empfohlen hatte, mit Eustathius den Accusativ ἄνθρωπον hergestellt wissen. Der gewöhnlichen Deutung widerstreitet sodann die Wortstellung des mündlichen

Dichters und die Absicht der Athene. Daher scheint mir ἄνθρωπος mit
Bezug auf πάντεσσι βροτοῖσιν 397 gesagt zu sein und einen Gegensatz zu einem ἀθάνατός περ zu involvieren, wie das letztere bei einem
ähnlichen Gedanken ε 73 erscheint. Denn ein unsterblicher Gott sollte
hier von Athene nicht getäuscht werden. Für den ganzen Gedanken
stehen bei der Ausführung 434. 435 blosse Attribute. [Da der ganze
Zusammenhang von einem solchen Gegensatz nichts weiss, auch schwer
begreiflich ist, wie ein solcher hier der Athene in den Sinn kommen
konnte, so scheint dieser Erklärungsversuch verworfen werden zu müssen.
Giebt man daher die Richtigkeit der von Nitzsch gemachten Bemerkung
zu, so bleibt kaum etwas anderes übrig als mit demselben nach Eustathios ἄνθρωπον herzustellen, wie jetzt auch W. C. Kayser bei Faesi
gethan hat. Dann gewinnt die Stelle den Sinn: einen Lumpen, vor
dem sich entsetzen wird, wer ihn am Leibe eines Menschen sieht,
wodurch derselbe als eines Menschen unwürdig bezeichnet wird —
eine Auffassung, der der thatsächliche Eindruck auf den Philoitios
υ 204 — 206 entspricht.]

402. Ueber ὡς ἄν oder ὥς κε mit dem Optativ vgl. zu ϑ 21.
239. ο 538. π 297. ρ 165. 362. τ 311. ψ 60. 135. ω 83. Τ 331.
Zu Krüger Di. 54, 8, 4. Die Deutung als Relativpartikel ist für das
naive Epos, welches im Charakter der Mündlichkeit solche lockere Anhängsel liebt, naturgemässer als die bestimmte Annahme der 'Absicht'
oder der 'Folge', die sich natürlich aus jener Relation dann entwickelt
hat. Der Begriff der 'Folge' wird bei Homer sonst überall durch
nachdrucksvolle Parataxe bezeichnet, am gewöhnlichsten mit folgendem
demonstrativen ὥς. Uebrigens ist hier παιδί 403 durch den nachfolgenden Relativsatz (vgl. zu μ 268) ganz besonders hervorgehoben,
weil Odysseus mit Telemachos später den Racheplan zu berathen hat,
zu dem ihn Athene in π direct auffordert.

405. ὁμῶς enthält nirgends bei Homer den Zeitbegriff, so dass
für die Möglichkeit der Erklärung von Schol. B. H. 'ὡς ἀπ' ἀρχῆς
καὶ νῦν' und der gewöhnlichen Deutung 'scil. ὡς τὸ πρὶν ᾔδει' oder
'in gleicher Weise, wie früher', das sich schwerlich von selbst ergänzt, wenigstens ein temporaler Zusatz wie ἔτι νῦν im Texte stehen
müste: vgl. I 605 und die zu κ 28 erwähnten Stellen. Wahrscheinlich hätte der Sänger in diesem Sinne gleich ἤπιος αἰεί gesagt, wie
Ω 770. Eine andere Erklärung ist 'gleich dir', aber diese würde homerisch ὁμῶς σοὶ δ' ἤπια οἶδεν verlangen. Auch die von A. Rhode
Untersuchungen usw. S. 36 gegebene Erklärung 'geh zum Sauhirten,
welcher auf gleiche Weise Dir und Deinem Weibe und Kinde treu ge-
sinnt ist' würde zum folgenden σόν vorher ein σοί erfordern. A. Lentz
im Philol. XIII S. 601 will ὁμῶς aus Conjectur in υἱὸς ὥς (das υἱός
durch Synizese einsilbig) verwandelt wissen: aber dies gibt theils eine
isolierte Wortstellung des δέ (vgl. μ 396), theils neben dem folgenden
παῖδα σόν einen wenig gefälligen Vergleich. Ansprechender ist die
Conjectur von Th. Bergk im Rhein. Mus. N. F. XIX S. 602, dass nemlich statt ὁμῶς δέ τοι zu lesen sei 'ὁμῶς δ' ἔτη'. Das anlautende

Digamma ist abgeworfen wie in πολλοὶ ἔται καὶ ἀνεψιοί.᾿ Ich denke
indes, dass die überlieferte Lesart nach **der** im Commentar gegebenen
Erklärung sich halten lasse. [In der vierten Auflage hatte Ameis die
von A. Rhode gegebene Erklärung des ὁμῶς aufgenommen, die er im
Anhange früher verworfen hatte. Gegen dieselbe spricht, wie Ameis
dort mit Recht bemerkt hat, dass bei dieser Beziehung auf den folgenden
Vers statt τοί vielmehr σοί erforderlich wäre. Ich bin daher zu der
früheren Erklärung zurückgekehrt, welche den Vorzug hat auch o 39
auszureichen; an der Zusammenstellung der treuen Liebe zu Odysseus
mit der treuen Sorge **für die Säue wird** man bei der homerischen Naivetät
keinen Grund haben **anzustossen.**]

408. Plutarch. philos. **esse** cum principib. c. 1 p. 776° nennt
diese Quelle ᾿τὴν συβωτικὴν ἐκείνην Ἀρέθουσαν᾿. Für Κόραξος will
Lobeck Proll. p. 67 κόραξος. Eumäos wohnte auf der **Westseite,**
ungefähr **in** der Mitte von der Länge der Insel, und der Koraxfelsen
ist als ein Theil des Neriton zu denken. Vgl. über diese Localitäten
Völcker Hom. Geogr. S. 64 ff. [mehr bei Buchholz die hom. Realien
I, 1, p. 124 f.] Andere betrachten nach dem Vorgange von Gell den
Homer als **wirklichen** Geographen und wissen den homerischen Koraxfelsen und die Quelle Arethusa mit gleichnamigen Localitäten auf dem
heutigen **Thiaki** zu identificieren: so C. Ch. E. Schreiber Ithaka S. 40 ff.
und Rühle von Lilienstern ᾿Ueber das Hom. Ithaka᾿ S. 76 ff. Dagegen
bemerkt schon Payne Knight zu ν 96 in Bezug auf die Grotte und zu
Strabo's Ausspruch ἐν δὲ τῇ Ἰθάκῃ οὐδέν ἐστιν ἄντρον τοιοῦτον οὐδὲ
νυμφαῖον, οἷόν φησιν Ὅμηρος ebenso witzig als wahr: ᾿Incolae tamen
hodierni se eiusmodi speluncam quondam vidisse Gellio nostro persua-
debant, situm eius monstrabant et, si paucos adiecisset denarios, ipsa
procul dubio Phaeacum dona in ea meminissent.᾿ Uebrigens ist die Beschreibung des Dichters 407 bis 410 nicht für Odysseus, sondern nur
zur vorläufigen Verständigung der Hörer gegeben. Sinnreich erläutert
gegen Gell die angeführten Localitäten Fr. Thiersch in ᾿Friedrich
Thiersch's Leben᾿ (1866) II S. 333 ff. Aber aus Autopsie widerspricht
R. Hercher in Hübner's Hermes I p. 279.

412. καλλιγύναικα bildet **stets** den Versschluss, in der Odyssee
nur hier, in der Ilias bei Ἑλλάδα Β 683. Ι 447 und bei Ἀχαιίδα
Γ 75. Λ 770. Uebrigens wissen die Alten von der Schönheit der
Lakedämonierinnen zu erzählen: vgl. Welcker zu Theogn. p. 125 sq.

414. So auch bei Herod. VII 220 in einem Orakel: Σπάρτης
οἰκήτορες εὐρυχόροιο, und bei Pindar Nem. X 96 (52). Uebrigens ist
hier die Fahrt zum Nestor nicht ausdrücklich erwähnt, sondern mit
ᾤχετο nur leise angedeutet [?], weil es bloss darauf ankam, den **jetzigen**
Aufenthaltsort des Telemachos anzugeben.

415. Der Optativ εἴης ist aus dem Gedanken des Telemachos gesagt. Direct würde es πεύθομαι εἴ που ἔτ᾿ εἴ heissen. Ueber εἶναι
᾿leben᾿ zu β 119, und über das **einmal** gesetzte ἤ für das gewöhnliche εἰ in der indirecten Frage vgl. π 138. τ 325. Λ 83. Θ 111.
Vgl. Krüger Di. 69, 29, 3. [Statt ἤ που verlangt L. Lange der homer.

Gebrauch der Partikel εἰ 1 p. 424 εἴ που ἔτ᾽ εἴης, welches er als concessive Fallsetzung versteht: immerhin möchtest du noch irgendwo sein. Vgl. auch Praetorius der homer. Gebrauch von ἦ (ἦε) in
Fragesätzen, Cassel 1873 p. 9. Und so hat Nauck jetzt geschrieben.]
    417. [Gegen das von Bekker hier und o 509. π 222 zum Theil
gegen die Handschriften gelesene τ᾽ ἄρ erklärt sich C. Hartung im
Philol. Anzeiger IV p. 184. La Roche und Nauck lesen γάρ.]
    418. [Ueber den Gebrauch des ἦ in ironischem Sinne, wie hier,
handelt eingehend Praetorius der homer. Gebrauch von ἦ (ἦε) in Fragesätzen p. 6 ff.]
    419. Ueber die Nichtwiederholung von ἵνα vgl. zu γ 78. Das
ἔδωσιν, statt des gewöhnlichen ἔδουσιν, aus Eustathius und andern
guten Quellen, welche Variante bei Bekker gar nicht erwähnt wird.
Der Indicativ ἔδουσιν, den Porphyrius las, scheint aus α 160. ξ 417.
σ 280 herzurühren. Aber der Conjunctiv gibt die Fortsetzung der
ironisch naiven Selbstbeantwortung, indem der Dichter den Odysseus
als seinen Charakterzug seines bittern Schmerzes gerade das hinzufügen
lässt, was Telemachos auch bei seiner Anwesenheit nicht hätte ver-
hindern können, sondern geschehen lassen muste. [Den Conjunctiv
haben auch La Roche, Düntzer, Nauck; Kayser ἔδουσιν.]
    427. Das dreisilbige οἴω steht noch in der Mitte des Verses mit
einem Wechsel der Versstellen und der Quantität β 255. o 31. σ 259.
τ 215. E 894. K 551. M 73. N 153. Ξ 454. Φ 399. Ψ 467;
an den übrigen zahlreichen Stellen bildet es die Katalexe. Ueber das
zweisilbige οἴω zu O 298. Vgl. auch zu π 309. In der folgenden
Formel γαῖα καθέξει liegt hier eine gewisse Bitterkeit: die Erde, von
welcher sie den Telemachos zurückstossen wollen, wird sie selbst
zurückhalten ihren Mordplan auszuführen. Vgl. Albert Doberenz
Interpretationes Homericae (Hildburghausen 1862) p. 8. [Vgl. dagegen
das in den Zusätzen und Berichtigungen zur 2ten Aufl. der Ilias zu
B 699 bemerkte. Danach vermag ich auch hier den von Ameis gewollten Gegensatz und die darauf beruhende Bitterkeit des Ausdrucks
nicht zu finden.]
    428. Dieser Vers fehlt in zwei der besten Handschriften, in der
des Eustathius und im Harleianus [auch im Venet. Marc. No. 457
bei La Roche]. Wol mit Recht. Denn die Drohung erscheint als
treffender, wenn der Vers wegbleibt, weil dann die Strafe gerade
die treffen soll, die dem Telemachos nachstellen. Bleibt der Vers stehen,
so wird die Strafe verallgemeinert, indem sie dann auch auf solche
Freier geht, die nur die Habe mit verprasst haben. Aber durch Bei-
ziehung dieses neuen Strafgrunds wird die Bezugnahme auf das vorhergehende, die durch πρίν 427 gegeben ist, wieder abgeschwächt. Auch
würde die in 419 liegende naive Ironie hier zu nüchtern beantwortet.
So urtheile ich mit H. Rumpf. Sonst ist freilich zu beachten, dass eine
Unterscheidung zwischen nachstellenden und verprassenden Freiern bei
der Strafbestimmung nur hier berührt wird. [Anders urtheilt Kammer
die Einheit p. 620 f., welcher ohne 428 zu verwerfen, geneigt ist das

ganze Stück 416—428 zu entfernen, aber jedenfalls 425—428 verwirft, weil **sie** 'in gar keiner logischen Verbindung und auch **nicht** einmal in äusserlicher Verknüpfung mit dem Vorausgehenden stehen'. Das sagt doch wohl zu viel! ἦ μέν in dem das Vorhergehende beschränkenden Sinne freilich zwar knüpft den Gedanken logisch richtig **an** die vorhergehende Behauptung, vielleicht ist zuzugeben, dass 427 **nach** 394 ff. matt klingt.]

429. ὥς und φαμένη **sind** nur hier getrennt, sonst **stehen** sie unmittelbar neben einander: λ 150. σ 206. ψ 85. E 835. X 247. 460; eben so ὥς φάμενος E 290 und ὥς φάμενοι κ 446. Zu vergleichen aber sind in Bezug **auf** dieselbe Wortstellung die im Anhang zu ζ 24 erwähnten Stellen. Ausserdem finden sich überall in dem Participium bloss die Aoriste ὥς εἰπών und ὥς φωνήσας in verschiedenen Casus und **Numeri.**

435. Ueber μεμορυχμένα, das hier Eustathius bietet, vgl. Lobeck Elem. I p. 187. O. Schneider zu Nicandr. alex. 318. Mit γμ aber **ist es bei** Quint. Sm. V 450 geschrieben. Ueber die Ableitung vgl. Lobeck Rhem. p. 245. Aehnlich verhält es sich mit μυχμός, worüber zu ω 416. Und hierzu die analog gebildeten Wörter ἰσχμός, αἰχμή, ἀκαχμένος, nebst den von O. Schneider zu Nic. ther. 119 p. 226 erwähnten.

438. πυκνὰ ϝρωγαλέην. Der schon öfters sporadisch berührte Anlaut ist im Zusammenhang behandelt worden von Leo Meyer. 'Ueber die anlautende Consonantenverbindung ϝρ (vr) in der Homerischen Sprache' in Kuhns Zeitschr. XV S. 1—42, wo über ϝρωγαλέος S. 16 und 34 die Rede ist.

440. Die letzten zwei Verse sind hinzugekommen, um mitten in der Erzählung wieder einmal an die Composition des ganzen Gedichts zu erinnern. Wahrscheinlich gilt hier dasselbe, was zu ζ 331 bemerkt wurde.

ξ.

1. Ueber den Accusativ ἀταρπόν vgl. die Beispiele bei J. La Roche Hom. Stud. § 3. Das Beiwort τρηχεῖα ist zugleich ein charakteristikum von Ithaka: ι 27. κ 463. ν 242. Uebrigens bedeutet ἀταρπόν '*callem deviam et ἀποτετραμμένην id est diversam a via publica.*' Lobeck Path. Elem. I p. 38 und über die Metathesis p. 492. [Vgl. darüber auch Siegismund in G. Curtius Stud. V p. 152 und 188 und Meyer in G. Curt. Stud. VII p. 182.] Etwas **anders fasst** den Begriff Döderlein Hom. Gloss. § 669. Man vgl. auch 'τὴν ἀτραπὸν τὴν διὰ τοῦ οὔρεος φέρουσαν ἐς Θερμοπύλας' Herod. VII 213.

5. [Die jetzt gegebene Erklärung von αὐλή und περίδρομος ist aufgestellt von Grashof das Fuhrwerk p. 33 Anm. 31 und in Bezug auf αὐλή näher begründet von H. L. Ahrens αὐλή und villa, Hannover 1874 p. 14.]

8. αὐτός im Sinne von μόνος oder οἷος auch Θ 207 [?]. ο 311. 371. ψ 171. B 233. Θ 99. N 729. Vgl. Krügers Spr. 51, 6, 7. Zu Di. 51, 6, 3. [In Ebelings Lexic. Hom. p. 203, F werden noch

für diese Bedeutung angegeben: β 356. § 450. P 634. 712. E 880.
Φ 467. φ 194. Zur Erklärung derselben vgl. van Hout de vi atque
usu pronominis αὐτός adjecti ad reflexiva, Bonn 1873 p. 1—5.]
Zenodot las hier δείματο οἷος ὕεσσιν, vgl. 450. Zum *Medium* δείματο
hat II. Weber Etym. Unters. I S. 109 mit Recht bemerkt, 'dass Eumäos,
der sorgsame Hirt, für sich, in seinem — und damit seines Herrn
— Interesse den Hof mit einer schützenden Mauer umgab. Es wird
nach ächt homerischer Weise, ohne den ethischen Sinn, ohne das
Gefühl, durch das die Person gezeichnet werden soll, ausdrücklich
nach moderner Art daneben zu setzen, d. h. in objectiver, in einer
in der Darstellung selbst gegebenen Form, die ethische Bedeutsamkeit
der Handlung ausgedrückt. Das folgende ἐθρίγκωσεν ἀχέρδῳ hat hierzu
keine innere Beziehung und darum ist die auszudrückende Handlung ein
Activum'. Ueber ἄχερδος vgl. Lobeck Proll. p. 77. 442 not. 11 [auch
Siegismund in G. Curtius Stud. V p. 150.]

12. Die Deutung des τὸ μέλαν durch φλοιόν gibt schon Aristarch,
dem auch Braune 'Odyssee lib. XIV 1—60' Cottbus 1845 S. 5 und
Döderlein Hom. Gloss. § 2149 mit Recht beigestimmt haben. Denn an
das Aeussere des Baumes zu denken ist homerisch das nächste und
natürlichste, während die Deutung 'Mark, Kern, Kernholz' die natürliche Farbe und das τό unbeachtet lässt. Vgl. auch Verg. Ecl. 6, 54
ilice sub nigra. Hierzu kommt zweitens der Begriff der Präposition
im Verbum. Dies sinnlich malende ἀμφί nemlich bezieht sich auf die
beiden Seiten der Peripherie, nach denen man die Rinde eines hin-
gelegten Baumstammes abzuhauen pflegt, um denselben nicht fortwährend
drehen zu müssen. Endlich kann bei Späteren der 'Thunfisch' nur von
der schwärzlichen Farbe des Oberkörpers den Namen μελάνδρυς empfangen
haben. H. Düntzer dagegen erklärt also: 'τὸ μέλαν der Kern (μήτρα,
medulla) im Gegensatz zu Rinde und Splint. Dunkel ist der Kern
der Eiche bloss bei der Schwarzeiche, μελάνδρυον, und daher ist nur
diese hier unter δρῦς gemeint. Schon die Alten riethen Rinde und
Splint von der Eiche abzuschlagen, was hier ἀμφικεάζειν ist, umher
abspalten, den Kern vom Splint, *circumcidere ad medullam*,
um starkes Holz zu erhalten.' Aber hier ist mir unklar, wie man zu
der Deutung '*ad medullam*' gelangt, wenn 'τὸ μέλαν der Kern'
Object sein soll, wie also der Ausdruck 'den Kern umher spalten
(abspalten)' den Sinn von 'Rinde und Splint von der Eiche ab-
schlagen' haben könne. Diese Umwandlung der Begriffe weiss ich nicht
zu vereinigen, wenn nicht wenigstens die 'Rinde' im Text genannt
wird. Ausserdem scheint auch beim 'Kerne' nicht ἀμφί, sondern
ἀπό oder ἐκ das geeignete zu sein.

13. Das Imperfectum ist in dieser Hinsicht von Bernhardy Synt.
S. 372 treffend 'das anschauliche, breitere Imperfect' genannt worden.
In συφεός bezeichnet der Accent auf der Endung den periektischen
Charakter des Wortes (vgl. Lobeck zu Buttmann Spr. II S. 424) und das
φ ist wahrscheinlich aus dem Digamma entstanden: vgl. Lobeck Proll.
p. 92 not. 18. G. Curtius Etym.² S. 530. [⁴ 587.] Uebrigens kann

man sich wundern, warum Bekker **hier** nicht δυόκαίδεκ᾽ ἐποίειν gegeben habe, da er doch α 153 περικαλλέ᾽ ἔθηκεν schrieb.

16. ἰαύω ist auf den Stamm ἄω oder ἀέω zurückzuführen: vgl.
Lobeck Elem. I p. 73. G. Curtius Etym.[2] S. 347 No. 587. S. 484
No. 657. [[4]p. 391 No. 587. p. 540 No. 661: reduplicirtes Praesens
zum Ao. ἄ-ε-σα, vgl. auch Fritzsche de reduplicatione graeca **in G. Curtius** Stud. VI p. 325.] Implicite ist hier in dem **Worte der** Gegensatz
enthalten, dass die Schweine am Tage auf der Weide waren: vgl. 25.
π 3. — Zu Vers 19 über **das** epitatische ζα in ζατρεφής vgl. Lobeck
Elem. I p. 203. G. Curtius **Etym.**[2] S. 544 [[4] 602 f.] und über σίαλος
Proll. p. 93. G. Curtius Etym.[2] S. 334 No. 557. [[4] 375 No. 557.]

21. Θήρ bezeichnet vorzugsweise 'den Löwen', vgl. Lobeck Parall.
p. 76. G. Curtius Etym.[2] No. 314. [[4] 256 No. 314.] Die vorhergehende **Zahl von** 360 steht in offenbarer Beziehung zu der Zahl der
Tage, welche in homerischer Zeit ein Jahr ausmachten: vgl. 93 ff. Gladstone's Hom. Studien von Albert Schuster S. 451 f. [und den Anhang
zu μ 130.]

22. ὄρχαμος erscheint nur in Verbindung mit λαῶν von den Heer-
führern Agamemnon, Menelaos, Achilleus, Odysseus, und mit ἀνδρῶν
von geringeren Führern, mit Ausnahme **von Z 99.** Vgl. Themistii or. 21
p. 264[b]. Dass **indes** hierbei **das** Metrum einen wesentlichen Einfluss
übt, bemerkt Nitzsch im Philol. XVI S. 153. Vgl. auch zu δ 156.

23. [Eigenthümlich ist hier der Uebergang **von** der 5 — 22 ein-
gefügten Beschreibung des Gehöfts und des Viehs zur Wiederaufnahme
der Erzählung gemacht vermittelst αὐτὸς δέ, welches im Gegensatz zu
den eben besprochenen Hunden oder den Thieren des Gehöfts überhaupt
den Eumaios als Hauptperson wieder in den Vordergrund rückt, oder
seine Beziehung in dem folgenden Gegensatz οἱ δὲ δὴ ἄλλοι hat, während
wir gegenüber der allgemeinen Beschreibung den Gegensatz der Zeit
durch ein δὴ τότε oder einen andern temporalen Ausdruck angedeutet
erwarten. Diese Art des Uebergangs ist um so auffallender, als 22
συβώτης, ὄρχαμος ἀνδρῶν unmittelbar vorher geht und so könnte von
dieser Seite vielleicht die von Zenodot über 22 oder 21. 22 ausgesprochene Athetese eine Stütze gewinnen. Zenodot nahm nämlich nach
Düntzer de Zenod. p. 191 f. theils an der Aufzählung der **Hunde** theils
an dem Attribut θήρεσσιν ἐοικότες Anstoss: 532 ff. **wird der Hunde**
nicht gedacht. Vgl. auch Carnuth Aristonic. p. 125, der mit Dindorf
die Athetese nur auf 22 bezieht.]

29. ὑλακόμωροι erklärt Aristarch durch ὀξύφωνοι vielleicht mit
Bezug **auf** 21 θήρεσσιν ἐοικότες, welcher Vergleich die Stärke und
Grösse der Hunde bezeichnet. Vgl. auch über ἐγχεσίμωρος zu γ 188
und Lobeck zu Soph. Ai. p. 404. Ausführlich behandelt diese Wörter
C. W. Lucas de vocibus Homericis in ΜΩΡΟΣ desinentibus. Bonnae
1867; und in anderer Weise Anton Göbel im Phil. XIX S. 424 ff. dem
ich gefolgt bin. Vgl. auch G. Curtius Etym.[2] No. 466. [[4] p. 332;
Fick vgl. Wörterb.[2] p. 156 unter mûra setzt μῶρος dem vedischen
mû-ra-s, 'drängend, stürmisch' gleich, vgl. auch Brugman in

G. Curtius Stud. IV, p. 161.] — Vers 30. Das κεκληγῶτες ist von
Theocrit. XXV 70 durch θεσπέσιον ὑλάοντες bezeichnet?

30. [Ich habe diesen Vers mit dem vorhergehenden durch eine
leichtere Interpunction, als die übliche, in engere Beziehung gesetzt,
wie sie das Asyndeton und das Gedankenverhältniss zu fordern scheinen.
Der erste Satz bildet für die folgende Ausführung gleichsam die Unterlage ganz ähnlich, wie in den verwandten Beispielen: η 63. 64. E 270.
271. Z 197. 198, und gewinnt die Bedeutung eines parataktischen
Vordersatzes theils durch das folgende Asyndeton, theils durch die
chiastische Anfnahme des an den Schluss gestellten κύνες durch οἱ μέν
zu Anfang des folgenden Verses, wodurch ein Gedankenrythmus entsteht, der in E 416. 417 und ζ 115. 116 sofort unmittelbar ins Gehör
fällt und auch sonst selbst ohne Asyndeton bei chiastischer Stellung der
Gedankenglieder zu beobachten ist: vgl. zu κ 207.]

31. Plinius N. H. VIII 41, 61 sagt von den Hunden: impetus
eorum et saevitia mitigatur ab homine considente humi.
Aehnlich Plutarch. de solert. anim. c. 15 p. 970ᵉ: ἀποτρεπόμενοι τῶν
συγκαθεζομένων· οὐκέτι γὰρ προσμάχονται τοῖς ὑποπεσοῦσι καὶ γεγο-
νόσι ταπεινοῖς τὰς ἕξεις ὁμοίοις'. Vgl. auch Aristot. Rhet. II 3. Aber
hierauf allein bezogen erwartete man 32 nicht ἔνθα κεν, sondern ἀλλὰ
καὶ ὡς κεν.

34. In den Worten ἔσσυτ' ἀνὰ πρόθυρον erklärt H. Düntzer·
'ἀνὰ nach, von der Richtung wie T 212 ἀνὰ πρόθυρον τετραμμένος,'
und 'πρόθυρον, der αὐλή: zu α 103.' Aber für diesen Sinn würde
man wohl ἐπί oder βῆ ἰθὺς προθύρου (nach α 119) erwarten: in
T 212 haben wir die prägnante Verbindung: 'er liegt durch den
Thürweg hin gewendet.' Hierzu kommt, dass die unmittelbar sich
anschliessenden Worte σκύτος δέ οἱ ἔκπεσε χειρός auf den Ausgang
des Laufens (das Aufspringen und Fortstürmen) hinweisen, nicht auf
das Ziel. Daher habe ich πρόθυρον von dem Thürweg aus der αὐλή
in die κλισίη erklärt mit H. Rumpf de aedibus Homericis I p. 10. Ueber
die ganze Darstellung vgl. zu π 12. Ueber σκῦτος, nur hier bei Homer,
vgl. Lobeck Parall. p. 80. G. Curtius Etym.² No. 113 und S. 624.
[⁴ 168 No. 113 und p. 683.] Zum nächsten Verse ist über den Wechsel
der Formen ὁμοκλάω und ὁμοκλέω zu vergleichen Lobeck Rhem. p. 164.
Das 36 stehende λιθάς behandeln Lobeck Proll. p. 444 und G. Curtius
Etym.² S. 554. [⁴ 612.] Ueber die periektische Bedeutung desselben
Lobeck Proll. p. 446.

37. [Ueber das vereinzelt stehende ὀλίγου vgl. Nitzsch Sagenpoesie
p. 175 f., welcher dafür als ursprüngliche Lesart τάχυ κεν oder μάλα
κεν vermuthet.]

38. ἐλεγχείη, gleich ἔλεγχος, ist eigentlich substantiviertes Femininum
des Adjectivs: zu α 97. Vgl. Lobeck Parall. p. 322. Die Furcht vor übler Nachrede ist in homerischer Zeit das nächste, wenn auch das niedrigste Motiv des
sittlichen Handelns. Vgl. Nägelsbach Hom. Theol. VI 17. Hermann Staatsalt. 8,
23. Das höhere Motiv, die Furcht vor den Göttern, erwähnt Eumäos 56 ff.

39. καί 'auch' wird überhaupt nicht selten durch γάρ oder δέ

oder ähnliche Wörtchen‑von dem bezüglichen Worte (hier von $\ddot{a}\lambda\lambda a$)
getrennt, wie α 390. ζ 300. λ 375. ξ 325. ϱ 379. 408. υ 51.
ψ 118. Λ 63. E 898. Z 353 und anderwärts. Vgl. Franz Schnorr
von Carolsfeld Collocatio verborum Homerica p. 34. Wer dagegen auch
hierbei erklärt 'nur das Metrum bedingt die Trennung', der entwürdigt
den Dichterfürsten zu einem stümpernden Versemacher.

50. $lov\vartheta\acute{a}\varsigma$ 'ist wol i-$ov\vartheta$-$a\delta$-ς, wobei ι als Reduplication zu
fassen.' K. Schenkl in der Zeitschr. f. d. österr. Gymn. 1864 S. 340.
[Vgl. auch Fritzsche in G. Curtius Stud. VI p. 325: von W. $\dot{a}v\vartheta$, $a\vartheta$
blühen Curt. Etym. No. 304.] Das Wort wird von einigen Alten
auch durch $\tau\acute{e}\lambda\epsilon\iota o\varsigma$ oder $\dot{a}\varkappa\mu a\tilde{\iota}o\varsigma$ 'völlig ausgewachsen' erklärt, was
dem Sinne nach mit den Epithetis $\mu\acute{e}\gamma a$ $\varkappa a\acute{\iota}$ $\delta a\sigma\acute{v}$ harmoniert. Nach
H. Düntzer in Kuhn's Zeitschr. XIII S. 20 ist $lov\vartheta\acute{a}\varsigma$ von $\ddot{\iota}ov\vartheta o\varsigma$ Aus‑
wuchs abzuleiten in folgender Deutung: 'knotig, wulstig, von den
Querknoten, Wülsten, durch welche sich die Hörner des Steinbocks aus‑
zeichnen': denn es 'unterscheidet sich gerade der Steinbock von der
Gemse bestimmt durch eine Reihe von Querknoten auf den Hörnern.'
Sodann wird S. 21 hinzugefügt: '$\ddot{\iota}ov\vartheta o\varsigma$ von den Zotten zu verstehen
ist die reinste Willkür.' Aber man wird sich doch unwillkürlich
fragen dürfen erstens, ob bei dem Ausdruck 'mit Auswüchsen' der
Gedanke an das Langzottige besonders des Bartes, das beim ersten An‑
blick in die Augen fällt, der sinnlichen Anschauung näher liegt als die
Beziehung auf die Hörner, deren Beschaffenheit erst der naturwissen‑
schaftlichen Betrachtung erkennbar wird, und zweitens ob die Deutung
'ein knotiger' oder 'wulstiger Steinbock' einen poetisch annehm‑
baren Begriff gebe, wo gerade die Hörner für den Zusammenhang der
Stelle ohne alle Bedeutung sind. Daher glaube ich im Anschluss an die
Alten, dass man ohne 'Willkür' an die zottigen Haare denken dürfe
ebenso natürlich, wie bei $\xi av\vartheta\acute{o}\varsigma$ von Menschen die Beziehung aufs
Haupthaar vorschwebt. Statt der Parathesis $\ddot{a}\gamma\varrho\iota o\varsigma$ $a\tilde{\iota}\xi$ haben spätere
Dichter $a\ddot{\iota}\gamma a\gamma\varrho o\varsigma$ componiert: vgl. Lobeck Elem. I p. 561. G. Curtius
Etym.² S. 157 No. 120. [⁴ 171 No. 120.]

55 = 165. 360. 442. 507. o 325. π 60. 135. 464. ϱ 272.
311. 380. 579, also in demselben stabilen Verse, der nur o 325 nach
der Situation der Scene mit $\tau\grave{o}v$ $\delta\grave{e}$ $\mu\acute{e}\gamma'$ $\grave{o}\chi\vartheta\acute{\eta}\sigma a\varsigma$ beginnt. In der
Odyssee nun findet sich diese Apostrophe nur bei dem Namen des
Eumäos, in der Ilias dagegen von Patroklos: Π 20. 584. 692. 744.
754. 787. 812. 843; von Menelaos: Δ 127 146 H 104. N 603.
P 679. 702. Ψ 600; von Melanippos: O 582; von Phöbus: O 365.
T 152; vom Peleussohn: T 2. Ueber eine andere Anrede, die dem
dramatischen Leben des Epos dient, vgl. im Commentar zu δ 156. Aus
allen diesen Beispielen erhellt, dass an die Stelle des gemüthlichen
Grundes, wie er bei Eumäos und Patroklos in Wahrheit besteht und
schon von den Scholiasten zu Π 787 hervorgehoben wird, zugleich
auch das Bedürfnis des Verses getreten ist. Eine Nachahmung
dieser Apostrophe gibt Voss in der Louise: 'Drauf antwortetest du,
ehrwürdiger Pfarrer von Grünau.' Und Goethe in Herm. und Dorothea,

Klio: 'Doch du lächeltest drauf, verständiger Pfarrer, und sagtest.'
Vgl. Nitzsch 'die Apostrophe in Ilias und Odyssee' im Philol. XVI
S. 151 ff. — 'Im Munde deutscher nachahmender Dichter, wie Voss
und Göthe, macht übrigens die gleiche Sache mehr den Eindruck einer
literarischen Curiosität, da sie von unserer Empfindung doch weit ab-
liegt.' Hess über die komischen Elemente in Homer. Bunzlau 1866
p. 20. Vgl. auch Schlegel krit. Schriften I p. 65. Ueber die Apostrophe
an eine Sache handelt Weidner zu Vergil p. 285.

64. Die hier genannten Gewährungen schliessen wahrscheinlich
den Begriff der Freilassung mit ein, wie φ 214 f. Vgl. Schömann
Griech. Alt. I S. 42 [und mehr bei Riedenauer Handwerk und Handwerker p. 31. 177, Anmerk. 185]. Uebrigens hat Bekker im Berliner
Monatsbericht usw. 1864 S. 445 (= Hom. Blätt. II p. 33] mit Recht
bemerkt, dass die Umstellung von 63 und 64 eine 'natürlichere' Aufeinanderfolge gäbe: denn 'κτῆσιν verlangt die Theile woraus sie besteht unmittelbar' nach sich, mit Vergleichung von Τ 333. η 225.
τ 526. Diese Umstellung, die schon von F. A. Wolf vorgeschlagen
wurde, habe ich vorgenommen, nachdem mir W. C. Kayser vorausge-
gangen ist. Mit demselben habe ich die Aristarchische Lesart ἐύμορφον
statt des gewöhnlichen πολυμνήστην aufgenommen, welche derselbe z.
St. bei Faesi trefflich gerechtfertigt hat. [Die älteste Odysseehandschrift
hat übrigens die vulgata: vgl. Gotschlich in Jahrbb. f. Phil. 1876 p. 25.]

68. [Diese Stelle und Τ 325 sind die beiden einzigen, wo von
griechischer Seite Helena angeklagt wird — und an beiden ist diese
Anklage der Ausfluss leidenschaftlicher Erregung: vgl. darüber und über
die Darstellung der Helena überhaupt Lehrs populäre Aufsätze p. 1 ff.
und Nitzsch Beiträge p. 311 ff.]

69. Ueber πρόχνυ vgl. Lobeck Elem. I p. 294. G. Curtius Etym.[2]
No. 137, No. 422 und S. 456. [⁴179 No. 137. No. 422 und p. 510.]
Hier ist πρόχνυ 'vorwärts aufs Knie hinstürzend' am Schlusse des Gedankens ein malerischer Zusatz des Affects, um den Begriff des ὀλέσθαι
durch sinnliche Veranschaulichung zu verstärken, wie Φ 460. Dem
πρόχνυ entspricht hier im Begriffe das ὑπὸ γούνατ' ἔλυσεν, wie das
πολλῶν ἀνδρῶν dem vorhergehenden Ἑλένης φῦλον entspricht. Vgl.
zu Ε 176. — Vers 70. Zu Ἀγαμέμνονος εἵνεκα τιμῆς vgl. man wegen
der Wortstellung ξ 117. Γ 100. Ζ 356. Ω 28. ξ 278. 328. 338
und andere Stellen. Agamemnon wird allgemeiner genannt Δ 415 ff.;
Menelaos allein Π 92; beide Atriden ε 307. Α 159.

77. Vgl. Hermann gottesd. Alt. 28, 18. H. Düntzer jedoch 'die
Homer. Beiwörter' S. 68 bemerkt zu unserer Stelle, es sei 'nicht daran
zu denken, dass das Mehl oder gar, wie Heyne meint, Mehlbrei auf
das Fleisch gestreut worden (wir würden dann wol lesen θέρμ' αὐτοῖς
ὀβελοῖς, ἐπὶ δ' ἄλφιτα λευκὰ πάλυνεν), sondern es wurde zum
Fleisch gegessen. Und ebenso verhält es sich Σ 560.' Aber das
Gerstenmehl wurde wol erst 'zum Fleische gegessen', nachdem es auf
das Fleisch gestreut worden war: sonst würde man wie mir scheint
dem Ausdrucke παλύνειν Gewalt anthun. Das von Düntzer erwartete

ὀβελοῖς, ἐπὶ δ᾽ ἄλφιτα ist bei der stehenden Sitte selbstverständlich, würde auch vielleicht hier gesetzt sein, wenn nicht Eumäos mit ὁ δέ noch einmal als liebreicher Gastgeber hätte hervorgehoben werden sollen. Nun bemerkt H. Düntzer vom Gerstenmehl: 'Eumäos streut es auf den Tisch aus.' Aber vom 'Tische' ist hier keine Andeutung gegeben. Auch bei den Schnittern des Saatfeldes unter der Eiche Σ 560 ist schwerlich an einen 'Tisch' zu denken, weil man dies aus keinem Wörtchen des Textes erschliessen kann. Es entsteht also hier bei παλύνειν in Bezug auf den Gegenstand, worauf man streut, die Frage, ob es natürlicher sei an das zu denken, wovon man im Texte keine Andeutung findet, oder an das was unmittelbar vorher genannt wird. Ich denke, bei dieser Alternative könne man nicht zweifelhaft sein. Uebrigens bemerkt zu unserer Stelle Oscar Brosin 'de cenis Homericis' (Berolini 1861) p. 62 not. 5 folgendes: 'Eumaeus hospitem tum conditione sibi parem putat itaque apparandae cenae participem facit. Qua ipsa de causa illo loco κρέα θερμὰ αὐτοῖς ὀβελοῖσιν apponi videntur, quom alibi semper antea detrahantur'.

82. Bei φρονέοντες mit ἐλεητύν braucht man an kein Zeugma zu denken. Denn bei Homer enthält φρονεῖν beide Begriffe ungetrennt beisammen: zu ι 189. [Aber eine dem Zeugma verwandte Erscheinung liegt doch vor, da ὄπιδα gewöhnlicher Objectsaccusativ, ἐλεητύν Accusativ des Inhalts ist.] Die beiden folgenden Verse 83 und 84 ist Friedländer anal. Homer. in Fleckeisens Jahrb. Suppl. III p. 471 geneigt als entbehrliche Gnome zu tilgen. Es ist aber zu allen Zeiten bei Leuten aus dem Volke stehende Sitte gewesen, dass sie gern in Gemeinplätzen sprechen, wo sie einen Gedanken beleuchten wollen. Zum Gedanken dieses Gemeinplatzes vgl. C. G. Siebelis disputationes quinque p. 52 sq. [Die von Friedländer vorgeschlagene Ausscheidung von 83 und 84 wird auch durch genaue Beobachtung des Sprachgebrauchs in der Anwendung von καὶ μέν empfohlen. Diese Partikelverbindung dient nämlich entweder dazu eine neue, aber im Zusammenhang mit dem Vorhergehenden stehende Angabe mit Nachdruck einzuführen, wie λ 582. τ 244. Λ 273. Ψ 174. Ω 732, oder sie hebt eine im Vorhergehenden schon enthaltene Angabe aufs Neue bekräftigend, theilweise im Gegensatz zum vorhergehenden Gedanken hervor, wie η 325. κ 13. ξ 88 vgl. 85. ι 499 vgl. 497. Λ 269 vgl. 261. Τ 45, oder sie leitet endlich einen nachdrücklichen Gegensatz theils zu dem vorhergehenden Gedanken ein, wie ι 632, theils zu dem folgenden Gedanken, wie Σ 362. υ 45. An unserer Stelle nun wird durch 83. 84 der Zusammenhang mit dem vorhergehenden Gedanken 82, der allein die Anwendung von καὶ μέν ermöglicht, völlig unterbrochen, wie der Vergleich von ι 632 deutlich zeigt. Wie dort καὶ μέν zunächst seine Beziehung hat in dem 630. 631 vorhergehenden entgegengesetzten negativen Gedanken, der dann 636 in affirmativem Ausdruck wieder aufgenommen wird, so tritt hier 85 zunächst in Gegensatz zu dem negativen Gedanken 82, der ebenfalls in veränderter Weise 89 wiederkehrt. Die Beziehung von 85—88 auf 82 ist so unabweisbar, dass 83. 84 unmöglich ursprünglich sein können.]

85 ff. Es ist eine kraftvolle Sprache der Natur, da Eumäos von
Entrüstung ergriffen ist, und dieser Sprache entspricht auch der Ryth-
mus. Ueber die Sache selbst vgl. Schömann gr. Alterth. I S. 45 und
zu γ 73. Zur Structur καί σφι 86 vgl. Bernhardy Synt. S. 304.

89. Bekker hat die Conjectur von Barnes οἶδε δὲ καί τι ἴσασι
stillschweigend aufgenommen: ich habe die vulgata οἶδε δέ τι ἴσασι
beibehalten. Dass die erste Silbe von dem digammierten ἴσασι auch in
der Thesis verlängert erscheine, beweisen ϑ 559. 560. λ 122. 124.
ω 188, und dass τί in der Arsis gedehnt werden könne, zeigen mehrere
der zu γ 230 erwähnten Beispiele. Die urkundliche Sachlage dieser
Stelle behandelt W. C. Kayser im Philol. XVII S. 716 f., indem er
schliesslich die ansprechende Lesart οἱ δ᾽ ἤδη τι ἴσασι aufstellt und
also erläutert: ʻEumäos erklärt sich den beispiellosen Frevelmuth der
Freier durch die Annahme: ʺdass ihnen schon eine Kunde vom Untergange des Odysseus zugekommen sei, ehe die Angehörigen des verun-
glückten und er, sein treuer anhänglicher Diener, eine Mittheilung
empfangen hätten ". [Derselbe hat jetzt bei Faesi die Ueberlieferung
οἶδε δέ τι ἴσασι beibehalten und gerechtfertigt.] Indes wird man οἶδε
nicht gern entbehren, weil die frevelhaften Freier dem Eumäos in lebhafter Schilderung leibhaftig vor Augen stehen. In Bezug auf den Zusammenhang beachte man, dass Eumäos den für ihn schmerzlichsten Gedanken, den Untergang seines Herrn, zum Hauptsatze erhoben hat,
während die kalte Logik der Prosa etwa verlangte: ʻdiese dagegen
kennen keine Furcht vor der Götterstrafe, sondern üben ohne Aufhören,
weil sie irgend eine Kunde vom Tode des Odysseus erhalten haben, im
Palaste desselben ihre ungerechten Thaten'. H. Düntzer bemerkt zur
Lesart: ʻVielleicht ist τοι statt τι vor dem digammierten ἴσασι zu lesen.'
Das haben auch Andere schon vorgeschlagen. [τοι haben Venet. Marc.
613 und Venet. Marc. 647, was La Roche homer. Untersuch. p. 234 f.
empfohlen und in seiner Ausgabe aufgenommen hat, während Nauck
liest: οἶδε δέ τοι τι ἴσασι.]

90. [Ueber das motivirende ὅ τε vgl. die Zusammenstellung und
treffende Auseinandersetzung von E. Pfudel Beiträge zur Syntax der
Causalsätze bei Homer. Liegnitz 1871, p. 36 ff.].

92. δαρδάπτω in eigentlichem Sinne Δ 479. Ueber dies Verbum
vgl. Lobeck Parall. p. 15 und Elem. I p. 182. Döderlein Hom. Gloss.
§ 2470. H. Düntzer erklärt jetzt: ʻδαρδάπτειν, vernichten, hängt
mit δείρειν, Stamm δαρ, zusammen, reduplicirt wie ἀταρτηρός (β 243),
also δαρ-δ-άπ-τειν. Von δάπτειν müste die Reduplication δανδάπτειν
lauten.' [Dagegen erklärt Fritzsche in Curtius Stud. VI p. 296 f. δαρδάπτω aus δαρ-δαρπ-τ-ω von δρέπω, wie Curtius in d. Stud. II p. 174,
Fick vergl. Wörterb.[2] p. 1029.] — Der folgende Vers würde ins Christliche übersetzt also lauten: ʻso viel Tage Gott werden lässt'. Vgl.
auch μ 399.

94. Die Form ἱρεύουσ᾽, welche Bekker als Conjectur aufführt, bietet
Eustathius. — δύ᾽ οἴω, wie Ω 473, ist eine genauere Bezeichnung,
als δύ᾽ οἴους γ 424. μ 154.

98. οὐδέ, das nach Bekkers Angabe statt οὔτε Conjectur sein soll, findet sich in Vind. 133, Harlei., Vind. 56.

101. Die Genetive συῶν bei συβόσια und αἰγῶν neben αἰπόλια sind Inhalts-Genetive desselben Stammes. Ueber solche Zusammenstellung gleichstämmiger Wörter und über die Wiederholung gleich oder ähnlich klingender Wörter bei Homer vgl. Bekker Hom. Blätter S. 185 ff. J. La Roche Hom. Stud. § 20 S. 26.* Das Epitheton πλατέα haben schon die Schol. zu B 474 durch ὅτι διεσκεδασμένα νέμονται erklärt. Ueber die gedehnte Pänultima in συβόσια vgl. zu ν 142. Für eine Metathesis der Quantität aus συβώσια (von συβώτης) entstanden erklärt es Döderlein originatio vocabuli *papilio* similiumque (Erlangen 1862) p. 7. Die vor F. A. Wolf gewöhnliche und von W. Dindorf wieder in den Text gesetzte Form συβόσεια hat keine urkundlichen Stützen: das einfache ι ist durch Apollonius, Hesychius und das Citat bei Strabo unantastbar gesichert. Nur der Itacismus hat öfters das lange ι durch einen Diphthong bezeichnet, wo die alte Lehre den einfachen Vocal schützt. Ueber die 102 erwähnten ξεῖνοι vgl. Nägelsbach Hom. Theol. V 51.

102. [Ueber die Theten vgl. Riedenauer **Handwerk und Handwerker** p. 25 f.]

103. ἐνθάδε δ' ist die andere Lesart des Aristarch, nach J. La Roche Didymus S. 8. Bekker hat ἐνθάδε τ' im Texte, aber in der annotatio ist ἐνθάδε δ' gedruckt. H. Düntzer ist zu der Lesart ἔνθα δέ τ' zurückgekehrt mit der Note: 'ἔνθα dort, hinweisend, wird näher bestimmt durch ἐσχατιῇ, am äussersten Punkt nach dieser Richtung.'

105. Ueber ἀγινέω zu κ 104. ϱ 294. υ 213. χ 198. Σ 493. Ω 784. Vgl. Lobeck Rhem. p. 250.

110. Ueber ἀκέων Lobeck Elem. I p. 415 vgl. mit Apollon. de adv. p. 553, 15; auch Lobeck zu Buttmann Sprachl. II S. 119 und andererseits G. Curtius Etym.[2] S. 458 und 609. [[4] 513 und 668.]

112. [Ueber den Locativ bei πίνειν vgl. B. Delbrück Ablativ Localis Instrumentalis p. 33.]

113. ὁ δ' ἐδέξατο κτέ. = Θ 483. Die Form ἐδέξατο erscheint stets in der bukolischen Cäsur, mit Ausnahme des stabilen Versschlusses ο 130. Der Versschluss χαῖρε δὲ θυμῷ findet sich ausser dieser Stelle und Θ 483 auch noch ω 545. Ξ 156. Φ 423. Χ 224. Die Beifügung des θυμῷ zu χαίρω, das ursprünglich 'leuchten, glänzen' bedeutet, behandelt Albert Fulda Untersuchungen S. 22, 194 ff. In Bezug auf den Subjectswechsel gibt H. Düntzer folgende Erklärung: 'καί οἱ auch Ihm, dem Eumäos, der weder mit gegessen noch getrunken hatte, da er am Morgen mit den andern Hirten gefrühstückt hat und mit diesen bis zum Abend wartet.' Aber vom 'Frühstück' und vom 'Warten bis zum Abend' finde ich beim Dichter keine Andeutung, und für die Beziehung eines 'Ihm' auf Eumäos müsten wir wol καὶ τῷ im Texte haben. Weiter heisst es: 'ὁ δέ, Eumäos, χαῖρε δέ, statt des Particips. Er freute sich, dass der Gast sich so anständig zeigte, nicht allein trinken zu wollen.' Hier fürchte ich, dass sich ein modernes Anstandsgefühl mit eingemischt habe, für das uns im Dichter die Parallelstellen

fehlen. Ausserdem wird die Beziehung des ὁ δέ auf Eumäos durch den folgenden Vers gehindert, der dasselbe Subject verlangt. Auch die von H. Düntzer für den vermeintlichen Subjectswechsel angeführten zwei Stellen λ 209 und Α 201 bestätigen dies. Denn λ 209 haben wir in ἐμοί und προσηύδων die übereinstimmende Personalbeziehung, und Α 201 geht eine blosse Nebenbestimmung vorher in parataktischem Ausdruck; hier dagegen ist mit ὁ δ' ἐδέξατο ein nachdrücklicher Hauptsatz gegeben, der für das folgende καί den Subjectswechsel ausschliesst.

118. αἴ κέ ποθι γνώω τοιοῦτον ἐόντα ob ich nicht vielleicht ihn erkenne, d. i. mich seiner erinnere, da er ein solcher ist. Der vermeintliche Bettler will sagen: ein so reicher und mächtiger Herr, wie der deinige nach deiner Schilderung ist, macht sich leicht bemerklich, und es könnte wol sein, dass ich ihn auf meinen weiten Irrfahrten gesehen hätte. Wüste ich nur seinen Namen, so würde ich mich wohl seiner erinnern. Die Ergänzung des Pronomens ergibt sich von selbst, da der Vers sich unmittelbar an φῇς δ' αὐτόν anreiht. In den andern Stellen, wo kein solches αὐτόν vorhergeht, steht bei dieser Structur das bestimmte Pronomen ausdrücklich dabei: so beim Simplex ο 532. ρ 549. 556. ω 159; bei ἀναγιγνώσκω δ 250. λ 144; auch bei ἐπιγιγνώσκω σ 31. [Irrthümlich sind ω 159 und σ 31 aufgeführt, wo sich kein Pronomen findet. Ueberdies ist die causale Auffassung von τοιοῦτον ἐόντα da er ein solcher ist (d. i. ein so reicher und mächtiger Herr), den übrigen von Ameis angegebenen analogen Stellen gegenüber, welche die prädicative Beziehung der Worte auf das Object von γιγνώσκειν verlangen, zweifelhaft. Ferner ist die Beziehung von τοιοῦτον auf 116 durch den dazwischen tretenden Vers 117 erschwert und es liegt doch näher eben in diesem die nöthige Beziehung zu suchen. Nun besteht aber in der That zwischen 118 und 117 ein engerer Zusammenhang, der nur durch die gewöhnliche starke Interpunction nach τιμῆς verdeckt ist. Die Parallelen γ 212—214. λ 141—144. ν 325—328 zeigen, dass die dem asyndetischen εἰπέ vorangestellten Sätze überall eine der Frage zu Grunde liegende und dieselbe vorbereitende Thatsache enthalten: von diesen unterscheidet sich unsere Stelle nur dadurch, dass der Inhalt der Frage hier bereits vorangegangen ist und nach dem die Frage motivirenden Satze die Aufforderung zur Beantwortung derselben wiederholt wird, während an jenen Stellen der Inhalt der Frage erst dem motivirenden Satz folgt. Hier steht nun die Thatsache, die die erneute Anfforderung den Namen zu nennen motivirt, in engster Beziehung zu der damit verbundenen, in den Worten αἴ κε — γνώω eröffneten Aussicht. Die etwas sprunghafte Gedankenfolge dürfte auf folgenden logischen Zusammenhang zurückzuführen sein: Du sagtest doch, dass er (beim Kampf für Agamemnons Sühne) auf der Fahrt nach Troja umgekommen sei; möglich, dass ich, der ich selbst weit herumgekommen bin (ἐπὶ πολλὰ δ' ἀλήθην 120), ihn einmal gesehen (ἰδών 120) habe und wenn du mir seinen Namen nennst, mich darauf besinne und ihn als solchen der er ist, d. h. auf den der Name, wie die Trojafahrt (oder allgemein deine Angaben) passen, erkenne.]

119. Die Verbindung Ζεύς mit dem zweiten Hemistichion καὶ ἀϑάνατοι ϑεοὶ ἄλλοι hat einen besonders feierlichen Charakter, insofern
dadurch sämmtliche Götter bezeichnet werden, welche gemein-
schaftlich die Welt regieren: so γ 346. ξ 53. σ 112. Γ 308.
Σ 116. X 366, und ohne ἀϑάνατοι ι 479. ψ 352. Ξ 120. Τ 194.
Ausserdem noch Variationen desselben **Gedankens**. Vgl. Autenrieth in
Nägelsbach Hom. Theol. III 5ᵇ.

120. [Zur Auffassung von εἴ κε vgl. L. Lange der homerische Gebrauch der Partikel εἰ II p. 506. Uebrigens vermuthet Nauck ἀγγείλωμι
statt ἀγγείλαιμι, und V. 122 ἐλϑεῖν statt ἐλϑών.]

132. Διοκλῆς ἀϑετεῖ. Andere (auch ich früher) haben beigestimmt.
Aber mit Recht bemerkt H. **Kratz** im Stuttgarter 'Correspondenzblatt'
1863 S. 20 folgendes: 'der hart angefochtene Vers ist die nothwendige
Voraussetzung oder das Motiv für das ἔπος παρατεκτήνασϑαι 131.
Erstens ist dieser directe Verdachtsgrund ebensowenig zu stark, als der
in 131 bereits ebenso direct ausgesprochene Verdacht; sodann braucht
es hier statt des τίς gar keiner bestimmten **Person, weil** τίς für diese
ganz ebenso gut eintreten kann als unser **deutsches man**, und endlich
klingt der Gedanke im Vergleich zu κομιδῆς κεχρημένοι 124 höchst
natürlich, weil zur κομιδή Pflege auch die Kleider gehören,' und
einer neuen Bekleidung ist Odysseus bei seinem jetzigen Anzuge (vgl.
ν 434 bis 437) höchst bedürftig. Und selbst wenn κομιδή sich nur
auf die Nahrung bezöge, so kann und darf Eumäos zur Abwechslung
sagen, der Fremdling dürfte wol so gut als um den Preis einer Mahlzeit auch um den Preis eines Kleidungsstücks eine angenehme Nachricht
erdichten. [In der Auffassung der nachgestellten Sätze mit εἰ und
dem Optativ, welche wir geneigt sind als indirecte Fragsätze zu fassen,
folge ich jetzt der überzeugenden Auseinandersetzung von L. Lange
a. O. 1 p. 384 ff., der darin mit Recht Wunschsätze erkennt. Nur an
zwei Stellen, hier und β 351 (abgesehen von der Erzählung), finden
sich solche nicht aus eigener Seele, sondern aus fremder Seele ausgesprochen. 'Der Optativ, welcher Ausdruck für die ψυχικὴ διάϑεσις
des Sprechenden ist, wird so scheinbar zum Ausdruck für die ψυχικὴ
διάϑεσις dessen, mit dem gesprochen wird, der Person des Hauptsatzes;
es beruht dies aber nur darauf, dass der Sprechende die ψυχικὴ διάϑεσις dessen, mit dem er spricht, naiv zu der seinigen macht.' Besonders entscheidend für diese Auffassung ist meiner Ansicht nach auch,
dass nur so Γ 453, an dessen Interpretation man sich vergeblich ab-
gemüht hat, eine befriedigende Erklärung findet.]

134. [Nach den neueren Untersuchungen sind die Stämme der
Wörter ἐρύειν ziehen und ἐρύομαι retten völlig zu scheiden, wie
das bereits in Autenrieths Wörterbuch geschehen ist. Jenes wird mit
lat. *verrere* zusammengestellt, dieses theils mit lat. *serv-are*, theils
mit W. *var*: vgl. G. Curtius in den Stud. VI p. 265 ff. L. Meyer in
Kuhn's Zeitschr. XIV p. 89.]

142. [Ameis fasste diesen Vers als Parenthese, worin der Gedanke
abgewiesen würde, als wenn Eumaios wirklich in die Heimat reisen

wolle, allein dadurch wird der ganze Zusammenhang der Periode völlig
zerrissen. Unverkennbar nach den Gedanken ist, dass 144 ἀλλά etc.
seine Beziehung hat auf den negativen Gedanken 142, und nicht auf
138—140, wie τόσσον 142 andererseits auf 144 weist, wo dasselbe
statt durch das correlative ὅσσον durch das lebhafte adversative ἀλλά
aufgenommen wird, wie Φ 275. 276. φ 250. 253. χ 50. 51. Der
zwischen diese beiden eng zusammen gehörenden Glieder tretende Vers
143 sollte ferner nach Ameis für ἵκωμαι 140 die Absicht enthalten —
eine Beziehung, die durch die dazwischentretenden Verse 141. 142 sehr
erschwert und wegen des Zusatzes ἐὼν ἐν πατρίδι γαίῃ nach ἵκωμαι
οἶκον wenig wahrscheinlich ist. Veranlassung zu der Annahme einer
so seltsamen Verschränkung der Gedanken, welche Kayser theilt, gab
wohl die Aufnahme der handschriftlich allerdings besser beglaubigten,
auch in der ältesten Odysseehandschr. der Laurentiana (Gotschlich in
Jahrbb. f. Phil. 1876 p. 25) gefundenen Lesart ἀχνύμενός περ statt
ἱέμενός περ; danach schien es unmöglich den Infinitiv ἰδέσθαι mit
Zubehör von 142 abhängen zu lassen und um ihn an 140 zu knüpfen,
musste 142 vermittelst der Annahme einer Parenthese aus dem Zusammenhange entfernt werden. Allein könnte diese Lesart noch Zweifel
über die Stellung von 142 lassen, so werden diese beseitigt durch
den Vergleich parallel gebauter Perioden. Das Schema, welches Z 57
— 59. l 388—391. X 348—352 zeigen, enthält einen negativen
Gedanken, der dann mit οὐδ' (μηδ') εἰ gesteigert und danach mit οὐδ'
ὡς aufgenommen wird. Diesem Schema entspricht vollständig die
Gedankenentwicklung von 138—142, nur mit der Abweichung, dass der
im Anfang stehende Hauptgedanke 142 in etwas veränderter Weise aufgenommen wird, wozu der Inhalt des vorhergehenden Nebensatzes 140.
141 Anlass gab. Auch hier, wie in den angeführten Stellen, ist die
Art der Gedankenentwicklung der Ausdruck der lebhaften Erregung des
Redenden, wie sie natürlich ist in dem Augenblick, wo er voll schmerz-
licher Wehmuth sich anschickt nach langer Zeit zum ersten Mal wieder
den Namen seines betrauerten Herrn auszusprechen (144); daher auch
das lebhafte ἀλλά statt der correlativen Beziehung auf τόσσον 142.
Was aber die Lesart betrifft, so dürfte auch bei ἀχνύμενός περ möglich sein den Infinitiv ἰδέσθαι von 142 abhängen zu lassen nach Stellen
wie B 290 ὀδύρονται οἰκόνδε νέεσθαι; da indessen wegen des schon
vorangehenden Objects τῶν zu ὀδύρομαι diese Verbindung erschwert
ist, so habe ich mit J. La Roche die wenn gleich minder gut beglaubigte, aber leichtere Lesart ἱέμενός περ vorgezogen, wie jetzt auch
Nauck, doch mit dem Zusatze: ἀχνύμενός περ meliores libri fortasse
recte. Derselbe bemerkt zu 143: spurius?]

145. οὐ παρεόντ' ὀνομάζειν αἰδέομαι. Dieser Gedanke bezieht
sich wol nicht, wie manche wollen, darauf dass Ὀδυσσεύς das Gegentheil von Liebe bedeutet nach τ 407 ff. mit den Anspielungen α 62.
ε 340. 423. τ 75, sondern Eumäos gibt hier einfach ein rührendes
Beispiel seiner Scheu, den Namen des Odysseus auch nur auszusprechen, ohne einen Ausdruck der Liebe und Verehrung hinzuzu-

fügen. Bedeutsam für die Erklärung von ὀνομάζειν ist der Umstand, dass Eumäos in der That den Namen des Odysseus bisher nicht über die Lippen gebracht hat, sondern stets nur von κεῖνος, ὁ μέν und dergleichen redet. Erst 144 nennt er den Namen, um die Frage des Bettlers 115 bis 118 zu befriedigen. — Vers 146. μὲ φίλει aus guten Quellen statt des gewöhnlichen μ' ἐφίλει, das bei Bekker wol nur durch ein Versehen stehen geblieben ist.

147. ἠθεῖος in der Odyssee nur hier, ausserdem fünfmal in der Ilias und zwar stets als directe Anrede: ἠθεῖ' Ζ 518. Χ 229. 239 im Versanfang; in der Mitte aber ἠθεῖε Κ 37 und ἠθείη κεφαλή Ψ 94. Ueber Ableitung und Accent vgl. Lobeck Elem. I p. 67. Döderlein Hom. Gloss. § 990. G. Curtius Etym.[2] S. 226 No. 305. [[4] 251 No. 305 und G. Curtius Stud. VI p. 426.] Zu ἀναίνομαι 149 vgl. Lobeck Rhem. p. 124. [Fritzsche in G. Curtius Stud. VI p. 289.]

154. Der Vers fehlt bei den besten alten Gewährsmännern, und ist nach π 79. ρ 550. φ 339 hier mit Unrecht eingefügt worden. Denn der Gedanke gibt für εὐαγγέλιον eine kleinliche Beschränkung, die auch mit der folgenden Allgemeinheit καὶ μάλα περ κεχρημένος οὔ τι nicht harmoniert; sodann wird der mit einem Nomen oder Adjectivum verbundene Infinitiv (hier ἔσσαι) nirgends bei Homer durch einen derartigen Zwischensatz, wie er hier durch αὐτίκ' ἐπεί bis ἵκηται gegeben ist, von jenem Worte getrennt.

156 f. [Nauck zweifelt an der Ursprünglichkeit von 156. 157.]

158. Der schwörende will nemlich hier die Wahrheit und Gewisheit seiner Worte durch vergleichende Berufung auf eine andere ganz gewisse Sache bestätigen, in dem Sinne: 'so wahr mich Zeus strafe wenn ich lüge, und so gewis ich jetzt am Herde des Odysseus eine gastliche Aufnahme finde, ebenso wahr und gewis ist meine Aussage über Odysseus'. Gleichbedeutend, nur formell verschieden sind υ 339. Λ 234 ff. Γ 276 ff. Η 411. Ueber das stabile ἴστω νῦν zu ε 184.

159. ἱστίη ist bei Homer noch nicht mit dem Begriffe des 'Heiligen' als Göttin gedacht, weil dann auch der 'gastliche Tisch' zu personificieren wäre, sondern beide Begriffe sind hier nur sinnlich belebt. Anders verhält es sich mit dem heiligen Altar des Ζεὺς ἑρκεῖος: χ 334 ff. Der Begriff des Wortes ἱστίη, das nur in dieser Schwurformel vorkommt, ist mit dem dafür sonst gebräuchlichen ἐσχάρη wesentlich gleichbedeutend und blos in der äussern Form verschieden, wie Devarius im Index zu Eustathius unter ἑστία nach den Alten bemerkt: 'ὅτι ἐσχάραι μὲν λέγονται αἱ πρὸς βιωτικὴν χρῆσιν γινόμεναι ἐπὶ γῆς, αἱ δὲ πολυτελεῖς ἑστίαι λέγονται'. Uebrigens erhellt aus der Note (vgl. auch den Anhang zu η 153), warum ich in der Erklärung zum vorigen Verse den Ausdruck vermieden habe, den Nägelsbach Hom. Theol. V 24 c. S. 235 gebraucht hat: 'so heilig mir Odysseus' gastlicher Tisch und Herd ist'. Die Beistimmung von Autenrieth S. 298 bedarf erst der Begründung; denn 'Symbol der Gastfreundschaft' und 'Heiligkeit' sind noch keine identischen Begriffe. [Vgl. übrigens den Anhang zu η 153;

Aristonikos aber bemerkt (Carnuth p. 127): [ἀθετεῖται] μετενήνεκται
[γὰρ] ἀπὸ τῶν ἑξῆς ἐπὶ τῶν πρὸς τὴν Πηνελόπην λόγων (τ 304)
οὔπω γὰρ ἀφῖκται εἰς τὴν Ὀδυσσίως οἰκίαν. Q.].

161. [Ueber λυκάβας vgl. G. Curtius Etym.[4] p. 160 No. 88.
Welcker griech. Götterl. I p. 476 Anmerk. 3. Eine abweichende Erklärung bei II. D. Müller Mythol. d. griech. Stämme II p. 107.]

162 = τ 307. Vgl. Hermann gottesd. Alterth. 45, 11. Alle drei
Verse [162—164] haben schon bei den Alten die Athetese gefunden
als ungehöriges Einschiebsel: vgl. wegen 163 auch o 177. Denn Odysseus
würde durch dieses vorzeitige Detailieren der Sache weit eher sich
selbst verrathen, als die Ungläubigkeit des Eumäos entfernen. Sodann
pflegt bei Homer nach dem Schwure nur die einfache Aussage zu folgen,
nirgends eine weitere Ausführung derselben, weil dies den Schwur in
Vergessenheit brächte oder wenigstens abschwächte; ferner ist hier das
οἴκαδε νοστήσει nach ἐλεύσεται ἐνθάδε eine nackte und unhomerische
Wiederholung; endlich wird vom ungläubigen Eumäos in dessen Antwort
auf den Inhalt dieser Verse keine Rücksicht genommen.

171—173 [werden von Nauck als verdächtig bezeichnet. Ueber
die folgende Partie 174—184, welche Hennings verwarf, vgl. Kammer
die Einheit p. 205 f.]

178. τόν habe ich mit Aristarch nach Schol. H. Vind. 133 [Vind.
56. Venet. Marc. 456 und 613] geschrieben statt des gewöhnlichen
τοῦ. [Vgl. Aristonic. ed. Carnuth p. 127; die älteste Odysseehandschr.
bei Gotschlich in Jahrbb. f. Phil. 1876 p. 26 hat τοῦ.] Dieselbe Construction haben wir Ψ 782: ἥ μ᾽ ἔβλαψε θεὰ πόδας. Aehnlich dem
Gedanken nach ist dieselbe Construction bei ἑλεῖν τ 471. Π 805.

183. [Ueber die Lesart vgl. La Roche hom. Untersuch. p. 236.
— Die älteste Odysseehandschr. bei Gotschlich in Jahrbb. f. Phil. 1876
p. 26 hat ἀλώη — φύγοι — ὑπέρσχοι.]

192 = α 179. 214. δ 383. 399. o 266. 352. π 113. K 413.
427, auch γ 254. π 61. 226. ρ 108. χ 420. ω 303, dies alles mit
kleinen Differenzen, indem mehrmals das Object ‚es‘ als selbstverständlich dem Hörer überlassen wird. Der folgende Vers folgt jedesmal mit
Asyndeton. Ueber τοιγάρ vgl. Bäumlein über griech. Part. S. 253 f.
Das ἀτρεκέως steht regelmässig nur mit καταλέγειν und ἀγορεύειν in
Verbindung: vgl. zu ρ 154. Zum Sinne dieses Adverbs vgl. Schillers
Tell III 3: ‚So will ich euch die Wahrheit gründlich sagen.‘ Vgl.
auch zu α 169. Nebenbei beachte man hier die Stärke des Ausdrucks
μάλ᾽ ἀτρεκέως ἀγορεύσω — und doch eine Erdichtung!

193. Die Optative stehen hier in parataktischem Satze [und zwar
wünschend], wo syntaktisch in einem abhängigen Satze gesprochen εἰ
mit dem Optativ stehen würde. Vgl. Bäumlein über die Modi S. 254.

197. διαπρῆξαι wie διανύσαι ρ 517 mit dem Particip zu Krüger
Di. 56, 5. [Ueber den Umfang dieser adverbialen Verbindung des Particips mit dem Hauptverbum vgl. Classen Beobachtungen p. 86 ff. mit den
Zusätzen im Philol. XXVII p. 530.] Wegen ἐμά bei κήδεα θυμοῦ vgl.
Bernhardy Synt. S. 427. Aehnlich im Gedanken sind γ 113. δ 595.

η 213. ι 14. Sollte der Optativ διαπρήξαιμι den 'Willen' oder die 'Geneigtheit' bezeichnen, wie hier manche behaupten, so müste wenigstens κέν fehlen.

199. Den Wechsel des Numerus bei Städtenamen erwähnt schon Herodian zu B 498: σύνηθες γὰρ αὐτῷ [sc. τῷ ποιητῇ] πολλάκις τὰ πληθυντικῶς λεγόμενα καὶ ἑνικῶς προφέρεσθαι, „καὶ εὐρύαγυιαν Ἀθήνην" (η 80), „πολυχρύσοιο Μυκήνης" (Η 180). καὶ ἐκ τοῦ ἐναντίου τὰ ἑνικὰ πληθυντικῶς· „ἐκ μὲν Κρητάων γένος εὔχομαι" (ξ 199). Die homerischen Beispiele dieses Wechsels sind: Ἀθήνη (η 80) und Ἀθῆναι (Β 546. 549. γ 278. 307. λ 323); Θήβη (Δ 378. 406. Ξ 323. Τ 99. λ 263. 265. 275) und Θῆβαι (Ε 804. Ζ 223. Κ 286. Ξ 114. ο 247); auch vom Kilikischen Theben der Singularis (Α 366. Β 691. Ζ 397. 416) und der Pluralis (Χ 479), vom Aegyptischen nur der Pluralis (Ι 381. δ 126); ferner Κρήτη (Β 649. Ν 450. 453. γ 291. λ 323. ν 256. 260. ξ 252. 300. ρ 523. τ 172. 338) und Κρῆται (ξ 199. π 62); Μάλεια (ι 80) und Μάλειαι (γ 287. δ 514. τ 187); Μυκήνη (Δ 52. Η 180. Δ 46. γ 304. φ 108) und Μυκῆναι (Β 569. Δ 376); Φεαί (ο 297) und Φειά (Η 135); Φηρή (Ε 543) und Φηραί (Ι 151. 293. γ 488. ο 186). Ueber denselben Wechsel bei den Spätern vgl. Bernhardy Syntax S. 64 Anm. 8. Der Plural solcher Namen erklärt sich wol aus der ältesten Städtegründung, bei welcher die anfangs zerstreuten einzelnen Wohnungen zu einem Ganzen vereinigt und mit einer gemeinsamen Mauer umgeben wurden, so dass also jede Stadt in der Regel aus mehreren Theilen besteht. Vgl. der Aehnlichkeit wegen Aristot. Polit. I 1. — Das Verbum εἶναι (ἔμμεναι) wird bei εὔχομαι neben γένος ausdrücklich dabei stehend gefunden ρ 373. φ 335. ω 269. Ξ 113. Φ 186. Sonst findet sich dies γένος neben dem blossen εἰμί (ohne εὔχομαι) noch ebenso gebraucht: ο 267. Ε 544. 896. Φ 186. Ψ 347. Vgl. auch zu Ξ 126.

Hierzu eine allgemeine Bemerkung über die ganze Erzählung. Der Sänger der Odyssee lässt viermal den Odysseus seine erdichteten Lebensschicksale genauer erzählen, zuerst der Athene ν 256 bis 286; darauf hier dem Eumäos; dann dem Antinoos ρ 419 bis 444; endlich der Penelope τ 172 bis 248. Dass diese Erzählungen nicht ganz mit einander übereinstimmen, dafür lassen sich haltbare Gründe denken: erstens hat der Sänger die verschiedenen Züge in den Sagen über Odysseus, welche von einander abwichen, an verschiedenen Stellen anbringen wollen [diese Annahme ist doch schwer damit vereinbar, dass wir es hier mit erdichteten Erzählungen zu thun haben!], was auch anderwärts in diesen Dichtungen geschieht, da die epische Poesie an Zeit und Raum nicht gebunden ist; zweitens dient Abwechselung in der Erzählung zur heitern Unterhaltung der Zuhörer; drittens wurden diese Lieder gewöhnlich nur einzeln zu verschiedenen Zeiten vorgetragen; viertens hat Odysseus immer andern Personen erzählt, für deren Situationen die Hervorhebung dieses oder jenes Zuges aus der Sage dem Sänger geeignet erschien. Die Frage aber nach der Möglichkeit, dass die Personen die gehörten Erzählungen einander privatim mittheilen und

so die Abweichungen bemerken konnten, diese Frage ist nur ein Erzeugnis prosaischer Reflexion, die nicht ins poetische Gebiet dieser
märchenhaften Lieder gehört. Die Wahrheit des eben Gesagten haben
selbst diejenigen angedeutet, die sonst ganz auf dem Standpunkte F. A.
Wolfs stehen. Vgl. G. Hermann Opusc. II p. 80. [Vgl. dagegen Bergk
griech. Literaturgesch. I p. 701, 118, welcher die Wiederholungen auf
Rechnung der Nachdichter setzt, auch Kammer p. 630.] Uebrigens ist
zu beachten, wie diese erdichtete Erzählung (191 bis 359) von den
Raubfahrten eines kretischen Edelmanns mit Thucyd. I 4 und 5 übereinstimmt.

202. Dieser Zug nebst 210. 211 ist hier beigefügt, damit Odysseus
dem Eumäos um so näher stehe (vgl. 64) und in Folge der offenen
Mittheilung seiner Herkunft für das übrige desto mehr Glauben finde.
Uebrigens meint Döderlein Oeffentl. Red. S. 358: 'Corrige γνήσιοι, ἐξ
ἀλόχου scil. γεννητοί.' Aber ἐξ ἀλόχου ist einfach ein significanterer
Vertreter des blossen Genetivs; der Begriff ἐξ ἀλόχου aber ist beigefügt,
um den Gegensatz zur μήτηρ παλλακίς ausdrücklich hervorzuheben. —
Vers 203. Ueber ἰθαιγενής vgl. Lobeck Elem. I. p. 369, wo zur Form
mit Eustathius Πυλαιμένης, Κλυταιμνήστρα, μεσαιπόλιος, γυναιμανής
verglichen werden: noch näher liegt das ganz analoge Ἰθαιμένης Π 586.
[Andere hiehergehörige Composita bei Lehmann zur Lehre vom Locativ
bei Homer p. 4 ff.] Ueber ἴσον handelt J. La Roche Hom. Stud. § 33,
13. — In 201 υἷες ἐνί, statt des gewöhnlichen υἱέες ἐν, mit Bekker
aus Eustathius, Vind. 133, Augustan. [und andern bei La Roche].

205. θεὸς ὡς τίετο δήμῳ im Relativsatze nur hier und Λ 58,
sonst selbständig mit θεὸς δ' ὡς Ε 78. Κ 33. Ν 218. Π 605.
Ueber das nachgestellte ὡς zu δ 413 und über den Sinn der ganzen
Wendung zu ο 520.

209. Vgl. Hermann Privatalterth. 63, 7. H. Düntzer hat statt ἐπί
hier aus Conjectur ἐνί aufgenommen mit der Bemerkung: 'ἐνί ist unzweifelhaft statt des überlieferten, aber einen falschen Begriff gebenden ἐπί zu lesen nach Ψ 352: ἐν δὲ κλήρους ἐβάλοντο. Wie sonst
das Schwingen (πάλλειν, παλάσσειν), so steht hier das Hineinwerfen
der Loose zur Bezeichnung des Loosens: vgl. zu ι 331. Sie loosen, nachdem sie das Erbe in ziemlich gleiche Loose getheilt (ἐδάσαντο), vgl.
ι 42.' Aber warum hier ἐπί 'einen falschen Begriff' geben solle,
ist nicht gesagt. Ich meine, dieses ἐπί sei absichtlich gewählt, um nur
anzudeuten, dass zu der in möglichst gleiche Theile geschehenen
Theilung auch noch das Loosen hinzugekommen sei, um jede etwa
mögliche Unzufriedenheit im voraus zu entfernen [einfacher und natürlicher scheint die jetzt gegebene Erklärung]; ein ἐν (ἐνί) dagegen scheint
mir bloss da am Platze zu sein, wo der weitere Verlauf des Loosens
ausdrücklich hinzugefügt wird, wie es Ψ 353 mit πάλλ' Ἀχιλεύς,
ἐκ δὲ κλῆρος θόρε Νεστορίδαο Ἀντιλόχου geschieht. Mit dieser Ansicht harmonieren auch die angeführten Stellen ι 42. 331.

211. [Ueber den Gegensatz von πολύκληροι ἄνθρωποι und ἄκληροι
ἄνδρες, οἷς μὴ βίοτος πολύς λ 490 vgl. Riedenauer Handwerk p. 22.]

212. [Brugman ein Problem der homerischen Textkritik p. 52 Anm. 2 vermuthet als ursprüngliche Lesart εἵνεκα ϝῆς ἀρετῆς statt εἵνεκ᾽ ἐμῆς ἀρετῆς; vgl. zu ν 320.]

213. φυγοπτόλεμος mit vorhergehender Negation ist Litotes, weil ein verstärktes μενεπτόλεμος, d. i. sehr tapfer. Wir haben dieselbe Sprechweise in Volksausdrücken des gewöhnlichen Lebens wie: das ist ᾽nicht bitter᾽ statt köstlich; das ist ᾽nichts geringes᾽ statt etwas recht grosses. Vgl. auch Bekker Hom. Blätter S. 288 f. Autenrieth zu Nägelsbach A 220. Die Vorliebe der römischen Dichter für die Litotes berührt A. Weidner zu Verg. Aen. I 136.

214. Die sprüchwörtliche Redensart καλάμην γέ σ᾽ ὀίομαι εἰσορόωντα γιγνώσκειν gibt hier den Sinn: ich denke, dass du an dem vor dir stehenden von Noth gebeugten Greise noch erkennst, er sei einst ein tüchtiger und tapferer Mann gewesen. Zur Sprachform des Verses vgl. auch P 687. Das Participium εἰσορόωντα steht in diesem Sinne stets ohne ausdrückliches Object am Versende: γ 123. δ 75. 142. ζ 161. ϑ 384. ι 321. λ 363. τ 537. υ 311. ψ 239. Γ 342. Δ 79. I 229. Λ 73. O 456. P 687. Ψ 464. Ω 23. 482. [Vgl. dagegen Aristarchs Erklärung bei Carnuth Aristonikos p. 128, namentlich die Worte: ἀλλ᾽ ὅμως καὶ τὸ λείψανόν σε ὁρῶντα τοῦ σώματος ὀίομαι ἐπιγινώσκειν, οἷος ἤμην, ἀκμάζων ἐγὼ καὶ εὐσθενῶν. Danach habe ich die von Ameis gegebene Auffassung verändert. Von den aufgeführten Stellen, wo das Particip ohne ausdrückliches Object steht, ist auch I 229 wohl auszunehmen. Uebrigens vermuthet Nauck hier σέ statt γέ σ᾽] Zum ganzen Gedanken ist das spätere Sprichwort ἀπὸ τῆς καλάμης τὸν στάχυν zu vergleichen. Ueber καλάμη und κάλαμος vgl. Lobeck Proll. p. 10 not. 16. G. Curtius Etym. Nr. 29.

220. Zu dem stets für sich stehenden ἐπάλμενος vgl. die homerischen Stellen χ 305. H 260. Λ 421. M 404. N 529. 531. Zu ἔγχει ἔλεσκον vgl. ἕλον ἔγχεσι P 276. In einem andern Sinne steht die Iterativform ϑ 88. Ω 752. Daher haben andere aus guten Quellen ὄλεσκον, was aber mit der Form ὀλέκεσκεν T 135 nicht harmoniert.

221. ὅ τε mit εἵξειε ist der rein gedachte Fall in iterativem Sinne, so dass auch εἴ τις εἵξειε stehen könnte. Gewöhnlich erklärt man das Verbum durch ᾽nachstehen, geringer sein, zurückbleiben᾽. Aber diese Bedeutung ist für εἴκειν theils unerweisbar, theils müste es dann wenigstens πόδας γε heissen: vgl. λ 515. Hierzu kommt, dass der Vers in diesem Sinne einen sehr trivialen Gedanken gäbe. Vgl. auch N 807 εἴ πώς οἱ εἵξειαν. [Die Bedeutung ᾽nachstehen᾽ ist durch λ 515. X 459 sichergestellt, der Dativ statt des Accus. des Bezugs lässt sich z. B. durch ϑ 103 rechtfertigen; sachlich wird die Erklärung: jeden der mir an Schnelligkeit nachstand d. i. den ich einholen konnte᾽ empfohlen durch Z 228. E 65, wodurch auch das Bedenken wegen der Trivialität des Gedankens gehoben wird, während die Auffassung ᾽jeden der vor mir floh᾽ weniger geeignet scheint für das Lob der Tüchtigkeit, welches der ganze Gedanke enthalten soll.]

222. Das vollständige ἕα ἐν findet sich in Vind. 133, pr. Harlei.,

in den beiden Vrátisl., in dem von Porphyrius herrührenden Scholion zu
ϑ 186, wo es im Texte stehen muss wie in demselben Scholion zu
E 533 [vgl. La Roche]. Auch Chöroboskus bestätigt es hinlänglich
[Die älteste Odysseehandschrift der Laurentiana hat: ἴαν, vgl. Gotschlich
in Jahrbb. f. Phil. 1876 p. 25.] Dagegen hat die Vulgata ἔ ἐν fast
gar keine urkundliche Stütze. Jetzt hat auch Bekker ἔα ἐν in den Text
genommen. [Nauck: ἔα πολέμῳ]. Diese Synizese mit Verkürzung gehört zu Krüger Di. § 13, 2, 5, wo auch B 365 fehlt. [Dort haben
die besten Handschr γνώσῃ. Ueber die Quantität der letzten Silbe in
ἔα vgl. jetzt W. Hartel Homerische Studien I p. 45 ff., der zu dem
Resultat kommt, dass in dieser Form das Griechische die ursprüngliche
Qualität und Quantität (die Länge) des Vocals gewahrt habe, welche
letztere das Lateinische und das Sanskrit (erăm, ăsam) einbüssten, und
danach bei dem Zusammenlesen mit dem folgenden ἐν das ε in dem
langen a-Laut aufgehen lassen will (= ἔα’ ν).] — Das Wort ἔργον
erklärt H. Düntzer mit 'Schaffen, Geschäft, wie 65 f., nicht Feld-
bau'. Aber dann haben wir keinen Gegensatz zum Gedanken in 224
und 225, da alle hier erwähnten Dinge ebenfalls ein ἔργον in diesem
Sinne sein würden. — Zum folgenden Verse vgl. Plutarch. comp. Arist.
cum Cat. mai. c. 3.

226. Andere lesen hier getrennt κατὰ ῥιγηλὰ πέλονται. Aber
dies gibt ein dem Begriff des Verbi widersprechendes Compositum κατα-
πέλομαι: vgl. zu δ 45. Ueber Ableitung und Accent von καταρριγηλός
vgl. Lobeck Proll. p. 109. Bekker hat das Adjectiv jetzt aus Conjectur
mit doppeltem ῥ geschrieben.

227. Wenn man in αὐτὰρ ἐμοὶ τὰ φίλ’ ἔσκε, τά που θεὸς ἐν
φρεσὶ θῆκεν das τά που relativisch versteht, so enthalten die Worte
den Sinn eines Gemeinplatzes, der weit mehr aussagt, als für den Zusammenhang passend ist; und aus diesem Grunde hat wol Bekker den
Vers verworfen. Sodann würde es in diesem Sinne nach homerischem
Sprachgebrauche auch ἔσκεν, ἅ που heissen: vgl. Fr. Otto Beitr. zur
Lehre vom Relativpronomen bei Homer, Th. II. S. 14. Ueber ἐν φρεσὶ
θῆκεν vgl. Düntzer zu unsrer Stelle und Autenrieth zu Nägelsbach A 55.

228. Angeführt von Clemens Alex. Strom. VI 2 p. 739. Parallelen
zu diesem Gemeinplatze bei Jacobs zu Archiloch. fragm. 33 ed. Gaisf.
und Th. Schmid zu Horat. Ep. II 2, 58. Vgl. auch Horat. carm. I 1.
Sat. I 1. Erasmi Adag. I 3, 7 p. 80 sq. Skeptiker gebrauchten den
Vers, um daraus wunderlicher Weise den Mangel eines allgemein gül-
tigen Kriteriums für das sittliche Handeln des Menschen zu erweisen:
Sext. Emp. Hyp. I p. 24. Uebrigens hat Bekker jetzt 227 und 228
aus Conjectur athetiert: vgl. Bekker Hom. Blätter S. 275 und den
Anhang zu ϱ 322. 323.

234. Aufs geistige übertragen bei Plat. Theaet. p. 183ᵉ, wo Par-
menides dem Sokrates δεινός τ’ αἰδοῖός τε vorkommt. Statt καί ῥα
233 hat Bekker jetzt Zenodots Lesart καί σφιν aufgenommen, und 248
aus der Bemerkung des Schol. Harlei. ἐσαγείρετο.

239. H. Düntzer erklärt dagegen: 'ἔχε hielt zurück, wie ε 451.

π 191᾽, was vielleicht richtiger ist. Sodann bemerkt ebenderselbe: 'Ist
nicht zu schreiben δήμου δ᾽ ἔχε φῆμις? zu ι 483.' Aber das halte
ich für unmöglich, weil man χαλεπὴ δήμου nicht als einen Begriff
betrachten kann, wie es in den andern Beispielen mit δέ an dritter
Stelle der Fall ist: vgl. zu ϑ 540. Viel näher scheint mir die Vermuthung zu liegen, dass auch in solchen Fällen der Genetiv δήμοο
gestanden habe. Vgl. über diesen Genetiv den Anhang zu × 36. Zum
ganzen Gedanken beachte man, dass er nach einer Weigerung aufgehört
hätte, ein δεινός τ᾽ αἰδοῖός τε μετὰ Κρήτεσσι (234) zu sein.

254. [Ueber ὡς εἴ τε vgl. L. Lange der homer. Gebrauch der
Partikel εἰ II p. 543.] οὐδέ τις οὖν μοι im Versschluss, wie sonst
nur im Versanfang οὔτε τις οὖν μοι λ 200. Υ 7, und μήτε τις οὖν
Θ 7. Π 98. Vgl. auch zu ι 147. Durch dies οὖν wird die Uebereinstimmung mit dem Vorangehenden, die Folge von dem Βορέῃ καλῷ
bezeichnet. Vgl. Bäumlein Gr. Part. S. 179. Kr. Di. 69, 62, 2. —
Vers 255. Statt ἀσκηϑέες las man sonst ἀσκεϑέες nach dem Scholion
von Eustathius, in welchem der Kern wahrscheinlich auf Aristarchische
Bemerkungen zurückgeht. Auch die augsburger Handschrift hat ἀσκεϑέες.
ἀβλαβεῖς [vgl. La Roche].

257. Krüger Di. 22, 3, 1 hat mit Unrecht aus dieser Stelle ein
Femininum ἐυρρείτη angenommen: das richtige gibt er 15, 3, 4, wo
er auch aus Ζ 34 ἐυρρείταο citiert hat. Analog ist βαϑυρρείταο Φ 195.
Vgl. Lobeck Parall. p. 459. Citiert ist der Vers von Diod. Sic. 1 c. 19.

262. [Gegen Sorgenfrey de vestigiis juris gentium Homerici, 1871,
p. 25 f., der diesen Zug von einer Handelsfahrt verstanden wissen will,
wird von A. Bischoff im Philol. Anzeiger V p. 19 mit Recht geltend
gemacht, dass nach 230 ff., wo den Zuhörer nichts veranlassen konnte
unter den neuen Fahrten des Erzählers Handels- oder Rachezüge zu
verstehen, auch hier nicht an einen solchen gedacht werden könne;
auch die ausgesandten Späher sprechen gegen die Annahme einer Handelsfahrt. Ueber das mit dieser Auffassung scheinbar streitende ὕβρει εἴξαντες
bemerkt er dann folgendes: 'Der Kreter (Odysseus) sucht Abentheuer,
sucht Beute, geht aber nur zögernd in den Kampf und thut dem Feind
nicht mehr Schaden als nöthig. So geht er freilich auch hier auf Raub
aus, aber eine Viehheerde würde ihm genügen, daher sendet er Wächter
aus, einen Kampf womöglich zu vermeiden; ein Verwüsten aber der
Felder, Raub von Weibern und Kindern, Morden der Männer liegt nicht
in seinem Plan. So kann er, obgleich selbst auf Raub ausgegangen,
das Thun seiner Leute ὕβρις nennen.' Vgl. auch Autenrieth bei Nägelsbach hom. Theol. p. 295.]

265. ἐς πόλιν ἵκετ᾽ αὐτή. Die Hauptstadt wird hier vorzugsweise
mit dem einfachen Namen πόλις bezeichnet und ist nach dem folgenden
Verse nicht allzu weit vom Landungsplatze entfernt zu denken. Fremde
mögen wol zu allen Zeiten als Seeräuber die Küste Aegyptens heimge-
sucht haben. Zur Quantität von ἵκετ᾽ bemerkt J. La Roche Hom. Studien § 50 A. 3 S. 93: 'ἵκετ᾽ meist ⏑⏑, aber ⏑⏑ δ 169. Θ 28.
ψ 314.' Nicht richtig und nicht vollständig; das Sachverhältnis ist

dieses: ἵκετ' als ⌣ ⌣ im ersten Fusse η 141, im zweiten T 115, im
dritten N 837, im vierten Υ 440. ϑ 125, im fünften Fusse N 535.
Ξ 429. ο 555. σ 101; dagegen als ⌐ ⌣ im Versanfange δ 170. ϑ 227,
im dritten Fusse ψ 314, im fünften Fusse Λ 227. 466. Ξ 174. ϑ 28.
ξ 265. π 290. ϱ 434. τ 9. Wir haben also die Thesis mit ⌣ ⌣ in
9 Stellen, aber die Arsis mit ⌐ ⌣ in 11 Stellen. Ueber die Erzählung
selbst sagt H. Düntzer mit Recht: ‘Die folgende Darstellung gleicht
dem Ueberfall der Kikonen, den Odysseus selbst ins Werk gesetzt:
ι 40 ff.’

    269 = ϱ 438. Ueber φύζα, das sich sonst nur in der Ilias
findet, vgl. Lehrs de Arist. p. 77 und 382 ed. II. Lobeck Rhem. p. 81.
G. Curtius Etym.[2] Nr. 163 und S. 432. 547. [[4]p. 188 Nr. 163 und
p. 484 und 605]. — Vers 270 bemerkt H. Düntzer zu seinem Texte:
‘στῆναι statt des überlieferten μεῖναι, nach der aus unserm Buche
herübergenommenen Erzählung ϱ 439.’ Dies ‘Herübergenommensein’
einer Erzählung aus einem Buche in das andere oder welches Buch die
Priorität der Entstehungszeit zu beanspruchen habe, das hat noch niemand bis zur objectiven Sicherheit nachgewiesen. Andere werden
zur Zeit noch annehmen dürfen, dass ein Stegreifdichter wie Homer,
der aus dem Volkslied schöpfte, eine gelungene Erzählung auch ander-
weitig bei einem ähnlichen Zusammenhange ganz oder theilweise, mit
oder ohne Varianten benutzen konnte. Sodann hat H. Düntzer die Gräcität
der Verbindung μεῖναι ἐναντίβιον bezweifelt. Ebenso urtheilt J. E.
Ellendt drei Hom. Abhandl. S. 44 mit den Worten: ‘der homerische
Sprachgebrauch verlangt entschieden στῆναι,’ was er durch zahlreiche
Beispiele mit transitivem μένειν und durch die sonstigen Verbindungen
von ἐναντίβιον zu erhärten sucht; die letzteren Beispiele gebraucht auch
Düntzer. Was hat man nun der Verbindung μεῖναι ἐναντίβιον vorzu-
werfen? Nichts weiter als ihre Vereinzelung. Wie vieles aber ist bei
Homer, besonders in der zweiten Hälfte der Odyssee, vereinzelt und
hat doch eine innere Begründung (die ratio linguae) für sich? So
diese Formel. Wie nemlich ζ 139 und 141 μένε und στῆ mit einander
als Synonyma abwechseln, so konnte es auch hier geschehen. Eine
andere Stütze liegt in dem Umstand, dass auch das intransitive μένειν
in dem Sinne ‘Stand halten’ im Gegensatz zur Flucht ein geläufiger
Begriff der Ilias ist: man vgl. beispielsweise B 299. Γ 291. E 486.
571. Z 84. Θ 78. 79. Λ 317. M 79. Ξ 375. O 585. 656.
Π 659. Φ 310. X 137. 384. An der sprachlichen Richtigkeit der
Formel ist daher nichts auszusetzen. — V. 272. Das ἐργάζεσθαι ἀνάγκῃ
erinnert an das Schicksal der Israeliten unter den Pharaonen. [In dieser
Schilderung von Aegypten glaubt Lauth Homer und Aegypten p. 46 f.
sogar geschichtliche Züge nachweisen zu können.]

    279. κύσα γούνατα. Vgl. Θ 371. Λ 500 f. K 454 und den
Anhang zu τ 473. Bei den Hebräern findet sich nur das Anfassen und
Küssen des Bartes, wie 2 Samuel. 20, 9, nirgends der Kniee. Uebrigens
hat der Dichter, der vom Vorhandensein anderer Sprachen als der
griechischen auch sonst eine Kenntnis zu haben scheint, hier absichtlich

vermieden, den König selbst redend einzuführen. Ueber die Form ἐρύσατο von ῥύομαι statt des sonstigen ἐῤῥύσατο 'er rettete' vgl. Krüger Di. 28, 1, 2. Lobeck Elem. I p. 49.

284. [Nauck bemerkt zu diesem Verse: spurius?]

288. Φοῖνιξ. Dieser phönikische Kaufmann ist nach der Sitte seines Volkes zugleich Waareneigenthümer, Schiffsherr und Besitzer eines Hauses und eines Gutes in seiner Heimat. Uebrigens erscheint in den griechischen Schiffahrersagen Aegypten als das Hauptemporium des phönikischen Seehandels. Vgl. Movers Phön. II 3 S. 110 und 336. Den Charakter der Phöniker beschreibt ähnlich mit Berücksichtigung dieser Stelle Philostr. Heroic. prooem. c. 1 p. 660, und dazu Boissonade p. 286 sq.

289. Ueber einen ähnlichen Dativ bei ἐργάζομαι vgl. Schneidewin zu Soph. Oed. R. 1373. Zu Krüger Di. 46, 13, 2. Bekker hat jetzt das in andern Quellen gegebene regelmässige ἀνθρώπους, wie schon Dawes conjicierte, und aus Conjectur εἰϝώργειν aufgenommen. [Nauck: ἀνθρώπους ἑώργει.]

295. ἐέσσατο hat den Spiritus lenis, weil ein syllabisches Augment zu dem ursprünglich mit σ anfangenden Verbum tritt. Ebenso noch in ἐάφθη N 543. Ξ 419. W. Christ Gr. Lautl. S. 131. Die Lehre der Alten bei Lobeck Elem. I p. 62. Bekker hat jetzt die Lesart des Rhianus ἑφέσσατο aufgenommen [, welche K. Mayhoff de Rhiani Cretensis stud. Hom. p. 36 näher begründet hat.]

297 ἄσπετον ὦνον ἕλοιτο. Schöne Knaben und Jünglinge sowie schöne Frauen wurden aus Griechenland selbst schon früh durch phönikischen Handel dem Oriente zugeführt und standen unter allen Handelswaaren bei weitem im höchsten Preise. Vgl. Movers Phön. II 3 S. 80 ff. Uebrigens 'war der Sklavenhandel so alt wie der Handel überhaupt. Kaufleute, welche in fremden Ländern Handel treiben, sind in ältester Zeit zugleich auch Sklavenhändler'. Movers S. 71.

311. ἀμαιμάκετος ist gleich ἀμαίμακτος, vgl. Lobeck Proll. p. 374. Es ist von μαιμάσσειν, dem Intensivum von μαιμάειν, aus μαίεσθαι durch Reduplication gebildet mit vorgesetztem α privativum. Von den Alten wird es durch ἀπροσμάχητος und ἀκαταμάχητος erklärt. Diese Bedeutung passt auf alle Begriffe, mit denen es die Dichter verbinden, bis auf die letzten Ausläufer bei Quint. Sm. I 523. III 139. 188. VIII 63. XI 155. Eine andere Erklärung gibt Döderlein Hom. Gloss. § 140. [Richtiger fassen Clemm in G. Curtius Stud. VIII p. 51 f. und Schaper quae genera compositorum apud Homerum distinguenda sint, Coeslin 1873 p. 19 bei derselben Etymologie das vorgesetzte α als intensivum. Danach erklärt Schaper das ganze in dem Sinne 'heftig bewegt', von der Chimaera = tobend, hier vom Mast = vom Meer hin- und hergeworfen', ähnlich Autenrieth und Suhle im Lexicon. Vgl. auch Kopetsch de differentia orationis Homericae et posteriorum epicorum in usu epithetorum etc., Lyck 1873 p. 10 f., der hier versteht: malus imminens, und über die Reduplication Fritzsche in Curtius Stud. VI, 307.]

313. περιπλεχθείς ist der einfache und vollständige Begriff zu den in der Hauptsache wesentlich gleichbedeutenden Ausdrücken ε 130. 371. η 252. μ 425.

317. Ueber ἀπριάτην vgl. Lobeck Parall. p. 458. G. Curtius Etym.[2] S. 571. [⁴631.] [Jetzt auch K. Mayhoff Rhian. p. 83 ff. Was den Sinn des ganzen Satzes betrifft, so zweifle ich, ob der Gedanke: er pflegte mich unentgeltlich, befriedigen kann. Beachtenswerth scheint die freilich verworrene Notiz der Schol. BHQ: οὐδὲ χρήματα, ὅ ἐστιν ὡς ἐλεύθερον. Dürfen wir daraus entnehmen, dass die Erklärung war: Pheidon nahm mich an sich (die Situation entspricht der ζ 278 vergl. Λ 594), doch ohne Lösegeld zu beanspruchen, während er ihn nämlich als gleichsam durch das Strandrecht ihm verfallen hätte behandeln können, der durch Lösegeld seine Freiheit hätte erkaufen müssen (vgl. C. F. Hermann Staatsalterthüm. § 9, 13.)?] Und zu 318 über αἶθρος Lobeck Proll. p. 58. A. Göbel Homerica S. 16. [V. 320. Nauck: spurius?]. — Vers 323. Die handschriftliche Lesart κτήματα will J. La Roche Unterrichts-Zeitung für Oesterreich 1864 S. 239 in χρήματα verändert wissen: ohne zwingenden Grund wie mir scheint.

325. Andere verstehen zu βόσκοι als Subject Ὀδυσσεύς, aber dies passt nicht 'bis zum zehnten Geschlecht'. Daher bemerken schon die Schol. B. H. Q. mit Recht: Ὁ δὲ νοῦς· τὰ χρήματα βόσκοι ἂν μέχρι δεκάτης γενεᾶς ἕτερον ἐξ ἑτέρου διαδεχόμενον παρὰ πατρὸς παῖδα. Hiergegen bemerkt H. Düntzer: 'Auch bei der letztern unnatürlichen Deutung bliebe die Uebertreibung, da man zu ἕτερον nothwendig denkt "ausser ihm", wenn man darunter auch verschiedene aufeinander folgende Personen verstehen wollte.' Warum aber soll diese Deutung 'unnatürlich' sein, da doch der Begriff Schätze unmittelbar vorhergeht und sogar in einem formelhaften Vers detailliert wird? Sodann scheint mir, wenn man wirklich 'aufeinander folgende Personen' versteht, zum ἕτερόν γε der Gedanke «als ihn» d. i. 'nach ihm' natürlich und nothwendig zu sein, so dass selbstverständlich auf Odysseus das erste Lebensalter kommt, die übrigen neun auf des Odysseus Nachfolger und Erben. Dagegen den Odysseus 'bis ins zehnte Geschlecht' lebend zu denken, das fände ich selbst als Uebertreibung unstatthaft, denn es könnte nur ein unpassender Witz sein. — 326. Das hier einstimmig überlieferte τόσσα [bei La Roche haben nur Vindob. 133 und Eustath. τόσσα, die übrigen Handschr. ὅσσα. Danach hat auch Nauck ὅσσα gegeben.] hat H. Düntzer nach τ 295 in ὅσσα verwandelt; ich habe an beiden Stellen τόσσα aufgenommen, weil dies auch τ 295 urkundliche Stützen hat. Dies hat wol auch Bekker, nach dessen Note zu τ 295 zu schliessen, geben wollen. Das κειμήλια κεῖτο gehört neben ἀοιδὸς ἀείδει in die Sammlung bei Lobeck Parall. p. 503.

327. Ueber Δωδώνη vgl. einerseits Preller Griech. Myth. I S. 79 f. Nägelsbach Nachhom. Theol. IV 15, und andererseits Welcker Gr. Götterl. I S. 199 ff., der für die Ilias das ältere Dodona im Heimatlande des Achilleus, für die Odyssee das jüngere Dodona annimmt. Gegen

diese Annahme aber spricht mit Recht G. F. Unger im Philol. **XX** S. 577 ff. [Vgl. denselben (über die Entstehung des Kultus von Dodona) im Philol. XXIV p. 392 ff. und Bergk im Philol. XXXII p. 126 ff.]. — Zum Schlusswort sagt H. Düntzer: 'Θεοῖο **kann** nur zu βουλήν gehören, wie Διός zu δρυός, nicht umgekehrt'. Aber **von** solcher Wortstellung wüste ich aus Homer ein zweites Beispiel nicht anzuführen. **Auch** scheint mir die Cäsur in **328** für die Erklärung Beachtung zu **verdienen.**

328. [Ueber den Conjunctiv ἐπακούσῃ vgl. La **Roche** homer. Untersuchungen p. 292 f.]

329. Man hat hier νοστήσει' mit J. H. Voss statt νοστήσει geschrieben. Vgl. aber dagegen den Anhang zu χ 98 in der dritten Auflage. [In **der vierten** Auflage schrieb Ameis bereits νοστήσῃ. Nauck: νοστήσει.] **Die** urkundlichen Lesarten behandelt J. La Roche in der Unterrichts-Zeitung **für** Oesterreich' 1864 S. 275 f. und ebenda 1867 **p. 170.** H. Düntzer bemerkt zu seinem Texte: 'Ueberliefert ist hier νοστήσει Ἰθάκης ἐς πίονα δῆμον, aber in der wörtlichen Wiederholung τ 298 findet sich νοστήσειε φίλην ἐς πατρίδα γαῖαν, was auch hier trotz 333 für das Ursprüngliche gelten muss.' Ich denke indes, dass auch andere ausser mir die Ueberlieferung respectieren, daher an diesem 'trotz' und an diesem 'muss' Anstoss nehmen werden. Auch 331 hat H. Düntzer das überlieferte ὤμοσε aus τ 288 in ὤμνυε verwandelt mit dem Zusatze dass 'ὤμοσε nur in der Mitte eines Verses vorkomme.' Das ist doch zu viel behauptet, da ὤμοσε ausser unserer Stelle überhaupt **nur** noch Τ **127** vorkommt, wie ὤμοσα nur δ 253. So gut **aber als** ὤμνυε τ 288. Ξ 278 (nemlich ὤμνυε δ' ὡς ἐκέλευε) und **ὄμνυθι** Ψ 585 im Versanfang stehen, wird wol auch ὤμοσε den Vers beginnen dürfen.

342. Die gewöhnliche Lesart ist ἀμφὶ δέ μοι, aber μέ bieten Eustath. [? vgl. La Roche], der Harlei. von zweiter Hand (von erster Hand μιν was aus der Parallelstelle ν 434 entstanden ist), Vindd. 5. 50. 56, Vratisl. Mit Recht sagt J. La Roche in der Unterrichts-Zeitung für Oesterreich 1864 S. 276: 'Die Schreibweise μοι ist baare Erfindung, **um** eine Länge zu bekommen, die vor dem digammierten ῥάκος ohnehin schon vorhanden ist.' Denn der kurze Vocal vor ῥάκος ist überall verlängert: ζ 178. ξ 349. 512. τ 507.

343. Zu der epischen Wortfülle ἐν ὀφθαλμοῖσιν ὁρᾶν vgl. Lobeck Parall. p. 530 [und jetzt den Anhang (2. Aufl.) zu ϑ 459]. Die Form ὄρηαι gehört zu der von Hesychius überlieferten Notiz 'ὄρημι· ὁρῶ,' daher ist ὄρηαι auch προπαροξυτόνως zu schreiben mit Eustathius hier und dem Milesier Oros im Et. M. p. 621, 35. So mit H. Rumpf de formis quibusdam verborum μι (Giessen 1851) p. 19. Vgl. auch J. La Roche Hom. Textkritik S. 228. Zu Krüger Di. 34, 5, 4. [Vgl. jetzt auch Hinrichs de Hom. Elocutionis vestigiis Aeolicis. Jenae 1875 p. 134 f. — V. 344 vermuthet Nauck ἐνδείελα statt εὐδείελου.]

349. Bekker hat jetzt das überlieferte κατά aus Conjectur in κακόν verwandelt. Dies hat sich auch H. Düntzer angeeignet mit den Worten:

ʹκακόν (vgl. 342) ist nothwendig statt des überlieferten κατά zu
schreiben, das man zu ἀμφικαλύψας ziehen will, allein eine solche
Tmesis geht nicht an.ʼ Aber es ist auch keine Tmesis, sondern gehört
zu den Fällen, welche die Alten mit κατὰ παράϑεσιν ἀναγνωστία bezeichneten: wir können dieselbe prägnante Verbindung nachahmen mit
ʻdem Kopfe ʻabwärtsʼ (durch Hinabziehen: ϑ 85) das Lumpen-
kleid umhüllen.ʼ Vgl. Nägelsbach Excurs. XVI in der ersten Ausgabe. Daher haben wir mit κατά einen malerischen Begriff, während
κακόν hier für den Gedanken ganz gleichgiltig ist. Dass übrigens die
Verbindung nicht ungriechisch sei, dürfte auch noch das Compositum
καταμφιέννυμι bei Joseph. antiq. VIII 5, 2 beweisen. Zur Sache bemerkt H. Düntzer· ʻEr verhüllt das Haupt, wie bei den Alten diejenigen
thaten, die dem Tode entgegen gingen: Xen. Cyr. VIII 7, 28. Liv.
IV 12.ʼ Vgl. auch die Interpreten zu Horat. Sat. II, 3, 37. —
Vers 350. ἐφόλκαιον, nur hier, heisst eigentlich ʻdas zum Heranziehen
oder Nachschleppen gehörige,ʼ und ist der Steuerruderbalken, der
vom hintern Schiffsbord zum Wasserspiegel hinabreichend die unten an-
gefügten und im Wasser gehenden Schaufelruder ans Schiff heranzieht
oder dem Schiffe nachschleppt. Vgl. zum Sprachgebrauche N 597 τὸ
δʼ ἐφέλκετο μείλινον ἔγχος. Einen solchen Steuerbalken nun ist Odysseus,
während das Schiff für den Zweck eines kurzen Aufenthalts mit dem
Vorderbug auf dem Lande lag (vgl. zu ι 138), heimlich hinabgeklettert.
Dagegen versteht K. Grashof Ueber das Schiff bei Homer und Hesiod
S. 22 unter dem ʻἐφόλκαιον eine Leiter oder Treppe, welche aussen
am Schiffe hieng, vielleicht beweglich war und so weit ins Wasser
hinabragen mochte, dass man sie in der Nähe des Landes auf dem
Boden feststellen konnte; sonst ἀποβάϑρα, bei Euripides κλῖμαξ genannt.ʼ
    351. διήρεσα bieten hier die besten Auctoritäten [auch die älteste
Odysseehandschrift der Laurentiana: Gotschlich in Jahrbb. f. Phil. 1876
p. 25] statt der aus geringeren von F. A. Wolf aufgenommenen Form
διήρεσσʼ, die auch Bekker beibehalten hat, wiewol derselbe im Berliner
Monatsbericht usw. 1859 S. 267 (Hom. Blätter S. 147) ʻnach der alten
und richtigen Lesart διήρεσα ἀμφοτέρῃσινʼ citiert.
    352. Gegen die Annahme mancher, dass es ϑύρῃϑε sei, vgl. zu
ι 145. Das ϑύρηϑʼ gehört mit zu Krüger Di. 12, 2, 9. Uebrigens
ist ϑύρηϑι der Bedeutung nach gleich mit ϑύρηφιν ι 238. χ 220.
Vgl. Bekker im Berliner Monatsbericht usw. 1860 S. 563 (Hom. Blätter
S. 206).
    366. Aehnliche Beispiele der Prägnanz vgl. zu ζ 2. ν 379. ο 5.
275. π 304. 411. τ 396. 502. ψ 351. Λ 65. 93. 611. E 178.
I 34. N 166. Φ 457. Vgl. auch zu λ 202. μ 281, und J. La
Roche Hom. Stud. § 87, 1 in der Note. Das Wesen der sogenannten
Figur res pro rei defectu oder bei den griechischen Grammatikern
τὸ λεῖπον τῆς ὑποϑέσεως besteht eben darin, dass nur der einfache
Begriff genannt wird, seine Beziehung aber dem Hörer oder Leser
des ganzen Gedankens überlassen bleibt. Nachträglich hinzugefügt
ist diese Beziehung I 35. Φ 457. [ὅτʼ wird als Relativ = ὅ τε ge-

fasst und auf ἄνακτος bezogen von Pfudel Beiträge zur Syntax der Kausalsätze bei Homer p. 34 f.].

367 ff. [Kammer die Einheit p. 559 ff. verwirft 367—371, während
er dieselben Verse im Gegensatz zu Hennings Jahns Jahrbb. III Suppl.-Bd.
p. 164, Hartel Z. f. d. oest. G. 1864 p. 488, Düntzer Jahns Jahrbb.
1863, p 736 in α 238—241 für ursprünglich hält. Zuzugeben ist,
dass 366 grammatisch die natürliche Construction wäre zu ἤχθετο aus
dem Vorhergehenden νόστος als Subject zu entnehmen, womit allerdings 367—371 nicht bestehen können; allein würde nicht nach δ 502
und 756 das sachliche Subject νόστος bei ἔχϑεσϑαι selbst auffällig
sein?]

386. ἄγειν ist eben so gebraucht ξ 27. υ 186. χ 57. 168.
Λ 443. Ω 547, und oft ohne einen persönlichen Dativ wie η 248.
ϱ 243. ω 149, ferner γ 424. κ 268. 405. ν 212. ξ 414. σ 37.
Α 431. Γ 105. Δ 278. Ε 614. Ζ 291. Η 467. Ι 664. Λ 612.
632. 650. Ψ 744. Vgl. H. Fritzsche zu Theocrit. II 65. [Der mit
καὶ σύ begonnene Gedanke nimmt offenbar nach der Einfügung des
Satzes ἐπεί — δαιμών einen anderen Verlauf, als zuerst beabsichtigt
war. Die Beziehung des καὶ σύ auch du auf den vorher geschilderten
Trug des Aetolers lässt einen Gedanken erwarten, wie ξ 131 ἔπος
παρατεκτήναιο, oder vielleicht richtiger im Anschluss an das Vorhergehende: auch du behauptest, dass Odysseus demnächst mit vielen
Schätzen heimkehren werde (vgl. 323—333). Aber schon das der Anrede γέρον zugefügte Attribut πολυπενθές und die weitere Motivierung
durch den Satz mit ἐπεί lässt diesen Gedanken nicht zur Ausführung
kommen, sondern drängt lebhaft den andern hervor: es bedarf solcher
Mittel nicht, mich dir geneigt zu machen, also gieb sie auf. Man
beachte auch, dass die 389 enthaltenen Motive für gastliche Aufnahme
schon in 386 gegeben sind, indem πολυπενθές das ἐλεαίρων vorbereitet, während Δία ξένιον δείσας dem Satz mit ἐπεί entspricht.
Ueber ähnliche Störungen der regelrechten Gedankenentwicklung vgl. zu
ξ 197 Λ 550]

392. ἐπήγαγον ist hier mit Absicht gewählt und zugleich ohne
nähere Beziehung gelassen, weil Odysseus (und mit ihm der sachkundige
Hörer) unter dem selbstverständlichen [?] ἐπ' ἐμέ seine eigene Person
versteht, Eumäos dagegen nur den durch den Schwur des Odysseus
(151 152. 158 bis 160) bekräftigten Ausspruch verstehen kann, zu
dessen gläubiger Annahme er hingeführt werden soll. Dies letztere bemerkt schon der Schol. H. mit 'ἔφερόν σε εἰς τὸν λόγον'. Ueber
solche beabsichtigte Allgemeinheiten der Naivetät vgl. zu ξ 508. [Bei
der Annahme solcher Doppelbeziehungen ist doch grosse Vorsicht geboten! Hier ist für eine solche keinerlei Anhalt.] Man könnte hier
auch mit Hinblick auf ι 445 das σ' ἐπήγαγον vielleicht erklären: 'dich
erjagte, d. i. auf meine Seite brachte'.

393. Ueber ῥήτρη vgl. Lobeck Rhem. p. 138. Parall. p. 439.
G. Curtius Etym.² No. 493. ὕπερϑεν richtiger als ὄπισϑεν. Auch
Bekker bemerkt jetzt dazu 'rectius Iudice Hermanno', ohne den Ort

anzugeben. Auch H. Düntzer [ebenso Nauck und Kayser] hat ὕπερθεν
aufgenommen mit der Note: 'ὕπερθεν droben wie *H* 101 f. αὐτὰρ
ὕπερθεν νίκης πείρατ' ἔχονται ἐν ἀθανάτοισι θεοῖσιν. Andere lasen
ὄπισθεν, mit Bezug auf die Zeit der Entscheidung, was einen unange-
messenen Gegensatz zu νῦν bilden würde.' [ὄπισθεν bietet übrigens
auch die älteste Odysseehandschr.: Gotschlich in Jahrbb. f. Phil. 1876
p. 26.]

398. [Der Schwierigkeit des Anschlusses von ὡς ἀγορεύω an den
vorhergehenden negierten Gedanken μὴ ἔλθῃσιν sucht Römer in den
Jahrbb. f. Philol. 1874, Bd. 109 p. 439 durch die Erklärung abzu-
helfen: 'so wie ich es sage und gerade so wie ich es sage', indem
Odysseus damit auf 161 ff. τοῦδ' αὐτοῦ λυκάβαντος ἐλεύσεται ἐνθάδ'
Ὀδυσσεύς, sowie auf die Schilderung von seinen grossen Schätzen und
der bevorstehenden Entsendung desselben durch den König der Thesproten
(320 ff.) zurückweise, also: 'wenn aber Dein Herr nicht kommt, so
wie ich es sage: noch in diesem Jahre, reich mit Schätzen beladen,
auf einem Schiffe des thesprotischen Königs.' Bei dieser ansprechenden
Erklärung ist nur das eine Bedenken, dass bei Anwendung dieser formelhaften Wendung der Nachdruck regelmässig auf den Gegensatz des
ἀγορεύω zum Verbum des Hauptsatzes liegt, das wie aber nicht in
dem Sinne markiert ist, wie es hier gefasst werden soll. Ueberdies
würde man eine solche praecise Bestimmung eher im ersten Bedingungssatz 395 an Stelle von ἐς τόδε δῶμα erwarten, als im zweiten, wie
denn Römer selbst zuerst an eine Umstellung dachte, so dass ἐς τόδε
δῶμα 395 mit ὡς ἀγορεύω 398 die Stelle tauschen müsste.]

402. Zu ἐϋκλείη τ' ἀρετή τε vgl. l 498. σ 251. τ 124, und
zu ν 45. Ganz anders ist κλέος ἀρετῆς ω 197 gesagt. Andere fassen
ἀρετή im Sinne von *laus*. [ἀρετή als Heil (ảusseres Glück) mit Ameis
zu fassen, geht nicht wohl an wegen ἐπ' ἀνθρώπους, welches ἐϋκλείη
so sehr als dominierenden Begriff zeigt, dass ἀρετή unter seinem Einfluss als Anerkennung der Tugend gefasst werden muss, wozu λ 202
eine gute Parallele bietet. Ueber γάρ vgl. Pfudel Beiträge zur Syntax
der Causalsätze p. 22 ff.]

412. [Ueber αὐλίζομαι vgl. H. L. Ahrens αὐλή und villa. p. 16 f.]

436. ἑκάστοις, d. i. τοῖς ἑκάστῳ, nach guten Auctoritäten statt
des gewöhnlichen ἑκάστῳ [so auch Kayser]. Zugleich erhellt aus dieser
Stelle, dass unter den ἀνέρες ἦλθον ὑφορβοί auch der Hirt mit ein-
geschlossen ist, der von Eumaos (vgl. 26) nach der Stadt geschickt
worden war.

441. Eben so bezieht sich ὡς auf τόσσον δ 105. X 425, und
auf ὧδε Γ 300. Denn das einfache ὡς, wo es einem Nomen oder
substantivischen Begriffe ohne beigefügtes Verbum finitum vorausgeschickt ist, bildet keine eigentliche Vergleichung, sondern gilt als
Relativpartikel und verlangt sein eigenes Verbum: dieses Verbum
aber ist häufig aus demselben oder dem vorhergehenden Satzgliede zu
entlehnen, wo zugleich ein οὕτως im Gedanken liegt, wie ϑ 389 [?]
σ 268. υ 140. B 344. 797. Θ 431 [?]. O 570. P 4. 133. 657.

T 147 [?]. Vgl. besonders zu μ 433. ο 479. *T* 403. *Φ* 282. Dies
mit Bezug auf die richtige Bemerkung von Buttmann Lexil. 58, 5, die
von Spitzner im **Excurs.** XXVI ad Iliad. p. XXXVI wie mir scheint er-
folglos bekämpft wird. Auch die Entgegnung von Franz Schnorr v. Carolsfeld Verborum collocatio Hom. p. 38 hat mich nicht vom Gegentheil
überzeugt, [vgl. auch Passow de comparat. Hom. Berlin 1852. p. 19.]

443. δαιμόνιος wird überhaupt von dem gesagt, was über die
gewöhnlichen Grenzen des Menschlichen hinausgeht. Es ist aber nirgends,
auch nicht im Platonischen ὦ δαιμόνιε, eine allgemeine leichtwiegende
Gesellschaftsphrase, deren es so viele im modernen Franzosenthum gibt.
Keiner der deutschen Ausdrücke, die in Nägelsbach Hom. Theol. I 47
mit zu grosser Distinction zur Anwendung kommen, ist im Stande den
Begriff des Wortes zu erschöpfen. Wir müssen den antiken Ausdruck
beibehalten. Nur wer das christliche Princip hineintragen wollte, würde
geneigt sein 'Gotteskind' oder 'Teufelskerl' zu sagen. Vgl. Lehrs
Popul. Aufs. S. 126. Und zur Erheiterung Fritz Reuter 'Dörchläuchting'
S. 159.

444. Θεός ist nicht 'Gott' in monotheistischem Sinne, weil er
sonst nach epischer Forderung auch eine plastische Gestalt gewinnen
müste: denn die jeder sinnlichen Anschauung entkleidete Abstraction
des modernen Gottesbegriffes wäre dem alten Hellenen in Dichtung und
Leben nicht verständlich gewesen. Die richtige Beziehung des Begriffs
Θεός bei Homer und den folgenden Dichtern entwickelt K. Lehrs Popul.
Aufs. S. 128 ff. Ebenso sagt H. Köchly Akad. Vorträge I S. 14 über
Aeschylos und Pindaros: 'so sehr auch Beide die anthropomorphischen
Göttergestalten Homers in ihrer Weise idealisirt und von manchen mehr
poetischen als ethischen Menschlichkeiten entkleidet haben, ihre Götter
blieben trotz alledem und alledem immer nur idealisierte Menschen und
zwar griechische Menschen, und zu der reinen Abstraction unseres
transcendentalen Gottesbegriffes haben sie sich niemals erhoben.' Gute
Bemerkungen in gleichem Sinne geben auch J. A. Hartung die Religion
und Mythol. der Gr. I S. 32 ff. und J. L. Hoffmann 'Die Bildersprache
Homers' im Album des Liter. Vereins in Nürnberg 1866 S. 29 f. Zum
homerischen Gedanken unserer Stelle vgl. δ 236. 237. — Vers 446.
Ueber θῦσαι vgl. Lehrs de Arist. p. 82 ed. II. Das Wort ἄργματα
wird schon von den Schol. B. Q. durch 'τὰ ἀπομερισθέντα τοῖς θεοῖς'
erklärt [vgl. Aristonikos ed. Carnuth p. 130].

455 ff. [Nauck bemerkt zu 455—458: *incommodi*.]

460. οἵ als Encliticum in der Arsis vor einem nicht digammierten
Vocale lang gebraucht wie noch λ 103. ν 343. Oscar Meyer Quaest.
Hom. p. 83 erklärt die Länge des enklitischen οἵ vermittelst des An-
laut σ, aus welchem der spiritus lenis von ἐκ seinen Ursprung habe. —
[Ueber die folgende Partie vgl. das Urtheil von Nitzsch Sageupoesie
p. 130 f.]

463. In der Erklärung von εὐξάμενος folge ich jetzt F. H. Kämpf
'Ueber den aoristischen Gebrauch des Particips der griechischen
Aoriste' (Neu-Ruppin 1861) S. 10 Anmerk. 3, wo unter anderm mit

Recht bemerkt ist: 'Odysseus spricht, um sich einen Mantel zur Decke
für die Nacht zu verschaffen. Die Erfüllung dieses Wunsches hofft er
nicht dadurch zu erreichen, dass er sich die Wiederkehr der alten
Jugendfrische und Kraft wünscht, sondern durch die Erzählung davon,
wie er sich schon einmal vor Troja einen Mantel verschafft. Hauptsache
ist also die Erzählung der Geschichte (τὶ ἔπος ἐρέω), nicht das Aussprechen des Wunsches'. Andere erklären εὐξάμενος mit 'prahlerisch'.
Aber dieser Deutung widerspricht der ganze Charakter der Erzählung.
Denn der Gedanke 468 bezeichnet im Munde des homerischen Menschen
nicht einen 'kecken und leichtfertigen Wunsch', wie manche hier annehmen. Uebrigens ist hier die älteste Stelle für die Erinnerung, dass
die alten Dichter unter allen Empfindungen die der Weinestrunkenheit
mit dem meisten Feuer und der höchsten Begeisterung besungen haben.
Odysseus hat hier keineswegs die Absicht 'sich vor den Knechten seines
Herrn angetrunken zu stellen', wie man behauptet hat (vgl. auch Nägelsbach Hom. Theol. VII 1), sondern er schildert nur die Weinseligkeit
in ihren Wirkungen. Ueber diese richtige Klimax von der Weinseligkeit,
wie sie hier geschildert wird, vgl. Plutarch. de garrul. c. 4 p. 503ᵉ
und Sympos. III prooem. p. 645ᵃ, und Galen. περὶ ψυχῆς ἠθῶν c. 3
p. 778. Das ἠλεός behandelt Lobeck Path. Elem. I p. 117. G. Curtius
Etym.² S. 490. [⁴ 546.] Zu ὅς τ' ἐφέηκε vgl. Σ 108, und zur
sinnlichen Belebung des Weines auch Sprichw. Sal. 20, 1: 'Der Wein
macht lose Leute'. — Das ἁπαλὸν γελάσαι 465 sagt ebenso vom Eros
Long. Pastor. II 4: ἐγέλα πάνυ ἁπαλόν, und nachher πάνυ καπυρὸν
γελάσας. Ueber ἁπαλίς vgl. G. Curtius Etym.² S. 408 Nr. 628 und
S. 472. [⁴ p. 458 No. 628 und p. 527].

468 = H 157. Δ 670. Ψ 629, jedesmal im Munde des Nestor.
Uebrigens hält Dietrich in Kuhns Ztschr. X S. 437 die Form ἠβώωμι
und ο 317 δρώωμι für das richtige, weil ἠβώοιμι und δρώοιμι 'sich
auch mit der Zerdehnungstheorie nicht vertrug'. H. Düntzer hat beide
Formen aufgenommen mit der Note: 'ἠβώωμι, nicht ἠβώοιμι, aus
ἠβῷμι (H 133), mit vorgeschlagenem ω, wie ἠβώωντες κ 6.' [Ueber
die Wünsche mit εἶθε, αἶθε vgl. L. Lange a. a. O. I p. 337 ff.]

475. Ueber Βορέαο πεσόντος vgl. auch Göttling zu Hesiod. Op.
547. Ebenso steht cadere bei den Römern. Andere erklären hier
πεσεῖν mit 'darauffallen' oder 'anstürmen'. Aber dann müste die
nähere Beziehung mit einer Präposition und ihrem Casus ausdrücklich
dabeistehen. Ausserdem würde bei dieser Erklärung hier ἠΰτε πάχνη
bedeutungslos. Denn dies kann sich nur auf die bei einer Windstille
erfolgende gleichmässige weisse Decke beziehen, wie ἀργινόεσσαν
ἀεὶ περιτέτροφε πάχνην in der Nachahmung bei Apoll. Rhod. II 738.
Vgl. Lobeck Rhem. p. 281; und über πάχνη G. Curtius Etym.² S. 241
No. 343 und S. 455. [⁴ p. 268 No. 343 und p. 510. Uebrigens vermuthet Nauck: λάχνη.]

489. Bekker hat hier wie 532 die überlieferte Form ἔμεναι aus
Conjectur in ἰέναι verändert, worüber zu β 298. [Die älteste Odysseehandschr. der Laurentiana hat ἔμμεναι: Gotschlich in Jahrbb. f. Phil.

1876 p. 25]. — **Vers 490.** In νόον σχέθε τόνδε bezeichnet die Form
σχέθε das **Erfassen** und **Festhalten** des Planes (vgl. zu δ 284) und
das hinweisende **τόνδε** hat Bezug auf die redende Person, wie Δ 309
τόνδε νόον **diesen** 'unsern' Sinn. Vgl. auch zu ε 173. Der Fortgang der Erzählung ist ähnlich wie nach dem Formelverse ι 318. Vgl.
Ad. Funk Ueber den Gebrauch der Pronomina οὗτος und ὅδε bei Homer
(Friedland 1860) S. 5 ff. Das erste Hemistich wie ι 480. 526. [Vgl.
dagegen Philol. XXVII p. 507 f. Ameis' Erklärung: 'hielt diesen meinen
Gedanken fest' d. i. hatte einen Plan 'für mich', ist unmöglich:
wäre νόον τόνδε mein Gedanke, was wegen der 3. Person in σχέθε
und auch wegen der Stellung des Pronomens kaum angeht, so würde
derselbe doch ungezwungen nur auf die vorhergehende Mittheilung
487—489 bezogen werden können, die aber schwerlich mit νόος bezeichnet sein würde. Ich habe diese Erklärung deshalb aufgegeben.]

495. Ueber ἐνύπνιον hat nach Aristonikos zu B 56 Aristarch von
Homer folgendes bemerkt: οὐ λέγει ὡς ἡμεῖς ἀλλ᾽ ἀντὶ τοῦ κατὰ τοὺς
ὕπνους, ἐνυπνίως. Zur Sache gibt H. Düntzer folgende **gute** Bemerkung: 'Den Inhalt des Traumes berichtet der Odysseus dieser Geschichte nicht, deutet bloss an, dass dieser ihn der Gefährten wegen
beunruhigt habe; ohne grossen Aufwand von Erfindung will er seinen
Zweck erreichen. Auch der wirkliche Odysseus macht es sich hier
bequem; denn eigentlich zeichnet er sich hier nur durch die List aus,
wie er einen der Genossen anführt, da er doch den Hinterhalt nicht
eines solchen Mannes berauben sollte. Es ist eben eine leicht gesponnene
Erzählung.' Nur lässt sich beifügen, dass 'List' zu den charakteristischen
Eigenschaften des homerischen Odysseus gehöre (Γ 202. Δ 339), dass
daher bei Ausführung einer derartigen List der Gedanke 'er sollte doch
den Hinterhalt nicht eines solchen Mannes berauben' nur das Product
einer ungehörigen Reflexion wäre. [Indess wurde der Vers von Aristarch
als unecht und aus B 56 übertragen verworfen, vgl. Carnuth Arist.
p. 130: ἀθετεῖται ὡς ἐκ τῆς Ἰλιάδος (B 56) μετενηνεγμένος. γελοῖον
δὲ εἰπεῖν καὶ τὸν ἐν λόχῳ καθυπνωκέναι. Von Neuern stimmen zu
W. C. Kayser und Bergk Griech. Literaturgesch. I p. 701, Anm. 116
und nehmen an, dass derselbe zur Erklärung des folgenden γάρ eingeschoben sei.]

500. φοινικόεσσαν mit Synizese wie φ 118. K 133. Ψ 717.
Zu Krüger Di. 13, 4, 2. Die Purpurfarbe war ein Abzeichen der Könige
und Heerführer. Das βάλε geben die besten Handschriften statt des gewöhnlichen θέτο. [Ueber φοινικόεις vgl. jetzt Riedenauer in den Blättern
für d. bayer. Gymnasialwesen XI p. 52 ff.]

504. Die zum vorigen Verse bemerkte Feinsinnigkeit des klugen
Odysseus würde ihre eigentliche und wohlberechnete Pointe verlieren,
wenn 504 bis 506 hinzukämen, mit welchem Zusatze auch die Antwort des Eumäos, namentlich 510 f. nicht zusammenstimmte. Hierzu
kommt, dass der Gedanke selbst zu dem Wunsche 503, der dann den
hypotaktischen Vordersatz enthielte, naturwidrig klingt, weil das Mitleid weit eher einem Greise, als einem jugendlich kräftigen Manne, den

schützenden **Mantel** gäbe. Endlich bildet 506 zum vorigen gar keinen
passenden Gegensatz. Daher sind diese **Verse** schon von den Alten mit
Recht athetiert worden. So heisst es im Harleianus: καὶ ὁ Ἀθηνοκλῆς
προηθέτει. ἀφανίζουσι γὰρ τὸ χωρίον τοῦ αἰνίγματος διαῤῥήδην
αἰτοῦντος, ἄλλως τε καὶ ὁ Εὔμαιος ὕστερον λέγει „αἶνος μέντοι
ἀμύμων ὅν κατέλεξας.“ Und in der Venediger Handschrift M ist ausser
504 bis 506 auch noch dem Verse 503 der Obelos beigesetzt. Dieser
letztern Auctorität folgen jetzt W. Dindorf, Bekker, Düntzer [Nauck].
[Ist die Auffassung von 463 (εὐξάμενος nachdem ich einen Wunsch
ausgesprochen habe) richtig, so ist auch in Rücksicht darauf 503
zu verwerfen. Dagegen findet Brugman ein Problem der homerischen
Textkritik p. 58 f., indem er ἕης als Genetiv eines Substantivum ἑεύς
= Herr (ἐσ-εύ-ς von W. as, vgl. lat. esa = era Herrin und Zend.
aṅhu für as-u Herr) versteht, in den Worten einen feinen Doppelsinn:
'Er sagt den Sauhirten ins Gesicht: „Wenn ihr wüsstet, dass ich euer
Herr bin, so würdet ihr mir aus Liebe und Achtung einen Mantel geben;
so aber, da ich unkenntlich bin, willfahrt ihr meinen Wünschen nicht",
während die Sauhirten verstehen: ihr würdet den Mantel dem ehe-
maligen Gefährten eures geliebten Herrn nicht weigern.]

508. Eine ähnliche Naivetät, mit welcher der Dichter eine redende
Person die wahre Sachlage aussprechen lässt, finden wir δ 667. ν 123 [?].
248. ο 545 [?]. π 66 [?]. 198. ρ 158. 378. 545 [?]. σ 112. τ 215
und anderwärts. Andere erklären indes: 'die Erzählung die du zum
Besten gabst.' Das in 509 stehende παρὰ μοῖραν findet sich nur hier,
sonst heisst es οὐ κατὰ μοῖραν. Vgl. Nägelsbach Hom. Theol. III 11.
[Zu αἶνος vgl. Doederlein Gloss. § 999 und die abweichende Erklärung
des Wortes bei Ph. Mayer (Beiträge zu einer homer. Synonymik, in
den jetzt gesammelten) Studien zu Homer, Sophocles etc. 1874. p. 77 ff.—
Auch hier kann ich Ameis nicht beistimmen in der Annahme einer besondern Naivetät, womit Eumaios unbewusst die wahre Sachlage ausdrücke, indem er durch das ethische τοί unbewusst das Lob auf
seinen geliebten Herrn beziehe: auch deswegen nicht, weil die dabei
angenommene Bedeutung von αἶνος löbliche That aus dem übrigen
Gebrauch des Wortes sich nicht erweisen lässt, auch mit dem Inhalt
des folgenden negativen Parallelismus nicht harmonirt. Ich bin daher
zu Doederleins Auffassung zurückgekehrt.]

512. δνοπαλίζειν ist das Verbum intensivum oder iterativum einer
Wurzel nabh νεφ und bedeutet 'hüllen, bergen, verfinstern, vernichten, tödten'. Vgl. Hesych. δνόφ· χιτῶνος εἶδος. βάθος, und zu
Δ 472. So mit H. Rumpf in Fleckeisens Jahrb. 1856 S. 268 ff. Anders
Lobeck Path. Elem. I p. 182. 296 [vom Stamm δονο, wovon δονέω,
und W. παλ, unter Zustimmung von Siegismund in G. Curtius Stud.
V, 189, 72.] und Döderlein Hom. Gloss. § 2373. Noch Andere erklären hier δνοπαλίζειν mit 'ausschütteln, d. i. reinigen'. H. Düntzer
endlich in Kuhns Zeitschr. XIV S. 210 erklärt hier und Δ 472 δνοπαλίζειν mit angreifen, nehmen: es 'bezeichnet das Ergreifen der
am Abend, wo man sich ganz auszieht, abgelegten Lumpen, so dass

an beiden Stellen die Bedeutung des ergreifens klar vorliegt.' Er will
es nemlich ableiten von einem angenommenen ὀνοπαλός, ὀνόπαλος,
ὀνοπάλη oder ὀνόπαλον mit dem Resultat: 'Hiernach ergibt sich eine
Wurzel δνεπ. Eine solche ist zwar nicht nachzuweisen, doch wohl
verwandte,' wozu die von G. Curtius Etym. II 274 [⁴ p. 524] als
stammverwandt bezeichneten Wörter σκνιφός, σκνῖφος, κνέφας, κνώψ,
γνίφων, γνόφος, δνόφος angeführt werden. [Ich bin lieber der von
Lobeck aufgestellten, auch von Kayser (ähnlich Autenrieth und Suhle
im Wörterb.) angenommenen Erklärung von δνοπαλίζω gefolgt, da sie
sich am ersten mit der Verwendung des Wortes in der Ilias vereinigen
lässt, der Construction nach wahrscheinlicher ist, als die von Rumpf
gegebene, und in Verbindung mit ῥάκεα einen treffenden humoristisch
gefärbten Ausdruck ergiebt.]

515—517. Diese Verse fehlen in den besten Handschriften mit
Recht. Denn sie sind aus o 337 bis 339 hier mit kleinen Veränderungen
vorzeitig eingefügt und stören, da sie im vorhergehenden nicht motiviert sind, den Zusammenhang.

521. Statt παρεκέσκετο haben andere παρεχέσκετο mit sinnlicher
Belebung der χλαῖνα entweder 'bot sich dar' oder so dass ἀμοιβάς
als Accusativus Pluralis zu fassen wäre 'bot von sich dar.' Aber bei
Homer findet sich von παρέχειν sonst kein Medium.

525. ἀπό im Sinne 'entfernt von' findet sich noch α 49. 203.
ε 350. ζ 220. η 152. ϑ 411. ι 192. κ 49. λ 344. ο 96. 517.
π 171. φ 364. χ 316. ψ 110. 353. A 562. B 162. 178. 292.
I 353. 437. Λ 242. M 70. N 227. 696. 702. Ξ 70. O 335.
Π 436. Σ 64. 272. T 329. Υ 188. X 454, in übertragener Bedeutung λ 344. Die Anastrophe ἄπο aber hat nie ihren Grund in
dieser Bedeutung, sondern in der Stellung. Vgl. Lehrs quaest. ep.
p. 95 sq. Auch der Zusatz bei Herod. III 41 ὡς δὲ ἀπὸ τῆς νήσου
ἑκὰς ἐγένετο kann nebst ähnlichen Stellen zur weiteren Bestätigung
dienen: denn schon bei Homer finden sich τῇ λ' ἀπὸ Λαρίσης P 301,
ἑκὰς δ' ἀπὸ τείχεος εἰμὲν Σ 256, δόμων ἄπο τῆλε γ 313, νόσφιν
ἀπὸ φλοίσβου E 322, φίλων ἀπονόσφιν ε 113, πολλὸν ἀπ'
ἠπείρου ε 350, πολὺ ναῖεν ἀπ' αὐτοῦ ο 96 und ähnliche Verbindungen.

533. Zu ἰωγή vgl. ἐπιωγαί ε 404 und Lobeck Path. Proll. p. 307
und Elem. I p. 73. G. Curtius Etym.² S. 119. 149. [⁴ p. 531. 563,
und wegen der Reduplication (ϝι-ϝωγ-ή) Fritzsche in G. Curtius Stud.
VI, 303.]

o.

1 ff. [Zu der folgenden Partie vgl. die Kritik von Hennings über
die Telemachie etc. p. 194 fl., Bergk griech. Literaturgesch. I p. 703
und die Gegenbemerkungen von Kammer die Einheit p. 206 ff.]

8. Alb. Fulda Untersuchungen (Duisburg 1865) I S. 192 bemerkt
folgendes: 'Ich halte mit Ameis an dieser Stelle μελεδήματα für das

Subject; freilich meint Fäsi, das vorangestellte ἐνὶ θυμῷ zeige, dass
Telemach Subject sei und ich gestehe zu, dass dieser Zusatz sehr entbehrlich ist, wenn μελεδήματα Subject ist.' Ich denke indes, dass ἐνὶ
θυμῷ mit Nachdruck vorangestellt sei in dem Sinne: 'sondern Seelen-
schmerz hielt ihn wach,' so dass hier nicht eintrat was vom ὕπνος
v 56. ψ 343. Ψ 62 ausgesagt ist: λύων μελεδήματα θυμοῦ. Vgl.
auch zu σ 324. [Uebrigens vermuthet Nauck ἔχεσχεν statt ἔγειρεν.]
    10. οὐκέτι ist hier besonders bedeutsam, weil Athene selbst ihn
zu der Fahrt veranlasst hatte. Dass Athene nicht als Traumgestalt ausdrücklich eingeführt ist, liegt in der Situation des immer wieder er-
wachenden Telemachos; die Gründe aber, welche der Göttin in den
Mund gelegt werden, sind nur eine erdichtete epische Motivierung für
den Fortschritt der Handlung. Dabei ist der Gedanke 20 bis 26 ganz
allgemein gehalten, weil es dem Dichter nicht einfallen kann, den Ruf
der standhaften Penelope irgendwie schmälern zu wollen. Vgl. den
Commentar zu 23. Anders urtheilt von seinem Standpunkte aus W. Hartel
in der Zeitschr. f. d. österr. Gymn. 1864 S 483 f. [auch Kammer die
Einheit p. 621, welcher 20—26 verwirft, vgl. zu 27.]
    12. μή in der selbständig warnenden Drohung oder mit verbietender
Kraft findet sich auch ε 356. 415. 467. o 19. 90. π 87. 255. 381.
ϱ 24. φ 370. χ 213. Α 26. Β 195. Σ 8 und anderwärts: es ist
also hier anders gebraucht als in der Parallelstelle γ 315. [Bei diesem
selbständigen Gebrauch des prohibitiven μή, mit dem L. Lange passend
die ursprünglich interjectionsartige Partikel εἰ in Parallele gestellt hat,
verdienen die Fälle besondere Beachtung, wo die mit μή eingeleitete
Vorstellung mit einer dadurch bedingten Erwartung im Futurum in der
Weise verbunden ist, dass jene die Bedeutung eines parataktischen Vordersatzes für diese erhält, wie ε 415. 416. π 87. E 487. Ψ 341.
Φ 563—565. Ueber X 123 ist Näheres im Anhange zu I 300 bemerkt. Im Nachsatz nach vorhergehendem Bedingungssatz steht μή dagegen ε 467. π 255.]
    13. [τηύσιος erklärt jetzt G. Meyer in Kuhn's Zeitschr. XXII p. 488
aus dem von Hesychios aufbewahrten ταῦς· μέγας, πολύς = weit,
weitläufig, wie auch schon Autenrieth im Lexicon vermuthete.]
    27. [Die ganze Partie 27—42 wird von Kammer die Einheit
p. 621 ff. verworfen, weil die hier gegebene Mittheilung von den dem
Telemach bereiteten Nachstellungen ohne alle Wirkung auf denselben
bleibt und wegen einer Reihe von einzelnen Bedenken.] σὺ δὲ σύνθεο
mit nachfolgendem θυμῷ findet sich nur hier: aber ebenso in der Form
σύνθετο θυμῷ βουλήν H 44 und ähnlich φρεσὶ σύνθετο θέσπιν ἀοιδήν
α 328. Sonst stehen die Formen σύνθεο und σύνθετο stets allein:
ἐμεῖο δὲ σύνθεο μῦθον ϱ 153. τ 268, ὅπα σύνθετο v 92, auch der
Imperativ im Plural σύνθεσθ' Ἀργεῖοι Τ 84; und ausserdem σύνθεο
durch καί mit einem zweiten Imperativ verbunden in dem zu o 318
erwähnten Formelverse. Ueber dieses συνθέσθαι vgl. auch Autenrieth
bei Nägelsbach zu Α 76, wo nur die Stelle Τ 84 übersehen ist. An
unserer Stelle nun ist σύνθεο θυμῷ mit besonderm Nachdruck verbunden,

weil es als Stellvertreter des sonstigen ἐνὶ φρεσὶ βάλλεο σῇσιν dienen soll: dies letztere **aber** konnte der Dichter nicht anwenden, weil er im ersten Hemistichion **ein** nachdrucksvolles τί ἔπος hinzugefügt hat. Ueber die gewöhnliche Bezeichnung dieses Gedankens vgl. zu π 299. Anders urtheilt Albert Fulda Unters. S. 72 f. — Uebrigens ist die zu 19 angegebene Scholiennotiz ἔνιοι τοὺς γ′ νοθεύουσι ὅτι μηδὲν τούτων ἐπανελθὼν ποιεῖ, die von Aristonikos herrührt, **auf** 24 bis 26 zu beziehen, wo sie auch im Vind. 133 steht. [V. 19 wurde von Aristophanes athetiert nach schol. H., **vgl.** Aristonicus ed. Carnuth p. 132 zu 19 und 24—26.]

30—32. Hier **hat** Bekker [und jetzt Nauck] 31 und 32 **mit** Dionysios athetiert, was Nitzsch Beiträge zur Gesch. der ep. Poesie S. 127 billigt, indem **er** bemerkt: 'Dabei ist zu beachten, dass durch diese Weisung mit **der** hinzugefügten Zusage des göttlichen Schutzes eigentlich die Gefahr ohne Weiteres beseitigt war, also an dieser Stelle die Verse 31 und 32 überflüssig sind;' und S. 327 Anm. 36: '31 f. besonders deshalb ungehörig, weil Athene 33 ff. den Rath gibt, durch **dessen** Befolgung der Plan der Freier ohne Weiteres vereitelt wird.'

34. Ein Dativ der Zeit, wie hier νυκτί, ist stets mit Bezug auf den Gegensatz gesagt, während νυκτός 'zur Nachtzeit' in irgend einem Theile der Nacht, und νύκτα 'die Nacht hindurch' bedeuten würde, wie χ 28. Krüger Di. 48, 2, 8 hat zwei verschiedenartige homerische Beispiele zusammengestellt. A. Rhode 'Untersuchungen' S. 36 dagegen meint, dass hier 'νυκτὶ πλείειν und ἑκὰς νήσων ἀπέχειν νῆα durch ὁμῶς zu verknüpfen' seien als 'zwei Vorsichtsmassregeln, die Telemachos beide auf gleiche Weise beachten' solle: aber dieser Gebrauch des ὁμῶς lässt sich aus Homer nicht erweisen. Vgl. auch Lehrs de Arist. p. 157 ed. II.

36. Ueber die fünfmalige Wiederholung desselben Vocals η vgl. Lobeck Parall. p. 53. Dies Zusammentreffen benutzt zugleich J. Richter in der Zeitschr. für das Gymn. Wesen 1864 S. 839 mit Recht zu folgendem Beweise: 'Wie viel schöner der Etazismus für unser Ohr klingt, das zeigt uns ein homerischer Vers: αὐτὰρ ἐπὴν πρώτην ἀκτὴν Ἰθάκης ἀφίκηαι, den der blinde Sänger von Chios schwerlich im Itazismus gesungen hat oder schwerlich in dieser Form gedichtet haben würde, wenn er ihn im Itazismus hätte singen müssen.' Statt πρώτην vermuthet Bekker πρῶτον.

43—55. [Meister im Philol. VIII p. 10 **verwirft diese** Verse als unechten Zusatz.]

45. Dieser Vers, den Hennings 'über die Telemachie' in Fleckeisens Jahrb. Suppl. III S. 196 zu vertheidigen sucht, ist schon von den Alten mit Recht athetiert worden [vgl. Aristonicus ed. Carnuth p. 133]. Denn wenn zwei Personen wie hier Telemachos und Peisistratos auf e i n e m Lager l i e g e n, so wird der den andern berührende, um ihn aufzuwecken, nicht seinen Fuss gebrauchen, sondern vielmehr seine Hand und seine Stimme. Nestor dagegen K 158 s t a n d vor dem Lager des Diomedes und stiess ihn mit seinem Fusse, um sich nicht erst bücken zu müssen.

Döderlein zu d. **St.** gibt noch einen zweiten Grund an. Was sodann
das zweite Hemistichion betrifft, so ist der hier ausdrücklich gegebene
Begriff **des** 'sprechens' schon in dem prägnant gesetzten ἔγειρεν mit
enthalten, wie es sich mit der Einführung der redenden Person κ 265
ähnlich verhält. Ueber λάξ 'stossend' vgl. Lobeck Parall. p. **97.**
G. Curtius Etym.[2] S. 325 No. 534 [[4] p. 364 und Siegismund in
G. Curtius Stud. V p. 163, Brugmann daselbst VII p. 289 f], und
über die Vereinigung von λάξ ποδί Lobeck zu Soph. **Ai.** p. 222.

46. μώνυχες erklärt man nach der Ueberlieferung gewöhnlich
durch 'einhufig, mit ungespaltenem Hufe,' indem man, um
H. Düntzers Note zu gebrauchen, annimmt: 'μῶνυξ statt μονῶνυξ,
wie Εὐφράνωρ ποιμάνωρ statt Εὐφραν-άνωρ ποιμαν-άνωρ, ἁρμα(το)-
τραχιή, κελαι(νο)νεφής, ὀπισ(θο)θέναρ.' Man könnte diesen Beispielen
noch beifügen τραγω(δο)διδάσκαλος, ἐνδάπιος und ἐνδαπός anstatt
ἐνδοδάπιος und ἐνδοδαπός, ὑψιπέτης anstatt ὑψιπετέτης, und andere
Beispiele dieser 'syllabarum mediarum praetermissio,' welche Lobeck
Paralip. p. 44 erwähnt hat. Ebenso im Lateinischen *veneficus* anstatt venenificus, *vendo* anstatt venumdo, *cordolium* anstatt cordi-
dolium, *tragi(co)comoedia;* und hierzu liesse sich noch vergleichen
das mhd. *wâfen* anstatt wâfenen, *lougen* anstatt lougenen, *biet* anstatt
bietet, *diende* anstatt dienende, und aus dem nhd. **durchlaucht** anstatt durchlauchtet, **erlaucht** anstatt erleuchtet, **ungeschlacht** anstatt ungeschlachtet, und unsere Volksaussprache Super(inten)dent. Aber
trotz dieser Analogien hat μῶνυξ anstatt μονῶνυξ seine eigenthümlichen
Schwierigkeiten; denn 1) Homer hat kein Compositum mit μόνος, das
ausserdem nur in der Form μοῦνος erscheint, so dass man wenigstens
μούνυχες erwarten müste; 2) μοῦνος als Synonymum von εἷς ist bei
Homer nicht nachweisbar; 3) eine in späterer Zeit übliche Wortkürzung
beweist nichts für homerische Wortbildung; 4) die später vorkommende
Form μονῶνυξ findet sich nur bei naturhistorischen Beschreibungen,
nicht als poetisches Beiwort; 5) die traditionelle Erklärung 'einhufig'
ist aus sachlichen Gründen nicht empfehlenswerth, indem a) durch
dieses Epitheton an einzelnen Pferden etwas bei allen Pferden Selbst-
verständliches hervorgehoben würde, b) das Epitheton dann auch auf
andere 'Einhufer' angewendet werden müste, c) auch bei Mehrhufern
die entsprechenden auf die Beschaffenheit ihres Hufs bezüglichen Epitheta
vorkommen müsten, was beides nicht der Fall ist. Daher wird man
das Wort besser von ΜΑΩ, von der Wurzel μα und ὄνυξ ableiten,
so **dass** es bedeutet μεμαότας ὄνυχας ἔχων, vgl. ο 183. Λ 615, wie
schon Bothe zu Ε 236 wollte. Eine äussere Stütze bietet die Glosse
des Hesychius τανύποδε· μωνύχιπποι nach Musurus, wiewol M. Schmidt
IV p. 129 dies anders gestaltet hat. Sowohl die Wurzel μα mit der
Bedeutung 'streben' steht fest als auch diejenige Art aus Verbalstämmen
und Substantiven zusammengesetzter Adjectiva, wo der zweite Theil,
das Substantivum, das Subject des ersten Theils, des Verbums, darstellt
oder adjectivisch steht. Diese Ableitung und Deutung des Adjectivs
μώνυχες nun empfiehlt sich in sachlicher Beziehung 1) dadurch dass

an vielen Stellen dieselben Rosse $\mu\acute{\omega}\nu\nu\chi\varepsilon\varsigma$ genannt werden, die vorher
oder nachher durch ein auf die Behendigkeit ihrer Füsse bezügliches
Epitheton ausgezeichnet sind, 2) dadurch, dass das Epitheton überhaupt
nur von edlen Rossen gebraucht wird, 3) dadurch dass es von edlen
Rossen nur da gebraucht wird, wo dieselben entweder in Bewegung
sind oder doch nur wider ihren Willen von der Bewegung zurückge-
halten werden, 4) auch dadurch, dass die alten Künstler, so oft homerische Scenen mit Rossen zur Darstellung kommen, diese Thiere als
wirklich 'strebehufige' abbilden. Eine andere Erklärung gibt Döderlein
Hom. Gloss. § 882, nemlich dass es eine Aphaeresis von $\acute{o}\mu\acute{\omega}\nu\nu\chi\varepsilon\varsigma$ sei,
gleich '$\acute{o}\mu o\tilde{v}$ $\chi\vartheta\acute{o}\nu\alpha$ $\nu\acute{v}\sigma\sigma o\nu\tau\varepsilon\varsigma$ $\grave{o}\nu\acute{v}\chi\varepsilon\sigma\sigma\iota$, gleichen Schritt mit einander
haltend.' Unmöglich. Sachlich hat schon M. Lechner de Homeri imita-
tione Euripidea (Erlangen 1864) p. 20 aus Eur. Phoen. 794 $\mu\acute{\omega}\nu\nu\chi\alpha$
$\pi\tilde{\omega}\lambda o\nu$ entgegengestellt, und ausserdem an Iph. Aul. 245 $\grave{\varepsilon}\nu$ $\mu\omega\nu\acute{v}\chi o\iota\varsigma$
... $\check{\alpha}\varrho\mu\alpha\sigma\iota\nu$ erinnert. Uebrigens findet sich $\mu\acute{\omega}\nu\nu\chi\varepsilon\varsigma$ (oder $\mu\acute{\omega}\nu\nu\chi\alpha\varsigma$)
in der Odyssee nur hier, aber 32mal in der Ilias. Vgl. die gründliche
Erörterung von Anton Göbel in der Zeitschr. f. d. G. W. 1864 S. 403 ff.

57. $\grave{\alpha}\gamma\chi\acute{\iota}\mu o\lambda o\nu$ $\delta\acute{\varepsilon}$ $\sigma\varphi$' (oder $\delta\acute{\varepsilon}$ $o\acute{\iota}$) $\tilde{\eta}\lambda\vartheta\varepsilon$ $=$ ϑ 300. o 95. v 173.
ω 99. 439. $\varDelta$ 529. $\varPi$ 820. $\varOmega$ 283, und $\sigma\varphi$' als Dativ noch γ 440.
$\varXi$ 205. Zu Krüger Di. 12, 2, 6.

59. Das erste Hemistichion $\tau\grave{o}\nu$ δ' $\acute{\omega}\varsigma$ $o\grave{v}\nu$ $\grave{\varepsilon}\nu\acute{o}\eta\sigma\varepsilon$ steht nur hier
in der Odyssee, in der Ilias aber $\varGamma$ 21. E 95. $\varLambda$ 248. 575. $\varPhi$ 49,
mit dem Anfange $\tau\grave{\eta}\nu$ $\varPhi$ 418, mit $\tau o\grave{v}\varsigma$ E 711. H 17, und $\varkappa\alpha\acute{\iota}$ $\acute{\varrho}$'
$\acute{\omega}\varsigma$ $\varGamma$ 396.

63. Dieser Vers fehlt hier in den besten Handschriften mit Recht.
Denn eine solche Wiederholung des Subjects (59. 62) ist schon an und
für sich höchst auffällig; und hier verräth sie sich als ein mattes und
unhomerisches Einschiebsel deshalb, weil nach $\pi\varrho o\sigma\eta\acute{v}\delta\alpha$ und $\eta\tilde{v}\delta\alpha$ sonst
nirgends bei Homer ein besonderes Subject im nächsten Verse nachfolgt,
sondern höchstens ein Object oder eine parenthetische Nebenbestimmung:
vgl. die zu ν 254 erwähnten Stellen und den Anhang zu σ 413. Die
Variante δ' $\check{\varepsilon}\pi o\varsigma$ $\eta\tilde{v}\delta\alpha$, die sich hier 62 statt $\delta\grave{\varepsilon}$ $\pi\varrho o\sigma\eta\acute{v}\delta\alpha$ findet, ist
aus P 119 entlehnt.

72. $\check{o}\varsigma$ in dem Sinne von $\varepsilon\check{\iota}$ $\tau\iota\varsigma$ findet sich eben so Hesiod. Op.
327, und $\check{o}\varsigma$ $\tau\iota\varsigma$ Tyrt. 9, 16 oder Theogn. 1006. Vgl. auch zu $\varLambda$ 218.
Krüger Di. 51, 11, 4.

74. Dieser Vers fehlt in den besten Quellen [$\grave{\varepsilon}\nu$ $\pi o\lambda\lambda o\tilde{\iota}\varsigma$ $o\grave{v}\varkappa$ $\grave{\varepsilon}\varphi\acute{\varepsilon}\varrho\varepsilon\tau o$
HQ Vind. 133, vgl. Aristonicus ed. Carnuth p. 133] und ist eine im
Charakter des Hesiodos gedichtete Gnome, die den vorhergehenden Ge-
danken ohne Grund wiederholt. Auch die Form $\varphi\iota\lambda\varepsilon\tilde{\iota}\nu$ findet sich nur
hier, da doch das gewöhnliche $\varphi\iota\lambda\acute{\varepsilon}\varepsilon\iota\nu$ mit Leichtigkeit in den Vers gebracht werden konnte. Vgl. auch Friedländer in Fleckeisens Jahrb. Suppl.
III p. 467. Bekker hat jetzt in seiner Athetese auch 72 und 73 aus
Conjectur hinzugenommen [auch Nauck bemerkt zu diesen beiden Versen
spurii.] Vgl. den Anhang zu ϱ 322. 323.

78—85. Diese Verse haben in M. die Obeli und sind von Aristarch
verworfen worden. Diesem ist jetzt auch Bekker gefolgt, so wie J. La

Roche Hom. Stud. § 42, 13. Hennings in Fleckeisens Jahrb. Suppl. III
S. 197. A. Rhode Untersuchungen (Brandenburg 1858) S. 37. Ueber
das Zusammenfassen von κῦδός τε καὶ ἀγλαΐη in einen Begriff meint
J. La Roche dass dies 'Auskunftsmittel des Scholiasten bei diesem rein
numerischen Begriffe übel angebracht' sei. Aber ἀμφότερον ist doch
mit δύο nicht vollständig synonym, es lässt sich vielmehr mit den übrigen
bei Krüger Di. 57, 10, 4 erwähnten Stellen vereinigen. Ueber den Gedanken hat Hennings folgendes bemerkt: 'Menelaos schwatzt entweder,
oder er gibt seinem Gast zwei schwer verdauliche Malicen, einmal indem
er ihm Beistand und Geleit anbietet, falls er sich weiter in Phthia und
mitten im Peloponnes umhertreiben wolle, da er doch eben gehört hat
dass Telemachos sehnlichst nach Hause verlangt; und dann auch indem
er ihn erinnert, wie viele Gastgeschenke er sich dabei zusammenreisen
könnte'. So lautet der pikant stilisierte Einwand. Allein Menelaos will
hier in seiner angeborenen Gutmüthigkeit nur sein bereitwilliges
Geleitgeben mit naiver Emphase ausdrücken, ohne dabei an die Möglichkeit der Ausführung zu denken, so dass hier dasselbe gilt, was zu
δ 177 bemerkt worden ist. Noch sagt A. Rhode: 'Höchst seltsam sind
ferner die Worte πολλὴν ἐπ' ἀπείρονα γαῖαν vor den Worten εἰ δ'
ἐθέλεις κτλ. Es handelt sich zunächst gar nicht um eine grosse Reise,
sondern einfach um die Rückkehr nach Ithaka und dass es besser ist,
diese nicht ἄδειπνον anzutreten'. Aber schon dieser Gedanke ist von
Menelaos in die Form eines Gemeinplatzes eingekleidet: denn δειπνήσαν-
τας gehört zu dem von Krüger Di. 55, 2, 5 erwähnten Falle. Daher
konnte hier der formelhafte Ausdruck πολλὴν ἐπὶ γαῖαν nach der
Situation dieser Stelle noch durch ἀπείρονα verstärkt werden, worüber
zu ρ 418. Denn im Eifer der Bereitwilligkeit pflegt man stark zu reden.
In Vers 80 haben die Alexandriner nach εἰ δ' ἐθέλεις interpungiert wie
auch Z 150. Τ 213. Φ 487, und haben dann die folgenden Infinitive
τραφθῆναι und δαήμεναι imperativisch verstanden: zu α 292. So Aristarch und Nikanor. Vgl. J. La Roche in der Unterrichts-Zeitung für
Oesterreich 1864 S. 277. A. Rhode Homerische Miscellen (Moers 1865)
S. 13. Ueber ἀν' Ἑλλάδα καὶ μέσον Ἄργος, das Strabo VIII 3, 8
p. 340 und VIII 6, 6 p. 370 aus dieser Stelle anführt, vgl. zu α 344.
Zu 83 über die Aussprache von ἀππέμψει vgl. Hoffmann quaest. Hom. I
p. 81. [Mit der Annahme der Aristarchischen Interpunction nach εἰ δ'
ἐθέλεις, so dass der folgende Infinitiv imperativisch zu verstehen sei,
steht unter den Neuern Ameis ziemlich allein. Auch L. Lange de formula Homerica εἰ δ' ἄγε Lips. 1873, p. 6 hat Z 150. Τ 213. Φ 487,
wo bei gleichen Verhältnissen von Aristarch dieselbe Interpunction gegeben war, von den Stellen, wo εἰ δ' ἐθέλεις für sich ohne Infinitiv,
den Vordersatz zu einem nachfolgenden Imperativ bildet Τ 142. ρ 277.
π 82, geschieden und Aristarch's Auffassung verworfen. Und wohl mit
Recht. Zunächst beruht die Anwendung des gegensätzlichen εἰ δ' ἐθέλεις in den beiden Reihen zusammengehöriger Stellen auf ganz verschiedenen Voraussetzungen. In den zuletzt erwähnten, wo ein Imperativ als
Nachsatz folgt, geht bereits ein anderer vom Redenden gemachter Vor-

schlag voraus und diesem wird mit εἰ δ' ἐθέλεις ein zweiter so gegenübergestellt, dass dem Angeredeten freigestellt wird sich für den einen
oder andern zu entscheiden. Ganz anders ist das Gedankenverhältniss
zum Vorhergehenden in der ersten Reihe: da geht eine Ablehnung einer
von Seiten des Angeredeten an den Redenden gerichteten Aufforderung
oder eine Zurückweisung seiner Handlungsweise voraus, Z 150 in der
Frage 145, Φ 487 ebenso in der Frage 481 und 485. 486, ähnlich
Τ 213 in 200 und 211. 212 und εἰ δ' ἐθέλεις macht im Gegensatz
dazu die Annahme, dass der Angeredete auf seinem Willen beharre. Dies
Gedankenverhältniss trifft freilich bei der hier in Frage stehenden Stelle
nicht zu, gleichwohl ist dieselbe aus anderen Gründen von den letzteren
nicht zu trennen. In Bezug auf den vorhergehenden Gedanken nämlich
stimmt diese Stelle weder mit der einen noch mit der andern Reihe
überein, indem die mit εἰ δ' ἐθέλεις eingeleitete Annahme weder im
Gegensatz zu der vorhergehenden Aufforderung 75 steht, noch den Gegensatz zu einer vorhergehenden Abweisung bildet. Dagegen reiht sie sich
durch den nach ἐθέλεις folgenden Infinitiv, sowie durch den Anschluss
eines Satzes mit ὄφρα den erstgenannten Stellen an. Der Hauptgrund
nun, weshalb Aristarch auch in diesen Stellen nach εἰ δ' ἐθέλεις inter-
pungirt und den folgenden Infinitiv imperativisch gefasst wissen wollte,
war wohl ohne Zweifel, weil sonst der Vordersatz ohne formellen Nachsatz bleibt; da schien doch die Analogie der andern Reihe von Stellen
mit Imperativ die Auffassung des Infinitivs in gleichem Sinne nahezulegen.
Allein die angedeutete Verschiedenheit des Gedankenverhältnisses zum Vorhergehenden fordert für beide Reihen Verschiedenes: verstellt der Redende
zwei Vorschläge zur Wahl, so genügt nach der ersten Aufforderung,
die den einen Vorschlag enthält, die kurze Andeutung durch εἰ δ' ἐθέλεις, dass eine zweite Möglichkeit vorhanden sei und das Hauptgewicht
liegt auf der Aufforderung; im andern Fall aber nach vorhergehender
Ablehnung der in Frage stehenden Handlung handelt es sich wesentlich
um das, was der Redende selbst thun will; eine Aufforderung an den
Angeredeten hätte, da der Inhalt einer solchen ja mit der Neigung und
dem Willen des Aufzufordernden übereinstimmen würde, in solchem Zusammenhange nur Sinn, wenn sie ironisch gefasst werden könnte, um
daran eine Drohung zu knüpfen, wie das allenfalls Φ 487 denkbar wäre,
aber auch nur da; denn an den beiden anderen Stellen Z 150. Τ 213
würde ein solcher herausfordernder Ton, den der Imperativ nach vorhergehender Ablehnung des vom Angeredeten Gewünschten jedenfalls
haben würde, indem Wollen und Thun in der Gegenüberstellung im
Vorder- und Nachsatze gleichmässig betont wären, ganz unpassend. Dass
wir aber bei Ablehnung dieser Auffassung keinen formellen Nachsatz haben,
kann uns daran nicht irre machen, da in ähnlicher Weise nach vorbereitenden Sätzen mit ἐπεί der zunächst zu erwartende Nachsatz, der die
Ankündigung der folgenden Ausführung enthalten sollte (so sage ich),
oft lebhaft übergangen wird und die Ausführung selbst sofort eintritt.
Danach ist Z 150 und Τ 213 leicht verständlich und was Φ 487 betrifft, so ist es dem leidenschaftlichen Charakter der Worte durchaus

angemessen, dass über der Ausführung der dem Vordersatz angeschlossenen Nebensätze der Nachsatz nicht zum Ausdruck kommt: statt der Ankündigung dessen, was Here thun will, folgt sehr wirksam sofort 489 die That selbst. Was endlich die vorliegende Stelle betrifft, so hat sie auch in Bezug auf den Nachsatz ihre Eigenthümlichkeit. Mit W. C. Kayser denselben mit ὄφρα (in demonstrativem Sinne = so lange) zu beginnen ist zwar dem Gedanken nach möglich, aber nicht allein wegen des so ganz allein stehenden Gebrauchs von ὄφρα bedenklich, sondern auch wegen der formellen Uebereinstimmung der ganzen Structur des Satzes mit den behandelten Stellen nicht wahrscheinlich. Richtete sich der Dichter dieser Verse ohne Zweifel nach jenen, so wird er auch ὄφρα in derselben Weise wie dort zur Einleitung eines Nebensatzes gebraucht haben. Scheint uns der Finalsatz unpassend, so ist zu beachten, dass auch Φ 487 mehr die zu erwartende Folge, als die Absicht des Angeredeten dadurch zum Ausdruck kommt, wenn man den Absichtssatz nicht ironisch verstehen will: und wie ὄφρα und ἵνα sonst nicht immer streng dem Ausdruck der Absicht dient, sondern die unmittelbar sich ergebende, natürliche Folge bezeichnet: vgl. zu B 359. Θ 580. λ 94, so setzt auch hier der Redende wohl mit ὄφρα die Begleitung des Telemach als unmittelbar sich ergebende natürliche Folge des vorher angedeuteten Entschlusses in dem Sinne: auf dass ich dich selbst begleite und erst mit dem folgenden ὑποζεύξω δέ beginnt die eigentliche Zusage und der Nachsatz. Ohne Zweifel war hier, wie Φ 487 das vorhergehende ἐθέλεις nicht ohne Einfluss auf die Setzung des ὄφρα. — Uebrigens ist auch diese Betrachtung des Satzbaus, wobei sich eine durchaus abweichende und eigenthümliche Verwendung der formelhaften Construction ergab, geeignet die wegen des Inhalts von den Alten, wie von den Neuern, jetzt auch von W. C. Kayser bei Faesi, erhobenen Bedenken gegen diese ganze Partie, welche Ameis nicht anerkannte, zu verstärken.]

88. νεῖσθαι findet sich nur hier contrahiert, was durch die Stelle im Verse motiviert ist, in den übrigen 55 Stellen steht νέεσθαι und zwar stets im Versschluss ausser ξ 91. Ξ 221. Ψ 51.

89. [Zur Lesart vgl. Brugman ein Problem der homerischen Textkritik p. 73.]

90. 91. [Nauck: spurii? 91 scheint schon Aristophanes verworfen zu haben, vgl. Nauck Aristoph. p. 30.]

96. [Manche Kritiker des Alterthums scheinen diesen Vers verworfen zu haben: vgl. Aristonicus ed. Carnuth p. 134 zu 95.]

101. ὅθι 'dahin wo', wie Γ 145. Δ 132. 210. 516. E 780. K 526. Σ 520. Υ 320. Zu Krüger Di. 51, 11, 4. Das Wort φωριαμός 104 kommt nach Herodian von φᾶρος her, anders Lobeck Proll. p. 155 und Döderlein Hom. Gloss. § 810. [Mit Kayser, La Roche habe ich jetzt die bestbeglaubigte Lesart ἵκαν' ὅθι οἱ aufgenommen, welche auch Cauer in G. Curtius Stud. VII p. 118 empfiehlt. Nauck vermuthet: ἵκονθ' ὅθι οἱ oder ἵκον ὅθι οἱ.]

106 — 108. [Ueber das Verhältniss dieser Verse zu Z 293—295 vgl. Düntzer homer. Abhandlungen p. 471.]

109. διὰ δώματα, nach homerischer Sitte statt des gewöhnlichen
διὰ δώματος, aus der Handschrift des Eustathius mit statthaftem Hiatus
in der bukolischen Cäsur: zu α 60, und wegen διὰ δώματα δ 24. 679.
ζ 50. κ 546. ρ 479. χ 495. Λ 600. Aber nirgends bei Homer findet
sich διὰ δώματος. Ueber die urkundliche Ueberlieferung an unserer Stelle
und die Erklärung des Aristarch bei dieser Verbindung von διὰ mit dem
Accusativ handeln W. C. Kayser im Philol. XVIII S. 649 und C. Friedländer zu Ariston. p. 21.

113 — 119. G. Hermann de iteratis apud Homerum p. 11 findet
die Wiederholung dieser Verse aus δ 613 ff. hier 'plane absurdum',
und Hennings in Fleckeisens Jahrb. Suppl. III S. 199 erläutert dies also:
'Fürwahr es wäre ganz unsinnig, dem Menelaos dieselben Worte, mit
denen er ein Gastgeschenk versprochen hat, in dem Augenblick wieder
in den Mund zu legen, wo er es bringt, zumal da das Versprechen
zwanzig Verse vorher [?] gegeben ist'. Aber Menelaos sagt 75 einfach:
warte bis ich die schönen Geschenke auf den Wagen gelegt habe und
du sie mit Augen gesehen hast. Sodann lässt sich gegen den vermeintlichen 'Unsinn' erinnern, erstens dass es nicht homerische Sitte sei,
ein Geschenk stillschweigend zu überreichen, zweitens dass durch
Wiederholung derselben Verse gerade die Identität von Versprechen und
Geben in einfachster Weise bezeichnet wird. Hennings fährt fort: 'Und
was sollte man nun gar dazu sagen, dass er selbst dem Telemachos mit
nichten den in jenen Versen beschriebenen Mischkrug, sondern einen
Pocal bringt'. Man 'soll dazu sagen', erstens dass Menelaos 120 **nur**
den Pocal überreicht, weil Telemachos nur diesen in die Hand nehmen kann, während der Mischkrug wegen seiner Schwere vor ihm selbst
(αὐτοῦ προπάροιθε) hingelegt werden muss, und zweitens dass der
Pocal zum Mischkrug eine selbstverständliche Zugabe bildet, wie ι 203.
ω 275. Daher werden auch beide, Mischkrug und Pocal, 207 mit dem
Worte χρυσόν allgemein zusammengefasst. Denn die Trinkbecher mit
allen Namen κύπελλον δέπας ἄλεισον haben nirgends ein anderes Prädicat ihres Stoffes als 'golden', und namentlich immer bei einer Libation
wie ο 149. Vgl. zu υ 261. Demnach sind sie auch von diesem Stoffe
zu denken wo kein Epitheton dabei steht. Dazu ist das χρυσόν in der
Kürze der Angabe umfassend von allen Metallen. Hiermit vergleiche man
die abgekürzten Redeweisen zu γ 340, wo die Erwähnung der δέπα
und der πρόχοος als selbstverständlich unterbleibt. Daher erklären sich
auch die kurzen Formeln κρητῆρας πίνειν Θ 232, κρητῆρι στήσασθαι
β 421. Z 528, wo zugleich an Libieren und Trinken zu denken ist.
Bekker hat also die Verse mit Recht im Texte gelassen. Das Vorhandensein dieser Verse in δ 613 bis 619 und ihre Wiederholung an unserer
Stelle erklärt Johannes Minckwitz Vorschule zum Homer (Stuttgart 1863)
p. 267 auf folgende Weise: 'Jenes bis dahin gehende Gesangstück des
Homer schloss mit dieser Rede des Menelaos, und das neue Gesangstück, welches, ein anderes Mal vorgetragen, die endliche Rückfahrt des
Telemachos aus dem Hause des Menelaos berichten sollte, hub mit der
nämlichen Rede des Menelaos, die in der ersten Rhapsodie einen treff-

lichen Schluss geboten hatte, für die Zuhörerschaft in der Fortsetzung
der Erzählung ebenso treffend und passend wieder an. Denn nunmehr,
in der letztern Schilderung (o 120 ff.) werden die Worte Wahrheit, die
in jener Rede versprochenen Abschiedsgaben werden verabreicht, andere
nebst guten Wünschen hinzugefügt. Was also an der zweiten Stelle sehr
gut ist (es handelt sich um getrennt entstandene Rhapsodien), ist an der
ersten Stelle gleich gut und berechtigt, dem Charakter der Volkspoesie
entsprechend.' [Vgl. auch Kammer die Einheit p. 235 f.] In Vers 119
ist wegen κεῖσ' ἐμὲ νοστήσαντα, statt des gewöhnlichen κεῖσέ με νοστήσαντα, zu vergleichen Thiersch Gr. Gram. § 205, 15. Franz Schnorr
v. Carolsfeld Verborum collocatio Hom. p. 18.

126. Benutzt von Dionys. Hal. de comp. verb. c. 1. Bei Homer
und Vergil zeigt Helena den Charakter mütterlicher Herzlichkeit. Beachtenswerth ist bei Homer, dass Helena zum Abschied ein von ihr selbst ge-
fertigtes Geschenk gibt, und dass sie dies mit dem Bewustsein thut, ihr
Name werde auch im Liede der Menschen ein μνῆμα bleiben. Hiermit
scheidet sie aus dem homerischen Gesange, nachdem sie noch 172 ff.
Heil für die Zukunft verkündet hat. Dass übrigens Helena in der Odyssee
durchaus nicht anders charakterisiert ist als in der Ilias, darüber vgl.
K. Lehrs Popul. Aufs. S. 11 bis 15. Andere (wie Damm unter μνῆμα
und H. Düntzer) beziehen hier χειρῶν nicht mit Vergil auf die Kunstfertigkeit der Helena (105), sondern nach dem Vorgange des Eustathius
bloss darauf, dass sie selbst dem Telemachos das Geschenk überreicht.
Aber dann bleibt unerklärbar, warum speciell 'die Hände' in solcher
Verbindung hervorgehoben sind, in der man bei Homer sonst nur die
Person selbst genannt findet, δ 592 ἐμέθεν μεμνημένος ἤματα πάντα,
vgl. auch φ 40. Ψ 619. Daher würde man in diesem Sinne hier bloss
ein μνῆμ' Ἑλένης ἔμεναι oder μνῆμ' Ἑλένης ἵν' ἔῃ oder μνῆμ' Ἑλένης
καλόν oder eine andere derartige Wendung erwarten müssen; die Hervorhebung der Hände dagegen in solcher Verbindung würde homerisch
wol mit einer einfachen Formel zu δίδωμι ausgedrückt sein, wie etwa
mit χείρεσσ' ἀμφοτέρῃς oder νῦν χείρεσσιν ἐμῆς oder καλὸν χερσὶν
ἐμῆς oder in ähnlicher Weise. Vgl. auch Vergil. Aen. V 572.

128. [Ob Aristarch κεῖσθαι als Infinitiv von δίδωμι abhängig gedacht hat, scheint zweifelhaft: der mit τείως δέ eingeleitete Gegensatz
zu der vorhergehenden Zeitbestimmung lässt nach der homerischen Weise
der freien Entwicklung solcher adversativer Glieder vielmehr einen selbst-
ständigen Satz erwarten. Es wird aber auch kaum ein Bedenken sein
den Infinitiv imperativisch zu fassen, denn es liegen Beispiele des imperativischen Gebrauchs dieser Form in der dritten Person vor: bekannt sind
mir λ 443. H 79. Z 92. Vgl. den Anhang zu H 79. Uebrigens hat
die älteste, jetzt von E. Gotschlich verglichene Odysseehandschrift der
Laurentianischen Bibliothek hier die Aristarchische Lesart κεῖσθαι, während alle von La Roche verglichenen κείσθω haben: vgl. Gotschlich in
Jahrbb. f. Phil. 1876 p. 24.]

131. Die πείρινθα gebrauchte man wahrscheinlich bei Gelegen-
heiten wie ξ 280. Π 402 auch als Sitzkasten: vgl. das synonyme ἐν

κίστῃ ἐτίθει ζ 76. Die zwei Erklärungen der Alten bei Lobeck Path. Elem. I p. 513. Döderlein Hom. Gloss. § 628 versteht darunter 'ein netzartiges Behältnis auf dem Wagen, zur Bewahrung der Reisebedürfnisse'.

135—139. Hier ist der in den besten Handschriften fehlende Vers 139 wegen des bestellten Mahles 77. 98 und wegen der nachfolgenden κρέα unpassend: vgl. zu α 140. [So urtheilen auch Kayser und Nauck.]

145. ἅρματα ποικίλ' ἔβαινον. Ein anderer Versausgang bei Kriegswagen ist ἅρματα ποικίλα χαλκῷ Δ 226. K 322. 393, von der Verzierung mit Erz.

157. [Aristarch's Lesart νοστήσας, Ἰθάκηνδε κιών, Ὀδυσῆ' ἐνὶ οἴκῳ ist von W. C. Kayser bei Faesi aufgenommen mit der Erläuterung: das zweite Particip Ἰθάκηνδε κιών erklärt das erste, um die Mittheilung, welche er dem Odysseus zu machen wünscht, im Unterschiede von dem Auftrage näher zu bestimmen, den er an Nestor ausrichten soll. Fast alle Handschriften haben κιών: La Roche.]

161. [Für πέλωρον, woran auch Düntzer homer. Abhandlungen p. 471 Anstoss nahm, vermuthet Nauck πέλωρος.]

171. τὸν ὑποφθαμένη nur hier, vgl. J. La Roche Hom. St. § 81, 4 und § 95, 8. Wo sonst in solcher Verbindung Accusative vorkommen, sind diese nicht von φθάνειν, sondern von dem damit verbundenen Verbum regiert· vgl. zu π 383. Ferner erscheinen von φθάνειν die Tempora finita aller Modi in activer, das Participium dagegen, mit Ausnahme von H 144, stets in medialer Form, weil der Sinn sein soll entweder 'in eigenem Interesse zuvorkommend' oder prägnant: 'sich beeilend zuvorzukommen'. Uebrigens zeigt sich hier von neuem der gutmütige Menelaos in seiner gemütlichen Langsamkeit gegenüber der lebendigen, schnell auffassenden und hervortretenden Helena: dieselbe Verschiedenheit des Charakters, die schussfertige Frau neben dem grübelnden Manne zeigt sich δ 137 ff. 169 f. Ueber die folgende Deutung des Zeichens durch Helena vgl. Nägelsbach Hom. Theol. IV 21 S. 177 der Ausg. von Autenrieth.

178. [Statt οἴκοι, ἀτάρ vermuthet Nauck οἴκοι ἰών.]

188. ἔνθα δὲ νύκτ' ἄεσαν. Hier ist das Scholion im H. bemerkenswerth: ταύτην πρώτην νύκτα κομᾶται παρὰ Εὐμαίῳ Ὀδυσσεύς. Denn daraus erkennt man, dass schon der alte Erklärer den parallelen Gang der beiden Handlungen klar beachtet hat. Den 192. Vers hat Bekker wie γ 494 aus Conjectur athetiert. Ueber ἄεσαι vgl. Lobeck zu Buttmann's Sprachl. II S. 124 und Path. Elem. I p. 73. G. Curtius Etym. No. 587 [und dagegen Leo Meyer in Kuhn's Zeitschr. XXII p. 530 ff., welcher ἄεσα auf altindisch *vas*: vásati an einem Orte bleiben, übernachten, verweilen zurückführt.] Wegen der Kürze oder Länge des α im Anlaute vgl. den Commentar zu π 367.

195. [B. Delbrück Syntaktische Forschungen: I. Gebrauch des Conjunctivs und Optativs p. 246 führt diese Stelle neben K 303 und λ 144 an als Belege für den Optativ in Fragsätzen, wo neben dem Hervortreten der Frage der Wunsch noch immer durchscheine. Dies wird für unsere

Stelle mit mehr Recht gelten, als für die scheinbar gleiche λ **144.** Denn dort ist der Sinn der Frage, wie die Antwort zeigt: wie fange ich es an, dass sie mich erkenne, so dass das πῶς jedenfalls vor dem zu Grunde liegenden Wunsch stärker hervortritt, während hier πῶς so wenig auf die Antwort einwirkt, dass Düntzer dasselbe sogar als das indefinite πώς in der Bedeutung vielleicht fassen wollte. Diese Auffassung wird freilich durch ὅππως 203 widerlegt, welches ja den Inhalt der wünschenden Frage von 195 als Object des συμφράσσατο wiedergiebt und doch nicht anders als wie gefasst werden kann. In beiden Fällen erklärt sich die hier und P 327 bei Homer einzige Verwendung des Frageworts wohl nur daraus, dass dasselbe ausser der den Verbalbegriff unmittelbar gleichsam materiell bestimmenden Bedeutung auf welche Weise auch verwendet werden kann nur in Bezug auf die Form des verbalen Ausdrucks. Zu vergleichen sind die Fragen mit πῶς ἄν und dem Optativ, die dazu dienen eine Insinuation abzulehnen, wie α 65 πῶς ἄν ἔπειτ' Ὀδυσῆος ἐγὼ θείοιο λαθοίμην; hier bestimmt das Fragwort offenbar nicht den Verbalbegriff, es wird nicht gefragt nach der Art und Weise des Vergessens, sondern es wird gefragt, wie es denkbar sei, dass er vergesse, ob es irgend eine Möglichkeit gebe, dass er vergesse, so dass also das Fragwort vielmehr mit der im Modus des Verbums enthaltenen Form der Vorstellung, als mit dem materiellen Inhalt des Verbums zu verbinden ist. Dem entsprechend dient das Fragwort auch in den wünschenden Fragen zum Ausdruck der Möglichkeit der Vorstellung, so dass die zu Grunde liegende Anschauung ist: auf welche Weise ist es denkbar, giebt es nicht irgend eine Weise, wie du erfüllen möchtest, könntest du nicht irgend wie. Die Verschiedenheit des Sinnes dieser Fragen mit ἄν (ausgenommen P 327) und κέ leuchtet ein: jene sind ablehnend, diese wünschend.]

204. ὧδε δέ οἱ φρονέοντι δοάσσατο κέρδιον εἶναι steht sonst bei Homer mit nachfolgendem Infinitiv: ζ 145. κ 153. σ 93. χ 338. ω 239. N 458. Ξ 23, elliptisch Π 652. In dem andern formelhaften Verse ι 318 dagegen bezeichnet φαίνετο den festen und sichern Entschluss. Nachahmung bei Verg. Aen. IV 287.

209. [Ueber σπονδῇ vgl. Lehrs de Aristarch. [2]p. 116.]

211 = Δ 163. Z 447; etwas schwächere Ausdrücke ν 314. ξ 365. π 470. ρ 307. ψ 175. B 192. H 237. Λ 653. O 93. T 421; mit κατὰ φρένα E 406; mit κατὰ θυμόν B 409; mit ἐνὶ φρεσί δ 632. η 327. B 301. Θ 366, wie auch vereinzelt mit blossem φρεσί und θυμῷ. Ueber κατὰ φρένα καὶ κατὰ θυμόν vgl. zu α 294. Vgl. Albert Fulda Untersuch. (Duisburg 1865) S. 120 ff.

212. ὑπέρβιος ist ein kraftvoller Ausdruck der Heroenzeit, nach der Situation dieser Stelle gewählt mit Bezug auf μάλα κεχολώσεται, vgl. zu ζ 182. A. Jacob über Entsteh. der Ilias und Od. S. 113 deutet es wie gewöhnlich 'heftig und gewaltsam, und sucht diesen Begriff hier zu rechtfertigen [dem Sinne entspricht dieser Begriff doch ohne Zweifel!], während Hennings über die Telemachie in Fleckeisens Jahrb. Suppl. III S. 200 den von ihm gesetzten Begriff 'gewaltthätig und leidenschaftlich'

als ein Zeichen der Interpolation betrachtet. In der ganzen Rede bis
214 hat Peisistratos die 'Art und Weise' [vgl. jetzt den Commentar
und Anhang zu 195, wo die Bedeutung von πῶς anders erläutert ist]
seines Versprechens und der Erfüllung desselben, 195 und 203, auseinander gesetzt, indem er zuletzt implicite dem Telemachos in Ueberlegung gibt, ob er κατὰ μοῖραν schnell abreisen könne [?]. Mit Recht,
wie ich glaube, bemerkt A. Rhode Homerische Miscellen (Moers 1865)
S. 30 folgendes: 'Mit γὰρ [214] begründet Peisistratos den Gedanken,
dass Telemachos dem Nestor folgen wird; der junge Freund wird dem
zürnenden Nestor nicht widerstehen können. Zürnen wird dieser aber
doch, wenn Telemachos ihm auch noch so dringend vorstellen mag,
dass er Eile habe und gleich heimzukehren wünsche.'

217 = β 422. ο 287, so wie ι 488. 561. κ 128. λ 44. Der
Aorist ἐποτρύνας aus guten Quellen statt des gewöhnlichen ἐποτρύνων.
[Die älteste Odysseehandschr. der Laurentiana hat ἐποτρύνων (ας von
alter Hand): Gotschlich in Jahrbb. f. Phil. 1876 p. 25.] Den Aorist
hat auch Bekker jetzt aufgenommen. Mit ἐποτρύνων dagegen würde
diese 'Ermunterung' als mehr selbständiger Nebenumstand hervorgehoben: vgl. η 262. ξ 79. ο 208. ω 175. Θ 92. M 442. N 94.
480. P 219. 553. Υ 364. 373. Ω 297.

218. τεύχεα heisst überall bei Homer nur Waffen, Waffenrüstungen.
[Der häufige Zusatz ἄρήια und πολεμήια zeigt doch, dass der Begriff
allgemeiner ist: Zeug, Geräth, vgl. Nitzsch zu δ 780—786, daher die
gewöhnliche Auffassung im Sinne von ὅπλα ohne Bedenken ist.] Dass
Reisende eine Fahrt nicht ohne Mitnahme von Waffen unternehmen, ist
selbstverständlich und braucht nirgends besonders hervorgehoben zu werden, so dass wir auch nur die Erwähnung von Telemachos' Lanze finden.
Hier scheint mir die Redensart ἐγκοσμεῖτε (nur hier) τὰ τεύχεα νηΐ
μελαίνη bildlich von der Befestigung der Ruder an den Ruderpflöcken
gesagt zu sein, wie die Ausführung des Befehls 221 beweist [?]. Vgl.
zu β 419. Gewöhnlich deutet man hier τὰ τεύχεα im Sinne von ὅπλα
'bringet die Geräthe ordentlich hinein in das Schiff' oder 'macht das
Geräthe zurecht', aber die ὅπλα kommen erst 288 in Betracht. Denn
das Schiff war nicht abgetakelt worden, so dass eine Auftakelung nöthig
wäre wie β 389 ff. [Vgl. dagegen Kammer die Einheit p. 564 und
Kayser bei Faesi.]

220. ὡς ἔφαθ', οἱ δ' ἄρα τοῦ μάλα μὲν κλύον ἠδὲ πίθοντο ist
ein formelhafter Vers, der stets einen neuen Abschnitt beginnt, so dass
der folgende Gedanke sich anschliesst entweder mit δέ wie γ 477. χ 178.
H 379. I 79. Ξ 133. 378; oder mit δ' ἄρα wie ζ 247. Ψ 54; oder
mit καί ῥα wie Ψ 738; oder selbständig mit μέν υ 157; oder mit
μὲν οὖν ψ 141; oder mit μὲν ἄρα O 300. Vgl. auch den ähnlichen
Gedanken mit ὡς ἐφάμην κ 178. 428. μ 222. Uebrigens ist hier der
Vers zugleich eine Abweisung des Gedankens, als ob etwa die Gefährten
sich beklagt haben könnten über das lange Warten, was Telemachos
δ 598 zur Motivierung seiner Eile gebraucht, oder über die ausge-

gangenen Lebensmittel, weil die jedenfalls nicht kleinen μέτρα β 355
in passender Umgebung erwähnt werden. [Bei dem formelhaften Gebrauch des Verses ist eine derartige 'Abweisung' schwerlich dabei denkbar!] Aber beides gehörte nicht hierher. Denn Motivierungen der Epiker
wechseln nach der jedesmaligen Situation der Stellen, da epische Poesie
keine Verstandessache der Reflexion, sondern augenblickliche Unterhaltung
gemüthlicher Zuhörer ist.

222. Ueber ϑύειν vgl. Lehrs de Arist. p. 83 ed. II. in Bezug auf
unsere Stelle. Daher heisst es 261 ὑπὲρ ϑυέων, was I 499 f. ausdrücklich von λοιβῇ und κνίσῃ unterschieden wird. Die Sache ist als
eine den Zeitgenossen bekannte Sitte hier nur kurz angedeutet, wie
ι 231 und auf andere Weise δ 761. Uebrigens wird Theoklymenos in
die Gesänge der Odyssee eingeführt, damit ein berühmter Wahrsager
da wäre, der später die Nähe und Rache des Odysseus verkündigen
könnte. [Anders urtheilen Bergk griech. Literaturgesch. I 704 und
Kammer die Einheit p. 563 ff., welche in der Theoklymenosepisode eine
spätere Eindichtung sehen. Nitzsch Sagenpoesie p. 130 verwirft die
Genealogie 226 — 256.]

227. Ueber den localen Dativ Πυλίοισι vgl. J. La Roche in der
Zeitschr. f. d. österr. Gymn. 1864 S. 559 [auch Capelle dativi localis
quae sit vis atque usus in Homeri carminibus p. 25.] Andere billigen
die Lesart Πυλίοισι μέτ᾽ ἔξοχα, aber dieses μέτ᾽ statt des regelmässigen
μέγ᾽ ist nur ein Versuch den nicht verstandenen Dativ zu erklären.
H. Düntzer will hier Πυλίοισι als 'verkürzt statt δώμασι Πυλίων, vgl.
zu β 121' betrachtet wissen, wodurch er indes jenen Sprachgebrauch
über die nachweisbare Grenze ausgedehnt hat. Ausserdem bemerkt J. La
Roche Hom. Stud. § 32, 8: 'Da δώματα ναίειν stehende Redensart
bei Homer ist, so ist ἔξοχα nicht als Attribut zu δώματα, sondern als
modale Bestimmung, die noch durch μέγα verstärkt ist, zu ἀφνειός aufzufassen.' Aber dieser Erklärung widerstreitet erstens die Wortstellung,
da eine derartige Bestimmung nie durch andere Worte von ihrem
Adjectiv getrennt wird, und zweitens die Hauptcäsur, die nach Πυλίοισι
eintritt. Hierzu kommt, dass in der 'stehenden Redensart δώματα ναίειν'
auch sonst bisweilen Attribute mit dem Nomen verbunden sind, wie
ω 304. B 854.

232. Melampus war ein 'συλληφϑεὶς καὶ εἰς εἰρκτὴν ἐμβληϑείς'
H. V. zu λ 290. Ueber sein Abenteuer überhaupt vgl. Nitzsch Beiträge
zur Gesch. der ep. Poesie S. 151 f.; und über den ganzen Mythus auch
J. A. Hartung Relig. und Myth. der Griechen II S. 222 f. — Das Ver-
bum δίω ist ebenso wie hier mit ἐν verbunden μ 54. 161. 196. ο 444.
E 386. Σ 553. Erweitert ist diese Verbindung bei den Attikern: vgl.
II. Sauppii epist. crit. ad G. Hermannum p. 58 sq. Zu Krüger Di. 68,
12. Wir sagen ähnlich 'in Fesseln schlagen'.

234. δασπλῆτις 'harttreffend, wie Ares τειχεσιπλήτης' Welcker
Gr. Götterl. I 699. Dieser erkennt nemlich offenbar in πλῆτις die Wurzel
πελ 'treffen', auf welche Lobeck Elem. I p. 237 auch τειχεσιπλήτης
zurückführt. Vgl. G. Curtius Etym. Nr. 367 [⁴p. 278], welche Erklärung

auch durch die Nebenform δασπλής bei Nonnos gestützt wird. Der Zusammenhang der Femininalendung πλῆτις mit dem Masculinum πλήτης ist allgemein anerkannt, wie zwischen ἠεροφοῖτις und ἠεροφοίτης [vgl. auch Meyer in G. Curtius Stud. V p. 111 und Siegismund daselbst p. 201], aber die Anfangssilbe δασ- ist in der Erklärung noch zweifelhaft. Die Ansicht der Alten, wonach es jetzt gewöhnlich '*graviter accedens*, schwer nahend' gedeutet wird, bei Lobeck Path. Elem. I p. 202. Aber Döderlein Hom. Gloss. § 341 will das Wort von δαΐς (δᾷς) abgeleitet wissen: 'die Fackel nahe bringend'. Autenrieth in Nägelsbach Hom. Theol. V 38 S. 263* vermuthet, dass es 'vielleicht von einer Wurzel σπλ = skr. plì stammt und "die sehr eilende" [im Lexicon: 'die rasch nahende'] bezeichnet', A. Göbel endlich im Philol. XVIII S. 224 hat 'ein Substantiv δε-ώς, δα-ός = Wohnung, Haus für die älteste Zeit angenommen', so dass es bedeute 'Häuserstürmend, Häuserzerstörend, die Hausstürmerin'. [In Bezug auf den ersten Bestandtheil der Composition mit Doederlein übereinstimmend, erklärt Schaper quae genera compositorum apud Hom. distinguenda sint, Coeslin 1873, p. 10 und 18 den zweiten aus W. παλ, und das Ganze: fackelschwingend.] Uebrigens vermag jede Gottheit, von Zeus bis zu den Erinyen hinab, den Verstand der Menschen zu fangen und zu misleiten.

240. Die Elision des Schlussvocals findet sich wie hier in ἀνάσσοντ' so in ähnlicher Verbindung κ 154. λ 331. B 113. 288. E 716. I 20. O 116. Π 854 Ω 118. 146. 195. Da nun Didymos zu Π 854 bemerkt: ἐκ πλήρους τὸ δαμέντα Ἀρίσταρχος, so hat man folgerichtig zu schliessen, dass Aristarch auch in den übrigen adäquaten Fällen den Accusativ annahm, wenn auch die Scholien schweigen. Vgl. K. Lehrs in der Zeitschr. f. d. Alterth. Wiss. 1834 S. 144. J. La Roche in der Zeitschr. f. d. österr. Gymn. 1861 S. 832 und Hom. Textkritik S. 398.

246. γήραος οὐδός wie ο 348. ψ 212. X 60. Ω 487. Auch Herod. III 14 hat ἐπὶ γήραος οὐδῷ. [Ueber die Bedeutung dieses Ausdrucks vgl. J. Grimm Rede über das Alter in den kleinen Schriften, Jungclaussen über das Greisenalter bei Homer, Flensburg 1870 p. 10 f., auch Welcker kl. Schrift. II 507.] Der Gedanke οὐδ' ἵκετο γήραος οὐδόν wird als ein Beweis der παντοίη φιλότης angeführt. So verstanden diese Stelle der auctor Axiochi p. 368ᵃ; Plutarch. consol. ad Apoll. c. 17 p. 111ᵇ; Schol. H., wiewohl die Beimischung von Menanders Ausspruch ὃν οἱ θεοὶ φιλοῦσιν, ἀποθνήσκει νέος für die homerische Zeit zu weit geht. Dagegen hat die Deutung des οὐδέ durch 'aber dennoch nicht' ausser dem willkürlich beigefügten 'dennoch' den Umstand gegen sich, dass das Greisenalter nirgends bei Homer als besondere Liebesgabe der Götter erscheint: es heisst vielmehr χαλεπόν, λυγρόν, στυγερόν, ὀλοόν, noch stärker h. in Ven. 247; daher auch der ausdrückliche Zusatz zu δ 210. [Die hier gegebene Auffassung der Stelle ist von Ameis schon in der vierten Auflage aufgegeben, nachdem sie von W. Jungclaussen über das Greisenalter bei Homer, Flensburg 1870 p. 16 und 19 widerlegt war: vgl. Philolog. Anzeiger II p. 559. Schon Aristarch erklärte: καίπερ θεοφιλὴς ὢν οὐκ ἐγήρασε: Aristonic.

ed. Carnuth p. 135.] Uebrigens hat der Verfasser des Axiochus παντοίῃ φιλότητ᾽, vgl. Böckh zu Pind. p. 394. Ueber den Accusat. vgl. auch Curtius Schulgr. § 402 Anm. 2. — 248. ᾿Αμφίλοχος, vgl. Strabo XIV 1, 27 p. 642.

   251. [Dieser Vers scheint nach Schol. *A* zu *Τ* 235 von Aristarch verworfen zu sein: vgl. Aristonic. ed. Friedländer p. 301.]

   254. Dieses ganze Geschlechtsregister befriedigt ein specifisches Interesse hellenischer Zuhörer für heroische Adelskunde. Dabei darf man nicht vergessen, dass die Hellenen in solchen Aufzählungen lauter bedeutungsvolle Namen hörten, während wir mit Schulze's und Müller's und ähnlichen Sippen überfüllt sind. Ausserdem lässt sich im allgemeinen bemerken, dass die zweite Hälfte der Odyssee wie in andern Dingen so in der Menge der Prägnanzen, abgekürzten Redeweisen, neuen Gedanken in neuen Worten, schärfer berechneten Pointen, mythologischen Anspielungen ohne Ausführung und dergleichen einen andern Geist, eine fortgeschrittenere Zeit verräth, in welcher die Hörer bereits an schnelle Auffassung epischer Lieder gewöhnt waren. Vgl. auch zu 426. 466. 500. 545. ρ 118. 179 und anderwärts. Als moderne Analogie lassen sich unter anderm die Sprachmittel Goethes vergleichen, wie sie im Götz und im zweiten Theil des Faust erscheinen. — 263. εἰπέ μοι εἰρομένῳ, wie auch Anth. Pal. XI, 274.

   264. [Ueber die Bedeutung der formelhaften Frage vgl. Kammer die Einheit p. 299.]

   268. εἴ ποτ᾽ ἔην steht sonst mit γέ am Versschluss: εἴ ποτ᾽ ἔην γε τ 315. ω 289. Γ 180. Ω 426; einmal zu Anfange ὡς ἔον, εἴ ποτ᾽ ἔον γε Λ 762. Vgl. auch Nägelsbach und Autenrieth zu Γ 180. [Schwerlich wird die von Bergk griech. Literaturgesch. 1 p. 105 Note 147 gegebene Erklärung dieser Formel 'wäre ich doch todt' Beifall finden. Beachtenswerth sind die Bedenken, welche G. Curtius in seinen Stud. I 2, p. 286 gegen die übliche Auffassung (Ausdruck einer wehmüthigen Erinnerung verbunden mit einem Zweifel an der Thatsache selbst) geltend gemacht hat, indem er bemerkt, dass das lebhafte Bewusstsein davon, dass etwas gewesen ist, und der Zweifel, ob es je gewesen, sich widersprechen, und speciell auf Ω 426 und Λ 762 verweist, indem es dort ebenso wenig angehe dem Priamos eine nur noch dunkle Erinnerung an Hektor beizulegen, als hier Nestor an seiner eignen Vergangenheit zweifeln zu lassen. Er selbst nimmt eine irrthümliche Vertauschung von εἰ (EI) und ἦ (E), vgl. Bekker hom. Blätt. p. 59 an, welche durch die Geläufigkeit der Verbindung von εἰ mit ποτέ begünstigt sei, und erklärt das herzustellende ἦ ποτ᾽ ἔην γε 'wahrlich er war es einst' in dem Sinn des schmerzlich empfundenen 'leider nicht mehr'. Dieselbe Vermuthung spricht Nauck in seiner Ausgabe aus. Sind die gegen die übliche Auffassung erhobenen Bedenken berechtigt, so ist doch erst der Versuch zu machen, ob nicht die überlieferte Form der Wendung in Uebereinstimmung mit dem Sprachgebrauch einen für alle Stellen zutreffenden Sinn ergiebt. Der sonstige Sprachgebrauch zeigt εἴ ποτε mit einem Tempus der Vergangenheit regelmässig verwendet, wo

der Redende an eine Thatsache der Vergangenheit erinnert und durch
diese Erinnerung **einen** im Hauptsatze enthaltenen Anspruch begründet.
Danach ist vor allem die Vorstellung eines ausgesprochenen Zweifels
fernzuhalten. Unserer Wendung eigenthümlich ist nun das zum Verbum
hinzutretende $\gamma\acute{\iota}$. Es kann durch diese Partikel die Wirklichkeit der
Thatsache betont werden, wie in Causalsätzen vgl. zu A 352, oder die
Vergangenheit im Gegensatz zur Gegenwart: dass das letztere der Fall
ist, zeigt o 268, die einzige Stelle wo $\gamma\acute{\epsilon}$ fehlt, weil das Imperfect
$\check{\epsilon}\eta\nu$ dem Praesens $\acute{\epsilon}\sigma\tau\acute{\iota}\nu$ gegenübersteht und der Gegensatz der Vergangenheit zur Gegenwart überdies durch den Zusatz $\nu\tilde{\upsilon}\nu$ $\delta\acute{\epsilon}$ etc. hervorgehoben
ist; auch an allen übrigen Stellen entspricht diese Betonung der Ver-
gangenheit dem Zusammenhange. Weiter ist zu beachten, dass die Wendung
in ω 289 und Ω 426 sich nicht an einen Satz, sondern an eine appel-
lative Personenbezeichnung ($\acute{\epsilon}\mu\grave{o}\nu$ $\pi\alpha\tilde{\iota}\delta$' — $\acute{\epsilon}\mu\grave{o}\varsigma$ $\pi\alpha\tilde{\iota}\varsigma$) anschliesst, o 268
an eine solche in praedicativer Stellung mit $\acute{\epsilon}\sigma\tau\acute{\iota}\nu$, τ 315. Γ 180 an
nominale Praedicate mit $\check{\epsilon}\sigma\varkappa\epsilon\nu$, endlich A 762 an $\grave{\omega}\varsigma$ $\check{\epsilon}o\nu$. Nach diesen
Daten scheint mir nur folgende Auffassung möglich. **Die** Erinnerung,
welche durch $\epsilon\check{\iota}$ $\pi o\tau\epsilon$ eingeleitet wird, ist hier nicht sowohl für die angeredete Person berechnet, weil es sich nicht **um** die Begründung eines
an diese zu stellenden Anspruchs handelt, sondern es ist eine Erinnerung
des Subjects für sich selbst, gleichsam bei Seite gesprochen. Das Be-
dürfniss einer solchen Selbsterinnerung leuchtet am ersten ein, wenn,
wie o 268 etwas allgemein als Thatsache im Praesens ausgesprochen
wird, was genaugenommen nur von der Vergangenheit constatiert und
in seiner Fortdauer für die Gegenwart mindestens zweifelhaft ist. Aehnlich ω 289 und Ω 426 im Anschluss an die einfache allgemeine Personenbezeichnung, womit γ 122 zu vergleichen ist, wo an die Appo-
sition $\pi\alpha\tau\acute{\eta}\rho$ $\tau\epsilon\acute{o}\varsigma$ sich der Satz $\epsilon\grave{\iota}$ $\acute{\epsilon}\tau\epsilon\acute{o}\nu$ $\gamma\epsilon$ anschliesst. Der Redende
constatiert aber durch den Zusatz der formelhaften Wendung das vorher
Ausgesagte als thatsächlich für die Vergangenheit und motiviert dadurch
die Berechtigung der allgemeinen Bezeichnung. Einer solchen Motivierung
würde es dem Angeredeten gegenüber nicht bedürfen, aber der mit **einem**
lebhaften Schmerzgefühl sich aufdrängende Gedanke, dass die genannte
geliebte Person ihm entrissen oder die bezeichneten glücklichen Verhältnisse vergangen sind, treibt den Redenden das wirkliche Vorhandensein
der bezeichneten Verhältnisse für die Vergangenheit, aber eben nur für
diese zu constatieren. **So** komme ich ziemlich zu derselben Erklärung,
welche Doederlein in seiner Ausgabe zu Ilias Γ 180 mit den Worten
giebt: '$\epsilon\check{\iota}$ $\pi o\tau$' $\check{\epsilon}\eta\nu$ $\gamma\epsilon$ elliptice, loco integrae sententiae: „id praedicare
licet, si *fuit* saltem aliquando; atqui *fuisse* quidem constat'. Doloris
aliquid ob amissum bonum inest, sed solatium simul, quasi amissione
non adimatur jus possidendi, et quasi semel facta infecta fieri nequeant."
und glaube, dass man bei dieser Erklärung sich beruhigen kann.] Den
Inhaltsaccusativ $\lambda\upsilon\gamma\rho\grave{o}\nu$ $\check{o}\lambda\epsilon\vartheta\rho o\nu$ bieten Eustathius, Vind. 133 und die
'anmutigern' Ausgaben ('$\alpha\tilde{\iota}$ $\chi\alpha\rho\iota\acute{\epsilon}\sigma\tau\epsilon\rho\alpha\iota$ H.') statt des Dativs. Vgl. die
Beispiele bei J. La Roche Hom. Stud. § 21, 1. Der starke Ausdruck
des ganzen Gedankens endlich erklärt sich aus der vorliegenden Situation,

insofern Telemachos seinen Vater in Pylos und Sparta nicht gefunden
hat und jetzt einem Seher gegenüber steht, der seine geheime Hoffnung
bestätigen kann.

273. In drei andern Beispielen flüchtiger Mörder war der erschlagene
ein Anverwandter: *B* 662. *N* 697. *Π* 573, in einem vierten Beispiele
Ψ 87 f. ein unabsichtlich beim Spiele getödteter Knabe, hier dagegen
ist er ein 'Stammesangehöriger'. Noch andere Beispiele mit allgemeiner
Angabe sind *Ω* 481. *ν* 259. *ξ* 380. *ψ* 118. *I* 632 ff. Ueber die Bestrafung des Mörders und über die Blutrache bei den homerischen Griechen
vgl. Schömann **Gr. Alt.** I S. 48 f. Nägelsbach Hom. Theol. V 53 [und
Eichhoff **über** die Blutrache bei den Griechen. Duisburg 1872]. Die Blutrache geht **bekanntlich** dem eigentlichen Staatsleben voraus und findet
sich noch jetzt in den patriarchalischen Verfassungen der Corsen, Monte-
negriner, Circassier, Araber. [Ueber ἔται hat jetzt eingehend gehandelt
L. Lange de ephetarum Atheniensium nomine, Lips. 1874 p. 14 ff.]

280. ἐθέλων in adjectivischem Sinne auch *γ* 272. *ε* 155. *η* 315.
ο 449. *υ* 98. *ψ* 186, nach welchen Stellen *B* 391 und *Θ* 10 zu erklären sind; daher auch οὐκ ἐθέλων im Sinne von 'invitus' *β* 50.
110. *κ* 573. *χ* 31. *Δ* 300. *N* 572. *T* 377. *Υ* 87. *Φ* 36. 48. *Ψ* 88.
Ω 289. Andere wollen hier zu ἐθέλοντα aus νηὸς ἕφεσσαι ein entsprechendes ἐφέζεσθαι oder ἀναβαίνειν ergänzen, was sich schwerlich
aus Homer begründen lässt. [Gleichwohl war Ameis' Erklärung von
ἐθέλοντα 'den Willigen, einen Freiwilligen' unannehmbar. Die
Markierung des Wortes durch γέ, sowie der Contrast der zusammengestellten Begriffe führen auf die jetzt im Commentar gegebene Auffassung.
Auch *ο* 449. *π* 198 und *ψ* 186 ist die adjectivische Bedeutung des
Particips nicht anzunehmen, und wegen *B* 391 und *Θ* 10 vgl. Classen
Beobachtungen p. 148.]

293. Ueber λάβρος als simplex vgl. Lobeck Path. Elem. I p. 298.
Die Verbindung von λάβρος mit ἐπαιγίζων auch *B* 148. Wegen der
Bedeutung von δι' αἰθέρος vgl. Lehrs de Arist. p. 170 ed. II.

295. Der Vers fehlt in den homerischen Hss. und findet sich nur
zweimal in Citaten bei Strabo: er ist hier [von Barnes] aus h. in Apoll.
425 ganz unpassend eingeschaltet, da der Abschluss durch die vorausgehende Allgemeinheit der homerischen Sitte entspricht. Denn erst unmittelbar nachher (297. 298) folgt die bestimmte Angabe der Localitäten,
an denen sie des Nachts vorüberkamen.

297. Φεάς ist die Aristarchische Lesart nach Aristonikos zu *H* 135.
Ueber den Wechsel des Numerus in Φεαί und Φειά vgl. die übrigen im
Anhang zu *ξ* 199 erwähnten Beispiele. Zu ἐπέβαλλεν vgl. παρέβαλλεν
bei Herod. VII 179 mit Krügers Note. Statt ἐπειγομένη geben Strabo
und einige Hdss. ἀγαλλομένη, wie *ε* 176.

299. Mit θοῇσιν ist der hier nöthige [?] Begriff der Schnelligkeit
noch einmal gegeben, wie er 293. 294. 297 auf andere Weise bezeichnet
war. Eine ähnliche Versinnlichung des Adjectivs findet sich auch bei
den Römern, wie bei Tacit. Ann. III 1: 'oppidum Brundisium, quod
naviganti *celerrimum* fidissimumque adpulsu erat'. Ueber θοός vgl. auch

Lobeck zu Soph. **Ai.** 249 p. 188. Die Alten erklärten hier ϑοαί theils durch ὀξεῖαι (Strabo VIII p. 351. Cramer Anecd. p. 200), und scheinen diese Bedeutung **aus** dem Verbum ϑοόω (ι 327) hergeleitet zu haben, theils durch ἑδραῖαι ἀκίνητοι, was sie aus ϑοάζειν ableiteten. Die erstere Erklärung billigt Buttmann Lexil. 74, 5. Und diesem ist auch H. Düntzer gefolgt. Aber weder ist ϑοός in der Bedeutung 'spitz' aus Homer zu erweisen [die Verbindung von ϑοόω mit ϑοός ist allerdings unsicher: G. Curtius Etym. [4]p. 256 Nr. 313], noch kann νῆσοι Θοαί für etwas anderes gelten als für eine Vermuthung der Alten: das wirkliche Vorhandensein dieses Eigennamens ist anderswoher nicht nachweisbar. [Auch Buchholz die homer. Realien I, 1, p. 148 nimmt 'die spitzigen Inseln' an, welche Strabo zu den Echinaden rechnet. So Kayser bei Faesi.] — Statt der Form ἀλῳῇ 300 geben andere ἀλοίη, was keine urkundliche Stütze zu haben scheint. [Nur Venet. 457. Den Conjunctiv ἀλοίη statt des Optativs verlangt hier La Roche homer. Untersuchungen p. 236, mit dem **von** demselben zu *H* 72 dargelegten Unterschied der Bedeutung der Modi, dass die im Optativ enthaltene Annahme **die dem** Redenden erwünschtere bezeichne, vgl. *H* 72. *Σ* 308. Diesem Unterschied würde **auch** entsprechen μ 156. 157: vgl. Philol. XXIX p. 154. Uebrigens verwirft Kammer die Einheit p. 622 diesen Vers im Zusammenhange mit ο 27 — 42.] Das δορπείτην 302 hat Bekker aus Conjectur in δορπήτην verändert: vgl. Bekker Hom. Blätter S. 50.

304. Dieses wiederholte Prüfen von ξ 31 [?] an, das den blossen Verstandeskritikern 'überflüssig und zwecklos' erscheint, gehört zu den charakteristischen Zügen der Naivetät im sagenhaften Epos: vgl. auch zu ω 216. Am stärksten ist dieser naive Zug ausgeprägt in der Kyklopie: vgl. zu ι 474. Als strategische Sitte des Oberfeldherrn erscheint diese 'Prüfung' in *B* 73. Auch der deutsche Dichter hat es von modernem Standpunkte aus mit bestem Erfolge verwendet. Göthe Herm. und Dor. Urania in der Stelle: Und er sagte darauf zu ihr mit versuchenden Worten.

314. [Kayser de Odyss. loc. diss. I, 18 hat die Lesart δαΐφρονι statt περίφρονι als die alte, auch aristarchische Lesart wahrscheinlich gemacht. Die älteste Odysseehandschr. hat: περίφρονι: Gotschlich in Jahrbb. 1876 p. 26.]

317. Ueber die Form δρώοιμι, wofür Andere δρώωμι für nothwendig halten, vgl. den Anhang zu ξ 468. — ἄσσ' ist eine Conjectur von Friedländer in Fleckeisens Jahrb. 1859 S. 825 und **M. Axt** Coniect. Hom. p. 29. Beide vergleichen *A* 554. Die handschriftliche Ueberlieferung ist ὅττ' ἐθέλοιεν, aber ὅττι wird bei Homer nie elidirt. Bekker im Berliner Monatsbericht 1859 S. 393 (Hom. Blätter S. 152) will gegen Aristarchs Lehre, dass Homer nur ἐθέλειν kenne, hier die vor Wolf übliche Lesart ὅττι θέλοιεν wieder hergestellt wissen, was J. La Roche in der Zeitschr. f. d. österr. Gymn. 1861 S. 840 und 1864 S. 91 gebilligt hat [vgl. auch desselben hom. Untersuchungen p. 124 f. Nauck hat so jetzt in seiner Ausgabe geschrieben, vgl. dagegen W. C. Kayser bei Faesi, welcher Aristarch's Lesart ὅ ττ' ἐθέλοιεν beibehalten hat und zu rechtfertigen sucht.]

321. Für einen gewandten Diener ist nicht bloss technische Fertigkeit in den erforderlichen Verrichtungen des Hauswesens, sondern auch
Grazie beim Aufwarten nöthig; daher die 331 bis 333 gegebene Schilderung.

324. [Ueber den Gegensatz der ἀγαθοί und χερῆες vgl. Riedenauer
Handwerk und Handwerker p. 29.]

329. Wegen οὐρανὸν ἵκει vgl. ϑ 74. ι 20. μ 73. ϱ 565. τ 108.
A 317. B 153. Θ 192. 509. M 338. Ξ 60. P 425. T 362, und
den Anhang zu ι 20. Ueber den Sinn des ganzen Verses vgl. auch
Nägelsbach Hom. Theol. VI 1 S. 316 der Ausg. von Autenrieth.

333. Die κήρυκες und ϑεράποντες, die α 109 und anderwärts
einfach erwähnt sind, werden nach der Situation unserer Stelle absichtlich als schmucke Pagen in ihrem Glanze vorgeführt. Vgl. den Anhang
zu 321. Statt ἐΰξεστοι hat Bekker ἐΰξεσται aufgenommen: aber diese
Femininalform ist nicht gut begründet, auch ist der zu ν 10 erwähnte
Grund hier nicht anwendbar. So urtheilt auch W. C. Kayser bei Faesi.
Angeführt von Dio Chrys. orat. XXXIII p. 6.

334. Ein solcher Vers wird von den alten Grammatikern δωδεκα-
σύλλαβος oder ὁλοσπόνδειος oder auch τὸ πολιτικὸν μέτρον 'das
prosaische Metrum' genannt: vgl. zu φ 15. χ 175. 192. B 544. A 130.
Ψ 221. [Ueber das Perfect βέβριϑα Warschauer de perfecti apud Homerum usu p. 22, der vergleicht Π 384. Φ 385.] Ohne diese Harmonie
des Gedankens mit der Form würde hier und ϑ 578 nicht ἠδ', sondern
ἰδέ gesagt sein.

337. [Zur Auffassung der Stelle vgl. Hennings in den Jahrbb. f.
Philol. 1875 p. 288.]

343. πλαγκτοσύνη ist ein ἅπαξ εἰρημένον. Aber vgl. die analogen
Wörter bei Geppert Ueber den Urspr. II S. 85 f. und Lobeck Proll.
p. 232 sq. Ueber den Gedanken vgl. auch Nägelsbach Hom. Theol. V
57. Ueber das 344 stehende οὐλομένης γαστρός zu η 216. Angeführt
von Heliodor. Aeth. II 22. [J. Bekker Homerische Blätter II p. 234
verwirft 343—345 als 'eine Gnome, die des verwandten Inhalts wegen
an den Rand geschrieben durch Fahrlässigkeit in den Text gerathen sei',
weil für πλαγκτοσύνης die in diesem Falle unumgängliche Epanalepse
ἄλης oder irgend eine Ableitung von ἄλη verlange. Wären diese Gründe
zwingend, so müsste man noch weitere Veränderungen des Textes annehmen, da nach Ausscheidung der Verse jedenfalls νῦν δέ 346 mit
dem 342 aufnehmenden erklärenden Causalsatz sich an 342 nicht passend
anschliessen kann. Nauck bemerkt nur zu 345: spurius?]

347. Der Grund zu der Frage nach der Mutter liegt theils in der
klugen Absicht des Redners, einen Beweis für die früher erwähnte Be-
kanntschaft mit Odysseus zu geben [?], theils in dem Plane des Dichters,
den gewaltsamen [? aus Homer lässt sich ein solcher nicht nachweisen]
Tod der Antikleia deutlicher und durch einen fremden Mund passender,
als es λ 202. 203 geschehen sein würde, zu erwähnen. H. Düntzer
gibt dazu folgende gute Bemerkung: 'Die Frage schickt sich sowohl
für den Bettler als für Odysseus, und ist dem Dichter selbst dienlich.

Da Eumäos der **Gattin** und des Sohues als noch lebend gedacht **hat**
(§ 122), so liegt **es dem** Bettler nahe, dass er sich erkundigt, ob die
Eltern des Odysseus noch am Leben, wodurch der Dichter eine Gelegenheit gewinnt, die Erzählung von des Eumäos Jugendgeschichte und die
zu seiner Charakteristik so bedeutsame rührende Anhänglichkeit an dessen
alte Herrin einzuführen. In der Nekyia hat Odysseus **den** Tod seiner
Mutter und den Kummer des Vaters vernommen; aber **seit dieser** Zeit
sind viele Jahre verstrichen, und Laertes konnte jetzt längst todt sein
[Eumaios hatte ihn § 173 als lebend genannt; aber Düntzer hält § 171—173
für eingeschoben]; **nach diesem** allen zu fragen, ging **nicht wohl an,**
und Odysseus wünscht gerade die treue Anhänglichkeit des **Eumäos an**
dessen mütterliche Wohlthäterin zu vernehmen.' [Vgl. dagegen **Kammer**
die Einheit p. 522 ff.]

350 = δ 834. υ 208. ω 264. X 52; das zweite Hemistichion
noch ψ 19. 103. 179; abweichend aber ω 204.

354. Zu θυμὸν ἀπὸ μελέων φθίσθαι vgl. N 672. Π 607. Ψ 880,
auch λ 201. κ 163, anders dagegen H 131. Sonst steht φθίσθαι
nirgends vom θυμός, sondern unmittelbar **von der** Person selbst, wie
im gleichlautenden Hemistichion N 667. Dass sodann bei οἷς ἐν μεγάροισιν
an das Landgut des Laertes zu denken sei, beweisen α 188 ff. δ 738.
λ 187 ff. Aehnlich steht ἐν μεγάροισιν vom Gehöfte des Eumäos ρ 521,
von der Grotte der Kalypso δ 557. ρ 143.

357. Eustathius und andere haben καὶ ὠμῷ γήραϊ δῶκεν, in dem
Sinne wie ρ 567. E 397 ὀδύνησιν ἔδωκεν gesagt ist: vgl. zu τ 167.
Ueber ὠμῷ γήραϊ Boissonade zu Philostr. Her. p. 474.

361. Ebenso erklärt die bezüglichen Stellen A. Rhode Homerische
Miscellen (Moers 1865) S. 29. Nach anderen dagegen, wie Pott Etym.
Forsch. I ² p. 490, 'zeigt ἔμπης dann die Totalität der Summe, πέρ
die ganze Fülle des Umkreises an'. Uebrigens steht πὲρ ἔμπης überall
am Versschluss, wie noch σ 165. τ 356. I 518. Ξ 1. 98. O 399.
P 229. Die Zusammenstellung von πὲρ ἔμπης findet sich auch bei Späteren, wie bei Pindar. **Pyth.** IV 237.

363. Κτιμένη ist hier vom Dichter als jüngste Schwester **des** Odysseus aufgeführt, um die Innigkeit der mütterlichen Liebe gegen Eumäos
recht nachdrücklich hervorzuheben. Denn die jüngsten Kinder pflegen
sich am meisten der elterlichen Fürsorge zu erfreuen. Im Munde des
Eumäos aber gestaltet sich die Erinnerung zu einem Genrebilde, das aufs
Gefühl des Hörers ergreifend einwirkt, daher auch auf Odysseus 381
den beabsichtigten Eindruck macht. Ganz anders ist der Zusammenhang
π 119. σ 269, so dass diese Stellen mit der vorliegenden nicht in
Widerspruch stehen.

373. αἰδοίοισιν umfasst die angegebenen Classen nach θ 544.
ι 271. τ 191. 316. Φ 75, und η 165. 181, und ζ 207. § 58.
Aehnliche masculine Substantivierungen der Adjectiva, alles Ausdrücke
aus dem täglichen Leben, vgl. zu β 310. 366. γ 348. θ 328. ο 22.
324. 433. π 0. 121. ρ 115. σ 276. 382. 383. υ 297. φ 289. B 819.
Γ 48. 402. Δ 235. 308. Z 127. Ψ 712; am gewöhnlichsten sind

ἀθάνατοι und θνητός, auch φθίμενοι ω 436 und ἐν μέσσοισι zu ω 441. Zu Krüger Di. 43, 2 A.

376. Penelope ist nemlich in ihrem Grame schweigsam und unzugänglich, wie δ 788. Mit Recht bemerkt der Schol. Q. zu 361: 'νῦν δὲ οὐδὲ ἀποκρίσεως ἡμᾶς τυχεῖν ἔστι παρὰ τῆς Πηνελόπης· τοῦ γὰρ κακοῦ τοῦ μνηστήρων ἐμπεσόντος οὐδὲ λαλῆσαί τινι βούλεται'. Uebrigens erfahren diesen Umstand die übrigen δμῶες mehr als Eumäos selbst, da dieser nach seiner eigenen Erzählung ξ 372 bis 374 nur selten in die Stadt kommt. [Vgl. darüber auch Kammer die Einheit p. 366.]

378. πιέμεν ist hier in der Quantität von π 143. σ 3 verschieden. Daher hat H. Düntzer die Ueberlieferung an diesen beiden Stellen ohne weiteres in πινέμεν verwandelt. Die Form φέρεσθαι bildet bei Homer überall den Versschluss.

382. Dieses Vergessen seiner selbst in der angenommenen Rolle, weil das innigste Gefühl mit unwiderstehlicher Gewalt sich geltend macht, das ist ein Zug, den der Dichter dem menschlichen Herzen abgelauscht hat. Einen Nachklang dieser Seelenstimmung des Odysseus hören wir noch 486 ff. Aehnliche Beispiele finden sich λ 205. π 104 und in der Aufforderung der Psyche des Patroklos an Achilleus: 'reich mir die Hand, ich flehe jammernd' Ψ 75 vgl. mit 100. Dagegen ist Friedländer in Fleckeisens Jahrb. Suppl. III p. 465 geneigt, hier vor 381 das Ausfallen einiger Verse anzunehmen, in denen Eumäos über Vaterland und Eltern erzählt habe. Noch anders H. Düntzer, der zu dem Ausdruck des Bettlers bemerkt: 'In reinem Mitgefühl denkt er sich das Unglück so schlimm als möglich.' Da indes der Bettler aus ξ 140. 141 nur weiss, dass Eumäos von Heimat und Eltern entfernt lebe, hier aber 'das so schlimm als möglich gedachte Unglück' in den Zusätzen τυτθὸς ἐών und πολλὸν ἀπεπλάγχθης merkwürdiger Weise gerade mit der Wirklichkeit genau übereinstimmt: so muss wol dieser Umstand einen poetischen oder psychologischen Grund haben. Und diesen Grund glaube ich richtig bezeichnet zu haben. Uebrigens ist richtig, was Düntzer zur Erzählung selbst also bemerkt: 'Dem Odysseus war die Geschichte längst bekannt, aber in seiner Rolle als Bettler lag ihm die Frage sehr nahe, die dem Dichter erwünschte Gelegenheit bot, über das Herkommen einer bei ihm so bedeutend hervortretenden Person zu berichten und der nicht kurz abzubrechenden Unterhaltung Stoff zu geben.' [In der Auffassung dieser Stelle bin ich W. C. Kayser gefolgt, der bei Faesi zur Stelle den Ausruf des Odysseus auch ohne Annahme eines Vergessens seiner selbst, wie mir scheint, genügend begründet hat.]

388. Mit τοῦδε hat Odysseus zugleich, ohne dass es Eumäos ahnte, für den Hörer verständlich [?] auf sich selbst hingewiesen: vgl. zu π 8. Denn dass Eumäos nach 483 von Laertes gekauft worden sei, lässt Odysseus hier absichtlich unberücksichtigt. Friedländer in Fleckeisens Jahrb. Suppl. III p. 483 urtheilt indes: 'versus 388 ab hoc loco alienus videtur, qui recte positus est in narratione mulieris Sidoniae 429' [so Kayser, auch Nauck: spurius?]. Vgl. dagegen Georg Schmid Homerica p. 28.

400. μετά als adverbiales 'nachher' findet sich noch φ 231.
Ψ 133. Ebenso erklärt diese Stelle jetzt Autenrieth in Nägelsbach Hom.
Theol. VII 6. **Zum** Gedanken vgl. Cic. de finib. II 32, 105. Andere
verbinden μετὰ ἄλγεσι [so W. C. Kayser und Mommsen Entwicklung
einiger Gesetze für den Gebrauch der griech. Praepositionen p. 29. Beiden
ist zuzugeben, dass μετά bei Homer nirgends **die rein zeitliche** Bedeutung
'nachher' habe, an beiden von Ameis dafür angeführten **Stellen** ist
die örtliche Vorstellung 'hinterher' überwiegend.]. Aber dagegen spricht
die Construction von τέρπομαι (vgl. zu λ 602 und Nägelsbach Excurs
XVI S. 299 der **ersten** Ausgabe), **sodann** der homerische Begriffsumfang
von μετά mit dem Dativ, endlich der Zusammenhang dieser Stelle: denn
der folgende Vers **beweist**, dass hier von dem Vergangensein der Leiden,
von dem 'nachher' gesprochen **werde.** In dem Scholion 'γρ. μεμνομένω.
M.' ist das γρ. wie öfters bloss eine Sigle der Erklärung.

403. Dass die Lage von Συρίη in dem unbekannten Nordwesten
oder Westen zu denken sei, beruht auf der Analogie der anderen mythischen
Landschaften. Vgl. zu ι 106. κ 1. 82. 135. [So Aristarch bei Aristonikos ed. Carnuth p. 136.] Der Name S y r i e, substantiviert nach α 97,
scheint nach der Situation der Erzählung gewählt zu sein, weil nemlich
von der ältesten Zeit her erbliche Feindseligkeiten der Phöniker gegen
die Syrer stattfanden und weil die Syrer im Phönikischen Handel sehr
beliebte Sklaven waren. Vgl. Movers Phön. II 3 S. 74 f. Andere wie
L. Ross Wanderungen in Griechenland (Halle 1851) I S. 128 wollen
hier die Insel S y r o s oder S y r a verstanden wissen. [So Buchholz
homer. Realien I, 1, p. 256. Vgl. dagegen Schoemann griech. Alter-
thümer I, 42, Anmerk. 2.] II. Düntzer dagegen gibt folgende Erklärung:
'der Name scheint die T ö n e n d e zu bezeichnen (vgl. σύριγξ, susurrus.)
Dass die Sonne mit einem rauschenden Tone untergehe, war wol eine
ältere Vorstellung der Griechen (erwähnt wird sie erst zur Zeit Ciceros
von Posidonius) und der Germanen (Tac. Germ. 44). Der Name Ortygia
scheint die W a c h t e l i n s e l zu bezeichnen und sich auf die dort wohnen-
den Wachteln des Helios zu beziehen. Oder gab es eine alte Vorstellung,
dass die Sonne mit lieblichem Wachtelgesang untergehe, wie ein deutscher Dichter des Mittelalters sagt, die Töne, womit die Sonne aufgehe,
seien süsser als Saitenspiel und Vogelgesang.' (Dagegen sucht F. I. Lauth
Homer und Aegypten; München 1867, p. 27 zu beweisen, dass Ortygie
nach Osten zu verlegen sei und dass die τροπαὶ ἠελίοιο auf die Aequi-
noctien bezogen werden müssen.) Diese Vorstellungen sind natürlich nur
aus dem Namen durch Reflexion gewonnen worden, finden bei Homer
sonst keine Stütze.

406. In εὔβοτος εὔμηλος, οἰνοπληθὴς πολύπυρος haben wir nemlich zur Erklärung von ἀγαθή ein doppeltes Asyndeton, jedes aus zwei
mit einander symmetrisch verbundenen Wörtern bestehend: 'reich an
Rindern und Schafen, reich an Wein und Waizen'. Zum Begriffe von
εὔβοτος vgl. auch Soph. Ai. 145 βοτὰ καὶ λείαν. Die Wörter εὔβοτος
und οἰνοπληθής sind ἅπαξ εἰρημένα. Aber dasselbe εὔβοτος steht Apoll.
Rh. III 1086, wozu der Schol. als eine Erklärung gibt καλὰ θρέμματα

ἔχουσα, wie auch andere alte Grammatiker erklären. Ueber diese Handels-
artikel vgl. Movers Phön. II 3 S. 88 bis 92.

412. Für diese Deutung spricht auch die Form ἀμφοτέρῃσι, die
an den übrigen zwölf Stellen des Homer nur in Verbindung mit χερσίν
steht.

417. ἔσκε steht um eine Erzählung einzuleiten oder fortzuführen
auch᾽ ι 508. κ 552. χ 126. P 575. Ebenso verhält es sich mit ἦν in
υ 287. E 9. K 314. N 663; ähnlich mit ἔην in γ 180. 267. ε 262.
ι 432, oder mit ἦσαν in ι 425. Π 168. Ψ 173. Ueber den epischen
Anfang mit ἐστί zu γ 293.

419. πολυπαίπαλος stammt vom reduplicierten πάλλω, vgl. παιπαλόεις zu γ 170. [Fritzsche in G. Curtius Stud. VI p. 308.] Zur Deutung
vgl. auch Döderlein Hom. Gloss. § 2363. Hier und beim folgenden Gedanken beachte man, dass die unepische Frage, woher Eumäos dies alles
wisse, nicht die homerischen Zuhörer, sondern erst die reflectierenden
Leser der Neuzeit aufgeworfen haben. Ein solches Hinübergreifen in die
Vorrechte des erzählenden Dichters, dieses Wechseln der Rollen und
Aufgeben des einmal gewählten Standpunktes gehört zu den Eigenthümlichkeiten der altepischen Darstellung. Vgl. den Anhang zu κ 31 am Ende
und W. Hartel in der Zeitschr. f. d. österr. Gymn. 1865 S. 327, wo
über die Selbsterzählung des Eumäos 390 bis 484 mit Recht bemerkt
wird: 'Es ist schlechterdings nicht glaublich, dass diese Erzählung des
Sauhirten je einmal ein Lied für sich, vom Dichter erzählt, gewesen sei,
sondern augenscheinlich für diesen Zusammenhang, also als Selbsterzählung
des Eumäos ursprünglich concipiert. Der Dichter aber glaubte sicherlich
nichts Unangemessenes zu thun, wenn er ihn in ebenderselben Breite
mit epischer Detailierung erzählen liess, wie etwa er selbst erzählt haben
würde.' [Vgl. darüber auch Nutzhorn die Entstehungsweise der homer.
Gedichte p. 113, Kammer die Einheit p. 332.]

425. Dieser Reichthum ist aus den Erzbergwerken von Cypern nach
Sidon gekommen, und von Sidon in späterer Zeit als Kriegsbeute nach
Jerusalem. Vgl. Movers Phön. II 3 S. 66. Ob der Dichter hier an diesen
Ursprung des Reichthums gedacht habe oder nicht, ist gleichgiltig, wider-
legt nicht die Wahrheit der Sache.

426. Zu dem ἐγώ der Dienerin hat auch der Versschluss 422 ἤ
κ᾽ ἐνεργὸς ἔῃσιν und das εὔχομαι εἶναι 425 eine sinnreiche Beziehung [?].
— ῥυδόν ist nicht beliebig statt μέγα oder μάλα gebraucht, wodurch
nebenbei der Schluss von 433 ein nutzloser Pleonasmus würde, sondern
es ist nach der Situation mit Bezugnahme auf die Erwerbsquelle gebildet [?]. Der Reichthum nemlich war dem Arybas durch Handel
und Schiffahrt in Fülle zugeflossen. Neue Worte werden überhaupt von einem Volke gebildet, wenn im Fortschritte der Cultur neue
Begriffe aufkommen oder wenn neue noch nicht erwähnte Sachen zu
bezeichnen sind: beides gilt durchgängig in der zweiten Hälfte der Odyssee.
Vgl. zu ο 254 und L. Friedländer in Fleckeisens Jahrb. 1860. Suppl.
III S. 749.

433. In zwei zusammenhängenden Sätzen wird ἔτι und jedes ähn-

liche Wörtchen nicht wiederholt: vgl. für das verbindende καί δ 540;
für τέ o 305. χ 245; für δέ Π 15; für οὐδέ β 210. ι 95; für μηδέ
β 231. — καλέονται bildet überall den Versschluss.

436. [Nauck vermuthet πιστωθέντες an Stelle von πιστωθῆναι.]

437. ἐπώμνυον ist hier und K 332 die Lesart Aristarchs, welche
nach der angegebenen Erklärung eine passende Beziehung hat. Vgl. J. La
Roche Hom. Textkritik S. 200. Im Vind. 133 [auch Marc. 456 und
Stuttg. 5 bei La Roche] steht dafür ἀπώμνυον, wie auch an den übrigen
Stellen ἀπώμνυον und ἐπώμνυον in einzelnen Handschriften mit ein-
ander wechseln.

450. [ἐῇος erklärt Brugman ein Problem der homerischen Textkritik
p. 55. 57 hier, wie ξ 505, als Genetiv eines Substantivum ἐεύς =
Herr, vgl. Anhang zu ξ 504.]

451. Der Zusatz ἅμα τροχόωντα θύραζε soll die Leichtigkeit bezeichnen, mit welcher die Dienerin den Knaben mitnehmen könne, was
H. Düntzer treffend erläutert: 'der mir auf die Strasse nachläuft. Π 8
ἅμα μητρὶ θέουσα.' Was sodann die getrennte Schreibweise ἅμα τροχόωντα betrifft, so hat dieselbe erstens darin ihren Grund, dass Homer
ein verbales Compositum mit ἅμα nicht kennt, zweitens in der Bedeutung
des Wortes. Das gewöhnliche ἁματροχόωντα nemlich könnte nach dem
Wesen der Composition und nach Analogie von ἁματροχιή Ψ 422 wol
nur den 'zusammenstossenden' oder 'nebeneinanderlaufenden' bezeichnen. Aus diesen zwei Gründen habe ich mich für die Trennung entschieden. Zur Form τροχόωντα statt des erwarteten τρωχῶντα vgl. das
analoge ποτῶνται zu B 462 neben πωτῶντο M 287, und die Beispiele
der Späteren bei Lobeck Rhem. p. 167. Bekker gibt jetzt: 'ἅμα τρωχῶντα schol. cf. X 163. ξ 318'.

460. [Mommsen Entwicklung einiger Gesetze für den Gebrauch der
griech. Praepos. p. 31 versteht auch hier, wie o 400, μετά als Praeposition: 'unter Bernsteinkorallen war das Halsband gereiht' für 'das
Halsband war aus Gold- und Bernsteinkügelchen abwechselnd zusammen-
gereiht.' — Ueber die ὅρμοι vgl. auch L. Gerlach im Philolog. XXX
p. 497, der erklärt: 'es war durch Electronstücke verknüpft.']

463. ὑπισχόμεναι ist die Lesart der meisten und besten Handschriften, die von Bekker, Dindorf, Faesi gegebene Schreibart ἐπισχόμεναι
entbehrt nach La Roche Homer. Untersuch. p. 237 jeder handschriftl.
Begründung und scheint eine Conjectur Bekkers, von welcher derselbe
aber in der zweiten Ausgabe wieder zurückgekommen ist. ἐπισχόμεναι
wäre doppelsinnig, da es sowohl 'ihren Kaufpreis hinhaltend (nach
π 444. X 83. 494) als auch 'anhaltend' bedeuten kann.

466. Wahrscheinlich hatte der verschmitzte Phöniker, als er mit
der goldenen Halskette ankam, die Dienerinnen gerade im Vorhause angetroffen und mitten aus der Arbeit des Aufräumens wieder in das μέγαρον gelockt. Alle derartigen Züge sind in der zweiten Odysseehälfte
kürzer, berechneter, prägnanter bezeichnet: Naivetät und unbefangenes
Ausmalen äusserlicher Dinge ist im Abnehmen. Vgl. auch zu 254. Uebrigens geschah das 465 erzählte gegen Abend, wie aus 471 und 472

erhellt. Und die Abfahrt der Phöniker fand bei Abend statt, damit sie
gegen die Verfolgung wegen der entführten Dienerin und des geraubten
Knaben mehr gesichert wären.

469. αἶψα 'jählings' steht in der Thesis des ersten Fusses noch
ι 91. ϰ 48. 114. 230. 256. 312 und formelhaft ι 103; in der Thesis
des zweiten Fusses nur Ψ 700. 740; sonst steht die erste Silbe stets
in der Arsis: vgl. zu π 221.

473. [Die von Doederlein gegebene, früher auch von Ameis angenommene Erklärung von ὠϰύαλος == schnell eilend, die den ἁλὸς
ἵπποι δ 708 so wohl entspricht und sich durch grössere Klarheit und
Bestimmtheit der Anschauung vor der andern empfiehlt, wird auch vertreten von G. Meyer in G. Curtius Studien V, 100.]

475. [Diesen Vers bezeichnet Nauck als verdächtig.]

479. Ueber die erklärende Relativpartikel ὡς vgl. zu ξ 441. Ueber
ϰήξ handeln Lobeck Path. Elem. I p. 323 und 338 und G. Curtius Etym.[2]
S. 496 f. [⁴ 553. Fick vergl. Wörterb. ³I p. 49 unt. k u schreien.
Anders Fritzsche in G. Curtius Stud. VI, 336.] Zu ἄντλῳ δ' ἐνδούπησε
vgl. Schol. ad Pind. Pyth. VIII 14.

504. ἐπιείσομαι, wie Δ 367. Τ 454. Φ 424. Hoffmann Quaest.
Hom. I p. 38. Andere geben ἐπείσομαι, was hier gute handschriftliche
Bürgen für sich hat. [Darüber findet sich bei La Roche nichts bemerkt.]
Ausserdem bemerkt man hier zum Schlusswort des Verses: 'Homer kennt
βοτήρ nicht.' Aber durch ein derartiges Urtheil, das mit gleicher Berechtigung von jedem ἅπαξ εἰρημένον gefällt werden kann, wird doch
gar nichts gewonnen.

506. ὁδοιπόριον ist ein der Situation dieser Stelle angemessen ge-
bildeter Singularbegriff zum allgemeinen ἤια. Es bezeichnet 'eine als
Reiselohn vorgesetzte Mahlzeit'. Der Schluss des ersten Stammes hat die
Locativendung, gerade wie in Πυλοι-γενής B 54, ὁδοι-πόρος Ω 375,
χοροι-τυπίαι Ω 261, χαμαι-ευνάδες ϰ 243. ξ 15. [χαμαι-εὖναι
Π 235. μεσαι-πόλιος N 361. Mehr bei Lehmann zur Lehre vom
Locativ bei Homer, Neustettin 1870 p. 4 ff.]

509. πῇ τ' ἄρ' ist, wie ποίη τ' ἄρ π 222, eine Verbesserung
Bekkers statt des gewöhnlichen πῇ γάρ, da sich das letztere hier nicht
wie ϰ 337 und in den ähnlichen Stellen erklären lässt. Auch H. Düntzer
hat πῇ τ' ἄρ' und ποίη τ' ἄρ aufgenommen. [Den folgenden Vers 510
bezeichnet Nauck als verdächtig, vgl. α 247.]

511. [Nach Praetorius der homer. Gebrauch von ἦ (ἦε) in Fragesätzen p. 7 wäre dies die einzige Stelle, wo ἦ in einer einfachen directen
Frage mit dem Conjunctiv stände. Wegen des Gegensatzes dieser Frage
zu der vorhergehenden empfahl sich daher mit Düntzer und Dindorf ἦ
zu schreiben.

518. Dass hier überhaupt einer von den Führern der Freier
genannt wird, hat seinen Grund in der Frage 510. Warum aber
Eurymachos und nicht Antinoos genannt wird, davon ist der Grund
in 522 enthalten, so wie im Charakter des erstern, wenn er mit
Antinoos verglichen wird: vgl. α 399 ff. β 177 ff. δ 628 ff. π

418 ff. χ 48, auch in der Erinnerung an den Ausspruch der Athene
16 ff.

520. Ueber ἴσα θεῷ oder θεὸν ὥς vgl. ε 36. η 71. ϑ 173. λ 484.
τ 280. ψ 339. I 155. 302. 603. M 312, mit dem eigentlichen Sinne
in λ 304; ähnlich X 434 und in Constructionen mit θεοῦ ὥς η 11;
mit θεῷ ὥς oder ὥς τε θεῷ ϑ 453. 467 (mit **der Note** daselbst).
ν 231. ο 181. χ 349. X 394; mit ὁμῶς θεοῖσιν Ξ 72. Am weitesten
geht θεὸς ἔσκε μετ᾽ ἀνδράσιν vom Hektor Ω 258. Vgl. auch θεὸς
ὥς τίετο δήμῳ zu ξ 205. Der Grund aber, weshalb jemand für einen
Gott angesehen wird, liegt in der Wirkung seiner körperlichen und
geistigen Vorzüge. Dies erhellt auch aus Wendungen wie β 5 vom Telemachos: θεῷ ἐναλίγκιος ἄντην oder γ 246 vom Nestor ὥς τέ μοι
ἀθάνατος ἰνδάλλεται εἰσοράασθαι. Der Dichter wurde mit solchen
Aeusserungen verstanden. Denn die Vorstellung des homerischen Zeitalters hatte, um zu einem Gott zu gelangen, nur den Menschen gesteigert, d. i. man dachte sich die Menschengestalt und Menschenkraft
nur herrlicher und mächtiger, ohne die Bedingungen zu verneinen, an
welche eine jede Erscheinung geknüpft ist.

522. μέμονα [und μέμαα] mit dem Infinitiv Futuri wie ω 395.
B 544. H 36. M 198. 200. 218. Ξ 89. O 105. Φ 482. Zu Krüger
Di. 53, 7, 5. Ueber den Infinitiv des Aorists und Praesens bei diesem
Verbum vgl. zu τ 231.

524. [Bergk griech. Literaturgesch. I p. 859, Anm. 157 sieht hier,
wie B 147. 393. Π 264. 298. π 261 in dem ει der Endung in
τελευτήσει die Spuren der älteren Schreibweise des Conjunctivs für η.]

531. Durch dieses Wahrzeichen will die Gottheit den zweifelnden
Glauben des Telemachos 524 εἴ κέ σφι κτέ. zur Zuversicht erheben.
Und Theoklymenos ist auch deshalb mit eingeführt, damit ein Seher zugegen sei, der dem Telemachos die günstigen Anzeichen deuten könne.
Während aber Helena 172 ff. nur die Rückkehr des Odysseus und Rache
an den Freiern verkündet, geht Theoklymenos weiter und weissagt das
Verbleiben der Königswürde bei den Nachkommen des Odysseus, weil
kein Geschlecht auf Ithaka mehr als das des Odysseus zur Herrschaft bestimmt sei.

532. [Ueber die Differenz zwischen dieser Stelle und ϱ 160 vgl.
Bergk griech. Literaturgesch. I p. 705 und 707, Anmerk. 137. Derselbe glaubt, dass hier einige Verse ausgefallen sein, welche im wesentlichen denselben Sinn enthielten, wie ϱ 155—159.]

533. γένευς geben, statt des gewöhnlichen γένος, die besten Autoritäten: Eustath. Vind. 133, Schol. ABL zu O 4 [mehr bei La Roche.
Die älteste Odysseehandschr. der Laurentiana hat: γένεος vgl. Gotschlich
in Jahrbb. f. Phil. 1876 p. 25.] Den Genetiv verlangt die homerische
Wortstellung: vgl. ο 343. Zur Ellipse der zweiten Person ἐσσί im
folgenden Verse vgl. Lehrs. de Arist. p. 365 ed. II.

538. μακαρίζω ist ohne Anstoss wegen des poetischen Gepräges
der zahlreichen homerischen Analogien: vgl. Geppert Ueber den Urspr. II
S. 122 und Lobeck Rhem. p. 227 bis 239. 249.

545. Diese Deutung des εἰ γάρ verlangen, nach der Bedingung des
mündlichen Vortrags und aus andern Gründen, α 255. γ 218. π 148.
ϱ 496. 513. σ 366. Θ 538. N 276. 485. 825. P 156. 561. Ausserdem hat Bekker noch αἲ γάρ überall in εἰ γάρ verwandelt. Zu Krüger
Di. 54, 3, 3 und 5. Mit dem hier durch κέν bedingten Wunsche hat
Peiräos zugleich in unbewuster Naivetät den Hörer auf das Zusammentreffen des Odysseus und Telemachos leise hingewiesen [?]: vgl. zu § 508.
Indes hat Bekker jetzt G. Hermanns Conjectur καί aufgenommen, ebenso
Düntzer. Uebrigens wird dem wünschenden εἰ γάρ der nächste damit
zusammenhängende Satz, wo ein solcher folgt, stets asyndetisch angeschlossen: sonst wäre hier 546 mit Bekker τόνδε δ' ἐγώ zu lesen, oder
auch, wie J. La Roche in der Zeitschr. f. d. österr. Gymn. 1863 S. 336
unter Vergleichung von δ 387 verlangt, τὸν δέ τ' ἐγώ. Aber ein adversativer Nachsatz stände hier bei Homer vereinzelt. Vgl. H. Sittig
Ueber das Verhältnis der hypothetischen Sätze bei Homer (Teschen 1861)
S. 7, wo mit Recht bemerkt wird: ʻDenn die Kraft der Entgegenstellung
kann vollständig sich nur da äussern, wo die Voraussetzung auf den
objectiven Verhältnissen der vorhandenen oder zu erwartenden Wirklichkeit beruht; wo hingegen der Ausdruck eines blossen Wunsches, welcher
in der recipierten Lesart durch κέν bedingt erscheint, oder eine blosse
Möglichkeit den Vordersatz bestimmt und der Optativ stehen muss, wird
der Begriff eines Gegensatzes ganz ausser Kraft gesetzt und aufgehoben.ʼ
[Die bei Homer nur hier sich findende Verbindung εἰ γάρ κε wird gegen
G. Hermanns Conjectur εἰ γάρ καί, die auch wegen der Stellung des
καί vor σύ statt vor dem betonten πολὺν χρόνον Bedenken erregt (Pfudel
Beiträge zur Syntax der Causalsätze p. 24), durch das Vorkommen derselben in hymn. Apoll. Del. 51 geschützt. An letzterer Stelle leitet dieselbe ohne Zweifel einen Wunsch ein, und danach wird man auch hier
zunächst auf diese Auffassung geführt, wobei für das im Wunsch an
sich auffällige κέ verwiesen werden kann auf ὥς κε im Wunsch Z 281,
die wünschende Frage mit πῶς κε o 195, vielleicht auch αἲ γάρ πως
in Wünschen, in welcher Verbindung πως ebenfalls dem Ausdruck der
Möglichkeit dient. Was andrerseits die Beziehung dieses Satzes als Antwort auf die Worte des Telemach betrifft, so kann wohl τ 22 verglichen
werden, wo der Wunsch zugleich die bestätigende Zustimmung zu dem
von Telemach ausgesprochenen Entschluss bildet. Danach halte ich einen
Wunsch als lebhaften Ausdruck völliger und bereitwilliger Zustimmung
zu der Aufforderung des Telemach für möglich. Dagegen habe ich zu
Anfang des folgenden Verses mit La Roche τὸν δέ τ' statt τόνδε τ'
geschrieben, weil eine adversative Verbindung desselben mit dem vorhergehenden nothwendig scheint: theils weil schon das nicht unbetonte
σύ seinen Gegensatz in ἐγώ hat, theils weil der vorhergehende Gedanke,
wenn überhaupt ein innerer Zusammenhang zwischen beiden Versen bestehen soll, für den zweiten dem Sinne nach die Bedeutung eines concessiven Vordersatzes haben muss. Daher kann es für mich nichts entscheiden, dass sonst nach dem wünschenden εἰ γάρ der nächste damit
zusammenhängende Satz stets asyndetisch angeschlossen wird: das ad-

versative Gedankenverhältniss verlangt hier ein δέ. Für das Futurum in dem an den wünschenden Optativ anschliessenden Satze vgl. K 222 und Υ 100, wo die Vordersätze mit L. Lange a. O. I p. 365 als bedingende Wunschsätze zu fassen sind. — Anders erklärt die Stelle Pfudel a. O. und L. Lange a. O. II p. 498, dessen Bedenken gegen κέ in Wunschsätzen allerdings Beachtung verdienen.]

548. Mit Recht hat Franz Schnorr v. Carolsfeld Verborum collocatio Hom. p. 86 folgendes bemerkt: 'ex locis Α 436 [= ο 498] ἐκ δ' εὐνὰς ἔβαλον, κατὰ δὲ πρυμνῆσι' ἔδησαν, ἐκ δὲ καὶ αὐτοὶ βαῖνον ἐπὶ ῥηγμῖνι θαλάσσης, ν 76 τοὶ δὲ καθῖζον ἐπὶ κληῖσιν ἕκαστοι κόσμῳ, πεῖσμα δ' ἔλυσαν ἀπὸ τρητοῖο λίθοιο, in quibus certum est poetam a vero ordine rerum enarrantem recedere non potuisse, apparet si non eos ipsos, qui funes vel alligent vel solvant, tamen maiorem vectorum partem dici et in navem conscendere, priusquam soluti funes, et ex navi egredi, postquam sint alligati.' [Vgl. darüber auch Kammer die Einheit p. 413 ff.]

555. Nur hier bei Homer steht die erste Silbe von ὦκα in der Thesis, sonst überall in der Arsis.

π.

2. ἐντύνοντο ἄριστον ist die alte vulgata; Bekker hat jetzt an beiden Stellen ἐντύνοντ' ἄριστον gegeben, wogegen W. C. Kayser im Philol. XVIII S. 694 f. zu vergleichen ist. ἄριστον hat Aristarch mit τὸ πρώϊμον ἔμβρωμα erklärt. Die Ableitungen aus einem in der Volkssprache verkürzten ἐάριστον, indem ἔαρ überhaupt die 'Frühe' heisse, oder gar aus ἦρι und ἐστόν sind mehr als bedenklich. Das Wort entspricht lautlich unserm 'das erste'. Ein Gourmand könnte geneigt sein, ein gutes 'Frühstück' für das 'beste' zu halten. Brosin de cenis Homericis (Berlin 1861) p. 14 bemerkt zu dieser Stelle: 'non alia cena quam ἄριστον ea est, quae v. 49 describitur; hoc ipsum enim ἄριστον, quod interruperat Telemachi adventus, deinde continuatur, cf. v. 13 et 52'. Vgl. Lehrs de Arist. p. 128 ed. II. [Nach G. Curtius Studien II, 175, der ἄριστον etymologisch erläutert, ist die Bekker'sche Schreibung ἐντύνοντ' ἄριστον, die auch die meisten Handschriften, darunter die besten bieten, aufgenommen. Vgl. auch Kayser bei Faesi.]

8. Solche Stellen bei Homer sind die Vorläufer für die zahlreichen Amphibolien der Tragiker: vgl. zu ζ 28. ξ 392. ο 388. π 17 [?] 100. 447. ρ 21. 124. 263. 268. 555. 563. 571. 578. σ 254. τ 124. 160. 161. 221. 301. 352. 556. 571. υ 156. 392. φ 153. 170. 280. 402. 428. Dadurch hat der Dichter überall in die Handlung ein besonderes Interesse gelegt. [Aber eine unbefangene Betrachtung wird nur zum Theil an den aufgezählten Stellen die gewollte doppelte Beziehung finden.]

12. Ueber ἔστη ἐνὶ προθύροισι vgl. zu ξ 34 und H. Rumpf de aedibus Homericis II p. 12 (2). H. Düntzer versteht den Ausdruck von der Hofthüre, indem er die ganze Scene von der Ankunft des Tele-

machos also erläutert: 'Stände Telemachos bereits vor der Hausthüre,
so müsten Odysseus und Eumäos ihn bemerkt haben'. Aber nur wenn
man gezwungen wäre, in Vers 4 und 11. 12 denselben Standpunkt
des Telemachos festhalten zu müssen. Weiter: 'Dass die Hunde schon
in der Ferne ihn wittern, ist nicht auffallend.' Vorausgesetzt nemlich,
dass περισσαίνειν überhaupt das 'wittern' bezeichnen könne. Sodann:
'Telemachos ist zuerst an der äussern Mauer des Hauses vorbeigegangen,
wo die Hunde im Hause ihn zunächst gewittert, dann an der Mauer des
Hofes (zu δ 678), und indem er um die Ecke bog, kam er an der mit
dem Hause gleichlaufenden Mauer zum Hofthore. In dieses ist er eben
getreten, als Eumäos ihn bemerkt.' Aber in dieser Erörterung scheint
mir der Phantasie zu viel zugemuthet zu werden, wofür man im Texte
einen Anhalt nicht entdeckt. — Das Participium ταφών steht bei einem
plötzlich eingetretenen unerwarteten Ereignisse, wie noch I 193. Λ 777.
Π 806. Ψ 101. Ω 360. — Wenn man sodann mit H. Düntzer erklärt:
'ἀνόρουσε hat die Bedeutung eilend gehen, vgl. Λ 273. 777', so
scheint mir dadurch das folgende ἀντίος ἦλθεν überflüssig zu werden. —
Zugleich beachte man im Eingang der Gesänge ξ und π die symmetrisch
gestalteten Züge, welche eine noch jetzt von den besten Malern gern
gewählte Schönheit der idyllischen Genrebilder vorführen, indem sie die
Menschen und Thiere neben einander in eine contrastierende Stellung
bringen. So sitzt ξ 5 Eumäos allein im Vorhause, π 1 aber mit Odysseus
im Innern der Hütte; ξ 30 stürmen die Hunde bellend auf Odysseus
ein, π 6 und 10 umwedeln sie freundlich den Telemachos; ξ 34 ent-
fällt dem Eumäos vor Schrecken die Rindshaut beim Sohlenschneiden,
π 13 entfallen ihm in freudiger Ueberraschung die Gefässe beim Wein-
mischen usw. — Vers 15. Ueber φαἒᾰ vgl. Fr. Thiersch de analog.
graec. capitibus III p. 4.

   21. [ὡς mit Participium scheint nur hier vorzukommen, ὥς τε
nur ϑ 491. κ 295 und 322. Vgl. darüber L. Lange der hom. Gebrauch
der Partikel εἰ II p. 546.]

   23. Zu φάος vgl. J. Grimm klein. Schrift. III p. 249. [Nauck
vermuthet ϑάλος an Stelle von φάος.]

   28. ἐπιδημεύεις 'du bleibst daheim im Volke, bewegst dich unter
dem Volke der heimatlichen Stadt, kommst nicht in die Einsamkeit deines
ländlichen Besitzthums', findet sich bei Homer nur hier, aber geläufig
ist ἐπιδήμιος, vgl. zu α 194. Das demonstrative ὥς zu Anfang eines
Gedankens steht nur hier und 64 in der Thesis, sonst stets in der Arsis.
Vgl. Franz Schnorr v. Carolsfeld Verborum collocatio Homerica p. 51.

   29. Ueber ἀίδηλος in Bezug auf Ableitung und Bedeutung vgl. die
Angaben von G. Autenrieth bei Nägelsbach zu B 455. Ich folge der
Erklärung von J. Savelsberg Quaest. lexil. (Aachen 1861) p. 1 bis 11
und in der Zeitschr. f. d. Gymn. Wesen 1865 S. 281. [Vgl. dagegen
G. Curtius Etym. 4p. 644, der das Wort vom Stamm ϝιδ ableitet und
erklärt = ἀφανίζων, und Clemm in Curtius Stud. VIII, p. 74 ff.] Da-
gegen erklärt Düntzer zu ϑ 309 in Bezug auf den zweiten Theil der
Composition: 'sehr verderblich, von δῆλος, wovon δηλεῖσθαι'.

35. Andere deuten κακά mit 'hässlich'. Aber um die kunstvollen Spinngewebe (ϑ 280) hier hässlich zu finden, dazu war Homer ein zu grosser Naturkenner und Naturfreund. Vgl. auch Theocrit. XVI 96. [Aber hässlich ist wohl kaum von Jemandem in dem ästhetischen Sinne des Wortes verstanden, sondern in dem Sinne, dass sie als schlimme Feinde der Reinlichkeit einen unerfreulichen Eindruck machen.] Statt ἐνευναίων gibt der Schol. H. Q. ἐνευναίῳ, worüber auch Eustathius spricht. Ueber χῆτος vgl. Lobeck Rhem. p. 293. Parall. p. 441. G. Curtius Etym.² Nr. 192. Das χήτει ἐνευναίων wird von sämmtlichen Scholiasten erklärt: χηρείᾳ τῶν εὐνηθησομένων, κοιμηθησομένων, συνευνηθησομένων, von Eustath. p. 1793, 34 ἐγκοιμωμένων. Ebenso von K. Grashof Ueber das Hausgeräth S. 15 f. Andere erklären χήτει ἐνευναίων 'aus Mangel an Bettzeug', sind aber dann genöthigt den Ausdruck als auffallend und sonderbar zu bezeichnen, 'als ob das Bettzeug das böse, entstellende Spinngewebe abwehrte'. Einen solchen Gedanken darf man schwerlich einem alten Dichter zutrauen. [Neben der von Ameis als einstimmig angeführten Erklärung der Scholien findet sich in QV auch der Zusatz: ἢ τῶν περιβολαίων und in BH die Notiz: καὶ τοῖς ἀμελουμένοις τόποις παραφύεται ἀράχνια. Die dem entsprechende von mir gegebene Erklärung scheint vor der von Ameis adoptirten andern Auffassung ('aus Mangel an Lagergenossen') aus folgenden Gründen den Vorzug zu verdienen: 1) wegen ξ 51, 2) Penelope schläft auch sonst nicht im Ehebett, sondern im ὑπερῷον, während das Ehebett unten im ϑάλαμος (ψ 189 ff.) stand. Folglich würde nicht erst durch die anderweitige Verheirathung der Penelope ein 'Mangel an Lagergenossen' eintreten, was doch bei Ameis' Auffassung der Zusammenhang voraussetzen lassen würde. Nur die sorgende Hand der Penelope, die das Ehebett in gutem Stande zu halten hat, kann vermisst werden, wenn sie bei einer neuen Verheirathung das Haus verlässt. 3) Daher scheint das Ganze ein anschaulicher Ausdruck für die gänzliche Missachtung des ehelichen Bettes und der dem Gemahl schuldigen Treue. Uebrigens ist der Gedanke nicht, als ob das Bettzeug das Spinnengewebe abwehrte, sondern das Ueberspinnen des Bettes mit Spinngeweben ist als die Folge der Vernachlässigung gedacht, die darin sich zeigt, dass kein Bettzeug hineingelegt wird: oder nach Vergleichung des Gebrauchs von χήτει Z 463 und T 324 (= desiderio) ist die zu Grunde liegende Anschauung vielleicht richtiger diese: das Bettzeug vermissend, hat es nur die bösen Spinngewebe, muss es sich mit Spinngeweben begnügen, sodass die chiastisch gestellten ἐνευναίων und κάκ' ἀράχνια geradezu im Gegensatz gedacht sind, wie χήτει zum Gegensatz hat ἔχουσα, was ebenfalls gegen die Ameis'sche Auffassung sprechen würde. — Ueber die Doppelfragen mit εἰ — ἦ vgl. Praetorius der hom. Gebrauch von ἦ (ἦε) in Fragesätzen p. 24 f.]

42. Odysseus muss die Rolle des Bettlers vollständig spielen. Aus dieser Stelle entlehnten das sprachliche, aber ohne die zu ihrer Zeit einmal erstorbene Plastik des Lebens Apoll. Rh. IV 41 und Nonn. Dionys. 36, 122. Statt ὑπόειξεν hat hier Aristarch ὑπέειξεν in seinen Quellen

gefunden, was wol ὑπέδειξεν lautete, womit der Aorist ἔειξε bei Alcm.
fr. 48 (80) übereinstimmt. Vgl. den Anhang zu μ 117. Indes findet
J. La Roche Hom. Textkritik S. 404 hier die ganze Angabe über Aristarch
bedenklich: ich weiss nicht aus welchem Grunde.

49. τοῖσιν δέ bieten Eustathius und der Vind. 133 [und 5 andere
bei La Roche, darunter Marc. 456. 613.]. Die gewöhnliche Lesart τοῖσιν
δ᾽ αὖ ist aus jüngeren Texten entlehnt: vgl. W. C. Kayser im Philol.
XXI S. 326.

50. Der ganze Gedanke enthält einen Zug treuer Naturwahrheit,
insofern Eumäos und Odysseus durch die Ankunft des Telemachos in der
Bereitung des Frühstücks 2. 13 f. unterbrochen wurden und nun aus
Freude über dessen Dasein zur Wiederaufnahme der Frühstücksbereitung
keine Lust mehr verspüren, sondern lieber zu den Ueberbleibseln des
gestrigen Tages greifen. Daher benutzt Plutarch. Conv. quaest. VII, 4, 6
diese Stelle von Seiten ihrer Absichtlichkeit.

65. Das auch vom Rhythmus empfohlene παρά, statt des gewöhnlichen ἐκ, bieten der Harlei. und andere Quellen [darunter Marc. 613.
So liest auch La Roche, Nauck.].

79. μίν geben die Handschriften [mit Ausnahme des Stuttg., welcher μεν hat] und Aristarch in dem verdorbenen Scholion [vgl. La Roche
homer. Untersuch. p. 251]; das jetzt dafür aus Conjectur gesetzte μέν
hätte nach ἀλλ᾽ ἦ τοι mit nachfolgendem Zwischensatze eine aus Homer
nicht erweisbare Stellung. Ebenso urtheilt Baumeister zu hymn. in Ven.
257 p. 272. [Vgl. auch Kayser bei Faesi zur St. Dagegen hat Nauck
μέν gegeben. Derselbe bezeichnet V. 80 als verdächtig.]

97. Sprichwörtlich war ἀδελφὸς ἀνδρὶ παρείη, was an vorliegende
Stelle anknüpfend Plat. de republ. p. 362ᵈ erwähnt.

101 = ξ 172. 126 und τ 84. Das feine Colorit der Darstellung
in den zwei vorhergehenden Versen wird durch diesen Vers, den schon
die Alten verwarfen, mit zu massivem Pinsel überstrichen. Hierzu kommt,
dass es in Bezug auf die Construction, wie schon die Schol. H. M. Vind.
56 bemerken, ein 'στίχος διαλύων τὸ πᾶν νόημα' ist. Wenn man
aber den Vers als eine hingeworfene Parenthese auffassen wollte, so
müste wenigstens ein δέ stehen.

104. Es ist ein aus σ 24 oder φ 262 entlehnter und von den Alten
mit Recht athetierter Vers. [Vgl. Aristonic. ed. Carnuth p. 137 f.]
Denn er passte nur zum ersten der in 100 ausgesprochenen zwei Wünsche,
stände ferner mit 106 ἐν ἐμοῖσι μεγάροισιν in poetischem Widerspruch, störte endlich den Zusammenhang, indem er die Situation, nach
welcher nur καὶ αὐτός mit psychologischer Steigerung ausgeführt wird,
prosaisch durchbräche.

106. κτάμενος und ἀποκτάμενος und κατακτάμενος in siebenzehn
Stellen, wo überall nicht das eingetretene Ereignis, sondern bloss
der vorhandene Tod des erschlagenen als adjectivischer Zustand
plastisch vor Augen tritt, so dass der Nachdruck jedesmal ungeschwächt
auf dem Hauptverbum liegt. Dasselbe gilt von οὐτάμενος, welche Form

schon Apollonios als Perfect erklärte, **in** neun Stellen und βλήμενος **in**
dreizehn Stellen, **so wie** von der gleichen Bildung der Adjective φθίμενος, ἄρμενος, ἀλιτήμενος, ἀλαλήμενος, ἐσσύμενος, ὀνήμενος, εὖ κτίμενος, ἄσμενος, κλύμενος. Gewöhnlich erklärt man alle diese Formen
als synkopierte Aoristformen oder als präsentische Participien von den
untergegangenen Stammformen. Vgl. Lehrs de Arist. p. 263. (255 ed.
II.). Lobeck zu Buttmann II S. 11 f. und besonders J. Classen Beobachtungen III S. 20 ff. Indes bemerkt Buttmann § 110 Anm. 6 mit Recht:
'das Particip wird öfters ganz als Participium Perfecti gebraucht als
κτάμενος getödtet, βλήμενος verwundet, und geht so ganz ins Adjectiv über, wie φθίμενος todt, εὖ κτίμενος wohlgebaut, ἄρμενος
passend'. Die Zurückziehung des Accentes, wenn man die Formen vom
Perfect ableitet, ist analog derselben Erscheinung in den Appellativen,
die zu Eigennamen geworden sind. — Statt des gewöhnlichen κ' ἐν ἐμοῖσι
wird in H. Vrat. M. Vind. 50, 56, 133 [u. and. bei La Roche] κεν
ἐμοῖσι gefunden, und dies letztere wird von J. La Roche Unterrichts-
Zeit. für Oesterr. 1864 S. 277 und Hom. Textkritik S. 126 für die
Aristarchische Lesart erklärt. Denn Aristarch habe in ähnlichen Fällen
den blossen Dativ dem mit ἐν vorgezogen, wie die Bemerkungen des
Didymos zu Θ 337. Ξ 202. 303. Σ 568. ζ 8 bewiesen.

111. Diese heftige Bewegung im Innern des Odysseus wird 108.
109. 110 auch durch die Rhythmen, durch die gleichmässige Wiederkehr
der Spondeen im ersten und der nemlichen Einschnitte im vierten Fusse
aufs kraftvollste dargestellt. Um nemlich die ἀεικέα ἔργα der Freier zu
schildern, redet sich Odysseus in Zorn und Eifer hinein mit einem Strome
von Worten, der wie 'unda supervenit undam' zusammenhängt. Denn
der Dichter hat hier den ächt psychologischen Zug angebracht, dass
Odysseus vom Gefühle der Entrüstung fortgerissen in seiner Rolle sich
selbst vergisst. Vgl. zu ο 381. Anders dagegen urtheilt K. Lehrs in
Fleckeisens Jahrb. 1860 S. 521 (jetzt Epimetra zu Arist. S. 404), indem
er zuerst 'das einzige Beispiel aus beiden Gedichten von drei hintereinander folgenden Versen **der** Art' erwähnt und dann überhaupt als 'auffallend wunderliche Stellen' betrachtet 'die Rede des Bettlers 99 bis 111,
in welcher, wie mich dünkt, **die** Bescheidenheit, welche dem **klugen**
Bettler ziemt, ganz vergessen ist, und dann 304 bis 320'. [Vgl. auch
Nitzsch Beiträge zur Gesch. d. ep. Poes. p. 327 **Anmerk. 36,** der 108 f.
verwirft. Mit der Auffassung von ἀτέλεστον, ἀνηνύστῳ ἐπὶ ἔργῳ 'endlos, bei unvollendetem Werke, von dem rücksichtslosen endlosen
Treiben der Freier' wird der Begriff der Worte nicht genügend erschöpft.
Schol. Q bemerkt wohl richtig: ἀκωλύτως ἄνυσιν καὶ πέρας μὴ ἐπι-
δεχομένῳ. οὐ γὰρ ἤνυον οἱ μνηστῆρες τὸ γυναῖκα λαβεῖν τὴν τοῦ Ὀδυσσέως. Denn die Bedeutung von ἀτέλεστος ist entweder nicht ver-
wirklicht oder vergeblich, vgl. Ebeling Lexic. Homer. s. v. und für
ἀνηνύστῳ ἐπὶ ἔργῳ ergiebt der Vergleich des parallelen ἀτελευτήτῳ ἐπὶ
ἔργῳ Δ 175, dass der Sinn ist: bei einem unvollendbaren Unternehmen;
vgl. auch π 373. Β 137. 138, mit 122. Dass damit Odysseus durch
seine Entrüstung fortgerissen, noch mehr, als bei der andern Auffassung

der Fall sein würde, sich selbst vergisst, ist durch das Vorhergehende
genügend vorbereitet.]

114. H. Düntzer hat also geändert: 'ἀπεχϑομένῳ muss es statt
des überlieferten ἀπεχϑόμενος lauten; denn dieses heisst, wie ἐχϑόμενος,
verhasst, vgl. δ 502. κ 74 f. σ 165. ἀπεχϑομένῳ scheint dem ἐπι-
σπόμενοι ϑεοῦ ὀμφῇ zu entsprechen.' So schon J. H. Voss Randglossen
S. 66 und in seiner Uebersetzung. [Auch Nauck vermuthet so.] Aber
mir scheint die Ueberlieferung ἀπεχϑόμενος vermittelst einer Prolepsis
erklärbar zu sein: vgl. die Beispiele im Anhang zu β 257. Wäre ἀπεχϑό-
μένῳ das ursprüngliche gewesen, so würde man schwerlich diesen leicht
verständlichen Dativ geändert haben. [Die an sich so harte proleptische
Auffassung von ἀπεχϑόμενος 'als ein mir verhasstes, weil es etwa
mich hasste', giebt dem Gedanken eine so unerwartete, unmotivierte
Wendung, zumal da die Frage lautet ἦ σέ γε λαοὶ ἐχϑαίρουσ' ἀνὰ
δῆμον, und ist verglichen mit der öfter wiederkehrenden Zusammenstellung κοτεσσάμενος χαλεπήνῃ z. B. Π 386 so unwahrscheinlich, dass
ich mich von der Richtigkeit derselben nicht überzeugen kann. Die
einzige Auskunft scheint, wenn man nicht ändern will, als ursprüngliche Bedeutung anzunehmen: feind werden, woraus einerseits die
gewöhnliche Bedeutung verhasst werden, andrerseits für unsere Stelle
Feindschaft aufnehmen, Hass fassen sich entwickeln konnte, je
nach der Verschiedenheit des Standpunktes, von dem aus das Verhältniss aufgefasst wurde.]

119. So verstand diese Stelle Plutarch. de frat. amore c. 6 p. 480ᵉ.
Es sind also die ο 363. 364 erwähnten Schwestern nicht ausgeschlos-
sen; daher auch der Aorist τέκεν im Vergleich zu dem vorhergehenden
Imperfectum. Zu Krüger Di. 53, 2, 1. Vgl. auch den Anhang zu λ 476.

134. Die Worte τῶν δ' ἄλλων μή τις Ἀχαιῶν πευϑέσϑω enthalten zugleich einen psychologisch begründeten Zusatz, insofern Eumäos
in seiner Herzensfreude über die Lebensrettung des Telemachos leicht
auch anderen eine Mittheilung machen konnte. Mit πολλοὶ γὰρ ἐμοὶ κακὰ
μηχανόωνται hat Telemachos ganz allgemein gesprochen, weil er an
den Mordplan der Freier und an die ihm feindlichen Anhänger der Freier
im Volke denkt: aber für die vorliegende Situation hatte er dem Eumäos
gegenüber keine Ursache, das einzelne genauer zu detailieren. Anders
dagegen urtheilt A. Rhode Untersuchungen S. 17 und 40. [Ebenso
Kammer die Einheit. p. 614 ff., welcher 132—52 als schlechte Eindichtung athetiert. 152. 153 wurden von den Alten athetiert: νοϑεύονται, ὅτι μὴ πέμπει Πηνελόπη πρὸς Λαέρτην (εἰ μὴ ἄρα σιωπωμένως).
H. Carnuth Aristonic. p. 138.]

136. [Zu der Erklärung vgl. Doederlein Glossar § 957.]

138. Vielleicht ist am Ende von **137** μέση στιγμή zu setzen und
hier nach dem Harleianus [vgl. La Roche] ἦ mit ἔλϑω δυσμόρῳ; zu
lesen als selbständige Frage des Zweifels, die für den aufgeregten
Eumäos trefflich passte, so dass dann ὅς wie ω 290 [?] demonstrativ
stände. [Vgl. auch Praetorius der homerische Gebrauch von ἦ (ἦε) in
Fragesätzen p. 9, der sich für die handschriftliche Lesart εἰ ausspricht,

weil sich sonst keine directen Fragen mit ἦ und dem Conjunctiv finden. Nauck hat ἦ geschrieben, **fasst** die Frage aber als indirecte.] Denn nach dem vorhergehenden formelhaften Verse ἀλλ' ἄγε μοι τόδε εἰπὲ καὶ ἀτρεκέως κατάλεξον folgt entweder εἰ wie α 207. λ 371. 458 oder eine doppelgliedrige Frage **mit** ἦ und ἦ oder **eine** directe Frage wie α 170. 225. λ 171. ω 257. 288. K 385. 406. Ω 657.

149. [Brugman ein Problem der homer. Textkritik p. 47 vermuthet hier, wie Δ 142. T 322. β 134. Φ 412. λ 492 an Stelle des Artikels τοῦ (τῆς) das Reflexivum οὗ (ἧς) als ursprüngliche Lesart, vgl. Anhang zu ν 320.]

159. ἀντίθυρον behandelt in seiner gründlichen **Weise** H. Rumpf de aedibus Homericis II p. **13 sqq.** Das κατ' ἀντίθυρον, das sich nur hier findet, ist **nemlich nicht** ein bestimmter Raum des Hauses wie ἐν προθύροισι 12, sondern es ist eine allgemeine Bezeichnung in sinnvoller **Prägnanz** der Composition statt κατὰ τὴν θύρην τῆς κλισίης καὶ ἀντὶ τῆς θύρης, sie stellte sich an einem dem Eingang in die Hütte gegenüber gelegenen Platz hin. Vgl. **die** ähnliche Bezeichnung κατ' ἄντηστιν zu ν 387. Uebrigens bemerkt H. Düntzer: 'In der Hütte des Eumäos führte wol keine eigentliche **Thüre aus dem** πρόδομος in das Wohngemach; es war nur ein Durchgang.' Aber **das** ist eine subjective Ansicht, die sich mit dem Gedanken an rauhe Witterung und Kälte schwer **vereinigen lässt.**

161. οὐ γάρ πως aus Eustathius, **Vind.** 133 und andern Quellen [vgl. La Roche] statt des gewöhnlichen οὐ γάρ πω. Wegen des Gedankens vgl. man Nägelsbach Hom. Theol. IV 8 [auch Bergk griech. Literaturgesch. I p. 735, 13.]

162. Das nur hier stehende Medium ὑλάοντο zählt J. E. Ellendt Ueber den Einfluss des Metrum S. 14 (Drei Homer. Abhandl. S. 23) zu den Beispielen, wo im Vergleich zu 5 und 9 dieser Einfluss sich geltend mache. Zur Sache erinnert man an den Glauben der alten Deutschen und Nordländer, nach welchem ebenfalls Hunde die Geister zu sehen und einen nahenden Gott zu erkennen pflegten. — Vers 173 bei Themist. or. 19 p. 231ᶜ.

176. In ἐγένοντο γενειάδες ἀμφὶ γένειον beachte man, wie in natürlicher Einfachheit das der Sache nach verwandte durch ähnliche Wortlaute ausgedrückt ist. Zur Vereinigung der κυάνεαι γενειάδες und der ξανθαί τρίχες bei derselben Person [vermittelst einer blauröthlichen Schattirung, wie Ameis im Commentar annahm] lässt sich unter anderm vergleichen was Goethe 'Wahrheit und Dichtung' Buch 6 Bd. 35 S. 35 (der Ausg. von 1829) von dem jungen Engländer erzählt: 'Sein kleiner gedrungener Schädel war mit krausen schwarzen Haaren reich besetzt, sein Bart frühzeitig blau' usw. Andere Beispiele gibt Eble die Lehre vom Haar. Ueber den Sinn bemerkt C. W. Lucas in Fleckeisens Jahrb. 1859 p. 598: 'μελαγχροιής significat strenui atque robusti corporis speciem, et κυάνεαι eandem vim exprimit, ut mentum densis pilis obsitum dicatur, quippe quo ornatu praecipue conspiciatur heroum dignitas'. Gewöhnlich werden die Stellen ν 399 und π 176 für unvereinbar

gehalten. [So urtheilen Bonitz über den Ursprung der homer. Gedichte
3. Aufl. p. 37 und 69 Anmerk. 107, Jacob über die Entstehung der
Ilias und Odyssee p. 463, vgl. Kirchhoff die Composition der Odyssee
p. 135 ff. Als Interpolation sucht die Verse 175. 176 Kammer die
Einheit p. 577 f. zu erweisen, auch Nauck bemerkt: *spurii?* Bergk
setzt dieselben auf Rechnung der Nachdichter p. 539 und 706. Jedenfalls sind die Versuche von Nitzsch Sagenpoesie p. 182 f. und Ameis
die Stellen zu vereinigen unannehmbar. Nicht ohne Grund hat Kammer
bemerkt, **dass**, wenn die Schilderung der Rückverwandlung eine ausführliche **noch** werden sollte, sicherlich dann doch von dem Haupthaar, **das** ν 431 die Göttin vom Kopfe getilgt hatte, die Rede **sein**
müsste, nicht aber vom Bart, der dort gar nicht erwähnt war.]

181. Bei Plutarch. de adul. et am. discr. c. 8 p. 53 b ist dieser
Vers **auf** den Charakter des Schmeichlers angewendet.

187. Plutarch. de sui laude c. 12 p. 543 d verlangt, dass man diesen
Vers anführen solle, um freche Schmeichler abzuführen. Vgl. auch Lucian. Icarom. c. 13.

195. Diese ächt homerische Parataxe **des** Gegensatzes wird durch
das von anderen aufgenommene θέλγεις, was hier ἡ κυκλική bietet, in
attische Syntaxis verwandelt: vgl. zu Γ 164. I 98. Ω 368, auch η 199.
Ausserdem würde auch Telemachos mit θέλγεις dem Angeredeten selbst
einen ungehörigen Vorwurf machen.

197. [Ueber ὅτε μή mit dem Optativ im Unterschied von εἰ μή vgl.
L. Lange a. O. I 465 ff.]

206 = τ 484. φ 208. ψ 102. 170. ω 322, wo überall auch der
vorhergehende **Vers eine** ähnliche Färbung hat. Dass in dieser Scene
Telemachos den Odysseus nicht an einem Zeichen erkennt, wie Eurykleia
in τ, Eumäos und Philötios in φ, Penelope in ψ, Laertes in ω, sondern
dass die Darstellung durch das Wort mit Widerlegung der von Telemachos
geäusserten Zweifel diese Wirkung übt, davon liegt der Grund theils **in**
dem innigen Verhältnis, welches psychologisch zwischen Vater und Sohn
herscht, theils in dem Umstande, dass Telemachos auf die Ankunft seines
Vaters mehr vorbereitet war, als die erwähnten Personen, zuletzt noch
durch die bedeutungsvolle Prophezeiung der Helena ο 176 bis 178,
worin auch 176 mit π 205 aufs genaueste zusammenstimmt.

208. H. Düntzer bemerkt zu seinem Texte: 'ἔθελεν ist statt des
überlieferten ἐθέλει zu schreiben, da Odysseus von seiner wirklich eingetretenen zweimaligen Verwandlung spricht, wogegen das Praesens in dem
zwischengeschobenen δύναται γάρ (δ 827) ganz an der Stelle ist.' So
schon J. H. Voss Randglossen S. 66 und in der Uebersetzung: 'welche
so, wie sie **wollte**, mich umschuf'. [Auch Nauck vermuthet ἔθελεν.]
Mir scheint indes der Gedanke mit ἐθέλει an Nachdruck zu gewinnen,
weil ihn dann Odysseus als Gemeinplatz ausspricht: denn ἔθηκεν ist
als gnomischer Aorist zu verstehen. [Dass ἐθέλει die Lesart Aristarchs
war, zeigt Carnuth Aristonic. p. 138.] Auch δ 827 haben wir einen
ähnlichen Zusammenhang. [Verglichen werden kann auch die parenthetische Bemerkung ψ 186 ῥηιδίως ἐθέλων. Vgl. auch κ 327. 328. μ 66.]

Hier ist der Gedanke ἔθηκεν ὅπως ἐθέλει, δύναται γάρ zugleich eine
Vorbereitung auf den allgemeinen Ausspruch 211. 212, durch welchen
das δύναται γάρ erklärt und erweitert wird, so dass die von Telemachos 198 anerkannte Macht der Götter schliesslich in homerischem
Geiste auch von seinem Vater eine nachdrückliche Bestätigung erhält.

212. Zum Gedanken vgl. Stobaei ecl. 1 3, 8. Hesiod. Op. 5 ff.
Archiloch. fr. 51 ed. Bergk. Andere hierher gehörige Stellen **gibt** Garcke
Horatii carm. libr. I collat. script. Gr. illustr. (Halis 1860) p. 134 sq.

213. Es sind nemlich hier die zwei formelhaften Redeweisen ὡς
ἄρα φωνήσας und κατ᾽ ἄρ᾽ ἕζετο mit einander verbunden: ohne den
Charakter der im Commentar bemerkten Bedeutsamkeit würde der gewöhnliche Anfang stehen: vgl. zu β 224 und Λ 68. [Diese Auffassung ist
von Ameis mit Recht aufgegeben, vgl. Kayser bei Faesi z. St. und Rhode
über den Gebrauch der Partikel ἄρα bei Homer, p. 24.] Schwächer
ist das ῥά nach Participien, worüber zu ϑ 458.

216. Wie hier ἤ τε nach dem Comparativ, so steht auf ähnliche
Weise ἤ τε 'sive, oder irgendwie' Τ 148 und das doppelte ἤ τε
'sive ... sive' I 276. Λ 410. Ρ 42. Τ 177 und ἤ τε 'ob irgend'
Β 349. In demselben Sinne wird bei Homer häufig ἤ που oder ἤ τι oder
ἤ κε gebraucht. Vgl. jetzt J. Kvičala in der Zeitschr. f. d. österr. Gymn.
1864 S. 417. — 217. Ueber αἰγυπιός spricht Lobeck Path. Elem. I p. 87.
Zu den Tönen der Raubvögel vgl. μεγάλα κλάζοντε Π 429; und über
das Ausnehmen der Jungen aus den Nestern dieser Raubvögel vergleiche
man die Beispiele neuerer Zeit bei Schilling Naturgesch. der Vögel S. 32;
und C. Vogel Naturbilder S. 51 ff. Uebrigens scheint dem modernen Gefühle [so Kammer die Einheit p. 604] der ganze Vergleich nicht passend
zu sein, insofern dem Bilde die harmonische Stimmung fehlt: denn
bei Telemachos und Odysseus ist das Weinen Folge der Freude, im Vergleiche dagegen Folge des Schmerzes. Aber der alte Dichter will nichts
weiter versinnlichen, als das anhaltende Klagen, die Ursachen desselben lässt er als etwas für die Hauptsache gleichgiltiges ganz unbeachtet.
Ueber das ἤ hier vgl. den Anhang zu ρ 37. [Uebrigens hält Kammer
die Einheit p. 604 ff. die ganze Scene 216—321 für stark überarbeitet
und versucht die Wiederherstellung des Ursprünglichen.]

221. Die erste Silbe von αἶψα 'jählings' beginnt **die Arsis** und
zwar des vierten Fusses nur Η 272; des dritten Fusses: ϑ 254. Κ 139.
359. Π 123. Ψ 155; des fünften Fusses: α 392. δ 283. ε 461. μ 407.
Λ 387. Ζ 514. Θ 127. Λ 392. Σ 532. Ψ 118 [?]; des zweiten Fusses:
γ 147. ϑ 226. ι 158. λ 390. μ 11. 401. ξ 233. ρ 75. 561. τ 458.
υ 361. φ 181. ω 13. 215. 466. Ο 276. Ρ 116. 682. 691. Τ 245.
Ψ 139. 524. Ω 783; an den übrigen Stellen, die am zahlreichsten sind,
im Versanfange. Ueber die Stellung in der Thesis zu ο 469. Uebrigens
bezeichnet hier αἶψα, dass Telemachos, nachdem er lange vor Rührung
keine Worte finden konnte, diesen Zustand des Jammers durch eine
schnelle Anrede an seinen Vater beendigt habe.

222. Bekker hat hier, wie ο 509 das überlieferte γάρ mit Recht
ἢ τ᾽ ἄρ verbessert, wie dies Ν 307 steht. [Vgl. indes den Anhang zu

7*

ν 417.] Was den blossen Dativ *νηί* bei *ἤγαγον* anlangt, so steht derselbe ebenso ohne Präposition und ohne Attribut bei *κατάγεσθαι κ* 140, bei *περῆσαι κ* 508, bei *οἴχεσθαι π* 24. 142. *ϱ* 42. Vgl. auch zu *λ* 161. 236.. Statt *ὄφϱ' εἰδέω* lesen andere *ὄφϱα ἰδέω*, was dem Urheber nach nicht sicher steht und der Form nach noch nicht begründet worden ist. [*ὄφϱ' ἰδέω* haben Vindob. 56 und 5, sowie die älteste Odysseehandschrift bei Gotschlich in Jahrbb. f. Phil. 1876 p. 26. *ὄφϱά οἱ ἰδέω* Harl. *ὄφϱα οἱ ἰδέω* Venet. 457 nach La Roche. Vgl. Kayser zur St. Nauck: *ὄφϱα ἰδέω.*] H. Düntzer bemerkt zur Form: '*εἰδῶ* und *εἰδείην* sind nicht Coni. und Opt. zu *οἶδα*, sondern zu einem Praesens *εἰδέω*'. Und zur Sache sagt er mit Recht folgendes: 'Von Eumäos und Athene hat Odysseus noch nichts über die Zahl und Widerstandskraft der Freier erfahren, nur von ihrem Uebermuth und ihrer Verschwendung; woher die Beantwortung dieser Fragen ihm zunächst am Herzen liegt, da er auf sie seinen Plan gründen will.'

242. [*χεῖϱας* bei *αἰχμητής* ist auffallend (vgl. *E* 602. *Π* 493. *X* 269. *Γ* 179. *Z* 97. 278. *P* 588) und gehört zu den Eigenthümlichkeiten, an denen die zweite Hälfte der Odyssee so reich ist: Römer in den Jahrbb. f. Philol. 1874, p. 440.]

246. Hiermit rechtfertigt der Sänger selbst in objectivem Ausdruck, warum er die specielle Angabe der Freier mit ihren Dienern gerade hier nach des Odysseus Verlangen 235 vorgebracht habe. Naturgemäss aber muss an dem Orte, wo eine Vorberathung zur letzten Katastrophe stattfindet, auch eine genauere Aufzählung derer erfolgen, gegen welche die Katastrophe gerichtet ist, weil sie die ganze misliche Lage des Odysseischen Hauses veranlasst haben. So weiss der Dichter überall dafür zu sorgen, dass wir über Nebendingen nicht die Hauptsache aus den Augen verlieren. Wenn sodann 247 bis 251 gerade wie *α* 245 bis 247 und *π* 122 bis 125 die Freier den genannten vier Inseln angehören, in dem übrigen Gedichte aber nur Ithaka als ihre Heimat erscheint, so stehen beide Angaben mit einander nicht in Widerspruch. Denn die Herschaft des Odysseus war nicht auf Ithaka eingeschränkt, sondern umfasste zugleich jene Inseln unter dem Namen 'Gebiet der Kephallene': vgl. zu *υ* 210. Daher konnte der Dichter anderwärts das Hauptland Ithaka als Repräsentanten des ganzen Reiches gebrauchen. [247. 249—251 sind im Marc. 613 mit dem Obelos versehen. — *ἐνθάδε* local gefasst, entbehrt der genügenden Erklärung, temporal gedeutet, wie Ameis erklärte: 'an dieser Stelle, ehe ich noch etwas anderes sage', ist es nach dem vorhergehenden *τάχα* auffallend. Vindob. 56 und 5 bieten dafür *αὐτός*, entsprechend der Formel *τάχα δ' εἴσεαι αὐτός β* 40, die hier in gleicher Weise passend das Folgende ankündigen könnte, wenn die Lesart nur besser beglaubigt wäre.]

249. Das *τὲ καί* bieten hier sämtliche Handschriften; nur aus Conjectur haben manche mit Thiersch das *τὲ* getilgt. Das *καί* als Kürze vor *εἴκοσι* auch noch *Λ* 25 und in *τὲ καί* zwischen Zahlbegriffen mit *εἴκοσι I* 379. *X* 349; nicht digammiert ist nach der Ueberlieferung auch *εἰκοστῷ*, zu *π* 206. Indes hat jetzt Bekker an diesen Stellen wiewol

nur aus Conjectur das Digamma hineingebracht. Ueber τὲ καί zwischen Zahlen überhaupt **vgl.** Lobeck zu Phryn. p. 411. Hermann zu Soph. El. 873. Zu Krüger Di. 69, 70, 3.

264. Dagegen bemerkt Nägelsbach Hom. Theol. II 21 S. 106 der Ausg. von Autenrieth: In π 265 wird Athene mit Zeus in Gemeinschaft geradezu für die höchste und mächtigste Gottheit erklärt', was in den Worten des Dichters nicht enthalten ist. Athene ist **nur die** Lieblingstochter des Zeus Θ 373, die neben dem Vater sitzt Ω 100, so dass sich Ares E 879 über diese väterliche Liebe zu beschweren hat. Uebrigens wird von 259 an nur einfach das Vertrauen auf die **Götter** ausgesprochen, weil Odysseus **wegen der grossen Anzahl der Freier** noch keinen bestimmten Plan fassen und noch keine feste Verabredung in Bezug auf die Durchführung eines Planes treffen kann.

272. **Dass der** Indicativ des Futurums bei Homer noch nicht, wie öfters bei Späteren, in **imperativischem** Sinne gebraucht werde, **dies** beweist überzeugend durch Erörterung der bezüglichen Stellen Johannes Paech Ueber den Gebrauch des Indicativus Futuri als **Modus iussivus bei** Homer. Breslau 1865. [Vgl. dazu Philol. *XXVII*, 518 ff.] Unsere Stelle ist in dieser gehaltreichen Abhandlung unberücksichtigt geblieben. Behandelt werden die Indicative des Futuri in α 124. 277. β 270. η 319. λ 348. μ 25. o 280. π 31. ρ 599. E 430. Z 71. H 30. I 74. K 88. 235. 442. N 47. *T* 137. *Φ* 61. *Ψ* 663. 858. Ω 669. 717; ausserdem noch mehrere andere Stellen. Hierher gehören auch ι 370. σ 358. *A* 546. *Γ* 254 und andere Beispiele. — Vers 274. Plutarch. de aud. poet. p. 31ᵈ macht aus der Rede des Odysseus an Telemachos klar, wie man auf Selbsterkenntnis gestützt sich im voraus durch besonnene Ueberlegung gegen den Andrang der Leidenschaften schützen solle, denen man am ersten zu unterliegen Gefahr laufe: Odysseus hatte nemlich aus den vorhergehenden Reden seinen Sohn als heftig und aufbrausend erkannt.

277. [Die dieser Stelle verwandten syntaktischen Erscheinungen, wo der Hauptgedanke nach einem Nebensatze aufgenommen wird, sind **von** mir zusammengestellt in dem Programm: zur Periodenbildung bei Homer. Gött. 1868. Ueber die Verbindung des Particips mit ἀνέχεσθαι vgl. Classen Beobachtungen p. 93.]

278—280 [werden von Kammer die Einheit p. 610 verworfen.] 281—298. Von den Alexandrinern 'νοθεύονται ιη'. πόθεν γὰρ ᾔδει τὰ ὅπλα ἐν τῷ ἀνδρῶνι ἀντικείμενα; οἰκείως δὲ χρήσεται τῷ λόγῳ ὅταν αὐτὰ θεάσηται. ἀθετεῖ [καί] Ζηνόδοτος. H. Q. Vind. 133. Vgl. die von J. La Roche 'die Athetesen in der Odyssee' in der Zeitschr. f. d. österr. Gymn. 1862 S. 354 f. zusammengestellten Zeugnisse, in denen das Urtheil begründet wird. Denn diese ganz **local** gefärbte Bestimmtheit specieller Aufträge, wie sie τ 5 bis 13, wo Odysseus die Waffen mit Augen sieht, am Platze ist, scheint zum Charakter einer Vorberathung nicht zu passen. Wenn er hier an die Waffen gedacht hätte, so würde er augenblicklich ohne Umschweif die Entfernung derselben verlangt haben. Auch will μαλακοῖς ἐπέεσσιν παρφάσθαι 286 hier mit 279 nicht harmonieren, weil jene Worte zu μειλιχίοις ἐπέεσσι παραυδῶν eine unmotivirte Tautologie wären, und das absolute ἐν μεγάροισιν wird homerisch nur vom Orte des sprechenden gesagt; über 281 endlich vgl. zu 299. Der Anfang 281 bis 285 und der Schluss 295 bis 298 sind vom Interpolator, um das aus τ entlehnte hier passend zu machen, geschickt hinzugedichtet worden mit Benutzung homerischer Redeweisen wie eine Vergleichung von 282 mit Δ 40. E 260, von 283 mit I 223, von 284 mit δ 613. Γ 195, von 285 mit η 87. τ 17. ω 165. 166 und anderes zeigen kann. Aber der Schluss steht mit homerischer Wirklichkeit im Widerspruche: denn 295. 296 vergleiche man theils mit τ 31 bis 33, wo nichts davon gesagt ist dass für Odysseus und Telemachos zwei Schwerter zwei Lanzen zwei Schilde zurückgelassen werden sollten, theils mit χ 101 bis 125, wo Telemachos Schilde und Lanzen erst aus der Waffenkammer holt und wo ausserdem gar keine φάσγανα vorkommen, weil Odysseus und Telemachos nur aus der Ferne kämpfen. So scheint denn die ganze Interpolation durch 234 veranlasst zu sein, um dem dort mit Recht allgemein gehaltenen Gedanken eine vermeintlich epische Bestimmtheit zu geben. Hiergegen polemisiert A. Kirchhoff im Philol. XIX S. 75 bis 110 [= Composition der Odyssee p. 163—210] und sucht scharfsinnig zu erweisen, dass diese ganze Stelle für π ursprünglich und zuerst gedichtet worden sei und bereits vorgelegen haben müsse, als die entsprechende in τ nach ihrem Muster gestaltet wurde, dass aber die Stellen in π und τ von verschiedenen Verfassern herrührten. [Vgl. dagegen die ausführliche Erörterung von Kammer die Einheit p. 579 ff. und Düntzer Kirchhoff, Köchly und die Odyssee p. 66 ff. Eine Uebertragung der Verse aus τ nehmen auch an Lehrs de Aristarch.[2] p. 404, Nitzsch Sagenpoesie p. 155, Bergk griech. Literaturgesch. I, 706.] G. Autenrieth brieflich: 'Sollte 281 bis 298 nicht eine andere Redaction sein neben 297 bis 307, ursprünglich also getrennt? Zu beachten also 316 ff. coll. 304 ff.'

287. Zu παρφάσθαι vgl. β 189. M 249, und παρελθεῖν ε 104; παρατροπέων δ 465, wo παρά überall eine Versinnlichung der 'List' enthält. Ganz anders ist παράφημί τινι gesagt: vgl. zu A 577.

290. Die πυρὸς ἀυτμή nemlich zog bei conträrem Winde auch an der δουροδόκη (zu α 128) vorbei und schadete besonders dem Metalle der Waffen. Der Versschluss wie Ξ 174, und die Construction wie in Ψ 251: ὅσσον ἐπὶ φλὸξ ἦλθε.

292. Zu ἔριν στῆσαι vgl. ἵστατο νεῖκος N 333, φύλοπις αἰνὴ ἔστηκεν Σ 171, und die im Anhang zu ι 54 erwähnten Redeweisen. Aehnlich ist auch ἔριν μετά τισι τιθέναι γ 136 gesagt. οἰνωθέντες wird gewöhnlich durch μεθυσθέντες erklärt, aber dies liegt nicht im Worte und wäre neben μαλακοῖς ἐπέεσσιν 286 ein ganz unpassender Vorwurf. Ueber die Sache vgl. ξ 463 ff.

296. χερσὶν ἑλέσθαι, Versschluss wie θ 68. ψ 368. K 501; auch sonst steht ἑλέσθαι stets am Versende. Das βοάγριον ist eigentlich βοὸς ἄγρη, die Beute von einem Stier, aus dem äolischen mit αἰρεῖν gleichbedeutenden Verbum ἀγρεῖν gebildet wie ἀνδράγρια ζωάγρια

μοιχάγρια. Vgl. auch zu 148 im Commentar, und Theodor Ameis De Aeolismo Homerico p. 38. Nur theilweise vergleichbar sind Wörter wie das häufige χαλκός vom 'ehernen Speer'. Im folgenden Verse meint M. Axt coni. Hom. p. 29: 'repone ἐπιθύσοντες, primum enim capiunt, deinde irruunt'.

299 = λ 454. ϱ 548. τ 236. 495. 570. Λ 297. Δ 39. Ε 259. Ι 611. Π 444. 851. Φ 94; ähnlich o 27. ω 248. Ο 212. Ψ 82. [Ueber eine an die Formel sich knüpfende kritische Frage vgl. Brugman ein Problem der homer. Textkritik p. 76 und 112.] Nirgends aber hat ein Redner bei Homer diesen Vers in derselben Rede zweimal gebraucht, was der Interpolator mit 281 thun lässt. Eine Nachahmung des Verses bei Verg. Aen. III 250: accipite ergo animis atque haec mea figite dicta.

304. [304—320 bezeichnet Nauck als suspecti, Lehrs de Aristarch. [2]p. 404 als 'auffallend wunderlich'. — In V. 304 kann man zweifeln wegen der Interpunction. Der unmittelbare Anschluss der Aufforderung γυναικῶν γνώομεν ἰθύν an die Worte ἀλλ' οἷοι σύ τ' ἐγώ τε, welche im Gegensatz zu μήτε — ἴστω stehen, ist befremdend. Interpungiert man nach ἐγώ τε mit Kolon, so würde der Conjunctiv γνώομεν wir wollen kennen lernen sich dem Vorhergehenden asyndetisch anschliessen wie εἴδομεν γ 18 und an den dort angeführten Stellen.]

306. ὅπου τις ist epische Unmittelbarkeit der Frage im Sinne von ὅς τίς που 'welch einer irgendwo'. Eine Conjectur dagegen mit getrennter Schreibweise ὅ πού τις, was andere billigen, gibt eine bei Homer sonst nicht vorkommende Verbindung. Denn es findet sich nur einerseits ὅς που wie α 199. 304. ϑ 255. λ 449. υ 340. ω 290. Ι 628. Π 514. 838. Ρ 637. Τ 323, und andererseits πού τις wie δ 756. ν 123. σ 7. 382. υ 35. Ζ 438. Κ 511. Λ 292. Ν 272. 293. Ξ 130; aber nirgends die Vereinigung von beiden ὅ πού τις zusammen. [Die Analogie von ὅ κέν τις π 257 scheint mir zu genügen, um mit Faesi-Kayser ὅ πού τις in dem Sinne von wer etwa zu schreiben an Stelle des auch wegen des 307 folgenden ὅτις auffallenden ὅπου τις wo einer.]

309. Das parenthetische ὀΐω in der Katalexe mit Betonung der Stammsilbe verleiht dem Gedanken einen besondern Nachdruck, wie ψ 261. Θ 536, während im Versanfange dafür mit veränderter Quantität ἀλλ' ὀΐω gesagt wird β 255. Ν 153. Und ὀΐομαι steht parenthetisch ξ 363. χ 140. Zu Krüger Di. 59, 1, 9. Ueber die Stellung des ὀΐω im Verse vgl. zu ν 427. Ueber das parenthetische ἔλπομαι zu Σ 194.

313. Bekker im Berliner Monatsbericht 1864 S. 10 [= Homer. Blätt. II, p. 1.] will wegen des doppelten Anstosses, der 'durch das unerhörte εἴῃ und durch das an ἑκάστου verletzte Digamma' gegeben sei, aus Conjectur εἴσθα geschrieben wissen: beides aus Bekkers Bestreben, eine durchgängige Gleichmässigkeit herzustellen. [Vgl. dagegen Kayser bei Faesi zur St.]

317. Sonst las man hier und an den Parallelstellen νηλιτεῖς oder νηλειτεῖς, aber Hesychius, der Ergänzer des Suidas und Eustathius zu τ 498 bieten νηλίτιδες, wo das ι wahrscheinlich aus dem Itacismus ent-

standen ist, denn die übrigen Autoritäten haben in der antepenultima
η oder ει. In der ersten Ausgabe hatte ich mit Bote νηλήτιδες aufgenommen, wofür jetzt mit Bekker νηλείτιδες geschrieben ist. Hierüber
bemerkt H. Rumpf in Fleckeisens Jahrb. 1860 S. 589 folgendes: 'vgl.
das Masc. ἀλείτης Γ 28. ν 121, das Femininum ἀλεῖτις in dem von
Bekker zu π 317 citierten Schol. zu Ι 571; ferner die von Lobeck Path.
Proll. p. 376 sq. bekämpfte, aber bei Greg. Cor. p. 605 Schäfer über-
zeugender ausgeführte Vorschrift der Grammatiker und endlich die von
Bast [nach eigner Einsicht des cod. B] sicher gestellte Form διαλείτης
ebendaselbst und p. 623 Note'. Vgl. auch J. La Roche Hom. Textkritik
S. 184 [und dagegen Kayser bei Faesi, der νηλιτεῖς liest.]

322. [Die folgende Partie bis 337 wird von Kammer die Einheit
p. 610 ff. verworfen. Nauck bezeichnet 326 und 327 als 'verdächtig'. Vgl. auch Bergk griech. Literaturgesch. I p. 706.]

337. J. La Roche in der Unterrichts-Zeitung für Oesterr. 1864
S. 278 bemerkt folgendes: 'πάις mit Harl., Marc. 613, Vind. 5, 50, 56,
133. Dieselben Handschriften haben ἐκ Πύλου ἦλθε für εἰλήλουθε und
bei dieser Uebereinstimmung sind wir nicht berechtigt, das schlecht beglaubigte εἰλήλουθε, welches Harl. am Rande hat, der Schreibweise der
Handschriften vorzuziehen. Statt ἤδη haben Eustathius 1803, 59 und
Marc. ἦ δή.' Ich habe beides aufgenommen, weil die Worte ἤδη εἰλήλουθεν den Telemachos als einen schon in der Stadt (am Orte des Spre-
chers) anwesenden erwarten liessen. Sodann dürfte die epische Deutlichkeit den Zusatz ἐκ Πύλου verlangen, wie o 42. π 131. Zum Aorist
vgl. auch π 206. [Vgl. jetzt aber La Roche homer. Untersuch. p. 237 f.
und Kayser bei Faesi, der εἰλήλουθεν in folgender Weise rechtfertigt:
'Machte Eumäos diese Mittheilung, welche der Herold ausspricht, so
würde er sie nach homerischer Art wohl mit derselben Bestimmtheit
geben, mit welcher sie ihm Telemach nach der Weisung der Athene
(o 42) aufgetragen hat, π 131. Er würde dann ἐκ Πύλου ἦλθεν statt
des einfachen εἰλήλουθεν sagen, was durch die Handschr. am meisten
empfohlen wird.'] — Der Ausdruck βασίλεια wird schon durch βασιλῆος 335 vorbereitet: ohne diese Beziehung würde 335 der sonst übliche Versschluss θείου βασιλῆος gebraucht worden sein.

342. Die Kenntnis der Freier von des Telemachos Rückkehr κατὰ
τὸ σιωπώμενον, weil der Hörer sie weiss, ist hier episch ein sicherer Beweis von dem ursprünglichen Zusammenhange des folgenden Abschnitts mit dem unmittelbar vorhergehenden. Das Verbum κατηφεῖν hat
Lobeck Path. Elem. I p. 221 sq. mit den Alten von κατηφής aus κατα-
φαής mit Trope des α in η und Synkope des andern α abgeleitet;
andere dagegen, wie Döderlein Hom. Gloss. § 1092 und Philipp Mayer
dritter Beitrag zu einer Hom. Synonymik (Gera 1849) S. 14 [= Studien
zu Homer, Sophokles etc. 1874 p. 70 f.] bringen das Verbum wol
richtiger mit καθάπτεσθαι in Verbindung, so dass an die mit ἀφ ἀπ
verwandte Wurzel ἀφ ἀπ 'treffen' zu denken ist. Hierdurch wird zugleich der Zusatz ἐνὶ θυμῷ leicht erklärbar. Vgl. den Anhang zu
Ζ 524, auch Autenrieth zu Nägelsbach Γ 51 [der jetzt im Lexicon bei

κατηφείη bemerkt hat: καταί, φάος Auge] und Albert Fulda Untersuchungen S. 294 f.

344. [Ueber die Lokalität vgl. Gerlach im Philol. XXX, 505.]

349. Das ἀλιῆας [welches Ameis mit ἐρέτας erklärte: Ruderer zur
See, Meerruderer] ist hier zugleich ein Ersatz für das nach ἐρύσσο-
μεν oder ἐρύσσαμεν sonst folgende εἰς ἅλα δῖαν: δ 577. ϑ 34. λ 2.
A 141. Ξ 76; auch nach κατείρυσεν ε 261, nach ἕλκομεν γ 153 und
ἑλκέμεν B 152. [Diese Deutung ist seltsam und schwer annehmbar; die
jetzt gegebene Erklärung beruht auf der Erörterung von Riedenauer
Handwerk und Handwerker p. 158 und 220 Note 277.]

351. Statt εἴρηϑ' ὅτ' ἄρ' haben L. Ahrens im Philol. VI p. 25
und J. La Roche in der Unterrichts-Zeit. für Oesterr. 1864 S. 278 nach
handschriftlichen Spuren die Schreibweise εἴρητο ὅτ' Ἀμφίνομος empfohlen und begründet. [So schreibt auch Nauck; dagegen Kayser bei Faesi:
εἴρητο καὶ Ἀμφίνομος nach Eustath. und Vindob. 5, welche Lesart er
durch ϑ 417. ε 262 stützend als die ursprüngliche nachzuweisen sucht.
Die älteste Odysseehandschr. hat auch ὅτ' ἄρ: Gotschlich in Jahrbb. f.
Phil. 1876 p. 26.] — Amphinomos wird hier in diesem Charakter eingeführt, um bei der immer näher rückenden Katastrophe eine wärmere
Theilnahme auch für die Freier zu erwecken. Es erscheinen also von
jetzt an mehrere Namen von Freiern, die früher nicht namentlich aufgeführt wurden, weil eben erst jetzt beim Herannahen ihres Schicksals
der Hörer für die einzelnen Interesse gewinnen soll: während der Abwesenheit des Odysseus dagegen galt es nur das frevelhafte Treiben
sämmtlicher Freier unter den beiden Führern zu schildern. Daher
lässt der Dichter auch jetzt erst den milden Amphinomos sich zum
Widerspruch ermannen, während derselbe beim ersten Mordplan δ 673.
776. 777 noch nicht mit seiner wahren Gesinnung hervorzutreten wagte.
Uebrigens sind Stellen, wie die vorliegende, die Vorbilder für die Tragiker zur Erweckung von φόβος und ἔλεος geworden.

359. αἶψα δὲ κτέ. Die Hauptsache ist hier wol der Rechenschafts-
bericht, den der Führer der Auflauerer Antinoos nach homerischer Sitte
in der Versammlung zu geben hat und den die Freier möglichst schnell
anhören wollen. Bewillkommnungsscenen aber gleich bei der Ankunft
im Hafen oder Reden und Gegenreden, bevor die nothwendigen Arbeiten
für das Landen und Abtakeln des Schiffes geschehen sind, werden in
der besonnenen Praxis der homerischen Menschen nirgends erwähnt.

366. Ueber ἐπασσύτερος bemerkt Herodian περὶ μ. λ. p. 71 ed.
Lehrs: 'οὐκ ἔχει φυσικὸν τὸ υ, ἐκ δὲ τοῦ ἀσσοτέρου ἐτράπη'. Es hat
nemlich den äolischen Umlaut des ο in υ, wie er in den Compositis von
ὄνομα (bei Homer ἀνώνυμος δυσώνυμος ἐπώνυμος νώνυμος νώνυμνος
ὁμώνυμος) und in anderen Worten vorliegt: vgl. Theodor Ameis de
Aeolismo Homerico p. 21 sq. [und Hinrichs de Hom. elocutionis vestigiis
Aeolicis, Jenae 1875 p. 70, auch Gelbke in G. Curtius Stud. II p. 19.]
H. Düntzer dagegen sagt: 'Ein neben ἆσσον bestehendes ἀσσύς (vgl.
ἐγγύς) liegt zu Grunde; τερος ist ableitend wie in ἀγρότερος.' Eine
neue Erklärung des Wortes gibt W. Sonne in Kuhn's Zeitschr. XIII

S. 422: ‘ἐπασσύτερο = ἐπ-αν-συτερο, d. h. in stetem Wechsel
heranstrebend, hurtig nach einander, wie ἔσσυμαι, vgl. ἐπεσσύμενος ἀνέσ-
συτο ἐπανασείω πανσυδίῃ πασσυδίῃ’. Dies will mir indes in formeller
und semasiologischer Hinsicht etwas zu gekünstelt erscheinen. Zu dem
was hier von den Spähern erzählt wird vgl. Soph. Ant. 411 f.
καθ-ήμεθ’, ἄκρων ἐκ πάγων ὑπήνεμοι, ... χρόνον τάδ’ ἦν τοσοῦτον
κτέ. — Ueber ἅμα δ’ ἠελίῳ καταδύντι vgl. den Anhang zu α 24.
[Dazu Mommsen Entwicklung einiger Gesetze über den Gebrauch der
griech. Praepositionen p. 46 f.]

370. Bekker im Berliner Monatsbericht 1861 S. 586 (Homerische
Blätter S. 274 f.) urtheilt, dass das αὐτόν zu Anfang des Verses ‘doch
gar zu entbehrlich’ sei und dass ‘höchstens dafür ein inkliniertes μιν
stehen könnte’; daher will er es in ein adverbiales αὐτοῦ geändert
wissen, was so viel wäre als ἐν αὐτῷ τῷ λόχῳ (463) oder πρὶν πατρίδα
γαῖαν ἱκέσθαι (δ 823). Dieses αὐτοῦ hat H. Düntzer sich angeeignet
mit der Note ‘wie statt des überlieferten matten αὐτόν zu lesen’ ist.
Auch Franz Schnorr v. Carolsfeld Verborum collocatio Homerica p. 64
billigt Bekkers Anstoss mit den Worten: ‘recte puto Bekkerum negare
accusativo αὐτόν in primo versus pede posse locum esse’. [Nauck vermuthet: αὐτίκα.] Mir scheint indes der Dichter αὐτόν mit Nachdruck
gesetzt zu haben, indem er die auch 357 bei τὴν δέ implicite angedeutete Trennung des Telemachos von seinen Gefährten als etwas wesentliches hervorheben will. [Davon ist in den Worten doch gar nichts zu
entdecken. — Die von den Herausgebern mit Ausnahme Düntzer's angewendete Interpunktion (Punkt nach αὐτόν und Komma nach δαίμων), wodurch der Satz τὸν δ’ bis δαίμων mit dem folgenden Gedanken verbunden wird, entspricht nicht der Gedankenentwicklung. Wenn 365 ff.,
wie das Asyndeton zeigt, die ausführende Erläuterung des an die Spitze
gestellten Ausrufs 364 enthalten, so gehört der Gedanke τὸν δ’ bis
δαίμων 370 nothwendig zu dieser Ausführung, weil ohne denselben
die angestrengte Bemühung der auflauernden Freier des nothwendigen
Gegensatzes, der Rettung des Verfolgten entbehren würde. Es ist also
hinter αὐτόν ein Kolon, aber nach δαίμων ein Punkt zu setzen und in
diesem Zusammenhange ἄρα von der nun gewonnenen Einsicht zu verstehen. Anlass zu der verkehrten Interpunction gab wohl das dem τέως
folgende μέν, welches La Roche homerisch. Untersuchungen p. 234 wohl
mit Recht beseitigen will durch die Schreibung τεῖος, da μέν in guten
Handschriften fehlt.]

375. πάμπαν steht bei Homer 27 mal mit ausdrücklichen Negationen und neunmal mit negativen oder negativ aufzulösenden Begriffen
in Verbindung: die letzteren neun Stellen sind β 49. γ 348. ξ 149.
τ 369. υ 140. Δ 422. Ν 111 [?] Τ 334. 342. Vgl. auch G. Autenrieth bei Nägelsbach zu Δ 422. Ueber die Composition aus πᾶν πᾶν
vgl. Lobeck Path. Elem. I p. 178. G. Curtius Etym.[2] S. 410 Nr. 631.
[[4]p. 460.] Zum ganzen Gedanken beachte man folgendes: Acte einer
maasslosen Gewaltthätigkeit, wie hier der Mordplan auf Telemachos,
bewirken zu allen Zeiten einen Umschlag der öffentlichen Meinung.

Diesen Umschlag hatte später auch Odysseus nach dem Freiermorde zu fürchten.

383. φθάνειν mit dem Participium, wie χ 91. ω 437. I 506. [K 368.] Λ 51. 451. N 815. Π 314. 322. 861. Ψ 444. 805. Ueber das umgekehrte Verhältnis zu τ 449. Vgl. J. Classen Beobachtungen III S. 10. [Gesammtausg. p. 88 f.] Zu Krüger Di. 56, 5, 1.

389. Statt θυμηδέ' hat Bekker jetzt θυμήρε' gegeben, wie es scheint aus blosser Conjectur. Das Wort θυμήρης findet sich urkundlich nur κ 362, dagegen öfters θυμαρής. [θυμηδέ' ist die einstimmig überlieferte Lesart; vgl. Kayser bei Faesi.]

393. ὡς ἔφαθ', οἱ δ' ἄρα πάντες ἀκὴν ἐγένοντο σιωπῇ. Dieser formelhafte Vers noch θ 234. λ 333. ν 1. υ 320. Γ 95. H 92. 398. Θ 28. I 29. 430. 693. K 218. 313. Ψ 676; und ohne ὡς ἔφαθ' mit einem anderen zum vorhergehenden Verse gehörenden Anfang η 154. — Ueber die Quantität der ersten Silbe von dem Patronymicum Ἀρητιά-δης vgl. Meineke zu Callimach. p. 280 not.

402. Ueber die Διὸς θέμιστες vgl. Bergk in Fleckeisens Jahrb. 1860 S. 299 [und griech. Literaturgesch. I, 333.] Zu viel wird aus vorliegender Stelle geschlossen bei Nägelsbach Hom. Theol. I 12 S. 33 der Ausgabe von Autenrieth. Zur Sache bemerkt H. Kratz im Stuttgarter Correspondenz-Blatt 1861 S. 286 mit Recht folgendes: 'Nur die Besseren unter den Freiern scheuen sich vor einer solchen That, und der Vorschlag des Amphinomos, zuvor die Götter zu befragen, erscheint nur als ein wohlgemeinter Versuch zu Telemachs Rettung, da er natürlich überzeugt sein muss, dass die Götter in den Mord nicht willigen werden, und dass jedenfalls Zeit gewonnen wird.' [Dass aber Amphinomos erst hier Einsprache erhebt, nicht schon bei dem ersten Mordanschlag in δ, motiviert Kammer die Einheit p. 368 damit, dass er in der eben erfolgten Rettung des Telemach göttliches Walten warnimmt, das ihn daher abmahnt von dem Betreten eines ähnlichen Weges.]

412. [Nauck: spurius? 7 Handschr. bei La Roche schliessen daran den δ 678 folgenden Vers.]

422. Ueber ἐμπάζεσθαι vgl. Lobeck Rhem. p. 8. Sonst wird dies Verbum überall mit dem Genetiv verbunden, hier aber mit dem Accusativ des Bezugs [?]. Das Wort ἱκέτας nimmt man hier gewöhnlich im Sinne von ξεινοδόκους, was indes unerweisbar ist, wie auch Grote 'Griech. Myth. u. Antiq. übersetzt von Fischer' II S. 76 bemerkt hat. Der Sinn ist: Antinoos sollte in dankbarem Hinblicke auf seinen durch Odysseus geretteten Vater sich zur Beschützung des Odysseischen Hauses verpflichtet fühlen, nicht zur Verunehrung desselben und zu Mordgedanken gegen Telemachos (430. 431), daher nachher ἀλλήλοισιν und die Erzählung, durch welche der allgemeine Gedanke sein näheres Verständnis erhält. Wenn die Worte nicht mit bestimmter Beziehung, sondern nur allgemein gesagt wären, so würde nicht οἷσιν ἄρα, sondern nach homerischem Sprachgebrauche οἷοί τ' ἄρα folgen. Indes hat Bekker aus Conjectur 422 und 423 in einen Vers zusammengezogen: ῥάπτεις; οὐδ'

ὁσίη κακὰ ῥαπτέμεν ἀλλήλοισιν. Die Form ῥαπτέμεν ist eine Variante von Barnes. [Dieselbe Vermuthung giebt Nauck.]

424. Ueber das brachylogische οἶσθ' ὅτε vgl. Hermann zu Eurip. Hec. 108. [Bekker Hom. Blätt. I 151.] Zu Krüger Di. 54, 16, 3. Zu 427 vgl. Stobaei ecl. I c. 2 p. 6 ed. Heeren.

435. κούρη Ἰκαρίοιο, περίφρον Πηνελόπεια als Anrede der Penelope durch Freier noch σ 245. 285. φ 321; anders τ 546 θάρσει, Ἰκαρίου κούρη τηλεκλειτοῖο. In der Erzählung als ehrenvolle Subjectsbezeichnung κούρη Ἰκαρίοιο, περίφρων Πηνελόπεια α 329. λ 446. τ 375. υ 388, und im Dativ κούρῃ Ἰκαρίοιο, περίφρονι Πηνελοπείῃ ϱ 562. σ 159. φ 2. Sehr oft findet man das zweite Hemistichion περίφρων Πηνελόπεια mit verschiedenem Anfang, und im Dativ o 41. 313. π 329. Das Beiwort περίφρων, das in der Ilias nur E 412 vorkommt, ist vorzugsweise der Penelope eigen: nur π. Ἀδρηστίνη E 412. π. Εὐρύκλεια τ 357. 491. υ 134. φ 381 und βασίλεια π. λ 345 in der bukolischen Cäsur sind ausgenommen. Das erste Hemistichion κούρη Ἰκαρίοιο allein δ 840, und im Dativ σ 188. ω 195. — Vers 437. Vgl. Plato Phileb. c. 6 p. 16ᵇ.

440 = Ψ 410, und mit τὸ δὲ καί (statt καὶ μήν) auf das folgende hinweisend τ 487. φ 337. Λ 212. Θ 401. Ψ 672. Ausserdem σοὶ δ' ἐγὼ ἐξερέω ὡς καὶ τετελεσμένον ἔσται Θ 286 und ὧδε γὰρ ἐξερέω, τὸ δέ κεν τετελεσμένον ἦεν Θ 454. Indes hat Bekker jetzt auch an unserer Stelle und Ψ 410 das überlieferte καὶ μήν, was auch Ψ 672 schon früh in den Text kam (Syr., Townl. Aristid.) der Analogie wegen in τὸ δὲ καί geändert, weil auch mit dem Anfang ἀλλ' ἔκ τοι ἐρέω das zweite Hemistichion τὸ δὲ καὶ τετελεσμένον ἔσται lautet β 187. ϱ 229. σ 82. B 257. Der Ilias scheint τὸ δὲ καί anzugehören. Es wird damit eine scharfe Drohung eingeleitet. Der Schluss τετελεσμένον ἐστίν (ἔσται) mit verschiedenem Anfange noch ε 90. τ 547. I 310. Σ 196. Σ 427. Die periphrastische Conjugation im Passiv findet sich bei Homer nur mit dem Particip des Perfects. Vgl. Lehrs de Arist. p. 368 ed. II. Uebrigens ist nach unserm formelhaften Verse überall der nächste Gedanke mit Selbständigkeit asyndetisch angeschlossen, wovon I 310 keine Ausnahme bildet.

442. πτολίπορθος. Ueber die Schreibweise des Wortes mit ι und ē handelt J. La Roche Homer. Textkritik S. 348. Von Strabo I p. 17 und Cicero epist. ad Famil. X 13 ('Homerus non Aiacem nec Achillem sed Ulixem appellavit πτολίπορθον) wird es nur als Beiwort des Odysseus bezeichnet mit Bezug auf α 2 und χ 230 und mit Rücksicht auf Aristarchs Athetesen: vgl. Wolf Proleg. p. CCLVIII sq. In dieser Hinsicht sagt auch Horat. Od. I 15, 21 Laertiaden, exitium tuae gentis (i. e. gentis Troianae), und Epist. I 2, 19 Ulixen qui domitor Troiae cet. Und bei Plautus Mil. glor. IV, 2, 64 heisst er urbicapus mit Nachahmung des griechischen Wortes. Dass aber das Beiwort πτολίπορθος dem Odysseus und Achilleus schon vor der Eroberung Trojas beigelegt war, erhellt aus B 278 und Θ 372. Man hat daher diesen Begriff 'urbium eversor, i. e. expugnator' nach dem Vor-

gange des Eustathius als ein allgemeines Beiwort zu betrachten, mit welchem bei Homer benannt wird 1) Odysseus B 278. K 363. ϑ 3. ξ 447. π 442. σ 356. χ 283. ω 119; auch πτολιπόρϑιος ι 504. 530; 2) Achilleus Θ 372. O 77. Φ 550. Ω 108; 3) Oileus B 728; 4) Otrynteus Υ 384; 5) Ares Υ 152; 6) Enyo E 333. Erst Aeschylos Agam. 783 hat es dem Agamemnon beigelegt. [Anders urtheilt Kayser bei Faesi.]

447. Vgl. den Anhang zu ι 411. So sollte den Gedanken Penelope verstehen, aber für sich und die Freier hatte der heuchlerische Eurymachos zugleich den Gedanken 402. 403 im Sinne. [Uebrigens bezeichnet Nauck 447 als *suspectus.*]

457. [In 457—477 glaubt Kammer die Einheit p. 617 ff. eine Interpolation zu erkennen. Nauck bemerkt zu 457—459: *spurii?*]

470. τόδε geben die besten Autoritäten [auch die älteste Odysseehandschrift: Gotschlich in Jahrbb. f. Phil. 1876 p. 25] statt des gewöhnlichen, auch von Bekker [und Nauck] beibehaltenen τό γε. Dagegen hat II. Düntzer ebenfalls τόδε aufgenommen.

471. Das ϑ' nach ὅϑι bietet Herodian zu N 791; in einer Breslauer Handschrift ist es in δ' verdorben.

474. ἀμφιγύοισιν nur im Dativ des Plural und stets mit vorhergehendem ἔγχεσιν verbunden und zwar im Versschluss: ω 527. N 147. Ξ 26. O 278. 712. Π 637. P 731; im Versanfang bloss O 386. Zur Bedeutung des Wortes vgl. man auch Xenoph. Anab. IV 7, 16: δόρυ μίαν λόγχην ἔχον, wozu Krüger mit Recht bemerkt: 'denn eine λόγχη war auch der σαυρωτήρ oder στύραξ (στυράκιον), eine Spitze am hintern Ende, um die Lanze in die Erde zu stecken, zugleich auch damit zu kämpfen, wenn die vordere λόγχη etwa abgebrochen war: vgl. V 4, 12.' Andere erklären ἀμφίγυος durch 'rings verletzend, insofern die Spitze eindringt, so dass sie ringsum verwundet.'

ϱ.

1. [Das 17te Buch ist kritisch behandelt von A. Rhode Untersuchungen über das *XVII.* Buch der Odyssee. Dresden 1848. Vgl. dazu Düntzer homer. Abhandl. p. 147 ff.]

5. ἱέμενος hier mit ἄστυδε verbunden, wie mit οἴκαδε γ 160. ι 261. B 154, mit Τροίηνδε τ 187, mit Ἐρεβόσδε υ 356, mit πολεμόνδε Θ 313, dagegen mit dem Genetiv κ 529. ο 69. Λ 168. Ψ 371. [Nauck vermuthet ἱύν statt ἐύν. Vgl. dagegen Brugman ein Problem der hom. Textkritik p. 55.]

14. 15 [werden von Nauck als *suspecti* bezeichnet.]

21. ἐπιτέλλειν ist eigentlich '*sublatum onus imponere*' Lobeck Rhem. p. 115. Die Vergleichungspartikel ὥς τε, die hier einen consecutiven Erklärungssatz einführt (zu α 227. ζ 122), bildet an dieser Stelle den Uebergang zu dem späteren Gebrauche 'so dass' als Folge. Vgl. auch Lehrs de Arist. p. 160 (158 ed. II.) und zu I 42. J. Kvičala in

der Zeitschr. f. d. österr. Gymn. 1864 S. 408. [Herzog in d. Jahrbb.
f. Phil. 1873 p. 17, vgl. auch den Anhang zu I 42, und Nitzsch Sagenpoesie
p. 175, der den Vers tilgen will]. — 23. Ueber ἀλέη Lobeck Rhem.
p. 37, G. Curtius Etym.[2] Nr. 659 S. 485 [[4]p. 546.]; und über ὑπηοίη
25 Lobeck Parall. p. 470.

29. In der andern Aristarchischen Lesart (vgl. J. La Roche 'Didymus' S. 26) ἔγχος μὲν στῆσε πρὸς κίονα μακρὸν ἐρείσας ist das Schlusswort nach abgekürzter Darstellung ein Stellvertreter von δουροδόκης
ἐντοσθεν, wie es α 128 heisst. Anders dagegen ϑ 66. 473. H. Düntzer
hat hingegen diese andere Aristarchische Lesart aufgenommen und als
die einzig richtige zu erweisen gesucht. [Mit W. C. Kayser und Düntzer
habe ich ἔγχος μὲν στῆσε πρὸς κίονα μακρὸν ἐρείσας aufgenommen,
weil hier die Situation verschieden ist von der α 127. Da Telemach
erst 30 in den Saal eintritt, so muss hier eine Säule ausserhalb
desselben, in der Halle oder im Eingange selbst verstanden werden,
während α 127 die δουροδόκη im Innern des Saales sich befindet:
vgl. Anhang zu α 128.]

36. 37 = τ 53. 54. Dionys. Halic. de comp. verb. c. 16 p. 97.
Das ἤ (ἠέ) in solchen Vergleichen bezeichnet, dass der Dichter mehrere
Personen oder Gegenstände, welche dieselbe Eigenschaft ganz oder theilweise gemeinsam haben, dem Hörer zur Auswahl überlässt. Es würde
ein Bild statt der zwei oder drei genügen, aber diese Vermehrung der
Bilder gehört in den bezüglichen Stellen mit zu dem breiten und bequemen Tone der erzählenden Poesie: vgl. δ 45. η 36. 84. λ 207.
π 217. τ 211. 494. χ 468. B 800. E 783. H 257. Δ 293. M 42.
167. N 39. 389 f. 437. 589. O 605. Π 482 f. 590 f. P 755. Dass
diese Sitte, an welcher Manche Anstoss genommen haben, zu dem breitern
bequemen Tone des Epos gehöre, erhellt auch aus Nebenzügen der
Gleichnisse, wo der Dichter ebenfalls zwei oder drei Begriffe dem Gedanken des Hörers zur Auswahl überlässt, wie ζ 103. 132 f. ι 391.
λ 415. B 460. Δ 76. Θ 338. I 381 f. K 6. 361. 486. Δ 69.
Ξ 148. O 271. 323. 692. Π 352. P 435. 548 f. 744. X 164. 310.
40 — 42. Die Kürze der Darstellung ist hier psychologisch begründet, insofern die Freude des Wiedersehns den Gedanken an ausführliche
Schilderung vergangener Gefahren in den ersten Augenblicken zurück-
drängt. Hierzu kommt, dass der Hörer diese Gefahren schon kennt;
daher brauchten sie nach dem Charakter der zweiten Odysseehälfte in
diesem Zusammenhange nicht erst erwähnt zu werden: vgl. zu o 254.

46. [Beachtenswerth ist die von W. C. Kayser aus dem Eustathios
entnommene Lesart μή τοι statt μή μοι, welche er in folgender Weise
erläutert: Er wünscht, dass sie durch keine weiteren Ergüsse ihres
schmerzlichen Gefühls Klagen hervorrufe (vgl. δ 718 ff.), die ihm das
Herz weich machen, während er nur Grund hat sich zu freuen.]

47. Vgl. Schol. zu Apollon. Rhod. I 299. Versschluss wie α 11.
ι 286. μ 287. 446. [ρ 47. χ 43. χ 67.] Z 57. Ξ 507. Π 283,
und mit einem andern Verbum ι 303. K 371. Π 859. Σ 129.

49. Der Vers fehlt in den besten [in fast allen, vgl. La Roche]

Handschriften und ist aus δ 751 hier unpassend eingefügt, wie er auch nach 58 mit Recht nicht gelesen wird: denn der Ort des Bades war ohne Zweifel zu ebener Erde, wie das Bad der Gastfreunde: zu δ 48.

51. Daher ist hier auch ἔργα τελέσσαι gesagt, während es α 379 und β 144 einfach ἔργα γενέσθαι heisst. Ueber den Ursprung des ἄντιτα aus ἀνάτιτα vgl. Lobeck Path. Elem. I p. 360. Parall. p. 50.

52. ἀγορήνδ' ἐσελεύσομαι ist Aristarchs Lesart, weil das wahrscheinlich von Didymos herrührende Scholion ʽΑριστοφάνης ἐλεύσομαι. Η.' nur in Verbindung mit ἀγορήνδε gedacht einen Sinn gibt, indem Zenodotos und Aristophanes das Zusammentreffen des localen δε mit der Präposition ἐς unerträglich fanden: vgl. das Scholion des Didymos zu κ 351 nach Düntzers Emendation de Zenod. p. 83, und des Aristonikos zu Θ 19. So mit W. C. Kayser an den zu α 88 citierten Stellen. Bekker [auch Nauck] hat jetzt ἀγορήνδε ἐλεύσομαι, die Lesart des Aristophanes, aufgenommen. [Ueber 52—56 und weiter 61—166 vgl. die Kritik von Kammer die Einheit p. 567 ff.] Zur Sache beachte man, dass in jener Zeit der Mann mit Männern nur ausnahmsweise im Hause zu verkehren pflegte. Auch hatte Telemachos nach β 7. υ 146 seit einiger Zeit wieder regelmässige Sitzungen auf dem Versammlungsplatze eingeführt. [Dies lässt sich weder aus β 7, wo eine ausserordentliche Volksversammlung berufen wird, noch aus υ 146 entnehmen.]

57. [Sinnreich erläutert Wackernagel ἔπεα πτερόεντα p. 46 die Wendung τῇ δ' ἄπτερος ἔπλετο μῦθος nach der jetzt fast allgemein geltenden, auch von Ameis getheilten Auffassung also: ʽἄπτερος ist ein μῦθος, den der Angeredete nicht unbeachtet an sich vorbeirauschen und zu den übrigen Worten auf die grosse Weide fliegen lässt, den er vielmehr festhält, dass er bei ihm bleibt und nistet'. Allein dieser Erklärung stehen folgende Bedenken entgegen: 1) die übrigen Wendungen, denen die Verschmelzung der Begriffe Wort und Vogel zu Grunde liegt, wozu ausser ἔπεα πτερόεντα und ἔπος φύγεν ἕρκος ὀδόντων auch πάλιν λάζετο μῦθον υ 254 vgl. Δ 357 gehört, beziehen sich lediglich auf die Verlautbarung des gedachten Wortes, sofern dies in dem Moment, wo es ausgesprochen wird, gleichsam sinnliche Gestalt annimmt und in dieser der Brust enteilt, haben aber keinerlei Beziehung auf die Wirkung desselben oder das Verhalten des Angeredeten demselben gegenüber. 2) Danach ist kaum denkbar, dass der Grieche die Wendung: ihr ward das Wort (des andern, der vorher geredet hat) unbefiedert in dem gewollten Sinne hätte verstehen können: es setzt diese Erklärung ganz andere Anschauungen als die geläufigen voraus. Als das vom Andern ausgesprochene Wort ist es bereits befiedert, flügge geworden in dem Moment da es ausgesprochen wurde; nach dieser geläufigen Anschauung könnte die Wendung nur bedeuten: sie sprach das vernommene Wort nicht 'wieder' aus, und höchstens von der Bewahrung eines Geheimnisses gedacht werden, wenn nur der Begriff 'wieder' sich so ohne weiteres hinzudenken liesse. Bezeichnet die Metapher vom befiederten Wort das Aussprechen des Gedachten, so kann der Sinn der entgegengesetzten Wendung 'ihr ward das Wort nicht befie-

dert', nur einfach sein: sie sprach das Wort nicht aus, und das kann
selbstverständlich das Wort des Andern nicht sein. 3) nur scheinbar
wird die entgegenstehende Erklärung durch den Umstand unterstützt,
dass an allen vier Stellen, wo die Wendung vorkommt, der Redende
vorher einen Auftrag ertheilt hat, den die Angeredete sofort vollzieht,
so dass die Erklärung: 'sie hielt das Wort fest' der Situation sehr gut
entsprechen würde. Povelsen Emendatt. Hom. p. 68 ff. hat mit Recht
dagegen geltend gemacht, dass vielmehr eine charakteristische Eigenthümlichkeit der 4 Stellen sei, dass die vorhergehende Rede des Telemach
ganz besonders geeignet sei die Angeredete zu einer Frage oder überhaupt zu einer Entgegnung zu veranlassen, während die Angeredete
eine solche unterdrückt und schweigend den ertheilten Auftrag vollzieht. 4) zu beachten ist auch, dass τ 29 der Auftrag, der in μῦθος
bezeichnet sein soll, nicht in den letztvorhergehenden Worten des Telemach enthalten ist, sondern in der ersten Anrede desselben an Eurykleia 16 f., so dass die Beziehung von μῦθος darauf durch die Entfernung der Worte sehr erschwert ist, da bei dem vorhergehenden ὧς
ἄρ' ἐφώνησεν der μῦθος, wenn er der des Telemach wäre, am natürlichsten auf die letzten Worte desselben bezogen werden würde. 5) Der
von mir vertretenen Auffassung entspricht auch die Wahl des Wortes
μῦθος. Während in ἔπεα πτερόεντα und ἔπος φύγεν ἕρκος ὀδόντων das
gleichsam verkörperte, ausgesprochene Wort bezeichnet ist, wird hier
entsprechend der Wendung πάλιν λάζετο μῦθον ν 254 durch μῦθος
der Gedanke, der nicht sinnliche Gestalt gewinnt, das unausgesprochene
Wort bezeichnet — ein Gegensatz der auch in Υ 248 f. Στρεπτὴ δὲ
γλῶσσ' ἐστὶ βροτῶν, πολέες δ' ἔνι μῦθοι παντοῖοι· ἐπέων δὲ πολὺς
νομὸς ἔνθα καὶ ἔνθα vorliegt und durch den sonstigen Gebrauch der
Worte erwiesen ist, vgl. Ph. Mayer Studien zu Homer, Sophokles etc.
p. 8 ff. Nach der hier begründeten Auffassung ist μῦθος also der Gedanke, der zwar im Innern der Seele Gestalt gewonnen und der Ver-
körperung im Wort harrt, gleichsam schon auf der Zunge schwebt,
aber zurückgedrängt wird und nicht sinnliche Gestalt gewinnt, und somit
die ganze Wendung nahe verwandt mit der ν 254 gebrauchten πάλιν
λάζετο μῦθον. — Eine dritte schon von den Alten gegebene Erklärung,
wonach ἄπτερος = ἰσόπτερος, ὁμόπτερος wäre und woraus Lechner de
Aeschyli studio Homerico p. 16 die Auffassung entnimmt: 'Telemachi
verba erant ei velociter facta' entfernt sich völlig von der homerischen
Anwendung der Metapher. — Ueber das sehr zweifelhafte Aeschyleische
ἄπτερος φάτις Agam. 261 vgl. Schneidewin im Philol. IX p. 147 ff.,
Ahrens im Philol. Suppl. I p. 481 ff. und jetzt auch Clemm in G. Curtius
Stud. VIII p. 82 ff.]

    66. κακὰ δὲ φρεσὶ βυσσοδόμενον. Es wird hier bemerkt: 'Man
erwartete βυσσοδομεύοντες'. Aber nach dem Participium ist dieser
Uebergang ins tempus finitum in solcher Verbindung eine den Griechen
ganz gewöhnliche Construction. Vgl. Lehrs de Arist. ²p. 63, der Fritzsche
quaest. Luc. p. 112 citiert. Zahlreiche Beispiele aus Homer gibt Bekker
im Berliner Monatsbericht 1864 S. 141, [= Hom. Blätt. II, 20] nämlich:

E 145. 390. 490. 593. Δ 253. N 434. O 308. Σ 173. 536. Ω 376.
ι 339. λ 83. o 6. ρ 203. σ 350. ψ 351, und zu diesen hat O. Schneider
im Philol. XXIII p. 442 noch hinzugefügt: α 162. ι 339. B 692. Γ 80.
K 388. O 33 [?]. Τ 50. X 80. Ψ 682. Ebenso aus Späteren, worüber
er schliesslich noch auf Bernhardy Synt. S. 473. Ellendt zu Arrian. I
p. 185. Maetzner zu Lycurg p. 108 verweist. [Vgl. auch C. Hentze
zur Periodenbildung bei Homer p. 24 f., wo noch angeführt werden:
π 477. ν 277. π 6. ν 66 f. 110. 111.] Aus Homer sind auch Stellen
wie ρ 577 f. hierher zu ziehen.

103. [Eine Vermuthung über die ursprüngliche Lesart bei Brugman
ein Problem der hom. Textkritik p. 74.]

106. νόστον σοῦ πατρὸς σάφα εἰπέμεν. Diese bestimmte Aeusserung der Mutter ist Ursache, dass Telemachos im folgenden Reiseberichte
nur das allernothwendigste berührt, um jede Andeutung fern zu halten,
aus welcher die wirkliche Sachlage errathen oder näher erforscht werden
könnte.

115. Ueber ἀκοῦσαι mit Nomen und Participium [oder praedicativem
Adjectiv] im Genetiv als mittelbares Object 'audire de aliquo' vgl.
zu unserer Stelle α 289. β 220. λ 458. ρ 527. τ 272. P 379. Ω 490;
ähnlich β 375. δ 728. 748. π 301. ρ 493. An den übrigen Stellen
ist es unmittelbares Object 'audire aliquem aliquid facientem'. Vgl.
J. Classen Beobachtungen IV S. 22 [Gesammtausg. p. 163 f.]. Zu Krüger
Di. 47, 10, 9. Das ζωοῦ steht hier im Sinne von ζώοντος aber mit
dem Begriffe der Dauer und οὐδὲ θανόντος bildet dazu den negativen
Parallelismus. [Vielmehr setzt οὐδέ die Negation in οὔποτε fort!]

118. Bekker hat jetzt, um in ἴδον das Digamma herzustellen, mit
Grashof Ἑλένην Ϝίδον Ἀργείην gegeben, aber er hat dadurch eine
isolierte Wortstellung in den Homer gebracht. Denn an den übrigen
Stellen heisst es stets Ἀργείη Ἑλένη oder Ἀργείην Ἑλένην, vgl. δ 184.
296. ψ 218. B 161. 177. Γ 458. Δ 19. 174. Z 323. H 350.
I 140. 282. Vgl. wegen ἴδον auch λ 162. ι 182. Der Zusatz ἧς
εἵνεκα κτέ. ist für Penelope berechnet: eine der vielfachen Absichtlichkeiten: vgl. zu o 254.

124—141. Gegen diejenigen, welche diese ganze Wiederholung
aus δ gescholten haben, weil wir nicht wüsten wer die ἀνάλκιδες seien
(125) [Friedlaender Analecta Homer. p. 27 f., unter Zustimmung von
Nauck, vgl. Kayser bei Faesi] hat Bekker im Berliner Monatsbericht 1864
S. 452 [= Hom. Blätt. II, 40] mit Recht folgendes bemerkt: 'Telemachos berichtet an seine Mutter, dass er in Sparta von den Zuständen
auf Ithaka die ganze Wahrheit gesagt hat, und die vielumfreite Fürstin
soll nicht wissen, dass er vor allen Dingen über der Freier Unfug wird
geklagt haben! Menelaos spricht von schwachen, die sich dem starken
in das Bett legen möchten, und die Genossin dieses Bettes soll nicht
wissen, dass er mit den schwachen die Freier meint! Das könnte einem
Leser begegnen, der zuerst an dieser Stelle in die Odyssee geriethe,
ohne Kenntnis der Verhältnisse und Umstände.

158. [Nauck bemerkt zu diesem Verse: spurius?]

160. Den οἰωνόν bezieht man gewöhnlich auf das Wahrzeichen o 525 bis 534, aber dazu passt weder ἐπὶ νηὸς ἥμενος, da Theoklymenos sich dort nicht auf dem Schiffe befand, noch das Verbum ἐγεγώνευν (Lehrs de Arist. p. 100 ed. II.), da er es ihm nach o 529 insgeheim sagte, noch auch die Auslegung selbst. Man muss daher, wenn die zwei Verse ursprünglich sind, an einen vorher nicht erwähnten Zeichenvogel denken und kann darüber also urtheilen: zur Zeit der Erscheinung war die Erwähnung nicht nothwendig, weil der Hörer schon eine Probe von der Wahrsagung des Theoklymenos vernommen hatte, zu 531; vgl. auch zu o 10 und 220. Unterhaltungen aber auf der Meeresfahrt, zumal bei erschienenen Zeichenvögeln, sind im mündlichen Epos eine stillschweigende Voraussetzung: zu ζ 185. [Anders urtheilt Bergk griech. Literaturgesch. I 707, Anmerk. 137: 'Es sind XV 532 einige Verse ausgefallen, welche im wesentlichen denselben Sinn enthielten, wie XVII 155—159'.] Das οἶον bieten hier sämmtliche Handschriften [Vindob. 133 und Marc. 647 haben τοῖον, nach La Roche]; erst Stephanus hat wahrscheinlich aus Conjectur das jetzt fast allgemein gebilligte τοῖον eingeführt. Man kann aber das relativische οἶον auch statt ὅτι τοῖον auffassen, ähnlich wie ὡς 218 statt ὅτι οὕτως. Die Worte Τηλεμάχῳ ἐγεγώνευν erinnern an die Situation in Schillers 'Kraniche des Ibykus', wo es heisst: 'Da hört man auf den höchsten Stufen Auf einmal eine Stimme rufen' usw. Uebrigens hat Bekker jetzt 160 und 161 athetiert, worüber im Schol. Q. und Vind. 133 bemerkt wird: 'ἐν τοῖς χαριεστέροις οὗτοι μόνοι οἱ β' ἀθετοῦνται, ἐπεὶ καὶ πρὶν εἰσελθεῖν ἐν τῇ νηὶ τὸν οἰωνὸν εἶδε καὶ τὸ ἐγεγώνευν ἀκαίρως ἐστίν'. In denselben Quellen aber (mit der Nachweisung 'ἐν τοῖς κοινοτέροις') und im Harleianus ('ἀθετοῦνται ις' στίχοι') findet sich die Notiz, dass auch 150 bis 165 als Diaskeuase betrachtet worden sei. [Vgl. Carnuth Aristonic. p. 140.]

167—169. Solche Dinge werden im Homer bei den Nebensachen der jedesmaligen Situation κατὰ τὸ σιωπώμενον als selbstverständlich vorausgesetzt, zumal wo sie eine stehende Sitte betreffen. Ueber die Lesarten in 169 vgl. den Anhang zu δ 627.

181. [Der Vers wurde von Aristophanes verworfen, wahrscheinlich auch von Aristarch: vgl. Carnuth Ariston. z. St., denen sich W. C. Kayser anschliesst mit der Bemerkung: es waren doch wohl nur die Thiere, von denen 170 gesagt wurde, dass sie herangebracht sein.]

186. [Die Rede des Eumaios ist nach Satzbau und Ausdruck ein Abbild seiner Verlegenheit den Gast zum Aufbruch mahnen zu müssen: ersichtlich einmal in der Häufung der dem ἐπεί zugefügten Partikeln, die den Wunsch des Fremden als unzweifelhaft feststehend bezeichnen, sodann in der Unterbrechung der regelrechten Entwickelung des Nachsatzes. Der Satz ὡς ἐπέτελλεν ἄναξ ἐμός nämlich bezieht sich nach ϱ 10 nicht auf σήμερον, sondern gehört zu dem erst 190 in anderer Ausführung folgenden Gedanken, der den Nachsatz bilden müsste: so will ich dich zur Stadt führen. Ehe er aber diesen ausführt, legt er mit ἦ σ' ἂν ἐγώ γε von Neuem Verwahrung dagegen ein, dass der Wille

seines Herrn auch sein Wunsch sei, und betont, dass er nur aus Rücksicht und Furcht vor dem Herren dazu die Hand biete.]

188. αἰδέομαι καὶ δείδια. Vgl. Wyttenbach zu Plutarch. Apophth. Lac. p. 217. Auch H. Düntzer bemerkt mit Recht: 'αἰδεῖσθαι scheuen, weil man einen nicht verletzen, δείδειν fürchten, weil man den Nachtheil abwenden möchte'. Angeführt von Stobaeus Floril. XXXI 14 p. 212.

190. Mit δὴ γὰρ μέμβλωκε μάλιστα ist das Wort ἦμαρ in sinnlicher Bildung als Wanderer gedacht; zu vergleichen hiermit sind die Ausdrücke β 89. μ 312, [auch λυκάβας ξ 161 und ἅμα bei Zeitbestimmungen vgl. Mommsen Entwicklung einiger Gesetze für den Gebrauch der griech. Praepositionen p. 46 f.]. Anders Vergil. Aen. IX 156 mit römischem Schmuck: 'melior quoniam pars acta diei'. Auch metaphorisch wie 323 ist ἦμαρ sinnlich belebt zu denken. Kuhn stellt ἦμαρ und ἡμέρα zu sanskr. jâman, so dass es ursprünglich 'Gang' bedeute. Vgl. G. Curtius Etym.[2] S. 525 [[4] p. 582. Anders Ascoli in Kuhn's Ztschr. XVII p. 403: = ϝάσ-μαρ von W. vas (us) brennen, leuchten.]

207. Ueber die Namen bemerkt Gladstone Hom. Studien von Alb. Schuster S. 313 folgendes: 'Der Brunnen in der Nähe der Stadt war von Ithakos, Neritos und Polyktor gebaut. Von diesen ist Ithakos Eponymos der Stadt und Neritos des Hauptberges (ι 22). Peisandros, der ἄναξ und Πολυκτορίδης genannt wird (σ 299), ist vermuthlich ein Neffe des Eponymos der Insel und wahrscheinlich der Repräsentant der Familie, die durch das Haus des Laertes verdrängt war. Er tritt später unter den Führern der Freier gegen Odysseus auf (χ 243)'. Und H. Düntzer sagt am Schluss seiner Note: 'Nach den Alten wären Ithakos und Neritos Söhne des Pterelaos auf der Insel Kephallenia; sie verliessen diese Insel und bauten sich auf Ithaka an. Ein Ort auf Ithaka führte den Namen Polyktorion.' Vgl. darüber Eustath. p. 307, 8. 1815, 48 und Hesych. unter dem Worte. [Ueber die scheinbar individuellen Züge dieser Beschreibung bemerkt Hercher im Hermes I, 272: 'Auch die Schilderung der Quelle Arethusa ist durchaus nicht so individuell, dass wir auf Autopsis des Dichters schliessen müssten. Die Pappeln finden sich um eine Quelle auch auf der Ziegeninsel ι 141, wie sich überhaupt im Süden eine Wasserstelle, Quelle oder Tränk-Waschplatz nicht leicht ohne Baumgruppen findet, die ihr den nöthigen Schatten geben. Das vom Felsen herunterstürzende Wasser findet seine Parallele in Ι 14. Π 3. Mit Ithakos und Neritos wird nicht auf irgend welche entlegene Stammsage, die nur in Ithaka aufzuspüren gewesen wäre, zurückgegangen, sondern der um ein paar Namen verlegene Dichter griff nach dem Namen der Insel und ihres Berges und formierte so seine Namen. Auch der Name Polyktor ist ihm nicht von der Sage überliefert, sondern von ihm selber aus dem Namenapparat der nächsten Nähe entlehnt. Denn Polyktor heisst der Vater des Peisandros σ 299. χ 243 und in der Ilias Ω 397 erlügt sich Hermes einen Vater gleichen Namens.']

216. Die parenthetische Zwischenstellung dieses Verses verhält sich ähnlich wie bei προσηύδα, vgl. zu ν 253. Indes hat Bekker jetzt den

Vers aus Conjectur athetiert [, auch Nauck und Kayser bei Faesi bezeichnen denselben als verdächtig].

218. Wir sagen sprichwörtlich ʻGleich und Gleich gesellt sich gern’,
Homer sagt in demselben Sinne ʻGleich und Gleich gesellt die Gottheit’.
Dies Sprichwort ist häufig von den Alten theils wörtlich citiert theils
dem Sinne nach angewendet: vgl. Plat. Lys. p. 214ᵃ, und allgemein ʻ*ὁ*
ὁμοῖος τῷ ὁμοίῳ’ Plat. **Gorg.** p. 510ᵇ mit der Note von Stallbaum und
Deuschle; ähnlich Symp. p. 195ᵇ ʻ*ὡς ὁμοῖον ὁμοίῳ ἀεὶ πελάζει*’ mit
dem Schol.; Aristot. M. M. II 11; Rhet. I 8; Eth. Nic. VIII 6, wo A. D.
II. Fritzsche noch andere Stellen erwähnt; Eudem. VII 1. Bei den Römern
lautet das **Sprichwort**: ʻ*Plerumque similem ducit ad similem
deus.*’ — Die **Präposition** *ὡς* will Nitzsch Beitr. zur Gesch. der ep.
Poesie S. 328 Anm. 37 in *ἐς* verändert wissen. Ebenso Bekker Hom.
Blätter S. 191 *13 mit Beifügung der bezüglichen Stellen. Vor beiden
hat es Payne Knight schon in den Text gesetzt. [Vgl. dagegen Bergk
griech. Literaturgesch. I 367 f. und Mommsen Entwicklung einiger Gesetze für den Gebrauch der griech. Praepositionen p. 36.]

219. *μολοβρός* wird für den ersten **Theil** wohl mit Recht zu der
in *μολ-ύν-ειν* ʻbeschmutzen’ liegenden Wurzel gezogen: vgl. G. Curtius
Etym. Nr. 551, H. Düntzer in Kuhn’s Zeitschr. XIV S. 197. Aber den
zweiten Theil als blosse Erweiterung zu betrachten von *μολυβ-ρός*, durch
Angleichung der Vocale in *μολοβρός*, oder in *μόλ-οβ*, das scheint mir
wegen der Bedeutung bedenklich zu sein. Richtiger wird man, in
Uebereinstimmung mit der alten Ueberlieferung, an die W. *βορ* denken,
wie sie in *θυμοβόρος* **enthalten** ist. Dadurch gewinnen wir den Sinn
ʻSchmutzfresser, Unrathschlinger’ als schmähende Bezeichnung des
zerlumpten Bettlers: und dies wird dann nach der Sitte der Schmähenden
Vers 220 näher erläutert. Zu dieser Bedeutung passt auch vortrefflich
μολό-βρ-ιο-ν und *μολο-βρ-ίτης* bei Ael. H. A. VII 47 ʻSchweineferkel’,
eigentlich ʻder kleine Schmutzfresser’. Ebenso passend erklärt sich daraus
das von der Pflanze Chamäleos bei Nic. Ther. 662 gesagte *μέσση δ’ ἐν
κεφαλῇ δύεται πεδόεσσα, μολοβρή* ʻdas Haupt verbirgt sich mitten unter
den Blättern, am Boden hinkriechend, den Staub fressend.’ Hierzu
bemerkte mir O. Schneider auf meine Anfrage brieflich: ʻIn Betreff des
ersteren sagt schon der Scholiast *ἐν μέσοις φύλλοις ἐστὶν ἡ κεφαλὴ
κειμένη*, und das Wort *μολοβρή* fasste ich gerade wie Du, und es kann
wol kaum anders gefasst werden, zumal neben *πεδόεσσα*, da die Pflanze
(*χαμαίλεος*) wie schon der Name **lehrt eine** *χαμαιπετής* ist. Meine
Bemerkung auf p. 208 hätte vielleicht besser auf p. 211 angebracht
werden sollen, neben der Bemerkung über *χαμαιευνάς* Zeile 11.’

221. [*πολλῇσι* statt *πολλῆς* und *φλίψεται* statt *θλίψεται* ist nach
dem Vorgang von W. C. Kayser geschrieben, wodurch der Stelle ein
wirksamer Reim im zweiten und dritten Fusse und ein Wortspiel wieder-
gewonnen wird.]

222. Ueber *ἄκολος* vgl. Lobeck Path. Elem. I p. 27; G. Curtius
Etym.² S. 609 [⁴p. 668]. Ueber die ʻSchwerter’ und ʻBecken’ als
Gastgeschenke vgl. θ 403. ν 13. ο 84. Angeführt von Plutarch. de

aud. poet. p. 43ᵃ, eine Anspielung darauf Max. Tyr. XXXVIII 6 p. 234.
Heliod. Aeth. II 19. Was übrigens J. La Roche in der Zeitschr. f. d.
österr. Gymn. 1863 S. 336 bemerkt, es 'dürfte die Schreibweise ἄορα
vor der gewöhnlichen ἄορας den Vorzug verdienen', das scheint mir
im Gemeinplatze und neben den zwei andern Pluralen bedenklich zu sein.
Die beiden ersten gleichen Vocale ἀκόλους, οὐκ ἄορας sind Ausdruck
des Hohnes.

223. τόν γ' statt des handschriftlichen τόν κ' war schon in der
ersten Ausgabe mit Vergleichung von δ 388 empfohlen und von M. Axt
Coniectt. Hom. p. 32 gebilligt, jetzt ist es nach dem stillschweigenden
Vorgange von Bekker [auch Nauck und Kayser] in den Text gesetzt.
Zur Wortstellung vor εἰ vgl. β 138. δ 388. ε 120. λ 110. π 254.
φ 260. H 129. P 154. Ω 366. Vgl. auch über die vor εἴ περ
stehenden Wörtchen zu ϑ 408. [Ueber γενέσϑαι statt λιπέσϑαι vgl.
La Roche homer. Untersuchungen p. 238. — τόν κ' εἰ vertheidigt gegen
die Bekkersche Conjectur τόν γ' εἰ L. Lange a. O. II, 496. — Uebrigens
hält Bergk Griech. Literaturgeschichte p. 710, 149 die Verse 223—28
für den Zusatz entweder eines Rhapsoden oder auch des Bearbeiters, der
σ 357 ff. nachahmte.]

224. Zum Begriffe von ϑαλλόν τ' ἐρίφοισι φορῆναι vgl. Long.
Past. I 21: 'Δάφνιν φυλλάδα χλωρὰν κόπτοντα τοῖς ἐρίφοις
τροφὴν μετὰ τὴν νομήν', und II 20: 'φυλλάδα χλωρὰν ἔκοπτεν,
ὡς ἔχοι τοῦ χειμῶνος παρέχειν τοῖς ἐρίφοις τροφήν'.

228. Ueber ἄν-αλ-το-ς 'unersättlich' zur Wurzel ἀλ nähren,
vgl. G. Curtius Etym.² S. 320. Nr. 523ᵇ [⁴p. 358 f.].

230. δώματ' Ὀδυσσῆος ϑείοιο = β 394. δ 799. ο 313. υ 248,
und zu ϱ 402. Ueber die zwei letzten Worte vgl. die zu ο 63. π 53
erwähnten Stellen nebst β 233. δ 682. ε 11. ο 347. φ 74. 189.
ω 151. B 335. Λ 806. Ausserdem findet man als Versschluss auch
ϑείου Ὀδυσῆος β 259. φ 244.

231. 232. Diese ganz angemessene Darstellung des gemeinen Gedankens würde etwas verlieren, wenn man Object und Subject umkehrte,
und mit Briggs zu Theocrit. XXIV 131 gegen die alten Urkunden πλευρά
γ' sagen wollte, wiewol H. Düntzer dies adoptirt hat. Eher könnte
man πλευρά δ' vermuthen mit vorhergehender Interpunction: 'so sollen
in Menge ihm um den Kopf Fussschemel aus den Händen der Männer
(scil. ἔσται fliegen), und die Seiten sollen (dieselben) abreiben, indem
er geworfen wird'. Bekker dagegen im Berliner Monatsbericht 1862
S. 339 (Hom. Blätter S. 318) urtheilt also: 'zum Subject ist σφέλα
schon durch die Voranstellung berufen: πλευραί aber verwandeln wir
nicht in πλευράς mit kurzem α, wie das bei Hesiod angienge, sondern
in πλευρί', und hoffen dass πλευρίον hingeln werde mit den übrigen
deminutiven oder deminutivartigen Wörtern' mit Beifügung der Beispiele.
Und ἀμφὶ κάρη 'besagt hier eher dass die Würfe ringsum fallen als
dass sie die Höhe des Kopfes erreichen'. Ueberladen ist der Witz bei
der Lesart des Ptolemaeus von Askalon ἀμφικαρῆ 'die für ihn zwei-
köpfigen', was mit proleptischer Prägnanz gesagt bedeuten würde, dass

die über dem Kopfe zusammentreffenden Schemel ihm gleichsam noch
einen **zweiten** Kopf aufsetzten. Indes hat H. Düntzer ἀμφικαρῆ aufgenommen und also erklärt: 'z w e i s i t z i g, wofür man später ἀμφι
κέλεμνος, wol eigentlich z w e i f ü s s i g, sagte. κάρη bezeichnet hier die
zwei Erhöhungen für die Füsse zweier, die neben einander oder sich
gegenüber sitzen. Das Beiwort deutet also auf grosse Schemel (Θρήνυες,
später ὑποπόδια), die um so stärker treffen **und** verletzen'. Etwas
anders gewendet lautet die Bemerkung in Kuhn's Zeitschr. XIII S. 15:
'Der Schemel heisst ἀμφικαρής, insofern er zwei herausstehende Köpfe
hat, die Ruhepunkte für beide Füsse bilden.' Aber **auf** welche Zeugnisse
und Autoritäten diese **ganze** Erörterung sich stützt, oder ob sie von
der alten Erklärung ἀμφοτέρωθεν ἐξοχὰς καὶ ἐπαναστάσεις ἔχοντα **nur**
eine Ausdeutung sein soll, ist nicht hinzugefügt. [Sind die Worte dieses
und des folgenden Verses in ihrer ursprünglichen Fassung überliefert,
so müsste hinter der **Seltsamkeit der** Construction und dem wunderlichen
Gedanken noch **ein** besonderer Witz stecken. Möglich wäre vielleicht die
Annahme **einer** anacoluthischen Wendung der Construction, entsprechend
einer überraschenden Wendung des Gedankens etwa **in** folgender Weise.
Wenn, wie J. Bekker richtig bemerkt, σφέλα durch die Voranstellung
zum Subject berufen ist, so erwartet jeder Hörer nach Schluss des Verses
231 entweder ein Verbum: werden fliegen, wenn ἀμφὶ κάρη gedacht
war = u m d e n Kopf, oder: werden zerbläuen, wenn ἀμφὶ κάρη gedacht war, wie σ 335 = z u b e i d e n S e i t e n d e n K o p f. Nun aber
tritt, ohne dass der Satz in der erwarteten Weise zu Ende geführt
wird, eine überraschende Wendung ein ähnlich wie Z 510. 511: ὁ δ'
ἀγλαΐηφι πεποιθώς, ῥίμφα ἑ γοῦνα φέρει, indem ein neuer sich aufdrängender **Gedanke** die volle Entwicklung des ersten verhindert und den
selben so wendet, dass das Subject desselben jetzt die Stelle des Objects
erhält. Was diesen **neuen** Gedanken selbst aber betrifft, so müsste der
selbe motiviert sein durch einen Blick auf die bei der Magerkeit des
Fremden aus dem Leibe hervorstehenden Rippen, der ihm den Gedanken
eingäbe: der Fremde besitze freilich in den hervorstehenden Rippen ein
gutes Schutzmittel, an dem die Schemel zerschellen würden, so dass
ἀποτρίβω mit Passow s. v. zu fassen wäre: d u r c h R e i b e n a b n u t z e n,
z e r s c h e l l e n l a s s e n, — eine scheinbar tröstende Beruhigung, die aber
eine neue Verhöhnung enthalten würde. Befriedigt ein solcher Erklärungsversuch nicht — und ich gestehe, dass er mich selbst nicht befriedigt —,
so bleibt nur noch die Zuflucht zu einer Conjectur, um den Gedanken
leidlich zu gestalten. Ausser denen von Briggs (πλευρά γ') und von
Bekker (πλευρ') liegen zwei andere vor. Herr Director Lattmann in
Klausthal theilte mir folgende Vermuthung mit, die er übrigens her
nach schon bei Bothe fand: 'Es ist ἀμφί als Adverbium zu fassen (vgl.
Z 117. Δ 559. σ 335 f.), πλευρά τ' ἀποτρίψουσι zu schreiben, und
κάρη πλευρά τε als Objecte zu fassen: 'dann werden ihm viele Schemel
aus den Händen der Männer ringsherum den Kopf und die Rippen zerreiben.' Auch Nauck vermuthet πλευρά τ'. Dagegen schreibt W. C. Kayser
bei Faesi πλευρά statt πλευραί, so dass dies Wort allein das Object

bildet und ἀμφὶ κάρη adverbiale Bestimmung ist. Ich habe die letztere
vorgezogen, weil bei der ersteren, die an sich leicht und ansprechend
ist, mir die Wortstellung Bedenken erregt, da das zweite Object auffallend nachhinkt.]

237. ἀμφουδίς ist eine 'adverbiale Bildung im Sinne von ἀμφὶ
οὔδει am Boden, d. h. an der Erde. Wenn man einen an der Erde
fasst, so greift man ihn bei den Füssen. Es ist von einem Adiectivum
ἄμφουδος gebildet, wie μόγις von μόγος, vgl. ἐγκυτίς, αὐτονυχίς.'
So H. Düntzer in seiner Ausgabe und in Kuhn's Zeitschr. XIII S. 15.
Zum Gedanken vgl. ι 289 f. 458 f. Terent. Adelph. III 2, 18: 'Sublimem
medium arriperem et *capile pronum* in terram statuerem, ut cerebro
dispergat viam'.

242. [τὸ δέ ist nach La Roche Textkritik p. 342 und Kayser bei
Faesi die Lesart des Aristarch und der besseren Handschriften statt des
gewöhnlichen τόδε.]

243. [ὡς im Sinne von *utinam* nach L. Lange a. O. I p. 344,
39 und 380.]

246. Ueber κάτ' vgl. Lehrs Q. E. p. **76**. **Zu Krüger** Di. 68, 4, 2.
Der folgende Gedanke αὐτὰρ μῆλα κακοὶ φθείρουσι νομῆες ist Ausdruck augenblicklicher Stimmung, zu ο 10 und 220, hat keinen Bezug
auf ξ 104, weil νομῆες nur die Unterhirten sind. Eumäos nemlich will
nur in gesteigertem Ausdruck dem Melanthios vorwerfen, dass er sein
Amt vernachlässige, indem er sich fortwährend in der Stadt herumtriebe,
statt zu seiner Arbeit nach Hause zurückzueilen.

260. ἔδμεναι ist ein nur hier sich findender Zusatz statt des stabilen
Verses α 140, weil nur hier ein Gast am Ende der Mahlzeit erscheint.
— ἀγχίμολον steht gewöhnlich im Versanfange, aber wie hier in der
Mitte noch χ 205. ω 19. 386. 502. Vgl. zu ο 57 und J. La Roche
Hom. Stud. § 38 IX.

263. Diese Bewegung in der Seele des Odysseus ist für Eumäos
nicht zu ahnen, aber für die Zuhörer verständlich: vgl. zu π 8. Nach
H. Düntzer dagegen soll in χειρὸς ἑλών nur der Dank des Odysseus
gegen Eumäos sich aussprechen. Aber gerade dieser Dank kann doch
wol, nach der Sachlage, nicht ohne 'innere Bewegung des Odysseus
beim Wiedersehen seines Palastes' stattfinden, und die Anrede 264 ist
sicherlich das Zeichen eines solchen Affectes.

267. ἐυερκίες bezeichnet die Sicherheit von Haus und Hof; früher
las man aus schlechten Quellen ἐυεργέες, was zu dem folgenden Zusatze
οὐκ ἄν τίς μιν ἀνὴρ ὑπερθπλίσσαιτο weniger passte. H. Düntzer dagegen urtheilt: 'die Lesart ἐυερκέες passt nicht', ohne einen Grund
beizufügen. Die Stelle von 266 bis 268 erwähnt Dio Chrys. or. II.
p. 87. [Nauck und Kayser ziehen ἐυεργέες vor, ebenfalls Doederlein
Gloss. § 571. 2293, auch Gerlach im Philol. XXX, 505: 'die Schönheit der Thür musste eher in's Auge fallen, als ihr fester Verschluss',
indem er ausführt, dass die verzierten Propylaeen jedenfalls einen Haupt-
schmuck der Königsburg bildeten, der schon von weitem in's Auge fiel.
Ameis' Vorliebe für ἐυερκίες beruht wesentlich auf Aristarch's Erklärung

von ὑπεροπλίζεσθαι und der daraus entnommenen Beziehung auf die
'übermüthigen Freier', vgl. zu 268. Letztere ist aber so gesucht, dass
bei unbefangener Betrachtung nicht leicht Jemand darauf verfallen wird,
Aristarchs Deutung von ὑπεροπλίζεσθαι doch sehr zweifelhaft, weil im
Vorhergehenden die Schönheit und Grossartigkeit des Palastes hervorgehoben ist und durch ἐνερκέες das in οὐκ ἄν τις κτέ. ausgesprochene
Urtheil über die Festigkeit desselben zu wenig vorbereitet wäre; selbst
ἐνερκέες von der Thür erregt Befremden. Danach scheint mir Alles eher
für die alte Vulgate ἐνεργέες, als für ἐνερχέες zu sprechen und habe
ich daher Ameis' Lesart und Deutung aufgegeben.]

268. ὑπεροπλίσσαιτο wird so mit Recht von Aristarch erklärt.
[Ὁ Ἀρίσταρχος ἀποδίδωσι νικήσειν (τοῖς ὅπλοις Lehrs Arist. 154)
Aristonic. ed. Carnuth p. 141.] Denn der Gedanke enthält für Eumäos
eine Allgemeinheit naiver Rede, aber im Sinne des Odysseus liegt zugleich eine leise Beziehung auf die übermüthigen Freier [?], daher auch
der Anschluss des folgenden Gedankens: vgl. zu π 8. Andere dagegen
erklären das Wort: 'könnte es übertreffen, trefflicher machen' mit
Vergleichung von ϑ 176 f.

270. ἐνήνοθεν gibt Aristarch, statt des gewöhnlichen ἀνήνοθεν,
mit Recht: denn Odysseus ist von der sinnlichen Wahrnehmung bereits
in die Schilderung übergegangen, wie η 107. Ueber die Form ἐνήνοθεν
vgl. den Anhang zu ϑ 365.

274. ἵπως ἔσται τάδε ἔργα ist eine stabile Formel, die bei Homer
siebenmal vorkommt und zwar fünfmal nach einer Form von φράζεσθαι:
Δ 14. Ξ 3. 61. Υ 116. ϱ 274; und zweimal nach ἴδμεν: B 252.
ϱ 78. Da ὅδε immer [?] eine nähere Beziehung zum Redenden bezeichnet,
so gibt die Formel 'wie die Werke hier von uns (oder hier von
mir) sein werden' in dem ersteren Falle den Sinn: 'wie unser (mein)
Verfahren sein wird'; nach ἴδμεν dagegen: 'wie unser (mein)
Unternehmen ablaufen wird'. Zu der ersteren Sinnbestimmung
vgl. man auch Δ 838 πῶς κεν ἔοι τάδε ἔργα; τί ῥέξομεν, Εὐρύπυλ'
ἥρως; wo die erste Frage durch die zweite näher erklärt wird. Worauf
aber der Begriff 'Verfahren' oder 'Unternehmen' speciell sich beziehe,
das erhellt in der Regel aus dem folgenden, wie τάδε ἔργα ausserdem
β 280. γ 56. π 373 gesagt ist. Daher findet sich auch in zwei der
erwähnten Stellen (B 252. Δ 14) nach der berührten Formel eine Doppelfrage. Vgl. A. Funk Ueber den Gebrauch der Pronomina οὖτος und ὅδε
bei Homer S. 5 f. [und dagegen Philol. XXVII, 507 ff.].

284. Für Eumäos ist es in naiver Sprache eine Allgemeinheit, die
aber für den Hörer nach dem Sinne des Odysseus eine leise Beziehung
auf den Racheplan gegen die Freier enthält: vgl. zu π 8 [?]. Gewöhnlich erklärt man, wie auch Nägelsbach Hom. Theol. VII 8 thut, das
τολμήσεις geradezu für ein Synonymum von τετληώς oder τλητός, als
wenn es von τολμᾶν abzuleiten wäre. Es ist aber bekanntlich an τόλμη
zu denken: vgl. den Anhang zu τ 33. — Vers 288. 289 habe ich mit
Braune die Interpunction geändert.

291. [Ueber den Zweck der folgenden Episode und darauf bezügliche antike Darstellungen vgl. Brunn troische Miscellen p. 78 ff.]

296. ἀπόθεστος von θέσσασθαι zur Wurzel θες gehörig. Vgl.
Döderlein Hom. Gloss. § 2500. G. Curtius Etym.[2] Nr. 312[b]. [[3]p. 472;
[4]p. 509. Fick vergl. Wörterb. [2]p. 106 unter *dhvas*.] Der Lieblings-
hund des Odysseus lag verstossen und vernachlässigt da: vgl. 300.

298. [Ueber Bedenken wegen dieser Stelle vgl. Bergk griech.
Literaturgesch. I p. 786.]

302. Wie der Hund seinen Herrn erkannt hatte, fühlte er sich
in seinem Affecte befriedigt, daher liess er die Ohren sinken als ein
Zeichen der Freundlichkeit, aber nach der Situation zugleich auch der
Kraftlosigkeit: das letztere wird dann weiter ausgeführt. Die Richtigkeit
dieser Bemerkung findet bestätigt, wer das Gebahren der Hunde beobachtet hat. Wie hier οὔατα κάμβαλεν, so findet sich ähnlich gebraucht
demittit aures bei Horat. carm. II 13, 34 aber vom Cerberus, so
dass es bei diesem, wie C. W. Nauck mit Recht bemerkt, ein 'Zeichen
der Sanftmuth und Milde' ist. Die Form κάμβαλεν geben hier der
Stuttg. 5. Marc. 456. Vind. 5. 56. 133. Augustan. Meermannianus;
dagegen κάββαλεν Eustath., Harlei., ein Vratisl. Vgl. über die Form
ausser dem Anhang zu ζ 172 auch C. A. J. Hoffmann XXI. und XXII.
Buch der Ilias I S. 121*. Uebrigens beriefen sich auf unsere homerische
Stelle diejenigen Philosophen, welche den Thieren σύνεσις beilegten:
Sext. Emp. Hyp. p. 19.

304. Die hinfällige Schwäche des treuen Hundes, der in Elend und
Alter verkommen seinen Herrn erkannte, war dem Odysseus so plötzlich
und so unerwartet vor Augen getreten, dass er von innigem Mitgefühl
bewegt wurde und sich der Thränen nicht erwehren konnte. Vgl. Nägelsbach Hom. Theol. VII 7. Angeführt von Plutarch. de tranq. anim. c. 16.
Der Versschluss ἀπομόρξατο δάκρυ wie B 269.

306. Odysseus denkt zugleich daran, dass der Hund ihn trotz seiner
Verwandlung in die Bettlergestalt erkannt habe, und weiss durch diesen
Ausruf der Verwunderung seine Rührung o h n e M ü h e (ῥεῖα) vor Eumäos
zu verbergen: ein treffender Charakterzug des ἀνὴρ πολύτροπος. Der
sprachliche Ausdruck ist übrigens epische Unmittelbarkeit statt θαῦμά
ἐστι κύων ὅδε ὅς κεῖται, oder 'wunderbar ist es, dass **dieser** Hund
auf dem Miste liegt!'

308. Gewöhnlich wird hier εἰ δή gelesen, wozu in der ersten
Ausgabe bemerkt war: 'Statt εἰ ist wegen des nachfolgenden ἤ wol
wie anderwärts ἦ zu sagen, wenn auch kein zweites Beispiel der Verbindung ἦ δή bei Homer sonst vorkommt'. Jetzt ist dies ἦ nach dem
stillschweigenden Vorgange von Bekker in den Text gesetzt.

312. [Eine andere Interpunction und Auffassung dieser Verse giebt
Kayser bei Faesi.]

316. H. Düntzer hat das urkundlich schwach gestützte τάρφεσιν
statt βένθεσιν aufgenommen und dadurch mit E 555. O 606 eine Gleichmässigkeit hergestellt, die er also begründet: 'die Lesart βένθεσι statt
τάρφεσι ist zu verwerfen, da Homer βένθος nur vom Meere gebraucht

und βαϑύς neben dem auch stammverwandten βένϑος (Nebenform von
βάϑος) tautologisch wäre.' Aber die vermeintliche Tautologie wird geschützt durch N 32 βαϑείης βένϑεσι λίμνης und ähnliche homerische
Verbindungen. Und zu dem hier vereinzelt stehenden βένϑεσιν, um
neben φύγεσκε den Begriff der Waldestiefe recht stark zu bezeichnen,
scheint τάρφεσιν nur eine Glosse aus den Stellen der Ilias zu sein.

318. 319. [Von den drei parataktischen Sätzen stehen die beiden
letzten in einer engeren Beziehung zu einander, ganz ähnlich wie γ 251.
252: indem der Gedanke des zweiten die Folge des ersten enthält, wie
auch die 320 folgende Ausführung zeigt. Aehnlich ist das Verhältnis
der Gedanken unten 378. 379. Vgl. zu A 134.]

322. 323. Aus dieser Stelle sind bedenkliche Folgerungen gegen
die Sklaven gezogen bei Plat. Legg. VI p. 777ᵃ: nur heisst die Stelle
dort ἥμισυ γάρ τε νόου ἀπαμείρεται εὐρύοπα Ζεὺς ἀνδρῶν, οὕς
ἄν δὴ κατὰ δούλιον ἧμαρ ἕλῃσιν, worüber M. Sengebusch Hom. dissert.
I p. 124 urtheilt: 'Quod non falsum memoria Platonem scripsisse apparet
sed usum codice: qui scripturas νόου ἀπαμείρεται, ἀνδρῶν οὕς ἄν δὴ
exhibebat.' Das Verbum ἀπαμείρεται, statt ἀποαίνυται, bieten auch
Athen. VI 18 p. 264. Eustath. p. 1766, 55. Et. M. 118, 9. Et. Gud.
63, **26.** In Folge dieser Thatsache urtheilt J. La Roche Unterrichts-Ztg.
für Oesterreich 1864 S. 290, es habe 'den Anschein, als ob trotz der
Uebereinstimmung der Handschriften die andere Schreibweise mehr Berechtigung hätte'; und in der Zeitschr. f. d. österr. Gymn. 1866 S. 88
also: 'Ich würde wahrscheinlich auch ἀποαίνυται schreiben, dabei aber
den Zweifel nicht verbannen können, **ob** dasselbe wirklich als die bestbeglaubigte Lesart **zu** betrachten wäre.' Was die ganze Stelle betrifft,
so meint Bekker Hom. Blätter S. 275, dass man aus dieser rührenden
Erzählung 'nur 320 bis 323 wegwünscht, eine Gnome von eindring-
licher Wahrheit, **aber hier so** unzeitig wie irgendwo eine **andere** von
den anderwärts angeketteten' usw. [Auch Nauck bezeichnet **diese Verse**
als verdächtig.] Indes haben die alten Hellenen die Anfänge der gnomischen Poesie im homerischen Epos schön und natürlich gefunden. Zur
Sache vgl. die Bemerkungen über 'Die Uebel der Knechtschaft' in J. A.
Hartung Themata zu deutschen Ausarb. (Leipzig 1863) S. 204.

327. αὐτίκα steht ebenso in Verbindung mit dem Participium κ 237.
Γ 141. Μ 250. Ξ 363. Π 184. 308. 678. Σ 531. [Die aufgezählten Stellen entsprechen mit Ausnahme von Π 308 nicht der hier
vorliegenden Verbindung von αὐτίκα mit dem Participium. Denn es hat
αὐτίκα dort seine Beziehung auf die in einem vorhergehenden Vordersatze oder selbständigen Hauptsatze enthaltene Handlung. Dagegen ge-
hören hieher noch β 367. Ι 453.] Zu Krüger Di. 56, 10, 1. Aber
wegen **der** Verletzung des Digamma in αὐτίκ' ἰδόντ' hat Bekker αὖϑι,
ἰδόντ' vermuthet [so Nauck] und im Berliner Monatsbericht 1861 S. 587
(Hom. Blätter S. 275) zu begründen versucht. — Was das Alter des
Hundes in der Wirklichkeit betrifft, so bemerkt schon Aristot. H. A.
VI 20, dass die meisten Hunde vierzehn bis fünfzehn Jahre leben, einige
auch zwanzig. Vgl. **auch** Aelian. H. A. IV 40. Nitzsch, Beitr. zur Ge-

schichte der ep. Poesie. S. 317. Anmerk. 25. Ueber die poetische Schönheit dieser **Stelle** nach Inhalt und Form spricht Gladstone Hom. Studien von Alb. Schuster S. 443. [Uebrigens hat Nauck 326. 327 als verdächtig bezeichnet.]

339. Ueber die 'steinerne' Schwelle vgl. die zu π 41 citierten Stellen, womit βηλὸς λίθεος Ψ 202 harmoniert, und vom Tempel zu Delphi ϑ 80. *I* 404. Diese steinerne Schwelle war öfters wie die Wände selbst mit Erzplatten überzogen, daher χάλκεος genannt η 83. 89 und χαλκοβατὲς δῶ zu ν 4. Den Unterschied zwischen 'eschener' und 'steinerner' Schwelle erläutert H. Rumpf de aedibus Hom. I p. 28 sq. [Ueber die Cypresse 340 vgl. **Hehn** Kulturpflanzen und Hausthiere p. 192 ff.]

342. προσέειπε ist von den bezüglichen Worten der Anrede durch eine Nebenbestimmung getrennt hier und *A* 224. 320; in *Γ* 386 wird das Verbum nachher erneuert und *A* 602 ist es ohne Beifügung der bezüglichen Worte gesagt. Ebenso folgt stets die directe Rede im folgenden Verse nach πρὸς μῦϑον ἔειπεν, zu δ 803, ausgenommen ζ 21, und stets nach προσεφώνεε ausser in δ 69. Ueber denselben Gebrauch bei προσηύδα zu ν 254, bei προσέφη zu υ 183, bei μετέειπεν zu σ 413.

347. Dieselbe persönliche Construction mit dem Infinitiv findet sich δ 397. ϑ 351. *A* 107. 546. 589. *K* 402. *Σ* 258. *T* 131. 265. *Φ* 482. *Ω* 243. Vgl. auch zu χ 348, Bernhardy Synt. S. 360 f. Nägelsbach zu *A* 589. Eine hübsche Anwendung unseres Verses bei Plat. Lach. p. 201ᵃ und Charmid. p. 161ᵃ; vgl. auch Hesiod. Op. 317.

354. [Ueber den Infinitiv im Wunschsatze vgl. L. Lange der homer. Gebrauch der Partikel εἰ II p. 524 f.]

355. γένοιτο ὅσα geben Vind. 133 und andere Quellen [vgl. La Roche] statt des gewöhnlichen γένοιϑ' ὅσσα. Zum Gedanken hat H. Düntzer verglichen: 'Andere Wünsche γ 57. η 148 ff. ϑ 413. ν 44 ff. 59 f. σ 112 f.'

358. Statt ἕως ὅτ' hat H. Düntzer aus Conjectur εἷος gegeben mit folgender Note: 'Das überlieferte unhaltbare ἕως ὅτ' ἀοιδός ist ohne Zweifel eine schlechte Herstellung, da man bei dem gangbaren ἕως eine Silbe vermisste; ὅτε nahm man aus λ 368.' Aber das dürfte doch fraglich sein, und es scheint mir überhaupt zu gewagt, vereinzelt stehende Redewendungen, die einstimmig überliefert sind und der ratio linguae nicht widersprechen, durch Conjectur aus dem Texte zu entfernen. [Nauck hat ἧος statt ὡς ὅτ' geschrieben. Nach der von der Mehrzahl der Handschriften gebotenen Lesart ὡς ὅτε schreibt Kayser ὣς (= οὕτως) ὅτ' und versteht ὅτε in dem Sinne von während. Uebrigens hat Düntzer zu 360 die Verse 358—364 als 'schlechtes Flickwerk' verworfen, Nauck und Kammer die Einheit p. 627 stimmen demselben zu.]

359. ἐπαύετο findet sich in den besten Handschriften, die geringeren Quellen und das zweifelhafte Anhängsel des Aristonikos zu X 329 geben παύσατο, was den unpassenden Sinn involvierte 'als ob der Sänger nur gewartet hätte, bis Odysseus fertig wäre mit Essen'. [Dagegen hält Kayser bei Faesi ἐπαύσατο für die Aristarchische Lesart.]

360 = α 365. δ 768. σ 399; auch χ 21: jedesmal ist der Gedanke des Verses besonders motiviert. Vgl. zu α 365 und χ 21. Der
Versschluss nebst dem folgenden Verse wie π 454. 455. Uebrigens gehört hier die Einführung der Athene zu den Stellen, welche den Tragikern
die Vorbilder waren für den 'deus ex machina'. Vgl. auch die Schol.
B L V. zu B 156 und den Anhang zu B 155.

364. [Nauck vermuthet κακότητα statt κακότητος.]

379. ποθὶ κάλεσσας gehört wie ξ 55 zu Krüger Di. 66, 3, 1.
Dies ποθί geben Eustathius, Vind. 133 und γϱ. H. [und andere bei La
Roche] statt des gewöhnlichen ποτί. Es wird 382 mit ἄλλοθεν beantwortet. Bei τόνδε kann der sachkundige Hörer zugleich an den eben
erwähnten ἄνακτα denken [?], denn die ganze Frage, die im Munde des
Sprechenden nur ein sarkastischer Spott ist, enthält für den sachkundigen
Hörer einen unbewust geschehenen Ausspruch über die wirkliche Sachlage, indem dieser bei ἐνθάδ' ἀγειρόμενοι unwillkürlich an die Freier
denkt, während Antinoos die ἀλήμονες im Sinne hat. Vgl. zu ξ 508.

383. [Ueber εἰ μή ohne Verbum vgl. L. Lange der homerische
Gebrauch der Partikel εἰ I p. 467 f. II 558 ff. εἰ μή ohne Verbum
kommt fünfmal vor: μ 325. ϱ 383. P 475. Σ 192. Ψ 790 und wird
von L. Lange unter Vergleich von Α 295 mit den Worten erläutert:
'Μή wehrt, seiner Grundbedeutung entsprechend, in allen fünf Fällen
von εἰ μή ohne Verbum den Gedanken ab, dass diejenige Person, die
bei εἰ μή genannt wird, im Hauptsatze mit gemeint sei und dafür ge-
nügte eben μή mit dem Nomen oder Pronomen, wie in Α 295. Die
Partikel εἰ aber konnte in ihrer fallsetzenden Function vor ein solches
μή ohne Verbum treten und so den Ausdruck in antecessive Beziehung
zum Hauptsatze setzen, weil sie erstens in antecessiven Sätzen überhaupt
vor μή treten konnte und zweitens ihrerseits auch nicht nothwendig ein
Verbum bedurfte, wie wir bereits bei ὡς εἰ sahen'. Danach ist ihm
die Bedeutung der Partikeln wiederzugeben: gesetzt nur nicht. Derselbe spricht sich für die von Bekker in der Adnotatio critica gegebene
Vermuthung ἄλλων für ἄλλον aus, weil in den anderen drei Beispielen
ἄλλος in demselben Casus vorangeht, in welchem das durch εἰ μή aus
geschlossene Nomen steht. — Ueber das Citat dieser Stelle bei Aristot.
Polit. VIII, 2 a. E. vgl. Nitzsch Sagenpoesie 338.]

384. Angeführt von Plato de republ. III 3 p. 389ᵈ. Ueber τέκτονα δούρων bemerkt Gladstone Studies III p. 71 (jetzt bei Alb. Schuster
S. 350) folgendes: 'Hier glaube ich steht τέκτονα δούρων um die ganze
Zunft der Künstler darzustellen, von denen viele im Homer genannt
werden. In einem armen Lande wie Ithaka, welches grossentheils auf
den Gebrauch seiner Bote zum Fischen und zu seiner Verbindung mit
aussen angewiesen war, konnten die Zimmerleute natürlicher Weise das
ganze vorstellen'. Und über das Verzeichnis der δημιοεργοί bemerkt
Gladstone III S. 180: 'Denn wirklich ist diese Aufzählung, wie wir
vorher gesehen haben, beinahe erschöpfend, indem sie sich auf eine Zeit
bezieht, in der es keinen gewerbsmässigen Soldaten gab, in der der
Landbauer, der Fischer oder der Hirt nicht ein δημιοεργός genannt wer-

den konnte; denn **er** hatte keine Beziehung zur Oeffentlichkeit, indem sich der Handel **auf** Fremde wie die Phöniker oder auf Seeräuber **wie** die Taphier beschränkte und keinen Theil der Beschäftigung der geordneten Staaten Griechenlands bildete'. Ueber das letztere vgl. auch die Note zu *ν* 272. [Ueber die δημιουργοί vgl. jetzt Riedenauer Handwerk und Handwerker p. 10 f., welcher wie Welcker Ep. Cycl. p. 342 die Sänger darunter begriffen wissen will, vgl. auch p. 167 Note 58. Uebrigens vermuthet Bergk griech. Literaturgesch. I, 548, Anm. 38, dass V. 385 in Sparta mit Beziehung auf die Berufung Terpanders eingeschaltet sein könne.]

400. [In der Auffassung von φθονέω folge ich Doerries über **den** Neid der Götter **bei** Homer p. 11.]

401. μήτε τι aus den meisten und besten Quellen statt des **ge**wöhnlichen μήτ' οὖν, was schwach gestützt ist. [μήτ' οὖν haben bei La Roche die meisten Handschriften, μή τέ τι Vindob. 133, Harl., Marc. 456.] Die Lesart μήτε τι hat auch H. Düntzer [u. Nauck] aufgenommen. Ueber den Beziehungs-Accusativ τό γε, der das Gebiet des Inhalts-Accusativ nahe berührt, vgl. J. La Roche Hom. Studien § 43 S. 81, wozu K. A. J. Hoffmann in der Zeitschr. f. d. österr. Gymn. 1861 S. 536 wie ich glaube mit Recht bemerkt: 'Will man die Bedeutung in diesem Falle etwas gröber ausdrücken, so wird man zu dem temporalen jetzt greifen können, und so habe ich denn auch in einer der jüngeren Wiener Handschriften über dem τό γε in E 827 die Glosse νῦν gesehen'. [Zu 402 bemerkt Nauck: *spurius?*]

403. τοιοῦτον ἐνὶ στήθεσσι νόημα. Der andere ähnliche Versausgang lautet ἐνὶ φρεσὶ τοῦτο νόημα β 363. ξ 273. ο 326. Den Zusammenhang an unserer Stelle erläutert H. Düntzer mit Recht also: 'Aber nicht um Schonung ist es dir zu thun, sondern du willst nur keinem andern etwas zukommen lassen. Das Letztere ist ein ungerechter, aber der leidenschaftlichen Aufregung ganz gemässer Vorwurf'.

405. Dies ἀπαμείβετο φώνησέν τε aus den besten Handschriften statt des gewöhnlichen ἀπαμειβόμενος προσέειπεν. [Vgl. La Roche.] Vgl. η 298. 308. ϑ 140. 400. λ 347. 362. ν 3. ρ 445. τ 405. ω 327. Υ 199, stets mit demselben Versanfange τὸν δ' αὖτ', wozu τὴν δ' αὖτ' τ 405 und τὸν δ' αὖ ω 327 nur unwesentliche Differenzen bilden.

409. [In der folgenden Partie 409—461 sieht Düntzer die homerischen Fragen p. 204 eine den Zusammenhang störende Eindichtung, Kammer die Einheit p. 627 ff. eine doppelte Recension derselben Scene, wogegen Düntzer a. O. p. 225 spricht. Vgl. dagegen Bergk griech. Literaturgesch. I p. 708.]

413. γεύσασθαι, statt des gewöhnlichen γεύσεσθαι, bieten die besten Quellen ausser der Handschrift des Eustathius. Empfohlen ist die Aufnahme des Aorists schon von K. Grashof in der Zeitschr. f. d. Altwsst. 1834 S. 283. Der Aorist bei ἔμελλεν zu Krüger II. 53, 8, 6. [Ameis' Deutung von προικός γεύασθαι Ἀχαιῶν ist mit Recht verworfen von Giseke Lex. Hom. s. v. γεύομαι, wie von Kayser u. A. Mit diesen und Friedländer zwei homer. Wörterverzeichnisse p. 772 habe ich für γεύεσθαι

die natürliche Bedeutung angenommen und mit W. C. Kayser den Infinitiv
futuri geschrieben. Vgl. denselben im Philol. XXII p. 511.]

418. ἐπ’ ἀπείρονα γαῖαν im Versschluss o 79. ϱ 386. τ 107.
H 446; und ἠδ’ ἐπ’ ἀπείρονα γαῖαν als Anfang des stabilen Verses
α 98. ε 46. Ω 342. Wer aber behaupten will, dass κατ’ hier nur
‘zur Vermeidung des Hiatus’ statt des gangbaren ἐπ’ gesetzt sei, der
hat erst zu beweisen, warum κλείω ἐπ’ an dieser Versstelle nicht
ebenso gut stehen könnte wie A 119 ἕω ἐπεί, B 231 ἀγάγω ἤ, B 382
ϑηξάσϑω ἑύ, Θ 429 ἀποφϑίσϑω ἄλλος, um andere der von K. A. J. Hoffmann Quaest. Hom. I p. 70 angeführten Stellen unerwähnt zu lassen.
Ueber die ganze folgende Erzählung vgl. zu § 199. Der 420. Vers ist
angeführt von Aristot. Eth. Nicom. IV 2, 3.

443. Δμήτωρ ist der ‘Bändiger’ oder ‘Unterjocher’. Dass die
Namen nicht selten mit Bezug auf die Eigenschaften Zustände und Verhältnisse der Personen erfunden wurden, darüber gibt zahlreiche Beispiele
L. Friedländer in Fleckeisens Jahrb. Suppl. III S. 814 ff. Der psychologische Blick, den die homerischen Lieder bekunden, lässt zugleich annehmen, dass in derartigen Namen manche Anspielung liege auf gewisse
den ersten Hörern bekannte Zeitgenossen, die gerade für die Situation
der angeredeten Personen mit feiner Berechnung gewählt sind. Vgl. auch
zu σ 85. So konnte auch Eumäos die gegenwärtige Pointe mit stiller
Behaglichkeit anhören, zumal da ein reicher Phöniker ξ 288 und ein
König von Kypros in engem Verkehre standen. Denn auf Kypros gab
es viele Könige, wie schon die Schol. H. Q. zu 442 bemerken. Bei
solcher Bewandnis haben später die Tragiker auch in diesen Dingen an
Homer ihr Vorbild gehabt, natürlich öfters mit derselben Naivetät wie
Schiller im Tell V 1: ‘Ein glaubenswerther Mann, Johannes Müller
bracht’ es von Schaffhausen’. Vgl. auch Nägelsbach Hom. Theol.
S. 5 f. der Ausg. von Autenrieth. In Bezug auf die Kürze des Schlusses
bemerkt H. Düntzer mit Recht: ‘Vers 444 soll die weitere Erzählung
davon durch πήματα πάσχων ablehnen.’

447. Ueber οὕτως vgl. Lehrs de Arist. p. 71 sq. ed. II und S. 381
[und Philol. XXVII p. 515]. — ἐς μέσσον, substantiviert wie ϑ 144.
262. σ 89. Γ 77. 266. 341. Δ 79. Z 120. H 55. O 357. Υ 159.
Ψ 574. 704. 814; auch κατὰ μέσον Δ 541. E 8. I 87. Π 285.
Krüger Di. 43, 4, 2.

450. ἐξείης ist nemlich der Genetiv von dem substantivierten Femininum des ursprünglichen Adjectivs ἔξειος, zu α 97. Vgl. Lobeck Elem.
I p. 431. G. Curtius Etym. Nr. 170. Uebrigens hat Bekker [auch
Kayser] jetzt 450 bis 452 athetiert nach dem Vorgange der Alten: denn
die Schol. H. Vind. 133 bemerken: ‘τρεῖς νοϑεύονται· ἐφ’ οἷς γὰρ
Ἀντίνοος ὀνειδισϑεὶς ὤργισται, εἰκὸς ἦν ἀχϑεσϑῆναι καὶ τοὺς λοιπούς’.
Aber durch den Gedanken dieser Verse lässt der Dichter auf fein berech-
nete Weise den Antinoos selbst bestätigen, was ihm Telemachos 404
vorgeworfen hatte. Denn nach der Gesinnung des Antinoos ist seine
Aufforderung zur Enthaltsamkeit nur Maske für den eigenen Egoismus.

455. Ueber das sprichwörtlich gesagte οὐδ’ ἅλα δοίης vgl. auch

Bekkeri Anecd. I p. 54, 33: Ὅμηρος, τὸ ἄγριον καὶ ἄξενον δηλῶν, οὐδ' ἅλα ἄν δοίη περί τινος ἔφη. Wir hören zur Bezeichnung des Kleinen und Geringfügigen öfters das Wort: 'er verdient nicht das Salz zum Brode'. Aber dem Sinne nach ähnlich ist unser Sprichwort: 'nicht einen Trunk Wasser reichen': denn wir haben hier die stolze Hartherzigkeit des hochmüthigen Freiers in scharfem Gegensatz zur bereitwilligen Gastfreundschaft des biedern Eumäos. Gastfreundschaft ist eben keine Tugend der Reichen: eine schöne Reflexion hierüber im Anschluss an diese Stelle bei Dio Chrysost. or. VII p. 250 R. Den vorhergehenden Vers 454 berührt Lucian. Amor. c. 23. [Zu der hier gebrauchten sprichwörtlichen Redensart vergleicht Buchholz Homerische Realien I, 2 p. 296 Theocrit. 27, 60. Aehnliche Negationen, deren Begriff durch ein hinzugefügtes Bild verstärkt wird, verzeichnet Clemm in Curtius Stud. III, 295.]

458. χολώσατο κηρόθι μᾶλλον = ι 480. σ 387. χ 224. Φ 136, auch ε 284. Das κηρόθι erscheint nur in Verbindung mit μᾶλλον und **zwar** stets im Versschluss, wie noch λ 208 γενέσκετο κηρόθι μᾶλλον, ο 370 φίλει δέ με κηρόθι μᾶλλον, I 300 ἀπήχθετο κηρόθι μᾶλλον. Durch das Formelhafte des zusammengehörigen κηρόθι μᾶλλον hebt sich zugleich der Anstoss, den Albert Fulda Untersuch. S. 275 f. an der Verbindung mit φίλει ο 370 genommen hat. Denn so gut als mit χώσατο und ἀπήχθετο konnte diese Formel auch mit dem entgegengesetzten Begriffe φίλει verbunden werden. Das δὲ χολώσατο hier und σ 387 aus guten Quellen statt des augmentierten ἐχολώσατο, was ϑ 205 und Ο 155 sich findet. Vgl. zu ν 206.

463. [Ueber ἐστάθη vgl. Schneider Callimachea I p. 353.]

466. δ' ἄρ', statt des gewöhnlichen δ' ὅ γ', aus Vind. 133. marg. Harlei., Augustanus [u. anderen bei La Roche]. Ueber βέλος 464 vgl. Lehrs de Arist. p. 56 sq. ed. II. G. Curtius Etym.[2] S. 416 Nr. 637 und S. 575 [[4]p. 467 und p. 635]; über ἐυπλείην 467 Lobeck Parall. p. 465; über μαχειόμενος 471 Lobeck Elem. I p. 536. G. Curtius Etym. Nr. 459. [Mit W. C. Kayser habe ich ἄψ δ' ὅγ' statt ἄψ δ' ἄρ' geschrieben, ebenso σ 110.]

474. Bekker hat den Vers jetzt aus Conjectur athetiert. Von den Alten dagegen werden 475 bis 480 als Diaskeuase erklärt. [Vgl. Carnuth Aristonic. p. 143.] Die nachträgliche Bestimmung οὐλομένης steht hier mit demselben Nachdruck nach λυγρῆς, wie 287 nach μεμαυῖαν.

476. Der ganze Wunsch ist im Munde des Odysseus besonders bedeutsam, weil er die Gedanken der sachkundigen Hörer auf den bevorstehenden Freiermord hinlenkt, von den Freiern dagegen nur als allgemeine Aeusserung verstanden werden kann, so dass Antinoos selbst, der durch den Wurf seinen Zorn gekühlt hat, nunmehr naturgemäss 478 ff. ruhiger spricht.

485. Da καί τε sonst bei Homer nicht im Anfang eines selbständigen Satzes gefunden wird, sondern höchstens wie ψ 13 zu Anfang eines Satzgliedes, so hat hier im begründenden Satze M. Axt Coni. Hom. p. 32 nicht mit Unrecht conjiciert: 'repone καὶ δὲ vel καὶ γὰρ ϑεοί'. Aber mit einstimmiger Ueberlieferung finden wir theils Anführung theils

Berücksichtigung dieser Stelle bei Plat. de republ. II 20 p. 381^c; Sophist. p. 216^{ab}. Stob. Eel. I 3. Plutarch. philos. c. princip. I p. 777^a. Der christliche Gedanke steht Hebr. 13, 1. Das im folgenden Verse stehende ἐπιστρωφᾶν πόληας ist bei Aelian. V. H. IV 17 vom Pythagoras gesagt. — 487. Wegen εὐνομίη vgl. Lehrs de Arist. p. 348 ed. II.

492. [Die Vergleichung der hier folgenden Scene (492—606) mit der des folgenden Buches 158—303 ergiebt für Kammer die Einheit p. 630 ff. das Resultat, dass die erstere eine nachträgliche Interpolation und nur die zweite echt sei.]

495. Εὐρυνόμη erscheint als ταμίη noch σ 169. τ 96. υ 4. ψ 154. 289. Eurykleia dagegen ist Pflegerin, Schaffnerin und Aufseherin aller Dienerinnen im Hause des Odysseus, weshalb sie von Penelope und Telemachos vorzügliche Achtung und Liebe geniesst, während Eurynome nirgends mit einem Zeichen besonderer Theilnahme eingeführt wird.

500. Diese begründende Erklärung geht verloren, wenn man mit Bekker 501 bis 504 entfernt im Anschluss an die in Schol. H. und Vind. 133 gegebene Notiz: ʿνοθεύει Ἀρίσταρχος δʹ. πῶς γὰρ ἂν ταῦτα εἰδείη, εἰ μή πως κατὰ τὸ σιωπώμενονʾ.

515. Der erste Tag seiner Ankunft bei Eumäos reicht bis zum Schluss von ξ, indem Telemachos nach dem Wunderglauben des sagenhaften Epos in derselben Nacht in Pherä (o 188) sich befindet, wo Odysseus in der Hütte des Eumäos (ξ 457) übernachtet, der zweite Tag umfasst o 301 bis 494, der dritte o 495 bis π 481. Den Gedanken 517 ff. hat der Dichter durch den Mund des Eumäos bloss für Penelope berechnet, ohne ängstlich nachzurechnen, dass der Bettler nur am ersten Tage von seinem Geschicke dem Eumäos erzählt habe.

519. Das einmalige Vorkommen der ersten langen Silbe wird schon in den Epim. Hom. 25, 28 und im Etym. M. 21, 17 bemerkt. Ueber die grammatische Verbindung in dieser Stelle handelt J. La Roche Hom. Stud. § 84, 10.

525. Ueber προπροκυλινδόμενος vgl. Lobeck Elem. I p. 177. Ueber στεῦται, welches das mit sinnlicher Geberde verbundene Wollen bezeichnet (zu λ 584), vgl. Lobeck zu Buttmanns Spr. II S. 6 und Path. Elem. I p. 275. Lehrs de Arist. p. 98 ed. II. G. Curtius Etym.^{2} S. 192 Nr. 217. [^{4}p. 216 Nr. 228. Vgl. auch den Anhang zu I 241.]

530. Ueber ἐψιαάσθων vgl. Merkel zu Apoll. Rh. p. CLXXVIII. G. Curtius Etym.^{2} S. 652 [^{4}p. 713]. — Zu ἀκήρατα 532 Lobeck Path. Proll. p. 371.

533. Das μέν τʾ, statt des gewöhnlichen einfachen μέν, bieten der Harleianus, Vind. 133 und andere Handschriften. Vgl. die Beispiele bei Spitzner Exc. in Il. VIII 2 und wegen des nicht digammierten οἰκῆες β 52. π 303.

541. Wegen des Kraftausdrucks σμερδαλέον κονάβησε vgl. κ 227. 399 und zu ζ 182. Ueber das Niesen als gutes Vorzeichen, das bei Homer nur hier erwähnt wird, vgl. Theocrit. VII 96. Xenoph. Anab. III 2, 8. Plutarch. Themist. c. 13. Parodiert durch ἀποπέρδειν Aristoph. Eq. 639.

545. οὐχ ὁράᾳς κτέ. Diese freudige Zuversicht der Penelope ist ein ächt psychologischer Zug, insofern bei einer günstigen Erscheinung in die schmerzerfüllte Seele plötzlich ein Schimmer von Hoffnung fällt, wobei noch die leicht erregbare Beweglichkeit der Hellenen in Betracht zu ziehen ist. Uebrigens ist der Gedanke für Penelope und für Eumäos nur ein naiver Ausspruch, aber für die sachkundigen Hörer zugleich ein verständlicher Hinweis auf die bevorstehende Rachethat, die zwischen Vater und Sohn verabredet ist. Vgl. zu ξ 508. Wegen ὁράᾳς von einer Sache des Gehörs vgl. Lobeck Rhem. p. 329 sqq. [Uebrigens vermuthet Nauck: οὐκ ἀίεις?]

547. Statt ἀλύξοι hat der Harleianus [auch Venet. 457 und Marc. 613 bei La Roche] ἀλύξει **und** der Augustanus ἀλύξαι: die letztere Lesart billigt Bekker im Berliner Monatsbericht usw. 1864 S. 192. [= Hom. Blätt. II, 28, 9.] Aber ἀλύξαι hätte wol schwerlich jemand in ἀλύξοι geändert, viel wahrscheinlicher ist die Lesart ἀλύξει, **die** H. Düntzer aus der Parallelstelle bereits aufgenommen hat. Wahrscheinlich hat die Endung im vorhergehenden γένοιτο die Verderbniss ἀλύξοι herbeigeführt. [Vgl. auch La Roche hom. Untersuch. p. 238.] In einigen Urkunden fehlt der Vers ganz.

549. 550. Das bestimmte Versprechen dient hier zur augenblicklichen Motivierung, kommt aber später (ausser der Andeutung τ 327) nicht zur Ausführung, weil sich Penelope nicht überzeugen kann, dass der Fremdling νημερτέα πάντα ausgesprochen habe; wo es indes nach χ erfüllt werden könnte, ist es durch die Sache selbst nicht mehr nöthig.

555. Der Gedanke ist im Munde des Eumäos naiv, aber für den kundigen Hörer mit feiner Absichtlichkeit gesagt wie 563 und 571. Zu dem Dativ πεπαθυίη gibt ähnliche Beispiele aus den Tragikern Schneidewin zu Soph. Oed. Tyr. 353. Es steht nemlich πεπαθυίη, als wenn οἱ und nicht ἷ vorherginge, und man hat es daher als einen mit objectiver Selbständigkeit zum Verbum μεταλλῆσαι gesetzten Dativ aufzufassen. [Vgl. Classen Beobachtungen p. 144 und Fleischer de primordiis graeci Accus. c. **Inf.** Lips. 1870 p. 71.]

563. οἶδα findet sich nur hier bei Homer mit περί τινος verbunden, mit dem blossen Genetiv dagegen M 229. O 412 **und** häufig in der Form εὖ εἰδώς. Sonst steht οἶδα entweder mit dem Accusativ verbunden oder mit einem Infinitiv oder mit einem abhängigen Nebensatze, den Partikeln (wie ὅτι εἰ) oder Relative (wie οἷος ὅς) einleiten. — In der Wahl des Ausdrucks ὁμὴν δ' ἀνεδέγμεθ' ὀιζύν liegt, besonders wegen des ὁμήν, eine sinnreiche Absichtlichkeit. Vgl. zu π 8.

565. [Dieser Vers fehlt in vielen Handschriften und ist deshalb von Nauck eingeklammert.]

571. Auch hier reicht wie 563 das Verständnis des Gedankens für den kundigen Hörer weiter als für Eumäos. Während nemlich Eumäos den Gedanken nur nach seiner Kenntnis von der Person des Bettlers verstehen kann, ist dagegen der Hörer gespannt, ob Odysseus auch der Penelope gegenüber seine Rolle werde festhalten können. Ueber die Construction in πόσιος πέρι vgl. Stallbaum zu Plat. Meno p. 90ᵇ. H. Düntzer

hat das einstimmig überlieferte πέρι aus Conjectur in πέρ geändert und diese Partikel will er zu εἰρέσϑω gezogen wissen. Schwerlich mit Recht. Mir scheint πόσιος πέρι ein significanter Vertreter des blossen Genetivs zu sein, wie 563. Vgl. auch ἐξ ἀλόχου im Anhang zu ξ 202.

572. [Diesen und den folgenden Vers bezeichnet Nauck als verdächtig.]

578. κακὸς δ᾽ αἰδοῖος ἀλήτης wird gewöhnlich erklärt: ' ein verschämter Bettler ist elend' oder 'schlecht ist ein Bettler der sich scheut, ein Bettler darf sich nicht scheuen'. Aber αἰδοῖος ist in diesem activen Sinne 'sich scheuend, verschämt' sonst nicht gebräuchlich; sodann handelt es sich hier nicht ums Betteln wie 347 und 352. Daher glaube ich, die eigentliche Bedeutung der Worte 'übel daran ist der achtungswerthe Irrfahrer' festhalten zu müssen als Ausdruck des Mitleids, von welchem Penelope erfüllt ist. Jedenfalls aber ist Nägelsbach Hom. Theol. V 57 S. 301 zu weit gegangen, wenn er aus den Worten κακὸς δ᾽ αἰδοῖος ἀλήτης 'eine gehörige Dreistigkeit' als nothwendiges Requisit des Bettelns erschliesst. [Die Beziehung von αἰδοῖος auf das vorhergehende αἰδεῖται ist so unabweisbar, dass die sonst übliche Bedeutung des Wortes uns nicht hindern kann dasselbe hier in dem einzig passenden, wenn auch sonst bei Homer nicht vorkommenden Sinne: verschämt, blöde zu fassen, wie auch Friedländer zwei homer. Wörterverzeichnisse p. 772 urtheilt. Diese Auffassung wird auch durch die Parallele ϱ 352 nicht unwesentlich gestützt.]

586. ὥς περ, statt des gewöhnlichen ὅς περ, bieten der Harleianus und andere Quellen mit der Erklärung: 'ὥσπερ ἂν ἀποβαίη, ἵνα εἴπῃ ὑπό τινος τὸ μέλλον' H., wo ὑπό τινος aus dem Vind. 133 hinzugefügt ist. Die gewöhnliche Deutung der Lesart ὅς περ ἂν εἴη durch 'wer er auch sein mag' würde ein ὅς τις ἂν εἴη verlangen, wie M. Axt conjiciert; den bedenklichen Conjunctiv εἴη conjicierte auch G. Hermann. [Vgl. dagegen Kayser bei Faesi.]

599. [Die Worte δείλη, δείελος etc. erörtert etymologisch K. Brugmann in Curtius Stud. V 221 ff.]

603. ἐδητύος ἠδὲ ποτῆτος als Versschluss auch δ 788. ε 201. κ 384. Λ 780. Statt dieses Verses hat H. Düntzer in den Text genommen was im Ambros. Q. nach diesem Verse folgt [und im August. im Text steht, vgl. La Roche] nemlich αὐτὰρ ἐπεὶ δείπνησε καὶ ἤραρε θυμὸν ἐδωδῇ mit der Note: 'der folgende Vers setzt einen Vordersatz voraus'. Aber ein 'Vordersatz' wird bei Homer bisweilen auch durch Participien bezeichnet. Wie nun der genannte Vers ε 95. ξ 111 auf einstimmiger Ueberlieferung beruht, so findet er sich hier nur als Zusatz in einer einzigen Quelle. [Vgl. indess oben.]

606. Das alte Epos ist überhaupt durch die Schranken der Zeit und des Raumes niemals mathematisch beengt, sondern drängt in seiner Sagendichtung vieles zusammen, was verstandesmässige Reflexion prosaisch auseinander hält oder nach strengem Maasse beurtheilt. Erst die späteren Menschen, als sie Uhren und Kalender hatten, pflegten in derartigen Dingen mit Aengstlichkeit nachzurechnen.

σ.

1. [Ueber die folgende Scene vgl. Kammer die Einheit p. 637 ff.]

3. Ueber ἀζηχές vgl. Lobeck Path. Proll. p. 366. H. Düntzer fasst es als Compositum aus dem verstärkenden α und aus ζα-εχής, διαεχής [vgl. ἐπιζαφελῶς ζ 330) 'wie συνεχής eigentlich durchdringend, daher gewaltig'. [Vgl. dagegen Clemm in G. Curtius Stud. VIII p. 46 ff.: = ἀ-διηχής von ἠχέω 'von durchdringendem Ton'.] Ueber ἴς vgl. Döderlein Hom. Gloss. § 864 und über βίη ebend. § 2012. Nach Lobeck Elem. I p. 90 ist ἴς mit βία, welches aus ἴα mit prosthetischem β entstanden, stammverwandt und deshalb auch in der Bedeutung sehr nahe verwandt, wie schon aus der Verbindung ἴς Ἡρακλείη und βίη Ἡρακλείη hervorgehe, doch zeige sich ein Unterschied in Stellen, wo die Wörter wie hier verbunden sind. Vgl. indes über ἴς G. Curtius Etym.[2] S. 349 Nr. 592 [[4]p. 392] und über βίη ebend. S. 419. 520 [[4]469. 577].

5. Ἀρναῖος der 'Erwerbsmann' von ἄρνυμαι (zu α 5), ['a matre quasi bonum omen accepit, quod quidem non evenit'. Heyne de nominibus propriis apud Homerum p. 59]. Andere leiten den Namen von ἀρνέομαι ab, etwa 'Weigert'. Dagegen erklärt H. Düntzer: 'Ἀρναῖος Lämmers [Lämmer ist wol Druckfehler], von ἀρνός, wie ὁδαῖος von ὁδός, vielleicht mit der Hindeutung, dass die Mutter ihn bei der Lämmerheerde geboren [Auch Fick die griech. Personennamen p. 156 hat Ἀρναῖος unter ἀρνο — Widder angesetzt.] Ueber solche Namensbildung überhaupt vgl. zu ρ 443. — πότνια μήτηρ ist ein stabiler Versausgang: ζ 30. 154. λ 180. 215. 546. μ 134. ο 385. 461. τ 462. φ 115. 172. ω 333. Α 357. Ζ 264 (πότνια μῆτερ). 413. 429. 471. Ι 561. 584. Λ 452. 795. Ν 430. Π 37. 51. Σ 35. 70. Τ 291. Χ 239. 341. 352. Ψ 92. Ω 126. 710. Ueber die Bedeutung von πότνια vgl. G. Autenrieth zu Nägelsbach Α 357. Meine frühere Auffassung unserer Stelle haben H. Kratz (Stuttgarter Correspondenz-Blatt 1863 S. 21) und K. Schenkl (Zeitschr. f. d. österr. Gymn. 1864 S. 342), jeder in seinem Dialekte, mit Recht bekämpft. [Ἶρος will Hoffmann Homeros und die Homeridensage von Chios p. 24 vom Stamme εἰρ- ableiten und erklären: gierig, indem er die Worte οὕνεκ' bis ἀνώγοι als Glossem ansieht. Heyne dagegen a. O. p. 59 von εἴρω = ἀπαγγέλλω, so Kayser].

8. [Das Possessivpronomen ὅς und ἑός nicht auf das Subject bezogen findet sich: Κ 256. Π 753. δ 618 = ο 118. δ 643. λ 282. ν 52. Ζ 500. Π 445. Τ 234. Ω 36. α 218. δ 175. 192. 741. ι 369. ο 251. σ 8. ψ 153. ω 197. 365. Vgl. P. Cauer in Curtius Stud. VII p. 156, auch Brugman ein Problem der homer. Textkritik p. 97 ff.]

19. [μέλλουσι erklärte Aristarch mit ἐοίκασι, vgl. Carnuth Aristonic. p. 145, wie p. 147 zu 138 und Lehrs Aristarch.[2] p. 120 f.]

27. Mit γρηῦς καμινώ ist bei uns vergleichbar die 'alte Aschenursel' im Märchen oder 'der Schmutzfinke' in neueren Romanen. So erklären diese Stelle mit Recht Aristarch und Herodian. Denn wenn der

Ausdruck **n ur** auf ἐπιτροχάδην ἀγορεύεις 'schwadroniert' sich beziehen sollte, so müste homerisch das adverbiale ἴσον oder ἴσα gesagt
sein. [**Vgl.** Doederlein Gloss. § 697.] Das Wort καμινώ ist das Femininum zu καμινεύς, vgl. Lobeck Rhem. p. 319. [Zur Bildung des
Wortes vgl. Fick in Curtius Stud. IX p. 187 und 195, nach welchem
die Appellativa auf ώ nach Analogie der Kurznamen auf ώ gebildet sind.]
Es heisst nicht eine 'Einheizerin', denn einer solchen bedurfte es nicht
in jenen warmen Gegenden, sondern ein Ofenweib, d. i. ein Weib
dem die Sorge für den Backofen obliegt. Zu ihrer Beschäftigung gehörte das Rösten der Gerste für die Mehlbereitung auf den Handmühlen.
— Der folgende doppelte Accusativ bei μητίσασθαι zu Krüger Di. 46,
13, 1. [Als Locativ will καμινοῖ (= am Ofen) fassen Lehmann **zur**
Lehre vom Locativ bei Homer p. **14.** Derselbe p. 6 erklärt σῦς ληιβό-
τειρα (29) **eine im Gemeindegut** weidende Sau. — Uebrigens
habe ich in diesem und dem folgenden Verse die Interpunction ändern
zu müssen geglaubt: die Drohung ὅν ἄν etc. ist nach ρ 249. τ 92
(vgl. quos ego bei Vergil) eng mit dem Vorhergehenden zu verbinden.
Der folgende Satz aber steht, wie auch der **Wechsel von ἄ**ν und κέν
zeigt, dem vorhergehenden nicht parallel, sondern hat die Verwirklichung
der darin enthaltenen Drohung zur Voraussetzung. Daher ist nach ἴσος
Komma, aber nach ἀμφοτέρῃσι Kolon gesetzt.]
    33. πανθυμαδὸν ὀκριόωντο. Beide Wörter kommen nur hier vor:
aber diese prachtvolle Formbildung mit der sinnlichen Belebung des θυμός
war nothwendig, um die eigenthümliche Situation der beiden Bettler in
recht plastischer Kürze zu charakterisieren. Man könnte auch übersetzen:
'sie erhitzten sich aus tiefstem Grunde der Seele'. Vgl. Joh. Minckwitz
Vorschule zum Homer S. 200. Mit der Bildung von πανθυμαδόν vgl.
ὁμιλαδόν κατωμαδόν, und mit ὀκριόωντο in Bezug auf die Bedeutung
ὀξυνθείς bei Herod. VIII 138. Beide Formbildungen aber gehören zu
der launigen Darstellung des Dichters, da dieser das Ganze als Spass für
die Freier behandelt.
    42. [V. 42—59, von Kirchhoff verworfen, werden von **Düntzer**
Kirchhoff, Köchly und die Odyssee p. 77 f. gerechtfertigt. 42—50
scheinen auch Bergk griech. Literaturgesch. I p. 709 ein Zusatz von
zweiter Hand.]
    44. Ueber die γαστέρες αἰγῶν vgl. Goettling zu Hesiod. th. 539.
Bekker hat jetzt relativisch τὰς ἐπὶ δόρπῳ gegeben [so La Roche, Nauck]
und W. Dindorf aus Conjectur τάς τ' ἐπὶ δόρπῳ. Das δ' fehlt nemlich im Augustan. und Vind. 5 [auch Vind. 56. Marc. 613. Marc. 647:
La Roche, dem ich jetzt gefolgt bin].
    46. Dies ist einer von den wenigen Versen, in denen ein Spondeus
im **dritten** Fusse ohne Cäsur steht; der üble Klang des Verses wird
noch dadurch vermehrt, dass die beiden ersten Füsse mit dem Wortende
schliessen.
    59. Der Vers fehlt nur in der Augsburger [nach La Roche hat
ihn die Augsburger Handschr.] und einer Breslauer Handschrift. Demetrios
Chalkondyles hat ihn ausgelassen, weil er ihn weder bei Eustathius fand,

noch in seinem **codex**, der mit dem Breslauer zu einer Familie gehört. Aber der Vers ist **hier** nothwendig **theils** wegen des folgenden τοῖς **und** αὗτις, wofür sonst eine Wendung **wie** τὸν δ' αὖ Τηλέμαχος κτέ. gewählt sein **würde**, theils wegen der Schlussfolgerungen, die 64 und 65 aus der feierlichen Eidesformel gezogen sind. [Diese Gründe sind nicht zwingend, vgl. Kayser bei Faesi, **welcher** den Vers eingeklammert hat.]

73. Ἶρος Ἄϊρος ist ein Wortspiel, das sich mit **Κακοΐλιος** (zu τ 260) und den zu ψ 97 **erwähnten** Compositionen vergleichen lässt. Ueber ähnliche Wortspiele **der** Späteren vgl. Vulpi zu Catull. LXIII 83. Hemsterh. zu Lucian I p. **698.** Rittershus. zu Oppian. p. 29 sqq. Den 74. Vers gebraucht **Max.** Tyr. XIII 5 p. 241. Das ἐπίσπαστον κακὸν ἕξει heisst in unserer Volkssprache: 'er wird sich ein Uebel an den Hals holen' — [Näher stehen dem Wortspiel Ἶρος Ἄϊρος die von Heyne de nominibus propr. ap. Hom. p. 59 angeführten aus Sophocles: δῶρα ἄδωρα, χάρις ἄχαρις, μήτηρ ἀμήτωρ, γάμος ἄγαμος und Schaper in Kuhns Z. XXII p. 504 erläutert dasselbe: 'Ἦ τάχα κτλ. sagen die Freier, als der Bettler Virus beim Anblicke **der** kräftigen Gliedmassen des Odysseus, seines Gegners, schnell **seine sonstige** Unverschämtheit ablegt und kleinlaut **wird, also** gewissermassen gar kein Virus mehr ist, da die Unverschämtheit **einen** integrierenden Theil seines eigentlichen Wesens ausmachte.']

77. [Ueber die Dehnung der letzten Silbe in δειδιότα vgl. Hartel Homerische Studien I p. 52, der für σ eine Position bildende Kraft annimmt.]

85. Ἔχετος (d. i. Zwingherr, von ἔχω [vgl. Fick die griech. Personennamen p. 32 und 173, der Vollname Ἐχέμβροτος würde nach dem Zusatz βροτῶν δηλήμονα πάντων zu Grunde liegen können]) war wahrscheinlich eine historische Persönlichkeit wie Dmetor ρ 443, was hier schon die Schol. H. Q. erwähnen. Denn mit dem Zusatze ἠπειρόνδε wird das Festland der griechischen Halbinsel gemeint sein. Vgl. Gladstone Hom. Stud. von Schuster S. 40 f. und 315. Dagegen urtheilt H. Düntzer also: 'Das Märchen von einem Lande, dessen König alle Fremden grausam tödtete, hatte Homer aus älterer Zeit überkommen. Antinoos (und die andern Freier 115 f.) bedient sich dieses **Echetos** zur Drohung.'

95. Aehnliche Nominative der Participia θ 361. τ 230. ω 483. Γ 211. Κ 224. Μ 400. Ueber dieselbe Verbindung bei Nominibus zu μ 73. Krüger Di. 56, 9, 1. Franz v. Carolsfeld Verborum collocatio Homerica. p. 8. [Classen Beobachtungen p. 185 ff.]

97. κατὰ στόμα 'den Mund herab', was zugleich mit die Fülle des Blutes bezeichnet, geben die besten Quellen. Andere haben aus Vind. 56 [Vind. 56 ist von La Roche nicht aufgeführt, dagegen Meerm.] und einer Breslauer ἦλθεν ἀνὰ στόμα aufgenommen.

107. Ueber die Construction von ἐπαυρεῖν vgl. J. La Roche Hom. Stud. § 82, 6. Bekker hat jetzt mit Buttmann Lex. 22, 11 ἐπαύρῃς in den Text gesetzt, welche Lesart nur in den edd. Romana und Aldina

erscheint; die Handschriften geben einstimmig ἐπαύρῃ. [ἐπαύρῃς F bei
La Roche]. Da nun diese Form an derselben Versstelle Δ 391. N 649
Conj. aor. des Activs ist und das Medium nur mit dem Genetiv vor-
kommt: so scheint es mir nothwendig zu sein κακόν als Subject zu
fassen; das Object σέ ergänzt sich in diesem Zusammenhange von selbst.
[Diese unmögliche Erklärung war von Ameis selbst aufgegeben.]

110. Das gewöhnliche δ' ὅ γ', statt des aufgenommenen δ' ἄρ',
findet sich hier nur in einer Breslauer und in der Hdtschft des Gonzaga.
[Vielmehr auch im Marc. 613 und ἄψ ὅγ' im **Marc. 647.** Daher ich
mit La Roche, Nauck, Kayser ἄψ δ' ὅγ' geschrieben habe.]

111. Die Form γελώοντες, aus Vind. 56 und einer Breslauer [nach
La Roche in Marc. 613 und Marc. **647,** während Vindob. 56 und Vind.
50 γελόωντες haben] wollen Voss und Ahrens Gr. Formenl. § 51 Anm.
2 in γελοιῶντες geändert wissen mit Beistimmung von Kühner Gr. Gr.
I² § 248 Anm. 5; Vind. **133** und Harleianus [und 5 andere bei La
Roche] bieten γελώωντες, und dies hat II. Düntzer aufgenommen wie
κ 6 ἡβώωντος, υ 347 γελώων (im **Texte** ist γελοίων offenbar Druckfehler), υ 390 γελώωντες. Mir scheint indes W. Sonne in Kuhn's Zeitschr.
XIII S. 422 f. Recht zu haben, wenn er aus einer analogen Parallele
die Formen γελάω und γελάω als 'ursprünglich gleichberechtigt' nach-
weist und daraus den Schluss zieht: 'folglich σ 111. υ 390 γελώοντες
aus γελάοντες, Contraction vier Moren, und σ 40. υ 374 γελόωντες
aus γελάοντες, drei Moren, nicht minder gleichberechtigt.' — Ueber
δεικανόωντο vgl. Lobeck Rhem. p. 155. G. Curtius Etym.² S. 588.

112. 113. Nach dem Verständnis der kundigen Hörer sprechen
hier die Freier, ohne es zu ahnen, Wünsche gegen sich selbst aus. Vgl.
zu ξ 508.

115. Bekker [auch Nauck, vgl. auch Kayser] hat indes diesen und
den folgenden Vers jetzt athetiert, weil bei den Schol. H. und Vind.
133 bemerkt ist: 'οὗτοι οἱ δύο ἐκ τῶν ἄνωθεν (84—85) μετηνέχθησαν·
ἐκεῖ μὲν γὰρ προτρέπων φοβεῖ, ἐνταῦθα δὲ ἀπάνθρωπον τελέως τὸ
ἡμιθνῆτι ἀπειλεῖν. διὸ περιγράφονται'. Was aber das hier erwähnte
ἀπάνθρωπον τελέως betrifft, so wird dies durch die anderen, unten
zu 339 angeführten Beispiele heroischer Grausamkeit in die nöthige Be-
leuchtung gestellt.

122 = υ 199. γένοιτο steht hier und ω 461. E 3 in der Mitte
des Verses; sonst bildet es überall den Versschluss.

130. [Ueber ἀκιδνός vgl. Clemm in G. Curtius Stud. VIII p. 98 f.]

131 [ist von Nauck eingeklammert, Vind. 56 und Marc. 613 haben
denselben nicht im **Texte.**]

133. γούνατ' ὀρώρῃ ist wie I 610. K 90. Δ 477. X 388 stets
Versschluss; ebenso überall ὄρωρεν. Ueber ὀρώρει zu ε 294.

137. οἷον ἐπ' ἦμαρ ἄγῃσι πατήρ κτέ. Denn Zeus verleiht die
Tage: vgl. μ 399. Zum ganzen Gedanken vgl. Max. Tyr. diss. XVII
4. Ovid [vielmehr Owen im 53. Epigramm des ersten Buches ad
tres Maecenates, nach Büchmann geflügelte Worte. 7. Aufl. p. 173.
Vgl. Ovid Metam. XV 165: omnia mutantur.] *tempora mutantur*

nos et mutamur in illis. Eine Nachahmung Homers bei Archiloch. fr. 70 ed. Bergk: τοῖος ἀνθρώποισι θυμός, Γλαῦκε, Λεπτίνεω παῖ, γίγνεται θνητοῖς, ὁκοίην Ζεὺς ἐπ᾽ ἡμέρην ἄγῃ. Materialistisch versteht unsere Stelle mit Absicht Heraklit indem er erklärt: 'Jeder Tag ist dem andern gleich, läugnend somit, dass in der sich ewig gleichen Natur der Zeit und der **Tage der** Unterschied für **die** Gesinnungen und Handlungen der Menschen **liegen** könne, und diesen Unterschied vielmehr auf das menschliche Innere als solches zurückführend'. F. Lassalle die Philos. Herakleitos des Dunkeln II S. 456. Die Verse **130** bis 137 bei Plutarch. consol. **ad Apoll.** p. 104ᵈ.

142. Nägelsbach **Hom. Theol.** VI 13 bemerkt hierzu: 'Σιγῇ bedeutet in Demuth, **ohne sich** laut oder breit zu machen; es ist bemerkenswerth, **dass** diese Stelle die Meinung widerlegt, als habe **die** classische Gräcität für Demuth keinen Ausdruck'. Aber durch **diese** Deutung wird ohne Grund ein christlicher Begriff in den Homer hineingetragen. Mit Recht sagt Bernhardy Gr. Litt. I S. 168 der dritten Bearb.: 'Demuth ist den Alten in Gedanken und Wort gleich unbekannt'. Auch G. Autenrieth brieflich: 'μὴ μέγα φρόνει und dergleichen Ausdrücke sind Mahnungen, Warnungen vor ὕβρις usw., von christlicher Demuth kann und soll keine Rede sein'.

143. [Nauck schreibt statt des handschriftlichen μηχανόωντας — μητιόωντας.]

150. Vgl. auch zu τ 37. Ueber μέλαθρον vgl. H. Rumpf de aedibus Homericis II p. 45. Dass zwischen diesem 'Durchzugbalken' [diesen Ausdruck gab Rumpf] und der Decke des Männersaales noch ein Zwischenraum war, erhellt aus χ 240, wo Athene sich auf das μέλαθρον setzt. Anders erklärt Döderlein Hom. Gloss. § 2155.

152. Plutarch. quaest. conv. I, 2, 2: 'καὶ τοὺς ἀρίστους καὶ τοὺς βασιλικωτάτους ὁ ποιητὴς εἴωθε κοσμήτορας λαῶν προσαγορεύειν.' Das Wort steht nur hier in der Odyssee und nur hier im Dativ, sonst in der Ilias im Dual κοσμήτορε λαῶν Α 16. 375. Γ 236. — Vers 154. Statt θυμός geben Vind. 133 und andere [zahlreiche, siehe La Roche] Quellen θυμῷ.

156. ὑπὸ χερσίν hinter seinem Genetiv, wie ω 97. Θ 344. Ο 2. Π 699. Τ 62. Ueber die entgegengesetzte Wortstellung zu Ε 564.

158 ff. [Die folgende Scene, wo Penelope vor den Freiern erscheint, wird von Bergk griech. Literaturgesch. I 709 als eine 'vollkommen freie Dichtung des Bearbeiters' bezeichnet. Vgl. dagegen Kammer die Einheit p. 630 ff.]

168. κακῶς δ᾽ ὄπισθεν φρονέουσιν. Der Sinn ist: sie spielen böse Diplomaten, indem sie hinter den schönen Worten ihre wahren Gedanken verbergen. Ueber κακῶς φρονεῖν vgl. G. Autenrieth zu Nägelsbach Α 73. Zum Gedanken vgl. auch I 313 und Eurip. Bacch. 196: μόνοι γὰρ εὖ φρονοῦμεν, οἱ δ᾽ ἄλλοι κακῶς. Das Wort ὄπισθεν erklärt H. Düntzer: 'darauf, wenn sie von dir weg sind': vielleicht richtiger. Derselbe hat im vorhergehenden Verse statt ὁμιλεῖν das schwach

beglaubigte ἐπαινεῖν [ἐπαινεῖν haben Marc. 613 und Marc. 647] aufgenommen: 'in allem zuzustimmen (64), sie in allem gewähren
zu lassen. Die Lesart ὁμιλεῖν aus π 271 gibt einen ganz schiefen Sinn'.
Dürfte ein Machtspruch sein; die Bedeutung 'gewähren zu lassen' wüste
ich wenigstens nicht zu begründen.

170 = K 169. Ω 626; mit dem Vocativ γύναι δ 266; mit θεά
υ 37; mit γέρον Α 286. Θ 146. Ω 379; ohne πάντα mit τέκνον
ἐμόν γ 486. Und der Ausgang τοῦτο ἔπος κατὰ μοῖραν ἔειπες (ἔειπεν)
θ 141. φ 278. Ο 206. Ausserdem noch der Versausgang β 251. η 227.
θ 397. ν 385. Ι 59; auch π 69. ξ 509. Diesen Versschluss haben
dann die späteren Epiker adoptiert, auch Oppian. Cyn. IV, 13.

171. Ueber dasselbe καί 'auch' zwischen zwei asyndetischen Imperativen vgl. noch zu Ψ 646 (welche Stelle jetzt Döderlein ebenso
erklärt) und zu Ω 336. Die Worte σῷ παιδὶ κτέ. wie π 168. [καί
kann nicht, wie Ameis wollte, in dem Sinne von 'auch' mit σῷ παιδί
verbunden werden (auch deinem Sohne, wie mir), weil Penelope
166 dieses ἔπος als eben für den Sohn und nur für ihn bestimmt bezeichnet hat; es ist also einfach anreihend, die beiden Imperative verbindend zu fassen. Im Folgenden habe ich durch Veränderung der
Interpunction (Komma nach παρειάς 172, Punkt nach πρόσωπα) ein
richtigeres Gedankenverhältniss herzustellen geglaubt. Liegt in 171 bis
173 der Nachdruck offenbar in dem Inhalt der Participia, wie Τ 34—36
vgl. mit 23, so ist die Begründung ἐπεί bis αἰεί im Zusammenhange
mit dem folgenden Gedanken doch nur geeignet, die erneute Aufforderung
ἔρχευ zu begründen, die ein Ablassen von der Hingabe an den Schmerz
involiert, nicht aber ἔρχευ in Verbindung mit dem vorhergehenden
Participium.]

182. Penelope hat hier die Autonoe und Hippodameia mit Namen genannt, weil sich dieselben nicht in ihrer Nähe befinden. Sie will
aber zugleich die Eurynome durch einen bestimmten Auftrag von sich
entfernen. Auch Γ 144 sind die Dienerinnen der Helena mit Namen genannt. — Vers 184. Statt οὐκ εἴσειμι wird in andern Quellen οὐ κεῖσ'
εἶμι gefunden, [was Kayser als alte Vulgata vorzieht.] Das Verbum
αἰδέομαι wird sonst überall mit dem Accusativ oder mit dem Infinitiv
verbunden. Auch hier folgt im Augustan. und Vind. 133 [auch Cod.
Gonz. 2. m. nach La Roche] noch der Vers μίσγεσθαι μνηστῆρσιν
ὑπερφιάλοισιν ἀνάγκῃ, der an σ 49 und ξ 27 erinnert.

190. κλιντήρ erläutert K. Grashof 'Ueber das Hausgeräth bei Homer
und Hesiod' S. 8. Vgl. auch Theocrit II 86: κείμαν δ' ἐν κλιντῆρι. —
Vers 191. θησαίατο ist die einstimmig überlieferte Lesart, in welcher
die ursprüngliche W. θᾱϝ, θαυ liegt. Bekker Hom. Blätter S. 165 f.
bekämpft diese Ueberlieferung, weil nach sonstigem homerischen Gebrauche θηησαίατο zu sagen wäre. Sodann meint er: 'für verlangen
und begehren ist der Ausdruck zu suchen'; und hierzu erwähnt er
θεσσάμενος aus Apollon. Rhod. I 824, was nach dem Scholiasten daselbst auch Hesiodus und Archilochus gebraucht haben. Weiter: 'Homer

selbst hat von dem Stamm bereits in der Ilias einen Thestor Π 401
und zwei Thestoriden Δ 69. M 394', und 'ρ 246 [verdruckt statt
ρ 296] ἀπόθεστος: könnte er nicht dazu auch Θεσσαίατο annehmen,
ἵνα μιν Θεσσαίατ' Ἀχαιοί?' Dies alles hat H. Düntzer für Text und
Commentar sich angeeignet. Vorsichtiger hat G. **Gurtius** Etym.² S. 228
Nr. 308 [⁴p. 253] zu Bekkers Vorschlag ein 'vielleicht mit Recht' hinzugefügt. Denn es bleibt immer gewagt, die einstimmige Ueberlieferung
solcher isolierten Formen aus Homer zu entfernen. Und **was** den ver-
langten Sinn betrifft, so scheint mir der allgemeine Ausdruck Θησαίατο
mit der gleichen Allgemeinheit, der in ἄμβροτα δῶρα und κάλλεϊ
ἀμβροσίῳ liegt, auf **passende Weise** übereinzustimmen. Vgl. auch im
Commentar zu 212.

195. [Es ist auffallend, dass an der Zusammenstellung dieser beiden
Verse, so viel ich sehe, Niemand Anstoss genommen hat. Nur Düntzer
bezeichnet zu 196 die Wiederholung desselben Zeitworts (θῆκε) als auffallend. Weit bedeutsamer ist, dass Vers 196, der offenbar die unmittelbare Folge von 192 enthält, durch 195 aus seinem natürlichen Zusammenhange gerissen wird und ἄρα ohne Beziehung ist. Ist **195** ursprünglich — und nach πρῶτα 192 bedürfen wir denselben —, so muss
derselbe jedenfalls mit 196 die Stelle tauschen. Uebrigens bemerkt Nauck
zu 192—196: **spurii?**]

199. φθόγγος ist überall der Schall, der schallende Laut
oder Ruf. Vgl. Philipp Mayer Beitr. zu einer Hom. Synonymik I (Gera
1842) S. 20 f., [= Studien zu Homer, Sophokles etc. p. 27 f.], weniger genau Döderlein Hom. Gloss. § 2197. — Der Versschluss ὕπνος
ἀνῆκεν auch η 289. τ 551. ω 440. B 71. Aehnlich B 34. Vgl. auch
zu μ 281 und ψ 17.

201. μάλ' αἰνοπαθῆ, das letzte Wort nur hier, ist gesagt nach
Analogie von μάλ' αἰνῶς Ζ 441. Κ 38. Τ 23. Χ 454, auch τ 324.
Andere haben μάλα mit ἦ verbunden, aber die Bekräftigungsformel des
ganzen Satzes ἦ μάλα oder ἦ μάλα δή wird nie bei Homer durch Einfügung anderer Wörtchen getrennt, so dass es auch hier ἦ μάλα μ'
αἰνοπαθῆ heissen würde. Dagegen zieht H. Düntzer das μάλα zu 'μαλα-
κόν, worauf der Hauptnachdruck liegt. Zur Stellung vgl. α 301. δ 446.
ζ 274. θ 141. Das Metrum entscheidet hier'. Aber die angeführten
Parallelen sind anderer Natur, da an keiner ein Misverständnis möglich
ist; bei Erklärung von Stellen dagegen, wie die unsrige ist, darf auch
der Rhythmus des Verses nicht unbeachtet bleiben. Die Berufung auf das
'Metrum' endlich ist für H. Düntzer eine Lieblingstheorie der Annexion,
die er weit über die Grenzen ausdehnt, so dass er beispielsweise sogar
zu Stellen wie ρ 470 οὐ μὲν οὔτ' ἄχος ἐστὶ μετὰ φρεσὶν οὔτε τι
πένθος angemerkt hat: 'μετὰ (δ 825. κ 438) aus metrischem Bedürfnis, gewöhnlich ἐνί', als wenn der Dichter nicht ebenso gut, wenn
er dies gewollt hätte, ἐστὶν ἐνὶ φρεσί sagen konnte; und δ 825.
κ 438 gäbe ἐνὶ φρεσί an derselben Versstelle nur einen regelmässigen
und statthaften Hiatus, von welchem die im Anhang zu Θ 215 erwähnten
Gewährsmänner ganze Dutzende von Beispielen zusammengestellt haben.

— Ueber κῶμα vgl. Lobeck Parall. p. 116. Das zweite Hemistichion
wie Ξ 359.

229. Bekker hat den Vers jetzt athetiert nach dem Vorgange von
Aristophanes und Aristarch: vgl. J. La Roche in der Zeitschr. f. d.
österr. Gymn. 1862 S. 355. [Carnuth Aristonic. p. 147.] L. Friedländer dagegen in Fleckeisens Jahrb. Suppl. III p. 476 findet hier die
Verschmelzung zweier Recensionen. Gegen die letztere Ansicht spricht
überzeugend Georg Schmid Homerica (Dorpat 1863) p. 22. [Kammer
die Einheit p. 639 f. schreibt 233—242, vielleicht auch 223—225
dem Bearbeiter zu, welcher, da das Erscheinen der Penelope erst nach
dem Kampfe mit Iros eingerückt wurde, auch auf diesen noch ausdrücklich Rücksicht nehmen zu müssen glaubte.]

238. λελῦτο, statt des gewöhnlichen λελῦντο, bieten marg. Vind.
133, Harleianus, [Marc. 647, Vind. 50, Vratisl. A,] Cretens., Herodian
zu Ω 665; Eustathius und Vindd. 5, 133 [Marc. 456. Stuttg. 5.]
haben wenigstens λέλυτο. Die Form ist nach Art der Verba auf υμι
gebildet, und da ι hinter υ vor einem Consonanten nicht stehen kann,
so muste es wegfallen: aus λελύ-ι-το wurde also λέλυτο. Weil man indes annahm, dass die Form durch Contraction aus λελύοιτο oder λελύατο
entstanden sei, so wurde λελῦτο auf der vorletzten circumflectiert. Aber
die Lesart λελῦντο findet sich nur als em. Harl. und dazu Schol. H.
[auch Venet. 457], wahrscheinlich durch den Sprachgebrauch λέλυνται
γυῖα veranlasst 242. ϑ 233. H 6, auch B 135 und λέλυντο N 85,
auch χ 186. Krüger Di. 30, 4, 2. Uebrigens denkt der Hörer bei
dem ganzen Wunsche zugleich an die frühere Verabredung zwischen
Odysseus und Telemachos. Die Leichen der Freier liegen später wirklich an dem hier bezeichneten Orte: vgl. ψ 49.

247. πλέονες als Synizese zu Krüger Di. 13, 3, 2. Wenn κέ nicht
allseitig auch durch Herodian beglaubigt wäre, so würde man πλείονες
ἄν vermuthen können. Den vorhergehenden Vers citiert Strabo VIII, 6, 5
p. 369. Ueber Ἴασον Ἄργος vgl. auch die Ansichten von Gladstone Hom.
Stud. von Alb. Schuster S. 76 f. und von H. Düntzer zu dieser Stelle.

254. Im Munde der Penelope ist es eine naive Allgemeinheit, aber
für den Hörer zugleich eine poetisch berechnete Absichtlichkeit, um bei
dem Drängen der Freier auf den Racheplan des Odysseus leise hinzudeu-
ten. Vgl. zu π 8.

262. Pfeil und Bogen gehören eng zusammen, daher pflegen die
Alten bisweilen den Namen des einen Theiles für das ganze zu gebrauchen
oder auch Redeweisen aus beiden Theilen zusammenzusetzen. Vollständig
heisst es φ 173 ῥυτῆρα βιοῦ καὶ ὀιστῶν, wie Vergil Aen. XII 815
'non ut tela tamen, non ut contenderet arcum'. Aber τεῖναι βέλη
Soph. Phil. 198 mit der Note von Wunder; κυκλώσασθαι βέλη Himer.
or. XIV 4 p. 612. VII 17 p. 540; ϑοὰ τόξα τιταίνων Quint. Sm. X.
225. vgl. mit 232 ff.; über tendere sagittas vgl. Peerlkamp zu
Horat. carm. I 29, 9 p. 123.

264. [Nauck vermuthet κρίνειαν statt ἔκρινεν.]

265. ἀνέσει wird gewöhnlich als eine verkürzte Futurform von

ἀνίημι betrachtet: so von Krüger Di. **38, 1,** 6, Bäumlein Schulgr. § **207,** Curtius Schulgr. § 313, Rost Gr. über **Dial. 78ᶜ** und andern Grammatikern, aber **mit** Unrecht. Vgl. Thiersch **Gr. Gr.** § 226 S. 374 Anm., Schulgr. § **157,** 4, J. Classen in Fleckeisens Jahrb. 1859 S. 304, und besonders J. Savelsberg 'Die Aoriste *ΕΔΩΚΑ* **ΕΘΗΚΑ ΗΚΑ**' in Symbola in honorem Ritschelii, wo S. 508 **mit Recht** bemerkt wird: 'es kann nicht Futurum, sondern **nur** der Conjunctiv Aor. I sein, nothwendig gefordert von **εἴ κεν, so** wie auch ἀλώω Conjunctiv **ist,** und ganz besonders deshalb, **weil nie** das Futurum, wol aber **der** erste Aorist die Verlängerung **des** Wurzelvocals öfters mit der Kürze vertauscht', mit Beifügung **einiger Beispiele.** Weiter: 'Das Futurum **von** ἵημι und seinen Composita aber heisst bei Homer immer ἥσω, nemlich P 515, ἥσειν ϑ **203,** ἀνήσει B 276, ἀφήσω B 263, ἐνήσει ο 198, ἐνήσομεν β 295, ἐφήσω Ω 117. τ 550. 576, ἐφήσεις Λ 518, [hier fehlt ἐφήσει δ 340. ρ 131,] ἐφήσομαι Ψ 82, μεϑήσω Λ 841, μεϑήσει α 77. ο 212, μεϑήσομεν Ο 553. P 418, μεϑήσετε N 97, μεϑησέμεναι π 377, μεϑησέμεν Υ 361, ὑπερήσει ϑ 198, ὑπὸ ... ἥσει Ξ 240.' Nach der vorausgeschickten Erinnerung über die erwähnten drei Aoriste: 'alle Formen der Modi obliqui waren mit σ nach der regelmässigen Aoristbildung auf -σα flectiert' hat dann Savelsberg S. 509 durch analoge Formen erwiesen, dass 'der Conj. Sing. ἀνέσει richtig geschrieben und auf der lebendigen Aussprache begründet sei als entstanden aus ἀνέσσοι (urspr. ἀνέσετι)'. Vgl. **auch** J. Savelsberg in Kuhns Zeitschr. XVI p. 407 ff. Als Parallelstellen aber zu dieser Conjunctivendung auf -ει und -εις behandelt er im Anschluss an die beste Ueberlieferung die Formen ἡβήσει α 41, ἀποδώσει ϑ 318, τελευτήσει ο 524, ἀρκέσει π 261, ϑήσει π 282, κινήσει B 147. 395. Π 264. 298, ἥσει Ο 359, ἐφήσεις ν 376, ϑήσεις Π 90. Ueber die gleichlautende Optativform Aor. I in der dritten Person Singularis vgl. zu χ 98. [Von der Richtigkeit der besonders von J. Savelsberg begründeten Annahme von Conjunctivformen des Aorist auf — ει und — εις habe ich mich nicht überzeugen können. Zum Theil ist die handschriftliche Beglaubigung dieser Formen zu schwach, zum Theil sind die als Conjunctivformen gefassten natürlicher und dem sonstigen Gebrauch entsprechend als wirkliche Futurformen zu fassen: vgl. La Roche homerische Untersuchungen p. 239 ff., auch R. Kühner ausführl. Grammat. 2. Aufl. I, p. 661, Anmerk. **3.** Ich habe daher diese von Ameis adoptierte Annahme aufgegeben.]

269. Vgl. zu ο 363. Die Repräsentanten der zurückgelassenen Familie sind hier in πατήρ μήτηρ und παῖς genügend vertreten, die übrigen Personen sind nicht ausgeschlossen, sondern nur allgemein mit in ἐνϑάδε πάντα 266 enthalten. Vgl. auch zu ν 43.

270. [Für τεόν, wofür Bekker hom. Blätt. p. 182 τὸ ὄν (ejus domum) lesen wollte, vermuthet Brugman ein Problem der homer. Textkritik p. 74 Anmerk. als ursprüngliche Lesart ἑόν, auf das Subject bezogen nahezu in dem Sinne = lieb, werth.]

274 = Θ 147. Ο 208. Π 52. Nur ist in Θ 147 der folgende Gedanke mit γάρ, in den beiden anderen Stellen mit ὁππότε eingeleitet.

Von ἄχος bis zum Schluss auch B 171. Aber mit ἀλλά wird in diesem Formelverse an das Vorhergehende gegensätzlich angeknüpft und so der folgende Gedanke gegensätzlich eingeleitet.

276. H. Düntzer [auch Kayser] hat οὔ τε unmittelbar mit μνηστήρων verbunden und nach ἐρίσωσιν Kolon gesetzt, mit der Note: 'Es geht nicht an, nach 275 den Satz zu schliessen und 276 f. als vorantretenden Relativsatz zu fassen. μνηστήρων bedarf einer nähern Bestimmung, und der vorangehende Relativsatz wäre höchst schwerfällig.' Aber der vermeintlich 'höchst schwerfällige' Relativsatz ist als gegensätzlicher Erklärungssatz durch das vorausgehende ἥδε hinlänglich eingeleitet.

279. ἀγλαὰ δῶρα mit Betonung des Attributs wie δ 589. η 132. ι 201. λ 357. π 230. τ 413. 460. ω 314. A 213. Δ 97. Λ 124. Π 86. 867. Σ 84. T 18. Ω 278. 447. 534. Hieraus erhellt zugleich, dass ἀγλαά als ein stabiles Epitheton gebraucht wird. Daher ist hier im Gemeinplatz kein Widerspruch mit o 18 verglichen mit λ 117.

280 = α 160; sachlich auch α 377. β 142. ξ 377. 417.

282. Nach Plutarch. de aud. poet. p. 27ᶜ freut sich Odysseus nicht ἐπὶ τῇ δωροδοκίᾳ καὶ πλεονεξίᾳ seiner Frau, sondern μᾶλλον οἰόμενος ὑποχειρίους ἕξειν διὰ τὴν ἐλπίδα καὶ τὸ μέλλον οὐ προσδοκῶντας. Der Versschluss θέλγε δὲ θυμόν auch O 594. Uebrigens müste hier die Frage, woher dies Odysseus wisse oder gemerkt habe, zu den unhomerischen Fragen gerechnet werden. Ebenso wenig kümmert sich 291 ff. der alte Epiker darum, auf welche Weise jeder Freier vorher sein Geschenk zurecht gelegt und jetzt seinem Herold die Abholung desselben bezeichnet habe. [Vgl. dagegen Kammer die Einheit p. 636 Anmerk., welcher seinerseits an 281—283 solchen Anstoss nimmt, dass er diese Verse, vielleicht auch das bis 301 Folgende als Zusatz eines Rhapsoden ansieht. Vgl. auch Bergk gr. Lit. I p. 709. Uebrigens scheint schon Aristophanes 282 und 283 verworfen zu haben: vgl. Carnuth Aristonic. p. 147 zu 282.]

292. Mit ἔνεικε wird die Hauptsache nach dem einfachen Erfolge erzählt, ohne dass der zwischen Weggang und Rückkunft der Herolde vergangene Zeitraum erwähnt ist, weil dieser kein episches Moment bildet. Solche Stellen waren ein Vorbild für die Tragiker, wenn sie nach Chorgesängen den Fortschritt der Handlung nicht von mathematischer Zeitberechnung abhängig machten.

298. Die Erklärung ist im Anschluss an die alten Grammatiker gegeben: vgl. C. W. Lucas Quaest. lexilog. p. 16, wo mit Recht der Eingang lautet: 'si τρίγληνος ad inaures refertur, cogitandum est omnino ornamentum tribus oculis sive tribus partibus splendentibus insigne'. Und Lobeck Path. Elem. I p. 572 bemerkt: 'τρίγληνα μορόεντα hoc est γλήνας τριμερεῖς ἔχοντα, uno verbo tribaccae'. [Aristonic. ed. Carnuth p. 148: τρίκορα κόσμια, ἐνώτια, τριόφθαλμα.] Vgl. auch H. Weber Etym. Unters. I S. 74. Ueber die Bildung von μορόεις vgl. zu τ 33. Verschiedene Erklärungen von μορόεις bei Hoffmann Quaest. Hom. I p. 153. A. Göbel de epith. in εις desinentibus p. 35. Döderlein Hom. Gloss.

§ 2485. Ansprechend ist die Deutung 'glanzvoll, glänzend' oder in Vossens Uebersetzung 'hellspiegelnd', was A. Göbel im Philol. XIX S. 424 f. so begründet, dass er ein zur Wurzel μαρ gehörendes μόρος annimmt und dann den Gebrauch der Späteren hiermit zu vereinigen sucht. Ebenso urtheilt H. Düntzer: 'μορόεις schmuckvoll, von einem μόρος oder μόρα Glanz (vgl. μαίρειν).' Mir scheint indes die Sinnbestimmung der Alten ganz passend zu sein: und diese dürfte man gewinnen, wenn man an μόρα oder μόρος in dessen ursprünglicher Bedeutung 'Theil' denkt. Denn aus dem Begriffe 'voll Theile, aus Theilen bestehend', wie auch das bei Hesychius erwähnte μερόεις, wird wol nach bekannter Analogie ein 'schön zusammengesetzt' oder 'kunstvoll geschaffen' ungesucht hervorgehen. Dann wird mit den folgenden Worten χάρις δ' ἀπελάμπετο πολλή nicht allein der 'Glanz', sondern zugleich auch die 'kunstvolle Arbeit' hervorgehoben. Zu dieser Erklärung von μορόεις passen auch die Stellen des Nicander und Quintus Smyrnaeus, die von A. Göbel S. 425 und O. Schneider zu Nicandr. p. 208 angeführt sind. Denn bei Qu. Sm. IV 402 μορόεντος ὑπὲκ κακοῦ ἰαίνονται und bei Nic. Al. 569 μορόεις von φρυνός ist nichts anderes geschehen, als dass die Ableitung von μόρος später ausser der ursprünglichen Bedeutung auch den gewöhnlichen Sinn dieses Nomens 'Verhängnis, Verderben' angenommen hat. — Ueber die Stellung der beiden Adjective vgl. B. Giseke Hom. Forschungen (Leipzig 1864) S. 75 f.

308. [Ueber κάγκανα vgl. Brugman in G. Curtius Stud. VII p. 204 f., welcher dasselbe aus der W. ka brennen vermittelst des Reduplicationsthema ka-ka, nasaliert kan-ka ableitet und Fritzsche in G. Curtius Stud. VI p. 335. Andere sehen darin eine onomatopoetische Bildung in der Bedeutung knatternd, knisternd. So Kayser.]

312. [Das schwer verständliche αὐτός wird von Nauck als vitiosum bezeichnet.]

318. Diese freiwillige Erniedrigung des Odysseus zu solchem Dienste passt zu seiner Bettlerrolle, steigert poetisch den Contrast mit der Wirklichkeit, gibt endlich die einleitende Motivierung des Uebergangs zu den folgenden Reden und Handlungen.

327. φρένας ἐκπεπαταγμένος. Ueber den Accusativ vgl. J. La Roche Hom. Stud. § 18 S. 25. Etwas anders als hier stehen die bei Valckenaer zu Theocrit. XI 72 gesammelten Formeln. Für den Sinn unserer Stelle vgl. ἐκπλήσσειν σ 231. N 394; auch ἐμπλήγδην υ 132 und ἐμπλήκτως Thukyd. III 82. Ebenso mentem concussa bei Horat. Sat. II 3, 295. Sachlich ist folgendes zu beachten: Nach der Ansicht der Alten war der Sitz aller Seelenthätigkeiten im Zwerchfell, dem Kopfe wurde noch nicht die heutige Ehre erwiesen.

329. Ueber λέσχη handeln Goettling zu Hesiod. Op. 494; Hermann Privatalt. 17, 23; Nitzsch Beitr. zur Gesch. der ep. Poesie S. 31. Anm. 53. Ueber die Ableitung vgl. Lobeck Parall. p. 134; G. Curtius Etym.[2] S. 327 ['p. 366] Nr. 538. Nach H. Düntzer also: 'Vom Stamme λεγ bildete sich durch Zutritt von σκ λε(γ)σκ, dessen κ wie mehrfach in χ

überging: vgl. μίσγω d. i. μίγ-σκω, ἔσχω d. i. ἔχ-σκω.' [Vgl. auch
Roscher in G. Curtius Stud. III p. 132.]

330—332. 'ἀθετοῦνται τρεῖς', mit Recht Denn θαρσαλέως steht
hier mit τάλαν und φρένας ἐκπεπαταγμένος im Widerspruch, die Worte
πολλοῖσι μετ' ἀνδράσιν sind hier ungeschickt eingefügt und das ganze
passt nicht als Antwort auf 313 bis 319 [auch Nauck hat dieselben
unter den Text gesetzt, Kayser eingeklammert; vgl. auch Nitzsch Sagenpoesie p. 132.]; passend dagegen stehen diese Verse 390 bis 392.

339. ἵνα σ' αὖθι διὰ μελεῖστὶ τάμῃσιν. Dieser Gedanke erinnert
an die ähnlichen Drohungen oder Befürchtungen heroischer Grausamkeit
σ 84 bis 87. χ 475 ff. Δ 35. Z 58. 59. Δ 146. 147. X 347. 395 ff.
Ψ 21. Ω 212. 213. 409. Vgl. auch zu ϑ 529 [und Bekker hom.
Blätt. II p. 57 ff., welcher damit ähnliche Züge aus mittelaltriger Poesie
und Geschichte in Vergleich stellt.]

348. [Λαερτιάδην Ὀδυσῆα schreiben La Roche (vgl. dessen Hom.
Stud. § 102, 1) und Kayser nach August. und Marc. 613. 2. m. vgl.
υ 286 statt der vulgata Λαερτιάδεω Ὀδυσῆος.]

350. Bekker hat in der zweiten Ausgabe die Formen γέλως (Δ 599.
ϑ 326) und γέλω (σ 100. 350. υ 8. 346) aus Homer entfernt und dafür mit Bentley zu Δ 599 und K. Grashof Zur Kritik des Hom. Textes
(Düsseldorf 1852) S. 24 Anm. 41 die Formen γέλος und γέλον gegeben: nur ϑ 343. 344 hat er γέλως aus metrischem Grunde unverändert gelassen. Ebenso ist Bekker Γ 442. Ξ 294 zu der früheren
Lesart ἔρος zurückgekehrt. Aber vor Bekker hat die Formen γέλος γέλῳ
γέλον und ἔρος ἔρῳ schon Payne Knight in den Text genommen und zu
Δ 599 darüber gesprochen. Vgl. auch Buttmann Sprachl. § 58 unter
γέλως und ἔρως und gegen diesen Meineke Anal. Alex. p. 222. [ἔτευξεν
statt ἔτευχεν mit La Roche und Kayser nach den besten Handschriften.]

353. ἀθεεί das nur hier bei Homer vorkommt, kehrt erst bei Späteren zurück, wie Mosch. II 152. Long. Past. II 26. Was die Veranlassung zu dem Spotte betrifft, so vgl. man ρ 484. τ 40, auch E 185.
Vgl. auch Eurip. Troad. 946: ἦλθ', οὐχὶ μικρὰν θεὸν ἔχων αὐτοῦ
μέτα. Auch Horat. carm. III 4, 20 'non sine dis animosus infans',
und die Note zu ζ 240.

354. [E. v. Leutsch im Philol. Anzeiger IV p. 15 will in der Parallelstelle τ 37 ἔμπης in adversativem Sinne durch die Gedanken-Ellipse:
'oder soll ich schweigen um der εὐφημία willen' erklären, indem der
Redende, diesen Gedanken unterdrückend fortfahre: doch es leuchten ...
Diese Auffassung erhält an der Stelle eine gewisse Unterstützung durch
die Worte des Odysseus 42. Aehnlich soll die Stelle hier gefasst werden, indem angenommen wird, dass hier ein oder zwei den in τ 42. 43
entsprechende Verse ausgefallen sein. Genügenden Grund zu dieser
Annahme sehe ich nicht, da der Zusammenhang keinerlei Anstoss bietet,
und so müssen wir uns wol an die Worte halten, wie wir sie hier
einmal lesen. Einen Zweifel finde ich hier so wenig, wie τ 37 in dem
dem ἔμπης vorausgehenden Verse unmittelbar ausgedrückt, wodurch dies
Wort seine Beziehung erhalten könnte; in beiden Fällen lautet das voran-

grstellte Urtheil entschieden und bestimmt. Sofern dies Urtheil aber einen übernatürlichen Vorgang (hier ironisch gemeint) betrifft, dürfen wir in dem Gedanken des Redenden einen Zweifel in Bezug auf die Richtigkeit seiner Beobachtung mit einigem Grund voraussetzen: dann kommen wir etwa auf die von G. Hermann gegebene Erklärung (Viger 782): tamen ita est, i. e. quamquam non putabam initio, die Rhode homerische Miscellen p. 31 vertritt, nur dass seine Uebersetzung für τ 37: 'scheint mir doch das Haus wie von Feuer zu strahlen' den Satz leicht als einfache Begründung des vorhergehenden Urtheils missverstehen lässt. In der nachdrücklichen Stellung an der Spitze des Satzes, der die Beobachtung enthält, werden wir den Sinn von ἔμπης vielmehr in folgender Weise zu umschreiben haben: nein ich irre mich nicht, es ist so, mir scheint das Haus von Feuer zu strahlen. In diesem Sinne gefasst mag die prägnante Kürze des nachdrücklichen ἔμπης durch die in τ 37 begründete, an unserer Stelle erheuchelte Ueberraschung des Redenden ihre Erklärung finden und diese Auffassung der Situation besser entsprechen, als die von mir in den Zusätzen und Berichtigungen zur 4. Aufl. von Odyssee τ — ω p. 116 gegebene Erklärung des Wortes zu τ 37 in dem Sinne von jedenfalls (certe), die ich dahin zusammenfasste, dass die damit eingeleitete Beobachtung als etwas Sicheres dem möglicher Weise irrenden Urtheil des vorhergehenden Verses gegenübertrete.]

355. Vgl. auch ἐκ κρατός λ 600. Andere haben durch Aufnahme der Conjectur von Voss und Lehrs (de Arist. p. 143 ed. II.) κὰκ κεφαλῆς dem Witze seinen Stachel genommen und dabei zugleich ein isolirt stehendes εἶναι κατά τινος in den Homer gebracht. Auf ähnliche Weise sagen bei uns die Leute im Scherz von einem kahlköpfigen Manne: 'der hat auch Mondschein oder auch Vollmond auf dem Kopfe'. [αὐτοῦ wurde von Ameis als Adverb = dort gefasst, allein dies Adverb, welches nachweislich den vollern Begriff hat: an dem Orte selbst, an Ort und Stelle, ist nicht hinweisend und so wird man das Wort richtiger als Genetiv der Person auf Odysseus beziehen und im Gegensatz zu den Leuchtpfannen, bei denen Odysseus steht, denken. Dann ist aber καὶ κεφαλῆς (auch vom Kopfe) unmöglich und die von Voss und Lehrs befürwortete Conjectur κὰκ anzunehmen, wie das jetzt W. C. Kayser und vorher schon Düntzer gethan hat. Wenig ansprechend ist die Auffassung, die im Lexic. Hom. Giseke s. v. αὐτοῦ giebt: ibi taedarum et capitis esse splendor.] — Der Causalsatz ἐπεί bis ἠβαιαί erinnert nebenbei an φ 288. Ξ 141. Ueber ἠβαιαί vgl. den Anhang zu ι 462.

356. In ἢ ῥ' ἅμα τε vertritt ἅμα τε die Stelle des sonstigen καί, da hier dasselbe Subject bleibt. Dieses selbige Subject wird auch nochmals [unrichtig Kühner ausf. Gramm. § 289 Anm. 5] ausdrücklich wiederholt nach ἢ ῥα γ 337. χ 292. Z 390. X 77, und nach ἢ καί in dem durch dies καί verbundenen Satze π 172. A 528. I 620. N 59. P 209. Σ 410. Ω 440. 621; ebenso nach ἢ ῥα καί Γ 310. Ξ 346. Ψ 596. Ω 302. 596. Wo aber nach ἢ ῥα (ohne καί) ein Subjectswechsel eintritt, ist der folgende Satz mit δέ angeschlossen γ 337. Z 390.

Ξ 475. Ω 643; indes findet sich dieser Subjectswechsel an drei Stellen auch nach ἠ καί Κ 454. Λ 446. Φ 233, aber nirgends nach ἠ ῥα καί. Wie unsere Stelle mit ἅμα τε vereinzelt ist, so steht auch einmal an der Stelle des δέ beim Subjectswechsel αὐτάρ χ 292, und einmal steht δέ ohne Subjectswechsel mit einem andern Gegensatze: Χ 77. Uebrigens hat das wesentliche im Gebrauche von ἠ schon Aristarch bemerkt: vgl. Lehrs de Arist. p. 95 sqq. ed. II.

357. Zu εἴ σ’ ἀνελοίμην vgl. ἀνελεῖν παῖδα Pind. Pyth. IX 61 nach der Sitte, dass das neugeborene Kind vor den Vater hingelegt wurde und dass dieser es vom Erdboden aufhob, wenn er es anerkannte, und ἀνελέσθαι Π 8. Nachdem er ihn nemlich schon vorher 353 ff. in anderer Hinsicht bespöttelt hat, richtet er jetzt seinen neckenden Hohn gegen den Bettler als Feueranschürer, der in der Gesellschaft einer γρηῢς καμινώ 27 rangiert. Ohne neckenden Hohn würde er εἴ σε δεχοίμην gesagt haben.

358. [Ueber μισθός vgl. Riedenauer Handwerk p. 16. — Uebrigens ist die Anordnung der Gedanken in diesen Versen seltsam verwirrt, da die Participia 359 von ἐθέλοις θητευέμεν, worin sie ihre Beziehung haben, weit getrennt stehen, während ἔνθα 360, wenn es local zu fassen ist, eine nähere Beziehung auf ἀγροῦ ἐπ’ ἐσχατιῆς als auf 359 hat, wie auch μισθὸς δέ τοι ἄρκιος ἔσται passender vor 360 stehen würde. Man kann daher versucht sein 358 und 359 umzustellen, wofern nicht 358 als ein aus ε 489. Κ 304 entnommener Zusatz zu verwerfen ist.]

359. Vgl. Buttmann Lex. II Nr. 78, 8. Aus der Verbindung αἱμασιὰς λέγειν ist das spätere αἱμασιολογεῖν entstanden. Das μακρά steht proleptisch, um hier die Art der jungen Stämmchen zu bezeichnen. Die Worte δένδρεα μακρὰ φυτεύων berücksichtigt Philostr. Heroic. c. 2 p. 674.

364. [Brugman ein Problem der homer. Textkritik p. 78 vermuthet als ursprüngliche Lesart ἥν γαστέρ’ ἄνακτον. Vgl. Anhang zu ν 320.]

370. Das μάλα in Verbindung mit Substantiven auch bei μάλα χρεώ Ι 197 und anderwärts, so wie bei μάλα πῖαρ zu ι 135. Aus dieser epischen Sprache erklärbar ist wol auch das ἀντί mit dem Infinitiv ohne τοῦ bei Herodot I 210. VI 32. VII 170.

371. [Die Auffassung der Sätze mit εἰ δ’ αὖ hier und 376 als Wunschsätze ist von L. Lange der homer. Gebrauch der Partikel εἰ I p. 356 f. begründet.]

372. αἴθων ist bei Homer Beiwort 1) von einigen Thieren, nemlich a) von ἵπποι Β 839. Μ 97, beidemal wie hier im Versanfange αἴθωνες μεγάλοι; hierzu noch Αἴθων als Eigenname eines Rosses Θ 185 und als fingirter Name des Odysseus τ 183; b) hier von βόες, was an das gleichbedeutende βόες ἀργοί Ψ 30 erinnert, und von ταῦρος Π 488, αἴθωνα μεγάθυμον im Versanfange; c) von αἰετός Ο 690, wie im deutschen Dichterwort ‘des Adlers glänzendes Gefieder’; d) von λέων Κ 24. 178, beidemal αἴθωνος μεγάλοιο im Versanfange. Λ 548. Σ 161. Es ist αἴθων Beiwort 2) von metallenen Gegenständen und zwar a) von

σίδηρος, wo dieses 'Axt' oder 'Schwert' bezeichnet: Δ 485. H 173.
Υ 372. α 184; b) von λέβητες 'eherne Becken' I 123. 265. T 244,
was mit λέβηθ' ἕλε παμφανόωντα τ 386. Ψ 613 harmoniert; und
von τρίποδες 'dreifüssige Kessel' Ω 233. Vgl. über den Begriff von
αἴθ-ων G. Curtius Etym.[2] S. 225 Nr. 302 [[4]p. 250] und über den
homerischen Gebrauch desselben Anton Göbel in der Zeitschr. f. d. Gymn.-
W. 1864 S. 325 ff. Nur gelangt A. Göbel hauptsächlich wegen des
Eigennamens Αἴθων Θ 185, wofür ihm 'Brandfuchs der einzig passende
Name zu sein scheint', zu dem Resultate 'dass αἴθων von den genannten
Thieren gesagt als fulvus zu fassen sei, bei dem Löwen generell, bei
den anderen aber von speciellen Exemplaren resp. Arten.' Doch das
letztere dürfte bei einem allgemeinen Epitheton gegen die homerische
Sitte verstossen. Sodann macht der Umstand bedenklich, dass wir bei
den zwei Classen von Dingen die Gleichmässigkeit der Erklärung
aufgeben müsten. Endlich ist auch zu beachten, dass das Beiwort Δ 485.
Δ 548. O 690. Π 488. Σ 161. Υ 372 in Vergleichen erscheint, in
solchen Gleichnissen aber eine Farbenbezeichnung beim Dichter fast
nirgends hervortritt. Es gibt bekanntlich bei Homer überhaupt ein
episches Stilgesetz, das Vischer in seiner Aesthetik S. 1192 also ausdrückt: 'Es ist ungleich mehr Umriss - als Farbenfreude, was wir bei
Homers Gebilden als Objecten des inneren Sehens geniessen': ein Stilgesetz das Albert Schuster in der Zeitschr. f. das Gymn.-Wesen XV S.
725 ff. genauer behandelt hat. Nach allen diesen Erwägungen glaube
ich die Deutung von αἴθων durch 'glänzend' auch bei den Thieren
als die passendste festhalten zu müssen. Da nemlich über der homerischen Welt sich der tief blaue Himmel des Südens wölbt und alles
Leben in glühendem Sonnenlicht glänzt: so kann es nicht auffallen, dass
gerade bei den Thieren, die in der homerischen Thierwelt eine Haupt-
rolle spielen, ausser anderen Momenten auch das augenfällige Moment des
Glanzes oder der sich spiegelnden Glätte zur Erscheinung kommt:
den Ausdruck 'glattes Vieh' kennt auch bei uns die Volkssprache. Was
nun den Eigennamen anlangt in Θ 185: Ξάνθε τε καὶ σύ, Πόδαργε,
καὶ Αἴθων Λάμπε τε δῖε, so sind hier verbunden einerseits 'Falbe'
und 'Weissfuss', andererseits 'auch Rappe' und 'Schimmel'. Denn Αἴθων
wird man am besten als Glanzrappe fassen, weil auf schwarzem Grunde
der Spiegel am stärksten hervortritt, was kürzlich auch ein Correspon-
dent in seiner Schlachtbeschreibung von Sadowa bemerkbar machte mit
den Worten: 'der König ritt einen glänzenden Rappen'. [Vgl. aber dazu
den Anhang zu B 839.] Odysseus aber heisst τ 183 Αἴθων nicht als
'der Blonde' — denn das könnte auch ein Hässlicher oder Winziger
sein — sondern 'der Glänzende' wegen seiner schönen jugendlich
frischen Gestalt, im Gegensatz zu seiner Erscheinung in der Zeit wo er
dies erzählte [?]. Vgl. das synonyme φαίδιμ' Ὀδυσσεῦ κ 251. λ 100.
202. 488. μ 82, so wie anderwärts φαίδιμ' Ἀχιλλεῦ und in der Ilias
φαίδιμος Αἴας, φαίδιμος Ἕκτωρ, daher auch die Eigennamen Φαίδιμος
δ 617 und Φαίδρα λ 321, Λάμπετος und Λαμπετίη und andere, die
alle von derselben Anschauung ausgehen. Auf diese Weise ist, wie ich

meine, in beiderlei Beziehung (von den gebräuchlichsten Metallen und von den geeigneten Thieren) die Gleichartigkeit der Erklärung beizubehalten.

373. Man beachte, wie hier und 372 die vier charakteristischen Epitheta durch ein Participium unterbrochen und durch einen Relativsatz abgeschlossen werden: in dieser Verbindungsweise zeigt sich das reinste Gepräge der mündlichen Rede. Das Hemistichion τῶν τε σθένος οὐκ ἀλαπαδνόν, welches hier die Folge der vorher genannten Eigenschaften bezeichnet, findet sich noch E 783. H 257.

382. Zu dem vorausgestellten τίς vgl. die Stellen ε 421. ζ 179. 206. ι 11. 508. λ 213. 618. ξ 391. 463. o 83. 362. π 256. ρ 449. 484. σ 327. τ 239. υ 38. 140. φ 397. Z 506. H 156. [K 41.] Λ 292. 722. 794. 797. N 389. O 362. Π 39. P 32. 61. 133. T 56. Φ 101. [Nicht für alle diese Stellen lässt sich ein besonderer Nachdruck des vorausgestellten τίς behaupten.] Beispiele der Späteren sind gesammelt in den von Wüstemann zu Theocrit. 1, 32 erwähnten Werken. Zu Krüger Di. 51, 14, 1. Aehnlich verhält es sich mit quidam bei den Römern, worüber Seyffert zu Cic. Lael. S. 199 folgendes bemerkt: 'Geht quidam dem Adjectivum voran, so bezieht es sich auf das Substantivum und bezeichnet dieses als etwas von besonderer, individueller, aber näher nicht zu bestimmender, oder eben nur im allgemeinen bezeichneter Art' usw.

393. Ist aus 333 unpassend hinzugefügt. Denn der Freier würde seine zornigen Vorwürfe 390 bis 392 und die folgende Thätigkeit selbst verleugnen, wenn er schliesslich so milde spräche, dass er die Rede des Odysseus 381 bis 386 nur aus einer 'maasslosen Freude' desselben herleiten wollte. Daher fehlt der Vers mit Recht im Vind. 133, Augustan., Vratisl., Meermann. [Marc. 456. Marc. 647. Stuttg. 5. Derselbe ist auch von Kayser und Nauck verworfen, wie von Nitzsch Sagenpoesie p. 132.] — Vers 394. Nach der Idee der Dichtung nemlich sollten beide Führer der Freier, Antinoos und Eurymachos, sich thätlich an Odysseus vergreifen.

396. Zu Amphinomos flieht er, weil er in dessen Nähe sich befand und er von diesem als dem wohlgesinntesten Freier (vgl. zu π 351) noch am sichersten Beistand erwarten konnte.

403. [Zu diesem und dem folgenden Verse bemerkt Nauck: spurii?]

407. Zu βρωτύς vgl. die analogen Wörter bei Geppert Ueber den Urspr. II S. 87 und Lobeck Parall. p. 439 sq. und 444. Ueber ὀρο-θ-ύν-ω vgl. Lobeck Elem. I p. 181. G. Curtius Etym.[2] S. 311 Nr. 500. [[1]p. 348.]

409. [Zur Erklärung von ἐγώ γε vgl. die Bemerkung zu Λ 282 in den Zusätzen und Berichtigungen zur 2. Aufl. Uebrigens bemerkt Nauck zu diesem Verse: spurius?]

413. Der Vers fehlt im Vind. 133, Harleianus, Augustan., Vratisl. [und 6 anderen bei La Roche, darunter Marc. 613] und ist aus π 395 hier mit Unrecht eingefügt worden. Denn eine solche Angabe des Subjects in einem besondern Verse findet nur statt, wo eine weitere Ausführung sich anschliesst, die für die folgende Rede bedeutungsvoll ist:

aber nach der feierlichen Ankündigung ἀγορήσατο καὶ μετέειπεν folgt bei Homer überall die directe Rede unmittelbar im nächsten Verse, oder die Ankündigung wird noch einmal wiederholt wie π 399 und nach dem einfachen μετέειπεν η 155 mit 158, ω **422** mit 425, **451** mit 453. Sonst finden sich nur nach dem allein stehenden μετέειπε Nebenbestimmungen beigefügt: β 157. λ 342. ξ 459. ο 304. H 94. I 432. T 76. Vgl. auch zu ν 254 und den Anhang zu ο 63. Uebrigens hat das vollständige ἀγορήσατο καὶ μετέειπεν in den meisten Stellen als erstes Hemistichion ὅ σφιν ἐυφρονέων, anders bloss in der Odyssee β 24. δ 773. η 185. ϑ 25. ν 171. π **394.** υ 244. ω 425. Aber überall hat dieses zweite Hemistichion im ersten einen ausdrücklich hinzugefügten persönlichen Dativ, ausgenommen β 24 und ω 425, wo er im Gedanken hinzuzunehmen ist, wie auch nach dem blossen μετέειπεν η 155. H 94. I 432.

416. [Zu diesem und dem folgenden Verse bemerkt Nauck: *spurii?*]

420. [Rhianos las ἐνὶ μεγάροισίν ἔκηλον statt ἐνὶ μεγάροις Ὀδυσῆος· vgl. darüber Mayhoff de Rhiani stud. Hom. p. 87.]

ANHANG

ZU

HOMERS ODYSSEE

SCHULAUSGABE

VON

K. F. AMEIS.

IV. HEFT.

ERLÄUTERUNGEN ZU GESANG XIX—XXIV.

ZWEITE BERICHTIGTE UND VERMEHRTE AUFLAGE

BESORGT VON

Dr. C. HENTZE,

OBERLEHRER AM GYMNASIUM ZU GÖTTINGEN.

MIT ABBILDUNGEN UND ZWEI REGISTERN.

LEIPZIG,

DRUCK UND VERLAG VON B. G. TEUBNER.

1880.

Kritischer und exegetischer Anhang.

τ.

1 ff. Ueber das Verhältniss der folgenden Erzählung **von der** Entfernung der Waffen aus dem Männersaale **zu** π 281 ff. vgl. den Anhang zu π 281—298. Gegen die von **Ameis u. A. angenom**mene Ursprünglichkeit derselben erheben **sich nicht** geringe Bedenken: vgl. Kirchhoff im Philol. XIX p. 90 ff. = **die** hom. Odyssee, Berlin 1879 p. 560 ff., **auch Jacob über** die Entstehung der Il. u. Od. p. 491 f. und den Anhang zu τ 34. Bergk griech. Literaturgesch. I **p. 710 lässt** dieselbe vom Ordner hinzugefügt sein, als Interpolation wird dieselbe verworfen von R. Volkmann **com**mentationes epicae Lips. 1854 p. 108 ff., Düntzer, Kirchhoff **Köchly** und die **Od.** p. **67 ff.**, Kammer die Einheit der Od. p. **579 ff. Vgl.** auch Adam das doppelte Motiv im Freiermord. **Wiesbaden 1876** p. 15.

17. Zu dieser Erklärung vergleiche man den diesem Heft beigegebenen, aus Autenrieth's Wörterbuch entnommenen Grundriss des homerischen Hauses, der nach L. Gerlachs Erörterung und Zeichnung im Philol. XXX p. 503 ff. entworfen ist.

18. ἀμέρδειν 'blenden' ist unterschieden von ἀμέρδειν = ἀμείρειν 'berauben'. Vgl. C. W. Lucas Quaest. lexil. p. 105. **Lobeck** Rhem. p. 75. Elem. I p. 38; und andererseits G. Curtius Etym. [2] p. 574, [4] p. 634. Zu vereinigen sucht beide Bedeutungen Düderlein Hom. Gloss. § 583. — V. 19. 20 bezeichnet Nauck als *spurii?*

24. H. Düntzer gibt aus Conjectur ʽμετοιχομένῳ wenn du dahin (zur Waffenkammer, 17) gehst. Das überlieferte μετοιχομένη ist gegen homerischen Gebrauch, da μετοίχεσθαι nur hingehn, nicht mitgehn oder nachgehn bezeichnet, und der Begriff, dass Telemachos hingeht, nothwendiger ist, als dass die Lichtträgerin bei oder hinter ihm geht.ʼ Dagegen bemerkte Ameis: ʽAber wenn jemand Waffen in der Waffenkammer niederlegen will, so ist **wol** der Begriff des Hingehens selbstverständlich. Auch würde man bei folgendem μετοιχομένῳ vorher nicht τοί sondern vielmehr σοί erwarten. Ich meine daher, dass μετοιχομένη nur ein phraseologisches Particip sei, das zur Veranschaulichung hinzutritt, **wie** andere zu

γ 118 erwähnte Participia. Dann behält auch das Verbum dieselbe Bedeutung, die es in den andern vier homerischen Stellen
hat: vgl. zu ϑ 7. In gleichem Sinne der Veranschaulichung steht
das Particip οἰχόμενος ι 47. 91. κ 571. X 223, und ἐποιχόμενος
E 720. Θ 382. Π 155. P 215. γ 280 und anderwärts.'

32. ὀμφαλόεις (von ὀμφαλός, G. Curtius Etym.[2] p. 264,
[4] p. 295) findet sich in der Odyssee nur hier, aber eilfmal in der
Ilias als Beiwort von ἀσπίς, und einmal von ζυγόν Ω 269 Ueber
die Bildung aus ὀμφαλός vgl. zu 33.

33. ὀξυόεις ist Beiwort von ἔγχος hier und υ 306 und achtmal in der Ilias, Beiwort von δόρυ Ξ 443. Vgl. Lobeck Elem. I
p. 81. Alle Adjectiva auf εις werden nur von *nominibus substantivis* gebildet und bedeuten 'mit etwas behaftet' oder 'mit
etwas versehen, erfüllt.' Vgl. Buttmann Spr. II p. 451; Lobeck
Elem. I p. 67 not. 4 und die im Anhang zu δ 1 genannten Abhandlungen.

34. Für die Annahme eines späteren Ursprungs der ganzen
Partie 1—50 kommt mit in Betracht, dass λύχνος nur hier sich
findet, während sonst zur Erleuchtung nur Kienfackeln verwandt
werden, sowie der von Hehn Kulturpflanzen und Hausthiere p. 44 f.
gebrachte Nachweis, dass das Oel in homerischer Zeit noch ein unverkennbar exotisches Product und die Oelkultur Griechenland selbst
noch fremd war: vgl. Kammer die Einheit p. 90 und Naber quaestt.
Hom. p. 69.

37. ἔμπης erklärte Aristarch, vgl. Lehrs de Arist.[2] p. 142 f.,
durch ὁμοίως. Die Neueren verstehen das Wort theils in dem
Sinne von ganz und gar oder völlig, wie Bäumlein über griech.
Part. p. 116 und Goebel Lexilog. I p. 120, auch L. Lange der
hom. Gebrauch der Partikel εἰ II p. 549: 'durchaus', theils in
dem Sinne von doch, wie G. Hermann Viger. 782 mit der Erläuterung: 'usus hic inde nascitur, quod, qui dubitat, primo ambigit, utrum sit aliquid necne; deinde, si altera potior visa est
sententia: *tamen ita est* dicit, i. e. *quamquam non putabam initio*',
so A. Rhode homerische Miscellen, Mörs 1865 p. 31, ferner Ameis
'doch mir glänzen, wenn du das Wunder nicht glauben willst',
von Leutsch im Philolog. Anzeiger IV p. 15 mit Ergänzung des
Gedankens: 'oder soll ich schweigen um der εὐφημία willen? —
doch es leuchten ... vgl. 42 f.' Für die von mir gegebene Erklärung vgl. den Anhang zu σ 354. — Ueber die μεσόδμαι, welche
Ameis nach Rumpf de aedibus Hom. II p. 29 ff. als eine Gallerie
oder Bühne im Hintergrunde des Saales erklärte, vgl. jetzt Gerlach im Philol. XXX p. 511 ff., gegen dessen Erklärung sich freilich Rumpf in den Jahrbb. f. Philol. 1874 p. 601 ff. ausgesprochen
hat. — 39. Ueber die Verbindung von ὡς εἰ mit Gen. absol. vgl.
L. Lange der hom. Gebrauch der Part. εἰ II p. 549. — V. 40
gebraucht Plutarch. Amator. c. 10 p. 762[e]. — 43. Eine abweichende

Erklärung von δίκη giebt Schmidt Synonymik der griech. Sprache I
p. 356: 'das ist die ihnen angewiesene Sphäre'; wobei man zugleich an die Pflicht des Menschen denkt, der ein ehrfurchtsvolles
Schweigen bei ihrem Erscheinen bewahrt.'

48. δαΐδων ὕπο λαμπομενάων, wie ψ 290. Σ 492. Ebenso
steht ὑπό ι 484. 541. B 334. Δ 423. M 74. Π 277. Σ 220;
und ohne Particip zu η 263. N 796. Π 591. Ψ 86. Vgl. Joh.
Classen Beobachtungen IV p. 24 (in der 1867 zu Frankfurt erschienenen Sammlung, p. 166 f.); J. La Roche über den Gebrauch
von ὑπό bei Homer p. 28; und zugleich für die Späteren Held zu
Plutarch. Aem. Paul. 22, 2 p. 229; Pflugk zu Eur. Hel. 639. Zu
Krüger Di. 68, 43, 4.

60. Zur Kritik der folgenden Scene zwischen Odysseus und
Melantho vgl. Meister im Philol. VIII p. 13, welcher darin eine
verunglückte Nachahmung eines ungeschickten Diaskeuasten sieht,
und dagegen R. Volkmann commentatt. ep. p. 112. — Uebrigens
schien der Vers Bothe an dieser Stelle ungehörig, weil schon
55 Dienerinnen thätig genannt sind, daher er denselben vor 55
gestellt wissen wollte. Dasselbe empfiehlt Nauck, während Kirchhoff die hom. Odyssee, Berlin 1879 p. 522 den Vers als einen
erklärenden Einschub aus σ 198 ansieht und vor 55, wo eine Angabe ähnlichen Inhalts nicht wohl habe fehlen können, eine Lücke
annimmt. Indessen sind 55 unschwer die zum persönlichen Dienst
die Königin stets begleitenden zwei Dienerinnen zu verstehen,
während die hier genannten δμωαί ganz andere Verrichtungen zu
besorgen haben.

66. ἔτι καί νῦν ist eine stereotype Wortstellung, wie noch
υ 178. Λ 455. I 259. Λ 790. Π 238.

67. Ueber δινεύω vgl. Lobeck Rhem. p. 145; in Bezug auf
den Gebrauch bei Späteren Lehrs Q. E. p. 321 not. Ueber ὀπι-
πεύω Lobeck Proll. p. 146 und Elem. I p. 162; Döderlein Hom.
Gl. § 838; G. Curtius Etym.² p. 407 und 642, ⁴ p. 457 und 702,
Fritzsche in G. Curtius Stud. VI p. 331.

69. Ueber den Unterschied des Partic. Perf. βεβλημένος vom
Part. Aor. βλήμενος vgl. Classen Beobachtungen p. 108 ff. Auch
hier bezeichnet das Part. Perf. deutlich die dauernde Wirkung des
Wurfs, so dass er die dadurch verursachten Wunden oder Beulen
gleichsam an sich heraus tragend gedacht wird.

70 = θ 165. σ 14. 337. χ 34. 60. 320. Λ 148. Δ 349.
Ξ 82. Ueber ὑπόδρα, von δέρκεσθαι, vgl. Lobeck Rhem. p. 63,
Fick Vgl. Wörterb.³ I p. 106 unter dark sehen, G. Curtius
Etym.⁴ p. 133. 546; über die παραλληλότης in ὑπόδρα ἰδών
Apollon. de adv. 550; vgl. Lobeck Parall. p. 532 sqq. und beson-
ders J. La Roche über den Gebrauch von ὑπό p. 37. Dagegen
meint Leo Meyer in Kuhn's Zeitschr. XIV p. 85: 'Es scheint
ὑπόδρα gar nichts anderes zu sein als ein blosses von unten und

enthält wol an dem ὑπό — nichts anderes als das alte Suffix *tra*, indem das *δ* durch Einfluss des neben stehenden *ϱ* aus **altem τ** geschwächt sein kann.' Noch anders H. Düntzer zu ϑ 165. **72 ff.** Statt der Vulgata ὅτι δὴ ῥυπόω habe ich mit W. C. **Kayser** die Lesart ὅτι οὐ λιπόω aufgenommen, welche besser beglaubigt scheint und durch die darin liegende Beziehung auf die Freier sich besonders empfiehlt. — V. 74 wird von Düntzer zur Stelle als störend verworfen. — **77.** Der Vers fehlt in einigen Handschriften und Nauck möchte denselben entfernt wissen. Kirchhoff die homerische Odyssee, Berlin 1879 p. 522 aber sieht in 75—80 eine junge Interpolation, vgl. ϱ 419—424. Aber dagegen erhebt **entschiedene Einsprache das** 81 folgende τῷ νῦν, welches nach **dieser** Ausscheidung ohne **alle** Beziehung sein würde. 83. Der Vulgata μή πως haben Bekker[2], Ameis, Kayser, La Roche die im Marc. 613 **angeführte** Lesart ἤν πως vorgezogen, die nach Didymos: 'τὰ δὲ εἰκαιότερα μή πως' (vgl. La Roche hom. Textkritik p. 97) die des Aristarch **zu sein** scheint; dagegen **lesen** Düntzer, Bäumlein und Nauck μή πως. Zur Begründung **für** ἤν πως wurde von Ameis geltend gemacht, dass μή πως **den** ruhigen Ton der Rede störe und als Erklärung **eines** gleichartigen Satzes mit demselben μή sonst nirgends gefunden werde. Letztere Angabe trifft nun nicht zu. Ein der Gedankenfolge nach völlig entsprechendes Beispiel eines doppelten μή, nur nicht in selbständigen Sätzen, ist K 509 ff. νόστου δὴ μνῆσαι — μὴ καὶ πεφοβημένος ἔλθῃς, μή πού τις καὶ Τρῶας ἐγείρῃσιν θεὸς ἄλλος, wo sich keine Variante findet. Verwandt ist auch σ 20 f. Besonders lehrreich ist aber die Vergleichung von Z 94—96 ἱερευσέμεν, αἴ κ᾽ ἐλεήσῃ ἄστυ τε καὶ Τρώων ἀλόχους καὶ νήπια τέκνα, αἴ κεν Τυδέος υἱὸν ἀπόσχῃ Ἰλίου ἱρῆς. Hier findet sich **an Stelle** des zweiten αἴ κεν die Variante ὥς κεν im Lips., welche wiederum von Didymos als Aristarchs Lesart bezeichnet wird. Offenbar stehen beide Schreibungen Aristarchs in Beziehung zu einander, beruhen auf verwandten Grundsätzen der Kritik. An beiden Stellen bevorzugt derselbe diejenige, welche das logische Verhältniss der Gedanken in hypotaktischer Form zum **klaren** Ausdruck bringt, verwirft dagegen diejenige, welche in lebhafter Weise dem ersten Gedanken die Ausführung in derselben Form nachbringt. Ob aber **mit Recht?** Zwar ist hier der Ton der Rede vorher ein ruhiger, **aber 81** tritt mit der Warnung ein gehobener Ton ein und diesem **entspricht** ohne Zweifel besser die parataktische Ausführung mit μή πως, **da** durch dieselbe jene Warnung nachdrücklicher wird, indem. die angenommene Möglichkeit der Angeredeten unmittelbar drohend entgegentritt. Es scheint daher die Lesart μή πως den Vorzug zu verdienen. — Der Versausgang wie ε 147. Π 386. — V. 84 vermuthet van Herwerden quaestiunculae ep. et eleg. p. 51 ἐλθών an Stelle von ἔλθῃ. Die Handschriften haben da-

neben vielfach ἔλθοι. — Ueber die in 85 f. hervortretenden
Spuren der ursprünglichen Parataxe in den εἰ sätzen vgl. den Anhang zu *I* 300.

91. Statt ἀδεές geben andere ἀδδεές, über welchen Diplasias-
mos des δ in Bachmann Anecd. II p. 80 gehandelt wird. Der
Gedanke bezieht sich nur auf die Schmährede der Melantho 66 ff.,
welche von Penelope im härtesten Ausdruck **getadelt** wird, während Odysseus 71 bis 88 gerade wegen der anwesenden Penelope
hier seinen frühern Ton (σ 338. 339) verliess und **mit** milder
Gemessenheit sprach. — Der Versausgang wie Ω 563.

92. In χ 218 lautet dieser Gedanke σῷ δ' αὐτοῦ κράατι τίσεις.
Vgl. auch β 237. ο 282. Die richtige Deutung von σῇ κεφαλῇ
ἀναμάξεις gibt Schol. Vulg. mit 'ἑαυτῇ προστρίψῃ ἢ ἀναλήψει' und
B. H. mit 'προστρίψεις' und Apollon. mit 'ἐναποψήσῃ.' Vgl. **auch**
Schneidewin zu Soph. El. 444. Die im Commentar gegebene Erläuterung findet sich schon bei Eustathius, der sicherlich aus ältern
Quellen geschöpft hat. Nach der gewöhnlichen Erklärung fasst
man κεφαλῇ als instrumentalen Dativ **und** ἀναμάξεις im Sinne von
ἀπομάξεις. Noch anders erklärt den Ursprung dieser Formel Stein
zu Herod. I 155, **wo** Abicht **darüber ganz** schweigt. Gebilligt hat
die Erklärung **des** Commentars Chr. Bähr (in den Heidelberger
Jahrb. 1864 p. 51 f.), der zur Bestätigung noch Pausan. X 33, 1;
Aelian bei Suidas unter ἀνεμάξατο, Plutarch. Anton. 77 vergleicht.
Dagegen erklärt H. Düntzer: 'κεφαλῇ ἀναμάσσειν *capite luere*;
ἀνά hat die Bedeutung auf: vgl. ἀπομάσσειν abwischen.' Aber
dieses 'auf' ist bloss eine Eigenthümlichkeit des deutschen Sprachgebrauchs: denn 'aufwischen' bedeutet bei uns 'gänzlich abwischen', kann also mit dem Begriffe des griechischen ἀνά nicht
synonym sein.

99. 'Einzig in seiner Art ist τ 99, indem dieser Vers sich
zweimal die Kürze hinter einander gestattet'. Hartel homer. Stud. I
p. 84.

104. Die von Ameis und Andern gegebene Erklärung von
αὐτή 'persönlich, hier im Gegensatz zu Eumaeos, durch den sie
vorher mit Odysseus verhandelt hat' ist unvereinbar mit η 237,
wo eine derartige Beziehung nicht vorliegt, sowie mit τ 509, wo
eine nochmalige Betonung dieses Gegensatzes sehr auffallend wäre.
Ebensowenig befriedigt die Erklärung von v. Leutsch im Philol.
Anzeiger IV p. 15: 'es stellt das Pronomen die Königin der Melantho gegenüber: 'ich die Herrin', wie 509 der Eurykleia', da
η 237 ein solcher Gegensatz nicht vorliegt. An allen drei Stellen
geht die Wendung ἤρχετο μύθων voraus, hier überdies die Wendung
εἴη ἔπος ἠδ' ἐπακούσῃ vgl. ο 377. ω 262. ρ 584, welche auf
den Wechselverkehr der Unterredung deuten, vgl. auch § 45. Darin
scheint die Betonung des Pronomens ἐγώ durch αὐτή am natürlichsten ihre Erklärung zu finden, wie sie jetzt zu η 237 gegeben

ist. Uebrigens hat Nauck τ 104 und 509 an Stelle von αὐτή
vermuthet ἄντην, während er zu η 237 nichts bemerkt.
    107 ff. In der folgenden Rede des Odysseus vermisst Fried-
laender Analecta Hom. p. 8 f. (= Jahrbb. f. Philol. III p. 462'f.)
nach 114 einen Gedanken, welcher die 115 folgende Aufforderung
mit dem Vorhergehenden vermittelte, etwa: 'ich habe viel Schweres
erlitten.' Diese Lücke aber, sowie die in 109 wegen ἤ (wofür
auch Bekkers ᾗ nicht befriedige) anzunehmende Verderbniss lassen
ihn in 109—114 einen anderswoher entnommenen ungehörigen Zusatz erkennen, da die ganze Vergleichung der Penelope mit einem
frommen und gerechten Könige unpassend sei. Vgl. auch Nitzsch
Sagenpoesie p. 177. Weiter gehen R. Volkmann commentationes
epicae p. 110 f., welcher 106—165 athetiert, und Düntzer in der
Schulausgabe, indem er 106—171 als eine spätere Ausschmückung
verwirft. Vgl. dagegen unten zu 114 und Kammer die Einheit
p. 641 ff., der den Zusammenhang der ganzen Partie rechtfertigt,
wogegen Düntzer die homer. Fragen p. 223 f. seine Ansicht von
neuem begründet hat.
    109. Ueber Bekkers Verbesserung ᾗ statt des überlieferten
ἤ vgl. den Anhang zu γ 348. Hier bemerkt Nauck: 'τευ ᾗ verba
vix sana', ohne sich Bekkers Conjectur anzueignen, auch Kayser
hat die handschriftliche Lesart behalten; dagegen stimmt Naber
quaestt. Hom. p. 121 Bekker zu, schreibt aber τευή, womit er τιή
neben τί, wie ἐπειή neben ἐπεί vergleicht. Zweifelhaft bleibt die
Berechtigung der Bekkerschen Conjectur hier immerhin, da wohl
denkbar ist, dass über der Ausmalung des Bildes 109—114 vergessen sei ein zweites Glied mit ᾗ nachzubringen und andrerseits
die Combination von τις ᾗ ausser γ 348, wo sie ebenfalls nur
durch Conjectur gewonnen ist, keine sichere Analogie hat. Näher
läge an τευ εἰ (ich setze den Fall) zu denken, wenn in den entsprechenden Stellen nicht εἰ regelmässig zwischen ὡς und τε träte.
    111. Ueber ἀνέχῃσι vgl. Lehrs de Arist. p. 154 ed. II. Statt
ἀνέχῃσι und der folgenden Conjunctive geben andere ἀνέχησι φέρησι
βρίθησι als Indicativformen, über welche Nägelsbach Anmerk. zur
Ilias p. 246 ff. der ersten Ausgabe, Bäumlein zu Ilias E 6 p. XL,
Krüger Di. 30, 1, 5 und andere handeln. Aber abgesehen von
dieser bedenklichen Formbildung des Indicativs scheint hier derselbe auch für den Gedanken unpassend zu sein. Vgl. Hermann
Opusc. II p. 56. Dass εὐδικίας der Accusativ sei, darüber vgl.
Hermann zu Soph. Oed. R. 173.
    113. In diesem Verse sieht Nitzsch Sagenpoesie p. 339 eine
unleugbare Zuthat: 'Der Vers thut hier an sich zu viel, und das
ἐξ εὐηγεσίης wird nicht nun zu spät nachgebracht, sondern es ist
auch seinem Begriffe nach nun zu gesucht und gezwungen zu verstehen.' — Ueber die verschiedenen Auslegungen des schwierigen
ἔμπεδα vgl. Mayhoff de Rhiani Cret. stud. Hom. p. 87 ff., welcher

die Lesart des Rhianos ἄσπετα empfiehlt. Die Conjunctive τίκτῃ und παρέχῃ, statt des gewöhnlichen τίκτει und παρέχει, sind aus Handschriften zweiten und dritten Ranges und aus dem Citat des Plato de rep. p. 363ᵇ aufgenommen. Mit der Verlängerung der ersten Silbe in παρέχῃ lassen sich ausser συνεχές noch mehrere analoge Fälle einer Dehnung vor ἔχω vergleichen, wie γὰρ ἔχον Τ 49, μόγις ἔχον Χ 412, ἐρύγμηλον ἐχέτην Σ 580, κεντρηνεκέας ἔχον Θ 396, βέλος ἐχεπευκές Α 51 und andere.

114. ἀρετῶσι δὲ λαοὶ ὑπ' αὐτοῦ. Ueber ὑπ' αὐτοῦ vgl. J. La Roche, Ueber den Gebrauch von ὑπό bei Homer p. 26. Dieser Schlussgedanke erinnert an λ 136: ἀμφὶ δὲ λαοὶ ὄλβιοι ἔσσονται. Die ganze Schilderung 109—114 ist eine vom Dichter berechnete Ausschmückung, um dem klugen Odysseus sein 45 verkündetes μητέρα σὴν ἐρεθίζω üben zu lassen. Auf diese Weise nemlich soll er von neuem die Sehnsucht nach seiner Person erwecken. Angeführt ist die Stelle von Plat. de rep. II p. 363ᵇ, nachgeahmt von Hesiod. Op. 225 ff. Uebrigens schreibt Nauck statt εὐηγεσίης — εὐηγρεσίης.

116. Dies μοί, statt des gewöhnlichen ἐμόν, gibt Aristarch: die innig bittende Ablehnung passt trefflich für den verkappten Odysseus, den es in schmerzliche Verlegenheit setzen muss, gerade nach dem gefragt zu werden, was er am meisten verbergen will.

122. δάκρυ πλώειν gehört zu Lobeck Rhem. p. 510 sq., über die Trennung statt δακρυπλώειν vgl. zu β 24, über die Form πλώειν Lobeck Rhem. p. 25; G. Curtius Etym.² p. 251 No. 369 und p. 508, ⁴ p. 280. Die Form πλώειν findet sich neben πλέειν auch bei Herodot: vgl. Bredow Quaest. de dial. Herod. p. 71 sqq. Diesen Vers gibt Aristot. Probl. XXX 1 (953ᵇ, 12) so: καί μέ φησι δάκρυ πλώειν βεβαρημένον οἴνῳ. Im homerischen Texte hat μέ eine ungewöhnliche Stellung. Denn die enklitischen Formen des Personalpronomens werden von Homer entweder dem bezüglichen Verbum vorausgeschickt, oder sie werden, wenn das Verbum vorhergeht, von diesem nur durch Partikeln getrennt, nicht durch andere Wörter: vgl. Franz Schnorr v. Carolsfeld Verborum collocatio Hom. p. 17 und 87. Man könnte daher hier βεβαρηότ' ἐμέ als das ursprüngliche conjicieren, wenn es nicht gerathener schiene, βεβαρηότα mit πλώειν gleichsam zu einem Begriffe aufs engste verbunden zu denken, ähnlich wie ν 359 λῷ πρόφρων. — An dem folgenden φρένας nimmt Albert Fulda Untersuchungen über die Spr. der Hom. Ged. p. 130 ff. grossen Anstoss. — 126 schreibt Nauck ἦεν statt des gewöhnlich gelesenen ἤεν.

130—133. Diese vier Verse, die hier in den meisten Hss. fehlen, werden von den Alten mit Recht verworfen. Denn es ist unhomerisch, eine mit τόσα γάρ abgeschlossene Begründung wieder durch ein ὅσσοι γάρ zu begründen; ferner ist unhomerisch nach ὅσσοι das erste οἵ τε im Sinne von 'und welche' und das zweite

οἱ für 'diese' zu gebrauchen. Ueberhaupt aber stören diese Verse
den ganzen Zusammenhang. Anders urtheilt dagegen Kirchhoff die
homer. Odyssee p. 522.

135 ff. V. 135 wird von Nauck als *spurius?* bezeichnet. V. 136
bis 161 verwirft La Roche in der österr. Zeitschr. f. Gymn. 1863
p. 199. — 139 verlangt Naber quaest. Hom. p. 90 an Stelle des
Dativ στησαμένῃ den Acc. στησαμένην. Vgl. über diese ganze Frage
Classen Beobachtungen p. 140 ff. und Hentze in der Zeitschr. f.
Gymn. XX p. 742 ff.

147. κῆται giebt hier nur der Ven. Marc. 647, die übrigen
Handschr. κεῖται. Ebenso haben β 102. ω 137 sämmtliche, T 32.
Ω 554 die meisten Handschr. ausser Ven. A. und Pap. κεῖται,
wo der Conjunctiv erforderlich ist. Da die Form κῆται selbst bei
Attikern fraglich ist, so sieht G. Curtius in den Studien VII p. 100
und das griech. Verb. II p. 69 in κεῖται eine Conjunctivform, die
aus der ursprünglichen regelrechten Form κεί-ε-ται contrahiert
sei, indem er βλή-ε-ται ϱ 472 vergleicht mit ξυμβλῆται η 204.

154. ἀλέγειν ist absolut gesagt wie π 307. ϱ 390. I 504.
Λ 389. Die Allgemeinheit des Tadels ist hier im Munde der Penelope stärker und der Situation angemessener, als die blosse Wiederholung der thatsächlichen Bestimmtheit aus β 108. 109 sein würde.
Vgl. auch zu 91. Mit Recht bemerkt H. Düntzer: 'Der Dichter
wollte der Penelope ein scharfes Wort gegen die um ihr Wohl
unbekümmerten Dienerinnen geben.'

161. Versschluss wie Θ 141. P 566. Φ 570. Der Indicativ
ὀπάζει ist nach La Roche aufgenommen; der von Ameis gelesene
Conjunctiv ist ohne handschriftliche Gewähr.

163. οὐ γὰρ ἀπὸ δρυός, οὐδ' ἀπὸ πέτρης. Bei diesem Sprichwort denken die alten Erklärer an die fabelhafte Abkunft der
ersten Menschen von Bäumen und Felsen. Dies mag der Ursprung
des Wortes sein: vgl. L. Preller's Ausgew. Aufsätze von J. Köhler
(Berlin 1864) p. 179 ff. J. A. Hartung Rel. und Myth. der Gr. II
p. 45, auch Welcker griech. Götterlehre I p. 782 f., Giseke die
allmähliche Entstehung der Gesänge der Ilias p. 165 f., Schoemann
griech. Alterth. II p. 147 und Opusc. II p. 136. Aber die verschiedenen Gebrauchweisen dieses Wortes von 'Eiche' und 'Fels'
haben den gemeinsamen Sinn, dass sie den unbekannten oder geringen Ursprung oder Anfang persönlich oder sachlich andeuten
wollen. Mit dieser Auffassung harmonieren die Anwendungen dieses
Sprichworts X 126 und bei Hesiod. th. 35. Plat. apol. c. 23 p. 34ᵉ,
de rep. VIII p. 544ᵈ. Phaedr. p. 275ᵇ, und bei Spätern. Vergleichbar wiewol nach der Ableitung verschieden sind unsere Sprich-
wörter: 'du bist nicht vom Himmel gefallen', und 'du bist nicht
hinter dem Zaune gefunden', und 'du bist kein aufgelesenes Zigeuner-
kind'. Anders verhält es sich mit Π 35. Beachtenswerth ist, dass
ganz dieselbe Wendung in den von O. Donner übersetzten 'Liedern

der Lappen' **Helsingfors** 1876 p. 95 vorkommt: 'auch ich habe
nicht den Ursprung aus Stein oder Baum', worauf R. Köhler in
den Jahrbb. f. Philol. 1879 p. 308 aufmerksam gemacht hat.

172. Ueber die Form Κρήτη und über die ganze Erzählung
des Odysseus vgl. den Anhang zu § 199. Der Versschluss μέσῳ
ἐνὶ οἴνοπι πόντῳ wie ε 132. η 250. μ 388, **und ohne** μέσῳ ε 221.
τ 274. Ψ 316.

175. Bergk griech. Literaturgesch. I p. 54 erklärt die Worte
ἄλλη δ' ἄλλων γλῶσσα μεμιγμένη in dem Sinne von ἄλλη γλῶσσα
ἄλλων γλώσσῃ (oder ἄλλη) μεμιγμένη ἐστίν: 'es hat eine **wirkliche**
Verschmelzung zur Einheit stattgefunden, und zwar mag schon damals das dorische Element die ausschliessliche Herrschaft erlangt
haben.' Vgl. indess Δ 438.

177. 'τριχάϊκες wird gewöhnlich mit einigen Alten durch τριχῇ
διαιρεθέντες 'die dreifach getheilten' erklärt, weil auch im **Pelo-**
ponnes und auf Euböa Dorer wohnten, wobei man Hesiod. Fr. **VII**
ed. Goettling citiert: πάντες δὲ τριχάϊκες καλέονται,   οὔνεκα τρισ-
σὴν γαῖαν ἑκὰς πάτρης ἐδάσαντο. Andere dagegen, die bei Göttling
genannt sind, verstehen die alte Erklärung so, dass sie eine Eintheilung in drei Stämme denken, wie eine solche B 655. 668 von
den Rhodiern erwähnt wird. Beiden Auffassungen liegt die Ableitung von τρίχα zu Grunde. Aber dadurch geht die sinnliche
Anschaulichkeit der homerischen Beiwörter verloren. Daher wird
man τριχάϊξ besser von θρίξ ableiten mit Döderlein Hom. Gloss.
§ 24. Weil aber die Dorer ihr Haupthaar nicht frei herabwallen
liessen wie die κάρη κομόωντες Ἀχαιοί (zu α 90), sondern weil bei
den Dorern nach O. Müller Dorier II 270 'Männer und Frauen
das Haar in einen Busch über den Scheitel banden', so wird man
bei τριχάϊξ am besten an die Rosshaare des Helmbusches denken.
So schon Apollon. lex. p. 155, 5 ed. Bekk. δηλοῖ δὲ τοὺς μετὰ τῶν
ἱππείων τριχῶν ἀΐσσοντας, καθὸ καὶ κορυθάϊκι πολεμιστῇ. Und Et.
M. p. 768, 55: τριχάϊκες οἱ συνεχῶς κινοῦντες ἐν τοῖς πολέμοις τὰς
κατὰ λόφον τρίχας. Das Wort θρίξ ist auch in den andern drei
homerischen Compositis εὔτριχες καλλίτριχες ὄτριχες von Rossen gesagt.' So Ameis. Dagegen verdient jetzt alle Beachtung die Art,
wie Fick in Bezzenbergers Beiträgen III p. 168 die alte Erklärung
dreistämmig begründet: 'es ist nämlich aus τρίχα und Fιξ zusammengesetzt und dieses Fιξ ist identisch mit sskr. viς, zend.
vίς, altpers. viθ Haus, Stamm, Clan. Dasselbe Element liegt in
Θρή-ϊκες Thraker, wie es auch in celtischen Völkernamen wie
Eburo-vices, Ordo-vices, Branno-vices, Lemo-vices erscheint.' — Der
Versschluss wie Κ 429. Ueber die verschiedenen Völker auf Kreta
vgl. Schömann Gr. Alt. I p. 298. — 178 schreibt Kayser, allerdings nach den bessern Handschr. τοῖσι δ' ἐνὶ statt τῇσι δ' ἐνί.

179. Nach späterem Mythus erklärt Plato de leg. I p. 624[b]
das ἐννέωρος durch δι' ἐνάτου ἔτους, vgl. auch Plat. Minos p. 319[e].

Darnach soll Minos alle neun Jahre in die Grotte des Zeus bei
Knosos gegangen und mit reicher Belehrung vom Zeus zurückgekommen sein. Manche Neueren seit Creuzer Symb. IV 262 finden
darin hieroglyphische Traditionen astronomischer und astrologischer
Art, vorzüglich die Andeutung eines lunisolarischen Cyclus. Ueber
eine andere Deutung von ἐννέωρος vgl. den Anhang zu κ 19. —
Ueber ὀαριστής Lobeck Elem. I p. 86; G. Curtius Etym.[2] No. 493,
[4]p. 346 sieht in ὀαρίζω eine reduplicierte Form für ϝα-ϝαρ-ιζω
von W. ἐρ, ϝερ sagen, so Fritzsche in G. Curtius Stud. VI p. 329,
anders Bugge in G. Curtius Stud. IV p. 337 f. von W. *sar* εἴρω
knüpfen. Horat. carm. I 28, 9 hat dafür 'Iovis arcanis Minos
admissus'. Plato erklärt es ὁμιλητὴς καὶ μαθητής, ebenso Dio
Chrys. or. IV p. 154 sq. Plutarch. Thes. c. 16 bemerkt, dass Minos
bei Hesiod und Homer nicht wie bei den attischen Dichtern als
wild und grausam aufgefasst werde.

182. κορωνίς findet sich nur im Dativ Pluralis κορωνίσι und
diese Form steht unmittelbar nach νηυσί (oder νήεσσι τ 182. B 771.
H 229) überall in der bukolischen Cäsur: in der Odyssee bloss
hier und 193, sonst in der Ilias und zwar hier mit vorhergehendem ἐν B 771. H 229; mit σύν τ 193. A 170. Λ 228; mit dem
blossen Dativ O 597. Σ 58 und 439, wo es νηυσὶν ἐπιπροέηκα
κορωνίσι heisst; mit παρά B 297. 392. I 609. Σ 338. Υ 1. X 508.
Ω 115. 136.

183. Statt der gewöhnlichen Lesart ἐμοὶ δ᾽ ὄνομα κλυτὸν
Αἴθων schreibt Kayser nach Herodian II. Pros. X 51 und einigen
Handschr. κλυτός und vergleicht ι 366: Οὖτις ἔμοιγ᾽ ὄνομα, als
ob ein ὀνομάζομαι, καλοῦμαι gebraucht wäre. Nauck aber schreibt
aus Conjectur: ἐγὼ δ᾽ ὄνομα κλυτὸς Αἴθων.

196. An Stelle der Vulgata καὶ οἳ τοῖς τ᾽ ἄλλοις schreibe ich
jetzt nach dem Vorgange von La Roche mit zahlreichen Handschr.,
darunter dem Marc. 613, καὶ οἱ τοῖς ἄλλοις, was derselbe in den
homer. Untersuchungen p. 243 f. näher begründet. Ebenso schreibt
Nauck: καὶ οἱ τοῖς᾽ ἄλλοισ᾽. — 197. Zur Erklärung von δημόθεν
vgl. Mangold in G. Curtius Stud. VI p. 410.

203. Aristarch erklärte ἴσκε hier aequavit und verwarf χ 31,
wo diese Bedeutung nicht statthaft ist: vgl. Lehrs de Arist.[2] p. 97.
Andere alte Erklärer verstanden das Wort an beiden Stellen in
dem Sinne von ἔλεγεν und diese Erklärung wird durch die neuere
Sprachforschung gesichert: vgl. G. Curtius Etym.[2] p. 410, [4]p. 461,
welcher auf in-sec-e, θέ-σκε-λο-ς = θέσ-φατ-ος verweist und die
Form als redupliciertes Imperfect aus σι-σεκ-ε-ν erklärt, wie ἴσ-
χ-ε-ν. So Fritzsche in G. Curtius Stud. VI p. 328. Vgl. auch
Buttmanns Lexilog. II p. 83 ff., welcher ἴσπε vermuthete, und
Döderlein Gloss. § 287. 288. Auf Grund dieses Verses bemerkt
Plut. de glor. Athen. c. 4: καὶ γὰρ ἡ ποιητικὴ χάριν ἔσχε καὶ τιμὴν
τῷ τοῖς πεπραγμένοις ἐοικότα λέγειν.

204. H. Düntzer erklärt: 'τήκετο, hier zerfloss, in sehr kühner dichterischer Vorstellung, dass die Thränen aus den Wangen hervorquollen.' Aber diese seltsame Vorstellung ist in den homerischen Worten nicht enthalten, weil dazu gerade der Hauptbegriff 'das Hervorquellen aus den Wangen' vermisst würde. Nur unsern Gedanken 'sie ist ganz aufgelöst in Thränen' will der Dichter mit den Worten bezeichnen: 'die Haut schmolz' oder 'die Wangen schmolzen' (208) nicht 'zu Thränen', sondern von den Thränen: denn an der ersten Stelle wird ῥέε δάκρυα und an der zweiten δάκρυ χεούσης ausdrücklich hinzugefügt. Das Verbum τήκεσθαι aber im Sinne von 'stromweise fliessen' oder 'in etwas gebadet sein' ist nur in Bezug auf das Gleichnis vom Schmelzen des Schnees gewählt. — Ueber die Bedeutung von χρώς vgl. Lehrs Q. E. p. 193; Döderlein Hom. Gloss. § 803; G. Curtius Etym.[2] p. 108 und 185 No. 201, [4]p. 113. 204, und jetzt Ahrens Beiträge zur griech. und lat. Etymologie I, Leipzig 1879 p. 95 ff.

208. Ueber παρήιον vgl. Lobeck Proll. p. 13 und 476 und Elem. I p. 66. Der Vergleich selbst ist nicht nach moderner Geschmackstheorie, sondern aus dem Gesichtspunkte der hellenischen Naturwahrheit zu beurtheilen, welche in derartigen Bildern zugleich einen orientalischen Einfluss zeigt. Es bemerkt zwar darüber J. L. Hoffmann 'Die Bildersprache Homers' in dem Album des Litt. Vereins zu Nürnberg 1866 p. 37 folgendes: 'Der Vergleich ist übrigens nicht ganz nach unserem Geschmack: er ist uns zu kalt und zu gemütlos und gehört unter jene von mir schon öfters berührten Bilder, bei denen zwar der Vergleichungspunkt richtig ist, aber die entsprechende Stimmung fehlt. Der Schnee, als ein fremdartiger lästiger Gast der Berge, mag schmelzen; aber die Anmut von Penelopes Angesicht, sein natürlicher Schmuck und Liebreiz, erregt, wenn sie auch nur auf Augenblicke schwindet, unsere schmerzliche Theilnahme' und Jordan in der Odysseeübersetzung p. 546 sieht in V. 206—209 eine überaus schlechte Interpolation. Allein der Vergleichungspunkt liegt nicht in dem 'Schwinden' des 'Liebreizes' und der 'Anmut von Penelopes Angesicht' sondern einzig und allein, wie auch H. Düntzer mit Recht bemerkt, in der strömenden Fülle. Vergleichbar in dieser Hinsicht sind auch Γ 222 des Odysseus ἔπεα νιφάδεσσιν ἐοικότα und M 278 'die Steine fielen so zahlreich ὥς τε νιφάδες χιόνος πίπτωσι θαμειαί.' An unserer Stelle nun liegt der Gedanke zu Grunde, dass Penelope während der ganzen erdichteten Erzählung, die an die Schicksale des Odysseus erinnerte, geweint habe, weshalb 204 und 208 die schildernden Imperfecta gebraucht sind. Plutarch hat diese Stelle 208—212 mehrfach angeführt, wie de virt. mor. c. 4 p. 442ᵈ, wo er sagt, es habe hier der Dichter vortrefflich gezeigt τὸ συμπαθοῦν καὶ συγκατασχηματιζόμενον τῷ λόγῳ τοῦ ἀλόγου, und de tranq. an. c. 16 knüpft er die Bemerkung

daran: εὖ δὲ καὶ ὁ ποιητὴς οἷόν ἐστι τὸ παρὰ προσδοκίαν ἐδίδαξεν.
ὁ γὰρ Ὀδυσσεὺς τοῦ μὲν κυνὸς θανόντος ἐξεδάκρυσε, τῇ δὲ γυναικὶ
κλαιούσῃ παρακαθήμενος οὐδὲν ἔπαθε τοιοῦτον· ἐνταῦθα μὲν γὰρ
ἀφῖκτο τῷ λογισμῷ τὸ πάθος ὑποχείριον ἔχων καὶ προκατειλημμένον,
εἰς δ᾽ ἐκεῖνο μὴ προσδοκήσας ἀλλ᾽ ἐξαίφνης διὰ τὸ παράδοξον
ἐνέπεσεν.

211. Zur Erklärung von ὡς εἰ vgl. L. Lange der homer.
Gebrauch der Part. εἰ II p. 538 ff.

215. Das γέ nach dem Vocativ findet sich nur hier. Ich habe
im Kommentar eine Erklärung versucht, die in den angeführten
Parallelen Θ 423. K 237 einige Stütze hat. Andere, wie Ahrens
de hiatus Homerici legitimis quibusdam generibus, Hannover 1851
p. 24 und Nauck in der Ausgabe, haben das γέ getilgt. Döderlein öffentliche Reden 1860 p. 364 vermuthet unter Zustimmung
von W. C. Kayser bei Faesi ξεῖν᾽ ἔτ᾽ ὀΐω. Ueber die Stellung von
ὀΐω zu ν 417. Statt ὀΐω gebrauchen die Attiker δοκῶ μοι mit
dem Infinitivus Futuri.

218. Ueber ἄσσα, welches Nauck als verdächtig bezeichnet,
vgl. Spitzner zu K 409 und G. Curtius Etym.² p. 652, ⁴p. 712.
— 219 vermuthet Nauck αὐτόν an Stelle von αὐτός. — Zur
Etymologie von ἑταῖρος vgl. jetzt auch Bezzenberger in seinen Beiträgen IV p. 327 ff., welcher das Wort mit ἕπεσθαι zusammenstellt
und 'Gefolgsmann' deutet.

224. Die gewöhnliche Lesart ἀλλὰ καὶ ὡς ist handschriftlich
nur schlecht gestützt, vgl. La Roche homer. Untersuchungen p. 244 f.
Die meisten und besten Handschriften haben αὐτάρ τοι ἐρέω, wie
jetzt La Roche und Nauck schreiben. Diese Lesart empfiehlt sich
auch von Seiten des Gedankens, indem dann der Gegensatz zu
ἀργαλέον vielmehr auf dem Nebensatz ruht: ὥς μοι ἰνδάλλεται ἦτορ.
Die Schwierigkeiten dieser Wendung erörtert ausser La Roche a.
O. Fulda Untersuchungen über die Sprache der homer. Gedichte
p. 42 f. Ueber ἰνδάλλομαι vgl. auch Merkel Apollon. Rhod. proll.
p. CI. Cod. Vindob. hat: φρεσὶν εἴδεται εἶναι, wonach Nauck vermuthet: ἰνδάλλεται εἶναι.

227. Zur Erklärung des Mechanismus der αὐλοί vgl. Gerlach
im Philol. XXX p. 498, zur Etymologie des Wortes jetzt auch
Froehde in Bezzenberger's Beiträgen zur Kunde der indogerm.
Sprach. III p. 1 ff., welcher die von G. Curtius Etym.⁴ p. 390
gegebene von W. ἀϝ in ἄω blasen verwirft und αὐλός aus ἀλϝός
erklärt = lat. alvus.

228. Ueber ποικίλον vgl. Lobeck Proll. p. 113 not. 1; G.
Curtius Etym.² p. 150 No. 101, ⁴p. 164; über ἐλλός Lobeck Proll.
p. 291; Döderlein Hom. Gloss. § 2080; Curtius Etym.² p. 323
No. 529, ⁴p. 362. Das folgende λάων erklärt Aristarch (Lehrs
de Arist. p. 3 ed. II) ἀπολαύων oder ἀπολαυστικῶς ἔχων oder

ἀπολαυστικῶς ἐσθίων. Ueber den Stamm vgl. Lobeck Rhem. p. 6; Curtius Etym.[2] p. 326 No. 536, [4]p. 365; W. Christ. Gr. Lautl. p. 272. Anders Fick vgl. Wört. [3]I p. 187 unter ras begehren, vgl. λιλα-ίομαι Die ganze Darstellung des Kunstwerks behandelt Overbeck Gesch. der gr. Plastik I p. 47.

231. μέμονα mit dem Infinitiv des Aorists wie δ 416. 700. 741. ε 18. λ 210. 318. τ 449. υ 50. 216. χ 264. B 473. E 301. 483. 842. H 160. I 532. K 433. Λ 713. 733. N 182. 307. 475. P 8. 727. Υ 165. Φ 65. 68. X 413. Bei dauernden Handlungen oder bleibenden Zuständen dagegen steht das Präsens: ε 375. ϱ 520. υ 15. A 590. B 863. Γ 9. Δ 304. E 135. 244. 569. 779. Z 120. H 3; ferner I 361. 642. K 208. 410. M 304. N 338. Σ 156. 176. X 384. Ω 657. Ueber das Futurum zu ο 522.

242. τερμιόεις ist von dem bei Hesych. erwähnten τέρμις 'der Rand, Saum' (zu τέρμα gehörig) abzuleiten: vgl. zu 33. Es ist Beiwort von ἀσπίς und χιτών, in letzterem Falle gleich mit κιθὼν θυσανωτός bei Herod. II 81. So mit A. Göbel de epith. in εἰς p. 18. Gewöhnlich deutet man das Adjectiv wie auch Döderlein Hom. Gloss. § 650 durch 'bis auf die Füsse reichend', was ποδήρης ist.

246. Zu μελανόχροος vgl. Lucian. Anach. 25.

250 f. Diese beiden Verse fehlen in drei Handschriften. Kirchhoff die homer. Odyssee p. 522 nimmt wenigstens die Möglichkeit einer Interpolation an, vgl. ψ 206 und τ 213.

267. Dieser Vers wird von van Herwerden quaestiunculae ep. et eleg. p. 51 verworfen.

272. H. Düntzer hat aus ϱ 527 aufgenommen ζωοῦ, πολλὰ δ' ἄγει κειμήλια ὄνδε δόμον mit der Note: 'Andere lasen hier αὐτὰρ ἄγει κειμήλια πολλὰ καὶ ἐσθλά, nach ο 159, wo nach ἔρχομαι ein vocalischer Anlaut erfordert wurde.' Aber das ist nicht der einzige Entscheidungsgrund für die Aenderung solcher Stellen, sondern das Hauptkriterium wird doch wol in der Beschaffenheit der Quellen liegen. Vgl. Aehnliches im Anhang zu ξ 270. 329.

273. αἰτίζειν unterscheidet sich in der Bedeutung von αἰτεῖν eben so wenig wie ὠθίζειν von ὠθεῖν, während in anderen Verben dieser Art ein deutlicher Unterschied ist: vgl. Lobeck zu Buttmann II p. 386. — Zu ἀνὰ δῆμον, wofür κατὰ δῆμον gewöhnlicher ist, hat H. Düntzer (in Fleckeisens Jahrb. 1864 Bd. 89 p. 681 und) in seiner Ausgabe folgendes bemerkt: 'Da ἀνὰ δῆμον nur aus metrischer Noth steht, wie 73. β 291. γ 215. δ 666, so dürfte hier κατὰ herzustellen sein. Die Ilias kennt weder ἀνὰ noch κατὰ δῆμον.' Aber diesen äusserlichen Massstab für Beurtheilung des Textes werden Andere nicht annehmbar finden, ausserdem auch statt 'metrischer Noth' wol besser Erleichterung der Versbildung sagen. Wenn der Dichter in den angeführten Stellen ἀνὰ δῆμον durchaus hätte vermeiden wollen, so würde er, um andere Möglichkeiten zu übergehen, mit Leichtigkeit gesagt haben: 73 πτωχεύων

κατὰ δῆμον, β 291 ἐγὼ δ᾽ ἐνὶ δήμῳ ἑταίρους, γ 215 μισέουσιν κατὰ δῆμον, δ 666 κρίνας κατὰ δῆμον ἀρίστους. Der andere Umstand wegen der Ilias dürfte auf Zufall beruhen, der im Inhalt der Ilias begründet ist.

279 ff. Wegen der Abweichungen der folgenden Erzählung von dem wirklichen Hergang vermuthet Kammer die Einheit p. 644 ff. in den V. 279—286, sowie 291 f. eine Interpolation. Kirchhoff die homerische Odyssee p. 522 f. sieht in 273—286 die Spur des Bearbeiters.

283. ἦην findet sich noch ψ 316. ω 343. Λ 808, und zwar stets im Versanfange. Hieraus erhellt, dass in O 82 die Lesart ἔνϑ᾽ ἤην ἦ ἔνϑα von dem homerischen Sprachgebrauche abweichen würde. Uebrigens vgl. über die Form G. Curtius in den Stud. I, 2, p. 293. Nauck hat aus Vermuthung ἔπλετο in den Text gesetzt. Im Weiteren vermuthet Cobet Miscell. crit. p. 428 ϝείσατο κέρδιον εἶναι statt κέρδιον εἴσατο ϑυμῷ, ebenso Nauck, vgl. β 320. — Statt τό γε gibt der Marc. 613 τόδε.

285. Statt ὡς hat Bekker hier ohne gute Quellen ὥς gegeben, indem er am Schluss des vorhergehenden Verses die schwächste Interpunction gebraucht.

301. Statt ἄγχι μάλα ist in σ 146 μάλα δὲ σχεδόν gesagt. Der Versschluss wie noch ω 290. Λ 817. P 539 und ohne τῆλε σ 145.

312. H. Düntzer bemerkt: 'ἀνὰ ϑυμὸν steht statt des gewöhnlichen κατὰ ϑυμὸν nur aus metrischer Noth, wie β 116. δ 638.' Aber es verwehrte doch niemand dem Dichter hier ὡς κατὰ ϑυμὸν zu sagen; und da ausser τὰ φρονέων κατὰ ϑυμὸν K 491 auch φρονέων ἐνὶ ϑυμῷ Θ 430 und φρονέους᾽ ἐνὶ ϑυμῷ η 42. 75. κ 317 im Gebrauch war, so konnte er β 116 entweder τὰ φρονέους᾽ ἐνὶ ϑυμῷ oder ἐν ϑυμῷ φρονέουσα oder τὰ φρονέουσα κατὰ φρέν᾽ sagen, und δ 638 bot sich ausser anderm ὡς ἔφαϑ᾽, οἱ δὲ κατὰ φρένα ϑάμβεον von selbst dar. Aehnlich verhält es sich mit den übrigen nicht erwähnten fünf Stellen, wo noch ἀνὰ ϑυμόν vorkommt: β 156. B 36. Σ 4. Φ 137. Ω 680: von 'metrischer Noth' kann nirgends die Rede sein. Man hat vielmehr, so lange die Präpositionen ihre eigenthümliche Bedeutung behalten, die verschiedenen nüancirten Begriffe hervorzuheben. So bezeichnet ἀνὰ ϑυμὸν gleichsam das Aufsteigen eines Gedankens oder Strebens im Herzen, κατὰ ϑυμὸν das Hin- und Herwogen desselben im Herzen, ἐν ϑυμῷ das Verweilen darin als in einem bestimmten Punkte: vgl. G. Hermann Opusc. V p. 49. Natürlich wird jeder dieser drei Begriffe an den meisten Stellen einen passenden Sinn geben, aber man ist deshalb nicht berechtigt, den Homer als einen in 'metrischer Noth' befindlichen Dichter vorzuführen. Uebrigens hat M. Axt Coniect. Hom. p. 34 hier ὑπὸ ϑυμὸς ὄλεται conjiciert. Auch Nauck bezeichnet den Vers als corruptus, ohne jedoch eine Heilung zu versuchen, und bezweifelt überhaupt die Ursprünglichkeit **von 312** —316. van Herwerden quaestiunculae ep. et eleg. p. 51 f. aber vermuthet ἄρα θυμὸς ὀίεται statt ἀνὰ θυμὸν ὀίεται, vgl. ι 213. κ 248. — ὡς ἔσεταί περ 'wie es gerade (allerdings) sein (geschehen oder kommen) wird' dient zum Ausdruck einer bekräftigenden Versicherung, wie φ 212. Α 211, oder zum Ausdruck der Ueberzeugung, dass die Aussage der Wirklichkeit entspreche, wie hier und ähnlich ρ 586. Vgl. Bäumlein über griech. Part. S. 205.

315. Ueber die Formel εἴ ποτ' ἔην γε vgl. den Anhang zu ο 268.

317 ff. In der ganzen folgenden, hier vorbereiteten Fusswaschungsscene sieht Kammer die Einheit p. 647 ff. eine spätere Interpolation (317—508). Vgl. dagegen Bergk griech. Literaturgesch. I p. 711 f. Payne Knight verwarf 343—587. — 319—334 werden von Nauck als verdächtig bezeichnet, während La Roche in der Zeitschr. f. d. österr. Gymn. 1863 p. 199 V. 325—334 als späteren Zusatz verwirft.

319. Ueber θαλπιῶ vgl. Lobeck zu Buttmann Spr. II p. 391 und Rhem. p. 38, und über θάλπω G. Curtius Etym.² p. 434, ⁴ p. 486. — Ἠῶ ἵκηται, d. i. dem Erscheinen der Eos entgegenschlummere. Die Bemerkung von J. La Roche Hom. Stud. § 51, 3 dass 'ein persönlicher Accusativ hier nicht denkbar' sei, dürfte durch diese Auffassung so wie durch das Beiwort χρυσόθρονον sich erledigen. Vgl. ρ 497 und zu ι 151.

330. Zu καταρᾶσθαι ἄλγεα vgl. auch die Erinnerung G. Autenrieths bei Nägelsbach zu Α 188. An Stelle des gewöhnlich gelesenen τῷ δέ schreibt Nauck τῷδε.

331. Ueber ἐφεψιάασθαι vgl. Lobeck Elem. I p. 52; Lehrs de Arist. p. 329 (p. 316 ed. II); G. Curtius Etym.² S. 652, ⁴ p. 713. Vgl. auch zu ρ 530.

334. Manche verstehen ἐσθλόν zu ἔειπον als Adverbium: aber ein adverbiales ἐσθλόν im Sinne von εὖ ist unhomerisch. Der homerische Gegensatz zu diesem Adjectiv ist κακός wie ζ 189. Θ 553. ο 488. ρ 66. υ 86. χ 415. Β 366. Ζ 489. Ι 319. Ω 530. — Angeführt sind beide Sentenzen von Dio Chrys. or. I p. 59. 'In 329 und 332 ist die Parallelstellung der Worte zu beachten.' G. Autenrieth. — Vers 338. Statt ἦχθετ' 'vielleicht ἔχθεθ', d. i. ἔχθεται, wie 344 γίγνεται steht.' Derselbe. Ebenso vermuthet Nauck.

340. Ueber κείω vgl. auch zu η 188. Θ 315. — ὡς τὸ πάρος περ ist hier und Χ 250 in einem selbständigen Nebensatze mit dem Verbum finitum construiert, sonst steht es ohne Verbum: vgl. zu Θ 31. Der Versschluss ἀύπνους νύκτας ἴαυον wie Ι 325. Ueber den Accusativ vgl. J. La Roche hom. Stud. § 8. — 341. χοίτει statt der Vulgata κοίτη ist geschrieben nach Grashof das Hausgeräth bei Homer p. 14, Anm. 43 mit La Roche. — Vers 342. ἐύθρονον Ἠῶ δῖαν. Ueber die zwei Epitheta vgl. den Anhang zu

δ 1 am Ende. — Vers 343. Zu ἐπιήρανα vgl. Lobeck Elem. I
p. 377 und jetzt Ahrens Beiträge zur griech. und latein. Etymologie I p. 90 ff. H. Düntzer gibt folgende Erläuterung: 'ἐπιήρανος,
nicht von ἐπὶ ἦρα (zu γ 164), sondern von ἤρανος (dem Stamme
von ἦρ, Acc. ἦρα, vgl. κάγκ-ανος) mit ἐπί, wie ἐπιείκελος, ἐπαινός.
Dagegen ist ἤρανος Beschützer, wie κοίρανος Mächtiger.'
346—348. 'ἀθετοῦνται οἱ τρεῖς, πρῶτον μὲν ὅτι αἱρεῖται τὴν
δυναμένην ἐπιγνῶναι· εἶτα δὴ καὶ γέλοιον τὸ 'ἥτις δὴ τέτληκε'; τίς
γὰρ φθονεῖ τῶν μὴ σπουδαίων.' Aristonic. ed. Carnuth p. 151. In
gleicher Weise haben von den Neueren Düntzer, Kayser, Nauck
diese Verse athetiert. Vgl. aber, was Kammer die Einheit p. 649
dagegen bemerkt hat. Auch Kirchhoff die homerische Odyssee
p. 523 verwirft alle gegen die Aechtheit der Verse geltend gemachten Gründe. — 346. In der Verbindung εἰ μή sucht auch
hier Vierke de μὴ particulae cum indicativo conjunctae usu antiquiore, Lips. 1876 p. 27 die prohibitive Kraft von μή noch zur
Geltung zu bringen, indem er erklärt: 'nisi, id quod tamen nec
opinor esse nec optaverim' — schwerlich mit Recht.
348. Kayser schreibt τὴν δ' οὐκ ἄν φθον. Da aber bei
Eustathius und in den meisten Handschriften οὐ **vor** φθονέοιμι
steht und da die meisten Quellen im Versanfang τήνδε δ' oder
τῇδε δ' bieten, so möchte J. La Roche in der Unterrichts-Zeitung
für Oesterreich 1864 S. 292 'τῇδε δ' ἄν οὐ φθονέοιμι zu schreiben
anempfehlen', vgl. denselben in den Homer. Untersuch. p. 245. —
φθονεῖν und verwandte Ausdrücke behandelt Doerries über den
Neid der Götter bei Homer, Hameln 1870 p. 10 ff. — Das Verbum
ἅψασθαι steht hier mit doppeltem Genetiv wie χ 339. Ο 76; sonst
27 Male mit einem Genetiv, aber nirgends τινά τινος oder τινός τι,
vgl. zu Θ 341. Zu Krüger Di. 47, 12. Die Construction nemlich,
nach welcher das ganze und der vornehmlich betroffene Theil in
gleichem Casus gesetzt wird, ist nicht bloss auf den Accusativ
beschränkt. In Bezug auf ἐμεῖο aber ist zu bemerken, dass das
orthotonierte Pronomen nach Apollon. Synt. p. 160, 24 nicht possessiv gebraucht wird. Vgl. Bekker im Berliner Monatsbericht usw.
1862 p. 3 == Homerische Blätter I p. 293, auch p. 74 f. — Vers
347. Der Ausdruck τέτληκε τόσα φρεσίν, ὅσσα τ' ἐγώ περ soll nach
Andern 'nur auf gleich langes Leben deuten, im Gegensatz zu
den jungen Dienerinnen, die des Lebens Wehe noch nicht kennen.'
Aber dann erwartete man nicht die Quantitätsbezeichnung τόσα und
ὅσσα, sondern den Begriff: die so lange Leiden erlitten hat als
ich. Denn die homerische Zeit weiss so gut als wir, dass jemand
sehr alt geworden sein kann, ohne viel Wehe erduldet zu haben.
350. Zur Auffassung von γάρ vgl. Capelle im Philol. XXXVI
p. 707, welcher **die** Partikel nicht auf den vorhergehenden Vocativ
bezieht, sondern überhaupt betheuernd, versichernd fasst. Uebrigens verstehen Andere hier φιλίων als Gen. plur. von φίλιος, so

Bergk griech. Literaturgesch. I p. 721, Anm. 186 und Zechmeister
in Zeitschr. f. österr. Gymnas. 1877 p. 621.

356. Ueber die Ableitung von ὀλιγηπελέουσα vgl. H. Düntzer
in Kuhn's Zeitschr. XIII p. 17 f. und G. Curtius Etym.[2] p. 214
No. 273, [4]p. 237. Goebel Lexilog. I p. 446 ff. erklärt das Wort
aus ὀλιγα-σπελ-έουσα von W. σπαλ (πέλω — πάλλω) wenig beweglich d. i. steif und schwerfällig.

367. In ἐδίδους ἐδίδου oder δίδου und ähnlichen Formen hat
Bekker statt des Diphthongs den langen Vocal eingeführt und aus
Conjectur ἐδίδως, ἐδίδω und δίδω, ebenso προΐην προΐης προΐη,
ἀνίης ἵης, ἐτίθη oder τίθη, ἀφίη ἵη gegeben, und im Praesens die
zweite Person ἀνίης μεθίης, und I 164 δίδως, T 270 δίδωσθα.
Vgl. Bekker in der praef. p. V. Hiergegen behandelt die Ueberlieferung J. La Roche Hom. Textkritik p. 225 mit dem Resultate:
'Bekker hat in seiner zweiten Ausgabe die Analogie strengstens
durchgeführt und ἐδίδως, ἐδίδω, δίδωσθα, ἐτίθη, ἀφίη geschrieben,
dabei aber den Boden der Ueberlieferung verlassen. Die Formen
des Praeteritums kommen bloss zweimal vor, τ 367 ἐδίδους, λ 289
ἐδίδου.' Hier ist zunächst nicht klar, warum bei dem 'bloss
zweimal' die vielen Stellen mit δίδου, sowie ἐτίθει oder τίθει
und ähnliche Formen unberücksichtigt geblieben sind. Sodann ist
der Ausspruch, dass Bekker 'die Analogie strengstens durchgeführt' habe, wol etwas 'strenger' einzuschränken. Denn Bekker
ist seinem eigenen Principe untreu geworden, indem er sowohl den
Imperativ τίθει Α 509. φ 177 und den Optativ διδοῖεν σ 141, δι-
δοῖτε λ 357 unverändert lässt als auch besonders die dritte Person
Sing. des Praesens προΐεῖ Β 752, μεθιεῖ Κ 121, τιθεῖ Ν 732, διδοῖ
I 519. δ 237. ρ 350 gibt, 'ohne Zweifel, weil die zu erwartenden
Formen τίθη ἵστη δίδω, die für Aeolismen ausgegeben werden,
non multum auctoritatis habent' nach L. Ahrens de Dial. Aeol.
p. 138 not. 9. Noch übler steht es mit δίδως und δίδωσθα. 'Denn
I 164 δίδως und T 270 δίδωσθα können nicht eine richtigere,
δίδοις δίδοισθα eine falsche Deutung eines ursprünglichen ΔΙΔΟΣ
ΔΙΔΟΣΘΑ sein, weil O in der Schrift wol für ω und ου, aber
nicht auch für οι als Schriftzeichen diente.' So urtheilt mit Recht
H. Rumpf in Fleckeisens Jahrb. 1860 Bd. 81 p. 597 und 598.
Vgl. auch den Anhang zu δ 372. Rumpf's Erörterungen scheint
J. La Roche bei der Abfassung seines Artikels übersehen zu haben.

381. Es gehört zu den lieblichen Zügen der Sage, dass nur
die greise Eurykleia den Odysseus auch in der Greisengestalt erkannt hat, wie der alte lange vernachlässigte Hund Argos: zu
ρ 306; ähnlich Philoitios υ 194. Ueber die Verwandlung selbst
zu υ 398. Uebrigens sieht Düntzer, Kirchhoff Köchly und die
Odyssee p. 62 in V. 381 einen späteren Zusatz. — Kayser findet
in πόδας τε die unverhältnissmässige Kürze des Unterkörpers, die
nach Γ 211 für Odysseus charakteristisch war, angedeutet.

387. Zur Sache vgl. Herod. II 172: ποδανιπτὴρ χρύσεος, ἐν τῷ
αὐτός τε ὁ Ἄμασις καὶ οἱ δαιτυμόνες οἱ πάντες τοὺς πόδας ἑκά στοτε
ἐναπενίζετο. — Statt des τῷ lesen andere, wie Nauck, Düntzer τοῦ.
389. ἀπ᾿, welche Variante statt des gewöhnlichen ἐπ᾿ Bekker
gar nicht erwähnt hat, bieten Eustathius, einige Handschriften und
alte Ausgaben. Dieses ἀπ᾿ ἐσχαρόφιν ist zuerst unter Vergleichung
von 55. 97. 506 als die nothwendige Lesart erkannt worden von
I. H. Voss Randgl. p. 69, und im Anschluss an diesen mit verstärkten Gründen von H. Rumpf *de aedibus Homericis* II p. 37 (27)
not. und von K. Grashof Ueber das Hausgeräth bei Homer und Hesiod S. 6 Anmerk. 5. Dieses ἀπ᾿ ist jetzt meist aufgenommen.
391. Ueber οὐλή vgl. Lobeck Parall. p. 355. Döderlein Hom.
Gloss. § 473; G. Curtius Etym.[2] Nr. 555 p. 334, [4] p. 374. Fick
vergl. Wörterb.[3] I p. 216 unt. *varna* Riss, Wunde: für Ϝολνη.
Ueber die Bedeutung des ἔργα vgl. Ω 354 und G. Autenrieth zu
Nägelsbach B 252, sowie den Anhang zu ρ 274. Die ganze Episode 395—466 ist als unächt verworfen von Thiersch die Urgestalt p. 19, Nitzsch Sagenpoesie p. 131, **Kirchhoff** die homer.
Odyssee p. 523, R. Volkmann Commentatt. ep. p. 111, Adam das
doppelte Motiv im Freiermord, Wiesbaden 1876 p. 16 f., **La Roche**
in der Zeitschr. f. d. österr. Gymn. 1863 p. 199 und Düntzer. Vgl.
dagegen was Bergk griech. Literaturgesch. I p. 711 gegen die
Annahme einer Interpolation bemerkt.
395. In Ω 535 dagegen: πάντας γὰρ ἐπ᾿ ἀνθρώπους ἐκέκαστο
ὄλβῳ τε πλούτῳ τε. Benutzt ist unsere Stelle von Plat. de rep. I
c. 8 p. 334[b].
396. Ueber Hermes in dieser Function vgl. Nägelsbach Hom.
Theol. I 12 p. 32 der Ausg. von Autenrieth; Welcker gr. Götterl.
I S. 346 f.; **über die** Prägnanz von ὅρκῳ zu ξ 366; über die Bildung des κλεπτοσύνη von κλέπτης zu ο 343. Ueber Αὐτόλυκος (d. i.
Selbstwolf, leibhafter Wolf) als den Urgrossvater der Spitzbuben
vgl. auch K 267. Hesiod. fr. 96 ed. Goettling, und über die
Naivetät der ganzen Stelle Schneidewin die homerische Naivetät.
Hameln 1878 p. 50. Statt des gewöhnlichen μηρία καῖεν am Schluss
von 397 hat Bekker aus zwei dargebotenen Lesarten μηρί᾿ ἔκαιεν
hergestellt. Ueber νέον 400 im Sinne von νεωστί Lehrs de Arist.
p. 151 ed. II.
403. Zum Optativ θεῖο mit κε im Relativsatze vgl. δ 560.
κ 434. ο 518 und andere Stellen bei Bäumlein über die gr. Modi
p. 316. Andere geben den Conjunctiv θῆαι, aber Relativsätze mit
ὅς τις und ὅς τε können niemals den Begriff einer Absicht bezeichnen. Hier hat das Activ θείης die älteste Bürgschaft, aber später
war θεῖο die verbreitetere Lesart, θῆαι dagegen ist eine Correctur
der Grammatiker. Vgl. La Roche in der Annotatio critica.
406. Der Nominativ γαμβρὸς ἐμός ist vocativisch gesetzt, weil
von ἐμός ein Vocativ nicht existiert: vgl. Lobeck Elem. II p. 326

not. 1; auch Bekker im Berliner Monatsberichte 1862 p. 163 (Hom. Blätter p. 315); Krüger Di. 45, 2, 2. Manche Handschriften haben auch nachher den vocativischen Nominativ θυγάτηρ τε, den J. La Roche Hom. Textkritik p. 396 gebilligt hat. — Die Worte ὅττι κεν εἴπω, **die** im Sinne von ὅττι ἐρέω einen stabilen Versschluss bilden, stehen nur hier nach ὄνομα, wie ὅττι κεν εἴπῃς nur A 294 nach πᾶν ἔργον. Sonst steht diese stabile Formel entweder nach ἔπος, wie τ 378. υ 115. B 361. Ω 92, oder ohne ein vorhergehendes Nomen, so dass ὅττι zugleich den nöthigen Demonstrativbegriff als Object zum vorhergehenden Verbum enthält, wie α 158. 389. β 25. 161. 229. ω 454. E 421. Θ 408. 422. Ξ 190. Uebrigens ist die Formel ὅττι κεν εἴπω auch in die Prosa übergegangen: vgl. Plat. Phaedr. 260ᵃ und daselbst Stallbaum. — Ueber das Bezeichnende in der Namengebung, wie es in den nächsten Versen mit dem Abschluss τῷ δ᾽ Ὀδυσεὺς ὄνομ᾽ ἔστω ἐπώνυμον 409 gefunden wird, vgl. Köchly zu Eurip. Iph. T. 500, wo **zu unserer Stelle** treffend bemerkt wird: ʻeine Pointe, die sich durch einen neckischen Zufall in unserm populären Mantelliede wiederfindet: ʻDarob ward ich von Zorn entbrannt, und habʼ das Dorf Zorndorf genanntʼ. Denn Ὀδυσσεύς kommt von der Wurzel *dvish* ʻhassenʼ, die in ὀδύσσομαι statt ὀδύσ-jομαι erscheint, so dass es den ʻErzürntenʼ oder den ʻHasserʼ bezeichnet. Vgl. G. Curtius Etym.² p. 220 Nr. 290, ⁴p. 244 und Leskien in G. Curtius Stud. II p. 86 f. Eine andere Erklärung giebt Roscher in G. Curtius Stud. IV p. 196 ff., vgl. dagegen Fick vergl. Wörterb.³ I p. 110 unter 1. *dus*, und Düntzer die homerischen Fragen, Leipz. 1874 p. 105. Vgl. ausserdem Pott im Philol. Suppl. II p. 306. Eurykleia und die Eltern mochten weit eher den Namen Ἄρητος gewünscht haben.

407. Zur Auffassung des γάρsatzes vgl. Capelle im Philol. XXXVI p. 702. Gegen die Erklärung von τῷ 409 als Adverb = *darum* spricht das regelmässige Asyndeton bei diesem nach vorhergehendem γάρsatze: H 331. P 227. N 230. P 340. O 741. Ψ 609.

411. Ueber das immerhin auffallende πού nach ὅθι bemerkt Kayser bei Faesi: ʻIn dieser Verbindung scheint πού müssig angehängt zu sein, als ob es nur ὅθι oder dann ὅπου allein hiesse. Sonst liesse sich auch vermuthen ὅθι περ (ξ 532. B 861).ʼ

420. βοῦν ἄρσενα πενταέτηρον, wie B 403. H 315. Ueber das Rind bemerkt Aristot. H. A. VI 21 folgendes: ἀκμάζει δὲ μάλιστα πενταετὴς ὤν· διὸ καὶ Ὅμηρόν φασι πεποιηκέναι τινὲς ὀρθῶς ποιήσαντα ἄρσενα πενταίτηρον καὶ τὸ βοὸς ἐννεώροιο (χ 19)· δύνασθαι γὰρ ταυτόν. Vgl. auch Verg. Georg. III 60. 61. — Am Schluss von 423 findet sich auch hier, wie H 318, ἐρύσαντό τε πάντα in guten Quellen, wozu indes H. Düntzer mit Recht bemerkt: ʻda das Mahl zum Empfange des Gastes bereitet wurde, so konnte die Theilung kaum übergangen werden. Nach ἐρύσαντό

τε πάντα wird die Austheilung Ω 624 ff. § 431 ff. erwähnt; in der
Ilias folgt αὐτὰρ ἐπεὶ παύσαντο πόνου τετύκοντό τε δαῖτα mit Vers
425 (vgl. π 478. 479).' Aber mit Ausnahme der schon angeführten Stelle Ω 624 ff.

432. Ueber die Form πτύχας in Bezug auf den Nominativ
vgl. Lobeck Parall. p. 107. — Vers 434. Ueber das malerische
ἀκαλαρρείταο vgl. Lobeck zu Phryn. p. 699; Döderlein Hom. Gloss.
§ 200. Sehr schwankend sind noch die Ansichten über das α darin
wie in ἀταλάφρων Z 600, ἑξάετες γ 115, κυν-ά-μυια Φ 394, ποδ-
ά-νιπτρο-ν τ 504. — G. Meyer in G. Curtius Stud. VI p. 257 f. erklärt das α in ἀκαλαρρείτης aus dem Acc. plur., der hier aus der
syntaktischen Fügung in die Zusammensetzung eingedrungen sei.
Ueber die andern Worte vgl. Clemm in G. Curtius Stud. VII p. 20 f.
96, Meyer ebendaselbst V p. 82, VI 396 f. Ueber die Verbindung
der beiden Attribute mit Ὠκεανοῖο vgl. den Anhang zu δ 1. Uebrigens hält Kirchhoff die homerische **Odyssee p.** 524 Vers 434 für
nicht ursprünglich.

438. Neuere etymologische Versuche mit δολιχόσκιος: Skierlo
in der Zeitschr. f. d. Gymnasialwesen 1868 p. 246: von κίω, weit-
gehend, weittragend, und Pfuhl ebendaselbst p. 784 ff.: lang-
schaftig.

444. Zu der Wiederholung des τὸν im Versanfange von 444.
452. 455. 459, die manchem auffallend ist, vgl. Λ 458. 464. 467.
469 den viermal gleichen Anfang mit αὐτὰρ ἐπεί und Γ 209. 212.
216. 221 den gleichen Versanfang mit ἀλλ᾽ ὅτε δή. — Der ge-
sammte Rhythmus unseres Verses malt das heranrückende Getöse.
Der Dual ποδοῖιν, den J. E. Ellendt über den Einfluss des Metrums
p. 9 (drei Hom. Abhandl. p. 13) unerklärlich findet, bezeichnet
'das Getöse von jedem Füssepaar der Männer und Hunde'.
Uebrigens bildet die Form ποδοῖιν bei Homer überall den Versschluss: π 6. Ξ 228. 477. O 18. Σ 537. Φ 271. Ψ 770. — Vorher Vers 441 = ε 479 hat H. Düntzer zu seinem Texte bemerkt:
'Nach jener Stelle ist 441 οὔτε ποτ᾽ statt des überlieferten οὔτε
μιν hergestellt.' Wol nicht 'hergestellt', sondern bloss geändert. Denn wahrscheinlich würde diese echt epische Wiederholung des Objects mit μίν auch ε 479 gebraucht sein, wenn nicht
dort der Plural τοὺς μὲν vorhergienge.

445. Die Stelle ist bemerkenswerth wegen des von der Regel
abweichenden Gebrauchs des temporalen ὡς. Dieses steht mit
wenigen Ausnahmen nur in Verbindung mit Verben der Wahrnehmung, im praepositiven Gebrauch sowohl, wie im postpositiven.
Von den 19 Stellen, die den letzteren zeigen, weichen nur drei
von der Regel ab, τ 445. ω 262 und Ψ 871; hinzu kommt, dass
an den ersten beiden Stellen das Verbum des ὡςsatzes im Imperfect steht, während sonst regelmässig der Aorist sich findet.

446. Ueber die Verbindung πῦρ δεδορκώς vgl. Lobeck zu Soph.

Ai. p. 95. Derselbe Gedanke *N* 474: ὀφθαλμὼ δ᾽ ἄρα οἱ πυρὶ
λάμπετον, wo mit ὀφθαλμώ speciell 'das Augenpaar' hervorgehoben wird. Im Versanfange ist hier die alte Vulgate εὖ λοφιήν,
vgl. Apoll. de pron. p. 97, de synt. p. 168, 8. Herodian in Bekk.
Anecd. p. 1146. Aber schon Porphyrius scheint εὖ gelesen zu
haben. H. Düntzer hat εὖ aufgenommen, ebenso La Roche; Nauck
εὖ, aber mit der Vermuthung: μέν.

449. Ebenso steht φθάμενος in adverbialem **Sinne** *E* 119.
N 387. *Φ* 576. *Ψ* 779; und ὑποφθάμενος δ 547. ο 171: und
ὑποφθάς *H* 144. Aehnliche Participia als adverbiale Bestimmung des Hauptverbums bei J. La Roche Hom. Stud. § 82, 9
S. 158*. Ueber die gewöhnliche Construction von φθάνειν zu
π 383; über das Medium zu ο 171.

450. Ueber die Form γουνός Lobeck Elem. I p. 525; über
διαφύσσειν Lobeck Rhem. p. 244; Döderlein Hom. Gloss. § 1096.
Zur übertragenen Bedeutung von διαφύσσειν vgl. **διὰ δ᾽ ἔντερα**
χαλκὸς ἄφυσσεν Ξ 517, und mit ἤφυσε *N* 507. *P* 314. Mit derselben Uebertragung sagt Verg. **Aen.** **X 314:** *huic gladio* ...
latus haurit apertum. Ebenso Livius VII 10: *uno alteroque*
subinde ictu ventrem atque inguina hausit, vgl. daselbst W.
Weissenborn. — V. 451. λικριφίς behandeln Lobeck Parall. p. 105;
Döderlein Hom. Gloss. § 2054; G. Curtius Etym.[2] p. 328 Nr. 540
und p. 642, [4]p. 367. — Vers 452. τὸν δ᾽ Ὀδυσεὺς οὔτησε τυχὼν
κατὰ δεξιὸν ὦμον. Dass Odysseus den Eber, den er erlegte,
mit dem Speere von rechts in die Schulter verwundet habe, hat
Küchenmeister in der zu χ 84 erwähnten Abhandlung p. 48 phy-
siologisch auffällig gefunden und aus einer unrichtigen Analogie
abgeleitet. Es liegt hier vielmehr ein alter Erfahrungssatz der
Jäger zu Grunde, nemlich folgender: Entgegenstürmende Thiere
werden mit dem Speer sicherer auf der rechten Seite verwundet,
fliehende auf der linken. Wenn daher hier die Situation eines
fliehenden Ebers dargestellt wäre, so würde der Dichter κατ᾽ ἀρι-
στερὸν ὦμον gesagt haben. Denn man findet auch in den Jagd-
scenen durchgängig eine überraschende Naturwahrheit. Vgl. in
Charles Boner Thiere des Waldes (Leipzig 1862) S. 191 ff. den
Abschnitt 'Homer als Jäger'.

455. Manche beziehen das τὸν μὲν auf Odysseus, trotz
Ὀδυσῆος im folgenden Verse, vergleichen zum Ausdruck *N* 656
und *Δ* 220 und lassen dem μὲν das 458 nach αἶψα stehende δέ
entsprechen. Aber das letztere gibt eine gekünstelte Satzverbin-
dung. Sodann wird man für diese Beziehung des Pronomens, wie
sie hier in τὸν mit einem durch δέ getrennten Nomen enthalten
sein würde, eine ähnliche Stelle aus Homer nicht nachweisen können. Man müsste also dem Dichter unserer Episode nach apriori-
ristischem Urtheil eine schlechte Poesie zutrauen. Ich meine, dass
beide Handlungen, die Sorge um den Eber und die Verbindung

der Wunde des Odysseus, als gleichzeitige zu denken sind, indem sich die Söhne des Autolykos in die Arbeit theilen. Denn
beide Sätze sind nicht durch πρῶτα μέν und ἔπειτα δὲ oder auf
ähnliche Weise von einander geschieden.

457. Die ἐπαοιδή wird öfters von Spätern erwähnt. Vgl.
Hermann gottesd. Alt. 42, 3. Welcker Kl. Schr. III S. 65. Nach
diesen hat H. Düntzer hier folgendes bemerkt: ʽIn der homerischen
Heldendichtung kommt dies Besprechen nicht vor; dem Dichter
schien dessen Erwähnung zum Glanze derselben nicht zu passen.
Dass es ihm unbekannt gewesen, darf man daraus ja nicht schliessen. In späterer Zeit finden wir der Besprechungen (ἐπῳδαί) häufig
gedacht. Auch Pythagoras soll durch solche geheilt haben. Der
Name ἐπαοιδὴ deutet auf singenden Vortrag. Das Besprechen des
Blutes ist ein weitverbreiteter Aberglaube.ʼ

461. φίλως geben die besten Quellen statt des gewöhnlichen
φίλην, was auch Nauck schreibt, über dessen Wortstellung *II* 104
zu vergleichen wäre. H. Düntzer bemerkt zu seinem Texte folgendes: ʽφίλοις den Seinen: zu α 19. So ist statt des am besten
überlieferten, aber hier ungehörigen φίλως zu lesen. Andere schrieben φίλην.ʼ Eine stützende Analogie hat φίλως in τ 243 αἰδοίως
δ᾽ ἀπέπεμπον und man wird dasselbe verstehen dürfen freundlich, in Liebe, während dasselbe *Δ* 347 in dem Sinne von gern
steht. Die Zusammenstellung χαίροντα χαίροντες hat ihre nächste
Parallele in ρ 83 χαίροντι χαίρων, eine weitere in γ 272 ἐθέλων
ἐθέλουσαν.

471. Zur Verbindung χάρμα καὶ ἄλγος vgl. Aesch. Agam. 270:
χαρά μ᾽ ὑφέρπει δάκρυον ἐκκαλουμένη. Long. II 24: ὑφ᾽ ἡδονῆς
καὶ λύπης μεστὸς δακρύων, und Heliod. IV 9. X 16. Der Zusatz
φρένα bezeichnet, dass sie weder vor Freude aufjubelte noch im
Schmerze aufschrie, sondern dass die beiden Affecte zunächst nur
ihren Geist beherschten, ohne in Lauten hervorzutreten, wie die
bis φωνὴ folgenden Worte beweisen. Dies mit Bezug auf den Anstoss, den Albert Fulda Untersuchungen I p. 223 f. an den Worten genommen hat. — Vers 473. ἁψαμένη γενείου. G. Autenrieth
zu Nägelsbachs Anmerk. p. 172* bemerkt: ʽIn τ 473 scheint das
Erfassen des Kinns in kürzester Form, die eben der Augenblick
der Ueberraschung nur gestattete, den Sinn zu haben, dass die
alte Amme [?] von Odysseus Verzeihung erfleht, dafür dass sie
ihn nicht schon längst erkannt und dadurch Kränkungen wie die
in σ geschilderten ihm erspart hat.ʼ Aber dieser Gedanke dürfte
doch zu weit abliegen und nur durch Reflexion zu gewinnen sein.
Nach der Situation kann Eurykleia in ihrer Freude wohl nur
bitten, dass Odysseus ihre Erkennung ausdrücklich bestätigen
möge.

475. In πρὶν πάντα ἄνακτ᾽ ἐμὸν ἀμφαφάασθαι bezeichnet Nauck
das einstimmig überlieferte πάντα als *vitiosum* und Düntzer hat

dasselbe, weil 'Eurykleia nur die Füsse berührt hat', aus Conjectur in ἄντα verändert. Gewis zu rasch. Denn ἄντα bringt zu
ἀμφαφάασθαι einen auffälligen Begriff, der mit keiner der übrigen
homerischen Verbindungen des ἄντα zusammenstimmt. Sodann kann
die Längung des πρίν in der Thesis der Conjectur nicht zur
Empfehlung dienen. Hierzu kommt noch, dass man mit der Tilgung des πάντα ein Stückchen Poesie verwischt, weil gerade hierin
wie π 21 eine echt poetische Steigerung des Begriffes liegt, die
in der überwallenden Freude psychologisch begründet ist. Was
das Sprachliche betrifft, so werden sämmtliche Formen von πᾶς
nicht selten sylleptisch gebraucht, um den durch die jedesmalige Situation gegebenen Umfang zu bezeichnen. Vgl. die Noten
zu β 13. δ 279. ε 196. ι 19 (wo H. Düntzer eine künstliche Verbindung schafft). 222 (wo H. Düntzer unnöthig πολλά vermuthet).
376. 422. ο 158. σ 85. ψ 324. ω 493 (wo Düntzer die Bedeutung
ἀολλής, ἀθρόος unterlegt). Α 5. 15 und anderwärts. Ja selbst
an der ganz analogen Stelle π 21 hat πάντα seine in der Sache
liegende Grenze, insofern man bei πάντα κύσεν περιφύς natürlicher
Weise nur an den Oberkörper, nach π 15. 16 nur an Kopf, Augen
und Hände denken kann. Fast ebenso urtheilt auch J. C. E. Oppenrieder De duobus Homeri locis (Augsburg 1865) p. 13, indem er
unter anderm mit Recht bemerkt: 'oratio *vetulae laetitia exsultantis*
non aurificis statera examinanda est, cui mirabundae, quod domi-
num suum non statim agnoverit, si rem paulo exaggerat, ea venia
erit danda, qua ipsi poetae opus est, si non minore superlatione
veri utitur, ubi ab eo (π 21) Eumaeus Telemachum ex itinere
reducem, *adventu eius laetus*, dicitur πάντα deosculatus esse h. e.
toto corpore, quum re vera nihil praeter caput oculosque et utram-
que manum osculatus esset (v. 15).' Und ebendaselbst zu ἀμφὶ
in ἀμφαφάασθαι 'usquequaque *contrectare*, quod aniculae rem
narrando exaggeranti bene convenit.' Ueber den nach πρίν ungewöhnlichen Inf. praes. ἀμφαφάασθαι vgl. Richter quaestiones Hom.
Chemnitz 1876 p. 15.

476 ff. In der folgenden Erzählung nimmt Bergk griech. Literaturgesch. I p. 712 eine Abänderung der ursprünglichen Darstellung an: 'Das Natürliche war, dass erst, nachdem Penelope
sich aus dem Saale entfernt und zur Ruhe begeben hatte, Eurykleia das Fussbad zubereitet, und sicherlich nahm die Handlung
in der alten Odyssee diesen Verlauf. Allein der Anordner versetzte die Scene der Fusswaschung mitten in das Zwiegespräch,
indem so durch die Anwesenheit der Penelope die Gefahr der Entdeckung gesteigert ward, und änderte zu diesem Zwecke die Darstellung ab.' Besondern Anstoss nimmt an diesen Versen auch
Kammer die Einheit p. 650 und La Roche in der Zeitschr. f. d.
österr. Gymn. 1863 p. 199 verwirft V. 476—479, sodass auf 475
unmittelbar gefolgt sei:

ἡ καὶ Πηνελόπειαν ἐσέδρακεν, αὐτὰρ Ὀδυσσεὺς
χείρ᾽ ἐπιμασσάμενος κτλ.

477. Von seinem Standpunkte aus spricht über die Darstellung in
dieser Scene Dionys. Hal. de Hom. poesi § 26.

480. χείρ᾽ ἐπιμασσάμενος φάρυγος λάβε δεξιτερῆφιν wird seit
Eustathius gewöhnlich erklärt wie bei J. H. Voss 'Hielt in mäch-
tigem Druck ihr die Kehle gefasst mit der Rechten.' Aber dadurch würde er das schwachathmige Mütterchen (ὀλιγηπελέουσα 356)
zu Tode gedrückt haben. Ausserdem liegt dies auch nicht im
Verbum ἐπιμαίεσθαι, das nur den Begriff 'placide tangere' oder
'leniter contrectare' enthält. Dies hat J. C. E. Oppenrieder De
duobus Homeri locis commentatio (Augsburg 1865) p. 11 sqq. überzeugend begründet, mit dem Zusatz p. 15: 'Ad leniter tangendi
et attrectandi significationem saepe accedit quaerendi et explorandi
significatio, siquidem hoc cum alioquin tum imprimis in tenebris
vel caecitate tangendo et contrectando fieri solet', wozu dann die
bezüglichen Stellen (δ 277. ϑ 196. ι 441. 446. λ 531. τ 468.
ξ 356. ν 366) durchgegangen werden.

491—502 werden von La Roche in der Zeitschr. f. d. österr.
Gymn. **1863** p. 199 als späterer Zusatz verworfen.

493. Ueber μένος vgl. G. Autenrieth zu Nägelsbach Hom. Theol.
p. 392*. — Statt οὐδ᾽ ἐπιεικτόν hat Bekker nach Gewährsmännern
dritten Ranges οὐκ ἐπιεικτόν gegeben mit Vergleichung von E 892
und Π 549. Aber an beiden Stellen geht ein negativer Begriff
voraus (ἄάσχετον, ἄσχετον), was hier nicht der Fall ist. Vgl. auch
zu ϑ 304. — Vers 494. Wenn man ἔξω ebenso als 502 ἔχε transitiv auffassen sollte, wie ausser andern Albert Fulda Untersuch. I
p. 296 f. will, so könnte man nach dem Zusammenhang unserer
Stelle wol nur ἐμὸν μένος als Object hinzudenken. — Ueber ὡς
ὅτε vgl. L. Lange der homer. Gebrauch der Part. εἰ II p. 540.

500. Odysseus hat nemlich das Anerbieten der Eurykleia für
jetzt noch als unnöthig zurückgewiesen, weil die Mittheilung seinem auf Selbstprüfung und Selbstkenntnis gegründeten Plane (π 304.
306. τ 501) vorgreifen würde. — 502. Zu ἐπίτρεψον δὲ θεοῖσιν
vgl. Horat. carm. I 9, 9: *permitte divis cetera.*

508. Bergk griech. Literaturgesch. I p. 712 sieht in der
508 wieder aufgenommenen Fortsetzung der Unterredung zwischen
Odysseus und Penelope eine spätere Erweiterung des Ursprünglichen. — 510. van Herwerden quaestiunculae ep. et eleg. p. 52
vermuthet als ursprüngliche Lesart: καὶ γὰρ δὴ κοίτου τάχα ϝηδέος
ἔσσεται ὥρη, da die Florentiner Ausgabe ἡδέος ἔσσεται in dieser
Folge liest.

516. Eine neue Erklärung für ἀδινὸν κῆρ gibt Schmalfeld
im Philol. XXXIV p. 581 ff.: das ewig bewegte, immer auf-
und abwogende, ruhelose Herz. Aehnlich schon Goebel in
Zeitschr. f. Gymn. XII 802 ff.: bewegt, erregt.

518. Ueber *Πανδάρεος* und die mit ihm verflochtenen Sagen von υ 66 ff. an handelt H. Düntzer in Kuhn's Zeitschr. XIV p. 207 ff. Vgl. auch J. A. Hartung Rel. und Myth. der Gr. III p. 33 ff. — *χλωρηίς* ist eine weibliche Weiterbildung von *χλωρός*, über dessen Begriff zu ι 320. Ameis' Erklärung, wonach die Femininendung den Aufenthalt oder die Angehörigkeit bezeichne, wie in *Μηονίς* *Ἀχαιὶς ἀλετρίς*, = die im Grünen wohnende, ist mit Recht zurückgewiesen von Buchholz die hom. Realien I, 2 p. 123. H. Düntzer erklärt: '*χλωρηίς* dunkel. Die dunkelrostgraue Farbe der Nachtigall bezeichnen die Griechen durch *ξουθός*, Mittelfarbe zwischen *ξανθός* und *πυρρός*', worauf er für unsere Stelle 'zur Bedeutung vergleicht *χλωρὸν δέος* λ 43, bei Hesiod *χλωρὸς ἀδάμας*, *Ἀχλὺς χλωρή*.' Dagegen bemerkte Ameis mit Recht: 'Aber es ist zunächst höchst bedenklich, eine solche übertragene Bedeutung bei einem Vogelnamen zur Erklärung zu gebrauchen. Auch wird sich *χλωρηίς* im Sinne schwerlich von den Vogelnamen *χλωρεὺς* und *χλωρίων* ganz trennen lassen.' Daher bleibt nichts anderes übrig, als *χλωρηίς* 'die grünliche Nachtigall' zu verstehen. Ueber einige in Griechenland und Kleinasien vorkommende unserer Nachtigall verwandte Arten, die oben olivengrünlich grau, unten gelb sind, vgl. Buchholz a. O. p. 125. Für den epischen Stil der ganzen Stelle ist zu beachten, dass wir hier eines der wenigen Gleichnisse haben (wie noch B 782. Γ 6), in welchen mit der Naturbeobachtung ein mythischer Zug verbunden ist. So ist hier 519 mit dem Conjunctiv *ἀείδῃσι* ganz allgemein der Begriff der Fallsetzung gegeben und mit *χέει* 521 eine lebhafte Schilderung der allgemeinen Wirklichkeit, wozu auch *θαμὰ τρωπῶσα* gehört. Denn 'Aristoteles bezeichnet den Sang der Nachtigall im Frühjahr *τραχεῖα καὶ ἐπιστρεφής*. Eine schöne Beschreibung des mannichfachen Wechsels ihres Sanges (*modulatus sonus*) gibt Plinius N. H. X 43.' H. Düntzer. Was speciell das *θαμὰ τρωπῶσα* betrifft, so erinnert dasselbe an Ovid's Ausdrücke 'promens *varie* discrimina vocum' und 'philomela potest vocum discrimina mille, mille potest *varios* ipsa referre *sonos*' und an das 'dulces *variat* philomela querellas.' An diese allgemeine Schilderung nun reiht sich 522. 523 der mythologische Gegenstand, über welchen Nitzsch Beitr. zur Gesch. der ep. Poesie S. 14 folgendes bemerkt: 'Die Nachtigall, bei den Griechen die Sängerin vor allen, bei den Lateinern die Sängerin in der Dämmerung geheissen, hat im Gegensatz des europäischen Nordens im Süden vollends die tiefer ziehenden Seelentöne. Darin hörte der Grieche bekanntlich Mutterschmerz, die Klage um den in Leidenschaft oder durch Irrthum selbstgetödteten Sohn (Itys, Itylos). In dreifacher Gestalt der Sage ist doch die Nachtigall immer die verwandelte unglückliche Mutter.' Aehnlich J. L. Hoffmann im Album des Lit. Vereins zu Nürnberg 1866 S. 49: 'Der Schlag der Nachtigall mit seinen mannigfachen Wandlungen und seinen tief hervorgeholten und lang-

gezogenen Tönen dünkte den Griechen der Ausdruck schmerzlich-
ster Bewegung, und so heftete sich an dieselbe die Sage, als sei
sie eine verwandelte Mutter, die ihren Sohn beweint, welchen sie
selbst getödtet habe.' Der Name des Sohnes aber Ἴτυλος, bei
den Spätern Ἴτυς, ist von ἴτυ entlehnt, dem schmelzenden Laute
der Nachtigall, den Aristophanes bekanntlich mit τιὸ τιὸ τιοτίγξ
parodiert hat. Eine Nachahmung unserer homerischen Stelle bei
Soph. El. 148 ᾶ̈ Ἴτυν, αἰὲν Ἴτυν ὀλοφύρεται. Wie häufig überhaupt
die Nachtigall in Gleichnissen, wo Klagende auftreten, von den
nachhomerischen Dichtern gebraucht worden sei, erhellt aus den
Angaben bei Nitzsch Beitr. S. 14 Anmerk. 15 und 16 und bei
Wunder zu Soph. El. 107. — Uebrigens verwerfen Kirchhoff die
hom. Odyssee p. 524 V. 518—524, auch 526, La Roche in der
Zeitschr. f. d. österr. Gymn. 1863 p. 199 V. 518—524, auch 529,
Düntzer in der Ausgabe zu 533 V. 518—534 unter Zustimmung
von Adam das doppelte Motiv im Freiermord p. 17. Vgl. den Anhang zu 571. — Vers 521. Statt πολυηχέα erwähnt Aelian Hist.
anim. V 38 die Variante πολυδευκέα, welche G. F. Unger im Philol.
XXV p. 213 durch πολυκηδέα lugubrem erklärt und als ausdrucks-
volles Epitheton für die echte Lesart hält. — Vers 536. χῆνες
ἐείκοσι. 'Die Zwanzigzahl der Gänse ist bedeutungsvoll, wenn sie
auch in der Auslegung nicht berührt wird; vgl. dagegen 484.'
G. Autenrieth. Ueber die Gänse bemerkt Hehn Kulturpflanzen und
Hausthiere p. 266 ff.: 'Bei den Griechen galt die Gans für einen
lieblichen Vogel, dessen Schönheit bewundert wurde und der zu
Geschenken an geliebte Knaben diente'. Auch hier erscheinen die
Gänse als 'Hausthiere, die weniger um des Nutzens willen, den
sie bringen, als wegen der Lust des Anblicks, den sie gewähren,
von der Herrin des Hofes gehalten werden.'

539. Die handschriftliche Lesart αὐχένας ἦξε emendiert Cobet
Miscell. crit. p. 356: αὐχέν' ἔαξε, unter Zustimmung von Nauck
Mélanges Gréco-Romains IV p. 148, welcher diese Emendation
auch in seiner Ausgabe aufgenommen hat, und J. Wackernagel in
Bezzenberger's Beiträgen IV p. 305 f.

553. Ueber ἐρέπτομαι vgl. Lobeck Rhem. p. 44; Döderlein
Hom. Gloss. § 2326; G. Curtius Etym.[2] p. 606*, [4] 665 f. — παρὰ
πύελον 'entlang dem Troge', so dass sie in einer Reihe stehend
gedacht werden: vgl. G. Autenrieth zu Nägelsbach Á 463. Ueber
das Wort πύελος vgl. Lobeck Rhem. p. 131; G. Curtius Etym.[2]
p. 252, [4] 280. Da πύελος bei den übrigen Dichtern stets ein kur-
zes υ hat, so ist hier vielleicht πύελον πάρα das ursprüngliche
gewesen. So vermuthet auch Nauck. — Die folgende Formel ἧχι
πάρος περ bezeichnet nicht einen einzelnen Fall, sondern eine
stehende Gewohnheit: vgl. zu ε 82 und ϑ 31. Das ἧχι bildet hier
den Uebergang zu dem ϑ 510 bemerkten Gebrauche. — Vers 556.

Zu ὑποκρίνασθαι ἄλλῃ παρακλίναντα vgl. hymn. in Ven. 182: τάρ-
βησέν τε καὶ ὄσσε παρακλιδὸν ἔτραπεν ἄλλῃ.

563. Die Erzählung von dem elfenbeinernen und hörnernen
Thore der Träume betrachtet Nägelsbach Hom. Theol. p. 12 und
IV 28 S. 184 der Ausg. von Autenrieth mit Recht als eine Allegorie, die einen rein didaktischen Charakter habe. Dabei hat
der Dichter den gangbaren Volksglauben benutzt, der einestheils
in einem Volkswitz sich aussprach, anderntheils aber den Träumen
eine besondere Wohnung anwies. Vgl. auch den Anhang zu δ 809.
In ω 12 wohnt der δῆμος ὀνείρων im Eingang zur Unterwelt:
'die Träume wohnen in der Unterwelt gleich den nächtlichen Spuk-
gestalten und Gespenstern, die in der Finsternis ihr Unwesen
treiben, vor der Tageshelle dagegen verschwinden.' So Nauck in
den Mélanges Gréco-Romains III p. 90. Nachbildungen dieses
spielenden Mythus bei Vergil. Aen. VI 894 ff.; Horat. carm. III
27, 41; Propert. IV 7, 87, Stat. Silv. V 3, 287 und von den Griechen bei Soph. El. 645; Plat. Charm. 45 p. 173ᵃ; Lucian Gall.
c. 6. Colluth. 311 und daselbst Lennep; Nonn. Dionys. XXXIV 90
und XLIV 53 u. a. bei Nauck Mélanges Gréco-Romains III p. 91 f.

565. Eine etymologische Erklärung von ἐλεφαίρομαι gibt
Bezzenberger in seinen Beiträgen IV p. 314.

571. ἠώς steht hier im Sinne von 'Tag'. Vgl. W. Christ
Gr. Lautl. p. 239. — Rhode Untersuchungen über den 13—16.
Gesang der Odyssee p. 24 bezeichnete die Stelle 570 ff. als im Zusammenhange vollkommen sinnlos. Auch Kammer die Einheit p.
652 f. verwirft 571—588, vgl. dagegen Zechmeister in der Zeitschr.
f. d. österr. Gymnas. 1877 p. 620.

572. Die unter Veränderung der Interpunction gegebene Erklärung von καταθήσω gründet sich auf φ 3 f. 82. 260 (vgl. ω 86.
Ψ 704). ω 168 f. Wie dem κατατιθέναι in dem Sinne von Kampf-
preise aussetzen das ἀναιρεῖσθαι in der Bedeutung davontra-
gen entspricht, so wird φ 117 letzteres Verbum mit ἄεθλια in
dem Sinne 'das Kampfgeräth aufnehmen', um nemlich den Kampf
zu bestehen, dem κατατιθέναι τοὺς πελέκεας an unserer Stelle entsprechend gebraucht.

574. δρύοχοι werden von dem Schol. zu Apoll. Rhod. I 723
erklärt als τὰ ἐγκοίλια τῆς νεώς, ἐν οἷς καταπήγνυται ἡ τρόπις ξύλοις.
Procop. bell. Goth. IV 22 bemerkt: ξύλα ξύμπαντα ἐς τὴν τρόπιν
ἐναρμοσθέντα, ἅ περ οἱ μὲν ποιηταὶ δρυόχους καλοῦσι, ἕτεροι δὲ νομέας.
Andere Erklärungen sind von Ameis in Mützells Zeitschr. f. d. G.
W. 1854 p. 627 ff. behandelt. H. Düntzer in Kuhn's Zeitschr. XV
p. 44 erklärt δρύοχοι 'Ständer, kleine Stützen, daher nicht holz-
haltend, sondern Hölzer, also von δρῦς abgeleitet', mit der Annahme S. 46: 'Dieses ableitende οχος ist nur eine Modification
des so häufig zur Ableitung verwandten ιχος.' Der Singular δρύο-

χος bezeichnete später die Grundhölzer des Schiffs, den Kiel, oder
bei grösseren Schiffen den Kolschwin, einen Balken, der über
dem Kiel in seiner ganzen Ausdehnung fest aufgebolzt liegt und
in seine Kerben die Spanten (Rippen des Schiffes) aufnimmt und
worin sich in der Mitte ein Loch zur Aufnahme des untersten
Mastes befindet. Vgl. B. Graser im Philologus 1865 Supl. III
p. 231. — Eine neue Erklärung von dem Axtschiessen gibt jetzt
Goebel in den Jahrb. für Philol. 1876 p. 169 ff. und Lexilog. I
p. 449 ff., welche von Autenrieth in der zweiten Auflage des Wör-
terbuchs aufgenommen ist. Dieselbe ist allerdings beachtenswerth,
indem sie die Schwierigkeiten bei den bisher üblichen Erklärungen
hervorhebt, unterliegt aber selbst mannigfachen Zweifeln, namentlich wegen der Auffassung von φ 421: 'und nicht verfehlte er
sämmtlicher Aexte oberstes Stilende'. Dagegen habe ich mich
demselben in der Auffassung der δρύοχοι zum Theil angeschlossen,
zum Theil Grashoff das Schiff bei Homer und Hesiod p. 9, welcher
die von Ameis gegebene Erklärung (Schiffsrippen) mit guten
Gründen bekämpft. — Vers 576. ἄεϑλον τοῦτον ἐφήσω. 'Das
Verbum ἐφήσω ist eine berechnete Zweideutigkeit: scheinbar wie
Ψ 82. Ω 300 gleich ἐντέλλεσϑαι, aber die gewöhnlichsten Verbindungen (χεῖρας, βέλος, κήδεα, ἀεικέα πότμον) erinnern den Zuhörer, dass Penelope im Stillen hofft, dass dieser ἄϑλος ein ἀτέλεστος für die Freier sein werde.' G. Autenrieth.

577. H. Düntzer gibt von der Sache folgende Darstellung:
'Der Bogen läuft an beiden Enden in ein Stück Horn aus, welches
eine Kerbe hat, worein, wenn der Bogen ganz gespannt ist, die
Schlingen der Sehne greifen. Da die Sehne etwas kürzer als der
Bogen ist, so muss dieser bei der Anspannung der Sehne gekrümmt
sein. Braucht man den Bogen nicht, so wird an der linken Seite
die Schlinge der Sehne ein wenig seitwärts aus der Kerbe gethan,
wodurch der Bogen selbst sich gerade streckt und jene Schlinge
etwas gegen den Mittelpunkt hinaufstreift. Um den Bogen wieder
schussfähig zu machen, stemmt man das linke Horn auf die Erde,
drückt die aus der Kerbe gelassene Schlinge, indem man oben
den Bogen krümmt, nach der Seite hin, bis sie in die Kerbe wieder hineinspringt, was grosse Kraft erfordert. Das ist das eigentliche Spannen des Bogens. Vgl. φ 125. 410. Δ 112 f. zu σ 262.
φ 138.' Dagegen bemerkte Ameis: 'Hier verstehe ich zunächst
nicht deutlich den Ausdruck, dass der Bogen an beiden Seiten nur
'in ein Stück Horn auslaufe', da doch beide Bogenflügel ganz
hörnern sind, wie H. Düntzer selbst nachher 'das linke Horn' erwähnt. Sodann zweifle ich, dass man an zwei 'Schlingen der
Sehne' zu denken habe. Denn beim Abspannen des Bogens, wo
man die eine Schlinge aus der Kerbe lässt, würde auch die andere
Schlinge aus der Kerbe springen und so das Wiederanspannen des
Bogens unnöthig erschweren. Wie aber gar, die gegebene Vor-

stellung als **richtig** vorausgesetzt, die zuerst gelöste Schlinge nach der Anstemmung des linken Hornes auf die Erde beim Krümmen des Bogens von selbst 'in die Kerbe wieder hineinspringen' könne, das ist mir nicht begreiflich, es müsste denn an dieses Ende der Sehne ein Schwergewicht angehängt **sein**. Daher halte ich **die** Annahme von **einer** lösbaren Schlinge **und** von dem Befestigtsein des anderen Sehnenendes für sachgemäss. Und wenn H. Düntzer zu φ 138 mit **der** entschiedenen Behauptung auftritt: 'Die Alten erklären willkürlich, das eine Ende der Sehne **sei an** einem Ringe befestigt **gewesen**,' so dürfen Andere die bescheidene Annahme entgegensetzen, dass die Alten wol hier wie bei ähnlichen Dingen einer Tradition gefolgt sein werden, jedenfalls die Sache viel besser wissen konnten als wir.' — Uebrigens empfiehlt Ahrens 'Pᾷ Beitrag zur griech. Etymologie und Lexikographie p. 13 das δέ nach ὅς zu tilgen, sowol wegen der vorhergehenden Ankündigung νῦν δὲ μνηστήρεσσιν ἄεθλον τοῦτον ἐφήσω, als wegen des digammatischen Anlauts von ῥηίτατ'. Ueber letzteren vgl. die Zusammenstellung bei Knös de **digammo** Hom. III p. 298 f. — Vers 579. νοσφίσασθαι ist eigentlich 'von sich wegthun', se défaire de qch., dann *deserere;* denn **dieser** Begriff herrscht auch hier vor; vgl. Nägelsbach Hom. Theol. V 37 p. 261 der Ausg. von Autenrieth. — Vers 580. Ueber κουρίδιος vgl. Curtius in den Studien I p. 253 ff.

589. Zur Erklärung des Conditionalsatzes εἴ κ' ἐθέλοις vgl. L. Lange der homer. Gebrauch der Part. εἰ II p. 495.

591—593 bezeichnet Nauck als: *spurii?* — Zur Auffassung des Satzgefüges mit ἄλλα γάρ vgl. Capelle im Philol. XXXVI p. 706.

602—604. **Am Schluss der genannten** drei Verse ist immer ὕπνον ἐπὶ βλεφάροισι βάλε gesagt: die Anschauung ist wie von einem übergebreiteten Gewande entlehnt. Vgl. ξ 520. υ 4. Dagegen heisst es sonst ὕπνον ἐπὶ βλεφάροισι χέειν Ξ 165. μ 338. τ 590. υ 54, oder ἐπ' ὄμμασι χέειν ε 492, und persönlich ἐπί τινι ὕπνον χέειν Ω 445. β 395, auch ὕπνον καταχέειν η 286. λ 245. σ 188, und passivisch περὶ δ' ἀμβρόσιος κέχυθ' ὕπνος Β 19, ὕπνος ἀμφιχυθείς Ψ 62. Hier ist die Anschauung von einem bergenden ἀήρ oder einer verhüllenden Wolke ausgegangen: daher auch βλέφαρ' ἀμφικαλύψαι ε 493. υ 86 und αὐτῷ περὶ κῶμα κάλυψα Ξ 359. Gegen eine unrichtige Deutung des letztern Bildes mit χέειν spricht G. Autenrieth zu Nägelsbach B 19.

υ.

Der zwanzigste Gesang ist kritisch behandelt von Bekker homer. Blätter I p. 123 ff., vgl. dazu Jacob über die Entstehung der Ilias und Od. p. 498 f., Kammer die Einheit der Od. p. 653 ff.,

Bergk griech. Literaturgesch. I p. 715, auch Kirchhoff die homerische Odyssee p. 525 f.

4. Ueber *κοιμᾶσθαι* vgl. Lehrs de Arist. p. 114 ed. II; G.
Curtius Etym.[2] p. 134 Nr. 45, [4] p. 145. Ueber Eurynome als
der ursprünglichen Dichtung fremd vgl. Bergk griech. Literaturgesch. I p. 715. — Vers 6. Ueber das nur hier vorkommende
ἐγρηγορόων Lobeck Rhem. p. 186; G. Curtius Etym.[2] p. 165
Nr. 139, [4] p. 179 und das Verbum der griech. Spr. II p. 141.
Durch solche Intensiv-Präsens-Bildung aus Perfectstamm nemlich
drückte die homerische Formfülle dasselbe aus, was später nur
durch intensive Function des Perfect-Tempus auszudrücken möglich war. — Vers 6—30 werden verworfen von La Roche in
Zeitschr. f. d. öst. Gymn. 1863 p. 199, auf 5 soll ursprünglich
gefolgt sein *κεῖτ᾽ ἐγρηγορόων· σχεδόθεν δέ οἱ ἦλθεν Ἀθήνη* (6 + 30).

8. *γέλω τε καὶ εὐφροσύνην* habe ich nach der Ausführung
von Kayser de versibus aliquot Hom. Odysseae disput. III, Beuthen
1868 p. 9 geschrieben. Nauck schreibt *γέλον τε* an Stelle von
γέλω τε. Bekker *γέλον καὶ ἐνφροσύνην,* J. **Wackernagel** aber in
Bezzenberger's Beiträgen IV p. 288 will herstellen: *γέλω καὶ
ἐνφροσύνην.*

14. Ueber *ἀμαλός* Lobeck Elem. I p. 19. 325; Döderlein
Hom. Gloss. § 1071; G. Curtius Etym.[2] p. 292 Nr. 457 und
p. 654, [4] p. 326 und 715. — Ueber *περὶ σκυλάκεσσι βεβῶσα* vgl.
W. Sonne im Philol. XIV p. 13. Denselben Begriff des Schützens
haben wir Θ 331. P 133 und anderwärts: vgl. Nägelsbach-Auten-
rieth zu Λ 37. So erklärte die bezüglichen Stellen bereits Aristarch. Zum ganzen Gedanken Plutarch. de amore prolis c. 2
p. 494°, und zum Vergleich von Leutsch im Philol. Anzeiger IV
p. 16.

18. *τέτλαθι δή, κραδίη· καὶ κύντερον ἄλλο ποτ᾽ ἔτλης* ist ein
fast sprichwörtlich gewordener Vers. Vgl. Plat. de rep. III 4
p. 390ᵈ; IV p. 441ᵇ; Phaedon. 43 p. 94ᵈ. Horat. serm. II 5, 20.
Cic. ad Att. IX 15. Das dazu folgende Beispiel von dem Kyklopen
wird in gleicher Absicht wie hier auch κ 435. μ 209 erwähnt.
— Vers 19. Das *μοι* ist ein gemütvoller Dativus incommodi, wie
wir in populärem Ausdruck 'mir wegfrass' sagen. Hierzu passt
das schildernde Imperfect *ἤσθιε,* gleichsam einen nach dem andern;
daher auch *ἐτόλμας,* nicht gleich *ἔτλης,* sondern 'vermochtest es
über dich ... das mit anzusehen.' Ueber die Wiederaufnahme des
Gedankens aus 18 und das Gedankenverhältnis vgl. Hentze zur
Periodenbildung bei Homer. Götting. 1868 p. 14. — Vers 22.
ἐν στήθεσσιν ist nicht *secum* 'bei sich', sondern gehört zu *φίλον
ἦτορ:* zu τ 514. In *καθάπτεσθαι,* wo 'mit Worten' meist ausdrücklich dabeisteht, liegt immer was wir sagen: die Rede packte oder
ergriff die Zuhörer.

23. Das nur hier sich findende *πεῖσα* wird von Lobeck Proll.

p. 419 als das sicherste Beispiel einer Ableitung vom Futurum betrachtet. Anders Blomfield gloss. in Aesch. Pers. 68, Döderlein Hom. Gloss. § 867 und jetzt Fick in Bezzenberger's Beiträgen I p. 18. Und Olawsky de graecarum radicum πιϑ et πυϑ mutis consonantibus ac naturali significatione (Lissa 1860) p. 8 hat πεῖσα wie πεῖσμα und πειστήρ auf die Wurzel πιϑ 'binden' zurückgeführt und '*in vinculis*' gedeutet: 'das duldende Herz war ihm zugeschnürt.' Aehnlich H. Düntzer: 'πεῖσα vom Stamme πενϑ binden, wovon πενϑερός (eigentlich *adfinis,* verwandt), πεῖσμα d. i. πένϑ-μα, wie ἄση (ἄδ-ση), δόξα (δόκ-σα, vgl. δοκεῖν).' Dagegen leitet auch Curtius Etymol.[4] p. 262 πεῖσα von W. πιϑ (πείϑω) ab. Mit Recht bemerkt zu unserer Formel Plutarch. de garr. c. 8: μέχρι τῶν ἀλόγων κινημάτων διήκοντος τοῦ λογισμοῦ καὶ τὸ πνεῦμα καὶ τὸ αἷμα πεποιημένον κατήκοον ἑαυτῷ καὶ χειρόηϑες. Vgl. auch Plut. de ira cohib. c. 1 p. 453[d]. Kuster zu Aristoph. Plut. 367.

24. An Stelle der handschriftlichen Lesart νωλεμέως· ἀτὰρ αὐτὸς ἑλίσσετο vermuthet Cobet Miscell. **crit. p.** 277: νωλεμέως· αὐτὸς δὲ ϝελίσσετο. Ebenso Nauck.

27. Sinn: Wie ein Mann eine Magenwurst immer nach beiden Seiten umdreht, damit sie schnell brate: so wandte sich Odysseus bald auf diese bald auf jene Seite um, weil er bei seinen Gedanken nicht schlafen konnte. Dieser Vergleich wird gewöhnlich rücksichtslos getadelt, wie schon in den Schol. V zu Κ 5: ἐπὶ δὲ Ὀδυσσέως πτωχοῦ σχῆμα περικειμένου ταπεινὴν ἔϑηκε τὴν εἰκόνα. So von J. Bekker Hom. Blätt. I p. 124. Dagegen bemerkt J. L. Hoffmann im Album des Lit. Vereins in Nürnberg für 1866 p. 6 folgendes: 'Diese Zusammenstellung des Fremdartigsten und zugleich des Hohen mit dem Niedrigen wirkt auf uns burlesk; nicht also auf die naive Hörerschaft des Dichters, dem es lediglich um Naturwahrheit zu thun war. Er wollte die Bewegung des Odysseus anschaulich machen — womit ich indes keineswegs dieses blutwürstige Gleichnis gebilligt haben will, dessen Vergleichungspunkt zu wenig genau ist, weil die Blutwurst sich nicht selbst herumdreht, wol aber Odysseus.' Ueber αἰόλλειν vgl. **Lobeck** Rhem. p. 124 und 170.

31. Ueber οὐρανόϑεν und ἐς Ὄλυμπον (55) vgl. Lehrs de Arist. p. 165 sqq. **ed.** II. Nägelsbach Hom. Theol. I 4 p. 19 der Ausg. von Autenrieth. Vgl. ζ 281. Α 184. Ρ 545, auch Α 195. 208 mit 221 und die Noten zu Α 420. 497. — 'Das σχεδόϑεν (zu β 267) ist mit οὐρανόϑεν sachlich so zu vereinigen, dass wir annehmen: der Grieche sieht sie gewissermassen erst herankommen, als sie schon nahe ist. Ausserdem ist 30 ff. bis 54 bemerkenswerth, wie das μερμηρίζειν des Odysseus (10) dem einen Theile nach (Trostgründe) als von einer Gottheit herrührend angesehen und demgemäss sogar als Theophanie vom Dichter dargestellt und so aus der Erwägung ein Dialog gemacht wird.' G. Autenrieth.

33. ἐγρήσσειν ist das einzige Verbum auf ησσω, und ausser
ἧσσων überhaupt das einzige Wort, das η vor dem Charakter σσ
hat; der Ableitung nach ist es mit ἀηθέσσω und θέσσω zu vergleichen. Vgl. Lobeck zu Phrynich. p. 608. H. Düntzer bemerkt:
'ἐγρ-ήσσειν ähnlich gebildet wie ἀλθ-έσσειν, ἀλλ-άσσειν, ὑγρ-ώσσειν.
vgl. die ähnlichen Wörter auf σχειν, wie ἀρ-έσχειν, ἀλθ-ήσχειν,
θ(α)ν-ήσχειν.' Dagegen setzt G. Curtius das Verb. d. gr. Spr. I
p. 369, II p. 208 als Stammwort ein ἔγρη-ξ voraus.

38. Statt des handschriftlichen ἀλλά τι hat Bekker aus Conjectur ἀλλά τε gegeben mit Vergleichung von μ 44. 64. 67. So
vermuthet auch Nauck. Darauf erwidert H. Düntzer mit raschem
Urtheil: 'Die Vermuthung ἀλλά τε nach μ 44. 64. 67 ist verfehlt,
da ἀλλά τε nur sondern heisst.' Nemlich zufällig an den drei
Stellen wie ausserdem *B* 754. *P* 677. Aber wenn Bekker diesen
Einwand für möglich gehalten hätte, so würde er sicherlich auch
das ἀλλά τε im Nachsatze zu dem hypothetischen εἴ περ angeführt
haben: *A* 82. *K* 226. *T* 165. *Φ* 577. *X* 192. Sodann hat H. Düntzer
aus Conjectur ἄλλο τι in den Text genommen mit Vergleichung
von ε 173 und mit der Rechtfertigung: 'Nach 37 braucht nicht
nothwendig ein ἀλλά zu folgen; die Erwiederung kann sich auch
asyndetisch anschliessen, wie δ 267. *K* 170. *Σ* 128. *Ψ* 627.'
Aber diese Begründung dürfte nicht ausreichend sein. Denn an
den genannten Stellen folgt nur zunächst ein explicatives
Asyndeton, um das κατὰ μοῖραν ἔειπας zu bestätigen, wie *Ψ* 627
der Versanfang mit οὐ γὰρ ausdrücklich beweist; die eigentliche
'Erwiederung' aber mit dem ἀλλά des Einwandes wird gleich
nachher angeschlossen: δ 269. *K* 172. *Σ* 130. Es ist daher
ἀλλά hier nicht wol zu entbehren. Ueber τι vgl. J. La Roche Hom.
Stud. § 39, 4, d.

41—43. In diesen Versen erkennt Kirchhoff die homer. Odyssee
p. 526 eine Interpolation, auch Nauck bezeichnet dieselben als:
spurii? — 42. Ueber die Concessivsätze mit εἴ περ und Optativ
vgl. L. Lange der hom. Gebrauch der Partikel εἰ I p. 373. Uebrigens
finden sich die beiden einzigen Beispiele von präpositiven Con-
cessivsätzen mit εἴ περ und dem Optativ hier in *v* 42 und 49.

49. μερόπων ἀνθρώπων ist ein stabiler Versschluss wie hier
und *v* 132. *A* 250. *Γ* 402. *I* 340. *Λ* 28. *Σ* 342. 490. *Υ* 217;
einmal im Nominativ μέροπες ἄνθρωποι *Σ* 288 und einmal im
Dativ μερόπεσσι βροτοῖσι *B* 285, was mit dem zu κ 530 erwähnten
Gebrauche zu vergleichen ist. Die μέροπες ἄνθρωποι bilden den
Gegensatz zu θεοὶ αἰειγενέται oder αἰὲν ἐόντες. Das μέροψ gehört
nemlich zur Wurzel μερ 'sterben, vergehen', von welcher Wurzel
auch βροτός stammt. Vgl. die eingehende Erörterung von H. Düntzer
die homerischen Beiwörter des Götter- und Menschengeschlechts
p. 30 ff. Eine übersichtliche Gruppierung der Gewährsmänner bei
Autenrieth zu *A* 250. Andere Erklärungen bei Meyer in G. Curtius

Stud. V p. 107, **Jordan** in der Odysseeübersetzung p. 548 ff., und bei Capelle-Seiler Wörterb. **s. v.**

54. ὡς φάτο, καί ῥα findet sich hier und φ 80. 175. ω 520. *K* 332. *O* 119. *P* 342 (Vgl. A. Rhode Ueber den Gebrauch der **Partikel** ἄρα bei Homer. Moers 1867 p. 27 Nr. XIX); das blosse καί δ 65. ρ 233. σ 151. *E* 899. Nicht selten folgt auf ὡς φάτο die Verbindung mit δ' ἄρα, gewöhnlich in stehenden Redeweisen wie in dem Formelverse ρ 150 und in denselben **Formen** des demonstrativen Pronomens ὡς φάτο, τῷ δ' ἄρα δ 113. *Ω* 507. φ 96 und τῇ δ' ἄρα *E* 363, oder in ὡς φάτο, τοὺς δ' ἄρα πάντας ὑπὸ mit ähnlichen Versausgängen χ 42. ω 450. Ξ 506; vereinzelt sind ο 202. *B* 16. Am häufigsten aber geschieht der Anschluss mit blossem δέ und zwar in 139 Stellen, wenn die elidierten Formen φάτ' und φάθ' mitgezählt werden. Hierzu noch ὡς φάτ' mit nachfolgendem αὐτάρ *Δ* 514 oder ὡς φάτ', ἀτάρ ι 360 und ὡς φάτ', ὁ δ' αὖτις ἄρ' ἕζετο ρ 602. ω 408 und ὡς φάτ' mit nachfolgendem οὐδ' ἄρα β 296, sowie ὡς φάτο mit der Wendung ἦ γὰρ ἔμελλεν *Π* 46, worauf erst der Anschluss mit δέ in einem neuen Satze folgt. — Die augmentierte Form ὡς ἔφατο findet sich nur mit δέ eilfmal; auch das elidierte ὡς ἔφατ' hat vorherrschend δὲ nach sich sowol in vereinzelten Verbindungen als in stabilen Formeln, wie in ὡς ἔφατ' εὐχόμενος, τοῦ δ' ἔκλυε (Bekker δὲ κλύε) mit Beifügung des Gottes zwölfmal, wenn man *K* 295 hinzuzählt: vgl. den Anhang zu υ 102; ferner in ὡς ἔφατ', ἔδεισεν δέ sechsmal, in ὡς ἔφατ', ὦρτο δέ achtmal, und in den formelhaften Versen ν 16 und υ 91. Wie δὲ folgt auch οὐδέ in dem stabilen ὡς ἔφατ', οὐδ' ἀπίθησε 23 Male: vgl. den Anhang zu χ 492, ausserdem in vereinzelten Verbindungen Θ 97. *M* 173. 329. *Ω* 707. Ebenso vereinzelt ist der Anschluss mit δ' ἄρα γ 329 (= ι 225). δ 216. υ 275 und die Verbindung ὡς ἔφατ', οὐδ' ἄρα *B* 419. *Δ* 198 (= *M* 351). *O* 236 (= *Π* 676). Oefters dagegen findet sich ὡς ἔφατ', αὐτάρ, in der Ilias nur *O* 113 mit Ἄρης θαλερὼ πεπλήγετο μηρώ, aber die Odyssee hat den formelhaften Vers ὡς ἔφατ'. αὐτὰρ ἐγώ μιν ἀμειβόμενος προσέειπον 15 Male, und dasselbe αὐτὰρ ἐγώ noch dreimal, wie αὐτὰρ ἐμοί δ 481 (= 538. κ 496). δ 548. κ 406; vgl. zu δ 481, und αὐτὰρ ἐμέ τ 551. Isoliert stehen ὡς ἔφατ'· αἴδετο γὰρ θαλερὸν γάμον ἐξονομῆναι ζ 66, wo sich im nächsten Verse der Gedanke mit δὲ anschliesst, und ὡς ἔφατ', ἐν στήθεσσι καθαπτόμενος φίλον ἦτορ υ 22, wo dann der nächste Gedanke mit τῷ δ' ἄρα beginnt; isoliert ist auch ὡς ἔφατ'· εἰσὶ καὶ οἵδε τὰ εἰπέμεν, οἵ μοι ἕποντο *I* 688 und ρ 147. Was nun den Gebrauch von ὡς ἔφαθ' vor asperierten Vocalen betrifft, so findet sich zum Anschluss des folgenden bloss δὲ und δ' ἄρα in fast gleicher Ausdehnung, aber mit dem Unterschiede, dass die Verbindung mit δὲ vielseitiger ist. Denn sie lautet ὡς ἔφαθ', ἡ δὲ (τ 100. φ 32. *E* 352. *Z* 286) oder αἱ δὲ (ζ 211. 223. σ 320.

χ 446. *Δ* 20 = *Θ* 457) oder οἱ δὲ (22 mal) oder ἡμῖν δ᾽ αὖτε (ι 256. β 103, beides in formelhaften Versen): vgl. zu δ 481 und τ 148, oder von Nominibus Ἕκτωρ δέ (fünfmal) Ἥφαιστος δέ (Φ 342. 381) ἡνίοχος δέ (Λ 280). Der Anschluss mit δ᾽ ἄρα dagegen findet sich überall nur in der Formel ὡς ἔφαθ᾽, οἱ δ᾽ ἄρα stets vor Consonanten theils mit vereinzelter Fortsetzung (Ο 726. Ρ 722. Ω 265) theils in dem zu ο 220 behandelten Formelverse, und an den übrigen zahlreichen Stellen kehrt jedesmal das ganze Hemistichion ὡς ἔφαθ᾽, οἱ δ᾽ ἄρα πάντες zurück: ausser den vereinzelten Ν 487 und γ 430 sind es noch neun Verse, deren jeder mit dem erwähnten Hemistichion mehr als einmal vorkommt (α 381. ϑ 234. ο 437. ρ 481. σ 40. υ 358. χ 255. Η 344. 403), am meisten aber die Formelverse π 393 und δ 673. Vereinzelt ist ὡς ἔφαθ᾽ Ἑρμείας, ἀλλά α 42. — Das synonym gebrauchte ὡς ἄρ᾽ ἔφη steht mit nachfolgendem δέ 14 mal und mit nachfolgendem αὐτάρ ψ 181, aber ὡς ἄρ᾽ ἔφη, καί ρ 409. 462. χ 465. Α 584. Vereinzelt ist φῆ πυρὶ καιόμενος, ἀνὰ δ᾽ ἔφλυε καλὰ ῥέεθρα Φ 361. Vgl. indes den Anhang zu ω 470. — In Betreff der übrigen Personen ist zu bemerken, dass ὡς ἐφάμην unmittelbar ὁ δὲ oder ἡ δὲ oder οἱ δὲ oder τοῖσιν δὲ nach sich hat, meistens in formelhaft wiederkehrenden Versen (δ 382. 471. κ 178. 198. 345. τ 148), vereinzelt, aber durch anderweitige Analogien gestützt sind κ 70. 71. 388. λ 538. Von der dritten Person des Plural finden sich folgende Formen: ὡς ἔφασαν mit δέ κ 46. υ 384; ebenso ὡς φάσαν Β 278, aber ὡς φάσαν, ἀλλά ι 500, mit αὐτάρ κ 67. μ 192. φ 366. Sodann ὡς ἔφαν mit δέ Κ 295; ὡς ἔφαν, αὐτάρ κ 422. 475. ὡς ἔφαν, οὐδ᾽ ἄρα Γ 302. ὡς ἄρ᾽ ἔφαν mit δέ achtmal, mit ἀτάρ φ 404. Endlich ὡς φάν mit δέ β 337. η 343. Aus diesen Angaben erhellt zugleich, dass H. Düntzers Vorschlag zu υ 384: 'ὡς ἄρ᾽ ἔφαν ist wol überall herzustellen' eine zu kühne Analogie erstrebt. — Von synonymischen Ausdrücken gehören noch hierher: ὡς ἄρ᾽ ἐφώνησεν mit nachfolgendem δέ auch formelhaft (ρ 57), und ὡς ἄρ᾽ ἐφώνησεν, καί φ 163. Κ 465; aber die augmentlose Form φώνησε findet sich nur in der Verbindung φώνησέν τε als Versschluss. Vereinzelt aber nicht anomal sind die Wendungen ὡς ἀγόρευ᾽ ὁ γέρων, τὰ δὲ ϑ 570 (= υ 178), ὡς Ἕκτωρ ἀγόρευ᾽, ἐπὶ δὲ Θ 542 (= Σ 310), ἡ μὲν ἄρ᾽ ὡς ἀγόρευεν, ὁ δ᾽ ρ 589. Anders nach κεῖνος τῶς ἀγόρευε σ 271.

56. Ueber μάρπτω vgl. Lobeck Rhem. p. 47; Elem. I p. 494. G. Curtius Etym.[2] p. 406 Nr. 626 und p. 522,[4] p. 456 und 665. Aus den Schlussworten μελεδήματα ϑυμοῦ erhellt, dass das φυλάσσειν 52 in geistigem Sinne gefasst werden müsse, so dass es mit μερμηρίζειν dem Inhalte nach synonym ist.

63 ff. In 63—80 glaubt La Roche in der Zeitschr. f. d. österr. Gymn. 1863 p. 199 einen späteren Zusatz zu erkennen. Das αὐτίκα νῦν 63 soll mit den Worten καὶ γαῖαν ὕπο στυγερὴν

ἀφικοίμην **81** verbunden werden. 66—78 seien aus irgend einem andern Liede, vielleicht attischen Ursprungs entnommen. Ebenso verwirft Kirchhoff die homer. Odyssee p. 526 das Gleichnis 66—82. Vgl. auch Bekker Homer. Blätt. I p. 125 und Bergk griech. Literat. I p. 715. — **64.** κατ᾽ ἠερόεντα κέλευθα deutet Roscher Hermes der Windgott, Leipz. 1878 p. 58 auf das Luftreich und vergleicht da**mit** die Anschauung, dass **die** als beflügelt gedachten Seelen **nach** dem Tode mit Hülfe **des** Windes in das Reich **der** Luft oder **des** Aethers entschweben.

69. Diese Stelle **ist** angeführt von **Plut.** sympos. III 7, 1 p. 656ᵃ.

76. Ueber **die** Bedeutung von μοῖραν τ᾽ ἀμμορίην τε vgl. Nägelsbach **hom.** Theologie² p. 124. Welcker griech. Götterl. I p. 176.

78. Ueber die Function der Erinnyen **an dieser** Stelle vgl. Welcker griech. Götterl. III p. 85, Preller griech. Mythologie I p. 520, Rosenberg die Erinnyen p. 3. — Der Mythos von den Töchtern des Pandareos wird als Allegorie gedeutet von Welcker in den Schriften der Berlin. Acad. 1847 p. 136 f.

83. ἀλλὰ τὸ μὲν καὶ ἀνεκτὸν ἔχει κακόν, ὅππότε κέν τις κτέ. wird gewöhnlich gedeutet: ʿdas enthält noch ein erträgliches Uebel, wennʾ usw. Aber diese Bedeutung von ἔχειν ist unerweisbar: vgl. J. Savelsberg quaestiones lexicales (Berlin 1841), der p. 27 erklärt: ʿsed malum sustinet, et id sustinendum quidem, is qui cet.ʾ H. Düntzer erklärt: ʿἔχει führt mit sich, wie 377ʾ, was wol nicht darin liegen kann: denn an der citierten Stelle ist es einfach: hast du, nemlich bei dir. — Mit ἀλλά wird der Gedanke als eine Einwendung eingeleitet, **wo** wir ʿdochʾ oder ʿindessenʾ gebrauchen. Vgl. W. Bäumlein Griech. Part. p. 12 ff. — Uebrigens werden 83—90 **von** Bekker Hom. Blätt. I p. 125 verworfen, Nauck bezeichnet 88—90 als *spurii?* Vgl. dagegen Kammer die Einheit p. 654 Anmerkung.

102. Statt δ᾽ ἔκλυε hat Bekker in diesem stabilen Verse aus Conjectur δὲ κλύε gegeben: γ 385. ζ 328. ι 536. Λ 43. 357. 457. Ε 121. Κ 295. Π 249. 527. Ψ 771. Ω 314, und ausserdem noch γ 337. δ 505. Ι 509. Κ 47. Ω 335. Vgl. W. C. Kayser im Philol. XVIII p. 677. — Das erste Hemistichion ὣς ἔφατ᾽ εὐχόμενος findet sich, ausser in unserm stabilen Verse, noch mit andern verschiedenen Fortsetzungen β 267. Ε 106. Ζ 311. Θ 198. Ο 377.

104 wird von Nauck als *spurius?* bezeichnet, vgl. Bekker hom. Blätt. I p. 126: ʿDie augenblickliche Gebetserhörung wird um so merkwürdiger als Zeus hoch aus den Wolken donnert und doch, nach Vers 114, das Wunder gerade darin besteht dass nirgend eine Wolke zu sehen ist.ʾ Ebenso urtheilt Kirchhoff die homer. Odyssee p. 526.

106. Ueber die μύλαι vgl. Welcker Kl. Schrift. II p. CIII.
Hermann Privatalt. 24, 7. 8 und jetzt namentlich Blümner Technologie und Terminologie der Gewerbe und Künste p. 23 ff. Die
Lesart εἴατο geben Herodian zu *O* 10 und *Ω* 84, Eustathius, Marc.
456 u. a. bei La Roche. Die andere seltsame Lesart εἴατο ist
die des Aristarch. Vgl. darüber Buttmann Ausf. Sprachl. § 108
A. 11; auch J. La Roche Hom. Textkritik p. 237 f. — Zu ἐπερ-
ρώοντο 107 vgl. Lobeck Rhem. p. 26; G. Curtius Etym.² p. 317
und 508, ⁴p. 355 und 565.

109. Ueber die nur hier bei Homer vorkommende Form ἄλεσ-
σαν und das doppelte σ im Fut. und Aor. überhaupt vgl. Leskien
in G. Curtius Stud. II p. 103. Uebrigens hält Düntzer die homer.
Beiwörter des Götter- und Menschengeschlechts p. 69 V. 108. 109
für einen späteren Zusatz.

110. Ueber ἀφαυρός vgl. Lobeck Elem. I p. 19. Nach Autenrieth von φαϝ, Gegensatz zu φα-ι-δρός, φαίδιμος, eigentlich die
unscheinbarste, unansehnlichste. Das δὲ τέτυκτο, statt des
gewöhnlichen δ' ἐτέτυκτο, geben gute Gewährsmänner.

118 f. Diese beiden Verse bezeichnet Düntzer die homer. Beiwörter des Götter- und Menschengeschlechts p. 69 als schlechten
Zusatz eines Rhapsoden, indem er namentlich an der 'seltsamen
abschwächenden Wiederholung mit νῦν ὕστατα δειπνήσειαν' Anstoss
nimmt. Auch Nauck scheinen die beiden Verse nicht ursprünglich. Vgl. dagegen die Anmerkung im Commentar und Hentze
zur Periodenbildung bei Homer p. 16, zur Sache aber Schneidewin
die homerische Naivetät p. 122.

121. τίσασθαι ist die handschr. Lesart, nur Marc. 457 hat
über dem α ein ε übergeschrieben. Gleichwol verlangt Cobet
Miscell. crit. p. 329 das Fut. τίσεσθαι, und so schreibt Nauck,
vgl. den Anhang zu *Γ* 28.

122. Zur Kritik der folgenden Partie vgl. Bekker hom. Blätt. I
p. 126 und Kammer die Einheit p. 655 f. Letzterer sieht in 126
—161 eine spätere Interpolation.

123. ἀκάματος findet sich nur als Beiwort von πῦρ in diesem
stabilen Versschluss: φ 181. *E* 4. *O* 731. *Π* 122. *Σ* 225. *Φ* 13.
341. *Ψ* 52; anders gestellt bloss *O* 598. — Im Versanfange hat
S. L. Povelsen Emendationes p. 57 statt ἀγρόμεναι hier mit Bezug
auf 109 und auf die ganze Situation ἐγρόμεναι vermuthet, wie
übrigens zwei Handschriften bei La Roche haben und wie Nauck
schreibt.

128. στῆ δ' ἄρ' ἐπ' οὐδὸν ἰών = φ 124. 149. ω 178. 493.
Z 375. Dagegen ist in anderer Verbindung auch ἐπ' οὐδὸν ἰών
zusammengehörig, wie ρ 413. 466. σ 110. — Vers 129. Das
Verbum τιμήσασθαι ist nur hier mit den Begriffen εὐνῇ καὶ σίτῳ
verbunden: vgl. *M.* 310 f. Uebrigens ist die handschriftlich beglaubigte Lesart: πῶς ξεῖνον, die Vulgata τὸν ξεῖνον. Die

neueren Herausgeber **ziehen die** Vulgata vor, nur Kayser **schreibt** πῶς ξεῖνον.

130. 'αὔτως, wie Soph. Ai. 1179: κεῖμαι δ' ἀμέριμνος οὕτως, das eine Nachahmung dieser Stelle zu sein scheint.' G. Autenrieth.

131. Die Lesart ἐμή statt des früher gelesenen ἐμοί wird gerechtfertigt von Bergk Commentat. crit. spec. V p. XI und Bekker hom. Blätt. I p. 73.

132. H. Düntzer **bemerkt:** 'ἐμπλήγδην thöricht, eigentlich verwirrt, wie die Spätern ἔμπληκτος brauchen. Nach Homerischem Sprachgebrauche würde **man** ἐκπλήγδην erwarten, da Homer ἐκπλήσσειν (zu σ 231), **aber nicht** ἐμπλήσσειν als betäuben kennt.' Aber daraus werden **Andere** schliessen dürfen, dass diese Bedeutung hier nicht anwendbar sei, zumal da auch in φρένας ἐκπεπαταγμένος σ 327 dieselbe Präposition zurückkehrt.

133. Statt δέ τ' ἀρείον' hat der Schol. Pind. Ol. VIII 30 noch einmal δ' ἕτερον, wahrscheinlich nach einem Gedächtnissfehler; indes urtheilt J. La Roche in der Zeitschr. f. d. **österr. Gymn.** 1860 p. 552 über δ' ἕτερον also: 'unstreitig richtiger als die jetzt gangbare Lesart, da die Elision **vor** der Cäsur des dritten Fusses hier nicht zulässig ist, es liesse sich auch ἀρείω schreiben.'

135. Der **Versschluss** wie Δ 654, positiv N 775. Angeführt wird die Stelle von Lucian Prometh. c. 4. — In 136 ist mit Bekker ἔπινε gegeben **aus der** Correctur oder Var. des Harleianus und Eust. statt des gewöhnlichen πῖνε. Vgl. zu ψ 228, und andrerseits Kayser zur Stelle.

140. Ueber ὡς als Relativpartikel zu § 441. Nach dem Glauben der **Alten** geziemte es Unglücklichen nicht, die Ergötzlichkeiten der Glücklichen zu geniessen oder in deren Kreise sich einzumischen. Vgl. Herod. I 42; auch τ 344 ff. Dagegen bemerkt H. Düntzer: 'ὡς steht hier in unhomerischer Weise, wo man ἐών erwartet. Anders γ 348.' Aber ein ἐών in Verbindung mit τίς würde eine sehr seltsame Gräcität, ohne τίς aber nur einen anders nüancierten Gedanken geben.

145. An Stelle von κύνες πόδας ἀργοί vermuthet Nauck δύω κύνες ἀργοί, vgl. β 11 und ρ 62.

146. Ueber εἰς ἀγορήν vgl. zu ρ 52. Ueber Arbeit und Amt der Eurykleia überhaupt vgl. Nitzsch Beitr. zur Gesch. der ep. Poesie p. 314. — Zu 148 vgl. Kirchhoff die homer. Odyssee p. 526 f., welcher darin eine spätere Einschaltung erkennt.

150. Ueber ῥαίνειν vgl. Lobeck Rhem. p. 128; Döderlein Hom. Gloss. § 2313; G. Curtius Etym.[2] p. 207 Nr. 253 und p. 457, [4]p. 228 und 512.

153. Der Plural δέπα ἀμφικύπελλα findet sich nur hier. Ueber den statthaften Hiatus zwischen dem ersten und zweiten Fusse vgl. Hoffmann Qu. Hom. I p. 91 ff.

156. Ueber dies Apollon-Fest vgl. Welcker Gr. Götterl. I

p. 466 und über dasselbe **als** Motiv **in** der Erzählung Kirchhoff die homer. Odyssee p. 525.

178. An Stelle von ἔτι vermuthet Cobet Misc. crit. p. 356 ff. εἰ, so dass **178.** 179 den Vordersatz zu 180 bilden sollen — eine durch **nichts** begründete Vermuthung, der τ 66 trotz der gegentheiligen Versicherung entgegensteht, und wodurch die Kraft der Stelle **nur** wesentlich abgeschwächt werden **würde.**

182. ἄλλοθι, statt des gewöhnlichen ἄλλαι, geben Handschriften ersten Ranges. Er meint anderswo in der Stadt. H. Düntzer vergleicht dazu o 311. ρ 18. σ 1 und bemerkt mit Recht, dass der ganze Satz zur Begründung des vorhergehenden οὐ κατὰ κόσμον diene.

183. **Auf die Formel** τὸν δ᾽ οὔ τι προσέφη folgt im nächsten Verse zur Begründung des **Schweigens** entweder ein Gegensatz mit ἀλλὰ A 512. E 690. Φ 479, **oder ein** Participium Δ 402; absolut ohne nähere Begründung steht **die Formel** Z 342. Θ 484. Sonst wird die nach προσέφη im nächsten **Verse** folgende Anrede nur durch eine Nebenbestimmung von προσέφη getrennt, wie α 156. β 399. ϑ 474. Δ 356. N 215. T 404. Φ 212; in B 790 wird das **Verbum** dann erneuert, und in λ 565 steht es ohne Anführung der Worte. Ueber den homerischen Gebrauch der synonymen Ausdrücke vgl. zu ρ 342. — Vers 186. Zu βοῦν στεῖραν vgl. Hermann gottesd. Alt. 26, 19.

190. ἄγχι παραστάς als Versschluss noch ι 345. π 338. H 188. Π 114. P 338. Ψ 304. Ebenso das blosse παραστάς ausser ρ 22 und Υ 375. 'Eumäos stand an der einen Seite des Odysseus; der Rinderhirt tritt an die andere.' H. Düntzer.

194. Hier vermuthet Nauck an Stelle von ἤ τε vielmehr ἤ ῥα. — Die Verbindung βασιλεὺς ἄναξ ist aus Homer auch auf spätere Dichter übergegangen, wie Aesch. Pers. 5. Eurip. Or. 348. Ueber das 195 stehende δυόωσι vgl. Lobeck Rhem. p. 186; G. Curtius Etym.[2] p. 209, [4]p. 231, Fick vgl. Wörterb.[3] I p. 110 unter 1 *du* brennen, quälen.

196. Dieser Vers wird von Düntzer in der Ausgabe verworfen. — 199. An Stelle von χαῖρε πάτερ ὦ ξεῖνε hat Hartel in den Sitzungsberichten der Wiener Acad. Bd. 68 p. 456 vorgeschlagen χ. πατήρ ὦ ξ. unter Zustimmung von J. Wackernagel in Bezzenberger's Beiträgen IV p. 281.

202. Wie hier ἐλεαίρω mit dem Infinitiv steht, so οἰκτείρω bei Soph. Ai. 653: vgl. daselbst Schneidewin. Zu Krüger Di. 55, 3, 15. — ἐπὴν δή findet sich ausserdem α 293. δ 414. ε 363. σ 269. ω 440. Π 453. Zahlreich sind die Stellen mit ἐπεὶ δή, dessen getrennte Schreibweise auch durch ἐπὴν δή mit bestätigt wird, wie durch ἐπεὶ ἄρ δή α 231. o 390 und ähnliche Stellen. — Mit dem Conjunctiv γείνεαι ist ἐντύνεαι ζ 33 zu vergleichen. Zum ganzen Gedanken erinnert G. Autenrieth mit Recht an jenes

Wort: 'Ihr lasst den **Armen** schuldig werden, Dann überlasst ihr ihn der Pein.' Zur Auffassung der Stelle vgl. auch Schömann griech. Alterth. II p. 136 und andrerseits Welcker griech. Götterlehre I p. 182.

204. ἰδίω und ἴδος mit dem lenis, **aber** ἱδρόω beim Hinzutritt der Formation ϱ mit dem asper: **vgl. Et. M. 466**, 38. Anecd. Ox. I 201. Der Sinn des ἴδιον, ὡς ἐνόησα bis μνησαμένῳ Ὀδυσῆος ist folgender: 'es wurde mir heiss', indem mir die Erinnerung **an** Odysseus wie eine Ahnung durch die Seele gieng. Vgl. 224. Wenn man sodann mit Döderlein Oeffentl. Red. p. 361 aus Conjectur ὥς σ' ἐνόησα sagen wollte (was übrigens schon J. H. **Voss** in seiner Uebersetzung ausgedrückt hat): so könnte das eingeschobene σὲ nach dem Zusammenhange wol nur auf Ζεῦ πάτερ bezogen werden. Wenigstens müsste man nach homerischer Sitte **hier** einen Zusatz wie 'dich, armer Fremdling' erwarten. — **Vers** 205. 'καὶ κεῖνον, wo die bukolische Diärese ἐκεῖνον zu schreiben gebietet.' J. La Roche Hom. Textkritik p. 249.

210. τυτθὸν ἰόντα ist hier im **Verse wie** Ψ 85 gestellt; sonst bildet es überall den Versschluss: α 435. λ 67. ψ 325. Ζ 222. Θ 283. Α 223. Ν 466. Χ 480. Ueber σφίσιν αὐτοῖς 213 vgl. Hermann Opusc. I p. 321.

216. An Stelle des handschriftlichen δάσσασθαι verlangt Cobet Miscell. crit. p. 428 den Inf. futuri δάσσεσθαι.

224. Ueber den Wunschsatz εἴ ποθεν — θείη vgl. L. Lange der hom. Gebrauch der Part. εἰ I p. 388.

228. Nauck bezeichnet den Vers als *spurius?* Anstoss giebt ausser dem Verhältnis zu dem vorhergehenden Verse auch die Wendung πινυτὴ φρένας ἴκει: vgl. Alb. Fulda Untersuchungen I p. 125 f. H. Düntzer sagt: 'ist etwas auffallend nach φρένας oder μὶν ἵκετο πένθος, ἄλγος θυμὸν ἱκάνει, μὶν χόλος ἴκει und ähnlichen Ausdrücken gebildet, wo von einem unangenehmen Gefühle die Rede ist.' Und Bekker Hom. Blätter p. 128: 'πινυτή, **hier** vielleicht nicht glücklich mit ἴκει verbunden. Es wandelt uns an, es kömmt über uns, was plötzlich hervortritt und bald vorübergeht, Empfindungen, Regungen, körperliche Zustände, Schicksale, ἄλγος ἱκάνει, ἄχος, κῆδος, πένθος, χόλος, κάματος, ὕπνος, μόρος, πῆμα, χρειώ: was aber dauernd und stetig gewünscht wird, ist Gabe der Götter oder Frucht langwieriger Uebung.' Indes dürfte das von Bekker betonte 'plötzliche Hervortreten und baldige Vorübergehen' nicht überall zutreffend sein. Denn weder Telemachos β 41 mit μάλιστα δέ μ' ἄλγος ἱκάνει noch Odysseus ζ 169 mit χαλεπὸν δέ με πένθος ἱκάνει wollen von einem 'plötzlich hervortretenden und bald vorübergehenden' Schmerze reden (vgl. zu σ 81). Auch bei der schweren Verwundung Π 516 kann das ἐμὲ κῆδος ἱκάνει unmöglich eine 'bald vorübergehende' Empfindung bezeichnen. Aehnlich ἐπεί μ' ἄχος αἰνὸν ἱκάνει Τ 307. Ueber das

folgende τοὔνεκα vgl. Lehrs de Arist. p. 58 not. ed. II. — Vers 234.
Ueber das Participium des Präsens κτεινομένους vgl. Spitzner zu
Γ 494. — Vers 238. Ueber πᾶσι θεοῖσιν im Vergleich zu τελέσειε
Κρονίων 236 vgl. G. Autenrieth zu Nägelsbach Hom. Theol. III 5ᵇ
p. 129. Uebrigens hält Nauck nach dem Vorgange von Kirchhoff
die homerische Odyssee p. 527 V. 238 f. für nicht ursprünglich.
241 ff. Im Folgenden nimmt La Roche in der Zeitschr. f. d.
österr. Gymn. 1863 p. 200 eine grössere Interpolation an, 241
—283. Die Scene 241—247 verräth nach Bergk griech. Literaturgesch. I p. 715 die Hand des Ordners, Hennings die Telemachie
p. 217 f. aber glaubt, dass ihre ursprüngliche Stelle nach π 405
sei, vgl. auch Bekker hom. Blätt. I p. 128 und dagegen Kammer
die Einheit p. 662. — Zu θάνατόν τε μόρον τε 241 vgl. Nägelsbach hom. Theol. ² p. 126.

242. Ueber die Endung des Correlativum ἀριστερός vgl. Lobeck
Elem. I p. 335. M. Axt Coniect. Hom. p. 35 meint: ʽapage istum
inauditum articulum et repone: αὐτὰρ ἐπεί σφιν ἀριστερὸς ἤλυθεν
ὄρνις, et v. 243 post πέλειαν commate distingue.ʼ Aber das ὁ ist
hier keineswegs anders gebraucht als in Stellen wie ε 354. Ueber
die Kürze der Darstellung, die der zweiten Hälfte der Odyssee
eigenthümlich ist, vgl. zu o 254 und 466.

243. αἰετὸς ὑψιπέτης als Apposition zu ὄρνις, wie M 201.
219. N 822. Ueber die Composition mit ὕψι vgl. Lobeck zu Phryn.
p. 684; über den Accent von ὑψιπέτης Lobeck Elem. I p. 343;
Lehrs de Arist. p. 304 ed. II; J. La Roche Hom. Textkritik p. 372.
Das Wort ist ein Substantiv und bildet mit αἰετός eine attributive
Nominalverbindung: zu μ 230. Der Versschluss wie X 140. Ψ 853.
855. 874.

251 ff. Zur Kritik der folgenden Partie vgl. Bekker hom.
Blätt. I p. 128 f. und Kammer die Einheit p. 662 ff.

255. Andere geben von diesem digammierten Verbum die
Form οἰνοχόει, aber dabei würde der Vers in zwei gleiche Hälften
zerfallen, worüber zu γ 34. Cobet Miscell. crit. p. 295 verlangt
ἐϜοινοχόει, und Nauck schreibt ἐοινοχόει. Zur Form ἐϜνοχόει vgl.
ἐϜείκοσι und ähnliche Wörter bei G. Curtius Gram. § 34. D. 4.

257. ἰδρύω findet sich nur hier im Imperfect und nur B 191
im Präsens, woraus sich zugleich auf ursprüngliche Kürze des υ
und erst spätere Verlängerung desselben schliessen lässt. — 258.
Die Erklärung von λάϊνος οὐδός ist begründet von Gerlach im
Philol. XXX p. 508. — Vers 259 gebraucht Aristoteles de arte
poet. c. XXII § 13, um in Bezug auf λέξεως ἀρετή zu bemerken,
dass statt ἀεικέλιον und ὀλίγην der gewöhnliche Ausdruck der Prosa
μοχθηρὸν und μικράν lauten würde. — παραθείς, nicht καταθείς
ist die Lesart der besten Handschriften und durch Aristonikos bei
Ammon. empfohlen, vgl. La Roche und Kayser zur Stelle, welche
ebenfalls παραθείς aufgenommen haben.

272. Statt des handschriftlichen ἀπειλήσας vermuthet Nauck
ἀπηλεγέως.

273. οὐκ ἐᾶν 'nicht zulassen' ohne Object absolut gesagt,
wie η 41. κ 291. E 517. P 449. Σ 296. Ueber die Verbindung
dieser Sätze durch γάρ und τῷ vgl. auch W. Bäumlein Griech. Part.
p. 77. — Iu 273 f. sieht Bergk griech. Literaturgesch. I p. 715
den Zusatz des Ordners mit Bezug auf die von ihm eingeschaltete
Stelle 241 ff.

276. Bekker hat 276—283, wie vor ihm schon Payne Knight,
und nachher 311—319 athetiert, vgl. denselben im Berliner Monatsbericht usw. 1853 p. 643 ff. = Homerische Blätter p. 123 ff. Auch
Nauck bemerkt zu 276—283: *hoc loco incommodi*. Vgl. auch Bergk
griech. Literaturgesch. I p. 715 und Kammer die Einheit p. 667.
Dagegen verwirft Kirchhoff die homer. Odyssee p. 527 die Verse
284—286.

286. Gewöhnlich wird hier Λαερτιάδην Ὀδυσῆα gelesen gegen
die Parallele σ 348. Aber in dem σχῆμα καθ' ὅλον καὶ μέρος
pflegt sonst überall der Accusativ, der das ganze bezeichnet, dem
Begriffe des Theiles voranzugehen. Daher war auch hier aus
einigen Quellen der Genetiv aufzunehmen. Als ein zweites Beispiel abweichender Wortstellung erwähnt Franz Schnorr v. Carolsfeld Verborum collocatio Hom. p. 3 aus Φ 180 γαστέρα γάρ μιν
τύψε παρ' ὀμφαλόν.

287 ff. In der folgenden Scene sieht Bergk griech. Lit. I
p. 715 die Arbeit eines Nachdichters, ähnlich urtheilt Kammer die
Einheit p. 668 ff. Vgl. auch Meister im Philol. VIII p. 11 ff.

290. μνά-σκετο reine Wurzel, wie äolisch μιμναίσκει, skt. De-
sider. *mimanishate*. Vgl. minnen und ähnliche Worte. — δάμαρ
hat stets den bezüglichen Genetiv bei sich, weil es gleich ist δμη-
θεῖσά τινι (Gegensatz ἀδμής ζ 109). Die Wortbildung von δάμ-αρ
ist wie ὄν - ὕπ - στέ - ἄλκ - ἦπ - εἰδ - πεῖρ - οὐθ - ὀνεῖ - κτέ - δελέ - αρ. Die
Flexion ist freilich theilweise verschieden. Vgl. Leo Meyer Vergl.
Gr. II p. 126—130.

298. Nauck bezeichnet diesen Vers **als** verdächtig. Eustath.
las denselben nicht.

302. σαρδάνιον geben, wie J. La Roche in der Unterrichts-
Zeitung für Oesterr. 1864 p. 292 f. bemerkt, 'Pausanias X 17, 13:
Schol. Plat. rep. 337ᵃ und unter den Handschriften der Harleianus.
Die meisten Quellen bieten σαρδόνιον, so Schol. MV; Schol. O 101;
Et. Magn. 709, 4; Suidas IV 693; Photius Lex. 370; Zonaras
Lex. 1627; Cicero Ep. ad fam. VII 25, 1; M. Vind. 5. 56. 133;
beide Schreibweisen hat Eustathius 1840, 20; 1893, 4. Statt
σαρδόνιον haben σαρδώνιον Vrat. und Vind. 50. Dieser Ausdruck
wird auf verschiedene Weise erklärt, am ausführlichsten im oben
genannten Scholion zu Plato.' Vgl. Ast zu Plat. de rep. I c. 11
im comment. p. 354. Bei der Form σαρδόνιον nemlich haben die

Alten, wie Timaeus, an Σαρδώ gedacht, weil die Bitterkeit der
Sardinischen Pflanzen sprichwörtlich war. Daher Verg. Ecl. VII 41
Sardoniis amarior herbis, und dazu die Interpreten. Die Form
σαρδάνιον aber haben Alte, wie Clitarchos und Simonides, auf
σαίρω zurückgeführt. Am Schlusse · des Scholion zu Plato heisst
es: ἤκουσα δέ, φησὶν ὁ Ταρραῖος, ἐγχωρίων λεγόντων, ὅτι ἐν Σαρ-
δόνι γίγνοιτο βοτάνη σελίνῳ παραπλησία, ἧς οἱ γευσάμενοι δοκοῦσι
μὲν γελῶντες, σπασμῷ δὲ ἀποθνήσκουσιν. οὕτω δὲ Σαρδόνιος
ἂν λέγοιτο καὶ οὐ Σαρδάνιος. μήποτε οὖν τὸ Ὁμηρικόν, ὅθεν
καὶ ἡ παροιμία ἴσως ἐρρύη, μείδησε δὲ θυμῷ σαρδάνιον μάλα τοῖον,
τὸν ἀπ᾽ αὐτῶν τῶν χειλῶν γέλωτα καὶ μέχρι τοῦ σεσηρέναι γιγνό-
μενον σημαίνει. H. Düntzer erklärt: 'σαρδάνιος höhnisch, wahrscheinlich vom Stamme σάρ, verstärkt σάρδ (vgl. *ten-dere, τεί-
νειν, tenere*). Vgl. ἀρδ-άνιον, λαυκ-ανία.' Ausserdem ist die Sache
behandelt von Mercklin die Talossage und das sardonische Lachen.
Petersburg 1851 (mir nicht zugänglich), dann von Gross in Blätt.
f. d. bayerische Gymnasialschulwesen IV p. 141 ff., welcher nach
Suidas s. v. Σαρδάνιον den Ausdruck mit den Opfern des Sandan
= Moloch, Melkarth (daher eigentlich Σανδάνιος, doch hiess der
Gott auch Sandon oder Sardos) in Zusammenhang bringt und auf
das erzwungene, unnatürliche Lächeln der ihre Kinder Opfernden
und das für Lachen ausgegebene Weinen der Geopferten deutet,
ferner Goebel Lexilog. I p. 368, der das Wort auf W. σραδ
schwingen zurückführt und versteht: wüthig, heftig, grimmig, und
Kayser zur Stelle. Ueber die Verbindung μείδησε σαρδάνιον vgl.
J. La Roche Hom. Stud. § 37 IV.

304. In ἦ μάλα τοι τόδε κέρδιον ἔπλετο θυμῷ wird das Schlusswort θυμῷ von Andern mit J. H. Voss durch 'es war dir ein
grosses Glück für dein Leben' erklärt. Aber mit Recht hat
C. Capelle Dativi localis quae sit vis atque usus in Homeri carminibus (Hannover 1864) p. 35 unsere Stelle mit τ 283 verglichen: ἀλλ᾽ ἄρα οἱ τό γε κέρδιον εἴσατο θυμῷ. Und H. Düntzer
hat an den Versschluss φίλον ἔπλετο θυμῷ erinnert: θ 571. ν 145.
ξ 397. σ 113. H 31. K 531. Λ 520. Ξ 337. Ψ 548. Nur mit
dieser Erklärung ist der Gleichmässigkeit der homerischen Sprache
ihr Recht gewahrt.

311—319 sind von Bekker unter den Text gesetzt vgl. desselben Hom. Blätt. I p. 131. — 314 wird von Kayser verworfen.

327. Zur Auffassung des εἰsatzes vgl. L. Lange der hom.
Gebrauch der Part. εἰ I p. 444.

342. Gegenüber der handschriftlichen Lesart δίδωμι steht
die des Eustath. δίδωσι, welcher Kayser bei Faesi den Vorzug
giebt, vgl. 335.

344. Wendungen, wie μὴ τοῦτο θεὸς τελέσειεν, vgl. ρ 399.
η 316 scheinen am einfachsten mit Delbrück Gebrauch des Conjunctivs und Optativs p. 195 als negative Wunschsätze gefasst

zu werden. Dagegen sieht L. Lange der hom. Gebrauch der Part.
εἰ I p. 429 in diesen Stellen in der Verbindung von μή mit dem
Opt. **den Ausdruck** einer prohibitiven Fallsetzung und erklärt:
'Fern sei der Fall, der Gedanke: es möchte ein Gott dies ver-
wirklichen.' Diese Auffassung **wird** durch folgende Erwägung
unterstützt. Alle drei Stellen enthalten eine nachdrückliche Verwahrung gegen eine durch den Zusammenhang der Unterredung
gegebene Vorstellung **des** Mitunterredenden. ρ 399 und υ 344
ist diese dem Gedanken nach in der vorhergehenden Aeusserung
dort des Antinoos 375 ff., hier des Agelaos 334 ff. enthalten. Telemach verwahrt sich dort gegen die Zumuthung den fremden Bettler,
hier die Mutter gewaltsam aus dem Hause zu treiben. Aehnlich
η 316. So entspricht wol Lange's Auffassung dem Zweck einer
nachdrücklichen Selbstverwahrung besser, als die gewöhnliche. —
Ueber die folgende Scene vgl. Kirchhoff die homer. Odyssee p. 527,
Kammer die Einheit p. 570 ff., Bergk griech. Literaturgesch. I
p. 716, zur Auffassung derselben auch Nägelsbach homer. Theol.[2]
p. 357. — **346.** Ahrens Beiträge **zur griech.** und lat. Etymologie I p. 137 vermuthet als ursprüngliche Lesart γέλο' ὦρσε statt
γέλω ὦρσε.

347. γναθμοῖσι γελώων ἀλλοτρίοισιν κτέ. Dies ist eine im
Homer einzig dastehende Stelle mit einem wahrhaft tragischen
φάντασμα, in welchem die Symbole **des** unnatürlichen Todes,
der blutenden Wunden und der Leichenklage anschaulich ausgeprägt sind. Dagegen hat Horat. in Sat. II 3, 72 mit *malis
ridentem alienis* unsere Stelle schalkhaft auf die Schadenfreude
übertragen. Dass man an unserer Stelle 347—349 als objective
Thatsachen, 351—357 aber als eine dadurch hervorgerufene pro-
phetische Vision des Sehers zu betrachten habe, das hat Autenrieth in Nägelsbach Hom. Theol. p. 176 gut begründet. Ebenso
richtig ist dessen Bemerkung p. 357 in Bezug auf die vermeintliche Betrunkenheit der Freier. Die Form γελώων mit Buttmann
und Bekker, vgl. La Roche annot. crit., statt des gewöhnlichen
γελοίων, worüber Lobeck Rhem. p. 184 handelt. Indes sind nach
W. Sonne in Kuhn's Zeitschr. XIII p. 423 'beide Lesarten (vier
Moren) gleich falsch. Denn die Grundform γελασ-jον γέλαων gewährt der Contraction nur drei Moren; es ist also, mit syllaba
anceps vor [?] der bukolischen Cäsur, γέλωων zu schreiben.' Vgl.
dagegen Ahrens Beiträge zur griech. und lat. Etymologie I p. 145 f.,
welcher sich für γελοιάω entscheidet. Im übrigen vgl. den Anhang
zu σ 111. — Vers 348. In αἱμοφόρυκτος, was nur hier vorkommt,
sah man früher eine Verkürzung aus αἱματοφόρυκτος, vgl. Lobeck
zu Phrynichos p. 669; jetzt nimmt man verschiedene Suffixbildungen
an, vgl. G. Meyer in G. Curtius Stud. V p. 64 ff.

351. Diese Stelle berücksichtigen Plato im Ion p. 539ᵃ und
Plut. de facie in orbe lunae c. 19 p. 931ᵉ. Vgl. auch Henry in

den Jahrbb. f. Philol. Bd. 95 p. 720 f. — Vers 352. Ueber die
Aphäresis von νέρθε aus ἔνερθε vgl. Lobeck Elem. I p. 49. Bei
γοῦνα bemerkt H. Düntzer zu seinem Texte: ʽγνῖα, das Plato statt
des gewöhnlichen γοῦνα hat, bildet hier einen viel schärfern Gegensatz, da es die Knöchel der **Füsse** bezeichnet, wie sich besonders
aus γνῖα ποδῶν N 512 ergibt und aus der Zusammenstellung γνῖα,
πόδας καὶ χεῖρας ὕπερθεν E 122.ʼ Vgl. dagegen K. Lehrs de
Arist.[2] p. 113. — Vers 354. Ueber die Form ἐρράδαται vgl.
Lobeck zu Soph. Ai. p. 403; G. Curtius Etym.[2] p. 574, [4] p. 228.
634. Uebrigens fehlt dieser Vers (nicht 353 wie H. Düntzer angibt) bei Plato; vgl. darüber J. La Roche Hom. Textkritik p. 36.
360. Ueber ἀφραίνω Döderlein Hom. Gloss. § 954. Ueber
Ableitung und Bedeutung der Verba auf αινω handelt Lobeck zu
Soph. Ai. p. 383 und Rhem. p. 236 sqq., und G. Curtius das Verb.
d. gr. Spr. I p. 364. 366. Diesen Vers verwirft Cobet Miscell. crit. p. 286, weil
τοῖς 367 nur auf πόδες ἄμφω 365 bezogen werden könne. Vgl.
indes zu 367.

367. τοῖς d. i. mit diesen Organen, die **er** eben genannt
hat, ist ein sociativer Dativ: es werden dieselben nach dem
Zusammenhange klar als πομπῆες gefasst, vgl. 364. Ganz unhaltbar ist die Erklärung ʽum jener Zeichen willenʼ mit Vergleichung von § 206. Das folgende ἐπεί begründet die Worte
ἐξεῖμι θύραζε, welche die Hauptsache enthalten, wie 369 beweist.
— νοέω mit einem zum Objectsnomen gehörigen Participium bezeichnet überall einen sinnlichen Eindruck, der zugleich auf das
Gemüt wirkt und dadurch einen unmittelbaren Einfluss auf die
Handlung übt. So auch hier: denn dem Seher **ist** die innere Erscheinung ein leibhaftes Bild. Die übrigen homerischen Beispiele
sind α 58. 258. δ 653. ζ 163. η 40. 491. ϑ 271. κ 375. λ 573.
ν 319. π 6. ρ 301. τ 553. ω 233. Γ 22. 31. Δ 201. E 96. 712.
Z 470. Λ 284. 521. 582. M 143. 336. O 395. 423. Π 789. P 117.
487. 683. Υ 420. Ω 701. Vgl. Joh. Classen Beobachtungen IV p. 11
(in der Sammlung von 1867 p. 147 f.).

377. ἐπίμαστος, das nur hier sich findet, wird gewöhnlich erklärt entweder durch τροφὴν ματεύων, wozu aber gerade **der** Hauptbegriff fehlt, oder durch ἐπίληπτος ʽaufgelesenʼ, was aber hier einen
unpassenden Begriff gibt und ausserdem in ἐπιμαίομαι nicht liegen
kann. Daher hat H. Düntzer in Kuhn's Zeitschr. XIV p. 197 f.
treffend an den Gegensatz ἀπροτίμαστος T 263 erinnert mit dem
Zusatze: ʽWie ἀπροτίμαστος unberührt, wortgetreu *integer, in-
tactus, intaminatus,* so ist ἐπίμαστος berührt, und daher wie
contaminatus besudelt, beschmutzt.ʼ Es scheint ein obscöner
Ausdruck zu sein. Dagegen erklärt Antenrieth im Wörterbuch[2]:
abgegriffen, durchtrieben.

379. Ueber ἔμπαιος vgl. Lobeck Rhem. p. 8 und 78; Döderlein

Hom. Gloss. § 814. Letzterer erinnert an Hesych. ἔμπαιον, μέτ-
οχον und bringt das Adjectiv (wie Lobeck nach dem Vorgang
der Alten) mit ἐμπάζεσθαι in Verbindung. Dasselbe thut auch
H. Düntzer in Kuhn's Zeitschr. XIV p. 198, indem er aber 'eine
Wurzel ἐμπ, eine Modification von ἐπ, in der Bedeutung betreiben, besorgen' annimmt und daraus die Bedeutung 'studens
sich beeifernd, daher theilhaft' zu entwickeln sucht. Vgl.
dagegen den Anhang zu φ 400. — Uebrigens möchte van Herwerden quaestiunculae ep. et eleg. p. 52 die Worte οὐδέ τι ἔργων
| ἔμπαιον οὐδὲ βίης so umstellen: οὐδ' ἔμπαιον | ἔργων οὐδὲ βίης.
— Vers 380. Ueber ein auf τίς folgendes οὗτος bei den Prosaikern
vgl. F. V. Fritzsche Quaest. Lucian. p. 18.

381. Zur Auffassung des εἴsatzes vgl. L. Lange der hom.
Gebrauch der Part. εἰ I p. 358. — 382 wird von Bergk griech.
Literaturgesch. I p. 549 Anmerk. verworfen: 'Schon das Folgende
ὅθεν κέ τοι ἄξιον ἄλφοι zeigt, dass nur von Theoklymenos die Rede
war, auch konnte man für einen alten Bettler, wie Odysseus erschien, keinen besondern Kaufpreis erwarten.' Andere Versuche
die Schwierigkeit zu lösen siehe zu 383.

383. Ueber diese Σικελοί vgl. Niebuhr Kl. Schrift. II p. 225.
Der Gebrauch von ὅθεν gehört zu Krüger Di. 66, 3, 1. Die Form
ἄλφοιν ist nach dem Vorgang von Bekker und Dindorf aufgenommen
statt des handschriftlichen ἄλφοι. Zu Krüger Di. 30, 1, 6. Vgl.
über die Form jetzt auch G. Curtius das Verbum der griech. Spr. II
p. 88. Aber C. W. Nauck will ἄλφοι gewahrt wissen in dem
Sinne: 'von denen es dir, von denen dir das einen guten Preis
einbringen möchte: Subject zu ἄλφοι ist der Inhalt des vorhergehenden Satzes'. Vgl. indes Bekker Hom. Blätter p. 112 f. Anders H. Düntzer: nach dessen Vermuthung 'stand hier ursprünglich τὸν ξεῖνον mit Verlängerung der letzten Silbe in der Arsis,
wie in λαὸν β 41, ποταμὸν ε 460.' Dadurch aber würden zugleich
376 und 380 für bedeutungslose Sätze erklärt. A. Nauck ferner
vermuthet τις an Stelle von τοι, Froehde aber in Bezzenberger's
Beiträgen III p. 12 meint, dass ἄλφοι hier die passive Bedeutung
einkommen haben könne, wie auch εὑρίσκειν ausser 'etwas einbringen, einen Preis eintragen' auch absolut 'einkommen' bedeute
— oder es sei etwa zu lesen ὅ κέν γέ τοι ἄξιον ἄλφοι oder mit
Bentley ὅθεν κέ τις.

385. An Stelle von δέγμενος und seinen Compositis will Cobet
Misc. crit. p 359 ff. δέχμενος als syncopiertes Partic. Präs. herstellen, weil der Gebrauch präsentischen Sinn verlange, und gestützt auf Etym. M. p. 151, 39, wo ἀρχμενος als syncopierte Form
neben ἀρχόμενος erwähnt wird. Vgl. über die Form G. Curtius
das Verb. d. gr. Spr. I p. 151. II p. 144 f.

387. κατ' ἄντηστιν ist eine Handlung zur Bezeichnung der
adverbialen Localbestimmung gegenüber, d. i. an einem im Frauen-

gemache dem Eingange in den Männersal zunächst befindlichen
Platz hin. Das Nomen ἄντησις von ἀντάω ist gebildet wie
μνῆστις ν 280 und κνῆστις Λ 640, auch ἄκνηστις κ 161. Vgl.
Lobeck Parall. p. 442. Elem. I p. 598 und 625; besonders aber
H. Rumpf de aedibus Homericis II p. 83 sq. Ein Correlat zu dieser
allgemeinen Localbestimmung bildet, nur vom Hofe aus gedacht,
das κατ' ἀντίθυρον π 159; zur Handlung aber im Localsinne gesagt ist aus späteren Epikern wie aus Apollon. Rh. ἐπὶ προμολῇσι
vergleichbar. Dagegen leitet Schaper quae genera compositorum
apud Hom. distinguenda sint, p. 9 das Wort von ἀντί und W. ἦς
(sscr. ás = sedere) ab und erklärt: zum Zweck des Gegenüber-
sitzens, um sich den Freiern gegenüber zu setzen. Aehnlich Suhle
im Lexikon: so dass sie den Freiern gegenüber zu sitzen kam.
Autenrieth aber im Wörterbuch[2] p. 38: im Bereich der Begegnung
d. h. am Kreuzgang, da wo der Ausgang aus dem Männersal
zu dem Quergang führt. Uebrigens hat Bekker die Verse 387—394
athetiert: vgl. Bekker Hom. Blätter I p. 131 f. Derselben Ansicht
sind Nauck, La Roche in d. Zeitschr. f. d. österr. Gymn. 1863
p. 200, Kammer die Einheit p. 671, Bergk griech. Literat. I p. 716.
'Diese Verse scheinen als Abschluss dieser Rhapsodie gedient zu
haben, während die nächste von neuem anhebt: vgl. φ 2 mit ν 388
und den Anhang zu ζ 331.' G. Autenrieth.

390. γελώοντες mit Bekker aus drei Handschriften statt des
gewöhnlichen γελοίωντες, worüber Lobeck Rhem. p. 215 spricht.
Vgl. den Anhang zu σ 111 und Ahrens Beiträge zur griech. und
lat. Etymologie I p. 146, der sich für γελοιῶντες entscheidet.

392. Ueber das Verhältnis von δεῖπνον und δόρπον vgl. Lehrs
de Arist. p. 129 sq. ed. II und zu ρ 603. Es geschieht hier nemlich, was in der Odyssee überall stattfindet wo man des Schmausens
wegen in Musse zusammenkommt, zuerst das δεῖπνον, dann Tanz,
Gesang und andere Spiele, hierauf das δόρπον, dann bisweilen
wiederum Spiele, bis die Gäste sich nach Hause begeben. Ueber
die nur hier vorkommende Form ἀχάριστος, die nicht aus ἀχαρι-
στότερος syncopiert ist, vgl. Lobeck Elem. I p. 373; A. Lentz in
der Zeitschr. f. d. Alt. Wissensch. 1852 p. 220.

φ.

1. 2. Vgl. Plut. Coriol. c. 32. — Vers 6. Die Worte χειρὶ
παχείῃ sind auch von der Athene gesagt Φ 403. 424; sonst überall
von Männern.

9. Nauck schreibt an Stelle des handschriftlichen ἔνθα δέ
— ἔνθα τε und setzt nach σίδηρος 10 Komma, so dass die beiden
mit anaphorischem ἔνθα beginnenden Sätze in engere Verbindung
treten. Dem entspricht in der That das Gedankenverhältnis.

11. Ein τόξον παλίντονον hat dadurch die stärkste Schnell-
kraft, dass dieser Bogen nach der anderen Seite, als nach der im
ruhenden Zustande seine äusserlich wahrnehmbare Biegung geht,
gespannt wird, weil er nach beiden Seiten spannbar ist:
daher können die äusseren Seiten desselben, technisch 'Bauch' und
'Rücken' genannt, mit einander beliebig abwechseln. Vgl. Chr. Bähr
zu Herod. VII 69. O. Müller Kl. Schrift. I p. 107. Die aufgenommene Lesart ἕκειτο, statt des gewöhnlichen κεῖτο, bieten Eustathius
und Vind. 133 und 3 andere Codd. bei La Roche. — Vers 13.
Die zu Λακεδαίμονι gegebene Erklärung ist nach Aristarch gestaltet: vgl. Lehrs de Arist. p. 241 (235 ed. II). Ueber τυχήσας
vgl. J. La Roche Hom. Stud. § 82, 9. 14. ἐπιείκελος findet sich bei Homer nur in zwei stabilen
Versausgängen; erstens in ἐπιείκελος ἀθανάτοισιν, wie hier und ο 414.
φ 37. Α 265. Δ 394. Α 60; zweitens in θεοῖς ἐπιείκελ' Ἀχιλλεῦ
ω 36. Ι 485. 494. Χ 279. Ψ 80. Ω 486. Zu ἐπιϝείκελος vgl.
man con-similis, com-par-are. 15. An Stelle des handschriftlichen ξυμβλήτην schreibt Nauck
ξυμβλήατο. — Ueber die folgende Erzählung von dem Bogen des
Odysseus vgl. Jacob über die Entstehung der Ilias und Odyssee
p. 500. La Roche in der Zeitschr. f. d. österr. Gymn. 1863 p. 166
sieht in Vers 24—33 eine Interpolation, vielleicht aber erstrecke
sich dieselbe auf 16—35, sodass diese beiden Verse in folgender
Weise zu combiniren seien: οἴκῳ ἐν Ὀρτιλόχοιο δαΐφρονος· οὐδὲ
τραπέζῃ κτλ. Kirchhoff die homerische Odyssee p. 528 sieht in
15—41 eine spätere Einlage. 20. Ueber ἐξεσίην ἐλθεῖν vgl. Lobeck zu Soph. Ai. p. 213;
J. La Roche Hom. Stud. § 22, 7 am Ende. — 21. Ueber παιδνός
vgl. Lobeck Proll. p. 241. 26. Ueber ἐπίστωρ vgl. Lehrs de Arist. p. 116 (109 ed. II);
Döderlein Hom. Gloss. § 416. — G. Autenrieth bemerkte: 'Der
Vers macht durchaus den Eindruck der Interpolation, wegen seiner
Unbestimmtheit und wegen der unhomerischen Verbindung von
φῶτα mit dem Eigennamen. Homerische Hörer bedurften dieses
Zusatzes zu Διὸς υἱόν nicht (Θ 362. Ε 250). μεγάλων ἐπίστορα
ἔργων bezieht sich auf die Herculei labores; nemlich ἐπίστωρ
gleich auctor, was der Interpolator gemein hat mit Qu. Smyrn.
XIII 373 κακῶν ἐπίστορας ἔργων, vgl. III 203 und Apollon. Arg. II
874, wo ἴδριν 873 und ἔκλαστο 869 keinen Zweifel über die Bedeutung lässt. Anders IV 16. Die Alexandriner selbst haben das
Wort in dem Sinne gebraucht (natürlich von ἐπι-ϝίδμεναι abgeleitet),
in welchem ἔργα ϝίδμεναι bei Homer sich findet.' Jetzt erklärt
derselbe im Wörterbuch² das Wort: conscium. Das φῶθ' Ἡρακλῆα
gehört zu der attributiven Nominalverbindung, wo die Wortstellung
wechselt (zu μ 230), so dass der Name auch vorhergeht wie Δ 194.
Φ 546. Nitzsch scheint die Stelle in Verbindung mit den Rossen

erklärt zu haben, da er **zu** *ι* 271 *ἐπίστωρ* erwähnt und Beitr.
zur Gesch. der **ep.** Poesie p. 148 unsere Stelle nicht angeführt
hat. Uebrigens wohnte Herakles damals noch in seinem Erbreiche
Tiryns, und **ihm** hatte nach späterer Dichtung Eurytos, der Vater
des Iphitos, seine Tochter Iole verweigert.

29. Statt *τράπεζαν, τὴν δή οἱ παρέθηκεν* wie Ameis las bieten
hier die besten Autoritäten *τράπεζαν τήν, ἥν οἱ 'παρέθηκεν*, wie
auch Dio Chrys. or. 74 und Athenagoras **leg. pro** Christ. c. 25.
— Vers **36** ist angeführt **von** Plutarch. sympos. lib. III prooem.
p. 645ᵃ.

42. *θάλαμον τόν.* Die Casus obliqui des Pronomens *ὁ* werden
sonst **nur dann** ihrem **Nomen** nachgesetzt, wenn durch dieselben
ein Relativsatz **vorbereitet** wird: davon sind nur ausgenommen
unsre Stelle und *P* 401. Aber **an** beiden Stellen vertritt das nach-
gesetzte Pronomen gewissermaassen **die** Stelle eines Attributs. Vgl.
auch zu *α* 116. Statt dieses handschriftlichen *θάλαμον τόν* hat
Döderlein Oeffentl. Red. p. 365 *θ' ὄν* **conjiciert** mit Vergleichung
von *η* 7. Aber er hat sich über das Digamma von ὄν nicht ausgesprochen. Denn die Verbindung *θ' ὄν* (*δ* 112. *λ* 68. *ο* 348
Γ 27) kennt Homer nur beim Relativum. Nauck **vermuthet** *θαλα-
μόνδε.*

48 f. Nauck vermuthet an Stelle der Worte *τὰ δ' ἀνέβραχε*
bis *θύρετρα* eine ursprünglich kürzere Gestaltung: *τὰ δ' ἀνέβραχε
καλὰ θύρετρα.* — 51 schreibt derselbe statt *ἔνθα δέ* — *ἔνθα τε.*

54. Ueber *γωρυτός* **vgl.** Lobeck Proll. p. 389; Döderlein Hom.
Gloss. § 59.

55. *καταῦθι* schreiben in **ein** Wort verbunden Bothe und
Bekker. Ueber die Trennung **κατ'** *αὖθι* vgl. La Roche hom. Unters.
p. 246 f., Lobeck Elem. I p. 612. Aehnlich *φ* 90. *K* 273. *Φ* 201.
Ψ 147. 163. Zu Krüger Di. 66, 1, 2. Der Versschluss wie *τ* 401.

61. *ὄγκιον*, das nur hier sich findet, wird von Poll. X 165
also erklärt: *τὸ δὲ ὄγκιον σκεῦος πλεκτὸν εἰς ἀπόθεσιν σιδήρου
ἢ ἄλλων τινῶν, παρὰ δ' Ὁμήρῳ τῶν Ὀδυσσέως πελέκεων.* Anders
Döderlein Hom. Gloss. § 2399. H. Düntzer erklärt: '*ὄγκιον* Korb,
von seiner gebogenen Form so genannt, oder von der Last, Last-
korb, wie *κρεῖον* von *κρέας.*' — In 60 sieht Kirchhoff **die** homer.
Odyssee p. 528 eine müssige Wiederholung aus 12.

63—66. Hier fehlt Vers 66 in guten Urkunden mit Recht.
Denn **die** beiden Dienerinnen hatten das schwere *ὄγκιον* zu tragen,
das ihnen Eumäos **82** abnimmt, konnten sich also nicht 'zu beiden
Seiten' ihrer Herrin stellen. Dagegen behauptet H. Düntzer, dass
der Vers hier 'unentbehrlich' sei: 'denn Vers 8 ist nicht bloss
von zwei Dienerinnen die Rede.' Da aber bei Penelope *σὺν ἀμ-
φιπόλοισι γυναιξὶν α* 362. *δ* 751. 760. *π* 413. *ρ* 49. *τ* 602. *φ* 365.
χ 483 (vgl. den 484 ausdrücklich hinzugefügten Gegensatz). *ψ* 364
überall nur an die **zwei vertrauteren** Dienerinnen zu denken

ist: so vermisst man einen genügenden Grund, warum Penelope hier bei dem einzelnen Gange zu dem einen Geschäfte von der stehenden Sitte abgewichen sei und eine grössere Anzahl von Dienerinnen mitgenommen haben solle. Anders ist der Zusammenhang bei der Arete ζ 52. 80. η 235. — Zu παρὰ σταθμόν 64, wo wir nach unserm Gefühl den Dativ erwarten, vgl. besonders den Zusatz von G. Autenrieth zu Nägelsbach Δ 463. Dieses παρὰ σταθμόν nemlich, das sich nicht bloss bei στῆ, sondern ebenso bei ἷζε ρ 96 findet, ist aus dem plastischen Sinne der Griechen zu erklären, der die Längenausdehnung des σταθμός dem Hörer vor das geistige Auge führt. Denn mit παρὰ σταθμῷ wäre nur ein Punkt angegeben, aber mit παρὰ σταθμόν ist ein Bild gezeichnet.

71. ἐπισχεσίη, nur hier, wird gewöhnlich allein im Sinne von πρόφασις aufgefasst, aber diese Bedeutung lässt sich aus diesem einzigen Worte nur mühsam durch Reflexion gewinnen. Auch μῦθος im vermeintlichen Sinne von 'Sache, d. i. Treiben, Beginnen' oder wie andere wollen 'eurer Absicht' ist auffällig und schwerlich in solcher Beziehung erweisbar. Daher scheint es am einfachsten zu sein, den erforderlichen Sinn in der ganzen Phrase zu suchen. Anders erklärt die Wendung jetzt Schmidt Synonymik der griech. Sprache I p. 17 f.: 'ἐπισχεσίη ist die Hinrichtung (auf ein Ziel), vgl. P 465; und der Sinn der Stelle ist: ihr habt nie eure Rede anders abzielen können, oder ihr nie eine andere Richtung geben können, als dass ihr wünschtet mich zu heirathen.' Uebrigens bezeichnet Nauck V. 72 als *spurius?* Aber nach Beseitigung desselben dürfte sich für ἄλλην 70 schwer eine passende Beziehung finden lassen. — Zur Sache bemerkt H. Kratz im Correspondenz-Blatt Stuttgart 1861 p. 286 mit Recht, in den Worten der Penelope liege 'nicht ein fingierter, gar nicht existierender Grund, sondern ein Grund, der nicht stichhaltig, also in diesem Sinne ein blosser Vorwand ist. Wollen sie Penelope heiraten (was diese selbst nicht in Abrede stellt), so ist dieser Wunsch in keinem Falle ein Grund, sie in ihrem eigenen Hause zu belagern.'

75. Wegen des digammatischen Anlauts von ῥηίτατα möchte Ahrens Ῥα p. 13 das κέ davor tilgen.

85. Ueber die Verbindung ἐφημέρια φρονεῖν vgl. J. La Roche Hom. Stud. § 34, 25. Zum Gedanken vgl. Aesch. bei Stob. Flor. XCVIII 49 p. 532: τὸ γὰρ βρότειον σπέρμ' ἐφημέρια φρονεῖ καὶ πιστὸν οὐδὲν μᾶλλον ἢ καπνοῦ σκιά. Meineke zu Philem. p. 376. Aehnlich θνητὰ φρονεῖν Soph. Trach. 473. Uebrigens bezeichnet Nauck V. 85 als *spurius?* und ebenso urtheilen Adam das doppelte Motiv p. 19 und Düntzer zur Stelle.

91. ἄατος wird seit Buttmann Lex. I Nr. 56 gewöhnlich durch 'unverletzlich' erklärt: so auch von Lobeck Elem. I p. 193. Aber ἀάω im Sinne von 'violare, laedere' ist unerweisbar und

die Form **müsste** sprachlich dann wenigstens ἀνάατος heissen.
Döderlein Hom. Gloss. § 255 trennt, indem er für Ξ 271 mit
Buttmann **die** passive Bedeutung ‘unverletzlich’, hier und χ 5
dagegen die active Bedeutung ‘unschädlich’ annimmt. Aber diese
Annahme hat schon Buttmann Nr. 56, 7 durch den Hinweis auf
den folgenden Zusatz mit **dem** ersten γάρ hinreichend widerlegt.
Hierzu kommt, dass Döderlein das ‘unschädlich’ in dem Sinne für
die Hirten deutet, während der Begriff **beim Dichter** nur den
μνηστήρεσσιν gelten kann. Ameis folgte daher **Savelsberg** Quaest.
lexilog. (Aachen 1861) p. 14 sq., der das Wort **aus dem** α intensivum und ἀϝάτη entstehen lässt und nach dem Vorgange des
Venetus **und** Eustathius zu Ξ 271, wo die Erklärung πολυβλαβές
erscheint, **die Bedeutung** *damnosum* oder *quod multum frau-
dis* vel *multum erroris habet*’ allseitig begründet. Ebenso erklärt H. Düntzer: ‘ἀάατος eigentlich **sehr** verderblich, ἀ-άατος
von ἀάειν wo ursprünglich ein Digamma nach dem ersten α stand’,
nur mit dem Zusatze ‘hat im allgemeinen die Bedeutung schrecklich, gewaltig erhalten’, worüber indes schon Buttmann Nr. 56, 6
richtig geurtheilt hat. Auch J. La Roche in der Zeitschr. f. d.
österr. Gymn. 1865 p. 281 bemerkt: ‘Vielleicht lässt sich ἀάατον
in der Bedeutung **verde**rblich, unheilvoll etymologisch begründen, ich weiss **keine andere** Deutung, die dem Sinn dieser
Stelle anzupassen wäre, und **auch** zu dem Wasser der Styx passt
dieses Epitheton.’ Einen ganz andern Weg hat W. Sonne in Kuhn’s
Zeitschr. XIII p. 420 eingeschlagen, indem er aus dem Worte den
Sinn zu entwickeln sucht: ‘den Freiern zu einem freudelosen
Wettkampf (einem Wettkampf, dessen sie nicht froh werden sollen),
denn nicht leicht dürfte dieser Bogen sich spannen lassen. Später
χ 5 **wiederholt** Odysseus diesen obgleich in seinem Munde minder
angemessenen Ausdruck, welchen gerade in Bezug auf diesen
Wettkampf die Sage fixiert haben mochte.’ Und in Ξ 271 soll
diese Bedeutung **eine** euphemistische Andeutung des ὅρκος δεινό-
τατος Ο 38 sein. Noch andere erklären ἄεθλος ἀάατος ein ‘nicht
zu entweihender’ Wettkampf. Neuere Ansichten sind verzeichnet
im Anhang zu Ξ 271. Ameis begründete seine Erklärung also:
‘Mir scheint die Bedeutung ‘verderblich, unheilvoll’ an allen
drei homerischen Stellen die geeignetste zu sein: in Ξ 271 mit
Bezug auf **die** den Meineidigen erwartende Strafe; hier, wie gleich
mit γάρ begründend hinzugefügt wird, weil die Freier den Bogen
nicht spannen und somit die Penelope als Gattin nicht erhalten
werden, ferner **weil** dieser Umstand den trauernden Hirten, die
von der **Wiederverheiratung** der Penelope eine Verschlimmerung
ihres Schicksals **befürchten**, zur Beruhigung gereicht, endlich weil
der Ausdruck **in diesem** Sinne eine unbewuste Prophetie enthält.
Denn unter μνηστήρεσσιν meint Antinoos alle übrigen Freier, nur
nicht sich selbst, und gerade ihm wurde nach eigenthümlicher

Ironie der Wettkampf zuerst verderblich, wie der Dichter 98 ausdrücklich hinzufügt. In χ 5 endlich hat Odysseus den Ausdruck mit
bitterem Hohne wiederholt und ἐκτετέλεσται ironisch gesagt, da dort
das eigentliche Unheil der Freier seinen Anfang nimmt.'

93. Ueber μέτα mit ἐν vgl. Meineke Anal. Alex. p. 202.
Nauck vermuthet μάλα an Stelle von μέτα. **Ueber das** vereinzelte
τοῖσδεσι Lobeck Elem. II p. 243. Nauck **schreibt** τοισίδε.

95. πάις δ' ἔτι νήπιος ἦα, Versschluss **wie** β 313. σ 229.
τ 310; ähnlich X 484. Ω 726.

97. Statt der jetzt gewöhnlichen Lesarten ἐντανύσειν διοϊστεύ-
σειν τε hat Aristarch ἐντανύειν διοϊστεύειν τε gelesen, wie das Zeugnis des Aristonikos zu X 67 beweist vgl. Carnuth Ariston. **p.** 156
und wie in den Breslauer Membranen steht; ἐντανύειν **hat auch**
Marc. 613 und 3 andere Codd. bei La Roche; διοϊστεύειν gibt auch
die Augsburger Handschrift. Dieselben Formen gab Aristarch 127.
Vgl. W. C. Kayser im Philol. XVII p. **701 und** XVIII p. 650
Anm. 6, auch Cobet Misc. crit. p. **311 f.** Ueber die Bedeutung
der Formen ohne σ vgl. den Commentar zu 174. — Vers 99.
'Das ἐκ χειρῶν vertritt, zu ὀιστοῦ gehörig, ein passives Participium,
so dass es den Sinn **eines** ἱεμένου ὑπ' Ὀδυσῆος enthält. Vgl. den
Anhang zu ι 285.' **G.** Autenrieth. Uebrigens bezeichnet Nauck
98—100 als *spurii?*

109. Dieser Vers, der aus ξ 97 und 98 compiliert ist, fehlt
in dem Harleianus und andern Handschriften mit Recht. Denn
der Landesname Ithaka und das Festland bilden zu den vorhergehenden Städten keinen passenden Gegensatz; sodann ist der
ξ 98 in αὐτῆς liegende Gegensatz unhomerisch verändert worden,
indem αὐτῆς hier den vorhergehenden Namen entgegensteht; endlich gibt das dreimalige οὔτε vorher drei selbständig stehende
Namen, während hier das letzte οὔτε nur auf οὔτ' αὐτῆς Ἰθάκης
sich beziehen würde. — Vers 110. Statt τό γε geben manche
τόδε γ', was aber nicht so gebraucht wird, dass es auf das
vorhergesagte zurückweist; und γ' wird ausserdem durch das
Digamma vor ἴστε widerlegt. — Vers 111. Ueber das nur hier
vorkommende μύνη vgl. Lobeck Elem. I p. 19; Döderlein Hom.
Gloss. § 144; G. Curtius Etym.² p. 290, ⁴ p. 324; Kind in Fleckeisens Jahrb. 1867; Fick vergl. Wörterb.³ I p. 179 f.

112. Cobet Miscell. crit. p. 302 verlangt an Stelle von ὄφρα
Ϝίδωμεν — ὄφρα Ϝιδέωμεν, ebenso 336.

122. Ueber τάφος vgl. Lobeck Parall. p. 47; G. Curtius Etym.²
p. 198 Nr. 233 und p. 461.

123. Nauck bezeichnet diesen Vers als *suspectus*, vermuthlich, weil er das Object zu ἰδόντας aus dem Vorhergehenden entnimmt und in V. 123 eine überflüssige Ergänzung sieht, die dem
ἰδόντας das fehlende Object geben sollte. Eine solche Interpolation
zu dem bezeichneten Zweck gerade auch nach dem Particip ἰδών

liegt zweifellos vor ψ 48, sehr wahrscheinlich auch η 225. Aber
diese beiden Stellen unterscheiden sich von der hier vorliegenden
wesentlich dadurch, dass das Particip den Satz beginnt, wodurch
die Entlehnung des Objects aus dem Vorhergehenden erleichtert
wird. Dazu kommt, dass der Satz ὡς στῆσε als indirecter Ausruf
gefasst vielmehr den Inhalt des τάφος ἕλε entwickelt, als zur Ausführung des Objects von ἰδόντας dient. Das ἅπαξ εἰρ. εὐκόσμως
allein aber dürfte keinen ausreichenden Grund für die Verwerfung
des Verses ergeben.

125. Ueber πελεμίζειν vgl. Lobeck Rhem. p. 116 und 226;
G. Curtius Etym.[2] p. 250 Nr. 367, [4] p. 278. In diesem und dem
folgenden Verse bemerke man den Parallelismus auch in den Participien. Ueber das Verhältnis dieser Stelle zu Φ 176 ff. vgl.
Düntzer hom. Abh. p. 469, welcher die Iliasstelle für die ursprüngliche hält. Jordan aber in der Odysseeübersetzung p. 557 möchte
statt ἐρύσσεσθαι lesen τανύσσεσθαι.

128. Statt der gewöhnlichen Lesart δή ῥ᾽ ἐτάνυσσε, die nur
ein Aristarchisches Glossem enthält, hat Aristarch hier δὴ τανύσειε
gelesen, wie aus Scholl. zu B 215 erhellt; dies findet sich auch
in drei Handschriften. Vgl. W. C. Kayser im Philol. XVIII p. 650,
indess bezweifelt J. La Roche in der Zeitschr. f. d. österr. Gymn.
1867 p. 165 und Hom. Untersuch. p. 247 diese Ansicht.

132 f. Die Athetese von 133 ist begründet von Friedländer
Analecta Hom. p. 27. Nauck bezeichnet nach dem Vorgange von
Kirchhoff die hom. Odyssee p. 528 V. 132. 133 als spurii?

141. Ueber ἐπιδέξια und ἐνδέξια vgl. Buttmann Lex. I Nr. 44.
Zu ἐπιδέξια vgl. auch Plat. Symp. c. 5 p. 177[d]. Dass Religion
und Sitte überhaupt die Richtung nach rechts hin empfohlen, darüber vgl. Grimm Gesch. der deutschen Spr. II p. 982 ff.

145. Ueber die Ableitung und Bedeutung von θυοσκόος vgl.
Lobeck Elem. I p. 311; Döderlein Hom. Gloss. § 2475; G. Curtius
Etym.[2] p. 93 und 140 Nr. 64, [4] p. 97 und 151; Fick vergl. Wörterb.[3] I p. 816 unter skava. Der θυοσκόος dient nur bei häuslichen Opfern und Mahlzeiten oder Libationen, während der eigentliche Priester bei öffentlichen Opfern und im Tempel fungiert. Zur
Sache bemerkt Lobeck Aglaoph. p. 263 mit Recht: 'Leodem θυο-
σκόον dictum φ 145. χ 310. 328 nullam rerum futurarum scientiam
habuisse, valentissimum argumentum est, quod neque suam neque
amicorum sortem non modo praevidit, sed ne explorare quidem per
exta conatus est.' Vgl. auch Hermann gottesd. Alt. 33, 10 bis 12;
Nägelsbach Hom. Theol. V 7[b] p. 205 f. der Ausg. von Autenrieth.

146. Ueber μυχοίτατος und ähnliche Bildungen vgl. Lehmann
zur Lehre vom Locativ bei Homer p. 14. Uebrigens vermuthet
Nauck an der Stelle von αἰέν — οἷος und an der von οἴῳ — αἰεί.

150. κάμνειν mit dem Participium wie φ 426. A 168. Δ 244.
H 5. Θ 448. Φ 26. Ω 613; ähnlich δ 541. κ 499. Λ 87. X 427.

Dieses Participium bezeichnet entweder Grund und Ursache des κάμνειν oder die Handlung, bei welcher das κάμνειν stattfindet. — Statt ἀτρίπτους erscheint in Cramer An. **Oxon.** III 244, 24 die Lesart ἀτρέπτους.

152. An Stelle von οὐ μέν vermuthet Bekker in den Monatsber. der Berlin. Acad. 1867 p. 429 f. = Hom. Blätt. II p. 161 οὔ μιν. Ebenso Nauck. Ueber den Zusammenhang der folgenden Rede vgl. **Jacob** über die Entstehung der Ilias und Od. p. 501 f. und Kern einige Bemerkungen über die Freier in der Od. p. 15 und den Anhang zu 161 162.

153. τόδε τόξον ist dem Sinne nach: das Nichtspannenkönnen des Bogens. Das Motiv für einen Selbstmord ist also tiefes Schamgefühl, wie der Zusatz lehrt 'weil sie es für besser halten zu sterben', als in Folge eigener Untüchtigkeit den Preis, um den sie so lange geworben, nicht zu erringen. Der **Opferpriester** ermahnt deshalb nach dieser Ahnung die Freier, **keine** vergebliche Hoffnung zu hegen (157. 158), sondern das Freien um Penelope aufzugeben (159—162). In 153 und 154 aber lässt der Dichter den Leiodes absichtlich in so gewählten mehrdeutigen Worten sprechen, damit der sachkundige **Hörer** zugleich an den Freiermord durch den anwesenden Odysseus denken soll. Vgl. wegen solcher Amphibolien zu π 8. Ueber die Form κεκαδήσει vgl. Lobeck zu Buttmann II p. 322; Rhein. p. 152; Kuhn in seiner Zeitschr. für vergl. Spr. I p. 95; G. Curtius Etym.[2] p. 218 Nr. 284, [4]p. 242 und das Verbum I p. 388, II p. 243.

159. **van** Herwerden quaestiunculae ep. et eleg. p. 53 nimmt an den Worten ἠδὲ ἴδηται Anstoss: 'Sententia aliquid postulat, unde appareat rem frustra tentari', ohne jedoch die Vermuthung οὐδὲ τανύσσῃ für befriedigend zu halten.

161. 162. Bekker hat 157 bis 162 athetiert, auch Nauck bezeichnet dieselben als *spurii?* Für den Zusammenhang beachte man folgendes: wenn auch Leiodes vorher 153 von πολλούς und 157 von τίς spricht, so meint er doch im Herzen alle Freier, und so hat es auch Antinoos verstanden.

168. ποῖόν σε ἔπος φύγεν ἕρκος ὀδόντων. Dieser Vers steht nur hier mit einem folgenden Zusatze, sonst jedesmal selbständig: vgl. die zu α 64 erwähnten Stellen. Indes ist das folgende δεινόν τ' ἀργαλέον τε eine nachträgliche Bestimmung wie ε 175. 367. μ 119. Vgl. Nägelsbach zu Α 294. Eine andere Anordnung der Gedanken 168—170 gibt Kayser.

173. Ueber die Attraction bei οἷος vgl. Förster Quaestiones de attractione enuntiationum relativarum, Berlin 1868 p. 33.

174. τανύουσι ist nach Aristarch und Herodian zu Α 254 p. 267 ed. Lehrs Präsens mit der Bedeutung des Futuri, welcher Erklärung auch Krüger Di. 29, 2, 4 folgt. Allein das ist unnöthig, da wir ebenso in dieser Verbindung das Präsens gebrauchen. Und

dies betrachtet A. Rhode Homerische Miscellen (Mörs 1865) p. 17 auch als Ansicht des Aristarch und ·Herodian, indem er bemerkt: 'ihr ἤλλακται χρόνος und ἐνεστὼς ἀντὶ μέλλοντος besagen wol weiter nichts, als daß nach ihrer Meinung der Dichter ein Präsens gesetzt hat, wo man eigentlich ein Futurum erwarten sollte.' — Vers 178 Ueber ἔνεικε vgl. Lobeck Rhem. p. 59.

186 ff. Zu der folgenden Scene vgl. die Kritik von Kammer die Einheit p. 671 ff, welcher 186—244 verwirft.

196. ἐξαπίνης ist wol aus ἐξ αἰπεινῆς entstanden, vgl. den Anhang zu α 97, und eine Composition wie *imprimis* und unser 'insgemein', 'ohngefähr' und ähnliche. So mit G. Autenrieth. Anders bei G. Curtius Etym.[2] p. 441, [4]p. 493. — Ueber den Unterschied von φέρειν und ἄγειν vgl. Lehrs de Arist. p. 137 sq. ed. II. Die Lesart ἐνείκαι wie Σ 147, statt ἐνείκοι, ist hier gut verbürgt.

207. Ein ähnlicher Anfang ω 321. Angeführt wird unsere Stelle von Synes. de regno c. 2 p. 5ᶜ. Nachahmung bei Verg. Aen. I 595. 596. Interpunction und Anordnung der Gedanken in 207. 208 nach Kayser bei Faesi. Uebrigens verwirft Kirchhoff die hom. Od. p. 528 V. 208 und Nauck bezeichnet denselben als *suspectus*. Wegen des digammatischen Anlauts in εἰκοστῷ verlangt Bekker hom. Bl. I p. 322 ἤλθον statt ἤλυθον.

210 ff. Nauck bezeichnet 210—216 als *spurii?* Auch Kammer die Einheit p. 672 nimmt an dem Inhalt dieser Stelle Anstoss. — Um das Digamma in οἴκαδ' zu wahren 211, will Bekker hom. Blätt. I p. 317 statt dessen ἐνθάδ' lesen vgl. ο 492. τ 32. 306 und 313, oder ὑπότροπα statt ὑπότροπον, Nauck aber ἀπονέεσθαι statt οἴκαδ' ἱκέσθαι. — Zur Lesart des Harlej. 215 ἐμοῖο statt des gewöhnlichen ἐμεῖο vgl. Brugman ein Problem der hom. Textkritik p. 133, Note 1.

227. εἰ μή zu beiden Satzgliedern gehörig, wie δ 364. 503. ω 530. B 261. O 123. Σ 192. Φ 213. Ψ 491. 734.

247. Statt δ' ἔστενε gibt Bekker δὲ στένε. Vgl. auch zu υ 102. Uebrigens heissen die Worte μέγα δ' ἔστενε κυδάλιμον κῆρ eigentlich 'er machte das Herz gedrängt voll', da der Seufzer nichts anderes ist als eine Ausfüllung der Brust durch tiefes Athemholen. Und hieraus hat sich dann für στένω die Bedeutung seufzen entwickelt: vgl. Alb. Fulda Untersuchungen I S. 112 ff.

253. Hier vermuthet Hartung im Philol. Anzeiger IV p. 185 ἦ δή an Stelle des handschriftlichen εἰ δή und erklärt, indem er ὅτε als Conjunction = εἰ verstehen will: 'wir sind doch wahrlich rechte Schwächlinge, wenn wir nicht einmal den Bogen spannen können.' Aber es bedarf solcher Conjectur keineswegs. Ueber ὅ τ' vgl. auch Pfudel zur Syntax der Causalsätze bei Homer p. 40.

258 ff. Kammer die Einheit p. 677 f. verwirft 258—262. Allerdings findet sich in diesen Versen manches Befremdende.

Nicht rechne ich dahin den Eingang νῦν μὲν γάρ — ἁγνή, wo
Kammer das γάρ logisch nicht gerechtfertigt findet vgl. die Anmerkung im Commentar; aber höchst befremdend ist die Frage 259
τίς δέ κε τόξα τιταίνοιτ'; nachdem bereits die meisten Freier den Bogen zu spannen versucht haben, und was sich weiter daran schliesst
in Betreff der Aexte. Wollte man aber mit Kammer 258—262 aus
dem Texte entfernen, so würde die Anordnung der Libation 263 f.
im Zusammenhange mit dem Niederlegen des Bogens nicht recht
motiviert und kaum verständlich sein. Ich halte daher bei Annahme einer Interpolation doch die Beibehaltung von 258 für geboten. An diesen Vers schliesst sich die Aufforderung 263 nicht
nur formell sehr passend an, da die Vorbereitung einer folgenden
Aufforderung mit ἀλλά, ἀλλ' ἄγετε, νῦν δ' ἄγετε durch einen γάρ-
satz eine nicht seltene Erscheinung ist vgl. Capelle im Philol.
XXXVI p. 703, sondern es entsteht auch ein befriedigender Gedankenzusammenhang, indem σπείσαντες durch den Inhalt von 258
nun wohl vorbereitet erscheint. Für eine solche Verbindung von
258 mit 263 ff. scheint auch zu sprechen, dass so das νῦν μὲν
258 und ἠῶθεν δέ 265, die doch in Beziehung auf einander gedacht sind, vgl. 279. 280, einander näher rücken, so dass diese
Beziehung auch verständlich wird. — Unter den Schwierigkeiten
der zwischen 258 und 263 liegenden Verse ist nicht die geringste
die, welche die Worte ἀτὰρ πελέκεάς γε καὶ εἴ κ' εἴωμεν ἅπαντας
ἑστάμεν bieten. Aristarch ergänzte dazu als Nachsatz καλῶς ἂν
ἔχοι: vgl. Aristonic. zu II 559: Friedländer Ariston. p. 267, Carnuth Aristonic. p. 156. Nun enthält die Stelle der Ilias, zu der
die vorliegende der Odyssee verglichen wird, einen mit ἀλλ' εἰ
eingeleiteten Wunschsatz im Optativ, wo nach der überzeugenden
Ausführung von L. Lange der hom. Gebrauch der Part. εἰ I p. 327
jede Ergänzung eines Nachsatzes verkehrt wäre. Auch hier müssen
wir eine derartige Ergänzung entschieden abweisen. Ebenso unmöglich aber ist der Versuch von Kayser bei Faesi in der Aufforderung 263 den Nachsatz zu finden. Nach alledem ist die Ursprünglichkeit der von Aristarch überlieferten Lesart mit Grund
bezweifelt, aber eine Gedankenform nach den Spuren der Ueberlieferung zu finden, die keine weitere Ergänzung eines Nachsatzes
bedarf, ist schwer. Ein sicherer Anhalt scheint in καί gegeben,
welches einen concessiven Ausdruck erwarten lässt und auf den
Optativ führt. Beachtenswerth ist ferner, dass Eustathios und
Vindob. 5 εἴπερ ἴωμεν lesen. Beides combiniert würde auf καὶ εἴ
περ ἴωμεν führen, allein καὶ εἴπερ ist, so viel ich sehe, aus Homer
nicht nachweisbar. Ebenso findet ein καὶ εἴ κεν ἴωμεν keine Parallele, wenn man nicht auf ο 545 εἰ γάρ κεν — μίμνοις als parataktischen Hauptsatz in dem Sinne: 'immerhin — kannst du bleiben' gefasst, wovon L. Lange d. hom. Gebr. d. Part. εἰ II p. 500
die Möglichkeit zugibt, als einen analogen Fall sich beziehen will.

Andere haben anders vermuthet: Bothe: πελέκεάς γε καὶ ἦκ᾽ εἰῶμεν
ἑστάμεν, Bergk: γέ κεν ἦκ᾽ εἰῶμεν, M. Axt Coniect. Hom. p. 35:
καὶ εὖ κ᾽ εἰῶμεν, Nauck: εἴ κ᾽ ἐόωμεν, H. Düntzer: ʽDer Dichter schrieb [?] wol πελέκεας δυοκαίδεκ᾽ ἐῶμεν, vgl. τ 578. εἰῶμεν
findet sich nur hier.᾽ Aber die Form εἰῶμεν ist doch wol durch
den Conjunctiv εἰῶσι Υ 139 sowie durch die Indicative εἰῶ Δ 55
und εἰῶσι Β 132. Δ 550. Ρ 659 hinreichend geschützt. Uebrigens
hält Ahrens Beiträge zur griech. und lat. Etymologie I p. 131 die
Partikel γε nach πελέκεας für nicht ursprünglich und will lesen
πελέκεας καὶ εἰ.

264. Die haltlose Vermuthung van Herwerden's (quaestiunculae ep. et eleg. p. 53), dass an Stelle der Worte καταθείμεν
ἀγκύλα τόξα zu schreiben sei κατακείομεν οἴκαδ᾽ ἰόντες, ist zurückgewiesen im Philol. Anzeiger VIII p. 326.

276. ὄφρ᾽ εἴπω τά με θυμὸς ἐνὶ στήθεσσι κελεύει. Dieser Vers
fehlt bei Eustathius und in allen übrigen Handschriften und ist
hier aus ρ 469 und σ 352 unhomerisch hinzugefügt. Denn an
diesen formelhaften Vers wird sonst der folgende jedesmal asyndetisch angeschlossen: vgl. η 187. θ 27. ρ 469. σ 352. Η 68.
349. 369. Θ 6. Τ 102. Daher ist der Vers hier ebenso weg-
zulassen wie er nach ρ 370 nicht gesetzt ist. Uebrigens spricht
überall, wo der Vers gelesen wird, der Sprechende in seinem
eigenen Namen. Vgl. Fr. Spitzner zu Γ 86. Ueber τά, nemlich
εἰπεῖν, vgl. J. La Roche Hom. Stud. § 109.

284 ff. 284 und 286 werden von Nauck als spurii? bezeichnet.

293. Angeführt ist diese Stelle 293 bis 298 von Galen. περὶ
ψυχῆς ἠθῶν c. 3. p. 778. T IV ed. Kühn. Nachahmung bei Eurip.
Kykl. 422: τρώσει νιν οἶνος. Ueber andere Redeweisen vgl. zu
σ 391. Zum Gedanken beachte man folgendes: Die homerischen
Helden freuen sich wol am Genusse des Weins: vgl. zu ξ 463 bis
466; aber jedes Ueberschreiten des rechten Maasses ist ihnen verhasst, weil es die ruhige Einsicht und Klarheit des Geistes trübt,
wie γ 139. Daher pflegen nur rohe Barbaren wie hier der Ken-
taure Eurytion und ι 361. 362 Polyphemos sich der Trunkenheit
hinzugeben, daher ist οἰνοβαρής Α 225 ein arges Schmähwort.
Vgl. Nägelsbach Hom. Theol. VII 1. — καὶ ἄλλους im Versschluss
mit vorhergehendem Relativpronomen findet sich in gleichen Redewendungen ν 213. π 227. υ 187; ähnlich χ 314. Β 861. Ε 822.
— Vers 295. Ueber die Kentauren als Halbthiere vgl. Welcker
Klein. Schrift. III p. 9 und Gr. Götterl. I p. 13; auch J. A. Hartung
Rel. u. Mythol. d. Gr. II p. 192 f. Den Namen Εὐρυτίων betrachtet man als eine Weiterbildung von Εὔρυτος ʽSchütze᾽, und Πει-
ρίθοος wird statt Περίθοος ʽder sehr schnelle᾽ genommen von Pott
Etym. Forsch. I² p. 316 und 485 mit Beistimmung von H. Düntzer
und G. Curtius Etym.² p. 247 Nr. 359, ⁴p. 274, während Fick

die griechischen Personennamen p. 68 das erste Glied des Namens aus πεῖρας, πέρας Ziel erklärt. — 297 vermuthet van Herwerden in der Revue de philol. 1878 **II** p. 195 ff. ἄασε οἶνος statt des handschriftlichen ἄασεν οἴνῳ. — Uebrigens sieht La Roche in der Zeitschr. f. d. österr. Gymn. 1863 p. 200 in der Erzählung von 295—310 einen späteren Zusatz, Nitzsch Sagenpoesie p. 132 verwirft 299—304, Lehrs bei Kammer die Einheit p. 767 V. 305—309 von αἴ κε bis σαώσεαι; ferner bezeichnet Nauck 303 f. als *spurii?* und Jordan in der Odysseeübersetzung p. 558 verwirft 303.

302. ἀεσίφρων ist gleich ἀασίφρων, **wie auch** hier Nauck vermuthet, über welchen **Wechsel des** α **in** ε in den Ableitungen von dem thematischen ἄω Lobeck zu Buttmann II p. 93 und Rhem. p. 4 handelt. Ueber die Begriffsentwickelung vgl. W. Sonne in Kuhn's Zeitschr. XIII p. 428. Zu ἣν ἄτην ὀχέων vgl. Nägelsbach Hom. Theol. VI 3 p. 318 der Ausg. von Autenrieth, und andrerseits Göbel im Philol. XXXVI p. 36. — Vers 306 **hat statt** ἐπητύος Aristarch nach Apoll. Lex. 72, 2 ἐπητέως (lies ἐπητέος) gelesen. — Vers 310 vermuthet Nauck πῖνέ γε **statt** πῖνέ τε.

318. Θυμὸν ἀχεύων ist im Versschluss wie E 869. Σ 461. Ψ 566; sonst ὀδυρόμενος καὶ ἀχεύων β 23. δ 100. ξ 40. I 612. Ω 128; vereinzelt λ 88. π 139. — 319 vermuthet Nauck οὔ πως statt οὐδὲ μέν, vgl. ε 212.

335. Diesen Vers bezeichnet Nauck als *spurius?* vgl. Ξ 114, Adam das doppelte Motiv p. 20 aber verwirft 334 und 335. — 336 verlangt Cobet Miscell. crit. p. 302 ὄφρα Ϝιδέωμεν statt ὄφρα Ϝίδωμεν, wie 112.

344. Gut bemerkt H. Düntzer: 'Telemachos nimmt auch sein Recht, über den Bogen zu bestimmen, im Gegensatz zu den Freiern in Anspruch.' Und hiermit macht er zugleich dem Gespräch ein Ende. Denn in begeisterter Sehnsucht, den entscheidenden Moment des Kampfes herbeizuführen, verheisst er der Mutter die Erfüllung ihres Wunsches und entfernt dieselbe, weil sie beim Morde nicht zugegen sein darf ja den Mord nicht einmal ahnen soll, auf diese Weise aus dem Männersaal. Das letztere ist eine zarte Rücksicht des Dichters für Mutter und Gattin. Dagegen verwirft **Adam** das doppelte Motiv p. 20 die ganze Rede des Telemach 343—355. Ueber die Schlussverse 350—353 und ihr Verhältniss zu Z 486 ff. vgl. Düntzer hom. Abh. p. 465 f.

359 ff. Zur Kritik der folgenden Erzählung vgl. Kammer die Einheit p. 679 ff., welcher auch hier eine mit φ 188—244 im Zusammenhange stehende Interpolation annimmt und vermuthet, dass ursprünglich Telemach selbst den Bogen seinem Vater überreicht habe, und die originale Dichtung erst wieder mit φ 392 beginne. — V. 360—378 werden von Adam das doppelte Motiv p. 20 verworfen.

365. Ϊλήκω ist eine Weiterbildung von Ϊλη-μι aus dem Stamme

ἴλα, wie ἐρύκω von ἐρύω, διώκω von δίω, ὀλέκω von ὀλῶ. Vgl.
Lobeck zu Buttmann II p. **37**; G. Curtius Etym.[2] p. 60, [4] p. 64
und das Verbum II p. 207.

391. Ueber die Schiffseile aus **Byblos**, die einen Handels-
artikel bildeten, vgl. Herod. VII 25. Movers Phön. III p. 321.
Blümner Terminologie und Technologie der Gewerbe und Künste I
p. 297. — Vers 395. Ueber das nur hier vorkommende ἴψ, nicht
ἴψ, vgl. Lobeck Parall. p. 113; Döderlein **Hom.** Gloss. § 863;
G. Curtius Etym.[2] p. 405 Nr. 623, [4] p. 454. Zu der Auffassung des
μησatzes vgl. L. **Lange** der hom. Gebrauch der Part. εἰ I p. 431 f.,
welcher denselben **als** prohibitiven Fallsetzungssatz versteht und
erklärt: Er 'lehnt **den** sich ihm aufdrängenden Gedanken ἴπες
ἔδοιεν 'immerhin möchten die Würmer **seit** meiner Abwesenheit
den Bogen zernagen' **von** sich ab.'

397. Ameis las **mit** Bekker **nach** einer Anzahl von Handschriften und Plutarch. orac. **def.** c. 23 p. 422° θηρητήρ statt des
gewöhnlichen θηητήρ und erklärte: 'traun er war ein Jäger
und betrügerischer Liebhaber des **Bogens, als** wenn Odys-
seus den Bogen nur prüfte, mit der **Absicht** ihn **zu** stehlen.'
Allein bei dieser Auffassung erheben sich folgende Bedenken.
Wenn der Ausruf der Freier das Resultat der eben an Odysseus
gemachten **Beobachtungen sein** muss, so lässt sich schwer begreifen,
wie sie **aus** dem **prüfenden Hin-** und Herwenden des Bogens auf
die Absicht ihn **zu stehlen** schliessen können, denn dass er ihn
vor ihren **Augen über die** Seite bringen wolle, wäre doch eine
kaum mögliche Annahme. Ueberdiess spricht der sonstige Gebrauch
von ἐπίκλοπος bei Homer gegen diese Auffassung. Gewiss hat
Doederlein Gloss. Nr. 2119 das Wort im Allgemeinen richtig erklärt in dem Sinne von v e r s t e c k t, woraus ich aber nicht die
von ihm gegebene Auffassung ableiten möchte; vielmehr weisen
hier die folgenden Vermuthungen über den Grund der sorgfältigen
Prüfung des Bogens, wie in der Parallele X 281 **der** folgende
Finalsatz darauf, dass es die Eigenschaft dessen bezeichnet, der zu
täuschen sucht, der bei einer Handlung **geheime** Hintergedanken
hat. Sodann verdient hier wie X 281, **das** dem Prädicat vor-
gestellte τίς besondere Beachtung. **Hat dieses in** nachdrücklicher
Voranstellung die Bedeutung etwa **eine** besondere Art von
(**vgl.** Ameis zu σ 382), so **scheint** καί ἐπίκλοπος nur als specia-
lisirende Ausführung des unbestimmten τίς gefasst werden zu kön-
nen, sodass καί die Begriffe nicht einfach verbindet, sondern in
dem **Sinne und** zwar oder steigernd g a r (vgl. α 318) steht, wie
es auch **Faesi** zu der Stelle der Ilias fasst. Danach würde τόξον
ebensowenig mit ἐπίκλοπος zu verbinden sein, wie in der Parallelstelle μύθων mit diesem Begriff, vielmehr beide Genitive von dem
ersten Prädicatsbegriffe abhängen. An der Stelle der Ilias entspricht die Verbindung ἀρτιεπὴς μύθων durchaus dem homerischen

Gebrauch, für unsere Stelle bleibt dann nur Raum für die **am**
meisten beglaubigte Lesart Θηητίρ. Diesem Wort aber die **Be-**
deutung **Kenner** beizulegen, wie **man** vielfach gethan, ist durch
nichts begründet: dem Begriff **von** Θηέομαι gemäss kann es nur
jemanden bezeichnen, der mit besonderm Interesse etwas beschaut
oder auch bewundert. Dieser Begriff genügt aber **auch, wenn** man
ihn nur nicht als Hauptprädicatsbegriff ansieht, sondern diesen
vielmehr in ἐπίκλοπος findet. Wenn nemlich die wörtliche Uebersetzung danach lautet: **Traun eine** besondere Art **von Be-**
schauer des Bogens, ein gar verschmitzter ward er, er-
wies er sich, so ist damit gesagt: Fürwahr nach der sorgfältigen
Prüfung des Bogens muss man glauben, dass er seine besondern
geheimen Gedanken dabei hat, dass er etwas besonderes im Schilde
führt. Der zweiten V. 402—3 ausgesprochenen Aeusserung anderer Freier gegenüber, aus der das Gefühl der Sicherheit spricht,
haben wir in dieser ersten entschieden den Ausdruck der Besorgniss, über die **sie** sich dann **in den** folgenden Versen durch einen
Scherz hinwegzubringen suchen. **Uebrigens** vermuthet Nauck **an**
Stelle von ἐπίκλοπος — ἐπίσκοπος. **Diese** Vermuthung ist ansprechend. Die durch **den** Zusatz von ἐπίσκοπος gegebene Verstärkung
des Begriffs Θηητίρ würde nämlich den Gedanken des Gegensatzes
nahe legen, dass Odysseus den Bogen verlangt habe, um ihn zu
spannen, und den höhnenden Ausruf ergeben: Traun aus dem
ῥυτίρ, als welchen er sich angekündigt, ist nur ein Θηητίρ τόξων
geworden. Indess hat ἐπίκλοπος eine Stütze in dem am Schluss
der ganzen Rede die Sorge der Freier verrathenden Ausruf κακῶν
ἔμπαιος ἀλήτης.

399. Mit dem ὥςsatz dieser Stelle sind zu vergleichen ω 192
—95 und Π 745. Allen drei Stellen gemeinsam ist, dass der
dem ὥςsatz vorausgehende Gedanke mit dem versichernden ἦ in
Verbindung theils mit dem folgernden ἄρα theils mit dem verstärkenden μάλα eingeleitet wird und in lebhaftem Ausdruck theils
ein Urtheil theils eine Vermuthung des Redenden enthält, welche
sich auf die mit ὥς angeführte Thatsache stützen. In ω 192 ff.
wird nun der ὥςsatz mit Recht allgemein als directer Ausruf gefasst, auch Π 745 ist diese Auffassung der sonst üblichen Erklärung des ὥς durch ὅτι οὕτως vorzuziehen. An unserer Stelle
wird allgemein nach ποιησέμεν mit Komma interpungiert, nur
Düntzer setzt nach ποιησέμεν Fragezeichen und schreibt ὥς mit
der Erklärung: so aufmerksam. Aber auch hier scheint die
Auffassung des ὥςsatzes als eines directen Ausrufes geboten. Dafür
spricht zunächst die nahe Verwandtschaft der Stellen, die nach
der ganzen Situation vorauszusetzende Erregung der Redenden, die
lebhafte Spannung, mit der die Freier die Manipulationen des
Odysseus verfolgen, endlich auch und nicht am wenigsten der Zusatz κακῶν ἔμπαιος ἀλήτης, in dem der Aerger und Unwille der

Redenden klar hervorbricht. — **Vers 400.** ἔμπαιος halte ich für
eine Ableitung von πα πάομαι πέπαμαι (zur W. *pâ* bei G. **Curtius**
Etym.[2] **Nr.** 377), so dass es dem lat. *compos* entspricht und
Hesych. mit μέτοχος Recht **hat: vgl.** *v* 379. **Also** κακῶν ἔμπαιος
der Schelmenstreiche in petto **hat,** der sich darauf versteht. Die
Bildung ist wie ἔμπλειος.᾽ G. **Autenrieth. Auch Fick** vgl. **Wörterb.**[3]
II **p.** 140 stellt das Wort zu W. *pa* **hüten und** ἐμπάζομαι.

402. Der **ganze** Gedanke ist im Munde der Freier **ein** böser,
aus Befürchtung **des** Gegentheils entstandener **Wunsch, für** den
Hörer **aber der** da weiss, was nach der Spannung **des** Bogens **von**
Odysseus **gethan** werden soll, erscheint er zugleich als eine naive
Ironie **auf die Freier** selbst. Vgl. zu π 8. Andere hingegen erklären: ᾽Ein **Theil der** Freier meint, der Bettler besehe den Bogen
so lange, weil **er** verzweifle, **ihn zu spannen.**᾽ Dann fragt man
aber, wie diese Freier nach 3̣94. 395 auf **einen** solchen Gedanken
haben kommen können.

403. Ueber die Verbindung der **Wunschsätze** mit einem durch
ὡς eingeleiteten Vergleichssatz vgl. L. **Lange** der hom. Gebrauch
d. Part. *εἰ* I p. 332.

411. ἥ δ᾽ ὑπὸ καλὸν ἄεισε. Unsere alten Dichter lassen selbst
Schwerter und Ringe und Pfannen singen. Auch Bratäpfel lässt
man singen **und pfeifen.** Vgl. Jacob Grimm im Philol. I p. 340 ff.
Ueber das adverbiale καλόν vgl. **den** Anhang zu β 63. **Ueber**
αὐδή vgl. **Mayer** Studien zu Homer, Sophokles etc. p. 22 und
Schmidt griech. Synonymik I p. 43 ff. — Vers 412. Der Gedanke
erinnert an Nibelung. Not. 1856, 2 **Lachm.** ᾽es truobte im das
herze und swârte **den muot.**᾽ und 1857 ᾽es tet den fürsten allen
mit dem künege wê.᾽

419. Ueber πῆχυς am Bogen vgl. **Köchly** und **Rüstow** Gesch.
des Gr. Kriegswesen p. 21. Ebendaselbst heisst es § 11: ᾽Die
Pfeile bestehn aus **einem S c h a f t e,** gewöhnlich einem Stücke Rohr
(δόναξ), der metallenen **S p i t z e** mit zwei oder auch mehreren Wider-
haken (ὄγκοι), welche in den Schaft hineingesteckt und an ihm
durch Umwicklung mit einer S c h n u r (νεῦρον) befestigt wird, sowie einem Endgewicht, der F e d e r, welche mit Kerben (γλυφίς)
versehn ist, um sie auf die Sehne fest aufsetzen zu können.᾽ Die
in den letzten Worten nur angedeutete Manipulation hat man wol
also zu denken. Die unterste in der Mitte spitz zulaufende Kerbe
diente zum festen Aufsetzen **des** Pfeils auf die Sehne: ἐπὶ νευρῇ
κατεκόσμει Δ 118, **die** zwei andern rings um den Pfeil gehenden
Kerben wurden durch das Endgewicht oder den kleinen Wulst
gebildet **und** ermöglichten das feste Anfassen des glatten Pfeiles
mit den Fingern. **Der** Schütze nemlich muste, um einen sichern
und kraftvollen Schuss zu erzielen, den Pfeil zwischen dem Zeigefinger und Mittelfinger der rechten Hand zusammenpressen und so
die Sehne anziehen, wobei der Daumen an den gebogenen Zeige-

finger stark angestemmt wurde: ἕλκε δ' ὁμοῦ γλυφίδας τε λαβὼν
καὶ νεῦρα βόεια Δ 122. Den Vorgang der Sache verdeutlicht folgende antike Abbildung:

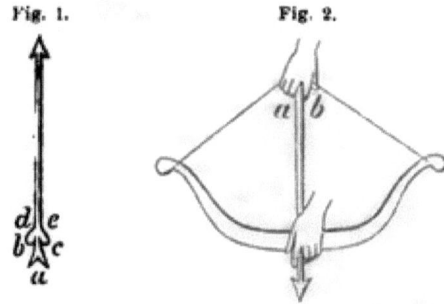

Fig. 1.   Fig. 2.

a am Pfeil: die Kerbe zum Aufsetzen **auf** die Sehne; bc und dc
die andern Kerben. Bei dc wurde **der** Pfeil vom Bogenschützen
zwischen Mittel- und Zeigefinger eingeklemmt, um so die Sehne
mit Kraft und Sicherheit **anzuziehen, wie Fig. 2 bei** ab beweist.
Auf der Nachbildung **dieser** Figur in Lübkers Reallexikon Waffen
Taf. II (unter arcus wird auf den **in** der Reihenfolge fehlenden
Artikel τόξον verwiesen) ist mit Unrecht bei b noch der Daumen
zu sichtbar hervorgehoben. Denn der Daumen wird vom Schützen
ans nächste Glied des Zeigefingers unten stark angepresst, **wodurch**
die beiden anziehenden Finger eine grössere Kraft erhalten: was
jeder durch eigene Versuche erproben kann. Uebrigens wurde in
späterer Zeit um die Einschnitte bc oder dc des Pfeils bisweilen
ein Brief herumgewickelt und dieser mit eingesetzten Federn möglichst verdeckt. So Herod. VIII 128: τοξεύματος περὶ τὰς γλυφίδας
περιειλίξαντες καὶ πτερώσαντες τὸ βιβλίον ἐτόξευον. Hiernach erklärt
sich auch Eurip. Orest. 274 ἐκηβόλων τόξων πτερωτὰς γλυφίδας,
wozu R. Klotz eine richtige Bemerkung gibt. Bei Homer dagegen
ist πτερόεις wie überall so auch bei ὀιστός und ἰός bildlich gesagt
zur Bezeichnung der Schnelligkeit. Eine andere Vorstellung der
Sache geben Schweighäuser im Lex. Herod. unter πτεροῦν und
S. L. Povelsen Emendat. p. 70 sqq. — Vers 421. 'In ἄντα τιτυ-
σκόμενος ist das ἄντα für uns überflüssig, nicht so für den plastischen Sinn der Griechen, der den Begriff ex adverso noch ausdrücklich hinzufügt.' G. Autenrieth. Zur Erklärung von 421 f.
vgl. die abweichende Ansicht von Goebel in d. Jahrbb. f. Philol.
1876 p. 171 = Lexilog. I p. 452.

427. Ameis erklärte οὐχ ὅς: 'brachylogisch statt: nicht so
ὀνοστόν, wie.', ähnlich ω 199, aber diese Ergänzung ist willkürlich, ja nicht einmal zutreffend, denn es wird nicht etwa nur der
in der Behauptung der Freier ausgesprochene Grad des ὀνοστόν,
sondern die Anwendung des Prädicats ὀνοστόν für μένος überhaupt
negiert. Diesen Sinn gibt zwar die Erklärung von Faesi-Kayser:

οὐ γὰρ οὕτως ἔχω ὡς, aber sie lässt das Eigenthümliche der Verbindung nicht erkennen und gibt ebenfalls eine willkürliche Ergänzung. Auf die richtige Erklärung führt die verwandte Stelle *T* 400—403, wo ein μηδ᾽ ὡς durch ein vorhergehendes ἄλλως vorbereitet wird, aber damit nicht etwa verschiedene Verfahrungsweisen mit einander verglichen werden, sondern das im ὡςsatze beschriebene Verfahren durch das prohibitive μή im Gegensatz zu dem geforderten Verfahren überhaupt abgewiesen wird. Danach ist in der Form οὐχ ὡς einfach ohne alle Ergänzung ein kurzer prägnanter Ausdruck des Gegensatzes zu sehen in dem Sinne, dass jede vergleichende Beziehung zwischen den beiden Gedanken negiert wird. Dieselbe Brachylogie findet sich auch mit οὐχ ὥσπερ bei den Attikern: vgl. Stallbaum zu Plat. Sympos. p. 179°; C. Rehdantz zu Demosth. Phil. I § 34. Bernhardy Synt. p. 352. Uebrigens bezeichnet Nauck 427 als *spurius?* — Vers 428. Situation und Ton ist wie Nibel. Not. 1897, 3 ʻnu trinken wir die minne und gelten süneges win᾽ (gleichsam die Ouverture zur grausen Tragödie).

χ.

1 ff. Düntzer zu 6 f. verwirft den Eingang 1—7 und will 8 ff. an φ 430 schliessen. Ebenso urtheilt Adam das doppelte Motiv p. 20. Vgl. dagegen Kammer die Einheit p. 591 Anm.

7. Andere betrachten hier εἴσομαι als Futurum von οἶδα in dem Sinne: ʻich will ein anderes Ziel versuchen᾽, wie J. La Roche § 60, 2. Auch Ahrens Beiträge zur griech. und lat. Etymologie I p. 115, welcher die ganze Frage über diese Form und die Aoristform εἴσασθαι behandelt, erklärt sich gegen die Erklärung durch ἐπιπορεύσομαι an dieser Stelle.

12. Ueber μέμβλετο vgl. Lobeck zu Buttmann II p. 5 und 243 Anmerk.; Goettling zu Hesiod. th. 61. Nach G. Curtius das Verb. d. griech. Spr. II p. 216 durch Metathesis aus μέ-μελ-το.

13. καὶ εἰ μάλα noch *I* 318. *O* 51; dagegen εἰ καὶ μάλα ε 485. ζ 312. η 194. ϑ 139. 217. ν 6. *E* 410. *N* 316; dazu εἴ οἱ καὶ μάλα Ψ 832. Ueber den Unterschied von εἰ καὶ und καὶ εἰ vgl. Spitzner Exc. XXIII zur Ilias; H. Sauppe zu Demosth. Olynth. II § 20. Dagegen fasst L. Lange der hom. Gebrauch der Part. εἰ I p. 449 καὶ εἰ nicht concessiv, sondern: zumal wenn, sodass καί den εἰsatz mit dem vorhergehenden Satze τίς κ᾽ οἴοιτο κτλ. verbinde und das Subject im εἰsatze nicht Odysseus, sondern das in τίς sei.

16. Der Versschluss ἤλυθ᾽ ἀκωκή auch *E* 16. 67. *Π* 478. Anfang und Schluss des Verses τ 453. *Δ* 253. Ueberhaupt steht ἀκωκή stets im Versschluss, mit Ausnahme von *Φ* 60, wo es die bukolische Cäsur bildet.

25. Hier findet A. Kirchhoff im Philol. XIX p. 96 = die Composition d. Od. p. 189 ff. in den Versen 24. 25 (wahrscheinlich auch 23) eine Interpolation. Vgl. dagegen Kammer die Einheit p. 588 ff., auch zu 140.

28. An Stelle des handschriftlichen ἀντιάσεις verlangt Cobet Miscell. crit. p. 309 ἀντιάῃς.

31—33. Diese Verse **waren** von Aristarch obelisiert, vgl. Lehrs de Arist.[2] p. 97. 335. Aristonic. ed. Carnuth p. **158,** und **zwar** wegen des unhomerischen Gebrauchs von ἴσκε für ἔλεγε, vgl. den Anhang zu τ 203. Diese Athetese ist eingehend begründet von Kammer die Einheit p. 592 ff., angenommen von Nauck, Kayser bei Faesi, Düntzer, während Sengebusch in Jahrbb. f. Philol. Bd. 67 p. 626 f. die Athetese auf 26—33 ausdehnt, **vgl.** Kammer die Einheit p. 806.

35. Statt οἴκαδ᾽ ἱκέσθαι, wo der Inf. Aor. **statt des Fut.** Anstoss erregte, corrigierte Madvig Adv. crit. I p. **170** οἴκαδε νεῖσθαι unter Zustimmung von Cavallin de temporum **inf. usu Hom.** p. 36. Ebenso verlangt den Inf. Fut. Naber **quaestt. Hom.** p. 105 und schlägt ἀπονέεσθαι vor; dieselbe **Vermuthung bei** Nauck Mélanges Gréco-Rom. IV p. 97.

43. Dieser Vers fehlt **bei** Eustathius **und in** den meisten Handschriften und ist **aus** Ξ 507 oder Π 283 mit Unrecht hierher gekommen. Denn er passt weder **zu 24,** wo sich die Freier voll Rachegedanken nach Waffen umsehen, noch zur Steigerung 68. Daher bemerkt auch H. Düntzer mit Recht zu dem Verse: 'Er stört hier den Zusammenhang. Die Freier waren durch des Odysseus Rückkunft so in Angst gesetzt, dass alle verstummten.'

52 f. In diesen beiden Versen sieht Bergk griech. Literaturgesch. I p. 717 einen späteren Zusatz.

56. An Stelle der 'unhomerischen und überhaupt ungriechischen Form' ἐδήδοται verlangt Cobet Miscell. crit. p. 305 ἐδήδεται nach Etym. M. p. 316, 25, wie Herodian las, während Aristarch ἐδήδαται. Ebenso urtheilt G. Curtius das Verb. d. griech. Spr. II p. 213. — 57. Um das Digamma in ἕκαστος zu wahren, schlägt Bekker Hom. Bl. II p. 23 vor statt ἐεικοσάβοιον zu lesen ἐεικοσάβοια vgl. α 431, ebenso Nauck.

62. Eine andere Erklärung der Stelle gibt L. Lange der hom. Gebrauch der Part. εἰ I p. 448: 'Gesetzt ihr gäbet mir mein ganzes väterliches Vermögen und eure gegenwärtige, wie auch zukünftige Habe.' Vgl. dagegen Capelle im Phil. XXXVI p. 691. — 63 vermuthet Nauck παύσαιμι an Stelle von λήξαιμι.

69. μετεφώνει statt des bei dem Dativ τοῖσιν unerhörten προσεφώνει hat La Roche aus guten Handschriften hergestellt, vgl. denselben Hom. Stud. § 97 p. 210 und in der Zeitschr. f. d. österr. Gymn. 1860 p. 552.

71 ἱζεον und 72 ξεστοῦ: 'selbst in einem solchen Moment

fehlen die (für unser Gefühl überflüssigen) Epitheta nicht; es ist
wieder der plastische Sinn der hellenischen Menschen, der sich hier
offenbart.' G. **Autenrieth.**

77. An Stelle des Optativs γένοιτο hält Naber quaestt. Hom.
p. 95 den in 6 Handschr. sich findenden Conjunctiv γένηται für
nothwendig, und so schreibt Kayser, indem er annimmt, dass der
Optativ hier aus **133** sich eingeschlichen **habe.** Indess wird der
Optativ durch die sehr ähnliche Stelle *I* **245,** wo **keine** Variante
sich findet, entschieden gestützt. Uebrigens setzt Nauck nach ἄστυ
ein Kolon, **sodass** βοὴ — γένοιτο als ein selbständiger **Satz aus**
der Abhängigkeit **von** εἴ κε gelöst wird.

80. In diesem Verse sieht Lehrs bei Kammer die Einheit
p. 768 **eine** nach *ε* **235** gebildete Interpolation: 'dass Eurymachus
nicht gegen ihn angesprungen, **sondern** ehe er dazu noch Zeit
hatte, den Pfeil erhielt, **zeigt das** Folgende deutlich, **wo** er an
und um seinen Esstisch fällt.' **Diese** Beobachtung fügt zu den
nicht geringen Schwierigkeiten der **folgenden** Erzählung vom Falle
des Eurymachos eine neue, führt aber **vielleicht** zugleich **zu einer**
richtigeren Auffassung derselben. Die vorgeschlagene Athetese von
V. **80 scheint mir aus** folgenden Gründen unannehmbar. Einmal
würde nach der Ausscheidung dieses Verses σμερδαλέα ἰάχων mit
εἰρύσσατο φάσγανον sich kaum passend verbinden. Dies Particip
wird regelmässig mit Wendungen verbunden, welche ein unmittel-
bares Anstürmen **oder wenigstens** ein Richten der Waffen gegen
den Gegner bezeichnen (vgl. die zu **81** angeführten Stellen), und
eignet sich auch entschieden nicht zum Anschluss an Wendungen,
die nur die Vorbereitung zum Kampf enthalten. Sodann ist zu
beachten, dass die Freier bereits 23 nach **dem** Falle des Antinoos
von ihren Sesseln aufgesprungen sind (ὀρινθέντες κατὰ δῶμα): diese
Bewegung ist aber kaum anders denkbar, als dass dabei **die** vor
ihnen stehenden, sie in ihrer Bewegung hemmenden Tische bei
Seite geschoben sind, sodass der Tisch ein Vorgehen des Eurymachos nicht mehr hinderte. Mit dieser wie es scheint, natürlichen Annahme ist aber die von Ameis zu **84** und **85** gegebene
Erklärung der ganzen Scene unvereinbar, denn danach soll Eurymachos so **über** den (kleinen) Tisch hingestürzt sein, **dass** er nach
dem Falle mit dem Kopfe bis zur Erde hinabreichte, während
seine Füsse gegen seinen Lehnstuhl schlugen. Der von mir angenommenen Situation, wonach der Tisch zur Seite geschoben **zu**
denken ist, würde unter Annahme der Lesart δινηθείς, wie **wohl**
Aristarch **statt** ἰδνωθείς las, mit der Erklärung bei **Aristonic.** ed.
Carnuth p. 158: στροβηθεὶς περιφερὴς ἔπεσε τῇ τραπέζῃ, ὡς περι-
κλασθῆναι περὶ αὐτήν, etwa folgende Erklärung entsprechen: Während Eurymachos **von** dem Pfeil getroffen, mit seiner Rechten das
Schwert fallen lässt, **erfasst er** mit seiner Linken **den** Tisch, um
einen Halt zu gewinnen, fällt aber an dem Tische, um den **er**

sich geklammert (περιρρηδής), umtaumelnd nieder. Dabei ist zu
beachten, dass Eurymachos selbst unmittelbar vorher die Freier aufgefordert hatte die Tische als **Schilde vor sich** zu halten; die Erklärung von περιρρηδής = *circumfusus* aber ist Goebel Lexilog. I
p. 379 entnommen, der freilich die Situation **anders** denkt. Vgl.
auch Knös de digammo Hom. III p. 294. Ich **habe übrigens** die
Ameis'sche Erklärung im Kommentar und die **Ausführungen** dazu
im Anhang zu 81. 84. 85 unverändert gelassen, **weil auch** die
von mir gegebene Erklärung nicht völlig gesichert **ist**.

81. σμερδαλέα ἰάχων stets als Versanfang, **in der** Odyssee
nur **hier**, sonst **in der** Ilias *E* 302. Θ 321. Π 785. *T* 41. Υ 285.
382. **443**. Aehnlich μέγα ἰάχων *P* 213. Σ 160. — ἀμαρτῇ gibt
die Ueberlieferung nach Analogie von ἄλλη πάντη und ähnlicher
Adverbia, Aristarch dagegen schrieb ἀμαρτή und betrachtete dies
als Apokope **von** ἀμαρτήδην. Vgl. J. La Roche Hom. Textkritik
p. 188 f. Ueber die Wurzel des Wortes spricht G. Curtius Etym.[2]
p. 305 Nr. 488, [4] p. 342. Das Wort heisst 'gleichzeitig', d. i.
in dem Augenblicke, wo Eurymachos **mit** gezücktem Schwerte
schreiend von seinem Lehnstuhle aufsprang und **mit** der Linken
den Tisch statt **eines** Schildes **(74)** ergreifen **wollte**; das letztere
kam nun nicht **zur** Ausführung.

84. 'περιρρηδής δὲ τραπέζῃ. In dieser Lage vollendet er dann
(86 bis 88) durch Schlagen mit Stirn und Füssen seinen Todes-
kampf. Denn bei einer Wunde, wie sie hier den Eurymachos
trifft, verlieren die obern und untern Extremitäten ihre Haltkraft,
so dass sie nicht ruhig gehalten werden können. Wie hierin eine
treue Naturwahrheit liegt, so ist auch die Richtung des Wund-
kanals und seine Wirkung sowie die Art seines Falles, dass nemlich der vorn in die Brust und Leber Getroffene augenblicklich
vorwärts fällt (82 bis 85), mit physiologischer Treue dargestellt.
Dieser Vorzug gilt von allen im Homer erwähnten Verwundungen.
Vgl. Küchenmeister 'Ueber das im Homer in Betreff der Wunden
gefallener Krieger niedergelegte Material' in Fr. Günsburg's Zeitschr.
für Klinische Medicin (Breslau 1855) p. 31 ff. Wegen dieser phy-
siologischen Genauigkeit bemerkt Küchenmeister p. 44 nebenbei,
dass 'Homer oder die Homeriden einer Priesterkaste angehörten,
die sich mit Medicin sehr vertraut gemacht hatte', und p. 57, dass
'Homer einem Priesterstande angehört habe, der medicinische
Wissenschaften zu cultivieren verpflichtet oder gewöhnt war.' Aber
diese Annahme eines physiologisch-gebildeten Homers und einer
bis ins Detail der Kriegswunde unterrichteten Priesterschaft ist
ganz unstatthaft. Es sind Volksbeobachtungen und Volkserzäh-
lungen, von Volkssängern in Verse gebracht. Denn alle alten Jäger,
alle im Einzelkampf gewesenen Soldaten beschreiben genau, wie
ihr Gegner fiel, und aus solchen Erzählungen haben die Volks-
sänger, auch wenn sie nicht kriegskundig waren, ihre epischen

Beschreibungen genommen. Dass aber Homer den Krieg aus eigener Erfahrung kenne, ist ein Urtheil von Napoleon I., der im Anhang zu den Dictaten 'Uebersicht der Kriege Cäsars' (Stuttgart
1836) p. 218 bemerkt: 'Wenn man die Ilias liest, so merkt man
jeden Augenblick, dass Homer im Kriege war und nicht, wie
seine Ausleger behaupten, sein Leben in den Schulen von Chios
zubrachte.' Ebenso urtheilt Payne Knight Proleg. in Hom. XLVIII
p. 21: 'Iliacus poeta ipse bella gessisse et arma tractasse videtur;
atque ideo omnia, quae ex eorum usu fiunt, summa scientia et
simplici et severa veritate, ut experientia edoctus, et expertorum
iudicium subiturus, copiose et facunde in carminibus exhibet.' So
weit über die allgemeine Bemerkung, an die ich jetzt noch eine
specielle anschliesse. Aus der hier beschriebenen Körperlage des
Eurymachos nemlich lässt sich zugleich auf die niedrige und
schmale Gestalt der Tische schliessen, wesshalb diese Tische auch
mit Leichtigkeit wegzuräumen waren: ο 466. Vgl. dazu υ 259
ὀλίγην τε τράπεζαν. Dass diese τράπεζαι (aus τετράπεζαι entstanden) zum Essen nicht rund waren, sondern ein längliches Viereck
bildeten, das bemerkt schon Eustathius zu α 138 und χ 345, indem er die τραπέζας als προμήκεις, τετανυσμένας εἰς μῆκος bezeichnet. Was aber das Wort περιρρηδής betrifft, so gibt H. Düntzer
in Kuhn's Zeitschr. XIII p. 6 ff. eine neue Erklärung, indem er
dasselbe auf den Stamm ῥαδ schwanken zurückführt unter Vergleichung von ῥαδανός, ῥαδινός, ῥάδιξ und durch umherschwan-
kend erklärt, in welchem Sinne es noch Hippokrates brauche.
Dieser Erklärung ist auch G. Curtius Etym.² p. 315 Nr. 515,
⁴ p. 353 nicht abgeneigt. In der Ausgabe bemerkt sodann H.
Düntzer: 'Getroffen schwankt er, fällt dann auf den Tisch (τραπέζῃ
κάππεσεν, vgl. ε 374).' Aber die Deutung 'schwankt er' lässt die
Präposition περί unbeachtet und gibt den Sinn, als wenn nach
der beschriebenen Leberwunde die Richtung seines Fallens noch
zweifelhaft wäre. Ferner geht bei der Verbindung κάππεσε τραπέζῃ
der Gedanke verloren, dass er (mit dem Kopfe) bis zum Erdboden
hinabgefallen sei: ein nothwendiger Gedanke, den man doch nicht
von selbst hinzufügen kann. Die Worte endlich περιρρηδὴς δὲ
τραπέζῃ κάππεσεν ἰδνωθεὶς bilden im Texte einen einzigen aufs
engste zusammenhängenden Gedanken, so dass man denselben
nicht durch die Vorstellung 'erst schwankt er, dann fällt er' zer-
theilen kann. Dabei sei bemerkt, dass ein κάππεσε τραπέζῃ sich
von dem verglichenen πρηνὴς ἀλλ κάππεσε nicht unwesentlich unterschiede. Aus diesen Gründen nun glaube ich, dass auch bei der
Annahme der Düntzer'schen Erklärung die Worte περιρρηδὴς τραπέζῃ mit einander zu verbinden sind in dem Sinne: taumelnd
über den Tisch hin (eigentlich 'um den Tisch') stürzte er
nieder.' Ameis.

    85. 'ἰδνωθείς mit Bothe und Bekker aus den besten Quellen

statt des gewöhnlichen δινηθείς. Denn δινηθείς 'sich im Kreise
drehend' oder 'wirbelnd' passt nicht zum Fallen über den Tisch
hin; auch würde dazu eine Kopfwunde, namentlich ein Schuss in
die Stirn mit Verletzung von Organtheilen des Hirns erforderlich
sein. Ueber ἰδνόω vgl. G. Autenrieth zu Nägelsbach B 266. Von
der Situation im Folgenden gibt H. Düntzer folgende Vorstellung:
'Dass darauf auch der Tisch umgestürzt sei, wird nicht ausdrücklich gesagt, ergibt sich aber aus der Sache selbst und aus dem
wirklich erwähnten Umstand, dass er mit dem Angesicht auf den
Boden gefallen und die in die Luft gehobenen Füsse an den Sessel
gestossen.' Bei dieser Annahme aber ist zunächst nicht ersichtlich, warum ἀπὸ δ' εἴδατα χεῦεν ἔραζε καὶ δέπας ἀμφικύπελλον als
Folge seines Falles dargestellt wird, da doch dieser Gedanke viel
natürlicher mit dem Umsturz des Tisches zu verbinden wäre. Sodann weiss ich nicht, wie die Worte 'mit dem Angesicht auf
den Boden gefallen' mit χθόνα τύπτε μετώπῳ, die 'in die Luft
gehobenen Füsse' mit λακτίζων, das blosse 'an den Sessel gestossen' mit θρόνον ἐτίνασσε sich vereinigen lassen. Mir scheint
hier in die Textworte gelegt zu sein was nicht darin liegt. Nach
den Dichterworten, in denen auch die schildernden Imperfecta
τύπτε und ἐτίνασσε nicht zu übersehen sind, kann ich mir die Situation nur so vorstellen, dass der Tisch stehen blieb. Das Um-
stürzen des Tisches hätte der Dichter hier ebenso deutlich erwähnen
müssen, als 19 f. das Wegstossen des Tisches.' Ameis. — 89. Ueber
den Aorist εἴσασθαι in dem Sinne eines Verbums der Bewegung vgl.
jetzt Ahrens Beiträge zur griech. u. lat. Etymologie I p. 112 ff.,
welcher hier statt ἀντίος ἄϊξας nach X 194 ἀντίον ἀΐξαι bessern
möchte.

98. Gewöhnlich wird προπρηνὲι τύψας gelesen, wobei man
den Dativ durch eine unerweisbare Ellipse zu erklären sucht. Aber
προπρηνέα bieten marg. Harlei., Cod. August. ex correct., Cretens.:
mit Recht. Denn dieses προπρηνέα steht hier im Gegensatz zu
ἀνελκόμενον und bezeichnet die für das τύψαι entsprechende Stellung. Dagegen will C. Study de prolepsis grammaticae usu Homerico I (Coburg 1865) p. 12 προπρηνέα τινὰ τύπτειν proleptisch
erklärt wissen, so dass es unserm 'niederhauen' entspreche.
Ferner wird statt des schwach beglaubigten τύψας in einigen
Handschriften τύψῃ, in anderen τύψει oder τύψειε gefunden; daher
ist mit Döderlein Hom. Gloss. § 618 und Bekker neben προπρηνέα
der Optativ τύψαι als das richtige zu billigen. Uebrigens sucht
J. Savelsberg 'die Aoriste ΕΔΩΚΑ ΕΘΗΚΑ ΗΚΑ' in Symbola
in honorem Ritschelii p. 512. 513. 527 Anm. 5 und in Kuhn's
Zeitschr. XVI p. 413 ff. die überlieferte Form τύψαι als die durch
Apokope aus τύψαιε entstandene Optativform zu rechtfertigen. Den
Optativ mit dieser Endung erwähnen die Schol. ABC zu B 4: ἄλλοι
γράφουσι τιμήσαι. τοῦτο εὐκτικόν, τὸ δὲ ὀλέσῃ ὑποτακτικόν. ὡς

τὸ „χόλον τελέσει Ἀγαμέμνων" (Δ 178), und der V. zu P 515:
μελήσει ἀντί εὐκτικοῦ τοῦ μελήσοι. Und solche Optativformen
finden sich handschriftlich ἀπορραίσει α 404, μενοινήσει β 248,
κύψει λ 585, ἰθύσει λ 591, νοστήσει ξ 329, ἐφήσει υ 29. 386, τιμή-
σει Β 4, τελέσει Δ 178, ἀτιμήσει Ι 62, πείσει Ι 386, μελήσει P 515,
ἀκούσει Τ 81, σκήλει Ψ 191, δείσει Ω 672.

103 ff. Zur Kritik der folgenden Erzählung vgl. Kammer die
Einheit p. 683 ff. Derselbe verwirft 103. 104. 114. 115. 126—296.

115. ποικιλομήτην, das ein entschiedenes Lob bezeichnet, steht
in dieser Verbindung stets am Versende, wie noch γ 163. η 168.
χ 202. 281. Λ 482. In Bezug auf die Endung vgl. G. Meyer in
G. Curtius Stud. V p. 105. — Ueber die Verbindung mit δαΐφρονα
vgl. den Anhang zu δ 1.

126. Gegen die von Ameis nach Rumpf de aedibus Hom. II
p. 54 ff. gegebene Erklärung von ὀρσοθύρη als Springthüre bemerkt Autenrieth: '1) heisst ὄρνυσθαι nicht springen, sondern
oriri sich erheben, sich aufmachen; 2) müsste das Wort bei
dieser Ableitung ὀρσιθύρη heissen. ὀρσο- aber ist unverkennbar
der von G. Curtius Gr. Et. Nr. 505 (ὄρρο-ς Steissbein etc.) behandelte Stamm und die Bedeutung Hinterthür, weil sie ganz
hinten im Saale sich befand. Döderlein hat also Recht in seiner
Ableitung.' Danach, sowie nach den Ausführungen von Gerlach
im Philol. XXX p. 508 ist jetzt die Erklärung im Kommentar
gegeben. Andere erklären ὀρσοθύρη allgemein durch 'eine ober-
halb angebrachte Pforte' und darauf kommt auch die Erörterung
von Fröhde in Bezzenberger's Beiträgen III p. 19 ff. hinaus, indem
er bei gleicher Etymologie auf den Grundbegriff des Hervorstehenden, Hervorragenden zurückgeht. Im Uebrigen vgl. die Kritik
dieser Localschilderung bei Kammer die Einheit p. 685 f. und
Kirchhoff die homer. Odyssee p. 529, welcher bemerkt: 'Diese
Verse (126—130) machen den Eindruck, dass sie eingefügt seien,
um die folgende Auslassung des Agelaos und die Antwort, welche
der Ziegenhirt darauf ertheilt, verständlich zu machen, ohne dass
dies eigentlich gelungen wäre.'

134. Kirchhoff die hom. Odyssee p. 529 sieht in diesem Verse
eine hier unpassende Reminiscenz aus 78.

140 f. Kirchhoff im Philol. XIX p. 97 ff. == Composition
der Od. p. 192 ff. == die hom. Odyssee p. 584 ff. sucht zu erweisen,
dass hier 'der Vers 141 später eingeschoben worden, als die Episode in τ entstand.' Vgl. dazu Kammer die Einheit p. 593 ff. und
zu 25. Zur Athetierung von 141 hat H. Düntzer auch 140 hinzugenommen. Aber bei dem nun ohne nähere Bestimmung gesagten
ὑμῖν τεύχε' ἐνείκω würden die Freier wol verwundert gefragt haben,
woher denn Melanthios diese Waffen holen wolle.

143. Auch in der Erklärung von ῥῶγες folgte Ameis der
Erörterung von H. Rumpf de aedibus Hom. II p. 47 sqq. Die

jetzt gegebene Erklärung beruht auf der Ansicht von Gerlach im Philol. XXX p. 510, von dem ich nur darin abweiche, dass ich nicht auch zwischen dem Männersaal und der Frauenwohnung einen Corridor annehme und die ῥῶγες in die Seitenwand des Saales verlege. Döderlein Hom. Gloss. § 1054 denkt an die Bedeutung 'Fenster'. — Zu 144 f. vgl. Aristonic. ed. Carnuth p. 158 f. und dazu Naber quaestt. Hom. p. 117.

169. An Stelle des handschriftlichen οὗτος vermuthet Nauck αὐτός. Indess hat das οὗτος hier eine stützende Parallele in φ 403, wo Nauck keinen Anstoss genommen hat. Vgl. zu beiden Stellen den Commentar.

174. Nach Bothe verwirft Döderlein Gloss. § 994 V. 174 als Interpolation. Die von diesem aber gegebene und von Ameis gebilligte Erklärung der schwierigen Worte σανίδας δ' ἐκδῆσαι ὄπισθεν ist unannehmbar. Düntzer hält 175—177 für unecht, Kammer die Einheit p. 690 aber sieht neben diesen Versen auch die die Ausführung enthaltenden 192—199 als eine Interpolation in der Interpolation (vgl. zu 103) an. Jedenfalls sind 175—177 im Zusammenhange nicht zu rechtfertigen und da die Ausführung 187 ff. dem Auftrag 173 f. entsprechend ausdrücklich mit ὡς ἐκέλευσεν — Ὀδυσσεύς 190 f. abgeschlossen wird, so ist Kammer's Vermuthung in hohem Grade wahrscheinlich.

179. Wenn die beiden Hirten hineingegangen wären, so müste es statt ἔνδον ἐόντα hier ἔνδον ἐόντε heissen, wie Joh. Classen Beobachtungen III p. 10 (in der Sammlung von 1867 p. 88) conjiciert hat. Das richtige aber gibt schon Eustathius. Vgl. H. Rumpf de aed. Hom. II p. 69.

181. μένοντι im Versausgange. Hier und 378 hat Bekker 'statt der hinfälligen Duale auf ε die tönenderen Plurale auf ες' (Hom. Blätter p 31) nicht angewandt, hat auch ψ 211 und E 572 das μένοντι als Accusativ unangetastet gelassen. Es handelt über diesen Proschematismus in den Participien Lobeck Elem. II p. 171.

186. Das δ' ἐλέλυντο, statt des gewöhnlichen δὲ λέλυντο, aus den besten Handschriften, um die trochäische Cäsur zu vermeiden. Vgl. Hermann zu Orph. p. 694. So mit K. Grashof Zur Kritik des Hom. Textes S. 24 und mit Bekker. Uebrigens vermuthet van Herwerden quaestiunculae ep. et eleg. p. 54 an Stelle der Worte δὴ τότε γ' ἤδη κεῖτο — δὴ τότ' ἀκηδὲς ἔκειτο.

188. Die Waffenkammer zu ebener Erde zu denken ist man auch deshalb berechtigt, weil sich zu Anfange von τ und φ keine Andeutung findet, dass man zu derselben hinaufsteigen muste. Ueber δάπεδον vgl. auch zu λ 420. Das nur hier vorkommende κουρίξ, von κουρά die Schur des Haares, ist ein drastischer Ausdruck aus dem Volksleben. Vgl. Döderlein Hom. Gloss. § 761. — 189 verlangt Cobet Miscell. crit. p. 350 δίδεν statt δίον vgl. Α 105. μ 55.

190. **Ueber andere** Deutungen des διαμπερές vgl. J. La Roche
Hom. Stud. § 28, 10. a. Die Formel ὡς ἐκέλευσεν steht sonst ohne
die ausdrückliche Beifügung des bezüglichen Subjectes: ϑ 49. Δ
380. Ι 660; und mit dem Imperfectum ὡς ἐκέλευεν ο 437. σ 58.
χ 255. ω 492. Ξ 278. Ψ 539. Aehnlich steht das Imperfect δ 673.
η 226. ϑ 398. ν 47.

196. Die Verse 195 und 196 werden von Gregor. Corinth.
in den rhet. Gr. III p. 222, 11 ed. Walz als **Beispiel** des σαρκασμός
angeführt. — Vers 197. Der Versschluss Ὠκεανοῖο ῥοάων 197,
wie Γ 5. Τ 1. — Vers 198. Voss zu Arat. 561 meint, dass 'das
unhomerische ἠνίκ' ἀγινεῖς aus ἤν κεν ἀγινῇς verderbt' sei. Vgl.
dagegen die Note im Commentar.

205 ff. Die **folgende Scene**, wo Athene auftritt, 205—240
wird als Interpolation **verworfen** von La Roche in der Zeitschr. f.
d. österr. Gymn. 1863 p. 200, **Kirchhoff** die hom. Odyssee p. 529,
Kammer die Einheit p. 691 ff., **Düntzer** zu χ 238, vgl. auch Jacob
die Entstehung der Ilias und Od. p. **513.** **Indess** urtheilt Bergk
griech. Literaturgesch. I p. 718, dass die **Scene** unentbehrlich sei,
und nur durch nachlässige Ueberlieferung gelitten habe. Vgl. zu 235.

228. νωλεμὲς αἰεί stets im Versschluss, wie noch π 191.
Ι 317. Ρ 148. 385. Τ 232. Ueber den Sinn beider Wörtchen gilt
dasselbe, **was zu** ε 210 über αἰεί und ἤματα πάντα bemerkt worden ist. In der Verbindung ἄφθιτον αἰεί dagegen, das manche als
gleichbedeutend herbeiziehen, ist ἄφθιτον nur adjectivisch gesagt.

232. In diesem Verse will Bergk griech. Literaturgesch. I
p. 718, Note 176 nach ὀλοφύρεαι das Fragezeichen setzen und das
folgende ἄλκιμος εἶναι imperativisch fassen. Indess weit auffallender, als die Verbindung von ὀλοφύρομαι mit Inf., die genügende
Analogien **hat, wäre** die von ὀλοφύρεαι ἄντα μνηστήρων. Ueberdies spricht gegen die Auffassung von ἄλκιμος εἶναι in imperativischem Sinne, dass unmittelbar 233 die Aufforderung mit ἀλλ'
ἄγε δεῦρο folgt.

233. Ueber das Verhältniss **dieser Stelle zu** Ρ 179 f. vgl.
Düntzer hom. Abhandl. p. 469. — 234. An Stelle von ὄφρα ϝίδῃς
verlangt Cobet Miscell. crit. p. 303 ὄφρα ϝιδήῃς. Dagegen bemerkt
Nauck: ὄφρα ἴδῃς *pauci fortasse recte, an* ὡς εἰδῇς. Uebrigens
schreiben die neueren Herausgeber, auch Nauck, mit Aristarch:
ὄφρ' εἰδῇς.

235. **Nach** diesem Verse nimmt Bergk griech. Literaturgesch.
I p. 718, **Note 176** eine Lücke an, die durch den gleichen Versanfang ἤ ῥα veranlasst sei: 'der Dichter berichtete wohl, wie
Athene **einen Freier,** der eben den Odysseus bedrohte, erschlug,
und dann noch einige höhnende Worte über den Gefallenen aussprach, welche **den Zorn** und die Wuth der Freier erregten.'

236. Ueber ἑτεραλκής vgl. den Anhang zu Η 26. Es findet
sich bei Homer bloss im Accusativ; **in** der Odyssee **nur** hier, sonst

in der Ilias: der Versschluss ἑτεραλκέα νίκην noch *Η* 26. Θ 171.
Π 362. *P* 627; dagegen ἑτεραλκέα δῆμον ἔχοντες *Ο* 73θ. Athene
erscheint bei der ganzen Scene in Mentors Gestalt, weil sie nicht
bloss wie früher **von** Odysseus allein, sondern zugleich auch von
dessen drei Gefährten gesehen und gehört **sein** will. — Vers 237.
Ueber σθένος vgl. G. Curtius Etym.² p. 442, ⁴p. 494, über ἀλκή
ebendas. p. 124 Nr. 7, ⁴p. 132.

239. H. Düntzer in Kuhn's Zeitschr. XIV p. 187 **will** αἰθαλόεν hier **dunkel**, **und** αἰθαλόεν μέλαθρον, μέγαρον fassen, wie
μέγαρα σκιόεντα (α 365. δ 768. σ 399). Vgl. was G. Autenrieth
zu Nägelsbach **B 414** beigefügt hat. — Zu dem folgenden ἀνά
ist nach Et. M. 565, 35 und Et. Gud. 15 ὑπὲρ als beglaubigte
Variante **zu** betrachten. Ueber die Verbindung bemerkt G. Hermann Opusc. V **p.** 37 mit Recht: 'aperto ἀνὰ μέλαθρον ἀναΐξασα
coniungenda sunt, ἕξεσθαι autem per se constat.'

240. So schwer es auch mit der Annahme einer wirklichen
Verwandlung sich zu vereinigen scheint, **dass** Athene nachher (297)
von der Decke aus die Aegis emporhält, **so ist es doch** weit
schwieriger sich vorzustellen, wie die Göttin, ohne von den Freiern
gesehen zu werden, **sich in Mentors** Gestalt zur Decke empor-
schwingen konnte, denn der Annahme, dass sie sich dabei unsichtbar gemacht habe, widerspricht eben der Zusatz εἰκέλη ἄντην. Ist
nicht die Verwandlung in die Schwalbe eben das Mittel, um **sich**
der Beobachtung der Anwesenden zu entziehen? Wie unnatürlich
ist es ferner sich eine Menschengestalt auf dem Balken unter der
Decke sitzend zu denken! Ferner müsste man die Bedeutung von
ἄντην bei εἰκέλη bedeutend geschwächt denken, wenn man die
sonst übliche Formel θεῷ ἐναλίγκιος ἄντην vergleicht, wo ἄντην,
eigentlich **= coram**, ähnlich wie εἰς ὦπα, offenbar den Begriff
der leibhaftigen Aehnlichkeit enthält. Andrerseits finde ich abgesehen von dem erwähnten Bedenken nichts, was uns hindern
könnte, eine Verwandlung anzunehmen: ist es doch in den griechischen Sagen nichts Ungewöhnliches, dass Götter und halbgött-
liche Wesen vorübergehend Vogelgestalt annehmen, vgl. W. Wackernagel Ἔπεα πτερόεντα, Basel 1860 p. 33 ff. Der Zweck einer solchen
Verwandlung aber kann ein doppelter sein: entweder sich als über-
menschliches Wesen dadurch zu erkennen zu geben — und das ist,
glaube ich, der Fall γ 372, oder um sich unsichtbar zu machen,
sich als Gottheit den Blicken anderer, Menschen oder Götter, zu
entziehen, wie ich *Η* 59, Ξ 290 und an unserer Stelle annehme.
Was aber das Bedenken betrifft, dass Athene als Schwalbe nicht
die Aegis emporhalten könne, so ist auch durch die Annahme der
Nichtverwandlung diese Schwierigkeit nicht ganz beseitigt, auch
da müssen wir voraussetzen, dass sich Athene aus der Mentor-
gestalt wieder in die Göttin mit der Aegis verwandelt hat: in
dem einen, wie im andern Falle also setzt der Dichter hier still-

schweigend eine solche Umwandlung voraus. Vgl. ausserdem den Anhang zu *H* 59.

241 ff. Zu der Kritik der **folgenden Partie** vgl. Kammer die Einheit p. 693.

245. Ueber περὶ ψυχέων vgl. den Anhang zu β 237 und Nägelsbach Hom. Theol. p. 381 mit G. Autenrieth's Zusatz.

248. Vgl. Philemon § 210 p. 144 ed. Osann. Der Sinn ist: 'Odysseus wird bald durch die grosse Anstrengung, da er so lange geschossen hat, ermüdet sein.' H. Düntzer.

249. κενά ist die handschriftliche Lesart, **mit einem in** der bukolischen Cäsur erlaubten Hiatus: vgl. zu α 60. Aber diese Form steht im Homer isoliert, daher ist mit Bekker G. Hermanns Conjectur κενέ' εὔγματα aufgenommen. So auch Nauck. Zu 249. 250 bemerkt Düntzer: 'Die beiden Verse treten hier ganz ungeschickt ein. Mentor würde ihm so wenig Sorge machen als die übrigen.' Vgl. Kirchhoff die hom. Odyssee p. 530.

253. Zur Construction von δοῦναι in diesem Sinne ist folgendes zu bemerken: 1) Die einfachste Construction ist mit dem Infinitivus Activi oder Medii (φορέειν, ἄγειν und ähnlich) wie *O* 310 αἰγίδα — ἥν Ἥφαιστος Διὶ δῶκε φορήμεναι *dedit gestandam:* vgl. *H* 154. *Π* 40. 665. *P* 193. *Φ* 32. *P* 390. *Α̇* 338. *H* 351. *Ω* 581. α 317. ζ 178. ρ 195. σ 87. Der Infinitiv (wie *Σ* 436 γενέσθαι, oder εἶναι, Anhang zu δ 173) tritt hier immer epexegetisch nach, besonders deutlich ρ 223. ε 408. *Φ* 216. Die zwei letzten Stellen haben 2) Ζεύς als Subject zu δοῦναι, diesen oder Götter auch *X* 404. *Σ* 436. β 336 = π 386. δ 173. Die unter Nr. 1 zuletzt citierten Stellen bilden den Uebergang zu der Structur 3) δοῦναί τινι mit folgendem Objects-Infinitiv wie *Λ* 128. η 110. 148. ϑ 411. *Θ* 287. ι 93; ohne Dativ der Person α 379 = β 144. Dies ist der Uebergang zu 4) Bedeutung und Structur von 'verleihen, gewähren' (die schon *Φ* 216 uns nahe liegt) und Accusativ mit dem Objects-Infinitiv: *Γ* 322. *E* 118. γ 60. *Z* 476. 307, negativ ι 530. In *Z* 526 ist der Subjectsaccusativ zu ergänzen wie *M* 275. *K* 281. μ 215. Es ist daher zweifelhaft, ob *Ω* 309 = ζ 327, wo μ' gleich μοί sein kann (zu κ 19 und Nägelsbach zu *Λ* 170) und andere Stellen, wo der **Dativ** der Person so gut wie der Subjectsaccusativ ergänzt werden kann (*P* 646. *X* 379. *Γ* 351. *Λ* 128. *I* 136. μ 216) zu Nr. 3 oder zu Nr. 4 zu zählen **sind. Dies** alles zu Krüger Di. 55, 3, 20 ff. In keinem dieser **Beispiele** ist ein passiver Infinitiv zu finden. So mit G. Autenrieth, vgl. **auch** Hentze in Zeitschr. f. Gymnas. XX p. 730 f.

256. 'τὰ δὲ πάντα, nemlich βέλη oder ἔγχεα, denn nur (ausser *Σ* 104) zu diesen Wörtern tritt das Prädicat ἐτώσια. Dieses Wort selbst ist der Bedeutung und Ableitung nach *vánus*. An allen Stellen ausser der spätern ω 283 steht es in der Cäsur κατὰ τρίτον τροχαῖον und bildet (unerlaubten) Hiatus, weshalb Bekker[2]

mit Recht überall ausser ω 283 Ϝετώσιος hergestellt hat. Ich hätte zu Ι' 368 wegen der Bedeutung der Ebel'schen Ableitung widersprechen sollen. Die Wurzel scheint *vâ* = *aϜ* zu sein (obwol G. **Curtius** Etym.[2] p. 347 das Wort nicht erwähnt); daraus entsteht **wie** *djut* (G. Curtius p. 61) aus *div*: skt. *vát* ventilare, *vát-as* ventus, *vátyâ* Sturmwind; ἀϜήτης. Man muss ein Adjectiv Ϝητόσιος annehmen, aus dem durch Quantitätsversetzung Ϝετώσιος entstand. Wegen der Bedeutung vgl. skt. *vátûlas* Windbeutel; vom Wehen stammt auch *vânus*, e-vanescere, vanescunt dicta per auras; somit ist mit Ϝετώσιος zu vergleichen ἀνεμώλια windiges, μεταμώνια (aus μετανεμώνια, vgl. Fleckeisens Jahrb. Bd. 95 p. 286), gleich μετ᾽ ἀνέμοις d. i. verweht **und** vergebens: Ϝετώσιος verweht d. i. vom Ziele abgelenkt, vergebens. Die Zusammenstellung von J. Savelsberg (Zeitschr. f. d. Gymn.-Wesen XIX 281) lässt sich **vielleicht** mit der obigen noch vermitteln; Leo Meyer Vergl. Gram. II 447 hat nur Anlass die Termination zu berühren. Ausserdem erinnert hier die Wortbedeutung und Situation **an** Τ 439 f. καὶ τό γ᾽ Ἀθήνη πνοιῇ Ἀχιλλῆος πάλιν ἔτραπε κυδαλίμοιο ἧκα μάλα ψύξασα.᾽ G. Autenrieth.

257—259 wurden **nach** Eust. **p.** 1926, 18 von Einigen obelisiert und sind von Kirchhoff die hom. Od. p. 530 verworfen, auch von Nauck **unter den** Text gesetzt. Dagegen nimmt Düntzer, Kirchhoff Köchly **und die** Odyssee **p.** 78 an, dass 274—276 nebst 273 zu entfernen seien.

278. λίγδην erläutert Clemm in G. Curtius Stud. III p. 298 ff.: ᾽die Wurzel ist λακ in λάκος, λακίς, λακερός, Λακεδαίμων.᾽

286 ff. In den Versen 286—292 sieht Bergk griech. Literaturgesch. I p. 717 eine spätere Einschaltung, wodurch die Schilderung des Kampfes zwischen Odysseus und Agelaos verkürzt sei. — 287. Ueber die Bildung von Πολυθερσείδης aus der Grundform Πολυθέρσες vgl. Leo Meyer in Bezzenberger's Beiträgen IV p. 5, wo derselbe die homerischen Vaternamen überhaupt eingehend behandelt. — 289. Die Worte ἀλλὰ θεοῖσιν μῦθον ἐπιτρέψαι erklärt Schmidt Synonymik der griech. Spr. I p. 18: ᾽lass die Götter sprechen᾽ — warum? die können auch erfüllen, was sie sagen.᾽

297. φθισίμβροτος, noch als Beiwort von μάχη Ν 339, ist gebildet wie τερψίμβροτος μ 269. 274, φαεσίμβροτος κ 138. 191. Ω 785, ἄμβροτος und das spätere Κλεόμβροτος, μελησίμβροτος, ὀπισθόμβροτος· mit wurzelhaftem μ vor dem eingeschobenen β. Denn βροτός steht für μβροτός und dies ist durch Einschiebung eines β aus μρότος entstanden statt μορτός von der Wurzel μορ, wozu *mortuus* gehört. Vgl. G. Curtius Etym.[2] p. 297 Nr. 468,[4] p. 333. Zu vergleichen sind auch μβλώσκω, μεσημβρία, franz. comble, trembler, chambre. Uebrigens glaubt La Roche in der Zeitschr. f. d. österr. Gymn. 1863 p. 200 in 297—309 einen späteren Zusatz zu erkennen.

301. ὥρῃ Ϝειαρινῇ mit Beseitigung der Präposition ἐν ist zu schreiben nach Cobet Miscell. **crit.** p. 351, vgl. ε 485, und so hat Nauck geschrieben.

304. In den Worten ἐν πεδίῳ ἵενται ist Bewegung und Ruhe mit einander verbunden: sie stürzen sich 'in die Ebene' und verharren daselbst ängstlich. Vgl. **Krüger Di.** § 68, 12, 2 und über ἵεσθαι L. Meyer in Bezzenberger's **Beiträgen** I p. 303 ff. und Ahrens Beiträge zur griech. u. lat. Etymologie I p. 118. Statt der αἰγυπιοί könnte man eine der zahlreichen Falkenarten erwarten als geeigneter für eine derartige Jagdscene. Denn die Geier ziehen todte Thiere weit den lebendigen vor, suchen letztere nur in Ermangelung der ersteren und sind deswegen noch jetzt im Orient, in Constantinopel und anderwärts Strassenreiniger. Bei Homer erscheinen sie als Verzehrer der Leichen, wie in dem Versausgange γῦπες ἔδονται χ 30. Δ 237. Π 836. Σ 271. Χ 42, ausserdem Δ 162. Aber die Lämmergeier werden auch als Nachsteller lebender Thiere erwähnt, wie · der Gänse P 460. Ebenso bei Späteren wie Soph. Ai. 169. Ja es scheint als wenn der Begriff des Feindlichen durch Lämmergeier stärker hervorgehoben würde, als es bei Erwähnung der Falken der Fall ist: vgl. N 531. Π 428. P 460. Nun aber liegt an unserer Stelle der Vergleichungspunkt gerade in dem tödtlichen Angriff durch stürmische Feinde. Höchst bedenklich dagegen scheint die Ansicht mancher Naturforscher, dass in homerischer Zeit der Unterschied zwischen Geiern und Falken noch nicht genau festgestellt sei und dass man daher die einen mit den andern leicht verwechselt habe. — Ueber πτώσσειν mit dem Accusativ vgl. J. La Roche Hom. Stud. § 78, 6, über θόρωσιν und ἐπάλμενοι Schmidt Synonymik der gr. Spr. I p. 540.

306. Mit den Worten χαίρουσι δέ τ' ἀνέρες ἄγρῃ hat der Dichter das Gleichniss wie mit einer Randverzierung ausgemalt: denn er hat ihm zu besonderer Schönheit eine Staffage beobachtender Figuren beigegeben, um das Bild durch menschliches Verhalten zu beleben, um menschliche Handlung hineinzubringen. Es ist gerade so wie wenn der Landschaftsmaler einen Fremdling in den Vordergrund hinsetzt, der auf einem Steine oder auf dem Rasen rastet, aber in seinem Antlitz den Eindruck zeigt, den die Betrachtung der Gegend in ihm hervorbringt. Aehnlich verhält es sich mit den Hirten in den Gleichnissen Θ 559. Δ 275. 455, ja selbst mit den Ἀχαιαί im Traume τ 542. Dagegen schliesst Naber quaestt. Hom. p. 63 f. aus diesem Zusatz, dass eine Jagd mit abgerichteten Vögeln zu denken sei, mit Bezug auf Aristoteles hist. anim. 9, 36, 4, wogegen aber entschieden 303 ἐξ ὀρέων ἐλθόντες spricht. — Vers 309. Zu κράτων τυπτομένων vgl. Philemon § 98 p. 70 ed. Osann. Bei diesem allgemeinen Ausdruck wird jeder theils an die Lanzen theils an den Fall auf den Erdboden denken.

318. Als ursprüngliche Lesart vermuthet Cobet Miscell. **crit.** p. 275 οὔτι ϝεϝοργώς statt οὐδὲν ἐοργώς. Auch Nauck vermuthet οὔ τι.

322. Die Infinitive auf ημεναι stehen alle in der bukolischen Cäsur: ἀήμεναι γ 176. Ψ 214. ἀλήμεναι E 823. Σ 76. βήμεναι ξ 327. τ 296. καταβήμεναι κ 432. M 65. Ξ 19. γοήμεναι Ξ 502. δαήμεναι ν 335. ψ 262. Z 150. Υ 213. Φ 487. δαμήμεναι K 403. P 77. Υ 266. 312. Φ 291. κανήμεναι Υ 198. 210. καλήμεναι K 125. μιγήμεναι Z 161. 165. N 286. O 409. Φ 469. πεινήμεναι ν 137. πενθήμεναι σ 174. τ 120. ποθήμεναι μ 110. ταρπήμεναι ψ 346. Ω 3. τιθήμεναι Ψ 83. 247. φιλήμεναι X 265. φορήμεναι O 310. Eine vereinzelte Ausnahme bildet nur ϑ 518. P 504. Wegen des Präsens ἀρήμεναι in Verbindung mit πολλάκι vgl. Döderlein Hom. Gloss. § 19, und über den Sinn und Zusammenhang der ganzen Stelle H. Kratz im Stuttgarter Correspondenz-Blatt 1861 p. 289 f. Wegen μέλλω vgl. den Anhang zu σ 19.

325. δυσηλεγής wird gewöhnlich 'lang hinstreckend' gedeutet. Aber die Bedeutung 'legen, betten' gehört der Wurzel λεχ, nicht λεγ an. Vgl. auch Lobeck Elem. I p. 434; Döderlein zu Θ 70. Es ist mit Döderlein Hom. Gloss. § 112 das Wort zu ἀλγεῖν zu ziehen, was von Düntzer in Kuhn's Zeitschr. XII p. 8 gebilligt wird. Ueber dieselbe Endung in τανηλεγής vgl. zu β 100. Uebrigens vermuthet Nauck τανηλεγέα statt δυσηλεγέα.

330. Phemios wird erst hier als Sohn des Terpes erwähnt, früher wurde er **nur** mit dem einfachen Namen genannt: α 154.

337. ρ 263. — Statt des handschriftlichen δέ τ' hat Bekker mit dem Zeichen der Conjectur δ' ἔτ' gegeben, was sich im Stuttgartiensis und Vratislav. A findet. — Für das nur hier vorkommende ἀλύσκανε wird in der Ilias ἀλεύατο gesagt, aber mit nicht ganz gleicher Bedeutung: denn die Ableitung ἀλ-υσκ-άνω (wie ἀλ-υσκ-άζω. ἠλ-ασκ-άζω) enthält das inchoative -σκ- mit dem häufigen Suffix -αν- hinter der Wurzel (ἀλ, G. Curtius Etym.[2] p. 490). Daher wird man in dem Verbum, wie G. Autenrieth bemerkt, neben dem inchoativen das intensive Element **zu suchen** haben. Vgl. ἀλ-ύσκ-ων 363.

332. Ueber den nach bester Ueberlieferung feststehenden Accent und über den Gebrauch von λίγεια vgl. Lehrs Q. E. p. 169 sqq. Krah De fixis quae dicuntur deorum et heroum epithetis (Königsberg 1852) p. 23. Bekker hat jetzt überall der Analogie gemäss λιγεῖα accentuiert. Der Ausdruck ἔχων φόρμιγγα λίγειαν bezeichnet den bleibenden Zusammenhang zwischen dem ἔχων und φόρμιγγα, während φέρων φόρμιγγα λίγειαν ϑ 261 nur die Uebertragung an einen andern Träger vermittelt. Vgl. den Anhang zu A 13. Uebrigens ist λίγεια stehendes Beiwort von φόρμιγξ, nur ω 62 ist es von μοῦσα gesagt. — Vers 334. Zu ποτὶ βωμόν vgl. C. F. Hermann Privatalt. § 19, 19.

341. Statt des handschriftlichen μεσσηγὺς κρητῆρος ἰδὲ θρόνου hat Bekker dem Digamma zu Liebe κρητῆρος μεσσηγὺ Ϝιδὲ θρόνου gegeben, aber die eingeführte Wortstellung ist nicht unbedenklich. H. Düntzer hat den ganzen Vers athetiert. Auch Nauck bemerkt *spurius?*

346. Die Worte ὅς τε θεοῖσι καὶ ἀνθρώποισιν ἀείδω, sowie παραείδειν ὥστε θεῷ bezieht Bergk griech. Literaturgesch. I p. 488, Note 16 auf den Vortrag epischer Lieder an Götterfesten, 'doch können auch religiöse Gesänge gemeint sein.'

347. Die zu αὐτοδίδακτος gegebene Erklärung θεὸς δέ μοι ἐν φρεσὶν οἴμας παντοίας ἐνέφυσεν enthält den Sinn, dass er bloss der göttlichen Begeisterung seinen Gesang verdanke, was die Vorzüglichkeit des Sängers bezeichnet: vgl. α 348. θ 63. 64. 481. ρ 518. Vgl. auch zu θ 488. Den ganzen Gedanken behandeln Nägelsbach Hom. Theol. p. 61 der Ausg. von Autenrieth; Grote Gesch. Griech. I p. 497 Anm. 31; Nitzsch Beitr. zur Gesch. der ep. Poesie p. 32; Welcker ep. Cyclus p. 344. 346. Man könnte den Sinn unsrer Stelle auch so bestimmen: ich singe aus innerem instinctivem Triebe, der Gesang ist mir kein ἐπίκτητον. Dazu hat Max. Tyr. XVI 5 p. 295 folgendes bemerkt: καὶ ἀληθῆ λέγει· αὐτοδίδακτον γάρ τι χρῆμα ἀτεχνῶς ἡ ψυχὴ καὶ τὸ εἰδέναι παρὰ θεῶν τῇ φύσει εὖ ἔχον. Uebrigens hat er hier und XXXVIII 1, wo er ebenfalls diesen Vers benutzt, die Lesart θεοὶ δέ μοι ὤπασαν ὀμφήν, dagegen gibt Justinus Martyr de monarch. dei c. 5 ἔμβαλεν οἴμας. Angeführt ist unsre Stelle nach der gewöhnlichen Lesart von Isidor. Pelus. epist. IV 30 p. 15.

372. Zur Beseitigung des Hiatus schlägt Bekker in Monatsber. d. Berlin. Acad. 1864 p. 11 = Hom. Blätt. II p. 2 hier und O 290 vor zu lesen: ἠδὲ σάωσεν statt καὶ ἐσάωσεν, vgl. K 44 und κ 286, und so vermuthet auch Nauck.

378—81. Die in den Ausgaben übliche Anordnung dieser vier Verse, wonach der letzte von den vorhergehenden getrennt einen neuen Absatz beginnt (nur Düntzer hat keinen Absatz), lässt die Aufnahme des παπταίνοντε (380) in πάπτηνεν (381) unberücksichtigt, die eine engere Verbindung der Verse fordert. Damit tritt τώγε in Gegensatz zu Ὀδυσεύς, welches aber wegen der anaphorischen Aufnahme des Verbum an die zweite Stelle getreten ist, und es wird eine schwächere Interpunktion nach αἰεί (380) nöthig, während nach κιόντε (378) eine stärkere eintreten muss. — Zu der Erklärung des εἴsatzes 381 vgl. L. Lange der homer. Gebrauch der Part. εἰ I p. 421.

385. κοῖλος kann in den übrigen 21 Verbindungen, worin es vorkommt, mit Diärese des Diphthongs gelesen werden, unsere Stelle bildet die einzige Ausnahme. Vgl. G. Autenrieth zu Nägelsbach Λ 26; M. Schmidt im Rhein. Mus. 1865 Bd. XX p. 304, wo die einzelnen Stellen von neuem behandelt werden. Es steht nemlich die erste Silbe der verschiedenen Formen von κοῖλος, ausser

unserer Stelle, stets in der Thesis, am häufigsten im 3. und 4. Fusse, seltener im zweiten, einmal *A* 89 im ersten, so dass überall dasselbe gilt, was zu ω 24 über die Patronymika bemerkt worden ist. Nauck vermuthet übrigens λευρόν an Stelle von κοῖλον. Zum Begriffe des Wortes hat H. Düntzer bemerkt: 'Der Strand (αἰγια-λός, eigentlich der Wogende, wie αἶξ dorisch Woge heisst heisst κοῖλος von der bauchigen Gestalt, **wie die** Schiffe und der Hafen (κ 92), *litus curvum.*' Zur Erklärung des Ganzen vgl. Döderlein Gloss. § **1041.** Uebrigens spricht Friedländer Beiträge zur Kenntnis der hom. Gleichnisse II p. 9 Zweifel gegen **die** Ursprünglichkeit von 388 **aus.**

402. εὑρίσκω mit dem Participium in dem angegebenen Sinne findet sich 38 Male. In gleichem Sinne steht das Participium bei κίχημι oder κιχάνω δῄω τέτμε λαμβάνω. Vgl. Joh. Classen Beob-achtungen IV p. 13 ff. (in der Sammlung· von 1867 p. **151** ff.).

412. Zum Gedanken vgl. Archiloch. 58 **ed.** Bergk: οὐ γὰρ ἐσθλὰ κατθανοῦσι κερτομεῖν ἐπ᾽ ἀνδράσιν.

416. In diesem Verse sieht Kirchhoff die homer. Odyssee p. 530 eine unbefugte Wiederholung aus 317, vielleicht seien auch 414 und 415 nur **erläuternde Interpolation** aus ψ 65. 66.

417 ff. **In der** folgenden Erzählung glaubt Kammer die Ein-heit p. 709 fl. **die** Hand **des** Interpolators zu erkennen, indem er an der ungeschickten Darstellung und besonders an der Rohheit bei Bestrafung der Mägde und des Melanthios Anstoss nimmt.

423. εἴρια ξαίνειν. Ueber diese Beschäftigung der weiblichen Sklaven vgl. Hermann zu Lucian. de hist. conscr. c. 10 annot. p. 80, Blümner Technologie und Terminologie der Gewerbe und Künste I p. 104 f. Uebrigens hat Bekker abweichend von δ 124. σ 316. Γ 387. 388 nur hier ein digammiertes ϝείρια gegeben. Auch A. Leskien de restituendo digammo (Leipzig 1866) p. 14 begründet das Digamma durch die Ableitung 'ab ea radice, quam litera ϱ pro λ posita continent in Graeca lingua εἶρος ἔριον alia, in Latina voces "*vellus villus*" et literam λ et digamma servantes.' **Vgl.** Knös de digammo Hom. p. 98 f. und H. Rumpf in Fleckeisens Jahrbb. 1860 p. 680. — Ueber den Accusativ δουλοσύνην, statt der früheren Les-art δουλοσύνης, vgl. Hermann zu Soph. Oed. R. 173. — Vers 422 will Fr. Otto Vom Relativpronomen bei Homer II p. 7. 24 in den Wor-ten τὰς μέν τ᾽ ἔργα die Partikel τὲ getilgt wissen 'sowohl wegen des Digamma als auch weil es wegen der Bedeutung hier nicht statthaft' sei. Aber das Digamma von ϝέργον ist auch in manchen andern Stellen nicht beobachtet: vgl. den Anhang zu *A* 395. So-dann hindert nichts, dass τὰς μέν τε auch hier wie an den übrigen Stellen aufzufassen, ja es scheint gerade durch die Annahme des Demonstrativs der folgende Vers (423) einen besseren Anschluss zu gewinnen. — Uebrigens bemerkt Nauck zu 422 f: sparti, und Düntzer hat 423 verworfen.

424. Zu ἀναιδείης ἐπιβαίνειν vgl. den eigentlichen Gebrauch dieses Verbums in δ 521. ε 399. η 196. ι 83. κ 334. λ 167. μ 282. ξ 229 und anderwärts. Dasselbe Bild in der Uebertragung ψ 13. 52. B 234. Θ 285. Aehnlich ο 198. 431. Das τήν γ’, statt des frühern unrichtigen τήνδ’, ist die Lesart des Marcian. 457. — Vers 432. ἐλθέμεν als Dactylus im Versanfange wie γ 320. ξ 374. ρ 304. 509. σ 183. τ 569. Ψ 197. Bekker hat nach seinen metrischen Grundsätzen an sämmtlichen Stellen aus Conjectur ἐλθεῖν gegeben und dadurch eine Analogie geschaffen mit den Stellen, wo die Form ἐλθεῖν an erster Versstelle auf guter Ueberlieferung beruht: β 329. γ 318. 426. κ 152. χ 483. ψ 268. Δ 65. Κ 56. 206. Ξ 162. P 709. Ψ 209. Indes scheint hier die Ueberlieferung noch nicht überall mit der nöthigen Sorgfalt festgestellt zu sein.

444. ἐκλελάθωντ’, statt der unhomerischen Form ἐκλελάθοιντ’, ist eine Conjectur G. Hermanns, auf welche die Urkunden führen: denn in Vind. 133 wird λελάθοντ’, Schol. E 422; Et. M. 546, 28; Et. Gud. 355, 16 ἐκλελάθοντ’ geboten, woraus sich das ἐκλελάθωντ’ fast von selbst ergibt. Bei Bekker scheint der Optativ nur durch ein Versehen im Texte geblieben zu sein. Das Schlusswort ’Αφροδίτη ist eine poetische Personification für ‘heisse Liebe’, wie Ἥφαιστος B 426 für ‘loderndes Feuer’ (vgl. zu ω 71), und Ἄρης öfters für ‘hitziges Schlachtgewühl.’ Vgl. zu υ 50. Wer in solchen Fällen das Nomen proprium klein schreibt, verwischt ein Stückchen Poesie, weil er den Eigennamen geradezu in ein Appellativum herabsetzt. Dies Verfahren aber ist im Geiste der lebendigen Hellenen nicht begründet: denn Personificierung ist ein Grundzug des hellenischen Lebens, der in den verschiedensten Richtungen sichtbar wird. Vgl. ausserdem Bekker Hom. Blätter p. 234, 21.

449. Ueber die Dehnung der Endsilbe in τίθεσαν vgl. W. Hartel hom. Studien I p. 74 und dazu Knös de digammo Hom. III p. 348 f.

462. Ueber das verrufene dieser Todesart vgl. ο 359. Artemid. I 4, 12 sagt von den Erhängten: τούτους μόνους ἐν νεκρῶν δείπνοις οὐ καλοῦσιν οἱ προσήκοντες. Und Eur. Hel. 299 f.: ἀσχήμονες μὲν ἀγχόναι μετάρσιοι, κἂν τοῖσι δούλοις δυσπρεπὲς νομίζεται. Vgl. ausserdem Simonid. Amorg. I 18: οἱ δ’ ἀγχόνην ἅψαντο δυστήνῳ μόρῳ, und Verg. Aen. XII 603 mit der Note des Servius. Auch Apoll. Rh. I 1064, wo er den Selbstmord der Kleite beschreibt, braucht nicht eben feine Ausdrücke: κακῷ δ’ ἐπὶ κύντερον ἄλλο ἤνυσεν ἁψαμένη βρόχον αὐχένι. — Zu der Auffassung von μὴ ἑλοίμην vgl. Philol. XXIX p. 125.

467. Statt der Ueberlieferung ὑψόσ’ ἐπεντανύσας hat H. Düntzer aus Conjectur ὑψόσ’ ἐπεντάνυσαν gegeben und nach θόλοιο Kolon gesetzt mit der Deutung: ‘Er band das Seil an eine hohe Säule

und schlang es um die Hälse der Dienerinnen, dann zogen sie es
straff an und befestigten es, was ἐπεντάννυσαν bezeichnet.' Aber
hierbei ist unklar 1) woher man den Begriff 'die Hälse der Dienerinnen' entlehnen solle und wie bei der engen Verbindung von
ἐξάψας und περίβαλλε die Beziehung dieser Verba auf verschiedene Objecte sich grammatisch rechtfertigen lasse; 2) wovon nun
ϑόλοιο abhängig sei, da doch die durch die Wortstellung gegebene
Verbindung des Genetivs mit περίβαλλε in ε 68 und Σ 279 hinreichende Analogien hat; 3) wie das Wörtchen 'dann' im Asyndeton liegen könne, indem man für den angegebenen Sinn ein
ὑψόσ' ἔπειτ' ἔρυσαν oder ähnliches erwartete; 4) wie die Bedeutung 'straff anziehen' und befestigen' für ἐπεντανύειν mit dem
sonstigen homerischen Gebrauche von ἐπιτανύειν und ἐντανύειν harmoniere; 5) warum man bei der Sinnbestimmung die anschaulichen Bedeutungen der Präpositionen ἐπί und ἐν aufgebe, die
sonst in jedem derartigen ῥῆμα τριπλοῦν enthalten sind: vgl. den
Anhang zu γ 496 und ϑ 125.

469. Statt ἐνιπλήξωσι τό ϑ' ἑστήκῃ möchte Fr. Otto Vom
Relativpronomen bei Homer II p. 19 und 23 mit Apoll. Soph.
ἐνιπλήξωσιν ὅ ϑ' gelesen wissen, was jeder adoptieren würde,
wenn es die einzige derartige Stelle wäre. Der Conjunctiv ἑστήκῃ
ist urkundlich gut gestützt; Andere geben ἑστήκει, wie Δ 483 πεφύκει. Aber diese Formen werden nur als Praeterita gebraucht:
daher würde ἑστήκει die erzählte Sache hier unpassend als eine
wichtige historische Thatsache der Vergangenheit hinstellen.
Vgl. Hermann Opusc. II p. 44. Ueber die durch ἤ verbundenen
Begriffe in Gleichnissen (468) vgl. den Anhang zu ρ 37.

470. Die Form εἰσιέμεναι behandelt Lobeck Elem. I p. 268,
wo er zugleich gegen die Ansicht Krügers Di. 38, 3, 1 spricht.
Vgl. auch J. La Roche Hom. Stud. § 67, 4. — Ueber αὖλις vgl.
Ahrens αὐλή und villa, Hannov. 1874, welcher bemerkt: 'αὐλί-
ζεσθαι, ἐπαυλίζεσθαι in der Anwendung auf Vögel bezeichnet einen
nächtlichen Aufenthalt derselben nicht in schützenden Nestern,
sondern unter freiem Himmel — und so ist auch αὖλις hier gleichsam die Biwacht der Vögel.'

476. An Stelle von μήδεα vermuthet Nauck μέζεα, was derselbe näher begründet in den Mélanges Gréco-Rom. IV p. 103 ff.

477. Bekker und Nauck haben statt des urkundlichen χεῖράς
τ' ἠδέ aus Conjectur χεῖρας δ' ἠδέ gegeben, ohne jedoch ein unmittelbar vor ἠδέ gesetztes δέ aus Homer zu erweisen. Hierzu
kommt, dass durch τέ die enge Verbindung dieses Satzes mit τοῦ
δ' ἀπὸ 475 angedeutet wird. Das Verbum κόπτειν erklärt hier
Döderlein Hom. Gloss. § 2103 durch 'zerschlagen' mit Vergleichung von σ 335. N 60. Aber weder in diesen Stellen noch
sonstwo kann das einfache κόπτειν diese Bedeutung haben, so-
wenig als ϑείνειν ξίφεσι χ 443. Was übrigens Döderlein beifügt:

'Erst durch Zusatz von *ἀπό* bedeutet es **abhauen**', das ist, wie
eben bemerkt wurde, vermittelst des anreihenden *τὲ* auch hier
gegeben. Was endlich die Wortstellung *χεῖράς τ' ἠδὲ πόδας* im
Versanfang betrifft, so ist **diese bei** Homer isoliert (wiewol der
Anfang an ε 454. π 242. Z 58. 233 erinnert); vereinzelt, aber
ebenfalls ohne Anstoss ist *σὺν δὲ πόδας χεῖράς τε δέον* χ 189.
Sonst findet sich als Versschluss *χεῖράς τε πόδας τε* λ 497. μ 50.
178. χ 478, und *χερσίν τε ποσίν τε* λ 595. Τ 360. Am häufigsten
aber erscheint die stabile Stellung im zweiten Hemistichion *πόδας*
καὶ χεῖρας ὕπερθεν E 122 (= N 61. Ψ 772). P 541. Φ 453.
μ 248. χ 173. 406, auch *πόδες καὶ χεῖρες ὕπερθεν* N 75. Ebenso
πόδας καὶ χεῖρε φέρεσθαι μ 442 und *ποσὶν καὶ χερσὶν ἀθύρων*
O 364. Anders verhält **es sich** natürlich, wo beide Begriffe durch
andere Wörter getrennt **sind, wie** δ 149 (= τ 359). θ 148. μ 178.
ρ 480. Ψ 627.

481. *θέειον* heisst hier **κακῶν** *ἄκος*. Dem Schwefel nemlich
wurde eine theils durch Rauch reinigende, theils durch seinen Duft
heiligende und weihende Kraft zugeschrieben. Vgl. die Beweis-
stellen bei C. F. Hermann gottesd. Alt. § 23, 11, auch Schömann
griech. Alterth. II p. 352. Das Wort *θέειον* (*θήιον* 493) selbst
gehört zur Wurzel *θυ*, die in *θύ-ος* liegt: vgl. G. Curtius Etym.[2]
p. 234 Nr. 320, [4] p. 259.

482. Düntzer **Kirchhoff** Köchly und die Odyssee p. 62 f. verwirft 482—491 und **weiterhin** 495—501.

492. *ὡς ἔφατ', οὐδ' ἀπίθησε* als ein stabiles erstes Hemistichion ε 43. χ 492. B 166. 441. Δ 68. E 719. 767. H 43. Θ 112.
381. Λ 195. 516. M 364. Ξ 277. O 78. 168. Π 458. P 246.
491. 656. Ψ 895. Ω 120. 339. Hierzu kommt ausserdem *ὡς*
ἔφατ', οὐδὲ Γλαῦκος ἀπετράπετ' οὐδ' ἀπίθησεν M 329. Der Versschluss **οὐδ' ἀπίθησεν** in anderer Verbindung Λ 220 wie *οὐδ' ἀπι-*
θήσει K 129. Mit gleichem Anfange, aber Trennung der Negation
vom Verbum in *ὡς ἔφατ', οὐδ' ἄρα οἱ κῆρυξ ἀπίθησεν ἀκούσας* Δ 198.
M 351. Der gleiche Versschluss, aber in der Verbindung *ὁ δ' ἄρ' οὐκ*
ἀπίθησεν ἀκούσας ο 98. Θ 319. Dieselbe Verbindung in *οἰσέμεναι·*
ὁ δ' ἄρ' οὐκ ἀπίθησ' Ἀγαμέμνονι δίῳ Γ 120, und mit derselben
Negation als erstes Hemistichion *οἱ δέ οἱ οὐκ ἀπίθησαν* ψ 369.
Getrennt ist die Negation noch in *ὡς ἔφατ', Ἕκτωρ δ' οὔ τι κα-*
σιγνήτῳ ἀπίθησεν Z 102 und in *ὦ γύναι, οὐ μέν τοι τόδ' ἐφιεμένη*
ἀπιθήσω Ω 300. Ueberall aber ist dies Verbum mit der Negation
verbunden. Ueber den Anschluss des folgenden nach *ὡς ἔφατ'*
überhaupt vgl. **den** Anhang zu *υ* 54.

494. *μέγαρον καὶ δῶμα καὶ αὐλήν*. Manche erklären, dass
er 'bloss die **durch** Leichen entweihten Orte' gereinigt habe, und
verstehen *μέγαρον* vom Männersaale und *δῶμα* vom *πρόδομος*, durch
welchen die Leichen getragen worden seien. Aber gegen diese
Beschränkung erheben sich folgende Bedenken: 1) *μέγαρον* im

Sinne von 'Frauengemach' ist durch σ 360. τ 60. φ 236. 382.
χ 497. ψ 43 sattsam erwiesen und auch δῶμα vom 'Männersaale'
ist durch Stellen wie ρ 541. υ 149. φ 378. χ 307. 360 ausser
Zweifel gesetzt, aber δῶμα zur Bezeichnung des πρόδομος ist durch
eine homerische Parallele nicht zu begründen. 2) Der Dichter redet
482 mit ὄφρα θειώσω μέγαρον und ψ 50 mit ὁ δῶμα θειοῦται
περικαλλές ganz allgemein, hier aber sollte er seine eigene Aussage beschränkt haben? Ist nicht recht glaublich. 3) Die Parallelstelle Z 316 θάλαμον καὶ δῶμα καὶ αὐλήν hat nach homerischer
Sitte eine solche Beweiskraft, dass man sich sträuben wird, dieselben Worte in der gleichen Verbindung verschiedenartig auszu-
legen. 4) Für den Begriff einer blossen Reinigung der durch die
Leichen befleckten Localitäten ist der Ausdruck κακῶν ἄκος 481
zu allgemein gehalten, und auch die starken Verbalbegriffe θειώσω
482 und εὖ διεθείωσεν dürften eine erweiterte Vorstellung verlangen. Hierzu kommt, dass der Saal von Leichen und Blut bereits gereinigt ist. Uebrig aber ist noch die symbolische Sühnung
des Schuldbewustseins, dass das ganze Haus entweiht worden sei.
Daher haben wir hier nicht ein einfaches Reinigungsopfer, sondern
eine heiligende und weihende Kraft des Schwefeldampfes, welche
zugleich den Zweck verfolgt, die Götter zu versöhnen und ihren
Zorn vom ganzen Hause abzuwenden, damit sie die Opfer der
Hausgenossen auch in Zukunft geneigt und wohlgefällig aufnähmen.
So nach der Erörterung von H. Rumpf De aedibus Hom. I p. 4 sqq.
So scheint auch Nägelsbach Hom. Theol. VI 28 zu urtheilen, da
er ganz allgemein 'des Odysseus mit Mord und Blut beflecktes
Haus' erwähnt. Welchen Weg aber Odysseus bei dieser Sühnung
des ganzen Hauses genommen habe, das hat der Dichter als etwas
unwesentliches übergangen.

497. Kirchhoff die hom. Odyssee p. 530 sieht in dem hier
ganz gut entbehrlichen Verse eine unbefugte Einschiebung aus
δ 300: 'zu dem Geschäfte, zu welchem die Dienerinnen hier berufen werden, bedürfen sie der Fackeln nicht.' Auch Nauck bezeichnet den Vers als *spurius* und Düntzer hat denselben athetiert
mit folgender Begründung: 'Es ist noch gar nicht dunkel, und
die 38 treuen Mägde alle mit Fackeln kommen zu lassen, die
ihnen dazu bei der Umarmung lästig sein musten, konnte dem
Dichter nicht einfallen.'

ψ.

3. Ueber ὑπερικταίνοντο vgl. Lehrs de Arist. p. 323 sq.
(311 sqq. ed. II.); Lobeck Rhem. p. 237; Döderlein Hom. Gloss.
§ 2090. Man beachte die unübertreffliche Naturwahrheit, mit
welcher der Dichter die alte Frau gemalt hat: denn vor Freude,

der Penelope die Botschaft zu bringen, fühlt sie in den Knieen neue Kraft (ἐρρώσαντο), während die altersschwachen Füsse nicht recht mit fortkommen und deshalb stolpern.

8. Ueber die Beziehung des Reflexivpronomens οἷ vgl. Brugman ein Problem der homer. Textkritik p. 97 ff. Uebrigens vermuthet Nauck οἷ ἕο statt des handschriftlichen οἷ ϑ' ἑὸν oder der Lesart des Eustath. οἷ τέ οἱ.

13. An Stelle des handschriftlichen χαλιφρονέοντα vermuthet Nauck χαλαίφρον' ἐόντα. Kirchhoff die hom. Odyssee p. 531 aber sieht in diesem Verse eine Interpolation.

15 f. Interpunktion und Erklärung der Stelle ist nach dem Vorgange von Kayser bei Faesi gegeben.

22. Das μ', welches gewöhnlich weggelassen wird, findet sich in sehr guten Handschriften: vgl. 16. — Uebrigens bezeichnet Nauck 21—24 als spurii?

29. οἶδα findet sich eben so mit dem Participium η 211. ψ 110. ω 405. Λ 124. P 402. Vgl. Joh. Classen Beobachtungen IV S. 12 (in der Sammlung von 1867 p. 149). Zu Krüger Di. 56, 7, 1. Um das Digamma in ᾔδεεν zu wahren, schlägt Bekker hom. Blätt. II p. 24 vor mit Umstellung zu lesen: ᾔδη πάλαι, ebenso Nauck: ᾔδει πάλαι. — Vers 32. ἐχάρη hat nur selten μάλα oder μέγα bei sich, weil schon im Worte selbst der plötzliche oder starke Affect ausgedrückt ist: G. Curtius Etym.[2] Nr. 185, [4] p. 198.

48. Dieser Vers fehlt bei Eustathius und andern guten Autoritäten mit Recht. Denn er stört den Zusammenhang, welcher als Object zum vorigen 'die erschlagenen Feinde' verlangt. Ein ganz entsprechender Fall der Interpolation liegt vor η 225.

51. Im Zusammenhange mit χ 482—491 und 495—501 verwirft Düntzer, Kirchhoff Köchly und die Odyssee p. 63 auch ψ 51.

53. Bekker hat aus guten Quellen ἀμφοτέρων statt des gewöhnlichen ἀμφοτέρω aufgenommen. Zum vorhergehenden Verse, wo Bekker bemerkt: aut ἐπιβήῃ reponendum, aut mox φίλω ἦτορ', hat M. Axt Coniect. Hom. p. 36 conjiciert: 'σφῶί γ', i. e. ut vos saltem, qui praeter ceteros digni estis, participes fatis hilaritatis.' H. Düntzer urtheilt: 'σφῶιν kann hier nur Nom. sein, wie νῶιν in der späten Stelle Π 99, doch ist wol hier wie dort das stützende ν als unnöthig und mit der andern Form gleichlautend zu streichen.' Auch Nauck vermuthet σφῶι und so ist jetzt geschrieben.

73. Im Zusammenhange mit der Verwerfung der Badescene in τ ̓ sieht Kammer die Einheit p. 714 ff. hier in 73—77 eine Interpolation.

82. Ueber εἴρυσθαι vgl. die Ansicht von G. Autenrieth in Nägelsbach Hom. Theol. p. 129* und Leo Meyer in Kuhn's Ztschr. XIV p. 89, über die Form zu γ 268.

91. Zur Auffassung des εἴsatzes vgl. L. Lange der hom. Ge-

brauch. der Part. εἰ I p. 401 f. Uebrigens vermuthet Nauck statt
μὲν — γέ.

94. Ameis las ἥισκεν statt ἐσίδεσκεν und erklärte: 'seinem
Aussehen achtete sie ihn gleich, fand sie ihn gleich.' Gegen
diese Auffassung spricht vor allem die Voranstellung von ὄψει δέ.
Soll man dieses Wort von dem Aussehen des Odysseus verstehen,
so wird einmal der natürliche Fortschritt der Gedanken unterbrochen, da durch die vorhergehenden Worte die Hervorhebung
dieses Begriffs in keiner Weise vorbereitet ist; sodann fordert die
folgende Gliederung von ἄλλοτε μὲν — ἄλλοτε δέ, dass der vorangestellte Begriff beiden Gliedern gemeinsam sei. Hienach kann
ὄψει nur in gegensätzlicher Beziehung zu den vorhergehenden Worten ἄνεω δὴν ἧστο gefasst werden, wie in der Parallelstelle Υ 205
ὄψει — ἴδες dem vorhergehenden ἀκούοντες — ἴδμεν entspricht,
also von der Thätigkeit der Augen, welche dem vorher geschilderten stummen Dasitzen gegenübertritt. Dann stehen innerhalb
der Gliederung ἐνωπαδίως und κακὰ χροῒ εἵματ' ἔχοντα einander
entgegen und nur in ἐσίδεσκεν, wofür Einige ἥισκεν lasen, und
dem entsprechenden ἀγνώσασκε ist durch einen raschen Sprung
lebhafter Darstellung die consequente Durchführung des Gegensatzes verhindert. So ergiebt sich folgender Zusammenhang: sie
sass lange stumm da —, nur mit ihren Blicken thätig warf sie
bald einen Blick in sein Antlitz — worauf nun folgen sollte: und
dann glaubte sie ihn zu erkennen, während mit Uebergehung dieses Gedankens sofort der dem verschwiegenen Gedanken entsprechende Gegensatz folgt: bald verkannte sie ihn wieder, da er
schlechte Kleider anhatte. Dieser Sprung in den Gedanken, der
durch die Lesart ἥισκεν beseitigt wird, ist aber weniger auffallend,
wenn man sich erinnert, dass der Begriff von εἰσορᾶν die Steigerung zu der Bedeutung mit Aufmerksamkeit betrachten,
beachten zulässt, wie es υ 166 gebraucht wird und in welchem
Sinne der Schol. erläutert: περιεργότερον αὐτὸν κατεσκόπει τοῖς
ὀφθαλμοῖς. Bei dieser Auffassung halte ich die Bedenken gegen
die Lesart ἐσίδεσκεν nicht hinreichend begründet, um an deren
Stelle zu der weniger beglaubigten ἥισκεν (Nauck: ἔισκεν) zu
greifen, ja ich glaube, dass wenn ὄψει von der Thätigkeit der
Augen verstanden werden muss, für dieselbe gar kein Raum ist,
da man sonst einen von dem Verbum abhängigen Dativ vermissen
würde. Uebrigens vermuthet Kayser: ὀψὲ δὲ δὴ ἄλλοτε. — Das
Adverb ἐνωπαδίως ist dem Sinne nach ganz synonym mit ἐναντίως,
nur ist jenes von der W. ὀπ, dies von der W. ἀν gebildet: 'die
W. ἀν liegt in Zend. ainika (entspr. skt. ánîkâ) vor: 1) Angesicht; 2) perethu-ainika mit breiter Fronte; vgl. lat. antes mi-
litärische Reihen. Zu G. Curtius Nr. 204; vgl. ebendaselbst
Nr. 419.' G. Autenrieth.

95. Für das sonst durch Contraction aus ἀγνοήσασκε erklärte

ἀγνώσασκε nimmt G. Meyer in Bezzenberger's Beiträgen I p. 225 ein Präsens ἀγνώω an: γνώω würde sich zu νόος, νοῦς verhalten, wie πλώω zu πλοῦς. Ebenso nimmt derselbe für Formen wie βώσαντι und verwandte ein Präsens βώω aus βόϜω an u. a. — Uebrigens verwirft Düntzer Kirchhoff Köchly und die Odyssee p. 64 V. 94 u. 95. — V. 97 schreibt Nauck δύσμητορ an Stelle des handschriftlichen δύσμητερ.

100 ff. Düntzer Kirchhoff Köchly und die Odyssee p. 66 Anm. verwirft 100—103, Nauck bemerkt zu 100—102: *spurii?*

107. Die Form ἰδέσθαι findet sich nur hier und ξ 143 in der Mitte des Verses, sonst steht sie überall im Ausgange.

111 ff. Zur Kritik der folgenden Partie bis 175 vgl. Kirchhoff in Fleckeisens Jahrbb. 1865 p. 112 ff. = die Composition der Od. p. 154 ff. = die homer. Odyssee p. 548 ff., Düntzer Kirchhoff Köchly und die Od. p. 65. Letzterer verwirft 111—175, ersterer schwankt zwischen der Verwerfung von 111—176 oder 117—170. Dagegen nimmt Kammer die Einheit p. 718 f. eine Interpolation von 117—152 an. Auch Bergk griech. Literaturgesch. I p. 718 findet hier eine ungeschickte Bereicherung des alten Gedichts.

115. Hier vermuthet Nauck ὅτι δὴ ῥυπόω vgl. τ 72 statt des handschr. ὅτι ῥυπόω. .

117. Um seiner Gattin **erst** Zeit zur Fassung zu lassen, benützt Odysseus den natürlichen Gedanken an die zu befürchtende Blutrache, welche die Angehörigen der erschlagenen Freier an ihm ausüben würden. Vgl. Nägelsbach Hom. Theol. V 53; Schömann gr. Alterth. I p. 47 f.

119. Ueber die Combination ὅς μή vgl. Vierke de μή particulae cum indicativo conjunctae usu antiquiore p. 37 ff.

127. 128. Diese Verse fehlen **hier** in den meisten Handschriften mit Recht, **da** sie keine passende Beziehung haben. **Denn** ἡμεῖς könnte homerisch **nur** wie 117 und 121 von Odysseus **und** Telemachos gesagt sein, und der Gedanke selbst, der auf die künftige Vertheidigung gegen die Verwandten der erschlagenen Freier hinweisen soll, ist als Antwort auf die Frage des Odysseus vorzeitig. Vgl. Kirchhoff die homer. Odyssee p. 531.

134. Als ursprüngliche Lesart sucht Cobet Miscell. crit. p. 345 zu erweisen φιλοπαίσμονος statt φιλοπαίγμονος.

137. οὐ (μή) πρόσθεν — πρίν findet sich nach Richter quaestt. Hom. Chemnitz 1876 p. 17 **nur in** der Odyssee und zwar ausser dieser Stelle noch ρ 7. — Der μήsatz im Conjunctiv wird von den Herausgebern allgemein mit Recht **als** selbständiger Satz aufgefasst, während **Delbrück** der Gebrauch des Conj. und Opt. p. 118 denselben **zu den** abhängigen Befürchtungssätzen rechnet. Derselbe ist vielmehr nach Δ 37 **zu** erklären und dient zur Motivierung der vorher getroffenen Massregel, indem der Redende eine Möglichkeit abwehrt, die ohne jene Massregel zu befürchten wäre.

157—162. **Hier** sind diese Verse sicherlich unächt theils wegen des unhomerischen Anschlusses, da der Accusativ μείζονα im vorhergehenden keine Beziehung hat, theils wegen **der** unhomerischen Wiederholung des Begriffes κὰδ δὲ κάρητος, der dann allgemeiner gedacht im Hauptsatze mit κὰκ κεφαλῆς ausgedrückt wäre, theils endlich wegen des Widerspruchs mit δέμας ἀθανάτοισιν ὁμοῖος **163**, indem einer solchen kurzen Angabe nirgends bei Homer eine vollständig ausgeführte Vergleichung vorhergeht. Die ungeschickte und constructionswidrige Einfügung **dieser** Verse behandelt auch A. Kirchhoff in Fleckeisens Jahrbb. **1865 Bd.** 91 p. 7 f. Indes wollen Andere nur 157 **und** 158 hier ausgeschieden wissen, **H.** Düntzer aber hat **zur** Athetierung der ganzen Stelle auch **noch 156** hinzugenommen, so dass nun die Aufeinanderfolge der **Verse** mit γ 467. 468. ϑ 455. 456. ρ 89. 90 übereinstimmt. Aber **die** Erwähnung der Athene findet sich auch ω 367 ff. zwischen **beiden** Gedanken. Da übrigens der letzte Vers 162 von ζ 235 und ϑ **19** abweicht, so dürfte, wie H. Düntzer wol mit **Recht** vermuthet, 'die abweichende Fassung hier auf getrübter Ueberlieferung beruhen.'

174. Nach Porphyrius zu K 68 vermuthet Cobet Misc. crit. p. 322 als ursprüngliche Lesart: οὗ τάρ τι μεγαλίζομαι οὐδ' ἀθερίζω. — 175. Zur Bedeutung von ἄγαμαι vgl. Doerries über den Neid der Götter **bei Homer** p. 13.

180. Kayser de versibus aliquot Hom. Od. disp. III p. **4** empfiehlt statt des auffallenden κώεα die von den Aristarcheern gebotene mit λ 188 und τ 317 übereinstimmende Lesart δέμνια.

182. ὀχθήσας steht im Versanfange sonst nur in dem eilfmal vorkommenden Verse ε 298, ausserdem mit Veränderung des zweiten Hemistichion auch φ 248 und Ψ 143, im zweiten Versfusse dagegen in dem stabilen Verse δ 30 dreizehnmal.

185. ὅτε μή erörtert L. Lange der hom. Gebrauch der Part. εἰ I p. 465 ff.

191. An Stelle von ἀκμηνός vermuthet Nauck δὶς μηνός? — Ueber den Oelbaum vgl. Hehn Kulturpflanzen und Hausthiere p. 44 ff., welcher über die Wahl dieses Baumes als Grundlage des Ehebettes bemerkt: 'offenbar der Festigkeit wegen, weil der Oelbaum sich mit weitlaufenden Wurzeln an den Boden klammert, die Unverrückbarkeit des Lagers aber den sichern Bestand der Ehe und des Besitzes bedeutet und verbürgt.'

192. Dass die Herren im untern Theile des Hinterhauses schlafen, erhellt aus γ 402. δ 304. η 346. I 663. Ω 675; vgl. auch ϑ 277. Nirgends werden Treppen erwähnt. Anders verhält sich α 425 ff. κ 558. 559. Im Versschluss mit Bekker hier und 199 ὄφρα τελέσσῃ statt des gewöhnlichen ὄφρ' ἐτέλεσσα.

201. Das ἐν δ' ἐτάνυσσ', statt des gewöhnlichen ἐκ δ' ἐτάνυσσα, geben Eustathius Vind. 133. Als das richtige erkannt ist es schon von Voss Randgl. p. 70, und aufgenommen von Bekker,

der zugleich auch die Länge des ι in ἱμάς mit Anführung von
Θ 544. Κ 475. Ψ 363. φ 46 erwiesen hat. — Der Versschluss
φοίνικι φαεινός ist Z 219. Η 305 vom ζωστήρ und Ο 538 vom
ἵππειος λόφος gesagt. Wie sehr übrigens diese Schilderung patriarchalischen Brautkammerbaus dem lebendigen Bewustsein der Hellenen in vorkommendem Falle gegenwärtig war, davon hat H. Köchly
Akad. Vorträge I p. 195 f. und p. 408 Beispiele gegeben.

206. ἀναγνούσῃ geben hier die besten Autoritäten nach dem
Vorgange des Aristarch, während das gewöhnliche ἀναγνούσης nur
in untergeordneten Quellen erscheint, aber von den neuern Herausgebern zum Theil wegen der Parallelstelle ω 346 festgehalten wird.
Vgl. W. C. Kayser de aliquot Od. locis disp. altera p. 7.

209. σκύζεσθαι. 'Die Wurzel skt. sku (tegere, vgl. ἐπι-σκύ-
νιον, ahd. scugin die bergende Scheune, und sciura scúra Scheuer)
geht auch im ags. scua, scúva umbra, caligo und im lat. ob-scú-rus
in die Bedeutung "finster" über; darum sehe ich keinen Grund
σκυ-θρός, σκυ-θρ-ωπό-ς finster, und σκύζω, d. i. σκύδjω vgl. ἀπο-
σκύδμαινε Ω 65. 592, davon zu trennen: finster machen, Med. sich
finster machen d. i. finster blicken. Zu derselben Wurzel (G. Curtius Etym. Nr. 113) gehört wol auch σκότος und vielleicht zend.
kuñda = skt. kávandha Tonne (Tonnendämon); zend. kuiriç, Hals-
berge vgl. kavaca lorica; zend. kavan kavya kavi König, der
Schützende = skt. kaví.' G. Autenrieth.

211. Ueber die ganze Situation in dieser Stelle handelt Fr.
Jacobs Verm. Schrift. IV p. 289 f. — Wegen ἀγάσαντο zu δ 181,
Nägelsbach Hom. Theol. p. 131, und Doerries über den Neid der
Götter bei Homer p. 28.

218—224. 'ἀθετοῦνται οἱ ἑπτὰ στίχοι οὗτοι ὡς σκάζοντες κατὰ
τὸν νοῦν.' Schol. Vind. 133. Mit Recht. Denn sie stören den
Zusammenhang durch fremdartige und ungehörige Gedanken. Vgl.
auch zu o 126 und Nicanor ed. Carnuth p. 67.

226. An Stelle von ὀπώπει vermuthet Nauck ὄπωπεν.

228. Das ἔδωκε (wie auch ω 274), statt des gewöhnlichen
δῶκε, mit Bekker aus dem von Spohn de extr. Od. parte p. 57 not.
erläuterten metrischen Grunde. Vgl. auch den Anhang zu υ 135
am Ende, und J. La Roche in der Zeitschr. f. d. österr. Gymn.
1864 p. 103. Aber anders B 102. Vgl. dazu den Anhang.

229. Ueber zwei asyndetisch coordinierte Relativsätze vgl.
β 52. 131. δ 565. ε 274. ζ 287. ϑ 494. λ 383. ξ 205. ρ 207.
288. τ 280. Ε 404. 546. Ζ 133. Ι 130. 383. Λ 809. Μ 197.
Ν 228. 483. Π 154. 159. Ρ 676. Τ 426. Φ 237. 277 und anderwärts. Zu Krüger Di. 59, 1, 3.

240. Mit diesem Verse lässt Bergk griech. Literaturgesch. I
p. 719 die ursprüngliche Odyssee schliessen, meint indess, dass
bei der Anknüpfung der Fortsetzung der eigentliche Schluss verloren sei. Auch andere Kritiker haben in der folgenden Partie

Spuren der Interpolation erkannt. So verwirft La Roche in der Zeitschr. f. d. österr. Gymn. 1863 p. 200, welcher in ψ 1—296 ein ganz selbständiges Lied sieht, 247—288 als Interpolation; vgl. auch Kammer die Einheit p. 739 ff. und unten zu 296.

243. Wie übrigens Athene in der jetzt für Odysseus und **Penelope** erfreulichsten Weise die Nacht durch ein Wunder verlängert, so hat Here Σ 239 ff. **dem** Tage ein Ende gemacht. Ueber περάτη vgl. Lobeck Parall. p. 140. Merkel Proll. zu Apoll. **Rh.** p. CXLI. Döderlein Hom. Gloss. § 606. Göbel Lexilog. I p. 530.

254. ἀλλ' ἔρχευ, λέκτρονδ' ἴομεν hat Anstoss erweckt und die Bemerkung veranlasst, das ἔρχευ sei 'nur hier wie ἄγε gebraucht, da ἴομεν folge.' Aber hiergegen lässt sich folgendes sagen: 1) die Form ἄγε mit ἴομεν erscheint bei Homer ebenfalls nur einmal in ἀλλ' ἄγε νῦν ἴομεν ρ 190, wo Eumäos den Bettler Odysseus auffordert, mit nach der Stadt zu gehen. Sonst finden wir nur ἀλλ' ἴομεν ζ 31. κ 549. ρ 194. ω 358. 437. Z 526. K 126. 251. Λ 469. Σ 266, und ausserdem das einfache ἴομεν in wechselnden Verbindungen. 2) Der Imperativ ἔρχευ wird nirgends in der Grācität wie ἄγε oder δεῦρο (vgl. den Anhang zu β 410) oder bei den Spätern φέρε gebraucht, sondern behält überall seine eigentliche Bedeutung, wie es bei ἀλλ' ἔρχευ ρ 22. 282 und anderwärts der Fall ist. Sonst könnte man mit demselben Scheinrechte in ἀλλ' ἔπεο, κλισίηνδ' ἴομεν ξ 45 (ähnlich N 465) auch ἔπεο durch ἄγε erklären 'da ἴομεν folgt.' Aber wie Eumäos zum angekommenen Bettler ἔπεο 'folge mir' sagt, weil er vorangehen will (vgl. ξ 48), so spricht Odysseus in vertraulichem Tone zu Penelope ἔρχευ, weil er wünscht, dass sie gleich mit ihm gehen solle, wie es 294 geschieht. 3) Für die vorliegende Situation hat sich bei Homer eine stabile Formel mit ἄγε nicht ausgebildet, sondern der Ausdruck wechselt. So sagt Ares zur Aphrodite δεῦρο φίλη λέκτρονδε Θ 292, Kirke zu Odysseus νῶϊ δ' ἔπειτα εὐνῆς ἡμετέρης ἐπιβείομεν κ 334, Paris zu Helena ἀλλ' ἄγε δή φιλότητι τραπείομεν εὐνηθέντε Γ 314, Hera zu Zeus ἔνθ' ἴομεν κείοντες Ξ 340. Und hierzu vergleiche man noch die einfache Erzählung der Sache bei der Kalypso ε 226. 227. Wir sind also auch von dieser Seite her nicht genöthigt, das ἔρχευ hier in einem anderen Sinne zu fassen, als in den analogen Fällen mit folgenden Imperativen, wie M 343. O 54. κ 320. λ 251. π 130. 270. ρ 508. 529. 544, und ψ 20, wo ἀλλ' ἄγε ausdrücklich vorhergeht.

262. Ueber οὐ χέριον vgl. Boissonade zu Philostr. Heroic. p. 738; Schaefer zu Julian. p. XIII; Krüger Dial. § 49, 6. Andere wollen alle diese relativischen Comparative geradezu durch den Positiv erklärt wissen. Aber hierzu ist nirgends ein zwingender Grund vorhanden.

296. θεσμός, das nur hier sich findet, wurde früher gewöhn-

lich in dem nachhomerischen Sinn 'Brauch' oder 'Gewohnheit'
gedeutet. Vgl. auch Welcker griech. Götterl. II p. 496. Aber der
Gedanke 'sie kamen zur Gewohnheit des alten Lagers' ist
für Homer zu abstract und klingt ausserdem so, als wenn der
Begriff εὐνῆς ἐπιβήμεναι ἠδὲ μιγῆναι künstlich verschleiert werden
sollte. Hierzu kommt, dass die homerischen Nomina auf μος vorherschend einen anschaulich concreten Begriff zeigen, während
die abstracte Bedeutung nur höchst vereinzelt erscheint. Von
anschaulichen Localbegriffen finden wir ἀρϑμός, βωμός, ϑάλαμος,
ϑρωσμός, κευϑμός, ὅρμος, πορϑμός, ῥωχμός, σταϑμός, χηραμός. Und
hierher wird auch ϑεσμός gehören. Daher folge ich Döderlein Hom.
Gloss. § 2498. — Dieser Vers bildete nach Aristophanes und Aristarch
den Schluss der eigentlichen Odyssee. Vgl. die Hauptuntersuchung
von Spohn de extrema Odysseae parte (Leipzig 1816). Hierzu
Liesegang de extrema **Odysseae parte** dissertatio (Bielefeld 1855).
Aehnlich hat J. H. Voss seine 'Luise' geschlossen. Ueber den
jetzigen Schluss (ψ 296 bis ω 548) bemerkt Adolph Kirchhoff im
Philol. XIX p. 106 folgendes: 'Es ist gewiss, dass dem Verfasser
dieses Schlusses das Epos bereits genau in der Ausdehnung und
Anordnung der einzelnen Theile, in der wir es noch jetzt lesen,
vorgelegen hat, wovon sich ein jeder leicht überzeugen kann, der
sich die Mühe nehmen will, die ausführlichen Inhaltsangaben ψ 310
bis 341 und ω 125 bis 187, so wie die zahlreichen im ganzen
Stücke zerstreuten Anspielungen und Reminiscenzen aus früheren
Theilen genauer anzusehen.' Vgl. auch den Anhang zu ω 546.
Ueber die Composition hat Adolph Kirchhoff in Fleckeisens Jahrbb.
1865 Bd. 91 p. 15* bemerkt, dass 'das Stück ψ 297 bis ω 548
aus éinem Gusse ist und eine weitere Analyse nicht zulässt. Die
Neigung auch dieses späteste Stück der ganzen Dichtung in sogenannte Lieder zu zerfällen ist allerdings vorhanden, irgend ein
Beweis **aber** für die Berechtigung eines solchen Verfahrens noch
von niemand erbracht worden.' Vgl. dagegen Kammer die Einheit
p. 740 ff.

301. ἐνέποντες, statt des Dualis ἐνέποντε, ist hier wie 255
κοσμηϑέντες die gut beglaubigte Lesart. **Dass** am Versschluss
gern die vollere Form auf ες stehe, darüber vgl. Spohn de extr.
Od. parte p. 189 und Bekker an der zu χ 181 erwähnten Stelle.

308 f. Diese beiden Verse bezeichnet Nauck als *spurii?*

310—343. 'ῥητορικὴν ποιεῖται ἀνακεφαλαίωσιν τῆς ὑποθέσεως
καὶ ἐπιτομὴν τῆς Ὀδυσσείας· καλῶς οὖν ἠθέτησεν Ἀρίσταρχος τοὺς
τρεῖς καὶ τριάκοντα.' Vind. 133. Dagegen bezeichnete Aristot. rhet.
III, 16, 8 diese Uebersicht als Muster bündiger Kürze. Von Neueren haben diese Verse als später eingeschoben verworfen La Roche
in d. Zeitschr. f. d. österr. Gymn. 1863 p. 200, Jacob über die
Entstehung der Ilias und Od. p. 520, vgl. auch Bergk griech.
Literaturgesch. I p. 719 f., Kammer die Einheit p. 741. Dagegen

bemerkte Ameis: 'Uebrigens ist diese nächtliche Unterhaltung psychologisch begründet, insofern auf freudige Aufregung nicht
gleich der Schlaf folgt, sondern dazu erst wiederum Abspannung
und gänzliche Ermüdung nothwendig ist, wie sie sie endlich 343 erfolgt. Eine solche Aufzählung aber hatte für die bereits kundigen
Hörer ein nicht grösseres Interesse, als für die unkundigen, welche
hier in der Kürze eine Uebersicht von den weiten Irrsalen und
schrecklichen Leiden des Odysseus erhielten. Vgl. auch zu o 254.'

315. φίλην ἐς πατρίδ' ἱκέσθαι, wie λ 359. Aehnlich mit
ἱκάνω ν 328, mit andern vocalisch anlautenden Verben δ 586.
ϱ 149. I 428. 691. M 16. Aber πατρίδ' ἱκέσθαι η 151. ϑ 410,
und πατρίδα γαῖαν ἱκέσθαι δ 558. 823. ε 15. 207. 301. ν 426. ο 30.
ϱ 144, sowie das blosse γαῖαν ἱκέσθαι ζ 331. ϑ 301. Am häufigsten ist der Versschluss φίλην ἐς πατρίδα γαῖαν. Mit vorgesetztem
αἶσα erinnert φίλην ἐς πατρίδ' ἱκέσθαι in Bezug auf den ganzen
Gedanken an μοῖρα (oder μοῖρ' ἐστί) φίλους τ' ἰδέειν καὶ ἱκέσθαι κτέ.
δ 475. ε 41. 114 (113 αἶσα φίλων ἀπονόσφιν ὀλέσθαι). ι 532.

320. Dieser Vers fehlt in vielen Handschriften mit Recht.
Denn er harmoniert nicht mit der Erzählung κ 128 bis 132 und
klingt unhomerisch theils im Hinblick auf 332 πάντες ὁμῶς, theils
wegen Nennung des Namens Ὀδυσσεύς statt αὐτός wie 332.

322. Ueber εὐρώεις vgl. Lobeck Elem. I p. 352. Ueber die
Bildung dieser Adjectiva zu τ 33. Nauck Mélanges Gréco-Rom.
IV p. 105 ff. sieht in εὐρώεις, welches nur die Bedeutung dunkel,
finster habe, eine falsche Nebenform von ἠερόεις, vgl. auch
Döderlein Gloss. I p. 6 und Ahrens im Philol. VI p. 7.

326. Gegen Ameis' Erklärung von ἀδινάων der anhaltend
singenden bemerkt G. Autenrieth treffend folgendes: 'Wenn auch
ἀδινός continuus heisst, so ist doch Sirenes continuae ein stei-
fer Ausdruck, und von anhaltendem Singen ist μ 39 ff. 165 ff.
keine Rede, sondern nur von der verführerischen Lieblichkeit ihrer
Stimme (μ 40 θέλγουσι, τέρπεσθαι 52. 188, φθόγγος 159 und ὄπα
μελίγηρυν 187, κάλλιμον 192). Es scheint daher, dass der Verfasser dieses Résumé ἀδινός nicht im sonstigen Sinne, sondern in
dem einer Bildung von ἡδύς (W. σϝαδ bei G. Curtius Etym. Nr. 252)
lieblich verstanden hat, und eine solche Bildung wäre recht
gut möglich: vgl. skt. suād-ana-m. Die Quantität der ersten
Silbe schwankt wie im Griechischen so schon im Sanskrit. Ganz
anders erklärt Anton Göbel (in der Zeitschr. f. d. Gymn.-Wesen
XII 805), nach welchem die Seirenen sogar "wehmüthig" singen
sollen.' Nach Autenrieth scheint also ἀδινάων hier von σϝαδύς
abgeleitet zu sein und die lieblichen Sängerinnen zu bedeuten.
Vgl. Leo Meyer Vergl. Gram. I 355. Eine neuere Deutung ist
die von Schmalfeld im Philol. XXXIV p. 584: 'in Herz und
Seele dringende Sängerinnen', Nauck aber schreibt aus Vermuthung ἁλιάων statt ἀδινάων. Will man für ἀδινάων hier nicht

eine von dem **übrigen** Gebrauch ganz abweichende Etymologie und
Bedeutung annehmen, so führen π 216 **und** ähnliche Verbindungen
am natürlichsten auf die Deutung: hell, laut singend. — Vers 328.
Ueber ἀκήριος vgl. G. Curtius Etym.² p. 137, ⁴ p. 147. — Vers
330. Ueber ψόλος vgl. G. Curtius Etym.² p. 629, ⁴ p. 689. Vielleicht liegt es noch näher an skt. *sphur* (*sphar*) zu denken:
1) *micare;* 2) *crispantem esse, vibrari;* 3) *coruscare,
fulgere.*

337. Statt ἀλλὰ τοῦ vermuthet Naber quaestt. Hom. p. 140
und Nauck ἀλλά οἱ, La Roche schreibt ἀλλὰ τῷ, welches **nur** die
Florentiner Ausgabe hat.

344. Zu der Kritik der folgenden Schlusspartie vgl. Kammer
die Einheit p. 742.

361. **Cobet** Miscell. crit. p. 429 verlangt ἐπιστέλλω statt ἐπι-
τέλλω. Uebrigens ist ἐπιστέλλω die Lesart der Florentiner Ausgabe.

364. 365. G. Autenrieth bemerkt: 'Diese zwei Verse machen
durchaus den Eindruck der Interpolation. Wenn Penelope sich in
ihr Gemach zurückziehen und da weilen (ἧσθαι) soll, so vereinigt
sich dies nicht wol mit dem Auftrag von 355; noch auffallender
ist, dass sie Niemanden (wen aber? ihre Dienerschaft? nein, der
Interpolator denkt wol an neugierige oder dabei interessierte Ithakesier) ansehen noch fragen soll. Was sollte sie aber fragen?
eher wäre es passend, ihr das Antworten auf Fragen anderer zu
verbieten. Kurz, mit 363 schliesst die Rede des Odysseus angemessen ab, das weitere ist störendes Anhängsel. Gedankengang:
"Nun **da** wir endlich vereint sind (354), müssen wir, du (355)
an Bewahrung des noch vorhandenen, ich (356) an Ersatz für das
Geraubte denken. Darum will ich draussen das Nöthige vorbereiten
(357—360); du bleibst im Hause und nimmst desselben verständig
wahr (361); denn — es bedarf Verstandes: 362 — das Gerücht
von dem Geschehenen wird sich bald verbreiten." Die Art der
Ausführung seines Auftrags überlässt Odysseus ausdrücklich dem
verständigen Ermessen der Umstände, die er ja nicht voraussehen
kann; jedenfalls aber wäre ein Rath wie 364 und 365 sehr un-
geeignet zu seinem Zwecke.' Auch Nauck bezeichnet die beiden
Verse als *spurii.*

370 ff. Nauck schreibt 370 ἧισαν statt des handschriftlichen
ἧιον. 371 vermuthet Cobet Miscell. crit. p. 370 ἧεν statt ᾗεν,
Nauck: ἧι'. La Roche in der Zeitschr. f. d. österr. Gymn. 1863
p. **200** aber sieht in 371. 372 einen späteren Zusatz.

ω.

Ueber die Namen νέκυια δευτέρα und δευτέρα ψυχοστασία vgl.
Hemsterh. zu Lucian. Necyom. c. 11. Vol. III p. 397 ed. Lehmann.

Dieser Abschnitt 1 bis 204 ist von Aristarch, vgl. Aristonic. ed. **Car-nuth** p. 163, und andern athetiert worden. Der Dichter dieser Partie verfolgte wol den Zweck, seinen Zuhörern zu zeigen, wie der glückliche Sieg des Odysseus und die sittliche Grösse der Penelope sogar im Schattenreiche gepriesen werden, und zwar im Gegensatz zu dem letzten Geschick der bedeutendsten Helden von Troja. Hennings **hat** ausser anderm in Fleckeisens Jahrbb. 1861 p. 91 folgendes bemerkt: 'Die zweite Nekyia, in welcher Agamemnon, Achilleus und ein Freier zusammengeführt werden, hält dem Zuhörer zum Schluss diejenigen Momente der Beurtheilung entgegen, welche in der Sage und dem Nationalbewustsein der Hellenen die hervorstechendsten der ganzen Ilias und Odysee sein musten. Denn **sie** erhält zugleich das in der Ilias nicht erzählte Schicksal des Achilleus und wirft ein zusammenfassendes Licht auf den Gang **der** Ereignisse, unter denen Odysseus sein gefährliches Rachewerk ausführte. Ferner wird der Tod des Achilleus mit dem unrühmlichen Ende des Agamemnon und dieses wieder mit der Rückkehr des Odysseus verglichen, so dass die hauptsächlichsten Helden sowol der Odyssee als der Ilias unter einem einheitlichen Gesichtspunkte, dem des unsterblichen Nachruhms, erscheinen. Die Odyssee allein wäre durch die σπονδαί vollkommen abgeschlossen, die Odyssee und **Ilias** zusammen aber noch nicht. Die Einordnung der νέκυια beruht also auf dem zusammenhängenden Vortrag der homerischen Lieder, zuerst der Ilias und dann der Odyssee, wie er nach Solon (vgl. m. Abh. über die Telemachie p. 136) an den Panathenäen in Athen stattgefunden hat.' Vgl. ausserdem Kammer die Einheit p. 498 ff. und 755 ff., Jordan in der Odysseeübersetzung p. 561 ff.

1. Dass die Schatten sonst ohne Geleit in die Unterwelt gehen, dies beweisen ξ 11. κ 560. λ 65. 425. Z 422. H 330. N 415. Π 327. 856. Τ 294. X 362. Ψ 100 f. Ueber Hermes als ψυχοπομπός vgl. Roscher Hermes **der** Windgott p. 66 ff.

3. 4. Ueber die Wunderkraft dieses Zauberstabes haben wir eine ausschmückende Nachahmung bei Verg. Aen. IV 242—244. Ueber ὑπνώοντας vgl. Lobeck Rhem. p. 215. Der Versanfang καλὴν χρυσείην ε 232. κ 545. Ξ 351. Σ 562, und καλῇ χρυσείῃ in dem stabilen Verse α 137; ähnlich δῆσεν χρύσειον καλὸν ζυγόν E 730.

5. Für den Begriff von τρίζειν (vgl. στρίγξ strix) 'kreischen, schwirren' hat Verg. VI 492 'tollere vocem exiguam', Horat. Sat. I 8, 41 'resonare triste et acutum', Claudian. III 126 'illic umbrarum tenui stridore volantum flebilis auditur questus.' Vgl. auch Lucian VI 776; Lobeck Rhem. p. 87; Döderlein Hom. Gloss. § 681; G. Curtius Etym.[2] p. 625, 'p. 684. — Vers 6—9 erwähnt Plat. de rep. III p. 387[a] und Vers 11 Plutarch. de aud. poet. c. 2 p. 17[e].

10. ἀκάκητα wird gewöhnlich als verlängerte Form von ἄκα-
κος betrachtet, wie ἀκακής, ἀκακήσιος und εὐμενέτης neben εὐμενής:
so bei Welcker griech. Götterl. I p. 335. Anders Döderlein Reden
u. Aufs. II p. 118 und Hom. Gloss. § 199, der es mit ἀκεῖσθαι
in Verbindung bringt, so Leo Meyer Bemerkungen zur ältesten
Gesch. d. Mythol. p. 54, Roscher Hermes der Windgott p. 80 und
Fritzsche in G. Curtius Stud. VI 287. Was den Accent betrifft,
so ist Bekker der gegen Aristarch gerichteten Notiz οἱ δὲ ἄλλοι
ἀναλογίᾳ πειθόμενοι προπερισπῶσιν gefolgt und hat ἀκακῆτα gegeben sowie μητίετα, während er εὐρύοπα unverändert lässt. Vgl.
Lehrs de Arist. p. 259 sq. ed. II, der allerdings einen Grund für
die Aristarchische Accentuation nicht anzugeben weiss. Aber Aristarch hat in μητίετα ἀκάκητα εὐρύοπα den nach äolischer Weise
gesetzten Accent wol deshalb beibehalten, weil diese drei Worte
bei den Griechen **nur in dieser Form** erscheinen und dadurch
als wirkliche aus der frühern äolischen Poesie entlehnte
Aeolismen sich darstellen, während von den übrigen ähnlichen
Nominibus (wie αἰχμητά, ἱππότα, ἱππηλάτα, κυανοχαῖτα, νεφεληγερέτα)
auch die gewöhnlichen Formen auf ῆς gebraucht werden, sei es
bei Homer sei es bei andern Autoren. — Vers 11. Den Namen
des Leukasfelsens bringt G. Gerland altgriechische Märchen in der
Odyssee (Magdeburg 1869) p. 44 in Verbindung mit dem für **die**
Insel der Seligen gebrauchten Namen Leuke, die helle, die Licht-
insel, die Insel der Lichtgeister: 'Daher stammt wol auch der
Name leukadischer Fels: Fels des Lichtes, von dem aus man in
das Reich des Lichtes gelangt und so nannte man euphemistisch
die Felsen, von denen man die zu Tödtenden gleichsam absegeln
liess nach jener **Insel.**' **Auch Eurip. Cycl.** 163 — 67 Kirchhoff
scheint ihm darauf hinzuweisen, dass dieser Fels geradezu appel-
lativische Bezeichnung für 'Schwelle des Todes' geworden sei.
— Vers 12. δῆμον ὀνείρων, also vorbei auch an den δοιαὶ πύλαι
ἀμενηνῶν ὀνείρων τ 562. — Vers 13. Ueber die Asphodelos-Wiese
vgl. den Anhang zu λ 539. Dagegen deutet Göbel Lexilog. I
p. 124 ff. ἀσφοδελός = duftend. — Vers 14. εἴδωλα καμόντων
enthält eine spätere Anschauung: vgl. G. Autenrieth zu Nägelsbach
Hom. Theol. p. 405. — In 15—19 und 23—101 sieht übrigens
La Roche in der Zeitschr. f. d. österr. Gymn. 1863 p. 201 eine
Einschiebung, vgl. **auch** Adam das doppelte Motiv p. 23.

21. Ueber Bekker's Conjectur ὄσσοι statt ὄσσαι vgl. den Anhang zu λ 388. Uebrigens findet sich hier ὄσσοι in 4 Handschriften, vgl. La Roche.

24. Ἀτρείδης. Ueber diese Diäresis vgl. besonders die ausführliche Erörterung von E. R. Lange zu Α 7 in Schneidewins
Philol. IV p. 706 sqq. Dass indess Aristarch und andere gegen
die getrennte Aussprache der Vocale ει und οι in den Patronymicis
stimmten, das begründen H. Rumpf in Fleckeisens Jahrbb. 1860

p. 582 f. und W. C. Kayser im Philol. XVIII p. 660 ff. — Zum Beweise, dass die Frevelthat des Aegisthos und der Klytämnestra als Ereigniss der jüngsten Vergangenheit geschildert werde, dienen α 35. 298 ff. γ 193 ff. 235. 249 f. δ 91 f. 528 ff. λ 409 ff. ω 96 f. 199 ff. Vgl. A. Jacob Ueber die Entstehung der Ilias u. Odyssee p. 12 ff. Uebrigens vernahm ganz Griechenland diese Unthat mit staunendem Entsetzen, ein sprechender Beweis von der Seltenheit solcher Verirrungen. Hier nun wird das traurige Loos des Agamemnon vom Dichter geschildert, um ihm das glücklichere des Achilleus gegenüber zu stellen. Dadurch aber soll das bald zur Kunde kommende Glück des Odysseus noch herrlicher erscheinen.

28. Früher wurde gewöhnlich πρῶτα gelesen, dem man wie es scheint in dem Sinne 'gleich zuerst' nur mühsam eine geeignete Beziehung geben kann. Daher hat schon J. H. Voss Randgl. p. 71 πρῶι empfohlen. Und dieses πρῶι war die alte Vulgata nach dem Zeugniss der codd. Marc. 613, Vindob. 50, Vratisll., Augustan., des Schol. und des Hesychius, wie nach dem Vorgange Buttmanns von W. C. Kayser in den Verhandl. der Breslauer Philologenversammlung (Breslau 1858) p. 49 ff. gründlich erwiesen worden ist.

30. Dass hier in dem Relativ ἧς περ keine Attraction vorliegt, erweist Förster quaestiones de attractione enuntiationum relativarum p. 49 f. — 33. Die Form ἠράμην als unhomerisch verwerfend will Cobet Miscell. crit. p. 401 überall nur ἠρόμην zulassen.

41. πρόπαν steht immer in Verbindung mit ἦμαρ, nur B 493 wird πρόπασαι gefunden. 'Vielleicht ist zusammen προπανῆμαρ zu schreiben: vgl. πανῆμαρ zu ν 31. Das πρὸ hat hier wol lediglich verstärkende Bedeutung, wie skt. pra in Compositen = vorwiegend, sehr: Benfey Sanskr. Gram. § 496 d. 566. IV. VII, und wie sie sich auch im zend. fra entdecken lässt. Wenn auch nur mittelbar ist doch lat. per (= sehr), und Goth. ahd. fra (bei Verbis ahd. far, fir, fer, for) = ver damit verwandt. Bei Homer gibt es kein anderes derartiges Compositum mit πρό, denn προθέλυμνος, πρόρριζος und πρόχνυ sind anders, nemlich rein local zu erklären.' G. Autenrieth.

48. Bei den Worten ἀγγελίης ἀίουσα pflegten homerische Zuhörer nicht zu fragen, woher Thetis diese Nachricht erhalten habe. — Statt βοὴ δ' ἐπὶ πόντον ὀρώρειν heisst sonst der Versschluss βοὴ δ' ἄσβεστος ὀρώρειν Λ 500. 530. N 169. 540. Π 267.

57. Ueber φόβος vgl. Lehrs de Arist. p. 75 ed. II; G. Curtius Etym.[2] p. 269 Nr. 409, [4] p. 299. In der Odyssee findet sich das Wort nur hier, aber 39 mal in der Ilias. Dagegen hat die Odyssee κ 117. χ 306 φυγή, während in der Ilias nur φύγαδε vorkommt. Das erste Hemistichion wie Γ 84.

60 f. Zur Erklärung vgl. E. **v.** Leutsch im Philol. Suppl. I
p. 78, auch Welcker ep. Cyclus p. 373 f.

73. Gleichzeitig mit unserm Gesange scheint auch der in
Ψ 92 eingefügte Vers entstanden zu sein. In *Ψ* 250 und *Ω* 791
wird der Scheiterhaufen mit Wein gelöscht; hier aber befinden sich
Wein und Salböl in dem doppelgehenkelten Aschenkruge, der
schon die Gebeine des Patroklos und Antilochos enthält. Das
οἴνῳ ἐν ist 'in den Wein hinein', so dass sie dann 'darin'
bleiben. Krüger Di. 68, 12, 2.

79. *Ω* 574 f. ἥρως Αὐτομέδων ἠδ' Ἄλκιμος, οὕς ῥα μάλιστα
τῖ' Ἀχιλεὺς ἑτάρων μετὰ Πάτροκλόν γε θάνοντα ist nicht gradezu
ein Widerspruch mit unserer Stelle, da μάλιστα ἑτάρων ein schwächerer und beschränkterer Ausdruck ist. Auch die Ilias kennt den
Antilochos als des Achilleus besten und verehrtesten Freund, wie
ausser anderm *Σ* 2 ff. beweist, wo er dem Achilleus die Botschaft
vom Tode des Patroklos überbringt. Nach der Aethiopis des
Arktinos ist Antilochos erst nach dem Tode des Achilleus bestattet
worden. Und nach unserer Stelle 80. 81 hat er mit Patroklos
und Achilleus ein grosses gemeinsames Grabmal gehabt, wie die
drei Helden auch im Leben bei Homer nicht selten vereinigt erscheinen: vgl. *γ* 109 ff. *λ* 467 ff. *ω* 15 ff. Erst die nachhomerische
Zeit **hat für die drei Helden** Achilleus Patroklos Antilochos drei
geschiedene Grabhügel an der Küste von Troja geschaffen.

89. ἐπεντύνονται ist die überlieferte Lesart, die aber als Indi-
cativform nach ὅτε κέν ποτε eine erträgliche Erklärung schwerlich
zulässt. Es ist daher aus Conjectur ἐντύνωνται geschrieben nach
dem Vorgange von W. Bäumlein und Andern. Vgl. darüber besonders W. Bäumlein Ueber die griech. Modi p. 164 sowie in der
annotatio critica zu seiner Ausgabe, und A. Meineke Vindic. Strab.
p. 194, auch Friedländer de conjunctionis ὅτε apud Hom. vi et
usu p. 43 f. Wer sodann ἐπεντύνεσθαι als ein bloss verstärktes
ἐντύνεσθαι betrachtet und durch 'anstellen' erklärt, der ist genöthigt ἄεθλα im Sinne von 'Kampfspiele' aufzufassen (wozu es
nur die zu *θ* 108 erwähnte Stütze gibt) und muss ausserdem diese
Sinnbestimmung mit den übrigen homerischen ῥήματα τριπλᾶ in
Einklang bringen. Vgl. darüber den Anhang zu *χ* 467. — Vers 90.
θηήσαο ist die handschriftlich gut begründete Lesart, denn so
haben Harlei. Vrat. Venet. 457 und 613, Vind. 5. 50. 56, ähnlich
edd. Florent. und Aldina καὶ θήσαο und margo Augustan. *γρ.* θηήσαο.
Schwach gestützt ist die Schreibweise ἐτεθήπεα, aber die monströse
Form ἐτεθήπεας ist nur aus Eustathius in die Texte gekommen.

92. ἀργυρόπεζα findet sich entweder in der Stellung ἀργυρόπεζα Θέτις als Versanfang: hier und *Α* 538. 556, oder in Θέτις
ἀργυρόπεζα als Versschluss: *I* 410. *Π* 222. *Σ* 127. 146. 369. 381.
Τ 28. *Ω* 89. 120, und einmal ἐς Θέτιν ἀργυρόπεζαν *Π* 574. Das
Compositum enthält eine abgekürzte Vergleichung aus 'Füsse wie

Silber habend.' Dasselbe gilt von den homerischen Beiwörtern
ἀελλόπος, ἀργυροδίνης, θυμολέων, ἰοειδής, μελιηδής, μελίφρων, μιλ-
τοπάρηος, μυλοειδής, οἶνοψ, ποδήνεμος, ῥοδοδάκτυλος, φοινικοπάρηος,
χαλκεόφωνος. Uebrigens ist die Form ἀργυρό-πεζα aus ἀργυρό-πεδ-ια
entstanden: vgl. G. Curtius Etym.² p. 545. 598, ⁴p. 603. 657.

97. Nach den übrigen Stellen des Homer **hat** Klytämnestra
nur die List mit ersonnen, aber am Morde des Agamemnon sich
persönlich nicht betheiligt. Dies besagen erst **die** Dichtungen
der Spätern, die von der vorliegenden homerischen Stelle ausgegangen sind. Vgl. die Belege bei Spohn de extr. Od. parte p. 49 sqq.

103. Ueber die Einführung des Antimedon vgl. die kritischen
Bemerkungen von Kirchhoff die hom. Odyssee p. 534.

106. Die Formel τί παθών (öfters mit τί μαθών verwechselt)
findet sich bekanntlich in abgeschwächter Bedeutung bei den Spätern. Zu unserer Stelle vgl. οὐλὴν ὅττι πάθοι τ 464. — ἐρεμνή,
mit γαῖα findet sich nur hier, aber vgl. ἐρεμνή bei αἰγίς Δ 167
und λαῖλαψ Μ 375, wie ἐρεβεννή ἀήρ Ε 864 im Vergleich zum
gewöhnlichen ἐρεβεννή νύξ. Das ἐρεμνός verhält sich zu ἔρεβος wie
σεμνός zu σέβω. Vgl. Lobeck **Elem.** I p. 248; Döderlein Hom.
Gloss. § 326; G. Curtius **Etym.²** p. 421, ⁴p. 472. G. Autenrieth
zu Nägelsbach Hom. **Theol.** p. 409 f.*

118. Gewöhnlich wird hier μηνὶ δ᾽ ἄρ᾽ οὔλῳ gelesen und erklärt 'einen ganzen Monat', aber für diese Deutung wäre μῆνα δ᾽
ἄρ᾽ οὖλον nöthig: vgl. zu ο 34. Das ἐν, statt des gewöhnlichen
ἄρ᾽, gibt Aristarch nach Didymos zu Κ 48. Statt πάντα hat Bekker
im Berliner Monatsbericht usw. 1864 p. 11 = Hom. Blätt. II p. 2
ἔπειτα conjiciert mit der Note: 'der volle Monat passt zu σπουδῇ
παρπεπιθόντες besser als zu περήσαμεν εὐρέα πόντον, wenn hiemit,
wie kaum zu bezweifeln, die Fahrt nach Troja gemeint ist.' Ebenso
vermuthet Nauck. Auch Bergk commentatt. crit. spec. V (Marburg 1850) p. 11 verbindet μηνὶ δ᾽ ἐν οὔλῳ mit σπουδῇ παρπεπιθόντες und tilgt das Komma nach πόντον.

121. Der formelhafte Vers fehlt in mehreren Handschriften
mit Recht. Denn an den übrigen Stellen wo er vorkommt Β 434.
Ι 96. 163. 677. 697. Κ 103. Τ 146. 199 (der Anfang auch Α 122.
Θ 293) folgt nirgends noch eine andere Anrede wie hier nachher
διοτρεφές. Vgl. auch zu λ 92. Will man daher 121 beibehalten,
so muss **man 122** und 123, die im Harleianus und sechs andern
Urkunden stehen, wiederum mit einigen Handschriften und den
Ausgaben **vor** Wolf in den einen Vers μέμνημαι τάδε πάντα καὶ
ἀτρεκέως καταλέξω zusammenziehen. Uebrigens erinnern diese zwei
Verse an Ι 527. 528.

127. Zu diesem Verse bemerkt Nauck: spurius?

137. κεῖται ist die handschriftliche Lesart, wofür der nöthige
Conjunctiv κῆται hergestellt ist. Vgl. indess den Anhang zu τ 147.

149. Wie hier κακὸς δαίμων, so steht ähnlich στυγερὸς δαί-

μων ε 396 und χαλεπὸς δαίμων τ 201 und δαίμονος αἶσα κακή
λ 61. Der Versschluss wie η 248. ξ 386. Λ 480. Ueber die
Kürze der Darstellung vgl. zu ο 466. Das κακὸς ἤγαγε δαίμων
ist übrigens ganz so gesagt, wie wir bei uns in niedriger Redeweise hören: 'der Teufel (Kukuk usw.) führt ihn daher.'

151. Die Frage, woher Amphimedon dies alles wissen konnte,
haben erst reflectierende Leser der Neuzeit, keine alten hellenischen Hörer des märchenhaften Epos aufgeworfen.

157. 158. Hier ist Vers 158 mit Kirchhoff die hom. Od.
p. 535 zu verwerfen, weil der Gedanke zu 156 eine Tautologie
bilden würde. Indess haben alle Handschriften den Vers.

164. Der häufige Versschluss Διὸς αἰγιόχοιο (vgl. den Anhang zu ω 521) findet sich öfters durch ein Wort von zwei Kürzen
getrennt: so wie hier durch νόος Ο 272. Ρ 176 (hier vereinzelt
durch zwei Worte Διὸς κρείσσων νόος αἰγιόχοιο), durch νόον ε 103.
137. Ξ 160. 252, durch γόνον Ε 635, durch τέρας π 320. Ε 742.
Μ 209, durch δόμον Θ 375, durch πάϊς Ν 825, durch κτύπον
Ο 379.

182. Das ὅ ῥα entspricht hier unserm 'dass ja', wie sich
aus ἀγχιστῖνοι ἔπιπτον von selbst ergab: vgl. zu α 346. — Ueber
ἐπιτάρροθος vgl. Lobeck Proll. p. 143; Elem. I p. 134. H. Däntzer
meint, ἐπι-τάρροθος setze ein uns dunkles τάρροθος voraus, das
vielleicht Erweiterung eines τάρθος sei, und 'ursprünglich wol
bewältigend bedeutete (wie noch im Orakel bei Herod. I 67),
von der durch ϑ verstärkten Wurzel ταρ (vgl. ἀταρτηρός zu β 243),
dann Theilnehmer an der Bewältigung, wie ἐπίρροθος eigentlich
hinzurauschend.' Vgl. Clemm in G. Curtius Stud. VIII p. 114;
unhaltbare Combinationen bei Göbel Lexilog. I p. 381 ff. Das
zweite Hemistichion wie Λ 366. Τ 453.

190. In dem Hemistichion ὃ γὰρ γέρας ἐστὶ θανόντων heisst
sonst der Anfang τὸ γὰρ, wie ω 296. Λ 323. I 422. Π 457. 675
Nachahmung bei Verg. Aen. XI 23. Statt der handschriftlichen
Form γοάοιεν hat Bekker γοόῳεν gegeben, das nur bei Barnes als
Variante erscheint.

198. Der Dativ Πηνελοπείῃ wird gewöhnlich erklärt entweder
mit Beziehung auf ἀοιδήν 'Gesang über die Penelope, ihr zu Ehren'
oder in Verbindung mit τεύξουσι 'durch Penelope', d. i. nach
Nägelsbach Hom. Theol. I 28, p. 53* der Ausg. von Autenrieth
'durch Penelopes Geschick'. Aber dann ist ausser anderm die
Construction der beiden Dative auffällig. Daher hat Bothe ἐχέ-
φρονα Πηνελόπειαν conjiciert, und Bekker hat ebenfalls diese Conjectur mit einem 'malim coll. 200' gegeben, ebenso A. Nauck.
Aber die beiden Dative lassen sich wol erklären, wenn man ἐπιχθο-
νίοισι local fasst nach der verglichenen Stelle ϑ 479, die mit der
unsrigen grosse Aehnlichkeit hat.

205 ff. Zu dem folgenden zweiten Abschnitt des Gesanges

vgl. die kritischen Erörterungen von Thiersch die Urgestalt der
Odyssee p. 95 ff., Kammer die Einheit p. 743 ff., Bergk griech.
Literaturgesch. I p. 721. Während von den meisten Kritikern
das letzte Buch in seinem ganzen Umfange verworfen wird, hält
Thiersch 212—380, Kammer 226—352 für ursprüngliche Dichtung, Bergk glaubt wenigstens, dass dieser Partie ein älteres Lied
zu Grunde liege, welches der Fortsetzer wol ziemlich unverändert
seiner Arbeit einverleibte.

207. An Stelle des unklaren κτεάτισσεν vermuthet Nauck
ἔκτισσεν.

208. Die Deutung von κλίσιον ist nach Aristarch gegeben.
Das περὶ δὲ θέε steht hier wie Hesiod. scut. 146. Theocrit. XXV
158. Vgl. auch ξ 5—7.

220. δόμονδε bildet ausser χ 479 und Ω 717, in welchen
beiden Stellen es ebenfalls allein steht, sonst nur in der Formel
ὅνδε δόμονδε den Versschluss: α 83. γ 272. ξ 424. ρ 527. ν 239.
329. φ 204. Π 445. — Vers 219 bemerkt H. Düntzer: 'Die
Waffen legt er ab, weil er den Vater nicht erschrecken will, auch
wol darin leichter erkannt zu werden meint.' Wol eher, weil die
Waffen zunächst zu der friedlichen Rolle, die er seinem Vater
gegenüber spielen will, nicht nothwendig und passend sind.

222. Δολίος wird in allen homerischen Stellen, wo dieser
Name vorkommt, für ein und dieselbe Person genommen; aber
die Situation und die Charakteristik in den einzelnen Stellen ist
eine wesentlich verschiedene. Daher bemerkt Bekker Hom. Blätter
p. 110: 'Wünschen möchte man Homonymie in die Familie des
Dolios', mit Erörterung der homerischen Thatsachen. Hierauf hat
zwar Lehrs de Arist. ed. II Epimetr. p. 460 erwiedert: 'Es ist
keine Berechtigung zu solchen Wünschen für die Namenbildung,
keine Berechtigung, die freier um sich greifende schöpferische Art
jener Sänger fest zu binden.' Aber dieser Einwand trifft nur die
semasiologische Seite der Namenbildung überhaupt, gilt nicht von
jenen Differenzen, die gerade bei Δολίος im Dichter vorkommen
und die eben Bekker veranlasst haben, die Homonymie hier für
wünschenswerth zu halten. Wer nun einerseits die verschiedenen
Verhältnisse, in denen der Name Δολίος erscheint, andererseits die
Menge homerischer Homonymien, wie sie von Bekker Hom. Blätter
p. 108 ff. und Ludwig Friedländer in Fleckeisens Jahrbb. Suppl.
III p. 814 ff. erörtert werden, in genauere Erwägung zieht, der
wird wol geneigt sein, auch für Δολίος die Homonymie anzunehmen, so dass unter diesem Namen drei verschiedene Personen zu
verstehen seien, nemlich 1) δ 735 der Diener der Penelope, den
sie aus dem Vaterhause mitgebracht hat und den sie dort als
anstelligen Vermittler in einer mit Klugheit zu behandelnden Sache
zwischen ihr und Laertes benutzen will; 2) ρ 212. σ 322 der

Vater des schlechten Melantheus und **der** treulosen Melantho; 3) ω 222. 387. 397. 409. 498 der fromme und getreue Knecht, der als Hofmeier mit seiner alten Sikelerin den greisen Laertes pflegt. 225. Wie hier ὁ τοῖσι γέρων, so ist auch das unmittelbar neben einander stehende ὁ γέρων stets aufzufassen. Beispiele gibt Krüger Di. 50, 3, 4. **Der** Versschluss ὁδὸν ἡγεμόνευεν wie ζ 261. η 30. × 501. 230. Anders erklärt die χειρίδες Böttiger Amalthea I p. 172. **Dieses** χειρίς ist kein diminutivum, sondern **ein** παρώνυμον von χείρ und wie κνημίς gebildet. Ueber die Quantität des ι vgl. Bernhardy zu Dion. Per. II p. 649. — Vers 231. Zu αἰγείη κυνέη, die sonst nur **von** Leuten niedrigen Standes getragen wurde, vgl. Hesiod. op. 546. Hermann Privatalt. 21, 27. — Statt πένθος ἀέξων vermuthet van Herwerden quaestiunculae ep. et eleg. p. 54 f. θάλπος ἀλέξων aestum arcens (a capite calvo). — Zu 238 bemerkt Nauck: videtur ex δ 119 male arcessitus, und ebenso urtheilt Kirchhoff die hom. Od. p. 535. — **Vers** 240. κερτόμιος führt G. Curtius Etym.[2] p. 137 Nr. 53, [4] p. 148 **auf** eine Wurzel κερτ == **κερ** zurück. Dagegen bemerkt Autenrieth: 'Von W. κερ müsste **die** Nominalbildung καρτο- lauten, vgl. φθαρτο- etc. und kein Wort **mit** Suffix μο- weist den Bindevocal o auf. Ich möchte daher **lieber an eine** Composition von Synonymen denken: W. σκερ- (Schere, Pflugschar, Scharte, scharf) W. τεμ == **scharfschneidend**.' 244. Die von Schol. H **und** Apoll. Soph. 8, 25 gebotene Lesart ἀδαημοσύνη statt ἀδαημονίη sucht Cobet Misc. crit. p. 376 als die ursprüngliche zu erweisen. 250. γῆρας ἔχεις ist von dem sonst vorkommenden γῆρας ἔχει σε nicht wesentlich verschieden. Hier aber ist γῆρας ἔχεις gesagt, um es mit den zwei folgenden Begriffen αὐχμεῖς und ἔσσαι in symmetrische Verbindung zu bringen. Vgl. zu τ 367. Dagegen vermuthet Cobet Misc. crit. p. 430 ἔχει σ', wie übrigens der Cod. Gonz. hat, und so schreibt Nauck. Ueber αὐχμεῖν vgl. K. F. Hermann Privatalt. 23, 32. 253. Ueber die Verbindung der Begriffe εἶδος und μέγεθος zu ι 508. Zum Gedanken vgl. Theocrit. XXV 38—40; zum Versschlusse ρ 416. ν 194. Γ 170; auch ϑ 166. σ 128. — Vers 254. Das einstimmig überlieferte ἔοικας hat H. Düntzer in ἔοικεν verändert. — Vers 261. Zu ἀρτίφρων vgl. κ 553 οὔτε φρεσὶν ᾖσιν ἀρηρώς, gleich οὐκ ἀρτίφρων, sondern χαλίφρων: vgl. τ 530. ψ 13. Das Wort kommt nur hier vor. — 262. Wegen ὥς vgl. den Anhang zu τ 445. 266. Aber der Versschluss in Γ 244 ist nicht wie hier mit ἐνί, sondern mit ἐν, welche Form auch überall ohne φίλη in dem Versschlusse ἐν πατρίδι γαίῃ erscheint: ϑ 461. ξ 143. ρ 157. Θ 359. Χ 404. Vgl. Bekker Hom. Blätter p. 145.

273. Da ξεινήιον nur substantivisch gebraucht wird, so vermuthet van Herwerden quaestiunculae ep. et eleg. p. 55 als ursprüngliche Lesart: καί Fοι πολλὰ πόρον ξεινήια. — 275. Ueber die Anthemienverzierung vgl. Gerlach im Philol. XXX p. 499 f., wo er dieselbe als eine Verbindung von' Spiralen mit einem aus der Pflanzenwelt entlehnten Motive erklärt.

295. ἐν λεχέεσσιν gehört mit ἑὸν πόσιν zusammen. Andere Beispiele, in denen das mit ἐν versehene Nomen an ein anderes Nomen ohne ein vermittelndes Participium sich anschliesst, vgl. zu τ 514. Aehnlich verhält es sich mit ἐκ zu ι 285, mit ἀπό zu ζ 12, mit παρά zu π 468 und B 711, mit κατά zu χ 484, mit ἐπί zu τ 278. Das Verbum κωκύω steht nur hier mit dem Accusativ, sonst immer intransitiv. Vgl. J. La Roche Hom. Stud. § 87, 14. — Vers 296. Statt καθελεῖν hat Plato Phaedon. c. 66 z. E. p. 118 ξυλλαβεῖν τοὺς ὀφθαλμούς, vgl. daselbst die von Stallbaum gegebenen Citate.

299. Statt ποῦ δὲ νηῦς haben G. Hermann und Hoffmann Qu. Hom. I p. 101 und jetzt auch Nauck ποῦ τοι νηῦς vorgeschlagen mit Vergleichung von ω 308. α 185. Das im Text gegebene ποῦ δαί νηῦς ist Aristarch's Lesart, δαί wie auch α 225 und K 408. Vgl. Lehrs de Arist. p. 360 ed. II. Ueber die Dehnung des δέ vor ν vgl. Knös de digammo Hom. III p. 235 und Hartel hom. Stud. I p. 17 ff.

306. Mützell de emend. th. Hes. p. 111 bemerkt hierüber: 'ἐπήριτος dicitur de eo, in quem varia multorum studia concitata sunt' und weiter: 'omnia enim nomina singulorum fortunam ac mores commode designant, sed non sine levi nec improba tamen irrisione.' Dagegen will Gladstone Hom. Stud. von Albert Schuster p. 40 alle drei Namen auf den Reichthum der Sikeler bezogen wissen und Cobet Misc. crit. p. 413 statt Πολυπημονίδαο corrigieren Πολυπαμονίδαο. Und H. Düntzer in Kuhn's Zeitschr. XIV p. 190 bemerkt: 'Ἐπήριτος ist nicht mit ἐρίζειν in Verbindung zu bringen, wo es Ἐπήριστος heissen müste, sondern Weiterbildung eines ἐπήρης, das von ἐπαείρειν kommt, sich erhebend, überhebend' usw. Aber der dann nöthige Accent Ἐπηριτός wird bedenklich bleiben, wenn nicht etwa der Eigenname eine Ausnahme bildet.

316. Die hier erwähnten Zeichen der Trauer um einen Todten, natürliche Ausbrüche eines lebhaft erregten Gefühls, finden sich auch X 414. Ω 164 ff. Verg. Aen. X 844, und harmonieren mit der Sitte der Hebräer und Aegypter: vgl. Hiob II 8. Micha I 10. Herod. II 85.

318. Diese Stelle hat Aristot. Eth. Nicom. III 8, 10 im Sinne. Vgl. dazu auch Schneidewin die homerische Naivetät p. 29 f. Ueber προσηύδα, das 320 ohne jede Bestimmung steht, vgl. J. La Roche Hom. Stud. § 97, 1.

328. An Stelle von Ὀδυσεύς γε ἐμὸς vermuthet Cobet Misc.
crit. p. 334 Ὀδυσεὺς σύ γ᾿ ἐμός.

334. Statt des sonst gelesenen ὄφρ᾿ ἂν ἑλοίμην hat Bekker
aus cod. Vind. 5 ὄφρ᾿ ἀνελοίμην gegeben, so auch Nauck.

335. ὑπέσχετο καὶ κατένευσεν. Dieselbe Verbindung beider
Begriffe: δ 6. ν 133. Α 514. Β 112. Δ 267. Ι 19. Μ 236. Ν 368.
Ο 374. Es ist dies wie anderwärts bei ähnlichen Synonymen
eine Verbindung des abstracten und sinnlich anschaulichen Ausdrucks. Vgl. auch Ο 75.

343. Der Satz ἔνθα δ᾿ ἀνὰ σταφυλαὶ παντοῖαι ἔασιν wird allgemein mit dem folgenden Optativsatze ὁππότε ὧραι ἐπιβρίσειαν in
die engste Verbindung gebracht. Einige begnügen sich mit der
einfachen Bemerkung: ᾿der Optativ von der Wiederholung᾿, ohne
das Tempus zu begründen. Andere künsteln indem sie sagen,
Odysseus denke ᾿auch bei ἔασιν vorherrschend an die Vergangenheit: sind und waren immer, wann darauf drückten᾿, was aus
Homer nicht bewiesen werden kann. Denn es findet sich wol kein
derartiges Beispiel, wo in der iterativen Bedeutung eine Zeitpartikel nach einem Präsens mit aoristischem Optativ verbunden wäre. Vgl. auch Hermann Opusc. II p. 38. Und die ander-
weitig nachgewiesenen Beispiele (Krüger Spr. § 54, 17, 5) sind
von der Art, dass eine Anwendung auf vorliegende Stelle als unmöglich erscheint. Hierzu kommt zweitens der störende Gedanke.
Die mannigfachen Gattungen der Trauben nemlich bleiben an
den Weinstöcken, wie auch die Jahreszeiten einwirken mögen: nur
das Reifen oder Nichtreifen der Trauben zum Abernten ist von
der Witterung abhängig. Aus diesen zwei Gründen ist ὁππότε κτέ.
mit ἤην zu verbinden und ἔνθα δὲ bis ἔασιν als Parenthese aufzufassen, wodurch zugleich das Präsens ἔασιν seine richtige Beziehung erhält. — Vers 347. Der Grund davon, dass προτί und
πρός nicht immer Position bewirken, liegt in der durch mehrere
indog. Dialekte reichenden Beweglichkeit des ρ: vgl. diese Dialekt-
formen bei G. Curtius Etym.[2] Nr. 381, [4] p. 285 f., dazu G. Autenrieth zu Nägelsbach Γ 441*. Die homerischen Formen προτί ποτί
πρός behandelt Bekker Hom. Bl. p. 197.

350. Hier wie δ 234. 484. Γ 437. Ψ 794 ist der Versausgang ἀμειβόμενος προσέειπεν mit vorhergehendem μύθοισιν verbunden, während er sonst entweder ohne Zusatz oder mit ἔπεσσιν
vereinigt erscheint. Vgl. auch den Anhang zu δ 484.

351. Der Versanfang Ζεῦ πάτερ, ἤ ῥα wie Ε 421. 762. Η 446.
Θ 236. Μ 164, mit ἤ τε Ν 631 und mit blossem ἤ Τ 270. —
Sodann wird nach Analogie von ἔστι ᾿existiert, ist vorhanden᾿ (wie
Η 446 Ζεῦ πάτερ, ἤ ῥά τις ἔστι βροτῶν) hier seit F. A. Wolf all-
gemein auch ἔστε accentuiert. Aber man folgt hierbei Ansichten
über Analogie, von denen es sehr zweifelhaft ist, ob sie den Bei-

fall des Alterthums **für** sich haben würden. Handschriftlich überliefert ist **nur** ἐστί.

353 = A 555. I 244. K 538, mit kleinen Differenzen; der
Anfang auch Σ 261.

373. ἀειγενέτης von γενέτης 'geworden' **findet** sich bei Homer
nur **in** zwei stabilen Versausgängen, in θεῶν αἰειγενετάων hier und
ψ 81. B 400. H 53. Ξ 244. 333. Π 33; und in θεοῖς αἰειγενέτη-
σιν β 432. ξ 446. Γ 296. Z 527. T 104.

376. Zur Erklärung des Infinitivs im Wunschsatze vgl. L.
Lange der hom. Gebrauch der Partikel εἰ II p. 523 ff.

401. σὲ ἤγαγον geben die alten Urkunden statt der andern
aus zweifelhafter Quelle von F. A. Wolf adoptierten Lesart σ' ἀνή-
γαγον. Aber ἀνάγειν ist in der zu ξ 272 erwähnten Bedeutung
für die gegenwärtige Situation nicht geeignet; sodann wird ἀνάγειν
nirgends bei Homer von einer Gottheit gesagt, wol aber oftmals
ἄγειν, wie ausser den im Commentar angeführten Stellen noch
η 248. ξ 358. σ 37. υ 99. ω 149. Δ 541. Ω 564.

402. Ueber οὖλε vgl. G. **Curtius Etym.**² p. 333 Nr. 555,
⁴ p. 374; der Schluss auch η 148. — Vers 405. Ueber das orthotonierte Pronomen in νοστήσαντα σέ, statt des gewöhnlichen νοστή-
σαντά σε, vgl. **den** Anhang zu ο 119 am Ende und zu τ 122.

408. Ueber die Schwierigkeiten der Stelle vgl. Liesegang de
XXIV Iliadis rhapsodia. Pars altera. Duisburg 1867 p. 6.

417. οἶκον (d. i. οἰκόνδε, zu δ 476) bieten hier der Schol. A
zu M 286 und Vind. 56 statt des gewöhnlichen οἴκων, was man
vom Hause des Odysseus versteht. Weil aber der Plural οἶκοι
vom ganzen Hause nirgends gebraucht wird, sondern immer von
mehreren Häusern steht: so ist die Variante οἶκον von K. Grashof zur Kritik des hom. Textes p. 19 not. 30 empfohlen. Dagegen
meint J. E. Ellendt über den Einfluss des Metrums p. 5 (Drei Hom.
Abhandl. p. 9), dass 'das Metrum auch οἶκου erlaubte, was vielleicht auch einzusetzen ist.' Nauck vermuthet οἰκόνδι φόρευν,
La Roche hom. Unters. p. 248 empfiehlt οἶκον δέ, wobei φόρεον
zweisilbig zu lesen wäre, vgl. χ 456. — 418 f. Die gewöhnliche
Verbindung und Erklärung der Worte οἰκόνδε ἕκαστον πέμπον ἄγειν
ἁλιεῦσι ist mit guten Gründen bestritten von Meierheim de infin.
Hom. I p. 38 f. Danach ist jetzt die Erklärung geändert.

423. Bekker hat ἀλαστός accentuiert gegen das Gesetz Herodians Arcad. 83, 25. Aber für ἀλαστός stimmt auch Döderlein
Hom. Gloss. § 101, indem er sich auf das Et. M. p. 57, 41 beruft
und das Wort durch 'rasend' deutet. Dagegen meint Düntzer in
Kuhn's Zeitschr. XII p. 12, dass das α der Wurzel λαθ in Ableitungen nur in λάθρα erscheine, sonst überall ληθ eintrete; sodann hat er unter Vergleichung von ἀλάστωρ, ἀλάστορς, ἀλαστεῖν
das Wort ἄλαστος durch schrecklich gedeutet mit der Bemerkung:
'die Wurzel scheint λα, mit vorgeschlagenem α, in der Bedeutung

verderben'. Hartung endlich zu Eurip. Phönik. 333 will ἄλαστος
wie ἀλάστωρ von ἀλάομαι und ἀλύω abgeleitet wissen, indem er
hinzugefügt: 'Unstät und ruhelos sein (wie Kain nach dem
Brudermorde war) ist das Wesen der unseligen Geister und ihrer
Wirkungen: darum ist ἄλαστον πένθος ein Leid, in dem man sich
nicht zu lassen weiss, in dem man vergehen möchte, eine Höllen-
qual' usw. Indess scheint λάθρη als Analogie zu genügen und
aus 'unvergesslich, nicht zu verschmerzen' auf natürliche
Weise ein unerträglich oder schrecklich hervorzugehen.

426. Bekker hat aus den bessern Quellen Ἀχαιοῖς aufgenommen mit Voss Randgl. p. 71 und zu hymn. an Demeter p. 152,
statt des sonst gewöhnlichen zweiten Accusativs Ἀχαιούς, wie
K 52. X 395. Ψ 24. Vgl. auch zu σ 27. Krüger Di. 46, 13, 1.
— Das ὅ γε μήσατο, statt des gewöhnlichen ὅδ' ἐμήσατο, nach
dem Harleianus und Venet. 457, wo ὅ γ' ἐμήσατο steht, während
andere Quellen ὅδε μήσατο geben. Das letztere mit Recht: denn
ὅδε und ὅγε wird an dieser Versstelle nie elidiert: vgl. Δ 357.
X 33. Daher war auch ω 444 mit Bekker τάδε μήσατο aufzunehmen. Vgl. die Erläuterung von Spohn de extr. Od. parte p. 231
und von K. Grashof Zur Kritik des hom. Textes p. 26. Zu ἀνὴρ
ὅ γε vgl. noch α 403. E 184. Uebrigens schliessen hier 427. 428.
429 mit gleicher Endung.

430. Statt ὦκα ἱκέσθαι hat Bekker aus Conjectur ὦκ' ἀφι-
κέσθαι gegeben, ebenso Nauck.

435. Die Interpunction, Kolon statt Punkt nach τισόμεθ', ist
begründet in dem Programm: Hentze zur Periodenbildung bei
Homer p. 20.

449. Die ganze Schilderung 445 bis 449, welche mit dem
Hergang der Sache in χ 297 ff. nicht zusammenstimmt, soll wol
den Gedanken motivieren, dass die Opposition gegen den Götter-
liebling Odysseus einen günstigen Erfolg nicht haben könne. Daher
lässt der Dichter den Medon so sprechen, als wenn die Gottheit
unmittelbar thätig und mit persönlichem Kampfe in den
Freiermord eingegriffen hätte. Dadurch aber will er bewirken,
dass die Ithakesier aus Scheu vor der Gottheit von ihrer Rachethat gegen Odysseus abstehen sollen. Was das Sprachliche betrifft,
so hat man in μνηστῆρας ὀρίνων 448 das Verbum gewöhnlich durch
'das Herz erschüttern, schrecken' gedeutet, wie auch Albert
Fulda Untersuchungen I p. 55. Aber wenn dies der Sinn sein
sollte, so würde die Formel mit θυμὸν oder einem der verwandten
Begriffe gebildet sein. — Bekker hat **447** bis 449 ohne den Vorgang der Alten aus dem Texte entfernt. — Das τοὶ δ' ἀγχιστῖνοι
ἔπιπτον wie χ 118. ω 181. P 361.

463. ἀλαλητός hängt mit dem spätern ἀλαλάζειν zusammen
und bedeutet durch die ganze Gräcität hindurch das Tumultuarische
und Vieltönende des lärmenden Geschreis, kann also schwerlich

geradezu vom Beifallsrufe gebraucht **werden**. Es scheint hier
ein Ausdruck stürmischer Freude darüber zu sein, dass von **dem**
kriegerischen Rachezug abgemahnt wurde. Aehnlich steht es B
149, obgleich der Versschluss wie M 138. Ξ 393 lautet. Vergleichbar mit unserer Stelle ist auch γ **149 f.** οἱ δ' ἀνόρουσαν
εὐκνήμιδες Ἀχαιοὶ   ἠχῇ θεσπεσίῃ, δίχα δέ σφισιν ἥνδανε βουλή.

465. Εὔπειθει πείθοντο wird auch von Hermogenes in den
Rhet. Gr. III p. 169 ed. Walz als Beispiel der παρήχησις angeführt.
Vgl. jetzt Lehrs Epim. zu de Arist. p. 456.

470. Das δ' nach φῆ steht in allen Handschriften. In Bekkers
Note '**δ**' *omittunt*' ist vielleicht die irrige Bemerkung von 460
hierher gekommen, wo Vind. 5 τὸν οὐκ für τὸν δ' οὐκ hat. Die
Form φῆ bildet überall bei Homer den Versanfang: δ 504. ϑ 567
ν 175. ξ 382. ϱ 142. τ 122. B 37. Φ 361. Ω 608. Auch aus
diesem Grunde erscheint φῆ Ξ 499 als falsche Lesart.

472. Bei der engen Verbindung des Göttlichen und Menschlichen, die im Homer uns vorliegt, **war ein** plötzlicher Uebergang
von der Erde zum Olymp, wie **hier, oder vom** Olymp zur Erde,
wie 489, für Hellenen kaum befremdend. Zu dem αὐτάρ als
Uebergangspartikel vgl. **ν 1. χ 1. Α** 430. 488. Λ 122. 264. Τ 40.
Φ 17. Ψ 35. 798. 826. 850. 884. Aehnlich steht es in αὐτὰρ
ἐπεί ϑ 142. λ 1. 385. μ 1. 55. 260. 391. ν 159. ο 92. Σ 609.
Τ 318. Φ 377. **383. Ψ** 161. Vgl. Bäumlein Gr. Part. p. 52.

485. ἔκλησις, nur hier, weil nur hier die Sache erwähnt ist,
nemlich das erste Beispiel einer politischen Amnestie. Bei den
bessern Attikern heisst es dafür ἄδεια, bei Plutarch und den Spä-
tern ἀμνηστία (doch hat dies Wort wahrscheinlich schon Ephoros
gebraucht: vgl. E. von Leutsch im Phil. XXIV p. 453), bei den
Römern *oblivio* oder *lex oblivionis*. Vgl. auch zu ω 546. Andere meinen indess, dass ἔκλησιν τιθέναι (σφιν) hier einfach sie
vergessen machen bedeute, wie σκίδασιν τιθέναι α 116, und
dass von einer politischen Amnestie nicht die Rede sei. — Die
Form θέωμεν geben Eustathius, Vind. 56 u. a., vgl. La Roche hom.
Untersuch. p. 152.

486. Nauck bezeichnet πλοῦτος als *suspectum* und vermuthet
πάλιν statt ἧλις.

496. Statt δύοντο hat Bekker aus Vind. 56 und Marc. 613
die Variante ἔδυνον aufgenommen, die hier wahrscheinlich aus
498 entstanden ist. Im folgenden Verse hat Bekker statt υἱεῖς,
was überliefert ist, die Form υἱες aus Conjectur gegeben.

509. An Stelle von πᾶσαν ἐπ' αἶαν vermuthet Nauck im
Bulletin de l'Académie Impériale des sciences de St. Pétersbourg
Tom. IX p. 336 πᾶσαν ἐπ' ἰθύν vgl. δ 434. Z 79.

512. οἱ' ἀγορεύεις. Dieses οἱ' ist urkundlich eben so gut
beglaubigt, als das hier gewöhnlich gelesene ὥς, was eine Glosse
zu sein scheint nach der häufigen Schlussformel δ 157. ν 147.

ξ 116. ο 155. τ 217. ψ 36. 62. ω 122. *I* 41. *P* 180. *Ω* 373. Dagegen urtheilt H. Düntzer: 'Die Lesart οἵ' statt ὡς gibt einen falschen Sinn.' Aber während ὡς ἀγορεύεις sich auf den blossen Begriff des μή τι καταισχύνειν bezöge, umfasst οἷα zugleich auch die Motivierung mit. Und dies letztere scheint zu der vorhergehenden Mahnung wol zu passen. J. H. Voss hat die Worte als Ausruf genommen: 'Welcherlei sprachst du!' nach dem Vorgange des Eustathius, vgl. Nicanor ed. Carnuth p. 68.

517. πολὺ φίλταθ' ἑταίρων als Versschluss wie *N* 249. *T* 315; und ähnlich πάντων πολὺ φίλτατε παίδων *Ω* 748.

519. Die Stellen der Ilias, wo der Vers ἦ ῥα καὶ ἀμπεπαλὼν προΐει δολιχόσκιον ἔγχος lautet, sind folgende: *Γ* 355. *E* 280. *H* 244. *Δ* 349. *P* 516. *X* 273. 289; aber *T* 438 heisst das zweite Hemistichion προΐει δόρυ, καὶ τό γ' Ἀθήνη. Uebrigens ist die Form προΐει nur hier Imperativ, weshalb Bekker diese Form hier beibehält, während er an den übrigen Stellen, wo es das schildernde Imperfectum ist, aus Conjectur προΐη gegeben hat. Vgl. den Anhang zu τ 367.

521. Der stabile Versschluss Διὸς κούρῃ μεγάλοιο (ζ 323. ω 521. Z 304. 312. K 296) oder κούρῃ Διὸς αἰγιόχοιο (γ 394. δ 752) ist von der Athene gesagt und zwar stets bei Gebeten, dagegen der erstere als einfache Bestimmung von der Artemis ζ 151. *I* 536. Der Nominativ aber findet sich in dem Verse Παλλὰς Ἀθηναίη, κούρη Διὸς αἰγιόχοιο ν 252. 371. ω 547; oder mit dem Anfange αὐτὰρ Ἀθηναίη *E* 733. Θ 384; oder mit εἰ μὴ Ἀθηναίη ω 529, ausserdem von der Ἑλένη *Γ* 426. Und im Accusativ Παλλάδ' Ἀθηναίην, κούρην Διὸς αἰγιόχοιο γ 42, ohne das Schlusswort ν 300. Als erstes Hemistichion vereinzelt κούρη τ' αἰγιόχοιο Διὸς *K* 553. Ueber κοῦραι Διὸς αἰγιόχοιο zu ζ 105, und über eine andere stabile Bezeichnung der Athene mitten im Verse, nemlich αἰγιόχοιο Διὸς τέκος vgl. die zu δ 762 erwähnten Stellen. Vgl. ausserdem den Anhang zu 164.

525. δούπησεν δὲ πεσών, ἀράβησε δὲ τεύχε' ἐπ' αὐτῷ, noch *Δ* 504. *E* 42. 540. *N* 187. *P* 50. 311; der Anfang auch χ 94. *E* 617. *Δ* 449. *N* 373. 442. *O* 421. 524. 578. *Π* 325. 401. 599. 822. *P* 580. *T* 388; der Schluss mit einem andern Anfang *E* 58. 294. Θ 260. Ueber δουπῆσαι vgl. Lehrs de Arist. p. 103 ed. II. Ennius hat unsern Vers wiedergegeben mit *Concidit et sonitum simul insuper arma dederunt.*

528. Das θῆκαν, statt des gewöhnlichen ἔθηκαν, ist durch die urkundlichen Autoritäten entschieden gut gestützt.

532. **Bekker**, La Roche, Nauck haben statt διακρινθεῖτε διακρινθῆτε aufgenommen.

534. Die handschriftliche Lesart τῶν δ' ἄρα δεισάντων verstösst gegen den Anlaut δϝ in δεισάντων, daher schreibt Nauck τῶν δὲ δεισάντων. Vgl. dagegen Knös de digammo Homerico III

p. 279. Ueber die Schreibung τεύχεα statt τεύχη vgl. La Roche hom. Untersuch. p. 146.

535. In ὡς φάθ᾽, ὁ δὲ ξυνέηκε θεᾶς ὄπα φωνησάσης B 182. K 512 und in ταρβήσας, ὅτ᾽ ἄκουσε θεοῦ ὄπα φωνήσαντος Υ 380 ist der Accusativ ὄπα von ξυνέηκε und ἄκουσε abhängig: vgl. Joh. Classen Beobacht. IV p. 26 (in der Sammlung p. 169); J. La Roche Hom. Stud. § 95, 5; G. Autenrieth zu Nägelsbach B 182. Hier ist dagegen ὄπα φωνῆσαι verbunden wie λώβην ὑβρίζειν zu υ 170, εὕδειν ὕπνον ϑ 445, ζώειν βίον ο 491 und ähnliches: vgl. J. La Roche Hom. Stud. § 21.

543. ὁμοίου πολέμοιο als Versschluss auch I 440. N 358. 635. O 670. Σ 242. Φ 294. Ueber ὁμοίιος, das bei Homer als Epitheton von πόλεμος θάνατος γῆρας νεῖκος erscheint, vgl. Döderlein Hom. Gloss. § 1061; G. Curtius Etym.² p. 288 Nr. 449, ⁴ p. 322. Uebrigens vermuthet Nauck: ὀλοίοο.

546. Der Versschluss μετ᾽ ἀμφοτέροισιν ἔθηκεν wie γ 136. Γ 321, und mit τίθησιν Δ 83, und τίθησθα ω 476. Zum Schluss bemerkt Ameis: ʻDer innig humane und allberuhigende Geist der Odyssee würde verletzt, wenn ψ 296 auf höchst prosaische und pedantische Weise der Schluss sein sollte. Denn dieser Geist verlangt, dass die Seelen der erschlagenen Freier, wie Odysseus selbst ψ 118 bis 122 andeutet und wie ω 413 bis 548 wirklich geschieht, auf der Erde in den Seelen der Ihrigen und des theilnehmenden Volks, wozu der Zuhörer gehört, durch Wort und That zur Ruhe kommen. Auch würde der Odyssee viel fehlen, wenn das erhabene, noch heute beherzigenswerthe Beispiel ω 482 bis 486 und 546 bis 548 fehlte. Dies bemerkt schon F. A. Wolf Proll. p. CXXXVI: ʻNam de Odyssea quod volunt plane efficiunt. In hac suus quemque sensus docet, si extrema illa deessent, sollicitos nos abituros esse de Ulixe, tantarum difficultatum victore, quandoquidem ei tum maxime metueremus a parentibus et cognatis caesorum 108 nobilium iuvenum, nisi amnestia et pax fieret deorum interventu et subita μηχανῇ.᾽ — Nauck bezeichnet κατόπισθε als verdächtig, und van Herwerden quaestiunculae ep. et eleg. p. 55 vermuthet ὅρκια δ᾽ αὖ τότε πιστὰ statt ὅρκια δ᾽ αὖ κατόπισθε vgl. ω 483. — 548 bezeichnet Nauck als spurius?

Taf. I

(aus Autenrieth's Wörterbuch zu den Hom. Gedichten).

Haus des Odysseus.
(Nach L. Gerlach.)

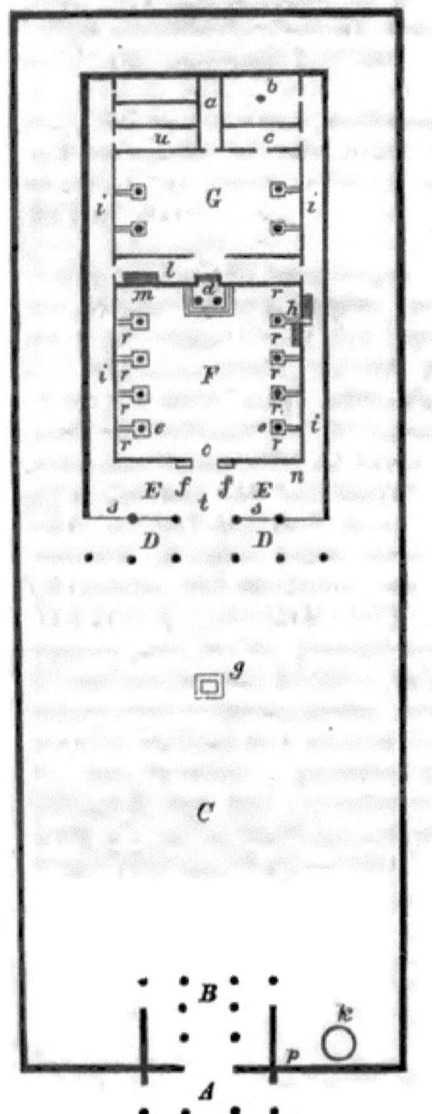

A   πρόθυρον
B   αὐλῆς αἴθουσα δ 678. π 342. υ 176
C   αὐλή; δ 625
D   αἴθουσα
EE πρόδομος ο 5. υ 1
F   μέγαρον
G   Frauensaal; darüber das ὑπερώιον
a   Schatzkammer
b   Ehel. Schlafgemach
c   Kammer der Eurykleia β 348
d   Sitz des Königs u. der Königin ζ 305
e   anfängl. Sitz d. Odysseus als Bettler
ff ξεστοὶ λίθοι
g   Ζεὺς ἑρκεῖος
h   ὀρσοθύρη
i   λαύρη
k   θόλος
l   κλῖμαξ
m   ῥῶγες
n   στόμα λαύρης ⎤
o   αὐλῆς καλὰ θύρετρα ⎦ χ 137
p   vgl. χ 459 f.
q   Platz des Argos in ρ 297
r   καλαὶ μεσόδμαι τ 36. χ 345
ss Gitterwände
t   πρόθυρον σ 10. 33. 102
u   des Odysseus Schlafgemach ψ 190.

Taf. II
(aus Antenrieth's Wörterbuch zu den Hom. Gedichten).

Perspectivischer Anfriss der hinteren Hälfte des Männersaals im
Palaste des Odysseus.

Register.

Vorbemerkung.

Die zwei folgenden Register verdankt die Ausgabe dem Fleisse und der Umsicht des Herrn Dr. G. Autenrieth, der auch durch Mittheilung werthvoller Bemerkungen sich um das vierte Odyssee- heft ein grosses Verdienst erworben hat. Zum Gebrauche dieser Register gibt er folgende Erinnerung: 'Citate mit * verweisen nur auf den Anhang; solche mit 'Anh.' auf Commentar und Anhang. — Ausser den ἅπαξ εἰρημένα (soweit diese überhaupt Aufnahme gefunden haben) sind alle Verbalformen unter dem betreffenden Infinitiv, alle Nominalformen unter dem Nominativ sing. mascul. zu suchen.' Sonstige Abkürzungen sind: E. = Ende (a. E. = am Ende; g. E. = gegen Ende), M. = Mitte, m. = mit und andere von selbst verständliche.

Mühlhausen, den 10. December 1867.

K. F. Ameis.

Zur zweiten Auflage.

Der Revision der Register liegt die sechste Auflage des Com- mentars und die zweite Auflage des Anhangs zu Grunde. Da indess mittlerweile mit der siebenten Auflage vom ersten Heft des Com- mentars auch von dem ersten Heft des Anhangs die dritte Auflage erschienen ist, so habe ich mehrfach auch auf die letztere durch eine dem 'Anh.' oder Stern (*) hinzugefügte [3] hingewiesen.

Göttingen, den 24. März 1880.

C. Hentze.

ἀκουάζεσθαι ι 7.
ἀκούειν Constr. μ 265*; Ὀδυσσῆος
θανόντος κτλ. ϱ 115 Anh.
ἄκριτον endlos σ 174.
ἄκων γ 484*.
ἀλαλητός ω 463*.
ἀλαός (‿‿∪?) κ 493*. ϑ 285*.
ἄλαστος ω 423*.
ἄλγεα (Verbindung) ϱ 142.
ἀλέγειν absolut τ 154*.
ἀλεγύνειν δαῖτα cenare ϑ 38.
ἀλέη ϱ 23*.
ἄλεισον γ 50.
ἄλειφαρ γ 408 Anh.
ἀλήμων errabundus, ἀλήτης erro ϱ
376.
ἀλιῆας π 349 Anh.
ἀλιπόρφυρος ν 108*.
ἀλιτέσθαι δ 378*³.
ἀλιτρός ε 182*³
ἀλκή Wehrkraft δ 527. χ 237.
ἀλκί πεποιθώς ξ 130*.
ἀλλ' ἄγε μοι τόδε εἰπέ κτλ. α 169.
λ 140. π 138*.
ἀλλ' ἄγετ' ὡς ἂν ἐγὼν κτλ. μ 213*.
ἀλλὰ γάρ τ 591*.
ἀλλὰ μάλα ε 342. ἀλλά τε μ 44.
ἀλλ' ἄγε m. Conj. ζ 126.
ἄλλος andererseits α 128 Anh.
ἄλλη aliorsum λ 385.
ἄλλο δέ τοι ἐρέω κτλ. π 299 Anh.
ἄλλων c. superl. ε 105. ο 108.
ἀλλοϊδέα ν 194 Anh.
ἀλλοῖος τ 265.
ἄλλως eitel, nur so ξ 124; unter
anderen Umständen ο 513; besser
ν 211.
ἅλς. ἅλα ἀνέῤῥιψαν κ 130 Anh.
ἀλύειν ausser sich sein σ 333.
ἀλύσκειν u. s. w. χ 330*.
ἀλφησταί fruchtessend α 349 Anh.
ἄλφοι(ν) υ 383*.
ἀλωή α 193 Anh.
ἅμα ϑ 161*.
ἅμα τροχόωντα ο 451*.
ἀμαιμάκετος ξ 311 Anh.
ἀμαλός υ 14*.
ὄμαξα κ 103*.
ἁμαρτῇ gleichzeitig χ 81*.
ἀμαυρός δ 824*.
ἄμβροτος ω 445.
ἀμβροσίη δ 445.
ἀμβροσίη νύξ δ 429 Anh.
ἀμείβεσθαι μύθοισι δ 484*.
ἀμενηνός kraftlos κ 521 Anh.
ἀμέρδειν τ 18*.
ἀμόθεν α 10*³.

ἄμοτον ζ 83 Anh.
ἀμύμων α 29.
ἀμφελθεῖν μ 369.
ἀμφί — Adv. (ὀβελοῖσι) γ 462.
ἀμφί m. Dat. λ 423 Anh. ϱ 555.
ἀμφὶ πέρι λ 609*.
ἀμφιβέβηκεν ι 198 Anh.
ἀμφιγυήεις armkräftig ϑ 300 Anh.
ἀμφίγυιος zweigliedrig π 474 Anh.
ἀμφιέλισσα zweifach geschweift γ
162.
ἀμφιέποντες γ 118; seduli η 340.
ἀμφικαρῇ? ϱ 231* M.
ἀμφίς mit Gen. π 267.
ἀμφότερον ο 78 Anh.; ἀμφοτέρῃσι
ο 412*.
ἀμφουδίς ϱ 237 Anh.
ἂν — κὲν ε 361 Anh. ζ 259.
ἀνά daran γ 390 Anh.
ἀνὰ θυμόν τ 312*.
ἀνά — χ 132.
ἀναβαίνειν νηός β 416. α 210*³.
ἀναβάλλεσθαι α 155. ϑ 266*.
ἀναγκαῖος zwingend ϱ 399; gezwungen ω 210. 499.
ἀνάγκη, καὶ — κ 434.
ἀναθήματα Beigabe α 152 Anh.
ἀναΐσσειν σ 40
ἄναλτος unersättlich ϱ 228*.
ἀναμάξεις τ 92 Anh.
ἀνανεύειν ι 468.
ἄναξ Herr δ 87. α 397*.
ἀναπλῆσαι ν 307.
ἀνάσσειν η 11*.
ἀναστρέφεσθαι γαῖαν ν 326.
ἀνάψαι β 86 Anh.
ἀνδρακάς ν 14 Anh.
ἀνέθειν ϑ 365 Anh.
ἀνελέσθαι παῖδα ν 295*.
ἄνεμος τ 186; ἀνέμῳ ξ 253.
ἀνεῤῥίπτουν ν 78*.
ἀνέφελος (ᾰ) ζ 45.
ἄνεω ψ 93.
ἀνήρ Synon. δ 247; ἐν ἀνδράσιν ϱ
354. — ἀνθεμόεις γ 440*.
ἄνθρωπος Jedermann? ν 400*; ἐν
ἀνθρώποισιν ϱ 354.
ἀνιέναι, ἀνέσει σ 265 Anh.
ἀνόπαια α 320 Anh.
ἀνόστιμος, ἄνοστος ω 528.
ἄντα, ἀντί u. s. w. ψ 94* E.
ἄντην χ 240.
ἄντηστιν, κατ' — υ 387*.
ἀντί τινος εἶναι ϑ 546*.
ἀντιβολήσει σ 272.
ἀντίθυρον π 159 Anh.
ἀντίον αὐδᾶν ε 28.

ἄντιτα ἔργα ρ 51*
ἀντολαί μ 4*.
ἄντρον Synon. ι 216
ἀνώγειν m. Dat. υ 139.
ἀολλέες cuncti γ 165 Anh.
ἀοσσητήρ δ 165*.
ἀπ(ο)αίνυσθαι μ 419 Anh.
ἀπαλός ξ 465*.
ἀπαμείρεται ρ 322*.
ἅπαξ ein für allemal μ 350.
ἀπάρχεσθαι γ 446.
ἀπειπεῖν α 373. π 340.
ἀπείρητος imperitus β 170.
ἀπείρονα (γαῖαν, πολλήν) ο 79; ἀπείρονες θ 340 Anh.
ἀπεχθαίρειν verleiden δ 105*.
ἀπεχθόμενος π 114 Anh.
ἀπίμαντος, ἀπήμων τ 282*.
ἀπήωρος μ 435 Anh.
ἀπίθησεν, οὐκ — χ 492*.
ἀπό entfernt von ξ 525*; in Anastr. ξ 525*; in Compos. β 377*. π 340. 378.
ἀπὸ δρυός κτλ. τ 163*.
ἀποαίνυσθαι μ 419*
ἀπόθεστος verabscheut ρ 296 Anh.
ἀπολήγειν m. Part. τ 166.
ἀπομνύναι β 377 Anh.
ἀπονέεσθαι β 195 Anh.
ἀποξύ(ν)ειν ζ 269 Anh.
ἀποπλαγχθέντες ι 259*.
ἀποτίσασθαι ψ 312.
ἀποφάσθαι π 340.
ἀποφώλιος, λ 249*; untauglich ξ 212.
ἀπέμψει ο 78* E. 83.
ἄπορχτος unbesiegbar μ 223.
ἀπριάτην gratis ξ 317 Anh.
ἄπτερος ρ 57 Anh.
ἅπτεσθαι Constr. τ 348*.
ἄρα α 346 Anh.; doppelt π 213 Anh. ρ 466; im Nachsatz ρ 493; hinter dem Partic. θ 458.
ἀραιός κ 90*.
ἀραρυῖα wohl versehen ζ 70; σ 294; angepasst ἐπί τινι σ 378.
ἀργειφόντης α 84*.
ἀργός schnell, glänzend β 11.
ἀργυρόπεζα ω 92*.
ἀρετή β 205. ξ 402*; Gedeihen ν 45. σ 133; Tüchtigkeit ξ 212; ξ 402.
ἀρή χ 208.
Ἄρη in Kampfwuth υ 50.
ἄρηιοι υἷες Ἀχαιῶν φ 220.
ἀριδείκετος ausgezeichnet θ 382.
ἀριστερά, ἐπ' — ι 277*.
ἄριστον π 2*.

ἄριστος im Relativsatz θ 36*.
ἅρματα γ 476.
Ἀρναῖος σ 5*.
ἄρνυσθαι α 5*³.
ἄρτια εἰδέναι τ 248.
ἀρτίφρων ω 261*.
ἄρτος Synon. α 139.
ἄσαμεν ἀϝέσαμεν π 367.
ἀσκηθέες ξ 255*
ἀσκελές α 68*.³
ἄσπετα ν 135*.
ἀστερόεις ι 527.
ἀστροπή δ 72.
ἄστυ ζ 178; ἀστοί ν 192*.
ἀσφοδελός λ 539 Anh.
ἀσχαλάαν τ 159.
ἀτάρ δ 236.
ἀταρπός, ἀτραπιτός ν 195. ξ 1 Anh.
ἀταρτηρός β 243*³
Ἀτρείδη ω 24; κύδιστε κτλ. λ 397.
ἀτρεκές bei Zahlbegriffen π 245.
ἀτρεκέως ρ 154.
ἀτρύγετος α 72*³. θ 49*.
ἄττα π 31.
αὖ σ 371; αὖ νῦν ν 149*.
αὐδᾶν, ηὔδα, was darauf folgt ν 254*. ο 63*.
αὐδήεσσα ε 334.
αὖθι vor Präpos. ι 29*.
αὐλή Hof κ 10 Anh. Palast δ 74 Anh.³ Hofmauer ι 184 Anh. ξ 5 Anh.
αὐλός τ 727*.
αὐτάρ Uebergang ω 472*; metr. Stelle ι 83*.
αὐτάρ — ἐπεί τ 444*.
αὐτοδίδακτος χ 347*.
αὐτόθι vor Präpos. ι 29*; vor ἀγρῷ λ 187.
αὐτός leiblich α 207; allein ξ 8 Anh.; ohne Subjectwechsel ξ 79. αὐτοῦ etc. reflex. β 125. δ 247. αὐτοῦ — Adv. vor Präpos. θ 68*. φ 40.
αὐτῷ, σύν ν 118*. αὐτῷ mit Dat. samt θ 186 Anh.
αὔτως υ 130. 379.
ἀφημαρτοεπής λ 511.
ἀφαυρός υ 110*.
ἄφθιτον (Adj.) αἰεί χ 228*.
Ἀχαιὶς γαῖα φ 107.
Ἀχαιῶν ὅστις σ 286.
ἀχαρίστερος υ 392*.
ἄχθεσθαι befrachtet sein ο 457.
ἄχος π 87.
ἄψ, αἶψα? κ 244*.
— ρα — aus ρου ν 280 Anh

ἄωρος unförmlich μ 89 Anh.
ἀωτεῖν α 443*. × 548.

B aus μ entwickelt χ 297*.

βαίνειν. βεβήκει abierat α 360. βάν
  ὁ' ἴμεναι σ 428; vgl. β 298*.
βάλλειν fallen lassen τ 362. λ 423*.
  am E. βλῆσθαι Pass. χ 253.
βαρύς η 197.
βασιλεύειν η 11*.
βασιλεύς ἄναξ υ 194*.
βαστάζειν λ 594.
βιάζειν μ 297 Anh.
βίη Synon. σ 3 Anh.; βίῃ τινός? δ
  646*.
βίοτος Lebensgut λ 490. ο 446.
βλάπτειν m. dopp. Acc. ξ 178.
βοάγρια Stierlederschilde π 296 Anh.
βοὴν ἀγαθός γ 311.
βοσκέσκοντο μ 355.
βουλή γ 127; Synon. δ 267.
βούλεσθαι Synon. γ 121; — ἢ malle
  γ 232 Anh. ι 96. λ 358. ο 88. ρ 81.
βουλυτόνδε ι 58.
βροτός γ 3*³. χ 297*.
βρωτύς σ 407 Anh.

Γ und χ in der Wortbildung ω 416.
γαιήοχος α 68 Anh.³
γάρ α 301 Anh. φ 232; Bezug α
  337*; in der Frage × 337 Anh.;
  vgl. 502* a. E. χ 70; an dritter
  Stelle ϑ 540.
γάρ τε α 152 Anh.
γέ α 163*. γ 256. σέ γε ϑ 488 Anh.
γεγάασιν × 5.
γέγωνε als Impf. ϑ 305.
γελᾶν. γελώων Impf. υ 357*; γελώοντες σ 111* υ 390 Anh.
γέλος, γέλως σ 350*. γέλῳ ἔκθανον
  σ 100.
γένος (εὔχομαι) εἶναι ξ 199* g. E.
  γένευς ο 533*.
γέρας Herrscherwürde λ 175. ω 190*.
  γέρα δ 66.
γέροντες β 13 Anh.
γερούσιος οἶνος ν 8.
γέρων Laertes β 227; — u. γεραιός
  mit ὁ: γ 373.
γενέσθαι ρ 413.
γηθέειν ν 250.
γήραος οὐδός ο 246*. γήραϊ, ἐν
  ὠμῷ ο 357 Auh.
γίγνεσθαι: γενέσθαι ep. Zusatz δ
  173 Anh.; — ἐπὶ ξ 338.
γιγνώσκειν φ 36; aufgelöste Formen
  ω 217.

γλαυκῶπις Ἀθήνη α 44 Anh.; ν 389.
γλυφίδες φ 419 Anh.
Γοργείη κεφαλή λ 634.
γούνατα δ 703.
γουνός α 193 Anh.
γουνοῦσθαι gleichsam Verb. dicendi
  × 522.
γρηῦς τ 346.
γυῖα × 363. υ 351*.
γυνή Dienerin ρ 75.

Δ epenth. υ 79*g. E.; euphon. η 86*.
δ' oder δή? × 281*.
δάειν? δέδαε υ 72.
δαί α 225 Anh. ω 299.
δαῖδες Kienspäne σ 310.
δαιμόνιος ξ 443 Anh.
δαίμων (Teufel) ω 149*.
δαίς, δαίτη ρ 220.
δαιτυμόνες Tischgenossen δ 621.
δαΐφρων α 48.
δάκρυ χέων β 24*.
δαμάζειν übel zurichten δ 244.
δάμαρ m. Genet. υ 290 Anh.
δαμῆναι γ 269. δέδμητο γ 305*.
δάπεδον des Männersaals λ 420 Anh.
δαρδάπτειν Etymol. ξ 92 Anh.
δασπλῆτις harttreffend ο 234 Anh.
δέ nach Vocat. γ 247; an dritter
  Stelle ϑ 540 Anh. φ 299; m. Demonstr. vgl. ὁ δέ; nach Parenth.
  μ 356 Anh.
δ' ἄρα, Nachsatz ζ 100. η 141*.
  λ 35, σ 62.
δ' ἄρα Stellung ζ 100*. ξ 239*.
δ' αὖτε aber wieder σ 48.
δέγμενος υ 385*.
δειδίσκεσθαι bewillkommnen γ 41
  Anh.³
δειλέ σ 389; m. Genet. ξ 361.
δείλετο η 289 Anh.
δείλη ρ 599*.
δεῖν ἐν δεσμῷ ο 232*.
δϜεινός γ 322 Anh.; — τ' αἰδοῖός
  τε ϑ 22.
δείπνηστος ρ 170.
δεῖπνον Synon. υ 392*.
δεξιός β 154 Anh.
δέρκομαι λ 15*.
δεῦρο ι 517; — ἄγε m. 3. Pers. ϑ
  205.
δεῦτε Constr. ϑ 12 Anh.
δϜήν α 203.
δϜηρόν α 203.
δή α 207; apostrophiert δ 400*
  nach εἰ ρ 83.
δὴ τότε, πρὶν μὲν δή ν 92.

δὴ αὖτε χ 165.
δηλεῖσθαι ϑ 444.
δημιοεργοί ρ 384 Anh.
δῆμος ζ 3*³.
δῆμον, ἀνά —, κατὰ — τ 273*
διά m. Gen. hindurch ι 298*.
διά m. Acc. vermittels ϑ 520*, durch
  ο 109* E.
δῖα γ 266.
διάκτορος Geleiter α 84.
διαμπερές δ 209 Anh.
διαπρῆξαι m. Partic. ξ 197 Anh.
διαφύσσειν übertr. τ 450*.
διαχέειν Synon. γ 456. ξ 427.
διδόναι: δός m. Inf. u. Acc. ι 530.
  χ 253*; διδώσομεν ν 358 Anh.;
  ἐδίδω u. a. τ 367*
διερός ζ 201. ι 43 Anh.
διζήμενος π 391.
διιπετής himmelentströmend δ 477.
δικάζεσθαι Rechtsstreit führen λ
  545.
δίκαιος γ 52 Anh.
δίκη λ 570*; ἦ — ξ 59.
δινεύω τ 67*.
δινηθῆναι π 63.
Διονύσου λ 325.
διπλῆ τ 226.
δίπτυχα γ 458; δίπτυχος ν 224 vgl.
  ξ 434.
δίσκος δ 626.
δίφρος Sessel τ 97.
δούλη δ 12*⁴.
δμῶες Synon. δ 644.
δνοπαλίζειν ξ 512 Anh.
δοάσσατο ο 204 Anh.
Δολίος ω 222*.
δολιχόσκιος τ 438*.
δόλος concret. ϑ 276. 494 Anh.; m.
  Verben τ 137.
δόμοι ϑ 57. ρ 85. 324; δόμονδε ω
  220*
δόρπον Abendmahlzeit μ 439. υ
  392*.
δούλιον ἦμαρ ξ 340.
δούπησεν δὲ πεσών κτλ. ω 525*.
δουροδόκη α 128 Anh.
δρύοχοι δ 335*; τ 574 Anh.
δέμειν (σπέος) ν 366.
δύ' οἴω ξ 94*.
δυσηλεγής χ 325 Anh.
δυσομένου α 24 Anh.
δῶμα χ 494*; Palast κ 398; διά
  δώματα ο 109*; δώματα ναίειν ο
  227*.

Ἐ, μίν Synon. δ 244. 484*.
ἐᾶν β 281 Anh. ϑ 509*; οὐκ τ 25.
  υ 273*; ἔα Syniz. ξ 222. φ 233;
  εἰῶμεν φ 260*; ἐάσομεν ἀχνύμε-
  νοί περ π 147.
ἐγγύϑεν verwandt η 205.
ἐγκονέουσαι Synon. sedulae η 340.
ἐγχεσίμωρος speerberühmt γ 188
  Anh.
ἐγώ. ἐμέ, μέ ο 119*.
ἐδέειν ϑυμόν ι 74*; ἔδμεναι (παρέθηκεν) ρ 260; ἐδήδοται χ 56*.
ἐεδνώσασθαι β 53 Anh.³
ἐεισάμενος (τῷ μιν κτλ.) ζ 24*.
ἔξειν syllab. Augm. ξ 295*; ἕξεσθαι
  Präs. κ 378*.
ἐθέλειν Form ο 317* g. E.; Synon.
  γ 121. ο 328; ἐθέλων willig η
  315. ο 280* vgl. ρ 321.
-έϑω δ 85*.
-ει — ειε Opt. χ 98*.
-ει n. — εις Conj. σ 265*.
-ει — statt urspr. ι geschrieb. ν 194*.
εἰ wiederholt ε 90; im Wunschsatz
  α 115 Anh.; zu zwei Satzgliedern
  φ 227*; εἰ γάρ m. Opt. γ 218*³
  ο 545 Anh.; mit Ind. Aor. δ 732
  Anh.³; εἰ δ' ἐθέλεις ο 78* g. E.;
  εἰ καί ε 485*³, εἰ μή ausser μ
  326. ρ 383*; εἴ περ α 167. υ 42*.
  Stellung ϑ 408*; εἴ ποτ' ἔην γε
  ο 268 Anh.; εἴ πως δ 388; εἴ τε
  κ 420*.
εἴβειν ϑ 531*.
εἰδέναι in starker Versicherung ο
  211*; m. Adj. neutr. δ 696. ι 189
  Anh.; Constr. ρ 563*. οἶσθ' ὅτε
  π 424*; ἴσασι Quantit. β 211. ξ
  89*. ἴστω νῦν κτλ. ι 184; εἰδέω
  π 236 Anh.; εἰδώς, Bezug ι 428*;
  ἴσαν δ 772.
-ειδης ω 24*.
-είειν statt -εῖν ο 131.
εἴκειν, τὸ ὃν μένος λ 515; εἴκων
  εἴξας ν 143*.
(εἴκειν) ἐικυῖα β 383. ι 337*.
εἴκοσι ohne ϝ π 249*.
εἵματα apposit. ζ 214.
εἶναι noch existieren ω 263*; leben
  β 119*; sich verhalten m. Adv.
  ι 164; vorhanden sein, m. Inf.
  δ 215; ἐπί τι ψ 371; ἐστί δέ γ
  293 Anh.; ἔσσο α 301*; ἦην τ
  283*; — οὖ πως ι 103*; ἦην ἦν
  δί ο 417.
εἰνοσίφυλλος ι 22*.

8*

εἴος (vgl. ἕως) δ 90 Anh.; final τ 367; -δέ ε 365; εἴως ν 315*; final δ 800. ζ 80.

εἰπεῖν πρός τινα π 151; m. Acc. τ 219.

εἴρερος ϑ 529 Anh.

εἴρια χ 423*.

εἴρω β 162; εἴρεσϑαι περί τινος ϱ 571*. •

εἰς Zeitbestimm. γ 138; vor Personennamen γ 317; — ἄλα δῖαν π 349*; — δόμον zum H. κ 512; — ὦπα χ 405.

εἴσασϑαι χ 89*.

εἰσδρακεῖν Synon. ι 146.

εἰσίέμεναι χ 470 Anh.

εἰσορᾶν. εἰσορόωντα ξ 214*; εἰσιδεῖν Synon. ι 146.

εἴσος. δαῖς ἐίση gemeinsames π 479; νῆες ἐῖσαι gleichmässig gebaute ε 175.

εἴσω, zugesetzt η 13*.

ἐκ in Tmesis δ 665; m. Substant. ι 285*; — ἐκτὸς ἀπό λ 134*.

ἐκάεργος ϑ 323.

ἕκαστος Digamma ϑ 15*; appositiv ν 76*; bei Plur. ϑ 392. 399. κ 397*; m. Demonstr. μ 16*. ἑκάστοις ξ 436 Anh.

ἕκητι favore ο 319.

ἔκλησις ω 485*.

ἐκπατάσσω (φρένας) σ 327*.

ἐκπλήσσω σ 327*.

ἐκτός ζ 72.

ἑκών β 133*.

ἐλάαν η 319. ϱ 279.

ἐλάχεια ι 116 Anh.

ἐλεγχείη ξ 38*.

ἔλεσκον ξ 220*.

ἐλθέμεν χ 432*.

ἕλικες glänzend α 92 Anh.

ἔλπειν. ἔλπετ᾽, ἤλπετ᾽ ι 419; ἐώλπειν Impf. υ 328.

ἐλπωρή τοι ἔπειτα ψ 287.

ἔλωρ rapina γ 271.

ἐμβάλλειν Constr. τ 10.

ἐμός Vocativ τ 406*.

ἔμπαιος erprobt υ 379*. φ 400*.

ἐμπάζεσϑαι π 422*.

ἔμπεσε ϑυμῷ μ 266.

ἔμπης τ 37*. σ 354*.

ἐμπλήγδην υ 129*;

ἐν Adv. δ 653; — ὀφϑαλμοῖς ϑ 459.

ἐναντίος, Versstelle ν 221*.

ἐνδέξιος ϱ 365.

ἔνδιος δ 450 Anh.

ἐνδυκέως industrie η 256.

ἐνηής ϑ 200*.

ἐνήνοϑεν ϑ 365*. ϱ 270 Anh.

ἔνϑα, episch α 11 Anh. γ 120. ζ 266; mit nachfolgender Bestimmung γ 365; zeitlich ξ 345; — ἄρα τε χ 335; — καὶ ἔνϑα hin u. her β 213; — περ Versstelle ν 284*; — τε ϑ 363*. μ 124*.

ἔνϑα ἔπειτα κ 297 Anh.

ἐνιαυτόν, εἰς- ο 455.

ἐνίσπες γ 101*; ἐνίψω λ 148.

ἐννέωρος neunjährig κ 19*.

ἐνοινοχοεῖν γ 472*. •

ἔντοϑεν ι 239*.

ἐνώπια δ 42; ἐνωπαδίως χ 94* g. E.

ἐξαίφνης ἐξαπίνης φ 196*

ἐξαῦτις denuo δ 213.

ἐξείης ϱ 450.

ἐξεῖναι m. Genet. ν 130*.

ἐξερέειν formelhaft π 440*.

ἐξονομάζειν ausrufen β 302 Anh.

ἔο, ἕέο ε 459.

ἐοικέναι persönlich χ 348.

ἐπαινῆς κ 491 Anh.

ἐπάλμενος ξ 220 Anh.

ἐπάρξασϑαι zuweihen γ 340.

ἐπασσύτεροι π 366 Anh.

ἐπαυρέμεν frui ϱ 81; Constr. u. Versstelle σ 107*.

ἔπεα πτερ. προσηύδα ν 165*.

ἐπεί mit vergessenem Hauptsatz γ 103 Anh. vgl. ι 352*; — ἤ ι 276 Anh.; — ἴδον ὀφϑαλμοῖσιν κ 415* a. E.; — οὐ ε 364 Anh.; πρῶτον δ 13.

ἐπειγόμενος eilig λ 339.

ἔπειν μ 209*; ἔπεσϑαι σπέσϑαι δ 38 Anh.

ἔπειτα zurückweisend α 106. γ 62 Anh. δ 354. ε 73. ζ 115; Synon. β 60 Anh.; καὶ — ϑ 520 Anh.

ἐπεσσύμενος m. Genet. χ 310.

ἐπέρχεσϑαι ο 504. π 27.

ἐπέχειν. ἐπισχέσϑαι υ 266.

ἐπέχραον β 50.

ἐπήβολος theilhaftig β 319.

ἐπηετανός δ 89 Anh.

ἐπηρεφής überhangend κ 131.

ἐπητής besonnen ν 332.

ἐπί in Compos. α 273*. δ 221. υ 57; Adv. γ 161. 164. 174; dazu ξ 443; -ἀέϑλῳ λ 548; -ἀνϑρώπους α 299; -ἐλϑεῖν advenire σ 1; -ἤματι den Tag über β 284; -ἠῶ μ 407*; -ϑυμῷ π 99; -μακρόν ζ 117; -τι (ἰέναι) Zweck γ 421 Anh.; -τινι (εἶναι ν 60*) καϑίζειν ϱ 90; -χρόνον aliquamdiu μ 407 Anh.

ἐπιανδάνειν ν 16.
ἐπιβαίνειν m. Genet. χ 424 Anh.
ἐπιβάλλειν (νηῦς) ο 297.
ἐπιδέξια φ 141*.
ἐπιδημεύειν π 28 Anh.
ἐπιδινήσας ι 538.
ἐπιζαφελῶς aufbrausend ζ 330 Anh.
ἐπιείκελον φ 14*.
ἐπιήρανος τ 343*.
ἐπιιέναι. ἐπιείσομαι ο 504 Anh.
ἐπιίστωρ φ 26*.
ἐπικάρσιος praeceps ι 70 Anh.
ἐπίκλοπος Betrüger λ 364.
ἐπλῆθος δ 221
ἐπίμαστος contaminatus υ 377*.
ἐπι(ι)όψομαι β 294. υ 223.
ἐπιπλαγχθείς θ 14 Anh.
ἐπιπλομένων herbeirollend η 261.
ἐπισεύεσθαι Constr. ν 19.
ἐπισταμένως kundig δ 231.
ἐπισχεσίη φ 71*.
ἐπιτάρροθος ω 182*.
ἐπιτέλλειν μ 268. ρ 21*
ἐπιτέρπεσθαί τινι ξ 228.
ἐπιτιθέναι verleihen μ 399.
ἐπίφρων verständig π 242.
ἔπος Erzählung δ 597; Sache λ 146.
ἐποτρύνει καὶ ἀνώγει ε 139.
ἐπώνυμον η 54*.
ἔρανος α 226 Anh.
ϝέργον χ 422*; — μέγα τ 92 vgl.
  χ 149; ἔργα β 22, τάδε — ρ 274*.
ἐρείσας (ἔγχος) ρ 29*.
ἐρεμνή ω 106*.
ἐρέουσα Fut. ψ 16*.
ἐριβῶλαξ starkschollig ε 34.
ἐρίζειν τινί θ 225.
ἐρίηρες, ἐμοί μ 199.
ϝρις καὶ νεῖκος υ 267.
ἕρκος ὀδόντων α 64 Anh.; ἕρκεα
  Hofräume θ 57.
ἔρνος Sprössling ζ 163.
ἔρξον ὅπως ἐθέλεις ν 145.
ἑρπετά δ 418*.
ἐρράδαται υ 354.
ἐρύειν und ἐρύεσθαι α 5**; ζ 134*.
ἔρχεσθαι vchi ξ 334; heimkehren δ
  670; ἔρχευ — ἄγε? ψ 254*; ἤλθες
  π 23.
ϝρως, ἔρος σ 350*.
ἐρωτᾶν, Augment δ 251*.
-ες Plur. statt -ι Dual. ψ 301*.
ἐσθλός τ 334*.
ἔσκε δέ ο 417 Anh.
ἐσχάρη ν 59.
ἑταῖρος τ 219*.
ἐτεόν ι 529*

ἑτεραλκής χ 236*.
ἑτέρως α 234*.
ἔτης Angehörige δ 3 Anh.[3]
ἔτι καὶ νῦν τ 66*.
-ετος θ 187.
ϝετώσιος χ 256*.
εὖ sorgfältig ν 20; — πάντες σ 260.
ἐὺ φρονέων wohl denkend, wohl
  rathend β 160.
εὔβοτος ο 406 Anh.
εὐδείελος β 167.
εὕδειν ruhen ο 5.
εὐερκής ρ 267.
εὔζυγος stark gezimmert ν 116.
εὐήνωρ δ 622. ν 14*.
εὐήρες handlich λ 121.
εὐκλείη, ἀρετή ξ 402*.
ἐυκνήμιδες schön umschient β 402.
ἐυκτίμενον wohlbebaut χ 52.
ἐυμμελίης γ 400 Anh.
εὐνή Ehebett ψ 354; εὐναί δ 785.
  ι 137 Anh.
εὐνᾶν sedare δ 758.
ἐυπλείην ρ 466*.
ἐυπλόκαμος mit schönen Haarflech-
  ten α 86.
ἐυπλοκαμῖδες, Accent β 119*.
ἐύπυκτος δ 123.
εὐρύοπα β 146 Anh. ω 10*.
εὐρύχορος δ 635.
ἐὺς ἰάων θ 325 Anh.
ἐύσσελμος gutbedeckt β 390.
ἐυστέφανος θ 267.
εὖτε γ 9; m. Conj. η 202.
εὔχομαι εἶναι α 180 Anh.; εὐξά-
  μενοι ξ 463*.
ἐυφροσύνη υ 8*.
ἐφιέναι τ 550; ἄθλον τ 576*.
ἐφολκαῖον Steuerruderbalken ξ 350*.
ἐφοράασθαι υ 233. β 294.
ἔχειν, phraseol. m. Part. ξ 416; behalten ρ 81; halten α 53; haften
  α 95; οἶνος σ 391; ὕπνος ο 7;
  ἀέρα η 140; γυναῖκα δ 569; νῆα
  ι 279 Anh.; ὕβριν δ 627; — ἐπί
  τινι petere χ 75; innehaben ω
  249.
ἔχεσθαι stocken δ 705; consistere ζ
  141; ergriffen sein λ 279. 334;
  abhängen λ 346; an sich halten
  ρ 238.
ἐχέφρων τ 326.
ἑψιάασθαι ρ 530 Anh.
ἕως (vgl. εἷος), Krasis ι 123; —
  μέν aliquamdiu β 148 Anh.; —
  ὅτε quamdiu ρ 358.

Ζα· ξ 19*.
ζαῆν μ 313 Anh.
Ζεὺς καὶ ἀθάνατοι ξ 119*; Διὸς
   κούρη ω 521*.
ξεφυρίη η 119.
ζόφον, ὑπὸ — γ 335.
ζωή Lebensgut ξ 96.
ζωοῦ = ζώοντος ϱ 115* E.

H, Arten desselben α 175 Anh.
ἦ, in Vergleichen ϱ 37*; nach τοῦ
  ζ 183 Anh.; ἤ τε (πoυ, τι, κε)
  hinter Compar. 'als irgend' π 216
  Anh.; ἤ δή — ἤ ϱ 308 Anh.; ἠέ
  τι μ 301; ἠὲ καὶ οὐκί δ 80*;
  ἤ — ἤ seu — seu ϱ 472; ἤ κε andernfalls δ 546 Anh.³
ἤ μή πoυ, att. ἄρα μή ζ 200 Anh.⁸
ἤ (διαβεβαιωτικόν) τ' ἄν α 288 Anh.
  ι 228. — δή wahrlich π 337.
ἤ — ἤ τοι ϱ 372.
ἤ μάλα (δή) σ 201*.
ἤ (sprach's) ῥα καὶ β 321. σ 356*.
ἤ ῥ' ἅμα τε σ 356*.
-ηαι, Endung λ 100.
ἤ βαιόν? ι 462*.
ἠβώωμι ξ 468*.
ἠγερέθοντο β 392.
ἤδη νῦν κ 472*.
ἠδὺ γελᾶν u. s. w. π 354.
ἤδυμος, Ϝἤδυμος ν 79*.
-ήεις Fem. α 93.
ἠεροειδής β 263 Anh.
ἠθεῖος traut ξ 147.
ἤια ε 368*³.
ἠΐθεος ψ 401 Anh.
ἤκειν ν 325 Anh.
ἠλέκτρου Bernstein δ 73 Anh.³
ἠλίβατος steil ι 243 Anh.
ἤλιθα ι 330 Anh.
ἠλασκάζειν ι 457 Anh.
ἤμαρ, -μέμβλωκε ϱ 190 Anh.; ἐπ'
  ἤματι β 284; ἤματα πάντα ε 210.
-ήμεναι Versstelle χ 322*.
ἤμος β 1 Anh.; m. Conj. δ 400;
   Stellung μ 439*
ἤνις glänzend γ 382 Anh.
ἠοίη Vormittag δ 447.
ἤος (ἑνὶ) ν 315*.
ἠπεροπεύς Betrüger λ 364.
ἦρα φέρειν (ἐπὶ) γ 164*.
ἠράμην und ἠρόμην δ 107*³.
ἦρι früh τ 320.
ἤρως σ 423.
-ησσ- υ 33*.
ἦσθαι λ 142.

-ησι Indic. τ 111*.
ἠώς Tag τ 571*.

Θ' = Θι ι 145*.

θάλαμος β 337. δ 121. τ 17. ψ 41.
θάλεια γ 420. ϑ 99*.
θαλερός δ 705, heftig κ 457.
θάλος Schössling ζ 163 Anh.
θαμίζειν m. Part. ϑ 451.
θάνατον καὶ κῆρα ω 127. θάνατοι
  mortes μ 341.
θάρσει ϑ 197*.
θᾶσσον η 152 Anh.
θέειον χ 481*.
θειλόπεδον η 123.
θέλειν? ο 317*.
θέμις ξ 56; Διὸς θέμιστες π 402*.
θεμιστεύειν ι 114.
θεός die Gottheit ξ 444 Anh.; -(δ')
  ὡς ξ 205*; ἴσα θεῷ, θεὸν ὡς ο
  520 Anh.; θεοί -ἄνθρωποι ε 32
  Anh.; θεῶν ἄπο ζ 12; θεοῖσιν
  Syniz. ξ 251.
θεραπεύειν ν 265.
θερμὸς ἀντμή μ 369*.
θέρος Vorsommer λ 192.
θέσκελος wunderbar λ 374 Anh.
θεσμός Stelle ψ 296*.
θεσπέσιος γ 150.
θέσπις α 328*³.
θέσσασθαι σ 191*.
θεώτεραι ν 111 Anh.
θῆλυς Fem. ε 467. κ 527; θηλύτεραι
  λ 386*.
θήν videlicet γ 352.
θήρ ξ 21*.
θηρητήρ φ 397*.
θηρίον κ 171.
θησαίατο σ 191*.
θῆτες Lohnarbeiter δ 644. λ 489*.
-θι, apostr. ϑ' ξ 352. ι 145.
θνήσκω. τεθνάμεν π 107. τεθνη-
  κυίης λ 83*.
θοὴ νύξ μ 284; θοαὶ νῆσοι ο 299
  Anh.
θόλος χ 442.
θόωκος β 26.
θρασυμέμνων λ 267 Anh.
θρόνος Synon. α 132.
θύειν (ι 231) ξ 446. ο 222 Anh.
θύελλα δ 515. 727.
θυήεις opferreich ϑ 363.
θυμαρές erwünscht ϱ 199. ψ 232.
θυμῆρες behaglich κ 362.
θυμός Synon. λ 221; Constr. τ 312*;
  — ἐνὶ στήθεσσι ψ 215; θυμῷ,
  local ν 145. υ 301. 304*; hinzu-

gefügt ξ 113*; — ἔμπεσεν ἔπος
μ 266; ἐκ θυμὸν ἑλέσθαι ϱ 236.
Θυοσκόος φ 145 Anh.
Θύρηθι, θύρηφιν ξ 352*; θύρης an
der Thür ϱ 530.
Θυώδης δ 121. φ 52.
-Θω, Verba β 392.

Ἰαίνειν δ 549.

ἰάλλειν ν 142 Anh.
ἰαύειν ε 154; Etym. ξ 16*.
ἰδέ α 112*.
-ίδης ω 24.
ἰδίω ν 204*.
ἰδνωθείς χ 85*.
ἱδρύω ν 257*.
ἰέναι, Bedeut. ι 388*. ξ 526; mit
Accus. ζ 259; heimkehren δ 670;
petere χ 7. 89; εἶσι δ 401 Anh.;
ἔτος — β 89 Anh.; εἴῃ (εἶσθα?)
π 313 Anh.; ἴσαν δ 772.
ἰέναι, Accent in Compos. δ 372 Anh.;
fallen lassen ψ 33; ἦν u. ä. τ
367*; ἴεσθαι (ἄστνδε od. m. Genet.)
ϱ 5*.
ἱερός frisch, rege β 409 Anh. η 167.
ω 81; heilig κ 275. ν 372.
-ίζειν τ 273*.
ἶθαι- ξ 202* g. E.
ἰθῦσαι sich anschicken λ 591.
ἱκάνειν, ἵκειν ν 228*; ἵκετ' Quantit.
ξ 265*
ἱκετεύειν τινά ϱ 573.
ἵκμενος günstig β 420.
ἴκρια Deckbalken γ 353. ν 74*.
ἰλήκω φ 365*.
Ἴλιον (εἰς) ἀναβαίνειν β 172.
Ἴλιος, Landschaft τ 182.
ἴμεναι? β 298*.
ἵμερος χ 500.
ἵνα ιο. Opt. nach Fut. ϱ 250.
ἵνα τε δ 85; — περ ν 364.
ἰονθάς langbärtig ξ 50*.
ἰοχέαιρα Pfeilschützin ζ 102 Anh.
ἴς Synon. σ 3 Anh.
ἴσαν δ 772.
ἴσκε τ 203*.
ἰσόθεος α 324*.
ἴσος, ἴσης ι 42.
ἱστάναι, στῆσαι, ἴριν π 292*, ναῦν
τ 188; ἱστάοτες, ἱστεῶτες θ 380
Anh.; ἱστάθη ϱ 463; στῆσαι στήσασθαι ι 54*.
ἱστία β 426.
ἱστίη ξ 159*.
ἰσχεσθαι χ 367.
-ίτης, -ίτις π 317 Anh.

ἰφθίμη κ 106*.
ἰχανάω, ἰσχανάω θ 288*. τ 42.
ἰχθυόεις πόντος δ 381*³.
ἰῷ φ 395*.
ἰωγή ξ 533*.

Κάγκανος σ 308*.

καθάπτεσθαι ν 22 Anh.
καθελέειν ὀφθαλμούς λ 426.
καί gedehnt η 221*; zwischen Imperat.
σ 171*; im Nachsatz λ 111; 'wie
auch' λ 417; Stellung (zu δέ, γάρ)
ζ 39*; 'auch' α 10.
καί-ἄλλους φ 293*; -δέ δ 391. ν
302. ξ 39, 'und doch' π 418; -δή
μ 330; -λίην α 46; -μάλα πολλόν
η 321; -μέν ξ 82*. -νύ κε δή φ
128; -νῦν κ 43; -περ λ 452*; -τε
ein Hauptsatz? ϱ 485*; -τότε δή
β 108; -τότ' ἄρα im Nachsatz ο
458.
καίνυσθαι β 158.
καιροσσέων gutgekettete η 107 Anh.
κακόν malum von Pers. δ 667; κακά
Arges θ 273; κακῶς verstärkend
δ 766.
καλά, -όν, -ῶς β 63*.
καλεῖν einladen ϱ 52.
κάλοι Topnans ε 260.
καλλίχορος λ 581.
καμινώ Ofenweib σ 27 Anh.
κάμμορος Odysseus β 351.
κάμνειν m. Partic. φ 150*; καμόντες λ 476 Anh.
κάρα λ 588*.
κάρη κομόωντες α 90.
καρπῷ σ 258.
κατά, κύμα β 429; κόσμον θ 489*;
-κρῆθεν λ 588 Anh.; -Οὐλύμπου
η 199; -πέλεσθαι? ξ 226*.
καταβαίνειν β 337.
καταδάπτειν ἦτορ π 92.
καταθύμιος χ 392.
καταπρηνής niedergesenkt ν 164.
κατάρχεσθαι γ 445.
κατατρύχειν ο 309.
καταφθίμενος λ 491.
καταχέειν τί τινι λ 433. ξ 38.
κατέχει γαῖά τινα ν 427; κατέχεσθαι
sich aufhalten γ 284.
κατηρεῖν π 342 Anh.
κέ mit dem Indic. des Aorists δ 546;
wiederholt δ 733; m. Ind. Fut. π
297.
κείῃ μ 69*.
κεῖσθαι β 102. ϱ 331, κεῖται als
Conjunctiv? τ 147*.

κεκαδήσει φ 153 * a. E.
κεκληγῶτες ξ 30.
κεκοτηότι (θυμῷ) grollend τ 71.
κεκράαντο s. κεράννυσθαι.
κέλειν. ἐκέκλετο Constr. τ 418.
κέλευθος iter δ 389; Plur. η 272*.
κενεός? χ 249*.
κεράννυσθαι γ 393; κεκράαντο δ 132 Anh.
κέρας, an der Angelschnur, μ 253.
κέρδιον recht erspriesslich σ 166; vortheilhafter τ 283*.
κερδοσύνη ξ 31.
κερτόμιος ω 240 Anh.
κήδεα objectiv concret λ 542.
κήλεον θ 435*.
κήξ ο 479 Anh.
κήρ λ 171; κῆρες β 316 Anh.
κηρόθι μᾶλλον im Herzen immermehr ρ 458 Anh.
κητώεις schlundreich δ 1 Anh.
κλέα ἀνδρῶν θ 73.
κληΐς Riegel φ 241.
κλίνεσθαι δ 608.
κλιντήρ σ 190 Anh.
κλισμός Synon. α 132.
κλύειν Constr. δ 767*. μ 271. τ 93. δὲ κλύε υ 102*.
κλυτότοξος ρ 494.
κοῖλος χ 385*.
κοιρανέειν den Herrn spielen ν 377*.
κολλητός gut verpflockt ρ 117.
κόλλοψ φ 407.
κόπτειν χ 477*.
κορέσασθαι ξ 28.
κορωνίσι geschweiften τ 182*.
κόσμῳ ν 77.
κούρη: Ἰκαρίοιο π 435 Anh.; -Διός ω 521*.
κουρίδιος Subst. ο 22.
κουρίξ χ 188*.
κοῦροι β 96 Anh.
κραταιΐς Uebergewicht λ 597.
κρατέειν Constr. λ 485 Anh. β 11*.
κράτος Sieg φ 280.
κρείσσων ζ 182 Anh.
κρείων gebietend δ 22.
κρήδεμνον α 334. ν 388*; am Weinfass γ 392. λ 588*.
κρητῆρας πίνειν, στήσασθαι ο 113*M.
κρῖ λευκόν δ 41.
κρίνεται μένος Ἄρηος π 269.
κτάμενος ein Ermordeter π 106 Anh.
κτέρεα α 291.
κτῆσιν ξ 64*.

κυανόπρωρ(ει)ος γ 299 Anh.
κυανοχαίτης γ 6*³.
κυανῶπις μ 60.
κῦδος γ 57; Ἀχαιῶν γ 79.
κυνῶπις δ 145 Anh.
κύρμα praeda γ 271.
κῶας τ 58. κώεα ψ 180.
κῶμα σ 201*E.

Λάβρος ο 293*.
λανθάνειν m. Partic. θ 93*; λαθών ρ 305.
λᾶξ ποδί ο 45* a. E.
λαοί Leute, Mannen γ 214.
λέγειν aufzählen s 5.
λειμῶνες Wiesenmatten ε 72.
λέσχη Gemeindehalle σ 329 Anh.
λεύσσειν φθογγήν ι 167*.
λιάζεσθαι δ 838*³.
λίγδην χ 278 Anh.
λίχεια χ 332*.
λιθάς ξ 34*.
λίθοι θ 6.
λικριφίς τ 451*.
λίμνη γ 1.
λίπα fett γ 466.
λιπαρός behaglich δ 210.
λίσσεσθαι Constr. β 68.
λόγος α 56*³.
λούειν lavari iubere η 296.
λυκάβας ξ 161*.
λύχνος τ 34 Anh.
λύειν. λελῦτο Opt. σ 238*.

Μ᾽ = μοί α 60. δ 367. κ 19*.
μακαρίζειν ο 538 Anh.
μακρὰ βιβάς ι 450 Anh.
μακῶν σ 98.
μάλα, καὶ εἰ-, εἰ καί- χ 13*; — πάγχυ ganz und gar ρ 217.
μάλα τοῦτο ἔπος κατὰ μ. ἑ. θ 142*.
μᾶλλον (ἢ τὸ πάρος) ε 284; καὶ — η 213*.
μάσταξ Synon. δ 287*.
μάχεσθαι, μαχειόμενος ρ 466*.
μάχῃ δ 497 Anh.; μάχην στήσασθαι ι 54*.
μάψ temere γ 138.
μέ, Stellung, τ 122*.
μεγάλα δ 505 Anh.; formelhaft ι 330*.
μέγαρα α 365. ζ 304. τ 16. χ 494*; ἐν μεγάρῳ η 65; ἐν μεγάροις (Landgut) ο 354 Anh. π 281*; ohne ἐν, π 106* a. E.
μεθίεις δ 372 Anh.
μελαγχροιής π 176 Anh.

μέλαθρον σ 150 Anh.
μέλαινα νηῦς ϑ 34; μέλαν ὕδωρ δ
359 Anh.; δρῦς ξ 12 Anh.
μελάνυδρος, Stellung, υ 158.
μελίφρων η 182.
μέλλειν δ 200. 274.
μέλπειν ν 27.
μέμασαν moliti sunt λ 315.
μέμονα m. Inf. τ 231*; μέμονι m.
Inf. Fut. ο 522; Präs. τ 231.
μεμορυχμένα ν 435*.
μέν, ἀτὰρ-, ἀλλὰ- β 122; — τ᾽ ρ
533*; -τοι π 267; -τοι δέ β 290*.
μὲν οὖν δ 780.
μένειν Stand halten ξ 270*; μένοντες, Stellung, ν 43*.
μερμηρίζειν Constr. ω 235.
μέροπες ν 49 Anh.
μεσόδμη β 424; Nische τ 37.
μέσος Adv. υ 306; Subst. ω 441.
μέσσον Subst. ρ 447*.
μετά Adv. postea ο 400 Anh.; m.
Dat. π 336.; m. Gen. χ 320*.
μετά-βῆναι μ 312; -τι βῆναι petere
α 184. ν 440; -τινι γεγωνέμεν μ
370 Anh.; -τινας ἔμμεν π 419.
μεταλλᾶν σ 413*.
μετοίχεσθαι ϑ 7. 47. τ 24*.
μετόπισθεν westlich ν 241.
μέτρον ν 101; -ήβης σ 217.
μή nach Verb. des Sehens, Wissens
ν 216*; mit fallsetzendem Optativ
υ 344*; φ 395*; prohibit. im
Haupts. ο 12*. 90; im Relativsatze
δ 165*³; mit concessivem Opt.
α 403*³; m. Aor. Ind. ε 300; —
Imp. ω 248; — τι α 315*; -πού
τις m. Conj. ν 125*; -πω(ς) ι 102
Anh. ν 123*. τ 83*.
μήδεσθαι ω 426.
μηκέτι ταῦτα λεγώμεθα γ 240.
μῆλα Kleinvieh ρ 170.
μήλοψ η 104*.
μῆρα, μηρία, μηροί γ 456 Anh.; μη-
ρούς, μηρῶ ν 198*.
μηρύεσθαι μ 170.
μήτηρ, von Ländern ο 226.
μητίετα ω 10*
μητίσασθαι m. dopp. Acc. σ 27 Anh.
μία μούνη φ 227.
μιγῆναι ἔν τισι σ 279.
μιμνήσκειν, μεμνῆσθαι ὅτι ω 114;
ohne Obj. α 343 Anh. δ 106.
μίν, ἕ δ 484*. 244; m. nachflgdem
Namen ζ 48; auf coll. Plur. bez.
χ 212*.
μιστύλλειν Synon. γ 456.

μνηστή α 36.
μογήσας β 343*.
μοῖρα ν 76 Anh.
μοῖρ᾽ ὀλοή ω 29.
μολοβρός Schmutzfresser ρ 219 Anh.
μορόεντα schön zusammengesetzte σ
298 Anh.
μῦθος ο 196; als Mittheilung δ 597;
μῦθον ἐπιτέλλειν ψ 349.
μύνη φ 111*.
μυχῷ, locat. Dativ ν 363.
μώνυχες strebehufig ο 46 Anh.

Ναὶ δή ja wirklich σ 170.
ναὶ δὴ ταῦτά γε π. σ 170*.
ναιετοώσης α 404*.
νέειν. νήσαντο η 197*.
νέεσθαι, νεῖσθαι ο 88*; als Fut. ω
460.
νεκροὶ κατατεθνηῶτες χ 530 Anh.
νέμεσις υ 330.
νεμεσᾶσθαι ο 69.
νέος. νέοι ἠδὲ παλαιοί δ 720. ϑ 58*;
νέον so eben π 181 199; νέα
Syniz. ι 283*.
νέποδες δ 404 Anh.
νήδυμος ν 79 Anh.
νηλείτιδες π 317 Anh.
-νήνεον α 147 Anh.
νηπιάας α 297*.
νηῦς, πρώρα μ 230; m. ἐπιβαίνειν
α 210; ἐν-, σὺν νηΐ ϑ 445*; νηΐ
π 222* E.
νικᾶν superiorem esse γ 121.
νοεῖν animadvertere π 6; erkennen
π 136; m. Part. υ 367*.
νοστεῖν δ 619*³.
νόστιμος υ 333.
νόστος ε 344 Anh.³
νοσφίσασθαι τ 579*.
νυκτός, νυκτί, νύκτα ο 34*.
νῦν αὖ, Versstelle ν 149.
νῦν δ᾽ ἄγετ᾽ μ 213.
νωλεμὲς αἰεί χ 228*. δ 288 Anh.
νωμᾶν huc illuc versare ν 253; χέρ-
σιν σ 216.

Ξαίνειν χ 423.
ξύλοχος δ 335 Anh.
ξυμβλήμεναι Aor. η 204*.
ξυνιέναι τ 387.

Ο Demonstrativ:
Für Gegensatz χ 104; hinter d.
Nomen α 116. φ 42*; vor relat.
Satz ι 289. φ 42*.

ὄρεσθαι die Aufsicht führen γ 471.
ὀρίνειν rühren ρ 150; aufregen σ 75. υ 9.
ὅρκια ταμεῖν ω 483.
ὁρμίζειν ϑ 785.
ὀροϑύνω σ 407*.
-οροϛ (v. ἐρέσσειν) ι 322*.
ὄροϛ m. Eigennamen ν 351 Anh.
ὀροσϑύρη χ 126 Anh.
ὀρχαμοϛ λαῶν δ 156 vgl. ξ 22*.
ὄρχατοϛ Garten η 112.
-οϛ, -η Subst. wechselnd μ 41*.
ὅϛ Relativ: nach ὅϛ τιϛ ρ 363 vgl. κ 110; causal σ 222; hypothet. wenn Jemand ο 72 Anh.; hypoth. ohne Demonstr. bei anderem Casus σ 286; m. iterat. Opt. ι 94.
ὅϛ τιϛ, collectiv ι 96. 332. -κε nach Plur. distributiv γ 355 Anh. ε 448; -τε quicunque δ 207; -κε m. Conj. si quis ξ 126. ο 345; ὅτι nie elidiert ο 317*; ὅττι ῥά οἱ Versstelle φ 415. οἵ τε, τοί γε σ 267.
ὅϛ Demonstrativ: ο 254. 425. υ 289. 291.
ὅϛ Reflexiv auf alle Personen bezogen: α 402 Anh.³ δ 192*³. ν 61*. ν 320*; nicht auf das Subject bezogen σ 8*.
ὄσσον m. Subst. brachylog. ι 322.
ὅσσοι νῦν βροτοί εἰσιν ϑ 222.
ὅτε nach εἰϛ β 99*³; 'einmal' zu ὡϛ λ 368; zu ἕωϛ ρ 358 Anh.; -δή m. Präs. β 314; -μή m. condit. Optat. nach Negation π 197 Anh.; -τε als einmal η 323.
ὅτε in der Beziehung dass δ 262*³. ε 357*³.
ὅ τε motivierend ξ 90*.
ὀτραλέωϛ τ 100.
ὀτρύνειν Constr. κ 425 Anh.
οὐ nach εἰ β 274; -ἔτι δήν β 36*; -μά υ 339; πάνυ u. ἄ. β 279; -πωϛ ἔστι m. Inf. u. Acc. ε 103*; -τ' ἄ-ρα α 346. ξ 166; -τι δ 292*; -ὡϛ φ 427*.
οὐδέ nec vero ι 408; ο 246; causal δ 729.
οὐδέ -εἰ γ 115 Anh.³ ξ 142; -μι πείσειϛ ξ 363; -οὐ μ 77*; -περ λ 452*; -τι, n. keineswegs, γ 184 Anh.
οὐδόϛ δ 680; — ὁδόϛ ρ 196.
οὐκέτι λ 176. ρ 10.
οὔλαι δ 80 Anh.
οὐλαί Opfergerste γ 441.
οὐλή τ 391*.
οὐλόμενοϛ unselig δ 92 Anh.³

 οὖλοϛ dicht δ 50. ζ 231.
οὐλόχυται δ 761.
οὖν ξ 254*; b. Negation ι 147*.
οὔνεκα dass ε 216.
οὐρανὸν ἵκει ι 20*. ο 329*.
οὐρανίωνεϛ η 242*.
οὖρον ϑ 124*.
οὖροϛ Hort γ 411*.
οὔτε δ 566*; zu ergänzen ι 147 Anh.
οὗτοϛ, dieser da, ν 347*; verächtl. χ 169.
οὕτω ε 146. ο 180. π 99. ρ 447. σ 255; ζ 218 Anh. — so gewiss ξ 441: — δή ε 204.
ὀφείλω, ὀφέλλω γ 367*; (ὡϛ) ὄφελον α 217.
ὀφϑαλμοῖϛ bei ἰδεῖν δ 47 Anh.
ὄφρα m. Fut. δ 163. ρ 6; — εἴπω κτλ. φ 276*; — κε m. Conj. τ 17.
ὀχϑῆσαι, unwillig sein, δ 30 Anh.; ὀχϑήσαϛ Versstelle ψ 182*.
ὄψα Zukost γ 480.
ὀψέ, Stellung μ 439*.
ὄψιϛ ψ 94*.

Πάγχυ μάλα ρ 217.
παιπαλόειϛ emporspringend γ 170 Anh.
πάιϛ π 337*.
παλάσσω ι 331 Anh.
πάλιν zurück ξ 356.
πάλιν λάζετο μῦϑον ν 254.
πάλιν πλαγχϑείϛ ν 5 Anh.
πάμπαν m. Negation π 375 Anh.
πᾶν- vor Vocalen ν 31; παν- ν 221*.
πάντωϛ- οὐ τ 91.
παρα- π 287*.
παρά m. Acc. φ 64*.
παρατίϑεσϑαι β 237 Anh.
παρίζεσϑαι δ 738. ν 411.
παρέξ ξ 168; m. Acc. μ 276.
παρ(εξ)ελϑεῖν ε 104. ν 291.
παρέχεσϑαι? ξ 521.
παρῆσϑαι ν 407. 411.
πάροϛ ε 82 Anh.; m. Präs. δ 811.
παρφάσϑαι π 287 Anh.
πᾶϛ syllept. δ 279. ε 196. τ 475*; bei Zahlen ϑ 258. ε 244; am ganzen Leibe π 21. ρ 480; mit νημερτέα ρ 549; πάντεϛ ἄριστοι π 251.
πάσσων vollkräftiger ζ 230.
πάσχειν euphem. δ 820 Anh.; τί παϑών ω 106*.
πατρίϛ, formelhaft ψ 315*. ω 266*.
πατροφονεύϛ α 299*³.
πάχνη Reif ξ 476* a. E.

πεδόθεν ν 295 **Anh.**
-πεζος ω 92*.
πεζός zu Lande γ 324.
πείθομαι α 414 Anh.
πιθήσας folgend φ 315.
πείρινθα Wagenkorb ο 131 Anh.
πεῖσα υ 23*.
πέλαγος **Flut** ε 335.
πελάζειν **Constr.** x 404*.
πέλας m. **Genet.** ο 257.
πέλειν Synon. δ 45*; πέλεσθαι σ 367,
    ἐπί τινι ν 60 Anh.; ἔπλετο Aor.
    α 225. β 364.
πεμπώβολον γ 460.
πεπνύμενος σ 65. ω 375.
περ α 59; — ἔμπης nach Partic.
    ο 361 Anh.
πέρασσαν ο 387.
περί Adv. herum ν 189; verstärkend
    zu Adj. γ 95 Anh. 112; — κῆρι
    herzinniglich ε 36 Anh.; — φασγά-
    νῳ λ 424*.
περιναιετάαν δ 177.
περιπλομένων ἐν. α 16 Anh.
περιρρηδής χ 84* g. E.
περίσκεπτος α 426 Anh.³
περιστεναχίζεται x 10 Anh.
περιτάμνειν rauben λ 402.
περιτιθέναι (δύναμιν) γ 205.
περιτροπέω Synon. ι 465 **Anh.**
περίφρων π 435*.
περιφύς π 21.
πέτεσθαι, bildlich, ε 49*.
πηδάλιον γ 281.
πηκτός festgezimmert ν 32 **Anh.**
Πηλῆος λ 478*.
πῆμα δ 688*; concret ρ 446.
πῆχεε ρ 38.
πίθος β 340 Anh.
πίπτει (βορέας) ξ 475.
πιφαύσκειν verkünden μ 165. ν 37.
πλαγκτοσύνη ο 343 Anh.
πλησίον Adv. μ 102.
πλησίος Nachbar θ 328 Anh.
πλώειν τ 122*.
ποικιλομήτης, -τις χ 115 Anh.
ποιόν σε ἔπ. φ. ἔ. ὁ α 64*. φ 168*.
πόλεμοι Kriegsgetümmel ξ 225. χ
    152.
πολιῆς ἁλός β **261.**
πόλις urbs ξ 265; apposit. λ 510.
πολλὸν ἀμείνων β 180*; πολλὰ καὶ
    ἐσθλά ο 159.
πολύαινος μ **184** Anh.
πολύδεσμος viel verklammert ε 33.
πολυκλήϊς viel berudert υ 382.
πολυμνήστης ξ 64 Anh.

πολυπαίπαλος verschmitzt ο 419 Anh.
πολυσπερής viel verbreitet λ 365*.
πολύφημος β 150.
πολύχαλκος γ 2.
πομπῇ ε 32 **Anh.**
πόρους ἁλός μ 259.
πορφύρει κραδίη δ 427.
πορφύρεον κῦμα β 428. λ 243*.
ποτὶ γαίῃ λ 423*.
ποτιφωνήεις ι 456.
πότνια μήτηρ σ 5*.
πού etwa θ 491. λ 449*; irgendwo
    λ 458; mit ὅς oder τὶς π 306*.
πούς. πόδες Schoten ε 260; ποδοῖιν
    metr. τ 444*E.; π. u. χεῖρες χ 477*.
πραπίδεσσιν Gedanken η 92.
πρηκτῆρες Handelsleute θ 162 Anh.
    ν 272*.
πρῆξις γ 72.
πρῆσαι β 81 Anh.
πρίν eher ν 427; m. Conj. x 175;
    -εἰδότες ν 113*. πρίν γ' ὅτε β
    374*³.
προ- ω 41*
προβιβάς ο 555.
προβλῆτες ν 97.
πρόδομος ξ 5. ο 466. υ 1.
προέχειν intrans. μ 11.
πρόθυρα α 103. γ 493. ξ 34 Anh.
προϊέναι ν 64.
πρόπαν ἦμαρ ι 161. ω 41*.
προπάροιθε antehac λ 483*.
προπροκυλινδόμενος ρ 525 Anh.
πρός m. Genet. 'gegenüber' φ 347;
    m. Dat. λ 423*; — Διός ζ 207
    Anh. λ 302.
πρόσέειπε Stellung ρ 342 Anh.
προσέφη Gebrauch υ 183; formelhaft
    υ 183*.
προσηύδων 1. Pers. sing., 3. plur.
    x 418*. ν 254*
προσπτύσσεσθαι θ 478. ρ 509.
πρότονος Vordertaue β 425.
πρόφρων β 230; ernstlich x 386;
    bereitwillig ξ 54; freudig π 257.
πρόχνυ ξ 69 Anh.
πρυμνή **Adj.** ν 75. ο 206.
πρῶτα imprimis ρ 595.
πρῶτον einmal τ 355; πρώτιστα
    ι 224.
πτερόεντα beflügelt β 269.
πτολίπορθος π 442 Anh.
πυθέσθαι τινός x 537
πυκινῶς ἀραρυῖαι fest gefugt β 344.
πυκινὸν λέχος ψ 177.
πυρός θερέω ρ 23.
πώ ποτε, οὔ- μ 98.

πῶς in fragendem Ausruf γ 248
Anh.³ χ 337*.
-κε in wünschender Frage ο 195 Anh.

P im Anlaut aus ϝϱ ν 438*.

ῥά im Nachsatz γ 468. ϱ 90. σ 428;
hinter Partic. ϑ 458. ν 380. π 213*
E.; hinter Relat. 'eben' ξ 449.
ῥάβδος ε 47. ν 429.
ῥαί(ν)οιτο ι 459*. υ 150*.
ϝϱάκος ξ 342*.
ῥέα Syniz. ι 283*.
ϝϱέξω ο 15.
ῥήγεα überzogene Kissen γ 349;
Polster ν 73.
ῥηγμῖν Wogenbrandung δ 430.
ϝϱηϑέντι σ 414.
ῥήτρη Vertrag ξ 393 Anh.
ῥίγιον kälter ϱ 191.
ϝϱινός ε 281*. ξ 134.
ῥοδοδάκτυλος β 1 Anh.
ῥυδὸν ἀφνειοῖο ο 426.
ῥύεσϑαι Synon. ξ 107.
ῥυτήρ ϱ 187.
ῥῶγες χ 143 Anh.

Σαόφρων verständig δ 158.

σαρδάνιον υ 302*
σάω = σάου ν 230 Anh.
σὲ δὲ φράζεσϑαι ἄνωγα π 312.
σεύω, Anlaut, ξ 399.
σῆμα ω 329.
σϑένος Standkraft χ 237.
σίαλος ξ 19*.
σιγαλόεις glanzvoll ε 86*.
σιγῇ σ 142 Anh.; — νῦν ο 440.
-σις, Nomina abstr. ψ 94*.
σῖτος Synon. α 139.*
σκέπαρνον ε 237.
σκιόεις α 365*; schattenreich ε 279.
σκόπελος Klippe μ 73.
σκύζεσϑαι Etym. ψ 209*.
σκύτος ξ 34*.
σκῶπες ε 64* u 66.
σμερδαλέα ἰάχων χ 81*.
σπένδειν ξ 447.
σκέος Synon. ι 215.
σπουδῇ γ 297. ο 209.
-σταδόν μ 392.
σταϑμη Richtschnur ε 245.
στέλλειν ἱστία γ 11.
στείνειν φ 247*.
σταροπή δ 72.
στεῦτο λ 584. ϱ 525*.
στήλη μ 14 Anh.
στόμα Synon. δ 287*.
στονόεντες ὀιστοί φ 12. ω 180.

στρατός β 30.
στυγερός gehässig μ 278. τ 81.
στυφελίζειν π 108. σ 416.
σὺ δέ auf d. Subj. zurückweisend
λ 374; hinter Vocat. ο 540. π 130.
συμφράσσασϑαι sich berathen ο 202.
σύν γ 105*³; postpos. ι 332; τοὶ
σύν ν 303.
σύνεχές ι 74*.
σύνϑεο ϑυμῷ ο 27.
συφεός ξ 13*.
σφ' d. i. σφί ο 57 Anh.
σφάζειν γ 454.
σφέας, σφίσιν? μ 40*; σφείας? ν 213*.
σφέτερος α 274*³
σφῶν δ 62.
σχεδόϑεν, Versstelle ν 221*.
σχέϑε ξ 490*. 494.
σῶμα λ 53 Anh.

T Anlaut des rel. Pron. μ 63.
τ' d. i. τοι α 60. 347.
ταλαεργοί arbeitskräftig δ 636.
τάλαντον ϑ 393 Anh.
ταλασίφρονος δ 143.
τάμνειν γ 175 Anh.
ταναύποδα ι 464.
τανηλεγής β 100.
τάπητες δ 298.
ταρνύειν α 138 Anh.
τάχα bald α 251.
ταφών π 12* M.
τέ, Stellung ϑ 540*; hinter Relat.
u. Conjaction. α 50*³; τ' ἄρ hinter
πῇ ο 509 Anh.; — καί ζ 321. π
249 Anh. σ 276; — ἰδί δ 604 Anh.
τελέειν. τετελεσμένον ἔσται π 440*.
τελέϑειν δ 85*.
τελεσφόρον δ 86 Anh.
τελήεσσας erfolgreiche δ 352 Anh.
τέλος Ziel ι 5. ϱ 476.
τέμενος Krongut λ 185.
τέρηης frisch schwellend μ 357.
τερμιόεις gesäumt τ 282 Anh.
τετλάμεν γ 209.
τετράοροι ν 81*.
τεύχεα ο 218*.
τεύξησσαι η 110.
τήκεσϑαι ε 204*.
τῆλε τ 301*.
τηλίκος mit Inf. ϱ 20; mit ὅς σ 175.
τηλύγετος δ 11 Anh.
τηΰσιος ο 13*.
-τήρ, -τωρ ο 427.
τιϑαιβώσσειν ν 106*.
τιϑέναι, τίϑεσϑαι ἀγορήν ι 171;
ἔριν π 292*.

τίκτειν. τεκέσθαι ο 249.

τίς: -οἶδεν εἰ (κε) β 332 Anh.; — πόθεν εἶς α 170 Anh. τί ἢ 'warum denn' ο 326; τίπτε bei Begrüssung ε 87; 'was in aller Welt nur' λ 474*.

τὶς, Indefinit. mancher λ 502; 'so ein rechter' σ 382 Anh.; οὗτος v 380*; zu Cass. obl. zu ergänzen α 392*.

τίσασθαι büssen lassen, Constr. ο 236.

τλῆναι β 82. δ 716.

τοί Demonstr. s. ὁ.

τοί fürwahr ν 341 Anh. π 187; τοιγὰρ ἐγώ τοι ταῦτα μ. ά. κ. ξ 192 Anh.

τοῖος ὁποῖος ἔοι ρ 421; τοῖον so sehr ν 115; so recht γ 321 vgl. λ 135. β 286.

τοκῆες allgem. δ 596 Anh. τ 158.

τολμᾶν ω 162*.

τόφρα δέ am Anfang d. S. μ 166 Anh.

τρέφειν η 12.

τρίγληνα dreigliedrige σ 298 Anh.

τρίζειν ω 5*.

τριτογένεια γ 378 Anh.

τριχάικες τ 177*.

Τροίη κ 40*; Appos. λ 510.

τρόμος ἔλλαβε ω 49.

τρόπος Riemen δ 782.

τρυφάλεια χ 183.

τύμβον χέειν ω 80.

τύπτειν ω 527.

-τύς Endung, Versstelle θ 168*.

τυτθὸν ἐόντα v 210*.

τετύχηκε κ 88*.

τυτθά μ 174 Anh. 388.

Ὕβριν ἔχειν δ 627*.

ὑγρός flüssig δ 458 Anh.

ὕδατα ν 109.

ὑλακόμωροι bellsüchtige ξ 29 Anh.

ὑπ(ο)είκειν μ 117 Anh.

ὑπεκπρο- μ 113.

ὑπεκπροθέειν θ 125*.

ὑπεκπρολύειν ζ 88.

ὑπεκπρορέειν ζ 87.

ὑπεκφέρειν davon eilen γ 496 Anh.

ὑπεξάγειν σ 147.

ὑπὲρ μόρον α 34 Anh.³

ὑπέραι Brassen ε 260.

ὑπέρβιος ο 212.

ὑπερηνορέοντες β 324 Anh.

ὑπέρθυμοι π 326.

ὑπεροπλίσσεσθαι ρ 268 Anh.

ὑπερτερίη Obergestell ζ 70 Anh.

ὑπερφίαλοι α 134.

ὑπερώιον ο 517.

ὑπηοῖος ο 448.

ὕπνος Schläfrigkeit μ 281; ὕπνου δῶρον π 481; ὕπνῳ ὕπο δ 295.

ὑπό unten χ 42*; unten hervor η 5*; in Compos. α 273*. δ 386. η 5*; αὐγὰς ἠελ. β 181; -δαίδων τ 48 Anh.

ὑπόδρα τ 70 Anh.

ὑποείκειν μ 117 Anh. π 42*.

ὑπότροπος ν 332.

ὑπουράνιον ι 264.

ὑποφθαμένη m. Acc. ο 171*.

ὑποχείριος ο 448.

ὕστερα, -ον π 319.

ὑψηλὸς θάλαμος π 285.

ὑψιπέτης v 243*.

Φάε ξ 502.

φαίνειν ἀεικείας v 308; — u. φάναι θ 499*; φαινέσκετο ν 194*; φαίνεσκε λ 587

φάναι θ 499*; tradere ζ 42; denken δ 664. χ 31. 35; οὐ- negare ο 213; φῆ am Anf. ω 470*; φῆς Impf. η 239 Anh.; ὡς φάτο u. ä. v 54 Anh.

φάος Tageslicht φ 429; ἠελίοιο δ 540 Anh.

φάσκε λ 306. μ 175; glauben χ 35.

φέρει ἄνεμος u. a. ι 285*.

φεύγειν Flüchtling sein ν 259.

φήμη β 35.

φθάνειν früher kommen λ 58 Anh.; m. Partic. π 383; in Partic. τ 449.; Med. ο 171*

φθέγγεσθαι Synon. κ 229 vgl. σ 199*.

φθίσθαι (θυμόν) ο 354*.

φθόγγος Synon. σ 199*.

φθονέειν ρ 400.

φιλεῖν? ο 74 Anh.

φίλτατε ω 517*.

φόβος ω 57*.

φόνος caedes χ 376.

φράζεσθαι erwägen π 237. 257.

φρένα, von Mehreren, θ 131.

φρονεῖν κακῶς σ 168 Anh.; ἐφημέρια φ 85*.

φρόνις Einsicht γ 244.

φῦ, ἐν-χειρί β 302 Anh.; πεφύκασιν η 114 Anh.

φύζα ξ 269*.

φυκτά θ 299.

φυλάσσειν Synon. ζ 107.

φώνησεν ρ 405*; φωνήσας β 269;
Synon. χ 229; ὄπα ω 535*; —
προσέφη ξ 439.
φώς α 324*; Synon. δ 247 Anh.;
φῶτ' Ἡρακλῆα φ 26*.

X und γ in d. Wortbildung ω 416.
χαίρειν Constr. β 250, Synon. ν 250;
χαῖρε ν 39; χαίρων ψ 32*. δ 93.
χαλκοβατές erzschwellig ν 4 Anh.
χαλκός telum φ 434.
χαμαίλεος ρ 219* E.
χαριζομένη παρ. α 140.
χάρμα δ 667*.
χαροπός λ 611*.
χέειν. χέχυτ' χ 88.
χειρὶ δέ μιν κατέρ. ν 288*; Plur.
ν 225*; Symbol der Kraft υ 237;
— u. πόδες, Stellung χ 477*;
χερσὶν ἑλέσθαι π 296 Anh., —
στιβαρῇσι μ 174; χεῖρας ἀνασχών
ν 355*.
χειρῖδες ω 230*.
χλαῖναι γ 349.
χλωρηίς τ 518*.
χοῖνιξ τ 28.
-χός, -χή, χόν λ 286* E.
χρεῖος γ 367
χρεώ δ 634.
χρόνιον ρ 112.
χρόνον, ἐπὶ- μ 407. ο 494. χ 473.
χρυσέη Ἀφροδίτη goldgeschmückte
δ 14.
χρυσηλάκατος goldpfeilführende δ
122 Anh.
χρυσός collectiv ο 113* M. 207.
χρώς Oberfläche des Leibes τ 204*
a. E., δ 750. φ 412; περὶ χροΐ
(εἵται) λ 191. χ 113.

Ψάμαθοι Sanddünen δ 426.
ψάμμος μ 243*.
ψόλος φ 330*.
ψυχή Synon. λ 221; περὶ ψυχέων
β 237*. χ 245*.

Ω des Vocat., Stellung δ 26.
ὦ πόποι Versstelle ν 209. 383*.
ὧδε α 182 Anh. ξ 116; — δέ οἱ
φρονέοντι δ. κ. τ. ο 204; — γάρ
ἐξερέω π 440 Anh.
ἔκα Versstelle ο 555*.

ὠκύαλος ο 473*.
ὠκύμορος χ 75.
ὄμνυε, ὄμοσε Versstelle ξ 331*.
ὀμοθετεῖν ξ 427.
ὦνον ὑπίσχεσθαι ο 463 Anh.
— ὤοντες, nicht — οἰῶντες σ 111*.
ὧραι Διός ω 344; ἐν ὥρῃ in tempore
ρ 176.
ὡς Präpos. ρ 218 Anh.
ὡς relat. Adverb. 'dass nemlich'
ξ 113; im Wunsche ρ 243; vorausgeschickt ξ 441*; im Ausruf
β 233*³. δ 143*³. δ 373*³. φ 399*.
π 364. ω 194; in Anastrophe μ
396*. ξ 205*; 'so gewiss als' ι 525;
erklärend ξ 441*. ο 479; ☰ ὅτι
οὕτως δ 841. χ 326 Anh. ρ 449
φ 123; final β 316*; mit Particip
π 21.
ὡς temporal τ 445*.
ὡς ὅτε m. Opt. ι 384 Anh.; 'wie
einmal' ohne Verb. λ 368 Anh.;
— u. ὡς εἰ σ 39*. η 36* ὡς εἴτε
ξ 254*.
ὡς ἂν m. Conj. 'damit' π 169; m.
Opt. ν 402 Anh. π 297; — ἐγὼν
εἴπω π. π. μ 213.
ὡς ἔσεταί περ 'wie es gerade kommen
wird' τ 312 Anh.
ὡς ἐκέλευ(σ)εν χ 190*. 255.
— τε m. Inf. ρ 21*. m. Partic. π
21*.
— τὸ πάρος περ τ 340*.
ὥς περ ἂν εἴη ρ 586.
ὡς καί 'wie auch' exemplific. ϑ 176.
ὡς oder ὥς? δ 93*. α 47*².
ὡς demonstr. Adverb: epanalept.
'so' τ 300. ι 34; zweimal beim
Uebergang ν 185; Versstelle π 28*;
nach ὅπως ο 112.
ὡς ἄρ' ἐφώνησεν δέ- φ 163.
— δ' αὕτως ξ 166*.
— δέ (ὅσσον δέ) η 109.
— εἰπών, φωνήσας ν 429*.
— ἔφατ' οἱ δ' ἄρα τοῦ μ. μ. ο 220*.
— — — πάντες ἀ. π 393*.
— οἱ μὲν τοιαῦτα πρ. ἀ. ἀ. ϑ 333*.
— οὖ β 137*².
— φαμένη ν 429*.
— φάτο ν 54 Anh.
ὤειν μ 200 Anh.
ὠφελλεν ξ 68.
— ὤωμι ξ 468. — ὤωντες σ 111*

themim. ϱ 418*; in Penthem.
δ 604 Anh. ι 109. ν 213; κατὰ
τρίτον τροχ. ϑ 215 Anh. 361. ι 286;
regelm. η 221*.
Penthemimeris, weibl. im Ge-
dankenabschnitt ν 187.
Position ο 444. ω 347* u. ð.
Metrum, πολιτικὸν μ. ο 334*.
Rhythmen, malende λ 596 Anh. 598.
605*. ν 92*. π 111* ϱ 529. σ 201*.
τ 444* M. 477*. φ 363* u. ð.
Verse ὁλοδάκτυλοι λ 598*, ἀκέφαλος δ 13*, ὁλοσπόνδειος (δωδεκα-
σύλλαβος) ο 334*.
Versschlüsse, m. 3silb. Worte κ 12*;
— stabile β 246. γ 161. 243. 292.
299. δ 86 Anh. 156. 188*. 447.
527*. 540*. 646*. ε 139*. 294*.
459*. 469*. ϑ 14. 31*. 116*. 141*.
168* 197*. 300*. 378*. 394*.
520*. ι 330*. κ 126*. 149* 335*.
μ 92. 174*. 243. ν 26. 127. 355*.
398*. ξ 40. 113*. ο 88*. 98.
145*. 159. 361*. 378*. 434. π
296*. 337*. **354.** 440* ϱ 28. 43.
47. 90. **154. 230.** 304*. 360*.
418*. 423. **458 Anh.** 603*. σ 5*.
133*. 170*. 185. 199*. 201* E.
397. 398. 413*. τ **36.** 172*. 257.
301*. 354. 399. 406*. 426. 558.
υ 17. 49*. 122. 123*. 134. 176.
190 Anh. 210*. 221. 241. 292.
304*. 384. φ 14*. 95*. 318*. χ
16*. 228. 246. 295. 328. ψ 17.
187. 201*. 304. 332. ω 48*. 95.
104. 164*. 182*. 190*. 220*. 225*.
253*. 304. 350*. 373*. 450. 452.
467. 512*. 517*. 521*. 532. 543*.
Versstelle gewisser Wörter α 324*.
γ 63. 101 165*. 321. δ 4 Anh.
34*. 71*. 80 Anh. 209*. 352. 354.
361*. 425. 429*. 432. 456. 492
Anh. 497*. ζ 130*. 166 Anh. 221*.
η 194 Anh. ϑ 31*. 146*. 418 Anh.
435*. ι 83*. 161. 417. 462. 527*.
529*. 534. κ 149*. 335*. μ 174*.
213. ν 43*. 149*. 209. 221*. 284*
412*. 427*. ξ 113*. 192. 254*.
381*. ο 57 Anh. 59 Anh. 92. 268.
469 Anh. 555* π 28*. 221. 309*.
485*. 474*. ϱ 220. 260*. 417.
418*. 519 Anh. σ 107*. 122*. τ
182*. 288*. 444* g. E. υ 158.
243. φ 293*. 415. χ 96. 196.
228*. 322*. ψ 182*. 215. 220.
221. ω 29. 371. 460. 470*. 471.
511. 523. 537
Vocaldehnung, im Anlaut β 195*.

δ 13*. ϑ **243** Anh. ι 366 Anh.
κ 265*. ν **99.** τ 113 Anh. χ 59;
im Auslaut γ 230. ξ 89; ι Dativi
ε 415. ζ 248*. ο 358. ϱ 37; in
Cäsur ϑ 359 Anh. ν 213, in bukol.
Cäs. γ 382; in Arsis ε 330. ϑ 87.
240. ι 257. 490*. κ 493. ξ 460*.
ψ 361. ω 7; in Thesis κ 36. ξ 89*;
Penultima ν 142*. ξ 101*. χ 374;
vor Liquida μ 244. ω 299*; vor
Ϝτ 174; ἐπί? μ 209*.
Vocalkürzung ζ 303. λ **270.** 304
478*. ο 451*. σ 173.
Vocalverschmelzung, Synizese. β
148. δ 165. 352. 682. ζ 33. 280.
ϑ 560. 585. ι 240. (276*.) 283
Anh. 311. κ 263. 281*. μ 116.
330. 399. ν 194* E. ξ 222. 251.
255. 500 Anh. ο 140. 231. ϱ 376.
σ 247 φ 233 χ 216. ω 247. 534;
s. noch Elision.
Minos τ 179 **Anh.**
Mischkrug und Pokal als Geschenk
ο 113 Anh.
Monotheismus? ξ 444*.
Mörder ο 273*.
Motive sittlichen Handelns ξ 38*. 82.
Musen, Zahl ω 60.
Musikalische Begleitung d. Gesanges
α 155 Anh.[3]

Nachsatz, hinter Zeitpartikel
ι 546.
Nachtigall τ 518*.
Naivetät α 215*[3]. β 47*.
Namen ϱ 207*. 443. ϱ 5*; *Beilegung*
τ 406* a. E.
Naubolides ϑ 116*.
Negation, Stellung β 256. 279;
wiederholt γ 27*.
Nekyia, zweite, ω Anfang*.
Neoptolemos λ 506.
Nestor τριγέρων γ 245.
Neutrum sing. substantiv. δ 314;
plur. subst. γ 129*. ι 474 Anh.
Niesen ϱ 541*.
Nomina attribut. verbunden τ 548;
propria adject. κ 135.
Nominativ, vocative ϱ 415.
Numerus, Wechsel bei Namen ξ 199
Anh.
Nymphen ζ 123*. 125. ν 104. ξ 435*

Object, anticip. ϱ 106; fehlt bei
Verbis alloquendi δ 234*.
Obstbau η 121*.
Odysseus, Charakter τ 109* a. E.;
List ξ 495*. ϱ 306*. σ 52; *Name*